1 MONTH OF
FREE
READING

at
www.ForgottenBooks.com

By purchasing this book you are eligible for one month membership to ForgottenBooks.com, giving you unlimited access to our entire collection of over 1,000,000 titles via our web site and mobile apps.

To claim your free month visit:

www.forgottenbooks.com/free1294312

ISBN 978-0-267-08296-4
PIBN 11294312

Untersuchungen

zur

Deutschen Staats- und Rechtsgeschichte

herausgegeben

von

Dr. Otto Gierke,
ordentl. Professor an der Universität Breslau.

·············

XI.

Die Viril-Stimmen
im Reichs-Fürstenrath von 1495—1654.

Von

Waldemar Domke,
Dr. phil.

Breslau.
Verlag von Wilhelm Koebner.
1882.

Die

Viril - Stimmen

im

Reichs - Fürstenrath

von

1495—1654.

Von

Waldemar Domke,
Dr. phil.

Breslau.

Verlag von Wilhelm Koebner.

1882.

Vorwort.

Die vorliegende Arbeit, aus dem Bedürfnis des Verfassers hervorgegangen, nachdem er seine Studien bis dahin wesentlich dem Mittelalter gewidmet hatte, sich eingehend mit der Verfassungsgeschichte des deutschen Reiches während der ersten Periode der neueren Zeit bekannt zu machen, verdankt ihre specielle Entstehung der Anregung, die ihm in den historischen Übungen des Herrn Professor *Dr. H. Bresslau* zu Berlin gegeben wurde, der hier behandelten, verfassungsgeschichtlichen Frage näher zu treten und die bisher gültige Ansicht auf ihre Haltbarkeit hin zu prüfen. Mit dieser Aufgabe verband sich von selbst die andere, im Anschluss an die Negation ein Bild zu entwerfen, wie die Entwickelung der Stimmenverhältnisse im Reichsfürstenrath sich thatsächlich vollzogen habe, ein Versuch, für dessen Lösung in der vorliegenden Erstlingsarbeit der Verfasser nur um gütige Nachsicht bitten kann.

Zugleich ergreift derselbe die Gelegenheit, seinen verehrten Lehrern an der Universität zu Berlin und speciell Herrn Professor *Dr. Bresslau* seinen Dank für die ihm zu Theil gewordene Förderung auszusprechen.

Berlin, im November 1881. ·

Waldemar Domke.

Inhalt.

Seite

§ 1. Einleitung.

Wenn es die Aufgabe der Rechtsgeschichte ist, die Phasen bestimmt zu bezeichnen, · mit denen neue, die Verfassung eines Staates oder einen Faktor derselben wesentlich ändernde Rechtsprincipien eintreten, wenn sie, von den einzelnen Thatsachen abstrahirend, ihre Sätze nach Begriffen und Kategorien formulirt; so ist es die Aufgabe der Geschichtsforschung, gerade die einzelnen historischen Erscheinungen in ihrer Aufeinanderfolge und, so weit möglich, in ihrem Causalnexus zu verfolgen und so der Rechtswissenschaft das Material für ihre Formulirungen zurecht zu legen.

Von diesem Standpunkte soll im Folgenden versucht werden, eine solche Frage klar zu stellen, welche uns in der Verfassungsgeschichte des deutschen Reiches während ihrer letzten lebendig gestaltenden Periode begegnet, deren Anfang an der Schwelle der neuen Zeit dadurch bezeichnet wird, dass die alten Faktoren der deutschen Verfassung, die Reichsstände und der Reichstag, sich fester zu schliessen beginnen und eine bestimmtere Gliederung annehmen, welche sie dann im Laufe der folgenden 150 Jahre stetig fortentwickeln, und deren Abschluss die Restitution des Reiches nach der Zerrüttung durch den dreissigjährigen Krieg bildet.

Wir finden seit 1495 als den stetig in Funktion bleibenden, wichtigsten Faktor dieser Verfassung den Reichstag, bestehend aus den drei Collegien der Kurfürsten, der Fürsten, Prälaten, Grafen, freien Herren, und der Städte, jedes für sich berathend und beschliessend, die Glieder eines jeden nach gewissen Principien berechtigt, Sitz und Stimme auszuüben.

Bekannt ist die Eintheilung des zweiten dieser Collegien, des Reichsfürstenrathes, in eine geistliche und weltliche Bank, jene die Häuser Oestreich und Burgund, die Erzbischöfe — so weit sie nicht Kurfürsten sind —, die Bischöfe und die Prälaten umfassend, auf dieser die weltlichen Reichsfürsten, die Grafen und freien Herren.

War nun die Stimmenzahl auf der geistlichen Bank ihrer Natur nach eine ziemlich stabile, so ist das gleiche hinsichtlich der weltlichen Reichsfürsten nicht der Fall gewesen.

Hier war es eine von den Rechtsgelehrten vielfach behandelte Frage, wann und wie die weltliche Bank des Reichsfürstenrathes hinsichtlich der Stimmen der sogenannten älteren Fürstenhäuser diejenige Gestalt gewonnen habe, welche man seit dem Westfälischen Frieden kannte, seit wann es sich als bestehendes Recht herausgebildet habe, dass jedes Fürstenthum durch eine Stimme auf dem Reichstage vertreten sei, welche im Falle mehrerer Besitzer desselben entweder von allen gemeinschaftlich, oder von einem der Possidenten im Namen der ·übrigen ausgeübt wurde, und dass umgekehrt ein Fürst, der mehrere Fürstenthümer in seinem Besitz vereinigte, auch mehrere Stimmen für dieselben führte. Man hat diesen Rechtszustand so formulirt, dass die Stimme seit einer gewissen Zeit von der Person des Fürsten gelöst und auf das Land übergegangen sei, an welchem sie hafte, und daher auch nicht vervielfältigt werden könne, — im Gegensatz zu einer früheren Periode, in welcher das Stimmenverhältnis der weltlichen Fürsten je nach der grösseren oder kleineren Zahl der Söhne in den einzelnen Häusern, welche zu einer selbständigen Regierung gelangten, ein durchaus fluktuirendes war.

Es fragte sich: wann trat jene Veränderung ein?

Moser in seinem „Teutschen Staatsrecht"[1] hat auf Grund der Unterschriften der Reichstagsabschiede statuiren zu müssen geglaubt, dass der Reichstag zu Augsburg i. J. 1582 hier als der entscheidende Wendepunkt anzusehen sei, dass die Anzahl der Stimmen, welche zur Zeit dieses Reichstages im Fürstenrathe existirten, dann für immer bestehen blieb, bis auf die mit Bewilligung der Stände vom Kaiser vorgenommenen Creirungen neuer Fürsten und die durch die Säkularisationen des Westfälischen Friedens bedingten Veränderungen. — Dieses hat auch Ficker in seinem „Reichsfürstenstande"[2] angenommen, und alle Rechtslehrer bis zur jetzigen Zeit.

Pütter[3] drückt sich so vorsichtig aus: es scheine, ohne dass die Umstände näher bekannt wären, die Stimmzahl von 1582 bei-

---

[1] Johann Jacob Moser „Teutsches Staatsrecht", Leipzig u. Ebersdorf bei Vollrath, 1747.

[2] § 199 p. 265 ff.

[3] „Hist. Entwickelung der heutigen Staatsverfassung des teut. Reiches", 3. Aufl., Göttingen 1798, im II. Theil cap. II § IV p. 12. 13.

behalten zu sein; ihm folgt Häberlin[1]), dessen Rechtsgeschichte auf jenem basirt. Eichhorn[2]) sagt bereits, man sei später immer auf das Jahr 1582 zurückgegangen, nachdem seit 1594 das neue Princip sich in einzelnen Fällen angebahnt hätte. Lancizolle[3]): im 17. Jahrhundert (seit Ferdinand III., was er aber durch ein Fragezeichen als unsicher bezeichnet) sei man bei der Feststellung der Virilstimmen im Reichsfürstenrath auf das Jahr 1582 zurückgegangen; er hat dabei jene Beschränkung im Auge, welche die Stände der Machtbefugnis des Kaisers in so fern zogen, als der Erwerb der Reichsstandschaft im Fürstenkollegium nicht von der blossen Erhebung durch den Kaiser abhing, sondern an bestimmte Bedingungen geknüpft wurde, wodurch aber die Anzahl der Stimmen der bis dahin schon bestehenden, fürstlichen Häuser keineswegs festgestellt war, viel weniger für die einzelne Stimme ein Normaljahr wie 1582 angenommen wäre.

Diese Formulirung der Aufnahmebedingungen in den Fürstenrath wurde zum ersten Male in den Reichsabschied von 1641 aufgenommen und wiederholt in dem von 1654[4]); von einer Nor-

---

[1]) „Handbuch des Teut. Staatsrecht nach dem System des Herrn Justizrath Pütter"; Berlin 1794; im I. Th., II. Buch, cap. 2. § 79.

[2]) „Deutsche Staats- u. Rechtsgeschichte", Göttingen 1823; Bd. IV, § 532, p. 320 ff.

[3]) „Uebersicht der deut. Reichsstandschafts- u. Territorialverhältnisse etc.", Berlin 1830, in der Einleitung p. XVIII. XIX.

[4]) § 197 des Abschiedes von 1654, bei Meiern „acta comitialia Ratisbonensia publica" im Tom. II. Anhang p. 140, cfr. die Abschiede in der Neuen und vollständigeren Sammlung der Reichsabschiede. Die Bedingungen sind: 1) Erwerbung reichsunmittelbaren Besitzes, 2) Incorporirung in einen Kreis und Veranlagung zur Reichsmatrikel, 3) Consens der Chur-Fürsten, Fürsten und Stände des Reiches. Dieselben werden auch als 1641 festgestellt genannt auf dem Nürnberger Executionstage bei Berathung über die Erhebung „Ottavio Piccolomini's Duca d'Amalfi" in den Fürstenstand — Meiern „acta pacis Executionis publica" Tom. II, p. 671 ff. im 12. Buch § IX. — Dabei wurde der Arembergische Anschlag von 2 Mann zu Ross und 6 zu Fuss als ein Minimum angesehen, wenigstens wurde der Anschlag des Fürsten von Lobkowitz, als man 1653/54 über dessen Admission verhandelte, zu niedrig befunden und zu dieser Höhe verdoppelt — sessio ordinaria secunda d. 25. Juni 1653 bei Meiern „acta comitialia etc.", Buch II, § III, No. IV im Tom. I, p. 249 f. das conclusum p. 252. — Ebenso wird auf der Veranlagung zur Reichsmatrikel bei der Admission der Fürsten Piccolomini, Dietrichstein und Auersperg bestanden, obgleich für sie persönlich von der Bedingung der fürstenmässigen Ansässigkeit abgesehen wurde — Meiern l. c, Buch V, § XII, No. I, Tom. I, p. 737 ff., § XVI, No. I, p. 778.; B. VI, § II, p. 800, § XI, No. I u. II, p. 851. 852, schliesslich noch im § XXVI, No. III, p. 952 ff., und der erwähnte § des Abschiedes. — Diese Bedingungen für die Erlangung der Stimme und Session im Fürstenrath (die auch 1653 in einem Memorial der alt-fürstlichen

mirung nach dem Jahre 1582 findet sich aber keine Nachricht[1]),
es war seitdem nur die Zahl der mit Sitz und Stimme auf dem
Reichstage begabten, fürstlichen Häuser stabilirt, und ihre Ver-
mehrung von der Erfüllung gewisser Bedingungen und der Zustimmung der alten Fürsten abhängig gemacht, .nicht etwa die
Anzahl der Stimmen, welche jedem dieser Häuser zukommen
sollte. — Klar auseinandergehalten werden diese zwei verschiedenen
Fragen noch bei Häberlin[2]), der hinsichtlich der sogenannten
Norm von 1582 auf Moser verweist und durch die Wahl seiner
Worte eine Verantwortlichkeit für diese Theorie ablehnt; er erwähnt
dabei ausdrücklich, dass 1582 auf dem Reichstage selbst keine
Rede von einer solchen Normirung gewesen sei[3]), wie er auch
keineswegs sagt, dass bei jener Beschränkung, die die Stände für
die Erwerbung der Reichsstandschaft im Fürstenrath einführten,
das Jahr 1582 als Normaljahr angenommen sei; er constatirt nur
die Thatsache, dass seit 1582 keine solche Standeserhöhung erfolgt
sei, die zugleich ohne weiteres die Erlangung der Reichsstandschaft
zur Folge gehabt hätte. — Dieselbe Verknüpfung dieser zwei Dinge,
wie bei Lancizolle, findet sich dann bei Philipps[4]), der auch von
1582 an den Unterschied der alten und neuen fürstlichen Häuser

---

Häuser — Meiern „acta comitialia", Buch II, § III, No. III, Tom. I, p. 284 —
geltend gemacht werden) erscheinen übrigens nicht als etwas absolut neues, sondern
nur als die gesetzliche Fixirung des durch die Praxis herangebildeten Rechtsbewusstseins; denn schon im 16. Jahrhundert werden wir bei Mömpelgart,
namentlich aber bei Lothringen-Nommeny und bei Aremberg die gleichen
Züge finden, wie neu erhobene Fürsten sich um Session und Stimme an den
Reichstag wenden, und die Veranlagung zur Reichsmatrikel dabei die Hauptsache ist.

1) Ausser den citirten und anderen Stellen bei Meiern sind besonders
noch hervorzuheben in den „acta comitialia" Buch I, § VII, No. I u. II,
Tom. I. p. 45 ff., wo es sich um die Führung der Stimmen für Pfalz-Lautern
und -Simmern handelt; ferner Buch III, § IV, No. I u. II, Tom. I, p. 367 ff.,
wo Münster eine Stimme für die Burggrafschaft Stromberg erhalten will,
und ein sächsisches Memorial in Meiern's „Acta pacis executionis" Buch VI,
§ XVI, Tom. I, p. 850. 851. Nirgends wird aber Bezug auf das Jahr 1582
genommen, Münster bezieht sich sogar auf die 1548 und 1551 ausgeübte
Stimme der Burggrafen von Meissen, die 1582 nicht mehr existirte (s. p. unten § 3,
XX), was bei einer Norm von diesem Jahre doch nicht möglich gewesen wäre.

2) s. p. 3, Anm. 1, an dem dort genannten Orte § 48 u. 49, p. 268 ff.

3) er verweist auf den 12. Band der Neuesten Teut. Reichsgeschichte
seines Vaters, welcher die Geschichte des Reichstages von 1582 enthält, und
wo über unsere Frage p. 620 gesprochen ist.

4) „Deut. Reichs- u. Rechtsgesch.", München 1850, p. 390. 391.

datirt, bei Walter [1]), Hillebrand [2]), Schulte [3]), Daniels [4]) und auch in Zöpfl's [5]) 4. Auflage seiner Rechtsgeschichte.

Alle führen Moser, Pütter, Eichhorn als ihre Quellen an, Daniels hebt als solche besonders Lancizolle hervor, so dass schliesslich als einzige Autorschaft dieser Ansicht die Mosers übrig bleibt.

Es ist dabei nur merkwürdig, wie hier allmählich zwei verschiedene Sätze mit einander verknüpft wurden, welche von ihrem ersten Urheber durchaus nicht in diesem Connex ausgesprochen wurden, der vielmehr an einer Stelle seine Theorie von der Annahme des Jahres 1582 als Normaljahr für die Stimmenverhältnisse im Fürstenrath als eine Abstraktion aus verschiedenen Thatsachen bezeichnet, die rein seinem Nachdenken entsprungen sei [6]). Es fragt sich, ob man Spuren auffinden kann, die wirklich ein solches Normaljahr als im Rechtsbewusstsein jener Zeit existirend dokumentiren, in welcher sich die Verhältnisse zu dem Zustande von 1654 vorbereiteten [7]); andernfalls könnte diese Theorie praktische Bedeutung erst nach ihrem Erfinder gewonnen haben, wie Häberlin [8]) das ausspricht.

Es wird also zunächst Moser als der Begründer der bis jetzt gültigen Ansicht nachzuprüfen sein, wobei entschuldigt werden mag, wenn dieses vielleicht zu eingehend geschehen sein sollte, und wenn im Verlaufe der Arbeit noch öfter auf ihn Bezug genommen werden wird.

Moser und seine Theorie vom Jahre 1582.

Moser behandelt die Frage im III. Buche seines Staatsrechts, cap. 168, Sectio III, „von denen weltlichen Reichsfürsten überhaupt", in den §§ 1—54 [9]). Er sucht dieselbe scharf zu begrenzen und stellt nur zwei Möglichkeiten dieser Formulirung auf:

---

[1]) „Deut. Rechtsgesch.", Bonn 1853, § 327, p. 372.

[2]) „Lehrbuch der deut. Staats- u. Rechtsgesch.", Leipzig 1836, p. 583.

[3]) „Lehrbuch der deut. Reichs- u. Rechtsgesch.", Stuttgart 1861, § 97, p. 271.

[4]) „Handbuch der deut. Reichs- u. Staatenrechtsgesch.", Tübingen 1863, II. Theil, 3. Band, p. 534. 549. 550.

[5]) „Deut. Rechtsgeschichte", 4. Aufl., Braunschweig 1872, II. Theil, § 68 a. V, p. 380.

[6]) cfr. p. 6, Anm. 2; freilich hat Moser diesen Standpunkt nicht überall festgehalten und aus seiner Theorie doch practische Rechtsfolgerungen ziehen wollen, als habe das Jahr 1582 gesetzlich als Normaljahr existirt; s. p. 13. 14.

[7]) es ist das bereits verneint worden, — cfr. p. 4, Anm. 1.

[8]) „Handbuch des Teut. Staatsrechts", I, p. 272: „So viel ist indessen gewiss, dass jetzt der erwähnte Grundsatz (d. h. die Norm seit 1582) gilt".

[9]) im 34. Bande, p. 278—305.

„Entweder waren solche Stimmen, welche, nach diser Meinung, ein jeder Regierender Herr bekame, etwas personelles und dauerten also nur so lange, als eine solche Regierende Linie währete, oder aber es wurde eine solche Stimme an das Land verknüpfft, also dass, wann gleich die Linie erlosche, dannoch derjenige, so das Land erbte, die Stimme auch fortführen durffte[1])".

Nachdem Moser so von vornherein einen Grundsatz aufgestellt hat, eine Formel, nach der sich die Frage beantworten lassen müsse, stellt er nun seinen positiven Satz auf[2]):

„Ich habe bey disen Umständen der Sache selber mehrmalen nachgedacht und endlich, nach viler mühsamer Arbeit, klar gefunden, dass der Grund derer jetzigen Stimmen derer alten weltlichen Fürstlichen Häuser gantz gewiss in der Observantz des An. 1582 gehaltenen Reichstages zu suchen seye und ein jedes Haus (bis auf etliche gar wenige, von denen hernach ein mehreres) weder mehr, noch weniger Stimmen habe, als es just in disem einigen Jahre Regierende Linien und Herrn gehabt habe, wie ich nun erweisen werde".

Nachdem er darauf in den §§ 17—36 gezeigt zu haben glaubt, dass 1582 jedes Fürstenhaus gerade so viel regierende Linien gehabt habe, die also eben so viele Stimmen zu führen damals berechtigt gewesen seien, als jetzt — d. h. seit 1654, — sagt er im § 37[3]), er hoffe, dass „nunmehro dergestalten klar an dem Tage lige, dass die dermaligen Stimmen derer alten weltlichen Fürstlichen Häuser auf Reichs-Tägen von dem im Jahre 1582 gehaltenen Reichs-Tag ihren Ursprung haben". Moser hätte zugleich aber zeigen müssen, dass zu keinem anderen Zeitpunkte ein solches Uebereinstimmen der Stimmenzahl stattgefunden habe.

Indessen hat Moser als besonders entscheidende Punkte noch folgende hervorgehoben:

1) Die Stimme von Pfalz-Lautern, welches im Jahre 1576 in Johann Casimir, dem Sohne des Kurfürsten Friedrich III., seinen ersten, aber auch einzigen, eigenen Herrn erhalten hatte, der seine Stimme auf dem Reichstage von 1582 durch Vertreter ausüben liess. Er starb bereits 1592 kinderlos, gleichwohl führte sein Erbe, Kurfürst Friedrich IV. von der Pfalz, ausdrücklich die Stimme für Lautern auf dem Reichstage von 1594, dem ersten seit 1582, weiter. Moser[4]) führt die Stelle aus den Subscriptionen des Reichstags-

---

[1]) im § 13; Bd. 34, p. 285, wo er gegen Arumaeus polemisirt.
[2]) § 16; p. 287.
[3]) Bd. 34, p. 297.
[4]) § 20, p. 290 des 34. Bandes.

abschiedes an; sie lauten nach ihm und der sog. „neuen Sammlung"[1]):
„(von wegen) Friedrichen, Pfaltzgrafen bey Rhein, des Heil. Röm.
Reiches Ertztruchsessen und Churfürsten, Hertzogen in Bayern etc.
als Innhaber weyland Hertzog Johann Casimirs, Pfaltzgrafen,
Fürstenthum und Land" (folgen die Namen der Vertreter) und ist
die erste und in diesem Abschiede neben der Gesammtstimme
Sachsens für Henneberg auch die einzige Unterschrift dieser Art.

2) Ein zweiter Punkt, bei dem das in Rede stehende Faktum
besonders scharf hervortrete, sei die, trotz des Absterbens der
Herzogslinie im Jahre 1584, weitergeführte Stimme für Braun-
schweig-Calenberg[2]). Ebenso evident erscheinen

3) das Beispiel Baden-Hochbergs[3]) und

4) Anhalts[4]), bei welchem letzteren in umgekehrter Weise
sich feststellte, dass, da 1582 nur ein regierender Herr vorhanden
war, der eine Stimme führte — obgleich 1557 vier, 1559 fünf, 1566
noch zwei Stimmen für Anhalt abgegeben seien, — dennoch,
trotzdem später — 1603 — wieder eine Theilung in 4 regierende
Linien erfolgte, diese fortan nur eine Stimme hatten.

5) Für Henneberg[5]), dessen letzter Graf Georg Ernst wenige
Monate nach dem Reichstage von 1582 starb, führten seine Erben,
der Kurfürst und die Herzöge von Sachsen, die Stimme in
Gemeinschaft fort.

Hierauf fussend fasst Moser die Gründe dafür, dass das
Jahr 1582 als das entscheidende in dieser Entwickelung anzusehen
sei, in 5 Punkten zusammen[6]):

1) „dass, ausser etlichen wenigen (von denen bald ein mehreres)
alle alte weltliche Fürstliche Häuser noch jetzo — d. h. in Mosers
Sinne nach 1654 — eben so vil und nicht mehr oder weniger
Stimmen haben, als sie An. 1582 regierende Herrn und Stimmen
auf dem Reichs-Tag gehabt"; — es fragt sich, ob das wirklich in
dem Umfange zutrifft, als Moser annimmt;

2) „dass zerschidene Stimmen in Ansehung gewisser Linien
geführt werden, welche unmittelbar vor dem Reichs-Tag An. 1582
entstanden und unmittelbar darauf wieder erloschen seyn, mithin

---

[1]) Neue und vollständigere Sammlung der Reichsabschiede etc.; bei
Ernst August Koch, Frankfurt 1747, Theil III, p. 446; — künftighin nur als
„N. S." citirt.

[2]) Moser 34, p. 294 im § 23,4.

[3]) Moser l. c., § 26, p. 295.

[4]) Moser l. c., § 33, p. 297.

[5]) Moser l. c. p. 297.

[6]) Moser l. c. p. 297 ff., § 37—41.

zuvor und hernach keinen eignen Herrn oder Stimm gehabt haben, als auf dem An. 1582 gehaltenen Reichs-Tag" [1]); — dieses ist aber in seinem ganzen Umfange nur bei Pfalz-Lautern der Fall, — nicht bei „zerschiedenen Stimmen in Ansehung gewisser Linien"; und ferner sagt Moser zu viel, wenn er meint, diese hätten auch nach 1582 nicht nur keinen eigenen Herrn, sondern auch keine besondere Stimme gehabt; die Stimme Lauterns wurde gerade seit 1582 ohne Unterbrechung fortgeführt, wie auch die Hennebergs; nicht gleich weitergeführt wurden die Stimmen Braunschweig-Calenbergs und Grubenhagens, dagegen waren diese, wie auch die Hennebergs, nicht erst kurz vor 1582 entstanden. Calenbergs und Grubenhagens Stimmen wurden erst 1654 wieder aufgenommen, wo aber ersteres wieder einen eigenen Fürsten hatte.

3) „An. 1582 und zuvor hatte ein jeder Fürst, der kein appanagirter Herr wäre, wann auch gleich sein Antheil Landes noch so wenig aus- und eintrüge, seine eigene Stimme im Reichsfürstenrathe und wann eines Herren, der nur Eine Stimme geführet hatte, Lande unter 3. 4 und mehr Söhne getheilet wurden, so bekame ein jeder, der einen solchen Partikul erhielte, eben sowohl ein eigen Votum, als sein Erblasser gehabt" — es folgt die Theilung Hessens von 1567 als Beispiel. — „Hingegen seithero bleiben die Vota unveränderlich, wie sie An. 1582 gewesen seynd, wo nicht der Kayser und das Reich ein- oder anderem ein mehreres oder etwas besonderes einraumen; wann dahero jetzo — das ist richtig, d. h. nach 1654 — ein Land, worauf Sitz- und Stimm-Recht hafftet, getheilet wird, haben zwar alle Antheil an solchem Voto, alleine alle zusammen haben doch nur ein Votum" [2]). — Es wird sich herausstellen, das zwischen 1582 und 1654 aber noch viele Veränderungen in der Stimmenzahl des Fürstenrathes vor sich gingen, und dass der letzte Satz auf diesen Zeitraum noch nicht zutrifft; dass vielmehr jener ältere, der bis 1582 gelten sollte, auch fernerhin noch in Kraft bleibt, während der eine Fall Anhalts (s. oben p. 7, No. 4) nicht gleich mit dem nächsten nach 1582 gehaltenen Reichstage, dem von 1594, sondern erst 1603 eintrat, dann aber nicht etwa in diesem neueren Principe als anerkanntem Rechtssatze, sondern in speciellen Verhältnissen seine Begründung fand.

4) Es sei die Stimme keiner vor 1582 ausgestorbenen Fürstenlinie weitergeführt worden, wohl aber die der unmittelbar nach diesem

---

[1] so weit § 37, p. 298.
[2] Moser 34, p. 298. 299; § 38.

Reichstage und später erloschenen, mit Ausnahme Hessens und Badens, während zugleich Baden, Pfalz und Braunschweig als begründende Beispiele dienen sollen[1]). — Leider hat es nur mit Baden eine eigene Bewandnis[2]), und die Braunschweigischen Stimmen wurden, wie schon gesagt, nicht gleich nach dem Aussterben der Linien fortgeführt.

5) Man finde daher, während vor 1582 kein weltlicher Fürst mehr als eine Stimme jemals gehabt habe, gleich 1594 bei Pfalz eine zweite Stimme desselben Fürsten für Lautern und bei Sachsen eine solche für Henneberg „u. s. w. und nachhero immer mehrere"[3]). — Wenn Moser hier sagt, vor 1582 sei dieses nie der Fall gewesen, so durfte er auch die Führung der Stimme Lauterns durch Kurpfalz im Jahre 1594 nicht im Vorhergehenden heranziehen; denn hier führte nicht ein Fürst, sondern ein Kurfürst eine Stimme im Fürstenrath, wofür wir aber gerade bei Kurpfalz in früherer Zeit — 1557 — ein Analogon finden werden und mehrere noch bei geistlichen Fürsten. Die Weiterführung der Hennebergischen Stimme hatte aber ganz und gar in speciellen territorialen Verhältnissen ihren Grund und nicht in einem neu eingetretenen Rechtsprincipe[4]).

Im § 41 erzählt Moser[5]), dass 1594 zuerst Kurpfalz für Lautern und Sachsen für Henneberg die Weiterführung der Stimmen beansprucht und sie thatsächlich ausgeübt hätten; er wisse nicht, ob ohne Widerspruch. Indessen hätte doch Oestreich, das trotz seiner drei regierenden Herzöge immer nur eine Stimme geführt habe, 1603 Protest gegen solche Neuerungen eingelegt und sich für den Fall auch die Ausübung seiner drei Vota vorbehalten[6]). Wenn der Protest wirklich wegen der genannten Stimmen eingelegt worden ist, was nicht ersichtlich und 1603 jedenfalls etwas sehr post festum gewesen wäre, so war er doch ohne Erfolg, wie die Thatsachen lehren; ist er aber in Bezug auf andere Versuche, eine Stimme zu erlangen, damals erhoben worden, — und es scheint dieses vielmehr wegen einer zweiten Wirtembergischen Stimme für Mömpelgart geschehen zu sein[7]), — so wären damit

---

[1]) Moser 34, p. 299, § 39.
[2]) s. unten, p. 11.
[3]) Moser 34, p. 299, § 40.
[4]) s. unten, § 3, VIII.
[5]) Bd. 34, p. 299.
[6]) Moser 34, p. 300, § 42.
[7]) Moser führt die betreffenden Stellen aus Arumaeus und Besold (Thesaur. pract. voc. gefürst. Graf. p. 300) selbst an im § 9, p. 282 des 34. Bandes.

offenbar andere rechtlose Ansprüche zurückgewiesen, so dass man
für jene Stimmen vielmehr eine — sei es auch stillschweigende —
Anerkennung ihrer Berechtigung annehmen müsste.

Wir sind Mosers Beweisführung bisher in der Art gefolgt,
dass wir die bei den einzelnen Punkten aufstossenden Bedenken
angaben; ausserdem kann er aber auch selbst nicht läugnen, dass
verschiedene Thatsachen sich seiner Regel nicht einfügen lassen,
wenn er dieselben auch irgend wie zu erklären sucht:

1) wenn 1582 die beiden Herzöge von Sachsen-Coburg und
Sachsen-Eisenach noch gemeinschaftlich regierende Herrn waren,
daher nur eine Stimme führten, gleichwohl 1608 jeder eine besondere abgab und seitdem behielt, obgleich dem Herzoge von
Coburg dieselbe bestritten wurde [1]);

2) wenn ferner nach Mosers eigenen Worten 1582 eine Stimme
für Sachsen-Gotha nicht existirte, sondern dieselbe erst thatsächlich von 1654 datirt [2]). Er gebraucht hier eine eigenthümliche
Wendung, um diese Thatsache unschädlich zu machen: 1582
hätten vier regierende Herzöge zu Sachsen, Ernestinischer Linie,
existirt; dazu komme aber noch ein fünftes Gothaisches Votum,
„von deme man An. 1582 nichts wusste"; der folgende Satz giebt
die Erklärung, warum man von ihm nichts wusste: da der ge-
ächtete und gefangene Herzog Johann Friedrich von Gotha — er
könnte aber ebenso gut von Altenburg oder Weimar heissen —
„pro civiliter mortuo" geachtet worden sei, so habe „ein Votum
für ihn rechtlich nicht existirt"; — wie kann denn aber „noch
ein fünftes Gothaisches Votum" 1582 dazukommen? — eine eigenthümliche Ausdrucksweise! Schliesslich muss Moser selbst die
Thatsache anerkennen, dass das neue Gothaische Haus 1640
durch Theilung entstanden sei, und sein Votum erst seit
1654 datire. Also noch in dieser Zeit fand bei Theilungen von
Fürstenthümern doch auch eine entsprechende Vermehrung der
Stimmen statt!? Er spricht aber nicht darüber, wie dieses, entgegen seiner Observanz von 1582, noch habe geschehen können.

---

[1]) Moser Bd. 34, p. 292, § 21,₂ spricht es hier nicht aus, dass die beiden
Herzöge 1582 nur eine Stimme führten, weil er für dieses Jahr 4 sächsische
Stimmen annimmt und für seine Theorie annehmen muss; da er aber ausdrücklich
erwähnt, es sei 1608 wegen der Eisenachischen Stimme die „Quaestio status
movirt", wozu er im § 10, p. 283 selbst die betreffende Stelle aus Müllers
Staatscabinet anführt, und woraus sich gerade ergiebt, dass Eisenach und
Coburg 1582 nur eine Stimme führten, so liegt hier allerdings ein Fall vor,
der Mosers Theorie widerspricht, und den er selbst hätte beachten müssen.

[2]) Moser 34 p. 292, § 21,₁.

Dabei erwähnt er auch, dass Ernst von Gotha 1641, also nach der Theilung, noch keine eigene Stimme geführt habe, aber eine Erklärung giebt er auch hierfür nicht.

3) Ebenso erkennt Moser es als „etwas irreguläres" [1]) an, wenn die Fränkischen Fürstenthümer des Hauses Brandenburg 1582 nur einen Herrn hatten, der auch noch 1603 nur eine Stimme führte, 1613 aber, nachdem seine beiden Vettern getheilt hatten, jeder derselben eine besondere ausübte.

4) Wenn wir ferner 1582 eine vierte Badensische Stimme des Markgrafen Georg Friedrich von Baden-Sausenberg finden sollen, die aber nicht fortgeführt sei [2]), so sucht Moser [3]) dieses einfach so zu erklären, dass 1591 die Baden-Hochbergische Linie ausgestorben sei, „da der Anfang mit dieser Neuerung noch nicht gemacht ware, und also liesse es Baden auch nachhero gut seyn". Also weil die Hochbergische Linie ausgestorben ist, darum sollte das Votum der Sausenbergischen nicht fortgeführt sein? Moser giebt hier zu wenig, um das zu erklären; denn allerdings starb 1591 die Linie Hochberg aus, während 1654 und in den folgenden Zeiten eine Stimme „wegen Hochbergs" geführt wird, und zwar von den Regenten aus der Sausenbergischen Linie! Zugegeben aber, hier liege ein Irrthum Mosers in den Namen vor, der den Thatsachen nach aber nicht obzuwalten scheint: wie sollte der im § 45 angegebene Grund für das Nichtfortführen des einen Votums stichhaltig sein, wenn die Häuser Henneberg 1582, Lantern 1586 ausstarben, also doch auch, „da der Anfang mit dieser Neuerung noch nicht gemacht ware", für sie aber 1594 — und inzwischen fand kein Reichstag statt — die Stimme weitergeführt wird? Hätte Baden nicht dasselbe Recht gehabt?

5) Den gleichen Grund führt Moser [4]) dafür an, dass nach dem Aussterben der Linie Hessen-Rheinfels im Jahre 1583 deren Votum nicht weitergeführt sei, „da es Hessen noch nicht einfallen konnte, dass Pfalz und Sachsen 1594 etwas neues aufbringen würden"; — wir stellen hier Moser denselben Einwand, wie so eben bei Baden, entgegen.

6) Das Votum der Linie Hessen-Marburg, sagt Moser in demselben §, sei seit deren Erlöschen im Jahre 1604 wegen des Erbstreites zwischen Darmstadt und Cassel suspendirt gewesen; er wisse nicht, ob 1653 — nach Entscheidung des Streites — Hessen

---

[1]) Moser 34 p. 293, § 22.
[2]) Moser 34 p. 295, § 26.
[3]) Moser 34 p. 301, § 45.
[4]) 34 p. 301, § 44.

nunmehr ein Weiterführen dieser Stimme beansprucht habe; es sei
das in neueren Zeiten geschehen, — aber erfolglos, was Moser
nicht mehr sagt. Jedenfalls, ob ein solcher Anspruch erhoben
wurde oder nicht, weitergeführt ist die Marburgische Stimme, die
1582 existirt hatte, nicht.

So stehen sechs negirende Thatsachen jenen fünf beweisenden
gegenüber, und es fragt sich, ob jene sich nicht bei einer genaueren
Nachprüfung vermehren, diese sich vermindern oder bei näherer
Betrachtung der Verhältnisse ihre beweisende Kraft verlieren werden.

Im § 53[1]) sagt nun Moser: „Schliesslichen ist der heutige
Zustand der Stimmen derer altweltlichen Fürstlichen Häuser also
in der That einem blossen casui fortuito zuzuschreiben. Dann An.
1582 ist es niemand in den Sinn gekommen, dass die Stimmen in
dem Reichs-Fürsten-Rath sich fürohin beständig nach .dem damaligen Fuss reguliren sollten; dergleichen durch blosse *casus fortuitos*
veranlasste wichtige Änderungen in der Teutschen Staatsverfassung
es auch sonsten noch mehrere giebt" ; — als Beispiel wird die Reichsmatrikel von 1521 und die beständige Dauer des letzten Reichstages
angeführt.

Was nennt hier Moser einen casus fortuitus? Das Normiren
der Stimmen nach dem Fusse von 1582 kann er nicht meinen;
denn auch später hat man sich bei den Streitigkeiten um Session
und Votum nie auf den Reichstag von 1582 berufen, zu einer
Rechtsnorm ist derselbe nie geworden, blieben doch 1582 selbst
verschiedene solche Streitigkeiten unentschieden[2]). Sicher hätte
Moser das auch nicht unterlassen anzuführen, da ein solcher Nachweis, dass man sich irgend einmal mit Erfolg auf den Reichstag
von 1582 berufen hätte, eine Untersuchung dieser Frage überhaupt
überflüssig gemacht haben würde. Casus fortuitus, Zufall nennt
Moser also die einfache Thatsache, dass die Stimmenzahl der alten
Fürstenhäuser nach 1654 mit der zur Zeit des Reichstages von 1582
übereinstimmen sollte. Was wäre aber mit der Feststellung einer
solchen Thatsache gewonnen, wenn sie rein zufällig ist? Wir
kommen hier wieder auf den Punkt zurück, Moser entgegenzuhalten,
er versäume den Nachweis zu bringen, dass zu keiner anderen Zeit
eine solche Übereinstimmung stattgefunden habe, — abgesehen davon, dass nach seinen eigenen Angaben die Übereinstimmung mit
der Stimmenzahl von 1582 keine völlige ist, und die weitere Untersuchung noch mehr Differenzen ergeben wird.

---

[1]) Bd. 34 p. 304.
[2]) s. unten § 3, XV.

Man beachte ferner die Ausdrucksweise Mosers: Im § 16
(P. 287), wo er seinen Satz als Behauptung formulirt, nennt er
„eine Observantz" von 1582[1]); — Observanz involvirt dem Begriffe
nach aber ein causales Verhältnis.

Im § 37 (p. 297), nach geführtem Beweise, sagt er, die Stimmen hätten „ihren Ursprung" von dem im Jahre 1582 gehaltenen
Reichstage[2]); — ein unbestimmter Ausdruck; wie denkt er sich
diesen Ursprung? bewusst hergeleitet, oder zufällig durch den Gang
der Dinge herbeigeführt? Man denkt zunächst noch an die Observanz.

Im § 53 (p. 304)[3]) heisst es: die Stimmen des Reichsfürstenrathes „regulirten sich" nach dem Fusse von 1582; — nicht etwa:
sie wurden regulirt, — ein ebenso unbestimmter Ausdruck, bei dem
man auch an die Observanz denken müsste. Aber in eben diesem
§ ist schliesslich die ganze sogenannte Übereinstimmung ein blosser
„casus fortuitus", ein Zufall! Man fragt sich: was ist denn nun
für ein Resultat gewonnen? welche positive Bedeutung für die Verfassung des Reichsfürstenrathes hat denn nun das Jahr 1582?

In den §§ 46 und 47[4]) will Moser den Schluss ziehen, dass
Hessen und Oestreich ein Recht hätten, jenes wenigstens die Marburgische, dieses seine drei Stimmen zu beanspruchen. Für Oestreich
kann man diese Behauptung hingehen lassen, da sie sich auf die
von demselben wiederholt abgegebenen Proteste stützt, durch welche
einer Verjährung seines Anrechtes auf drei Stimmen vorgebeugt
sei, — nur hätte dies nichts mit dem Jahre 1582 zu thun. Wie
soll aber das Recht Hessens aus dem casus fortuitus mit dem Jahre
1582 hergeleitet werden? Hier würde man eine faktische Bedeutung dieses Jahres erkennen, wenn Mosers Gedankengang folgender gewesen wäre:

Es handele sich nicht blos um die spätere Übereinstimmung
der Stimmenzahl des Fürtenrathes mit der vom Jahre 1582, sondern
auch hauptsächlich um den Grundsatz, dass die Stimmen erloschener
Fürstenlinien von ihren Rechtsnachfolgern weitergeführt werden;
dieser Grundsatz wäre gleich nach 1582 zur Geltung gelangt, und
daher datire das Recht Hessens, die Stimme der 1604 ausgestorbenen Marburgischen Linie fortzuführen. Dann hätte Hessen aber
ebenso ein Recht gehabt, die Weiterführung der Rheinfelsischen

---

[1]) cfr. oben p. 6.
[2]) cfr. oben p. 6.
[3]) cfr. p. 12.
[4]) 34, p. 301, 302.

Stimme zu beanspruchen. Bei Pfalz-Lautern und Henneberg nimmt Moser diesen Grundsatz auch schon für den nächsten Reichstag von 1594 als bestehend an, hinsichtlich Marburgs sagt er nun aber im § 44 (p. 301): beim Erlöschen dieser Linie sei noch stark darüber gestritten worden, „ob dergleichen Fortführung der Stimme einer ausgestorbenen Linie eine Rechtsbefugniss sei oder eine Neuerung". Dass gerade über diesen Satz in so positiver Form gestritten wäre, dafür führt weder er einen Beleg an, noch haben wir einen solchen auffinden können. 1594 wurden die Stimmen Lauterns und Hennebergs und 1598 die Pfalz-Simmerns fortgeführt, aber wir finden nirgend eine Spur, dass hiergegen von irgend einer Seite protestirt worden sei. 1603[1]) wurde gegen eine Mömpelgartische Stimme Protest eingelegt; das war aber keine einer ausgestorbenen Linie, sondern es handelte sich um eine ganz neue Stimme.

1608 und 1613 fanden Streitigkeiten wegen der Stimmen Sachsen-Eisenachs und -Coburgs[2]) statt, die aber wieder mit der Weiterführung des Votums einer erloschenen Linie nichts zu thun hatten, sondern im Gegentheil durch ihren Ausgang das ältere Princip, das nach Moser nur bis 1582 gegolten haben sollte, dass nämlich bei Theilungen eines Fürstenthums unter mehrere Söhne eine entsprechende Stimmenvermehrung eintrete, von neuem bestätigten.

Über jenes neuere Princip als formulirten Rechtssatz hat man also gar nicht gestritten; dasselbe vollzog sich in ganz anderer Weise, und wenn es auch später zu bewusster Form und Anerkennung gelangte, so fehlt doch jeder Beleg dafür, dass es sich als solches gerade an das Jahr 1582 knüpfte. Dadurch hätte dieses allerdings die Bedeutung einer Observanz erhalten, zugleich aber hätte Moser in diesem Falle die Übereinstimmung der späteren Stimmenzahl mit der dieses Jahres nicht mehr einen blossen casus fortuitus nennen können; und vor allem: die Übereinstimmung müsste dann auch wirklich vorhanden und einzelne Ausnahmen durch positive Angaben zu erklären sein. Das ist aber nach dem, was Moser bringt, und in noch höherem Grade, nicht der Fall.

Jm § 46 sucht er daher das Recht Hessens hinsichtlich der Marburgischen Stimme so herzuleiten, dass er sagt: Wenn mit der Fortführung des Hessen-Rheinfelsischen und Baden-Sausenbergischen Votums es einigen Anstand haben könne, da diese Linien zu einer Zeit ausgestorben seien, „da sich noch Niemand dergleichen Rechts angemasset und der Fuss de An. 1582 noch nicht

---

[1]) cfr. oben p. 9, Anm. 7.
[2]) cfr. oben p. 10, Anm. 1.

angefangen hatte, eine Norm der folgenden Zeiten abzugeben", so sehe er doch nicht, „was gegen das Marpurgische Votum sonderlich könnte gesagt werden, da das Hessische Recht wenigstens An. 1653 noch in salvo gewesen ist, zu welcher Zeit eine bereits durchgängig angenommene Regel ware, dass nach Absterben einer Linie, welche Sitz und Stimme gehabt, solche auf die Landes-Nachfolger verfället werde". Danach würde für die Ausführung dieses letzten Satzes die Norm von 1582 nicht gelten, da dann das Recht hinsichtlich des Rheinfelsischen und des sogenannten Sausenbergischen Votums doch ebenso gut in Geltung gewesen sein würde; hier scheint es also deutlich ausgesprochen zu sein, dass das jüngere Princip, nach welchem sich später die Stimmen im Reichsfürstenrath regelten, mit dem Jahre 1582 nichts zu thun habe, und doch ist gerade in demselben § von der „Norm von 1582" die Rede, — ein Widerspruch, der uns die Theorie Mosers immer zweifelhafter erscheinen lassen muss.

Der Kern dieser Theorie wäre demnach folgender:

Moser glaubt eine zufällige Übereinstimmung der nach 1654 existirenden Stimmen der alten Fürstenhäuser mit denjenigen von 1582 gefunden zu haben. Nun kennt er zwei Principien, nach denen sich diese Stimmen regulirten: Entweder waren dieselben personelles Recht und ihrer so viele, als jedesmal regierende Fürsten existirten; oder die Stimme haftete am einzelnen Fürstenthum, und konnte bei einer Theilung desselben nicht vervielfältigt werden. Jenes erste Princip hört für Moser mit 1582 auf, und es tritt ein neues ein, dass die Stimmen erloschener Fürstenhäuser von ihren Rechtsnachfolgern weitergeführt werden, mit welchem er den zweiten Satz, dass die Stimme am Fürstenthum hafte, identificirt. Dieses trat gleich nach 1582 ein; man stritt sich zwar darüber, aber es drang durch. Auf diese Weise soll jenes zufällige Übereinstimmen jedenfalls die Bedeutung einer Observanz erhalten.

So stellt Moser das Jahr 1582 in eine grelle Beleuchtung.

Abgesehen von allen Bedenken gegen diese Theorie, abgesehen davon, ob die genannte Übereinstimmung wirklich vorhanden sei, ob 1582 gerade dieser Scheidepunkt ist, muss es uns überhaupt auffallen, dass diese beiden Verfassungsprincipien sich so unmittelbar berühren sollen. Moser selbst kann sich der Erkenntnis nicht verschliessen, dass der neue Grundsatz nicht sofort zur vollen Geltung gekommen sei, dass diejenigen, welche ihn angewendet hätten, auf Widerspruch gestossen seien, gleichwohl bleibt für ihn das Jahr 1582 der scharfe Schnitt im damaligen Verfassungsleben, bei welchem jenes ältere Princip und dieses jüngste sich unmittelbar berührten.

Wir müssen vielmehr nach allem über Mosers Theorie Gesagten schliessen, dass, .wenn nach 1582 Neuerungen in der Verfassung des Fürstenrathes eingetreten sind, wir in dem, was er mit seinem neuen Principe nicht vereinbaren kann, die letzten Spuren einer Verfassung haben, die früher wesentlich auf anderen, nach dem Eintreten der neuen aber noch fortwirkenden Principien beruhte, und dass die Änderung derselben keine plötzliche, keine bewusst vollzogene — denn positive Gesetze gab es hierüber nicht, alles war Herkommen, Gewohnheitsrecht — gewesen sein könne, sondern allmählich aus der Entwickelung und der Geschichte Deutschlands — resp. seiner einzelnen Territorialgewalten — hervorgegangen sein muss.

So entsteht für uns die Aufgabe, den Spuren der Entwickelung, die von jenem älteren Zustande zu dem neueren herüberleitete, nachzugehen, zu zeigen, wie sich eine solche Bildung aus den historischen Prämissen ergeben konnte. Die Frage, wann sich diese Umbildung vollzog, wird dadurch zugleich ihre Erledigung finden müssen.

Es soll im Folgenden versucht werden, diese Entwickelung für die Zeit vom Reichstage zu Worms 1495 bis zu dem von Regensburg im Jahre 1653/54 zu verfolgen. Die Vergleichung der einzelnen uns entgegentretenden Thatsachen wird vielleicht die Spuren eines rothen Fadens zeigen, der sich von jener älteren Zeit des völligen Fluktuirens der fürstlichen Stimmenverhältnisse durch das Jahr 1582 hindurch bis zu der Neuconstituirung des Reichskörpers von 1648, resp. 1653, hinzieht, Spuren von Mittelgliedern, die sich an jenes Princip anschliessen, welches auf der Willkür, wie die einzelnen Fürstenhäuser ihre Söhne ausstatteten, beruhte, und die anderseits zu dem neueren hinüberleiten.

Es liegt nahe, dieses Bindeglied zunächst in der Entwickelung der Territorien, d. h. bei den einzelnen Fürstenhäusern, zu suchen. Die Geschicke Deutschlands wurden wesentlich durch seine territorialen Gewalten bestimmt, durch das Streben derselben nach immer grösserer Selbständigkeit ihrer schliesslichen Katastrophe entgegengeführt. Wo müsste sich dieser Einfluss im Verfassungsleben aber deutlicher äussern, als dort, wo diese territorialen Mächte direkt ihre Stellung im Ganzen des Reiches fanden, wo sie berathend und beschliessend in derjenigen Körperschaft sassen, die neben dem Kaiser das Reich äusserlich repräsentirte, im Reichstag? Schon durch jenen Umstand, dass die apanagirten Söhne der Fürsten nicht Zutritt zum Fürstenrathe hatten, während doch die Art, seine Söhne mit den Theilen seines Besitzes auszustatten, in jedes Fürsten

Belieben gestellt war, werden wir auf diesen Weg hingewiesen. Daher unser Schluss, dass nicht die blossen Thatsachen der Unterschriften der Reichsabschiede, sondern diese im Zusammenhange mit der Geschichte der einzelnen Fürstenhäuser erst das nöthige Licht für unsere Frage geben können. Der Gang der Untersuchung wird daher der sein, dass in einem besonderen Abschnitte die einzelnen Fürstenhäuser mit Rücksicht darauf besprochen werden, wie sich ihr Stimmrecht auf den einzelnen Reichstagen der zu behandelnden Zeit gestaltete, d. h. welche Stimmen wirklich abgegeben wurden und welche etwa ausgeübt werden konnten, worauf in einem letzten Abschnitt hieraus das Resultat mit Heranziehung anderer, für den Entwickelungsgang der Dinge wichtiger Momente gezogen werden wird. Zunächst aber mögen in einem zweiten Paragraphen einige Vorbemerkungen gestattet sein.

§ 2. Vorbemerkungen.

Für die Stimmabgabe der einzelnen Fürsten auf den Reichstagen der zu behandelnden Periode ist die Hauptquelle die „Neue und vollständigere Sammlung der Reichsabschiede etc.", die 1747 im Verlage von Ernst August Koch in Frankfurt a. M. erschien; eine neuere Sammlung liegt nicht vor, und was an älteren der Art erschienen war, ist bei der Herausgabe dieser von 1747 benutzt worden, welche ausserdem noch, nach der Vorrede, mit den Originalen im Kur-Mainzischen Archiv verglichen sein soll. Weizsäcker im Vorwort zum ersten Bande der „deutschen Reichstagsakten"[1] hat eingehend dieses Werk wie seine Vorgänger besprochen, so dass hier nur einige Bemerkungen mit specieller Beziehung auf den Zweck, für welchen dasselbe benutzt werden soll, zu machen sind.

[1] s. besonders p. XLIII des Vorwortes u. ff.

Wenn der Hauptmangel der Sammlung darin besteht, dass sie nur die Reichsabschiede selbst, nicht die Protokolle und Verhandlungen der Reichstage mittheilt, so kann uns dieser nur in so fern berühren, als wir über die Sessionsstreitigkeiten, deren in vielen Abschieden seit 1521[1]) gedacht wird, etwas Näheres erfahren möchten. Für unseren nächsten Zweck gebrauchen wir aber nur die Subscriptionen und können nur bedauern, dass nicht alle Recesse mit solchen versehen sind. Doch ist dieser Ausfall ein sehr geringer und trifft nur die erste Hälfte der zu behandelnden Periode. Die Anzahl der unterschriebenen Abschiede ist eine so grosse und auf alle Zeiten der 150 Jahre so vertheilt[2]), dass darin ein ausreichendes Material vorliegt.

In der Tabelle[3]), welche dem Abschnitte über die pfälzischen Stimmen beigegeben ist, sind die sämmtlichen Abschiede verzeichnet, welche mit Unterschriften versehen sind und daher für uns in Betracht kommen, wo zugleich die betreffenden Seitenzahlen der N. S. ein für alle Male angegeben sein mögen.

Im ganzen werden wir uns für unsern Zweck auf die „neue Sammlung" verlassen können, da, wie auch Weizsäcker in seinem Vorworte darlegt, die Edition der Reichsabschiede im 16. Jahrhundert sehr oft fast gleichzeitig vollzogen wurde, und wir annehmen dürfen, dass die Unterschriften wohl derjenige Theil derselben waren, der am wenigsten der Oeffentlichkeit vorenthalten oder entstellt wurde. Dass hin und wieder Fehler im Drucke sich eingeschlichen haben, darf bei den häufigen Nachdrucken und der schlechten Collationirung nicht Wunder nehmen; die Zahl derselben ist indessen eine sehr geringe, und ihre Correctur durch die einfachste Vergleichung leicht vorzunehmen; dieselbe wird an den betreffenden Stellen gegeben werden.

Eine Vergleichung der N. S. mit einer Anzahl der ältesten Drucke[4]) ergiebt für erstere die besten Resultate. Die Texte

---

[1]) s. Reichsabschied zu Worms 1521, § 40, N. S. (neue Sammlung) II, p. 208, 209. — Doch sei hier gleich bemerkt, dass dieses in den weitaus grösseren Fällen nur Sessionsstreitigkeiten, nicht solche um das Stimmrecht an sich waren, wie das aus dem Text der hierüber sehr oft handelnden vorletzten §§ der Abschiede hervorgeht.

[2]) Nur von 1613—1641, in der Zeit des 30jährigen Krieges, ist ein völliges vacuum; es ist die Zeit der gänzlichen Auflösung aller Verhältnisse, und die beiden Reichstage am Schlusse derselben, die von 1641 und 1653/54 sind in so fern wichtig, als sie eine Restitution des alten Zustandes bezeichnen, freilich nicht ohne grosse Neuerungen, namentlich in den Folgen.

[3]) s. unten § 3, XVIII.

[4]) Die verglichenen Drucke befinden sich in der königl. Bibliothek zu Berlin; es sind:

stimmen völlig überein, kaum dass die Worte etwas modernisirt sind; Interpunktion und Satzbau sind gar nicht verändert, selbst die §§-Eintheilung ist nur in wenigen Fällen um ein Geringes verschoben; vor allem aber wichtig für uns ist die grosse Genauigkeit in den Unterschriften, wo kein Name der Drucke in der N. S. fehlt.

Was die drei Reichsmatrikeln zu den Jahren 1495[1]), 1507[2]) und 1521 betrifft, welche wir mehrfach zur Unterstützung heranziehen werden, so stimmen die in den beiden ersteren vorkommenden Fürstennamen mit den historischen Daten und den Unterschriften der betreffenden Abschiede, resp. mit dem Titel VIII „Abschiede und Befehle" des Abschiedes von 1495, ganz überein, sind also zuverlässig; alle drei Fassungen der Matrikel von 1521 aber, die

---

1) Einzeldruck sub „Gv. 4580": „Romischer Keyserlicher Majestat un gemeiner Stende des Reichs ufsatzung und ordnung uff dem Reichstag zu Collen. Anno XV° und XII uffgericht", klein-folio;

2) Sammelband „Gv. 12350", enthaltend 5 Drucke, klein-folio:

a) „landtfried durch Keyser Karol den funfften uff dem Reichstag zu Worms auffgericht. Anno M. Y°. XX j."; auf der Rückseite des Titelblattes das kaiserliche Privileg für Joh. Schöffer zu Mainz d. d. 4. Juni 1521, auf drei Jahre lautend; auf der letzten Seite: „Gedruckt zu Meintz durch Johann Schöffer Anno M. V°. XX j.". Ein anderer Druck dieses Landfriedens, durch Ivo Schöffer i. J. 1523 besorgt, ist im Sammelband „Gv. 12357", No. 1, mit dem ersteren bis auf einige Abweichungen in der Orthographie und Interpunktion identisch;

b) No. 2 des Sammelbandes Gv. 12350: „Romischer Kayserlicher Majestat geordnet Kamergericht auff dem Reichstag zu Worms Anno M. V°. XX j. cum privilegio imperatoris Karoli V.". Auf der Rückseite das kaiserliche Privileg; am Schlusse: „Johann Schöffer, Maintz 1521". — Ein zweites Exemplar desselben Druckes ist im Sammelband Gv. 12357 No. 2;

c) Gv. 12350 No. 3: „Romischer kayserlicher Majestat Regiment: Chammergericht: Landtfridt unnd Abschiedt uff dem Reichstag zu Wormbs. Anno M. V°. XX j. beschlossen und uffgericht"; darunter „cum privilegio speciali Imperatoris Karoli V."; der Druck gehört offenbar in die Jahre 1521—23;

d) Gv. 12350 No. 4: „Abschidt des Reichstags zu Speier Anno 1526 gehalten"; darunter: „gegen dem Original collationirt: auscultirt und subscribirt". Auf der letzten Textseite: „Gedruckt zu Meintz durch Johan Schöffern", darunter: „collacionirt und auscultirt ist gegenwärtig copei durch mich Andrissen Rucker Meintzischen und der Reichshandlung Secretarien und laut dem Original gleich das ich mit dieser meiner eygen handt bezeug."; der § 30 des Abschiedes trägt Rucker ausdrücklich dieses Geschäft auf und verbietet jeden anderen als durch ihn beglaubigten Druck;

e) Gv. 12350 No. 5: „Abschiedt des Reichstags zu Augspurg Anno M. D. xxx. gehalten"; auf der letzten Seite: „getruckt zu Meintz durch Johannem Schöffer. Im jar nach der Geburt Christi unsers Herrn M. D. xxxj".

1) N. S. II, p. 20 ff.

2) N. S. II, p. 104 ff.

uns als solche in der N. S.[1]) bezeichnet werden, enthalten ein
Conglomerat aller möglichen Namen aus allen Zeiten des Jahr-
hunderts. Es ist dies daher erklärlich, dass sämmtliche späteren
Matrikeln nach dem Muster derjenigen 'von 1521 angelegt wurden,
so dass sich wohl später durch ungenaue Bezeichnungen verschiedene
Exemplare in die Drucke einschleichen konnten, die die Jahreszahl
1521 trugen und doch nichts weniger als dorthin gehörten. Vergleichen wir die drei Texte, so ergiebt sich, dass die Cortrejische
Fassung (N. S. II, p. 223) noch die beste ist, da sie sowohl in ihren
Anmerkungen zu den einzelnen Posten, die ebenfalls dem Originale
entnommen sein müssen, den Stempel der grösseren Genauigkeit
trägt, als auch das Fürstenverzeichnis vollständig giebt, was bei
der anderen Fassung auf p. 217 nicht ganz und bei der im Anhange
des 4. Bandes noch viel weniger der Fall ist.

Dass die Form der Matrikel sehr lange dieselbe blieb, zeigen
die beiden äussersten Daten; einerseits kommen nämlich Namen
vor, wie die der Brüder Heinrich und Erich von Braunschweig,
die vollkommen zum Jahre 1521 passen, und anderseits führt uns
die Angabe Herzogs Wilhelm v. Jülich, Cleve und Berg in den
beiden Fassungen des 2. Bandes bis ins Jahr 1592, in welchem
derselbe stirbt; die Matrikel im Anhange des 4. Bandes aber reicht
mit der Angabe „Hzg. Ludwig Philipps, Pfalzgrafen" sogar bis
zum Jahre 1614, da ein Pfalzgraf dieses Namens nur einmal,
in Neuburg von 1569—1614, regierte. Im Ganzen berühren sich
die Fürstennamen aller drei Fassungen in den Jahren 1550—1570.

Wenn wir demnach diese Matrikel höchst selten gebrauchen
werden, so kann sie bei einigen Punkten doch ohne Gefahr angewendet werden, wenn sie z. B. übereinstimmend mit den anderen
„alle Fürsten von Anhalt" nennt. Wir können in dieser Continuität des Matrikelformulars nur ein Zeichen dafür erblicken,
dass das Verhältnis der einzelnen Fürstenhäuser zum Reiche nicht
ein so willkürlich wechselndes war, sondern eine gewisse Beständigkeit
bewahrte.

Als Ergänzung und Controlle für die Angaben der neuen
Sammlung und besonders für die Verfolgung der Hausgeschichten
ist neben Karl Hopfs „historisch-genealogischem Atlas, Gotha 1878",
neben H. Schulze „die Hausgesetze der regierenden deutschen
Fürstenhäuser" (2 Bde., Jena und Breslau), Lünigs Reich-Archiv,
Häberlins „Neuester teutscher Reichsgeschichte" eine Anzahl von

---

[1]) 1) N. S. II, p. 217; 2) N. S. II, p. 223 „nach Cortreji"; 3) N. S. IV im
Anhange, p. 39 desselben.

Werken über die einzelnen Fürstenhäuser benutzt worden, die an den betreffenden Stellen citirt werden.

Hopfs Atlas kann in so fern zu einer Controlle dienen, als er nirgend seine Daten der neuen Sammlung entnimmt, wie sich aus einer Durchsicht seiner Quellenangaben auf p. XIII hinter dem Vorworte und über den einzelnen genealogischen Tafeln ergiebt.

Zum Schlusse dieser Vorbemerkungen ist noch über die Unterschriften selbst zu sprechen.

Zunächst involvirt jede besondere Subscription, sie sei persönlich oder in Vertretung gegeben, eine Stimme des betreffenden Fürsten; erst in ganz später Zeit finden sich Abweichungen hiervon, die dann aber als solche deutlich erkennbar sind[1]).

Neben den einfachen Unterschriften, d. h. solchen mit einem Fürstennamen, kommen aber auch andere der Art vor, dass Brüder oder Vettern desselben Hauses in einer einzigen zusammen genannt werden, und es fragt sich, ob man für eine solche Gesammtunterschrift nur eine gemeinsame Stimme anzunehmen habe oder so viele, als Personen in derselben genannt werden.

Wir gehen zunächst von den Reichstagen von 1641 und 1654 aus, wo Anhalt anerkanntermassen nur eine Stimme führte. Wenn nun die Unterschriften hier sich in der Form durch nichts von denen in früherer Zeit, auch nicht von den vor 1582 gegebenen unterscheiden[2]), während auch sonst in keiner Beziehung sich die Abfassung der Reichstagsabschiede geändert hat, sondern eine ununterbrochene Stabilität der Form bewahrt, wenn wir dann 60 resp. 70 Jahre früher bei anderen Häusern urkundlich nachweisen können, dass eine solche Unterschrift nur für eine Stimme gegeben[3]) wurde; so wird der Schluss gestattet sein, dass denselben in früherer Zeit ebenfalls nur eine zu Grunde lag.

Wir finden ferner zwei Zeugnisse aus unserer zu behandelnden Zeit, welche die Stimmfrage im Reichsfürstenrath behandeln.

---

[1]) In den Unterschriften des Abschiedes von 1653/54 erscheinen einige in der Gestalt doppelt, dass sie zuerst unter den persönlich anwesenden Fürsten gegeben sind, dann unter den Namen der abwesenden mit dem Vermerk „nach Abreise" wiederholt werden, wie z. B. bei Lauenburg, wo natürlich nicht eine zweite Stimme desselben Fürsten anzunehmen ist.

[2]) cfr. die Subscription für Anhalt zum Jahre 1559, unten § 3, XII.

[3]) Bei Meklenburg zum Jahre 1576; bei Sachsen zu den Eisenach-Coburgischen Unterschriften von 1576 und 1582.

1) In Goldast's „politischen Reichshandlungen"[1]) befindet sich in einem im Jahre 1582 angefertigten Berichte, „wie es auf Reichstagen gehalten zu werden pflege"; die Stelle: „Was aber für unterschidliche regierende Herrn aus einem Haus gebohren seynd, die mögen ihr jeder einen sonderbaren Gewalthaber ordnen, oder durch einen sammtlich ihr Votum und Session vertreten lassen, wie jetzo in zwoien Reichs-Tägen die Kayserliche Maj. sammt dero Gebrüdern, Ertz-Hertzogen zu Oesterreich, gleichwohl protestando, gethan, da aber sonst andere Gebrüder und Vettern, so nicht regierende Herren, sich solches wollten unternemen und so vil Vota haben, als deren seyen, wird nicht zugelassen".

Moser[2]) führt diese Stelle als Beleg dafür an, dass bis 1582 bei Erbtheilungen jeder der theilenden Fürsten eine Stimme im Fürstenrathe zu beanspruchen hatte, und zwar wird er speciell mit Hinblick auf die Theilung Hessens unter die vier Söhne Philipps des Grossmüthigen beigebracht.

2) Die zweite Stelle befindet sich bei Arumaeus[3]): „Quod si vero duo Principes inter se ducatus et dominia sua diviserint, et unusquisque regimen in sua parte instituerint, uterque jus Voti in conciliis habet, quapropter cum in comitiis Ratisponensibus 1613 etc..." (n. 134); dann n. 135: „Quodsi etiam unus Princeps plures Principatus habeat, potest et is, si velit, eorum nomine plura Vota in comitiis dare, sicuti ejus rei exempla in propatulo sunt. Nam Elector Coloniensis tanquam elector in senatu Electorum, tanquam Episcopus Lüttinensis, Monasteriensis, Hildesheimensis etc. in senatu Principum, Elector Palatinus, ut Elector, et nomine Simmern et Lautern, Elector Saxoniae ut Elector et nomine comitatus Hennebergensis, aliique plura Vota habent, sicuti ex subscriptionibus variorum Recessuum videre est". Jenen Satz des Autors bei Goldast acceptirt Moser[4]), den des Arumaeus aber will er durchaus nicht gelten lassen. Dem ersten Satze des letzteren:

---

[1]) cap. 6, p. m. 931; bei Moser Teut. Staats-Recht Bd. 34, p. 298, Anm. 1 citirt, wo dieser den Verfasser einen „in Reichstagssachen wohl erfahrenen Autor" nennt. Auch bei Joh. Ulrich Röderer „von den Herzoglich-Sächsichen Reichs-Tags-Stimmen und der Frage: ob der Grund der jetzigen Stimmen etc.". „Hildburghausen, bey Joh. Gottfried Hanisch 1779", p. 98.

[2]) l. c. zum § 38.

[3]) de comitiis cap. VII, n. 134 u. 135, bei Moser 34, p. 284, § 12; auch bei Röderer „von den Herzoglich-Sächsischen etc." § 2, n. 59 u. p. 63.

[4]) Bd. 34, p. 284, § 13.

„quodsi vero duo Principes etc." stellt er „unter verschiedenen anderen das Hoch-Fürstliche Haus Anhalt" gegenüber, welches trotz der Theilung von 1604 in 4 Linien doch nur eine Stimme führe; dieses ist aber auch der einzige Fall dieser Art in unserer Periode nach 1582 und beruht, wie wir sehen werden, auf einem besonderen Hausvertrage, während „die verschiedenen anderen" Fälle nicht allgemein in die Zeit nach 1582, sondern erst in die nach 1654 gehören. Arumaeus aber starb 1634 [1]). Dieser Irrthum Mosers dass er des Arumaeus Sätze, welche zunächst nur als ein Zeugnis für seine Zeit angesehen werden dürfen, generaliter nehmen will, zieht sich dann durch das Folgende, was er gegen ihn sagt, hindurch. Gegen den zweiten Satz desselben wendet er [2]) ein, dass nicht klar sei, was er mit „Principatus" gemeint habe. Die von Arumaeus angeführten Beispiele zeigen aber deutlich, dass er darunter ein Land versteht, welches entweder seit längerer oder kürzerer Zeit einen eigenen Herrn gehabt hatte, der Sitz und Stimme im Fürsten-rath besass.

Wir nehmen diese Sätze als das, was sie nur sein können: Zeugnisse von Zeitgenossen für Ihre eigenen Zeiten.

Aus der Stelle in Goldasts politischen Reichshandlungen ergiebt sich, dass:

1) zu seiner Zeit jeder selbständig regierende Fürst das Recht hatte, Session und Votum im Reichsfürstenrathe zu beanspruchen und auszuüben, dass aber,

2) wenn in einem Fürstenhause eine Theilung unter mehreren Brüdern oder Vettern stattgefunden hat, diese auch einen gemeinsamen Vertreter entsenden können, der dann das „votum" und die „Session" ihres Hauses vertritt, in diesem Falle also nur eine Stimme führt, unbeschadet jedoch des Rechtes jedes einzelnen der betreffenden Regenten, sein Votum und seine Session später wieder für sich besonders auszuüben. Das Beispiel Oestreichs widerspricht diesen Sätzen in keiner Weise, da dasselbe nach Analogie anderer Fürstenhäuser unzweifelhaft mehrere Vota verlangen konnte, aus besonderen Rücksichten dieses aber unterlassen haben mag, wobei sein einige Male abgegebener Protest nichts weiter bezweckte, als jenes sein eventuelles Recht in Erinnerung zu bringen. Oestreichs Beispiel, gleich hinter den Satz von der gemeinsamen Vertretung gestellt, kann eben nur illustriren, dass im Falle einer Gesammt-vertretung nur ein Votum ausgeübt wurde. Denn dass die Erz-

---

[1]) Röderer, p. 61.
[2]) Moser 34, p. 285, § 14.

herzöge unter der Unterschrift „Haus Oestreich" nur ein solches führten, beweist eben der Protest, der nur dann einen Sinn haben konnte, wenn die gemeinsame Gesandtschaft nur eine, nicht wenn sie mehrere Stimmen ausübte. Drittens endlich: nur nicht regierende, d. h. apanagirte, Herrn sind von dem Stimmrecht im Fürstenrathe ausgeschlossen, ein Satz, der offenbar nicht im Gegensatz zu dem von der Gesammtvertretung, sondern zu dem von den „unterschidlichen regierenden Herrn" steht.

Dieses um 1582.

Des Arumaeus' erster Satz stimmt nun noch vollkommen zu diesem von 1582. Dann folgt sein zweiter Hauptsatz, dass ein Fürst, der im Besitz mehrerer Fürstenthümer ist, auch für jedes derselben ein besonderes Votum führen könne; die Beispiele dazu sind aber sämmtlich erst aus der Zeit von 1594 ab genommen, so dass also hier eine Thatsache registrirt erscheint — sicuti ex subscriptionibus variorum recessuum videre est —, aus der eine Regel abzuleiten sein könnte, — potest, si velit.

Es ist wichtig, dieses Verfahren des Arumaeus hervorzuheben, der seinen ersten Satz mit der Sicherheit und Gewissheit einer längst anerkannten Wahrheit niederschreibt: uterque jus voti habet, und aus ihm die Begründung für einen Einzelfall ableitet — „quapropter" fährt er fort —, während er in dem zweiten Satze „potest" sagt und gleich hinzusetzt, dass er dieses eventuelle Recht aus gewissen Beispielen ableite, wie er sie für den ersten gar nicht gebraucht, der, wie 1582, so auch zu seiner Zeit in voller Gültigkeit besteht. Dabei widersprechen sich des Arumaeus Sätze zunächst in keiner Weise, während er über jene Gesammtvertretung mehrerer Linien eines Fürstenhauses nichts sagt, dieselbe also ebenso wie der allgemeine Satz vom Stimmenrechte jedes regierenden Fürsten noch so wie 1582 als bestehend angenommen werden muss.

Wir gewinnen demnach für die Behandlung der Subscriptionen das Resultat, dass eine Gesammtunterschrift an sich jedenfalls nur eine Stimme bezeichnet, — wo nicht etwa ausdrückliche Zeugnisse einen Ausnahmefall constatiren —, während sonstige Quellen uns erweisen werden müssen, aus welchen Gründen mehrere regierende Brüder oder Vettern nur eine Stimme durch eine Gesammtvertretung ausübten, ob dieses eine dauernde Institution blieb, oder nur ein einmaliges Faktum war; d. h.: wir werden an diesem Punkte die einzelnen Faktoren erkennen müssen, welche auf die Gestaltung der Stimmenzahl im Reichsfürstenrathe einwirkten und schliesslich zu derjenigen führten, welche seit 1654 dauernd bestehen blieb.

§ 3. Die einzelnen Fürstenhäuser.

Wir gehen nunmehr zur Besprechung der Stimmverhältnisse der einzelnen Fürstenhäuser über. Es muss entschuldigt werden, wenn hierbei keine gegebene Reihenfolge, sei es eine geographische, oder eine nach historischen Momenten, etwa dem Alter der Fürstenhäuser, oder, was das natürlichste hätte scheinen können, diejenige der Rangordnung in den Subscriptionen eingehalten ist. Da letztere aber für uns ohne Belang ist, und die Zahl der Fürstenhäuser selbst sich nicht sehr hoch beläuft, so war es vielleicht empfehlenswerther, diejenigen Häuser, bei denen die Stimmverhältnisse möglichst einfach liegen, zuerst zu behandeln. Eine Gesammtübersicht über die Stimmen der alten Fürstenhäuser nach unseren Resultaten ist am Schlusse in einer Tabelle beigefügt.

I. Gehen wir von den Herzogthümern **Jülich-Berg** und **Cleve** aus, so finden wir für ersteres in den Jahren 1495—1510 die Unterschrift Wilhelms III.[1]) in acht Reichstagsabschieden, die in diese Zeit fallen. 1511 starb derselbe, worauf während der beiden nächsten Reichstage, 1512 und 1521, die Stimme Jülichs ruhte, da er keine Söhne hinterliess, und seine Erbin Maria an Johann III. von Cleve verheirathet war.

Für Cleve finden wir 1495 keine Unterschrift, dagegen in der Matrikel desselben Jahres den „Hertzog von Kleff" mit einer Anlage genannt. Der regierende Herzog in Cleve und Mark war damals Johann der II. (1481—1521), der seine Stimme unter zehn Reichstagen dieser Periode viermal, 1497 zu Lindau, 1497 zu Worms, 1500 und 1521[2]) ausübte.

---

[1]) nach Hopf; nach Ranke, „Deut. Gesch. im Zeitalter der Reformation" I, 228 der VII.

[2]) Dass hier noch die Stimme Johanns II. und nicht die seines Sohnes ausgeübt wurde, zeigt die Unterschrift „von wegen des Hertzogen zu Cleve", während Johanns III. Titel gleich 1524 von „Jülich, Cleve und Berg" lautet. 1498 findet sich einmal die Unterschrift: „der Hertzog von Gülch und Cleve", jedenfalls ein Fehler in der Vorlage, die man für diesen Abschied bei Anfertigung der N. S. hatte, oder der dabei hineingebracht wurde; wir haben diese Stimme zu denen von Jülich und Berg gezählt, da hier allein vor der Vereinigung der beiden Herzogthümer eine Doppelbezeichnung vorkommt, und man in der fraglichen Unterschrift statt „Cleve" „Berg" zu setzen haben wird.

Von 1524—1535 finden wir achtmal regelmässig die Stimme Johanns III. als Herzogs von Jülich, Cleve und Berg ausgeübt, darauf die seines Sohnes Wilhelms III. (1539—92) auf sechszehn Reichstagen von 1541—1582, schliesslich dreimal, 1594, 1598 und 1603, diejenige seines Enkels Johann Wilhelm, welcher 1609, ohne männliche Nachkommen zu hinterlassen, starb.

Wir sehen, dass in jener frühen Zeit des 16. Jahrhunderts die Stimme einer ausgestorbenen Fürstenlinie nicht fortgeführt wurde, und sehen dieses in dem Umstande begründet, dass die beiden Fürstenthümer völlig mit einander verschmolzen. Es war nämlich in dem Heirathscontract zwischen Johann III., dem Erbprinzen von Cleve, und Maria von Jülich und Berg ausdrücklich bestimmt worden, dass ihre Fürstenthümer und Länder ewig unzertrennt und vereinigt bleiben sollten, welchen Vertrag König Ferdinand in dem 1559 ausgestellten Lehensbriefe für Wilhelm III. von neuem bestätigte.[1]) Es ist dieses in so fern wichtig, als die ersten Fälle, wo wir die Stimmen ausgestorbener Fürstenlinien fortgeführt finden, bei Henneberg und Pfalz-Lautern, auch in ganz speciellen Verhältnissen begründet sind, bei Henneberg gerade im Gegensatz zu diesem Falle darin, dass dasselbe als Fürstenthum mit besonderer Regierung fortbestand. Zugleich war für Jülich-Cleve-Berg durch diesen Vertrag, wenn nicht gerade eine feste Erbfolge eingeführt, doch etwaigen späteren Theilungen vorgebeugt.

Wenn es somit natürlich war, dass für die Herzogthümer nur 1 Stimme geführt wurde, so können wir hier Moser auch darin Recht geben, dass nach 1609 dieselbe wegen des Successionsstreites suspendirt werden musste und nachher, da die definitive Entscheidung erst 1666 gegeben wurde, auch keinem der Erben, nachdem 1654 die Verhältnisse fixirt waren, eine solche zugestanden werden konnte, da besonders Sachsen weder den Neuburgern noch Brandenburg dieselbe bewilligen wollte[2]).

II. Für Holstein[3]) finden wir weder 1495 noch in der ganzen folgenden Zeit bis 1567, in welche 30 Reichstage fallen, deren Abschiede uns mit den Unterschriften vorliegen, eine Stimme ausgeübt,

[1]) Häberlin „Neueste Teut. R.-G." IV p. 189 — Lünig R.-A. tom. XI, supplem. ulter. p. 102 ff. und tom. X p. 411 ff. — Ranke „Reformation" Bd. I p. 226 nebst Anm. 3 und p. 228; schon Maximilian hatte danach jenen Heirathsvertrag bestätigt.
[2]) Moser „Teut. Staats-R." Bd. 35 p. 247 im § 44.
[3]) Die Erhebung Holsteins zu einem deutschen Herzogthum s. Ranke „Ref." 1 p. 42.

indessen lassen sich andere Spuren seines Verhältnisses zum Reiche nachweisen.

In dem Abschiede von 1495 heisst es im Titel 8[1]) § 10: Friedrich von Sachsen solle unterhandeln mit dem „Könige von Dänemark", und im § 14: Herzog Magnus von Mecklenburg „solle handeln mit dem Hertzog von Holstein und Schleswig". Die Matrikel von 1495 enthält nur die kurze Bezeichnung: „Hertzog von Holstein". Da wir dem Reichsabschiede selbst hier grössere Autorität als der Matrikel zuerkennen müssen, die, wenn sie sonst auch richtig sein mag, doch jedenfalls nur im Auszuge gegeben ist, wie man aus der Form und den kurzen Titulaturen schliessen muss, so hätten wir für Holstein 2 Stimmen anzunehmen.

Dieses bestätigt auch die Matrikel von 1507, an deren Spitze es heisst: „König von Dänemark von der Landschaft Holstein" (daneben die Zahlen der Veranlagung), während sich weiter unten unter den Fürsten, hinter Baden, nochmals der Titel „Hertzog von Holstein" findet, mit der Bemerkung „stehet oben" und ohne besondere Zahlenangabe; es ist also anzunehmen, dass Holstein 2 Stimmen besass, zu den Leistungen für das Reich aber in seiner Gesammtheit herangezogen wurde, wodurch sich auch die Divergenz zwischen der Matrikel und dem Titel 8 des Abschiedes von 1495 erklärt.

Die Hausgeschichte bestätigt uns dieses Verhältnis: 1490 theilten Johann und Friedrich, Söhne Christians I. von Dänemark, später, 1544, wieder Christian III., Johann der Ältere und Adolf, letztere jedoch, ohne die gemeinschaftliche Regierung und den gemeinsamen Landtag abzuschaffen, wie auch die weitere Theilung von 1564 zwischen dem König Friedrich II. und seinem Bruder Johann dem Jüngeren den Bestand der gemeinschaftlichen Regierung der beiden Linien gar nicht tangirte[2]). Daher die Gesammtanlage des Herzogthums in der Matrikel, während doch, besonders seit 1526, zwei völlig getrennte Linien die Regenten desselben lieferten, die wir auch in der Zeit des Anfanges unserer Periode anerkannt finden.

Erst 1570 erscheint eine Unterschrift Adolfs, „Hertzogs zu Holstein und Schleswig", 1576 und 82[3]) keine, 1594 endlich zwei

---

[1]) N. S. II p. 24—27; es wird in diesem Titel bestimmt, welche einzelnen anwesenden Fürsten mit den abwesenden unterhandeln sollen, um diese zur Anerkennung der Beschlüsse, namentlich zur Leistung der Matrikelumlage zu bewegen.

[2]) Schulze „Hausgesetze" II p. 370, 371.

[3]) Dass indessen sowohl König Friedrich II. von Dänemark, wie Herzog Adolf als Herzöge von Holstein ein Ausschreiben zum Reichstage von 1582

besondere für Johann Adolf und Christian IV. von Dänemark,
welcher letztere noch zweimal, 1603 und 1613, seine Stimme ausgeübt hat. 1641 und 1654 findet sich keine Unterschrift.

Moser weist hier auf die zwei regierenden Linien als Grund
hin, weswegen den Inhabern Holsteins eine doppelte Stimme gebühre,
und darauf, dass dieselbe 1570 ausgeübt sei![1]) Wir müssen indessen
noch einen andern Umstand in Betracht ziehen.

Als am 1. Januar 1559 Christian III. von Dänemark mit Hinterlassung dreier Söhne starb, erbte von diesen Friedrich II. die
Kronen von Dänemark und Norwegen, traf zugleich aber mit seinen
beiden Brüdern, Magnus und Johann dem Jüngeren, Abkommen,
nach denen sie auf alle Regierungsansprüche verzichteten, der letztere in einem Verzichtbrief d. d. Flensburg 27. Januar 1564 auf
alle Ansprüche an Schleswig und Holstein, wogegen Friedrich II.
den dritten Theil aller an das Reich zu zahlenden Leistungen allein
übernahm; die Stände der genannten Herzogthümer leisteten auch
nur ihm und seinen Oheimen, Johann dem Älteren und Adolf, als
regierenden Herzogen die Huldigung. Zugleich aber traf Friedrich II.
mit diesen letzteren ein Abkommen, dass die Regierung der Herzogthümer eine gemeinschaftliche sein sollte, was, wie Häberlin[2])
sagt, fortan bestehen blieb. Wenn nun trotz dieser einheitlichen
Regierung Holsteins für dasselbe gleichwohl 2 Stimmen fortgeführt
wurden, so werden wir um so mehr den Grund hierfür nicht in
einer Observanz von 1582 oder 1570, sondern in dem Herkommen
sehen, welches gleich am Anfange unserer Periode in den Ver-
fassungszuständen der Herzogthümer begründet war.

Anderseits war es durch diese Verhältnisse bedingt, dass selbst

erhalten hatten, berichtet Häberlin N. T. R.-G. XII p. 625; auch hatten beide
ihre Gesandten geschickt, um die Belehnung mit dem dritten Theil der Reichslehen, die ihnen durch den Tod des Herzogs Johann, Adolfs Bruder, zugefallen waren, zu erhalten. Bei dieser Gelegenheit bringen die Gesandten ein
Gesuch um ein kais. Dekret vor, durch welches ihnen eine bestimmte Session
— nur Session — angewiesen werden möchte, wegen welcher sie mit mehreren
anderen Fürsten streitig seien, der Grund, weswegen sich die holsteinischen
Gesandten des Abstimmens und Berathens auf den vorigen Reichstagen enthalten hätten; 1570 wären sie vergebens um ein solches Dekret eingekommen
und hätten jetzt Befehl, sich nicht eher im Reichsfürstenrathe einzustellen, als
bis sie dasselbe erhalten hätten. l. c. p. 628. 629, weiterhin die Antwort des
Kaisers, der sie auf den im Reichsabschied von 1570 vorgeschriebenen Weg
der Klage verweist.

[1]) Teut. Staats-R. 34, 296 im § 30; indessen ist 1570 doch nur eine Stimme
ausgeübt worden.

[2]) N. T. R.-G. V, 638—641, woselbst die anderen Quellen, Lünig und
Dumont corps dipl., angegeben werden.

in dem Falle, wenn mehr als zwei Regenten an dieser Regierung participirten, wie es 1559 in der Gottorper Linie thatsächlich der Fall war, das Reich doch nie mehr als 2 Stimmen anerkannte.

Es ist auch bemerkenswerth zu beobachten, wie schon bei den Söhnen Adolfs, des Begründers der Gottorper Linie, ein thatsächliches Geltendmachen des Erstgeburtsrechtes hervortritt[1]), wie 1559 Friedrich II. auch in seiner Linie eine Antheilnahme der jüngeren Brüder an der Regierung der Herzogthümer zu verhindern sucht, und wie dann Johann Adolf in seinem Testament vom 9. Januar 1608[2]) für die Gottorper Linie definitiv das Erstgeburtsrecht einführt. Es manifestirt sich hierin dasselbe Streben nach einer dauernden Untheilbarkeit der Fürstenthümer, wie wir es überall hervortreten sehen.

III. Eine gleiche Beständigkeit der Verhältnisse finden wir bei **Savoyen**, welches ebenfalls auf 17 Reichstagen von 1495—1535 seine Stimme nicht ausübte; dass es aber zu den Fürstenthümern gehörte und zwar als ein einheitliches, also mit einer Stimme versehenes angesehen wurde, beweisen wieder die Matrikel[3]) und Titel 8[4]) des Abschiedes von 1495, sowie die Matrikel von 1507[5]).

Von 1541—1551 finden wir dann bei 8 Reichsabschieden fünfmal eine Unterschrift für Carl von Savoyen[6]), 1555 keine, 1557—1576 bei sechs Reichstagen fünfmal eine für Emmanuel Philibert[7]), und von 1582—1654 bei 7 Reichstagen viermal eine solche für Carl Emmanuel[8]).

---

[1]) Schulze „Hausgesetze" II p. 372.

[2]) bestätigt vom Kaiser d. 26. Febr. 1608 und vom Könige von Dänemark d. 13. Juli 1609 und 21. Juli 1621. — Die Urkunden selbst gedruckt bei Schulze „Hausgesetze" II, Urkunden von Holstein Nr. I, p. 388, 389 ff., 392 ff.

[3]) N. S. II, p. 20: Hertzog von Saphey.

[4]) im § 7, wo der König mit dem „Hertzog von Saphoyen" handeln soll; N. S. II, p. 24 ff.

[5]) N. S. II, p. 104 ff. unter der Rubrik „welsche Fürsten": „Hertzog von Savoyen". — Die Matrikel von 1521 braucht hier kaum herangezogen zu werden; es heisst in ihr nach Cortreji (N. S. II, 223): „Hzg. Carl v. Savoyen Sohn Emanuel Philipert", dahinter noch eine Anmerkung; Emanuel Philibert erscheint in den Unterschriften von 1557—1576. Will man sich einen Rückschluss von dieser Matrikel erlauben, so würde allerdings auch sie ein Beweis für die Einheit des Fürstenthums sein.

[6]) 1541, 1542 zu Speier, 1543, 48, 51; die Unterschrift fehlt 1542 zu Nürnberg, 1544 und 1545.

[7]) 1557, 66, 67, 70, 76; sie fehlt 1559.

[8]) 1582, 94, 1613, 1654; keine Unterschrift 1598, 1603 und 1641.

An eine Observanz von 1582 zu denken, wie Moser[1]) dieses Jahr auch hier hervorhebt, ist gar nicht nöthig.

IV. Für Lothringen finden wir von 1495—1567 keine Unterschrift, 1570 und 1576 die für „Nicolaus[2]) von Lothringen, Hzg. v. Vaudémont, Prinz v. Mercoeur u. Markgraf v. Nommeny", 1582, 94 und 98 eine solche für seinen Sohn Philipp Emmanuel[3]), wobei die des Jahres 1598 ausdrücklich als für Nommeny gegeben lautet. 1603 unterschreibt des letzteren Wittwe Maria in Vormundschaft seiner Erbtochter Francisca; 1613 findet sich dann die Unterschrift „Heinrichs Herzogs v. Lothringen u. Nommeny", 1641 keine, und 1654 endlich die des „Hauses Lothringen wegen der Markgrafschaft Nommeny".

Die Herzöge von Lothringen führen also vor 1613 keine Stimme im Fürstenrathe; dass das Herzogthum aber zu den Fürstenthümern des Reiches gehörte, beweist sowohl Titel 8 § 8 des Abschiedes[4]) von 1495, wie die Matrikeln dieses Jahres und zu 1507[5]) und die Kammergerichtsmatrikel von 1549[6]). Auch empfangen die Herzöge regelmässig die Belehnung vom Kaiser[7]).

Wenn man daher die Berechtigung Lothringens, eine Stimme im Fürstenrathe zu führen, nicht wird leugnen können, so mag es in der eigenthümlichen Stellung des Landes zwischen den beiden Grossmächten und in dem allmälich vordringenden Übergewicht Frankreichs begründet gewesen sein, dass dieselbe nicht ausgeübt wurde, und dass, nachdem der Herzog Heinrich das Marquisat Nommeny durch Kauf von der verwittweten Markgräfin Maria erworben hatte[8]), Lothringen nur diese eine Stimme im Fürstenrathe führte. Danach, wie Moser verschiedene spätere Stimmen darauf

---

[1]) T. St.-R. 34, 296 im § 81.

[2]) †1577; — Calmet „histoire ecclésiastique et civile de Lorraine" Tom. I, der dreibändigen Ausgabe in der généalogie des Ducs p. CLXXIX, CLXXX und CLXXXI; und im livre XXXI der histoire, Tom. II, p. 1268, 1270.

[3]) l. c. und Tom. II, p. 1269.

[4]) „Trier soll handeln mit dem Hertzog v. L."; in der Matrikel: „Hzg. v. L."

[5]) „Lutringen" heisst die kurze Angabe. Von den drei Fassungen der Matrikel von 1521 nennt nur die im Anhange des vierten Bandes der N. S.: „Hzg. v. Lothrg."

[6]) Lünig R.-A. P.gener. Tom. I, p. 283 ff.

[7]) Auch Huhn „Gesch. Lothringens" Berlin 1878 betont wiederholt die Zugehörigkeit zum Reiche, II, p. 51, 83, 86, 133, 134. — Die Belehnung Herzog Heinrichs i. J. 1610 und wiederholt i. J. 1613 bei Calmet, livre XXXIV, Tom. III, p. 173, 174.

[8]) d. d. 13. Juli 1612 — Calmet II, p. 1355; bestätigt vom Kaiser Matthias d. 22. Octbr. 1613 -- l. c.

begründen will, dass die betreffenden Länder 1582 einen eigenen
Regenten gehabt hätten, würde man erwarten, dass Lothringen nunmehr 2, ausser der erworbenen auch eine eigene, Stimme beansprucht
hätte. Das Herkommen gründete sich hier offenbar nicht auf das
Jahr 1582, sondern auf die ganze vorhergehende Zeit, in der eine
lothringische Stimme ganz aus der Übung und in Vergessenheit
gekommen war.

Anderseits zeigt uns die Entstehungsgeschichte der Stimme
Nommenys, wie die der Arembergischen, dass auch schon in dieser
früheren Zeit die Reichsstandschaft an gewisse Bedingungen ausser
an die fürstenmässige Geburt oder die blosse Erhebung durch den
Kaiser geknüpft war, Bedingungen, die wir auch bei dem Versuch,
eine Stimme für Mömpelgart zu erlangen, wiederfinden werden.
Nikolaus, früher Bischof v. Metz und Verdun, nach seinem Austritt
aus dem geistlichen Stande Graf von Vaudémont[1]), erhielt 1563
vom Cardinal v. Lothringen, Bischof v. Metz, die Herrschaft Nommeny[2]), welche 1567 durch Maximilian II. zur Markgrafschaft
erhoben[3]) wurde. In Folge dessen bewarb er sich 1570 beim
Reichstage um Sitz und Stimme im Fürstenrath, indem er sich zu
einer Contribution zur Reichsmatrikel für Nommeny erbot[3]).

Die Einheit des Herzogthums wie der Markgrafschaft war in
Lothringen aber durch altes Familienrecht[4]) begründet, nach welchem
nur der älteste Sohn erben konnte, in Ermangelung eines solchen
aber die Töchter eintraten.

V. Aremberg, dessen Grafen 1565 in den Reichsfürstenstand
erhoben wurden[5]), führte von 1576—1654 auf 7 Reichstagen je
1 Stimme; nur 1641 findet sich keine Unterschrift für dasselbe.

---

[1]) um 1546/47; sein Heirathsvertrag mit Margaretha v. Egmont d. d.
Brüssel 22. Januar 1548 bei Calmet T. III in den Preuves p. CCCCXVI ff.

[2]) d. d. 9. Juli — Calmet II, p. 1355, wo die Schicksale der Markgrafschaft angegeben werden.

[3]) Häberlin „Neueste Teut. Reichs-G." VIII, p. 181 mit Anm. † (nach
Witgensteins Diarium des Reichstags von 1570 in Senkenbergs Sammlung
T. I, P. II, p. 57 n. 4) berichtet: Nikolaus habe sich unter dem 8. Novbr.
mit Anerbietung einer Contribution zur Reichsanlage um Zulassung zur Session
wegen Nommeny gemeldet und hier zum ersten Male eine Stimme als Markgraf v. Nommeny geführt. — Man könnte in dieser neuen Stimme ein Wieder-
erstehen der in Vergessenheit gerathenen Lothringischen in anderer Form
sehen.

[4]) Ficker „Reichsfürstenstand" § 189.

[5]) Ficker l. c. § 82.

Häberlin[1]) berichtet hierzu, dass die gefürstete Gräfin Margaretha von Aremberg der Reichsversammlung von 1576 ein Memorial übergeben habe mit der Ausführung, dass die freie Grafschaft Aremberg noch keinem Potentaten, Fürsten oder Herrn mit Lehnschaft, Steuer oder anderer Unterwürfigkeit verbunden sei, dass jetzt der Kaiser dieselbe zu einer freien, fürstlichen Grafschaft erhoben habe, dass daher sie und ihr ältester Sohn gesonnen seien, die Grafschaft dem Schutze des Kaisers und des Reiches zu unterwerfen und sich in die Reichs-Matrikel, Contribution und Anlage, doch allein zu Türkenhülfen, mit 1 Mann zu Ross und zweien zu Fuss, eintragen zu lassen; daher bäten sie und ihre Söhne, dieses zu acceptiren und ihnen Stand, Session und Stimme zu geben. Dem Gesuch wurde willfahrt. — Häberlin[2]) berichtet ferner, dass auf dem Deputationstage zu Frankfurt von 1577 die Gräfin von Aremberg wegen der gesuchten Session an den Kaiser verwiesen sei; man beschäftigte sich also von Seiten der Stände[3]) mit der Frage, hatte materiell offenbar gegen eine Arembergische Stimme nichts einzuwenden — sie wurde ja 1576 bereits ausgeübt — und verwies die Session, wie alle Sessions- d. h. ceremoniellen Fragen, an den Kaiser. — Aremberg behielt seine Stimme.

VI. Für die Herzöge von **Lauenburg** findet sich von 1495—1567 keine Unterschrift, mit alleiniger Ausnahme des Jahres 1545, wo eine solche für Franz, Hzg. v. Lauenburg, vorkommt; doch geben unsere anderen Quellen wieder Auskunft: Titel 8[4]) § 11 des Abschiedes und die Matrikel von 1495 nennen den Herzog Hans v. Lauenburg, in der Matrikel von 1507[5]) heisst es hinter Meklenburg einfach „Lawenburgk", die Matrikel von 1521 in der Fassung Cortrejis[6]) nennt Herzog Franz v. Lauenburg; aus Allem wird man einen Schluss, wie auf die Einheit des Fürstenthums, so auf die der Stimme ziehen können, was sich auch weiterhin bestätigt.

1570 und 76 finden wir die Unterschriften für Hzg. Franz den Älteren, von 1582—1613 die für Franz den Jüngeren, 1641 keine Unterschrift und 1654 wieder eine unter den anwesenden

---

[1]) N. T. R.-G. X, p. 197, 198, nach einem codex M. S. Gebhard, n. 34, l. c. p. 198, Anm. m.
[2]) l. c. p. 509.
[3]) Hierzu ist zu vergleichen das in der Einleitung p. 3, Anm. 4 gegen Ende derselben Gesagte.
[4]) N. S. II, p. 24 ff.
[5]) N. S. II, p. 104 ff.
[6]) N. S. II, p. 223 ff.

Fürsten: „Julius Heinrich wegen dessen Bruders Augusti", die dann unter den Unterschriften der vertretenen Fürsten wiederholt wird als: „Augusti (scl. von wegen) nach Abreiss dessen Bruders Julius Heinrichs", eine von jenen Unterschriften, die keine besondere Stimme involviren [1]).

Was Moser [2]) bei Lauenburg von den Successionsstreitigkeiten zum Jahre 1582 berichtet; kann doch kein Beweis dafür sein, dass gerade auf eine Observanz dieses Jahres sich die Einheit der Lauenburgischen Stimme gründete, dieselbe kann ebenso gut auf einer ununterbrochenen Tradition fussend angesehen werden, wie die aller bisher besprochenen Fürstenhäuer.

VII. Für die Landgrafen von Leuchtenberg findet sich von 1495—1507 in 7 Reichsabschieden keine Unterschrift; die Matrikel von 1495 nennt den „Landgrafen zu Leutemberg", nimmt also ein ungetheiltes Fürstenthum an. Ficker im „Reichsfürstenstand" [3]) theilt auch eine Stelle mit, nach welcher Meklenburg im Jahre 1502 die Anwartschaft auf das Fürstenthum nach Absterben „des hochgebornen J. landgrafen von Leuchtenberg unsern und des reiches fürst" erhält; es ist Ldgrf. Johann VI. (1487—1531) [4]), dessen Unterschriften wir dann 1510 und 1521 finden, während 1526 zu Speier die seines Sohnes Georg „von wegen des Vaters" [5]) vorkommt.

1527 findet sich die Unterschrift für den „Landgrafen von Leuchtenberg und seiner Pflegsöhne Ladislaus und Leonhard, Grafen zu Hag", die uns aber durchaus nicht berechtigt, hier mehrere Stimmen anzunehmen, nachdem im Jahre vorher Georg ausdrücklich, nicht für sich und den Vater, sondern nur an Stelle des letzteren unterzeichnet hat, und da wir auch späterhin die Einheit der Leuchtenbergischen Stimme gewahrt sehen. Als Grafen von Hag konnten die beiden überhaupt keine Stimme im Fürstenrath führen.

1530 findet sich nochmals die Unterschrift Johanns VI. († 1531) [6]), dann von 1532—51 bei 10 Reichstagen siebenmal die seines Sohnes

---

[1]) s. p. 21, Anm. 1.
[2]) Teut. Staats-R. 34, 296, § 29.
[3]) p. 200, im § 154.
[4]) Dr. Wittmann „Gesch. der Landgrafen von Leuchtenberg" in den Abbdlg. d. Bair. Akad. d. W., Hist. Klasse, Bd. VI, 1850, p. 301 ff.
[5]) N. S. II, p. 278 ff. Zu bemerken ist, dass Georg, obgleich nur als Vertreter anwesend, als Fürstensohn doch in der Reihe der anwesenden Fürsten unterzeichnet.
[6]) Wittmann l. c. p. 309.

Georg III. (1531—1555). Dessen Sohn Ludwig Heinrich[1]) übt seine Stimme 1557, 66 u. 67 aus — nur nicht 1559 —, dann von 1570—1603 auf 6 Reichstagen regelmässig sein Sohn Georg Ludwig, der 1613 stirbt[2]). Für den Sohn dieses letzteren, Wilhelm (1613—18) übt auf dem Reichstage von 1613 der Administrator „der Leuchtenbergischen Landen und Fürstenthum", Herzog Maximilian von Baiern[3]), die Stimme aus, 1641 eine solche Wilhelms zweiter Sohn, Maximilian Adam[4]), endlich, nachdem 1646 Leuchtenberg an Baiern gefallen[5]) ist, unterschreibt 1654 Maria Anna von Baiern in Vormundschaft ihres jüngeren Sohnes Maximilian Philipp[6]).

Wir lernen demnach überhaupt nie mehr als eine Stimme Leuchtenbergs kennen. Doch lag der Grund hierfür theilweise auch in der Hauspolitik der alten Fürsten. Johann VI. hatte, nachdem alle Leuchtenbergischen Besitzungen in seiner Hand vereinigt waren, im Jahre 1531 mit Zustimmung seiner drei Söhne, Georg, Johann und Christoph, die Bestimmung getroffen, dass das Landgrafenthum für ewige Zeiten ungetheilt bleiben und dem Ältesten vererbt werden sollte, während die jüngeren Söhne mit Geld, die Töchter mit einer Aussteuer abgefunden wurden[7]). Diesem Umstande ist es zuzuschreiben, wenn im Jahre 1531, nach Johanns VI. Tode, Georg allein succedirte, und die Landgrafschaft nicht in 2 oder 3 Theile zerspalten, oder eine gemeinsame Regentschaft eingeführt wurde, und dass ebenso Maximilian Adams, des letzten Leuchtenbergers, Brüder, Rudolph Philipp und Wilhelm Friedrich, sich dem Militärstande gewidmet und baierische, resp. kaiserliche Dienste genommen hatten, auf eine Nachfolge in der Regierung zunächst also verzichtet zu haben scheinen.

Dass aber auch nach dem Aussterben der alten Leuchtenberger ihre Stimme im Reichsfürstenrathe fortgeführt wurde, kann sich auf keine Observanz von 1582 gründen, bestand doch eine Landgrafschaft Leuchtenberg mit einem selbstständigen Regenten zunächst fort.

---

[1]) 1555—1567.

[2]) Wittmann p. 507.

[3]) Wittmann p. 513 ff.

[4]) Wittmann p. 523 ff., † 1. Novbr. 1646 (l. c. p. 525) als letzter seines Stammes.

[5]) Wittmann l. c. p. 526—530.

[6]) Kurfürst Maximilian v. Baiern hatte Leuchtenberg zu einer Sekundogenitur seines Hauses bestimmt; Wittmann p. 530.

[7]) Wittmann p. 309.

VIII. Für **Henneberg** finden wir 1495 keine Unterschrift[1]), wohl aber nennt die Matrikel dieses Jahres den Landgrafen[2]) „Wilhelm" und die Grafen „Otto und Hermann", regierende Herrn der Linie Aschach-Römhild[3]).

Für diese letzteren beiden, den „Grafen Otto und Hermann", findet sich auch eine Unterschrift in dem Reichsabschied zu Lindau von 1497, wo der Erzbischof von Mainz für sie „Gewalt hat"; wir müssen annehmen, dass, wenn auch beide Grafen hier genannt werden, sie doch nur eine Stimme führen, wie auch die Matrikel von 1507[4]) wieder nur zwei Grafschaften Henneberg kennt; sie nennt mit 2 verschiedenen Veranlagungen den „Grafen Hermann" und den „Grafen Wilhelm".

Es begegnet uns hier wieder eine Übereinstimmung zwischen diesen Erscheinungen in der Verfassung des Reichsfürstenrathes und den Vorgängen in der internen Geschichte des einzelnen fürstlichen Hauses. Friedrich II. und Otto IV. von H.-Römhild hatten noch vor dem Tode ihres Vaters († 1465) im Jahre 1463 einen Vertrag abgeschlossen, der eine gemeinschaftliche Regierung bezweckte, doch auch schon eine eventuelle Theilung ins Auge fasste[5]).

---

[1]) Im Titel 8 des Abschiedes von 1495 wird Hennebergs ebenfalls nicht gedacht; doch war ein Henneberger, Otto IV., anwesend und hatte am 21. Juli die Belehnung von König Maximilian erhalten; er mochte bei der Ausfertigung des Abschiedes bereits abgereist sein, aber man mochte nicht mehr nöthig haben, wegen der Zustimmung Hennebergs zu den Beschlüssen mit den Landgrafen zu unterhandeln.

[2]) Wilhelm VI. 1480—1559 aus der Linie Schleusingen, dessen Ahnherr Berthold 1310 gefürstet sein sollte. — Was den Fürstenstand der Grafen von Henneberg betrifft, so war derselbe für die Schleusinger Linie, mochte auch jenes angebliche Privileg von 1310 unecht sein, thatsächlich längst anerkannt; so heisst in der Urkunde vom 21. Aug. 1500, welche Wilhelm dem VI. alle Privilegien seines Hauses bestätigt: „der Hochgeborn Wilhelm Graf und Herr zu H., unser und des Reiches Fürst", s. Joh. Adolf Schultes „Diplom. Gesch. des Gräfl. Hauses Henneberg", zwei Theile Leipzig 1788, Theil II im Urkundenbuch zur Gesch. der Linie Schleusingen Nr. CCXXV, p. 304.

[3]) Der Fürstenstand der Aschacher, oder Römbilder Linie war von Friedrich III. begründet, welcher ihnen die Führung des Wappens der Colonna gestattete — Müller Reichs-Tags-Theatrum unter Friedr. III., Vorstellg. I, p. 247 —, und in dessen Zollprivileg für die Gebrüder Friedrich II. und Otto IV. von H.-Römhild vom Jahre 1474 es heisst: „als wir vormals auf genugsame Unterrichtung Herkommens des Stammes von Henneberg den wohlgeborenen Friedrichen und Otten auch Iren Brudern Grafen zu H. unnd Iren Erben fürstlichen Titel zuschrieben unnd Fursten Genoss zu halten empholen" — s. Schultes I, 382.

[4]) N. S. II, p. 104 ff.

[5]) Schultes I, 372.

Nach dem Tode des Vaters hatte dann 1466 ein Austregalgericht dem älteren Bruder Friedrich allein die Vergabung der geistlichen und weltlichen Lehen für die Zeit der Gemeinschaft zugesprochen, also eine Art Seniorat geschaffen, zugleich aber das Gleiche hinsichtlich der geistlichen und einiger anderer Lehen auch für den Fall der Theilung [1]) festgesetzt. Am 7. December 1467 hatten beide dann in Gemeinschaft und zu gesammter Hand von Friedrich III. die Lehen empfangen [2]). In der 1468 zwischen den Brüdern erfolgten Theilung blieb dann das Schloss Henneberg, einiges andere und die alten Stammlehen doch ungetheilt, die der Älteste zu verlehnen haben [3]) soll, und am 21. Juli 1495 empfing demgemäss Otto IV. für sich und seinen Neffen Hermann VIII., den Sohn des 1488 gestorbenen Friedrich, von Maximilian die Belehnung mit den Reichslehen. Dabei werden dieselben ausdrücklich dem Grafen Otto als „dem Ältesten" und seinem Neffen „unverscheidentlich und in Gemeinschaft" gegeben [4]).

Man sieht, wie für das Reich, trotz aller Theilung, doch nur eine Grafschaft Henneberg-Römhild existirte und als solche in Betracht kam, wie aber anderseits dieses Verhältnis seinen Grund in der internen Politik des Fürstenhauses hatte, welche schon nach einer gewissen Zusammenhaltung des Fürstenthums hinstrebte. Noch mehr wird dieses in der ersten Hälfte des 16. Jahrhunderts bei der Linie Schleusingen hervortreten. Für die Römhilder hatte die Theilung aber keine weiteren Folgen, da Otto IV. bereits 1502 kinderlos starb, und sein Neffe Hermann somit den ganzen Besitz wieder vereinigte.

Bis 1507 kommt ausser der oben angegebenen Unterschrift zu 1497 keine weitere für Henneberg vor, 1510 finden wir aber zwei besondere für beide Grafen.

1512 unterschreibt Wilhelm allein, ebenso 1524, 1526 in Speier, 1529, 30, 32, 41, 1542 zu Speier, 1544, 45, 48 und 51. Dazwischen finden wir 1521 unter den anwesenden Fürsten die Unterschrift: „Graf Wilhelm und Graf Berthold v. H."; es ist Berthold XV., in Römhild von 1535—49 regierend, der Sohn Hermanns. Auffallend ist zunächst, dass der Sohn nicht für den Vater, der doch noch lebte, auch nicht für sie beide, sondern nur mit seinem Namen unterzeichnet; doch abgesehen davon müssen wir nach allen Präce-

---

[1]) Schultes I, 380 und Beilage Nr. XCVIII, p. 599.
[2]) Schultes I, 380 u. Beilage Nr. CII, p. 606 ff.
[3]) Schultes I, 383 ff. und Blg. CV, p. 609.
[4]) Schultes I, 389 und Blg. CXIV, p. 642.

denzien hier wieder zwei Stimmen für die beiden Linien annehmen
und sehen in der Art der Unterschrift, die persönlich gegeben ist,
und darin, dass den beiden Namen der Titel besonders vorgesetzt
wird — während das 1497 in der Unterschrift für Otto und Hermann nicht geschehen war —, eine Stütze für diese Annahme.
In der Folge finden wir dieselbe bestätigt, da schon 1526 in
Augsburg eine besondere Stimme Hermanns vorkommt, und der
Reichsabschied von 1529 die Unterschrift zeigt: (v. w.) „Hermann,
Grafen zu H., sein Sohn Berthold, auch Graf und Herr zu H.",
neben der besonderen für Wilhelm von Schleusingen, so dass für
Henneberg zwei Stimmen geführt werden, wobei einerseits der Sohn
nur als der Stellvertreter des Vaters erscheint. Wir hatten dasselbe
bereits 1526 (Speier) bei Leuchtenberg zu constatiren, eine Bestätigung
des Grundsatzes, dass nur für den regierenden Fürsten eine Stimme
existirt.

Zum Jahre 1530 finden wir nun neben der Unterschrift
Wilhelms eine zweite: „Wolf, Berthold und Ernst, Graffen u. Herren
zu H."; Wolf und Ernst, oder Georg Ernst, waren Söhne Wilhelms,
letzterer sein nachheriger Erbe und Nachfolger, Berthold führte die
Römhilder Stimme, wobei es wieder auffallen kann, dass er sie
scheinbar für sich selbst, nicht in Vertretung seines Vaters ausübt;
jedenfalls wird aber für seine Linie doch immer nur eine Stimme
geführt. Wir müssen offenbar annehmen, dass die beiden Söhne
Wilhelms, da sie auf dem Reichstage anwesend waren, entweder
überhaupt nur honoris causa genannt und daher der Unterschrift
ihres Vetters eingefügt wurden; oder dass sie mit Peter von Gundels-
heim zusammen ihren Vater Wilhelm vertraten, als Fürstensöhne
aber nicht mit dem Untergebenen in eine Reihe bei der Unterschrift
gestellt, sondern den anwesenden Fürsten eingereiht wurden, natürlich
aber so, dass die Nennung ihrer Namen keine besondere Stimme
für sie involviren konnte. Die Wahrscheinlichkeit spricht für den
ersteren Fall und dafür, dass sie mit der Vertretung ihres Vaters
gar nichts zu thun hatten, da Georg Ernst damals sich zu seiner
Ausbildung am Hofe Philipps von Hessen aufhielt und von diesem
zum Reichstage mitgenommen war[1]), während Wolfgang, der sich
ganz dem Kriegswesen gewidmet hatte, überhaupt dauernd am
Hofe des Kaisers gewesen zu sein scheint[2]). In jedem Falle haben
wir in dieser zusammengewürfelten Unterschrift nicht eine Dreizahl
oder auch nur eine Zweizahl von Stimmen zu suchen.

---

[1]) Schultes II, p. 193.
[2]) Schultes II, p. 181.

Dem entsprechend finden wir 1544 und 1545 neben der Unterschrift Wilhelms eine zweite, in Vertretung gegebene, für die Linie Römhild als: „(v. w.) Berthold und Albrecht, Graffen zu H." Hermann VIII. von Aschach-Römhild war 1535[1]) gestorben, nachdem er bereits 1532 eine Theilung unter seine Söhne vorgenommen, sich selbst aber noch mehreres vorbehalten hatte, welches die Brüder nach seinem Absterben gemeinsam besitzen, wie sie auch die Reichslehen zu gesammter Hand empfangen sollten; zugleich wurde bestimmt, dass der Vater mit seinen Söhnen die „Reichsanlage und Uffsatzung am Regiment und Cammergericht" gemeinsam tragen wollen, und dass das gemeinsame Archiv in Römhild bleiben solle[2]). Die Belehnung empfing dann 1536 Berthold als der Ältere für sich und seinen Bruder[3]). Man sieht: es sind die gleichen Vorgänge wie unter Friedrich II. und Otto IV., auch ähnliche Bestimmungen, wie sie in andern Häusern, namentlich Baden, vorkommen. Jedenfalls geschah hier nicht nur eine Belehnung des einen für sich und im Namen des anderen, sondern eine solche in Gemeinschaft und zu gesammter Hand; im Verhältnis zum Reiche gab es nur eine Grafschaft Henneberg-Römhild mit einer Stimme auf dem Reichstage.

1549[4]) erlosch diese Linie, und seitdem findet sich bis 1582 nur die eine Stimme für Wilhelm, resp. dessen Sohn Georg Ernst seit 1559, da wir auch die Unterschrift zu 1557, die einzige der Art: „Wilhelm und Georg Ernst, Vater und Sohn, Grafen und Herren zu H.", nur als für eine Stimme gegeben ansehen können, besonders da das Verhältnis der beiden als Vater und Sohn hier genau bezeichnet ist[5]).

So finden wir Anfangs eine Continuität zweier Stimmen, dann das Erlöschen der einen — wie 1521 bei Jülich —, darauf wieder die Continuität der andern übrig gebliebenen, welche seit 1594 von Sachsen weitergeführt wird, von Alters her begründet; zugleich aber liefern die Theilungen von 1468 und 1532 ein Beispiel, wie doch schon lange vor 1582 die Stimmen eines Hauses nicht beliebig vermehrt, sondern ihre hergebrachte Anzahl festgehalten wurde.

---

[1]) Schultes I, 395.
[2]) Schultes I, 395 und Blg. CXXIII, p. 660.
[3]) Schultes I, 400, Blg. CXXVI, p. 673.
[4]) Schultes I, 400.
[5]) Durch Urkunde vom 7. Januar 1543 hatte Wilhelm die Regierung seinem ältesten Sohn Georg Ernst übertragen, doch mit dem Vorbehalt, dass zu allen Angelegenheiten, die mit anderen Fürsten verhandelt würden, auch er zugezogen, und die Urkunden auch mit seinem Namen versehen würden. Schultes II, p. 160 und Blg. CCLIII in II, p. 390.

Wir sehen die Ursachen dieser Erscheinung deutlich in der sich immer mehr bahnbrechenden Politik des Fürstenhauses, einer Zersplitterung des Besitzes möglichst vorzubeugen und selbst im Falle einer Theilung doch noch eine gewisse Einheit und Gemeinsamkeit der Theilenden festzuhalten, die ihren besten Ausdruck in dem gemeinschaftlichen Besitz und der gemeinsamen Belehnung mit den Reichslehen fand. Es spricht sich hierin der Gedanke aus, dass wohl die Einkünfte und die inneren Regierungsgeschäfte getheilt werden, dass aber nach aussen hin, und zunächst also in den Beziehungen zum Reiche, das Fürstenthum eine geschlossene Einheit blieb.

Der gleiche Zug der Familienpolitik macht sich auch in der Art und Weise geltend, wie die Abfindung der Töchter mit einer Aussteuer oder einer Rente in Geld geschah, welcher immer die ausdrückliche Bedingung hinzugefügt wurde, dass dieselben alle ihre Ansprüche auf das väterliche und mütterliche Erbe aufgäben[1]); ferner auch in dem Gesuch Wilhelms VI. von Schleusingen an den Kaiser, d. d. 26. Juni 1555[2]), und in desselben Testament vom 20. August 1555[3]), wo er sich beide Male auf das „uralte" und „seit Menschlich Gedenken" gebräuchliche Herkommen seines Hauses stützt, dass die jüngeren Söhne auf die Regierung verzichten, und dem Ältesten allein die Nachfolge gebühre.

Wir müssen hierin die deutlichen Spuren einer Bewegung sehen, welche immer mehr auf eine Consolidirung des einzelnen Fürstenthums abzielte und demgemäss auch die Stimmverhältnisse des Fürstenrathes mehr und mehr einer festen und unabänderlichen Normirung entgegenführen musste. Denn mochte es auch im Bestreben der einzelnen Fürstenhäuser liegen, die Anzahl ihrer Reichstagsstimmen und somit ihren politischen Einfluss im Reiche zu erhöhen, so war dieses doch nur durch absolute Theilung ihrer Länder zu erreichen, während jene Politik des Zusammenhaltens ihnen die rechtliche Grundlage für solche Ansprüche entzog.

Wurde so durch Gewohnheitsrecht die Anzahl der Stimmen im Reichsfürstenrathe allmählich einer Stabilität entgegengeführt, so lag es in der Consequenz des Gedankens, diese Anzahl selbst dann festzuhalten, wenn ein Fürstenhaus ausstarb, und nach älterem

---

[1]) Schultes I, 416 und die Beilagen LXVII, p. 543, LXXXVI, p. 558, XCIII, p. 592, CXXIb., p. 658.

[2]) Schultes II, p. 166 und Blg. CCLXIX, p. 428.

[3]) Schultes II, p. 176 und Blg. CCLXX, p. 429. — Schultes II, p. 219 führt auch eine Reihe solcher Verzichte seit 1316 an, wie auch den kaiserlichen Lehnbrief für Georg Ernst von 1566, wo dieses Vorrecht des Ältesten und seiner Nachkommen anerkannt wird — Schultes l. c. und Blg. CCLXXV in II, p. 442.

Gebrauche somit dessen Stimme erloschen wäre. Wie aber die
älteren Verhältnisse sich wesentlich durch die Familienpolitik der
einzelnen Grossen bestimmten, so werden wir nicht fehlgehen, die Ursachen für die ersten Erscheinungen, in denen sich das neue Princip der
Weiterführung der Stimmen erloschener Fürstenhäuser auszusprechen
scheint, zunächst ebenfalls in der eigenthümlichen Gestaltung der
territorialen Verhältnisse zu suchen. Bei Henneberg wenigstens,
welches Moser als erstes und eklatantes Beispiel für seine Theorie
von 1582 anführt, tritt dieses Verhältnis ganz klar zu Tage, wenn
man die Vorgänge nach dem Aussterben dieses Fürstengeschlechtes
verfolgt.

Schultes [1]) hat diesem Streite um den Besitz Hennebergs zwischen
dem Ernestinischen und dem Albertinischen Hause Sachsen eine
eingehende Abhandlung gewidmet, aus der hervorgeht, dass man,
bei der Unmöglichkeit einen Ausgleich der Ansprüche zu finden
und eine definitive Theilung herbeizuführen, am 7. September 1593
sich zunächst dahin einigte, das Fürstenthum ungetheilt mit eigener
Verwaltung zu lassen und nur die Einkünfte im Verhältnis von
$5/_{12}$ und $7/_{12}$ zu vertheilen. Die Urkunde [2]) giebt ausdrücklich die
Form an, in welcher die Regierung des Fürstenthums geleitet
wurde: „Verordnete Churfürstliche, in Vormundschaft und Fürstliche
Sächsische verordnete Statthalter und Räthe der Gravschaft Henneberg". Das Fürstenthum war also nicht getheilt, nicht in den
anderweitigen Besitz der Erben aufgegangen, sondern bestand in
seiner vollen Integrität mit eigener Regierung und Verwaltung fort,
wie auch nach dem angeführten Vertrage eine besondere Belehnung
mit demselben vom Gesammthause Sachsen beim Kaiser eingeholt
wurde, auch die Reichsanlagen für dasselbe einen besonderen Posten
aufführen; Alles, wie wir mit Sicherheit annehmen zu können
glauben, die Gründe, aus welchen Sachsen auch die Stimme Hennebergs fortzuführen beanspruchte und mit diesem Verlangen im
Fürstenrathe durchdrang.

Freilich dauerte das Provisorium länger, als es ursprünglich
beabsichtigt war, und hatte, als es endlich 1660 seine definitive
Lösung in einer Theilung fand, doch zur Folge, dass nun die
Stimme Hennebergs, wie bisher, auch ferner fortgeführt, dieses im
Vertrage sogar ausdrücklich stipulirt wurde [3]).

---

[1]) II p. 326 ff.
[2]) Schultes II in dem Urkundentheil p. 517, Nr. CCC.
[3]) Schultes II, p. 339, 340, 341.

IX. Von den Markgrafen von Brandenburg war Sigismund von Baireuth 1495 gestorben und sein Bruder Friedrich (1486—1515), bisher in Anspach regierend, seitdem der alleinige Inhaber der fränkischen Fürstenthümer; seine Stimme findet sich von 1495—1512 auf allen 9 Reichstagen dieser Zeit, und die Matrikeln von 1495 und 1507 nennen ebenfalls nur „Markgraf Friedrich v. Brandenburg". 1521 erscheint die persönliche Unterschrift: „Mkgrf. Casimir und Mkgrf. Hans v. B.". Wir finden ganz gleichlautende persönliche Unterschriften zu demselben Jahre für Henneberg[1]) und Baden und müssen für ersteres sicher, für letzteres jedenfalls zwei Stimmen annehmen. Während es sich dort aber in beiden Fällen um selbständig regierende Linien handelt, ist das gleiche bei Brandenburg nicht der Fall. Es ist nöthig, in Kürze hier die Vorgänge der Hausgeschichte zu verfolgen.

1507 hatte Markgraf Friedrich eine letztwillige Verordnung getroffen, dass die fränkischen Fürstenthümer nur unter seine beiden ältesten Söhne, Casimir und Georg, und zwar nur hinsichtlich der Nutzniessung getheilt werden sollten[2]). Am 25. Februar 1515 erfolgte die Entsetzung des Vaters durch Casimir, der sich im Einverständnis mit seinen Brüdern befand[3]); Georg ist damals in Ungarn als Vormund und Regent jenes Landes, Johann, der 3. Sohn, am kaiserlichen Hofe[4]). 1516 erfolgt die Belehnung Casimirs und Georgs durch Kaiser Max und am 16. Oktbr. desselben Jahres die kaiserliche Bestätigung ihrer Privilegien[5]). Alle Geschäfte werden zunächst in Casimirs und Georgs Namen besorgt; man bewegte sich also bisher doch im Rahmen der väterlichen Verordnung. Ein Vertrag der sämmtlichen Brüder von 1518[6]) bestätigt das bisher Geschehene nochmals. Nun aber beginnt Casimir mit Johann zu intriguiren, wie Lang[7]) ausführlich darstellt, um die Regierung allein in Händen zu behalten; er erklärt ihm, ihn im Geheimen zum Mitregenten annehmen zu wollen;

---

[1]) cfr. p. 36.

[2]) s. Karl Heinr. Lang „Neuere Gesch. des Fürstenthums Baireuth", Göttingen 1798—1801, drei Theile; nach den Dokumenten des Archivs der Plassenburg; die Urkunde von „Mittwoch nach St. Dionysientag 1507", Th. I, p. 116, 117.

[3]) Lang I, p. 119, 120 ff.

[4]) Lang I, p. 145.

[5]) Lang I, p. 147. — Ranke „Reform." I, p. 229.

[6]) Lang I, p. 148, 149. d. d. „Onolzbach Donnerstag nach unserer lieb Frauentag Nativitatis 1518".

[7]) I. p. 152.

schliesslich wird dadurch ein Vertrag[1]) zu Linz 1521 herbeigeführt, in welchem Casimir, Georg und Johann übereinkommen, gemeinschaftlich zu regieren und nicht mehr als eine einzige Hofhaltung zu führen, jedoch solle Johanns Theilnahme ein Geheimnis bleiben, und Georg für Casimir eine Vollmacht ausstellen. Im weiteren Verlaufe bringt Lang die Urkunden, aus denen man ersieht, wie diese Combination durch das Dazwischentreten der andern Brüder, besonders des Hochmeisters, wieder gesprengt wurde. Für uns ergiebt sich, dass Markgraf Hans auf dem Reichstage zu Worms, dessen Abschied vom 26. Mai datirt ist, als regierender Fürst unmöglich eine Stimme geführt haben, nach dem Linzer Vertrage noch nicht einmal als Mitregent aufgetreten sein kann. Er kommt auch weder vorher noch in den Unterschriften des Reichstages von 1524 vor; sein Tod[2]) erfolgte am 5. Juli 1525 in Valencia.

1524 übt Casimir seine Stimme allein aus, und ebenso auf dem verunglückten Tage zu Esslingen[3]) 1526; er starb am 21. Septbr. 1527[4]).

In den Jahren 1527, 29 und 30 findet sich gar keine Unterschrift für den Markgrafen von Brandenburg; 1532, 35 und 41 übt Georg v. Ansbach (1515—43), der zweite Sohn Friedrichs, allein eine Stimme aus, dagegen 1542 zu Speier und in demselben Jahre zu Nürnberg mit seinem Neffen Albrecht II. Alcibiades von Baireuth (1527—1553), dem Sohne Casimirs, zusammen; die durch einen Vertreter gegebene Unterschrift lautet beide Male: „Georg und Albrecht, Markgraffen zu B., Gevettern" und ist also an sich nur für eine Stimme[5]) gegeben. Nach Casimirs Tode hatte Georg die Regierung für sich und dessen Sohn Albrecht übernommen[6]), die er durchaus ohne Rücksicht auf sein Mündel führte, bis am 23. Januar 1541 die Präliminarien einer vorzunehmenden Theilung

---

[1]) „Sonnabend nach Frohnleichnam", Lang I, p. 152.

[2]) Lang I, 214.

[3]) Der Abschied des Reichstages von Augsburg trägt das Datum des 9. Januar 1526; gewöhnlich wird dieser Reichstag daher mit der Jahreszahl 1525 bezeichnet, wie ihn auch die älteren, vor der N. S. erschienen Sammlungen ohne nähere Angabe des Datums aufführen (cfr. N. S. II, p. 272, Anm. zum Titel). Der Reichsabschied von Speier trägt das Datum des 27. August dieses Jahres. Ausserdem sollte 1526 noch ein Reichstag zu Esslingen gehalten werden, auf dem es aber wegen des geringen Besuches zu keinen Beschlüssen ausser zur Festsetzung eines neuen Reichstages kam; das Datum des kurzen Abschiedes ist vom 21. Decbr. 1526.

[4]) Lang I, 212. 213.

[5]) s. p. 21 u. ff. über die Unterschriften.

[6]) Lang II, p. 1 ff.

festgesetzt wurden, die wieder nach der seit Albrecht Achilles her-
gebrachten Eintheilung in das Land „ob und unter dem Gebirge"
erfolgen sollte[1]). Am 23. Juli desselben Jahres wurde die Theilung zu Regensburg auf dieser Grundlage vollzogen[2]), wobei auch
für jedes der beiden Fürstenthümer die Bestimmung der Erbfolge
nach Erstgeburtsrecht von Neuem festgesetzt und sogar bestimmt
wurde, dass nach einer etwaigen Vereinigung die Lande eventuell
doch nur wieder in 2 Theile getheilt werden dürften; die gemeinschaftlichen Urkunden blieben in der Plassenburg, die Reichs- und
Bundesakten in Ansbach. Andere Bestimmungen sollten den Ge-
sammtbesitz noch besonders sicher stellen. Ein Nebenvertrag desselben Datums[3]) bestimmt unter anderem, dass gemeinschaftliche
und nothwendige Steuern, zu allgemeinen Reichszügen, zu Bundes-,
Erbeinigungs- und Landeshülfen, beide Fürsten gemeinsam umlegen
wollen. So war offenbar, wenn man dazu in Betracht zieht, dass
auch das oberste Landesgericht, Klosternutzungen und anderes gemeinsam blieben, noch immer jene Bestimmung Friedrichs von 1507
in ihren Folgen wirksam; eine Theilung hatte stattgefunden, aber
eigentlich nur hinsichtlich der Nutzniessung, während nach aussen
hin, dem Reiche, dem protestantischen Bunde, der Erbeinigung der
Häuser Hessen—Sachsen—Brandenburg gegenüber, die Fürstenthümer doch eine Einheit bildeten. Dem entspricht es nur, wenn
1542 beide Markgrafen durch eine gemeinsame Gesandschaft vertreten werden, die eine Stimme für sie führt. Es ist auch hier
die eigenthümliche Erscheinung zu verzeichnen, wie aus der Hauspolitik diese Stellung im Reichstage resultirt, wie sie gerade einer
Vermehrung der Stimmen im Fürstenrathe entgegentritt.

1545, 48 und 51 findet sich allein Albrechts von Baireuth Unterschrift, dann von 1555—1603 nur die Georgs Friedrichs, des
Sohnes des 1543 gestorbenen Georg von Ansbach.

Allerdings war letzterer, nachdem 1553 der kinderlose Albrecht
geächtet war, der einzige Markgraf in Franken, dass aber auch
vorher, trotz des Existirens zweier Linien, immer nur 1 Stimme für
Brandenburg auf den Reichstagen vorkommt, dafür würden wir
einen inneren Grund in dem besprochenen Zuge des Hauspolitik
sehen können. Nur eine einzige Ausnahme ist zu constatiren, im
Jahre 1551, wo neben der Unterschrift Albrechts eine besondere in
Vormundschaft für Georg Friedrich gegeben wird. Aber auch

---

[1]) Lang II, p. 156.
[2]) Lang II, p. 157.
[3]) Lang II, p. 161.

hierin können wir nur eine Äusserung der internen Verhältnisse des Fürstenhauses erblicken. Albrecht beanspruchte nach Georgs Tode (21. Decbr. 1543) naturgemäss und laut einer Bestimmung des Theilungstraktates von 1541 die Vormundschaft über den jungen Georg Friedrich; die Ansbachischen Räthe widersetzten sich dem aber energisch und mit Rücksicht auf das Treiben Albrechts gewiss nicht ohne Berechtigung[1]). Es entspann sich hierüber ein langwieriger Streit, der auch auf dem Reichstage von Regensburg im Jahre 1548 noch nicht zur Entscheidung kam[2]); natürlich konnte eine Vertretung Georg Friedrichs auf den Reichstagen nicht stattfinden, so lange man nicht wusste, wer sie auszuüben habe. Wir können annehmen, dass, im Falle Albrecht die Vormundschaft geführt hätte, es jedenfalls bei der Gesammtvertretung Brandenburgs geblieben wäre. Inzwischen musste eine Entscheidung gegen die Ansprüche Albrechts erfolgt sein, da wir 1551 eine besondere Unterschrift für Georg Friedrich vorfinden. Ereignisse, welche speciell das fürstliche Haus betrafen, die Ächtung Albrechts am 1. December 1553[3]) und sein kinderloser Tod am 8. Januar 1557[4]) verhinderten dann aber doch, dass eine Zweizahl der Stimmen bestehen blieb.

Wir stehen eben noch in einer Periode, in der ein Wechsel des Stimmverhältnisses leichter eintreten konnte, finden aber doch Fälle der Art selten.

In der über ein Jahrhundert langen continuirlichen Reihe der einen Stimme, welche die fränkischen Markgrafen führen, dürfte der vereinzelte Fall von 1551 doch kaum in Betracht kommen, ihr gegenüber nicht im Stande gewesen sein, in späterer Zeit als Begründung für eine doppelte Stimme angesehen zu werden, zumal auch die sogenannte Matrikel von 1521 durch den Irrthum, den sie begeht, die Ansicht unterstützen kann, dass beide Fürstenthümer dem Reiche gegenüber auch in der Zeit der Trennung als eine Einheit galten. Die beiden Versionen derselben im 2. Bande der N. S. nennen nämlich „Mkgrf. Friedrich zu Brandenburg", allerdings ein Irrthum, da Friedrich bereits 1515 seinen Söhnen die Regierung hatte abtreten müssen, und kein anderer dieses Namens vorkommt, aber doch ein Beweis, wie an der Einheit des Fürstenthums festgehalten wurde, da sich sonst ja nicht der Name des alten Markgrafen noch in den später nach dem alten Schema an-

---

[1]) Lang II, p. 184.
[2]) Lang II, p. 185, 186.
[3]) Lang II, p. 252.
[4]) Lang II, p. 286.

gefertigten Exemplaren der Matrikel finden konnte[1]). Die dritte
Version im Anhange des 4. Bandes der N. S. nennt nur „Mkgrf.
Georg Friedrich v..B. als Burggraf zu Nürnberg".

Dieser Stätigkeit gegenüber würde die Ausnahme von Mosers
Regel noch greller, als sie bei ihm erscheint, hervortreten, dass von
1613 an plötzlich die Söhne des Kurfürsten Johann Georg, Joachim
Ernst zu Ansbach und Christian zu Baireuth[2]), sowohl 1613, wie
1641 und 54, 2 besondere Stimmen führen, wenn nicht ein anderer
Umstand uns auf einen neuen Gesichtspunkt hinleitete.

Von 1541—1570 finden wir nämlich mit geringen Unterbrechungen — dreimal bei 14 Reichstagen — die besondere Unterschrift des Markgrafen Hans v. Cüstrin[3]), der 1571, ohne Erben
zu hinterlassen, starb, und dessen Stimme vom Kurhause Brandenburg dann auch nicht weitergeführt wurde. Gleichwohl könnte
man in dieser fast 30 Jahre lang unbestritten geführten Stimme
die Grundlage dazu sehen, dass sich das historische Bewusstsein
von der Existenz einer zweiten Markgrafenstimme des Hauses Brandenburg heranbilden konnte, namentlich bei der Kurlinie, so dass
man später, als so sorgfältig alle alten Rechte aufgenommen und
conservirt wurden, dieselbe bei einer passenden Veranlassung wieder
in Ausübung brachte, nur dass sie jetzt von dem Herrn einer anderen Landschaft als früher geführt[4]) wurde.

---

[1]) Eine andere Möglichkeit wäre nur die, dass in der Matrikel ursprünglich gestanden hätte: „Mkgrf. Friedrich von Brandenburg Erben", wie z. B.
dieselbe Matrikel in der Cortrejischen Fassung für Meklenburg lautet. Aber
auch so würde der Ausdruck nur für die Einheit der Fürstenthümer in ihren
Beziehungen zum Reiche beweisend sein.

[2]) Aus den bei Lang III, p. 380 ff. registrirten Testamenten Georg Friedrichs ergiebt sich, dass schliesslich die Erbfolge doch allein nach dem Geraër
Hausvertrage erfolgte, der es in seinen Bestimmungen offen liess, wie sich die
beiden zukünftigen Markgrafen zum Reiche stellen würden, der sogar durch
die Bestimmung, dass die Bergwerke und das oberste Landesgericht gemeinsam bleiben sollten, wieder auf den bisherigen Weg hinzuweisen schien, dass
die Fürstenthümer trotz der Theilung doch auch eine Einheit bleiben sollten.

[3]) Nur 1567 findet sich eine Unterschrift: „von wegen Johanns, auch Georgen Friedrichs, beider Markgrafen zu Br. etc.", doch in ihrer Art, in der Verknüpfung der Namen durch „auch" statt durch „und", in der Hinzufügung des
Wortes „beider", welches dadurch jedem den besonderen Titel giebt, so verschieden von anderen Gesammtunterschriften, dass, mochte hier auch nur eine
Stimme in diesem einen Falle abgegeben sein, doch die Selbständigkeit beider
Fürsten, das Recht eines jeden, eine eigene Stimme führen zu können, schon
durch die Form der Unterschrift gewahrt zu sein scheint.

[4]) Dass der neue Träger der Stimme Herr eines anderen Territoriums
als der frühere ist, kann gegen diese Ansicht nicht sprechen, da weder bei
Hans von Cüstrin, noch bei den alten Markgrafen von Ansbach und Baireuth,

In diesem Lichte betrachtet, dürfte die spätere Zweiheit der
Stimmen für Ansbach und Baireuth vielleicht weniger als eine
Anomalie erscheinen, sie hatte ihre historischen Prämissen, aber in
der Zeit vor 1582; während das Aufnehmen der zweiten Stimme
erst lange nach diesem Jahre doch zeigt, wie auch nach demselben
sich die Verhältnisse des Fürstenstandes, besonders mit Beziehung
auf die Stimmen im Fürstenrathe, noch in lebendiger Entwicklung
befanden, ein Leben, welches erst durch die formelhafte Schemati-
sirung und Fixirung aller reichsständischen Verhältnisse, durch die
künstliche Reconstruktion des Reichskörpers seit 1648 ganz aufhören konnte. Denn am letzten Ende müssen wir doch als thatsächlich festhalten, dass 1603 eine Theilung der Fürstenthümer
unter zwei regierende Linien stattfand, worauf jede derselben eine
besondere Stimme führte, also der Satz des Autors von 1582 hier
sich noch vollkommen bestätigt findet.

X. Für **Wirtemberg** wird die ganzen 150 Jahre hindurch,
von 1495—1641, nur eine Stimme geführt: von Eberhard 1495
und 1497 zu Lindau, von seinem Sohne Ulrich I. von 1498—1512
und 1535.—48[1]), von Christoph 1551 bis 1567, von Ludwig, mit
welchem im Jahre 1593 die alte Herzogslinie erlosch, von 1570—82.
Dreimal nur hat daneben die Mömpelgartische Linie eine eigene
Stimme ausgeübt: 1559 finden wir die Unterschrift „v. w. der Vormundschaft Grafen Georgen zu Würtemberg und Mömpelgart etc.
seligen hinterlassenen Kinder", und 1566 und 70: „v. w. der Vormundschaft Friedrichen, Grafen von Wirtemberg und Mömpelgart".
Man kann dieses als Versuche ansehen, der Linie Mömpelgart
eine Stimme zu vindiciren, keineswegs aber eine solche danach als
herkömmlich annehmen, wie Moser[2]) es thut, indem er einzig von
der Stimme von 1570 einen Schluss auf die Berechtigung derselben
zieht. Im 35. Bande p. 164 und ff. berichtet er aber selbst, wie

— auch nicht 1594, 98 und 1603, wo bereits in anderen Unterschriften sich
eine genaue Präcisirung des Landes findet (Pfalz-Lautern und -Simmern, Henneberg, Baden), — vor allem auch nicht bei den jüngeren Markgrafen seit 1613
in den Unterschriften jemals bemerkt wurde, für welches Land sie dieselben
gaben; sie lauten stets nur: „N. Mkgraf. zu Brandenburg etc."
[1]) Während der grossen Lücke, die durch die Vertreibung Ulrichs entstand, finden wir einmal die Unterschrift „von wegen des Hertzogthums Würtemberg", ein Umstand, der aus dem Rahmen der Wirtembergischen Stimme hinsichtlich ihrer Einheit nicht heraustritt, der aber eine ganz andere Bedeutung
gewinnt, auf die im weiteren Verlaufe der Arbeit hingewiesen werden wird. —
Über die Hausverträge und die Erhebung zum Herzogthum, wodurch Untheilbarkeit und Erstgeburtsrecht eingeführt wird, s. unten § 4.
[2]) Teut. Staats-R. 34, p. 294 § 24.

sowohl 1576 als 1588[1]) Herzog Ludwig von Wirtemberg gegen die
Führung einer Mömpelgartischen Stimme protestirt habe, wobei er
sich ausdrücklich darauf berief, dass Mömpelgart keinen besonderen
Anschlag habe, dass er, der Herzog, dasselbe auch in Reichs-
und Kreis-Angelegenheiten vertrete und daher begehre, dass auch
nur er allein ein Votum für Wirtemberg, Teck und Mömpelgart — das ist der Titel in den Unterschriften — abzugeben habe.
Man sieht, dass es nicht allein genügte, regierender Herr zu sein,
um auch ein Votum im Reichsfürstenrathe ausüben zu können, sondern dass das Herkommen, welches auch in gewissen Verhältnissen
des Fürstenhauses zum Reiche begründet war, ebenfalls als eine
bestimmende Macht auftrat, wie schon die Opposition der Reichsfürsten eine willkürliche Stimmenvermehrung hinderte. Wirtemberg
hatte weder 1582, wie Moser — mit sich selbst im Widerspruche —
sagt, noch sonst jemals, so lange das alte Herzogshaus existirte, für
Mömpelgart eine besondere, anerkannte Stimme[2]).

Ebenso ist nicht ersichtlich, wie Moser[3]) zu seiner Behauptung
kommt, dass nach der Vereinigung der beiden Länder durch
Friedrich von Mömpelgart im Jahre 1593 2 Stimmen vom Hause
Wirtemberg geführt seien. Sowohl Friedrichs eigene Unterschrift

---

[1]) bei den schwäbischen Kreisständen; 1576 auf dem Reichstage.

[2]) Stälin „Wirt. Gesch." IV 2. Theil im § 19 p. 597, 598 sagt zwar, Mömpelgart habe, seitdem es vom Herzog Christoph 1553 — d. d. 4. Mai — an
seinen Oheim Georg zu erblichem, unabhängigem Besitz cedirt war, eine eigene
Stimme auf den Reichstagen geführt; er folgt darin Ficker „Reichsfürstenstand"
p. 223, beide aber nur Moser als ihrer gemeinsamen Quelle. Ficker wie Stälin
bezeichnen diese vermeintliche Stimme Mömpelgarts als eine ganz ausnahmsweise Erscheinung und ersterer kennt auch nur die drei erwähnten Unterschriften zu 1559, 1566 und 1570. Nach dem, was Moser aber im 35. Band
seines Staatsrechts p. 164, 165 berichtet, dürften diese 3 Vota selbst als etwas
anormales und illegitimes zu bezeichnen sein, deren Kraft, etwa ein Präcedenz
zu schaffen, durch den erfolgreichen Protest des Herzogs Ludwig i. J. 1576
gleich damals vernichtet wurde; in diesem Protest wird erwähnt, dass man
gleich 1570 „es dahin apprehendiret habe, weil S. Liebden (der Graf von
Mömpelgart) keinen sondern Anschlag hätten, dass mit demselben auf einen
Anschlag zum Römerzug und Kammer-Gerichts-Unterhaltung zu handeln wäre".
Also die dreimal abgegebene Stimme war vom Fürstenrath selbst als bisher
einer rechtlichen Grundlage entbehrend erkannt worden. Es scheint, als habe
er eine Stimme im Fürstenrath nicht absolut verweigern wollen, jedenfalls weil
die Grafen von Mömpelgart aus einem Fürstengeschlechte stammten, die
Fürstenwürde sich aber im Geschlecht vererbte; nur mussten, um die Reichsstandschaft beanspruchen zu können, gewisse Bedingungen, Leistungen an das
Reich, erfüllt werden.

[3]) Bd. 34, p. 294, § 24.

in den Reichsabschieden von 1594, 98 und 1603, wie die seines Sohnes Johann Friedrich zu 1613 und die Eberhards zu 1641 erscheinen als einfache Unterschriften für eine Stimme, wenn sie in ihrem Titel auch Grafen v. Mömpelgart heissen, eine Bezeichnung, welche auch die alten Herzöge von Wirtemberg in ihrer Titulatur geführt hatten.

Um so weniger können wir 2 Stimmen annehmen, als ja seit 1594, und mehr noch seit 1603 und 13, sich zahlreiche Beispiele finden, dass, wo ein Fürst in seiner Person 2 Stimmen vereinigt, er auch für jede eine besondere Unterschrift giebt, wie z. B. der Kurfürst von der Pfalz solche für Lautern und Simmern geben lässt. Moser [1]) liefert aber wieder selbst den Beweis, dass hier nur eine Stimme für Wirtemberg vorliegt. 1603 [2]), berichtet er, habe Friedrich seinen Gesandten eine doppelte Legitimation für Wirtemberg und Mömpelgart gegeben, mit dem ausdrücklichen Auftrage, für letzteres ein besonderes Votum uud besondere Subscription zu verlangen. Sie drangen mit ihrer Forderung nicht durch. Die Antwort der Direktoren, die auf den Widerspruch der übrigen Reichsfürsten hinweist, zeigt deutlich, dass hier ein Gewohnheitsrecht mächtig wirkte, an dem man von Seiten des Reiches festhalten wollte, während der einzelne Territorialfürst seine Prärogative auszudehnen suchte, eine Stimme für ein Land beanspruchte, welches noch niemals eine besessen hatte. Das Herkommen war die stärkere Macht, und die Gesandten Friedrichs mussten sich mit der Einreichung einer Protestations- und Reservationsschrift begnügen. Was Moser am angeführten Orte weiter über diesen Streit auf dem Reichstage von 1641 berichtet, bestätigt nur von neuem unsere Ansicht [3]).

Wenn wir dann 1654 erst für Mömpelgart eine besondere Unterschrift finden, so müssen wir das vielmehr als eine Neuerung — trotz aller Observanz, wie sie Moser vom Jahre 1582 herleiten will, — ansehen; erst das Jahr 1654 erscheint hier als der definitive

---

[1]) Teut. Staats-R. Bd. 35, p. 165 ff.

[2]) Also erst 1603, und nicht einmal gleich auf den nächsten Reichstagen nach 1582, denen von 1594 und 1598, wurde dieser Anspruch erhoben, wo doch Friedrich auch bereits Herzog war.

[3]) Moser T. St.-R. 35 p. 167; Mömpelgart ist zwar besonders zum Reichs-Tage beschrieben, bei der Verlesung der Sitz und Stimme im Fürstenrath Besitzenden durch den Reichs-Erb-Marschall wird es aber nicht genannt. Beim Votiren beschwert sich hierüber der Wirtembergische Gesandte und will sein Votum auch für Mömpelgart abgegeben haben; der darüber entstehende Streit wird aber bis zum Erscheinen eines kaiserlichen Decisum verschoben.

Schlusspunkt in der Entwickelung der Stimmverhältnisse auf der Reichsfürstenbank, indem ein kaiserliches Decret und besondere Abstimmung auf dem Reichstage für Mömpelgart ein besonderes Votum, hinter dem für Henneberg in der Rangordnung folgend, bewilligten [1]).

XI. In **Baden** erkennt die Matrikel von 1495 2 Fürsten an, den Markgrafen von Baden, Christoph (1475—1515), und den Markgrafen von Röteln, ebenso der Titel 8 (§ 7 und § 15) des Abschiedes. Die Unterschrift Christophs findet sich ferner dreimal 1498, 1500 und 1512; er war im Jahre 1503 auch der Erbe des letzten Sprossen der anderen Linie geworden, einer Abzweigung der alten Hochbergischen, auch die Sausenbergische genannt.

1521 erscheint die persönliche Unterschrift: „v. w. Markgraf Philippsen und Markgraf Ernsten zu Baden", und die gleiche 1524, aber in Vertretung gegeben [2]). Für diese letztere werden wir, bei der gemeinsamen Vertretung der Brüder, nur eine Stimme annehmen können; es fragt sich aber, wie wir uns zu derjenigen von 1521 zu stellen haben. Eigenthümlich ist, dass 1526 in Augsburg nur die Unterschrift Philipps, in demselben Jahre in Nürnberg nur die des Ernst vorkommt, 1527 wieder eine von gemeinsamen Vertretern gegebene: „v. w. Philippsen und Ernsten, Markgrafen zu B.", während dann, nachdem 1527 der Vater gestorben ist, 1529 Philipp persönlich unterschreibt, Ernst eine besondere Unterschrift durch einen Vertreter geben lässt und 1530 sogar für sich selbst und dann noch in besonderer Unterschrift als Vertreter seines Bruders Philipp unterzeichnet. Man kann nicht in Abrede stellen, dass beiden Brüdern zwei Stimmen zustanden, wenn jeder die seinige besonders ausüben liess. Aus dem Umstande aber, dass bis zum Tode des Vaters nur gemeinsame Unterschriften oder die eines einzelnen allein, der auch nicht, wie es nachher geschieht, für den anderen unterzeichnet, erscheinen, könnte vielleicht geschlossen werden, dass bei Lebzeiten des Vaters die Einheit des Baden-

---

[1]) In den Unterschriften dieses Reichsabschiedes steht die Mömpelgartische unter den in Vertretung gegebenen sogar erst hinter Lothringen; die Ordnung ist an jener Stelle überhaupt nicht fest gewahrt. — Bei Moser hierüber 35, p. 168, 169, 179; in der Sitzung vom 25. Febr. 1654 proponirt Mainz über das kaiserl. Dekret zu berathen, wonach Mömpelgart Sitz und Stimme zugewiesen erhalten soll; per Majora bekommt es ein Votum hinter Henneberg.

[2]) 1515 hatte Christoph I. unter seine drei Söhne getheilt und sich der Regierung begeben; er starb aber erst 1527.

sischen Fürstenthums trotz der Theilung doch gewahrt erscheinen
mochte und sich in der Weise geltend machte, dass man noch
nicht an die Ausübung zweier Stimmen dachte. Wahrscheinlicher jedoch erscheint es, dass die beiden Brüder, deren jeder
einmal allein nur für sich unterschreibt, im Jahre 1521 bei persönlicher Anwesenheit auch zwei Stimmen geführt haben werden.
Für das Gesammtresultat kann aber diese Einzelfrage ohne Bedeutung sein, da ja schliesslich doch in Folge der Theilung unbestritten zwei Stimmen geführt wurden.

1532 erscheinen beide wieder nur in einer gemeinsamen
Unterschrift, die durch eine Vertretung gegeben wird. Wir werden
nach jenem Satze des Autors von 1582 für diesen Fall allerdings
nur ein Badensisches Votum annehmen müssen, das jedoch unbeschadet des besonderen Rechtes jedes der beiden gegeben wurde.

Dasselbe muss von der Unterschrift von 1535 gelten, wo allerdings die beiden Brüder Bernhard und Ernst noch mehr daran
gedacht zu haben scheinen, die Einheit ihres Fürstenthums zu erhalten, wie sich aus dem Folgenden zu ergeben scheint. In diesem
Jahre erscheint zum ersten Male der dritte Bruder Bernhard in
der gemeinsamen Unterschrift: „v. w. Mkgrf. Bernhard und Ernsten
zu Baden".

1533 war nämlich Philipp kinderlos gestorben, und 1534 eine
neue Landestheilung erfolgt, in welcher Ernst Durlach, Bernhard
Baden erhielt[1]). Letzterer starb schon 1536 mit Hinterlassung
zweier unmündiger Söhne, Philibert und Christoph. Noch bei Lebzeiten Bernhards hatte der Kurfürst Ludwig von der Pfalz, als
Schiedsrichter in den Theilungsstreitigkeiten, einen Vertrag ent-
worfen, nach welchem die Markgrafschaft ein gemeinsames, ungetheiltes Ganzes bilden sollte, das nur hinsichtlich des Genusses
der Einkünfte getheilt werden könnte; die Lehen solle der jeweilige
Besitzer für sich und seine Stammesgenossen empfangen, auch ein
gemeinsames Archiv für die das ganze Land betreffenden Urkunden
bestehen. Der Dienst- und Unterthaneneid solle nur gegen den gemeinsamen Landesherrn' verbinden. Es kann dieser Versuch, dessen
Analoga sich bei Henneberg und Anhalt finden, als ein Beweis
angesehen werden, dass die Markgrafschaft immer noch als ein
ungetheiltes Ganzes galt, zumal Ernst nach dem Tode seines Bruders
sich auch auf die Untheilbarkeit der badischen Lehen berief und
diese für sich wie für seine Neffen empfangen, auch allein das
Recht der Lehenvergabung haben wollte.

---

[1]) Häberlin Neue Teut. Reichs-Gesch. X, p. 184.

Der Kurfürst, der zur Schlichtung des Streites angerufen wurde, entschied denselben auf Grund jenes seines Entwurfes[1]), doch so, dass die Burglehen von demjenigen, in dessen Gebiet sie lügen, vergabt werden sollten. Ernst wandte sich gegen diese Entscheidung an das Kammergericht, welches dieselbe zwar bestätigte, aber erst 1582[2]), als die Thatsachen bereits die Folgen, die sich daraus für Baden hätten ergeben können, überholt hatten. Diese Saumseligkeit der Rechtspflege hat mit dazu beigetragen, dass wir nunmehr in ununterbrochener Folge zwei Badensiche Stimmen zu verzeichnen haben werden.

1541 unterzeichnet nur Ernst; von 1542 (Speier) bis 1551 finden wir aber die besonderen Unterschriften für ihn und für die Vormundschaft der Söhne Bernhards, die stets als wegen der Vormundschaft „Philiberts und Christophs" gegeben lauten.

Dem entsprechend finden sich 1555, 57, 59 und 66 die getrennten Unterschriften für Carl, den Sohn des Ernst, und für Philibert[3]) zu Baden u. Spanheim; 1567 unterzeichnet Carl allein, 1570 findet sich neben seiner die Unterschrift für die Vormundschaft Philipps II.[4]), des Sohnes Philiberts, und 1576 die für Philipp selbst..

Desselben Unterschrift erscheint 1582 und daneben die: „In Vormundschaft, Markgrafen Carls zu Baden hinterlassener Söhne,

---

[1]) Albert Preuschen „Badische Geschichte mit steter Beziehung auf die gemeinsame Geschichte der Teutschen", Karlsruhe 1842; p. 727, 728.

[2]) Häberlin N. T. R.-G. X, p. 185, 186.

[3]) Philibert war 1555 für mündig erklärt worden, nachdem kurz vorher mit seinem Bruder Christoph ein Vertrag zu Stande gekommen war, wonach letzterer die Luxemburgischen Lande, Rodemachern, Herspringen und Püttingen, ersterer die Markgrafschaft Baden nebst Spanheim erhielt, beide für sich und ihre männlichen Nachkommen; s. Preuschen § 287, p. 728, 729. — Nach Häberlin N. T. R.-G. III, p. 113 wäre der Vertrag erst vom 23. April 1556, wo Philiberts Vormundschaft aufgehört hätte: Christoph verzichtet danach auf die Markgrafschaft für sich und seine Nachkommen. Die Unterschriften scheinen die erste Angabe zu bestätigen, nach der schon 1555 eine Auseinandersetzung erfolgt war. — Es sind diese Besitzungen Christophs ähnlich denen, die Bernhard III. in der Theilung von 1515 erhalten hatte (Luxemburg und Spanheim); sie scheinen nur die Abfindung für eine Nebenlinie gebildet zu haben, da sowohl Bernhard bei Lebzeiten seines Bruders Philipp, d. h. bevor er einen Antheil an den eigentlich markgräflichen Landen erhielt, nie in den Unterschriften erschien, wie auch Christoph niemals in denselben vorkommt.

[4]) Philibert fiel 1569 bei Montcontour; ihm folgte sein Sohn Philipp II., der bereits 1571, 13jährig, von Maximilian II. für mündig erklärt wurde; — Preuschen p. 730, — Häberlin N. T. R.-G. VIII, p. 45, 46.

4*

Ernst Friedrichen, Jacoben und Georg Friedrichen, Markgraffen zu Baden und Hochberg, Landgrafen zu Sussenberg, Herrn zu Rötel und Badenweiler".

Ernst von Baden-Durlach war 1553 gestorben, und ihm sein einziger noch lebender Sohn, Carl II., gefolgt. Dieser starb 1577, nachdem er in einem Testamentsentwurf eine Theilung ausdrücklich verboten und seine Söhne zu gemeinschaftlichen Nachfolgern in der Regierung bestimmt hatte [1]). Erst nach Beendigung der Vormundschaft wurde unter diesen dennoch nach einem Theilungsentwurf ihres Grossvaters Ernst vom Jahre 1537 getheilt, so dass Ernst Friedrich (1577—1609) die sogenannte untere Markgrafschaft, d. h. Baden-Durlach, Jacob (1577—1590) Hochberg und Georg Friedrich Sausenberg erhielt [2]).

Wie nun Moser [3]) vier Badensische Stimmen zum Jahre 1582 annehmen kann, ist in keinem Falle ersichtlich, da „expresse" wie er sagt, eine Stimme für Sausenberg durchaus nicht abgegeben ist, und wir ausserdem, wenn man selbst vier Stimmen annehmen dürfte, Moser doch entgegenhalten müssten, dass gerade die Stimme für Georg Friedrich von Sausenberg auf allen folgenden Reichstagen geführt worden ist, die für die Badensische Linie aber nur noch 1594. Auf den weiteren Widerspruch in der Moserschen Begründung, weswegen die Hochbergische Stimme nicht fortgeführt sei, ist schon in der Einleitung [4]) aufmerksam gemacht worden. Wenn er hier hinzusetzt: „und also liesse es Baaden auch nachhero gut sein", so erkennt er damit stillschweigend an, dass in dieser Zeit, in welcher sich die Verhältnisse zu jenem Zustande, wie er seit 1654 fixirt war, heranbildeten, und auf die es doch eigentlich ankam, an eine Observanz von 1582 gar nicht zu denken ist.

1582 sehen wir also die alte Zweizahl der Badensischen Stimmen noch gewahrt. Erst 1594 erscheinen drei Unterschriften: 1) die Ernst Friedrichs in Durlach [5]), 2) die für Eduard Fortunatus, den Vetter des 1588 kinderlos gestorbenen Philipp von Baden und

---

[1]) Preuschen p. 757, 758.

[2]) Preuschen p. 759, im Jahre 1584.

[3]) T. Staats-R. Bd. 34, p. 295 § 26.

[4]) p. 11.

[5]) Derselbe war auch bereits Besitzer von Hochberg, nachdem Jacob 1590 und sein wenige Tage nach seinem Tode geborener Sohn, Ernst Jacob, bereits 1591 gestorben waren; — Preuschen, p. 761, 762.

Spanheim [1]), und 3) die für die vormundschaftliche Regierung Georg Friedrichs von Sausenberg.

Aber schon 1598 finden wir nur noch 2 Unterschriften: 1) „v. w. Ernst Friedrich, Markgrafen zu Baden und Hochberg, Landgrafen zu Sausenberg, und 2) die Georg Friedrichs von Sausenberg. Die dritte Stimme für Baden fällt also fort, und obgleich Ernst Friedrich von 1595—1604 in Baden-Baden die Regierung [2]) führte, so bezeugt doch nichts in seiner Unterschrift, dass er für dasselbe eine besondere Stimme ausübte, in welchem Falle er wohl nach der Analogie derer für Lautern, Simmern und Henneberg eine besondere Unterschrift für Baden gegeben haben würde. Dieses bestätigt sich auch 1603, wo wir ebenfalls nur diese beiden Stimmen finden, und ferner 1613, wo Georg Friedrich von Sausenberg nur „vor sich und als Inhaber Ernst Friedrichen zu Baden [3]) angefallener Lande" unterzeichnet [4]).

Erst 1641 im Regensburger Abschiede finden wir wieder eine Unterschrift Wilhelms von Baden-Baden [5]), während für die andere Linie eine solche fehlt. Friedrich V., der Sohn Georg Friedrichs und der einzige Lebende seines Geschlechtes, hätte, wäre er anwesend oder vertreten gewesen, jedenfalls wie sein Vater für sich und die Lande Ernst Friedrichs von Durlach unterschrieben, wie

---

[1]) † 1588 — Preuschen p. 732; ihm folgte sein Vetter Eduard Fortunatus, Sohn des mit Luxemburg, Rodemachern u. s. w. abgefundenen Christoph, welcher sich mit seinen Brüdern dahin verglichen hatte, dass er ihnen die väterlichen Besitzungen ganz überliess, dagegen auch alleiniger Erbe seines Vetters in Baden sein sollte; — Preuschen p. 734.

[2]) Eduard Fortunatus hatte sein Land seinen Gläubigern überlassen sollen, welches aber Ernst Friedrich von Durlach dadurch verhinderte, dass er am 21. Novbr. 1594 die Baden-Badischen Lande besetzen und sich als Administrator derselben huldigen liess; — Preuschen p. 735, 736.

Eduard Fortunatus starb 1600, gleichwohl behielt Ernst Friedrich das occupirte Fürstenthum, da er den Söhnen jenes, als von einer nicht fürstlichen Mutter entsprossen, die Erbberechtigung absprach; Preuschen p. 737.

[3]) † 1604.

[4]) Röderer „von den Herzgl.-Sächsischen Reichs-Tags-Stimmen etc." (s. p. 22, Anm. 1) p. 117 sucht diese Unterschrift dahin zu erklären, dass der Zusatz „und als Inhaber etc." sich auf die von Ernst Friedrich besetzten Baden-Badischen Lande beziehe, um zu bezeichnen, dass er dieselben mit eben dem Rechte, wie jener besitze. Abgesehen davon, dass man nicht einsieht, weswegen Georg Friedrich dieses hier in der Unterschrift des Reichsabschiedes hätte hervorheben sollen, wenn er damit nicht zugleich eine besondere Stimme beansprucht hätte, dass aber eine solche für die occupirten Lande nicht einmal von Ernst Friedrich geführt worden war, nöthigt auch nichts, in der Form „Ernst Friedrichen" einen Dativ zu sehen, da dieselbe sonst durchgängig

es 1654 faktisch geschieht, so dass wir also erst seit 1641 eine dreifache Stimme Badens hätten.

So sehen wir — gerade im Gegensatz zu Moser (34 p. 294, § 26) — mit Nichten hier eine Observanz von 1582, sondern finden vielmehr durchgehend die Zweizahl der Badensichen Stimmen gewahrt, entsprechend der Erscheinung, wie der Begriff der oberen und der unteren Markgrafschaft sich durch die ganze Geschichte des Hauses, durch alle Urkunden desselben hindurchzieht, während der Grundsatz, dass Erbtheilungen, aus denen mehrere selbständig regierende Fürsten hervorgehen, auch zu einer entsprechenden Vermehrung der Reichstagsstimmen führen, noch 1594 in voller Wirksamkeit ist. Ferner tritt uns aber in der Unterschrift von 1613 dieselbe Erscheinung entgegen, wie wir sie bei Pfalz und Sachsen finden werden, dass das neue Princip der Vererbung der Stimmen ausgestorbener Fürstenhäuser auf ihre Erben, welches um Beginn des 17. Jahrhunderts allmählich lebendig zu werden begann, hier in dieser Zeit ebenfalls wirkte. Die drei Stimmen von 1594 erscheinen nur wie ein einsamer Vorläufer des späteren Zustandes; noch kann eine derselben erlöschen, während ihre Wiederaufnahme dadurch herbeigeführt wird, dass das Land wieder einen eigenen Fürsten hat.

Wir finden bei Baden eine solche Continuität in der Art, wie die einzelnen Theilfürstenthümer gestaltet werden, dass, nachdem das Bewusstsein durchgedrungen war, dass der einzelne Fürst dem Reiche gegenüber der Repräsentant eines Theiles desselben sei, dass seine Bedeutung für das Reich auf seinem Territorium beruhe, es nahe lag, mit dem einzelnen Lande den bestimmten Begriff eines Fürstenthums zu verknüpfen und folgerichtig dann mit diesem die Stimme für dasselbe weiterzuführen, wenn das Haus ausstarb, wie hier die Unterschriften des Markgrafen von Sausenberg seit 1613 zeigen.

---

als Form des Genitiv erscheint. Die Erklärung muss vielmehr darin gesucht werden, dass für Baden beinahe ein Jahrhundert lang zwei Stimmen auf den Reichstagen existirt hatten, dass seit 1594 auch bereits genügend Präcedenzfälle vorlagen, in denen die Stimme eines ausgestorbenen Fürstenhauses weitergeführt wurde, und dass Georg Friedrich in Folge dessen sich veranlasst sah, auch die zweite Stimme seines Hauses aufrecht zu erhalten; es konnte dieses aber natürlich nur die zuletzt von Ernst Friedrich geführte sein, deren Übergang auf sich er durch den Ausdruck bezeichnete, dass Ernst Friedrichs Lande ihm zugefallen seien. Wir finden dies auch durch das Folgende bestätigt, wenn 1654, nachdem Wilhelm, des Eduard Fortunatus Sohn, in Folge der Schlacht bei Wimpfen und definitiv durch den Westfälischen Frieden in Baden-Baden restituirt war, Friedrich V. ausser für Hochberg — offenbar eine Verwechselung der Titulatur, eigentlich Sausenberg — eine besondere Stimme für Baden-Durlach führt.

Wie wenig aber von einer Observanz eines bestimmten Jahres, etwa 1582 oder 1594, die Rede sein kann, beweist hier ausser den anderen Thatsachen auch die Eigenthümlichkeit, dass in den Unterschriften von 1654 Friedrich V. sein anderes Votum neben dem für Baden-Durlach als für Hochberg gegeben präcisirt, während doch niemals für dieses letztere eine besondere Stimme geführt worden [1] ist, Friedrichs V. Stammlande vielmehr die Sausenbergischen waren.

Die einzige Tradition, die wir als wirksam zu erkennen vermögen, ist das Alter der Zweizahl der Badensischen Stimmen, und unmittelbar an sie knüpft sich hier das Hervortreten des neuen Grundsatzes, welcher diese Zweizahl beim Erlöschen der einen Linie aufrecht erhält, während die sonstigen politischen Verhältnisse und ihre eigenthümliche Verschiebung auch noch zur Begründung einer dritten Stimme führten.

XII. Über **Anhalt** geben uns für den Zeitraum von 1495—1512 nur die beiden Matrikeln zu 1495 und 1507 Aufschluss, deren erstere „alle Fürsten von Anhalt mit ihren Wittwen", die zweite „Fürsten von Anhalt" nennt. 1521 findet sich eine erste Unterschrift unter denen der anwesenden Fürsten: „N. Fürst zu Anhalt"; während die Matrikel dieses Jahres in allen drei Fassungen der „neuen Sammlung" übereinstimmend „alle Fürsten zu Anhalt" angiebt, so dass dasselbe in seinen Beziehungen zum Reiche, sicher wenigstens hinsichtlich seiner Leistungen für dasselbe, als ein einheitliches Fürstenthum gegolten zu haben scheint [2].

Erst 1526 (Speier) erscheint eine bestimmte Unterschrift und zwar in einer Gestalt — sie ist in Vertretung gegeben —, die dieselbe als den Ausdruck einer Stimme auffassen lässt: „von

---

[1] wenn man auch mit Sicherheit annehmen kann, dass bei einem längeren Bestehen der Hochbergischen Linie diese eben so wie die anderen aus der Theilung hervorgegangenen ihr besonderes Votum geführt haben würde.

[2] Es ist nöthig, die Regierungswechsel und die mit ihnen zusammenhängenden Theilungen an dieser Stelle zu verfolgen, was wir der Übersichtlichkeit halber ausserhalb des Textes thun zu müssen glaubten. Die Theilung unter Georgs I. Söhnen i. J. 1471 (Krause „Fortsetzung der Bertramischen Gesch. des Hauses und Fürstenthums Anhalt", Halle 1782, zwei Theile, II p. 48, 52. — Lindner „Gesch. und Beschreibung des Landes Anhalt", Dessau 1820, p. 133, 134, 135, der die Urkunden kennt) hatte zwei Linien geschaffen, indem Waldemar VI. (†1508) und Georg II. (†1509) Köthen, Ernst (†1516) und Sigismund (†1487) Dessau, beide Linien gemeinschaftlich aber Bernburg erhielten, während der fünfte Sohn Georgs I., Rudolf (†1510), mit Geld abgefunden wurde, im Falle des kinderlosen Todes eines der andern Brüder aber in dessen Stelle

wegen Johann Georgen und Joachim, Fürsten zu Anhalt"[1]); dieselbe findet sich noch 1532 und sechsmal von 1542 (Speier) bis 1551; nur 1541 werden zwei Brüder ohne den dritten genannt: „Hans und Joachim, Gebrüder, Fürsten zu Anhalt". Da sie erst 1544 theilten (s. p. 55, Anm. 2), welche Theilung erst 1546 in Kraft getreten zu sein scheint (Lindner l. c.), so stimmt dieses vollkommen zu der Form ihrer Unterschriften, nach der sie nur eine Stimme führten.

Daneben finden wir 1542, zu Speier und zu Nürnberg, und 1544 Wolfgang [2]) mit einer besonderen Unterschrift, 1545 aber ohne jede Unterscheidung mit den 3 Brüdern zusammen genannt; gleichwohl werden wir für ihn, wenn auch hier in Folge einer gemeinsamen Vertretung Aller nur eine Anhaltische Stimme ausgeübt wurde, doch eine besondere als fortbestehend annehmen müssen, da er 1555 und 1557 eine solche wieder ausübt. Wenn dieses seit 1544, nachdem der ganze Anhaltinische Besitz völlig getheilt war, nichts Auffälliges hat, so zeigen die beiden Unterschriften Wolfgangs von 1542 doch, dass man auch schon vorher zwei getrennte regierende Linien anerkannte, was durch die Thatsache seine Bestätigung findet, dass seit 1471 jede der beiden ihren besonderen Kanzler hatte, so dass also zwei Regierungen bestanden [3]), wie

treten sollte. Indessen verkaufte dieser letztere 1497 seinen von Sigismund erhaltenen Landesantheil (Lindner p. 135, 136).

Eine dritte Linie bestand noch in Zerbst, dessen Besitzer, Magnus und Albrecht, aber beide geistlich waren und 1508 ihr Land an ihre Vettern der anderen Linien abtraten, die dasselbe ebenfalls in gemeinsamen Besitz behielten (Lindner p. 136). — Von jenen vier Brüdern hatte nur Waldemar einen Sohn, Wolfgang, und Ernst drei Söhne: Georg, Joachim und Johann. Letztere theilten erst i. J. 1544 (Lindner p. 137), bei welcher Gelegenheit Wolfgang ihnen ganz Zerbst überliess, dagegen Bernburg zu alleinigem Besitz erhielt.

Im Jahre 1495 hatte Rudolf, der jüngste der Söhne Georgs I., zu Worms in seinem, seiner Brüder und Vettern Namen die Belehnung für Anhalt empfangen (Krause II, p. 85), was zusammengenommen mit den Thatsachen, dass die vier Brüder nicht den ganzen Besitz getheilt hatten, sondern Bernburg, später auch noch Zerbst, gemeinschaftlich besassen, und dass die Reichsanlagen für ganz Anhalt gemacht wurden, schliessen lässt, dass die Fürsten nur eine Stimme auf den Reichstagen geführt hätten; die dunkle Unterschrift von 1521 scheint dieses zu bestätigen, doch werden wir noch einige andere Angaben finden, die seit 1521 oder 1529 zwei Anhaltische Stimmen annehmen lassen.

[1]) Es sind die Söhne des Ernst (cfr. p. 55, Anm. 2): Joachim I. in Dessau 1516—61, Johann der V. in Zerbst 1516—51 und Georg III. in Plötzkau und Harzgerode 1516—53, in den einzelnen Theilen erst seit 1544 resp. 1546; zwischen Johann und Georg ist demnach in der Unterschrift ein Komma zu setzen.

[2]) in Köthen 1508—62, und in Bernburg seit 1544.

[3]) Krause II, p. 52.

uns auch eine grosse Anzahl selbstständiger Regierungshandlungen Waldemars VI. und seines Sohnes Wolfgang urkundenmässig genannt werden [1]). Auch finden sich bei Krause Nachrichten, dass Wolfgang sich schon früher an den Reichstagen betheiligt habe: so empfing er 1521 mit seinem Vetter Johann für sich und die übrigen Vettern die Belehnung mit dem Fürstenthum [2]), protestirte 1529 gegen den Reichsschluss zu Speier, überreichte 1530 mit den anderen protestantischen Fürsten die Augsburgische Confession [3]) und war 1532 in Nürnberg [4]). Jene Lücke in seinen Unterschriften von 1545 bis 1555 erklärt sich dadurch, dass er in Folge der Mühlburger Schlacht von 1547—52 geächtet und landesflüchtig war, dann aber restituirt wurde [4]).

Neben Wolfgangs finden wir 1555 die andere Unterschrift als: „v. w. Joachims und seiner unmündigen Vettern, Fürsten zu Anhalt“ und 1557 die letzteren selbst genannt: „v. w. Joachim Carl, Joachim Ernst, und Bernhard Gevettern und Brüder, Fürsten zu Anhalt“ [5]), jedenfalls also in der Weise, dass wir für die ganze Linie Dessau-Zerbst die einheitliche Stimme gewahrt sehen. 1559 erscheint eine Zusammenwürfelung der beiden Unterschriften: „v. w. Wolfgangen, Joachimen und Carlen, Fürsten zu Anhalt etc. vor sich und dann in Vormundschaft Joachim [6]) Ernsten und Bernharden, Fürsten zu A. etc. ihrer jungen Vettern und Brüder“. Wenn die sämmtlichen Anhaltinischen Fürsten in Folge der gemeinsamen Vertretung auf diesem Reichstage wieder nur eine Stimme [7]) führen, so werden wir das Recht Wolfgangs, eine besondere für sich zu beanspruchen, nach allem Vorhergehenden doch nicht in Zweifel ziehen können. Zugleich ersehen wir aus allen Unterschriften der Dessau-Zerbster Linie, dass sie immer nur eine Stimme ausübte und somit wenigstens keinen Anspruch auf eine Mehrzahl derselben erhoben zu haben

---

[1]) Krause II, p. 52—56, 90, 91, 92.

[2]) Krause II, p. 103.

[3]) Krause II, p. 104.

[4]) Krause II, p. 105 ff.

[5]) Es sind die Söhne Johanns in Zerbst, der 1551 starb: Carl I. 1541—61, Joachim II. Ernst 1551—81, Bernhard 1551—70; in der Unterschrift ist zwischen Joachim und Carl wieder ein Komma zu setzen, da sonst nur Brüder, keine Vettern genannt wären, sie sich auch 1559 richtig getrennt finden,

[6]) Hier steht zwischen Joachim und Ernst in der N. S. ein überflüssiges Komma, wie die Unterschriften von 1566, 70, 76 und 82 zeigen.

[7]) Gerade diese Unterschrift zu 1559 findet ein so vollkommenes Analogon in den beiden von 1641 und 1654, besonders in der letzteren, dass wir dadurch unsere Annahme und somit den Autor bei Goldast von 1582 auf's beste bestätigt sehen, dieser Unterschrift nur ein Votum zu supponiren. cfr. p. 21.

scheint. Eine Erklärung hierfür geben uns auch die wichtigen
Nachrichten bei Krause über die Landtage. So hielten 1547 die
drei Brüder Georg, Joachim und Johann einen gemeinsamen Landtag, dessen Beschlüsse für sie und ihre Unterthanen gefasst wurden,
während Wolfgang sich nicht daran betheiligte[1]). Einen gleichen
Landtag der gesammten Dessau-Zerbster Stände finden wir im
Januar 1555[2]), an dem sich Wolfgang gleichfalls nicht betheiligte,
und noch 1569 einen solchen zu Bernburg ohne Betheiligung der
Landstände Wolfgangs, obgleich dieser schon 1562 zu Gunsten
seiner Vettern theilweise resignirt hatte und 1564 auch auf den
Rest seines Fürstenthums verzichtete[3]). 1572 zu Dessau wurde
dann der erste Landtag der gesammten Anhaltinischen Stände abgehalten[4]). Die Regierung der Dessau-Zerbster Lande wäre demnach doch immer eine einheitliche geblieben, jedenfalls der Einfachheit
und Billigkeit der Verwaltung wegen, und aus gleichem Grunde
mag auch die Vertretung auf den Reichstagen eine gemeinsame
geblieben sein.

1566 finden wir die persönliche Unterschrift des Joachim Ernst
„für sich und seinen Bruder Bernhard"[5]) und werden nicht fehl
gehen, in dieser Erwähnung des Bruders doch keine besondere
Stimme für denselben zu sehen, da es die einzige dieser Art, in
diesem Falle aber wohl eine besondere Unterschrift für Bernhard
gegeben wäre, die ausdrücklich besagte, dass für ihn in Vertretung
durch seinen Bruder noch besonders votirt sei. So finden wir auch
1567 beide wieder nur in der Fassung genannt, die ihnen, wie früher,
so auch hier keine besonderen Stimmen giebt: „von wegen Joachim
Ernsten und Bernharden, Fürsten zu Anhalt etc.".

1570, 76 und 82 findet sich die Unterschrift des nun einzigen,
regierenden Fürsten Joachim Ernst.

1594 unterzeichnet Christian, der persönlich anwesend ist, für
sich, und daneben finden wir unter den vertretenen Fürsten noch

---

[1]) Krause II, p. 432, 433.
[2]) l. c. p. 433.
[3]) Krause II, p. 114. — Lindner p. 137.
[4]) Krause II, 436, 437.
[5]) Von jenen Brüdern, die 1544 getheilt hatten, hinterliess nur Johann
(† 1551) drei Söhne (s. p. 57, Anm. 5), von denen nach dem 1561 erfolgten Tode
Karls und nach dem Anfall der Köthen-Bernburger Lande i. J. 1562 (s. oben)
Bernhard und Joachim Ernst im J. 1563 zwar theilten — (Lindner p. 138,
Krause II, 138, 139) —, doch, wie wir gesehen haben, ohne dass der Gedanke
einer Einheit des Fürstenthums darum aufgegeben wurde. Bernhard starb bereits 1570 — Krause II, p. 141 —, so dass Joachim Ernst das ganze Fürstenthum
vereinigte.

die beiden getrennten Unterschriften für Johann Georg und Bernhard, die in dieser Trennung um so auffallender sind, als beide
Fürsten ausser mit dem Gesammttitel zugleich als Herrn zu Zerbst
und Bernburg bezeichnet werden, so dass für diese drei Söhne des
Joachim Ernst drei Stimmen anzunehmen sind.

1598 sind die Unterschriften für Johann Georg und Christian
ebenfalls noch getrennt und zwar beide in Vertretung gegeben, so
dass in diesem Jahre nach dem inzwischen erfolgten Tode Bernhards noch zwei Stimmen Anhalts erscheinen.[1]

1603 und 1613 aber finden wir für fünf noch lebende Söhne des
Joachim Ernst nur eine in Vertretung gegebene Gesammtunterschrift
und 1641 und 54 ebenso eine Gesammtzahl von 5 resp. 7 Fürsten von
Anhalt genannt, die, „für sich und in Vormundschaft“, resp. „in
Vollmacht und Vormundschaft“ eines resp. zweier anderen in einer
Unterschrift unterzeichnen lassen.

---

[1] Joachim Ernst war 1586 gestorben und hatte acht Söhne hinterlassen:
1) Joh. Georg, geb. 1567, der 1586 mit dem Kurfürsten Johann Georg von
Brandenburg die Regierung und Vormundschaft über seine Brüder übernimmt
(Beckmann „Historia des Fürstenthums Anhalt“, Zerbst 1710, sieben Theile;
V. Theil, Buch III, cap. III, § V im Tom. II, p. 210); 2) Christian, beide aus
erster Ehe; 3) Bernhard, geb. 1571, † 24. Novbr. 1596, der aber grösstentheils
sich auswärts aufhielt (Beckmann Th. V, B. III, cap. II, § 1—5 im Tom. II,
p. 198 ff.); 4) Johann Ernst geb. 1578, bis 1599 auf Reisen, dann kaiserlicher
Reiterobrist, als welcher er am 12. Decbr. 1601 in Wien starb (Beckmann l. c.);
5) August; 6) Rudolf; 7) Ludwig (Krause II, p. 355, 356).

Krause II, p. 359 giebt nun an, dass die 5 Söhne: Joh. Georg, Christian,
Rudolf, August und Ludwig bis 1603 in einer Art gemeinschaftlicher Regierung
geblieben seien, so dass bis 1606 Joh. Georg dabei eigentlich allein regierender
Herr gewesen wäre (l. c. 360, 361). Beckmann berichtet ebenfalls (Th. III,
B. I, cap. I, § V), dass bis 1603 die Regierung eine ungetheilte blieb. Gleichwohl scheinen doch die drei ältesten Brüder um 1594 nicht nur Antheil an der
Regierung gehabt zu haben, sondern sowohl für Christian wie für Bernhard
mögen besondere Stücke des Fürstenthums abgetheilt worden sein, während
Joh. Georg die Regierung der übrigen nebst der Vormundschaft über die jüngeren Geschwister führte. Es scheinen hier noch Urkunden über diese Verhältnisse bis 1603 zu fehlen. Jedenfalls bleibt die Thatsache bestehen, dass wir
1594 drei und 1598 noch zwei besondere Unterschriften für Anhalt finden, ein
Umstand, der Moser ganz entgangen zu sein scheint. Wir glauben mit Sicherheit annehmen zu können, dass diese Anhaltinischen Stimmen alle eine rechtliche Grundlage hatten, zumal es protestantische waren, und man in dieser Zeit,
wie die Streitigkeiten auf dem Reichstage von 1582 und andere von 1603, 1608
und 1613 erkennen lassen, bei beiden Parteien, in die Deutschland gespalten
war, sorgfältig über jede Stärkung der feindlichen Seite wachte. Daher der
Schluss, dass hier eine theilweise Landestheilung schon stattgefunden haben
musste, da eine solche allein die rechtliche Grundlage für die Stimmen der
jüngeren Brüder Christian und Bernhard abgeben konnte.

Diese beiden letzteren Subscriptionen sind völlig analog zu der Form, wie der Kurfürst von Sachsen für sich und die andern Glieder des Sächsischen Hauses als gesammter Inhaber der Grafschaft Henneberg unterschreibt, und der Ausdruck einer Stimme. Die Unterschriften von 1603 und 1613 müssen wir einmal consequenter Weise als für eine Stimme gegeben ansehen, erhalten aber auch wieder in der Hausgeschichte die urkundlichen Belege dafür und die Erklärung für diese Erscheinung, dass trotz der Theilung in vier getrennte Fürstenthümer doch nur eine Stimme für Anhalt geführt wurde.

Im Jahre 1603 wurde von den Brüdern eine Landestheilung beschlossen, die unter dem 30. Juni[1]) zu Stande kam: es wurden vier Theile gemacht, während einer der Brüder mit Geld abgefunden werden musste, da eine andere als Viertheilung sich mit Rücksicht auf die Verwaltung und die ehemaligen Theile des Landes kaum bewerkstelligen lasse. Hierbei wurden jedoch für den jedesmaligen Ältesten des Hauses die Erbschutzvogtey zu Gernrode, der Gernrodische Hof zu Bernburg und die Probstei zu Gross-Alsleben von vornherein ausgesetzt, um von deren Erträgen die „Reichsonera, als Beschickung der Reichs-Creiss-Deputations-Täge, Cammergerichtsunterhaltung etc." zu bestreiten[2]). Ein Hausvertrag begründete also ein Seniorat des jedesmal ältesten, regierenden Gliedes der Familie und übertrug diesem allein die Führung der Anhaltischen Stimme auf den Reichstagen.

Dieser Vertrag, der 1603 nur eventualiter geschlossen wurde, da die Kammergüter noch bis 1611 den Ständen behufs Abtragung der Landesschulden verpfändet waren, wurde, nachdem dieselben schon 1606 den Fürsten zurückgestellt waren, in diesem Jahre vollzogen, und eine neue Urkunde d. d. 18. Mai 1606 ausgefertigt, welche jene erste in allen Theilen bestätigte und theilweise ergänzte[3]).

Eine erneute Erbeinigung der gesammten Fürsten zu Anhalt betreffs des Seniorats wurde dann am 15. April 1635[4]) geschlossen, aus der ein charakteristischer Passus[5]) hier mitgetheilt sein mag, da

---

[1]) bei Schulze „Hausgesetze" I, p. 25; — Lünig R.-A. P.spec. cont. II, Fortsetzg. 3, Tom. X, p. 188 ff. — bei Krause II, p. 379 ff. — Beckmann Th. III, Tom. I, p. 74.

[2]) Krause II, p. 383; — Schulze „Hausgesetze" I, p. 29.

[3]) Schulze „Hausgesetze" I, p. 32 ff. — Lünig R.-A. P.spec. cont. II Fortsetzg. 3, Tom. X, p. 201 ff. — Krause II, p. 387.

[4]) Schulze I, p. 35; — Lünig R.-A. l. c., p. 234 ff; Krause II, p. 425 ff.

[5]) Schulze p. 36.

er uns den Zusammenhang zwischen der Veranlagung der einzelnen Fürstenthümer in der Reichsmatrikel und den Stimmen im Fürstenrathe bestätigt und anderseits einen gewissen Einfluss zu zeigen scheint, den die Reichsinstitutionen auf die Hauspolitik und und so indirekt auf die Gestaltung der Stimmverhältnisse ausüben konnten; er lautet: „Hiernächst weil Unser gesambtes Fürstenthum Uns von der Röm. Kayserl. Maj. andergestalt nicht, als für ein Einiges, gesambtes Fürstenthumb verliehen[1]) wird, dasselbe auch in der Reichs- und Crayss-Matrikel für ein einiges Fürstenthumb gehalten wird etc. etc.", so werde das bereits bestehende Seniorat von neuem als eine Fundamental-Verfassung des fürstlichen Hauses bestätigt.

Vergegenwärtigen wir uns, wie Anhalt bis 1541 nur eine Stimme ausübte, doch jedenfalls die Berechtigung zu zweien hatte, die sich auch von 1542—1559 finden — aber doch nur 17 Jahre lang, im Verhältnis zu einem Jahrhundert und darüber nur ein sehr kurzer Zeitraum —, wie es ferner, mit nur 2 Ausnahmen von 1594 und 1598, wieder eine Stimme führte, so sehen wir auch hier eine ziemlich constante Entwickelung, die zu einer dauernden Fixirung dieses Verhältnisses führen konnte, die aber 1582 doch noch nicht so feste und unverrückbare Formen angenommen hatte, dass nicht gleich darauf die Stimmenzahl noch in ein kurzes Schwanken gerathen konnte.

Es muss betont werden, dass hier die Thatsachen ganz anders liegen, als sie Moser angenommen hat, dass vor 1582 durchaus nicht ein solches Variiren in der Anzahl der Anhaltischen Stimmen stattfand, wie auch Röderer[2]) zu 1559 nicht fünf Stimmen, sondern mit Bezug auf die Stelle des Autors bei Goldast nur eine annimmt, dass aber noch nach 1582 eine Vermehrung derselben eintrat, und dass die endliche Normirung der einen Stimme sich einzig und allein auf ein besonderes Hausgesetz gründete. Die Urkunde von 1635 zeigte, dass es gewisse Faktoren gab, die auch

---

[1]) Dieses gewinnt noch grössere Bedeutung in der Thatsache, dass diese Gesammtbelehnung bereits seit 1475 ununterbrochen geschah: — Beckmann Th. IV, cap. III, § II, p. 520: nach Absterben der alten Bernburgischen Linie — 1409 — sei keine andere als Gesammtbelehnung von den Kaisern ertheilt worden, die erste von Friedrich III. 1475; 1559 eine für Wolfgang, Joachim Carl, Joachim Ernst und Bernhard zu Augsburg (Beckmann l. c. § IV, p. 521) — zu gleicher Zeit ersieht man aber daraus, dass eine Zeitlang doch auch zwei Stimmen vorkommen, dass diese Gesammtbelehnung einen direkten Einfluss auf die Stimmenzahl der Fürstenhäuser nicht hatte.

[2]) Röderer, Sächsische Reichstagsstimmen, p. 141.

von Seiten des Reiches eine Consolidirung der Fürstenthümer zu geschlossenen Ganzen begünstigten, das wesentliche, entscheidende Moment liegt aber in der Hauspolitik der einzelnen Dynastenfamilie, die wir überall aus eigenen Motiven diesen consolidirenden Gang nehmen sehen. Und Kaiser Ferdinand II. bestätigte für Anhalt das Seniorat ausdrücklich in seinem Lehensbriefe vom 28. August 1635[1]).

XIII. Für **Meklenburg** finden wir 1495 und 1500 die Unterschrift des einzigen damaligen Herzogs Magnus, der in Schwerin seit 1477 regierte und 1503 starb, nachdem er seit seines Bruders Albrechts Tode, 1483, auch dessen Fürstenthum Wenden besessen hatte[2]).

Bei Magnus' Tode, 1503, vereinigten sich seine drei Söhne: Heinrich V., Erich, der sehr früh starb, und Albrecht VII., mit ihrem Oheim Balthasar, auch ferner das gesammte Fürstenthum in ungetheiltem Besitz zu behalten.

Wir finden nun 1505 die Unterschrift für Herzog Heinrich (1503—1552) (p.)[3]), 1507 die Albrechts (1503—47) (p.) und 1521 und 24 die Unterschriften: „Hzg. Heinrich und Hzg. Albrecht"; erstere persönlich gegeben; 1526 (Speier) die Albrechts (v.) und in demselben Jahre zu Esslingen die Heinrichs allein (v.), 1527 die beiden Unterschriften Heinrichs und Albrechts mit verschiedenen Vertretern und ebenso 1529[4]).

1530 lautet die persönliche Unterschrift: „Heinrich, Albrecht und Magnus, Hertzoge von M.". Magnus ist ein Sohn Heinrichs und seit 1516 Bischof von Schwerin; er starb 1550, noch zwei Jahre vor dem Tode seines Vaters, und konnte natürlich neben demselben keine besondere Stimme führen, so dass hier wieder der Fall vorliegt, dass ein gerade anwesendes Mitglied des Fürsten-

---

[1]) Beckmann l. c. §. II, p. 520.

[2]) Die drei Söhne Heinrichs IV., des Fetten, † 1477, hatten sich nach einer Zeit gemeinsamer Regierung i. J. 1480 in der Weise auseinandergesetzt, dass Albrecht VI. das sogenannte Wendische Fürstenthum, Magnus († 1503) und Balthasar, letzterer Bischof von Schwerin † 1507, das übrige ungetheilt und zu gesammter Hand erhielten. Albrecht starb 1483 kinderlos. Schulze „Hausgesetze" II, p. 191, 192.

[3]) p = persönlich gegebene, v = in Vertretung gegebene Unterschrift.

[4]) Wir finden 1529 unter den Unterschriften der vertretenen Fürsten zweimal die „v. w. Albrechts Hzg. zu M.", jedesmal mit verschiedenen Vertretern; natürlich konnte Albrecht nicht zwei Stimmen für sich führen, so dass man an der einen Stelle für ihn wird „Heinrich" setzen müssen.

hauses honoris causa in dessen Unterschrift aufgenommen wird,
ohne doch deshalb eine besondere Stimme zu führen.

1532, 1542 (Speier) und 1544 finden wir dann noch dreimal
die Unterschrift Albrechts, im erstgenannten Jahre durch Vertreter
gegeben.

Aus allem, besonders aus dem Umstande, dass mehrere Male
die Unterschrift nur für einen der beiden Brüder durch Vertreter
gegeben wird, und dass auch beide in verschiedenen Unterschriften
neben einander vorkommen, müssen wir schliessen, dass sie als
regierende Fürsten — wenn auch gemeinsam regierend — besondere Stimmen zu führen berechtigt waren und ausübten. Ein
Beispiel Baierns, welches uns zeigen wird, dass auch schon in
dieser frühen Zeit unserer Periode ein Fürstenhaus sich die Stimme
einer lange regierenden, inzwischen aber ausgestorbenen Linie
vorbehielt, kann uns, da die Umstände hier gleichartig sind, auf
eine Erklärung dieser Erscheinung hinleiten, dahingehend, dass hier
offenbar die Tradition wirkte, die sich aus dem langen Bestehen
einer zweiten besonderen Linie mit besonderer Stimme auf den
Reichstagen ergeben musste. Gleich nach der Erhebung zum
Herzogthum im Jahre 1348[1]) war eine Theilung unter den beiden
damals regierenden Brüdern erfolgt: Johann IV. erhielt Stargardt
und Albrecht II. Schwerin, worin sie 1373 in ihren Lehensbriefen
bestätigt werden[2]). Bis 1436 bestand nun, durch weitere
Theilungen entstanden, das Fürstenthum Wenden unter eigenen
Herzogen, bis 1471 noch das Herzogthum Stargardt[3]). Aber schon
1480 erfolgte eine nochmalige Theilung[4]), so dass also durch diese
lange Zeit des Bestehens zweier Fürstenthümer sehr wohl sich das
Bewusstsein von der Zuständigkeit zweier Stimmen für Meklenburg
festsetzen konnte, welche dann auch später bei gemeinsamer Regierung — aber doch immer mehreren Theilhabern an derselben —
weitergeführt wurden. Sicher aber konnten zwei Stimmen geführt
werden, als 1534 Heinrich und Albrecht einen sogenannten
Mutschierungsvertrag auf 20 Jahre geschlossen hatten, nach welchem
zwar Heinrich das Land Schwerin, Albrecht Güstrow, d. h. Wenden,
Rostock und Stargardt mit der Residenz in Güstrow, bekam, die
Theilung aber nur hinsichtlich der Einkünfte eintreten, die Regierung
eine gemeinsame bleiben sollte[5]).

---

[1]) Schulze „Hausgesetze" II. p. 190 und Urk. Nr. I, p. 206—208.
[2]) Schulze p. 190.
[3]) cfr. Schulze l. c.
[4]) cfr. p. 62, Anm. 2.
[5]) Schulze II, p. 192.

Auch ferner können wir nun die beiden Stimmen verfolgen.
1548 finden wir ausser Heinrichs, der sich vertreten lässt, die persönliche Unterschrift der Söhne Albrechts: „Johann Albrecht, Georg
und Ulrich, Gebrüder, Hertzoge zu M.", 1551 aber nur die durch eine
gemeinsame Vertretung gegebene: „v. w. Heinrichen und Johanns
Albrechten, Gevettern, Hertzogen zu M.". Die andern Brüder
Johann Albrechts verschwinden völlig aus seinen Unterschriften, was
uns neben dem Umstande, dass derselbe alleiniger Erbe der Regierung [1]) war, zu der Annahme zu berechtigen scheint, dass auch
1548 für sie nur eine Stimme existirt haben wird.

1555 fehlt jede Unterschrift, 1557 findet sich die Johann Albrechts,
1559, 66 und 70 aber erscheinen besondere für ihn und seinen
Bruder Ulrich.   Letzterer war nach seines kinderlosen Oheims
Heinrich Tode (1552) dessen Nachfolger in Schwerin geworden
und führte seine Stimme weiter.

1576 finden wir daher die Unterschrift: „v. w. Ulrichs, Hertzogs
zu M. etc. vor sich und in Vormundschaft weyland Johann Albrechten [2]),
Hertzogen zu M. etc. nachgelassener Söhne, Johannsen und Sigis-
mundi Augusti". Mag hier in Folge der gemeinsamen Vertretung
auch nur eine Stimme ausgeübt sein, so sieht man doch deutlich
die Scheidung der Unterschrift in zwei Theile; Ulrich und der Vater der
beiden unmündigen Herzöge führen den besonderen Titel, ausserdem
unterzeichnet Ulrich ausdrücklich „vor sich" und für die Neffen
so dass man sieht: es participiren zwei Theilhaber an dieser einen
Stimme, deren jeder sonst zu einer besonderen berechtigt ist.

1582 unterzeichnet nur Ulrich persönlich, der 1585 kinderlos
stirbt.

1594, 98 und 1603 finden sich dann keine Meklenburgischen
Unterschriften, 1613 aber die: „v. w. Adolf Friedrichen und Hans
Albrechten, Gebrüdere, Hertzogen zu M. etc."; es sind Söhne
Johanns VII. von Güstrow, für den Ulrich 1576 in Vormundschaft
unterzeichnet hatte, Enkel Johann Albrechts.

Wenn in Folge der gemeinsamen Vertretung auch hier nur
eine Stimme ausgeübt wurde, so waren die Brüder zu zwei besonderen doch ganz berechtigt, da sie völlig getrennt regierende
Herrn waren.   Johann VII. war 1592 gestorben, nachdem er in
Folge des kinderlosen Todes Ulrichs 1585 auch Schwerin erhalten hatte.

Das Testament Johann Albrechts I. vom 22. Decbr. 1573 hatte
allerdings auch für diesen Fall die alleinige Succession seines

---

[1]) Schulze l. c.
[2]) dieser war in demselben Jahre gestorben.

ältesten Sohnes Johann bestimmt, doch keineswegs die Primogenitur
überhaupt eingeführt[1]). Die Enkel theilten daher im Jahre 1611[2])
nach der hergebrachten Art so, dass Adolf Friedrich Schwerin,
Johann Albrecht II. Güstrow erhielt, welche Theilung 1621[3]) für
erblich und unwiderruflich erklärt wurde.

Adolf Friedrich führte dann für seine Linie durch seine Testamente von 1637 und 1654 die Primogenitur ein[4]).

1641 lässt Eleonore Maria als Vormünderin des Sohnes Johann
Albrechts II., Gustav Adolf, unterzeichnen, und 1654 finden wir
zwei getrennte Unterschriften für Adolf Friedrich von Schwerin und
für denselben als Vormund seines Neffen Gustav Adolf von Güstrow.

Die Bedeutung, welche Moser dem Reichstage von 1582 zu
geben sucht, kann demnach auch hier nicht sehr ins Gewicht fallen,
da in diesem Jahre nur eine Stimme für Meklenburg abgegeben
wird. Moser sucht daher die beiden Stimmen auch nicht auf die
Stimmabgabe von 1582, sondern darauf zu begründen, dass zur
Zeit dieses Reichstages zwei regierende Herrn in diesem Lande gewesen wären[5]), ein Grund, der für die Gestaltung der Stimmenzahl
in späterer Zeit doch nicht hinreichend sein konnte, wenn die eine
Stimme, wie hier geschehen, nicht ausgeübt wurde, und wenn sogar
von 1585 bis 1611[6]) kaum eine Berechtigung für die Führung einer
zweiten vorhanden war.

Aus den Worten Mosers an der angeführten Stelle ergiebt sich
ferner, dass er aus der Unterzeichnung Ulrichs für sich und seine
beiden Vettern im Jahre 1576 auf 3 Stimmen schliessen würde; er
verneint dieses nur auf Grund des Testamentes Albrechts, nach
welchem der älteste Sohn Johann allein regierender Herr sein, während
des jüngeren, Sigismund, nur in den actis publicis gedacht werden
sollte[7]). Wir fanden bereits in der Form, in der die Unterschrift

---

[1]) s. unten Anm. 7.

[2]) Schulze „Hausgesetze" II, p. 194. — Lünig R.-A. P.spec. cont. II, von
Meklenburg in supplem. ultima n. 1038.

[3]) Schulze l. c.; — Lünig l. c. n. 1045.

[4]) Schulze II, p. 194, wo die Stelle aus dem zweiten Testamente angeführt ist.

[5]) Moser Bd. 34, p. 295, § 27.

[6]) 1585 ist Ulrich gestorben, und somit nur ein regierender Herr vorhanden; die neue Theilung erfolgt aber erst 1611.

[7]) Schulze „Hausgesetze" II, p. 193; — Lünig R.-A. P.spec. cont. II von
Meklenburg, p. 502—518; — Häberlin N. T. R.-G. IX, p. 532 ff.: der ältere
sollte allein regierender Herr sein, aber auch alle Bürden, Steuern etc. und die
Besuchung der Reichs- etc. Tage allein tragen. Doch werden diese Bestimmungen von Johann Albrecht offenbar nur mit Rücksicht darauf getroffen,
dass sein jüngerer Sohn geistesschwach ist.

gegeben ist, den Beweis, dass hier nur eine Stimme für die beiden
Brüder vorliegen könnte — schon die Erwähnung des Vaters
erinnert zu sehr an die Einheit ihrer Stimme — und durften selbst
ohne das väterliche Testament gar nicht deren zwei annehmen,
da eine Theilung unter ihnen noch nicht vollzogen war.

Wir sehen vielmehr wieder, wie die Zahl der Stimmen im
Fürstenrathe einerseits ganz abhängig von der Gestaltung der
territorialen Politik war, und wie anderseits doch im Hause Meklenburg eine bestimmte Tradition zu wirken scheint, die im Interesse
desselben eine weitere Theilung als unter zwei regierende Linien
durchaus zu vermeiden sucht; so bleiben Magnus und Balthasar im
Jahre 1480 in dem einen Theile gemeinsam, so derselbe Balthasar
und des Magnus Söhne, so werden zwei Brüder Johann Albrechts I.
geistlich und Ulrich ein selbständiger Regent erst nach seines Oheims
Heinrich Tode. Dass dieses Alles dazu führen musste, die Zweizahl
der Stimmen im Fürstenrathe stabil zu machen und schliesslich so das
traditionelle Bewusstsein hervorzurufen, dass Meklenburg dieselbe zustehe, gleichsam als hafte jede derselben an einem der beiden Theile des
Herzogthums, liegt auf der Hand. Keineswegs trat dieses aber schon
1582 ein, vielmehr erlischt unmittelbar danach die eine Stimme und wird
erst später, aber auch nur in Folge einer Theilung, wieder aufgenommen.

XIV. Gehen wir nun zu **Braunschweig** über, so ist es nöthig,
eine Bemerkung über die eingehaltene Disposition vorauszuschicken.
Es werden zunächst die Stimmen aller Braunschweigischen Linien
bis 1500 neben einander behandelt, darauf die der einzelnen bis
1566; dieses Jahr bietet in sofern einen Ruhepunkt dar, als in demselben sämmtliche 4 Stimmen in den Unterschriften erscheinen,
worauf die einzelnen Linien wieder bis zum Jahre 1613 behandelt
sind. Wenn hierbei nicht dieselbe Reihenfolge wie in der Periode
von 1500—1566 eingehalten wird, so mag man diese Verschiedenheit durch die Art des Stoffes, die Nothwendigkeit, bald diese bald
jene Linie eingehender zu behandeln, entschuldigen. Aus demselben
Grunde mag auch die Art und Weise, wie die nothwendigen Daten der
Hausgeschichte theils in den Text hineingeflochten, theils in Anmerkungen gegeben sind, erklärt werden.

Von 1495—1498 findet sich in 4 Reichsabschieden keine Unterschrift. Die Matrikel von 1495 nennt uns: 1) „Hertzog Wilhelm
v. Br. mit seinen Söhnen Heinrich und Erich[1] und den Städten

---

[1] Herzog Wilhelm von Br.-Wolfenbüttel hatte 1487 bereits seine beiden
Söhne zur Regierung hinzugezogen und verzichtete 1495 ganz auf dieselbe; —

Braunschweig, Hannover, Göttingen, Northeim, Hamel und anderen"; 2) „Hertzog Heinrich v. Br. mit seinen Städten Lüneburg, Zelle u. a."; 3) „Hertzog zu Br. zu Grubenhagen"; und dieselben nennt auch die Matrikel von 1507, nur dass sie Nr. 1 in Folge des Todes Wilhelms geändert hat: „Hzg. Heinrich v. Br. der Ältere und Hzg. Erich mit ihren Städten"; sie scheint also, indem sie Erich den besonderen Herzogstitel giebt, in ihm einen selbständigen Reichsfürsten anzuerkennen. Es ist dieses wichtig, da wir im Jahre 1500 drei Stimmen durch den Herzog Georg von Baiern als Bevollmächtigten ausgeübt finden: nämlich 1) die Heinrichs des Älteren, VIII, in Wolfenbüttel (1498—1514), 2) die seines Bruders Erich II. in Kalenberg (1498—1540), 3) die Heinrichs des Mittleren, VII., in Lüneburg (1478—1521), eine vierte Stimme aber, die Philipps I. zu Grubenhagen (1468—1551) nur als nicht ausgeübt betrachten müssen, da die Matrikeln den Herzog von Grubenhagen doch augenscheinlich als selbständigen Reichsfürsten anerkennen, Grubenhagen auch seit 1286[1]) ein Fürstenthum mit eigenen Regenten war. —

Wir können hier gleich bemerken, dass Philipp I. seine Stimme nur 1541 ausübte, und auch von seinem Sohne Ernst bis 1566 keine Unterschrift vorkommt.

Heinrich der Mittlere von Lüneburg — in den Unterschriften der Abschiede „der Jüngere" genannt — übt seine Stimme nur 1500, 1505 und 1521 aus, sein Sohn, Ernst III., mit vielen Unterbrechungen bis[2]) 1545 und dessen Sohn Franz Otto, der 1555 laut Recess mit den Ständen[3]) für 7 Jahre die Regierung allein übernommen hatte, erst in seinem Todesjahr 1559.

Während dieser Zeit finden wir eine einzige Doppelunterschrift zum Jahre 1524 für „Hzg. Otten und Hzg. Ernsten zu Br. und Lüneburg". Im Mai 1520 hatte Heinrich der Mittlere seine Söhne Otto und Ernst zur Mitregierung herangezogen, so, dass die Räthe des Landes beiden Theilen „gleichmässig in Eiden stehen" sollten, auch keiner ohne des andern Bewilligung ein Stück des Fürstenthums erblich veräussern durfte; ihren Bruder Franz (geb. 1508) sollten sie redlich erziehen und ausstatten[4]). Schon früher, 1517,

---

Havemann „Geschichte der Lande Braunschweig und Lüneburg", Göttingen 1853—57, 3 Bde.; II, p. 209.

[1]) Havemann I, p. 408.

[2]) er unterzeichnet 1526 (Speier), 1535, 41, 1542 (Nürnberg), 1544 und 1545; er stirbt 1546.

[3]) Havemann II, p. 466 mit Anm. 1 und 2.

[4]) Havemann II, p. 82 ff., p. 83, Anm. 1 der Nachweis der Urkunde im Königl. Archiv.

hatten Otto und Ernst einen vom Vater stipulirten Vergleich unterschrieben, die dereinst anzutretende Regierung nie zu theilen[1]). Am 22. Juli 1522 übertrug dann Heinrich seinen drei Söhnen das Fürstenthum dauernd, nur für den Fall, dass sie ohne männliche Nachkommen vor dem Vater stürben, sich die Übernahme der Regierung vorbehaltend[2]). Zu Anfang des Jahres 1527 begab sich Otto seiner Ansprüche an das Fürstenthum gegen Amt und Stadt Harburg und eine jährliche Apanage, doch in der Weise, dass der im Amte ansässige Adel mit Eiden, Pflichten, Diensten und Lehen dem Fürstenthum verwandt bleiben sollte; zugleich gelobte Otto, alle jetzigen und künftigen Verträge des Fürstenthums zu halten, sich in keine Sonderverbindung einzulassen, den ihm überwiesenen Landestheil weder zu verkaufen noch zu verpfänden, Schloss Harburg alle Zeit seinem Bruder offen zu halten, und behielt seinen Söhnen die Nachfolge im Fürstenthum nur für den Fall vor, dass sowohl Ernst wie Franz ohne Nachkommen stürben[3]).

Man sieht, dass Otto I. keineswegs ein Fürst mit der vollen territorialen Hoheit war, und so erklärt sich, dass er nie in den Reichsabschieden vorkommt, dass er nur neben seinem Bruder erscheint, als er noch Mitregent war, ohne dass wir hier eine besondere Stimme für ihn anzunehmen hätten, zumal die gemeinsame Unterschrift in Vertretung gegeben ist. Anderseits ist hier zu beachten, wie der Begriff des Fürstenthums als ein staatsrechtlicher bereits festzustehen scheint, der davon nicht tangirt werden kann, ob ein Stück des Landes in irgend einer Weise einen anderen Herrn bekommt[4]).

---

[1]) Havemann II, p. 84, Anm. 2.

[2]) Havemann II, p. 83, 84.

[3]) Havemann II, p. 87; der Kaiser bestätigt den Vertrag. — In Harburg folgte diesem Otto I. sein gleichnamiger Sohn i. J. 1549 (l. c.), ein neuer Vertrag mit dem regierenden Hause bestätigte das 1527 Festgesetzte — Havemann II, p. 88. — 1603 folgte Ottos II. Sohn Wilhelm, mit welchem am 30. März 1642 diese Seitenlinie erlosch — Havemann II, p. 89.

[4]) cfr. Sachsen, unten p. 78 ff. zum Jahre 1641. — Dass Franz niemals neben Ernst erscheint, findet seine Erklärung durch eine Urkunde von 1536, Sonnabend nach Thomae apostoli, welche — nachdem jetzt Franz das 18. Jahr, d. h. die Mündigkeit erreicht hatte — festsetzte: die Brüder wollten vorläufig bis Ostern 1538 gemeinschaftlich regieren, doch so, dass die Ausfertigung der fürstlichen Verordnungen lediglich durch Ernst erfolgen sollte; — Havemann II, p. 135 mit Anm. 1. Von Sonnabend nach Michaelis 1539 datirt dann ein fernerer Vertrag zwischen Ernst und Franz, durch welchen letzterer Schloss, Flecken und Amt Gifhorn und eine Apanage erhielt, für sich und seine Erben auf das Fürstenthum verzichtete und dieses mit allen Schulden desselben Ernst allein überliess. Es manifestirt sich wieder

In der Wolfenbütteler Linie fanden wir im Jahre 1500 Heinrichs des Älteren Unterschrift neben der seines Bruders Erich von Kalenberg, 1505 und 1512 aber finden wir die gemeinsame, persönlich gegebene beider in der Form: „Heinrich der Ält. u. Erich, Gebrüder, Hertzoge zu Br.", während 1507 und 1510 des letzteren persönliche Subscription allein erscheint. Erich übt dann ferner seine Stimme von 1521—32 viermal allein aus — 1521, 1526 zu Augsburg, 1529, 1532 —, neben ihm in nur zweimal, 1527 und 35, unterbrochener Reihenfolge von 1526—67 Heinrich „der Jüngere" — er führt ebenfalls diese Bezeichnung —, der Sohn Heinrichs des Älteren von Wolfenbüttel[1]); nur 1530 erscheinen beide unter den persönlichen Unterschriften als „Erich und Heinrich, Hertzogen zu Br.". Wenn in dieser letzteren und in denen von 1505 und 1512 die Herzoge von Wolfenbüttel und Kalenberg auch mit gemeinsamen Titel erscheinen, so werden wir doch jedem eine besondere Stimme zuerkennen dürfen, da sie sonst eine solche besitzen und hier jeder von ihnen persönlich anwesend war, also kein Grund vorliegt, weswegen nicht die zwei Vota ausgeübt sein sollten.

Zum Jahre 1566 finden wir dann vier besondere Unterschriften der regierenden Häuser Braunschweig: 1) die Heinrichs des Jüngeren von Wolfenbüttel, 2) Erichs II. von Kalenberg[2]), des

---

der Begriff des Fürstenthums. — Havemann II, p. 136, Anm. 1.— Franz starb, ohne Söhne zu hinterlassen, im Jahre 1549, worauf Gifhorn an Ernst zurückfiel — Havemann II, p. 137.

[1]) Heinrich der Ältere hinterliess sechs Söhne: Heinrich den Jüngeren, Wilhelm, Christoph, Franz, Erich und Georg, welche sich dahin einigten, dass die Wolfenbüttelschen Lande ungetheilt und ausschliesslich vom Ältesten im Namen der Brüder regiert werden sollten — Havemann II, p. 209. 1517 verzichtete Erich auf jeden Anspruch an die Regierung, während die übrigen Brüder den ersten Vertrag von neuem bestätigten; 1523 traten auch Franz, Georg und Christoph ihren Antheil an der Regierung gegen ein Jahrgeld ab, und nun verlangte Wilhelm von Heinrich eine Theilung, dem gegenüber sich dieser aber auf die Bestimmung des Vaters, Heinrichs des Älteren, berief, welche dieser bei der Vermählung seines gleichnamigen Sohnes getroffen hatte: dass nur dieser und in dessen Linie stets der älteste Sohn in der Regierung des Herzogthums nachfolgen solle. (Havemann II, p. 209, 210.) Nach 12jähriger Gefangenschaft bequemte sich Wilhelm am 16. November 1535 zu einem Vertrage, nach welchem beide Söhne des Vaters Bestimmung anerkannten, und das Land stets ungetheilt bleiben sollte. Wilhelm wurde mit Gandersheim und einem Jahrgehalt abgefunden, seinen männlichen Nachkommen aber die Nachfolge in der Regierung des Herzogthums im Falle des Aussterbens der Linie Heinrichs zugesichert, auch nach Erstgeburtsrecht. Karl V. bestätigte den Vertrag; — Havemann II, p. 210, 211, 212. — Der Vertrag bei Schulze „Hausgesetze" I, p. 428.

[2]) Erich I. war am 6. Juli 1540 gestorben (Havemann II, p. 300); in

Sohnes Erichs I., 3) Heinrichs und Wilhelms[1]) von Lüneburg, der Söhne Ernst III. und Brüder des Franz Otto (s. zum Jahre 1559), 4) die für Ernst, den Sohn Philipps I. von Grubenhagen[2]).

1567 finden wir für Wolfenbüttel nochmals die Unterschrift Heinrichs des Jüngeren, welcher 1568 starb[3]). Sein Sohn Julius unterschreibt dann 1570, 76 und 82[4]), dessen Sohn Heinrich Julius 1594, 98 und 1603; er starb 1613[5]), in welchem Jahre er seine Stimme nicht mehr ausübte.

In Lüneburg finden wir 1570 und 1576 die Unterschrift Wilhelms, dagegen nicht mehr 1582, obgleich er erst 1592[6]) starb. 1594, 1598 und 1603 erscheinen die Unterschriften seines Sohnes

---

seinem Testament (Havemann II, p. 300, Anm. 4 der Nachweis der Urkunde im Archiv zu Hannover) bestimmte er auch für den Fall, dass er noch mehrere Söhne hinterlassen würde — was nicht geschah — ungetrennte Regierung derselben. (Die Stelle bei Havemann II, p. 301, 302.)

[1]) Die Form der Unterschrift — sie ist in Vertretung gegeben — lässt keine besondere Stimme für Heinrich annehmen, zumal er mit Wilhelm gemeinschaftlich regierte laut Abkommen auf dem Landtage zu Celle i. J. 1559 — Havemann II, p. 470 mit Anm. 1, wo der Nachweis der Urkunde ist. Nachdem Heinrich 1569, d. 13. Septbr., mit Dannenberg abgefunden war, erscheint er nie mehr in den Abschieden; — s. Spittler „Gesch. v. Hannover" Bd. II, Beilage I; Ficker „Reichsfürstenstand" § 198, p. 265; Havemann II, p. 476, 477, 478, wo die Urkunde ihrem Inhalte nach angegeben wird und wieder bestätigt, wie man das Fürstenthum als solches als einen einheitlichen Rechtsbegriff auffasste. Maximilian II. bestätigte den Vertrag, — Havemann II, p. 478. — Auch bei Häberlin N. T. R.-G. VIII, p. 129—133.

[2]) Philipp I. † 1551; ihm folgte zunächst sein ältester Sohn Ernst; also stillschweigende Acceptirung der Primogenitur; — Havemann II, p. 363.

[3]) 11. Juni 1568 — Havemann II, p. 295; — in seinem am 23. März 1552 errichteten Testament hatte er seinen ältesten Sohn Philipp Magnus, die Erbfolgeordnung beobachtend, zu seinem alleinigen Nachfolger bestimmt, doch überlebte ihn nur der jüngste Julius; Philipp Magnus und der zweite Sohn Karl Victor, waren bei Sievershausen gefallen; Havemann II, p. 289.

[4]) † 3. Mai 1589; sein Testament, vom Kaiser bestätigt, d. d. 29. Juli 1582 hatte von seinen vier Söhnen, wieder mit Beobachtung der Erbfolgeordnung — „wie es unser Vater und Grossvater gethan" —, den ältesten zum alleinigen Regenten in Wolfenbüttel und den damals noch zu erwartenden Kalenberg und Grubenhagen bestimmt; — Havemann II, p. 415 ff. — Rethmeier p. 1029; — Häberlin N. T. R.-G. XII, p. 617, wobei unter dem 13. Septbr. 1582 der Kaiser auch den Vertrag von 1535 zwischen Heinrich d. Jüngeren und Wilhelm bestätigt.

[5]) d. 26. oder 30. Juli, in Prag; Havemann II, p. 442.

[6]) Er war seit 1581 in Schwermuth verfallen; Philipp v. Grubenhagen führte auf Antrag der Stände für ihn die Regentschaft; — Havemann. II, 481, 482; — Wilhelm starb am 20. Aug. 1592, Havemann II, 482.

Ernst († 1611), dann 1613 die Christians, des Bruders des letzteren, der bis 1633 regierte[1]).

Für Grubenhagen findet sich zu 1570 und 1576 die Unterschrift Wolfgangs, des Bruders des 1567 gestorbenen Ernst, 1582 aber die getrennten Unterschriften Wolfgangs und Philipps und 1594 die: „von wegen Wolfgangs und Philipps, Gebrüder". Der Vertreter im Jahre 1582 ist bei beiden Brüdern derselbe, so dass wir also, wenn er gleichwohl für jeden derselben eine besondere Unterschrift abgab, nicht anders als zwei besondere Stimmen derselben annehmen können. Erinnern wir uns der Umstände, dass Philipp vorher nie neben Wolfgang erscheint, 1594 nur in einer gemeinsamen Unterschrift mit demselben genannt wird, also keine besondere Stimme führt, wie er solches auch gar nicht konnte[2]), dass er aber seit 1581 die Regentschaft in Lüneburg führte (s. p. 70 Anm. 6), die indessen vor 1594 aufhörte, so werden wir in der besonderen Unterschrift Philipps von 1582, wenn dieses auch nicht ausdrücklich bemerkt wird, eine Stimme desselben als augenblicklichen Regenten von Lüneburg erblicken müssen. 1596 sollte Grubenhagen an Lüneburg fallen.

Erich II. von Kalenberg hatte nur noch 1570 seine Stimme ausgeübt, dagegen nicht mehr 1576 und 1582, obgleich er noch bis 1584 lebte[3]); seine Lande fielen Wolfenbüttel zu.

---

[1]) Unter Wilhelms sieben Söhnen war zu Celle am 27. Septbr. 1592 ein Vergleich zu Stande gekommen, nach welchem Ernst für acht Jahre die Regierung allein übernahm — Havemann II, 483 mit Anm. 1: Jacobi Landtags-Abschiede I, p. 312 —; doch dehnte sich diese Regentschaft Ernsts II. mit Bewilligung seiner Brüder auf achtzehn Jahre aus — Havemann II, p. 488 —. Am 3. Septbr. 1610 kam dann in Celle ein Vertrag der Brüder zu Stande, der die Regierung Ernst und seinen Nachkommen nach Erstgeburtsrecht übertrug, so dass Lüneburg stets unzertheilt in der Hand eines Fürsten bleiben sollte; — Havemann II, p. 489 mit Anm. 1: Jacobi Landtags-Abschiede II, p. 49 ff. —; die Bestätigung durch Kaiser Matthias erfolgte am 29. Octbr. 1612 — Jacobi l. c. p. 61; — Schulze „Hausgesetze" I, p. 442 ff. — Der Vertrag wurde nach dem am 2. März 1611 erfolgten kinderlosen Ableben Ernsts II., als der zweite Bruder Christian die Regierung angetreten hatte, am 15. April 1611 erneuert — Havemann II, p. 490.

[2]) Ernst war am 2. April 1567, ohne Söhne zu hinterlassen, gestorben; seine Brüder Wolfgang und Philipp einigten sich am 5. Novbr. 1567 dahin, dass, wenn auch die Einkünfte wie die Schulden des Fürstenthums getheilt wurden, ersterer doch allein die Regierung führen sollte, — Havemann II, p. 374, 375. — Wolfgang starb am 14. März 1595, im folgenden Jahre, am 4. April, auch Philipp, ohne Erben zu hinterlassen, — Havemann II, p. 376, 377.

[3]) Erich II. starb am 8. November 1584 in Pavia und hinterliess nur uneheliche Kinder — Havemann II, 357, 358. In einem Vertrage, d. d. Fürstenberg Dienstag nach Exaltationis Crucis 1554, hatten sich Erich II. von

1641 finden wir überhaupt keine Stimme für Braunschweig abgegeben, erst 1654 unterschreiben: 1) August, ein Sohn jenes Heinrich von Dannenberg, der einmal i. J. 1566 uns mit seinem Bruder Wilhelm von Lüneburg begegnet ist, für Wolfenbüttel; 2) Georg Wilhelm, ein Enkel Wilhelms von Lüneburg, für Kahlenberg; 3) und 4) dessen Bruder Christian Ludwig „wegen beider Fürstenthümer Zell und Grubenhagen"[1].

Mosers[2] Bemerkungen über die Stimmen Braunschweigs sind

Kalenberg und Heinrich der Jüngere von Wolfenbüttel gegenseitig die Nachfolge im Falle des Ablebens ohne legitime Erben zugesichert und zugleich in beiden Landen sich gegenseitig huldigen lassen — Havemann II, p. 340, Anm. 1.

[1]) Heinrich Julius v. Wolfenbüttel hatte sich 1596 gleich in den Besitz Grubenhagens gesetzt und dasselbe bis zu seinem Tode behauptet; — Havemann II, p. 425, 426. Erst 1616 erhielten durch den Spruch des Kammergerichtes die Lüneburger das Fürstenthum, welches nach einem Vergleich zwischen Christian v. Lüneburg und den Söhnen Heinrichs v. Dannenberg d. d. 5. Juli 1617 von ersterem im Namen des gesammten Hauses regiert wurde; — Havemann II, p. 493, 494 mit den Anm.

In Wolfenbüttel und Kalenberg war auf Heinrich Julius i. J. 1613 sein ältester Sohn Friedrich Ulrich gefolgt, mit dem am 11. Aug. 1634 auch diese Linie des Welfenhauses erlosch; — Havemann II, p. 605.

Als nun auch Christian v. Lüneburg am 8. Novbr. 1633 kinderlos starb, folgte ihm nach jenem Vertrage von 1610 sein Bruder August der Ältere, der sich beim Tode Friedrich Ulrichs sofort in den Besitz von Wolfenbüttel und Kalenberg setzte. Der Streit um die Erbschaft, auf die auch die Dannenbergische Linie Anspruch erhob, wurde endlich am 14. Decbr. 1635 — die Urkunde bei Rethmeier, p. 1400 — dahin verglichen, dass dieselbe unter die beiden Linien getheilt werden sollte, doch so, dass die beiden Fürstenthümer Wolfenbüttel und Kalenberg keiner Zerrüttung oder Zertheilung unterzogen würden. August der Jüngere v. Dannenberg erhielt Wolfenbüttel, Kalenberg kam an die Lüneburger; — Havemann II, p. 706, Anm. 1 die Nachweise der Urkunden; — der Hauptrecess d. d. 10. Decbr. 1636 bei Schulze „Hausgesetze" I, p. 445 ff. und p. 453. — Ein Vertrag der Lüneburger Brüder sprach dann Kalenberg ihrem Bruder Georg zu — Havemann II, p. 708 mit Anm. 2 —. August v. Lüneburg starb d. 1. October 1636, worauf sein Bruder Friedrich die Regierung antrat, der 1648 ebenfalls kinderlos starb. In Erwartung dieser Erbschaft hatte Georg v. Kalenberg 1641 ein Testament errichtet — Lünig R.-A. P.spec. IV, p. 117 —, nach welchem sein ältester Sohn Christian Ludwig ihm zunächst in Kalenberg folgen sollte, nach dem Tode Friedrichs von Grubenhagen und Lüneburg aber zwischen diesen beiden und Kalenberg wählen konnte, der andere Theil dem zweiten Sohne Georg Wilhelm zufallen musste. 1648 folgte demgemäss Christian Ludwig, bisher in Kalenberg regierend, in Lüneburg und Grubenhagen, während Georg Wilhelm die Regierung Kalenbergs antrat; — das Testaments Georgs bei Schulze „Hausgesetze" I, p. 461, — Rethmeier „Br.-Lünebg. Chron." III, p. 1653.

[2]) Moser 34, p. 293, 294, § 23.

ganz und gar nicht zu halten; denn erstens finden sich — trotz
der Observanz von 1582 — keine Spuren in den Unterschriften bis
1613, dass von Lüneburg oder Wolfenbüttel für Grubenhagen oder
von ersterem für Kalenberg eine besondere Stimme ausgeübt worden
wäre, und zweitens trifft diese Observanz für Kalenberg eben so
gut oder so schlecht zu als für Meklenburg; allerdings starb der
letzte Herzog von Kalenberg erst 1584, wie Moser richtig angiebt,
aber dass derselbe weder 1576 noch 1582 seine Stimme ausgeübt
habe, berücksichtigt er nicht. Moser ist es nur darum zu thun,
nachzuweisen, dass 1582 ebenso viele regierende Herren in den
einzelnen Fürstenhäusern waren, als später seit 1648 jedes derselben
Stimmen führte; es ist aber auch hier nicht nöthig, dafür gerade
das Jahr 1582 anzunehmen. Wir finden schon seit 1498, dem Tode
Wilhelms von Braunschweig-Wolfenbüttel, beständig 4[1]) regierende
Herrn dieses Hauses, müssen aber hinzusetzen, dass zugleich auch
4 Stimmen bis 1570 durchgehend existirten, von denen nur lange
Zeit die eine nicht ausgeübt wurde, gleichwohl aber, wie wir nach
der Unterschrift von 1541 und den Matrikeln annehmen müssen,
existirte. Von 1566 bis 1570 finden wir dann diese 4 Stimmen in
steter Ausübung, so dass also hinter der späteren Vierzahl seit 1654
eine lange historische Reihe steht, eine geschichtliche Grundlage,
auf der sie beruhten.

Anderseits sehen wir gerade nach 1582 noch zeitweise zwei
Stimmen verschwinden, sehen das aber in den territorialen Ver-
hältnissen begründet, deren Gestaltung also noch ebenso wie am
Beginn unserer Periode von Einfluss auf die Stimmen im Fürsten-

---

[1]) Röderer „Sächs. Reichstagsstimmen" cap. II, § 13 p. 129 sucht sogar
nachzuweisen, dass in den Harburgern eine fünfte regierende Linie des Welfenhauses bestanden habe; er stütz sich dabei auf Pfeffingers „Braunschweigische
Historie" Tom. II, p. 305, Rethmeiers Braunschweigische Chronik III, p. 1337
und auf eine Stelle Mosers selbst im „Familien-Staats-Recht der T. R. St.",
P. II, p. 53. Jene ersten beiden Quellen berichten, dass 1549, nach Otto I.
von Harburg Tode, seinem Sohne Otto II. die Nachfolge von den Lüneburger
Vettern zwar bestritten sei, da seine Mutter nicht ebenbürtig war, dass aber
der Kaiser und die kaiserliche Kammer durch rechtlichen Ausspruch ihn „für
einen rechtmässigen Fürsten" erklärt hätten. Dieses begründet aber nicht, dass
er zugleich auch regierender Fürst gewesen sei. Moser in der angeführten
Stelle vertheidigt Otto I. v. Harburg gegen einen fremden Einwurf, dass er
nur apanagirter Herr gewesen wäre: in seinem Antheile sei er doch regierender Herr gewesen. Die oben ihrem Inhalte nach angeführte Urkunde von 1529
(s. p. 67, 68) zeigt aber deutlich, dass Otto allerdings nicht regierender Fürst
eines Fürstenthums war, er war nur Herr in seinem Apanagium. — p. 133
giebt Röderer selbst zu, er könne aus Mangel an Hülfsmitteln nicht feststellen,
weswegen Harburg niemals in den Unterschriften vorkomme.

rathe war, wie auch das Wiedererscheinen der einen dieser beiden
Stimmen lediglich darauf beruht, dass wieder ein eigener Fürst
Kalenbergs Träger derselben ist, während in dem Fortführen der
anderen sich allerdings das neue Princip zu manifestiren scheint.
Wir sehen auch deutlich die Ursachen, welche dasselbe hervorrufen
mussten. Wie hier die alten Grenzen der Fürstenthümer sich dem
Bewusstsein allmählich als unverrückbar darstellten, zeigten besonders die letzten Urkunden des grossen Erbfolgestreites, wo der Bestand der fraglichen Lande durch eine Vertheilung derselben doch
in keiner Weise alterirt werden soll, zeigten auch die Urkunden
von 1527 und 1539 in der Lüneburger Linie, in denen bereits der
juristische Begriff eines untheilbaren Fürstenthums zu Tage trat.
Und dazu kommt das Bestreben in allen Linien, das Erstgeburtsrecht einzuführen, sei es in Testamenten und Urkunden, sei es in
Thatsachen wie in der Grubenhagener Linie erscheinend; eine Entwickelung, die uns hinsichtlich der Reichstagsstimmen die gleiche
Schlussfolgerung wie bei Meklenburg ziehen lässt.

XV. Wesentlich einfacher liegen die Stimmverhältnisse des
Hauses Hessen.

Im Jahre 1495 und ferner dreimal bis 1498 finden wir die
Unterschriften Wilhelms des Mittleren[1]), des II., in Cassel (1471
bis 1509) und seines Vetters, Wilhelms des Jüngeren, des III., in
Marburg (1483—1500), und zwar lautet die persönliche Unterschrift
zu 1495: „..., und Wilhelm der Mittler, und Wilhelm der Jünger,
Landt-Graven zu Hessen". Zieht man in Betracht, dass die wenigen
Unterschriften dieses Reichstages alle persönlich gegeben sind, dass
nicht bloss die Namen der beiden hessischen Vettern durch „und"
verbunden, sondern durch ein ebensolches „und" auch mit den
übrigen Unterschriften verknüpft sind, dass endlich, wenn man
diese als den Ausdruck einer Stimme hätte bezeichnen wollen,
schon das blosse Beiwort bei der Gleichheit der Personennamen
zur Bezeichnung des zweiten genügt hätte, so wird man nicht fehl
gehen, hier eine besondere Unterschrift für jeden der beiden Fürsten
von Hessen zu sehen, wie ja auch die getrennten Subscriptionen
bis 1498, die alle in Vertretung ohne Nennung des Namens gegeben

---

[1]) Nach dem Tode Ludwigs III. von Cassel hatten seine beiden Söhne,
Wilhelm I. und Wilhelm II., im Jahre 1487 getheilt, doch resignirte ersterer
1493 auf seinen Antheil „zur Mehrung des Fürstenthums Hessen, damit dassel-
bige durch mannigfaltige Theilungen nicht geringert oder vernichtet, sondern
zu einem beständigen fürstlichen Wesen oder Regiment gekehrt werden möge."
— Schulze „Hausgesetze" II, 14.

werden, beweisen, dass jedem eine besondere Stimme zustand; diese letzteren heissen jedesmal: „von wegen des Mittleren Landgr. v. H.", resp. „von wegen des Jüngeren Landgr. v. H."

Wilhelm der Jüngere von Marburg starb im Jahre 1500; sein Land fiel an Wilhelm den Mittleren, und nun findet sich von 1500 bis 1566 durchgehend nur eine Stimme für Hessen: bis 1507 noch die Wilhelms, der 1509 starb, dann von 1510 an die seines Sohnes Philipps des Grossmüthigen (1509—67).

Auf dem Reichstage von 1567 — Abschied d. d. 12. Mai — sind bereits des letzteren Söhne vertreten, und zwar lautet die Unterschrift: „von wegen Wilhelms[1] Ludwigen, Philipps des Jüngeren, und Georgen, Gebrüder, Landgrafen zu Hessen". Die Form der Unterschrift lässt hier nur die Ausübung einer Stimme annehmen, wenn auch auf den folgenden Reichstagen von 1570, 1576 und 82 jeder der Brüder eine besondere führt. Erst vor wenigen Wochen, am 31. März, war Philipp gestorben; die Ausführung seines Testamentes, welches Hessen in vier selbständige Fürstenthümer — wenn auch von verschiedener Grösse — theilte, erfolgte erst durch den Ziegenhainer Vertrag vom 28. Mai 1568[2]). Diese Umstände lassen es erklärlich erscheinen, wenn die Brüder hier nur eine Stimme führen, während ihnen nach erfolgter Theilung eine entsprechende Vermehrung derselben nicht verweigert werden konnte.

Dass dabei Hessen hinsichtlich seiner Leistungen an das Reich doch als eine Einheit aufgefasst wurde, wie nicht nur die Matrikel von 1507, die den „Landgrafen von Hessen" nennt, sondern — trotz der Theilung — auch die sogenannte Matrikel von 1521 in den beiden Fassungen des 2. Bandes der „neuen Sammlung" zeigt, welche übereinstimmend lauten: „Weyland Herrn Philippsen Landgraven zu Hessen Erben", findet seine Erklärung im § 6 des erwähnten Ziegenhainer Vertrages von 1568, wo es heisst, dass wegen der Reichsanlage ein besonderer Nebenvergleich errichtet sei: die zu erwartende Reichsumlage solle jeder im seinem Theile eintreiben, auch nach den Bestimmungen des Nebenvergleiches am gebührenden Ort und zu rechter Zeit abliefern, „damit die fürters von Uns sammblich dem Reich gehorsamblichen vergnügt und bezahlt werden mögen". Beschwerungen und Verweis derhalben von kaiserlicher Maj. soll der Betreffende allein zu tragen haben, „und

---

[1]) Wilhelm und Ludwig sind zwei Brüder; es ist also ein Komma zwischen diese beiden Namen zu setzen, wie die folgenden Unterschriften das bestätigen.

[2]) Das Testament bei Schulze „Hausgesetze" II, Urkunden Hessens Nr. II, p. 50 ff.; der Vertrag ebendort Urkunde Nr. III, p. 72 ff.

nicht desto weniger alles dasjenige, so von seiner Ritter- und Landschaft zu erheben, den verordneten Ober-Einnehmern zu liefern
schuldig seyn"[1]). Wir haben diesen Umstand, wenn er zur Verfolgung der Geschichte der hessischen Reichstagsstimmen zunächst
auch nicht dient, doch darum hervorheben zu dürfen geglaubt, weil
sich hier wieder an einem urkundlichen Beispiel nachweisen lässt,
bis zu welchem Grade die territorialen Gewalten mit ihrer Hauspolitik die wichtigsten Interessen des Reiches beeinflussten. Die
vier Brüder wollen ihre Reichsumlage trotz der Theilung doch gemeinsam, als auf dem ganzen Fürstenthum Hessen lastend, leisten;
sie haben deshalb einen besonderen Vergleich getroffen, der die
Quoten der Reichsumlage auf die vier Theile repartirte, und einen
Ober-Einnehmer bestellt, der das ganze dem Reiche einzuliefern
hatte. So weit hätte sich dieses über die seine Geschäfte scheinbar
vereinfachende Institution nicht zu beklagen gehabt, -- aber nun
der Zusatz, welcher die Verantwortung für vorkommende Fehler
nicht auch in entsprechender Weise der Gesammtheit lässt, sondern
dieselbe auf die einzelnen Contribuirenden abwälzt, welche als solche
aber doch wieder nicht dem Reiche, sondern allein der Gesammtheit
der Brüder verpflichtet sind! Wie sollte hier das Reich im gegebenen Falle sein Recht verfolgen? Die Fassung der Matrikel bestätigt uns, dass gleichwohl dieses im Hausvertrage stipulirte Verhältnis bestanden haben muss, und so erlaubt uns dieser Fall,
einen Schluss auch für unsere Materie der Reichstagsstimmen dahin
zu ziehen, dass hier dieselbe Beeinflussung der Reichsinstitutionen
durch die territoriale Zersplitterung stattgefunden haben wird.

. 1570, 76 und 82 kommen, wie schon gesagt, je vier besondere
Unterschriften vor, 1594 finden wir aber nur deren drei: 1) für
Moritz, den Sohn Wilhelms († 1592), in Cassel, 2) für Ludwig in
Marburg, und 3) für Georg in Darmstadt, während keine Spur
darauf hindeutet, dass man auch eine Stimme für Rheinfels, dessen
Besitzer Philipp 1583 kinderlos gestorben war, fortzuführen dachte.
Das Land desselben war 1584 von den drei überlebenden Brüdern
zu gleichen Theilen vertheilt worden, und so mit dem Fürsten-
thum Rheinfels auch dessen Stimme im Fürstenrath verschwunden.

Noch 1598 und 1603 erscheinen dieselben drei Stimmen, und
zwar an Stelle Georgs von Darmstadt sein Sohn Ludwig der
Jüngere.

1604 starb Ludwig der Ältere von Marburg ebenfalls kinderlos,
und wieder wird seine Stimme nicht fortgeführt, obwohl doch schon

---

[1]) s. Schulze l. c.

seit 1594 solche Fälle vorlagen; allerdings machten die beiden andern Linien sich diese Erbschaft noch sehr lange streitig[1]).

1613 finden sich nur die Unterschriften Ludwigs von Darmstadt und Moritz' von Cassel, und 1641 nur die Georgs II. in Darmstadt[2]). Erst 1654 unterzeichnen wieder Georg und Wilhelm, der Sohn des Moritz von Cassel, besonders.

So finden wir für Hessen Anfangs zwei Stimmen, später eine kurze Zeit 4, dann 3, schliesslich wieder nur 2 Stimmen, dazwischen aber über ein halbes Jahrhundert lang nur eine, und sehen, wie die kurze Zeit, in der 4 resp. 3 Stimmen erscheinen, dieses Verhältnis doch nicht so fest begründen konnte, dass darauf bei der Neuordnung des Reiches im Jahro 1648 und 54 Rücksicht genommen wäre, obgleich der Friedenstraktat die Verhältnisse Hessens besonders[3]) regelt. Moser[4]) muss es selbst zugeben, dass hier von einer Observanz von 1582 keine Rede sein kann. Wenn er dann an einer anderen Stelle[5]) sagt, dass, da Hessen 1582 4 Vota ausübte, ihm auch „noch jetzo allerdings ebenso viele gebührten", so kann man für die Richtigkeit dieser Ansicht keinen Grund finden, da sich keine Spur davon findet, dass man sich je in Stimmsachen auf den Reichstag von 1582[6]) berufen hätte, viel

---

[1]) Moser 34, p. 301, § 44, wo er übrigens anerkennt, dass das neue Princip doch nicht gleich seit 1582 absolut feststand.

[2]) ein Sohn des Ludwig.

[3]) Instrm. Pacis Osn. Art. XV, § 15 bestätigt den Fried- und Einigkeits-Recess der beiden Hessischen Häuser vom 14. April 1648, welcher definitiv die Marburgische Erbschaft in zwei Hälften theilte, ohne dass darin der Weiterführung der Marburgischen Stimme gedacht wird, was sonst in dieser Zeit (cfr. Sachsen zu den Jahren 1641 u. 1645) durchaus die Regel ist. Allerdings war auch hier das ehemalige Fürstenthum völlig aufgelöst und in den anderen aufgegangen; — der Recess bei Schulze II, Urkunde Nr. VIII, p. 111 ff.

[4]) Moser Bd. 34, p. 294, § 25.

[5]) Moser Bd. 35, p. 95, § 8.

[6]) wenigstens nicht als Norm; auf andere Reichstage hat man sich wohl berufen, aber auch nur hinsichtlich einzelner Fälle, nicht als ob sie allgemein massgebend wären. Der Friedenstraktat von 1648 kennt nur das Jahr 1624, wie bekannt, als Normaljahr und sonst nur die antiqua jura, — s. instrm. pacis Caesareo-Suecicum Osnbg. anno 1648 erectum im Artikel VIII (N. S. III, p. 598), wo im § 1 den Kurfürsten, Fürsten und Reichsständen ihre antiqua jura etc. von neuem garantirt werden, und es im § 2 heisst: „Gaudeant sine contradictione jure suffragii in omnibus deliberationibus super negotiis imperii, praesertim ubi leges ferendae vel interpretandae etc. etc. fuerint, etc." Also das jus suffragii auf den Reichstagen ist ein antiquum jus, das erneuert wird. — Das Jahr 1582 konnte in Stimmsachen schon deswegen nicht als Normaljahr später dienen, als im § 72 seines Abschiedes wieder unerledigte Sessionsstreitigkeiten erwähnt werden, und zwar, wie aus den Worten „des Vorsitzens und Vorstimmens hal-

weniger, dass auf Grund einer solchen Berufung wirklich eine Stimme später anerkannt worden wäre. Moser scheidet nicht streng zwischen seiner theoretischen Formulirung und der Entwickelung, die die Dinge in der Praxis einschlugen. Auf p. 287 des 34. Bandes, § 16, sagt er selbst, dass diese ganze Ansicht von der Observanz von 1582 eine theoretische, seinem Nachdenken entsprungene[1]) sei, er durfte dann aber nicht dieser seiner Theorie zu Liebe sagen, dass Hessen eigentlich 4 Vota „gebühreten", auf sie nicht eine praktische Rechtsfolgerung basiren.

So war es vielmehr der Gang der Ereignisse im Hessischen Fürstenhause, man möchte sagen: der Zufall, der die Anzahl seiner Reichstagsstimmen auf zwei normirte, und auch ferner dieselbe territoriale Hauspolitik, die dieses Verhältnis bis zu dem Zeitpunkte festhielt, wo auch die Reichsverfassung ihre unabänderliche Gestalt erhielt. Für die Linie in Cassel setzte der Hausvertrag Wilhelms V. mit seiner Mutter Juliane und seinen jüngeren Brüdern, vom 12. Febr. 1627, die Primogenitur fest[2]); ein eigenes kaiserliches Primogenitur-Diplom vom 8. Juni 1628[3]) bestätigte dieses. Für die Darmstädtische Linie wurde die gleiche Institution durch die Primogenitur-Ordnung Georgs vom Jahre 1606[4]) geschaffen, und nochmals durch das Testament Ludwigs V. vom 6. Octbr. 1625[5]), wie auch für diese Linie eine kaiserliches Primogenitur-Diplom existirt haben wird, so weit man aus den hierauf bezugnehmenden Worten in dem gleichen Diplom für Cassel schliessen muss.

XVI. Für die Behandlung der Sächsischen Stimmen im Reichsfürstenrath liegt eine Arbeit aus dem letzten Viertel des vorigen Jahrhunderts vor, die mehr Aufmerksamkeit, als geschehen[6]), verdient hätte, besonders wegen des zahlreichen, urkundlichen Materials, das sie heranzieht und auf Grund dessen sie zu einem von Moser ganz abweichenden Resultat gelangt. Es ist Johann

---

ber" und sonst aus dem Sinn des § zu ersehen ist, nicht bloss mit Bezug auf die Magdeburgische Angelegenheit. — Über Mosers Folgerung hinsichtlich der Stimme Marburgs cfr. p. 13 u. ff.

[1]) ebenso Bd. 34, p. 292 unter Nr. 4: „Alleine bei Gotha finde ich einen Scrupel, den ich zwar dermahlen nicht auflösen kann, der aber deswegen mein gantzes Gebäude durchaus nicht über einen Haufen wirft."

[2]) Schulze „Hausgesetze" Urkunde Nr. VI in Bd. II, p. 101.

[3]) Schulze II, p. 107; — Lünig R.-A. P.spec. cont. II von Hessen p. 827 ff.

[4]) Schulze II, p. 86 Nr. IV.

[5]) Schulze II, p. 90 ff. Nr. V.

[6]) nur Häberlin in seinem „Handbuch des Teutschen Staatsrechts", Berlin 1794, erwähnt sie in Bd. I, § 79, p. 274, Anm. *.

Ulrich Röderer, Herzogl. Sächs. Hildburghausenscher Regierungs-
und Consistorialrath: „von den Herzoglich-Sächsischen Reichs-Tags-
Stimmen und der Frage: ob der Grund der jetzigen Stimmen der
alt-welt-fürstlichen Häuser im Reichs-Fürsten-Rath, und besonders
der Herzoglich-Sächsischen, in der Observanz der Reichs-Tags vom
Jahre 1582 zu suchen sey?", Hildburghausen, bey Joh. Gottfried
Hanisch, 1779. Wir werden, wie bisher, dem historischen Gange
der Reichstage folgen und die auf ihnen abgegebenen Stimmen mit
Heranziehung des urkundlichen Materials durchsprechen.

Von 1495—1500 findet sich auf fünf Reichstagen [1] die Unterschrift Herzog Albrechts, der am 12. September 1500 starb und zwei
Söhne, Georg und Heinrich, hinterliess [2]. Herzog Georgs Unterschriften finden wir von 1505—1532 in zehn Reichsabschieden; er
starb am 30. April 1539, nachdem er seine fünf Söhne und vier
Töchter überlebt hatte, kinderlos [3]. Doch kommen zwei [4] eigenthümliche Unterschriften desselben zu 1521 und 1524 vor. 1521
lautet die persönlich gegebene: „Hzg. Georg, und Hzg. Hans
von Sachsen". Es kann dieser Hzg. Hans nur der Bruder des
Kurfürsten Friedrich sein, da der eine Sohn Georgs dieses Namens
(† 1537) nicht als Herzog neben seinem Vater ohne nähere Präci-
sion des Verhältnisses der beiden, als Vater und Sohn, genannt sein
dürfte. Nach der Angabe Röderers [5], die dieser aus dem „noch
ungedruckten" Testament des Kurfürsten Ernst, des Begründers der
Ernestinischen Linie, und nach anderen „ungedruckten Nachrichten"
macht, dass nämlich Kurfürst Friedrich im Jahre 1513 seinem
Bruder Johann vorgeschlagen habe, die herzoglichen Erblande zu

---

[1] In dem Abschied zu Worms 1497 findet sich unter den kurfürstlichen
Unterschriften eine eigenthümliche sächsische: „Wegen Hzg. Friedrichs, Churfürsten, und Hzg. Johannssen von Sachsen, Gebrüdere Heinrich von Byna, Ritter". Dass hier nur eine kurfürstliche Stimme vorliege, ist unzweifelhaft, und
der Umstand, dass Johann hier neben seinem Bruder angeführt wird, erklärt
sich aus Röderers Angabe — cap. I, p. 6, Anm. 1 —, dass der Kurfürst bis
1513 die gesammten Lande, auch die herzoglichen Erblande, in gemeinsamen
Namen verwaltete. Es war, wie Röderer richtig bemerkt, noch nicht üblich,
dass ein Kurfürst wegen anderer in seinem Besitz befindlicher Lande eine besondere Stimme im Fürstenrath führte, und Johann konnte eine solche nicht
allein führen, da er nicht selbständig regierender Herr war. Es ist dies wichtig
wegen einer Unterschrift des Jahres 1521.

[2] Röderer cap. I, p. 8, Anm. 2.

[3] Röderer cap. I, p. 17, Anm. 7.

[4] nur zwei Unterschriften, da die von Worms unter der „Ordnung des
Regiments" vom 20. Mai (N. S. II, p. 177, 178) und unter dem Abschied vom
26. Mai 1521 (N. S. II, p. 209) identisch sind.

[5] cap. I, p. 12, Anm. 3.

theilen und letzterem $^2/_3$ derselben als selbständiges Fürstenthum zu überlassen, wird dieses um so wahrscheinlicher. Ob diese Theilung vollzogen sei, weiss Röderer nicht; vermuthlich sei es geschehen. Doch ist es um so wunderbarer, dass Johann dann niemals, weder vorher noch nachher, in den Fürsten-Unterschriften vorkommt; eine besondere Stimme werden wir ihm in diesem einen Falle kaum zuerkennen dürfen. Die Unterschrift von 1524 lautet: „Hzg. Georg und Hzg. Heinrich zu Sachsen, Landgraffen in Thüringen und Marggraffen zu Meissen, Doctor Otto von Pagk“. Herzog Heinrich, der hier ebenfalls das einzige Mal neben Georg erscheint, ist dessen Bruder und Nachfolger in der Herzogswürde. Aus dem Testament Albrechts, d. d. 18. Februar 1499[1]), erhellt, dass Georg allein das Sächsische Herzogthum, Heinrich aber Friesland oder, im Falle dieses verloren gehe, eine Apanage erhalten sollte; da dieses letztere wirklich eintrat[2]), so konnte dem Herzoge Heinrich keine besondere Stimme zustehen, was auch mit der Form der Unterschrift übereinstimmt, die durch einen gemeinsamen Vertreter gegeben ist.

Dem kinderlosen Herzoge Georg folgte dieser sein Bruder Heinrich, der am 18. August 1541 starb, und dessen Unterschrift in dem Reichsabschied zu Regensburg d. d. 29. Juli 1541 vorkommt. Von seinen Söhnen Moritz und August, deren letzterer minderjährig war, führte nach den 1544, 1547 und 1550 errichteten Verträgen der andere allein während seines ganzen Lebens die Regierung, daher August in den Reichsabschieden niemals genannt wird, bis er 1553 in der Kurwürde seinem Bruder nachfolgte[3]). Wir finden in den Abschieden von 1542 (Speier)—1545 nur die Unterschriften des Herzogs Moritz von Sachsen, der 1547 den Kurhut erhielt.

Die Albertiner verschwinden nun völlig von der Reichsfürstenbank, bis sie später zusammen mit dem gesammten sächsischen Herzogshause die Stimme für Henneberg führen, während für sie im Fürstenrathe die Ernestiner[4]) eintreten.

---

[1]) Lünig R.-A. P.spec. cont. 11 von Sachsen, p. 24.
[2]) Röderer cap. I, p. 8, Anm. 2.
[3]) Röderer cap. I, p. 17, Anm. 8.
[4]) Als der Kurfürst Friedrich der Weise am 5. Mai 1525 gestorben und ihm sein Bruder Johann der Beständige gefolgt war, führte dieser nur eine Stimme im Kurfürstencollegium, keine besondere im Fürstenrath, wie eine solche auch bisher nicht vom Kurhause ausgeübt worden war. Man muss hier Röderer zustimmen, — wie auch Moser, die beide in dieser traditionellen Gewohnheit den Grund sehen, weswegen Kursachsen wegen seiner anderen Lande

In den Abschieden von 1548 und 1549 finden wir keine herzoglich Sächsische Unterschrift, da der ehemalige Kurfürst sich in Gefangenschaft befand. Ihm und seinen Kindern waren durch die Kapitulation von Wittenberg d. d. 19. Mai 1547 — Lünig R.-A. P. spec. cont. II v. Sachsen, p. 289 — nach Einziehung der Kur- wie der übrigen Lande nur ein jährliches Einkommen von 50 000 Gulden, und zwar zur Erstattung desselben einige Ämter und Schlösser Thüringens gelassen, wozu noch andere nach dem Naumburgischen Vertrage vom 24. Februar 1554 — Lünig R.-A. P. spec. v. Sachsen, p. 69 — und ferner die Pflege Coburg kamen, deren bisheriger Inhaber Ernst, des depossedirten Kurfürsten Bruder, am 6. Februar 1553 kinderlos gestorben war. Eine Aufzählung des gesammten, den Kindern des abgesetzten Joh. Friedrich zugefallenen Besitzes giebt Röderer cap. I, p. 20, Anm. 10.

Nach Johann Friedrichs Tode[1]) finden wir 1555 und 1557 die gemeinsamen Unterschriften: „v. w. Johanne Friedrichen des Mittleren, Johanns Wilhelmen, und Johanns Friedrichen des Jüngeren, Gebrüdere, Hertzogen zu Sachsen etc. N. N.“, dann 1559 nur die: „v. w. Johanns Friedrichen des Mittleren“. Berechtigt schon die Form der Unterschrift in den beiden ersteren Fällen nur eine Stimme anzunehmen, so bestätigt sich dieses durch die Nachrichten Röderers[2]), dass die drei Brüder bis zum 13. Mai 1557 — der Reichsabschied zu 1557 datirt aber vom 16. März — gemeinsam[3])

---

auch später nie eine besondere Stimme im Fürstenrathe ausübte. — Als Johann am 16. Aug. 1532 starb, sollten seine beiden Söhne seinem Testamente gemäss — vom 11. Dechr. 1516 und 24. Aug. 1529, Röderer cap. I. p. 15, Anm. 6 — wenigstens 30 Jahre lang keine Theilung vornehmen. Indessen fand eine solche am 1. Febr. 1542 — Lünig R.-A. P. spec. cont. II. v. Sachsen p. 274 — statt, wonach der zweite Sohn Ernst die „Pflege Coburg“ und eine jährliche Apanage von 14 000 Gld. erhielt, ausdrücklich aber alle Reichslasten, wie Besuchung der Reichs- und Kreistage und die Leistungen für das Reich auf den älteren, den Kurfürsten Joh. Friedrich, gewälzt wurden, während sonst keiner dem anderen in dessen Regierung „etwas dreinzureden“ habe. — Man sieht aus diesen Fällen, wie, während einerseits die feste Tradition im Fürstenrathe und Kurkollegium wirkte, andererseits doch die territorialen Verhältnisse ebenfalls einwirkten, da ohne jene Klausel Ernst v. Coburg jedenfalls eine besondere Stimme geführt haben würde. Allerdings war im Vertrage auch bestimmt, dass Joh. Friedrich, wie, er alle Reichslasten zu tragen hatte, auch allein die Belehnung vom Kaiser in sein und seines Bruders Namen empfangen sollte. Ein Zusammenhang dieser Dinge manifestirt sich auch hier, nur umgekehrt wie bei Anhalt (p. 61), das entscheidende Moment liegt aber durchaus in der Hauspolitik.

[1]) d. 3. März 1554.
[2]) cap. I, p. 20 Anm. 10 und p. 25 Anm. 11.
[3]) Auch erhielten alle 3 Brüder am 23. März 1555 vom Kaiser die Beleh-

regiert haben, unter diesem Datum aber einen Vertrag machten, nach welchem der älteste, Joh. Friedrich der Mittlere, die Regierung ihrer gemeinschaftlichen Lande auf vier Jahre allein übernahm[1]).

Erst 1566 — Abschied vom 30. Mai — erscheinen zwei besondere Unterschriften: die persönliche des Herzogs Joh. Wilhelm in Weimar und die für Joh. Friedrich von Coburg durch dessen Vertreter gegebene. Kraft eines neuen Vertrages vom 21. Octbr. 1560[2]) hatte Joh. Friedrich der Mittlere noch bis 1564 die Regierung im Namen aller Brüder allein geführt, dann sich über eine Theilung mit ihnen nicht einigen können, bis eine solche nach dem Tode des kinderlosen, jüngsten, Joh. Friedrich des Jüngeren[3]), am 21. Februar 1566 zu Stande kam, wonach für die Dauer von sechs Jahren die überlebenden Brüder die Lande in zwei gleiche Theile theilten, den Weimarischen und den Coburgischen, deren Besitz nach Verlauf von drei Jahren unter ihnen gewechselt werden sollte; Weimar erhielt zuerst der ältere. Der Vertrag enthielt ausserdem die Bestimmung, dass der Kanzlei-Stil in beiden Theilen in gemeinschaftlichem Namen, als „vor sich und seinen geliebten Bruder", geführt werden, und dass ausser anderem auch der Besuch der Reichs- und Kreistage samt den Reichsanlagen in Gemeinschaft bleiben sollten. Wenn Röderer aber folgert, dass „es daher komme", dass der Abschied von 1566 von beiden Brüdern unterschrieben sei, so scheint das nach der angegebenen Bestimmung über die Beschickung der Reichstage durchaus nicht richtig zu sein. Die Brüder hätten wohl nicht daran denken können, auf Grund eines solchen provisorischen Vertrages, dessen Wirkung nur eine vorübergehende sein sollte, zwei Stimmen zu beanspruchen, als wäre eine definitive Erbtheilung erfolgt; die Bestimmung über die gemeinsame Beschickung der Reichstage mochte wohl aus dieser Erwägung geflossen sein, um jeden Streit über das Recht, die eine Stimme auszuüben, zu vermeiden, und schliesslich mag namentlich die Rücksicht auf die durch die Gesandtschaften erwachsenden Kosten dieselbe veranlasst haben. In der Sache selbst aber war es begründet, dass

nung mit den Reichslehen; — Häberlin N. T. R.-G. III, p. 39, — Müller Ann. Saxon. ad an. 1555.

[1]) Abermalige Belehnung 1559, die der Sächsische Gesandte erhielt; — Häberlin IV, p. 159; — Müller Ann. Sax. ad an. 1559.

[2]) Röderer cap. I, p. 26 Anm. 12.

[3]) † 31. Octbr. 1565 (Röderer l. c.).

diese vorläufige Auseinandersetzung zu einer definitiven führen musste, da beide Brüder verheirathet waren und Aussicht auf männliche Nachfolge hatten. Wenn indessen schon unmittelbar nach Abschluss des Vertrages die in Rede stehende Bestimmung desselben nicht eingehalten wurde, so mag das theilweise dem Umstande entsprungen sein, dass der eine der Brüder persönlich anwesend war und so der Versuch nahe lag, neben den mit der Vertretung betrauten Räthen für sich eine besondere Stimme auszuüben, wie wir einen Fall dieser Art im Jahre 1594 finden werden; hauptsächlich aber mussten die politischen Verhältnisse, die gefährlichen Verwickelungen, in welche sich Joh. Friedrich einliess, der Vorschub und Schutz, den er dem geächteten Grumbach fortwährend angedeihen liess, dazu führen, dass sich Joh. Wilhelm immer mehr von ihm trennen mochte. War letzterer doch schon zum Theil durch diese Rücksicht bewogen worden[1]), die Theilung vom 21. Februar 1566 herbeizuführen, und hatte der 1565 in Worms abgehaltene Deputationstag ja deutlich gezeigt, auf welchem abschüssigen Wege sich die Grumbachische Sache[2]) befand. Gerade der Reichstag von 1566 sprach das entscheidende Wort, indem er die Exekution gegen Grumbach beschloss, während der Kaiser zugleich an Joh. Friedrich die schärfsten Mandate[3]) erliess, worauf unter dem 12. December desselben Jahres von Wien aus die Acht über ihn ausgesprochen wurde[4]). Jedenfalls gab der eben vollzogene, wenn auch nur provisorische Theilungsvertrag eine Grundlage ab, kraft welcher Sachsen nunmehr zwei Stimmen beanspruchen mochte.

1567 und 1570[5]), nachdem Joh. Friedrich in Folge der Beschlüsse des Reichstages von 1566 — § 9 u. ff. — der Acht verfallen, und diese ausgeführt war, nachdem in Folge dessen er und

---

[1]) Häberlin N. T. R.-G. VI, p. 119, 120, 121.

[2]) über diese ausführlich Häberlin l. c. p. 1—65.

[3]) d. d. 13. Mai, 2. Juni und 5. Juli — Häberlin VII, 133.

[4]) Häberlin l. c. 134.

[5]) Wenn Röderer — cap. I, p. 30 — hier noch einen Reichstag von 1569, d. d. 14. Juni, erwähnt, von welchem er nur die Unterschrift des Kurfürsten August anzugeben weiss, so ist das ein Irrthum, den er aus der N. S. übernommen hat, welche diesen Recess unter dem Titel eines Reichstagsabschiedes giebt. Dass dieses aber nur ein Deputationstag gewesen sei, ist sowohl aus den Unterschriften wie aus dem Inhalt der §§ 3 und besonders 63 ersichtlich, in welchem letzteren die Beschwerden Herzog Joh. Wilhelms von Sachsen vertagt werden, da dieselben auf einen Reichs-, nicht auf einen Deputationstag gehörten.

seine Kinder ihrer Lande verlustig erklärt worden waren[1]), finden wir nur die Unterschriften Johann Wilhelms, der am 2. März 1573 stirbt[2]).

Indessen waren nach dem Beschlusse des Reichstags von Speier im Jahre 1570[3]) die beiden unmündigen Söhne des geächteten Johann Friedrich restituirt worden, und durch eine kaiserliche Commission im Jahre 1571 die Auseinandersetzung mit ihrem Oheim Johann Wilhelm in der Weise erfolgt, dass dieser die Weimarischen Lande behielt, jene die Coburgischen bekamen[4]). In Folge dieser Vorgänge finden wir 1576 die Unterschrift: „In Vormundschaft Hzg. Wilhelm zu Sachsen verlassenen Söhnen, Friedrich Wilhelmen, und Johannsen, Gebrüdern, und auch in Vormundschaft Johanns Friedrichen, Hzg. zu Sachsen, hinterlassenen Söhnen, Johann Casimirn, und Johann Ernsten, Gebrüdern, allen Hertzogen zu S. etc. Lucas Thangel, der Rechten Doctor, Rath und Cämmerer zu Weimar“, und 1582: 1) „In Vormundschaft Hzg. Wilhelmen zu S. hinterlassene Söhne, Friedrich Wilhelm, und Johannsen, Gebrüdern, Hertzogen zu S. etc., Joachim Wahl, der Rechten Doctor, Rath“. 2) „In Vormundschaft Hertzog Johanns Friedrichen zu S. unmündiger Söhne, Johann Casimir und Johann Ernsten, Gebrüdern, Hertzogen von S. etc., Joachim Wahl, der Rechten Doctor, Rath“.

Dass die Unterschrift von 1576 ebenso wie die von 1582 in zwei Theile zerfällt, zeigt die scharfe Scheidung durch das „und auch“. Dagegen aber, dass auch für die einzelnen Brüder innerhalb jeden Theiles der Unterschriften ein besonderes Votum geführt sein sollte, wie Moser annimmt, spricht sowohl der bisherige Gebrauch, nach welchem das Haus Sachsen nur einmal in jüngster Zeit zwei Stimmen geführt hatte, ferner der Umstand, dass wir in der Folge nicht alle der vier Vettern sofort besondere Stimmen führen sehen, vor Allem aber dieses, dass sie noch unter Vormundschaft stehen, und eine Landestheilung zwischen den einzelnen Brüdern nicht erfolgt war, was von den fürstlichen Häusern immer als die rechtliche Grundlage zur Erwerbung neuer Stimmen im Reichsfürstenrath angesehen wurde.

---

[1]) s. Röderer cap. I, p. 29, Anm. 13.

[2]) Röderer c. I, p. 32, Anm. 14.

[3]) Abschied desselben § 40; — Häberlin VIII, p.206 ff. und in der Vorrede dieses 8. Bandes p. XXIII bis XLIII die Restitutionsurkunden nach einem codex M. S. von Wolfenbüttel.

[4]) s. Röderer c. I, p. 32, Anm. 14; — Müller, Ann. Saxon. ad an. 1572.

1594 nämlich unterzeichnen die Söhne Johann Wilhelms: „von wegen Friedrich Wilhelmen, Vormundern und der Chur Administratorn[1]), und Johann, Gebrüdern, Hertzogen zu S. etc., wegen ihrer Erblanden[2])“. Der Ausdruck „wegen ihrer Erblanden“ scheint auszudrücken, dass sie für dieselben nur eine Stimme abgaben; denn einerseits steht die Unterschrift zur der Friedrich Wilhelms als Administrators der Kur, anderseits zu der Sachsens für Henneberg, in der beide Brüder ebenfalls genannt werden, im Gegensatz, um ihre Stimme hier als für ihre Erblande abgegeben zu bezeichnen; hätte die Unterschrift aber für 2 Stimmen gelten sollen, so müssen wir annehmen, dass, da man gerade im Hause Sachsen angefangen hatte, die Unterschriften zu präcisiren, solches jedenfalls auch hinsichtlich der beiden Erblande geschehen wäre, für die sie zwei vota haben sollten; wir finden ein Analogon einer solchen Präcisirung gerade in demselben Jahre für Pfalz-Lautern. Für Sachsen kommt die eben besprochene Unterschrift noch 1598 vor, nur dass dort der Titel lautet: „von wegen etc.., Gebrüder, beyden Hertzogen zu S., wegen ihrer Erblande“, wo gewiss doch, da sie beide als Herzoge bezeichnet werden, auch ihre beiderseitigen Erbländer genannt worden wären, zumal beim Hause Pfalz in diesem Reichsabschiede bereits zwei Unterschriften des Kurfürsten von der Pfalz, Friedrichs, für Lautern und Simmern, und nicht einmal in zusammengefasster Form, sondern völlig getrennt vorkommen.

Wir finden aber noch einen Beweis bei Moser selbst dafür, dass die vormundschaftliche Unterschrift für Johann Casimir und Johann Ernst in den Jahren 1576 und 82 nur für eine Stimme gegeben war. Moser führt aus dem „Staatscabinet“ des herzoglich Sächsischen Archivars Müller[3]) die Stelle an, in welcher dieser berichtet, dass

---

[1]) Er war Vormund des unmündigen Kurfürsten Christian II. von Sachsen (1591—1611) und als solcher Administrator der Kurwürde.

[2]) Es sind: Friedrich Wilhelm, nach der Theilung in Altenburg, 1573—1602, und Johann III, später in Weimar, 1573—1605.

[3]) Moser 34, p. 283, § 10. Es mag hier die ganze Stelle wiedergegeben werden, da sie nicht nur für den vorliegenden Fall durchaus beweisend ist, sondern auch ein besonderes Licht auf das Verhältnis der Territorialgewalten zum Reiche wirft. Der § 10 lautet bei Moser:

„Von dem Reichs-Tag de Anno 1608 schreibet Herr Müller (hierzu in einer Anmerkung der Seitennachweis in der „Fortsetzung des Staatscabinets“ T. I. c. 4, § 10, p. 60): „„Als der S. Coburgische Gesandte wegen Hertzog Johann Casimirs zu Coburg und Hertzog Johann Ernsts zu Eisenach auf dem An. 1608 zu Regenspurg gehaltenen Reichs-Tage, und also nach der zwischen beiden Fürstl. Herren Brüdern vorgegangenen Theilung, die An. 1594 (muss offenbar „1596“ heissen und hier ein Druckfehler sein; denn der Recess, dessen

1608 die doppelte Stimme für Coburg und Eisenach vom Fürstenrath und der kaiserlichen Commission bestritten worden sei, worauf
der Sächsische Gesandte sich auf die Theilung der beiden Brüder
vom 4. December 1596 berufen habe; vorher also waren sie gemeinschaftlich regierende Herrn und hatten als solche 1582 und 1576
nur eine Stimme. War dies nun der Fall, so sind wir genöthigt,
für den andern Theil der Unterschrift von 1576 und für die entsprechende von 1582 — hinsichtlich Weimars —, bei der absoluten
Gleichheit der Form, auch nur eine Stimme anzunehmen.

auf die Reichstage bezüglichen Passus Röderer — cap. I, p. 40, Nota 19 —
mittheilt, ist vom 4. December 1596 datirt — Röderer c. I, p. 35, Nota 16 —,
wie auch die von ihm in Nota 19 auf p. 42, Anm. †, mitgetheilte Sachs.-Meinin-
gensche Schrift sich auf die Theilung von 1596 bezieht. Auch heisst es bei
Röderer, der p. 46, Nota 21, denselben Passus aus Müllers Staatscabinet anführt,
an der betreffenden Stelle: 1596.) den 4. December geschehen, zwey besondere
Vollmachten bey der Chur-Maintzischen Kantzeley übergeben und auch zwey
besondere Vota abgeleget; so hat bemeldter Gesandter, wie von denen Kayserl.
Assistenz-Räthen ihme vorgestellet worden, es beschwerete sich der Fürstenrath,
komme auch der Kayserl. Commission befremdlich vor, dass er, wider die Observantz, zwey verschiedene Vota gebrauchete, dagegen remonstriret, es wäre
Hertzog Johann Ernst ein regierender Fürst in Dero Erblanden und in dem
Chur- und Fürstl. Hause Sachsen, wie auch bey andern Häusern, Herkommens,
dass, so offt Erb-Sonderungen und Theilungen vorgegangen, die Vota secundum
capita numerirt und ponderirt worden wären, wie denn dahero Oesterreich ohnlängst in seinem voto proponirt, dass, weilen drey regierende Hertzoge zu
Oesterreich wären, sein Votum pro triplici Voto annotiret werden möchte,
welchem nach sein gnädigster Herr ja gleichmässiges Recht haben würde, Er
auch überdiss bey drey unterschidenen Reichs-Tägen Anno 1594, 98 und 1603
actus possessorios vor sich hätte, auch in besagtem 1594. Jahre, in Gegenwart
Kayserl. Majest. die Session in Person eingenommen habe und durch seinen
Kantzler votiren lassen, auch anjetzo von Ihrer Kayserl. Majestät zwey unterschiedene Ausschreibung, als eines an Hertzog Johann Kasimiren, das andere
an Hertzog Johann Ernsten, ergangen. Hierauf haben sowohl die Kayserliche
Assistenz-Räthe, als die Kayserl. Commission, wie auch der Fürsten-Rath sich
beruhiget"".
Also das einzelne Fürstenhaus erstrebt eine Erweiterung seiner Prärogative, eine neue Stimme auf dem Reichstage, die Reichsgewalt beruft sich dagegen auf die Observanz, d. h. nicht auf eine Observanz von einem bestimmten
fixirten Zeitpunkte, sondern auf das Herkommen als solches; die Territorial-
gewalt beruft sich wieder auf Präcedenzfälle, in denen es ihr schon gelungen
war, das erstrebte Recht auszuüben. Und wir sehen auch, wie eine solche
Usurpation zum ersten Male gelang: der Gesandte beruft sich noch besonders
darauf, dass 1594 sein Fürst die Stimme in Person ausgeübt habe; man vergleiche hierzu, was vorhin über das erste Erscheinen zweier Sächsischer Stimmen i. J. 1566 gesagt ist (p. 82, 83). Auch findet sich bei Pfalz-Zweibrücken
— Häberlin N. T. R.-G. XII, p. 619 — eine eigenthümliche Illustration für dieses
Streben des einzelnen Fürstenhauses, seinen Einfluss auf dem Wege der Stim-

Bei Röderer[1] finden wir dann auch die dieses bestätigenden
Daten der Hausgeschichte. Nach dem Tode seines Vormundes,
des Kurfürsten August, am 11. Februar 1568, übernahm Friedrich
Wilhelm allein die Regierung; am 3. Januar 1587 wurde ein Vertrag
zwischen ihm und seinem Bruder abgeschlossen, nach welchem er
als der ältere die Regierung so lange allein führen sollte, bis Johann
20 Jahre alt[2] sei; endlich, nachdem dieses Faktum eingetreten war,
wurde am 21. Juni 1590[3] ein neuer Vertrag geschlossen, nach
welchem der ältere Bruder auch auf fernere sechs Jahre die Regierung allein in gemeinschaftlichem Namen führen sollte. Allerdings haben wir keine Nachrichten, ob dieser Vertrag von 1590
im Jahre 1596 erneuert sei, doch müssen die Brüder noch ferner
in gemeinschaftlicher Regierung geblieben sein und 1598 daher
auch nur, wie 1594, eine Stimme geführt. haben, da Friedrich
Wilhelm während der Unterhandlungen über eine Theilung am
7. Juli 1602 starb, und da die herzoglichen Räthe in einem Gutachten,
das bei der Fortsetzung der Theilungsverhandlungen von ihnen gefordert wurde, sich dahin äusserten, man solle die Reichstage durch
einen Gesandten alternatim, oder durch zwei, aber nur mit einer
Instruktion und Vollmacht versehene beschicken, da man, wenngleich
die Lande getheilt würden, deswegen doch nicht mehr Vota bekomme,
als man zuvor gehabt habe. Es handelte sich hier um eine Theilung
der Weimarischen Lande in zwei Theile; die Räthe bezweifelten
also, dass man für dieselben zwei Vota bekommen werde, ein
deutlicher Beweis, dass bisher nur eine Stimme von den Weimarer
Brüdern auf den Reichstagen geführt worden war[4].

Auch die Unterschrift des Reichsabschiedes zu Regensburg
vom 27. Juli 1603: „Johann Hzg. v. S. etc. vor sich und dann neben
Christian dem Anderen, Hertzogen und Churfürsten zu S. etc. in
Vormundschaft Namen, weyland Friedrich Wilhelmen, Hertzogen
zu S. etc. seligen nachgelassenen Söhnen, N. N." sieht Röderer nur

_____

menvermehrung zu vergrössern, und für die Opposition des Reiches dagegen
(s. unten § 3, XVIII Pfalz-Zweibrücken p. 108, Anm. 3). — Im Übrigen wird
durch das Angeführte bestätigt, dass die rechtliche Grundlage für neue Stimmen durch Erbtheilungen gewonnen wird, und dass ein von mehreren regierenden Herrn gemeinsam abgeordneter Gesandter nur eine Stimme für gewöhnlich führte, sofern nicht, wie hier, besondere Umstände, besondere In-
struktionen jedes der betheiligten Fürsten vorlagen.

[1] cap. I, p. 38 n. 17.
[2] Müller, Ann. Saxon. ad an. 1586 und 1587.
[3] Müller, Ann. Saxon. ad an. 1590.
[4] Röderer c. I, p. 43, n. 20.

als den Ausdruck einer Stimme[1]) an, da der Theilungsvertrag erst
am 13. November 1603 zu Stande kam, in welchem dann ausdrücklich
bestimmt wurde, dass „beyde Theile die Reichs-Kreyss- und Pro-
bations-Täge zugleich beschicken und alle Wege inssamt Instruktion
geben sollen[2])". Dem scheint die Nachricht bei Müller — Ann.
Saxon. ad an. 1603 — entgegenzustehen, dass in diesem Jahre das Haus
Sachsen auf dem Reichstage zu Regensburg „ratione des Fürstenthums Altenburg Sessionem et votum zuerst" erlangt habe. Ist nun
die Scheidung der Unterschrift in zwei Theile allerdings geeignet,
sie als den Ausdruck zweier Stimmen erscheinen zu lassen, so ist
doch zu erinnern, dass die Vertretung aller durch einen gemeinschaftlichen Gesandten geschieht, der nach dem gewöhnlichen Gebrauch nur 1 votum abgegeben hätte; hauptsächlich fällt aber ins
Gewicht, dass die Nachricht Müllers in sofern sehr unkorrekt ist,
als im Juli 1603 von einem Fürstenthum Altenburg noch gar nicht
die Rede sein konnte, solches erst am 13. November 1603 entstand
und dann allerdings den Söhnen Friedrich Wilhelms zufiel. Nach
Lage des urkundlichen Materials werden wir uns dem Urtheil
Röderers anschliessen müssen, da bei der Ausschreibung zum Reichstage für eine Altenburgische Linie gar kein besonderes Ausschreiben
von der kaiserlichen Kanzlei ergangen sein kann, und nur die
Existenz einer solchen besonderen, regierenden Linie zu einem besonderen Votum derselben berechtigt hätte.

Für die Gestaltung der Stimmverhältnisse in der Zukunft konnte
aber jene Meinung der Sächsischen Räthe von keinem Belang sein,
ebenso wenig, wie die Bestimmung des Theilungsvertrages vom
13. November 1603 es war. Denn jener Meinung steht ja einmal
das Faktum gegenüber, dass die Coburgische Linie inzwischen durch
Theilung wirklich zwei Stimmen erlangt hatte, und dann, dass die
Coburgischen Gesandten auf dem Reichstage von 1608 das Herkommen ausdrücklich so auffassten[3]), dass Erbtheilungen auch eine
Vermehrung der Reichstagsstimmen herbeiführten. Und dass auch
der Vertrag von 1603 keinen dauernden Einfluss auf die Anzahl
der Sächsischen Vota ausübte, beweist die Thatsache, dass wir
1613 bereits wirklich getrennte Weimarische und Altenburgische
Unterschriften vorfinden werden.

---

[1]) cap. II, § 3, p. 76.

[2]) Röderer c. I, p. 43 n. 20 mit der besonderen Anm. ††† auf p. 45.

[3]) s. p. 85, Anm. 3.

Wir müssen zu den Stimmen der anderen Sächsischen Herzogslinie, der, wie wir sahen, 1576 und 1582 auch nur eine Stimme
zukam, zurückkehren.

Johann Casimir und Johann Ernst, die Söhne jenes geächteten
Johann Friedrich, unterschrieben den Reichsabschied von 1594 in
zwei besonderen, persönlichen Unterschriften und übten wirklich
hier zwei Stimmen[1]) aus, wie auch 1598 und 1603. Bis zum
13. Februar 1590 blieben die beiden Brüder in gemeinschaftlicher
Regierung; kraft eines unter diesem Datum abgeschlossenen Vertrages übernahm aber der ältere, Joh. Casimir, dieselbe auf fünf
Jahre allein in gemeinschaftlichem Namen, während dem jüngeren
einige Ämter überwiesen wurden. Am 24. August 1596 übernahm
nach einem neuen Vertrage der ältere die alleinige Regierung in
gemeinschaftlichem Namen für weitere sechs Jahre, ging indessen
schon unter dem 4. December desselben Jahres mit seinem Bruder
jenen oben genannten Erbtheilungsvertrag ein, wonach Joh. Casimir
die eine Hälfte mit Coburg, Joh. Ernst die andere mit Eisenach
erhielt[2]). Auf p. 40, nota 19, theilt Röderer die uns angehende
Stelle des Vertrages mit, dass nämlich .... „wir (d. h. Joh. Casimir)
wegen der noch übrigen Lande die Reichs- und andern Bürden, als
da seyend, ... Zehrungen auf Reichs- Creiss- Deputations-Visitations-
Probations- und anderen Tägen, auf Uns, und Unsere Erben allein
genommen, dagegen Wir, als der älteste auch die Session im Reich
halten, und haben müssen, doch Sr. Liebden dero Session sonsten
unbenommen etc." Röderer deutet an der angeführten Stelle diese
Worte so, als habe Joh. Casimir beansprucht, die Stimme seines
Bruders, die diesem als nunmehr regierenden Herrn zukommen
werde, durch seine Gesandten nach seiner Instruktion auszuüben,
allerdings nicht in seinem, sondern seines Bruders Namen; er findet
eine Bestätigung hierfür in einer Sachsen-Meiningenschen Schrift
über das Coburgische Reichstagsvotum, deren hierauf bezüglichen
Passus er mittheilt[3]). Allerdings finden wir die Stimmen der beiden
Brüder 1598, 1603 und 1613 stets durch denselben Gesandten ausgeübt und zwar nur 1603 in einer Gesammtunterschrift ausgedrückt,
während 1598 und 1613 dieselben für beide getrennt sind. Hiermit
bringt Röderer auch jenen Bericht Müllers über den Reichstag von
1608[4]) in Beziehung, indem er meint, es sei von der kaiserlichen

---

[1]) s. p. 85, Anm. 3.
[2]) Röderer c. I, p. 35 n. 16; — Müller Ann. Saxon. ad ann. 1590 und 1596.
[3]) p. 42, Anm. †.
[4]) p. 85, Anm. 3.

Commission nicht ein Votum Johann Ernsts an sich bestritten
worden, sondern nur dieses, dass der eine Coburgische Gesandte zwei
Stimmen habe ausüben wollen [1]). Dass diese Auffassung aber nicht
völlig zutreffen könne, ergiebt sich aus der detaillirten Antwort des
Gesandten, in welcher er sich offenbar a priore als Bevollmächtigter
Johann Casimirs und als solcher für berechtigt betrachtet, für diesen
eine Stimme auszuüben, nach der andern Seite daher nur zu beweisen sucht, dass Johann Ernst, für den er ja auch eine Vollmacht
abgegeben hatte, berechtigt sei, ein Votum zu führen; und da die
Commission sich dabei beruhigt, so muss doch wohl dieses Votum
Johann Casimirs als solches, nicht die Art, wie es ausgeübt wurde,
das Streitobjekt gewesen sein. Man sieht auch in der zuletzt angeführten Stelle Röderers, wie er zu seiner Auffassung gekommen
sei, wenn er sagt: „Vermuthlich hatte der Gesandte wegen Eisenach
nicht eine von Ernst, sondern von Joh. Casimir mit Beziehung auf
das Paktum vom 4. December 1596 ausgestellte und unterschriebene
Vollmacht bei dem Direktorio übergeben, womit die von Müller in
den sächs. Annalibus ad an. 1608 ertheilte Nachricht überein-
zustimmen scheint: dass auf dem Reichstag zu Regensburg durch
die von Hzg. Johann Casimir zu S.-Coburg abgefertigte Gesandt-
schaft über das Coburgische Votum auch zugleich wegen S.-Eisenach
votirt worden“. — Die Müller'schen Annalen besagen aber nicht,
auf Grund welcher Instruktion dies geschehen sei, und Müller in
der Fortsetzung des Staatscabinets (p. 85, Anm. 3) sagt ja ausdrücklich, der Coburgische Gesandte hätte zwei Vollmachten wegen
Joh. Casimirs und Johann Ernst eingereicht. Im Sinne Röderers
hätte bereits 1598 dem Coburgischen Gesandten die Führung zweier
Vota bestritten werden müssen; um so auffälliger ist es, dass es erst
1608 geschah. Dieses letztere könnte aber hinreichend die politische
Lage erklären, wenn man in Betracht zieht, dass der katholische
Erzherzog Ferdinand der Vertreter des Kaisers auf dem Reichstage
von 1608, und die Spannung der beiden Parteien bereits eine so
grosse war, dass man unverrichteter Sache auseinander ging. Wir
müssen den Vertrag vom 4. December 1596 als ein Privatabkommen
der beiden Brüder ansehen, welches das Reich als solches nicht
tangiren konnte; diesem gegenüber konnte die zweite Stimme immer
nur als die Joh. Ernsts geführt werden, wie ja die Unterschriften
von 1598—1613 immer thatsächlich in seinem Namen gegeben sind.
Der Zusatz des Vertrages: „doch Sr. Liebden dero Session sonsten
unbenommen“ würde sich mit Hinblick auf die Thatsache, dass

---

[1]) Röderer c. I, p. 50, Nota 23.

1594 Joh. Ernst auch persönlich auf dem Reichstage gewesen war und unterschrieben hatte, dahin erklären, dass für den Fall persönlicher Anwesenheit desselben die Session, wie es ja nur heisst, ihm nicht beanstandet werden sollte, während sonst eine Vertretung der beiden Brüder und ihrer Stimmen von Joh. Casimir allein besorgt wurde. Das Votum des Joh. Ernst aber wäre auch im ersteren Falle nach der Instruktion Casimirs erfolgt. Man sieht, wie dieser Vertrag ein blosses Privatabkommen der beiden Brüder war, während dem Reiche gegenüber doch immer Joh. Ernst der Träger der zweiten Stimme blieb.

Das Resultat, in sofern es für uns von Wichtigkeit ist, bleibt dieses, dass 1582 nur zwei Sächsische Stimmen vorlagen, 1594 bereits drei, 1598 und 1603 dieselbe Anzahl, 1613 aber vier, dass also die fortgesetzten Erbtheilungen auch zu einer entsprechenden Vermehrung der Reichstagsstimmen führten[1]).

1613 finden sich nämlich die 4 Unterschriften ganz getrennt: 1) Kurfürst Johann Georg als Vormund der Söhne Friedrich Wilhelms (Altenburg), 2) derselbe als Vormund der Söhne Johanns[2]) (Weimar), 3) die Unterschrift für Joh. Casimir (Coburg), und 4) die des Joh. Ernst (Eisenach). Dem entsprechend heisst es 1641:

---

[1]) Unsere ganze Entwickelung der Sächsischen Stimmen findet aber noch einen urkundlichen Beleg bei Meiern „acta pacis Executionis" Buch VI, § XVI, Tom. I, p. 850, 851, wo unter Nr. I eine „Reservation und Protestation die Fürstl. Sächs. Vota Weimar und Gotha im Reichs-Fürsten-Rath betreffend" vom Decbr. 1649 vorliegt. Darin wird die Geschichte der Erbtheilungen und der Entstehung der Stimmen des Sächsich-Ernestinischen Herzogshauses seit der Restitution i. J. 1552 bis zum Jahre 1644 hin verfolgt, wobei ausdrücklich jede neu entstehende Stimme als Folge einer vorhergegangenen Erbtheilung und Einrichtung einer besonderen Regierung dargestellt wird; die Protestirenden glaubten aus diesem Grunde, dass ihnen ihre durch Herkommen sanktionirten Vota nicht beanstandet werden dürften; hinsichtlich der Weiterführung des Eisenachischen Votums berufen sie sich einfach auf das Präcedenz, dass Altenburg das Coburgische i. J. 1641 „ohnwidersprüchlich geführet" habe. — Die Unterschriften des Abschiedes von 1654 zeigen, dass der Fürstenrath dieser Anschauung offenbar beitrat, wodurch in Gestalt eines concreten Falles zum ersten Male der Grundsatz von der Weiterführung der Stimmen ausgestorbener Fürstenhäuser von Reichswegen anerkannt wäre. Wo bleibt aber dem gegenüber eine Observanz von 1582?!

[2]) Johann von Weimar starb d. 31. Octbr. 1605 mit Hinterlassung von acht Söhnen: Johann Ernst † 1626; Friedrich † 1622; Wilhelm † 1662; Albrecht † 1644; Johann Friedrich † 1628; Ernst † 1675; Friedrich Wilhelm † 1619; Bernhard † 1639. Über die Vormundschaft des Kurfürsten Christian des II. und später seines Sohnes, des Kurfürsten Joh. Georg I., seit 1611. cfr. Röderer c I, p. 49, n. 22 und p. 43, n. 20.

1) und 2) „v. w. Friedrich Wilhelmen[1]), Hzg. zu S. etc., ratione beider Fürstenthümer Altenburg und Coburg", und 3) u. 4): „v. w. Wilhelm Albrechten[2]) und Ernsten, Gebrüdern, Hzgg. zu S., ratione beider Fürstenthumer Weymar und Eisenach".

1654 aber lauten die Unterschriften: 1) u. 2) „Friedrich Wilhelm etc. . . wegen beider Fürstenthümer Altenburg und Coburg", 3) „v. w. Wilhelmen, Hzg. zu S., wegen des Fürstenthums Weimar", 4) „v. w. Ernsten, Hzg. zu S. etc., wegen des Fürsenthums Gotha", und 5) „v. w. Wilhelmen und Ernsten, Gebrüdern, Hzgg. zu S. etc., wegen des Fürstenthums Eisenach".

Liegen die Thatsachen hier auch klar vor, so darf doch nicht unterlassen werden, die Wandlungen, die während dieser letzten Jahrzehnte unserer Periode im Sächsischen Hause vor sich gingen, zu verfolgen. Die Verträge, die bei diesen Gelegenheiten abgeschlossen wurden, liefern ein dankbares Material für die Erkenntnis des Rechtsbewusstseins jener Zeit, so weit es unsere Frage betrifft, und können viel dazu beitragen, den Gang aufzuklären, den die Principien, auf welchen die Verfassung des Fürstenrathes beruhte, nahmen, bis sie zu dem definitiven Standpunkt von 1654 anlangten.

Wir registriren zunächst die betreffenden Verträge und citiren die Stellen, die für uns von Interesse sind.

Herzog Joh. Casimir von Coburg starb am 16. Juli 1633 ohne männliche Nachkommen, ebenso sein Bruder Joh. Ernst von Eisenach am 23. Octbr. 1638[3]), so dass die Altenburg-Weimarische Linie in den Besitz dieser Fürstenthümer gelangen musste. Bereits am 2. März 1634[4]) hatten Altenburg, vertreten in den Brüdern Joh. Philipp und Friedrich Wilhelm, und Weimar, vertreten durch Wilhelm, Albrecht, Ernst und Bernhard, einen Präventiv-Vertrag zu Eisenberg geschlossen: man wolle die demnächst zu erwartende Erbschaft so theilen, dass Weimar $4/6$, Altenburg $2/6$ erhielte. Unter dem 13. Februar 1640 gelangte dieses in der Weise zur Ausführung, dass von Coburg eine sogenannte Gothaische Portion abgetheilt und im Voraus für Weimar als eine Hälfte der $4/6$ ausgesetzt wurde;

---

[1]) in Altenburg 1639—69, ein Sohn Friedrich Wilhelms I., der bis 1602 gelebt hatte und bis 1598 in den Reichstagsabschieden vorgekommen ist — cfr. p. 87, 88 —; er hatte vier Söhne hinterlassen: Joh. Philipp, Friedrich, Joh. Wilhelm und Friedrich Wilhelm — Röderer p. 43 n. 20. 1638 war Coburg an die Altenburger Linie gekommen.

[2]) Zwischen Wilhelm und Albrecht muss ein Komma stehen, wie auch die Unterschrift von 1654 zeigt, wo Albrecht — † 1646 — fehlt.

[3]) Röderer c. I, p. 52 n. 24.

[4]) Lünig R.-A. P. spec. cont. II v. Sachsen, p. 426.

Coburg und Eisenach blieben die anderen Theile zu je ⁹/₆, von denen Weimar durch's Loos letzteres, Altenburg aber, wo nur noch Friedrich Wilhelm regierte, Coburg erhielt[1]).

Kurz darauf schritten die 3 noch lebenden Weimarer Brüder, Wilhelm, Albrecht und Ernst, dazu, ihren Besitz: Weimar, Gotha und Eisenach, unter einander zu theilen, und errichteten unter dem 9. April 1640 zu diesem Zwecke eine Punktation[2]), in welcher es im § 5 heisst: „So viel aber obberührte Stücke, so in Gemein- schafft bleiben sollen, antrifft, sollen erstlich alle Reichs- und Kreiss- auch Reichs-Lehns-Sachen gemein bleiben, und dieselben in ge- samtem Namen aller dreyen Herrn Gebrüder so lange fortgeführet werden, als man wegen dieses Fürstenthums und der angefallenen Lande, so ohnlängst Ihren Fürstl. Gnaden durch die mit der Fürst- lich-Altenburgischen Herrschaft getroffene Erb-Theilung zukommen, auf Reichs- Creiss- auch Deputations- und anderen dergleichen Tägen zwey Vota haben kann, und von der Römisch-Kayserlichen Majestät die gesammte Lehns-Reichung nicht difficultiret werden möchte. Wäre aber dasselbe nicht zu erhalten, und es müssten die Lehn absonderlichen gesucht und empfangen, auch daher die Reichs- Creiss- und andere Täge von jedwedem Fürstlichen Theile vor sich beschicket werden; So soll zwar die Gemeinschafft vor sich aufhören, es wollen aber Ihre Fürstl. Fürstl. Fürstl. Gnaden Gnaden Gnaden nichts desto minder Sich einander in conciliis con- formiren, und einmüthige Vota führen, auch also darauf die Ihrige jedesmal instruiren".

Diese Punktation gelangte zur Ausführung in einem Vertrage vom 12. Septbr. 1641[3]), nach welchem definitiv Wilhelm: Weimar, Albrecht: Eisenach und Ernst: Gotha erhielt, in welchem es aber hinsichtlich der Reichstagsstimmen heisst: „Obwohl auch zum fünften Wir Uns wegen Unseres anererbten väterlichen Fürsten- thums Weimar und den angefallenen Landen im Coburg-Eisenachi- schen Fürstenthum, so Uns durch die mit dem hochgebohrenen Fürsten, Unsern freundlich lieben Vetter, Herrn Friedrich Wil- helmen, Hertzogen zu Sachsen, Jülich, Cleve und Berg etc. am 13. Febr. abgewichenen 1640. Jahrs zu Altenburg getroffenen Erb- theilung zukommen, erb- und ohnwiederruflich getheilet und hin-

---

[1]) Müller Ann. Saxon. ad an. 1640; — Röderer c. I, p. 52 n. 24 und cap. II, §. 5, p. 88, 89, 90, wo er angiebt, dass er den Vertrag abschriftlich besitze, in dem nichts von den Reichstags-Stimmen erwähnt werde.

[2]) Röderer cap. II, p. 94.

[3]) Lünig R.-A. P. spec. cont. II von Sachsen, p. 438.

führo ein jeder unter Uns seine eigene Regierung führen und auf
Reichs- Creiss- Deputation- und andere dergleichen Tägen dem
Herkommen gemäss seine Session und absonderliches
Votum haben wird,.... So soll doch der älteste Unseres Hauses
die Instructiones in Reichs-Lehns-Sachen und zu Reichs- Creiss-
und anderen publicis conventibus abfassen, dieselbe den andern
Herrn Brüdern oder Vettern zeitig communiciren, damit sie sich
darinnen ersehen, und so viel immer möglich nichts minder, als
wenn Unsere Fürstenthum noch in Gemeinschaft verblieben wären,
jedesmal einmüthige vota und consilia durch die Ihrige führen
lassen können".

Albrecht von Eisenach starb indessen schon am 20. Decbr. 1644
kinderlos, so dass seine Brüder in Gotha und Weimar ihn beerbten.
Diese schlossen unter dem 30. März 1645[1]) einen Theilungs-Vertrag
ab, nach welchem Weimar die sogenannte Eisenachische, Ernst von
Gotha eine davon abgetrennte Heldburgische Portion erhielt. Es
blieb jedoch einiges in gemeinschaftlichem Besitz, wie auch die
Fortführung der Stimme des Verstorbenen auf dem Reichstage,
worüber der betreffende Passus lautet[2]): „Und sollen vorberührte
ausgesetzte Stücke, einen Weg als den anderen unter unter Uns,
Unsere Erben und Nachkommen hinfüro noch weiter gemein bleiben.
Dahin denn auch nächst diesem — Fürs andere das Votum, so
vor diesem auf Reichs- Creiss und anderen conventibus, wegen Unseres angefallenen Fürstenthums Eisenach hergebracht und geführt
worden, zu referiren, welcher Wir der beschehenen Theilung
ohngeachtet in der Gemeinschaft und in Unseren gesamten Namen
inskünftige zu führen behalten sollen".

Röderer interpretirt diese Urkunden folgendermassen. Auf
p. 89[3]) schliesst er aus dem Umstande, dass in den Theilungsver-
trägen zwischen Weimar und Altenburg der Reichstagsstimmen gar
nicht gedacht[4]) werde, man habe noch nicht gewusst, dass die
Stimmen ausgestorbener Linien von den Erben fortgeführt werden
könnten. Auf p. 92, Anm. *, sagt Röderer ferner, es könne auch
nicht sich von selbst verstanden haben, dass Weimar ein Votum
für Eisenach, namentlich nicht, dass Altenburg ein solches für
Coburg fortführte, da letzteres Coburg nicht in seiner ehemaligen
Gestalt, wie es Joh. Casimir besessen hatte, erhielt, sondern Gotha

---

[1]) Röderer c. I, p. 55, n. 26, wo er die Quelle für den Vertrag angiebt.
[2]) bei Röderer cap. II, § 5, p. 82.
[3]) im cap. II, § 5.
[4]) s. p. 93, Anm. 1.

davon für Weimar abgetrennt worden war, dass also, wenn man daran hätte denken können, die Stimmen der ererbten Lande fortzuführen, die Erben sich über die Vertheilung derselben hätten einigen müssen, da nach dem erhaltenen Antheile Weimar auch an dem eventuellen Coburgischen Votum hätte participiren müssen[1]). Ferner folge aber auch aus dem Theilungsvertrage der 3 Weimarer Brüder vom 12. Septbr. 1641, dass, wenn dem Herkommen gemäss nach der Theilung jeder sein besonderes Votum ausüben sollte, sie vor der Theilung nur ein einziges hätten haben können, nicht aber zwei — cfr. Theilungs-Punktation vom 9. April 1640 —, dass sie vor der Theilung auch nicht das Votum eines ererbten Landes hätten fortführen können, da dann ja die Zweizahl der Stimmen festgestanden hätte, und dieses nicht mit der späteren Dreizahl verträglich gewesen wäre.

Da nun Röderer aber die Thatsache anerkennen muss, dass in dem Abschiede vom 10. Octbr. 1641 sich die Unterschriften ratione Altenburgs und ratione Coburgs vorfinden, so sieht er den Grund hierfür in jener Punktation zwischen den Weimarer Brüdern vom 9. April 1640. Er zieht dazu, p. 98, die Stelle des Autors bei Goldast von 1582 heran und sagt p. 99: die 3 Brüder wussten, dass sie nach der Theilung 3 besondere oder eine gemeinschaftliche Stimme führen könnten, und entschlossen sich diesmal zu letzterem, doch nur in so fern, als sie 2 Vota würden führen dürfen; somit erhelle, dass die Brüder gar nicht der Meinung gewesen seien, als ständen ihnen, so lange sie in Gemeinschaft blieben, 2 Stimmen zu, und dass sie gar nicht dafür gehalten hätten, dass ihnen ein Votum für das ererbte Eisenach zustehe, wie aus den Worten: so lange man „zwei Vota haben kann" hervorgehe.

Abgesehen davon, dass man die Worte Röderers: die Brüder hätten sich diesmal zu einer gemeinschaftlichen Stimme entschlossen, so lange sie deren zwei führen könnten, nicht recht in Einklang bringen kann, meinen wir, dass er hier auch einen inneren Widerspruch vorgebracht habe. Denn wenn die Brüder wirklich nicht der Meinung gewesen wären, dass ihnen ein zweites Votum für Eisenach zustehe, die Fortführung desselben gar nicht für Recht hielten, wie konnten sie es dann trotzdem versuchen und

---

[1]) Hiernach würde Röderer das Fortführen der Stimme eines erloschenen Fürstenhauses auch davon abhängig machen, dass das ganze Erbe an einen Rechtsnachfolger übergehe, wenn die Stimme von diesem einen weitergeführt werden sollte; d. h. der Begriff des Fürstenthums würde auch von der intakten Grösse des Landes abhängen. Hierüber und über die Verhältnisse bei diesem speciellen Falle s. p. 96, Anm. 1 gegen Ende derselben.

ausdrücklich in einem Vertrage stipuliren? Röderer hätte hiermit höchstens einen Rechtsbruch seitens der Weimarer constatirt, dem doch gewiss der Fürstenrath entgegengetreten wäre[1]. Ihr blosses Belieben konnten die Brüder doch nicht für ihr Verlangen zweier Stimmen vorbringen, die einzige Rechtsbasis gewährte ihnen aber das ererbte Fürstenthum Eisenach.

Wir müssen vielmehr verschiedene Gesichtspunkte, die in diesen Urkunden hervortreten, auseinanderhalten.

Allerdings ist durch den Vertrag vom 12. Septbr. 1641 und durch die Thatsache, dass dann Gotha bei den Westfälischen Friedensverhandlungen wie auf dem Reichstage von 1653/54 eine eigene Stimme, neben der Weimarer und der für Eisenach, führt, constatirt, dass das alte Princip noch lebendig war, nach welcher jeder selbständig regierende Fürst auch eine eigene Stimme führen konnte, durch Erbtheilungen also auch die Stimmen eines Hauses sich vermehrten.

Anderseits ist die Urkunde vom 9. April 1640 ein deutlicher Beweis für unsere Annahme, dass die ganze Wandelung in der Verfassung des Fürstenrathes keine plötzliche, mit einem bestimmten Jahre eintretende gewesen sein kann, sondern dass das neue Princip, welches in seiner Consequenz die Anzahl der Fürstenstimmen un-

---

[1] So richtig sonst die Folgerungen Röderers sind, so lässt er sich hier doch verleiten, eine scharfe Formulirung, ein bestimmtes Datum für das Eintreten eines neuen Princips zu finden, das sich schon seit einer langen Zeit vorbereitete. Im c. II, § 5, p. 80 ff. sucht er nämlich nachzuweisen, dass man vor 1644 im Hause Sachsen nicht daran gedacht habe, die Stimme einer ausgestorbenen Fürstenlinie fortzuführen. Er führt als erstes Beispiel den Vertrag vom 30. März 1645, dann eine Reihe von Fällen aus der folgenden Zeit bis in den Anfang des 18. Jahrhunderts an, und gelangt auf p. 88 zu dem Schluss: „es lasse sich mit Zuversicht hieraus schliessen, dass man um und seit gedachter Zeit und Jahr 1644 in dem Fürstl. Haus Sachsen dafür gehalten, dass die Vota der ausgestorbenen Linien auf den Ländern hafteten und von den Successoribus fortgeführt werden könnten; dieser Grundsatz auch seit dieser Zeit auf den Reichs-Tägen aufgekommen und angenommen worden sein muss". Indessen sprechen doch die Thatsachen, und zwar nicht bloss im Hause Sachsen (Vertrag vom 9. April 1640 und die thatsächliche Stimmabgabe von 1641, Stimme für Henneberg), sondern auch in andern Häusern (Pfalz-Lautern und -Simmern, Baden 1613, Brandenburg ebenfalls 1641) dafür, dass man schon früher an ein solches Forterben der Reichstagsstimmen gedacht hat, wenn auch in den früheren Fällen jedesmal durch besondere Verhältnisse veranlasst. Es wäre auch unglaublich, dass dieses neue Princip, das innerhalb eines älteren Gewohnheitsrechtes sich ebenfalls wieder nur als solches herausarbeitet, so plötzlich und dann gleich ganz bewusst zum Ausdruck gelangen sollte. Es hatte vielmehr vor 1644 in keinem Falle das Bedürfnis vorgelegen, eine Einigung über Stimmverhältnisse zwischen Paktirenden besonders zu

abänderlich feststellte, schon lange in einzelnen Erscheinungen sich bemerkbar machte und auf diesem Wege sich zu einer Rechtsnorm gestaltete. Dass die Weimarer Brüder 2 Vota für Weimar und Eisenach führen wollen, wenn sie können, zeigt vielmehr, entgegen der Meinung Röderers, dass sie doch ein Recht auf dieselben, auch auf das letztere, ererbt zu haben glaubten, dieses Rechtsanspruches aber noch nicht ganz sicher waren. Sie standen auch mit diesem Glauben auf dem historischen Boden einer Reihe von Präcedenzfällen. Hatte doch schon 1557 der Kurfürst von der Pfalz eine besondere Stimme im Reichsfürstenrath für Neuburg geführt, führte die Pfälzische Kurlinie doch noch immer eine solche für das ererbte Lautern, ja sogar noch eine besondere für Simmern, führte doch Sachsen selbst die Stimme Hennebergs als ein besonderes Votum weiter, und standen die Weimarer Brüder in diesem Jahre 1640 gar nicht einmal allein mit ihrem Anspruch auf die Stimme eines ererbten Fürstenthums; Altenburg machte ja offenbar denselben Rechtsanspruch hinsichtlich Coburgs geltend! Und dass beide Häuser mit diesen ihren Ansprüchen durchdrangen, dass der Fürstenrath ihnen thatsächlich die Ausübung der Vota für Eisenach und Coburg gestattete, beweist, dass auch in weiteren Kreisen bereits das Rechtsbewusstsein sich Bahn gebrochen hatte, dass die Stimme eines ererbten Fürstenthums von den Erben fortgeführt werden könnte.

Also zwei Principien sind hier, ganz gegen Ende unserer Periode, noch neben einander in Bewegung: das althergebrachte,

treffen; und wenn Röderer für seine Annahme als Beweis ferner den Umstand anführen will (p. 88 ff.), dass in den Verträgen vom 2. März 1634 und 13. Febr. 1640 zwischen Altenburg und Weimar keine Bestimmung über die Reichstagsstimmen der ererbten Fürstenthümer Eisenach und Coburg vorkommt, so ist das doch kein Beweis dafür, dass man nicht daran gedacht habe, dieselben fortzuführen; vielmehr werden wir in diesem Stillschweigen mit Hinblick auf die Thatsache, dass sie 1641 doch ausgeübt und in den Subscriptionen ausgedrückt wurden, einen Beweis dafür sehen, dass man es offenbar in diesem Falle bei der Einfachheit der Sachlage — zwei paktirende Theile und zwei Reichstagsstimmen, um deren Weiterführung es sich handeln konnte, — nicht für nöthig hielt, sich über die Vertheilung dieser Vota zu einigen; Eisenach kam ja ganz an Weimar, und offenbar hielt man dafür, dass, wenn auch die Gothaische Portion von Coburg abgetrennt worden war, mit der Hauptstadt und dem Sitz der Regierung doch das Fürstenthum als solches an Altenburg gekommen sei, dieses also eventuell die Stimme desselben auszuüben habe, dass also der Begriff des Fürstenthums nicht von der intakten Grösse des Landes abhänge. Zur Bestätigung dessen kann auch jene Sächsische Protestationsschrift vom Decbr. 1649 — s. p. 91, Anm. 1 — angeführt werden, wo bei der Erwähnung der Theilung von 1634/1640 ausdrücklich erwähnt wird, dass Coburg an die Altenburger Linie gekommen sei.

dass jedem Fürsten eine besondere Stimme im Fürstenrathe zustehe, und das jüngere, dass die Stimme eines Fürstenthums, dessen regierende Linie erloschen ist, sich mit diesem vererbe, letzteres allerdings noch nicht mit dem vollen Bewusstsein seiner Rechtsgültigkeit ausgesprochen, aber schon ganz nahe der Grenze, an welcher es mit voller Klarheit ins Leben treten musste. Dies letztere zeigt uns der Theilungsvertrag zwischen Weimar und Gotha vom Jahre 1645, wo Ernst und Wilhelm die Lande ihres verstorbenen Bruders Albrecht theilen, hinsichtlich seines Votums aber einfach bestimmen, dasselbe in Zukunft gemeinsam fortzuführen, ohne dabei noch den geringsten Zweifel auszudrücken, ob ihnen solches zustehe oder nicht. Der Erfolg lehrt auch hier, dass dieses ihr Recht bereits anerkannt war.

Überblicken wir unsere Resultate, so finden wir von 1495—1545 nur eine Stimme für Sachsen im Reichsfürstenrath; auch 1555, 57 und 59 sehen wir dieselbe gewahrt; 1566 erscheinen zum ersten Male 2 Stimmen, 1567 und 70 aber wieder nur eine, 1576 und 1582 deren zwei, 1594, 98 und 1603 schon drei, 1613 und 41 aber 4 und 1654 erst 5.

Mosers Observanz von 1582 kann hier ganz und gar nicht zutreffen; er begeht vielmehr, wo er über die Sächsischen Stimmen spricht[1]), den Fehler, für 1582 deren 4 anzunehmen, während er doch selbst an einem anderen Orte jene Stelle aus Müllers Staatscabinet anführt, nach der er, mit allen Consequenzen, noch nicht einmal drei annehmen durfte[2]). Die Gothaische Stimme macht ihm selbst Skrupel, er kann sie in seine Regel nicht einfügen; und was er sonst dort über Gotha sagt, beweist eben nur, dass 1582 keine Stimme für dasselbe geführt wurde; schliesslich muss er eingestehen, dass dieselbe erst von 1654 herrühre[3]).

Es ist eben der Fehler Mosers, schematisch formuliren zu wollen, was doch eine lebendige, historische Entwickelung hatte. Deutlich sehen wir bei Sachsen uns eine solche entgegentreten. Der Schmalkaldische Krieg hatte das Ernestinische Haus auf's tiefste erschüttert und zerrüttet, dasselbe in ganz neue Zustände hineingeworfen, für welche es noch keine feste Tradition besass, und gerade der Mangel einer solchen musste die Zersplitterung der ursprünglichen Einheit in viele kleine, selbständige Fürstenthümer begünstigen. Man möchte fast sagen: Theilung war eigentlich das Princip, die Haustradition,

---

[1]) Moser 34, p. 291, 292, § 21.

[2]) Moser 34, p. 283, § 10; cfr. p. 85, Anm. 3.

[3]) cfr. p. 10.

die sich heranbildete [1]). Natürlich war es, wenn alle diese Fürsten die reichsfürstlichen Prärogative beanspruchten und dieselben auch bei dem noch keineswegs verknöcherten Zustande der Verfassung erlangten. 1654 erst kann als der Schlusspunkt dieser ganzen Entwickelung angesehen werden, bei welchem dann in Folge der künstlichen Wiederherstellung der alten, abgelebten Formen und bei dem ängstlichen Festhalten an dem so mühsam Stipulirten auch hier ein Stillstand eintreten musste.

XVII. Gehen wir zu **Baiern** über, so finden sich zu 1495 zwar keine Unterschriften, in der Matrikel dagegen zwei Herzöge von Baiern genannt: Albrecht IV. in München (1460—1508) und Georg von Landshut (1479—1503); 1497 zu Lindau finden wir des letzteren, 1498 zu Freiburg des ersteren Unterschrift und 1500 die besonderen Subscriptionen beider. Die Regenten beider Linien waren Reichsfürsten, so dass also Baiern bis 1500 2 Reichstagsstimmen [2]) führte.

1503 war mit Georg [3]) die Landshutische Linie ausgestorben, und Baiern in der Hand Albrechts IV. vereinigt, der 1505 und 1507 eine Stimme [4]) führt, wie · auch sein Sohn Wilhelm III. 1510 und

---

[1]) Einen charakteristischen Beleg hierfür liefert das Testament Joh. Wilhelms von Weimar († 2. März 1573) vom 19. Febr. desselben Jahres, in welchem er zunächst seine beiden Söhne, zugleich aber für den Fall, dass ihm noch mehrere geboren würden, diese sämmtlich zu Erben einsetzt, dergestalt, dass sie entweder alle gemeinschaftlich regieren, oder, im Falle einer Theilung, diese zu ganz gleichen Theilen vornehmen sollen, was im bewussten Gegensatz zu dem Gebrauche anderer Fürstenhäuser bestimmt wird, in denen ungleiche Theilungen beliebt seien. Also die Möglichkeit einer Apanagirung der jüngeren Söhne wurde hier von vornherein ausgeschlossen, es fehlte offenbar an der festen Familientradition, wobei nun die mannigfaltigsten, nur nicht politischen Motive: „der Billigkeit und Gerechtigkeit, des Wortes Gottes, in dem das begründet sei", hineinspielen, um die gleiche Theilung als das Wünschenswerthe erscheinen zu lassen; — s. Häberlin N. T. R.-G. IX, p. 97 ff., besonders p. 100.

[2]) Es zeigen das auch die Unterschriften früherer Zeit: 1471 zu Regensburg — N. S. I, p. 241; die Matrikeln von: Nürnberg 1480 — l. c. p. 265 ff. —, ebendort 1481 — l. c. 268 —, von Frankfurt 1486 — l. c. 271 —, von Nürnberg 1487 — l. c. 278 —, von Frankfurt 1489 — l. c. 284 —; die Unterschriften des Reichsabschiedes von 1489 — l. c. 289 —; und die Matrikel von Nürnberg 1491 — l. c. 290.

[3]) † 1. Decbr. 1503 in Ingolstadt — Andreas Buchner „Gesch. v. Baiern", München 1840, Buch VI, p. 500, § 25. — Freyberg „Gesch. der bayerischen Landstände" Sulzbach 1829, Bd. II, p. 27 —; über den durch Georgs Testament entstandenen Bairischen Erbfolgekrieg s. Ranke „Reform." I, p. 105—108.

[4]) Es ist wichtig, dass Albrecht allein nur eine Stimme ausübt, obgleich er nach dem Testament seines Vaters mit seinem Bruder Wolfgang bis zum 6. Juli 1506 gemeinsam regierte, wie auch die sämmtlichen Verhandlungen mit

1512, dessen erstere Unterschrift in Vormundschaft, und zwar nur für ihn, nicht auch für seine Brüder gegeben ist.

Unter Mitwirkung des Bairischen Landtages war unter dem 8. Juli 1506 ein Primogenitur-Gesetz zu Stande gekommen, welches in seinem ersten Theile einen Verzicht Wolfgangs auf die Regierung gegen Überlassung einiger Ämter und Zahlung einer jährlichen Apanage auf Lebenszeit enthielt und ferner bestimmte, dass für ewige Zeiten die gesammten bairischen Lande ein Herzogthum sein und ungetheilt bleiben, auch nicht mehr als einen regierenden Fürsten und Landesherrn haben sollten; dass ferner Albrechts ältester Sohn Wilhelm und weiterhin stets die ältesten Söhne weltlichen Standes in dessen Linie die alleinigen Erben und Regenten des Herzogthums sein sollten, während die übrigen Prinzen mit einer Apanage und dem Grafentitel abgefunden werden. Wolfgang wurde zum Vormund Wilhelms unter Beirath von 6 Abgeordneten der 3 Stände ernannt[1]). Nach dem Tode des Herzogs Albrecht, am 18. März 1508[2]), gelangte dieses Primogeniturgesetz zunächst zur Ausführung, indem die vorherbestimmte Regentschaft mit Bestätigung des Kaisers eintrat, Ludwig, der zweite Sohn Albrechts, den Namen eines Grafen von Vohburg, Ernst, der dritte, den eines Grafen von Rietenburg annahm[3]). Als dann Wilhelm am 13. Novbr. 1511 18 Jahre alt geworden war, übergab ihm die Regentschaft die Regierung[4]). Indessen beanspruchte jetzt Ludwig für sich wie für den jüngsten Bruder Ernst je 1/3 der Erbschaft, welcher Streit[5]) endlich durch Vertrag von 1514[6]) und definitiv

dem Kaiser, den Landständen, dem Pfälzer und der ganze Erbfolgestreit von beiden gemeinsam geführt wurden — Buchner, Buch VI, § 24, p. 491.

[1]) Ueber diese Landtagsverhandlungen s. Buchner, Buch VI, § 36, p. 593 ff. — Freyberg II, p. 68 f., die Urkunde bei Krenner Landtagsverhandlungen XV 355—381, auch bei Schulze „Hausgesetze" I, p. 270 ff. — Unter dem 11. resp. 12. August benachrichtigten Wolfgang und Albrecht den Kaiser von diesem Vertrage und baten um seine Bestätigung — Krenner Landtgsvhdl. XV, p. 414. — Im folgenden Jahre 1507 wurde auf dem Landshuter Landtage dann nochmals festgesetzt, dass Ober- und Nieder-Baiern fortan nur ein Herzogthum sein sollten, Buchner, Buch VII, § 1, p. 2.

[2]) Buchner, Buch VII, § 1, p. 3.

[3]) Buchner l. c., § 2, p. 4, 5. — Krenner Ldtgsvhl. XVIII, 160.

[4]) Buchner l. c. § 3, p. 8. — Krenner XVIII, 307.

[5]) Er begann auf dem Landtage zu München, eröffnet am 1. Januar 1514, — Buchner, Buch VII, § 4, p. 10 ff. — Freyberg II, p. 110, 111. — Krenner XIX, p. 30.

[6]) d. d. 20 Novbr. 1514 — Freyberg II, 157 — Krenner l. c. 65 — Buchner Buch VII. p. 24. 25 —; danach bleibt das Herzogthum ungetheilt, die

1516 [1] dahin entschieden wurde, dass man Ernst mit einer Apanage abfand, Wilhelm und Ludwig aber gemeinsam regierende
Herzoge von Baiern sein sollten.

Beide Brüder unterzeichnen nun 1521 und 1524 bei persönlicher Anwesenheit in gemeinsamen Unterschriften, 1521: „Hzg.
Wilhelm u. Hzg. Ludwig von Baiern" und 1524 mit vollerem Titel:
„Hzg. Wilhelm und Hzg. Ludwig, Pfaltzgrafen bei Rhein, und
Hertzogen in Obern- und Niedern Baiern". 1526 zu Augsburg
lassen beide ihre besonderen Unterschriften durch Vertreter geben.
Von 1526 (Speier) bis 1544 lautet dann aber ihre Unterschrift stets
nur: „Wilhelm und Ludwig, Gebrüdere, Hzgg. in Baiern", und
zwar viermal persönlich, sechsmal durch gemeinsame Vertreter
gegeben [2].

Wir finden die beiden Brüder, ausser in dem einen Falle von
1526, niemals getrennt in den Unterschriften. Beide Fassungen
der Matrikel von 1521 im 2. Bande der N. S. nennen Hzg. Albrecht
von Baiern, sei es, dass der Vater oder Wilhelms Sohn, der erst
1551—76 regierte, gemeint sei; die Fassung im Anhange des
4. Bandes der N. S. führt aber richtig Wilhelm von Baiern allein
an, behandelt also Baiern auch als eine Einheit. Ziehen wir dazu
die angeführten Verträge der beiden Brüder und die wiederholt

---

Landstände werden nur gemeinsam einberufen, die Regalien gemeinsam empfangen. Die Freiheiten der Stände sollen gemeinschaftlich bestätigt, und
ebenso die Erbhuldigung derselben empfangen werden. Die Verwaltung und
Regierung im Innern ist aber so getheilt, dass Ludwig dieselbe über die
Ämter Landshut und Straubing, Wilhelm über die Ämter München und Burg-
hausen führt.

[1] Auf dem Landtage zu Ingolstadt, am 30. März 1516 — Freiberg II, 169 —
Krenner XIX, 347, 358, 359 —; die Fürsten heben die verschiedenen Hofhaltungen
wieder auf, wollen ein einiges Regiment halten und in allen Sachen gleich und
einig regierende Fürsten sein. Keiner soll ohne des andern Willen eine Landschaft oder einen Ausschuss zu sich berufen, es wäre denn der eine nicht im
Lande. Irrungen sollen durch ihre Räthe unter Obmannschaft des Bischofs
Philipp von Freysing ausgetragen werden. Der Vertrag wird unter die
Garantie der Landstände gestellt und soll für die künftigen 10 Jahre gelten.
Doch blieb dieses Verhältnis — ohne dass darüber ein neuer Vertrag geschlossen zu sein scheint — bis zum Tode Ludwigs i. J. 1545 bestehen; hatte
dieser, unverheirathet und kinderlos, doch kein Interesse, an dem Bestehenden
etwas zu ändern, wie auch in dem Heirathsvertrag mit Oestreich, 1535, aus-
drücklich bestimmt wurde, dass Wilhelms Sohn Albrecht, der Bräutigam Anna
Marias v. Oestreich, dereinst alleiniger, regierender Landesfürst sein solle —
Buchner Buch VII, § 44, p. 106.

[2] 1526 (Speier) v., 1527 v., 1529 p., 1530 p., 1522 p., 1541 p., 1542 (Speier) v.,
1542 (Nürnberg) v., 1543 v., 1544 v.

getroffenen Bestimmungen, dass Baiern nur ein einheitliches Herzogthum sei, in Betracht, so werden wir für Wilhelm und Ludwig nur eine Stimme annehmen können, wie sie dann auch für alle folgende Zeit bestehen bleibt[1]).

1545 und 48 unterschreibt Wilhelm III. allein — Ludwig starb 1545, s. Anm. 3 —, 1551 bis 76 sein Sohn Albrecht V.[2]), 1582—94 Wilhelm IV., 1598—1641 Maximilian I., der 1641 auch als Kurfürst unterzeichnet, und 1654 findet sich die Unterschrift Maria Annas in Vormundschaft für ihren Sohn Ferdinand Maria, als Herzog in Baiern.

Für jene Unterschriften von 1526 (Augsburg) scheint sich eine Erklärung aus den Aktenstücken der Westfälischen Friedensverhandlungen zu ergeben, zugleich auch eine Bestätigung für unsere Ansicht hinsichtlich der einen Stimme, welche Wilhelm und Ludwig nur führten. Beim Beginne der Friedensverhandlungen verlangte Baiern, welches inzwischen die Kurwürde erlangt hatte, 1645 auch eine besondere Stimme im Fürstenrath, die ihm namentlich von protestantischer Seite bestritten wurde. Moser[3]) theilt mehrere hierher gehörende Aktenstücke mit, darunter ein bairisches Memorial vom Juni 1647, welches im Fürstenrathe verlesen wurde, und worin man sich auf Grund alter Schriften und Dokumente darauf beruft, dass Baiern bis 1503 von altersher 2 Stimmen gehabt habe, „dass auch hernach, als Pfizgrf. Georg, der letzte der Landshuterischen Linie, An. 1503 mit Tode abgegangen, und das untere Hertzogthum Baiern dem oberen accresciret ist; solches auch noch auf denen hernach gefolgten Reichs-Tägen und in specie An. 1521 zu Worms angezogen, dass nämlich das Haus Bayern der Session halber ein sonderliches Jus, der unterschiedenen Herzogthümer halber, auch

---

[1]) Wenn Moser — 34 p. 289, § 19 — das Gegentheil sagt, so folgt er nur seiner Annahme, für jeden in den Unterschriften vorkommenden Fürstennamen auch eine Stimme anzunehmen, ohne in der Form derselben zu unterscheiden. Er scheint auch die Verträge von 1514 und 1516 nicht zu kennen, die, wenn ersterer Ludwig auch eine gewisse Landeshoheit in zwei Ämtern einräumte, doch andererseits die gemeinschaftliche Regierung beider Brüder festsetzen, was sich dann vor allem auf die gemeinsame Vertretung Baierns nach aussen hin, also zunächst dem Reiche gegenüber, beziehen musste.

[2]) † 24. October 1579; derselbe hatte in seinen Ehepakten mit Anna v. Östreich, der Tochter Ferdinands I., d. d. 19. Juni 1546, wiederum das Erstgeburtsrecht für sein Haus festgesetzt — Häberlin N. T. R.-G. XI, p. 75 · u. p. 78 m. Anm. *. Auch Wilhelm IV. befestigte dieses Recht von neuem i. J. 1588 durch den Vertrag mit seinem Bruder Ferdinand, dem Stammvater der Grafen von Wartenberg.

[3]) Moser 34, p. 423 ff.

mehrere Stell und Stimmen haben, welches Jus die nach dem auf-
gerichteten Majorat gefolgte Fürsten, aus freiem Willen und keiner
Schuldigkeit In suspenso gelassen und sich mit einer Stimm und
Session contentiret, gleichwohl aber sich ihres alten Rechtes, der
mehreren Stellen und Stimmen, dadurch im geringsten nicht begeben"; daher der Kurfürst sich durch solchen „non usus" nicht
präjudicirt fühle, um so mehr, als „dero antecessores, nach Abgang
der Landshuterischen Linie, nicht allein, wie obgemeldet, zu Worms
An. 1521, sondern bei allen hernach gefolgten, auch noch in jüngsten
a. 1608. 1613. und 1640 zu Regensburg gehaltenen Reichstägen,
Ihro mehrangeregtes Jus, in bester Form jederzeit reserviret und
vorbehalten haben" [1].

Danach hätte sich um 1521 Baiern sein Recht auf 2 Stimmen
vorbehalten, jedenfalls also dieselben nicht ausgeübt, während
andererseits die Möglichkeit nicht ausgeschlossen ist, dass bei dieser
Sachlage einmal, im Jahre 1526, doch 2 Stimmen abgegeben sein
mögen.

So sehen wir die Einheit der Bairischen Stimme schon seit
frühen Zeiten durch ein Hausgesetz gewahrt, welches jede Theilung
des Herzogthums verhinderte, so dass das Jahr 1582 hier gar nicht
mehr in Betracht kommen konnte. Wenn Moser dennoch wieder
dasselbe hervorhebt, so scheint er die Erbfolgeordnung von 1506
nicht zu kennen. Ferner sehen wir hier noch ein anderes, die
Einheit und Untheilbarkeit förderndes Element jenem Bestreben der
Familienpolitik an die Seite treten. Gerade die Landstände sind
es, die immer wieder seit dem Anfange des 16. Jahrhunderts die
Einheit der gesammten Landschaft betonen und dahin zielende Beschlüsse fassen. Es scheint sich darin wieder, wie in einzelnen
Verträgen im Hause Braunschweig, der juristische Begriff eines
Fürstenthums als solches, nur in noch stärkerem Masse als dort,
auszusprechen.

XVIII. Für die Besprechung der Stimmen des **Pfälzischen**
Hauses mag wieder im Voraus bemerkt werden, dass zunächst diejenigen der verschiedenen Linien Jahr für Jahr neben einander
bis 1512, dann die jedes einzelnen Pfälzischen Fürstenthums im

---

[1] Bemerkenswerth ist aus diesem Memorial noch, dass man sich darin als auf
etwas Herkömmliches beruft, wenn ein Kurfürst auch eine Stimme im Fürstenrathe führe, und dabei auf die Stimmen von Kurpfalz für Lautern und Simmern
Sachsens für Henneberg und auf die Brandenburgs für Pommern bezieht
— Moser l. c., p. 431 —. Eine Stimme im Fürstenrathe wurde dann auch
Maximilian bewilligt, wie er eine solche ja schon 1641 auf dem Reichstage
ausgeübt hatte.

Zusammenhange bis 1566 resp. 1569 besprochen werden sollen — ein ganz genauer Grenzpunkt bietet sich hier nicht dar —, und dass von dort bis zum Schluss unserer Periode die gleiche Behandlungsweise eingehalten wird.

Zum Jahre 1495 finden wir zwei Unterschriften im Abschiede: 1) die Ottos II. von Mosbach (1461—99), einer Abzweigung der Kurlinie, 2) die Johanns von Simmern (1480—1509), und als drittes selbständiges Fürstenhaus nennt die Matrikel dieses Reichstages das zu Zweibrücken-Veldentz, indem sie „Alexander und Caspar von Beyern" mit einer Veranlagung aufführt, von denen Caspar Mitregent gewesen, aber schon 1491 geisteskrank gestorben[1] war; Alexander regierte von 1489 bis 1514.

1497 (Lindau) findet sich überhaupt keine Pfälzische Unterschrift, 1497 (Worms) die Johanns von Simmern und Alexanders, 1498 nur die Ottos von Mosbach. Da wir die anderen nicht erscheinenden Stimmen nur als nicht ausgeübt betrachten müssen, so hätten wir bis 1498 demnach drei Pfälzische. Ihre Träger sind die Häupter der aus der Theilung von 1410[2] und der späteren von 1459 hervorgegangenen drei Pfälzischen Fürstenlinien, von denen jedoch die zu Mosbach 1499 in Otto II. erlosch, worauf ihr Land nach dem Erbvertrage[3] von 1479 an die Kurlinie zurückfiel; diese letztere führte im Fürstenrathe bisher keine Stimme.

Zum Jahre 1500 findet sich nur die Unterschrift Johanns von Simmern, mit der nicht ausgeübten Stimme Alexanders also zwei für Pfalz.

1505 und 1507 erscheinen zwei Unterschriften, die Alexanders von Zweibrücken und die Friedrichs, „Pfalzgrafen bei Rhein etc. Vormundts", während Johann von Simmern seine Stimme nicht ausübte. Friedrich, mit dem Beinamen der Weise, später von 1544—56 Kurfürst, war der zweite Sohn des Pfalzgrafen Philipp des Aufrichtigen, der von 1476 bis 1509 die Kurwürde besass und 1499 von Otto II. Mosbach geerbt hatte; von seinen Söhnen wurde zunächst Ludwig V., der Friedfertige, Kurfürst (1509—44), während von den anderen, die nicht dem geistlichen Stande angehörten, Wolfgang als Gelehrter mit einer Apanage in Heidelberg lebte[4], Friedrich nach dem Testamente des Vaters mit seinem kurfürstlichen Bruder gemeinsam regieren oder theilen sollte[5], Ruprecht,

---

[1] Häusser „Gesch. der rhein. Pfalz", Heidelberg 1845, I, p. 499.
[2] Häusser I, p. 263 ff.
[3] Häusser I, p. 509.
[4] Häusser I, p. 622.
[5] Häusser I, p. 504.

resp. dessen Söhne, in Folge des bairischen Erbfolgekrieges Pfalzgrafen in Neuburg wurden [1]). Für diese letzteren, Otto Heinrich und Philipp, führte Friedrich die Vormundschaft [2]), und für sie müssen daher auch desselben Unterschriften zu 1505 und 1507 gegeben sein, so dass wir in diesen beiden Jahren drei Stimmen für das Pfälzische Haus finden, gegenüber den zweien auf den beiden vorhergehenden Reichstagen, indem die Kurlinie, wie früher in Mosbach, so hier in Neuburg eine Nebenlinie begründete.

Doch schon nach dem Tode des Kurfürsten Philipp (1509) änderte sich dieses Verhältnis dadurch, dass Friedrich, wenn er zunächst auch die Regierung seinem Bruder, dem Kurfürsten Ludwig, allein überliess und auf Reisen ging, theils in kaiserlichen, theils in Burgundischen Diensten [3]), dennoch als regierender Fürst galt. Beide Brüder erhielten die Belehnung mit den Reichslehen, auch verwaltete Friedrich später die Oberpfalz (Sulzbach) selbständig und wurde 1521 sogar neben Ferdinand zum Statthalter im Reiche vom Kaiser ernannt, in welcher Eigenschaft er dem Regimente in Nürnberg präsidirte [4]). Daher unterzeichnet er 1510 und 12 „für sich und als Vormünder", daneben noch Johann von Simmern, so dass wir also mit der wieder nicht ausgeübten Stimme Alexanders, der erst 1514 starb, vier Stimmen finden, welche wir nun lange Zeit hindurch verfolgen können.

Von hier an empfiehlt es sich, die vier Linien getrennt zu behandeln.

Den Bruder des Kurfürsten, Friedrich, sehen wir durchweg seine Stimme ausüben, bis er 1544 selbst Kurfürst wurde [5]); daneben finden sich bis 1542 (Nürnberg) die Gesammtunterschriften der Neuburger, Otto Heinrichs und Philipps, doch mit einigen Besonderheiten in der Form, auf die näher eingegangen werden muss.

1521 unterzeichnet nämlich Friedrich ausser für sich selbst „und als Vormünder", während Otto Heinrich eine eigene Unterschrift giebt, und 1524 derselbe für sich „und als Anwalt Hzg. Otto Hein-

---

[1]) Die Entscheidung erfolgte allerdings erst am 30. Juli 1505 auf dem Reichstage zu Cöln, nachdem Ruprecht bereits 1504 gestorben war — Buchner „Gesch. v. Baiern" Buch IV., p. 584 ff. — Krenner „Bair. Landtagshandlg." XV, 111—113 — Die Urkunde bei Goldast „Reichshandlung." Frankfurt 1712, p. 52.

[2]) Häusser I, 489. 569.

[3]) Häusser I, 504.

[4]) Häusser I, 505, 506, 596, 571, 572.

[5]) Nicht ausgeübt wurde dieselbe 1535, 1542 (Nürnberg) und 1543. Mit der Erlangung der Kurwürde erlosch sein Votum im Fürstenrath.

richs und Hzg. Philippsen" [1]). Wir werden trotzdem nicht für
jeden der beiden Brüder eine besondere Stimme annehmen können,
da eine Theilung niemals zwischen ihnen stattfand, Philipp vielmehr
kaiserliche Dienste nahm, in denen er bis gegen 1536 blieb [2]), dann
kurze Zeit in Gemeinschaft mit dem Bruder sein Erbe verwaltete,
wieder auf Reisen ging und schliesslich seinen Antheil an Otto
Heinrich für 320 000 Gulden ganz überliess [3]). Dem entsprechend
kommen die beiden Brüder 1526 (Speier), 1527, 1530, 32, 41 und
42 auch nur in gemeinsamen Unterschriften vor: „v. w. Hzg. Otto
Heinrichs und Hzg. Philipps", oder auch nur mit einmaligem
Herzogstitel, letzteres gerade in drei persönlichen Unterschriften
von 1530, 32 und 41 und in den in Vertretung gegebenen von
1526 (Speier) und 1542. Dazwischen findet sich 1529 nur Otto
Heinrichs persönliche Unterschrift [4]), wie auch nach 1542 Philipps
Name bis zu seinem 1548 erfolgten [5]) Tode gemäss der erwähnten
Abtretung seiner Ansprüche nicht mehr vorkommt.

Von 1543—57 übt Otto Heinrich allein eine Stimme für Neuburg
aus. Hierbei erscheint in dem Reichsabschiede von 1557 aber noch
eine besonders wichtige Thatsache, indem Otto Heinrich, der nach
Friedrichs II. Tode von 1556 bis 1559 Kurfürst war, hier gleichwohl noch für Neuburg unter den vertretenen Fürsten eine besondere Unterschrift geben lässt, die erste Erscheinung dieser Art;

---

[1]) Es ist nöthig, in den Pfälzisch-Bairischen Unterschriften von 1524 eine
Berichtigung vorzunehmen. Ausser den im Text angeführten persönlichen
erscheinen unter den „Fürsten-Botschaften" noch zwei Subscriptionen: 1) „v. w.
Hzg. Otto und Hzg. Philipps, Pfalzgrafen bei Rhein, und Hertzogen in Obern-
und Niedern-Baiern" und gleich dahinter 2) „Hzg. Heinrich von Baiern". Da
im Bairischen Hause zu dieser Zeit nur die beiden regierenden Herzöge
Wilhelm und Ludwig und ihr geistlicher Bruder Ernst existirten, in dem
Pfälzischen Hause es aber ausser Otto Heinrich und Philipp von Neuburg nur
zwei geistliche Oheime dieser beiden Namens Heinrich und Philipp, einen Otto
aber gar nicht gab, zudem hier diese angeblichen Pfalzgrafen bei Rhein ganz
singulär erscheinen, so muss zunächst geschlossen werden, dass hier ursprünglich
eine einzige Unterschrift Otto Heinrichs und Philipps vorgelegen habe, aus
der dann durch ein Versehen des Abschreibers oder Druckers das „Heinrich"
herausgerissen und zu einer besonderen Unterschrift gemacht wurde. Dann
bleibt aber die Thatsache, dass hier unter den Fürstenbotschaften noch eine
zweite Unterschrift für die beiden Brüder gegeben worden ist, die schon in der
Unterschrift Friedrichs, eines anwesenden Fürsten, der für sie „Gewalt hatte",
genannt waren.

[2]) Häusser I, p. 585. 646.

[3]) Häusser I, 647.

[4]) Philipp befand sich damals in dem von den Türken belagerten Wien
— Häusser I, 646.

[5]) Häusser I, 648.

sie lautet: „von wegen Ott Heinrichs, Pfaltzgrafen bei Rhein, Hertzogen in Baiern, Churfürsten, von wegen des Fürstenthumbs Neuburg". — Gleich darauf wurde Neuburg von ihm an Wolfgang von Zweibrücken cedirt[1]), aber es findet sich keine Spur, dass auch dieser 1559, 66 oder 67 — er starb 1569[2]) — eine besondere Stimme für dasselbe ausgeübt hätte.

In der Linie Simmern finden wir diese ganze Zeit hindurch bis 1557 die Unterschrift Johanns II., der seit 1509[3]) regierte und noch in seinem Todesjahr den Abschied zu Regensburg 1557 unterzeichnen liess, dann die seines Sohnes Georg[4]), allerdings nur einmal im Jahre 1567, ausgeübt; doch besass derselbe unzweifelhaft eine Stimme.

Auch für Zweibrücken finden wir durchgehend eine Stimme: von 1521—30 die Ludwigs II., des Sohnes jenes 1514 gestorbenen Alexander, — er selbst starb 1532[5]) —, dann die seines Sohnes Wolfgang bis zu dessen Todesjahr 1569. Dieser letztere hatte im Jahre 1543 an seinen Oheim und Vormund, Ruprecht, Veldentz und Lautereck abgetreten[6]), doch ohne dass er oder sein Sohn Georg Hans bis 1566 je in den Unterschriften mit einer eigenen Stimme vorkämen. Zwar finden wir nach Ludwigs Tode in den Jahren 1535 und 41 den Namen Ruprechts als „Pfalzgraf bei Rhein, Graf zu Veldentz", dann aber 1542, zu Speier und zu Nürnberg, und 1543 als Ruprecht, Pfalzgraf b. Rh., Grf. zu Veldentz als Vormünder" in den Reichstagsabschieden, in welcher Eigenschaft er ohne Zweifel auch in jenen ersten beiden Fällen unterzeichnete. Bei Häberlin[7]) finden sich die weiteren Angaben für diesen Punkt. Wolfgang besass noch mit Ruprechts Sohn, Georg Hans, verschiedene Landestheile gemeinsam, bis sie 1564 in zwei Recessen eine Theilung derselben vornahmen, diese am 27. Mai 1566 auf dem Reichstage zu

---

[1]) Urkunde vom 30. Juli 1557 — Häusser I, 644, 651.

[2]) Häusser II, 248. 736.

[3]) Häusser I, 496; † 1557 — Häusser I, 650.

[4]) in Simmern regierend seit 1559, da sein Bruder Friedrich, bisher Pfalzgraf in Simmern, in diesem Jahre nach Ott Heinrichs kinderlosem Tode die Kurwürde erhielt und ihm die väterliche Pfalzgrafschaft überliess — Häusser I, 650.

[5]) Sein Bruder Ruprecht war nach dem Testamente Alexanders, welches für sein Haus das Erstgeburtsrecht einführte, in den geistlichen Stand getreten, verliess denselben aber später und wurde Vormund seines Neffen Wolfgang — Häusser I, 650, 651.

[6]) Häusser I, 651 und II, 743.

[7]) N. T. R.-G. VIII, p. 46 ff.

Augsburg von neuem bestätigten, wobei sich Wolfgang zwar die
Gesammtbelehnung vorbehielt, Georg Hans aber doch seine fürstenmässige Belehnung vom Kaiser zu erlangen wusste und hier auch zum
ersten Male seine Stimme ausübte [1]. Wir sehen wieder, wie die
Reichsinstitution von den territorialen Verhältnissen bedingt ist, und
wie einer Vervielfältigung der Stimmen im Fürstenrath nur die
auf Untheilbarkeit hinstrebende Politik der Fürstenhäuser ent-
gegenstand; zugleich aber sehen wir, wie früh sich diese Politik
bethätigte.

Gegen Ende der bisher besprochenen Periode geriethen die
Verhältnisse des Pfälzischen Hauses in ein Schwanken: 1559 war
mit Ott Heinrich die alte Neuburgische Linie ausgestorben, und
die Kurwürde an Friedrich III. (1559—76), den ältesten der drei
Simmernschen Brüder — die beiden anderen waren der oben genannte Georg und Reichardt —, gekommen, zugleich Neuburg,
wie schon gesagt, an Wolfgang von Zweibrücken übergegangen.
Georg [2] von Simmern starb bereits 1569, ohne Nachkommen zu
hinterlassen, und ihm folgte sein ebenfalls kinderloser Bruder Reich-
hardt bis 1598. Schliesslich hatte Georg von Veldentz für sein Land
die Stellung eines selbständigen Fürstenthums zu erlangen gewusst
und übte bis 1582 regelmässig seine Stimme aus — er starb 1592 —,
dann bis 1603 sein Sohn Georg Gustav, der noch bis 1634 lebte
und 1613 seine Stimme nur ruhen liess.

Indessen hatte Wolfgang im Jahre 1569 Zweibrücken seinem
Sohne Johann II. gegeben, der eine Stimme bis 1603 ausübte — er
starb 1604 —, das an ihn gefallene Neuburg aber seinem anderen
Sohne Philipp Ludwig vererbt, der sofort die alte Stimme, welche
die ehemalige Neuburgische Linie geführt hatte, aufnahm und 1570
wieder ausübte; seine Unterschrift findet sich dann regelmässig bis
1603 [3].

---

[1] Häberlin l. c. p. 48 mit Anm. g.

[2] Häberlin VIII, p. 82.

[3] Er starb 1614 — Häusser II, 179. 740 —. Wolfgang hatte am 16. Aug. 1568
ein Testament errichtet — Häusser II p. 736 —, in welchem er das Erstgeburtsrecht in seinem Hause, wie schon sein Grossvater Alexander gethan hatte, von
neuem einführte, seine Fürstenthümer aber in der angegebenen Weise unter seine
beiden ältesten Söhne vertheilte, während die drei jüngeren mit einer Apanage
abgefunden wurden. Der Inhalt des Testaments detaillirt bei Häberlin N. T.
R.-G. VIII p. 49 ff., wo die Einleitung besagt: er, Wolfgang, halte es für seine
Pflicht, wegen der Erbfolge eine Ordnung zu treffen „zur Erhaltung fürstlichen
Namens und Standes, und dass die Fürstenthümer und Herrschaften unzertreuet,
unzergänzt und unzerbrochen bey einander blieben" (l. c. p. 49); seinen drei jüngeren Söhnen gegenüber motivirt er ihre Apanagirung in derselben Weise im

So hatte durch eine eigenthümliche Verschiebung der Verhältnisse eine neue Pfälzische Stimme entstehen, eine alte auf kurze
Zeit verschwinden können, alles entsprechend dem alten Grundsatze,
dass jeder regierende Fürst eine eigene Stimme führen könne, und
nun hatte kurz darauf, im Jahre 1576, der Kurfürst Friedrich III.,
der Bruder Reichardts von Simmern, seinem zweiten Sohne Johann
Casimir Lautern als besondere Pfalzgrafschaft hinterlassen (Häusser II,
p. 141 mit Anm. 13). Natürlich nahm dieser 1582 ebenfalls eine
Stimme im Fürstenrathe für sich in Anspruch, besonders, da ihn
das Testament des Vaters ausdrücklich dazu aufforderte[1]). Als er
aber bereits 1592 kinderlos gestorben war (Häusser II, 171), sehen
wir seinen Bruder, den Kurfürsten, im Jahre 1594 seine Stimme
aufrecht erhalten. Man kann in diesem Vorgange ein Streben des
Hauses Simmern sehen, es dem von Zweibrücken, welches in
jüngster Zeit in Neuburg und in seiner Nebenlinie Veldentz zwei
Stimmen gewonnen hatte, nachzuthun. Es war damit aber auch

Artikel 16 (l. c. p. 53), wegen Neuburgs sei ihm solches durch das Testament
Ott Heinrichs ausdrücklich auferlegt, und anderseits bestimmten auch die geschriebenen Lebensgebräuche, dass die Regalien, Hoheiten und Dignitäten
der Fürstenthümer nicht zertrennt werden sollten, sondern die Erstgeborenen
ein Vorrecht hätten (l. c. p. 55). — Die Ausführung des Testamentes hinsichtlich der Ausstattung zweier jüngerer Brüder durch Philipp Ludwig von Neuburg bei Häberlin XI, p. 466—475, wo in dem Vertrage besonders unter
No. 12 (p. 472) die Stellung des Pfalzgrafen als des regierenden Herrn den
beiden gegenüber hervortritt. — Hier sei auch jener Vorfall auf dem Reichstage von 1582 erwähnt, auf den schon bei Sachsen (p. 85, Anm. 3) Bezug genommen ist. Häberlin XII, p. 619, berichtet (laut Anm. * nach einem Protokoll des Fürstenraths in einem codex Ms.), es hätte Oestreich gegen die vielen
von Pfalz-Zweibrücken beanspruchten Stimmen protestirt: „Es sei nicht gebräuchlich und hergekommen, dass vier oder mehr Brüder, die von einem
Vater geboren seien, vier unterschiedene Vota führen könnten, sondern, dass
sie nur mit einer einzigen Stimme sich behelfen müssten; sollte es ihnen aber zugelassen werden, so wollte er (der Oestreichische Vertreter) wegen der drei
regierenden Erzherzöge zu Oestreich auch drei verschiedene Vota auf der geistlichen Fürstenbank haben“. Häberlin l. c. Anm. † macht schon darauf aufmerksam, dass nur zwei von den fünf Söhnen Wolfgangs regierende Herrn
waren; es müssen also ausser diesen beiden, denen ja, wie die Unterschriften
zeigen, die Stimmen bewilligt wurden, auch die übrigen, oder wenigstens zwei
von ihnen ein Stimmrecht auszuüben versucht haben. Man sieht allerdings
nicht, auf Grund welches Rechtstitels die apanagirten Herrn dieses versuchten,
aber jedenfalls ist die Thatsache lehrreich, wie das einzelne Fürstenhaus seine
Prärogative zu erweitern suchte, und wie doch theilweise das Reich, d. h. mehr
wohl noch die Eifersucht der andern Fürsten, diesem Bestreben entgegentrat.
Und bezeichnend ist es, dass gerade ein katholisches Fürstenhaus diese Stimmenvermehrung protestantischer Fürsten zu verhindern suchte.

[1]) Moser 34, p. 498, § 25, citirt die Stelle.

gegeben, dass der Kurfürst Friedrich IV., wie eben die Stimme Lauterns, so 1598 auch die besondere für Simmern weiterführte, und dieses Verhältnis nun für alle Zeiten bestehen blieb. 1641 finden wir für Pfalz keine einzige Unterschrift, 1654 aber die Söhne resp. Enkel derer, die 1603 und 1613 ihre Stimmen ausgeübt hatten, in ihrem alten angestammten Besitze.

Es wird sich empfehlen hier eine tabellarische Übersicht der Stimmen des Pfälzischen Hauses zu geben, in der Art, dass jede ausgeübte Stimme mit einer 1, jede nur ruhende mit einer eingeklammerten (1) bezeichnet wird, während der einzelnen Jahreszahl des Reichsabschiedes zugleich der Ortsname und das Seitencitat nach der N. S. beigefügt ist.

	Mosbach:		Simmern:	Zweibrücken:
1495 Worms; N. S. II, p. 13, 14.	1 Otto II.		1 Johann I.	1 Alexander
1497 Lindau; N. S. II, p. 34.	(1) „		(1) „	(1) „
1497 Worms; N. S. II. p. 37, 38.	(1) „		1 „	1 „
1498 Freiburg; N. S. II, p. 53.	1 „ († 1499)		(1) „	(1) „
1500 Augsburg; N. S. II, p. 63 u. 90.		**Neuburg:**	1 „	(1) „
1505 Cöln; N. S. II, p. 103.		1 Friedrich als Vormund	(1) „	1 „
1507 Constanz; N. S. II, p. 117 ff.		1 „	(1) „ († 1509)	(1)
1510 Augsburg; N. S. II, p. 135.	1 Friedrich und 1 als Vormund		1 Johann II.	(1) „
1512 Trier u. Cöln; N. S. II, p. 145 u. 150.	1 „ „	1 „ „	1 „	(1) „ († 1514)
1521 Worms; N. S. II, p. 177 u. 209.	1 „ „	1 „ „	1 „	1 Ludwig
1524 Nürnberg; N. S. II, p. 260.	1 „ „	1 { OttoHeinrich und Philipp	1 „	1 „
1526 Augsburg; N. S. II, p. 271, 272.	1 „	(1) „	1 „	1 „
1526 Speier; N. S. II, p. 279.	1 „	1 „	1 „	1 „
1527 Regensburg; N. S. II, p. 288.	1 „	1 „	(1) „	(1) -

1529 Speier; N. S. II, p. 303.	1 Friedrich	Neuburg: OttoHeinrich und Philipp	Simmern:	Zweibrücken:
		1 OttoHeinrich und Philipp	1 Johann II.	1 Ludwig
1530 Augsburg; N. S. II, p. 329.	1 „	1 „	1 „	1 „
1532 Regensburg; N. S. II, p. 363.	1 „	1 „	1 „	(1) „ († 1532)
1535 Worms; X. S. II, p. 417.	(1) „	(1) „	1 „	1 Ruprecht als Vormund
1541 Regensburg; X. S. II, p. 442.	1 „	1 „	1 „	1 „
1542 Speier; N. S. II, p. 467.	1 „	1 „	1 „	1 „
1542 Nürnberg; N. S. II, p. 479.	(1) „	1 „	1 „	1 „
1543 Nürnberg; N. S. II, p. 492.	(1) „ Friedrich w. Kurfürst	(1) „	1 „	1 „

	Neuburg:	Simmern:	Zweibrücken:	Veldenz:
1544 Speier; N. S. II, p. 514.	1 Ott Heinrich	1 Johann II.	1 Wolfgang	
1545 Worms; X. S. II, p. 521.	(1) „ „	1 „	1 „	
1548 Augsburg; N. S. II, p. 547.	(1) „ „	1 „	1 „	
1551 Augsburg; N. S. II, p. 627.	(1) „ „	1 „	1 „	
1555 Augsburg; X. S. III, p. 39.	1 „ „	1 „	1 „	
1557 Regensburg; X. S. III, p. 149.	1 Ott Heinrich als Kurfürst für Neuburg (†1559)	1 „ († 1557)	1 „	
1559 Augsburg; X. S. III, p. 176.	—(Neuburg i. Besitz Wolfgangs von Zweibrücken)	(1) Georg	1 „	
1566 Augsburg; X. S. III, p. 240.	—	(1) „	1 „	1 Georg Hans
1567 Regensburg; X. S. III, p. 260.	—	1 „ († 1569)	1 († 1569) „	1 „ „
1570 Speier; N. S. III, p. 309.	1 Philipp Ludwig (Sohn Wolfgangs v. Zweibrücken)	1 Reichard	1 Johann I.	1 „ „

	Neuburg: 1 Philipp Ludwig (Sohn Wolfgangs v. Zweibrüken)	Simmern: 1 Reichard	Lautern:	Zweibrücken: 1 Johann I.	Veldentz: 1 Georg Hans
1576 Regensburg; N. S. III, p. 373.					
1582 Augsburg; N. S. III, p. 410.	1 „ „	1 „	1 Joh. Casimir (Sohn des Kurfürsten)	1 „	1 „ „ († 1592)
1594 Regensburg; N. S. III, p. 444.	1 „ „	1 „	1 Kurfürst	1 „	1 Georg Gustav
1598 Regensburg; N. S. III, p. 465.	1 „ „	1 Kurfürst	1 „	1 „	1 „ „
1603 Regensburg; N. S. III, p. 514.	1 „ „	1 „	1 „	1 „ († 1604)	1 „ „
1613 Regensburg; N. S. III, p. 525.	(1) „ „ († 1614)	1 „	1 „	1 Johann II. († 1631)	(1) „ „ († 1634)
1641 Regensburg; N. S. III, p. 567.	—	—	—	—	
1654 Regensburg; N. S. III, p. 678.	1 Philipp Wilhelm Enkel Phil. Ludwigs 1653—1690	1 Ludwig Philipp 1610—1655 Bruder des Kurfürsten Friedrich V.	1 „	1 Friedrich (1631—1661)	1 Leopold Ludwig (1634—1694)

Was Moser[1]) über die Pfälzischen Stimmen sagt, trifft anscheinend zu, nur dass, wenn man die Daten aus der Beleuchtung, die er ihnen vom Jahre 1582 aus giebt, heraus- und in den Zusammenhang der Entwickelung stellt, sie in völlig anderem Lichte erscheinen müssen. Über Veldentz sagt Moser richtig, dass Georg Hans den Reichstag von 1582 beschickt habe, setzt aber nicht hinzu, dass dieses schon seit 1566 beständig geschah. Hinsichtlich Zweibrückens muss ihm gegenüber bemerkt werden, dass 1569 nicht diese von der Neuburgischen Linie abgetheilt wurde, sondern vielmehr umgekehrt, wie Moser kurz vorher unter No. 3 auch richtig angiebt, so dass also die Stimme Zweibrückens nie eine Unterbrechung erlitten hatte. Von Neuburg giebt Moser richtig an, dass es 1504 in Ott Heinrich einen eigenen Herrn bekommen habe, erwähnt aber gar nicht, dass neben diesem sein Oheim Friedrich ebenfalls lange Zeit eine Stimme führte, so dass nach Moser bis 1566 immer nur

---

[1]) 34, p. 289—291, § 20.

3 Pfälzische Vota existirt hätten, während wir doch eine lange Zeit hindurch, 1510—1543, deren 4 nachweisen konnten. Hinsichtlich Lauterns ist es allerdings richtig, dass dessen Stimme erst seit 1582 datirt, bei Sachsen sahen wir indessen noch später neue Stimmen entstehen; und in welch anderem Lichte erscheint der Umstand, dass sie seitdem auch, ohne dass das Land einen eigenen Herrn gehabt hätte, fortgeführt wurde, wenn man die anderen hierbei wirkenden Faktoren in Betracht zieht. Es ist nöthig, diese Erscheinung näher zu betrachten, da es doch auffallend wäre, dass, wenn noch 1582 eine neue Stimme entstehen konnte, schon auf dem folgenden Reichstage die ganze Bewegung in der Verfassung des Fürstenrathes nach einem bewussten, neuen Principe vollkommen zum Stillstande gekommen sein sollte. Röderer[1]) hat hier bereits scharf geschieden und hervorgehoben, dass 1594 nicht ein Fürst, der schon eine Stimme im Reichsfürstenrathe führte, noch eine zweite für Lautern ausübte, sondern dass dies ein Kurfürst that; er hat ferner auf das gleichartige Präcedenz von 1557 hinsichtlich Kurfürst Ott Heinrichs Unterschrift für Neuburg hingewiesen, aus welchem Kurfürst Friedrich IV. seine Berechtigung, ein gleiches für Lautern zu thun, herleiten musste. Den Fall von 1557 lässt Röderer allerdings als eine singuläre Erscheinung gelten, indem er mit speciellem Hinweise auf Sachsen geltend macht, es wäre damals noch nicht üblich gewesen, dass ein Kurfürst für andere in seinem Besitz befindliche Lande eine besondere Stimme im Fürstenrath führte. Wir müssen hier aber geltend machen, dass im Hause Pfalz auch dafür allerdings schon, wenn nicht ein ganz gleichartiges, so doch ähnliches Präcedenz in den Unterschriften Friedrichs von 1510—1543 vorlag, der mit seinem Bruder, dem Kurfürsten Ludwig, das väterliche Erbe nicht getheilt hatte, sondern gemeinsam regierte, gleichwohl eine besondere Stimme im Fürstenrathe führte. Zudem unterscheidet sich der Fall von 1557 auch in sofern von Kur-Sachsen, als dieses für seine anderen, nicht zur Kurwürde gehörenden Lande allerdings keine besondere Stimme führte, dieses aber von altersher datirte, während die Stimme für Neuburg im Jahre 1557 doch für ein Fürstenthum gegeben wurde, das in völliger Selbständigkeit neben dem Kurfürstenthume bestanden, und dessen Besitzer bisher eine eigene Stimme geführt hatte. Das Gleiche war auch 1594 bei Lautern der Fall. Dass Röderer mit Recht aber den Unterschied hervorhebt, ob ein Kurfürst auch

---

[1]) „Die Sächs. Reichstagsstimmen" cap. II, § 11 (soll 12 heissen) p. 121, 122.

eine Stimme im Fürstenrathe, oder ein Fürst noch eine zweite in demselben führte, scheint sowohl jenes Bairische Memorial von 1647 zu beweisen, wie es auch deutlich der Umstand zeigt, dass Wolfgang von Zweibrücken nach der Cession Neuburgs an ihn dann doch keine besondere Stimme für dasselbe ausübt. Dieses letztere war also um 1557 noch nicht üblich; aber auch 1594 tritt es noch nicht hervor, da Lautern dem ersteren Falle angehört, und die Fortführung der Stimme Hennebergs durch Sachsen in ganz besonderen territorialen Verhältnissen begründet war. Zu der besonderen Stimme, die dann 1598 Kurfürst Friedrich IV. auch für Simmern beanspruchte, bemerkt Röderer[1]) richtig, dass von ihm nach dem Vorgange hinsichtlich Lauterns nichts anderes zu erwarten war. Offenbar erkannte der Fürstenrath auf Grund jenes Präcedenz auch diese Berechtigung an. Doch nun war mit dieser zweiten Thatsache allerdings eine Erscheinung ins Leben getreten, die dem bisherigen Gebrauche einen starken Stoss versetzen musste. Wir müssen berücksichtigen, dass die Verfassung des Fürstenrathes nicht durch festes, geschriebenes Gesetz normirt war, dass jedes Gewohnheitsrecht sich aus einzelnen Thatsachen entwickelt, und dass daher neue, eigenartige Erscheinungen dasselbe immer in neue Bahnen lenken müssen. War 1557 und 1594 auch nur einem Kurfürsten eine besondere Stimme im Reichsfürstenrathe bewilligt worden, so liess sich doch die Thatsache nicht leugnen, dass diese Stimmen, wie auch die Hennebergs im Jahre 1594, auf Grund des Besitzrechtes an einem Lande ausgeübt wurden, welches eigentlich keinen besonderen Herrn mehr besass, und ebenso wenig die, dass 1598 nunmehr ein Fürst, wenn man den Kurfürsten seit 1594 als besonderen Fürsten von Lautern ansehen kann, wirklich zwei Stimmen im Fürstenrathe führte.

Überschauen wir nochmals unsere ganze Periode, so sehen wir, wie beim Beginn derselben drei Vota des Pfälzischen Hauses existiren, wie diese Anzahl derselben nach einmaliger Unterbrechung im Jahre 1500 wieder hergestellt wird, wie aus den eigenthümlichen Arrangements im Kurhause sich noch ein viertes entwickelt, und wie dann wenigstens die alte Dreizahl festgehalten wird, so dass zum ersten Male im Jahre 1557 eine Stimme in der Weise ausgeübt wird, als ob sie am Lande hafte; wir sehen zugleich aber, wie dieses neue Princip noch nicht das alte verdrängen konnte, dieses nämlich, dass die Person der Träger der Stimme sei, und

---

[1]) l. c. p. 124.

jeder Fürst nur ei n e solche im Fürstenrathe habe; wir sehen das
in dem Umstande, dass Wolfgang von Zweibrücken die Stimme
Neuburgs nicht fortführte, sehen zugleich aber die hergebrachte
Dreizahl der Pfälzischen Stimmen sich wiederherstellen, indem für
das erloschene Votum das einer anderen·Linie eintritt. Dann aber
erhält in Folge der eigenthümlichen Gestaltung und Verschiebung
der Verhältnisse im Pfälzischen Hause die Neuburger Stimme doch
wieder einen eigenen fürstlichen Träger, und wir beobachten, wie
in Folge dessen und der anderen eigenthümlichen Vorgänge (Lautern und Simmern) sich allmählich das Bewusstsein bahnbrechen
musste, als seien die Stimmen im Fürstenrath fixirt und könnten
mit dem Aussterben einer Linie nicht zugleich erlöschen, sondern
gingen auf den neuen Besitzer des Landes über, wenn diese bahnbrechenden Vorgänge selbst auch noch nicht auf dem neuen
Principe fussten, sondern in anderen Verhältnissen ihre rechtliche
Begründung fanden.

Dieses neue ins Leben tretende Princip schloss darum aber
noch nicht das Fortwirken des anderen, älteren Grundsatzes aus,
dass durch die Theilung von Fürstenthümern unter mehrere Söhne .
auch eine entsprechende Vermehrung der Stimmen im Fürstenrath
herbeigeführt werde, wie sich das bei anderen Häusern in der Zeit
nach 1582 noch zur Genüge bestätigt. Beide Principien lebten
neben einander fort,· wenn in der Consequenz auch das eine das
andere ausschliessen musste; um dieses aber durchzuführen, dazu
wirkten noch andere Momente, ebenfalls seit langer Zeit, mit,
und den völligen Stillstand in der Verfassung des Fürstenrathes
konnte erst die künstliche Restitution der Verhältnisse nach der
gewaltigen, dreissigjährigen Revolution herbeiführen.

Man kann nicht leugnen, dass schon am Ende des 16. Jahrhunderts der neue Grundsatz zu wirken begann, wird sich aber
auch der Erkenntnis nicht verschliessen können, dass die Erscheinung, die hier zum ersten Male in bestimmten Thatsachen hervor-
trat, bereits lange durch den Gang der Dinge vorbereitet war.

XIX. In Pommern war im Jahre 1495 alleiniger Regent
Bogislaus X. (1474—1523), der aber seine Stimme auf den Reichstagen niemals ausübte. Sowohl Titel 8, § 11 des Abschiedes von
1495, wie die Matrikel dieses Jahres und die von 1507 nennen ihn.
Von 1526 (Augsburg) bis 1530 erscheinen dann regelmässig Unterschriften der beiden Söhne des Bogislaus, Georgs von Wolgast
(1523—31) und Barnims XI. in Stettin (1523—69); dabei wird

ihre Unterschrift 1526 in Augsburg und 1527 durch gemeinsame
Vertreter als „von wegen Hzg. Georgen und Hzg. Barnim, Gebrüdern in Pommern" gegeben; 1530 unterschreiben sie in derselben
Art persönlich; 1526 in Speier und 1529 unterschreibt aber Georg
allein persönlich, während 1532 für Barnim allein in Vertretung
unterzeichnet wird.

Beide waren selbständig regierende Fürsten und werden, wenn
sie die Reichstage oft auch nur durch eine gemeinsame Gesandt-
schaft beschickten, doch besondere Stimmen haben beanspruchen
können, wie man aus den alleinigen Unterschriften der einzelnen
schliessen muss, da im andern Falle nicht einzusehen ist, wieso
nicht auch in diesen Fällen im Namen beider unterzeichnet wurde.
Eine Urkunde bestätigt uns dieses Bestehen zweier Fürstenthümer.
Nach Georgs Tode wurde zwischen dessen Sohn Philipp und seinem
Oheim Barnim eine Erbeinigung[1]) geschlossen, in welcher der
13. Punkt bestimmte, dass das Land ohne Beirath der Landstände
nicht ferneren Theilungen unterworfen werden sollte, und Punkt 14,
dass die Landstände der beiden Regierungen „als ein corpus zu
achten seien, eine Stelle, die uns auch darüber Aufschluss geben
kann, weswegen trotz der Theilung Pommern auch in der sogenannten Matrikel von 1521 nur mit einer gemeinsamen Veranlagung
erscheint[2]).

1535 lässt Barnim mit seinem Neffen Philipp die Unterschrift
geben: „v. w. Herzogen Bary und Philippsen zu Stettin, Pommern etc."; 1541 finden wir zum ersten Male zwei Unterschriften
zugleich für Pommern, wobei Philipp persönlich anwesend ist und
ausser für sich auch besonders für Barnim unterzeichnet. 1542
(Speier) erscheint nochmals die gemeinsame Unterschrift: „v. w. Barnims und Philippsen, Hzgg. zu Pommern etc.", in demselben
Jahre zu Nürnberg gar keine, dann aber von 1543 bis 1559 durchweg getrennte Unterschriften für beide, und zwar sämmtlich in
Vertretung gegeben.

1560 starb Philipp von Wolgast und hinterliess 5 Söhne, von
denen 1569 Johann Friedrich durch Cession des kinderlosen Barnim
Stettin erhielt, Ernst Ludwig Wolgast vom Vater erbte.

Im Jahre 1566 ist nun Joh. Friedrich auf dem Reichstage zu

---

[1]) Häberlin N. T. R.-G. IX, p. 117, 118.

[2]) Die Stelle lautet nach Cortreji — die andere Fassung im 2. Bande
der N. S. erwähnt Pommern gar nicht —: „Herzog Barnim und Philipp von
Pommern und Stettin"; die Fassung im Anhange des 4. Bandes der N. S.
nennt zum Obersächsischen Kreise auch nur „Herzogen von Pommern".

Augsburg persönlich anwesend und unterschreibt für sich als „Herzog
von P." und „auch v. wegen Bugislaw, Ernst Ludwigen, Parnim
und Casimir, Gebrüder, Herzogen zu Stettin etc." Hier erscheinen
die anderen Brüder in der Reihe der persönlich anwesenden Fürsten
wie ein Anhängsel an der Unterschrift Johann Friedrichs, da doch
1541 der anwesende Philipp für seinen Oheim Barnim noch besonders unter der Fürstenbotschaften unterschrieben hatte. Berücksichtigt man ferner, dass Joh. Friedrich und seine Brüder zunächst
nur Wolgast besitzen — Barnim von Stettin lässt für sich eine besondere Unterschrift geben —, dass aber der älteste, Joh. Friedrich,
in dieser Zeit — vor 1569 — allein regierender Herzog in seiner
Linie ist, und dass auch das eigentlich trennende „und" in der
Unterschrift fehlt[1]), so werden wir nur eine Stimme in derselben
sehen können, wie wir auch eine solche im Jahre 1567 finden, wo
neben der Unterschrift „Barnims des Älteren", des Herzogs von
Stettin, eine zweite durch Vertreter gegebene erscheint: „v. w. Johann Friedrichs, Buchlaf, Ernst[2]), Ludwigs, Barnim und Casimir,
Gebrüder, Herzogen zu Stettin etc."

1570, 76 und 82 erscheinen nur noch die beiden Stimmen Johann Friedrichs, jetzt in Stettin, und seines Bruders Ernst Ludwig
von Wolgast, während die anderen ganz verschwinden, obgleich
alle drei noch über das Jahr 1600 hinaus leben.

Es ist nöthig, hier die Vorgänge der Hausgeschichte zu verfolgen. Im Jahre 1569 hatte Barnim von Stettin mit seinen fünf
Grossneffen einen Vergleich abgeschlossen, wonach er ihnen sein
Herzogthum Hinterpommern abtrat, sich jedoch die Oberaufsicht
über das ganze Land, sowie Stettin und einige Ämter vorbehielt.
Darauf verglichen sich die 5 Brüder dahin, dass, da nach den alten
Erbeinigungen nur zwei regierende Fürsten in Pommern sein
sollten, der älteste und der dritte, Joh. Friedrich und Ernst Ludwig, — der zweite Bogislaus begnügte sich freiwillig mit einer Abfindung — um die beiden Herzogthümer, wie sie ihr Vater Philipp
und ihr Grossoheim besessen hätten, losen sollten. So erhielt jener
Stettin, dieser Wolgast. Zugleich wurde bestimmt, dass bei dem
etwaigen kinderlosen Tode des einen oder anderen von ihnen in
Stettin Barnim der Jüngere, in Wolgast Bogislaus folgen sollte.

---

[1]) Joh. Friedrich übt hier nicht eine Stimme „für sich und auch" eine
für seine Brüder, sondern vielmehr nur eine Stimme aus, die zugleich „auch"
im Namen jener gegeben wird.

[2]) Zwischen Ernst und Ludwig darf kein Komma stehen.

Der Vergleich[1]) wurde in demselben Jahre von den Landständen bestätigt, wie auch jener ältere Erbvergleich von 1532.

Nachdem 1592 Ernst Ludwig von Wolgast gestorben ist, finden wir 1594 die Unterschrift: „v. w. Bogislauen, Herzogen zu Stettin etc., in Vormundschaft dero Vettern und Pflegesohns, Philipps Juliussen, Herzogen zu Stettin, Pommern etc." neben derjenigen für Joh. Friedrich, so dass also auch hier nur zwei Stimmen erscheinen; desgleichen 1598 und 1603. 1613 aber findet sich nur die Unterschrift für Philipp Julius von Wolgast, während Philipp II. von Stettin (1608—18), ein Sohn des Bogislaus[2]), seine Stimme nicht ausübte. 1637 erlosch dann in Bogislaus XIV. das herzogliche Haus, worauf 1641 Kur-Brandenburg zwei Stimmen für Pommern, mit der ausdrücklichen Bezeichnung „wegen Pommern-Stettin" resp. „wegen P.-Wolgast", führte, von welchen es 1648 die eine an Schweden abgeben musste.

Wir haben diesen Daten kaum etwas hinzuzufügen. Am Beginne unserer Periode entstehen durch Erbtheilung 2 Fürstenthümer und 2 Reichstagsstimmen Pommerns. Eine weitere Vermehrung der letzteren erfolgt nicht, aber nur, weil die Hauspolitik, „alte Erbeinigungen", jede fernere Landestheilung verhinderten. Das Aussterben der herzoglichen Linien tritt aber in einer Zeit ein, in welcher ein Fortführen ihrer Stimmen nicht mehr als eine Neuerung angesehen werden konnte, um so weniger, als dieselben von einem Kurhause beansprucht wurden, welches bisher keine Stimme im Fürstenrathe geführt hatte.

XX. Meissen, welches um 1541 auf Grund gefälschter Urkunden als Fürstenthum anerkannt[3]) wurde, kommt nur von 1548 bis 1570 in den Unterschriften der Reichstagsabschiede vor. 1548 und 51 findet sich nur eine Unterschrift für dasselbe; 1555 unterschreibt „Heinrich der Ältere für sich und seinen Bruder Heinrich den Jüngeren", und in gleicher Weise 1559, während 1557 und 1566 besondere Unterschriften für beide erscheinen, 1567 nur die Heinrichs des Jüngeren, in Vertretung gegeben, und endlich 1570 die alleinige „Heinrichs Burggrafen v. M."

Am 22. Januar 1572 stirbt mit Heinrich VII. das Geschlecht aus, die Regalien fallen an Kaiser und Reich zurück, die übrigen

---

[1]) Häberlin N. T. R.-G. IX, p. 116, 117.

[2]) Joh. Friedrich von Stettin war 1603 kinderlos gestorben und ihm Bogislaus, der zweite der Brüder, gefolgt, bis 1608.

[3]) Ficker „Reichsfürstenstand" XIII § 164 u. § 187 unter No. 3.

Besitzungen an die betreffenden Lehnsherrn, Böhmen und den Kurfürsten von Sachsen, worauf die Stimme Meissens im Fürstenrath
erlischt [1]). Man sieht: mit der Anerkennung der Fürstenwürde entsteht eine Stimme im Fürstenrath; sie verdoppelt sich, sobald zwei
Brüder sich in die Burggrafschaft theilen; sie sinkt wieder zur
ursprünglichen Einheit hinab und erlischt völlig mit dem Aussterben
des Geschlechtes, als die Burggrafschaft mit selbständigen Burggrafen aufhört.

XXI. Noch müssen wir Östreichs Unterschriften verfolgen.
Im Titel 8 des Abschiedes von 1495 erscheint ein Erzherzog von
Östreich, mit welchem unterhandelt werden soll, des Kaisers Sohn
Philipp. Eine Unterschrift „v. w. des Erzhertzogs von O." findet
sich dann 1500, 1507 und 1521; 1526 (Augsburg) erscheint zum
ersten Male die Unterschrift „v. w. Haus Östreich", in demselben
Jahre zu Speier aber wieder eine für den Erzherzog, dann mit nur
zweimaliger Unterbrechung, 1527 und 1537, bis 1548 immer die
Unterschrift für „Haus Östreich". 1551 finden sich deren zwei:
1) für „Haus Östr.", und 2) für die Statthalterin der Niederlande,
Maria, aber 1555 und 1557 wieder nur die erstere. Erst von 1559
an finden wir regelmässig die beiden Unterschriften für das „Haus
Östreich" und für „Haus Burgund", also erst, nachdem die Niederlande definitiv in den Besitz einer anderen Linie der Habsburger
gekommen sind; der Kaiser übt vorher nur einmal durch seine
Statthalterschaft eine Stimme für seine niederländischen Besitzungen aus.

Neben diesem geben nur 1570 und 76 Ferdinand von Östreich,
d. h. von Tyrol, und 1613 dessen Sohn Maximilian besondere und
zwar jedesmal persönliche Unterschriften [2]). Nun heisst es aber in
jenem Bericht von 1582 bei Goldast ausdrücklich, es hätten zu
2 Reichstagen die Erzherzöge von Östreich, und zwar „Kaiserl.
Maj. sammt dero Gebrüdern" — also alle 3 —, nur eine Gesandt-
schaft abgeordnet und, wenn auch „protestando", nur eine Gesammt-

[1]) Häberlin IX, p. 19.

[2]) Wenn Moser 34, p. 287, 288, angiebt, dass auch 1582 Karl von Steiermark für sich besonders unterschrieben habe, so ist das nach der N. S. nicht
der Fall; Häberlin nennt ihn nur anwesend. Moser aber hätte nach seiner
Angabe consequenter Weise, da er für jeden in den Unterschriften erscheinenden Fürstennamen eine besondere Stimme annimmt, solches auch hier für
Östreich zu 1582 thun müssen, also auch hier einen seiner Observanz dieses
Jahres entsprechenden Fall zu verzeichnen gehabt.

stimme geführt; das könnte sich auch auf 1570 und 1576, oder 1576 und 1582 beziehen, in jedem Falle auf das mittlere Jahr, wo wir doch eine besondere Unterschrift für Ferdinand finden. Wie dem auch sein mag, ob er wirklich eine besondere Stimme ausgeübt oder nur eine eigene Unterschrift gegeben hat, jedenfalls wäre letzteres nicht gestattet worden, wenn er nicht regierender Fürst und zu einer besonderen Stimme berechtigt gewesen wäre. Wir könnten im anderen Falle kein Analogon dafür finden, dass eine besondere Unterschrift einem nicht Stimmberechtigten gestattet worden wäre; wo wir die Namen solcher Personen fanden, waren sie stets anderen Unterschriften in einer Gestalt eingefügt, die keine besondere Stimme für sie annehmen liess. Der einzige ähnliche Fall ist die zweite Unterschrift Baierns von 1526 (Augsburg), wo eben diese zweite Stimme erschien, die sich Baiern ausdrücklich vorbehalten hatte.

In den Abstimmungen muss sich Östreich, wie aus dem Bericht des Arumaeus[1]) zu 1603 hervorgeht, immer nur einer Stimme bedient haben, die es auch 1654 und in der folgenden Zeit allein · führte.

———

Die am Schlusse beigefügte Tabelle giebt eine Uebersicht über die Stimmen sämmtlicher Häuser während der ganzen Periode, wobei . die eingeklammerten Ziffern nicht ausgeübte Stimmen bedeuten.

§ 4. Resultat.

———

Betrachten wir nun das Verhältnis der erlöschenden, entstehenden und fortgeführten Stimmen vor und nach 1582, wie es sich in Zahlen ausdrückt.

Es mögen hier zunächst tabellarische Uebersichten der einzelnen Fälle gegeben werden,. in denen neben jeder Stimme die Jahres-

---

[1]) „De comitiis" cap. 7, n. 134, 135, p. 550 ff. — Moser 34 p. 281, 282, § 9.

zahl des Reichstages angegeben wird, auf dem sie zum ersten, resp. letzten Male geführt[1]) wurde; es schien dieses wegen der Vergleichung mit der beigegebenen, allgemeinen Stimmentabelle dem anderen Verfahren vorzuziehen zu sein, nach welchem die Jahreszahl des Entstehens resp. Verschwindens der betreffenden Regentenlinie hätte angegeben werden können. Ferner ist in den folgenden Uebersichten von einer allgemeinen historischen Reihenfolge abgesehen, vielmehr eine solche der einzelnen Fürstenhäuser eingehalten, weil auf diese Weise es möglich wird, das Entstehen und Verschwinden einer Stimme auch dem Auge parallel nebeneinander zu zeigen und die Übersichtlichkeit dadurch zu fördern.

I. Vor 1582:

1) Erlöschende St.:		2) Entstehende St.:	
1510 Jülich-Berg	1	1576 Aremberg	1
1548 Henneberg-Römhild .	1		
1551 Albrecht v. Brandenbg.	1	1551 Georg Friedr. v. Brandenburg	1
		1570 Nommeny	1
1570 Küstrin	1	1541 Küstrin	1
1500 Baden-Röteln . . .	1	1521 Philipp v. Baden . .	1
1532 Philipp v. Baden . .	1	1535 Bernhard v. Baden[2]) .	1
1559 Wolfgang v. Anhalt .	1	1521 (42) Wolfgang v. Anhalt	1
		1505 Meklenburg . . .	1
		1500 Braunschw.-Calenberg	1
1498 Hessen-Marburg . .	1	1567 Hessen	3
1566 Sachsen	1	1566 Sachsen	1
1557 Pfalz-Neuburg . . .	1	1505 Pfalz-Neuburg . .	1
1544 Friedrich von der Ober-Pfalz	1	1570 Pfalz-Neuburg . . .	1
		1564 Pfalz Veldentz . . .	1
		1576 Sachsen	1
		1526 Pommern	1
1570 Meissen	1	1548 Meissen	1
1566 Meissen	1	1555 Meissen	1
		1551 (59) Burgund . . .	1
	13		**21**

[1]) Natürlich sind dabei auch diejenigen Fälle berücksichtigt, in denen eine Stimme hätte ausgeübt werden können und nur in Folge der Nichtbeschickung des Reichstages ruhte.

[2]) Diese Stimme könnte ebensogut als ein Weiterbestehen der Philipps

3) Fortgeführte Stimmen:

Hierzu müssen gezählt werden: 1) die im Jahre 1529 für Wirtemberg geführte Stimme; 2) die Stimme der im Jahre 1503 ausgestorbenen Linie Baiern-Landshut, welche sich Baiern ausdrücklich reservirte, und die i. J. 1526 noch einmal erscheint; 3) die Stimme Friedrichs, der die Ober-Pfalz seit 1509 verwaltete und eine besondere Stimme von 1510 bis 1544 ausübte, welche man als eine Fortführung der Stimme der i. J. 1498 erloschenen Mosbacher Linie ansehen kann; 4) die Stimme, welche Ott Heinrich als Kurfürst von der Pfalz im Jahre 1559 für Neuburg abgeben lässt; zusammen 4 Stimmen in diesem Zeitraum bis 1582.

II. 1582 und nachher bis 1654:

1) Erlöschende St.:		2) Entstehende St.:	
1603 Jülich-Cleve-Berg . .	1	1613 Brandenburg . . .	1
		1654 Mömpelgart . . .	1
		1594 Baden-Sausenberg .	1
1594 Baden-Baden . . .	1	1641 Baden-Baden . . .	1
Baden-Hochberg . .	1	Baden-Hochberg [1]) . .	1
1594 Anhalt	1	1594 Anhalt	2
1598 Anhalt	1		
1582 Meklenburg	1	1613 Meklenburg	1
1582 Kalenberg	1	1641 Kalenberg	1
1594 Grubenhagen . . .	1		
1582 Hessen-Rheinfels . .	1		
1609 „ -Marburg . .	1	1594 Sachsen	1
		1613 Sachsen	1
		1654 Sachsen	1
		1582 Pfalz-Lautern . . .	1
	10		13

von Baden angesehen werden; da aber nach des letzteren Tode eine neue Theilung vorgenommen wurde, so haben wir der Genauigkeit halber beide hier eingereiht; das gleiche ist 1566 bei Sachsen der Fall, wo die in Folge der Gefangenschaft Johann Friedrichs erlöschende Stimme im Jahre 1576 von seinen Kindern wieder aufgenommen wird, ähnlich bei Pfalz-Neuburg 1557 u. 1570. — Dagegen konnten die drei für Mömpelgart in den Jahren 1559, 1566 und 1567 vorkommenden Stimmen nicht berücksichtigt werden, da sie von vornherein bestritten wurden und sich nicht behaupteten.

[1]) Man wird dieses hier mitzählen müssen, da ein Fortbestehen der Linie sicher auch, wie bei Sausenberg, zur Ausübung einer Stimme für dieselbe geführt hätte.

3) **Fortgeführte Stimmen**: 1) Pfalz-Lautern 1594; 2) Pfalz-
Simmern 1598; 3) Henneberg 1594; 4) Baden-Durlach 1613;
5) u. 6) Pommern 1641 zwei Stimmen; 7) Eisenach 1654; 8) Grubenhagen 1654; letzteres schien unter die entstehenden Stimmen nicht
gerechnet werden zu können, wenn es auch unter den erlöschenden
mitgezählt wurde, da Grubenhagen keinen eigenen Herrn erhielt,
sondern mit Lüneburg vereinigt blieb.

Zieht man nun die Durchschnittszahlen, so stellt sich zunächst
das Verhältnis der entstehenden Stimmen in den beiden Zeiträumen
von 87 resp. 72 Jahren wie $^{87}/_{21}$: $^{72}/_{13}$, oder auf $4^3/_{21}$ Jahre im ersteren
Zeitraum kommt 1 entstehende Stimme gegen $5^7/_{13}$ Jahre im zweiten.
Für die erlöschenden Stimmen . stellt sich dieses Verhältnis wie
$^{87}/_{13}$: $^{72}/_{10}$ oder: während in der früheren Periode auf $6^9/_{13}$ Jahre
eine erlöschende Stimme kommt, geschieht dieses in der zweiten
Periode bei $7^2/_{10}$ Jahren. Hiernach würden also in der Zeit nach
1582 im ziemlich gleichen Verhältnis sowohl etwas weniger Stimmen
erlöschen als auch entstehen, so dass man hiernach nicht auf eine
Änderung der Principien schliessen könnte, nach denen sich die
Stimmen im Reichsfürstenrath regelten.

Vergleicht man aber das Verhältnis der entstehenden zu den
erlöschenden Stimmen in beiden Perioden, so ist dieses bis 1582
wie $21 : 13 = 1^8/_{13} = 1^{80}/_{130}$, oder: auf $1^{80}/_{130}$ entstehende Stimmen
kommt 1 erlöschende, von 1582 an aber wie $13 : 10 = 1^3/_{10} = 1^{39}/_{130}$.
Im Verhältnis zu den entstehenden Stimmen fänden wir also in der
letzteren Periode **mehr** erlöschende als in der ersteren, ein Faktum,
welches in direktem Widerspruche zu Mosers Annahme stehen würde,
wonach um 1582 das alte Princip von dem neueren abgelöst worden
wäre, nach welchem die Stimmen erloschener Fürstenhäuser weitergeführt werden sollten, da danach ja ein Erlöschen von Stimmen
fast gar nicht mehr hätte vorkommen können.

Die hier sich ergebenden Resultate scheinen auf einen ganz
anderen Entwickelungsgang hinzuweisen, als auf ein so plötzliches Aufhören des einen und eben so plötzliches Eintreten des anderen Princips.

Wir finden am Beginn unserer Periode den Satz in Gültigkeit,
dass jeder regierende Fürst eine Stimme als personelles Recht besitze, jeder legitime Sohn aber, eventuell durch Theilung mit mehreren
Brüdern, ein solcher werden könne, dass ferner mit dem Aussterben
einer Linie deren Stimme nicht fortgeführt wird, wenn nicht das
Fürstenthum wieder einen eigenen Regenten erhält. Wir finden
beides auch nach 1582 durch eine ziemlich proportionale Anzahl
von Fällen bis in die jüngsten Decennien des behandelten Zeit-
raumes bestätigt.

Daneben aber lässt sich eine andere Bewegung verfolgen, die geeignet ist, im Laufe der Zeit ein neues Rechtsprincip anzubahnen. Es werden schon in ganz früher Zeit die Stimmen einiger Fürstenthümer weitergeführt, die keinen besonderen Regenten mehr haben. Als einen theilweise dahin gehörenden Fall mussten wir die Stimme Friedrichs, des Regenten der Ober-Pfalz, seit 1509 betrachten; 1529 wird dann die Stimme Wirtembergs, trotzdem es an Ferdinand von Östreich verliehen war, welcher als Erzherzog bereits Votum und Session im Fürstenrathe hatte, doch weitergeführt, es hatte also hier bereits ein Fürst zwei Stimmen. Dann hatten wir die Ausübung des Votums von Pfalz-Neuburg durch den Kurfürsten im Jahre 1557 zu verzeichnen, ein Fall, der bei analoger Sachlage 1594 und 1598 abermals die Weiterführung zweier Stimmen (Lauterns und Simmerns) durch den Pfälzischen Kurfürsten zur Folge hatte. Ein anderer Fall der Art wurde durch speciell territoriale Verhältnisse hinsichtlich Hennebergs veranlasst, worauf dann erst nach längerer Zeit, im Jahre 1613, die Fortführung der zweiten Stimme Badens, 1641 die der beiden für Pommern folgte, letzteres nach der Analogie der Pfälzischen Vorgänge, da auch hier ein Kurfürst diese Stimmen im Fürstenrathe führte. Es ist schon bei Gelegenheit der Besprechung der Pfälzischen Stimmen darauf aufmerksam gemacht, wie diese einzelnen Thatsachen, an sich aus ganz speciellen, jedesmal besonderen Ursachen hervorgegangen, keineswegs aber auf einem neuen Rechtsprincip beruhend, doch dazu führen mussten, ein solches allmählich ins Leben zu rufen, welches als Princip zum ersten und einzigen Male vor 1654 im Jahre 1613 ausgeübt zu sein scheint. Doch ist selbst für diesen Fall schon in früher Zeit ein ganz ähnlicher in der Art aufzuweisen, wie Baiern sich seine ehemalige, lange bestehende zweite Stimme reservirte, wenn es dieselbe auch nicht ausübte.

Mit nichten ist hier also irgendwo ein scharfer Schnitt im Verfassungsleben, ein plötzliches, bewusstes Eintreten eines neuen Princips, wie es Moser mit dem Jahre 1582 statuiren will, anzuerkennen, sondern vielmehr eine stetige, langsame Entwickelung dieser auf Gewohnheitsrecht beruhenden Verfassung des Fürstenrathes, die ihren definitiven Abschluss erst mit dem Reichstage von 1653/54 fand, wo eine neue Fürstenstimme für Mömpelgart zum ersten Male — wie auch die mehrerer anderer neu creirter Fürsten — durch besondere Abstimmung der Stände geschaffen wird.

Gehen wir aber den innerlich wirkenden Ursachen nach, welche diese Entwickelung bedingten, so lagen dieselben wesentlich in den territorialen Verhältnissen der einzelnen Fürstenthümer und der Hauspolitik ihrer Regenten.

Überall kann man verfolgen, wie bei Theilung von Fürstenthümern stets alte, durch frühere Theilungen festgesetzte Grenzen
eingehalten werden: so bei Pommern und Meklenburg, bei Braunschweig; so bei Baden, wo die Begriffe der oberen und unteren
Markgrafschaft, wie bei Brandenburg die des Landes „ob unter dem
Gebirg" immer festgehalten werden; bei Baden finden wir dieses
Anlehnen an ein früheres Theilungsprojekt bei Gelegenheit der
Theilung nach 1582 urkundlich bestätigt; so tritt dieses auch deutlich in der Theilung Anhalts vom Jahre 1603 zu Tage, wo man
sich gezwungen sieht, wegen der ehemaligen Theilgrenzen und der
durch dieselben bestimmten Verwaltung nur vier statt fünf Theile
zu machen. Es war eine natürliche Folge hiervon, dass sich an ein
so fest begrenztes Territorium der Begriff eines Fürstenthums als
juristischer Person mit bestimmten Rechten allmählich anknüpfen
konnte, welcher mit dem Lande an den neuen Besitzer desselben
überging; und ebenso natürlich war es, dass dieser die damit verknüpften Rechte aufrecht zu erhalten suchte. Diese Erscheinung
glauben wir bereits in der Stimme Friedrichs von der Oberpfalz,
wie in der Wirtembergs während der Östreichischen Occupation
zu finden und sehen dieses Bestreben ziemlich deutlich sich aussprechen, wenn sich Baiern im Jahre 1521 seine zweite Stimme
ausdrücklich reservirte; dasselbe müssen wir dann 1613 bei Baden
erblicken, wo freilich die Anzahl der inzwischen eingetretenen,
gleichartigen Ereignisse diesem noch eine ganz besondere Bedeutung
verleihen musste, in so fern, als hier ein Fürst einfach eine zweite
Stimme wegen eines ihm zugefallenen Landes führt, ohne dass dabei,
so weit die Nachrichten vorliegen, andere specielle Verhältnisse mit-
wirkten, als das lange Bestehen dieser zweiten Stimme und jedenfalls die Einwirkung der anderen Präcedenzfälle.

So konnte sich allmählich der Grundsatz Bahn brechen, dass
die Stimme einer ausgestorbenen Fürstenlinie von den Erben
weitergeführt werden könne. Bei Sachsen konnten wir an der
Hand urkundlichen Materials verfolgen, wie dieses Princip allmählich
in das Rechtsbewusstsein der Zeit eindrang, und wie es sich von
der Stufe der Meinung bis zur entschiedenen, zweifellosen Annahme
langsam heranbildete.

Dieses würde zunächst nur zu einer um so stärkeren Vermehrung der Fürstenstimmen geführt haben, — wie es wirklich,
wenn auch in geringem Masse geschah —, da damit jener von altersher bestehende Satz, dass der Fürstenstand auf alle legitimen Nachkommen übergehe, und dass daher, wenn mehrere solche ihr ererbtes
Fürstenthum in verschiedene Theile mit selbständigen Regierungen

theilten, sie auch eine dem entsprechende grössere Anzahl von Stimmen im Fürstenrath erhielten, nicht beseitigt wurde. Innerlich war es aber in jener Entwickelung, die mit dem einzelnen Fürstenthum schliesslich den Begriff einer juristischen Persönlichkeit verknüpfte, begründet, dass die Stimme desselben auch im Falle einer Theilung nicht vervielfältigt werden dürfte, da die Person im Principe nicht, wie das Land, theilbar und die mit ihr verknüpften Rechte daher nicht vervielfältigungsfähig sein können.

Aber nur sehr langsam sehen wir diese Consequenz sich vollziehen; sie erscheint erst als die letzte, abschliessende Spitze des ganzen, sich allmählich vollziehenden Umschwunges beim Schluss unserer Periode — die Gothaische Stimme, aus einer Erbtheilung hervorgegangen, erscheint zum ersten Male auf dem Reichstage, der den Schlusspunkt der Entwickelung bildet, dem von 1653/54 —, während die inneren Triebfedern, welche sie wesentlich bedingten und förderten, zum grossen Theile ebenfalls in der Hauspolitik der einzelnen Fürstenhäuser zu suchen sind, wenn man auch nicht läugnen kann, dass das Reich diesem Bestreben merklich entgegenkam. Hier ist der Punkt, bei dem man eine Wechselwirkung in dieser Richtung zwischen den territorialen und den Reichsgewalten deutlich beobachten kann.

Die Möglichkeit war ja den einzelnen Fürstenhäusern gegeben, neue Stimmen zu beanspruchen und auszuüben, sofern sie sich nur entschliessen konnten, ihren Territorialbesitz unter mehrere selbständig regierende Herrn zu zersplittern, hier aber setzt jenes Bestreben ein, das in einzelnen Erscheinungen schon viel früher zu Tage getreten war, und welches in den Kämpfen der Reformationszeit, bei dem Erwachen des nationalen und eigenen Bewusstseins, zugleich aber auch in Folge der Erkenntnis, dass zur Selbsterhaltung vor allem die eigene Stärke gehöre, sich zur festen Tradition in den Fürstenhäusern ausbilden musste, das Bestreben, ihr Land ungetheilt von Geschlecht zu Geschlecht zu vererben.

Schon Berthold X. von Henneberg soll für die von ihm begründete Schleusingensche Linie eine Verordnung erlassen haben, dass immer nur ein regierender Herr in derselben existiren dürfte[1]). Wir

---

[1]) Müller „Reichstagstheatrum unter Friedrich III." Bd. I, I. Vorstellg., cap. XIX, § 6, p. 250; — doch weiss Schultes hiervon nichts; es wird in sofern wahrscheinlich, als von Bertholds Söhnen Heinrich VIII. (XII.) durch Verzicht seiner Brüder alleiniger Nachfolger seines Vaters wird, dieser Verzicht aber noch bei Lebzeiten Bertholds im Jahre 1316 — Berthold † 1340 — ausgestellt

konnten dann bei verschiedenen Punkten beobachten, wie sich
diese Politik des Zusammenhaltens geltend machte [1]. — In
Lothringen war bereits seit alter Zeit ein Beispiel für eine solche
Beschränkung der Erbfolge gegeben [2]. — Zwei Jahrzehnte vor
vor unserer Periode, 1473, erliess Albrecht von Brandenburg sein
bekanntes Hausgesetz, dessen Wirkungen wir in der inneren Geschichte der Theilungen der Fränkischen Fürstenthümer verfolgen
konnten. — In Holstein fanden wir die gleiche Tendenz, ein Geltendmachen des Vorrechtes des Erstgeborenen, schon beim Begründer
der Gottorper Linie, dann auch ferner in den Vorgängen der Hausgeschichte [3], bis Johann Adolf in seinem Testament vom 9. Januar 1608
für die Linie Gottorp definitiv das Erstgeburtsrecht einführte. —
In Leuchtenberg traf Johann VI. im Jahre 1531 seine wichtige
Bestimmung. — Für Jülich-Kleve-Berg schuf der Heirathsvertrag
von 1511, wenn nicht ein Vorrecht des Erstgeborenen, so doch eine
Schranke, welche Theilungen unmöglich machte. — Im Jahre 1576
bewirbt sich die Gräfin von Aremberg und ihr ältester Sohn um
eine Stimme im Fürstenrath. — In Meklenburg wurde definitiv die
Primogenitur zwar erst 1637 resp. 1654 für Güstrow [4] eingeführt,
aber schon seit dem Beginn unserer Periode finden gemeinschaftliche Regierungen statt, und werden völlige Theilungen vermieden. —
In Pommern beruft man sich im Jahre 1569 auf alte Erbeinigungen,
nach denen das ganze Land nicht mehr als in zwei Theile getheilt werden durfte. — In Braunschweig-Wolfenbüttel findet sich
bereits Heinrichs des Älteren Bestimmung bei der Hochzeit seines
gleichnamigen, ältesten Sohnes, welche 1535, 1552 und 1582 [5] bestätigt wird. In Kalenberg trifft Erich I. in seinem Testament
vom 26. Juli 1540 eine Bestimmung, welche, im Falle er mehrere
Söhne hinterlassen sollte, diesen eine Theilung untersagt. In Lüne-

wurde; s. Schultes „Diplom. Gesch. von Henneberg" Bd II, p. 54, 55, 57 und
Beilage XXIX die Verzichturkunde.

[1] Gemeinsame Regierungen; Verzichte jüngerer Söhne seit 1316; besonders die beiden Urkunden Wilhelms VI. von 1555 und 1556, wo er sich
für das Vorrecht des Erstgeborenen auf das „uralte und seit menschlich Gedenken" Herkommen beruft, dazu der dieses bestätigende Lehnbrief des Kaisers
von 1566 — cfr. p. 89 mit Anm. 3.

[2] s. Ficker „Reichsfürstenstand" § 189.

[3] 1559 beseitigt Friedrich II. die Ansprüche seiner Brüder.

[4] Ficker „Reichsfstd." § 198, p. 295, nennt zwar das Jahr 1573, doch
muss es sehr zweifelhaft erscheinen, ob durch dieses Testament das Erstgeburtsrecht überhaupt eingeführt wurde; cfr. p. 65, Anm. 7.

[5] Ficker „Reichsfstd." § 198, p. 265, nennt nur dies letztere Jahr.

burg finden wir den Vertrag vom 3. September 1610, in Grubenhagen eine sich — wie es scheint — von selbst regelnde Erbfolge
des Erstgeborenen. — In Pfalz-Zweibrücken führt schon Alexanders
Testament († 1514) die Primogenitur ein; sie wird erneuert in
Wolfgangs Testament vom 16. August 1568[1]), wo auch eine gleiche
Bestimmung Otto Heinrichs für Neuburg erwähnt wird. — In
Hessen sahen sich die Enkel Philipps bewogen, die Primogenitur
einzuführen: für Darmstadt 1606 und 1625, für Cassel 1627 und
1628. — Nur Sachsen macht eine Ausnahme, worauf schon bei der
Besprechung seiner Stimmen hingewiesen ist. — In Baden fanden
wir testamentarisch ein direktes Theilungsverbot Karls II. († 1577).—
Auch in Baiern können wir eine ganze Reihe solcher Versuche
verfolgen, die alle dahin zielten eine Einheit in der Nachfolge herzustellen. Albrecht III., der 1460 starb, verordnete, dass von
seinen vier Söhnen stets nur die beiden ältesten regieren sollten,
und sein Sohn Albrecht IV. (1460—1508) errichtete, nachdem er
seit 1503 ganz Baiern in seiner Hand vereinigt hatte, im Jahre 1506
das erste Bairische Primogeniturgesetz [2]), nach welchem nur seinem
Erstgeborenen und dessen Nachkommen, ebenfalls nach dem Rechte
der Erstgeburt, die Regierung der Bairischen Gesammtlande zustehen
sollte. Auch der Verträge Wilhelms III. mit seinem Bruder Ludwig
von 1514 und 1516 [3]) muss hier wieder gedacht werden, in welcher
Angelegenheit man offenbar eine völlige Theilung zu vermeiden
suchte. Von neuem wird das Erstgeburtsrecht dann in den Ehepakten mit Anna von Östreich im Jahre 1546 bestätigt[4]), und
endlich fand sich Wilhelm IV. im Jahre 1588 mit seinem Bruder
Ferdinand, der ein bürgerliches Mädchen geheirathet hatte, dahin
ab, dass seinen Nachkommen „nach Erstgeburtsrecht" die Nachfolge
zunächst erhalten bleiben, und erst nach dem Aussterben seines
Geschlechtes die Linie Ferdinands zur Regierung gelangen [5]) sollte.
Wir sehen, wie Alles dieses mit der Entwickelung des Fürstenrathes übereinstimmt. Noch vor dem Beginne der besprochenen

---

[1]) Ficker l. c., § 198, p. 265, nennt noch 1591.

[2]) Primogenitur-Sanction d. d. 8. Juli 1506 „Mittwoch nach St. Ulrichstag"
— Buchner „Gesch. von Baiern" Buch VI, p. 596 ff. — Krenner „Bair. Land-
tagsverhdlg." XV, 355—381. — Freiberg „Gesch. der bair. Landstände" II, p.
68 ff. — Schulze „Hausgesetze" I, p. 270.

[3]) s. p. 100, Anm. 5, 6 u. p. 101, Anm. 1.

[4]) s. p. 102, Anm. 2.

[5]) s. p. 102, Anm. 2. — Buchner „Gesch. v. Baiern" Buch VII, § 111,
p. 286; Ferdinands Nachkommen waren die Grafen von Wartenberg, die 1736
ausstarben; l. c. — Ficker „Reichsfürstenstand" § 198, p. 265, nennt nur diesen
Vertrag von 1588.

Periode beginnt das Bestreben, die Fürstenthümer zu festgeschlossenen
Ganzen, zu untheilbaren Körpern zu gestalten; wir finden Theilungen
vermieden durch gemeinsame Regierungen, durch Verträge einzelner
Fürsten mit ihren jüngeren Brüdern, um letztere irgend wie abzufinden, und sehen, wie dieses Princip in definitiven Hausgesetzen
sich namentlich in der zweiten Hälfte unserer Periode geltend macht;
besonders seit dem Beginn des 17. Jahrhunderts, als auch im
Fürstenrathe der neue Grundsatz sich immer deutlicher heraus-
zubilden und festzusetzen beginnt. — Dass auch das Reich diesem
Bestreben, die Fürstenthümer zu consolidiren und ungetheilt zu erhalten, entgegenkam, das zeigt die Erhebungsurkunde Wirtembergs
im Jahre 1495[1]), welche ausdrücklich für das neue Herzogthum
Untheilbarkeit festsetzte; das zeigen die kaiserlichen Bestätigungen
der Testamente, der Erbfolgeordnungen und bei Hessen die kaiserlichen
Primogeniturdiplome für beide Linien, während bei Anhalt bei
Gelegenheit der Urkunde von 1635[2]), welche das Seniorat von
neuem bestätigte, darauf hingewiesen werden konnte, wie auch
andere Verhältnisse, namentlich Gesammtbelehnungen, darauf hin-
führten, das einzelne Fürstenthum immer mehr als eine geschlossene
Einheit zu betrachten.

Bei Baiern[3]) konnte ferner darauf hingewiesen werden, wie
auch die immer lebhaftere Theilnahme der Landstände an der Regierung und Verwaltung des Landes, die, wie hier, sich überall in
der Geschichte der einzelnen Territorialfürstenthümer während des
16. Jahrhunderts verfolgen lässt[4]), mehr und mehr die Einheit des
Fürstenthums als eines staatsrechtlichen Begriffes ausbilden musste,

---

[1]) Ficker p. 260, § 195. — Stälin III, 641 ff. — Stälin „Wirt. Gesch." III
hat ein eigenes Kapitel — § 42, p. 602 ff. — den Wirtembergischen Haus-
verträgen gewidmet, die alle auf die Consolidirung des Fürstenthums abzielen
und in der Aufnahme der Untheilbarkeit und des Erstgeburtsrechtes durch die
Herzogsurkunde ihre abschliessende Spitze erhalten. Schon der Uracher Vertrag
— 12. Juli 1473 — stellt die „Verhütung der Zertrennung Wirtembergs" als
Absicht voran (Stälin III, 602); er wird bestätigt durch den Vertrag zu
Reichenweiher, 26. April 1482 (Stälin III, p. 605). Der Vertrag von Mün-
singen — 14. December 1482 — führt dann eine Senioratserbfolge ein (Stälin
III, 606—608), bestätigt durch den Stuttgarter Vertrag vom 22. April 1485
(Stälin III, 609. 610). Endlich noch der Vertrag von Esslingen — 2. September 1492: „die Herrschaft Wirtemberg soll ungesondert und ungetrennt
bei einander bleiben" (Stälin III, 614. 615).

[2]) s. p. 61.
[3]) s. p. 108.
[4]) bei Braunschweig-Lüneburg namentlich, bei Anhalt, bei Pommern;
wesentlich bedingt wurde diese Theilnahme durch die in dieser Zeit immer
grössere Dimensionen annehmenden Schuldverhältnisse der Fürsten.

und ein ähnlicher Einfluss musste auch von dem Vereinigungs-
punkt der gesammten Reichsstände, dem Reichstage, ausgehen, besonders um den Beginn des 16. Jahrhunderts, als in die Verfassung
des Reiches ein frischeres Leben gekommen war, als das Interesse an der Hebung und Befestigung der Reichseinheit sich
am stärksten geltend machte.

Das Reich als solches hatte ein Interesse, in den Stimm-
verhältnissen des Fürstenrathes eine gewisse Festigkeit zu schaffen,
zumal diesem selbst in der geschlossenen Corporation des Kur-
fürstenkollegiums mit seinen bedeutenden Prärogativen stets ein
Antrieb gegeben sein musste, sich ebenfalls zu solcher Festigkeit
zu consolidiren. Eine solche Beständigkeit, eine feste Gestaltung
liess sich aber doch nur erreichen, wenn man das einzelne Fürsten-
Votum vom Wechsel der Personen möglichst unabhängig zu machen
suchte.

Gehen wir nun den Spuren nach, welche irgend wie auf die
Tendenz hinleiten konnten, die Stimme auf dem Reichstage von der
Person des einzelnen Fürsten abzulösen, so werden wir eine
solche zuerst darin erblicken, dass es schon im 15. Jahrhundert bei
denjenigen Reichsfürsten, welche verhindert waren, persönlich auf
dem Reichstage zu erscheinen, ganz üblich geworden war, sich vertreten [1]) zu lassen, sei es, dass sie ihre Stimme einem andern Fürsten
übertrugen, oder dieselbe durch eigene Gesandte ausüben liessen.
Es musste das sowohl in ihrem eigenen Interesse, als besonders in dem des Reichs liegen, da sich Stände an Beschlüsse,
bei deren Abfassung sie nicht mitgewirkt hatten, durchaus nicht
immer gebunden fühlten. Es lag das Bedürfnis vor, jeden Theil
der Kraft des Reiches, den ein Fürst als Besitzer eines Fürstenthums repräsentirte, an den gemeinsamen Reichshandlungen betheiligt zu sehen. Evident und bewusst ausgesprochen tritt dieses
Bedürfnis in dem Titel VIII. [2]) des Abschiedes zu Worms vom
Jahre 1495 hervor, wo in den §§ 6—17 genau bestimmt wird,

---

[1]) Wir finden in allen Abschieden, die uns in der N. S. aus der Zeit
vor 1495 mit Unterschriften überliefert sind, der Fürsten „Rete" genannt, in den
Reichsabschieden selbst werden wiederholt „Churfürsten, Fürsten und Fürsten-
bottschaften, und der Ständ Abgesandten" erwähnt, so z. B. im Reichsabschied
zu Regensburg von 1471 unter dem Titel „Friedrichs III. Landfriede" N. S. I,
p. 245, 1. Spalte in der Mitte, und öfters. In unserer Periode finden wir sogar
Reichstage, auf denen überhaupt nur Vertreter weltlicher Fürsten vorhanden
waren: so 1497 zu Worms, 1526 zu Augsburg, 1527 zu Regensburg, 1535, 1542
zu Nürnberg, 1543, 1545, dann erst wieder 1598, 1608 und 1641.

[2]) „Abschiede und Befehle auf dem Reichstage zu Worms 1495", N. S. II,
p. 24—27.

welche einzelnen Reichsfürsten mit den auf dem Reichstage nicht erschienenen verhandeln sollen, um noch nachträglich ihre Zustimmung und Unterschrift zu den Beschlüssen desselben zu erlangen. War dies doch der Reichstag, welcher die innersten Interessen der Nation berührte, der die Grundlage zu einer Besserung aller der Schäden zu geben schien, welche so lange an dem Marke des Reiches zehrten und in allen Theilen, von allen Ständen desselben auf's lebhafteste empfunden wurden. Die Durchführung dieser Beschlüsse konnte man nicht von der Willkür des Erscheinens oder Wegbleibens der einzelnen Reichsfürsten abhängen lassen, man musste sie durch die Verpflichtung aller territorialen Gewalten im gesammten Reichsgebiete ins Werk setzen. Die Leistungen, welche für die Errichtung und Erhaltung des Kammergerichts, für die Handhabung des Landfriedens nothwendig wurden, besonders die Aufbringung des gemeinen Pfennigs setzten die Kraft der einzelnen Reichstheile in Contribution, und der Reichstag begnügte sich nicht damit, die Summen, die die Matrikel den einzelnen Fürsten auferlegte, einfach von diesen einzuziehen, sondern bestimmte den Modus, nach welchem die Erhebung der Reichssteuer erfolgen sollte: man ordnete ihre Einziehung durch die Pfarreien an; die Fürsten waren für diese Beschlüsse rein die exekutive Gewalt in den einzelnen Reichstheilen. Nicht um die Person des einzelnen Fürsten als solcher konnte es sich hier handeln, sondern um das, was demselben thatsächlich sein Gewicht gab, um die Basis, auf die sich seine Machtstellung und seine Bedeutung für das Reich begründete, sein Fürstenthum; nicht den Fürsten als Person an sich, sondern als Regierungsgewalt in einem Theile des Reiches wollte man zur Ausführung der Reichsbeschlüsse verpflichtet sehen. Wir sehen dieses auch äusserlich ausgedrückt, wenn die Unterschrift für Wirtemberg im Jahre 1529 nicht wegen „eines Herzogs" zu Wirtemberg, sondern nur „wegen des Herzogthums W." lautet.

Dem entspricht es ferner, wenn wir in den Ausschreiben der Kaiser zu den Reichstagen und in den Beschlüssen einzelner Tage, welche eine neue Reichsversammlung festsetzen, stets nicht nur Fürsten und Stände, sondern auch deren eventuelle Botschaften entboten finden. So findet sich dieses z. B. im Reichsabschiede von 1498, wo zugleich im § 59 die Nothwendigkeit hervortritt, um allen Weiterungen zu entgehen, die Fürsten und Stände zu zwingen, ihre Gesandten mit voller Gewalt auszustatten, indem stipulirt wird, dass andere gar nicht zugelassen werden sollen. Vor allem spricht sich dieses Bedürfnis, die Territorien vertreten zu sehen, in den verschiedenen Fällen aus, wo wir selbst für unmündige Fürsten durch Vertretung Sitz und Stimme ausgeübt sehen. Dabei konnte doch von einer Bedeutung der Person gar nicht die Rede sein; die Stimme war hier eben der Repräsentant des Landes. Wir können auch verfolgen, wie diese Erscheinung erst eine Folge jenes älteren Gebrauches der Fürsten war, sich vertreten zu lassen. Während unter den Subscriptionen der zehn Reichsabschiede, welche aus der Zeit von 1398—1489 mit solchen in der N. S. versehen [1]) sind, keine einzige vorkommt, die in Vormundschaft gegeben wäre, tritt diese Erscheinung erst 1505 auf, von wo an man an der Hand der Zahlen verfolgen kann, wie sie sich immer mehr festsetzt. Es mag hier eine nach Zeitabschnitten geordnete Uebersicht dieser Unterschriften folgen; wir zählen:

von 1505—1521, bei 5 Reichstagen, 6 Unterschriften [2]) in Vormundschaft gegeben; im Durchschnitt auf einen Reichstag also $= 1_{,2}$;

von 1542—51, bei 7 Reichstagen, 10 Unterschriften in Vormdsch. [3]), im Durchschnitt auf einen Reichstag $= 1_{,428}\cdots$;

von 1559—82, bei 6 Reichstagen, 13 Unterschriften [4]), im Durchschnitt $= 2_{,1666}\cdot$, (resp. 10, Durchschnitt $1_{,66}\cdot\cdot$);

von 1594—1613, bei 4 Reichstagen, acht 8 Subscriptionen [5]) (mit

---

[1]) zu Frankfurt 1398, N. S. I, p. 97—100 u. p. 103;
„ Nürnberg 1431, „ „ „ „ 149;
„ „ 1438, „ „ „ „ 165;
„ Frankfurt 1457, „ „ „ „ 189—190;
„ Wien, 1460, „ „ „ „ 190—198;
„ Nürnberg 1466, „ „ „ „ 204—209 u. p. 209—214,
wo ein Brief an den König von Ungarn, mit den Unterschriften der anwesenden Fürsten versehen, gegeben wird;
„ Nürnberg 1467, N. S. 1, p. 224;
„ Regensburg 1471, „ „ „ „ 247;
„ Rotenburg 1487, „ „ „ „ 282—284;
1489, „ „ „ „ 289—290.

[2]) 1505, 1507, 1510, 1512, 1521 für Ott Heinrich und Philipp von Neuburg, und 1510 für Wilhelm von Baiern.

[3]) 1542 zu Speier und Nürnberg: Ruprecht von Veldentz für Wolfgang von Zweibrücken;
1542 (Speier), 1543, 44, 45, 48, 51 für Philibert und Christoph von Baden;
1551 für Georg Friedrich von Brandenburg.

[4]) 1559, 66, 70 für Friedrich von Wirtemberg und Mömpelgart, welche jedoch als anomal nicht in Betracht kommen;
1567 u. 1570 für Philipp von Baden;
1570 u. 76 für Georg Ludwig v. Leuchtenberg;
1576 u. 82 je zwei für Sachsen;
1576 für die Neffen Ulrichs v. Meklenburg;
1582 für die Söhne Karls II. v. Baden.

[5]) 1594, 98, 1603 Bogislaus von Pommern in Vormundschaft seines Vetters und Pflegesohnes;

den theilweise in Vormundschaft gegebenen Sächsisch-Hennebergischen und der des Administrators von Leuchtenberg i. J. 1613 aber 13), im Durchschnitt = 2, resp. 3,₇₈₅ ;

im Jahre 1641—1 [1]) (dazu noch die Erwähnung der unmündigen Fürsten in der Anhaltischen Unterschrift);

im Jahre 1654 endlich 4 Unterschriften [2]) in Vormundschaft (dazu ist bei Anhalt wieder das gleiche wie 1641 der Fall).

In dieser Steigerung des Zahlenverhältnisses der in Vormundschaft gegebenen Stimmen spricht es sich deutlich aus, wie man immer sorgfältiger bemüht war, die Stimmen im Reichsfürstenrath möglichst vollzählig beisammen zu haben und keine derselben in Vergessenheit gerathen zu lassen. Dabei ist es eine beachtenswerthe Erscheinung, sowohl für die formale Entwickelung der Reichsabschiede und ihrer Subscriptionen wie, rückwärts geschlossen, für den Fürstenrath selbst, welche beide immer festere Normen annehmen, dass 1543 die Vormünder der jungen Markgrafen von Baden die Unterschrift für dieselben an ganz besonderer Stelle, mit genauer Einhaltung der Rangordnung geben, und dieses dann stets geschieht.

Diesem Heranbilden fester Formen entspricht es auch, wenn wir in verschiedenen Fällen seit dem letzten Drittel des 16. Jahrhunderts von seiten des Fürstenrathes eine Opposition gegen eine willkürliche Vermehrung der Stimmenzahl verschiedener Häuser fanden, wie wir eine solche Wirtembergs gegen den Versuch, eine Mömpelgartische Stimme in Ausübung zu bringen, verzeichnen konnten, und wie namentlich auch Östreich verschiedentliche Proteste gegen solche Versuche einlegte. Es ist dies ein Einfluss, der von der centralen Reichsgewalt, vom Reiche selbst, ausging, und der das Heranbilden fester Verhältnisse in der Zusammensetzung des Fürstenrathes wesentlich befördern musste.

Ziehen wir schliesslich noch die geistliche Fürstenbank in Betracht, so finden wir auch hier Erscheinungen, welche in erster Reihe nichts anderes bedeuten können, als jenes Bestreben, das

---

1594 für Georg Friedrich von Baden;
1608 und 1613 für die Söhne Friedrich Wilhelms von Sachsen-Altenburg;
1608 Maria von Lothringen für ihre Tochter;
1613 für die Söhne Johanns von Sachsen-Weimar.

[1]) Eleonore Maria von Meklenburg für Gustav Adolf.

[2]) Maria Anna von Baiern: 1) für ihren Sohn, den Kurfürsten und Herzog, 2) für ihren zweiten Sohn, Maximilian von Leuchtenberg; Adolf Friedrich von Meklenburg für Gustav Adolf; Anna Maria von Eggenberg-Gradisca für ihren Sohn.

einzelne Gebiet in lebendige Beziehung zum Reiche zu bringen.
Es prägt sich das in dem Umstande aus, dass geistliche Fürsten,
die mehrere Stifter in ihrer Hand vereinigen, doch für sie alle ihre
Unterschrift geben, es tritt dieses formal noch schärfer zu Tage,
wenn wir sie in vorgeschrittener Zeit diese Unterschriften sogar
einzeln abgeben sehen — zugleich auch ein Zeichen für die sorgfältige Beobachtung der Rangordnung —, und endlich finden wir
ein Analogon zu jenen Erscheinungen auf der weltlichen Fürstenbank, dass die Stimmen erloschener Häuser weitergeführt werden,
hier schon in früher Zeit darin, wenn eine Unterschrift nur „von
wegen eines Stiftes", oder „sede vacante", oder in der Form „von
wegen Dechant und Capitel des Stiftes N." gegeben wird. Wir
lassen hier, ebenfalls periodenweise geordnet, eine Übersicht über
die Zahl der geistlichen Doppelstimmen folgen, wie sie in den Subscriptionen der Reichsabschiede erscheinen, und heben dabei
namentlich diejenigen Fälle hervor, in denen sie in besonderen Unterschriften gegeben werden.

Wir finden von 1500—1530, bei 12 Reichstagen, 14 Doppelstimmen:

Magdeburg-Halberstadt . . . . 7 mal,
Osnabrück-Münster . . . . 1 „
Verden-Bremen . . . . 2 „
Osnabrück-Paderborn . . . . 1 „
Hildesheim-Constanz . . . . 1 „
Naumburg-Freising . . . . 1 „
Worms-Utrecht . . . . 1 „

Dazu 1500 und 1505 Paderborn bei Cöln; Bremen 1500 einmal unter den weltlichen Fürsten angeführt, da es durch
einen solchen vertreten war; man sieht, wie die Formen noch
schwankend sind; noch erscheint keine besondere Unterschrift eines geistlichen Fürsten für ein zweites Stift.

Von 1532—1542 (Speier), bei 4 Reichstagen, erscheinen 11
Doppelstimmen und 2 dreifache:

Magdeburg-Halberstadt . . . . 3 mal,
Verden-Bremen . . . . 3 „
Naumburg-Freising . . . . 1 „
Worms-Speier . . . . 1 „
Worms-Ellwangen . . . . 2 „
Worms-Ellwangen-Freising . . . . . 1 mal i. J. 1542;
Minden-Münster-Osnabrück . . . . . 1 „ i. J. 1542;
Wien-Constanz . . . . 1 mal;

hier erscheinen im Jahre 1532 die ersten getrennten Unter-

schriften für Wien und Constanz; der Bischof von Wien ist dabei
eine ganz singuläre Erscheinung unter den Reichsfürsten;
von 1542 (Nürnberg) —1576, bei 13 Reichstagen, 32 Doppelstimmen
und 14 dreifache:

> Magdeburg-Halberstadt 5mal,
> Bremen-Verden . . . . 5 „
> Brixen-Trient . . . . 7 „
> Oesel-Curland . . . . 3 „
> Ratzeburg-Lehus . . . . 3 „
> Verden-Lübeck . . . . 2 „
> Augsburg-Ellwangen . . . . 2 „
> Ratzeburg-Lübek . . . . 1 „
> Bremen-Osnabrück . . . . 1 „
> Prüm-Stablo . . . . 1 „
> Hildesheim-Freising . . . . 1 „
> Metz-Verdun . . . . 1 „

besondere Unterschriften haben: 1542 und 1543 Halberstadt
und Magdeburg; 1544 und 1576 Paderborn, welches in
Händen des Erzbischofs von Cöln ist; 1559 Brixen; 1555
und 1557 Ellwangen neben Augsburg;

> Worms-Freising-Ellwangen 6mal,
> Minden-Münster-Osnabrück . . . . 5 „
> Bremen-Verden-Minden . . . . 1 „
> Osnabrück-Paderborn-Münster. . . . . . 1 „
> Metz-Toul-Verdun . . . . 1 „

von diesen sind getrennt die Unterschriften von Osnabrück,
Paderborn und Münster im Jahre 1570;

Dazu lässt Trier für Prüm im Jahre 1576 eine besondere
Stimme geben; ferner erscheint Paderborn 4mal bei Cöln;
1570 und 1576 noch Speier-Weissenburg, nachdem letzteres
i. J. 1544 unter einem eigenen Probst den Fürsten beigezählt worden war;

von 1582—1613, bei 5 Reichstagen, 8 Doppelstimmen, 3 dreifache, 1 vierfache, 4 fünffache:

> a) Verden-Lübeck 1mal,
> Hochmeister-Fulda . . . . 2 „
> Halberstadt-Minden . . . . 1 „
> Metz-Toul . . . . 1 „
> Regensburg-Ellwangen . . . . 2 „
> Strassburg-Passau . . . . 1 „
> b) Paderborn-Osnabrück-Bremen . . . . 1 „
> Constanz-Brixen-Murbach . . . . 2 „

c) Hildesheim-Freising-Lüttich-Stablo 1mal,
im Jahre 1582.

d) Münster-Hildesheim-Freising-Lüttich-Stablo . . . 3 „
Münster - Hildesheim - Lüttich - Stablo - Berchtesgaden (hierzu noch Paderborn, das aber keine
von Cöln getrennte Unterschrift hat). . . . . . . 1 „

4mal ist Prüm bei Trier; besondere Unterschriften haben:
1582 Metz und Toul; 1594, 98, 1603 die unter d) erste Reihe, für
welche der Erzbischof von Cöln jedesmal besonders unterzeichnet;
1594 und 1598 die unter b) zweite Reihe;
1594, 98 und 1613 Prüm, welches nur 1603 nicht von der
Unterschrift Triers getrennt ist;
1613 die unter d) zweite Reihe;
1598 Fulda und der Hochmeister-Administrator;
1641 und 1654 erscheinen 2 Doppelstimmen, 2 dreifache, 3 vierfache:

a) Bamberg-Würzburg 3mal,
Regensburg-Osnabrück . . . . 1 „
b) Osnabrück-Verden-Minden . . . . 1 „
Hildesheim-Lüttich-Berchtesgaden . . . 1 „
c) Strassburg - Passau - Murbach - Hersfeld . . . . . 1 „
Hildesheim-Paderborn-Münster-Lüttich . . 1 „
Hochmeister-Strassburg-Passau-Murbach . 1 „

Dazu heisst 1654 Trier der perpetuus administrator von Prüm;
ferner erscheinen in diesem Jahre in besonderen Unterschriften: Constanz und Reichenau, Speier und Weissenburg. Die gesperrt gedruckten Bisthümer erscheinen
alle in besonderen Unterschriften; Bamberg — Würzburg und
Osnabrück — Minden — Verden — konnten zusammengefasst werden, da sie in der Rangordnung auf einanderfolgen.
Die Fälle, in denen eine Unterschrift nur für ein Stift als solches
gegeben wird, mögen hier chronologisch angeführt werden:
1526 „v. w. des Erzstifts Salzburg“;
1541 „Stift Freising“;
„Stift Chur“;
„Stift Passau“ [1]);
1555 „Dechant und Capitel von Minden“;
1559 „Probst, Dechant und Capitel des Thumstifts Freising
sede vacante“;

---

[1]) doch herrscht bei Passau eine Unklarheit, indem es an anderer Stelle,
unter den persönlich anwesenden, geistlichen Fürsten, einen eigenen Administrator hat.

1576 „Stifft Halberstadt sede vacante“;

„Abtei Stabel“;

„Stifft Verden“;

1594 „Dechant und Capitel von Verdun“;

„Fürstl. Bair. Räthe und Maximilian von Oestreich für Fulda als kaiserliche Commission“ [1]);

1641 „Brixen, nach Ableben des Bischofs: Domdechant und Capitel, nachmals Bischof Johann“;

1654 „Paradis von Salzburg, dann das Capitel, nachmals Bischof Guidobald“;

„Bischof Melchior von Bamberg, dann Dechant, Senior und Capitel, dann Bischof Valentin“;

„Dechant und Capitular von Worms“;

„Ellwangen, nach dem Tode des Probstes Johann Jacob Dechant und das Capitel daselbst, nachmals Johann Rudolf“.

Ziehen wir diese Daten in Betracht, sehen wir, wie auf der geistlichen Bank das Princip, mehrere Stimmen in einer Hand ververeinigt doch als solche anzuerkennen, schon in frühen Zeiten unserer Periode anerkannt war, wie schon 1526 für ein Stift eine Stimme geführt wird, deren Träger nicht die Person eines Reichsfürsten ist, so kann es nicht Wunder nehmen, wenn dasselbe sich auch bei den weltlichen Fürsten geltend machte, zumal die ganzen Verhältnisse der Zeit, die tiefe Erregung der Gemüther durch die Religionsspaltung noch ein besonderes Motiv dafür gaben, dass die weltlichen den Grundsatz der geistlichen, für jedes Fürstenthum eine Stimme festzuhalten, auch für sich in Anspruch nahmen. Erinnern wir uns des Antagonismus, der zwischen den beiden Fürstenbänken geherrscht haben muss[2]), zumal im ersten Jahrzehnt der Reformation, wo fast alle weltlichen Fürsten zu den Protestanten hielten, so ist es wohl erklärlich, dass hieraus sich auch ein Einfluss auf die Gestaltung der Stimmverhältnisse des Fürstenrathes ergeben musste. Auf dem Reichstage war ja das Schlachtfeld gegeben, wo in politischen Dingen diese Gegensätze ihre Kräfte gegen einander messen mussten; die Folge musste also sein, dass jeder Theil die seinigen möglichst zu erhalten suchte, während eine willkürliche

---

[1]) die Unterschriften sind nur im Auszuge angeführt.

[2]) s. Ranke „Reformations-Gesch.“ Buch III, cap. 2, im 3 Bande, p. 42: „Bei dem Artikel über die Verpflichtungen z. B. wollten die Geistlichen das Wort „evangelisch“ nicht aufnehmen. Hierüber fielen von der weltlichen Seite so anzügliche Reden etc.“; und ebendort p. 43 im ersten Absatz.

Vergrösserung der Stimmenzahl stets den Widerspruch der anderen Seite hervorrufen musste.

Man möchte an den Zahlen verfolgen, wie die Phasen der Geschichte in dieser Hinsicht sich in der Stimmenzahl des Fürstenrathes ausdrücken. Als man 1555 im Religionsfrieden einen modus vivendi geschaffen hatte, da suchte man ängstlich alle Vorbedingungen, auf denen derselbe basirte, zu erhalten; und merkwürdiger Weise finden wir auch, wie die Stimmenzahl der weltlichen Fürstenbank in dieser Zeit keinen wesentlichen Schwankungen unterworfen ist; weder macht sich ein Steigen noch ein Sinken derselben bemerkbar, sondern sie erhält sich im Durchschnitt auf der Höhe von 31 und 32. Erst mit dem Jahre 1566 beginnen einzelne Veränderungen; Sachsen giebt in demselben zum ersten Male zwei Stimmen ab, aber noch auf dem folgenden Reichstage wieder nur eine. Mit 1570 aber, als auch im politischen Leben die Gegensätze sich wieder zu regen beginnen, fangen die Veränderungen an, Pfalz führt wieder 4, ebenso Hessen jetzt 4 Stimmen; Sachsen übt zwar auch hier nur noch eine Stimme aus, steigert dann aber fortwährend die Zahl derselben, es hält auch die Hennebergische, wie Kurpfalz in der folgenden Zeit die Stimmen von Lautern und Simmern, aufrecht, und nun errichtet die Pfälzische Kurlinie im Jahre 1576 in Lautern ein neues Fürstenthum mit der bewusst ausgesprochenen Intention, für dasselbe eine Stimme im Fürstenrathe, und zwar gerade aus Rücksicht auf den Gegensatz zu den geistlichen Fürsten, zu beanspruchen [1].

Wenn wir hier diesen Antagonismus so lebendig finden, aber auch so bewusst die Wege eingeschlagen sehen, auf denen man sich in demselben behaupten konnte, so ist es um so mehr erklärlich,

---

[1] Diese Motive finden sich im Testament des theilenden Kurfürsten, Friedrichs III., welches derselbe im Jahre 1576 errichtete. Moser Bd. 34, p. 498, § 25, führt den Passus der Urkunde an:

„Zum 29. haben Wir nicht umgehen können. Unsere jüngere Söhn, Hertzog Johann Casimirn und Christophen, dessen auch zu erinnern und zu ermahnen: Nachdem nemlichen bekannt, was es für eine Gelegenheit auf den Reichs- und Versammlungs-Tägen mit den Geistlichen im Reichs-Rath hat, welche sich immer dessen befleissen, dass Ihr · Bank mit vilen Personen besetzt sey, auf dass sie durch das Mehrer diejenigen, so auf der weltlichen Bank sitzen, überstimmen und dasjenige, was sie wollen, hindurch bringen mögen: Damit nun die Stimmen auf der weltlichen Seiten dem heil. Reich zum Besten gestärkt und vermehrt; so erinnern und ermahnen Wir gedachte Unsere Söhne und dero Nachkommen, dass sie, als gebohrene Pfaltz-Grafen, Ihr Stimm und Session in Reichs-Versammlungen nicht begeben, sondern mit Besuch und Beschickung derselben sie behalten und einnehmen und demjenigen, was dem Reich Teutscher

wie man auch alle alten Stimmen von Seiten der weltlichen Fürsten
zu erhalten suchte.

Der Rechtsweg, der hierbei eingeschlagen werden konnte, war
lange durch die verschiedensten Verhältnisse vorgezeichnet; er endete
schliesslich in dem Princip, das Fürstenthum, dessen Begriff mit
einem Lande verknüpft war, als eine juristische Persönlichkeit aufzufassen, die, mochte auch das Land unter mehrere Theilhaber getheilt werden, dennoch mit ihren Rechten in ihrer Einheit bestehen
blieb. Ihren äusseren Ausdruck fand diese Persönlichkeit im Fürstenrathe, wo sie je eine Stimme auszuüben hatte, welche nun unabhängig von dem Weiterbestehen oder Erlöschen einer Fürstenlinie,
unabhängig auch davon, ob das Land getheilt wurde oder in seiner
Gesammtheit intact blieb, immer weitergeführt wurde. Aber allgemein anerkannt, in seinen Consequenzen durchgeführt ist dieses
Princip erst um 1654, während bis dahin auch der andere Grundsatz von der Vermehrung der Fürstenstimmen durch Erbtheilungen
unter mehrere Söhne fortwirkte. Es entspricht diesem Gang der
Dinge, dass wir die stärkste und continuirlich fortschreitende Vermehrung der Stimmenzahl der weltlichen Fürsten gerade in diesem
letzten Zeitraum der besprochenen Periode finden, wo nach Mosers
Annahme bereits der jüngere Grundsatz als anerkanntes Princip
seit 1582 wirken sollte. Diese gesammte Bewegung fand ihren Abschluss erst in der Restitution des Reichskörpers von 1648 und 1654.

Nation, Unserm gemeinen Vaterland, zu gutem reichen mag, nach ihrem besten
Verstand rathen und das Böse abwenden helffen; ist gantz unvonnöthen, sich
desswegen mit einem besonderen Anschlag beschweren und besetzen zu lassen,
sintemahlen, als obsteht, Ihr Angebührniss von Unsern Successoren in der Chur
ohne das erstattet".

—-◆—-

Druck von F. Gruhn in Warmbrunn.

		Worms	1566	1567	1570	1576	1582	1594	1598	1603	1613	1641	1645
Julich-Berg.		1											—
Kleve.	1	1	1	1	1	1	1	1	1	1	—	—	—
Holstein.	(2	(2)	(2)	(2)	(2)	1 (†1)	(2)	(2)	2	(2)	1 (†1)	1 (†1)	—
Savoyen.	(1	(1)	(1)	1	1	1	1	1	1	(1)	(1)	1	(1)	1
Lothringen.	(1)	(1)	(1)	(1)	(1)	1	1	1	1	1	1	1	(1)	1
Aremberg.	—	—	—	—	—	—	—	1	1	1	1	1	(1)	1
Lauenburg.	(1)	(1)	(1)	(1)	(1)	1	1	1	1	1	1	1	(1)	1
Leuchtenberg.	(1)	(1)	(1)	1	1	1	1	1	1	1	1	1	1	1
Henneberg.	(2)	1 (†1)	(2)	1	1	1	1	1	1	1	1	1	1	1
Brandenburg.	1		1	1	1	1	1	1	1	1	1	2	2	2
do. Küstrin.	—			1	1	1	—	—	—	—	—	—	—	—
Wirtemberg.	1	1	(1)	1 (†1)	1	1 (†1)	1	1	1	1	1	1	1	2
	(2)	(2)	(2)	2	1 (†1)	2	2	2	3	2	2	2	1 (†2)	3
Anhalt.	(1)	(1)	(1)	1	1	1	1	1	3	2	1	1	1	
Meklenburg.	1	(1)	(1)	2	(2)	2	2	1 (†1)	(1)	(1)	(1)	1 (†1)	1 (†1)	2
Braunschweig.	(3)	(3)	(3)	4	1 (†3)	4	3 (†1)	3 (†1)	3	2	2	1 (†1)	(4)	4
Hessen.	2			1	1	4	4	4	3	3	3	2	1 (†1)	2
		1	1	2	1	1	2	2	3	3	3	4	4	5
	(2)	1 (†1)	(2)	1	1	1	1	1	1	1	1	1	1	1
	3	(3)	2 (†1)	2 (†1)	3	4	4	5	5	5	5	3 (†2)	(5)	5
	(1)	(1)	(1)	2	2	2	2	2	2	2	2	1 (†1)	2	2
Meissen.	—	—	—	2	1	1	—	—	—	—	—	—	—	—
Östreich.	(1)	(1)	(1)	1	1	1 (†1)	1 (†1)	1	1	1	1	1 (†1)	1	1
Burgund.	—	—	—	1	1	1	1	1	1	1	1	1	1	1
	29	29	29	33	31	35	35	36	37	34	33	34	35	37

Die eingeklamme[nen] Gesammtzahlen der Reichstag[e] bis 1541 je eine Anhaltische [Stimme]; man noch diejenigen der neue[n] [...]nen Mömpelgarts 1559, 1566 und 1570 sind in den Dagegen wäre zu den Reichstagsstimmen von 1521 p. 57). — 1654 kamen zu den 37 alten Stimmen die Nommenys hier eintrat (cfr. p. 30, 31).

Untersuchungen

zur

Deutschen Staats- und Rechtsgeschichte

herausgegeben

von

Dr. Otto Gierke,

ordentl. Professor an der Universität Breslau.

~~~~~~

XII.

Das Recht des Breidenbacher Grundes.
Mit ungedruckten Urkunden und Schöffensprüchen.

Von

Dr. Carl Stammler,
Landgerichtsdirektor zu Giessen.

Breslau.
Verlag von Wilhelm Koebner.
1882.

Das Recht

des

Breidenbacher Grundes.

———

Mit ungedruckten Urkunden und Schöffensprüchen

von

Dr. Carl Stammler,

Landgerichtsdirektor zu Giessen.

Breslau.
Verlag von Wilhelm Koebner.
1882.

Vorwort.

Die eigenartigen Rechtsverhältnisse, welche in dem s. g. Breidenbacher Grund bestanden und sich bis in dieses Jahrhundert hinein erhalten hatten, haben von jeher das Interesse der Rechtsgelehrten, welche Kunde davon hatten, erregt, und dieses Interesse ist ein wohlberechtigtes. Denn einerseits sind die Rechtsinstitute, welche hier vorzugsweise in Betracht kommen, vor Allem die bäuerliche Ganerbschaft, dann das eheliche Güterrecht und das Erbrecht, ganz eigenthümlicher Art und für die Geschichte des deutschen Rechts von unmittelbarer Bedeutung und andererseits geben sie ein Bild von dem allmäligen Eindringen des römischen Rechts. In dieser vom grossen Verkehr ganz abgelegenen Gegend vollzog sich der Uebergang der Rechtsprechung aus den Händen der Laien in die Hände des gelehrten Richterstandes, und damit die Romanisirung, später und langsamer und ist daher deutlicher zu erkennen und zu verfolgen. Darum dürfte eine Darstellung dieser Verhältnisse, wenn auch das Gebiet, auf dem sie sich abgewickelt haben, räumlich nur ein kleines ist, grade für die Receptionsgeschichte und insbesondere auch für die Frage, ob das Eindringen des römischen Rechts schon beim Beginn mehr als Wohlthat oder als Plage empfunden wurde, von Interesse sein.

Bis jetzt haben diese Rechtsverhältnisse eine eingehende und zuverlässige Bearbeitung nicht erfahren und mit Recht sagt Thudichum, Rechtsgeschichte der Wetterau, Bd. II H. 1 S. 31: „Die Literatur über das Eigengericht zu Ober-Eisenhausen ist ziemlich werthlos, obgleich sich nicht leicht ein Alterthumsforscher Hessens, namentlich wenn er Professor in Marburg oder Giessen war, die Gelegenheit entgehen liess, des Gerichts als einer Rarität zu erwähnen." Der Grund dieser Vernachlässigung ist in erster Linie darin zu suchen, dass das hauptsächlichste Quellenmaterial ungedruckt, in Registraturen und Archiven zerstreut ist und eine specielle Sammlung und Verarbeitung erfordert, die bei Herausgabe grösserer Werke, in denen die Rechtsverhältnisse des Breidenbacher Grunds mehr gelegentliche Erwähnung finden, wie in Thudichum's Rechtsgeschichte der Wetterau und Stölzel's Entwicklung des gelehrten Richterthums, nicht wohl thunlich war. Ich habe mich nun bemüht, alles Material zu sammeln und gewissenhaft zu durchforschen und glaube nichts Wichtiges übersehen und unberücksichtigt gelassen zu haben.

Hinsichtlich der Bearbeitung habe ich es für zweckmässig gehalten, den Rechtszustand, wie er sich im Grund Breidenbach entwickelt hatte, in seinen Eigenthümlichkeiten für sich abgeschlossen darzustellen, ohne mich auf weitere theoretische Ausführungen und Vergleichungen mit verwandten Instituten, mochte auch die Versuchung dazu oft nahe liegen, einzulassen, weil dadurch wohl ein anschaulicheres Bild jenes Rechtszustands gegeben und der Zweck, dem die vorliegende Arbeit dienen will, am besten gefördert wird.

Giessen im April 1882.

Carl Stammler.

Inhalt.

		Seite
Einleitung	. . . .	1
Quellen	. . . .	11
Leibeigenschaft	. . . .	14
Ganerbschaft	. . . .	26
Eheliches Güterrecht und Erbschaft	. . . . :	40
Verhältnisse processualer Natur	. . . .	51
Anlagen:		
A. Ordnung des Eigengerichts von 1513	. . . .	58
B. Eigenbuch von 1532	. . . .	61
C. Verordnung vom 13. März 1691	. . . .	65
D. Verordnung vom 19. Juni 1797	. . . .	71
E. Schöffensprüche	. . . .	85

Einleitung.

Nördlich von Giessen zieht sich etwa 12 Stunden lang, eingekeilt zwischen die ehemals kurhessische Provinz Oberhessen im Osten und Nassau und Westphalen im Westen, ein schmaler Streifen Landes hin, das s. g. Hinterland, die früheren Grossherzoglich Hessischen Landgerichte, jetzt Preussischen Amtsgerichte Gladenbach, Biedenkopf und Battenberg umfassend, ein gebirgiges, stein- und waldreiches Stück Land, das sich nur widerwillig durch Ackerbau kümmerliche Erndten abringen lässt. Inmitten dieses schmalen Streifens, der Richtung desselben folgend, liegt ein etwa 5 Stunden langes Thal, von einem sich bei Biedenkopf in die Lahn ergiessenden Bache, der Perf[1]), durchströmt, mit einem Dutzend Dörfer, der s. g. Breidenbacher Grund[2]), der desshalb ein grosses Interesse gewährt, weil sich in ihm eigenthümliche altdeutsche Rechtsverhältnisse bis in dieses Jahrhundert hinein erhalten haben.

Den Grund hiervon kann man nur in seiner abgeschlossenen, vom Verkehr wenig berührten Lage finden. Denn eine eigene Geschichte für sich hat er nicht gehabt; vielmehr theilte er im Grossen und Ganzen die Schicksale des nördlichen Theils der Grossherzoglich Hessischen Provinz Oberhessen und der vormals Kurfürstlich Hessischen Provinz Oberhessen. Er gehörte zu Zeiten Karls des Grossen mit zu dem Ober-Lahngau, dem, wie jedem Gau, ein Graf als königlicher Beamter zunächst zur Handhabung der Rechtspflege vorstand. Diese Verfassung hatte indessen keinen langen Bestand. Schon unter den Karolingern begann die Umwandlung der Grossen aus Beamten in Territorialherren und die Ausdehnung

---

[1]) Daher der Namen des früheren Untergaus „Pernaffa." Wenck II. 438. Rommel I, Anm. 8. 81. Schmidt I. 243.

[2]) Der Flächengehalt beträgt 52100 hess. Morgen = 13025 Hectare = ca. 2½ □ Meile. Nach dem dreissigjährigen Kriege im Jahre 1669 hatte er 2492, im Jahre 1861 = 7666 Einw. Cf. Beitr. zur Statistik v. 1864, woselbst sich auch noch weitere Angaben über die früheren Bevölkerungsverhältnisse finden i. sp. S. 70.

Stammler, Der Breidenbacher Grundsbrauch.

ihrer Machtbefugnisse über den ihnen anvertrauten Gau sich zu vollziehen. So war auch schon gegen das Ende des 9. Jahrhunderts der Ober-Lahngau nicht mehr ein für sich bestehender Gau, sondern ein Theil der Besitzungen des Grafen Conrad von Hessen. Es ist dies derselbe, welcher für seine wesentliche Betheiligung an der Absetzung Karl's des Dicken auf dem Reichstag zu Trebur im Jahre 887 und Erhebung Arnulf's auf den Thron, von Letzterem zum Herzog von Thüringen und Herzog der Franken ernannt wurde. Sein ältester Sohn war der im Jahre 911 zum Deutschen König erwählte Conrad I. Als Graf in Hessen und Herzog der Franken folgte ihm sein zweiter Sohn Eberhard, der in einer Fehde mit Kaiser Otto I. 939 fiel. Seine Besitzungen in Hessen kamen darauf an Herzog Hermann von Schwaben (gest. 949), dann an dessen Tochtermann Ludolf (gest. 957), dessen Sohn Otto 982 kinderlos starb.

Schon unter den beiden Letztgenannten war der Ober-Lahngau zum grossen Theil in die Hände verschiedener, von einander unabhängiger grösserer und kleinerer Herren übergegangen, und ein Jahrhundert lang fand ein steter Wechsel der Besitzungen und der Besitzer statt, bis im Anfang des 12. Jahrhunderts ein Graf Giso von Gudensberg einen grösseren Theil des zerrissenen Landes unter sich wieder vereinigte. Derselbe hatte nur eine Tochter Hedwig, die sich mit Ludwig I., der von Kaiser Lothar im Jahre 1125 zum Landgrafen von Thüringen ernannt worden war, vermählte und ihm die väterlichen Besitzungen in Oberhessen zubrachte, zu denen namentlich Biedenkopf und Gladenbach gehörten [1]).

Als mit Heinrich Raspe IV., einem Bruder Ludwigs IV., des Gemahls der heiligen Elisabeth, 1247 der männliche Stamm der thüringischen Landgrafen erlosch, fiel Hessen an den damals 3 Jahre alten Sohn der mit dem Herzog Heinrich von Brabant vermählten Tochter Ludwig's IV. Sophie, Heinrich das Kind. Derselbe nahm, weil er von den Landgrafen von Thüringen abstammte, den Titel Landgraf von Hessen an. Seine Regierung fällt in die Zeit des Interregnums und der Kaiser Rudolf von Habsburg (1272—1291), Adolf von Nassau (—|1298) und Albrecht von Oestreich (—1308) — er starb 1308 — und war, wie auch diejenige seiner nächsten Nachfolger, durch zahlreiche Fehden mit weltlichen und geistlichen, kleinen und grossen Herren ausgezeichnet. Dass diese zu jenen Zeiten ganz Deutschland in steter Unruhe erhaltenden Fehden auch zu vielen Territorialveränderungen beitrugen, ist natürlich.

---

[1]) Schmidt I. 105.

Im Grund Breidenbach finden wir im 13. u. 14. Jahrhundert neben den Landgrafen begütert die Grafen von Wittgenstein und von Nassau, sodann von niederem Adel die Herrn von Breidenbach, von Hohenfels, von Diedenshausen, von Lixfeld, von Linnen, von Selbach, von Dernbach, die Rumpfe, die Bicken u. a. Deren Besitzungen waren theils Allodien, theils Lehen der vorher genannten Grafen. In Folge von Kauf, Erbschaft, Gewalt und aus anderen Gründen verschwanden nach und nach die Namen dieser kleineren Herren bis auf die von Breidenbach[1]). Diese mussten aber im Jahre 1395 nach einer Fehde mit Landgraf Hermann dem Gelehrten diesem ihre sämmtlichen allodialen Besitzungen als Lehen auftragen[2]), so dass von da an, da auch die Grafen von Nassau und von Wittgenstein nur noch insofern in Betracht kamen, als von ihnen die Herren von Breidenbach einzelne Theile von Gerichten zu Lehen trugen, die Landgrafen von Hessen als anerkannte Landesherrn des ganzen Grundes Breidenbach erscheinen[3]). Durch die Theilung Hessens unter Philipp's des Grossmüthigen Söhnen im Jahre 1567 kam das Hinterland an die nachmalige Grossherzoglich Hessische Linie, bei welcher es bis zum Jahre 1866 verblieb.

2. Mit dem Wechsel der Herren war auch stets eine Veränderung der Gerichte verbunden. Die alte Gauverfassung war längst verschwunden. Aus der altdeutschen Anschauung, dass der König der oberste Gerichtsherr sei, hatte sich die Ansicht entwickelt, dass die Gerichtshoheit überhaupt dem Herrn des betreffenden Grund und Bodens zustehe. Da diese zugleich eine Quelle von Einkünften war, so wurde sie auch sehr häufig mit oder ohne den Grund und Boden zu Lehen gegeben oder verpfändet. Hierdurch kam es, dass eine unendliche Zersplitterung der Gerichte eintrat und an den einzelnen Gerichten eine grössere Anzahl von Personen zu verschiedenen Bruchtheilen betheiligt war.

Dies zeigt sich auch im Grund Breidenbach. Hier waren in Folge der Besitzwechsel mehrere Gerichte entstanden, welche — so-

---

[1]) J. R. von Hohenfels verkaufte seinen Theil an dem Gericht zu Breidenbach an die Herrn von Breidenbach schon im Jahre 1380. (Marb. Acten.)

[2]) Deductio caus. S. 23. Anl. C. D. u. E. S. 191. — Scriba, Reg. II No. 1845, 2375, 2462, 3197, 3199. — Succ. et vera. Beil. 3.

[3]) Als solchen stand ihnen auch die hohe Jagd zu und Landgraf Ludwig konnte desshalb am 22. Juni 1589 denen von Breidenstein befehlen, weil er demnächst im Amt Biedenkopf und Breidenbacher Grund nach Hirschen jagen wolle, sich der Hasenjagd zu enthalten und die Hunde bändig zu machen, damit ihm das Wild nicht verscheucht werde. (Marb. Acten XII. 1.)

weit überhaupt die Existenz bäuerlicher Gerichte neben den gelehrten Richtern noch Bedeutung hatte — bis in den Anfang dieses
Jahrhunderts bestehen geblieben sind, nämlich:

1. Das Untergericht oder das Gericht Breidenbach. Dieses
zerfiel in

    a) das Gericht Melsbach[1]) mit den Dörfern Klein-Gladenbach[2]),
       Wiesenbach, Achenbach, Ober-Dieden, Weifenbach und einem
       Theil von Wallau, nämlich dem in „Elsbach“,

    b) das Schmittsgericht mit einem Theil von Breidenbach „hinter
       dem Kirchhof“, einem Theil von Wallau „unter'm Weg“ und
       Wolzhausen,

    c) das Erbgericht mit einem Theil von Wallau „im Heimbach“,
       einem Theil von Breidenbach „vor dem Kirchhof“, Nieder-
       Dieden, Quotshausen und Nieder-Hörlen,

    d) das Gericht Breidenstein, nur aus dem Städtchen Breiden-
       stein (jetzt ca. 400 Einw. zählend) bestehend,

2. das Obergericht[3]). Dieses zerfiel in

    a) das Gericht Lixfeld mit den Dörfern Simmersbach, Ober-
       Hörlen, Lixfeld, Frechenhausen und Gönnern,

    b) das Gericht Ober-Eisenhausen mit Ober- und Nieder-Eisen-
       hausen und Steinperf,

    c) das Gericht Roth, nur aus dem Dorfe Roth (jetzt ca.
       280 Einw.) bestehend[4]).

Nach dem Verschwinden der übrigen Familien von niederem
Adel stand die Gerichtsbarkeit im Grund Breidenbach — abgesehen
von derjenigen des Landgrafen, welche er über seine Leibeigenen
und deren Güter auf dem Eigengericht zu Ober-Eisenhausen und
bezw. durch den Rentmeister zu Blankenstein ausüben liess (vgl.
Anl. A.)[5]) — den Herren von Breidenbach zu und zwar theils als

---

    [1]) Elsbach oder Melsbach heisst jetzt nur noch ein einzelner Hof, zu der
Gemarkung Breidenstein gehörig. Das Dorf Melsbach ist nach Erbauung des
Schlosses Breidenstein im Jahre 1395 zu dem Städtchen Breidenstein, dem
schon 1398 von Kaiser Wenceslaus Stadtgerechtigkeit verliehen wurde, gezogen
worden.

    [2]) Dieses ist immer gemeint, wenn in den Schöffensprüchen von Gladen-
bach als einem Dorfe im Breidenbacher Grund die Rede ist.

    [3]) Ober- und Untergericht hiessen sie nur der Lage wegen.

    [4]) Ded. caus. Anl. F. S. 197.

    [5]) Es gehörten zu diesen landgräflichen Leibeigenen und Gütern auch
diejenigen, welche den Herrn von Dernbach als landgräfliche Lehen gegeben
und nach deren Aussterben an den Landgrafen heimgefallen waren. (Bericht
Klipstein's Anm. ad § 7, S. 24.)

Lehen der Grafen von Nassau und von Wittgenstein, theils, nämlich in den Bezirken, welche vor dem Jahre 1395 Allod gewesen
waren, als Lehen der Landgrafen von Hessen. Die so übertragenen
Antheile waren sehr ungleich und wurden noch complicirter, nachdem sich die Herren von Breidenbach im 15. Jahrhundert in zwei
Linien: von Breidenbach zu Breidenstein und von Breidenbach genannt Breidenstein, gespalten hatten, von welchen jede bei Lehn-
fällen besondere Lehnbriefe ausgestellt bekam[1]).

Danach war z. B. der Linie von Breidenbach von den Grafen
von Wittgenstein verliehen $\frac{1}{6}$ und $\frac{1}{16}$ des Gerichts zu Breidenbach als uralt Lehen, sodann $\frac{1}{2}$ Drittheil desselben Gerichts als
Selbachsches Pfandlehen, ferner $\frac{1}{4}$ an $\frac{1}{8}$ und noch $\frac{1}{4}$ an $\frac{1}{4}$ des
Gerichts zu Lixfeld.

Dazu kam nun noch, dass Landgraf Ludwig zu Hessen-Marburg
durch Kauf vom 14. März 1575 von Caspar und Georg Schutzbar
genannt Milchling und Caspar Magnus Schenck zu Schweinsberg
das von ihren Müttern, Töchtern des ohne Söhne verstorbenen
Caspar von Breidenbach, vererbte Viertheil des Breidenbacher Antheils für 13 000 fl.[2]) und am 22. Januar 1594 von dem kinderlosen Caspar von Breidenbach genannt Breidenstein dessen Antheil
($\frac{1}{6}$) an dem Grund Breidenbach, an Dorf und Gericht Roth, Thal
und Gericht Breidenstein, Gericht Eisenhausen und Zugehörungen
für 3000 Rthlr. erwarb[3]). Diese Erwerbungen umfassten die Antheile der Verkäufer an allen Besitzungen, gleichviel ob' es Lehen
von Nassau, von Wittgenstein oder von Hessen waren. Durch
Vergleich vom 14. April 1648 zwischen Hessen-Kassel und Hessen-
Darmstadt wurden sie der letzteren Linie zugetheilt[4]). Hundert
Jahre später fochten die Herren von Breidenbach und von Breiden-

---

1) Scriba, Reg. II No. 2495, 3192, 3196, 2173, 2606, 3064, 3151, 3195. — Deduct.
caus. P. II. S. 171. — Marb. Acten, Copialbuch über Nass. Lehen. — Der
Schiedsbrief über die Theilung unter den Brüdern Gerlach und Johann von
Breidenbach datirt von 1457. Succ. et vera, S. 7 und Beil. 4.

2) Die Darstellung Stölzel's S. 571, als wenn die von Breidenstein als
vorher nicht mitberechtigt später neu hinzugetreten seien, ist nach Obigem
mindestens ungenau. Ebenso waren nicht eigentlich die Familien von Milchling und von Schenck, wie Stölzel sagt, mitbetheiligt. Nur die beiden oben-
genannten Schwiegersöhne des Caspar von Breidenbach hatten nach dessen
Tod im Jahre 1541 dessen Antheil in Besitz genommen und dieserhalb am
Hofgericht zu Marburg verklagt noch vor Beendigung des Processes im Jahre
1575 an den Landgrafen verkauft (Succ. et vera S. 8 und Beil. 12). — Scriba,
Reg. II No. 2942.

3) Scriba, Reg. II No. 2997. Succ. et vera S. 11 f. und Beil. 14.

4) Ded. caus. Facti sp. S. 20. 45. 53. Anl. B. S. 189.

stein in einem bei dem Reichskammergericht angestrengten Process jene Verkäufe als ungültig an, jedoch ohne Erfolg.

Nach diesen Vorkommnissen waren betheiligt:

1. am Untergericht (ausser Breidenstein) und am Gericht Ober-Eisenhausen der Landesherr mit $^3/_8$, die Herren von Breidenbach mit $^2/_8$ und die Herren von Breidenstein mit $^3/_8$,

2. am Gericht Roth der Landesherr mit $^1/_4$ und die Herren von Breidenbach mit $^3/_4$ und

3. am Gericht Lixfeld der Landesherr mit $^6/_{16}$, die Herren von Breidenbach mit $^4/_{16}$ und die Herren von Breidenstein mit $^6/_{16}$.

In einem Berichte des Landgerichts Gladenbach vom 26. August 1813 in den Biedenkopfer Acten macht der neu ernannte Landrichter Mittheilungen über die von ihm vorgefundenen Verhältnisse bezüglich der Rügegerichte im Grund Breidenbach. Er führt aus: es würden solche Gerichte gehalten in Breidenbach, Nieder-Eisenhausen, Breidenstein, Roth und Lixfeld mit den dazu gehörigen, oben aufgeführten Orten, sowie weiter das Vogteigericht zu Ober-Hörlen. Dabei bemerkt er aber: dem Gericht zu Lixfeld habe ein Gerichtsschultheis des Fürsten von Wittgenstein beigewohnt; und von den Rügestrafen, den gegen herrschaftliche Leibeigene wegen Verheirathung mit einer Ungenossin (s. unten S. 23) und den Besthäuptern von verstorbenen adeligen Leibeigenen aus dem Gericht Lixfeld bezöge der Fürst von Wittgenstein die Hälfte, die Herrschaft $^3/_8$ und die Familie von Breidenbach $^1/_8$. Der Verf. hat sonst nichts von einer Mitbetheiligung des Fürsten von Wittgenstein an der Gerichtsbarkeit finden können, namentlich auch nichts von einer Abtretung der Patrimonialgerichtsbarkeit Seitens jenes an den Landesherrn. Vielmehr hat dieser die Jurisdiction im ganzen Grund Breidenbach übernommen, nachdem die Herren von Breidenbach und von Breidenstein ihm ihre Rechte durch Vertrag vom 14. August 1823 abgetreten hatten. Sie wurde danach von den Landgerichten Gladenbach und Biedenkopf ausgeübt, von ersterem in den Orten des s. g. Obergerichts, von letzterem in den Orten des s. g. Untergerichts oder Gerichts Breidenbach[1]).

Allerdings hatten die Grafen von Wittgenstein als Lehnsherren

---

[1]) Die Angabe Stölzel's S. 575, die Ausübung der Gerichtsbarkeit im Gericht Breidenbach sei dem Landgericht Gladenbach übertragen worden, beruht auf einem Irrthum. Das angezogene Rescript vom 10. Februar (nicht Januar) 1824 spricht nur von den Ortschaften, welche durch die Verordnung vom 14. Juli 1821 — Reg.-Bl. No. 33 — dem Landgerichtsbezirk Gladenbach zugetheilt worden seien.

der Herren von Breidenbach seiner Zeit gegen die Verkäufe vom 14. März 1575 und 24. Januar 1594 protestirt und die Verkäufer versprochen, jenen zur Abfindung einen Hof zu Florstadt zu Lehen aufzutragen, waren auch durch den Landgrafen aufgefordert worden, dies unverzüglich zu thun[1]). Die Acten geben aber keinen Aufschluss, ob es geschehen und alle Ansprüche der Grafen von Wittgenstein an das Gericht Lixfeld aufgehoben worden sind.

3. Für jedes Gericht waren Schöffen[2]), sowie ein Schultheis von dem Landesherrn und einer von den Junkern bestellt. Die einzelnen zum Untergericht gehörigen Gerichte wurden indessen schon frühe in eins zusammengezogen, das in Breidenbach seinen Sitz hatte und in späterer Zeit auch Unteramt Breidenbach genannt wurde, im Gegensatz zum Amt Gladenbach, welches das Oberamt hiess. Wie aber überall in Deutschland, so hatte sich auch hier der Uebergang der Rechtsprechung von den Laiengerichten auf den gelehrten Richter, d. h. den landesherrlichen Beamten, vorbereitet und nach und nach langsam vollzogen. Die landesherrlichen Hoheitsrechte im Grund Breidenbach hatte der Rentmeister zu Blankenstein zu wahren. Blankenstein war eine Burg bei Gladenbach, welche ursprünglich den Herren von Rodheim gehörte. Dieselben verloren sie während der kaiserlosen Zeit des Interregnums in einer Fehde mit Walther von Nordeck und Siegfried von Biedenfeld. Die Landgräfin Sophie, die Mutter Heinrich's des Kindes, nahm sich aber ihrer an, bemächtigte sich der Burg wieder und gab sie an die alten Eigenthümer zurück. Diese mochten sich indessen zu schwach fühlen, sie für die Folgezeit zu behaupten und trugen sie desshalb der Landgräfin als Lehen auf und traten später auch das volle Eigenthum an die Landgrafen ab. Danach machten zwar die Herren von Merenberg, die Erben der Grafen von Gleiberg, Ansprüche an die Burg, verzichteten aber darauf durch einen Vergleich vom 28. September 1323[3]). Im Anfang des 16. Jahrhunderts war sie von Philipp dem Grossmüthigen dem vertriebenen Herzog Ulrich von Würtemberg als Zufluchtsstätte eingeräumt. Gegen Ende des dreissigjährigen Kriegs wurde sie im Hessenkrieg von beiden Seiten öfter eingenommen[4]) und im Jahre 1646 zerstört,

---

[1]) Marb. Acten XII. 1.

[2]) Bis zum Jahre 1765 ist in den Spruchsammlungen der Namen „Schöpfen" gebraucht, von da an „Schöffen."

[3]) Rommel, II. Anm. S. 83 f. Wenck, II. Urk. No. 291. Kraft, Gesch. von Giessen S. 271.

[4]) Rommel, Bd. VIII, S. 691—713.

bald darauf jedoch wieder als Wohnung des landgräflichen Beamten hergerichtet und als solche bis 1770 benutzt. Jetzt ist es eine vollständig zerfallene Ruine.

Der landgräfliche Beamte vereinigte in sich die Funktionen als Finanzbeamter und als Verwaltungsbeamter, und es ist darum auch nichts Auffallendes, dass er ursprünglich Rentmeister und seit Anfang des 18. Jahrhunderts Amtmann hiess. Er war eben der den Landesherrn vertretende Beamte und darum auch derjenige, welcher den Laiengerichten in seinem Bezirk nach und nach die Rechtsprechung aus den Händen nahm.

Dass indessen doch die Schöffengerichte im Breidenbacher Grund länger iu Thätigkeit geblieben sind, als an vielen andern Orten, dass sie namentlich auch für das materielle Recht hier eine grössere Bedeutung hatten und der gelehrte Richter, umgekehrt, wie im grössten Theile Deutschlands, sich bei ihnen Raths erholte und danach urtheilte, erklärt sich aus den eigenthümlichen recht-lichen Verhältnissen, welche hier bestanden bezw. sich aus alter Zeit erhalten hatten. Es beruhten diese

1. auf einer eigenthümlichen Form von Leibeigenschaft und
2. auf dem ganerbschaftlichen Verband der Güter.

Hieran reihen sich

3. andere von dem gemeinen — römischen oder deutschen — Recht abweichende Bestimmungen über das eheliche Güter-recht und das Erbrecht und
4. Besonderheiten bezüglich der Ausübung der Jurisdiction.

4. Die über diese Verhältnisse geltenden rechtlichen Grund-sätze waren das Recht, wie es sich naturgemäss in diesem Landes-theil aus dem Volke selbst herausgebildet hatte und im Kampfe mit dem eindringenden römischen Recht erhielt. Von den römisch-rechtlich gebildeten Beamten freilich wurde, wie im übrigen deutschen Reich, das römische Recht, das doch als ein fremdes ein-geführt wurde, als das ursprüngliche, überall geltende Recht angesehen und den damit nicht harmonirenden von Alters her-gebrachten Rechtsinstituten nur die Bedeutung eines Gewohnheits-rechts zugestanden. Dass diese letzteren lange Zeit Widerstandskraft bewahrten und in Geltung blieben, das war eben die Folge der bis in dieses Jahrhundert hinein erhalten gebliebenen Schöffen-verfassung und der Rücksicht, welche die Beamten niederer und höherer Instanz, nachdem die Rechtsprechung auf sie übergegangen war, den Zeugnissen der Schöffen über das im Grund Breidenbach geltende Recht zu Theil werden liessen. Im Laufe der Zeit, namentlich in der zweiten Hälfte des vorigen Jahrhunderts, be-

schränkte sich die Thätigkeit der Schöffen fast nur darauf, zu bestätigen, dass die in früheren Aussprüchen enthaltenen rechtlichen Grundsätze richtig seien und noch gälten, und diese Aussprüche auf geschehene Anfrage mitzutheilen. Häufig begnügten sie sich hiermit auch dann, wenn die früheren Aussprüche auf den neuen Fall nicht genau passten oder ihn wenigstens nicht erschöpften. Ihre eigentliche Aufgabe, fortwirkend Recht zu schaffen, zu bekunden, was nach dem Volksbewusstsein Recht sei, konnten sie nicht mehr erfüllen, vielmehr stellten sie bei schwierigen Fragen, wenn sie nicht einen älteren halbwegs passenden Spruch fanden, die Entscheidung dem Amt anheim und äusserten dabei höchstens ihre Ansicht gutächtlich, gleichsam als Privatpersonen.

In der älteren Zeit war es üblich, dass, wenn über eine Rechtsfrage unter zwei Betheiligten Streit entstand, der Eine von ihnen sich einen Ausspruch der Schöffen des betreffenden Gerichts geben liess und diesen da, wo der Rechtsstreit anhängig war, zum Beweise seines Anspruchs producirte. Je mehr aber die Rechtsprechung in die Hände des gelehrten Richters überging, desto mehr kam der Gebrauch auf, dass die Parteien ihre Rechtssache nur dem Amt vortrugen und dieses vor der Entscheidung die Schöffen aufforderte, den über die betreffende Rechtsfrage bestehenden Brauch mitzutheilen. Auch die weitere Folge jenes Uebergangs trat ein, dass nicht mehr der Ausspruch des ganzen Schöffenstuhls, sondern nur einzelner Schöffen gefordert wurde und es kam hierbei auch vor, dass das Amt die Schöffen bezeichnete, welche die verlangte Antwort ertheilen sollten (cf. Schöffenspruch No. 217).

Leider sind die Schöffensprüche als Originalien zum grössten Theil verloren gegangen. Es sind aber Abschriften einer grossen Anzahl, jedoch vorzugsweise nur aus dem Gericht Breidenbach, vorhanden, an deren Aechtheit und Uebereinstimmung mit den Originalien — abgesehen von Abweichungen in der Orthographie und von beim Copiren kaum vermeidlichen Fehlern — zu zweifeln kein Grund vorliegt, wenn sie auch in keiner Weise beglaubigt sind und meistens nicht die Unterschriften der betreffenden Schöffen wiedergeben. Da sie nur theilweise im Druck erschienen sind[1]), glaubt der Verfasser durch Veröffentlichung sämmtlicher ihm bekannt gewordener Schöffensprüche (Anl. E.) einem rechtshistorischen Interesse zu dienen. Eine Anzahl, welche absolut nichts weiter enthält, als die Angabe, dass ein früherer Schöffenspruch eröffnet worden sei, ist dabei nur tabellarisch aufgeführt.

---

[1]) Vgl. die Anm. zur Anlage E.

Aus diesen Sprüchen geht hervor, dass sich der Rechtszustand im Grund Breidenbach von der Mitte des 16. Jahrhunderts an bis in den Anfang dieses Jahrhunderts im Ganzen kaum verändert hat und die Darstellung jenes Zustands sich also auf diesen ganzen Zeitraum erstreckt, soweit nicht ausnahmsweise auf eine Modification hingewiesen ist.

Quellen.

I. Handschriftliche Urkunden.

Das reichhaltigste Material liefern

a) die Sammlungen der Schöffensprüche.

α) Eine solche, von dem Gerichtsschreiber Kuntzmann gefertigt, befindet sich dermalen im Besitze des oberhessischen Vereins für Localgeschichte zu Giessen. Ihr sind die Sprüche 1—105 und die Notizen 19a, 20a, 32a der Anl. E. entnommen.

β) Eine Sammlung, von dem gemeinschaftlichen, d. h. Hessischen und Breidenbach'schen Gerichtsschreiber Hoffmann zu Breidenbach unterm Datum den 18. August 1729 gefertigt und von Anderen, namentlich dem Gerichtsschreiber Bergen, fortgesetzt bis zum Jahre 1801, befindet sich in einem gehefteten Buche des Amtsgerichts Biedenkopf. Sie enthält die Sprüche 5—18, 20—88, 93—119, 121—221 der Anl. E.

Die in Nachfolgendem im Text eingeklammerten Zahlen weisen auf die betreffenden Sprüche hin.

Sodann enthalten manches Interessante:

b) die Acten des Amtsgerichts Biedenkopf, den Breidenbacher Grundsbrauch betr., jetzt in das unter β) erwähnte Buch eingeheftet, citirt mit „Biedenk. Acten“.

c) die Acten gleichen Betreffs, nach 1866 von dem Hofgericht der Provinz Oberhessen an Preussen abgegeben, jetzt in der Registratur des Oberlandesgerichts zu Kassel befindlich.

d) eine grosse Anzahl von Acten, die Verhältnisse der Herren von Breidenbach und den Breidenbacher Grund in den verschiedensten Beziehungen betreffend, im K. Preuss. Staatsarchiv zu Marburg aufbewahrt, meist nach 1866 aus dem Haus- und Staatsarchiv zu Darmstadt an Preussen abgegeben, mit römischen nnd arabischen Ziffern bezeichnet, citirt mit „Marb. Acten“.

e) eine Sammlung von Abschriften verschiedener, den Breidenbacher Grundsbrauch betr. Actenstücke in einem „Copialbuch“ im Besitze des historischen Vereins für hessische Landeskunde zu Kassel.

f) einige Actenstücke im Besitze des oberhessischen Vereins
für Localgeschichte zu Giessen, insbesondere Abschriften eines Be-
schwerdeberichts der Herren von Breidenbach an die landgräfliche
Regierung von 1753, des Gegenberichts des Amtmanns Klipstein
zu Gladenbach vom 10. März 1753 und zweier Verfügungen der
Regierung zu Giessen an den Amtmann zu Gladenbach und den
Amtsschultheis zu Breidenbach vom 5. Mai 1753.

Alle diese Urkunden haben die betr. Beamten und Behörden
mit der grössten Bereitwilligkeit dem Verf. zur Einsicht und Benutzung freigestellt und ihn dadurch zu verbindlichstem Danke verpflichtet.

Leider konnte weder in Marburg, noch im Haus- und Staatsarchiv zu Darmstadt der einschlagende Band (III. B.) der „Relation der verordneten Commission über die im Oberfürstenthum
Hessen, Marburger Theils, vorgangene politische Landvisitation",
welcher das Amt Blankenstein und Grund Breidenbach betrifft,
aufgefunden werden.

An die aufgeführten Urkunden schliessen sich zwei Schriften,
welche zwar gedruckt sind, aber ihrem Charakter nach doch zu
den Manuscripten gezählt werden können, nämlich zwei Streit-
schriften, in dem im Jahre 1738 von den Herren von Breidenbach
bei dem Reichskammergericht anhängig gemachten Processe gegen
den Landgrafen von Hessen eingereicht:

g) eine Eingabe der Herren von Breidenbach auf die am
6. Juni übergebene Quadruplik, betitelt: Succincta et vera ex
genuinis documentis deprompta facti species una cum fideli extractu
actorum, citirt mit „Succ. et vera".

h) ein von dem Hessen-Darmstädtischen Hofrath und Ober-
appellations-Referendarius Falcke verfasstes Restitutionsgesuch vom
Jahre 1751, betitelt: Deductio causarum restitutionis in integrum
contra sententiam d. XVI. Dec. 1748 latam, citirt mit „Ded. caus.".

II. Druckschriften[1]).

Archiv für hess. Geschichte, Bd. 1 S. 229—233, Bd. III H. 2
Nr. XI S. 21 ff., Bd. IV H. 2. S. 25—28, Bd. VI S. 315—317,
Bd. XII S. 185.

Baur, Hess. Urkunden. Darmstadt 1846 ff.

Eigenbrodt, Handb. d. Gr. Hess. Verordnungen. Darmstadt 1816.

Endemann, De scabinis. Marburg 1840.

---

[1]) Die nur einmal citirten Schriftsteller sind hier nicht mitaufgeführt.

Estor, Joh. Gg., Kleine Schriften II. Giessen 1736.

Estor, Joh. Gg., Marburgische Beiträge zur Gelehrsamkeit. Marburg 1749.

Grimm, Jac., Rechtsalterthümer. 2. A. 1854.

Grimm, Jac., Weisthümer III u. V. 1840 ff.

Hallwachs, De centena illimitata. 1746.

Kopp, C. Ph., Nachr. v. d. Verfassung der Gerichte in den Hessen-Casselischen Landen. Kassel 1769.

Kuchenbecker, Joh. Ph., Analecta hassiaca. Marburg 1730.

Mogen, L. Gottfr., Meditatio de aedificiis et arboribus radicatis jure Germanico non inter res immobiles sed mobiles referendis. Giessen 1759.

von der Nahmer, Handb. d. Rhein. Particularrechts. 1831. (In Bd. II S. 915 ff. sind die Schöffensprüche 5—18, 20—31, 33—58, 60—88, 93—101 und 106—120 abgedruckt.)

Rommel, Christoph, Geschichte von Hessen-Kassel. 1820 ff.

Schmidt, J. Ernst Chr., Gesch. d. Grossh. Hessen. Giessen 1818.

Scriba, Regesten der gedruckten Urkunden zur Landes- und Ortsgeschichte des Grossh. Hessen. II. 1849.

Senckenberg, H. Chr., Dissertatio de jure observantiae ac consuetudinis. Giessen 1743; und Commentatio de jure Hass. priv. ant. et hod. Giessen 1742.

Stölzel, Ad., Die Entwicklung des gelehrten Richterthums. Stuttgart 1872.

Thudichum, Friedr., Rechtsgesch. der Wetterau. II. Tübingen 1874.

Walch, das Näherrecht. 1795.

Waldschmidt, J. Wilh., De hominibus propriis hassiacis (Verf. Chr. Friedr. Goy). Marburg 1716.

Wenck, Helfr. Bernh., Hess. Landesgesch. 1783 ff.

von Zangen, Beiträge zum Deutschen Recht. 1788.

von Zangen, Abtriebsrecht. 1800.

Leibeigenschaft [1].

5. Wie die Leibeigenschaft in unserem Thale entstanden ist und welche Formen und Eigenthümlichkeiten sie in ältester Zeit gehabt hat, das lässt sich historisch nicht nachweisen. Soweit die Geschichte zurückweist, hat sie bis zum Ende des vorigen Jahrhunderts keine wesentlichen Veränderungen erlitten. Ihr unterlagen aber alle Einwohner des Breidenbacher Grundes mit Ausnahme der Adligen, Geistlichen und Beamten, und zwar waren sie entweder Leibeigene des Landgrafen oder der Herren von Breidenbach.

Thudichum [2] ist zwar der Ansicht, die Bewohner des Grunds Breidenbach seien grösstentheils freie Leute gewesen, allein gewiss mit Unrecht. Einen Beleg für seine Ansicht hat er nicht angeführt, sondern nur bemerkt: es sei kaum nöthig, zum Beweis jener Behauptung sich auf die in Scriba's Regesten II No. 2495 citirte Urkunde von 1476 zu berufen, wonach ausdrücklich von „freien Leuten im Grunde Breidenbach" die Rede sei. Allein diese Urkunde dürfte jenen Beweis nicht liefern. Es ist dies ein Lehnbrief, wonach Graf Johann von Nassau den Gerlach von Breidenbach unter Anderm mit einem Theil des Gerichts zu Eisenhausen und den freien Leuten im Grund Breidenbach, die Arnold von Breidenbach vor Zeiten besessen, belehnt. Er findet sich in dem Copialbuch über Nassauer Lehen der Herren von Breidenbach in den Marburger Acten und in Succincta et vera etc. Beil. 6. Mit ihm übereinstimmend lauten die Lehnbriefe vom 15. November 1444, November 1468 (im cit. Copialbuch) und 19. März 1728 (Succ. et vera, Beil. 6), in welch letzterem auch die Lehnbriefe vom 23. Mai 1633, 3. März 1681, 8. October 1683 und 31. December 1687 als gleichen Inhalts angeführt sind. Nun ist es allerdings nicht klar, was mit den erwähnten Worten gemeint ist. Aber bedenklich ist es doch, die Leute, welche vordem schon Jemand besessen hat und mit denen ein Anderer belehnt wird, zu den freien Leuten zu

---

1) Vgl. Grimm, R.-A. 300—395.
2) Wetterau II. 34.

zählen. Nirgends anders als in den Lehnbriefen werden die freien Leute erwähnt. Namentlich kommt in den nicht seltenen Aufzählungen der einzelnen Bestandtheile der Breidenbach'schen Lehen nichts vor, was eine darauf zu beziehende Andeutung enthielte. Möglich wäre es, dass schon früher, zur Zeit, als die Leibeigenschaft, wie doch anzunehmen ist, noch in strengeren Formen auftrat, Einzelne bereits von den härteren Bedingungen befreit waren und darum „freie Leute" hiessen, wenn sie auch nicht freier waren, als später alle Leibeigene im Grund Breidenbach. Damit wäre es auch vereinbarlich, dass sie als Hörige von dem Grundherrn einem Andern mit dem Grund zu Lehen gegeben werden konnten [1]). Wenn nun nach dem Verschwinden jedes Unterschieds dieselbe Formel von den „freien Leuten" in den Lehnbriefen immer wiederkehrte, so kann das nicht auffallend erscheinen, da jeder folgende Lehnbrief stets wortgetreu von dem vorhergehenden abgeschrieben zu werden pflegte. Der stereotype Arnold von Breidenbach muss schon länger als hundert Jahre vor dem ersten bekannten Lehnbrief gelebt haben; denn in dem Eingang der Processschrift Succincta et vera etc. wird er unter den von der Mitte des 14. Jahrhunderts an existirt habenden Herren von Breidenbach nicht genannt. Es dürfte desshalb aus dem fraglichen Satze, der sich Jahrhunderte lang, wahrscheinlich noch über den Lehnbrief von 1728 hinaus, fortgeerbt hat, gar nichts zu folgern sein.

Es sprechen aber auch andere Gründe ganz entschieden gegen die Ansicht Thudichum's.

Vor allen Dingen ist doch aus der Bestimmung des Eigenbuchs (Anl. B.) § 9, wonach Jeder, der in den Grund Breidenbach einzog, selbst wenn er aus einem andern Theil der Landgrafschaft kam und ein Freier war, dem Landgrafen leibeigen wurde, also die Luft leibeigen machte, zu folgern, dass jeder Bewohner des Grunds, sofern er nicht eine exceptionelle Stellung einnahm, leibeigen sein musste. Jene Bestimmung war aber keineswegs nur in der älteren Zeit gültig, sondern noch in einer, unten bei den Verhältnissen processualer Natur näher zu betrachtenden, Beschwerde vom Jahre 1737 nahmen die Herren von Breidenbach das Recht in Anspruch, dass diejenigen, welche über andere, als die im Eigenbuch ausdrücklich genannten Orte einzogen, ihnen zu ⅝ leibeigen seien. Sie wurden jedoch damit abgewiesen mit der Erklärung, dass nach wie vor alle neu Einziehenden hessische Leibeigene würden [2]).

---

[1]) Vgl. v. Maurer, Frohnhöfe § 452 u. 453, Bd III, S. 119 ff.

[2]) Marb. Acten XII. 8ᵃ.

Sämmtliche Güter im Grund Breidenbach waren, wie unten
(S. 26) näher ausgeführt werden wird, mit wenigen Ausnahmen
in einzelne Stammgüter mit ganerbschaftlichem Verband eingetheilt,
was stets als ein Ausfluss der leibherrlichen Rechte angesehen
wurde [1]). Diese Grundstücke konnte und durfte desshalb gar kein
Anderer, als ein Leibeigener des Landgrafen, bezw. der Herren
von Breidenbach besitzen [2]). Thudichum sagt nun zwar ganz richtig,
die landgräflich eigenen Güter, welche eines anderen Herrn Eigenmann besessen, hätten, wenn sie ein Hessischer Eigenmann begehrt
habe, jenem genommen und diesem gegeben werden sollen und bei
einer Verpfändung oder einem Verkauf hätten sie, weil sie nur ein
Eigenmann habe besitzen können, den Ganerben und Genossen
angeboten werden müssen. Allein er übersieht dabei, dass diese
Bestimmungen sich auf zwei ganz verschiedene Arten von Gütern
beziehen, die erstere auf privativ landgräfliche Güter, die letztere
auf die den Besitzern eigenthümlich gehörigen Güter, die Stammgüter, und dass beide zusammen mit den Gütern der Herren von
Breidenbach und den Stammgütern der Breidenbach'schen Eigenleute — bezüglich deren gleiche Grundsätze galten — so ziemlich
den ganzen Grundbesitz im Grund Breidenbach bildeten. Bei der
Richtigstellung des Untersatzes ergiebt sich, da der Obersatz
richtig ist, der Schluss, dass alle Bewohner des Grunds, welche
Grundbesitz, sei es leihweise oder eigenthümlich, oder auch nur
eine Exspectanz darauf hatten, von wenigen eximirten Personen
abgesehen, leibeigen waren.

Die Verordnung vom 13. März 1681 (Anl. C.) ordnet die Gerichtsbarkeit im Grund Breidenbach, spricht aber nur von Leibeigenen und unterscheidet nur landgräfliche und Breidenbach'sche
Leibeigene. Von einer Gerichtsbarkeit über freie Leute und einem
Gericht für diese ist keine Rede.

In Kuchenbeckers analecta hassiaca [3]) ist ausdrücklich bemerkt,
alle Bewohner des Breidenbacher Grunds seien Leibeigene, entweder des Landgrafen oder der Adligen. Dasselbe sagt der Bericht
der Herren von Breidenbach von 1753, i. sp. § 6 und der Gegenbericht des Amtmanns Klipstein [4]).

---

[1]) Marb. Acten XII. 3ᵃ, Resolution auf die Beschwerde von 1738. — Bericht Klipstein's.

[2]) Cf. Eigenbuch. Anl. B.

[3]) Coll. III, No. III (Estor, de jud. hass.)

[4]) Cf. auch Schmidt I. S. 119, Note g. Kopp, Nachr. I. 249.

Endlich findet sich in den Marburger Acten[1]) ein Verzeichniss über die Anzahl der Leibeigenen in den Jahren 1691 und 1736. Sie betrug in ersterem Jahr 750, in letzterem 1100. Allerdings ist daraus nicht zu ersehen, ob nur die Männer oder auch die Weiber, ob nur die Verheiratheten oder auch die Unverheiratheten und von welchem Alter an mitgezählt worden sind. (Die Kinder sind wohl keinenfalls berücksichtigt.) Hält man diese Verzeichnisse mit den statistischen Angaben über die Bevölkerung aus nahe liegenden Jahren zusammen, wie in nachstehender Tabelle, so kann man unmöglich zu dem Schluss kommen, dass die Bewohner des Breidenbacher Grunds grösstentheils freie Leute gewesen seien.

	Beiträge zur Statistik 1677.						Verz. d. Leibeigenen 1691.			
	Freie	Unfreie[2])		Junge Mannschaft		Summe der Männer in Col. 2 u. 4 5.	Hessische	Breidenbachische	Breidensteinische	Im Ganzen
		Männer	Wittwen	verheirathet	unverheirathet					
Breidenbach	3	34	2	5	5	44	56	6	1	63
Achenbach	—	14	3	2	12	28	27	6	—	33
Gladenbach	—	11	—	3	2	16	21	6	1	28
Ndr.-Dieden	—	20	—	3	13	36	32	15	1	48
Ndr.-Hörlen	—	12	—	3	7	22	19	8	—	27
Ob.-Dieden	—	12	—	5	7	24	20	2	—	22
Quotshausen	—	9	2	4	4	17	17	1	1	19
Wallau	—	36	4	9	21	66	61	25	—	76
Weifenbach	—	10	—	2	3	15	18	4	—	22
Wiesenbach	—	14	1	3	8	25	25	2	—	27
Wolzhausen	—	18	2	3	12	33	25	11	1	37
Lixfeld	—	21	2	3	10	34	32	6	—	38
Frechenhausen	—	9	3	1	3	13	19	1	—	20
Gönnern	—	28	3	6	8	42	41	16	—	57
Ob.-Hörlen	1	21	—	6	11	38	30	19	1	50
Simmersbach	1	21	2	2	8	31	36	1	1	38
Ob.-Eisenhausen	1	9	—	1	3	13	11	—	—	11
Ndr.-Eisenhausen	—	18	3	3	10	31	35	3	—	38
Steinperf	—	13	1	—	1	14	17	1	—	18
Roth	—	27	2	1	13	41	26	8	12	46
Breidenstein	—	17	2	3	9	29	32	—	—	32
Im Ganzen	6	374	32	68	170	612	600	131	19	750

[1]) XII. 3ª fol. 153 f.   [2]) Aus dieser Bezeichnung kann kein Schluss auf Leibeigenschaft gezogen werden. Sie steht über dieser Columne bezüglich der Bevölkerung der ganzen Landgrafschaft und bedeutet nur „Frohndpflichtige."

	Beltrīge zur Statistik 1742.					Verz. d. Leibeigenen 17:6.			
	Geistliche, Beamte etc.	Unterthanen,	Junge Mannschaft	Beisassen	Im Ganzen	Hessische	Breidenbachische	Breidensteinische	Im Ganzen
Breidenbach	11	115	15	9	139	64	12	—	76
Achenbach	1	32	3	—	35	44	7	—	51
Gladenbach	—	25	2	—	27	33	4	—	37
Ndr.-Dieden	2	37	2	—	39	34	23	—	57
Ndr.-Hörlen	—	19	2	—	21	19	1	—	20
Ob.-Dieden	1	27	2	—	29	31	4	—	35
Quotshausen	2	25	3	—	28	26	8	—	34
Wallau	5	76	9	—	85	83	38	—	121
Weifenbach	1	28	3	—	31	36	13	—	49
Wiesenbach	1	21	3	—	24	29	5	—	34
Wolzhausen	2	38	3	—	41	46	24	—	70
Lixfeld	3	46	3	—	49	54	3	—	57
Frechenhausen	1	27	3	—	30	36	2	—	38
Gönnern	1	47	5	—	52	51	11	—	62
Ob.-Hörlen	3	34	5	—	39	44	17	—	61
Simmersbach	2	44	6	—	50	57	—	1	58
Ob.-Eisenhausen	3	32	4	—	36	31	2	—	33
Ndr.-Eisenhausen	3	52	5	—	57	58	8	—	66
Steinperf	1	32	4	—	36	37	5	—	42
Roth	1	34	3	—	37	45	1	14	60
Breidenstein	2	27	2	—	29	39	—	—	39
	46	818	87	9	914	897	188	15	1100

6. Die Verhältnisse der hessischen Leibeigenen regelte, im Wesentlichen übereinstimmend mit einer im Jahre 1485 erfolgten, noch durchaus in der Form des Weisthums gehaltenen Aufzeichnung[1], eine Verordnung des Landgrafen Philipp des Grossmüthigen vom

---

[1] Der Eingang dieses Weisthums lautet: Anno 1485 Dienstags nach Antony den 18. Januar haben beide Schultheissen vnnd Scheffen des Eigengerichts zu Isenhausen vff frag vnnd anstellen Heinze Chunen Renthmeisters zu Blanckenstein in beysein Herr Johann Steins Canzlers zu Hessen, Altem Herkommen nach vnder andern diesse recht vnnd freyheit des eigenstuls vnnd gerichts, vff des Landgrafen zu Hessen eigen Hoff zu Issenhaussen ausgesprochen vnnd geweisst etc. (Darmst. Haus- u. Staatsarchiv, Extractus docum. Tom. 111.) Gedruckt findet sich dieses Weisthum bei Grimm, Weisth. III, 345 und bei Kuchenbecker, Anal. hass. Coll. III, No. III, S. 92, hier mit der Angabe, dass es aus einer alten Ziegenhainer Urkunde entnommen sei. Daselbst lautet der Eingang:

Jahre 1532 unter dem Titel: Reformation und Ordnung des Eigengerichts zu Eisenhausen, bekannt unter dem Namen des Eigenbuchs
(Anl. B.). In übereinstimmender Weise normirte die Verhältnisse
der Breidenbach'schen Leibeigenen das Oberhörler Vogtbuch vom
Jahre 1551 [1]).

Die landgräflichen Leibeigenen bildeten schon wegen des
grösseren Antheils des Landgrafen an der Herrschaft über das
fragliche Ländergebiet die grössere Mehrzahl. Dazu kam aber,
dass, wie oben erwähnt, alle Personen, welche aus anderen Gegenden in den Grund Breidenbach einzogen und sich daselbst nieder-
liessen, Leibeigene des Landesherrn wurden. Auch die im Grund
betroffenen herrnlosen Leute, die s. g. Wildfänge, gehörten dazu
und ebenso kraft des früher dem Kaiser vorbehaltenen, mit der
Landeshoheit auf den Landesherrn übergegangenen Rechts alle
unehelichen Kinder, s. g. Königskinder, gleichviel, wer ihre Eltern
waren. Zu letzteren wurden auch die vor der Ehe concipirten
und nach der Verheirathung geborenen Kinder gerechnet, auch
wenn beide Eltern Breidenbach'sche Leibeigene waren. Solche
Kinder beriefen sich wohl selbst auf diesen Grundsatz und ver-
weigerten die ihnen von den Herren von Breidenbach angeforderten
Abgaben, weil die Leibeigenschaft unter einem grossen Herrn
weniger drückend war, als unter einem kleinen.

Wenn im Eigenbuch auch die Zwitter aufgeführt werden, so
werden diese die Zahl nicht sonderlich vergrössert haben. Es ist
das wohl nur ein Anklang an die Stelle des Sachsenspiegels: Uppe
altvile [2]) un dwerge ne irstirft weder len noch erve.

Die Leibeigenschaft war übrigens keine Sclaverei. Sie bestand
vielmehr nur in der Verpflichtung zu gewissen Frohnden und Abgaben und — in wesentlichem Zusammenhang hiermit und als
Mittel zur Erhaltung dieser Rechte — in Beschränkungen der
persönlichen Freiheit und des freien Verfügungsrechts über ihr
Immobiliarvermögen.

7. Was die Frohnden und Abgaben betrifft, so waren diese
für die Breidenbach'schen Leibeigenen besonders hart und es entstanden über den Umfang der Leistungen öfter Streitigkeiten

---

Dies hernach geschreben sint Rechte und Freyheite des Eigenstuhls und
Gerichts nach aldem Herkommen uff dem Eygenhobe zu Issenhausen des Hoch-
Geb. Fürsten des Lantgraven zu Hessen ussgesprochen und gewisset am Gerichte
vor Schultheissen und Scheffen des genanten Eigenstuhls.

[1]) Bericht Klipsteins § 19.

[2]) Ueber altvile vgl. Homeyer, des Sachsenspiegels erster Theil, 3. Aufl.
(1861) S. 395, und des Sachsenspiegels zweiter Theil (1842), I S. 560.

2 *

zwischen den Herren von Breidenbach und von Breidenstein einerseits und deren Hintersassen und Leibeigenen in den 14 Dorfschaften des Gerichts Breidenbach (Breidenbach zu zwei und
Wallau zu drei Dorfschaften gerechnet) andrerseits. Um diese zu
schlichten, liess der Landgraf durch eine Commission Untersuchungen
hierüber anstellen und alsdann am 19. September 1656 beiden Theilen mittheilen, welche Leistungen die einzelnen Orte geständiger-
massen zu entrichten hätten unter Vorbehalt des Nachweises weiter
gehender Ansprüche der Gerichtsjunker[1]. Die Leistungen der
einzelnen Orte und für die beiden berechtigten Linien sind im
Ganzen gleich; es genügt desshalb folgender Auszug:
Dem Stamm Breidenbach hatte zu leisten:

Breidenbach hinterm Kirchhof:

Drey tage ackern mit dem Pflug, wie der mann gespannet,
werden Jährlich getheilet. Ein Mistwagen stellen, den gantzen
Tag zu gebrauchen, zwey wagen Brennholtz führen, auss jedem
hauss ein gebund gertten, so viel einer Tragen kann, mehen, heu
machen, zeunen, kraben, flachs reiffen, flachs brechen, dreschen,
schneiden, Jedes hauss einen Tag, Bau Dinste nach dem umbgang
aufs Stammhauss, Schaaf waschen undt scheren nach dem umbgang,
aufs stamm hauss Bier fahren, folgen zur haasen Jagt in ihrer
feld marckung, führen das Jagt Zeug aufs nechste Dorff, geben
den hunden Brodt, 6 fl. 4 alb. 4 pf. Dinstgeldt nach der Theilung,
Plancken machen umb den Hoff, wie es nach den Dorffschafften
aussgetheilt, führen haffer auss dem Gericht Eyssenhaussen mit den
Eilff Dorffschafften, nach dem umbgang, geben 14½ Mesten Michels-
haffer das gantz Dorff 1¼ Meste Esch- und Rauchhaffer Jedes
hauss, 9 Meste Kühe haffer, das Dorff zusammen, Beede undt Theidigen das theuerst, so viel der Junckern eigene Leuthe betrifft,
Rauch undt Breidenbachische hüner werden getheilt, gibt bey
ausstattung der Gerichts Junckern Söhne oder Töchter, Jedes
hauss 1 meste haffer undt 1 hun aufs stammhauss, gehen morgen
zu 7 uhr auf den Dinst, abends umb 5 uhr wieder darvon, bekommen aber essen undt Trinken undt abends ein Viertel eines
Laib Brods.

Weiffenbach:

Ein Gulden 6½ alb. schlecht geldt den fl. zu 26 alb. Dinstgeldt, drei tage ackern mit dem pflug, zeunen, oder stecken machen,
graben, flachs brechen, Grass mehen, heu machen, Korn schneiden,
flachs rauffen, treschen, Jedes hauss einen Tag, acht müstfahrdten,

---

[1] Copialbuch des hess. Gesch.-Ver. zu Kassel und Marburger Acten XII. 1.

drey wagen stocke holtz, 2 wagen Brauholtz, 5 wagen Brennholtz,
2 haffermeder, aussfahrdt undt Baudinste nach Breydenstein, desgleichen Bier und Brodt führen dahin, nach dem umbgang, Schaafe
waschen undt scheren, nach dem umbgang, folgen zur Jagt, undt
Tragen die garn von einem Dorff ins ander, Rauch undt Breydenbachische Hüner werden getheilet, Beedt und Theidigung des
Theuersten von den Juncker Eigene Leuthen, 3 meste Rauchhaffer
Jedes hauss undt 1 meste Eschhaffer das Dorff zusammen, Bei
aussstättigung der Gerichts Juncker Söhnen, Döchter, gibt Jedes
hauss Ein Meste Haffer undt 1 hun aufs Stammhauss, machen
Plancken an einen gewissen orth umb den hoff, gehen zu Dinst
frühe um 7 uhr undt abends um 5 uhr wieder darvon.

Auch nach dieser Normirung dauerten die Klagen der Bauern
über Bedrückung durch die Herren von Breidenbach fort. Sie
beschwerten sich namentlich über harte Bestrafung geringer Frevel.
Wo die fürstlichen Beamten 7½ bis 15 alb. ansetzten, straften sie
mit 2 bis 3 fl. oder noch mehr. Besonders schwer wurde aber
die strenge und rücksichtslose Art der Execution auf diese Strafen
oder auf die Gefälle, deren Beitreibung den Herren von Breidenbach zustand und auch durch die Verordnung von 1691 belassen
worden war, empfunden. Die Gerichtsherren bedienten sich hierbei
sogar der Giessener Soldaten und ihrer Domestiken, legten auch
wohl selbst Hand an, so dass Widersetzlichkeiten fast unvermeidlich
waren. Die Regierung nahm sich ihrer Unterthanen zwar nach
Möglichkeit an, allein die nachtheiligen Folgen der ungesetzlichen
Handlungen derselben konnte sie ihnen nicht ersparen und den
Grund ihrer Klagen nicht ganz beseitigen [1]).

Die Frohnden und Abgaben der landgräflichen Leibeigenen
waren weit geringer und nicht drückend. Letztere bestanden
namentlich in der Beede und dem Beedhuhn [2]). Wittwen hatten
nur das Beedhuhn zu geben. Ledige Personen waren frei. Auch
wurde schon frühe das im Todesfall dem Herrn zu gebende Besthaupt (theuerste Busstheil, Gewandfall, Hauptrecht), ursprünglich
das werthvollste Stück Vieh, bei einem Leibeigenen das beste Pferd,
bei einer Leibeigenen die beste Kuh, in eine Geldleistung ver-
wandelt, die in der Mitte des vorigen Jahrhunderts, je nachdem
die Erbschaft an Descendenten oder an Seitenverwandte fiel, 1½
oder 2½ % derselben betrug [3]).

---

[1]) Marb. Acten XII. 3ª.   [2]) Blankensteinische Beede = 4 alb. oder 2
Kasselsche alb. 6 pf.; Beedhuhn = 2 Kasselsche alb. 3 pf.

[3]) Dies bestätigt namentlich der Bericht des Amtmanns Klipstein § 13

8. In der persönlichen Freiheit waren die Leibeigenen in älterer Zeit zunächst dadurch beschränkt, dass sie in gewissem Sinne an die Scholle gebunden waren, indem sie zwar aus einem Orte des Grunds Breidenbach in einen anderen ziehen, aber nicht ohne Erlaubniss und vorherige Erwirkung eines Manumissionsscheins aus dem Grunde wegziehen durften[1]). Allerdings ordnete schon das Eigenbuch an, dass denselben, wenn sie in ein anderes Land ziehen wollten, keine Schwierigkeiten gemacht werden sollten. Es drückt dies in § 10 in der Weise aus, dass, wenn Jemand aus der Landgrafschaft in das Nassauische ziehen wollte und in dem Wasser der Dietzolze halten bliebe, ihm die Landgräfischen helfen sollten[2]). Allein ohne förmliche Entlassung blieb der Auswandernde Leibeigener und musste die Obliegenheiten eines solchen nach wie vor erfüllen.

Wollte er förmlich entlassen sein — und unter Umständen war dies nothwendig, z. B. wenn eine Leibeigene einen Freien ausserhalb des Grundes heirathete — so musste er eine ziemlich hohe, nach seinen Vermögensverhältnissen bemessene Abgabe entrichten. In dem Marburger Archiv befinden sich Acten noch aus dem Jahre 1787, nach welchen eine gemeinschaftlich Leibeigene aus Wolzhausen nach Biedenkopf heirathen wollte. Ihr Vermögen betrug 225 fl. und von landgräflicher Seite wurden allerdings nur 9 fl. für die $^3/_8$ Antheil verlangt. Die Herren von Breidenbach aber forderten für ihre $^5/_8$, weil ihnen alle praestanda der Leibeigenschaft, sowie nach ihrem Absterben das Mortuarium zu $^5/_8$ verloren gehe, statt des nach ihrer Angabe geringsten Ansatzes von 50 Thlrn. 50 fl., setzten diese Forderung aber auf Ansuchen auf 35 fl. herab. Die Regierungen zu Giessen und Darmstadt sprachen sich dahin aus, dass sich dagegen nichts machen liesse, da die Adligen das Herkommen für sich hätten, man denselben aber in Güte zureden möge, sie möchten noch etwas nachlassen, und dies geschah denn auch in einem höchsten Erlass.

9. Eine grössere Beschränkung lag darin, dass kein Leib-

---

als noch in Uebung unter Berufung auf die Rechnungen und Waldschmidt S. 55. Auch in der Verordnung vom 13. März 1691 (Anl. C.) ist das Besthaupt in § 6 ausdrücklich erwähnt und in den unten citirten Acten vom Jahre 1787 wurde von den Herrn von Breidenbach als Grund für die von ihnen verlangte Höhe der Manumissionsgelder ausdrücklich geltend gemacht, dass ihnen durch die Entlassung auch das Mortuarium entgehe. Der Zweifel Thudichums, Wetterau II. 89, erscheint hiernach nicht begründet.

[1]) Bericht des Amtmanns Klipstein § 13. Waldschmidt § 61.
[2]) Grimm, R.-A. 348.

eigener eine andere Person heirathen durfte, als eine Leibeigene
desselben Herrn, keine „Ungenossin." Der Grund hiervon lag
darin, dass durch eine solche Ehe dem Leibherrn die Leibeigenschaft über die Nachkommen seines Leibeigenen und damit das
Recht, von diesen die Frohnden und Abgaben zu verlangen, verloren
ging. Denn nach altem Herkommen folgten die Kinder im Verhältniss zum Leibherrn der Mutter. Zuwiderhandlung hatte natürlich nicht die Ungültigkeit der Ehe, wohl aber andere Nachtheile
zur Folge.

Zunächst waren die Kinder aus einer solchen Ehe, s. g. „Aus-
kinder", von der Nachfolge in die vom Vater herstammenden
Immobilien, welche in ganerbschaftlichem Verbande standen, aus-
geschlossen, jedoch unter Vorbehalt des Wiederauflebens ihrer
Rechte daran für den Fall, dass sie oder ihre Kinder innerhalb
30 Jahre Leibeigene des Herrn ihres Vaters bezw. Grossvaters
wurden (Eigenbuch § 6. 7). Dies trat z. B. dann ein, wenn der
Sohn eines landgräflichen Eigenmanns und einer Breidenbach'schen
Leibeigenen, der also Breidenbachisch geworden war und kein
Recht auf die väterlichen Erbgüter hatte, eine landgräflich Leib-
eigene heirathete. Dann wurden seine Kinder wieder zu jenen
Erbgütern berechtigt.

10. Die weitere Folge davon, dass ein Leibeigener eine Ungenossin heirathete, war, dass er selbst gestraft wurde, und zwar,
wenn er ein landgräflicher Eigenmann war, alle sieben Jahre, so
lange seine Frau lebte, wenn er ein Breidenbach'scher Leibeigener
war, aber ein für allemal. Die Strafen gegen die landgräflichen
Eigenleute wurden auf dem siebenjährigen Eigengericht zu Ober-
eisenhausen erkannt. Alle sieben Jahre nämlich hatte der Rentmeister zu Blankenstein dieses Gericht zu berufen und alle landgräflichen Leibeigenen nicht nur im Grund Breidenbach, sondern
im ganzen Fürstenthum Hessen zum Erscheinen dabei auffordern
zu lassen. Das Gericht selbst wurde auf einer Anhöhe bei Eisenhausen, dem Knottenberg, unter freiem Himmel in einer von Birken
errichteten Hütte unter Zuziehung von zwölf Schöffen aus dem
Amt Blankenstein und zwölf Schöffen aus dem Amt Grund Breidenbach in den althergebrachten Formen abgehalten. Nach der feierlichen Eröffnung wurden die Namen sämmtlicher zum Erscheinen
verpflichteter (dingpflichtiger) Leibeigenen aufgerufen und gegen
die ungehorsam Ausgebliebenen die Ordnungsstrafe ausgesprochen.
Diejenigen, welche eine Ungenossin geheirathet hatten, mussten
dies selbst anzeigen und erhielten dann nach Anhörung etwaiger
für Milderung sprechender Gründe und Aeusserung der betreffenden

Dorfvorsteher über dieselben eine nach den Verhältnissen bemessene
Strafe zuerkannt. Nach einem Berichte des Landgerichts Gladenbach vom 26. August 1823 (in den Biedenk. Acten) betrug sie zuletzt 3 fl. und 20 kr. Theidigung, bei Armen die Hälfte. Die
eigentlich verwirkte Strafe, 60 Mark löthigen Goldes[1], wurde wohl
wegen ihrer Höhe nie ausgesprochen. Verschwieg ein Eigenmann
seine Verheirathung mit einer Ungenossin, so wurde er noch besonders bestraft. Ausserdem war aber auch jeder Andere und
namentlich jeder Schöffe, der Kenntniss davon hatte, bei Strafe
verpflichtet, denjenigen, der seine unerlaubte Heirath verheimlichte,
zu rügen, d. h. anzuzeigen. Zu den Ungenossinnen gehörten auch
diejenigen, welche in Folge des Kaufs der Schenck'schen und
Milchling'schen beziehungsweise Caspar von Breidenbach'schen Antheile zu ³/₈ landgräfliche und zu ⁵/₈ Breidenbach'sche Leibeigene
geworden waren. — Wer nicht strafbar war, durfte durch die Hütte
zu der einen Seite hinein und zu der anderen hinaus gehen. Es
war dies sein Recht, das s. g. „jünkisch Recht", weil er damit die
Anerkennung der Anderen als Genosse erhielt. Wer eine Ungenossin geheirathet hatte, musste neun Schritte von der Hütte entfernt stehen bleiben. Betrat er diese dennoch, so verfiel er in eine
besondere Strafe. — Weil die Ermittlung und Bestrafung der
Heirathen mit Ungenossinnen die Hauptaufgabe des siebenjährigen
Eigengerichts war, wiewohl auch andere Angelegenheiten, namentlich Klagen auf Anerkennung der Ansprüche auf Eigengüter, bei
demselben verhandelt wurden, so nannte man es, von dem weih-
lichen Kleidungsstück abgeleitet, das „Mutzengericht"[2].

Nach der Theilung Hessens unter den Söhnen Philipps des
Grossmüthigen, durch welche die vorher auch dem Eigengericht
zu Obereisenhausen zugewiesenen Gerichte Caldern, Lohr und
Reitzberg an die Kasselsche Linie gefallen waren, wurde für die
dahin gehörigen Leibeigenen ein Ungenossengericht unter der Linde
zu Nieder-Weimar und zwar jährlich auf einen gebannten Tag,
Montag nach Egidi, abgehalten und durch den Gerichtsschultheisen
von Lohr gehegt.

11. An dem Vermögen der Leibeigenen, insbesondere an dem
Grundvermögen, hatte der Leibherr, soweit die Kenntniss der ein-
schlagenden Verhältnisse zurück reicht — abgesehen von den er-

---

[1] Bericht Klipsteins, Anm. ad. § 7 (S. 21).
[2] Waldschmidt S. 45 ff. Thudichum II. 29. Senckenberg Diss., Anl. II
u. III. Kuchenbecker Coll. III. S. 89—94. Stölzel S. 571. Rommel I. 193.
Kopp Nachr. I. 249 ff. Grimm R.-A. 349. Grimm Weisth. III. 345. 347. V. 727.

wähnten Abgaben — keinerlei Rechte. Namentlich war von einem eventuellen Heimfall keine Rede. Vielmehr stand den Eigenleuten das Recht der freien Benutzung und Vererbung auf ihre Blutsverwandten zu. Sie verloren dieses Recht auch nicht, wenn sie aus dem Orte, bei welchem die Güter lagen, an einen anderen Ort im Grund Breidenbach oder auch aus diesem ˉanderswohin innerhalb der Grenzen des Fürstenthums wegzogen (Eigenbuch § 14). Sie mussten alsdann nur einen Bevollmächtigten bestellen, der die Dienste und Gülten für sie entrichtete (12).

Dagegen bestand eine sehr grosse Beschränkung in der Veräusserungs- und Verpfändungsbefugniss. Diese hatte wesentlich das Interesse des Leibherrn im Auge. Da sie aber auch zugleich die Rechte der Ganerben wahrte und eng mit der ganerbschaftlichen Verfassung zusammen hing, soll hiervon das Nähere unten erwähnt werden.

Durch Verordnung vom 25. Mai 1811 wurde auch im Grund Breidenbach der mittelalterliche Ueberrest der Leibeigenschaft beseitigt.

Ganerbschaft[1]).

12. Die Immobilien im Grund Breidenbach zerfielen in verschiedene Kategorien:

1. dem Landgrafen gehörige Güter, in der Regel verpachtet oder in Leihe gegeben,
2. Kirchen- und Kastengüter,
3. Güter der landgräflichen Leibeigenen,
4. Ritter- und Bürgergüter[2]),
5. den Herren von Breidenbach gehörige Güter, von ihnen selbst benutzt oder verliehen,
6. Güter der Breidenbach'schen Leibeigenen, einschliesslich der s. g. Vogtgüter.

Neben den eigentlichen Breidenbach'schen Gütern und Leuten werden nämlich die Vogtgüter und Vogtleute genannt[3]). Bei der vielfachen Bedeutung dieser Worte[4]) ist es schwierig, mit Sicherheit anzugeben, auf welche Güter und Leute diese Bezeichnungen sich hier beziehen. Es sind wohl diejenigen gemeint, über welche die Grafen von Nassau für das Erzstift Mainz (St. Stephan) die Vogtei ausgeübt und welche sie nachher den Herren von Breidenbach zu Lehen übertragen hatten. In dem Bericht

---

[1]) Vgl. hierüber Lewis in Holtzendorff's Rechtslexicon sub Ganerbsch. Gengler, D. Privatr. I. 397. Maurenbrecher, D. Privatr. I. 227. Gerber, D. Privatr. § 77. Beseler, Lehre v. d. Erbvertr. I. 81. Duncker, Gesammteig. § 16. Gierke, Genossenschaftsr. I. 968, II. 934. Stobbe, D. Privatr. II. 64. Wippermann, Kl. Schr. I, Wiesbaden 1823. Estor, Kl. Schr. II. 337. 353. 391. Walch, Näherrecht II, Hauptst. 2. S. 332.

[2]) Unter den Rittergütern sind die von den ausgestorbenen Familien Dernbach, Bicken, von Hohenfels, von Lixfeld, Döring u. A. herrührenden Güter, soweit sie auf den Landgrafen übergegangen waren, zu verstehen.

[3]) So z. B. im Bericht Klipsteins von 1753, i. sp. Anm. zu § 7—9, in einer den Abschr. der Berichte beiliegenden Beschreibung, „Gründliche Nachrichten über die im Grund Breidenbach habenden Gerechtigkeiten", in dem Recess vom 13. März 1691, s. Anl. C., in den Marb. Acten von 1738. XII. 3ª.

[4]) Cf. Arnoldi, Gesch. der Oranien-Nassauischen Länder I. 230, III. 2. Abth. S. 15 ff.

Klipsteins vom Jahr 1753 wird gesagt[1]): Schon vor dem
Jahr 1575 hätten die Landgrafen Land und Leibeigene im Grund
Breidenbach besessen, insbesondere diejenigen, welche ihnen nach
dem Aussterben der Familie von Dernbach als Lehnsherren anheim
gefallen wären. Ausgenommen von diesem Heimfall sei die Vogtei
Eisenhausen gewesen. Diese sei Nassauisches Lehen und die dazu
gehörigen Güter würden auch forthin Vogteigüter genannt. — Jedenfalls wurden auch die Vogtleute und Vogtgüter im Grund Breidenbach als den andern Breidenbach'schen Leibeigenen und deren
Gütern in jeder Beziehung gleichstehend behandelt.

Hier interessiren nur die oben sub 3 und 6 erwähnten Güter.
Bezüglich dieser bestand ein ganerbschaftlicher Verband in der
Weise, dass das dazu gehörige bei einem Dorf gelegene Gelände
in Stammgüter getheilt war, als deren Eigenthümer die ganze Sippe,
diejenigen Personen, welche dem betreffenden Stamm angehörten,
angesehen wurden, so dass die jeweiligen Inhaber der dazu gehörigen
Grundstücke, wenn sie auch alle übrigen im Eigenthum gelegenen Rechte ausüben konnten, das eventuelle Recht der Mitglieder des Stammes nicht verletzen durften[2]).

Wie und wann die Stammgüter entstanden sind, ist geschichtlich
nicht nachzuweisen. Es lässt sich nicht wohl annehmen, dass sie
ursprünglich in der Hand je eines Besitzers gewesen und durch
Erbgang gespalten und zerrissen worden seien. Denn wenn eine
solche Annahme auch dadurch unterstützt werden sollte, dass
manche Güter und Stämme nach einem Familiennamen benannt
wurden, z. B. Rödergut, Röderstamm, Jöttegut, Jöttestamm u. dgl.,
so führen andere doch damit nicht im Zusammenhang stehende
Namen, z. B. Laspher, Biedenkopfer Stamm bezw. Gut und dergl.
Auch ist die Zahl der Stammgüter zu gering. Sie beträgt bei
einzelnen Dörfern nur fünf und selten mehr als zehn, und dass
das ganze Gelände bei einem Dorf — hier und da mit geringer
Ausnahme — jemals in so wenigen Händen gewesen sei, ist nicht
glaublich. So lange die ganerbschaftlichen Verhältnisse bestanden
und soweit man sie zurück verfolgen kann, war jedes Stammgut
etwa unter fünfzig bis hundert Personen vertheilt.

13. Das Recht der Ganerben bestand nun zunächst in einem
ausgedehnten Retractrecht, das seine Wirkung nicht nur, wie andere
Retractrechte, bei einer freiwilligen Veräusserung, sondern in allen

---

[1]) Anm. ad § 7 S. 24 f. der Abschr.

[2]) Cf. Estor, Kl. Schr. II S. 337.

Fällen äusserte, in welchen ein zur Ganerbschaft gehöriges Grundstück an einen Fremden, nicht zur Sippe Gehörigen, fiel.

Die Veräusserung von ganerblichem Gut war aus doppeltem
Grunde, aus dem schon oben angedeuteten Interesse des Leibherrn
und demjenigen der Ganerben auf's Aeusserste beschränkt und nur
ausnahmsweise unter Wahrung strenger Formen zulässig. Nach dem
Eigenbuch von 1532 (Anl. B.) musste derjenige, welcher ein solches
Gut verkaufen oder verpfänden wollte, durch Noth dazu veranlasst sein und es dann zunächst seinen Ganerben, hiernach, wenn
es von diesen keiner kaufen oder gegen ein Darlehn in Pfand
nehmen wollte, seinen Genossen, d. h. den übrigen landgräflichen
Eigenleuten und, wenn auch dies ohne Erfolg war, dem Landgrafen
als Leibherrn bezw. Namens desselben dem Amtmann zu Blankenstein anbieten. Führte ihn auch dies nicht zum Ziele, dann musste
er von dem Schultheis und den Schöffen des Eigenstuhls zu Eisenhausen eine mit dem Siegel des Amtmanns zu Blankenstein beglaubigte Bescheinigung erwirken, dass er den gedachten Vorschriften entsprochen habe und dann konnte er das Grundstück
auch an einen Fremden, insbesondere auch an einen Breidenbach'-
schen Leibeigenen verkaufen oder verpfänden. Wurden diese Vorschriften nicht beobachtet, dann wurde der Veräusserer am Eigengericht zu Eisenhausen gestraft, der Verkauf oder die Verpfändung
für ungültig erklärt und das Grundstück den rechten Erben und
Ganerben zugesprochen. Der Käufer oder Pfandleiher konnte sich
wegen des gezahlten Kauf- oder Pfandgeldes nur an seinen Auctor
„den Hauptmann", halten. — Das Oberhörler Vogtbuch von 1551
enthält für die Breidenbach'schen Leibeigenen damit übereinstimmende Vorschriften[1]).

In den uns erhaltenen Schöffensprüchen, von denen der älteste
hierher gehörige vom 17. Januar 1632 (21) datirt, ist von dem Anbieten an den Amtmann zu Blankenstein keine Rede. Nach diesen
musste derjenige, welcher ein ganerbschaftliches Stück verkaufen
wollte, es drei Sonntage nach einander vor der Kirche zu Breidenbach durch den obrigkeitlichen Diener öffentlich feil bieten lassen,
es danach den Nächsten, d. h. den in demselben Ganerbenverband
Stehenden sechs Wochen und drei Tage feil halten und denselben
auch noch zu Haus und Hof ansagen. Erst wenn es alsdann von
diesen Niemand kaufen wollte, durfte er es an einen Dritten verkaufen. Waren diese Förmlichkeiten nicht beobachtet, dann konnten
es die Ganerben noch ein Jahr und drei Tage lang dem Käufer

---

[1]) Bericht Klipsteins § 19 und Anm. ad § 7, S. 32 d. Abschr.

gegen Bezahlung der Kaufgelds abtreiben und zwar lief diese Frist nicht von dem Tage des Verkaufs an, sondern von dem Zeitpunkte an, zu welchem der Retrahent Kenntniss davon erlangt hatte (21, 35, 40, 71, 81, 89, 92, 133)[1]).

Bei Gebäuden, welche nicht zum Erbgut, sondern zur fahrenden Habe gehörten, hatten die Ganerben als solche ein Retractrecht nicht. War jedoch ein solches auf andere Weise begründet, so konnte es nur binnen 24 Stunden von erlangter Kenntniss von dem Verkaufe an ausgeübt werden (160).

Entsprechend den vom Verkauf geltenden beschränkenden Grundsätzen konnte auch ein Tausch von Grundstücken nur gegen Grundstücke derselben ganerbschaftlichen Verbindung geschehen und auch hierbei musste das zu vertauschende Grundstück vorerst dem nächsten Erben wegen dessen eventuellen Rechts daran gegen ein anderes Grundstück angeboten werden (28)[2]). Es war aber nur ein reeller Tausch mit fester bleibender Uebertragung des Eigenthums der Grundstücke auf den betreffenden Erwerber zulässig, nicht eine s. g. „Mutschirung"; d. h. ein Vertauschen auf bestimmte oder unbestimmte Zeit[3]). Zu einem solchen lag namentlich dann eine Veranlassung vor, wenn die beiderseitigen Eigenthümer an verschiedenen Orten wohnten und jeder an dem Wohnorte des Andern Güter liegen hatte (28, 198). Es muss aber doch häufig vorgekommen sein, sonst hätte die Verordnung vom 19. Juni 1797 (Anl. D.) keine Ursache gehabt, es in § XVIII „von nun an" gänzlich zu verbieten.

Uebrigens behielten die landgräflichen Eigengüter diese Eigenschaft, wenn sie auch ein Breidenbach'scher Eigenmann erwarb und ebenso umgekehrt die Vogtgüter, wenn sie auch in die Hände eines landgräflichen Leibeigenen übergingen, und die darauf haftenden Abgaben mussten nach wie vor an den berechtigten Herrn entrichtet werden, gleichviel wessen Eigenmann der Besitzer war.

14. Fielen Grundstücke durch freiwilligen Verkauf oder in Folge anderer Verhältnisse an „Fremde", wie die Schöffensprüche sagen, so konnten die Ganerben dieselben gegen Bezahlung der durch Schätzung zu ermittelnden Werthsumme und Ersatz desjenigen, was der seitherige Besitzer nachweislich daran gebessert

---

[1]) Cf. wegen gleicher Grundsätze beim Retract die Entscheidungen des O.-A.-G. Celle in Seuffert's Arch. VII. 82, IX. 199, XI. 274.

[2]) Die Worte „beuten" und „verbeuten", welche in dem Spruche gebraucht werden, heissen „tauschen." Cf. Haltaus, glossarium germ. medii aevi s. v. Beute.

[3]) Haltaus, gloss. germ. s. v. Mutscharen.

und gepflanzt hatte (33, 93) einlösen. Der seitherige Besitzer bekam nicht den „Erbfuss" darin, sondern musste, wie es heisst, „abgelegt" nehmen. Diese Güter nannnte man darum „hinterfällige Güter" (16, 36, 49, 101). Eine andere Bedeutung hat dieser Ausdruck im Grünberger Stadtbrauch, wo es heisst: „Hinderfällige Guetter werden gehalten, wenn zwey Ehemenschen von beiden theilen Erbgütter zusamben bringen vndt dieser eines Todess verfiehle, vndt dass ander die Erbgütter alss ein Leibzüchter braucht, vndt darnach auch verstirbt ohne Leibes Erben, so fallen die Gütter wiederumb zurück vff eines jeden Teilss negste Freundschafft, da sie hero erwachssen wehren".

Der Abtrieb war indessen nur so lange statthaft, als die Güter noch in den Händen des ersten fremden Erben waren (51, 161, 196). Practisch wurde diese Beschränkung häufig, wenn die Kinder 'den Elterntheil, von welchem ganerbschaftliche Stücke herrührten, überlebten, dann aber starben. Sie wurden alsdann von dem überlebenden Elterntheil beerbt und zwar erwarb dieser als Erbe seiner Kinder auch die von dem verstorbenen Ehegatten herstammenden ganerbschaftlichen Stücke nicht bloss nutzniesslich, sondern zu Eigenthum, jedoch unbeschadet des Rechts der Ganerben, jene Stücke gegen Bezahlung des Werths einzulösen (50, 60, 69, 90). Hatte sie jedoch der überlebende Ehegatte ungestört bis zu seinem Ableben besessen und waren sie danach auf seine Erben übergegangen, dann war das Abtriebsrecht erloschen (60).

Ebenso musste, wenn ein Kind erster Ehe, dem von dem verstorbenen Elterntheil Erbgut zugefallen war, dieses in Folge seiner Verheirathung an einen andern Ort verkaufen oder verpfänden musste, der überlebende Elterntheil, der zu den „Fremden", nicht zu den Ganerben gehörte, diesen, also den nächsten Verwandten des verstorbenen Elterntheils, nachstehen (202).

15. War auf einem ganerbschaftlichen Grundstück ein Gebäude errichtet worden, so war dies, da die Gebäude nur zur fahrenden Habe gerechnet wurden, für die Qualification des Grund und Bodens an und für sich ohne Einfluss. „Der Bau verlegte nicht den Boden, sondern der Boden den Bau", wie es die Schöffensprüche ausdrücken, d. h. das nächste Geblüt konnte, wenn ein Fall eintrat, in welchem es das Abtriebsrecht geltend machen konnte, die Herausgabe des Grundes mit dem Gebäude verlangen. Nur wenn letzteres mit Vorwissen und Bewilligung der Ganerben errichtet worden war, konnte der Erbauer beanspruchen, dass es ihm belassen bliebe; jedoch gegen Entschädigung in anderem Gelände und zwar von doppeltem Flächengehalt, zwei Schuh für einen (31).

Die Auslegung, welche Stölzel S. 572 dem Schöffenspruch vom 5. September 1653 (31) giebt, dass als Regel der Bau den Boden verlege und dass daneben als zweite Frage diejenige, ob das Erbe die Fahrniss oder die Fahrniss das Erbe verlege, aufgeworfen und in anderem Sinne beantwortet werde, kann hiernach nicht für richtig erachtet werden. Gebäude und Fahrniss sind nicht Gegensätze, sondern synonym und die Regel ist gerade, dass der Bau oder die Fahrniss den Boden, d. h. das Erbe, das Ganerbgut, nicht verlege. Unter den gemeinen Rechten, bei denen es belassen werden soll, wenn der Bau ohne Bewilligung der Ganerben errichtet worden ist, ist eben der allgemeine Grundsatz des Landrechts, des Grundsbrauchs, zu verstehen, wonach die Erbgüter als „anhangende" Güter den Ganerben nicht entzogen werden können.

Etwas ganz Anderes besagt der Satz, dass der Bau die Statt verlege, in dem Schöffenspruch vom 9. März 1769 (180). Dort ist nur ausgesprochen, dass der Erbauer und Besitzer eines Hauses die auf den Häusern haftenden oder auf sie repartirten Abgaben auch dann leisten müsse, wenn der Grund und Boden herrschaftlich, adelig, Deutschordens-, Universitäts- oder Kirchengut, also für sich abgabefrei sei.

16. Die ganerbschaftlichen Ansprüche geltend zu machen, war in jedem einzelnen Falle der nächste Verwandte berechtigt, welcher mit dem letzten Inhaber von einem gemeinschaftlichem Stammvater abstammte, der das fragliche Grundstück besessen hatte, in dessen Stamm es gehörte, der communi stipiti proximior oder, wie die Schöffensprüche sagen, das nächste Geblüt, und wenn dieser nicht wollte, der Nächstfolgende (14, 46, 61, 66, 75, Eigenb. § 6). Waren also z. B. einem Kinde von seinem verstorbenen Elterntheil solche Grundstücke zugefallen und es starb nachher, so wurde es zwar von dem überlebenden Elterntheil und seinen Geschwistern beerbt, allein ganerbschaftliche Rechte konnte Ersterer an jenen Grundstücken nicht erwerben, weil der ihm und seinem Kind gemeinschaftliche Stammvater dieselben nicht besessen hatte. Er musste sie vielmehr denjenigen, welche mit des Kindes vorher verstorbenem Elterntheil, von dem die Stücke herrührten, am nächsten verwandt waren, gegen Ersatz des Werthes überlassen, er musste, wie die Schöffensprüche sagen, von ihnen „abgelegt nehmen".

Traten mehrere gleich nahe Prätendenten auf, so bezahlten sie das Kaufgeld gemeinschaftlich und theilten das erkaufte Stück oder die erkauften Stücke gleichheitlich unter sich (62, 126, 204). Gleich nahe waren auch Stiefgeschwister, wenn es sich um Erbgüter handelte, welche von dem gemeinschaftlichen Elterntheil her-

rührten. Sie konnten also, wenn Jemand die ihm bei der Erbvertheilung zugefallenen Grundstücke dieser Art seinen rechten
Geschwistern verkaufen wollte, Mitbetheiligung am Kauf verlangen (58).

Die Herausgabe des betreffenden Antheils in Natur konnte jedoch
nur derjenige beanspruchen, welcher im Orte wohnte und ein Zehendmann war, d. h. ein Gemeindsmann, der die auf dem Gute lastenden
Dienste und Gülten leisten konnte. War er dies nicht oder wohnte
er nicht in dem Orte, bei welchem die Güter lagen, so musste er
sich mit einem Pfandgeld abfinden lassen und die Stücke selbst
dem Andern in antichretischem Besitz lassen, wovon unten die Rede
sein wird.

Nur dieses letztere Recht konnte auch für Minderjährige,
welche unter Vormundschaft standen, eben weil sie keine Zehendmänner waren, geltend gemacht werden (30, 43, 57, 70, 83, 85).

Auf gleichem Grund beruht die Bestimmung, dass Jemand,
der sein Gut übergeben hatte, einzelne Stücke davon zu seiner
Benutzung nicht beanspruchen konnte (115, cf. auch 105, welcher
Spruch nicht aus dem Breidenbacher Grund herrührt).

Zum Beweise der Erbberechtigung genügte das Zeugniss der
Blutsverwandten und Ganerben (Eigenb. § 8).

Ein Fremder, ein nicht demselben Stamm Angehöriger, mochte
er auch selbst Erbe eines Berechtigten sein, konnte, selbst wenn es
im Interesse der besitzenden Ganerben gelegen hätte, z. B. wenn
diese gern ihre nicht an ihrem Wohnorte gelegenen Grundstücke
vertauschen wollten, diese nicht erwerben (10, 173), also noch viel
weniger ein Ablösungsrecht geltend machen (111, 169, Eigenb. § 8).
Es sollte eben nicht nur ein Zerreissen der Stammgüter, sondern
auch der darauf lastenden Dienste und Abgaben vermieden, mithin
nicht nur das Interesse der Ganerben, sondern auch dasjenige des
Herrn gewahrt werden (19, 36). Selbst wenn es sich nur um Ueberlassung von Grundstücken zur Benutzung handelte, musste der Fremde
zurückstehen, wenn ein „Gegenerbe" sie zu haben wünschte (171).

Jenes Interesse war in noch böherem Grade massgebend für
die Bestimmung, dass ein landgräflich eigener Mann bezüglich der
landgräflich eigenen Güter das Vorrecht vor einem Breidenbach'schen
Mann hatte[1]) und von diesem selbst Abtretung des in dessen Besitze befindlichen landgräflichen Eigenguts gegen Erstattung des
Kaufgeldes verlangen konnte (91) und umgekehrt war es, wenn es

---

[1]) So erkannt am 7jähr. Eigengericht am 4. Aug. 1750. Cf. Bericht der
Herren von Breidenbach § 17 und Gegenbericht des Amtmanns Klipstein.

sich um Vogtgüter handelte. Der Schöffenspruch vom 29. Februar
1588 (2) sagt: Wer seinen Anspruch auf Abtretung von Vogtgütern
geltend machen wolle, müsse es dem Besitzer 14 Tage und 3 Tage
vor Petritag durch den Breidenbach'schen Schultheisen ansagen
lassen, ihm sodann auf Petri 3 Heller bringen und auf einen drei-
beinigen Stuhl oder, wenn er einen solchen nicht finde, auf die
Schwelle legen, nach Petri aber binnen 14 Tagen im Beisein zweier
Breidenbach'scher Männer Silber und Gold, womit er das Gut ablösen wolle, vorzeigen.

Der gleiche Grundsatz galt entsprechend im umgekehrten Fall.
In dem Berichte des Amtmanns Klipstein vom 10. März 1753 sind
in § 20 folgende zwei Sprüche der Vogtschöffen mitgetheilt:

vom Jahre 1551:

Der Schöpfe erkendt mit recht, wo ein landgräfischer Mann,
der feud Güther hätte, und ein feudmann käme und geb ihm sein
ausgelegt geld wieder, so soll der landgräfische Mann sein ausgelegt geld wieder nehmen und dem feud Mann die güther folgen lassen;

vom Jahre 1634:

Die Schöpfen erkönnen zu recht, weilen alt herkommens dafern
ein landgräfischer Vogt Güther in unter Pfands oder Kauf weiss ine
hätte, so in die Vogtey gehören, dass billig der landgräffische dero-
selben soll abtreten, sein Geld wieder nehmen und dem Vogtmann
überlassen, wie dann Henche Wagner zu Oberhörlen solcher soll
abstehen und Jost Breidenstein und Consorten soll abfolgen lassen.

Noch in anderer Beziehung waren die landgräflich leibeigenen
Leute begünstigt. Wenn nämlich ein Breidenbach'scher Leibeigener
ein landgräfliches Gut zu Landsiedelleihe inne hatte und ein landgräflicher Mann wünschte dasselbe zu haben, so sollte es jenem
genommen und diesem zu demselben Leihpreis gegeben werden,
sofern dies nicht mit einer Ersterem ertheilten amtlichen Urkunde
im Widerspruch stand (Eigenb. § 4).

17. Eine sonst in Deutschland selten vorkommende Bestimmung
findet sich wegen des Medums oder Medems, allerdings nur in
einem Spruche vom 8. Juni 1596 (7), so dass es zweifelhaft erscheint, wie lange sie practische Bedeutung gehabt hat. Wenn
nämlich Jemand ein Grundstück wüst liegen liess und ein Anderer
nahm es in Bau und Benutzung, so sollte dieser die Wahl haben,
ob er mit zwei Saaten abstehen oder ob er drei Saaten haben und
den Medum davon geben wollte. Der Eigenthümer erhielt also für
die Benutzung seines Grundstücks durch einen Dritten, wenn diese
zwei Jahre dauerte, Entschädigung dadurch, dass dasselbe in ur-
baren Zusand versetzt worden war und, wenn der Andere es drei

Jahre lang benutzte, weiter durch eine besondere Abgabe. Diese Abgabe bestand in dem siebenten Theil der nach Abzug des Zehnten verbliebenen Erndte, welcher in jedem der drei Jahre zu geben war. Der Aussteller musste es dem Eigenthümer ansagen, wann er die Früchte binden wollte, konnte aber, wenn derselbe nicht erschien, unter Zuziehung desjenigen, der den Zehnten erhoben hatte, oder eines anderen Mannes den siebenten Theil selbst aussondern und liegen lassen und das übrige nach Haus bringen [1]).

Diese Abgabe ist auch erwähnt in einem im Archiv zu Coblenz befindlichen Verzeichniss der Besitzungen und Rechte der Herren von Gleiberg „Glypergs alt Buchlin" vom Jahre 1412. Dort ist unter den von den Dörfern Heuchelheim und Kinzenbach zu beziehenden Abgaben aufgeführt: Item der medum in der blichen awe des gehörit gein Glyperg als viell als in die Burg zu den Giessen [2]).

Haltaus, glossarium germanicum, giebt auch keine Erklärung über die Bedeutung des Wortes Medem, sondern erwähnt nur, dass es in einer Urkunde vom Jahre 1334 zur Bezeichnung eines dem Capitel zu Wetzlar zustehenden Rechts vorkomme [3]).

Es erinnert dieses Institut, wie es nach dem Grundsbrauch vom 8. Juni 1596 bestanden hat, zwar an die römisch rechtliche Bestimmung vom ager desertus in const. 8 C. XI. 58, hat jedoch keinenfalls einen Zusammenhang damit.

18. Ein eigenthümliches Verhältniss bestand bezüglich der s. g. Pfandgüter. Nach der auch im Grund Breidenbach geltenden Erbfolgeordnung erbten die Kinder das Vermögen ihrer Eltern zu gleichen Theilen und auch die ganerbschaftlichen Grundstücke wurden gleichmässig unter sie vertheilt. Wenn nun aber Eins der Kinder in ein anderes Dorf heirathete oder aus einem andern Grunde wegzog, so musste es seinen Antheil an jenen Gütern, da es ihn nicht verkaufen durfte, den im Ort verbleibenden Ge-

---

[1]) Cf. Richard Schröder, die Ausbreitung der salischen Franken S. 163; die Franken und ihr Recht in der Zeitschr. für Rechtsgesch. Bd. XV S. 66 ff.

[2]) v. Ritgen, Gesch. d. Burg Gleiberg im II. Jahresbericht des oberhess. Vereins f. Localgesch. S. 24. 58. 67.

[3]) In dem Verzeichnisse der Acten, welche von dem Regierungsrath Steck als Commissär zur Untersuchung verschiedener Beschwerden der Herren von Breidenbach im Jahre 1738 aus der Registratur der Regierung zu Giessen erhoben wurden, sind auch aufgeführt: „Fürstl. Fiscalis sodann sämmtliche von Breidenbach contra die Gemeinden Wallau und Weifenbach poto des Medums", jedoch ohne Angabe eines Jahrs. Wo dieselben hingekommen, liess sich nicht ermitteln. In den Verzeichnissen der im Jahre 1867 von dem damaligen Hofgericht der Provinz Oberhessen an Preussen abgegebenen Acten sind sie nicht aufgeführt.

schwistern gegen eine dem Werth nicht gleich kommende, durch
Uebereinkunft ermittelte Summe, ein s. g. Pfandgeld, belassen. Derjenige, welcher das Pfandgeld gab, bekam die betreffenden Grundstücke
nur als Pfandstücke in antichretischen Besitz. Sein Recht bestand
nur in dem seinerseits allerdings unaufkündbaren Anspruch auf
Rückzahlung des Pfandgeldes und in der Befugniss, die Pfandstücke
an Stelle eines Zinsenbezugs zu benutzen. Zur Bezeichnung des
Objects dieses Rechts wird wegen seiner doppelten Natur als
Forderung und als dingliches Recht bald der Ausdruck „Pfandgeld"
bald der „Pfandgüter" gebraucht. In Bezug auf den Besitzer kamen
die Forderung bezw. die Pfandgüter nur als fahrende Habe in
Betracht und unterlagen den hierfür massgebenden Grundsätzen
(21, 27, 72).

Der Empfänger des Pfandgelds behielt das Eigenthum an den
Pfandgütern. Kehrte er in das Stammdorf zurück, so konnte er
dieselben gegen Zahlung des früher erhaltenen Pfandgelds von
jedem derzeitigen Besitzer einlösen. Gleiches Recht hatten seine
Descendenten bis zum entferntesten Grade — denn es gab keine
Verjährung der dessfallsigen Ansprüche (107) — jedoch unbeschadet
des Rechts derjenigen, welche mit dem gemeinschaftlichen Stammvater näher verwandt waren, als jene, die Grundstücke von ihnen
wieder einzulösen. Der nähere Grad war hierbei so massgebend,
dass trotz der R.-K.-G.-O. von 1500 Art. XVIII und des R.-A.
von 1521 § 17 und 18 die um einen Grad entfernteren Verwandten,
welche nach römischem Recht kraft Repräsentationsrechts die Stelle
ihres Erblassers vertraten, nicht mit dem näheren Verwandten
concurrirten. Es konnten also z. B., wenn Jemand Pfandgüter einlösen wollte, wohl die im Ort wohnenden Geschwister, aber nicht
die Geschwisterkinder Betheiligung daran verlangen. Wohl aber
konnten sie dies, sowie jene Güter in die Hände eines Anderen
kamen, der mit dem gemeinschaftlichen Stammvater gleich nahe
verwandt war[1]). In Folge dieses das Ganerbenrecht charakteri-
sirenden Grundsatzes konnten diejenigen, welche von ihren Ascendenten herrührende Pfandgüter einlösen wollten, ein gleiches Recht
auch bezüglich aller Pfandstücke geltend machen, welche von Seitenverwandten herrührten, sofern sie nur mit diesen in gleichem Grade,
wie der dermalige Besitzer, oder näher verwandt waren (32, 174).
In ersterem Fall musste der Besitzer mit ihnen theilen, im zweiten
Fall ganz abstehen. Das Pfandgeld musste ihm zum entsprechenden
Theil bezw. ganz ersetzt werden.

---

[1]) Bericht Klipsteins § 13.

Andere, als die zu dem Stammgut, von dem das betreffende Pfandstück ein Bestandtheil war, berechtigten Erben hatten ein Einlösungs-
recht nicht (87).

Hatte jedoch Jemand die ihm bei der Theilung zugefallenen
Pfandgüter — etwa weil er aus dem Orte wegzog — an Fremde
herausgegeben und das Pfandgeld sich von denselben bezahlen
lassen, es „abgelegt genommen", dann konnte er später, wenn er an
den Ort zurückkehrte, dies nicht rückgängig machen und die Pfandgüter nicht wieder einlösen (112).

Die Gleichberechtigung der Ganerben an den ganerbschaftlichen Grundstücken erforderte es, dass diese auch nicht durch einseitige Verfügung beeinträchtigt werden konnten. Wenn z. B. einem
Kinde in den Ehepakten Pfandgüter voraus zugetheilt worden
waren, so konnten die Geschwister Herausgabe und Theilung gegen
Zahlung des Pfandgelds verlangen, vorausgesetzt, dass es s. g. Erbgüter waren. Von Fremden herrührende Pfandgüter brauchte jenes
Kind seinen Geschwistern nicht zur Einlösung zu gestatten (53,
127, 129, 195). Solche Pfandgüter als Annexe der Pfandforderungen
waren fahrende Habe und unterlagen also der freien Disposition
der Inhaber. War eine Bestimmung darüber nicht getroffen, so
kamen sie bei einem Erbfall an die Kinder zur geschwisterlichen
Theilung trotz der grossen Inconvenienzen für den Pfandschuldner,
der nachher oft nicht wusste, wo er sein Eigenthum suchen
sollte (214).

Auch bei den Pfandgütern galt der Grundsatz, dass derjenige,
welcher sie einlösen wollte, ein Zehendmann sein musste (16) und
dass der Inländer den Vorzug vor dem Ausländer hatte (37).

In welchem Verhältniss das Pfandgeld zu dem Werth der
Grundstücke stand, darauf kam nichts an. Eine Nachschätzung
dieser fand nicht statt und derjenige, welcher die Abtretung verlangte, konnte nicht eine Reduction des Pfandgelds nach dem Werth
verlangen, sondern musste die Stücke, wenn er das Pfandgeld nicht
bezahlen wollte, dem seitherigen Inhaber in antichretischem Besitz
lassen (65, 117). Derselbe Grundsatz galt, wenn Zehnten verpfändet waren (220).

Derjenige, welcher Pfandgüter einlösen wollte, war aber noch in
anderer Beziehung begünstigt. In der Erwägung, dass demselben, wenn
sein Vorfahr vor langen Jahren aus dem Orte, bei dem die Güter
lagen, weggezogen war, diese Güter nicht wohl bekannt sein konnten,
war der Besitzer derselben verpflichtet, von allen ganerbschaftlichen
Grundstücken, welche er besass, nachzuweisen, wie er sie bekommen
und welche als Erbgüter auf ihn übergegangen seien. Er konnte

sich namentlich, wenn seit dem Wegzug desjenigen, welcher seinen Antheil am Gut gegen Pfandgeld seinen Geschwistern gelassen hatte, unter den Nachkommen der im Ort Verbliebenen — wie dies in der Regel der Fall gewesen sein wird — Erbtheilungen bezüglich der ganerbschaftlichen Grundstücke stattgefunden hatten, auf das Zeugniss dieser Erben, s. g. Beweisleute, berufen. Konnte er aber jenen Beweis nicht liefern, so musste er den Manifestationseid leisten und wenn er dies nicht konnte, musste er sämmtliche in seinem Besitz befindliche ganerbschaftliche Grundstücke gegen Ersatz des Pfandgeldes ganz oder zur Hälfte herausgeben, je nachdem der sie Begehrende mit dem gemeinschaftlichen Stammvater näher als er selbst oder gleich nahe verwandt war (32, 100, 113, 159, 199).

Uebrigens war die Uebergabe in antichretischen Besitz die allgemein übliche Form der Pfandbestellung, insbesondere auch zur Sicherung von Darlehen. Gerade darauf dürften sich die Bestimmungen beziehen, dass, wenn über die Zeit der Einlösung in der errichteten Urkunde etwas festgesetzt war, es hierbei sein Bewenden behielt, wenn aber nichts darüber gesagt war, die Einlösung der verpfändeten Aecker nur innerhalb acht Tage vor oder nach Petritag und der Wiesen nur innerhalb acht Tage vor oder nach Walpurgi geschehen konnte, für letztere auch die Kündigung auf Petritag geschehen musste, und dass, wenn diese Fristen versäumt wurden, der Pfandgläubiger berechtigt war, die Pfandstücke (in dem betreffenden Jahr) noch zu behalten und statt Zinsengenusses zu benutzen und zu ihrer Herausgabe nicht genöthigt werden konnte (8, 108, 156). Es ist dies, wie das Landgericht Biedenkopf in seinem Berichte vom 21. Mai 1860 sagt, ein zu jener Zeit noch im Rechtsbewusstsein des Volks wurzelnder Grundsatz, indem es allgemein als unbillig gefunden würde, Aecker nach der Ausstellung oder Wiesen vor der Heuerndte einlösen zu wollen. In Folge solcher antichretischen Verpfändungen blieben die Pfandstücke oft Jahrhunderte lang in den Händen der Pfandgläubiger und ihrer Erben und zwar nach Ausweis des erwähnten Berichts vielfach noch bis jetzt. Bei Aufstellung der Grundbücher im laufenden Jahrhundert wurden sie ohne Erwähnung der Pfandeigenschaft den Besitzern zugeschrieben und danach bei Theilungen vielfach wie Erbgüter behandelt, so dass mancher Process entstand, in welchem sie in Folge des gestiegenen Güterwerths von den Verpfändern bezw. deren Erben reclamirt wurden.

19. In den Gerichten Eisenhausen und Lixfeld war übrigens die Ganerbschaft schon in der ersten Hälfte des vorigen Jahrhunderts in Abgang gekommen, so dass hier die Bestandtheile der

früheren Stammgüter als freies und unbeschränkt veräusserliches Eigenthum der Besitzer behandelt wurde. In den Gerichten Breidenbach und Roth dagegen hatte sie sich bis in den Anfang dieses Jahrhunderts hinein erhalten[1]). Sie hatte die grössten Nachtheile im Gefolge. Zunächst war es neu Einziehenden ganz unmöglich, Grundstücke zu erwerben und in ruhigem Besitz zu behalten. Namentlich galt dies auch von Beamten, insbesondere den herrschaftlichen Schultheisen. Schon im Jahre 1583 klagt ein Schultheis hierüber und bittet darauf gestützt um leihweise Belassung von einigem landgräflichen Gut und noch in einem Berichte der Regierung zu Giessen vom 24. März 1787 wird dieselbe Klage erhoben[2]). Dann aber kann man sich denken, wie in dem steten Wechsel der Grundstücke, der Unsicherheit des Besitzes in den Händen des jeweiligen Inhabers, der stattgehabten, bis ins Kleinste gehenden Theilung der Parzellen, der Schwierigkeit der Ermittlung, was Erbgut und was Pfandgut war, eine reiche Quelle von Processen und Streitigkeiten jeder Art lag[3]). Vortheile bot die Ganerbschaft gar nicht, so sehr sich auch Estor[4]) bemüht, solche aufzufinden. Dies veranlasste denn auch eine tief eingreifende Verordnung vom 19. Juni 1797 (Anl. D.), welche die Aufhebung der ganerbschaftlichen Verfassung energisch vorbereitete und auch herbeiführte, unterstützt durch das Gesetz vom 15. Mai 1812, die Aufhebung der Retracte betreffend.

Ein Ueberbleibsel scheinen noch die in einzelnen Orten bestehenden s. g. Privat-Gemeinden zu sein. Es sind dies grössere Gütercomplexe, die im ideellen Privateigenthum der mit Gütern in der Gemarkung ansässigen Personen stehen. Sie haben auch das mit der alten Ganerbschaft gemein, dass sie häufige Streitigkeiten darüber hervorrufen, wer als Miteigenthümer daran berechtigt ist und wie die Nutzungen zu theilen sind. Man könnte zwar hierbei auch an Reste der alten Markgenossenschaften denken. Allein es finden sich sonst nirgends Angaben, welche darauf hindeuteten, dass, soweit die Kunde zurück reicht, ausser den im Besitze der Privaten befindlichen Grundstücken noch ungetheilte im Gesammteigenthum der Gemeinden stehende Ländereien — mit Ausnahme von Waldungen — vorhanden gewesen seien, und dann fehlt es auch bei den Privat-Gemeinden durchaus an einem Organ, welches an die

---

[1]) Bericht Klippsteins, Anm. ad § 1. S. 7 der Abschr.
[2]) Marb. Acten XII. 1.
[3]) Cf. Hess. Darmst. Landzeitung von 1791 No. 7.
[4]) Kl. Schriften II. S. 344.

Stelle der früheren Markvorstände getreten wäre, bei der Vertheilung der Grundstücke und der Nutzungen mitzuwirken und die gemeinsamen Interessen zu wahren und zu vertreten hätte. Auch das vormalige Landgericht Biedenkopf geht in seinem Berichte an das Hofgericht zu Giessen vom 21. Mai 1860 von der oben vertretenen Ansicht aus.

Eheliches Güterrecht und Erbrecht.

20. Bei dem festen Verbande, in welchem die ganerbschaftlichen Grundstücke zu dem Stamm standen, war der Einfluss der Ehe auf sie, ein Einräumen von Rechten daran an den Ehegatten nur gering. Sie blieben vielmehr besonderes Eigenthum desjenigen Ehegatten, von dem sie herstammten und gingen nach dessen Tod dem Eigenthum, wenn auch nicht sofort der Nutzung nach, auf seine gesetzlichen Erben über. Anders verhielt es sich mit dem Gegensatze davon, der s. g. fahrenden Habe, deren Begriff eben, weil er Alles umfasste, was nicht Ganerbgut war, in einer ganz merkwürdigen Weise ausgedehnt war. Es wurden nämlich dazu gerechnet:

a) vor Allem die eigentlichen Mobilien, mithin auch das Vieh und die vom Boden getrennten Früchte (52, 63, 86). Das Nachheu oder Grummet wurde, wenn das Heu selbst zur Zeit der Auseinandersetzung zwischen den Ganerben und demjenigen, welcher auf die fahrende Habe Anspruch hatte, bereits geerndtet war, als ein Zugehör dieses angesehen (77, 122). Die stehenden Früchte gehörten zum Erbgut, die Besserung aber zur Fahrniss und darum hatte der zur fahrenden Habe Berechtigte bei einer Auseinandersetzung mit den Ganerben, wenn die Theilung vor Walpurgi vorgenommen wurde, die Besserung nach einer Taxation des darauf gemachten Aufwands, nach Walpurgi aber den Werth der Erndte zur Zeit der Theilung anzusprechen. So scheinen wenigstens die Sprüche vom 6. Mai 1745 (76) und 9. Juni 1763 (123) aufgefasst werden zu müssen.

b) Zur Fahrniss gehörten weiter die Ausstände und namentlich das Pfandgeld. In Folge hiervon konnte derjenige, welcher Anspruch auf die fahrende Habe hatte, auch die antichretisch in's Pfand gegebenen Güter in Besitz und Genuss verlangen (27, 44, 52, 63, 72, 128, 215).

c) Sodann gehörten dahin nach dem Grundsatz: „Alles, was

die Fackel verzehrt, ist Fahrniss" [1]) alle Gebäude (4, 22, 44, 52, 63).
Dieser Grundsatz war natürlich den römisch rechtlich gebildeten Juristen unfasslich und Professor Mogen zu Giessen [2]) erzählt uns darüber:
Georg Hansmann von Gönnern habe als Erbe der von einem Dritten
hinterlassenen Mobilien den Erben der Immobilien auf Herausgabe
des Hauses verklagt und dieses vom Amtmann zu Breidenbach zugesprochen bekommen. Der Gegner habe hiergegen die Appellation an die Regierung zu Giessen verfolgt und Hansmann darauf
seine Vertheidigung einem berühmten Advokaten übertragen. Dieser
habe ihn aber weggewiesen mit den Worten: „Suche dir einen
anderen Anwalt. Das ganze Colleg würde mich, einen ergrauten
Juristen, einen Narren schelten, wenn ich den Grundsatz ver-
theidigen wollte, dass Gebäude zu den Mobilien zu rechnen seien."
Auf die Erwiederung des Bauern: „Herr Doctor! schreibt nur, was
die Fackel verzehrt, ist Fahrniss", sei er jedoch stutzig geworden,
habe die Möglichkeit eines diesen Grundsatz anerkennenden Ge-
wohnheitsrechts unterstellt und den Rechtsuchenden angewiesen,
einen Ausspruch der Breidenbacher Schöffen zu erwirken, der.denn
auch jenen Grundsatz als vollkommen richtig bestätigt habe. Es
ist dies der Spruch vom 29. Februar 1627 (4). Die Regierung
zu Giessen habe darauf nochmals das Breidenbacher Schöffengericht
zur Aeusserung aufgefordert und nachdem dieses am 21. Februar 1632
seinen früheren Ausspruch wiederholt (22), das Urtheil erster Instanz
bestätigt und seitdem sei der erwähnte Grundsatz auch von den
oberen Gerichten stets anerkannt worden.

Die bei einem Haus befindlichen Gärten unterlagen jedoch,
wenn sie als besondere Grundstücke vermessen waren, nicht der
gleichen Beurtheilung, wie das Haus (73, 84).

d) Mogen erzählt sodann weiter, es sei ihm das Bedenken gekommen, ob auch steinerne Häuser zu den Mobilien gerechnet
würden und ob nicht auch die Bäume und ganze Waldungen, weil
diese doch auch von der Fackel verzehrt würden, als dazu gehörig
angesehen würden. Er habe sich desshalb an den Schöffenstuhl zu
Breidenbach gewandt und von diesem am 23. Juli 1759 vollständig
bestätigende Antwort erhalten (222). Der Gerichtsschreiber habe
noch dazu bemerkt, die Schöffen hätten nicht anders antworten
können, als dass sowohl steinerne Häuser, die doch mehrentheils

---

[1]) Graf und Dietherr, Rechtssprichwörter S. 65. Eisenhart, Sprichwörter
S. 74. 188.

[2]) Meditatio de aedificiis et arboribus radicatis jure Germanico non inter
res immobiles sed mobiles referendis. 1759.

von Holz ausgebaut, somit allezeit pro parte vom Brand verzehret werden könnten, als auch Waldungen zur Fahrniss gerechnet würden.

21. Bezüglich dieser fahrenden Habe entstand nun durch die Verheirathung eine particulare Gütergemeinschaft, welche sowohl alle Fahrnissgegenstände, die der eine oder der andere Ehegatte einbrachte, als Alles, was während der Ehe errungen wurde, umfasste. Zu letzterem gehörten indessen auch in der Ehe angekaufte Immobilien, selbstverständlich unbeschadet des Rechts der Ganerben, diese Grundstücke einzulösen, falls der Ueberlebende in dem betreffenden Stammgut nicht mitbeerbt war, d. h. nicht selbst zu den Ganerben gehörte. War dagegen dieses der Fall, so brauchte er nicht „davon abgelegt zu nehmen", vielmehr gingen die Grundstücke alsdann auf seine Erben über (218).

Die Frau erwarb selbst dann die Hälfte, wenn in dem Kaufbrief auch nur der Mann allein als Käufer genannt war, und dieser konnte demgemäss so erworbene Grundstücke auch nicht ohne Zustimmung der Frau verkaufen (179, 212).

Andrerseits waren auch die während der Ehe zu Zwecken derselben contrahirten Schulden, die eigentlichen Eheschulden, gemeinschaftlich und mussten von jedem Ehegatten zur Hälfte bezahlt werden. Einer besonderen Verbürgung der Frau bedurfte es zur Begründung dieser ihrer Verpflichtung nicht (221). In Folge davon mussten z. B. die Frau oder deren Erben auch zur Einlösung von Grundstücken beitragen, welche während der Ehe antichretisch verpfändet worden waren. Wenn also die Frau in zwei Ehen gestanden hatte, mussten die Kinder zweiter Ehe als Miterben ihrer Mutter zur Einlösung von in erster Ehe verpfändeten Grundstücken auch dann contribuiren, wenn sie an diesen, weil es Erbgüter des ersten Mannes waren, keinen Theil hatten.

Nach dem Tode des einen Ehegatten wurde die Gütergemeinschaft, wenn Kinder vorhanden waren, mit diesen fortgesetzt, bis wegen Uebergabe des Guts an Eins derselben oder sonstiger Begründung eines selbständigen Haushalts oder wegen Ueberschreitens des Ueberlebenden zu einer weiteren Ehe eine Abtheilung stattfand.

22. In engem Zusammenhang mit dieser Gütergemeinschaft steht der Grundsatz, dass der überlebende Ehegatte, wenn keine Kinder aus der Ehe vorhanden waren, die gesammte fahrende Habe, mochte sie herkommen, wo sie wollte, als portio statutaria zu Eigenthum bekam (47, 170)[1]. Er behielt sie auch im Falle des

---

[1] Cf Estor, Marb. Beitr. III S. 47 sub XXII.

Eingehens einer weiteren Ehe (54). Die Beamten scheinen, von dem römischen Recht beeinflusst, auf eine Aenderung dieses Grundsatzes hingearbeitet zu haben. Wenigstens deutet die Frage des Amts Gladenbach, ob die fahrende Habe dem überlebenden Ehegatten auch bei dessen Wiederverheirathung verbleibe und ob die Simmersbacher Schöffen sich von den übrigen absondern wollten, darauf hin. Und die Schöffen waren ihrer Aufgabe nicht mehr gewachsen und nicht mehr selbständig genug und stellten in ihrer Antwort vom 6. April 1788 (120) die Entscheidung dem Amt anheim.

Waren Kinder vorhanden, so fielen die Erbgüter des Verstorbenen ganz, die fahrende Habe aber zur Hälfte an sie. Die andere Hälfte blieb dem überlebenden Elterntheil. Die Schöffen haben sich zwar am 6. October 1757 (104) dahin ausgesprochen, dass sie sich keines Falles erinnerten, in welchem darüber Streit entstanden sei, ob der überlebende Ehegatte auch dann, wenn Kinder in der Ehe erzielt worden seien, mit Ausschliessung dieser die Fahrniss geerbt habe, dass aber niemal seine Ablegung geschehen sei. Allein dieser Schlusssatz möchte doch wohl nur darin seinen Grund haben, dass dem überlebenden Ehegatten die fahrende Habe wegen seines Leibzuchtsrechts belassen werden musste.

Heirathete derselbe wieder, so konnte er seinem zweiten Ehegatten nur die Hälfte der ihm zugefallenen Hälfte oder ein Viertheil der ganzen fahrenden Habe zuwenden (56, 96). Es war dies also wesentlich verschieden von der römisch rechtlichen Bestimmung, wonach dem zweiten Ehegatten nicht mehr zugewendet werden kann, als einem Kind erster Ehe.

Der zweite Ehegatte konnte aber auch ohne besondere Zusicherung bei der Verheirathung jenes Viertheil oder die Hälfte der halben Fahrniss, welche dem andern Ehegatten aus dessen erster Ehe zugefallen war („die Hälfte der Fahrniss, so in erster Ehe noch nicht vergeben war") wenigstens dann ansprechen, wenn er selbst ein „Landrecht", d. h. die nach Landrecht (nach Grundsbrauch) übliche Bräutelgabe (67) in die Haushaltung eingewendet hatte (217). Es wurde also zur Begründung der Gütergemeinschaft und des Rechts auf die fahrende Habe für nothwendig erachtet, dass beide Theile auch etwas in die Ehe eingebracht hatten.

Der erwähnten Bestimmung über das Mass dessen, was Jemand, der aus erster Ehe Kinder hat, seinem zweiten Ehegatten zuwenden durfte, entsprechend konnte z. B. ein Mann der zweiten Frau nicht zusichern, sie solle Besitzerin und Verlegerin des von seinen Eltern ihm und seiner ersten Frau übergebenen Hauses sein, d. h. sie solle

das ganze Haus zu Eigenthum bekommen und die Kinder erster
Ehe mit ihren Erbansprüchen in Geld abfinden können. Ebenso
war es unzulässig, zu bestimmen, die zweite Frau solle, auch wenn
Eins der Kinder erster Ehe in das Haus heirathete, die Haushaltung
ungetheilt fortführen, es sei denn, dass eine vollständige Auseinandersetzung stattgefunden hatte und den Kindern erster Ehe das mütterliche Vermögen herausgegeben, das väterliche aber, weil daran der
Frau die Leibzucht zustand, festgestellt worden war (216).

23. Der unter 22 erwähnte Grundsatz erlitt unter Umständen
eine wesentliche Modification. In den Ehe- und Uebergabsverträgen,
durch welche jungen Eheleuten von den Eltern des Einen das Gut
übergeben wurde, fand nämlich regelmässig auch eine Bestimmung
für den kinderlosen Sterbfall eine Stelle und zwar wurde ein Unterschied gemacht, je nachdem sich dieser Sterbfall vor oder nach
Ablauf eines Jahres ereignen würde. Für den ersten Fall wurde
die Formel gebraucht: „Die Jahresfrist wird auf (z. B. 100 fl.)
festgesetzt“, d. h.: Stirbt der Ehegatte, von dessen Eltern der übergebene Hof herrührt, während des ersten Jahres, ohne dass Kinder
vorhanden sind, dann hat der überlebende Ehegatte, welcher in
das Haus geheirathet hat, an diesem kein festes Miteigenthum, muss
vielmehr wieder abziehen gegen Zahlung der „Jahresfrist“ und kann
keine Ansprüche auf eine weitere „Ablage“ bilden. Ereignete sich
jener Sterbefall nach Ablauf eines Jahres, dann war der Uebergabsvertrag an sich bindend, jedoch musste der Ueberlebende, wenn die
Schwiegereltern, die Uebergeber, noch lebten, es sich gefallen lassen,
dass ihm diese statt des Hauses dessen Werth bezahlten und es
einem Anderen ihrer Kinder übergaben (97). Der Grund hiervon
lag in dem Bestreben, auch Haus und Hof, obgleich diese nicht
zu den Erbgütern, sondern zu der fahrenden Habe gehörten, wegen
der doch bestehenden Verbindung mit dem Gut möglichst der
Familie zu erhalten. Der Anspruch des zum Abzug gezwungenen
letztlebenden Ehegatten im Uebrigen auf Herausgabe seiner Illaten,
jedoch abzüglich der Hochzeitskosten, auf eine Bräutelgabe in
gleichem Betrage, wie sie den Geschwistern des verstorbenen Ehegatten zugesagt worden war, auf sämmtliche Mobilien des Letzteren
und auf die Hochzeitsgeschenke blieb bestehen (98).

24. Eine Verpflichtung des überlebenden Ehegatten zur Bezahlung der Schulden war mit dem Anfall der fahrenden Habe an
und für sich nicht verbunden. Zufolge der Gütergemeinschaft hatte
er nur die Hälfte der Eheschulden zu tragen. Soweit eine Schuld-
verbindlichkeit des Verstorbenen existirte, ging sie auf seine Erben
über. Als solche erscheinen nur diejenigen, welchen die Erbgüter

zufielen, eben weil die dem überlebenden Ehegatten zukommende
fahrende Habe nur portio statutaria war (170, 203). Eine Ausnahme fand jedoch dann statt, wenn in den Ehepacten bestimmt
war, dass der Mann die Frau bei sich in Haus und Hof und alle
fahrende Habe „in Lust und Unlust" nehme oder wenn eine solche
Bestimmung im Uebergabsvertrag getroffen war. Dann musste der
überlebende Ehegatte im kinderlosen Sterbfall alle Schulden, auch
die des Erstverstorbenen und die vor der Ehe vorhandenen, bezahlen. Der Ausdruck „Unlust" bezeichnete gerade die Schulden (219).

25. Ausser der fahrenden Habe bezw. der Hälfte derselben
bekam der überlebende Ehegatte die Leibzucht an dem gesammten
übrigen Nachlass des Erstverstorbenen, einerlei, ob Kinder aus der
Ehe vorhanden waren oder nicht. Er hatte in Folge davon die
Nutzniessung des ganzen Vermögens, insbesondere auch der zu
dem Stamme des verstorbenen Ehegatten gehörigen ganerbschaftlichen Grundstücke, welche die nächsten Erben ihm Zeitlebens
lassen mussten (25, 39, 48, 218). Der Spruch 175 bezieht sich
offenbar nur auf die Eigenthumsfrage, nicht auf die Leibzuchts-
frage. Selbstverständlich durfte der Berechtigte von dem, was er
nutzniesslich hatte, nichts verkaufen oder verpfänden (38). Dieses
Leibzuchtsrecht scheint ihm in älterer Zeit unangezweifelt auch
dann zugestanden worden zu sein, wenn er sich wieder verheirathete.
Denn der Schöffenspruch vom 6. Mai 1634 (23) sagt: Die Kinder
erbten das Eigenthum an den nachgelassenen Erbgütern, der überlebende Ehegatte aber bekomme die Leibzucht. Trete derselbe
jedoch in die zweite Ehe und sterbe dann, so fielen die Erbgüter
ohne Beschränkung an die Kinder erster Ehe, indem die Leibzucht
nicht auf den überlebenden zweiten Ehegatten übergehe. Es wird
also hier doch vorausgesetzt, dass der überlebende Ehegatte aus
der ersten Ehe trotz seines Ueberschreitens zur zweiten Ehe auch
während dieser die Leibzucht genossen habe. Der Schöffenspruch
vom 12. Juni 1638 (25) erklärt, das Längstlebende habe die Leibzucht zeit seines Lebens, nach seinem Tod fielen die Güter an die
nächsten Erben. Ebenso erwähnt der Spruch vom 20. Februar 1690
(39) nichts von einer früheren Beendigung. Erst später scheint
durch Einwirkung der Beamten und in Folge des Einflusses des
römischen Rechts der Grundsatz Geltung erlangt zu haben, dass die
Leibzucht durch Verrückung des Wittwenstuhls verloren gehe.
Dem entsprechend hat sich das Gericht Roth am 10. November 1705
und 26. Februar 1714 (41) ausgesprochen. Das Gericht Breidenbach aber blieb noch am 25. Juni 1722 (48) und 7. Mai 1762 (Notiz
unter 25) bei seiner früheren Rechtsansicht und nur die Gerichts-

schreiber haben in den Sammlungen der Schöffensprüche abändernde
Glossen dazu gemacht. Auch noch am 22. Februar 1772 (194) hat
dasselbe Gericht sich auf seinen Spruch vom 6. Mai 1634 berufen
und denselben für richtig erkannt, also nicht in Zweifel gezogen,
dass durch Ueberschreiten zur zweiten Ehe die Leibzucht nicht
verloren gehe. Dagegen vermeinen sie, dass, wenn der zur zweiten
Ehe geschrittene Ehegatte mit Hinterlassung von Kindern aus erster
Ehe sterbe, der überlebende zweite Ehegatte, gleichviel ob Kinder
aus zweiter Ehe vorhanden sind oder nicht, die Leibzucht an dem
Vermögen des Verstorbenen nicht anzusprechen habe, sondern
dessen Nachlass (nicht etwa nur der seither bloss nutzniesslich be-
sessene Nachlass des zuerst verstorbenen ersten Ehegatten) sofort
an die Kinder falle, eine Ansicht, die kaum einen rechtfertigenden
Grund für sich haben dürfte. Auch der Spruch vom 5. Februar 1784
(216) spricht nur davon, dass nach dem Tode des Mannes, der in
zwei Ehen gestanden, den Kindern erster Ehe das Vermögen, welches
von deren Mutter herkomme, weil die zweite Frau hieran keine Leibzucht habe, herauszugeben sei, während im Gegensatz davon das väterliche Vermögen der Kinder nur herausgerechnet, also der Leibzucht
der zweiten Frau nicht entzogen werden solle. Der Spruch des
Gerichts Lixfeld vom 6. April 1788 (120) schliesst sich der Ansicht
an, dass die Leibzucht durch Wiederverehelichung verloren gehe
und ebenso der Spruch des Breidenbacher Gerichts vom 4. Mai 1795
(218)[1].

26. Abgesehen von den seither betrachteten Rechten des Ehegatten war die Erbfolgeordnung die des römischen Rechts. In erster
Linie erbten die Descendenten, in zweiter die Ascendenten und
rechten Geschwister nach Kopftheilen (106, 109, 114, 119) und in
dritter die entfernteren Seitenverwandten nach der Nähe des Grades.
Stiefgeschwister standen überall einen Grad zurück (80, 125). Hatte
also Jemand aus zwei Ehen Kinder und starb dann, so wurde sein
Vermögen unter sämmtliche Kinder erster und zweiter Ehe nach
Köpfen getheilt (55, 109). Starb dann ein Kind zweiter Ehe, dann
wurde es von den übrigen Kindern dieser Ehe und dem zweiten
Ehegatten beerbt. Allein die ganerblichen Rechte der Kinder erster
Ehe konnten dadurch nicht beeinträchtigt werden. Diese waren

---

[1] Cf. Estor, Marb. Beitr. III S. 47 sub XXI und XXIV. Zur Vergleichung
mit anderen im Grossherzogthum Hessen geltenden Partikularrechten bezüglich
der ehelichen Güter- und Erbrechte dient die Abhandlung Purgold's im
Arch. f. pr. R. N. F. VI. S. 365.

vielmehr befugt, die dem zweiten Ehegatten, ihrem Stiefvater oder ihrer Stiefmutter, von ihrem Kinde zugefallenen, von dem verstorbenen Ehegatten herrührenden Erbgüter oder Erbgutsantheile gegen billige Entschädigung einzulösen (110, 207).

27. Bei der Theilung des elterlichen Nachlasses, insbesondere auch der ganerbschaftlichen Grundstücke waren alle rechten Geschwister gleichberechtigt (10, 57, 59, 64, 85, 94, 99, 124, 201)[1]). Dem Erwerber einer Hofraithe, welche nicht getheilt werden konnte, war auch das daran gelegene, für dieselbe unentbehrliche Gelände zuzuweisen und den Miterben dagegen Feldgut nach ehrlicher und verständiger Leute Erkenntniss zuzutheilen (11). Bei der Theilung von Grundstücken war Aussteinung und schriftliche Beurkundung nothwendig (29).

In Gemässheit dieses gleichen Rechts musste auch die s. g. Bräutelgabe bei der Theilung conferirt werden. Was nach Landrecht (Grundsbrauch) als Bräutelgabe üblich und beim Mangel anderweiter Bestimmung darunter zu verstehen und einem Kinde, Sohn wie Tochter, bei der Verheirathung zu geben, desgleichen wie hoch es an Geld angeschlagen war, sagt der Schöffenspruch vom 25. November 1733 (67)[2]). Die dem entsprechende Ausstattung wurde selbst „ein Landrecht" genannt (217). Das dort erwähnte Vieh konnte, wenn es vorhanden war, in Natur verlangt, andernfalls musste sich mit der Bezahlung des dafür im Grundsbrauch angesetzten Werths begnügt werden (121, 192). Alle aufgeführten Ausstattungsgegenstände konnten die jungen Eheleute, wenn die Eltern die Haushaltung behielten, in den ersten drei Jahren nicht verlangen, es sei denn, dass die geschwisterliche Theilung früher vorgenommen worden sei. Die Kleidung dagegen hatten sie bei der Verheirathung anzusprechen, wie auch die Kosten der Hochzeit, die Weinkaufskosten, sofort von den Eltern zu bestreiten waren; und zwar hatten die beiderseitigen Eltern dieselben zu gleichen Theilen zu tragen oder die Eltern des Bräutigams das Getränke und die Eltern der Braut die Mahlzeit zu stellen (67, 68, 79, 82, 116).

Waren einem Kinde bei der Verheirathung über das erwähnte Landrecht hinaus Erbgüter zugetheilt worden, so musste es diese zur geschwisterlichen Theilung conferiren und konnte es sich auch nicht durch Ausschlagung der Erbschaft davon befreien (102, 103). Jedoch konnte es Grundstücke, die ihm in den Ehepacten zur Be-

---

[1]) Cf. Estor, Marb. Beitr. III S. 47 sub XIX und XX.

[2]) 100 fl. à 26 alb. = 86 fl. 40 Kr. neu = 148,57 Mk.

nutzung versprochen waren, noch so lange behalten, bis die von ihm hinein gesteckte Besserung herausgezogen war (118). .

Aus gleichem Grunde musste dasjenige von zwei Geschwistern, dessen Antheil werthvoller war, als derjenige des andern, diesem zur Gleichstellung nach dem Gutachten Sachverständiger eine Herausgabe leisten an Pfandgut oder Erbgut (10).

28. Die Gleichberechtigung der Geschwister stand natürlich der Befugniss der Eltern zu abweichenden Bestimmungen durch Vertrag oder Testament nicht im Wege. Namentlich war es üblich, dass die Eltern die fahrende Habe einschliesslich des Hauses und Hofes mit sämmtlichen Gebäuden einem ihrer Kinder zu einem bestimmten, dem wahren Werth nicht nothwendig gleich kommenden Preis anschlugen und bei ihren Lebzeiten — mit oder ohne vorläufigen Vorbehalt der Haushaltung auf eine gewisse Reihe von Jahren — übergaben. Zu der fahrenden Habe gehörten nach dem oben Bemerkten auch alle Activausstände, insbesondere auch das Pfandgeld. Enthielten jedoch die Ehepacten die Bestimmung, dass das Pfandgeld nach der Eltern Tod geschwisterlich getheilt werden solle, so galt dies auch für alle übrigen Activausstände (215). Unter den Kindern hatten die Eltern jedenfalls die Wahl, wem sie Haus und Hof übergeben wollten und die Angabe zweier Gerichtsschöffen im Spruch vom 5. Februar 1784 (216), es seien ihnen Amtsbescheide bekannt, wonach die Erstgeburt das Näherrecht, in's Haus zu heirathen und die Geschwister zu verlegen, habe, beruht sicher auf Irrthum.

War in einem solchen Vertrage der Ehegatte des Kindes als Mitcontrahent genannt, so wurde dieser auch zur Hälfte Eigenthümer. Lautete der Vertrag dahin, dass die Uebernehmer von der Fahrniss (Haus und Hof mit Schiff und Geschirr) die Hälfte und an der andern Hälfte ein Kindstheil erhalten sollten, so bedeutete dies, dass ihnen das Eigenthum an dem Ganzen übergeben sein sollte und die übrigen Kinder ihre Kindstheile von der Hälfte nur als Geldabfindung nach vorgängiger Taxation beanspruchen könnten (219). Dies ist als Gewohnheitsrecht noch in einem Urtheil des vormaligen Landgerichts Biedenkopf vom 24. Februar 1855 i. S. Donges contra Donges von Wallau anerkannt worden. Dort war in den Ehepacten auch die erwähnte Bestimmung getroffen, im gerichtlichen Inventar aber nach dem Wortlaut dem Bruder des Uebernehmers $1/4$ und Letzterem und seiner Ehefrau $1/2$ und $1/4$ (Jedem also $3/8$) der Hofraithe zugetheilt worden. Der Sohn der verstorbenen Ehefrau nahm aber als Erbe seiner Mutter die Hälfte der ganzen Hofraithe in Anspruch und dieses Verlangen wurde von der Gegenseite, weil rechtlich begründet, nicht bestritten[1]). Das Landgericht Biedenkopf bestätigte die angegebene Bedeutung jener Formel auch in einem Berichte vom 21. Mai 1860[2]) mit dem Anfügen, dass diese noch bis gegen das Jahr 1850 bei allen Uebergabsverträgen fast stereotyp gewesen sei. Auch wenn es in einem solchen Falle hiess: Den Uebernehmern solle die eine Hälfte des Hauses gegeben und von der anderen Hälfte sollten sie „Besitzer und Verleger" sein, so bedeutete dies ebenfalls, dass ihnen das ganze Haus übergeben sein solle, dass jedoch die Geschwister auf die Hälfte des Werths nach dem Taxatum Anspruch hätten. — Ob aber ohne Erwähnung eines den Uebernehmern zukommenden Kindstheils Letztere bei der zweiten Hälfte mitzutheilen hatten oder ob diese ganz den Geschwistern zufiel, lassen die Schöffen unentschieden (210).

In diesem Sinn wird auch der Schöffenspruch vom 17. Juni 1626 (17) aufzufassen sein. Der ihm zu Grund gelegene Fall scheint folgender gewesen zu sein: Die Eltern oder wenigstens die Mutter des Hans Breidenstein hatten diesem und seiner ersten Ehefrau ihr Haus übergeben, sich aber bis zu ihrem Lebensende die Haushaltung vorbehalten. Die erste Ehefrau starb mit Hinterlassung eines Kindes. Der Mann heirathete wieder und hatte auch aus zweiter Ehe Kinder. Dann starb er und nach ihm seine Mutter. Es entstand nun Streit, ob das Haus, weil es die gemeinschaftliche Grossmutter auch nach der Uebernehmer Tod in Besitz gehabt habe, unter den Enkeln aus erster und zweiter Ehe ganz zu theilen sei oder ob das Kind erster Ehe als Erbe seiner Mutter die Hälfte anzusprechen habe und demgemäss auch die andere Hälfte gegen Abfindung der Stiefgeschwister nach dem Taxatum behalten könne, und diese Frage haben die Schöffen in letzterem Sinne bejaht.

In dem Spruch vom 26. Februar 1788 (209) handelt es sich um die Frage, ob bei Ehepacten mit der fraglichen Bestimmung der aus einem anderen Hofe zugeheirathete Ehegatte oder seine Kinder — abgesehen von dem Antheil an der zugesagten Hälfte — auch Anspruch an das Kindstheil an der anderen Hälfte hätten oder ob dieses letztere nur dem im Haus geborenen Ehegatten gehöre, also nicht, wem das Eigenthum an der Hofraithe zustehe, sondern ob der Werth des Kindstheils als eingebrachtes Vermögen des im Haus geborenen Ehegatten oder als beiden Ehegatten je zur Hälfte gemachte Zuwendung, als Errungenschaft, anzusehen sei. Ueber

---

[1]) Acten des Oberlandesgerichts Kassel, den Breidenbacher Grundsbrauch betreffend.

[2]) Biedenkopfer Acten.

diese Frage stellen die Schöffen die Entscheidung dem Amt anheim; sie verweisen jedoch dabei auf den Spruch vom 4. Juni 1733 (63), wonach das, was den jungen Eheleuten in Ehepacten übergeben worden ist, beiden und nicht einem allein gegeben ist. Es steht dies auch im Einklang mit der bestehenden Gütergemeinschaft, welche anscheinend die Beamten in eine blosse Errungenschaftsgemeinschaft umzuwandeln bemüht gewesen sind.

Eine Verpflichtung, die elterlichen Schulden allein zu bezahlen, lag in einer solchen Uebergabe noch nicht. Sie war vielmehr nur dann begründet, wenn dies ausdrücklich bestimmt war, wenn die fahrende Habe mit Lust und Unlust übergeben war (219). In diesem Fall erstreckte sich jene Verpflichtung aber auf alle Schulden, nicht etwa bloss auf diejenigen, welche auf die übergebene Hofraithe radicirt waren.

29. Die stehenden Früchte auf dem Erbgut gehörten nicht zur fahrenden Habe und kamen demgemäss, auch wenn einem Kinde in den Ehepacten die Fahrniss übergeben worden war, zur geschwisterlichen Theilung, es sei denn, dass sie in den Ehepacten gleichfalls als mitübergeben aufgeführt waren (86). Wegen der Besserung galt das oben S. 40 sub 20 a. Gesagte.

30. Bei der Theilung der Erbgüter blieben die auf denselben stehenden Obstbäume gemeinschaftlich und das Obst wurde jährlich getheilt, es müssten denn die Eltern bei der Uebergabe etwas Anderes angeordnet haben (42). Die Verordnung vom 19. Juni 1797 (Anl. D.) klagt in § XXXIX darüber, dass in Folge hiervon oft 24 und mehr Miterben zu einem Baum und dessen Obsterndte von andern Dörfern zusammen kämen und damit mehr Zeit versäumten, als ihr Antheil Obst werth sei.

Verhältnisse processualer Natur.

31. So lange die altdeutsche Gerichtsverfassung bestand, wurden auch im Grund Breidenbach alle Rechtssachen an den althergebrachten Gerichtssitzen zu den bestimmten Zeiten und in den alten Formen verhandelt. Für alle Angelegenheiten, welche landgräfliche Eigenleute oder Eigengüter betrafen, war das Eigengericht zu Obereisenhausen zuständig und zwar umfasste dies bis zur Theilung Hessens unter Landgraf Philipp's des Grossmüthigen Söhnen im Jahre 1567 auch die Gerichte Lohr, Caldern und Reizberg, welche nachher in den erwähnten Beziehungen dem Ungenossen-Gericht zu Nieder-Weimar zugetheilt wurden. Das Eigengericht zu Obereisenhausen kam regelmässig alle sieben Jahre unter dem Vorsitz des Rentmeisters von Blankenstein zusammen und war ein ordentliches echtes Gericht, das gewöhnlich zwei Tage dauerte, mit drei weiteren darauf folgenden Gerichtstagen. Bei ihm wurden alle Angelegenheiten rechtlicher Natur, sie mochten betreffen, was sie wollten, bürgerliche Rechtsstreitigkeiten, Acte der freiwilligen Gerichtsbarkeit und Strafsachen, mit Ausnahme der peinlichen Fälle, erledigt. Mit der Zeit genügte naturgemäss ein so seltenes Zusammentreten dem Bedürfniss nicht und wurde es desshalb ausserdem zusammenberufen, so oft es Jemand verlangte. Da dies aber sehr kostspielig war, zumal dazu 24 Schöffen geladen werden mussten, so erging im Jahre 1513 eine landesherrliche Verordnung (Anl. A.), durch welche die Kosten vermindert und andere Erleichterungen verschafft wurden. Danach waren zunächst für ein gebotenes, auf Antrag einer Partei anberaumtes Gericht nur sieben Schöffen nöthig. Sodann waren die Kosten in geringem Masse fixirt. Der Rentmeister bekam einen Ortsgulden, der Gerichtsdiener 8 alb., jeder Schöffe 2 alb. und das ganze Gericht: Schöffen, Fürsprecher, Zeugen und Gerichtsdiener angemessene Kost oder statt solcher Jeder 18 junge Heller von dem Kläger. Ferner war zu gehöriger Vorbereitung der Verhandlung bestimmt, dass Kläger und Beklagter vor dem Gerichtstag ihre Behauptungen schriftlich vorbringen und ihre Beweismittel benennen sollten, damit diese zum

4*

Termin beigebracht, insbesondere die Zeugen dazu geladen werden könnten und die Sache in einer Tagfahrt erledigt würde. Endlich sollte auch bei etwaiger Appellation, welche an das im Jahre 1500 nach dem Vorbild des Reichskammergerichts umgestaltete Hofgericht zu Marburg ging, nicht neu verhandelt, sondern auf Grund der Acten entschieden werden, es sei denn, dass in erster Instanz ein Beweis versäumt oder eine Nichtigkeit begangen worden sei. Nach und nach kam es dahin, dass das Gericht — erst ausnahmsweise, dann als Regel — in Blankenstein bezw. in Gladenbach abgehalten wurde und die Mitwirkung der Schöffen dabei in Wegfall kam, bezw. sich auf Mittheilungen über das im Grund Breidenbach geltende Recht reducirte.

Das siebenjährige grosse Eigengericht blieb aber daneben mit seinen früheren Formen bestehen. Seine Hauptaufgabe war, die landgräflichen Rechte aus der Leibeigenschaft hinsichtlich der Person und der Eigengüter zu wahren. Was in ersterer Beziehung durch Bestrafung derjenigen, welche Ungenossinnen geheirathet hatten, geschah, ist oben bereits dargestellt. In letzterer Beziehung war Jedermann, der Kenntniss davon erlangt hatte, dass ein Ungenosse sich landgräfliches Eigengut angemasst hatte, verpflichtet, dies zur Anzeige zu bringen, widrigenfalls er selbst in Strafe verfiel. Nachdem jedoch durch Verordnung vom 25. Mai 1811 die Leibeigenschaft im Grossherzogthum Hessen vom 1. Juli 1813 an gegen eine bis dahin zu ermittelnde Entschädigung für aufgehoben erklärt worden war, musste es in Wegfall kommen. Es wurde indessen, da die Ausführung jener Verordnung durch die Kriegsereignisse eine Verzögerung erlitten hatte und die Frist zur Ablösung der Leibeigenschaft durch Verordnung vom 2. Juli 1813 bis zum 1. Juli 1814 verlängert worden war[1]), noch einmal — zum letzten Mal — etwas später, am 28. October 1813, abgehalten.

32. Nachdem, wie erwähnt, das kleine Eigengericht durch Uebergang der Befugnisse desselben auf den Rentmeister, später Amtmann, zu Blankenstein schon seit der ersten Hälfte des 17. Jahrhunderts zu bestehen aufgehört und nachdem das grosse Eigengericht aus demselben Grunde seine Bedeutung als Gericht zur Schlichtung von Rechtsstreitigkeiten verloren hatte, war die Fortexistenz auch der übrigen bäuerlichen Gerichte im Grund Breidenbach und damit die Erhaltung der durch die Schöffensprüche als bestehend bezeugten Rechtsinstitute auf's Aeusserste gefährdet. Es kam ihnen aber zu Statten, dass die Herren von Breidenbach

---

[1]) Eigenbrodt III S. 223 ff.

und von Breidenstein au der Gerichtsbarkeit mitbetheiligt waren und
dieselbe in der althergebrachten Weise durch Schultheisen und
Schöffen ausübten und die landgräfliche Regierung sich dem anschliessen musste. Demzufolge wurden für die durch den Kauf
Breidenbach'scher Antheile gemeinschaftlich gewordenen Angelegenheiten gemeinschaftliche Gerichte oder s. g. Sammtverhöre unter
Vorsitz der herrschaftlichen und der Breidenbach'schen Schultheisen
und mit der üblichen Zahl Schöffen wöchentlich zweimal abgehalten.
Ausserdem erhielt es sich lange, dass bei jedem Gericht jährlich
drei Ungebote mit je drei darauf folgenden Amtstagen stattfanden.

Wenn auch nach dem Bemerkten die Grenzen der Competenz
dieser Gerichte und des Amts Blankenstein im Allgemeinen gegeben
waren, so ergaben sich im Einzelnen doch häufig Zweifel und
Streitigkeiten darüber. Desshalb erliess Landgraf Ernst Ludwig
unterm 13. März 1691 eine die Zuständigkeit regelnde Verordnung
(Anl. C.). Danach sollten zur Competenz des Amtmanns zu
Blankenstein gehören: im ganzen Grund Breidenbach die Bestellung und Beeidigung der Kastenmeister und Kirchensenioren,
die Prüfung der Kasten- und Kirchenrechnungen, jedoch unbeschadet
des Rechts der Herren von Breidenbach und von Breidenstein, da,
wo sie das jus collaturae nachweisen konnten, der Abhör der
Rechnungen beizuwohnen, und die Entscheidung aller Streitigkeiten,
welche Kirchen- und Kastengüter und deren Schulden betrafen,
ferner die Bestellung und Beeidigung der Vormünder über unmündige landgräflich leibeigene Kinder und Bestätigung der Verträge und Aufnahme letztwilliger Verfügungen über landgräfliche
Eigengüter, sodann die Untersuchung und Aburtheilung der
Criminalfälle — mit Ausnahme der schweren, welche vor das
Hofgericht gehörten —, desgleichen aller Frevel, welche an landgräflichem Eigengut oder an Gegenständen, die mit demselben verbunden waren, verübt wurden, und die Bestrafung der Verheirathung
landgräflicher Leibeigenen mit Ungenossinnen auf dem unter der
Leitung des Beamten zu Blankenstein stehenden Eigengericht und
endlich die Entscheidung in bürgerlichen Rechtsstreitigkeiten über
landgräfliches Eigengut und alle Angelegenheiten, welche die Leibeigenschaft als solche, Beede, Beedhühner, Besthäupter u. dergl.
bezüglich der landgräflich eigenen Leute betrafen.

Dagegen sollten den Sammtgerichten überlassen bleiben: die
Bestellung und Beeidigung der Vormünder über Breidenbach'sche
Unmündige, die Errichtung und Bestätigung von Contracten und
letzten Willensordnungen über Breidenbach'sche oder Vogtgüter, die
Entscheidung der Streitigkeiten über solche Güter, die Bestrafung

der daran begangenen Frevel, desgleichen der auf landgräflichem
Eigengut an nicht mit dem Grund und Boden verbundenen Gegenständen, wie abgesonderten Früchten, oder an anderen beweglichen
Sachen oder an Waldungen, welche den aus landgräflichen und
Breidenbach'schen Leibeigenen bestehenden Gemeinden gehören,
verübten Frevel (9, 13) und die Entscheidung der über solche
Gegenstände entstandenen Streitigkeiten. Sodann wurde als besonderes Zugeständniss von nun an den Sammtgerichten auch überwiesen die Ahndung der von landgräflichen Eigenleuten begangenen
zu den Freveln gerechneten geringen Vergehen, wie gemeine
Schlägerei, Haarraufen, Schelt- und Schimpfworte und die Cognition in den Rechtsstreitigkeiten gegen landgräfliche Leibeigene,
welche nicht Eigengut betrafen, also namentlich wegen Schulden.
Kam es jedoch zur Execution in Eigengut, dann konnte diese nur
von dem Beamten zu Blankenstein vorgenommen und vollzogen
werden. Die gleiche Bestimmung galt für den Fall, dass die Herren
von Breidenbach und von Breidenstein bei Ausübung des ihnen
zugestandenen Rechts der Beitreibung der ihnen gebührenden Gefälle und Dienste auch von landgräflichen Eigenleuten in deren
Immobiliarvermögen eingreifen wollten. Betraf die Execution
Breidenbach'sches Gut, so geschah die Immission von den Sammtgerichten.

Zum landgräflichen Eigengut in dem erwähnten Sinne wurden
gerechnet alle Güter des Landgrafen, welche er selbst verwalten
liess oder an Andere, sowohl eigene als Breidenbach'sche Leute,
pacht- oder leihweise, auf Zeit oder erblich übergeben hatte, ferner
die Kirchen-, Pfarr- und Kastengüter und endlich die eigenen Güter
der landgräflichen Leibeigenen, welche sich noch in deren Besitz befanden oder einmal darin befunden hatten, aber in die Hände
von Ungenossen gekommen waren.

33. Die Appellation gegen Entscheidungen der Sammtgerichte
ging an den Beamten zu Blankenstein Namens des Landgrafen und
die Herren von Breidenbach und von Breidenstein (3, 6), und gegen
die von diesen in zweiter Instanz, sowie gegen die durch das Amt
Blankenstein in erster Instanz erlassenen Entscheidungen an das
Sammthofgericht zu Marburg oder nach Wahl des Appellanten an
die Regierung zu Giessen. Das Hofgericht zu Marburg war nach
Philipp's des Grossmüthigen Tode von seinen Söhnen durch den
Grünberger Vertrag vom 8. Juni 1567 als gemeinsames Hofgericht
beibehalten, auch noch in dem landgräflich hessischen allgemeinen
Organisationsedict vom 12. October 1803, welches unter Trennung
der Justiz und Verwaltung für die drei damaligen Darmstädtischen

Provinzen, Starkenburg, Oberhessen und Westphalen, besondere Hofgerichte einführte, in § 11 als fortbestehend anerkannt und erst durch Vertrag vom 3. Juni 1810 zwischen dem Königreich Westphalen und dem Grossherzogthum Hessen aufgehoben worden. Es war aber nie stark in Anspruch genommen, da die Rechtsuchenden sich lieber an die betreffenden Canzleien oder, wie sie vom 17. Jahrhundert an hiessen, die Regierungen wandten und dieses Wahlrecht auch durch die Canzleiordnungen von 1628 und 1656, den Hausvertrag zwischen Hessen-Kassel und Hessen-Darmstadt vom 19. Februar 1650 und die Sammthofgerichtsordnung vom 5. Mai 1675 ausdrücklich anerkannt worden war[1]).

Da, wo die Herren von Breidenbach und von Breidenstein zur Mitwirkung bei Appellationssachen berufen waren, hatten sie dieses Recht in Selbstperson auszuüben und selbst, nachdem sie durch Vertrag vom 14. August 1823 die Gerichtsbarkeit an den Landesherrn abgetreten hatten, wurde in den Sachen, in welchen schon vorher die Appellation angezeigt war, ihr Verzicht auf Mitwirkung bei der Entscheidung nicht für zulässig erachtet, vielmehr Abgabe ihres Votums auf Grund der ihnen zu diesem Behufe mitgetheilten Acten verlangt[2]).

34. Die gemeinschaftliche Ausübung der Gerichtsbarkeit in den Sachen, welche nicht lediglich landgräfliches Eigengut und landgräfliche Eigenleute betrafen, durch zwei Schultheisen trug naturgemäss den Keim steter Reibereien und Zwistigkeiten in sich. Namentlich fühlten sich die Herren von Breidenbach dadurch beschwert, dass der fürstliche Amtsschultheis, ohne zu untersuchen, ob es sich um landgräfliches Eigengut oder um Breidenbach'sches oder Vogtgut handle, auch in letzteren Fällen in Frevelsachen, wie in Civilsachen und in Sachen der freiwilligen Gerichtsbarkeit einseitig vorgehe und sie dadurch in ihrem Rechte und in ihren Emolumenten beeinträchtige.

Andererseits entstanden auch Streitigkeiten wegen der bürgerlichen Rechtssachen, deren Aburtheilung nach der erwähnten Verordnung von 1691 dem Amtmann zu Blankenstein zustand, zwischen diesem und dem fürstlichen Amtsschultheis. Der Letztere war nämlich seit dem Anfang des 18. Jahrhunderts auch ein Literatus, ein juristisch gebildeter Mann und in Folge davon wurde auch in

---

[1]) Stölzel S. 427 ff. Rommel V. S. 173 ff. Ledderhose, Kl. Schr. IV. 43—99. 124—174. Hombergk in d. Marb. Anz. v. 1763 6. u. 7. Stück. Kopp, Nachr. I. 291 ff. 182—193.

[2]) Biedenk. Acten.

jenen Sachen häufig von ihm die Entscheidung nachgesucht und
ertheilt. Es lag dies auch im Interesse der Unterthanen, weil der
Weg nach Breidenbach nicht so weit war, wie nach Gladenbach,
und der Rentmeister zu Blankenstein connivirte es, weil er mit
seinen übrigen Geschäften doch genug zu thun hatte. Als aber
zwischen beiden Beamten Disharmonie ausbrach, mussten die
Rechtsuchenden darunter leiden. Was der Eine gebot, verbot der
Andere, was der Eine entschieden hatte, suchte der Andere um-
zustossen. Namentlich nahm der Rentmeister zu Blankenstein als
ein höherer Richter die Competenz als Appellationsinstanz bezüglich
der von dem Amtsschultheis erlassenen Urtheile in Anspruch.

Zur Untersuchung und vorläufigen Entscheidung über diese
Beschwerden und Streitigkeiten wurde am 11. October 1737 der
Regierungs- und Consistorialrath, auch Oberappellations-Referen-
darius Steck abgesandt, der denn auch am 20. December 1737
eine durch landesherrliches Regulativ vom 20. October 1738 bestätigte
Resolution erliess. Dadurch wurde, was die Beschwerden der Herren
von Breidenbach anbelangte, allerdings bestimmt, dass nach der
Verordnung von 1691 zu verfahren sei; allein practisch lag die grosse
Schwierigkeit vor, dass die dortselbst angeordnete Ermittlung des-
jenigen, was landgräfliches Eigengut und was Breidenbach'sches
oder Vogtgut sei, wegen der entgegen stehenden Schwierigkeiten
nicht stattgefunden hatte. Aus demselben Grunde war schon eine
dessfallsige, im Jahre 1666 an den Amtmann Fabricius erlassene
Weisung und ebenso ein gleicher Auftrag an den Amtsschultheis
Melchior vom Jahre 1735 unerledigt geblieben. Die Ermittlung und
Feststellung nach dem Status von 1691, welche die Herren von
Breidenbach verlangten, war wegen der unzähligen, inzwischen
stattgehabten weiteren Vertheilungen und Vermischungen immer
schwieriger geworden. Sie wurde zwar wiederholt angeordnet,
scheint aber nie zu Stande gekommen zu sein.

Wegen der Streitigkeiten zwischen dem Amtmann und dem
Amtsschultheis wurde bestimmt, dass es den landgräflichen Leibeigenen in die Wahl gestellt sein solle, ihre Rechtsangelegenheiten
in erster Instanz bei dem Einen oder dem Andern vorzubringen,
und dass die Prävention unbedingt für die Competenz massgebend sein
solle. Im einen wie im andern Fall aber solle die Appellation an die
Regierung zu Giessen[1]) gehen. Es war dies eine erklärliche Bestimmung, da der Amtmann zu Blankenstein überhaupt für sich

---

[1]) Das Hofgericht zu Marburg ist dabei gar nicht genannt, jedenfalls
weil ein Anrufen desselben nicht gebräuchlich war.

allein die Befugnisse einer zweiten Instanz nicht hatte und den Herren von Breidenbach und von Breidenstein, den Mitgliedern der zweiten Instanz in den von den Sammtgerichten devolvirten Sachen, ein Recht, in landgräflich eigenen Sachen mit zu entscheiden, nicht zugestanden werden konnte.

Diese letzteren Bestimmungen hat die Regierung zu Giessen in zwei Verfügungen an jene Beamten vom 3. Mai 1753 eingeschärft.

Wie geringen practischen Erfolg die erwähnte Commission hatte, geht daraus hervor, dass schon am 22. März 1746 die Herren von Breidenbach von Neuem eine Beschwerdeschrift einreichten, welche wieder die Klage enthielt, dass der Amtsschultheis alle Güter, gleichviel ob landgräflich eigen oder Breidenbach'sches oder Vogtgut, ohne Weiteres als herrschaftlich behandle, zugleich aber auch die Beschuldigung, dass der Amtsschultheis den Breidenbach'schen Schultheisen auch persönlich zurücksetze und unter Anderem den gemeinschaftlichen Schöffenstuhl in der Kirche zu Breidenbach wie einen Familienstuhl benutze und seine Frau und „seinen ganzen Vorrath von Kindern" hineinführe. Die darauf den Anträgen der Regierungen zu Giessen und zu Darmstadt entsprechende höchste Resolution vom 13. November 1748 gab jedoch der Beschwerde keine Folge, indem sie die einzelnen Punkte theils als zu generell und thatsächlich nicht substantiirt, theils als unbegründet bezeichnete und wegen des Kirchenstuhls den Breidenbach'schen Schultheisen auf den Rechtsweg verwies.

Bald darauf, im Jahre 1753, wurden die Beschwerden der Herren von Breidenbach über Beeinträchtigungen durch die landgräflichen Beamten in einem ausführlichen Berichte wiederholt, dem ein noch ausführlicherer Gegenbericht des Amtmanns Klipstein folgte [1]). Eingreifende Aenderungen traten auch darauf nicht ein. Der Zwiespalt blieb eben bestehen, bis die Herren von Breidenbach ihren Antheil an der Gerichtsbarkeit im Grund Breidenbach an den Landesherrn abtraten.

---

[1]) Acten des hist. Ver. zu Giessen.

Anlage A.

Ordnung des Eygengerichts zu Eyssenhaussen
de anno Domini 1513[1]).

Anno Domini Millesimo Quingentesimo decimo tertio haben sich die Armen des Eygengerichts vor meinen Herrn des Regiments grosser Beschwerung beklagtt, alss welcher Armer ein Eygengericht behubett, dass erss mit fünffzehen Gulden kaum erlangen möge, dardurch würden die Eygengütter vertheilt[2]), vnnd der Eygenthumb sampt meines gnedigen Hern Obrigkeiten niedergetrückt. solche Beschwerung haben meine Herrn im Regiment zu Hertzen genommen, betrachtet, und damit das alte Herkommen gehandthabt, auch ein jeglicher Armer zu dem seinen kommen möge, wie hernach folgt, dass Gericht so ess von nöten ist, zu halten befohlen.

§ 1. Zum ersten, so einem armen Mann das Eigengericht von nöten sein wil, so sol ein Rentmeister zu Blanckenstein sieben Schöffen die vornembsten erwehlen, die er im Gericht haben mag, nemlich drey Schöffen aus dem Gericht Blanckenstein nehmen, einen aus dem Gericht Dautphe, einen aus dem Gericht Lora, einen aus dem Gericht Caldern, vnnd einen aus dem Gericht Reutzbergk, darvon soll einem Renthmeister ein Orth eines Gulden werden vnnd nicht mehr das Gericht zu bestellen, vnnd anders wess vonnöten ist, einem eigenknecht acht Alb. die Schöffen zu verpotten vnnd Gericht zu halten vnnd igliche Schöffen zween Alb. vor sein Lohn, darzu dem gantzen Gericht wie oben gemeldt ziemliche Cost, oder ob der Clager will einem jeden Scheffen, Redner, Zeugen vnnd Eigenknecht achtzehen junge Heller vor seinen Kosten, doch ob einer eine Ruege zu Eyssenhaussen behubett, die soll und mag man belegen nach

---

[1]) Diese Ordnung ist aus Senckenberg, Diss. de jure observ. etc. App. II S. 30—33 entnommen. Sie findet sich auch abgedruckt in Waldschmidt, de hom propr. S. 47, Kopp, Nachr. I S. 350 und Grimm, Weisth. V S. 727 (hier jedoch ohne den Eingang und mit sinnentstellenden Fehlern, worauf schon Thudichum a. a. O. S. 30 aufmerksam gemacht hat).

[2]) Nach anderen Drucken „verlassen".

alter Gewohnheit, vnnd soll daselbst auch mit dem Costen gehalten werden nach Anzahl der Personen die dazu gehören.

§ 2. Auch welche Zeit dass Eygengericht vber Sechs oder Sieben Jahren von wegen meines gnädigen Hern zu Eyssenhaussen zu halten gehüren will, so sollen die Scbeffen auff die Zeitt nach alter Gewohnheit allesampt verbott werden, und die Rüege nach alter Gewonheit geschehen, inmassen wie hiebevor geschehen ist worden,

§ 3. Vnnd damitt der grosse vbermässige Uncost dieser Gericht halber abgestelt werde vnnd der arme zu fürderlichem ende kommen möge, so hatt vnnser gn. Fürst vnnd Her von Hessenn als der Landtsfürst gesetzt vnnd geordnett, dass ein jeglicher der am Gericht, wie obgemeldt, seiner Notturfft nach zu clagen haben wirdet, seine Sachen mitt gutem zeittlichem Rath, vnnd vas zeugen vnnd Beweisung er darzu bedorffen wirdet, nottürftiglich bedencken, vnnd seine Clage verzeichnen lassen soll, vnnd dieselbig Clage dem Rentmeister übergeben, so soll der Renthmeister schuldig sein, dem armen Mann die Ordnung des Gerichts treulich fürzuhalten, damit er sich geschickt machte, alle seine Beweisung, es sey von zeugen oder Brieffen zu zeiten des gerichts bey die hand zustellen, und soll vff ansuchen dess Clägers solche zeugen, so von nöthen sein werden, zu dem künftigen Gericht bescheiden, darzu dem Antworter die Clage in Schrifften zustellen, dass Gericht vber Sechs wochen und drey tage, vnd nicht darunter benennen, vnd jhme ansagen lassen dass er diesse Clage bedenck, ob er gegenbeweisung bedürffe, darauff trachte und mittler zeit dem Rentmeister seine zeugen auch benenne, damit derselbig Rentmeister die vff bestimten gerichts tag auch fürbescheiden oder sonst erlangen möge, vnd solche zeugen sollen auch geführtt werden vff dess Antworterss Costen,

§ 4. Vnd also soll in einer Sach ein Eygengutt belangendt nicht mehr dann ein Eygengericht gehalten werden, vnnd ein Ichlich theill sich darzu geschickt machen, dass er alles dass bey der bandt habe, dass er geniessen vnd entgelten will.

§ 5. Würde denn einig theil appelliren, soll die selbig Appellation an das Hofgericht geschehen, und gleichwohl nach Ausweissung der Ordnung dess Eygenbuchs vnd gerichts ann selbigem Hofgericht gehandelt vnd gesprochen werden,

§ 6. Es soll auch inn dem am Hoffgericht kein sonderlicher Process gehalten, oder jchts newes fürbracht, sondern stracks die acta primae Instantiae producirt, von heyden theilen repetirt vnd darauf beschlossen werden,

§ 7. Es were den dass der Productor, oder imm Fall auch dass Hoffgericht würden befinden, dass sich ein theill am eigen Gericht

mitt der Beweissung vieleicht auss Einfalt oder kürtze der Zeit ge-
seumbt bette, vnnd in dem Fall soll der Productor seine Notturft
articuliren, das Gericht dieselben zulassen, vnnd darauf wie sich
gebüertt fürderliche Beweisung vnnd erörterung geschehen.

§ 8. Ess were den dass sich in den Acten primae instantiae eine
solche Nichtigkeit befünde, derhalben nach Ordnung des Hoffgerichts
die erste Handlung nicht zu salviren, oder zu behaltenn, sondern
vffgehoben werden müste. Dieweill denn inn dem Fall die Sach
anss Hoffgericht erwachsen, so soll mann dann auch fürter den
Process nach lauth desselbigen Hoffgerichts-Ordnung halten. Geben
im Jahr vnnd tag wie vorstehett.

Anlage B.

Reformation und Ordnung des Eygengerichts zu Eyssenhausen im Ampt Blanckenstein gelegen,
aufgericht im Jahr 1532[1]).

Inn den Jahren nach Christi Geburtt Fünffzehen Hundert Dreissig und zwey Mittwochen nach Esto mihi, hatt der Durchleuchtige und Hochgebohrne Fürst vnnd Herr, Herr Philips Landgrave zu Hessen, Grave zu Catzenelnbogen, Dietz, Ziegenhain und Nidda vnnser gnediger Fürst und Her, dass Buch dess Eygengerichts zu Eyssenhaussen durch Sr. Fürstl. Gn. Stadthalter vnnd Cantzler Ludwig von Beyneburgk vnnd Hern Johan Feygen von Lichtenaw besichtigen, und dieselbig Ordnung auch dess Process auss bewegenden, billigen, und rechtmessigen vrsachen emendiren vnnd bessern lassen, auch mit Ernst befohlen, dass solche Ordnung hinfürter ewiglich also gehalten, gehandhabet vnnd gehalten werden soll wie nachvolgtt.

§ 1. Item welchen eigen armen Mann vnnsers gnedigen Hern dess Landgraven recht Leibsnoth antrifft, der auch geerbt ist, also dass er sein erblich gutt muss versetzen, verkauffen oder begeben, der soll es zum ersten bieten dem rechten Erben vnnd Ganerben, wolten die dass nicht zu sich nehmen, inn der massen alss ihnen dass gebotten wirdt, so soll es derselbig ehegenannte Mann bieten seinen Genossen, dass ist, auch einem solchen Landgrevischen eigenmann alss er ist, begertt auch der Genosse ein solchs obgenannten eigenguts nicht, so soll der vorgenante Mann dass gemelte gutt bieten dem rechten Herrn, vnnd mit Nahmen einem Amptmann zu Blanckenstein vnnsers gnedigen Hern dess Landgraven, woite auch derselbig Amptmann von vnnsers gnedigen Hern wegen dess ehegenannten Guts nicht kauffen, oder darauf leyheu

---

[1]) Dieses „Eigenbuch" ist entnommen aus Senckenberg, Diss. de j. obs. App. III S. 33. Es ist auch abgedruckt in Waldschmidt, de hom. propr. S. 39 und Grimm, Weisth. III. 347 (hier jedoch fehlerhaft, wie Thudichum a. a. O. II S. 31 mit Recht rügt).

nach möglichkeit, so soll alsdaun der genante eigen Mann einen versiegelten Brieff nehmen von Schultheissen und Scheffen des Eygen Stuels zu Eyssenhaussen, vnnd soll Ingesiegell desselben Briefs seines eigenen Amptmannss zu Blanckenstein seyn zu der zeitt, dass er mitt dem ehegenanten Erbe und gute vmbgangen habe, inn alle der masse alss vorgeschrieben stehet, Und alsdenn mag der ehegenante Eygenmann sein erblich gutt versetzen oder verkauffen wo ihme dess eben ist, vnnd soll jhme inn recht niemandt darin drangen oder helligen.

§ 2. Item würde mit solchem Erbe und gutte nicht umbgegangen als vorgerüert ist, so soll das gerüeget werden an dem Eygengericht, vnnd soll daruff dasselb Gericht die rechten Erben vnnd GanErben darinn setzen vnnd wehren, alss gewehnlich und recht ist dess Stuels, Item der Eygenmann der solch eygen gutt innimbt, der soll seinen Eygenthumb zubringen mit Bede, vnnd mit dem Eygen Bethe huen.

§ 3. Item welch Aussmann solche Eygen-Erbe, alss vorgeruert ist, zu sich nimbt, dess ihme der Eygenmann nicht gewehren konte, nach Inhaltt des Eygenstuels, der soll alsdenn dem Haubtmann zusprechen, der ihm desselbig guett verkaufft oder versatzt, vnnd vnredlich damitt umbgangen, vnd sich dess Stuels nicht gebraucht hette, alss sich gebüeret,

§ 4. Item welchs Hern Mann eigengutt vnter jhme hatt zu Landsiedeln Rechten, dess der Eygen-Mann begert, dasselbe gutt soll man leihen dem eigen Mann umb denselben Zinnss vnnd recht, alss dass der ausswendige gehabt hatt, ess wero denn dass der Aussmann dess Ampts urkhunde hette, wie den vorgeschrieben stehet, vnnd ist zu verstehen von allen güttern die mann nennet Landgrevische Gütter hielandts.

§ 5. Item ess sollen kein eigen gütter keinem Mann folgen ausswendig dieses Landts, sondern sie sollen erben vnnd folgen wie obgemeldet, oder aber auch wie obgemellt vnserm gnedigen Hern vff dass Hauss Blanckenstein, alss dick vnnd viel dess noth sey oder geschehen solte, dass gerüget worden, von dem eigenn Mann zu Eyssenhaussen.

§ 6. Item welche eigen Mann sich weibet auss seinen genossen der geerbet ist, da soll dass erblich guett alssdan folgen den rechten Erben vnnd nechsten Ganerben, vnnd nicht den Ausskindern.

§ 7. Item welcher Mann sich weibet vnnd verändertt zu Ungenossen[1]), vnnd Kinder gewönne, welche zeitt dieselben Kinder

---

1) So ist zu lesen statt „zu den Genossen".

oder deren Kindtskinder zu genossen würden, inwendig dreissig
Jahren mochten dieselben Kinder widder zu ihrem vetterlichen Erbe
kommen, so ferne sie dass bekunden mochten.

§ 8. Item der Eygenmann soll sein Eygengutt, dess er Erbe
vnnd GanErbe hoffet zu sein, ausszieben und behalten mit seinem
Gebüsem und GanErben nach altem Herkommen, vnnd Gesetze dess
Ehegenanten Stuels vnnd Gerichts zu Eisenhaussen.

§ 9. Item welch Mann oder Weib kommet auss andern Landen
vber die Dietzsoltze, Eckmannsroth vnnd Reddingsberge inn diss
Landt, nemlich inn das Gericht zu Gladenbach, Dautphe, Eyssen-
hausen, Breydenbach, in das Gericht Lixfeldt, oder inn andere
vnnsers gnedigen Herrn zu Hessen Gericht, die sollen vnsers gn.
Herrn von Hessen eigen sein, vnd mit Bede vnd Huenern uff dass
Hauss zu Blanckenstein gehörenn.

§ 10. Item was von Grundtrore gefiele in der Dietzsoltze, dass
soll mann beyden Herrn nemblich vnnsern gndl. Hern dem Landgraven vnd den Nassawischen Hern verbuessen, vn were es, dass
jemandt zöge über die Dietzsoltze, vnd wolte ziehen inn vnsers gn.
Hern zu Hessen Fürstenthumb vnd enthielte inn dem genannten
Wasser der Dietzsoltz, so sollen ihm die Nassawischen anhelffen.
Wolte aber jemandt ziehen, auss des genanten vnsers gn. Hern
von Hessen Land, inn dass Nassawische Landt, so sollen ihme die
Landtgrevischen anhelffen.

§ 11. Item wer do queme vber die Roddingenbergk inn der
vorgenánten Gericht ein, ist geweiset gehn Blanckenstein mit
Hüenern vnnd Bethe vor ein eigen Mann.

§ 12. Item wass do kombt auss der Grafeschafft vonn Wetter,
der Herrschaft von Battenbergk vnnd der Herrschaft von Ziegenhain inn vnsers gn. Hern von Hessen Fürstenthum vorgenant, soll
beden vnnd Hüenern vor ein eigen Mann.

§ 13. Item alle diejene die do kommen auss vnsers gn. Hern
von Hessen Stedten, vnnd setzen sich inn die vorgenannte Gericht
in des gedachten vnnsers gnedigen Hern Fürstenthumb hören
genn Blanckenstein vor eigen Leuthe.

§ 14. Item wehre es Sach, dass ein eigen Mann vfs Haus zu
Blanckenstein gehörig auss vnnsers gnedigen Herrn von Hessen
Fürstenthum in fremde Stedte zöge, vnnd eigen Gutt hette inn
vnnsers gn. Hern von Hessen Fürstenthumb vorgenant, vnnd wolte
sich dessen gebrauchen, solch Gutt solte be verstehen, mit Hüenern
vnnd Bede gein Blanckenstein vff dass Hauss, auch welcher her-
widder zöge in die vorgenanten Gericht, der solte dasselbe recht
han, alss hee vor bette.

§ 15. Item were ess Sache, dass eigengutt verstürbe oder verkaufft würde inn vngenossen Hende vnnd dass ein Eygenmann an-
setzte, der doch nicht darin gehörte von Erbswegen, verschwigen
dass die rechten Erben, mitt jhrem wissen, biss dass dass Gericht
vnnd recht überginge, so sollen sie auch hernach schweigen Erblich
vnnd ewiglich.

§ 16. Item Alle PfaffenKinder, Mönchskinder, alle Hurenkinder,
Zwittere, gehören mit hüenern vnnd Bede vff dass Hauss Blanckenstein, wo dieselben inn meines gnedigen Hern Gericht gesessen oder
wohnhafftig sind.

§ 17. Darentgegen mögen dieselben vorgeschrieben Kinder sich
dess eigengerichts gleich einem augebohrnen Landgrävischen Mann
gein Blanckenstein gehörig, jeglicher zu seinem Rechten gebrauchen.

§ 18. Item Alle Heiligen, Ritter, PfaffenGuetter vnnd Bürger-
Guetter inn dem Gericht vnnsers gn. Herrn von Hessen, auch im
Grunde zu Breydenbach gelegen, gehören ann dass Eygengericht
gleich eigen Gütter gein Gladenbach zu rechtfertigen.

———

Anm.: Die 7 ersten in vorstehender Verordnung mit „Item“
beginnenden Sätze (§ 1—6) sind übereinstimmend mit dem Weisthum
von 1485. Dasselbe schliesst dann folgendermassen:

Ob das Gericht nur alle 7 Jahre zu halten? ein sulchs sy zu
versten von diesen 2 Stucken, wer sich mit seinem Ungenossen elich
andert oder sich uss der Hern Bete setzt. Um sulche Hendel
werde das Gericht zu 7 Jaren gehalden. Sust aber von Guter und
ander Sache und Klage wegen so dicke den armen Lueden des
noit. Wer uss eyner andern Lantschafft, Graveschafft oder Gebiete by sie komme in solich Lantschafft, den nemen sie uf vor
eigen behalten und verteidingen yne auch davor. (Kuchenbecker
Coll. III Nr. III S. 92; eine etwas ausführlichere Fassung b.
Grimm Weisth. III 346—347).

Anlage C.

Copia Recessus de dato Darmbstatt
den 13. Martii 1691[1]).

Von Gottes Gnaden Wir Ernst Ludwig Landgraff zu Hessen, Fürst zu Herssfeld, Graff zu Catzenelnbogen, Diez, Ziegenhain, Nidda, Schaumburg, Yssenburg und Büdingen etc.

Thun kundt und bekennen hiermit, als zwischen Unss und unssern Adelichen Land Sassen und Lehen-Leuthen, denen Samptlichen von Breydenbach und Breydenstein wegen der jurisdiction und anderer Gerechtsamlichen im Grundt Breydenbach einige Zweiffel entstanden, indeme unsserseits die jurisdiction über unssere Leibeigene Leuthe, und derenselben, wie auch andere eigene Güter im Grund Breydenbach und darzu gehörigen Gerichter ohne underscheidt und indefinite verstanden, hingegen von ihnen von Breydenbach und Breydenstein nicht nachgegeben, und dass dergleichen Persohnen und Güter der sambtgerichtsbarkeit unterworffen seyen, behaubtet worden, dass wir auf derselbe underthänigstes nachsuchen die sach gründlich verhören und überlegen lassen, und Unss darauff in Gnaden erkläret haben, wie underschiedlich hernach folget.

Zum Ersten. Nach dem von Unsseren Löblichen Vorfahren Fürsten zu Hessen biss auf uns die inspection und ordnung der Kirchen und Kirchensachen, Ehesachen, sodann Cognition und Bestrafung hurerey, Ehebruchs, unehlicher Beylager, Criminalfälle, auch andere hohe frevel Item appellationssachen von eigen gericht an das hoffgericht, Viehe und Woll Zoll, u. dgl. was unsser fürstl. Hauss von alters her ehe und bevor die drei achtetheil des grund Breydebach und zugehöriger Gerichten an Unsser fürstl. Hauss

---

[1]) Dieser Recess ist aus dem Copialbuch d. hist Ver. zu Kassel entnommen. Das Original befindet sich in den Marburger Acten, Jurisdictionalien im Grund Breidenbach betreffend. Im Druck ist derselbe, soviel der Verfasser weiss, noch nicht erschienen; nur auszugsweise und mit Betrachtungen untermischt hat ihn Hallwachs, centena illim. Anl. E S. 93 ff. mitgetheilt.

kommen und durch acquiescenz derer von Breydenbach und Breydenstein und deren VorEltern von Unsseren Vor und Eltern in ohser-
vanz gebracht und ohne underscheidt der Leuthe und ortten alwo
dergleichen missthat geschehen, durch die zeitliche Beambten zu
Blanckenstein bissher exercirt worden, und desfalls einiger streit
und Zweiffel nicht ferner ist, so hat es darbey billich sein Verbleiben.

Zum Zweyten, soll die Anordnung und Beeydigung der
Casten Meister und Kirchen Senioren, dieselbe seyen Eigene, Breydenbachische oder Vogt Leuth, durch unssere zeitliche Beambten zu
Blanckenstein allein geschehen; ingleichen wass Castenschulden,
auch Kirchen und Casten Gütter betrifft, ohne underscheidt der
Leuthe, von denselben allein vorgenommen und geschlichtet werden:
Jedoch lassen wir gnädigst geschehen, dass die von Breydenbach
und Breydenstein der ortten, alwo sie das jus collaturae der Pfarren
kündlich herbrachten denen Rechnungs Verhören beywohnen mögen.

Zum Dritten, Ob Wir den wohl vermög des eigen- und
Blanckensteinischen Saalbuchs beständig darfür halten, dass die
jurisdiction über unssere Leibeigene Leuthe wie auch über derselben
und andere eigene Gütter, Unss und Unsserm Fürstl. Hauss von
undencklichen Jahren her allein zustehe, auch darbey kein underscheidt vermeltet wirdt, wie den solche laut alter und neuer be-
rechneten Ambts Register jederzeit ohne underscheidt exercirt und
behauptet worden und wass für dissmahl auss den Lehen - Item
Kauff Brieffen und andern documentis dargegen erregt werden
wollen, anderst nicht, den allein in terminis habilibus und (wie wir
es interpretiren) nur von derjenige gerichtsbarkeit, so die von
Breydenbach und Breydenstein über andere, Unss nicht leibeigene
Leuthe, und deren nicht eigene Gütter, gehabt und nun nach dem
Kauff zur Sampt jurisdiction gehören, keinesweges aber auff Unssers
Fürstl. Hausses vorher gehabte und herbrachte hohe Berechtsamkeit
zu verstehen ist. Nachdem jedoch obermelte von Breydenbach und
Breydenstein ein altes project fürstl. erklärung de a͞o 1604 producirt,
worauss so viel zu ersehen gewessen, wassmassen Unssers in Gott
ruhenden Uhr Gross Hrn. Vatters, Weyland Herrn LandtGraff
Ludwigs Gn. Christmildester Gedächtnus, auss sonderlicher Be-
wegnus, schon der Zeit einen gewissen underscheidt hierunter einzuführen bedacht gewessen, dessen Vollziehung wegen Sr. Hochfürstl. Gnd. in wenigen Tagen darauf erfolgten Todsfalls unter-
blieben; So haben Wir verwilliget und verwilligen hiermit in Gnaden,
jedoch unter dem auch nachgesezten Vorbehalt, dass

Zum Vierten, So viel unssere Leibeigene Leuthe im Grundt
Breydenbach undt zugehörigen gerichten betrifft, wann dieselbe

in Civilibus, ausser oberzehlten unssern herbrachten Vorrechten nicht
etwa ratione eigen guths, sondern der person halber alss zum
Exempel umb schulden, gemeiner schlägerey, haarrauffen, schelt
und schmehe wortten u. dgl. Verbrechen convenirt würden, Alss
dan die Cognition und Bestraffung hinkünfftig, gleichwie bey den
übrigen Unss nicht Leibeigenen Leuthen üblich, für die sampt
gericht gehören und gestrafft werden sollen. Jedoch

Zum Fünfften, Wenn hinführo ein eigen mann schulden halber,
bey denen sampt gerichten actione personali belanget und daselbst
condemnirt würde, die execution aber auff eigen guth eingerichtet
oder wegen Verpfändung eigen guths actio hypothecaria instituirt
würde, alss dan sothane execution und immission allein durch
Unssere Beambten zu Blanckenstein vorgenommen und vollzogen
werden solle.

Zum Sechsten, in sachen, die Leibeigenschafft, Beedt, Beed-
hüner, Bestbäupter, eheliche Bestattung an ungenossene und darvon
fällige straffen, und wasssonsten de jure vel consuetudine dem juri
proprietatis seu mancipii anhängig, betreffend, sollen diesselbe ratione
unsserer Leibeigenen Leuthe allein von mehr gedachten unsseren
Beambten zu Blanckenstein cognoscirt und geschlichtet werden.

Zum Siebenden, die Constitution und Beeydigung der Vormünder über unmündige, uns Leibeigene Kinder, solle wie allezeit,
alsso auch ferner allein von obbesagten unsseren Beambten, über
andere Unss nicht Leibeigene aber heym samptgericht geschehen.

Zum Achten, das eigen Guth betreffend, es besitze solches
gleich ein eigner oder ein Breydenbachischer, Item Vogt oder auch
von der Leibeigenschafft gar Befreyeter mann da gehören, nach
wie vor alle Contracten und lezte Willens Verordnungen, so derent-
wegen aufgerichtet werden und deren siegelung, wie auch alle und
jegliche darüber entstehende litigia, und deshalben etwa nötige
augenscheine, auch daran begangene frevell nach underscheidt des
folgenden Puncten allerdings allein für offt besagte Unssere Beambten zu Blanckenstein.

Zum Neunten, solle jedoch solches auf das Künfftige von den
Güttern und derselben innatis, radicatis et infixis selbst und wen
in ipsa re soli vel fundi ejusque superficie zum exempel, mit über-
bauung, überzeunung, abackerung, abmachung stehender früchten,
grasses oder hangenden Chats, anrichtung ungewöhnlicher weeren
und wasser Kraben Beschädigung darauf stehender gehauen u. dgl.
gefrevelt oder sonst ratione ipsius fundi et superficiei aut operis
in eo facti, einiger streit entstehet, verstanden werden, nicht aber,
wen es umb die von dem Boden abgesonderte früchte zu thun weren,

welchenfalls und wen auch anderer beweglichen Dingen oder derer waldungen halber, so denen unss eigenen sowohl als Breyden-bachischen und Voigt Leuthen bestehenden gantzen Gemeindten eigenthümblich angehören, streit vorfället oder darinnen gefrevelt wird, hinkünfftig die Cognition und respective Bestrafung für die samptgerichte verwiessen werden sollen, hingegen

Zum Zehenden, sollen die Contracten und lezte willens Ver-ordnungen so über Breydenbachische oder Vogt Gütter nach und nach aufgerichtet werden, wie auch deren siegelung, in gleichem die darüber entstehende strittigkeiten und deshalben nöthige augen-scheine bey den Sambtgerichten vorgenommen und die daran be-gangene frevell daselbst gerügt und gestraffet werden, es besitze solche güther ein eigen- oder Breydenbachischer oder Vogtmann.

Zum Eilfften Wollen Wir, gleichwie auch hochgedacht Unssers Uhr Gross Hrn. Vatter Hochseel. Gnaden in dem § 3 angezogenen project de ao 1604 erklärt gehabt, Ihnen von Breydenbach und Breydenstein zu ein Treibung Ihrer im grundt Breydenbach habenden Gefällen und dinsten die execution und pfandung ohne underscheidt der Leuth, sie seyen gleich unssere Leibeigene, Breydenbachische oder Vogt Leuthe, zwar gnädigst zugelassen haben, jedoch der-gestalten dass darunter gebührende maas und Bescheidenheit ge-halten und nach Beschaffenheit der Zeiten und der debitorum Zu-stands in die gelegenheit gesehen auch die abgepfändete Sachen von unpartheiischen Leuthen taxiret und so fort verkaufft oder an-genommen werden, Wen aber wegen eines bei der execution be-zeigten sonderbahren ungehorsambs und wiedersetzlichkeit oder er-regten tumults, über die pfandung, wordurch sie unssere Adeliche Landsassen zu dem ihrigen gelanget, Bestraffung vorzunehmen were, soll es darmit nach obigem underscheidt und wen die execution auf liegende gütter eingerichtet werden müste, nach anleitung des fünfften puncten gehalten werden.

Zum Zwölfften. Wen nun nach obigem underscheidt sachen bey Unssern Beambten zu Blanckenstein verhandelt und decidirt werden und sich jemandt durch Bescheidt beschwert zu seyn und dardurch zu appelliren oder andere rechtliche mittel zu ergreiffen vermeinte, soll daselbe nach inhalt Unsserer Appellations ordnungen an Unss, Unsser Hoffgericht oder nachgesezte Regierung geschehen: In sambtsachen aber gehet die appellation von dem sambt unter-gericht an Unssere Beambten zu Blanckenstein und die von Breyden-bach und Breydenstein gesambt, und ferner von diessen an Unss oder Unssere Regierungs Cantzleyen.

Zum Dreyzehenden, Bedingen Wir Unss ausstrücklich zuvor, dass alles dasjenige, wass wir ihnen von Breydenbach und Breydenstein, nach obigem underscheid über Unssere Eigene Leuthe ratione beweglicher dingen gemeiner frevell, Eintreibung ihrer gefällen und sonsten zugelassen auch vor Unss und unssere Erben und nachkommen in der Regierung Vest undt beständig gehalten haben und ausser fällen da sie die von Breydenbach und Breydenstein nicht etwa selbsten weitere extensiones zu machen sich anmassen würden nicht wieder rufen wollen keinesweges zu ein und andern gefährlichen illationen und extensionen auf mehrere Species jurisdictionis über unssere eigene Leuthe und Gütter aussgedeutet, weniger alss ob durch exprimirung gewisser casuum wir solche allein aussgenommen und vorbehalten alles übrige aber nicht exprimirte Ihnen überlassen hätten, aussgeleget und alssdann die auf diesse unssere erklärung exercirte actus wieder Unss angezogen, sondern selbe auf solchen fall, da eine fernere extension unternommen würde, pro non ente gehalten werden und deren ungeachtet Unsser fürstl. Hauss in seinen vorigen rechten so lang stehen und bleiben sollen, biss Sie von Breydenbach und Breydenstein ein anders dargethan und evincirt haben werden.

Zum Vierzehenden, Weill auch bissbero Zweiffel vorgefallen, und künfftighin ferner vorfallen möchte, wass vormahls vor eigen guth geachtet worden, oder künfftighin darunter verstanden werden solle; So erklähren wir hiermit, dass alle unss eigenthümblich angehörige Gütter im Grund Breydenbach und zugehörigen gerichten die wir entweder zu eigenem Vorrath gebrauchen oder andere, sowohl eigene, als Breydenbachische und Vogt Leuthe Locations-Conductions-Landsiedelweisse, oder sonsten umb Erbzinss, Erbpfachten, Beedt, oder dgl. von Unss inhaben Item alle Heyl. Pfaffen-Kirchen, Pfarr und Casten Gütter, welche die eigenthumbs Herrn entweder selbst gebrauchen oder obbemelter massen andern Zeitlich oder Erblich verliehen ohne underscheidt der Leuth; So dann endlich alle eigene Gütter Unsserer Leibeigenen Leuth, welche dieselbe vor jetzo possidiren, oder auss deren eigenthumb an andere ungenossene erweisslich transferirt worden, oder künfftig transferirt werden möchten, mit allem deme, was denselben tanquam innatum, radicatum, aut infixum anhänget, und pars fundi ist, in allen obigen und andern Vorfallenheiten vor eigen guth; Alles übrige aber für sampt- oder Breydenbachisch und respective Vogtguth so lange gehalten und geachtet werden solle, biss Sie von Breydenbach und Breydenstein gegen Unss und Unsser Fürstl. Hauss ein anders beygebracht und erhalten haben werden. Die weil endlich

Zum Fünffzehenden wegen des gemeinschafftlichen Ein-

zugs gelds zu Breydenstein irrung vorgefallen So erklären wir, da
künfftighin ein oder ander einwohner daselbst mit Obrigkeitlichem
Vorbewusst sein domicilium anders wohin transferirte, dass alssdan
derselbe zu erhaltung des juris incolatus daselbst den gewöhnlichen
jährlichen Canonem übernehmen und abstatten oder da er solch jus
zu erhalten nicht begehrte oder auch nicht gebührendt erhalten
hatte, hernacher aber gleichwohl über kurz oder lang er oder seine
Kindter sich daselbst hinwiederumb häusslich nieder lassen wollen,
dass als dan der oder diesselbe gewöhnlich einzugsgeldt zu entrichten schuldig, auch die von Unss denselben etwa darunter er-
weissende Begnadigung nur pro rata sich verstehen und ihnen von
Breydenbach und Breydenstein an ihrer quota unnachtheilig sein
solle, worbey jedoch zu denselben das Gnädigste Vertrauen habe,
sie werden nach Beschaffenheit der Umbständen, sich gleichwohlen
gegen dergleichen nur einzüger dergestalt erweissen, damit der
Leuthen und underthanen Wachsthumb befördert und nicht eben
gehemmet werde.

Befehlen darauf allen und jeden Unsseren Räthen, Beambten
und Bedinten, insonderheit Unsserem jeder zeitigen Renthmeister
oder andern Beambten zu Blanckenstein hiermit in gnädigstem
Ernst, dass sie steiff, fest und unverbrüchlich hierüber halten und
weder Unss oder Unsserem Fürstl. Hauss von Unsseren hohen ge-
rechtsamen etwas schmälern oder entziehen noch auf offt ermelte
Unssere Adeliche Landsassen und Lehn Leuthe die von Breydenbach und Breydenstein dieser unsserer Fürstl. erklärung zuwieder
in einige wege beeinträchtigen oder beschweren lassen sollen.

Zu dessen Urkund seind Zwey gleich lautende exemplaria auss-
gefertiget, von Unss eigenhändig underschrieben, und mit Unsserm
Fürstl. Secret bestarcket deren eines in unsser Fürstl. Archiv
reponirt, das andere aber ihnen denen von Breydenbach und
Breydenstein zugestellet worden. So geschehen zu Darmstatt den
13. Martii 1691.

Ernst Ludwig LandGraff zu Hessen.

(L. S.)

Anlage D.

Von Gottes Gnaden Wir Ludwig der X. Landgraf zu Hessen, Fürst von Hersfeld, Graf zu Katzenelnbogen, Dietz, Ziegenhain, Nidda, Hanau, Schaumburg, Isenburg und Büdingen etc.[1]).

fügen hiermit zu wissen. Demnach die schädliche Folgen der bisherigen bäuerlichen GanErbschaftlichen Verfassung in dem sogenannten Grund Breidenbach um so ohnbezweifelter vor Augen liegen, als

1) hierdurch eine beständige Ungewissheit des Eigenthums und Besitzes als der Quelle vieler anderer Inconvenienzen bewürkt wird, auch

2) wie die bisherige Erfahrung genugsam gelehrt hat, sehr viele intricate und Unsere Unterthanen nothwendig zu Grund richtende Processe hieraus bisher entstanden sind, und zumalen bei der ausserordentlichen Zersplitterung der Grundstücke und der damit verknüpften Ungewissheit der Grenzen fernerhin entstehen werden; weniger nicht

3) solche die gröste Verwirrung in den Steuer- und Flurbüchern und die Ohnmöglichkeit, dieselben in Ordnung zu halten nach sich ziehet, weilen der Besitz all zu oft abwechselt und die Stücke allzusehr in das kleine vertheilt werden, als dass das Ab- und Zuschreiben gewahrt werden könnte, eben daher aber auch

4) das Eigenthum und der Besitz noch immer ungewisser, die dessfalls entstehende Processe soviel intricater und hauptsächlich die Hypotheken in eine solche Verwirrung und völlige Ungewissheit gesetzt werden, dass daraus am Ende nothwendig der Verfall des Credits entstehen muss; Sodann

5) die für den Landmann so nützliche Baumzucht um desswillen, weil kein Besitzer wegen der beständigen Ungewissheit und kurzen Dauer seines Besitzes die Mühe und Kosten übernimmt, Obstbäume anzupflanzen, fast völlig unterbleibt, überhaupt aber

---

[1]) Diese Verordnung ist nicht gedruckt erschienen. Das geschriebene an das Amt Gladenbach gerichtete, daselbst am 12. Juli 1797 präsentirte Original befindet sich am Amtsgericht Biedenkopf in dem Band, den Breidenbacher Grundsbrauch betreffend.

6) dieselbe sowohl der ganzen Landes-Cultur als der Bevölkerung grosen Schaden bringt, endlich

7) der Unterthan überall dadurch ausser Stand gesetzt wird, zur Ausbülfe und zum Etablissement seiner Kinder eine hinreichende Summe Gelds auf seine Güter aufzunehmen, da seine Vorfahren bereits PfandGeld auf seine vor anderen Orten gelegene Güterstücke aufgenommen haben und er die vor dem Wohnort gelegenen Güther wegen der von den GanErben bevorstehenden Einlössung für sein Eigenthum nicht ausgeben kann;

Und Wir dann in Rücksicht dieser und andern in der ganerbschaftlichen Verfassung liegenden höchstschädlichen Folgen zum Besten Unserer treuen Unterthanen sothane GanErbschaft nach und nach ganz eingehen zu lassen Uns bewogen gesehen haben, zumalen eines Theils der grössere und vernünfftigere Theil Unserer Unterthanen diese Aufhebung selbst wünschet und andern Theils die befragte GanErbschaft nach klarem Ausweiss des sogenannten Eigenbuchs nicht zum Vortheil Unserer Leibeigenen Unterthanen sondern blos und allein zu Unserem Besten als LeibHerrn eingeführt ist, mithin Uns um soviel mehr die Landesherrliche Befugniss zustehet, eine solche allgemein schädliche Verfassung ganz aufzuheben; Als haben Wir in näherer Beherzigung des Uns so sehr anliegenden Wohls Unserer treuen Unterthanen und nach zuforderst geschehenen Vernehmung der der Ganerbschaftlichen Verfassung am besten kundigen Gerichtsschöffen und anderer Personen zu Erreichung des bemeldten Zwecks einstweilen folgendes unter ausdrücklichem Vorbehalt nach den sich etwa erst in der Folge näher zu Tag legenden Umständen hierunter zu mindern oder zu mehren, zu verordnen für gut und nöthig gefunden, nämlich

I. soll und darf von nun an kein GanErbeGuth mehr gelöset werden. Nur sein Erbtheil kann jemand an sich lösen. Alles GanErbe behalten die Besitzer desselben so lange im Gebrauch, biss die auswärts wohnende Erben solches selbst lösen; und NB. erblich heraustheilen lassen. Dann alle sogenannte Schur-Theilungen ad tempus werden von nun an gänzlich verboten, weilen eben dadurch die mehreste Processe entstehen.

II. Auch darf kein GanErbe, so lange es von denen Erben dazu noch nicht gelöset und erblich herausgetheilt ist, hinführo unter Geschwister oder andern gleich nahen im nehmlichen Ort wohnenden Ganerben dazu vertheilt werden, sondern es bleibt bei dem Hauss, wobei es ist, biss es von denen Erben gelöst wird.

III. Auch kein sogenanntes fremdes PflugGuth darf nicht mehr wie bisher getheilt werden, weil dem Verpfänder und dessen Erben daran gelegen ist, dass seine verpfändete Güther zusammen bleiben.

Bei dem Hauss, wo solch fremd PfandGuth ist, bleibt es unvertheilt, bis der Verpfänder oder dessen Erben es einlösen.

IV. Wann Eltern sterben oder die Herrschaft übergeben, so behält dennoch das in das elterliche Hauss geheyrathete Kind alles dabei befindliche Ganerbe sowohl als fremd Guth so lange bey dem Hauss im Besitz, bis die Erben oder Versetzer es lösen. Dagegen aber muss es seine Geschwister, die nicht mehr bey ihm in ihrer Verpflegung, sondern entweder anderwärts verheyrathet sind, oder ihr Brod selbst auswärts verdienen, von dem Pfand-Geld pro rata abfinden, das die Eltern auf dem Ganerbe oder auch fremden Pfand-Guth stehen haben.

V. So lange aber Kinder, deren Eltern tod oder Ausszüger sind, von dem ins Hauss geheyratheten Geschwister verpflegt werden, können solche noch keine Abfindung vom Pfand-Geld prätendiren. Indessen bleibt denen Eltern frey, nach wie vor über ihr Pfand-Geld zu disponiren.

VI. Auch das Elterliche Erbguth bleibt nach der Eltern Tod oder Uebergabe dem ins Elterliche Hauss geheyratheten Kind so lange in alleiniger ohnentgeltlicher Benutzung, als die übrige Kinder, seine Geschwister, noch bei ihm im Hauss bleiben und verpflegt werden.

Sowie aber diese Geschwister von dem ins Elterliche Hauss geheiratheten Bruder oder Schwester gehen, und entweder anderwärts heyrathen oder ihr eigenes Brod verdienen, können sie ausser der Abfindung vom Pfand-Geld auch ihr Kindes-Theil vom Elterlichen Erbe prätendiren, wann sie solches NB. erblich heraus und abtheilen lassen und einen gerichtlichen Theil-Zettel darüber erhalten haben.

VII. Solange ein Kind aber noch keinen gerichtlichen Theil-Zettel über sein Erbtheil hat, so lange muss es solches dem Bruder oder Schwester im Elterlichen Hof im Nutzen lassen, ohne jemals Interessen vom Werth oder bezogene Früchte davon fordern zu können. Auch kann und darf es nicht eher Pfand-Geld darauf nehmen, ansonst dieses wieder eine neue Ganerbschaftliche Verfassung seyn würde.

VIII. Wann ein Kind an einen andern Ort oder in ein anderes Hauss heyrathet, so kann es nicht allein sein Erb- oder Kinds-Theil, sondern die ganze Erbgerechtigkeit seiner Eltern von denen Ganerben, welche solche im Besitz haben, an sich lösen und gegen das darauf stehende Lösegeld oder Pfandgeld so lang ohnentgeltlich benutzen, bis seine andere Geschwister geheyrathet sind oder ihr eigenes Brod stellen und sich dann ihr Kindes-Theil daran heraus und abtheilen lassen, sofort einen gerichtlichen Theil-Zettul darüber erhalten haben, und findet auch bei diesem Statt, was im vorhergehenden § VII verordnet ist.

IX. Die an verschiedene Dörfer verheyrathete Geschwister können binnen 3 Jahren a dato eines jeden Verheyrathung an ihre Kinds-Theile an der Elterlichen Erbgerechtigkeit jedes Orts einander anbieten, erblich zu vertauschen oder zu verkaufen, und zwar entweder nach eigenem Willkühr oder nach der Schatzung, die ohnehin bei jeder Erbvertheilung allemal erforderlich ist, wie sich weiter hinten § XXXVII ergeben wird.

Wann jedoch das in loco rei sitae wohnende Geschwister das Erbtheil seines anderwärts verheyratheten Bruders oder Schwester weder erblich an sich kaufen noch tauschen will, so stehet hernach letzterem frey mit seinem Erb- und Kinds-Theil an jenen Orten, wo seine Geschwister wohnen, zu machen, was er will, wann er oder sie vorerst sein Erbtheil hat heraus theilen und sich einen gerichtlichen Theil-Zettul darüber ertheilen lassen, und werden Eltern wohl thun, wann sie bei ihrem Leben noch Anordnungen treffen, dass und wie ihre an verschiedene Dörfer verheyrathete Kinder sich einander die an solchen Orten liegende Erbgüter entweder vertauschen oder verkaufen sollen.

X. Wann nachher ein zweites Kind an ein und den nemlichen Ort zu wohnen kommt, wohin vorhero schon ein Bruder oder Schwester geheyrathet und wohnhaft ist; so kann jenes zweite dahin kommende Kind nicht nur sein Kinds-Theil der Elterlichen Erbgerechtigkeit, welche das zuerst dahin geheyrathete Geschwister nach dem § VIII ganz an sich gelöset hatte, von demselben wieder an sich lösen, sondern das zuerst an den Ort geheyrathete Kind muss auch, wann es denen andern anderwärts verheyratheten oder wohnenden Kindern ihr Erbtheil in loco rei sitae schon abgekauft hätte, das nachher in seinem Wohnort verheyrathete Geschwister noch mit in den Kauf annehmen und ihm auch die Helfte der erkauften Erbgerechtigkeit gegen Ersatz des halben Kauf-Gelds zukommen lassen.

XI. Damit aber jedes dieser zweyen Geschwister, welche sich in die gekaufte Erbtheile ihrer anderwärts wohnenden Geschwister theilen, eine schickliche Urkunde darüber erhalte und allen künftigen Processen vorgebeugt werde, so soll und muss diese Theilung

1) nicht nur in dem Kaufbrief, den das erste an den Ort gekommene Kind von seinem anderwärts wohnenden Bruder oder Schwester erhalten hat, deutlich und zwar vom zeitigen Gerichtsschreiber bemerkt, sondern auch

2) dem nachher in den Ort kommenden Bruder oder Schwester ein besonderes gerichtliches Instrument, dass er und sie mit in den Kauf aufgenommen seye, ertheilet, und

3) ein besonderer Theil-Zettul über die halb erkaufte Güterstücke errichtet und geliefert werden.

XII. Aber die Erbtheile derer übrigen, entweder anderwärts wohnenden oder noch unverheyratheten Geschwister und Kinder, welche das zuerst in locum rei sitae geheyrathete Kind nach dem § VIII an sich gelöset hat, ist das hernach an den nemlichen Ort heyrathende Kind halb an sich und dem zuerst dahin geheyratheten Bruder oder Schwester wieder abzulösen nicht berechtigt, sondern letzterer, der das ganze elterliche Guth an sich gelöset, so lange allein zu behalten befugt, bis die andern Geschwister jedes sein Erbtheil selbst löset. Dann sonsten wäre dieses eine Art Ganerbschaft und Ganerbe- oder Pfandguth soll nicht mehr getheilt werden, vide supra § II und III.

XIII. Wann Eltern sterben oder die Herrschaft an ein Kind abgeben, folglich die fahrende Haabe getheilt wird, so sollen die Kinder, die verheyrathet sind, oder derer noch minorennen Vormünder vor Ablauf eines Viertel Jahrs alle auswärtige Gan- und MitErben durch ein proclama provociren, dass sie während der drey sogenannten Theilungs-Jahren ihre Erbgerechtigkeit, welche die verstorbene Eltern als nächste pfändlich im Besitz haben, von dem Guth herakstheilen lassen, und die auswärtige Ganerben sollen diese provocation auch befolgen, und zwar je eher, je besser, ohne es bis ins dritte Theilungs-Jahr zu verschieben. Diejenige Kinder und deren Vormünder, welche diese Provocation unterlassen oder verspäten, sollen nach Befinden in eine nachdrückliche Geld-Busse verfallen; diejenige GanErben aber, welche auf solche Provocation nicht in termino praefixo kommen und ihre Erbtheile heraustheilen lassen, sollen hernach effluxo triennio nicht weiter mit einem Anspruch gehört, sondern ihrer etwaigen Erbgerechtigkeit verlustig erklärt werden, da ansonsten jene Kinder niemal wissen können, worinnen ihrer Eltern Erbtheil bestehen, und welche Grundstücke dazu gehören, wobey jedoch denen ausser dem Grund Breidenbach in andern Aemtern oder Gegend wohnenden Leuten, welche etwa noch in den Grund Breidenbach beerbt sind, dieses triennium nur von der Zeit zu laufen anfängt, da ihnen diese Verordnung und der Tod des letzten Besitzers bekannt gemacht wird.

XIV. Wann sodann solche auswärtige GanErben nach Vorschrift des vorherigen § ihre Erbtheile heraus getheilt und gerichtliche Theil-Zettul darüber erhalten haben, so stehet ihnen dannoch immer frey, solche ihre Erbtheile zu lösen oder dem Kind, das in das Haus derer verstorbenen Eltern geheyrathet, noch ferner pfändlich zu lassen oder sonst darüber zu disponiren, nur nicht zu vermutschiren i. e. temporaliter zu vertauschen, welches von nun an schlechterdings verboten wird.

XV. Damit die GanErbschaft mit allen ihren nachtheiligen Folgen desto eher ein Ende nehme, so wird allen und jeden im Grund Breidenbach wohnenden und verheyratheten auch minderjährigen Unterthanen männlichen und weiblichen Geschlechts, desgleichen auch denen Vormündern und Curatoren über unmündige oder Gebrechliche, Unverständige und dergleichen hiermit nachdrücklich anbefohlen, ihre Erbgerechtigkeiten und Erbtheile aller Orten, wo sie beerbt sind, binnen 12 Jahren vom 1. Januar 1797 an gerechnet von denen GanErben, welche ihre Erbgerechtigkeit besitzen richtig herauftheilen und gerichtliche Theil-Zettul darüber ausfertigen zu lassen, wo es aber hernach auch allen frey stehet, ob sie solche ihre herausgetheilte Erbgerechtigkeit lösen oder dem Besitzer noch pfändlich lassen wollen.

XVI. Ehe jemand seine Erbgerechtigkeit vom Ganerben, die sie pfändlich haben, herauftheilen lässet und gerichtlichen Erbtheil-Zettul darüber erhalten hat, soll und darf kein weiteres Pfandgeld darauf genommen und gegeben werden. Wer diesem zuwider dennoch a die publicationis dieser Verordnung an weiteres Pfandgeld auf seine Erbgerechtigkeit nimmt, ehe solche herausgetheilt ist, soll dasselbe als eine Strafe dem F. Fisco ersetzen, und wer das mehrere Pfand-Geld gegeben hat, soll dessen verlustig seyn und es nicht wieder fordern können.

XVII. Auch darf hinführo niemand seine Erbgerechtigkeit oder Erbtheil an andern Orten verpachten, ehe er sie erblich herausgetheilt und einen gerichtlichen Theil-Zettul darüber erhalten hat.

XVIII. Das sogenannte Vermutschiren i. e. temporal vertauschen seiner Erbgerechtigkeit an andern Orten wird von nun an gänzlich verboten, weil es nicht nur der Absicht, die Ganerbschafft abzuschaffen, sehr entgegen stehet, und die Güter verschiedener Erben ungewiss macht, sondern auch zu vielen Processen Anlass giebt. Wann jedoch jemand seine Erbgerechtigkeit an andern Orten erst hat herauftheilen und gerichtliche TheilZettel machen lassen; so steht ihm frey, eins und das andere Stück davon ad tempus zu vertauschen.

XIX. Wer aber seine Erbgerechtigkeit und Erbtheil vor andern Orten erst herausgetheilt und gerichtliche Theil-Zettul darüber erhalten hat, dem stehet hernach frey

a) solche entweder dem GanErben, der sie pfändlich im Besitz gehabt hat, ferner pfändlich zu lassen, auch mehreres Pfandgeld darauf zu nehmen oder an einen andern Einwohner des Orts zu verpfänden,

b) oder an jemand in dem Ort, an wen er will, zu verpachten, oder an

c) jemand anderst gegen andere Stücke, die vor seinem Wohnort liegen, erblich zu vertauschen, oder

d) auch sowohl wiederkäuflich als erblich zu verkaufen.

XX. Wer nun aber seine herausgetheilte Erbschaft

ad a) dem Besitzer derselben pfändlich lassen oder an einen andern verpfänden will, desgleichen auch

ad b) wer solche an jemand verpachten will, der muss seinem Pfand Creditori und Conductori eine von dem zeitigen Gerichts-Schreiber beglaubigte und dem Pfand - oder Pfacht - Brief anzuheftende Abschrift seines Erbtheil - Zettels geben, damit dereinst, wann die Erbgerechtigkeit wieder gelöst wird, oder der Pfacht zu Ende gehet, jeder weis, was für Stücke verpachtet oder verpfändet gewesen sind, und nicht soviel Processe, wie bisher darüber entstehen.

Wer aber seine Erbgerechtigkeit

ad c) et d) erblich verkaufen oder vertauschen will, der muss seinen gerichtlichen Theil-Zettel dem Tauscher oder Käufer in originali abgeben und dieser dem Tausch - oder Kauf - Brief angenäht werden.

Doch kann, wann ein Wiederkauf bedungen wird, der Verkäufer vidimirte Copie seines Theil-Zettels zu seiner Nachricht behalten.

XXI. Indessen ist jedem erlaubt, von seiner an einem benachbarten Ort liegenden und herausgetheilten Erbgerechtigkeit einige ihm nahgelegene Stücke selbst zu bauen und zu benutzen und nur die übrige Stücke derselben zu verpfänden, zu verpachten, erblich zu vertauschen und zu verkaufen. Nur müssen in diesem Fall die verpfändete, verpachtete, vertauschte oder verkaufte Stücke alle namentlich in das darüber zu errichtende gerichtliche Instrument gesetzt werden, so wie sie im Erbtheil Zettel beschrieben sind.

XXII. Bei Verpfändungen, desgleichen bei Verpachtungen seiner Erbgerechtigkeit findet hinführo kein Näher-Recht noch Abtrieb Statt. Dann die nächste Verwandte sind nicht allemal die beste Guthsbesteller und die Anläger können leicht das Maas eines verpfändeten oder verpachteten Stücks verändern, dadurch dann hernach leicht Streit entstehet.

XXIII. Bei Erb-Tausch-Contracten findet ebenwohl kein

Näher-Recht und Abtrieb mehr statt, und aus eben den Gründen, aus welchen er nach gemeinen Rechten unstatthaft ist. Wann aber die Geldzugabe mehr beträgt, als der Werth derer von einem Theil vertauschten Stücken, mithin die Vermuthung eintritt, dass die Contrahenten blos um dem Retract auszuweichen, ihren Contract einen Tausch genannt hätten; so bleibt es auch dieserwegen bei denen gemeinen Rechten.

XXIV. Bei Erb- und Wiederkaufs-Contracten hingegen bleibt das Näher-Recht oder Abtrieb nach den gemeinen Rechten binnen Jahresfrist offen. Jedoch NB. nur denen in loco rei sitae wohnenden nächsten Verwandten,* nicht aber denen auswärts wohnenden, obgleich näheren Verwandten. Diese können zu Güthern vor andern Dörfern nicht einmal als Mitkäufer zugelassen werden, wann in loco rei sitae noch Verwandte obgleich gradu remotiores mitkaufen wollen oder mitgekauft haben.

XXV. Ja wann ein forensis als nächster Verwandter eine Erbgerechtigkeit oder Güter allein gekauft hätte; so können nicht nur die in loco rei sitae wohnende Verwandte obgleich gradu remotiores, sondern auch, wenn diese nicht wollen, jeder andere Einwohner des Orts ex lege un. Cod. non licere habitat. metrocom. das Näher-Recht und den Abtrieb gegen denselben exerciren. Es wäre dann, dass er ein Kind an dem Ort wohnen hätte, wo die gekaufte Güter liegen. In diesem Fall kann nicht der Retract ex jure metrocomiae gegen ihn stattfinden. Allein ein an dem nehmlichen Ort wohnender Gan- oder GegenErbe, der in dem nemlichen Stamm beerbt ist, kann doch das Näher-Recht exerciren.

XXVI. Wann jedoch ein Agnatus forensis von denen in loco rei sitae wohnenden Verwandten und Ganerben gutwillig zum Kauf einer Erbgerechtigkeit pro rata mitangenommen werden wollte; so muss doch demselben ein besonderer Kaufbrief über sein gekauftes Theil ausgefertigt und die Grundstücke, die ihm dadurch zufallen, in dem Kaufbrief deutlich benahmt, folglich die von ihm und denen im Ort wohnenden GanErben gemeinschaftlich gekaufte Erbgerechtigkeit erst getheilet und Theil-Zettul, wie sie weiter unten beschrieben sind, gemacht werden.

XXVII. Auch wann mehrere in loco rei sitae wohnende gleichnahe Verwandte einem forensi seine Erbgerechtigkeit gemeinschaftlich abkaufen, der solche nicht vorher hat heraus theilen lassen und noch keine gerichtliche Theilzettel darüber erhalten hat, so müssen diese ebenfalls die gekaufte Erbgerechtigkeit gleich erblich unter einander theilen und gerichtliche Theilzettel darüber machen lassen, in welchen am Ende bemerkt ist, welcher von den

Mitkäufern den gemeinschaftlichen Kaufbrief in Verwahrung bekommen hat.

XXVIII. Indessen sollen und können mehrere Erbgerechtigkeiten eines Verkäufers an mehreren Orten nicht in einem und
dem nehmlichen Kauf-Brief zusammen verkauft werden, vielmehr
muss derjenige, der seine Erbgerechtigkeit von verschiedenen Orten
verkauft, über jedes Orts Erbgerechtigkeit einen besonderen Kaufbrief ausfertigen lassen und solchen seinen in loco rei sitae wohnenden Käufern zustellen, damit jeder Käufer sein besonderes Instrument und Document erhält.

XXIX. Wer seine Erbgerechtigkeit von einem oder dem
andern Ort zusammen ohnvertheilt verkaufen will, braucht nicht,
wie bishero, die nächste Freunde und Ganerben des Orts, noch
weniger an andern Orten wohnenden Verwandten vor Amt citiren
zu lassen und ihnen seine Erbgerechtigkeit zum Kauf anzubieten,
weilen dadurch ohnnöthige Kosten gemacht und viele Leute, die
nicht zu kaufen verlangen, auch oft nicht die nächste zum Kauf
sind, den weiten Weg ans Amt zu thun und vieles zu versäumen
genöthiget werden; sondern er kann nur durch Schultheis des Orts,
wo die Güter liegen, ein proclama darüber vor versammelter Gemeinde vorlesen und solches sodann nach 6 Wochen an des Schultheissen Haus-Thür affigiren lassen, binnen welcher Zeit dann die
nächste Verwandte, wann sie kaufen oder retrahiren wollen, sich
declariren müssen. In solchem proclama muss aber expresse bemerkt
werden 1) ob er entweder nach einer Schatzung verkaufen wolle,
wann solche noch nicht geschehen wäre, oder 2) ob und wieviel
ihm von einem andern Käufer schon wäre geboten worden.

XXX. Wann jedoch einer von seiner allschon gerichtlich
herausgetheilten Erbgerechtigkeit nur einzelne Stücke stückweis
verkaufen und nicht etwa an Meistbietende subhastiren lassen will
(als welches ihm in diesem Fall, nicht aber bei seiner noch nicht
herausgetheilten ganzen Erbgerechtigkeit frey stehet), so hat er
auch kein solch proclama und Publicatum des Schultheisen nöthig,
sondern kann nur den Kauf mit jemand abschliesen und der
Käufer kann abwarten, ob jemand ihn binnen Jahres-Frist (vid.
supra § XXIV) abtreiben wolle. Auch nach Verlauf zwölf Jahren,
wann nach dem XV. § alle Erbgerechtigkeiten herausgetheilet sind,
ist kein solch proclama mehr erforderlich. Wiewohl doch jeder
wohl daran thun wird, um dem anmasslichen Retrahenten den Einwand zu benehmen, dass sie nicht eher Wissenschaft vom Verkauf
eines Stücks oder Erbgerechtigkeit gehabt hätte.

XXXI. Wann einzelne Stücke verkauft werden, so kann auch

der Anläger den Retractum vicinitalis exerciren, wenn er das an dem verkauften Stück liegende und angehende Grundstück erblich und nicht pfändlich oder pfachtweise oder auf einen Wiederkauf besitzet.

„ Und weilen die Güter im Grund Breidenbach schon so
„ ausserordentlich klein zerstückelt sind, gleichwohl in vielem
„ Betracht sehr nützlich ist, dass sie wieder nach und nach
„ zusammen gebracht und vergrössert werden,
So soll in concursu Retractuum, wann nehmlich ein Agnat und auch ein Vicinus den Abtrieb exerciren wollte, der letztere, nemlich der Anläger, das Vorrecht vor dem Agnaten, der nicht zugleich Anläger ist, zum Abtrieb behalten, wann er sich gleich später, jedoch binnen dem Termino ad retrahendum praescripto, als der Agnat gemeldet hätte.

XXXII. Wann ein Kind stirbt, das von seiner vorher gestorbenen Mutter oder Vatter schon beerbt war und demnach seine Erbgerechtigkeit an den noch lebenden Vatter oder Mutter vererbfället hat; so bleibt zwar der Grundsbrauch wegen hinterfälliger Güter noch zur Zeit und bis auf weitere Verordnung in seinen Kräften. Er wird aber hiermit auf folgende Art modificiret und restringiret, nemlich

a) vorerst soll er nicht mehr stattfinden bei den Gütern, welche an dem Wohnort des überlebenden Vatters oder Mutter gelegen sind und welche dieser von dem vorher verstorbenen Ehegatten inferirt bekommen und schon im Besitz gehabt hat.

b) Wann jedoch der überlebende Vatter oder Mutter der auf solche Art die vor seinem Wohnort liegenden Güter seines verstorbenen Kindes ohnablösslich geerbt hat, zur 2. Ehe schreitet und in solcher auch Kinder erzielet, aus seiner ersten Ehe aber noch mehrere Kinder als vollbürtige Geschwister des verstorbenen Kindes vorhanden sind, die letzteres mitgeerbt haben; so soll diesen frey stehen, nach des überlebenden Vatters Tod die dem Vatter von ihrem vor ihm verstorbenen vollbürtigen Geschwister zu seinem Kindstheil zugefallene Güter, jedoch auf ihren Antheil von dem väterlichen Erb-Guth wieder dergestalt zurück zu nehmen, dass ihre den Vatter miterbende halb Geschwister eben so viel vom vätterlichen Erbguth erst vorausnehmen.

c) Nur die an einem Ort wohnende Geschwister oder deren Kinder, wo das verstorbene Kind beerbt ware, und welche dessen ihm vorher auferstorben gewesene Erbgerechtigkeit vorher im Besitz gehabt oder noch haben, folglich Abtheiler davon sind, können solche Güter als hinterfällig an sich ziehen und den überlebenden

Vatter oder Mutter des Kindes, dem solche waren, davon abfinden.
Forenses hergegen, wann sie gleich Geschwister von dem zuerst
und vor dem Kind gestorbenen Vatter oder Mutter wären, können
eben so wenig an anderen Orten hinterfällige Güter an sich
ziehen, als sie solche nach dem vorherigen § XXIV retrahiren
können.

XXXIII. Uebrigens wird es wegen Unserer eigenen Güter
bei dem Inhalt des bekannten Eigenbuchs (welches alle Sieben
Jahre bei dem aufm Knottenberg vor Ober-Eissenhaussen zu
haltenden Eigen-Gericht fernerhin verlesen werden soll) nach wie
vor gelassen und demnach Unsern Leibeigenen Leuten der Vorzug zu eigen Gütern vor denen Ohngenossen fernerhin gestattet.

XXXIV. Wann jedoch ein Ohngenoss wieder eine Uns eigene
Frau geheyrathet und mit derselben Kinder erzielet hätte; so soll
der im Eigenbuch verordnete Vorzug eines Uns angehörigen Leibeigenen gegen solchen nicht mehr Statt finden, weil alsdann das
Guth wieder an Uns eigene Kinder kommt.

Bey Theilungen der Güther
soll sich hinführo folgendermassen verhalten werden:

XXXV. Vor allen Dingen sollen von nun an alle sogenannte
Schur- oder Interims-Theilungen verboten seyn und alle Güter
gleich erblich getheilt, von denen Gerichtsschöffen, welche die
Theilung verrichten, gleich Theil-Zettel gemacht, solche in der
Gerichtsschreiberey ausgefertigt und vom Beamten confirmiret werden.

„Alle nicht gerichtlich ausgefertigte und nicht vom Amt con-
„firmirte oder gesiegelte Theilzettel sollen hinführo vor ungültig
„angesehen und zu keinem Beweiss des Eigenthums an-
„genommen werden, wann sie gleich der Gerichtsschöff, der
„die Theilung gethan hat, unterschrieben hätte.

XXXVI. Weilen die Güter im Grund Breidenbach allschon
viel zu klein zerstückelt sind, dardurch die Bestellung und Bearbeitung,
auch Beerndtung derselben erschwert wird; so soll hinführo kein
Acker, der nicht völlig zu zwey Mesten Korn Saat hält, in 2, noch
weniger in mehrere Theile vertheilt werden, sondern zusammen
verbleiben, folglich alle kleinere ohnzerstückelt gelassen und stückweiss gegen einander in Theilung gebracht werden. Eben so soll
es mit denen Wiesen gehalten werden, worauf weniger als Sechs
Ctr. Heu NB. exclusive des Grummets bei mittelmäsigen Jahren
geerndet werden können.

XXXVII. Weil aber die gegen einander in Theilung gesezte
Grundstücke selten und vielleicht niemalen von gleicher Grösse
und gleichem Werth seyn werden, so sollen allemal die zu theilende

Stücke zugleich nach ihrem erblichen Werth von denen zur Theilung beorderten Gerichtsschöffen geschäzt, das Taxatum hinter jedes Stück gesezt und dann die Theil-Zettel gemacht, in solchen die Summe des Werths der darinnen enthaltenen Stücken addirt, sofort von denen Theilenden Erben einander dasjenige in Geld noch vergütet und herausgegeben werden, was einer gegen den andern dem Werth nach zuviel oder zu wenig bekommen hat.

XXXVIII. Obst und andere Bäume, welche auf Grundstücke stehen, die getheilt werden, sollen nicht mehr wie bisher gemeinschaftlich bleiben, sondern demjenigen Theilhaber allein und privative gelassen werden, auf dessen ihm zu Theil gefallenen Grundstück sie stehen und eingewurzelt sind. Dagegen wird der besondere Werth solcher Bäume bei der Taxation jedes zu theilenden Grundstücks mit in Reflexion gezogen und mit angesezt.

XXXIX. Und weilen bisher bei den mehresten Theilungen die Obstbäume gemeinschaftlich geblieben sind, und zu einem Baum und dessen ObstErndte oft 24 und mehrere MitErben von andern Dörfern herbey und zusammen kommen, die mehr Zeit damit versäumen, als ihr Antheil Obst werth ist, über das auch solche Obstbäume, die auf Höfen vor den Häusern stehen, noch gemeinschaftlich sind, diese Gemeinschaft aber der Baumzucht nachtheilig, auch sonst in mehrerem Betracht schädlich ist und zu mehrerem Verdruss Anlass giebt; so wird hiermit einem jeden, auf dessen Grund und Boden Obstbäume stehen, freygestellt, seine MitErben von solchen Bäumen abzufinden und solche für sich allein zu behalten.

XL. In denen Erbtheil-Zetteln muss nicht blos der Name der Gewann oder der Lage, worinnen ein Acker oder Wiese gelegen ist, benannt werden, wie bishero fast in allen Theilzetteln wahrgenommen wird, sondern es sollen schlechterdings allemal die Namen derer Anläger dabei gesezt, auch zu wie viel Korn-Aussaat ein Acker hat und wieviel Centner Heu darauf geerndet werden, richtig bemerkt und überhaupt alle sonstige Unterscheidungs-Zeichen angeführt werden, damit nicht mehr so viel Processe über die Identität des Grundstücks und dessen Grösse wie bisher vorkommen mögen, sowohl die Erben, welche eine Theilung vornehmen, als die Gerichtsschöffen, welche dazu gebraucht werden, sollen gestraft werden, wenn sie diese Unterscheidungs-Zeichen unterlassen und gegen die vorherige §§ XXXVI, XXXVII und XXXVIII handeln.

XLI. Zu allen Theilzetteln soll auch hinführo bei Strafe gestempelt Papier nach Vorschrift der Stempelpapier-Ordnung gebraucht werden.

. **XLII.** Damit Niemand Ursache habe, sich über die Kosten derer Theil-Zettel, welche hinführo zu Verhütung so vieler bisher entstandener Processe gerichtlich ausgefertigt und confirmirt werden sollen, zu beschweren; so wird hiermit verordnet und festgesezt, dass

    a) von einem Theilzettel, in welchem die zu Theil gefallene Stücke 300 fl. und darüber ausmachen . . 20 kr.

    b) von einem, darinnen der Werth der Stücken 100 bis bald 300 fl. beträgt . . . . 15 „

    c) von einem, darinnen die Stücke nur 50 bis 100 fl. werth sind . . . . 12 „

    d) von einem, darinnen die zugetheilte Stücke weniger als 50 fl. werth und angeschlagen sind . . . . . 6 „

für Confirmation und Siegelung; sodann aber für die Ausfertigung dem zeitigen Gerichtsschreiber und zwar

    a) wann ein Theil-Zettel nur 8 Stücke oder weniger enthält . . . . 10 kr.

    b) wann er von 8 biss 15 Stücke enthält . . . . . 15 „

    c) wann er über 15 Stücke bis 24 Stücke enthält . . 20 „

    d) wann er über 24 Stücke soviel als er wolle, enthält 30 „

jedoch exclusive des Stempel-Papiers bezahlt werden sollen.

Und so wie es zu Vorbeugung vieler Processen allerdings nützlich und räthlich ist, dass über die zu einem ganzen Stamm oder doch zu einem ganzen Stamm-Theil gehörige Mit- oder GanErben erst einen Stamm-Theilzettel verfertiget, und aus solchem dann die particular Theilzettel gemacht werden, so sollen dem Gerichtsschreiber von einem Stamm-Theilzettel, wann er nur einen Bogen hält, indistincte 30 kr. und wann er 1¹/₂ bis 2 Bogen füllt, 45 kr. bezahlt werden.

So wie Wir nun überzeugt sind, dass durch die genaue Beobachtung der so eben vorgeschriebenen Puncte sich die so gemeinschädliche GanErbschaft nach Verlauf von mehreren Jahren von selbsten nach und nach auflösen wird, so versehen Wir Uns auch zu Unseren treu gehorsamsten Unterthanen, dass sie in Beherzigung ihres und ihrer Nachkommen eigenen Besten denselben in allen Stücken auf das genaueste nachzukommen von selbsten bedacht seyn werden, damit Wir nicht gegen Unsern Willen genöthigt werden, die erforderliche Zwangs-Mittel vorzukehren und dardurch dieser Unserer so gut gemeinten Landesherrlichen Anordnung die schuldige Achtung zu verschaffen; wobey Wir noch besonders gebieten, dass diese Unsere Verordnung sogleich und hinführo alle Jahr wenigstens einmal aller Orten, wo die Ganerbschaft eingeführet ist, öffentlich publiciret, die Schultheissen,

Gerichtsschöffen und Orts-Vorstände auf die genaueste und pünkt-. lichste Beobachtung derselben und zwar mit dem Anfügen, eine jede Contravention sogleich gehörigen Orts anzuzeigen, bei eigener schwerer Verantwortung angewiesen und zu dem Ende denenselben eine beglaubte Abschrift dieser Unserer Verordnung für jeden Ort auf Kosten desselben zugestellt, auch von solchen alle halbe Jahr über den Er- und Befolg an das Ihnen vorgesetzte Amt gehörig berichtet werden solle.

Darmstadt den 19. Juny 1797.

Ludewig I.

Anlage E.

Schöffensprüche[1]).

1. *Landbrauch.*

Die Schöpfen des gerichts Lixfeld Thun auf den Landbrauch erkönnen und sprechen, dass es herkommen seye, bei ihren vorfahren und also gehalten worden, habens auch also befonden dass, wann ein aussländischer Mann, der kein zehent Mann seye, einen zehnt Mann anspreche und der zehnt Mann einen Bürgen begehret von dem aussländischen, dass er denselben dem Gericht und den Herrn zu setzen schuldig, verweigert aber der aussländische dasselbe und könnte keinen Bürgen setzen, so stellte Ihm der Richter oder Schultheiss kein Recht an.

publ. oberhörle d. 28. Janry 1585.

Von einem solchem Bürgen zu setzen gehört dem Schöpfen Stuhl 16 alb. welches diejenige Persohn muss geben, so den Bürgen setzet.

2. *S. 33. Land- oder grunds Brauch.*

Die Schöpfen thun auf das alte Herkommen erkönnen wann einer einem Vogt Güter will vertreiblich machen, weill zum Ersten derjenige der das Landrecht anlegt, der soll der gegen Parthy die güter 14 Tage und 3 Tage vor S. Peters Tag Ihme lassen verbiethen durch einen Breidenbachischen Schuldheissen, fortan auf S. Peters Tag Trey Heller demjenigen bringen und auf einen Trey Beinigten Stuhl legen, könnte aber der keinen Stuhl bekommen, soll ers auf die Schwell legen, furtan nach S. Peterstag Silber und Gold weissen, inwendig 14 Tagen, als im Beysein zweyer Breiden-

---

[1]) Vgl oben den Schluss der Einleitung. Von den hier mitgetheilten Schöffensprüchen sind bisher nur gedruckt: 1) die Nummern 1—5, 9, 15, 18, 19, 20, 25, 27 und 31 bei Senckenberg unter den Adjunctis sowohl zur Diss. de jure obs. etc. als zur Comm. de jure Hass. sub No. IV; 2) die Nummern 5—18, 20, 21—31, 33—58, 60—88, 93—101 und 106—120, — jedoch leider mit unzähligen sinnentstellenden Fehlern —, bei v. d. Nahmer Handbuch des Rheinischen Partikularrechts Bd. II S. 915 ff.

bachischer Mann sagen, habe Er etwas darauf oder darinnen, das wolle er ihm verlegen.

publ. d. 29. Febr. 1588.

N^a. Von einem solchen begerten Landrecht belehren zu lassen, gehört den Schöpfen Stuhl 32 alb. Muss derjenige geben, der es begehrt dem Gerichtschreiber 8 alb. davon abzuschreiben.

3. S. 54. Land oder Grunds Brauch.

In Appellations Sachen, wie an diesem Recht an herkommens und gebührlich geschehen soll berichten die Schöpfen darauf, dass eine recht gethane Appellation innerhalb 10 Tagen bei dennen Appellations Richtern gesuchet in 14 Tagen die Acten auszulössen und in 4 Wochen dem Gegentheil die Appellations Klag zuschicken und Letzlichen innerhalb 6 Wochen und 3 Tagen die Acten under des Gerichts Innsiegel den Appellations Richtern insinuiret werden solte.

publ. oberhörla d. 17. Febr. 1607.

Die appellation gehet krafft des in a. 1691 ertheilten Hochfürstl. neuen Recess von denen Samt unter gerichten an die fürstl. Beamten zu Blanckenstein und die Herrn von Breidenbach als mit gerichts Herrn.

N^a. Wann in solchen fällen einem ein Urtheil zu wieder fält und appellirt, muss derselbe den Schöpfen geben 40 alb.

Der appellation, dazu noch von jedem Urtheil 12 pf.

Der Appellans 1 Urtheil.

Appellanten (?) aber 3 Urtheil.

4. S. 41. Land oder Gronds Brauch.

Jeorg Hanssmann zu Gönnern begehret sich zu belernen zu lassen, was in diesem Gericht landbräuchig seye, mit den Heussern, wie die gehalten, ob solche vor Erbe und fahrnis gehalten werden, berichten und erklären die Schöpfen auf ein solches vor fahrniss gehalten und erkand werden von Rechtswegen.

publ. d. letzten Februar 1627.

N^a. Von einem solchen Landbrauch zu eröffnen gehört

den Schöpfen vor ihre gebühr . . 32 alb.

dem Gerichtschreiber . . . . . . 8 „

von solchem Landbrauch abzucopiren Schreibgebühr.

5. Landbrauch wie von Gerichten sich zu erledigen.

Die Schöpfen berichten hirinnen dass wofern eine Parthie von gericht einen ruffen und eine Klage auf ihn Thun läst und hernach mit der Klage 3 gerichter still stehet und ruhen läst, habe alsden

das gegentheil macht sich zu erletigen und abzulösen und wenn
er dem Richter alsdann 3 Heller gibt, lest er sich deren Klage
vom Rechten ab und welcher dann mit dem andern etwas zu
schaffen mag ihn auf ein Neues rechtl. vornehmen.

publ. d. 1. Febr. 1592.

6. S. 54. Landbrauch in appellations Sachen.

Ferner berichten die Schöpfen auf anhalten einer Parthie in
appellations Sachen, nemlich dass dieser orten also herkomens und
gehalten werde, da einem oder andern Theil ein Urtheil, weil zu
nahe oder zu wieder fallen, dass derselbe zu appelieren habe, an
Herrn Rentmeister zu Blanckenstein, an statt und von wegen unsers
Gnädigsten Fürsten und Herrn, wie auch an die sämmtl. gerichts
Junckern die von Breidenbach und von Breidenstein und müste
solche appellation innerhalb 10 Tag bei besagten gerichts Herrn
anhängig gemacht werden, die acten innerhalb Mohnathsfrist der
appellant aus lössen, und hernacher in 6 Wochen und 3 Tage dem
gegentheil die beschwerungs Klage zu schicken und wenn dem
besagter masen nach gelebt, wirde dieselbe in rechten angenommen,
Da aber in gerinsten darwieder gestrebet wirde, wäre selbige ungültig nnd billig nicht anzunehmen.

publ. ut supra.

Vor die appellation muss appellans denen Schöpfen 40 alb.
zahlen, dazu von jedem Urtheil 12 Pf.

Deren appellans 1 urtheil und appellant 3 zahlt. (ohne Datum.)

7. S. 33. Land oder Grundsbrauch Medumb halber.

Die Schöpfen des gerichts Breidenbach berichten hirin, wann
ein Erbe an einem ort bey güther komt und die quittiret hat ihm
auch die wüsten mit dinst und gulden zu getheilt worden, habe
der Inhaber die kehr ob er mit zweyen Saaten wolte abstehen,
oder ob er drey Saaten haben und den Medumb davon geben
wolte, wann er dann die acker auf Medumb ausssehen will, so
soll er die acker gut und böss sähen, und soll dem (Erben) dann
von den ackern, so er quittiret und ihm gebühren, wen der zehente
heraus ist, dass siebente Theil die drey Saaten geben, und wann
der Inhaber die früchten binden will soll ers dem Erben ansagen,
dass er den Medumb habe, wann aber der Erbe ausen bleibt, und
der zehende heraus ist, so soll der Inhaber den zehendheber, oder
sonst einen Mann darbey nehmen, und denen Erben dass 7. Theil
liegen lassen, damit er seines in verwahrung bringen möge.

publ. d. 8. Juny 1596.

8. S. 37. Land- oder Grundsbrauch in ablössung.

Darinnen berichten die Schöpfen, da einer einem güter ablössen will, wo briff und schein über auf gerichtet, da lassen es die Schöpfen bey dem Schreiben und buchstaben bleiben, wehre es aber sachen, dass güter abzulössen wären da keine verschreibung über auf gerichtet ist, seye brauch und herkommens allhir, dass die Acker 8 Tag vor oder nach Petritag ab gelöst wirden, die wiessen 8 Tag vor oder 8 Tag nach Walburgi, wäre es aber, dass derjenige, so die güter ablössen will, die 8 Tage nach Petri oder Walburgi verschwinden und den 8. Tag fyhr über gehen lässt, ist die ablösung dann verlauffen und der Inhaber dann nicht Schuldig solch Geld von ihm anzunehmen, die Schöpfen berichten auch, dass der Petri oder Walburgitag allemal, da die 8 tage sollen gezehlet werden, vor einen oder den ersten Tag müsse gezehlet und gerechnet werden.

publ. d. 29. Juny 1596.

9. S. 54. Land- oder Gronds Brauch über die frevel so auf den Gütern geschehen.

Auf einbringung etlicher Parthien und anstellung der gerichts Herren, zu eröfnen, wie es an diesen ort mit dem begangenen frevel zu verhalten, haben die Schöpfen heut Dato zu willfahrung derselbigen und sonderlich die Aeltesten hir um den einhelligen bescheit gegeben, und wie es da mit an diesem gericht von alters her gehalten, den landbrauch eröfnet, dass was über Sähen, über Mehen, über hauen und sonst frevent. sachen vorgelauffen, es sey geschen auf Eigen, doch wofern es den Boden, dass Einer den andern vertreiblich machen wolte, nit anlanget, oder auf Breidenbachischen Gut, seye an diesem gericht Meinem Gnädigsten Fürsten und Herrn, und denen mit gerichts Junckern anbracht und verhandelt worden.

publ. d. 18. Oct. 1597.

10. S. 32, 47, 48. Wie es under geschwiestern mit den Gütern gehalten.

Die Schöpfen des gerichts Breidenbach sagen, es seye Land-Brauch, dass da zwey geschwiester, oder gefreunden seyen, so in zweyen Dörffern wohnen, und haben Beyde Erbschaft von ihren Eldern unter Händen, und des einem seye etwas beser als des andern, so gebühre es sich von Rechts wegen, dass derjenige so den besten Theil unterhänden habe, dem andern nach frommer Leude erkändnis heraus gebe, und gebühre keinem fremden sich hinein zu stecken, entweder pfändlich oder Erblich zu vergleichen In ansehung, dass die Erbschaft im grund unvertheilt liege.

publ. d. 7. May 1611.

11. S. 47. Landbrauch über bebauung der Hof oder Hofraithe.

Demnach Ludwig Peter, der älter von O. Dieten an die Schöpfen des gerichts Breidenbach begehret Ihme den landbrauch Hiesigen orts zu eröffnen, neml. wie es gehalten werde, da einer oder der ander seine Hofraithe, so er bebauet und zu fliessen und fahren nicht entrahten kan, im Brauch habe, ob die Erben, denen die Hofraith zu ständig, nicht sollen auf dem felde dargegen nehmen, Als berichten die Schöpfen, auf ein solches, dass Landbrauch seye, da einer oder der andere dergleichen Hofraith habe, und solche bebauet und bewohnet, auch was er an derselben zur nothdurfft zu fliessen und zu fahren nicht entrathen kan, dass diejenige billig auf den feldern an Erbgütern sollen dargegen nehmen nach Ehrlichen und verständigen Leute Erkändnis.

publ. d. 30. April 1616.

12. S. 25. Landbrauch wegen Eigen und Breidenbachischer gütter.

Hanss Joachim von Woltzhaussen, hat an die Schöpfen begehret, wie es Landbrauch und an diesen gericht gehalten werde, mit Eigen und Breidenbachischen gütern, ob dieselbe ein ander so auser diesen gericht Sesshafft zu gebrauchen macht habe, berichten die Schöpfen darauf, dass ein solcher also Landbrauch und herkommens seye, nämlich dass ein aussmärker wohl macht habe, seine eigene güter in seinen Nutzen zu gebrauchen, So fern derjenige einen Vollmächtigen stelt, der dinst und gülde davon entrichtet.

publ. d. 24. Juny 1616.

13. S. 54. Landbrauch über begangene frevel in Gemeinten.

Die Gemeinde N. Hörle hat von dem Gericht begehret, zu wiessen wie es brauch und herkommens seye, da in einer oder andern Gemeinden frevel gesche, da berichten die Schöpfen auf, dass von altersher Jederzeit gebräuchlich gewesen, wie noch, dass eine jede gemeinte, die darin begangene frevel zu Rügen herbracht habe in Ihrer feldmarckt.

publ. d. 11. Febr. 1627.

14. S. 31. Landbrauch wegen der Gan Erbschafft.

Hanss Seibel & Cons. nebst Hanss Schöpfern von Oberndieten zusamt seinen mit Cons. haben ctra Hanchen Knaufen daselbst vom gericht begehret zu wiessen, wie es brauch und herkommens in der Gan Erbschaft seye, darauf die gerichts Schöpfen berichten, dass dass Nächste Geblüth bei derselben erkant werde.

publ. d. 9. May 1620.

15. Landbrauch vom Lehn Zehenten.

Berichten die Schöpfen auf dasselbe, dass Brauch und her.
kommens seye, da einer oder der andere willens ist, denselben zu
lehnen, dass billig derjenige soll zu forterst mit dem Lehn Herrn
um den Kern Handeln, und da er solchen mit dem Kern gelehnet,
dass derselbe wer an selben viel giebt, auch des gestreuhes der
nächste seyn solle.

publ. d. 2. 8br 1620.

16. S. 30, 36. Landbrauch in Verpfändung der Güter.

Adam Peter von Niedernhörlle begehret den Landbrauch zu
eröfnen, wessen in verpfändung der güter der Nächste seye, die.
selben zu besitzen, darauf berichten die Schöpfen, dass die nächste
Erben deren ein nächster seyen, welche dieselben in dinst und
gülden haben.

publ. d. 18. 8br 1625.

17. S. 49. Landbrauch in Erbfällen.

Von Henchen Hanss Breidensteins nachgelassenem Sohns Vormund ersten Ehe, ist an dass gericht begehret worden, Ihme eines
vorgefallenen Sterh oder Erbfalls halber den Landbrauch zu eröfnen, auf ein solches haben die Schöpfen berichtet dann weilen
Gilcha gedachtes Henchens sohns Mutter, vor seiner Elter Mutter
Todt verfahren, dass demnach gedachter Henche billig vor seinen
andern geschwiestern zu der Helfte dessen Hauss, welches die Elter
Mutter Ihr zu vorbehalten, der nächste seye von R. W. und die
anderen desen würcklich abzutretten schuldig wären.

publ. d. 17. Jun. 1626.

18. Landbrauch wegen Ueberfall.

Die Schöpfen des gerichts Breidenbach berichten auf anhalten
Hanss Greben et Cons. dass Brauch und herkommen diesses orts
seye, da einer oder der andere Bäume an den angrenzenden Benachbarten würden berühren und dem gegen Theil von deren ab-
fallenden früchten auf dass seinige fallen, dass das fallende abgefel
solcher früchten die Helfte desen dem inhaber, dem der Boden ist,
müsste gegeben, massen solches altherkommens und Brauch ist.

publ. d. 1. Nov. 1631.

19. S. 32. Land oder Grunds Brauch.

Jost Rau von Simmersbach begehret sich zu belernen lassen
von diesem Gericht, was Landbräuchig in diesem Gericht seye und
wie es mit den hinterfälligen Güter gehalten werde, Berichten und

erklären die Schöpfen allhi darauf, wann eigene Güter, so dinstbahr
synd, durch absterben auf fremde Erben fallen, dafern dann die
rechte Erben solche Güther können bestehen und mit Geld ablegen,
dass billig die nächste Erben solche hinterfälligen Güter der nächste
seyn, damit die Güter und dinste nicht möchten zerriessen werden
sondern bey einander verbleiben.

publ. d. 15. Feb. 1628.

Nᵃ. Von einem solchen Landbrauch zu eröffnen gehört den
Schöpfen vor ihr Gebühr . . . . 32 alb.
dem Gerichtschreiber . . . . . 8 alb.
von solchem abzucopiren.

19ᵃ. In appellations Sachen ist das herkommen, wann
ein oder andere Theil deren Acten begehret, muss von
jedem Blat . . . . 14 ₰
dem Gerichtschreiber Schreibgebühr geben, und auf jede
seiten 14 reigen zu schreiben, von solchen Acten zu colla-
tioniren dem Hrn. Schuldheiss und schreiber . . . . 1 fl.
nimmt jeder die Hälfte,
dem Herrn Schuldheissen dieselbe zu versiegelen . . . 6 alb.
den Hrn. Schöpfen vor ihr gebühr der collationirung derer
Acten bey zu wohnen und selbige mit anzuhören . . 16 alb.
von dem in Sachen ergangenen Schaden zu rechnen den
Hrn. Schöpfen . . . . 16 alb.
dem Gerichtschreiber . . . . 8 alb.
dem Procurator . . . . 8 alb.

20. Landbrauch über Beschwerung in gemeinen Sachen.

Anheut dato ist vom Schöpfenstuhl eröfnet und erklähret worden, was alt herkommens in der Beschwerung in Gemeinen, unter
einem jeden Manne seye und darauf berichtet, dass ein Jeder, der
eine haushaltung und ein eigen Rauch habe, auch die einwärtige
Bräuche mit geniesse, dass derselbe Schuldig, die Beschwerungen,
so auf die Hausse und Gemeine gesetzt werden, einer wie der
andere mit Tragen muss, was aber sonsten ein jeder weiter am
Vieh und Güter oder anderem mehr, dass dasselbe ein jeder nach
Gebühr in seinem werth verstehen muss.

publ. d. 28. Februar 1632.

20ᵃ. In zeugen sagen zu erkönnen, am Gericht muss
das Theil, der die zeugen angiebt, von jedem geben . . 8 alb.
und so nach urtheil von jedem . . . . 12 ₰

fällt den Hrn. Schöpfen

von einer jeden gegen frage . . . . 4 alb.

und vom urtheil . . . . 12 ₰

davon hat der schreiber . . . . 4 ₰

wann ein Brief ins gericht wird gelegt und mächtig erkant,

 gehört den Hrn. Schöpfen hirvon . . . . 16 alb.

und vom urtheil . . . . 12 ₰

begehret ein oder der ander Theil von einem Urtheil aus

 dem gerichts Buch Copey, muss derselbige davon geben 8 alb.

und vom urtheil . . . . 12 ₰

den Schöpfen.

21. S. 28, 29[1]). *Landbrauch was in ErbKaufen diesses orts üblich seye.*

Berichten die Schöpfen, dass hiessigen orts Brauch seye, da einer Erbschafft verkaufen wolle, muste derselbe solches 3 sontage nach ein ander, vor der Kirchen zu Breidenbach durch den gebührenden Obrigkeitsdiener lassen feil bieten und aufrufen lassen und dann über dass dem Nächsten zum Besten noch 6 wochen und 3 Tage feil halten, über dass noch zu hauss und hof ansagen, wann dann die Nächsten nicht kauffen wollen, mag der verkäufer dann verkauffen wem er will, so das alt herkommens in diesem seye.

publ. d. 17. Jan. 1632.

Dieser Grundsbrauch ist am 21ten May 1742 Henrich Schmitt & Cons. von Niedernhörla communiciret worden.

22. S. 41. *Landbrauch wegen der Baue, wie dieselbe in diesem gericht gehalten werden.*

Auf empfangenen Befehl von Hoch Fürstl. Reg. weilen darinnen begehret worden vom Schöpfen stuhl, ob die heusser vor fahrnis gerechnet und gehalten wirden, berichten die Schöpfen, dass im gericht Breidenbach alle Baue, wass die fackel oder Brand hinweg nehme, vor fahrnis gehalden und erkannt würden, massen solches alt herkommens.

publ. d. 21. Febr. 1632.

23. S. 45. *Landbrauch in Erb Fällen ferner.*

Nachdeme Johannes Röder von Niederhörla vom gericht begehret hat, zu wiessen wie es, wann zwey Ehleuthe, so ledige Kinder mit ein ander haben und eines stürbe vom andern, hiessigen ords Brauch seye? So ist von den Schöpfen auf ein solches berichtet worden, dass wan eines von dem andern verstürbe, da würden die Kinder mit dem Eigenthum deren verlassen Erbgüter

---

[1]) S. 35 ist No. 21 irrthümlich allegirt.

beerbt und dass Lebente mit der Leibzucht, wann aber der
Bleibente sich wiederum an eine andere Person bestattet und stürbe
dann von seinem Ehgatten, so seyen die Kinder erster Ehe von
sämtlich beerbt und habe das Bleibende von 2. Ehe keine Leib.
zucht mehr an der ersten Kinder Erbgütern.

publ. d. 6. May 1634.

24. Landbrauch wie dass Bir und Brod fyhren bei den Junckern gehalten.

Demnach die Gemeinde Breidenbach sich begehret vom gericht
belernen zu lassen, wie es mit Brot und Bir führen bey den
Junckern gehalten worden, Als berichten die Schöpfen darauf, so
vil solch Brot und Bir führen belanget, muss ein Mann, wie der
andere auf oder an der Reihe, wann solche führen gefordert, Thun
wie auch ingl. die handarbeiten dessen Baudinste, die Bau fahrten
aber betr. wird es darbey gelassen, wie Jedes dorff dasselbe von
alters herbracht habe.

publ. d. 12. Juny 1638.

25. S. 45. Landbrauch wegen der Leibzucht.

Die Schöpfen dieses gerichts berichten, dass allhir Landbräuchig
und Herkommens seye, wann 2 Ehleuthe von einander sonder leibes
Erben versterben, dass dass leztlebende auf des verstorbenen güter
die Leibzucht habe die zeit seines lebens, nach seinem Todt fallen
solche güter wiederum auf die Nächsten Erben.

publ. d. 12. Juny 1638.

In einem von Amtmann Krebs gefertigten Auszug ist hierunter
bemerkt: Ist Andreas Gimbel zu Breidenbach communiciret worden
den 7. May 1762.

26. Landbrauch und Belernung, ob ein Vatter seinen Sohn und
schnurche vor gericht könnte vertretten.

Wird darauf von schöpfen berichtet, wann ein solcher Sohn
und Schnurche ein Brot und Tisch mit ein ander haben, dass der
Vatter alsdann vorn Eidam Tochter und Schnurche in Recht sachen
sie vor gericht mag vertreten, doch dass anfangs und vors erste
solche Personen einmahl vor gericht mit seyn, so vor alters also
exerciret.

publ. d. 5. Martii 1639.

27. !S. 35. Landbrauch was vor Gütter vor Erb oder führende
gehalten werden.

Auf anhalten Nicolaus Petri zu Oberndieten, den Landbrauch
zu eröfnen, wass üblich und brauchlich in pfandschafft oder Erb-

gütern seye, berichten die Schöpfen darauf, dass hiessiges orts alle pfandgüter vor fahrende güter gehalten und gerechnet würden nach alten Herkommens.

publ. d. 26. 9br 1639.

28. S. 29. Landbrauch in Beuten und Verbeuten mit Erbgütern.

Velte Dietrich und Cons. seye anheute vor gericht kommen, um sich belernen zu lassen, was das alt Herkommens dieses Orts mit Erbgütern in beuten und verbeuten seye, darauf wird berichtet, dass es brauch und herkommens derjenige, welcher güter will verbeuten oder verthauschen, dass derselbe erblich gut um gut muss geben und darin kein vorbehalt weder in Muthschierungs weisse oder ander geschen sondern klar gut um gut, wie gesagt, weilen sonsten beuten und verbeuten ein frei werck und in keinen aufruf gehören, so ist dass doch der verbeuter schuldig, den beut seinem Nächsten Erben anzudeuten, wann derselbe könnte gut um gut geben, dass er dann der Nächste seye, welches dann von den alten bisshirher also gehalten.

publ. d. 8. Febr. 1648.

29. S. 47. Landbrauch in Erbtheilung der Erbgüter.

Weilen Emanuel Lindeborn und Cons. zu Niederndieten vom gericht allhir, den Landbrauch begehren eröfnet zu haben, wie es in Erbtheilung gehalten werden muss, wann güter von einander sollen erblich vergesetzt oder vertheilt werden, berichten die Schöpfen darauf, wann güter sollen erblich getheilet werden, müssen von einander gestäckt und gesteinigt werden, alles aber schrifftlich mit ein ander verzeuchnen, Jedem zur Nachricht, massen dann dasselbe also von alters herkommens und bissher also gehalten worden.

publ. d. 20. Juny 1648.

30. S. 32. Landbrauch, wie die Gan Erbschafft von einem oder dem andern zu gebrauchen seye.

Auf Begehren Johannes Röders von Niederhörla den Landbrauch zu eröfnen, wass diese örter herkommens und brauchlich, wie oder wann die Gan Erbschafft von einem oder andern zu gebrauchen seye, berichten die Schöpfen darauf, dass Keiner keine Gan Erbschafft habe zu gebrauchen, er seye dann ein zehendmann, massen daselbe dieser orts dass herkommens seye.

publ. d. 17. 9br 1652.

31. S. 30, 31. *Landbrauch wann Baue auf dem Erbe stehen, wie es damit gehalten.*

Auf Befehl des Herrn Renthmeisters zu Blanckenstein ist den 5. Sept. 1653 der gantze Schöpfenstuhl des Gerichts bey einander gewesen, den Landbrauch zu eröffenen, wie es im Grund Breidenbach brauchlich seye, wann ein Bau auf dem Erbe stehe, ob der Bau den Boden oder ob der Boden den Bau verlegt? wird darauf von denen sämtlichen Schöpfen einhellig berichtet, weilen im Grund Breidenbach anhangende Güter und nicht vererbtheilet, wann dann einer auf solche Erbstatt bauet mit Vorwiesen und Bewielliung der sämtlichen Erben, so verlegt dann der Bau die Stat doch also, dass der einwohner muss davor geben auss solchem Guthe, darin die Statt gehörig, nit am Besten auch nit am Bösten, und darin zwey Schu vor einen, was sonsten der Poste belangt, ob das Erbe die fahrnis oder die fahrnüss das Erbe verlegt, wird darauf berichtet, wann keine willkührliche Bewiliung davon seye, wie zuvor gesetzt, so lassen es wir bei dennen gemeinen rechten.

32. S. 35, 37. *Landbrauch über die anhangende Erbgüter.*

Die Schöpfen des Gerichts Breidenbach berichten hiermit, dass im gericht Breidenbach ein alter her gebrachter Gebrauch seye wegen der anhangenden Erbgüter dieses Orts, wann ein oder der andere sich in dass begäbe, oder auch darinnen wohne und deren Güter begehrte und dann der oder die darinnen sitzende Person, so sich darinnen begeben, seine Linie in den Gütern könnte, oder wiste selbige zu machen, so müste der Inhaber seinen Inhalt belegen oder mit beweis Thum darthun, wie er solche in bekommen, und da er deren keines könte darthun, als dann der güter abstehen und den begehrenden Theil solche güter beneben dinst und Gülden folgen lassen und ihm betheilen.

publ. den 8. 8br 1650.

32 a. Begiebt sichs, dass am gericht von einem oder anderntheil Scheldworte vorgehen und Verantwordunge vor gericht geschieht, muss der Schuldige von einer solchen Verantwordung denen Hrn. Schöpfen geben . . . . . 16 alb.
vom Urtheil . . . . 12 ₰

Von einem jeden Urtheil oder Rüge abzulesen gebühret dem Gerichtschreiber uhraltem Gerichtsbrauch nach . . 4 ₰

Item von einem jeden Brief abzulesen bei Gericht . 1 alb.

Wann ein Vertrag bei Gericht zwischen streittigen Parthien gemacht wird, gehöret denen Schöpfen darvon . 16 alb.

und dem Gerichtschreiber solchen zu schreiben und zu
protocolliren . . . . 8 alb.

Wann ein gericht Schöpf 2 oder 3 auss einem Gericht zu einer
schatzung beföhliget und erfordert werden, so gehöret denselbigen
einem jedem des Tages benebst seiner Kost 5 bis 6 alb. und muss
vermöge der Gerichtsordnung pag. 34 et 36 und uhralten Gebrauch
nach, wann die Schatzung hoch und viel anlangt, der geschworene
Gerichtschreiber, um die Schatzung zu schreiben, mit dabey erfordert werden, es seye dann, das solches nicht hoch anlangt, wird
es einem gerichts Schöpfen so im ziefer schreiben gewiss und wohl
erfahren ist, überlassen, jedoch das solche Schatzung von solchem
dem Gerichtschreiber ordentlich zu schreiben und zu protocoll zu
bringen, jedes mahl, so manche schatzung vorgeht, überbracht
werden muss.

Einem Beweisser soll des Tags gereicht werden . . 4 alb.

Wann die Gerichter herausser und vorhey gehalten
uhralten Gebrauch nach und begehret eine Parthi ein Gericht auf den unrechten Kosten gehalten zu haben, so wird
dem Gericht von solchem gegeben, wann es zusammen
gefordert wird, Ein Viertel Wein Thut . . . . 32 alb.

Johann Casper Kuntzmann
Gerichtschreiber.

33. S. 30. *Landbrauch wegen der beserung auf Erbgüter.*

Hanss Meister von Oberndieten, begehret sich am gericht
belernen zu lassen, wass landbräuchlich dieser orden seye, da ein
oder ander Erbe güter bei denselben habe und dieselbe mit baume,
Heegen und anderem verbesert und erbauet hette, berichten darauf
die Schöpfen und sagen, dass das alte Herkommens seye, was
einer deswegen kann bey bringen und bescheinen, wass er in
solchen gütern erbessert und gepflantzet, dass der gegen Erbe,
dafern er das gut will haben, solche beserung zu verlegen schuldig
seye.

publ. d. 4. Febr. 1651.

34. *Landbrauch wegen der Personal Freyheit.*

Nachdeme Burgemeister und Virmann, der Gemeinde Breidenbach, vorgebracht und zu wiessen verlangt, ob bishero die Herr-
schafftliche personal Freyheit mit denen Gemeinden dinsten verknüpft, und jedes absonderlich praestiret worden, So ist erkannt,
dass jene mit diesen gar nicht zusammen gerechnet, sondern diejenigen, welche personal freyheit genossen, jedem noch die Gemeinen

dinsten Absonderlich abgestattet und bisshero solcher gestalten gehalten worden seye.

publ. d. 27. 8 br 1719.

35. S. 29. Landbrauch wegen Güter Verkaufs.

Nach deme Herr Ober Schultheis Soppe zu Breidenbach auf Anhalten Johann Balser Maurers & Cons. zu Quotzhaussen einige Schöpfen des gerichts Breidenbach durch Befehl zusammen erfortert, um wie es mit Güter Verkaufen im gericht Breidenbach gehalten werde, den grundsbrauch zu eröfnen, berichten die beysammen gewesne Schöpfen einhellig hierauf, dass, wann einer oder der andere Güter verkauffen wolte, derselbige zuförderst drey Sontage nach ein ander vor der Kirche zu Breidenbach durch den ohrig Keits diener müste lassen feil bieten und aufrufen, dann demnach diese denen Nächsten zum Besten noch 6 wochen und 3 Tage feil halten, über dass noch zu hauss und hoff ansagen, wann dann die Nächsten nicht Kaufen woiten, mag der verkäuffer verkauffen, wem er will, welches dass alte Herkommen und also befonden worden.

publ. d. 26. May 1721.

36. S. 30, 32. Landbrauch wegen Hinterfälligen Güter.

Zufolge ferner erhaltenen Befehl auf ansuchen vorgedachter Persohnen Von Quotzhaussen den landbrauch zu eröfnen, wie es gehalten werde, wann eine Erbschafft auf frembde Erben fält, ob nicht der oder diejenige von solchen gütern abtretten müssen, wird darauf berichtet, dass das Alte Herkommen dieses gericht seye, da einem frembden güter auf erstorben der oder dieselbe von solchen hinterfälligen güter Müste abgelegt nemen, nach Ehrlichen Leute Erköntnüs, was solche Erblichen werth seyen, damit die darauf stehende dinste und gülden nicht zerrissen, sondern beysammen bleiben und also die Güter wiederum zu der Vorigen rechte Erben kommen möchten.

Actum d. 6. May 1721.

37. S. 36. Landbrauch wegen Ausländischer.

Auf Anhalten Hanss Meisters zu Niederndieten, den landbrauch zu eröfnen, wass an diesen ort landbrauch gewessen und bisshero mit Inländischen und ausländischen wegen pfand güter gehalten worden, ob der ausländische solcher Güter und zehende der Nächste oder der Inländische seye, berichten und erklären die Schöpfen dieses orts auf solches Begehren, dass landbrauchig und herkommens seye, dass der Inländische solcher Pfand schafften und zehenden, wen er unserm gnädigsten Fürsten und Herrn mit dinst und gülte behaft, vor den Aussländischen der Nächste seye, alles nach alten Herkommen.

Actum d. 17. May 1631.

38. S. 45. Landbrauch wegen der leibzucht.

Die Schöpfen berichten, dass landbrauchig seye, dass der leibzüchtiger derer Güter, so er leibzüchtig unter handen hat, nichts davon dörfe verkauffen oder verpfänden, sondern dieselbe frey und unbeschwert seines lebens müste halten.

actum d. 12. Juny 1638.

39. S. 45. Landbrauch wegen der leibzucht.

Nach deme Enche Weigant Grebe Seel. nachgelassne wittib von Gladenbach vom gericht dieses orts begehret zu wiessen, wie es brauchlich allhir, wann 2 Eheleute von ein ander sonder leibes Erben verstirben, darauf berichten die Schöpfen einhellig, dass das Letztlebende auf des verstorbenen Erbgüter die Leibzucht und abnutzen habe, welches also brauchlich und von alters herkommens sey.

Actum d. 20. Febr. 1690.

40. S. 29. Landbrauch im Verkauffen.

Auf verlangten Landbrauch, wie es üblich in Erbkauffen in dem gericht Breidenbach seye, wird darauf von denen Gerichtschöpfen erkannt, dass hiesigen orts die gewohnheit seye, da einer verkauffen wolte, müsse derselbie solche 3 sontage nach einander vor der Kürche zu Breidenbach durch den gebührenden Obrigkeitsdiener lassen feil bieten und auf ruffen, und dann dis den Nächsten zum bästen noch 6 wochen und 3 Tage feil halten, über dass noch zu hauss und hof ansagen, wann dann die Nächsten nicht kauffen wollen, mag der verkäuffer alsdann verkauffen, wem er will, davern aber der auf ruf oder die feilbitung nicht öffentlich geschehen, sondern nur einer oder der andere ein einiges guts verkauf privatim oder zu hauss nur allein angesagt habe, alsdann habe der Nächste Erbe ein Jahr und 3 Tage zeit zum abtrieb.

Actum d. 2. Martii 1700 & d. 1. Martii 1702.

41. S. 45. Landbrauch wegen der leibzucht.

Nachdeme Johannes Thomas zu Roth von hiesigem gericht zu wiessen begehrt, wie es, wann 2 Eheleuthe von einander versterben ohne leibes Erben, mit des verstorbenen güter gehalten, und wie lang das bleibende die leibzucht auf dessen güter zu geniessen habe, als ist erkannt, wann dass Letztlebende wiederum heurathet, habe dass selbige weider keine leibzucht darauf zu geniesen, sondern des verstorbenen nächste ziehen solche wiederum zurück.

Actum d. 10. Novembr. 1705 & d. 26. Febr. 1714.

42. S. 50. *Landbrauch wegen des Obsts.*

Nach deme Daniel Blöcher & Cons. von hiesigem Gericht verlangen, wie es hiesigen orts gewohnheit, wann Bäume auf dem Erbgut stehen, wie das davon fallende obst zu Theilen seye von denen geschwiestern, Als ist erkannt dass solches Obst geschwiesterlich getheilet wirde, es seye dann sache, dass die Eltern ein anderes dessenthalben Disponiert und verordnet haben, massen dann einem solchen nachzukommen wäre.

d. 10. 9br. 1705.

43. S. 32. *Landbrauch wegen der GanErbschafft.*

Auf Anhalten Paul Kriegs Hochadeligen Schultheissen noe seiner Tochter, Johannes Linneborns Wwe., den Landbrauch zu eröfnen, wie oder wann die Gan Erbschafft von einem oder anderem zu gebrauchen seye: darauf der schöpfen Stuhl berichtet, dass Keiner Keine GanErbschafft habe zu gebrauchen, er seye dann ein Zehendmann, welches also dass alte Herkommens seye.

Actum d. 18. Juny 1709.

44. S. 40, 41. *Landbrauch von Gebau und Pfandgeld.*

Auf anhalten Bast. Ehards meuers, den Landbrauch dieses Gerichts zu eröfnen, wie es in dem Grund Breidenbach mit den Gebäu und Pfandgeld gehalten würde, ob solches vor Erbe oder fahrende sachen zu achten, als ist erkannt, dass die gebau und pfandschafften unter die fahrende haabe gerechnet werde, welches also das alte Herkommens und also Jederzeit gehalten worden.

Actum d. 16. Martii 1713.

45. *Landbrauch in vertheilung güter under zweyerley Kinder.* .

Weilen Johannes Meyer von Gladenbach noe Johann Georg Walters daselbst zu wiessen begehret, wie es hiesigen orts Brauch, wann eine Frau 2 Menner gehabt, wie deren Güter ihre von denen 2en Männern erziehlende Kinder zu Theilen und zu genissen habe, als ist erkand, dass weilen die Mutter Trina mit dem ersten Mann Christ schwartz Ein Kind und mit dem 2. Mann Jost Walter 4 Kinder erzeuget, nach eingelegter Liniat: dass die von Jost Walter erzeugte 4 Kinder Theiler güter Georg Walter der Nächste

7*

seye und Henrich Seibel Kein Theil mehr, als der Kätgen seiner
Mutter Theil zu genüsen habe, welches dann also dass alte Her-
kommen und also jeder zeit gehalten worden seye.
Actum d. 2. Juny 1714.

46. S. 31. Landbrauch wegen der Gan Erbschaft.

Auf Anhalten Weygant Grebe von Breydenbach, den Landbrauch zu eröfnen, wie es hiessigen gerichts herkommens in der
GanErbschafft seye, berichten die Schöpfen hierauf, dass das Nächste
geblüht bei denselben erkannt wirde, solche zu genüssen, welches
also jederzeit in diesem Fall in diesem Gericht gehalten worden
und sich befindet.
Actum d. 25. Juny 1721.

47. S. 42. Landbrauch wegen der fahrenden haabe.

Nachdem Johannes Achenbach von Wiesenbach ctra Henrich
Völcker et Cons. daselbsten zu wiessen begehret, wie es mit den
fahrenden Dingen gehalten werde, wann 2 Eheleuthe von einander
sonder leibes Erben versterben, als ist erkannt, dass das Letztlebende
alle fahrende Habe ziehe, welches dass herkommen an hiessigen gericht seye und solcher gestalten also gehalten worden.
Actum d. 12. Febr. 1722, vom gericht confirmirt d. 5. Martij
d. a. cum exemplo bewiesen d. 3. Juny d. a.

48. S. 45. Landbrauch wegen der Leibzucht.

Nachdeme Johannes Achenbach von Wiessenbach vom Gericht
zu wiessen begehret hat, wie es, wann 2 Eheleutbe von einander
ohne leibes Erben versterben, mit dessen Güter zu gebrauchen
währe, darauf berichten die gerichtschöpfen hiesigen gerichts, dass
das Hinderblibene Ehegatte auf des verstorbenen güter die Leibzucht zu geniessen habe zeit seines Lebens, es begebe sich in die
2te Ehe oder nicht.
d. 25 Juny 1722.

Contrarium

vid. Landbrauch sub dato d. 10. 9br.
1705 und 26. Febr. 1714. (41)

P. N. In der Sammlung des Gerichtsschreibers Hoffmann ist
der letzte Satz von „zeit" bis „nicht" dahin, jedoch ohne Beglaubigung, corrigirt worden, „so lang es sich nicht in die 2te Ehe
begebe". In der Gladenbacher Sammlung ist jener Satz durchstrichen und darunter bemerkt: „Na. letztere Zeile ist wegen seiner
ingehaltnen contradiction vor öffentlichem Gericht durchstrichen worden". (ohne Beglaubigung)

49. S. 30. Landbrauch in hinterfälligen Güter.

Auf begehren Johann Henrich Laubers zu Wiessenbach und Jost Laubers zu Achenbach wegen eröfnung des landbrauchs im Fall eines Sterbfalls, so auf frembde Erben durch absterben derer Kinder, berichten die sämmtlichen Schöpfen des hiesigen gerichts, dass Jederzeit bräuchlich und verschiedene praejudicia vorhanden währen, dass die nächsten Erben in obgedachten casu denen, auf welche die liegende güter durch Erbgangsrecht gefallen, selbige abkauffen könten und von denen Erben dass gelt angenommen werden müste.

Actum d. 26. May 1723.

50. S. 30. Landbrauch in hinderfälligen güter.

Nachdeme Johannes Gail und Cons. zu Simmersbach begehret haben den Landbrauch zu eröfnen, von denen Schöpfen dieses gerichts, wie es im fall Eheleude von einander versterben und zwar einen Natürlichen LeibesErben von sich hinterlassen, jedoch selbiger so gleich nach eines von deren Beiden Tod wieder ablehet, in hiesigen gericht und grund gehalten wurde und ob nicht das nachlebende gehalten seye, die immobilia an die nächsten Erben des verstorbenen gegen billig mässige Bezahlung abtretten müsse, als berichten die sämbtlichen Schöpfen dieses gerichts, dass bishero Brauch gewesen, dass das letztlebende von des verstorbenen nächsten freunden wieder müste abgeleget nehmen.

Actum d. 5. Novbr. 1723.

51. S. 30. Landbrauch in Hinderfälligen Güter.

Nach deme Johannes Breidenbach zu Niederndieten heut dato vorsitzendem Gericht erschienen und zu wiessen verlangt, wie lang der abtrib, wann hinderfällige güter an frembde Erben fielen, statt habe, als berichten die gerichts Schöpfen darauf, dass es jederzeit bräuchlich gewesen, dass der abtrib in so Thanen fall Platz habe, so lang die güter noch an dem ersten Erben wären.

Actum d. 8. May 1724.

52. S. 40, 41. Landbrauch in fahrenden Sachen.

Nach deme an heute Johannes Blecher zu Achenbach bey gericht erschienen und zu wiessen verlangt, was under die fahrende habe gerechnet werde, als berichten darauf die Sämptlichen Schöpfen: Häusser gebäude, Vieh, pfand gelt und frucht, wann solche lieget, under die fahrende haabe gerechnet und dafür gehalten wurden.

Actum d. 24. Juny 1725.

53. S. 36. Landbrauch in Pfand Gütern.

Nach deme Johannes Achenbach zu Wiessebach sich wegen
des Landbrauchs von hiessigen gericht zu informieren verlangt, ob,
wann einem, Bruder oder Schwester, pfand geld vor auss in dem
Wein Kaufs Brif vermacht wehre, solche nicht schuldig seye, dem
Bruder oder schwester, welche dass geld bahr erlegte, die pfandgüter ihme zu seinem antheil abzutretten, so berichten die gerichts
Schöpfen, dass derjenige, welchem dass pfand geld vor auss vermacht, die güter, wann sie von frembden herrühren, seinen geschwiester zu lössen zu geben nicht schuldig seye, wann aber Erbgüter darinnen stecken, dass dann der Bruder gegen Empfang seines
privilegirten geldes auf sein gebührendes antheil abzutretten schultig.
Actum d. 12. Jul. 1726.

54. S. 43. Landbrauch in fahrenden Sachen.

Nach deme Johannes Blöcher von Achebach vom gericht den
Landbrauch, wie es nemlich, wann 2 Eheleute ohne leibes Erben
versterben und dass Letzlebende ad secunda vota schritte, mit dem
fahrnis gehalten, ob die fahrnis zurück an die Erben fiele, oder ob
dass Leztlebende solche behielte, und durch den heurath sich solcher
nicht verlustig mache, zu eröfnen begehret, So berichtet (das Gericht), dass das leztlebende erster Ehe, ob es gleich sich in die
2te Ehe begebe, sich der farnis nicht verlustig mache.
Actum d. 3. Febr. 1727.

55. S. 46. Landbrauch in Theilung Güter.

Johannes Schneider von Breidenstein erscheinet bey hiessigem
gericht und verlangt den Landbrauch zu eröfnen, wie es nemlich,
wann ein Mann durante 1mo matrimonio von seinen illatis güter
erkaufft, nachgehends ad secunda vota schritte, und sowohl als in
erster Ehe Kinder erziehlete, mit der Theilung der erkauften güter
gehalten wirde, So berichten die Schöpfen, dass die Kinder Erster
Ehe die helft, die Kinder 2ter Ehe aber die ander helft in capita
mit den Kindern erster Ehe theilen.
Actum d. 6. Juny 1727.

d. 26. Juny 1729 ist dieser grondsbrauch dem gericht noch-
mahlen vorgehalten worden, ob derselbe Jederzeit in der observanz
gewesen, R. Ja und nicht anders.

56. S. 43. Landbrauch im Verheurathen.

Auf Begehren Johann Jacob Schwartz und Henrich Gimbels
zu Quotzhaussen curat. noe vor Johann Henrich Kleins Kinder be-

richten die schöpfen des gerichts Breidenbach, dass Jederzeit also
gehalten worden, wann ein Mann eine frau bey sich ins hauss und
hof und alles wass er habe (nemlich an fahrenden sachen) in Lust
und unlust nehme, dass der frau, und nach ihrem Tod, ihren Leibs
Erben davon die Helft gebühre, und der Mann, wann er in die
2te Ehe schreitt, seiner zukünftigen frau nur ein $1/4$ vermachen
könne.

actum d. 7. Juny 1728.

57. S. 32, 47. Landbrauch wann 2 Geschwiester in einem Dorf wohnen.

Auf Begehren Adam Schneiders von Quotzhaussen berichten
die Schöpfen des gerichts Breidenbach, dass Jederzeit grunds gebräuchlich gewessen, dass, wann 2 geschwiester in einem Dorf
wohneten, sie die von ihren Eltern auferstorbene Gan Erbschaft
gleich Theilen und Keiner von dem andern, wann Beyde gemeinds
Leute seyn, einen Vorzug habe.

actum d. 7. Juny 1728.

58. S. 32. Landbrauch im Kauffen.

Demnach Jost Roth von Niederndieten und dessen geschwiester
an die Schöpfen des gerichts Breidenbach begehret, Ihnen den
Landbrauch zu eröfnen, wie es nemlich im hiessigen grund ge-
brauchlich, wann eine schwester ihren rechten geschwiestern verkaufft, wass sie vom Vatter und Mutter ererbt, ob ihrer halben
schwester Kinder auch in diesem, wass vom Vatter und gross
Vatter herkomme, gehöre, als berichten die Schöpfen darauf, dass
der halben schwester Kinder in den Kauf auf der seiten, wo sie
oder ihre vorfahren rechte geschwister und Erben seyen, anzunehmen und darin gehören, wozu aber sie nicht beerbt sind,
solche abzuweissen.

Actum d. 27. Juny 1729.

59. S. 47. Landbrauch wenn 2 Geschwiester in einem Dorf wohnen.

Auf Begehren Henrich Walters Eheweib zu Niederndieten, den
Landbrauch zu eröfnen, was hiessigen Grunds und gerichts Brauch
seye, wann 2 geschwiester in einem Dorf wohnen, wie es mit Vätterlichen und Mütterlichen Pfand geld und Gan Erbschafft gehalten
werde, ob solches ein geschwiester allein, oder Beyde selbiges zu
gleich Theilen, So berichten die Schöpfen darauf, dass die beyde
Geschwiester die Gan Erbschaft und Pfandgüter, worin sie gleich
beerbt, gleich Theilen und Keiner Keinen Vorzug daran zu suchen.

Actum d. 27. Juny 1729.

60. S. 30. Landbrauch in hinterfälligen Güter.

Nachdeme Johann Jost Schmitt von Breidenbach vor gericht erschienen und den gronds Brauch, wie es nemlich mit denjenigen güter, wann Eheleuthe von einander versterben und leibs Erben hinterlassen, nach gehends aber die Erben verstürben und die güter auf dass Letzlebende fielen, gehalten wirde, ob das leztlebende den Erbfus darinnen bekäme, oder ob solches von denen Erben, von welchen das gut herkäme, müste abgelegt nehmen und solches hinterfällige güter genannt würden, darauf dann die Schöpfen des Gerichts Breidenbach berichten, dass es also von undencklichen Jahren her im gantzen Grund gebräuchlich, auch Jederzeit darauf gesprochen, dass das Letzlebende und Erbe der Kinder müste von denen Nächsten Erben, von welchen dass gut herrühret, praevia taxatione abgeleget nehmen und würden solche güter hinterfälligen güter genant. Wann aber solche Güter so lang bey des Kindes leztlebenden parenti blieben, biss nach absterben dessen auf des-jenigen Erben gefallen, so wäre der abtrieb verloschen.

Actum d. 13. Martij 1730.

61. S. 31. Landbrauch in der Gan Erbschafft.

Auf Begehren Jacob Achenbachs zu Breidenbach berichten die Schöpfen hiesigen gerichts, dass das Gan Erbe Jederzeit, so lang die Güter nicht Erblich getheilet und jeder Stamm sein Erbrecht noch in jedem stick zu praetendieren habe, auf das Nächste Ge-blüt komme und gezogen werde.

Actum d. 26. July 1730.

62. S. 31. Landbrauch wie Erben Kaufen sollen.

Auf Begehren Jacob Achenbachs Eheweib zu Breidenbach be-richten die Schöpfen, dass im Grund Breidenbach, in specie im gericht Breidenbach, Breidenstein, Roth und gericht Lixfeld ge-bräuchlich, dass die Erben, welche in gewiessen stammgüter beerbt, wann einer sein Erbtheil darinnen Verkauft, jeder derer Erben mit auf sein antheil Erbgut dass Kaufgeld pro quota mit beylegen muss und das erkauffte Theil wieder so eingetheilet wird, damit Keiner einen Vorzug haben möge.

Actum d. 2. April 1732.

63. S. 40, 41, 50. Landbrauch wann in denen Ehepacten übergeben worden.

Auf Begehren Johann Henrich Bornackers zu Breidenbach wird demselben hirmit schriftlich ertheilet, dass im hiessigen gericht es also gehalten worden, Wann in Ehepacten denen Jungen Eheleuthen etwas übergeben wird, wie in § 2 hisce verbis:

> „und übergibt ihnen alle fahrende haabe mit lust und unlust, „darinnen zu schalten und zu walten nach ihren Belieben und „gefallen —

stehet, dass solches beyden jungen Eheleuthen und nicht einem allein gegeben worden, auch dass in dem Grund Breidenbach alles, was nach dem Grundsbrauch vom 21. Febr. 1632 die Fackel wegneme, als Bau, Pfandschafft, Vieh, Früchte so liegen, Beserung, in Summa alle res mobiles vor fahrnis gehalten werden.

Actum d. 4. Juny 1733.

64. *S. 47. Landbrauch, wann Gleiche Erben in einem Dorf wohnen.*

Auf Begehren Henrich Achenbachs von Gladenbach berichten die Schöpfen des hiessigen gerichts, dass der Jenige, welcher mit dem Besitzer derer güter, welche a communi stipite herkommen, in gleichen Grad stehet und an einem ort wohnet, auch solche, so fern dieselbe nicht Erblich getheilet, so lang Theilen und zu lössen geben muss, bis dass die Erbtheilung derselben güter geschehn.

Actum d. 4. Juny 1733.

65. *S. 36. Landbrauch in Reduction oder Nachschätzung.*

Auf Begehren Georg Hinns von Niedernhörla den Landbrauch zu eröfnen, wie es im Grund gebräuchlich seye in Nachschatzung der Pfandsticker, und ob jemahls eine Reduction darauf gemacht worden. So berichten die Schöpfen des gerichts Breidenbach, dass in diesem gericht die Reduction auf denjenigen stickern, welche die zu den stamm Güter legitimirende Erben nach dem Gan Erbrecht habende Erbgerechtigkeit zu reluiren befugt seyn, keine statt habe, sondern der bissherigen observanz nach mit demjenigen Pfandgeld, wann sie solches nicht restituiren, antichretice begnügen lassen müssen.

Actum d. 20. May 1734.

Dieser Landbrauch wurde dem Johannes Klein von N. Dieden auf Begehren eröffnet den 7. 9bris 1736.

66. *S. 31. Landbrauch wegen der Gan Erbschafft.*

Auf Verlangen Johannes Reitz zu Gladenbach, wird demselben von hiesigen Gericht ertheilet, dass nach dem alten Gerichtsbrauch vom 9. May 1620 (14) dass Nächste geblüt die gan Erbschafft ziehe, mithin derjenige, desen frau gestorben und Kinder hinterlassen, mehr nicht, als deren Erb-portion praetendieren könne.

Actum d. 5. April 1735.

67. *S. 43, 47. Landbrauch was zur Brautelgab oder landrecht gehört.*

Nachdeme Friederich Wagner jun. und Adam Rau vom Roht, beyde Vormünder vor Johann Henrich Thomas zu Breidenbach, zu wiesen verlangen, was im Grund Breidenbach zu einem Landrecht an Früchten Vieh Bir und (Geld) komme, und wie hoch jedes zu geld angeschlagen, auch wie es mit des Breutigams und der Brauth Kleudung, sodann denen Weinkaufs Kosten gehalten werde, So berichten die Schöpfen darauf einhellig, dass zum Landrecht und zwar auf die Hochzeit

4 Mötte Backfrucht	8 fl.
4 Ohm Bir	8 fl.
Eine fette Kuh	9 Thlr.
Ein fett Schwein	4 fl.
¹/₂ Meste Saltz und ¹/₂ Meste Erbsen . .	— 25 alb.
In Stall Zwey Küh	15 Thlr.
Ein Nachlaufer	3 Thlr.
12 Schaf und ein altes	12 Thlr.
2 heeltschwein	3 fl. 10 alb.
zu einem Pferd	4 fl.

welches zusammen 100 fl. jeden à 26 alb. ausmacht, des Breudigams und der Brauth Kleidung belangend, solche würden vor der Theilung auss der Hausshaltung von denen Eldern, wann solche vermögend, geben, des gleichen würden auch die Wein Kaufs Kosten vor der Theilung, wann die Eltern vermögend, von beyden Theilen zu gleich bezahlet, oder von des Breutigams Eltern das getränck und von der Brauth Eltern die Mahlzeit entrichtet.

Actum d. 25. Nov. 1733.

Nᵃ. Zu denen 12 Schafen Kommen 3 lämmer 3 abgezahnte, 3 Jährl und 3 erstlämmigen.

68. *S. 47. Landbrauch, wie die Zahlung der Bräutelgab geschehen soll.*

Dem Johannes Rehe zum Roht wird hiermit bekannt gemacht, dass alles dasjenige welches den 25ten Nov. 1733 (67) auf begehren Friederich Wagners und Adam Raus zum Landrecht specificiret, darzu gehörig, rat. der Zahlungsfrist aber dasjenige, was darinnen zur Hochzeit promittirt wird, sodann auch gegeben werden muss, dass überge aber die Eltern, so lang sie die hausshaltung haben, von Verfliesung Treyer Jahren a dato der Hochzeit an gerechnet, nicht zu bezahlen gehalten werden können. Wann aber die geschwisterliche Theilung geschiebet, so muss die Bräutelgab so balt gereicht werden, in deme es von undencklichen Jahren her also in diesem gericht gehalten worden.

Actum 1735.

69. S. 30. Landbrauch in Hinterfälligen Güter.

Auf Johann Henrich Grebe zu Wiessenbach und Johann Henrich Wagners zu Achenbach et Cons. Begehren wird denselben hirmit ertheilet, dass dieselbe, dem bissherigen Gerichts Brauch nach, als Nächste Erben die von des verstorbenen Johannes Schmitts Mutter seel. herrührende Güter, welche an gedachte Johannes Schmitts Wwe. durch absterben ihres nach dem Vatter verstorbenen Kindes heimgefallen, nach dem werd wieder zu bezahlen befugt und die Wittib solche als hinterfällige güter abzutretten schuldig seye.

Actum d. 28. July 1736.

70. S. 32. Auf Verlangen Johannes Seibels von Gladenbach wird vom hiesigen Gericht demselben die bissherige observantz rat. des Nähern Rechts und ablösung der Gan Erbschafft ertheilet, dass diejenige in loco rei sitae a communi stipite proximiores die Gan Erbschafft, fals sie Zehendmänner i. e. Gemeinds Männer sind, zu gebrauchen berechtiget sind, ob nun zwahr Johannes Seibel, als er mit Jacob Schmitt den process wegen der Winderschen güter angesponnen, noch kein Zehendmann gewessen ex post aber worden, mithin demselben, wann er ein näheres Recht oder mit dem gegentheil in pari gradu ist, die Gan Erbschafft der Winterschen güter nach der observanz an sich zu bringen nicht zu versagen ist.

publ. d. 23. Nov. 1742.

71. S. 29. Landbrauch bei Ver- und Kauffen pto praescriptionis.

Auf Begehren Georg Dexbach zu Wallau berichten die Schöpfen, dass, wenn ein Kauff ohne Beysein der Nächsten Erben geschlossen und nicht nach der alten observanz demselbigen angekündiget und publicirt worden, die praescription a dato tempore contractus nicht nach gemeinen rechten, sondern a dato derjenigen Wiessenschaft, welche der retrahent hat, zu rechnen seye.

publ. d. 28. Jan. 1744.

72. S. 35, 40. Auf Verlangen Johann Michel Kamms zu Breidenbach, wird demselben hirmit attestiret, dass das Pfandschaftl. Geld mit unter die fahrende haabe gehörig seye.

d. 3. Julii 1744.

73. S. 41. Auf Verlangen Andreas Gimbels, als Vormund vor Johann Jacob Schwartze Kinder, et Cons. ctra Georg Reitz von Woltzhaussen wird hirmit vom Schöpfen Stuhl attestiret, dass sich Keine observanz befinde, dass die am hauss gelegene Gärten zu dem hof gehören: dabero erwähnter Schöpfen Stuhl in hac causa davor hilt, dass ermelter garten, welcher unter einer besondern Mesung stünde, in geschwisterliche Theilung gegeben oder aber erwiessen werden müste, dass in den Ehepacten etwass vom garten voraus vermacht, oder zur hofreth gehöre.

Breid. d. 23. Martii 1745.

74. *In sachen Caspar Weigels zu Breidenbach ctra der frauen geschwister daselbst*

Wird vom Schöpfen Stuhl hirmit pro resolutione ertheilet, dass letztere vermöge grunds Brauch vom 18ten Juny 1709 (43) ihr antheil Pfandgeld, von ihrem Schwager Caspar Weigel anzunehmen schuldig seye.

Breid. d. 23. Martii 1745.

75. S. 31. *Landbrauch wegen der GanErbschafft.*

Auf Begehren Adam Weigels von ODieten ihme den Grunds Brauch zu eröfnen, ob er als dass Nächste Geblüt die GanErbschafft zu ziehen und das Erbe einzulössen befugt seye, berichten die Schöpfen hirauf, dass er dessen allertings berechtiget seye und solches nach dem Grunds Brauch vom 17ten 9br 1652 (30).

publ. d. 6. May 1745.

Vorstehender Grunds Brauch ist bey heutigem Gericht confirmiret und erkannt worden, dass adam Weigel, als das Nächste geblüt die GanErbschafft zu ziehen und das Erbe einzulössen befugt seye.

publ. d. 25. Juny 1745.

76. S. 40. *Landbrauch wegen Theilung der fahrenden haabe.*

Auf Begehren Christian Schneiders zu Breidenstein, ihme den Grunds Brauch zu eröfnen, was zur fahrenden haabe gehöre, wenn eine Erbtheilung vor Walpurgi, desgleichen was dazu gehöre, wenn solche nach Walpurgi Tag geschche und vorgenommen werde, So berichten hirauf die Schöpfen, wenn eine Erbtheilung vorgenommen wirde vor Walpurgitag, alsdann die fahrende haabe auf denen gebauen geschiehet, wann aber solche nach Walpurgi Tag geschehe, die fahrende haabe nebst der Besserung und deren zugehör auf dem felde und zwahr nach denen vorhanden Ehepacten getheilet werden müste.

publ. d. 6. May 1745.

77. S. 40. Auf Begehren Christian Schneiters von Breidenstein, ihme die bisherige Amts observantz zu ertheilen, ob dass nachbeu oder Kromet auch zur fahrenden haabe gehörig, so annoch auf den Wiesen stehe, worauf er vermöge seiner Ehepacten dieses Jahr das Heu gemacht, So berichten hirauf die Schöpfen, dass solches allertings darzu gehöre.

publ. d. 29. Jul. 1745.

78. Auf Begehren Adam Wagners wird demselben die bissherige Amts observanz in pto Theilung der (vätterl.) GanErbschafft
betr. hiermit ertheilet, neml. dass ihme Adam Wagner nach dem
Grundsbrauch sub dato d. 2ten Juny 1714 (45). 4 Theil der Gan
Erbschafft und Georg Reitz nach eingelegter Liniat: 2 Theil zukommen in gegenwärtigen Casu.

·publ. Brdbach am 29. 8br 1746.

79. S. 47. Landbrauch pto des schaaf Viehes bey Erbtheilungen.

Auf Verlangen Johann Henrich Süngers et Cons. als Vormund
vor Jost Weigels Seel. hinterbliebene Kinder von obern Dieten,
ihme den Grunds Brauch zu communiciren, wie dass vorhandene
schaaf Vieh bey Erbtheilung getheilt werden müsse, So berichten
hirauf die Schöpfen, dass es bey dem Grunds Brauch sub dato
d. 25ten 9br 1733 (67) zu lassen und in casu presenti auss dem
Eldern stall die Theilung geschehen müsse, Jedoch alles nach eines
Jeden sticks jetzigen wahren werths anschlag, durch unpartheische
Gerichts Schöpfen.

publ. d. 30. Jan. 1747.

80. S. 46. Landbrauch wann Rechte und Stiefgeschwister in einem
Dorf wohnen.

Auf Begehren Johann Henrich Schneiders von Woltzhaussen,
ihme den Gerichts Brauch zu eröfnen, wie es gehalten, wann Rechte
und stief geschwister in einem dorf wohnten, welche die Nächsten
zu den annoch ohn verheuratheten Geschwister Erbgüter seyen,
berichten darauf die Schöpfen, dass die rechte Geschwister solcher
güter vor den Stiefgeschwister der Nächste seye. ·

publ. d. 19. Juny 1747.

81. S. 29. Landbrauch pto juris retractus bey einem Verkauf.

Auf Begehren Georg Reitz et Cons. von Woltzhaussen, ihnen
die bisherige Amts observanz zu ertheilen, wie lang ein wissentlicher
Kauf zum Abtrib Zeit habe und dergl., so melden hirauf die
Schöpfen, dass nach dem Grunds Brauch vom 2ten Martii 1700 (40)
der abtrib Ein Jahr und 3 Tage nur zeit habe, das übrige wird
Richterl. Erkänntnis überlassen.

publ. d. 12. 8br 1747.

82. S. 47. Landbrauch wegen Rückständiger Bräutelgab bey Erb-
theilungen.

Auf Verlangen Jacob Donges Seel. Erben zu Wallau ihnen
die gerichts observanz zu ertheilen, woher bey Erbtheilungen die

rückständige Bräutel gaben genomen werden, So berichten darauf die Schöpfen, dass zwahr solche Bräutelgaben der gerichts observanz nach aus der gantzen Massa genommen würden, ob solches aber in Casu praesenti statt finde in ansehung der producirten Ehepacten, ein solches wird richterl. Erkänntnis überlassen.

publ. d. 17. 8 br 1747.

83. S. 32. Landbrauch wegen der GanErbschafft.

Auf Begehren Jacob Scherers allhier, den Gerichts Brauch zu eröfnen, ob ein Kind, so an ein andern ort geheurathet, nicht berechtiget seye, die GanErbschafft gleich andern mit Erben, mit denen es in gleichem Grad stehet, zu reluiren und einzulössen habe, berichten darauf die Schöpfen, dass die GanErbschafft allerdings einem in gleichem Gradu stehenden mit Erben, so fern Kein impedimentum mehr vorhanden, erlaubt seye zu reluiren und an sich zu lössen.

publ. d. 28. Martii 1748.

84. S. 41. Landbrauch wegen Belegung besitzender Gärten.

Auf Begehren Johannes Grebe von Wiessenbach ihme die gerichts observanz eu ertheilen, ob er seinen Garten heym hauss, dem Gerichts Brauch nach, so er lange Zeit im Besitz gehabt, zu belegen schuldig seye, oder nicht, So berichten darauf die Schöpfen, dass, wann der quaest. garden in einer besonderen Messung stehe und nicht bey hauss und hof gehörig, er solches allerdings schuldig, widrigenfalls aber er als Besitzer solches nicht schuldig.

publ. d. 3. 7br 1748.

85. S. 32, 47. Landbrauch wegen der GanErbschafft.

Auf Begehren Johannes schwartz von Achebach ihme den gerichts brauch zu eröfnen, wie es mit der GanErbschafft gehalten, wann 2 Geschwister in einem dorf wohneten, desgl. ob vormünder ihres Pflegbefohlenen GanErbschafft demjenigen, so eben so nahe, als der Besitzer, zu überlassen schuldig seye oder nicht, So berichten darauf die Schöpfen, dass 2 geschwiester eines der GanErbschafft so nahe, als dass andere, übriegens aber Niemand eine GanErbschafft ziehen könne, er seye dann ein Zehendmann, nach dem grunds gebrauch vom 23ten 9br 1742 (70).

publ. d. 19. Martii 1749.

86. S. 40, 50. Landbrauch wegen stehenden früchten.

Auf Begehren Georg Schäfers Gerichts Schöpfens zu Obernhörlla et Cons., ihnen den Grunds Brauch zu eröfnen, ob die stehende früchte auf dem felde fahrende haabe oder Erbe seye, desgl. ob einem dem in pactis datalibus gar keine früchte gegeben, an den stehenden früchten mehr als seine Erb portion zukomme und gebühre, So berichten darauf die desfals sämmtl. zusammen berufene Schöpfen, dass nach dem Gerichts Brauch vom 4ten Juny 1733 (63) und 24ten Junii 1725 (52) die stehende früchte als Erbguht getheilet und einem, dem die früchte in Ehepacten nicht gegeben, nichts mehr als seine Erbportion zukomme und gebühren könne.

publ. d. 6. Aug. 1748.

Hierauf haben sich beyde Theilen neml. Georg Schäfer und Hanshenrich Blücher von achebach dahin verglichen, dass georg Schäfer et Cons. die heifft des stehenden Korns allein haben und behalten, der Hansshenrich Blücher aber in der andern helffte nur haben und bekommen solle, nebst deme was derselbe gebessert hat, als das Vieh weggenommen gewesen.

ut supra.

87. S. 36. Landbrauch wegen des bey einem hauss befindlichen alten Pfandgeldes.

Auf Begehren Johann Jacob Wagners von Gladenbach, ihme den gerichts brauch zu cröfnen, wie es gehalten, wenn alt pfandgeld bei einem hauss befindlich, ob der Besitzer des hausses solches pfandgeld einem andern einzulössen zu geben schuldig seye oder nicht, So berichten darauf die Schöpfen, dass der Besitzer des hausses nach dem grunds brauch vom 12ten Julii 1726 (53) nimand anders zu lössen zu geben, als denen rechten Erben des Guts schuldig seye.

publ. d. 3. 7br 1748.

88. Landbrauch wegen Taxirung der Güter.

Auf Begehrung Hrn. Gerichtschreiber Hofmanns, ihme die gerichts observanz zu ertheilen, ob ihnen die Blöcherische güter, weshalben er mit Jost Blöcher und Cons. im process verpfangen, Taxiren zu lassen nicht erlaubt seye, berichten die Schöpfen, dass solches vermöge gerichts Brauch unterm 13ten Aug. 1747 allerdings erlaubt seye.

89. S. 29. Auf Hochfürstl. Regierungs Befehl sub dato Giesen d. 27. Sept. a. c. ist der gerichts Brauch, wie er d. 26. May 1721 (35) und den 28. Jan. 1744 (71) gegeben worden, in sachen Jacob Beckern zu Wolfs Haussen contra Jost Scherne zu Achenbach ertheilet worden.

publ. d. 24. Oct. 1749.

90. S. 30. Auf Begehren der Michelischen Kinder letzter Ehe von Oberbörle, ihnen die Gerichts observantz zu ertheilen, wie es gehalten werden müsse, wann einem Vatter eine Kints portion erster Ehe aufferstorben, ob solches proprietarie oder usufructuarie zu verstehen seye? So berichtet darauf der Schöpfen Stuhl einhellig, dass solche Güter dem Vatter dem Gerichtsbrauch nach de 26. Juni 1717 zwar proprietarie aufersterben Thäten, jedoch dass solche qua bona retrovendentia mit Geld könnten abgelegt werden.

  publ. hörla am Gericht d. 24. Jul. 1750.
         in fidem.
     G. C. Hoffmann, Gericht Schöpf.
     Georg Hanssmann, Gericht Schöpf.
     Joh. Rein, desgleichen.
     Joh. Martin, desgleichen.
     Joh. Wagner, ebenfalls.
     Joh. Cyhot, desgl.
     Joh. Jost Krötz, desgl.
     Joh. Keyss, desgl.
     Joh. Schöffer, desgl.
    Joh. Eimboff, desgl.
     Joh. Jacob Schneider, desgl.
     Jorg Schöffer, desgl.
     Joh. Michel, desgl.

Dieser Gerichts Brauch ist zu finden in Causa Michelischer Kinder erster Ehe contra die Kinder zweyter Ehe.

91. S. 32. Actum Ober Eissenhaussen am Sieben jährigen Eigen
Gericht d. 4. Aug. 1750.

Auf die von Jacob Reitz zu Quotshaussen vor Gericht gethane anfrage, ob nicht ein Eigen Mann eigenen Gütern so wohl in der GanErbschaft als auch im Kauffen oder sonsten näher seye, als ein Breidenbachischer Mann, wird vom Richter und Schöpfen hirdurch beschieden und geantwortet, dass nach besag des Eigen Buchs in der gleichen fällen der Eigen Mann, ob sie gleich in gleichem grad oder freundschafft stehen, vorzuziehen seye und hierinnen allezeit dass Vorrecht habe.

        von gerichts wegen
     J. L. Siegen.
     J. H. Sommerlad.
     Joh. Henrich Becker.
     älteste Gerichts Schöpf.
     Johann Jacob schreiner,

92. *S. 29.* Auf Begehren Jorg Schmitts von Wolsshaussen berichten die Schöpfen, dass, wann ein Kauf ohne Beysein der nächste Erben geschlossen und nicht nach der alten observantz angekündiget und publiciret worden, die praescription a dato tempore contractus nicht denen gemeinen Rechten nach, sondern a dato derjenige Wiessenschafft, welche der retrahent hat, zu rechnen seye.

publ. Breidenbach im Gericht d. 9. May 1750.

G. C. Hoffmann.

Joh. Jacob Scherer.

Joh. Daniel Milchsack.

Joh. Seibel.

93. *S. 30. Landbrauch, wann Bäume auf dem hof stehen.*

Auf Begehren Balser Scherrers von N. Dieten, ihme die gerichts observanz zu ertheilen, wie es gehalten werden müsse, wann Bäume auf dem hof stehen und die Erben vom hauss und hof abgelegt bekommen, ob der sietzer schuldig, denen abgelegten Erben an denen Bäumen einigen antheil zu geben, So berichten darauf die Schöpfen, dass man es in Casu praesenti bei denen Quittungen zu lassen und darinnen nichts vorbehalten denen abgelegten Erben auch daran nichts gebühre.

publ. d. 20. Jan. 1750.

94. *S. 47. Landbrauch wegen der GanErbschafft.*

Auf Begehren Johannes Schmitts zu Breidenbach den grunds brauch zu eröfnen, wie es gehalten werden muss, wann 2 Personen gleiche nähe zur GanErbschafft wären und ob der Grunds Brauch nicht einem unterthan so wohl als dem andern ertheilt wäre. So berichtet darauf der Schöpfenstuhl, dass, wann 2 Personen zu ganErbschaftgütern gleiche Nähe, solche auch zu gleiche Theilen getheilt würden, und dann tali casu ein unterthan dieses gebrauchs so nahe seye, als der andere.

publ. d. 9. Nbr. 1750.

95. *Landbrauch pto hereditatis paternae et maternae zu benutzen.*

Auf Begehren Johann Jost Schmitts von Achenbach, ihme die gerichts observanz zu ertheilen, ob er nicht befugt, seine Erbschafft vom Vatter und Mutter her so guth als mögl. zu benutzen und ein Herr dessen zu seyn, darauf berichten die Schöpfen des gerichts Breidenbach, dass er solcher allerdings ein Herr und solche zu benutzen befugt seye.

publ. d. 3. Febr. 1751.

96. S. 43. Landbrauch im Verheurathen.

Auf Adam Gümbels von Obernhörlla und Cons. als Vormünder über Adam Gümbels Seel. hinterlassene Kinder zu Quotzhaussen gethanes Begehren, ihnen den grunds Brauch zu eröfnen, ob eine Frau so von ihrem Mann Seel. in hauss und hof grunds gebrauch geheurathet, ihrem 2. Ehemann in pactis dotalibus $^1/_4$ darahn und der fahrende haabe zu vermachen im Stand seye oder nicht, So berichten darauf die Schöpfen des gerichts Breidenbach, dass dem Grunds Brauch nach vom 7ten Junii 1728 (56) diese Frau Einwendens ohn gehintert dem 2. Mann $^1/_4$ zu vermachen und zu zu geben allertings befugt gewessen.

publ. d. 6. April 1751.

97. S. 44. Landbrauch wegen der Jahresfrist.

Auf Begehren Johannes Michels von Wiessenbach et Cons. als Vormünder über Jacob Bonackers Seel. hinterlassene 2 ohnverheurathete Töchter zu Gladenbach, ihnen die gerichts observanz zu ertheilen, wie es gehalten, wann 2 Eheleute nach der Jahrfrist ohne leibes Erben bey lebzeiten des schwieger Vatters und Schwieger Mutter von einander versterben, ob das im hauss und hof geheurathete und zurück gebliebene Ehegatt daselbst zu bleiben befugt wäre oder davon allenfalls abgelegt nehmen müste, So berichtet darauf das gericht Breidenbach, dass in Casu praesenti der zurück gebliebene Ehegatte davon allerdings abgeleget nemen müste.

publ. d. 6. April 1751.

98. S. 44. Landbrauch was ein Tochter mann den Ehepacten nach vor seinen Gäntzlich abstand bekomme.

Auf Begehren Jacob Bonackers Wwe. von Gladenbach nebst deren Kinder Vormündern näml. Johannes Michel von Wiessenbach et Cons., ihnen die gericht observanz zu ertheilen, was sie nach deren unterm 10ten Febr. 1748 mit ihrem Eydam Georg Reitz errichteten Ehepacten demselben vor seinen Gäntzlichen abstand zu bezahlen und abzutragen habe: Darauf berichten die Schöpfen des gerichts Breidenbach, dass sie obgedachte Wwe. et Cons. ihrem Tochter mann auf diesen fall zu bezahlen habe sein eingewandes landrecht, was aber indessen zur Hochzeit bezahlt worden, daran abgegangen und diesen letzen Ehegatten dargegen der gantze hochzeitsgeschänck verbleibe und 2) so viel darzu, als sie einem andern Kind an Bräutelgab in diessen neml. Ehepacten heraus zu zahlen verordnet hat, sodann 3) der verstorbenen Tochter hinterlassene sämtl. Mobilia, als Bett, Kleidung, zusamt deme, was in deren Kasten befindl., welches hiesigen gerichts observanz wäre.

publ. d. 28. May 1751.

99. S. 47. Landbrauch wegen Theilung der Gan-Erbschafft güter.

Johann Henrich Thomas et Cons. zu Breidenbach ctra georg Reitz et Cons. daselbst wird ersterem hirmit pro resolutione ertheilt, dass in casu praesenti die vorhandene Gan Erbschafftl. güter auf die Köpfe, jedoch unter denen a communi stipite in gleichem Grad darzu standen, zu gleich zu vertheilen seye.

publ. d. 18. May 1752.

100. S. 37. Landbrauch wegen Erbgüter und derer Belegung.

Auf Begehren Joh. Jost Achenbachs von Breidenstein et Cons. ihnen den gerichts brauch zu eröfnen, wie es hiessigen gerichts herbracht seye, wann ein Theil einige Erbgüter im besitz habe und eingestehe, dass solche zu der Theilung gewiesser Erbgüter gehörig waren, ob der besitzende Theil schuldig seye, solche zu belegen oder nicht, so berichten darauf die Schöpfen des gerichts Breidenbach, dass nach dem grundsbrauch vom 8ten 8br 1650 (32), welcher auch biss daher der observanz nach beybehalten worden, dass der besitzende Theil solcher anhangender Erbgüter entweder den Vorzug zu belegen oder dem begehrenden Theil ahzu Treiben schuldig und gehalten wäre.

publ. d. 20. 9br 1752.

101. S. 30. Landbrauch wann eine Erbschafft an frembte Erben fält.

Auf Begehren Jacob Jägers et Cons. zu Gönnern, ihnen den gerichts brauch zu eröfnen, wie es gehalten werde, wann eine Erbschafft an frembte Erben falle, ob diese nicht schuldig wären, nach ehrlicher unparteilicher leute Erkäntnis davon abgelegt zu nehmen, So berichtet darauf der Schöpfen Stuhl des hiessigen gerichts Breidenbach, dass im hiessigen gericht nach denen verschiedentliche vorhandenen Gerichts bräuchen es eine bekannte Sache wäre, dass die fremde Erben pflichtmässiger leute Erkänntnis nach abgeleget nehmen und solche güter dem Nächsten geblüt überlassen müsten.

publ. d. 23. Martii 1752.

102. S. 47. Actum am Gericht zu Breidenbach den 25ten Nov. 1734.

. Auf Begehren Friedrich Wagners sen. vom Roth berichten die Schöpfen des Grunds Breidenbach, dass bisshero in hiesigem Gericht üblich gewessen und also gehalten worden, Wann Eltern

8*

ein Kind aus ihrem Hauss, jedoch in das Dorf, darinnen sie wohnen, verheurathet und demselben über das Land Recht auch noch zu etlichen Mesten Saat Ackerland und etliche . . . mitgegeben hätten, dass die Güter nach Ableben der Eltern wieder zurück zur Geschwisterlichen Theilung gefallen wären. Actum ut supra.

Extrahirt und Communicirt
Breidenbach d. 29. Nov. 1734.

J. Hoffmann.

Dass obige Copia dem bei denen Actis befindl. wahren Originali von Wort zu Wort gleichlautend seye, ein solches attestire hiermit. Darmstadt d. 1. Juli 1754.

Heinrich Geibel.
Geheimder Registrator.

103. S. 47. Landbrauch bei Erbfällen.

Actum Breidenbach d. 29. Oct. 1740.

In Ober Appellations Sachen Friedrich Wagner sen. zum Roth Grunds Breidenbach ctra Friedrich Wagner jun. das.

Wurde sich in hac causa des Grundsbrauch bei sitzendem völligen Gericht erkundiget und die Gerichtsschöpfen insbesondere befraget: Ob das jus collationis in dergl. Fällen absolutae necessitatis seye, also und dergestalten, dass diejenige, welche über das Landrecht etwas an Aecker und Wiesen in pactis dotalibus bekommen, solches bei Geschwisterlicher Theilung nothwendig beischiessen müsten, mithin wider willen derer übrigen Geschwistern nicht behalten dörfften oder könten: Da dann die sämtl. Gerichtsschöpfen einhellig erkandten, dass das jus collationis vermög des Grundsbrauch in dem Gericht Breidenbach absolutae necessitatis seye, und liegende Güter nothwendig bei Geschwisterl. Theilung beigeschossen werden müssen, wann gleich diejenige, welche solche per pacta dotalia bekommen, solche Güter wider Willen derer MitErben behalten und von der übrigen Erbschafft abstrahiren wollten.

Actum ut supra.

Johannes Reitz.	Weigand Grebe.
Johann Jacob Kuntz.	Johann Jacob Schwartz.
Johann Henrich Becker.	Johann Jacob Scherer.
Johann Christoph Adel.	Johannes Schmitt.
Hanss Henrich Blecher.	Johannes Benckel.
Johann Henrich Boss.	
Johann Jacob Velte.	

In fidem

Züehl.

Vorstehende Copia ist dem bei denen actis befindl. wahren originali verbotenus gleichlautend, welches hiermit attestire. Darmstadt d. 1. July 1754.

Henrich Geibel
Geheimder Registrator.

104. S. 43. Johannes Scherer zu N. Dieten ctra Adam Born daselbsten wird nach Anweissung des Blanckensteiner Amts Bescheid vom 30ten Juny a. c. auf den punct, dass der überlebende Ehegatte, obschon in der Ehe Kinder erziehlet und bey absterben des einen Ehe consorten am Leben hinterlassen worden, dennoch des vorherverstorbenen verlassener sämtlicher fahrender Haabe mit ausschliessung der Kinder ein alleiniger Erbe seye? von denen Schöpfen des Gerichts Breidenbach zur Nachricht ertheilet, dass man sich zwar keines mit vorgedachtem ähnl. Falls, worüber jemalen solte streit entstanden seyn, zu erinnern wisse, wohl aber könte vor wahr angegeben werden, dass noch niemalen von fahrender haabe, es mögte sich auch der Fall zugetragen haben, wie er wolle, eine ablegung geschehen seye.

publ. d. 6. 8br. 1757.

H. L. Bergen.

Johann Henrich Becker. Daniel Milchsack.
Johann Jacob schwartz. Johannes seibel.
Johannes schmidt.

105. S. 32. Copia. Gladenbacher Amtsbrauch, wie es mit denen Erb und Pfandgüthern gehalten wird, wann die Eltern übergeben haben.

Auf Verlangen Joh. Jost Runtzheimer zu Runtzhausen haben wir zu endes unterschriebene 3 älteste Gerichtsschöpfen im nahmen des sämtlichen Schöpfen Stuhls hiermit attestiren wollen und dieses attestat ertheilt: Nachdeme in denen bey Gericht vorgekommenen und uns als Gerichtsschöpfen bissher bekandt gewordenen fällen hat das Kind, so in einen Hoff geheurathet ist und die Herrschafft überkomt, alle Güther sowohl Erb als Pfand Güther, entweder so lange bei dem Hoff in Nutzen behalten, als die Eltern im Hoff gelebet, und Verpflegung nebst Auszug genossen haben, oder die Erb und Pfand-Güther sind wenigstens gleich nach der Eltern übergab unter die Kinder getheilet worden; Niemalen aber haben die Eltern, wenn sie die Herrschafft übergeben und Auszug bekommen, noch erb oder PfandGüther noch besonders benutzen dörfen, wenn es nicht express in der Uebergab stipuliret ist, sondern das im Hoff geheurathete und den Auszug gebende Kind hat die Erb und Pfand-

Güther, so lange die Verpflegung und Auszug der Alten währet, im Nutzen behalten, welches im Amt Blanckenstein jederzeit also gewöhnlich und herkömlich gewesen ist und mit vielen dergleichen Posten bewähret werden kan, wird attestirt.
Gladenbach d. 21. Febr. 1780.

106. S. 46. Johann Henrich Theophel zu Wiessenbach wird auf seine an den Schöpfen Stuhl des gerichts Breidenbach gethane anfrage,

> ob das von ihrem Vatter ihnen auferstorbene vätterliche Ver-
> mögen in ansehung der nach ihm verstorbenen 2 Kinder der
> überlebenden Mutter allein, oder nicht vielmehr ihren übrigen
> geschwistern nebst der Mutter in capita mit auferstorben seye?

antwortl. hierauf von denen Schöpfen zur Nachricht gegeben, dass bei absterben des 5ten Kindes dessen antheil vermögen denen 4 geschwistern mit der Mutter jedem zu $^1/_5$, und bei abgang des 4ten dessen Erbtheil denen 3 geschwistern nebst der Mutter zu $^1/_4$ in capita mit auferstorben und nach absterben der Mutter dieses $^1/_5$ und $^1/_4$ zwischen Kinder erster und zweiter Ehe zu theilen seye.
Publ. d. 28. Januar 1754.

107. S. 35. Auf beschehenes nachsuchen Johannes Schmitts zu Niederdieten, ihme die gerichts observanz des gerichts Breidenbach zu ertheilen

> ob die praescription bei Erb und ganerbe stücker statt habe.

Berichten hierauf die Schöpfen gedachten gerichts, dass zeitheriger gerichts observanz nach, keine praescription in unzertheilten Erb- und ganerbschafts Stücker statt und plaz habe.
publ. den 16. May 1754.

108. S. 37. Johann Georg Schmidt zu Gladenbach wird auf gethanes anfragen,

> wie es der grund observanz nach bei güter ablössungen, wann
> eine Erbschaft auf Walpurgi versezt wäre, ob nicht die an-
> kündigung desfals vorhero auf Petri tag geschehen müsse,
> hiessigen gerichts Breidenbach damit gehalten würde,

hiermit ohne präjudiz der grund observanz vom 29. Juny 1596 (8) vom Schöpfen Stuhl anersagten gerichts pro resolutione ertheilt, dass hiessiger gerichts observanz nach, wann die Briefe mit ab-lössung einer darinnen versezten Erbschaft auf Walpurgi hielten, allerdings die aufkündigung deswegig auf Petri tag alten herkommen nach, damit geschehen müsse.
Publ. d. 16. May 1754.

109. S. 46. Johannes Meissner & Cons. von Breidenstein wird auf anfragen:

wie es gehalten werde, wenn ein Mann zwei Weiber gehabt, und aus erster Ehe 3 Kinder und aus zweiter Ehe 2 Kinder erzeugt hätte, das Vermögen getheilet werde, wenn der Vatter erst gestorben und nach dieses tod ein Kind aus zweiter Ehe todes verfahren seye, wie dieses sein ererbtes antheil vom Vatter her zwischen seinen geschwistern und der zweiten Frau als Stiefmutter vertheilt werden müsse:

hiermit vom Schöpfen Stuhl des gerichts Breidenbach pro resolutione ertheilt, dass bei absterben des Vatters dessen Vermögen denen Kindern erster und zweiter Ehe in capita zugefallen und auferstorben seye, hingegen im zweiten Fall dass noch lebende Kind zweiter Ehe des verstorbenen Kindes vätterl. Vermögen nebst der Mutter zu gleichen theilen ziehe und erbe.

Publ. d. 16. May 1754.

110. S. 47. Auf beschehenes nachsuchen Johannes Meissners et Cons. zu Breidenstein, ihme nach Inhalt des unterm 16. May a. c. (109) ertheilten gerichtsbrauch noch weiter mit Eröffnung der gerichts-observanz in casu,

ob seine Stiefmutter das ihr von ihrem kinde angefallene Sterbtheil vor Erbe ziehen und behalten köne, oder daselbe gegen billig-mässige Erkänntnis unpartheilicher leute denen kinder erster Ehe abtretten müsse,

anhanden zu gehen, berichten die hierüber auf Amts Befehl insonderheit zusammen erforderte gerichts-Schöpfen, dass allerdings die Stiefmutter denen kinder erster Ehe das ihr anheim gefallene sterbkind Theil abzutretten schuldig, und von solchem ehrlicher Leute Erkänntnis nach als vor hinterfällige güter, altem kerkommen nach, abgelegt nehmen müsse.

Publ. d. 3. August 1754.

111. S. 32. Georg Reiz et Cons. zu Wolzhausen wird auf ihre gethane nachfrage,

ob einer schuldig seye, einem ein stück Gut zu lössen zu geben, wozu einer kein Erbe seye,

hiermit von Schöpfen Stuhl zur antwort gegeben, dass keiner solches zu thun schuldig seye.

Publ. d. 23. Sept. 1754.

112. S. 36. Georg Schmitt zu Gladenbach wird auf beschehenes nachsuchen über die frage,

wie es gehalten werde, wo eine theilung vorgegangen und
bey dieser einer von fremden pfandgeld abgelegt genommen
hätte, nachgehends aber wieder in das Dorf zu wohnen gekommen wäre, ob dieser dasjenige hinwiederum an sich lössen
könne,

darauf vom Schöpfen Stuhl hiermit zur resolution gegeben, dass aus
ursachen derjenige, so bei einer theilung sich einmal davon ablegen und ausschliessen lassen, nachhero nichts wieder davon an
sich ziehen und lössen könne.

Publ. d. 23. Sept. 1754.

113. S. 37. Auf beschehenes nachsuchen Johann Henrich Weigels
von Oberhörle und ausgewürckten Amts Befehl an die Schöpfen
des gerichts Breidenbach, ihme den Landbrauch über die Frage:
wie es gehalten werde, wann einer von dem andern, als ein
mitErbe angenommen worden und in den gütern betheilt sein
wolte, ob der Besizer die güter zu manifestiren oder zu beweissen, auch wann derselbe das unvermögen vorschüzte, ob
er nicht daselbe med: juramento darzuthun schuldig seye,

zu eröfnen, ist solchem der Landbrauch vom 8ten October 1650 (32)
von denen hierzu erforderten gerichts-Schöpfen zu communiciren
verstattet worden.

Den 22. April 1758.

114. S. 46. Johann Henrich Kinckel zu Breidenbach wird auf
beschehenes nachsuchen, wie es in hiessigem gericht bräuchlich seye,
wann einer in der ersten und 2ten Ehe 2 kinder erzeuget,
davon eines nach der mutter Ableben todes verführe, ob dieses
demortui hinterlassenes Vermögen das noch lebende samt dem
in 2ter Ehe lebenden Vatter zugleich erbe, und beyderseits
kinder zu dem dem Vatter anheim gefallenen Erbtheil gleich
nahe seyen oder nicht?

so berichten hierauf sämtl. Schöpfen des gerichts Breidenbach, dass
des verstorbenen kindes hinterlassenes Vermögen, der Vatter nebst
dem am Leben gebliebenen kind zugleich erbe und in letzterem
Fall beyderseits kinder zu dem dem Vatter auferstorbenen kinds-
theil gleiche nähe hätten.

Publ. d. 8. Novb. 1756.

115. S. 32. Auf nachsuchen Johann Henrich Achenbachs von
Gladenbach, ihme den Grundsbrauch zu ertheilen,
ob ein unterthan, der die haushaltung übergeben, und einen

Vorbehalt genommen einige GanErbschaftl. güter benuzen könne oder nicht?

ist solchem auf Amts Befehl der Landbrauch vom 17. Novbr. 1652 (30) mitgetheilet worden.

Actum d. 1. Juny 1757.

116. S. 47. Adam Schmitt zu Oberdieten wird pro resolutione ertheilet, dass nach der Grunds-observanz zwar die Bräutelgabe von der fahrenden haabe weggenommen werde, Ob aber dasjenige, was weiter dazu in pactis dotalibus stipuliret wird, ebenfalls davon abzunehmen seye, solches wird in Ermangelung eines gerichts-brauchs Richterlicher Entscheidung, wo diese Sach pendent ist, über-lassen. Gleichwohlen ist des gerichts ohnzielsezliches Dafürhalten, dass solches von dem vorbefindlichen haaren geld abzuführen seye.

Publ. d. 2. Juny 1758.

117. S. 36. Auf beschehenes nachsuchen Johannes Röders von Niederhörle, und beybrachten Amtsbefehl, ihme den hiessigen Landbrauch mitzutheilen,

> ob eine nachschatzung oder Reduction bei verpfändeten gütern
> rat. derer anhangenden ganErbschaftl. güter im Gericht
> Breidenbach statt habe oder nicht,

ist solchem der Landbrauch vom 20ten Mai 1734 und vom 7ten November 1736 (65) von denen insonderheit hierzu befehligten gerichts-Schöpfen communiciret worden.

d. 29. August 1758.

118. S. 48. Auf Verlangen Adam Nauholz von Quotshaussen, ihme den Grundsbrauch zu ertheilen, wie es gehalten werde bey einer theilung, wann einem in pactis dotalibus unter andern die Früchte auf dem felde, sie liegen oder stehen, gegeben worden, ob solcher den abschnitt von güter ziehen könne, so lange noch Besserung darinnen stecke. Berichten die insonderheit hierzu befehligten gerichtsschöpfen, dass in hiessigem gericht Jederzeit bräuchlich gewessen seye, dass wann einem in Ehepacten unter andern die Früchte auf dem felde, sie liegen oder stehen, seyen gegeben worden, alsdann solcher nach dem Buchstaben die Früchte so lang zu geniessen hätte, bis die Besserung herausgezogen wäre, da nachgehends alles hierauf geschwisterlich getheilet würde.

Publ. Breidenbach den 8. September 1758.

Nota. Vorstehende Observanz ist auch durch alte Zeugen er-wiesen, und in sub Ruhro Steinperf und Lixfeld ctra Adam Nauholtz von Quotzhausen bei dem Amt Blanckenstein darauf erkannt worden.

119. S. 46. Auf beschehenes Nachsuchen Caspar Benner zu Weifenbach ihm die Gerichts-Observanz mitzutheilen, wie es gehalten werde:

> wann ein Vater mit Zurücklassung Kinder verstürbe, und nach dessen Tode auch ein Kind Todes verführe, ob dessen vollbürtige Geschwister des nach verstorbenen Kindes väterliche Vermögen sammt der Mutter in capita ererbten, desgleichen wo die Mutter ad 2da vota geschritten und wieder Kinder gezeuget, wie viel diesen von dem der Mutter mit auferstorben Kind Theil bei der Theilung zukomme,

ist solchen der in pari passu vorhandene Gerichtsbrauch vom 28ten Januar 1754 (106) mitzutheilen verstattet worden.

Publ. d. 30. Juni 1759.

120. S. 43, 46. Gerichtsbrauch in Betreff der Leibzucht und fahrenden Haabe.

Auf Befehl vom fürst. Oberamt zu Gladenbach ist das Gericht zu Oberhörle ausserordentlich zusammen berufen worden, um den Gerichtsbrauch dem Johs Clemens zu Simmersbach zu ertheilen wegen Leibzucht eines letztlebenden Ehegatte, welche ohne Leibeserben verstorben, in gleichem auch der fahrenden Haabe, der Gerichtsbrauch des Gerichts Lixfeld geht dahin nach Anweisung des Gerichtsbuchs und die darin enthaltene Urtheil, dass das letztlebende die Leibzucht habe auf des verstorbenen Verlassenschaft Zeitlebens, es sei denn dass eine solche Person durch die zweite Ehe solches Vortheil sich selbst abschneide und verlustig mache, im andern aber, was die fahrende Haabe anlange, so lauten (?) die gegebene (?) Haabe zum Genuss vor sich allein zu ziehen hätte, weilen aber in oben berichtem Befehl den Simmersbacher Schöpfen absonderlich aufgegeben worden, um zu erleutern ob unser Ort sich hiervon absondern, welches wir aber nicht können, so ist solches noch unser Wissenschaft, dass alle solche Fälle sich durch Verglich gesetzet, und dadurch ist einigen die fahrende Haabe überlassen und auch wohl Leibzucht, weilen aber unsere Ehepacten fast meistens durch Gebschaften und Abscheiten verbunden werden, so kommen solche Fälle nicht oft vor, wird also fürstl. Oberamt überlassen.

Nota wegen angeführte Gerichtsbräuche in solchen Fällen den 12ten Juni 1638 (25), ein anders 10ten November 1705, ingleichen 29ten Januar 1745, desgl. den 14ten Februar 1746 und den 19ten März 1750.

Oberhörle den 6. April 1788.

121. S. 47. Auf beschehenes nachsuchen Andreas Beckers zu Breidenbach, ihm den grundsbrauch mitzutheilen,

ob einer das zur Bräutelgabe gehörige Vieh, wo es vorhanden ist, in natura könne fordern, oder ob er daselbe nach der grunds observanz bezahlt nehmen müsse,

berichten Sämtl. Schöpfen des gerichts Breidenbach, dass, so fern das Vieh vorhanden seye, einer daselbe in natura fordern könne, ohne anschlag, wo nicht, er solches so bezahlt nehmen müste, wie es im grundsbrauch angeschlagen stehe.

publ. Breidenbach d. 19. October 1761.

122. S. 40. Grundsbrauch wegen der Besserung auf dem feld.

Nachdem Christian Grebe allhier bey dem Schöpfen Stuhl nachgesucht, ihme die Gerichts observanz zu ertheilen, ob das Nacbheu oder Grummet auf den adel. in 8 Jähriger Leyhe stehenden Güthern auch zur Theilung gezogen werden könte oder nicht; Als berichtet darauff der Schöpfen Stuhl, dass er es bey dem unterm 29ten July 1845 (77) ertheilten Gebrauch lediglich bewenden lasse.

publ. Breidenbach den 11. August 1761.

123. S. 40. Gerichts Brauch pto der Betheilung in fahrenden Sachen.

Auf Begehren Johannes Reitz von Gladenbach, ihme die Gerichts Observanz zu ertheilen, wie es bey geschwisterlicher theilung gehalten werden müsse, wann ein Erbe kein Heu auf dem Bau bekommen, ob ihme solches nicht auff den Wiessen gebühre, So wird demselben der unterm 6ten May 1745 (76) ertheilte GerichtsBrauch zu communiciren hiermit verstattet.

publ. Breidenbach den 9. Juny 1763.

124. S. 47. Auf beschehenes nachsuchen Johannes Reiz zu Gladenbach, ihme den Landbrauch mitzutheilen, was nach hiessiger grunds observanz Rechtens seye,

1) ob Er nicht von seinem Bruder Jost Reiz zu Breidenbach, so wohl von aller fahrenden haabe, als vom kugel Lehen und Mühlhofs gut das 4te Theil in Wiessen und feldern praetendiren könne,

2) ob er nicht befugt seye, vor sein ihm zu theil gefallenes pfandgeld die Wiessen so lang zu benuzen, bis ihm das pfandgeld abgelegt werde,

berichten die auf Amtsbefehl sonderheitlich zusammen beruffene unterschriebene gerichtsschöpfen, dass in ersterem fall Johannes Reiz sowohl von aller fahrenden haabe, als nicht weniger vom kugel Lehen und mühlhofsgut das 4te theil ohne unterschied in wiessen und feldern fordern könne,

dahingegen in lezterem fall er keineswegs befugt seye, die wiessen binnen denen theilungs Jahren vor sein ihm zugefallenes pfandgeld zu benuzen. Im fall aber solche vorbey wären, könte er alsdan die pfandstücke so lang brauchen, bis er davon abgelegt worden seye.

publ. Breidenbach den 4. July 1763.

125. S. 46. Adam Weber zu Wiessenbach wird auf seine vorbrachte frage:

> ob Anna, Joh. Henrich kinckels mutter, als halb Schwester, mit der rechten Schwester Catharine, Adam Webers mutter, von dieser ihrer rechten Schwester Anna Gertraud Blöcherin mitzuerben berechtiget oder nicht,

durch die sonderheitlich zusammen befehligte Gerichtschöpfen diesertwegen der Landbrauch vom 1ten July 1748 noe des gerichts mitzutheilen verstattet.

publ. Breidenbach den 14. Jan. 1764.

126. S. 31. Joh. Jost Achenbach et Cons. zu Breidenstein wird auf ihre bei versamletem gericht vorbrachte frage, wie es bräuchlich seye, wenn eine Erbschaft unter Geschwister oder Geschwister kinder an fremde Erben verstürbe und diese als hinterfällige Güter von den rechten Erben an sich gekauft werden solte, ob alsdann der kauf nach den Stämmen oder auf die köpfe getroffen werden müste, hiermit der vorhandene Landbrauch vom 2ten April 1732 (62) mitzutheilen von Gerichtswegen verstattet.

publ. d. 3. Febr. 1764.

127. S. 36. Auf die von Johannes Beckers sel. Erben von N. Hörle fürbrachte frage,

> ob diese vermöge der Ehepacten von 1731 § 3 befugt wären, vor die zur Vorgift darinnen ausgesezte 120 fl. fremde pfand-güter wegzunehmen, oder ob sie von denen mit Erben das haare geld anzunehmen schuldig seyen,

wird diesen von denen hierzu zusammen befehligten Gerichtschöpfen der desfals vorhandene Gerichtsbrauch vom 12ten July 1726 (53) mitzutheilen verstattet.

communicatum Breidenbach den 4. april 1764.

128. S. 40. Johann Jacob Achenbach zu Gladenbach wird auf sein beschehenes Vorbringen

wie die auf Interesse stehende Capitalien, item Baar- und
pfandgeld anzusehen, ob solche zum Erbe oder fahrnis gehörig seye,

hiermit von denen sonderheitlich zusammen befehligten gerichtschöpfen der vorhandene gerichtsbrauch vom 4ten Juny 1733 (63),
so sich auf den vom 21ten Febr. 1632 (22) beziehet, mitzutheilen
verstattet.

publ. Breidenbach d. 25. May 1764.

129. S. 36. Johann Henrich Wagner von N. Hörle wird auf
seine an das gericht gethanene frage:

wie es zu halten seye, wenn einem kind in pactis dotalibus
eine gewisse Summa auf dem pfandgeld zum Voraus gegeben
worden, ob alsdann derjenige, welcher mit der Vorgift abziehen wolte, nicht schuldig seye, die pfandstücke mit richtigen
und gerichtlichen pfandbrieffen zu belegen oder nicht,

hiermit vom Schöpfen Stuhl des gerichts Breidenbach zur antwort
gegeben, dass es bey dem, so weit in dieser Sache communicirt
wordenen Gerichtsbrauch vom 12ten July 1726 (53) gelassen werde,
dabey aber dafür halte, dass derjenige, welcher seine Vorgift auf
pfandgut nehmen wolle, auch schuldig seye, die pfandstücke durch
richtige und gerichtliche Brieffe gehörig zu belegen, als welches
auch nach dem Inhalt obigen Gerichtsbrauchs anderst nicht als so
zu verstehen und auszulegen seye.

publ. Breidenbach den 5. July 1764.

130. Auf Begehren Andreas Beckers von Breidenbach, ihme
die bissherige Amts observanz in testaments Sachen zu communiciren;
So berichten hierauff die Schöpfen, dass in casu praesenti die
legirte 80 fl. auss des Henrich Meyers Erbschafft nach dem testament
de ao 1725 müsten bezahlt werden.

publ. Breidenbach den 29. July 1745.

131. Auf Begehren Henrich Eberbachs von Woltzhaussen,
ihme den Grunds Brauch zu eröfnen, wie es in Einlössung der
Erb und GanErbschafften biss anhero gehalten worden wäre; so
meldet hierauff der Schöpfen Stuhl, dass in casu praesenti Eva
Johannes Scherers Frau von N. Dieten der Erb- und GanErbschafft
von Hanss Eberbach hir näher als Elias Eberbachs Erben das.

publ. den 29. July 1745.

132. Auff Begehren Johannes Hampels von Silberg Ambts
Biedenkopf, ihme die Amts observanz zu ertheilen, ob er befugt
seye, seiner Frauen Erbschafft von Woltzhaussen durch unpartheiische

Gerichtsschöpfen taxiren zu lassen, alss berichten ihme hierauff die Schöpfen, dass er solches dem Grunds Brauch nach befugt und berechtigt seye.

publ. den 30. Jan. 1747.

133. S. 29. Auff Begehren Johann Daniel Benners Erben zu Wallau et Cons., ihnen im Verkauffen den Gerichts Brauch zu eröffnen, so berichtet darauff der Schöpfen Stuhl, dass es lediglich bey denen vorhandenen Gebräuchen gelassen werde und der Verkäuffer genug gethan habe, wenn er den Verkauff seinen Nächsten Erben angesagt und ad valvas anschlagen lassen, hiernach er verkauffen möge, wem er wolle.

publ. am 13. Sept. 1749.

156. S. 37. Auf beschehenes nachsuchen Johann Henrich Weigels von Oberdieten wegen Eröfnung des Landbrauchs pto güther ablössung ist solchem von denen auf Amts Befehl zusammen beruffenen Gerichtsschöpfen diesertwegen der Landbrauch vom 29ten Juny 1596 (8) communiciret und mitgetheilt worden, als woraus ersichtlich, dass so einer die bestimte Lössungszeit verstreichen lasse, keine ablössung nachhero statthabe, folglich einer dasjenige zu benuzen befugt seye, wovon ihm sein antheil pfandgeld noch nicht abgelegt worden.

Breidenbach den 13. May 1763.

159. S. 37. Auf Verlangen des Fürstlich Fuldaischen geheimde Raths, Herrn von Breidenstein zu Breidenstein

über die Frage, ob ein Besizer seinen Besiz zu belegen oder welches eben so viel ist, den grund seines Besizes in contradictorio zu beweissen schuldig seye, oder ob sothaner Beweiss dem kläger obliege?

den Landbrauch zu eröfnen, ist Hochdeneuselben diesertwegen der Landbrauch vom 8ten 8 br 1650 (32) zu communiciren von Gerichtswegen verstattet worden.

communicatum d. 31. May 1765.

160. S. 29. Auf Fürstl. Amts Befehl, den Landbrauch über die Frage:

Wie lang die abtriebzeit bei Gebäuden oder Brandgut daure, den Landbrauch zu eröfnen, berichten die Sämtl. Gerichtschöffen des Gerichts Breidenbach, dass bei Gebäuden oder Brandgut die Abtriebszeit nur 24 Stunden daure und altem Herkommen nach keine längere Frist darzu könne verstattet werden.

publ. den 31. May 1765.

161. S. 30. Johann Jost Theophel zu Gladenbach et Cons. wird auf die vorgelegte Frage:

> ob kinder oder Enkel das ihrem Vatter oder gross Vatter durch das absterben eines seiner kinder erster Ehe, welches nach der Mutter verstorben und also von derselben beerbt gewesen, dem Grunds Brauch nach aufgestorbene Antheil derer mütterlichen Güter nach Verlauf einer Zeit von mehr als 60 Jahren, noch jezo zu suchen befugt, oder ob diese Erbschafts Sache, weshalben wie gedacht in 60 Jahren keine nachsuchung geschehen, dem Gerichts Brauch nach nicht verjährt oder praescribirt seye,

von denen diesertwegen auf Amts Befehl zusammen beruffenen Gerichts Schöffen der Land Brauch vom 8ten May 1724 (51) communiciret.

Breidenbach den 21. Febr. 1766.

169. S. 32. Dem Gerichtschöff Johann Jacob Klein zu Quotshausen wird auf seine dem Gericht vorgelegte Frage:

> ob auch einer Gan Erbschaft in einem Stamm Guth fordern könne, worinnen er kein Erbe seye?

hiermit von Sämtlichen Gerichtschöffen pro resolutione ertheilt, dass keiner in einem Stammguth Gan Erbschaft ziehen könne, worinnen Er nicht beerbt seye, welches das alte Herkommen, also von undenklichen Jahren her seye.

publ. Breidenbach den 6. April 1767.

170. S. 42, 45. Jacob Velte zu Obereissenhaussen wird auf sein nachsuchen, in Betreff der fahrenden Haabe, wie es diesertwegen zwischen 2 Eheleuten gehalten werde, der Gerichts Brauch vom 12ten Febr. 1722 (47) mitzutheilen verstattet, wobei Er übrigens in Betref der weiteren Frage, wie es wegen Bezahlung der Schulden gehalten werde, zur Entscheidung an das Amt verwiesen wird.

publ. den 10. Oct. 1767.

171. S. 32. Georg Reiz zu Gladenbach wird auf gethanes nachsuchen auf seine denen eigends befehligten Gerichtschöffen vorgelegte Frage:

> ob nicht, wenn jemand ohnvertheilte Güter vor einem andern Ort im Gericht Breidenbach liegen habe und solche nicht selbst benuze, sondern fremden in Gebrauch gebe, der gegen Erbe in diesen Gütern, sie mögen ererbt oder erkauft seyn, näher dazu, als ein Fremder seye?

disfals zu seiner nachrichtlichen Nothdurft und Gebrauch der Land Brauch vom 9ten May 1620 (14) ertheilt.

Breidenbach den 10. April 1768.

173. S. 32. Johannes Achenbach et Cons. zu Breidenstein wird auf ihre gethanene Anfrage, wie es der Güter wegen zu halten seye, ob Joh. Henrich Kinckel zu Breidenbach frey stehe, seiner verstorbenen frauen Erbgüter zu Breidenstein an fremde Erben zu vertauschen?

diesertwegen der Land Brauch vom 7ten May 1611 (10) zu communiciren verstattet.

publ. Breidenbach den 13. May 1768.

174. S. 35. Andreas Becker zu Breidenbach wird nahmens seiner Schnürg auf seine vorgebrachte Frage:

wie es hiessigen Orts bräuchlich seye, wenn einer sich zu einem versezten Stück zu ⅜tel als Erbe legitimiret habe, ob diesem alsdann auch das ganerbe mitzulössen gegeben wer-den müste,

hiermit der Landbrauch vom 8ten October 1650 (32) mitzutheilen verstattet.

175. S. 45. Johannes Henckel und Johannes. Schneider zu Wallau wird auf ihre vorgebrachte Frage hiermit vom Gericht pro resolutione ertheilt, dass so fern keine Schenckung oder andere lezte Willens Verordnung obstire und vorgezeigt werden könne, alsdann des erstverstorbenen Ehegattens Erbgüter, im Fall keine Kinder aus einer Ehe am Leben hinterlassen worden, denen nächsten Erben wieder zu und anheim fallen.

publ. Breidenbach den 13. May 1768.

179. S. 42. Johannes Achenbach zu Breidenstein wird auf seine vorgebrachte Frage:

ob nicht, wenn ein Mann im Gericht Breidenstein sich während der Ehe in einen kauf einlässet oder selbsten kauffet, dessen Eheweib, wenn sie auch schon nicht nahmentlich im Brief bemeldet, sondern solcher allein auf den Man gerichtet ist, die Helft von diesen Gütern doch gebühre,

von denen eigends hierzu befehligten untersezten 3 Gerichtschöffen zur Resolution ertheilet, dass ihrem wissen und Herkommen nach die Frau dennoch an einem in währender Ehe gethanen kauf Antheil habe, wenn auch gleich ihres nahmens nicht im kaufbrief seye gedacht worden.

actum Breidenbach den 10. Febr. 1769.

180. S. 31. Auf Verlangen der Sämtlichen Herrn von Breidenbach und von Breidenstein als Mitgerichts Herrn vom Grund Breidenbach, ihnen den Landbrauch zu communiciren, wie es alhir landbräuchlich seye:

1) ob in dem Gericht Breidenbach die Rauch- oder Gerichts
und Braut Haffer auf denen Häusser oder auf der Persohn hafte?

2) ob es mit den Land und pflug diensten nicht eine gleiche
Beschaffenheit habe?

3) ob fals zwei Haussgesessene ein Hauss eigenthümlich be-
wohnen, alsdann Jeder Haussgesessene für seine Person die Dienste
zu leisten schuldig seye, und also das Hauss doppelte Dienste
leisten müste?

4) ob, wann der Grund und Boden, worauf ein Hauss erbaut
ist, herrschaftlich, adelich, Teutschordens, universitäts oder kirchen
gut ist, alsdann derselbe von obgedachten abgaben und Diensten
in dessen Betracht frey seye, oder nicht? endlich

5) ob nicht ohne unterschied alle und Jede, Bauer, Schuldiener
in diesem Gericht diese auf ihren Häussern haftende Beschwerde
wie andere Gemeindsleute zu tragen und bis anhero getragen habe?
berichten Sämtliche Gerichtschöffen des Gerichts Breidenbach, dass

ad 1mum nach dem angefügten Landbrauch vom 28ten Febr.
1732 die Rauch-Gerichts und Braut Haffer auf den Häussern hafte,

ad 2dum solches aus laudirtem Gerichtsbrauch zu ersehen seye,

ad 3tium solche nach angeführtem Gerichtsbrauch nur von
einem abgeführt würden,

ad 4tum nach dem Landbrauch vom 6ten Juny 1741 der Bau
die statt i. e. den Grund verlege und

ad 5tum wie durchgehends über vorgesezte, also auch über
diese leztere Frage obgedachter Landbrauch folgendermassen ertheilt worden seye.
Breidenbach den 9. Mart. 1769.

192. S. 47. Auf Anfrag von Fürstl. Hessischen Amt zu Gladenbach, wie es zu halten seye,

wenn einer, so ein Landrecht von einem seiner Geschwister
heraus bekommt, solches sowohl was zur Hochzeit, als was
zur Bräutelgabe darunter begriffen ist, an den Bruder oder
Schwager, der es geben muss, in natura praetendiren könne,
oder es nach dem im Grunds Brauch vom 25ten Nov. 1733
bemelten Anschlag in Geld bezahlt nehmen müsse?
berichten sämtl. Gerichtschöffen des Gerichts Breidenbach, dass
sowohl dasjenige, was nach einem Landrecht zur Hochzeit als zur

Bräutelgabe an Vieh und Früchten gehöre, und gegeben werden
müsse, wenn Beides vorhanden, in natura gegeben, wenn solches
aber nicht vorhanden, alsdann nach dem Anschlag des Grunds
Brauchs vom 25ten Novbr 1733 (67) in Geld bezahlt werden müsse
und es also bis bieher damit gehalten worden seye.

Actum Breidenbach den 22. Febr. 1772.

194. S. 46. Auf die von Fürstl. Hessischem Amt zu Gladenbach dem Gericht Breidenbach vorgelegte Frage:

> ob die 2te Frau oder Mann, wenn sie nicht auch wieder ge-
> heurathet, auf des verstorbenen Ehegatten vermögen die lebens-
> wierige Leibzucht gemeiniglich behalten habe, oder ob die
> Kinder des verstorbenen Ehegatten aus erster Ehe gleich mit
> dem Eigenthum beerbt worden und die Abtheilung ohne
> Leibzucht geschehen seye,

die erforderliche Erklärung zu thun: So declariren sämtl. Schöffen
des gedachten Gerichts Breidenbach, dass sich zwar der Landbrauch
vom 6ten May 1634 (23) ihrem Ermessen nach zur Genüge selbsten
erkläre, als wobey sie es ohnehin auch bewenden liessen, doch
aber dem erhaltenen Befehl schuldig nachzukommen, so wüsten
Sie sich nicht zu erinnern, dass jemalen einem Ehegatten 2ter Ehe
auf des abgestorbenen Ehegatten Vermögen, wo Kinder da sind,
die Leibzucht durch Amtsbescheid wäre zuerkannt worden, hielten
dabero um so eher dafür, dass oblaudirter Landbrauch nur von
Eheleuten 1ter und nicht von 2ter Ehe pto praetendirender Leibzucht zu verstehen seye, folglich, wo das leztlebende Ehegatte, so
zur 2ten Ehe geschritten, auch wieder abgestorben, alsdann die
Kinder erster Ehe mit diesem seinem ihnen hinterlassenen Vermögen
vollständig beerbt worden und das bleibende Ehegatte 2ter Ehe
darauf keine Leibzucht weiter zu suchen habe.

publ. den 22. Febr. 1772.

195. S. 36. Nachdeme Weigand Heinzel zu Wolzhausen die
Eröfnung des Landbrauchs über die Frage:

> ob ein ins Hauss geheurathetes Kind, wann es auf das ihm
> in Ehepacten voraus vermachte pfandgeld fremde pfandgüter
> nimt, solche auch den Vorzug behalten könne, wenn gleich
> die übrige Geschwister solches nicht zugeben und ihm das
> Voraus vermachte pfandgeld in Geld vergüten wollen, oder
> ob solch Kind nicht vielmehr schuldig seye, das ihm voraus
> vermachte pfandgeld von seinen Geschwistern anzunehmen
> und die darauf einbehaltene fremde pfandgüter zur Theilung
> zu geben?

anverlangt hat, als ist demselben von denen insonderheit hierzu befehligten Gerichtschöffen der Landbrauch vom 12ten July 1726 (53) zu seiner nothdurft mitgetheilt worden.

den 7. May 1772.

196. S. 30. Johann Henrich Pfeiffer zu Achenbach et Cons. zu Quotshausen wird auf ihr nachsuchen und vorbrachte Frage:

> ob die Güter, welche schon 2mal ererbt worden, vor hinterfällige Güter zu halten seyen,

der Landbrauch vom 8ten May 1724 (51) mitzutheilen von Gerichtswegen verstattet.

Breidenbach den 29. May 1772.

198. S. 29. Johann Henrich Schmitt zu Gladenbach wird auf seine bei dem Schöffen Stuhl vorbrachte Frage:

> ob auch ein temporal Tausch mit Güter wie ein Erbtausch stattfinde,

von demselben zur Antwort ertheilt, dass solcher wegen der Ganerbschaft und oftmaliger Theilung, so unter den Erben vorgehe, nicht statt habe.

publ. den 15. May 1773.

199. S. 37. Adam Wagner et Cons. zu Wolzhausen wird zu ihrer nothdurft auf ihre vorbrachte Frage:

> ob wenn sich einer zu einem gewissen Guth als mit Erbe bestammt halte, der Besizer diesen aber nicht gleich betheilen wolte, ob alsdann der Besizer nicht gehalten seye, den Vorzug zu belegen,

der Landbrauch vom 8ten Oct. 1650 (32) mitzutheilen verstattet.

den 8. März 1774.

201. S. 47. Dem Gerichtschöff kaspar Henckel zu Wallau und Johs Schneider daselbst ist auf ihre dem Gericht vorbrachte Frage:

> ob auch fremde Pfandstücker, so bei einem Hauss sind, unter die in dem Ort wohnende gleich nahe Geschwister oder Erben vertheilt werden müssen und ob ein gleich naher Erbe im Ort praetendiren könne, dass der Hauss Inhaber, der das ganze fremde pfandstück gegen das darauf stehende ganze pfandgeld besizt, dem gleich nahen Verwanden sein Antheil an solchem fremden pfandstück gegen Ersezung seines Antheils pfandgeldes abtretten und mit ihm theilen müsse,

der Landbrauch vom 27ten Juny 1729 (59) mitgetheilt worden.

publ. den 8. März 1774.

9*

202. S. 30. Johann Jost Schmitt zu Achenbach wird auf seine
dem Gericht vorgelegte Frage, wie es landbräuchlich seye:
>   wenn ein Vatter in 2ter Ehe lebe und ein Kind erster Ehe
>   auswärts verheirathete, ob alsdann der Vatter oder die nächsten
>   Erben von des hinaus verheiratheten Kinds Mutter zum Gan-
>   erbe die nächsten seyen,

der Landbrauch hierüber vom 9. May 1620 (14) zu seinem nötigen
Gebrauch mitgetheilt.
Breidenbach den 14. May 1774.

203. S. 45. Johann Henrich Lauber zu Breidenstein wird
nahmens Johannes Kleins Wittwe daselbst auf ihre vorbrachte Frage:
>   ob einer, welcher von einem ohne Kinder verstorbenen erben
>   wolte, nicht auch Schulden bezahlen müste,

hiermit von Sämtl. Schöffen des Gerichts Breidenbach zur resolution ertheilt, dass, obwolen kein specieller Grunds Brauch vorhanden, sie dennoch ihrem Erkäntnis nach dafür hielten, dass derjenige, welcher von einem erben und Lust haben wolte, sich auch
nicht entziehen könte, an der unlust theil zu nehmen, stellen aber
die weitere Entscheidung richterlichem Ermessen anheim.
publ. Breidenbach den 4. März 1775.

204. S. 31. Nachdeme Adam Schmitt zu Breidenbach sich von
hiessigem Gericht den Landbrauch erbeten, wie es bei Güter kauffung
unter Geschwister oder Geschwisterkinder, so in gleichem Grad
stehen, gehalten werde, ob alsdann nach den Köpfen oder auf die
Stämme gekauft werden müsse, Als ist demselben der Landbrauch
vom 2ten April 1732 (62) zu seiner nothdurft ertheilt worden.
Breidenbach den 23. May 1775.

207. S. 47. Johann Henrich Seibel zu Breidenbach und Christian Seibels Wittwe zu Wiessenbach wird auf ihre an das Gericht
Breidenbach gethane Frage, wie es in hiessigem Gericht gehalten
werde,
>   wenn ein Kind erster Ehe nach dem Tod ihrer Mutter ver-
>   stürbe und dessen mütterliche Verlassenschaft zu einem Kind-
>   theil dem Vatter zugefallen und von diesem wieder auf die
>   Kinder lezter Ehe wäre vererbt worden, ob alsdann nicht die
>   Kinder lezter Ehe von den Kindern erster Ehe nach ehrlicher
>   Leute Erkäntnis abgelegt nehmen müste,

der Landbrauch vom 26ten May 1723 (49) mitgetheilt.
Breidenbach den 23. Sept. 1777.

209. S. 49. Nachdeme von Fürstl. Amt zu Gladenbach dem Gericht Breidenbach die Frage nach dem hiessigen Landbrauch zu beantworten vorgelegt worden:

ob, wann 2 Junge Eheleute in Ehepacten erst die Helft von Hauss, Hof und fahrender Haabe gegeben ist und in der andern Helft ein kindtheil, dieses leztere kindtheil in der andern Helft demjenigen Ehegatten, so im Hauss gebohren ist, als sein Erbtheil allein verbleibet, oder ob der aus einem andern Hof zugeheurathete Ehegatte an solchem kindtheil der andern Helfte auch die Halbschied wieder praetendiren könne und ob demnach, wenn zum exempel der Mann im Hof zu Hauss ist, das kindtheil in der andern Helft blos vätterlich allein ist, (wie es den gemeinen Rechten nach sein würde) oder ob es auch der ersten Frau halb mitgegeben seye, folglich ob diese oder deren kinder nicht nur von der ersten voraus gegebenen Helfte, sondern auch von dem kindtheil in der andern Helft die Halbschied als mütterlich voraus praetendiren könne,

die Grunds observanz zu eröfnen und schrieftlich auf Pflichten und Gewissen attestiren, so ist hiermit, weilen kein specieller Landbrauch die Frage exkuntiret und das Gericht lieber die Entscheidung dem Fürstlichen Amt überlassen, als was neues hierüber schrieftlich von sich geben will, einsweilig der Landbrauch vom 4ten Juny 1733 (63) ertheilt worden.

Breidenbach den 26. Febr. 1788.

210. S. 49. Nachdeme von Fürstl. Hessischem Amt zu Gladenbach dem Gericht Breidenbach aufgegeben worden, seine Wissenschaft oder Grunds observanz pflichtmässig von sich zu geben, wie es in solchen Fällen bishero bei Theilungen gehalten worden,

wenn nämlich den jungen Leuten in Ehepacten die Helft aller Fahrnis voraus und in der andern Helft ein Kindestheil gegeben oder die eine Helft (gegeben) und von der andern Helft Besizer und Verleger zu sein verordnet worden, ob alsdann das ins Hauss geheurathete kind nebst dessen Ehegatte weiter nichts in lezterem Fall als die gegebene Helft bekomme und ohne ein kindtheil in der andern Helft zu erhalten, die Geschwister von der anderen ganzen Helft habe ablegen müssen,

So berichten hierauf Sämtl. Gerichtsschöffen des Gerichts Breidenbach, dass ihnen von diesem posten weder ein Landbrauch, wie es hierinnen bey Theilung gehalten worden, bekannt seye, noch Fälle angeben könnten, wie in denselben getheilt worden seye. Liessen es derohalben bey den Ehepacten und stellten die Entscheidung davon dem Richterl. Amt anheim.

Breidenbach den 19. May 1789.

212. S. 42. Des Müllers Johann Jost Reiz Frau zu Breidenbach wird auf ihre vorgebrachte Frage:

> Ob wann ein Mann währender Ehe einen Erbkauf von einem Stück Guth oder auch einer ganzen Erbschaft an sich bracht hätte, über die im kaufbrief gemelte Güter ohne Vorwissen und consens seines Ehegattens allein disponiren könne, solche erkaufte güter wieder an den 3ten zu überlassen,

die grunds observanz oder statt dessen des Gerichts Darfürhalten zu eröfnen. Nachdem nun hierüber kein specieller Landbrauch sich vorfindet, als halten die Sämtl. Schöffen des Gerichts Breidenbach darfür, dass all dasjenige, was währender Ehe errungen oder erkauft wird, daselbe kein Theil von Eheleuten ohne des andern vorwissen und genehmigung allein über das ganze zu disponiren, daselbe zu veräussern oder einem andern zu überlassen befugt seye. Inzwischen überlässt das Gericht die Entscheidung in dergl. Fällen höherer dijudicatur.

actum Breidenbach den 4. May 1790.

213. In Sachen Johann Henrich Krugs zu Niederdieten ctra. Johannes Krugs Wittwe daselbst, auf Befehl des Fürstl. Amtmann Herrn Krebs zu Gladenbach auf die vorgelegte Frage:

> ob eine Wittib, welcher in Ehepacten $1/4$ von Hauss und fahrender Haabe gegeben ist, auch zugleich $1/4$ von allen Gemeinds utilibus und nuzungen praetendiren könne oder nicht, und ob sie casu quo sic $1/4$ derer Gemeindsdiensten und Beschwerden mit übernehmen müste oder davon frei bliebe, wenn sie gleich die Nuzungen bezieht, sondern der Verleger des Hausses die sämtl. Gemeindsdienste und sonstige onera allein praestiren müsse,

den Grunds Brauch zu ertheilen.

So berichten hierauf die Sämtl. Schöffen des Gerichts Breidenbach, dass sich zwar keine specielle observanz davon vorfinde, doch aber der Erfahrung nach, so auf dergl. Fälle, wo solche Witwen sind, Bezug hat, zur Gewohnheit worden ist, dass solche, so lang sie als Witwen im Hauss sizen, die Gemeinds nuzbarkeiten zu $1/4$ ziehen, indessen aber auch alle Gemeinds Beschwerden, Dienste und sonstige onera praestiren müssen, jedoch nach ihrem Absterben oder Verheurathung an eine andere Person ihr benuztes ¹/₄ dem Haussbesizer mit Nuzen und Beschwerden wieder zufalle.

Also ertheilt Breidenbach den 27. Sept. 1791.

214. S. 36. Der gesamte Schöffenstuhl des Gerichts Breidenbach soll auf Verlangen und Kosten Johannes Schneiders von Wallau schriftlich und in Form eines Grundsbrauchs von sich geben, was darin gebräuchlich seye:

1) ob auch fremd Pfandgeld oder ingl. das von Fremden versetzte Pfandgeld, so eine Gemeinde oder ein Mann der weder Erbe noch Ganerbe bey dem Pfandinhaber und Creditorem ist, verpfändet hat, unter die Erben des Creditoris antichretici oder Pfandinhabers stückweiss getheilt werde und

2) ob ein Erbe des Creditoris, dem ein ganz Stück solches Pfandguths vorher bei der Theilung zugefallen und es ganz besitzet, ex post seinen gleich nahen Miterben ihr Theil daran müsse zu lösen geben und das fremde Pfandstück mit ihnen theilen, oder ob nicht vielmehr der Besitzer eines Pfandstücks, dem es vorher in Theilung zugefallen oder heym Hauss gelassen worden, solch fremd Pfandstück ganz beysammen behalten könne, damit der fremde Versetzer oder dessen Erben, wenn sie ihr Guth durch Zahlung des darauf gestandenen Capitals oder Pfandgelds wieder lösen wollen, solches wieder zusammen bey einem lösen können und nicht an den übrigen Miterben suchen müssen.

Sodann

3) ob nicht der Besitzer eines Hausses, wobey das fremde Pfandguth verpfändet worden, vor seinen Miterben der nächste zu solchem fremden, besonders zu dem von einer Gemeinde verpfändeten Stück seye, wenn er seine Miterben bei der Theilung in Geld davon abfinden will, damit die fremde Versetzer oder deren Erben auch allezeit wissen können, wo sie ihr verpfändet Guth wieder lösen sollen.

Gladenbach den 10. May 1774.

P. H. Krebs.

Auf vorstehenden Fürstl. Oberamtsbefehl des Herrn Amtman Krebs zu Gladenbach wirdt letzterer posten von hiessigem gesammte Schöffenstuhl in Form einer Grunds Observanz beantwortet: Wenn sich fremd pfandt Guth bei einem Hauss befindet, das besonders von einer gantzen Gemein oder von einem oder dem Andern Gemeinds Unterthan als Gemein Guth darbey verpfändet ist, bei Geschwisterlicher Theilung unter die im Ort wohnende Geschwister, deren Jedes ein Mitglied der Gemein, doch als Pfandt Guth zu

Gleich getheilt wirdt, es wäre dann sache, dass ein oder das Ander sein betragendes quantum an Geldt in empfang genommen oder der Besitzer des Hausses in seinem Ehpacten pfandt Geldt zum Vorauss habe und solche Güther Stücker darauf ziehe, er alsdann nicht schuldig gehalten wäre, seinen Geschwistern oder deren Erben, ob sie gleich ihr Antheil pfandt Geld erlegen wolten, einen Antheil abzutretten.

Breidenbach d. 14. May 1774.

215. S. 40, 48. Auf Fürstl. Oberamts Befehl des Herrn Amtmann Krebs zu Gladenbach, zu ertheilen, was Observanz seie, wenn in Ehpacten stehet, dass einem Kind die fahrenthe Haabe mit Lust und unlust übergeben wird, NB. ob alsdann unter dem Wort Lust auch die Activposten, so der Vatter ausstehen hatt, begrieffen seyen und ob folglich das Kind im Hauss die vätterliche ausstehende activ Schulden allein behält, oder ob die andern Kinder dennoch ihr Theil von solchen ausstehenden activis in der Theilung bekommen haben.

Auf vorstehende Frage wirdt von uns Endes ernante beantworttet, dass die activis sowohl als auch das pfandgeldt zur Fahrnschafft gerechnet werden und unter dem Wort Lust mit begrieffen sindt, es wäre dann, dass inn Ehpacten gedacht wäre, dass das pfandgeldt nach der beiden Alten todt solte geschwisterlich getheilt werden, so sindt die activis dessgleichen so zu rechnen und unter die Geschwister zu vertheilen, welches hiessiges Gerichts Observanz und bey Theilungen zu Statten kommen.

Breidenbach d. 1. Juli 1780.

216. S. 44, 46, 48. Auf Fürstl. Oberamts Befehl des Herrn Amtman Krebs zu Gladenbach haben wir zu Endes ernante Gerichtschöffen sich anbeute versammlet und den Grunds Observantz zu Handen genommen, um sich beiliegenthem prottocoll nach sich darin zu erkundigen suchen, die vorgeschriebene puncten daraus zu beantworten und die Sache wegen der Kleinische Erben zu unterscheiden. Allein es finden sich keine darin beschriebene posten, so diessem Fall zu unterscheiden ähnlich sind. Da nun in diessem anliegenthen prottocoll sowohl die Grunds Observanz, als auch die desfallsige vorgefallene Wiessenschafften in ähnlichen Fällen pflichtmässig abzugeben gefordertt worden, so beantworten wir, nehmlich

Erste Frage.

A. Die in dem beiliegenthen Ehpacten benahmte Clausel ad Nro 4 ist nicht nach der Grunds Observanz, indem Jacob Klein im Hauss und Hof gebohren und die 2te Frau zu sich geheurathet:

dass Letztere sollte Besitzer und Verleger der Gebäude sein, noch viel weniger kan die Frau, wo der Kinder erster Eh eines ins Hauss heurathet, die Hausshaltung unvertheilt forttführen, es wäre dann Sache, dass alle Fahrnschafft specificirt und taxirt würde, damit den Kinder erster Ehe ihre v(äterliche Erbtheile) heraus gerechnet, jedoch ihr mütterlich (Erbtheil, da) die zweite Frau gar keine Leibzucht und p(.... daran hat,) gleich zugetheilt werde. (Die Stelle, an welcher die supponirten inclavirten Worte stehen, ist abgerissen.)

B. Solte der Wittwe durch Amts Bescheid zuerkant werden, dass der laut Ehpacten pag. 4 bemerkte Clausel vor giltig anzunehmen, so erhellet daraus, dass auch die Kinder letzter Eh, wo ihre Mutter die Gebäude verlegt, ins Hauss zu heurathen ein Vorrecht haben. (Dieser Satz sub B ist durchstrichen und heisst es weiter:)

Notta. Diesser Clausel pag. 4 gehet wider die Grunds Observanz und widerspricht dem in den Ehpacten pag. 2, welcher nach der observanz gerichtet ist; denn nach diessem hatt die Wittwe ein Viertheil, in welches sie gesetzt blieben, ohne dass sie sich davon abführen liess. Wäre aber der Vatter am Leben blieben, so hätte derselbe unter Kinder erster und letzter Eh, weilen die Gebäude von ihm herstammen, zu disponieren gehabt, die Kinder erster oder letzter Eh ins Hauss zu bestatten. Nach diessem Fall aber behauptet der Gerichtschöff Michel und Storck, dass ihnen Amts Bescheide bekant wären, dass die Erstgeburtt unter den Kindern das Nährecht ins Hauss zu heurathen hätten und die anderen zu verlegen.

Breidenbach am 5. Febr. 1784.

Joh. H. Grebe.
Johs Michel.
Joh. George Storck.

217. *S. 9, 43, 47. Bescheid in Sachen des Curators über Johannes Blöchers Frau contra die 2 Curatores massae.*

Wird Implorantin oder deren Beystand binnen 14 Tagen beybringen, dass nach der Grunds Observanz der zweite Ehegatte von demjenigen, was der andere Ehegatte in erster Ehe an Hauss und Fahrniss durch Ehepacten erhalten hat, allemal die Helft bekommen müsse und solches doch erhalte, wenn gleich in seinen Ehepacten nichts davon gedacht ist: So ergehet vorbehaltlich der Curatoren Gegenbeweiss weiter was recht ist.

Publ. Gladenbach am 15. May 1784.

Fürstl. Hess. Amt daselbst.

Die Schöffen des Gerichts Breidenbach sollen hierüber ein pflichtmässig Erkentnis und attestat über die angezogene observanz ausstellen und schriftlich von sich geben. Eod. ut supra.

Krebs.

Die Gerichtschöffen, so aussen stehendes thun sollen, sollen seyn 1) Joh. Henr. Grebe zu Breidenbach 2) Joh. Henr. Achebach zu Breidenbach 3) Johannes Michel von Wissenbach 4) Joh. Henr. Krug von Niederndieten.

Gladenbach am 17. May 1784.

Fürstl. Hess. Amt daselbst.

Nachdeme Wir zu Endes ernante Gerichtschöffen auf Befehl des Fürstl. Herrn Amtman Krebs zu Gladenbach die erläuterung aus der Grunds Observanz ertheilen sollen, ob, wenn ein Man in die 2te Eh schreitte und der Ehgattin in Ehpacten von einer Fahrniss nichts verschreibe, ob die Ehegattin dennoch von des Mannes Fahrnschaft etwas bekomme, Da nun die bisherige Grunds Observanz keine erläuterung giebt, so beantworten wir, dass, wenn der Ehgatte 2ter Eh eine ein Wendung des Landtrechts der Hausshaltung oder ihrem Ehmann inferiret, derselbe dann auch von ihres Ehgatten Fahrniss, so in erster noch nicht vergeben, die Helffte gebühre.

Breidenbach am 26. May 1784.

Joh. H. Grebe.
Johannes Michel.
Johann Henrich Achebach.

218. S. 42, 45, 46. *Actum Breidenbach am 4. May 1795.*

Nachdeme der Fürstl. Herr Amtmann Krebs die Frage auf heutigen Datto an hiessiges Gericht ergehen lassen, um in der Grunds observanz nach zu sehen und dem Befinden nach heraus zu geben, wie es in Bedingung Folgenthes das Herkommen seye:

1) Wann 2 Ehleuthe währenther Ehe Güther mit einander kaufen und keine Leibes Erben haben, noch hintherlassen, wie es mit deren erkaufften Güthern nach eines oder des andern Absterben zu halten, diesse Frage wird von Sämmtlichem Gericht beantwortet, dass sich in der Grunds observanz keine passente nachricht befindet, jedoch

2) wird von Sämmtlichem Schöffen Stuhl nach deren erkäntnis die Frage beantwortet, dass in diessem Fall, wann 2 Ehleuthe währenther Ehe Güther mit einander kaufen und keine Leibes Erben haben, noch hintherlassen, sich der Ehgatte, so in dem Stamm Guth, worin gekauft ist, kein Erbtheil hatt, sich als hinter-

fällige Güther nach Ehrlicher Leuthe erkäntnis muss abgelegt nehmen, damit kein fremder Erbe in den Stamm Guth komme und kein Zwistigkeit darnach entstehe, sodann

3) derjenige Ehgatte aber, so währenther Eh in dem Stamm Guth mit seinem Gegen Ehgatten erkaufft hatt, worin er ein mit Erbe ist und darauf das Nährecht zum Kauf erhalten, nicht als hintherfällige Güther zu betrachten, sondern nach Absterben dessen an seine Nächste Erben gleich dessen übrige Erbschafft falle, jedoch das Letztlebende derer Ehgatten Zeit Lebens in so lange es nicht in die 2te schreitet, die Leibzucht auf denen Güthern gleich andern hat, sodann

4) wo erweisslich und glaubhafft dargethan werden könne, dass das Kaufgeld pure von des Ehgatten Vermögen, so sich muss abkaufen lassen, gäntzlich genommen wäre, alsdann demselben eine ergäntzung darauf willfahrt werden könne, jedoch wird die unterscheidung diesses Posten Fürstl. Oberamt des Fürstl. Herrn Amtmann Krebs Wohlgebohren zur unterscheidung übertragen, deren wir dann als untergebenste und dienstwilligste Gerichtschöffen diesse unsere meinung hiermit schriefftlich abgeben auf vorermelten Datto.

219. S. 45, 48, 50. Auf ergangenen Hochfürstl. Amts Bescheid haben wir zu Ents ernante Gerichtschöffen den Grundtsobservanz eröfnet und ertheilt in sache Adam schmidt zu Quotshaussen contra dessen Geschwister Vormündter daselbsten:

Wie es bey Theilung der gebäudte und fahrenten Haaben sodann der Elterlichen schulden bishero grundsbräuchlich in geschwisterlicher Theilung gehalten worden und was die Worden in den Ehepacten, wo Lust und unlust stehet, enthalten oder auch, wo dieselbe in den Ehepacten nicht stehet, die passiv schulden getheilt werden,

darauf beantworden wir wie folgent:

ist vorgedachter Posten in dem Grundsobservantz nicht klar entschieden, sondern es ist den 21ten Febr. 1782 ertheilt worden, der Schöffen erkentnuss nach und unserer Wissenschaft nach jeder Zeit den Ehpacten nach so gehalten worden, dass, wo ein oder anderer in Hauss und Hof, sämmtliche Gebäudte und alle fahrente Haabe mit lust und unlust zur Helfte gesetzt ist und in der ander Helfte ein Kindestheil hatt, derselbe auch bei geschwisterlicher Theilung alles, was die Fackel berührt und zur Fahrenschaft gehört, den Vorzug hat des Ehpacten mit dem anhang auch alle passive schulden, wo solches das Word in Ehepacten mit lust und unlust nicht stehet, dass dann die passive schulden nicht auf die

fahrente Haabe gerechnet, sondern soll geschwisterlich vertheilet
werden.

  Geschehen Breidenbach d. 17. Juny 1799.

  Dem allegirten Schöffenspruch vom 21. Febr. 1782 lag dieselbe
Frage zu Grunde und lautete die Antwort, wie oben angegeben;
nur war der Schluss ausführlicher, nämlich dahin:

> mit dem Anhang, auch alle vorbefindliche passiva so zu
> zahlen sind. Wo aber vorgedachte Wortte Lust und unlust
> nicht in den Ehpacten enthalten und der ins Hauss Geheurathe
> hatt dennoch laut des Ehpacten alle Fahrnschafft zur Helffte
> und in der andern Helffte ein Kindtheil, so ziehet er solches
> ohne unterschied und die befindliche passiva werden ge-
> schwisterlich oder auf das Erbe getheilt, welches der Wissen-
> schafft nach jeder Zeit den Ehpacten nach so gehalten worden,
> es wären dann besondere umständen dabey. Jedoch über-
> lassen wir übrigens die entscheidung des postens der richter-
> lichen entscheidung und verbleiben untergebenste Gericht-
> schöffen.

Breidenbach den 21. Febr. 1782.

  220. S. 36. Auf Anfrage des Gerichtsschöff Weigand Seibels
zu Wiesenbach:

> ob wegen eines verpfändeten Zehndens auch eine Nachrechnung
> statt finde,

wird von hiesigen Schöffen Stuhl zu Recht erkannt, dass in diesem
Fall keine Nachrechnung stattfinde und der Zehende den Erbgütern
gleich zu achten seye.

Breidenbach am 8. July 1800.

  221. S. 42. Auf Verlangen Christian Welsch zu Wallau, den
Grunds Brauch zu eröffnen,

> wie es gehalten würde, wenn ein Mann in die 2te Ehe schritte
> und in dieser Ehe Unlust oder Schulden beide Eheleute ge-
> macht haben, wie solche bezahlt werden sollten,

So ist dieser Posten im Grunds Brauch nicht klar ausgeschrieben,
sondern die Schöffen geben ihrem Erkänntnis nach den Ausspruch,
nämlich:

> Was in währender Ehe beide Eheleute mit einander an
> Schulden gemacht haben, dass solche die Hälfte vätterlich
> und die andere Hälfte mütterlich bezahlt werden müssten.

Breidenbach am 27. October 1801.

  222. S. 41. Nachdeme von Schöpfen, des Gerichts Breidenbach, zu wissen verlangt worden:

Ob auch diejenige Häusser, welche von Steinen erbauet sind, und die man steinerne oder gemauerte Häusser nennet, ebenfalls zu der Fahrnüss gerechnet würden?

ingleichen: Ob die Waldungen, die gleichwohlen auch vom Brand verzehret werden können, ebenfalls mit zu der fahrenden Haabe, oder zu den unbeweglichen Gütern gezählet würden?

Als berichten darauf sämtliche Gerichts-Schöpfen, dass, nach hiesigem Landbrauch, sowohl steinerne oder gemauerte, Häuser, als nicht weniger die Waldungen (den Grund ausgeschieden) mit zur Fahrnuss, oder fahrenden Haabe, gezogen würden. Welches sie also, auf beschehene Anfrage, hiermit ohnverhalten wolten.

Sign. Breidenbach den 23. Julii 1759.

№ nach der Zeitfolge	auf Nachsuchen des	von	an	der Spruch vom	№
134	Johann Georg Reiz	Wolzhausen	24. Oct. 1749	8. Oct. 1630	32
135	Jacob Becker	„	„ „ „	{26. Mai 1721	35
				{28. Jan. 1744	71
136	Georg Schmidt	„	9. Mai 1750	28. Jan. 1744	71
137	Johannes Schneider	Breidenstein	6. April 1751	27. Juni 1729	59
138	Caspar Piz u. Cons.	Gladenbach	—	8. Oct. 1650	32
139	Adam Born	Niederdieten	20. Juli 1752	8. Oct. 1650	32
140	Bürgermeisters	Breidenbach	„ „ „	27. Oct. 1719	34
141	Adam Schmitt u. Casp. Grebe	„	20. Jan. 1754	18. Oct. 1625	16
142	Georg Arnold	Achenbach	—	17. Jan. 1632	21
143	Joh. Henrich Meier	Gladenbach	—	25. Juni 1721	46
144	Jost Joh. Jac. Becker	Wolzhausen	—	8. Oct. 1650	32
145	Johs Achenbach	Roth	11. Nov. 1754	20. Mai 1734	65
146	Joh. Henr. Weber	Gladenbach	9. Febr. 1756	8. Oct. 1650	32
147	Joh. Henr. Meier	Wallau	—	26. Mai 1723	49
148	Joh. Henr. Weigel	Oberhörle	22. Apr. 1756	8. Oct. 1650	32
149	Casp. Weigel	Breidenbach	—	8. Oct. 1650	32
150	Adam Nauholz	Quotshausen	8. Nov. 1758	8. Sept. 1758	118
151	Ludw. Henkel	Weifenbach	2. Mai 1759	8. Nov. 1756	114
152	Casp. Benner	„	30. Juni 1759	28. Jan. 1754	106
153	Joh. Henr. Schmitt	Wiesenbach	20. Jan. 1762	8. Oct. 1650	32
154	Andr. Gimbel	Breidenbach	7. Mai 1762	12. Juni 1638	25
155	Henr. Petri	Niederdieten	30. Aug. 1762	8. Oct. 1650	32
157	Johs Walter	Achenbach	22. Aug. 1763	{12. Febr. 1722	47
				{24. Juni 1725	52

Nr.	Name	Ort	Datum	Datum	Alter
166	Gerichtsschöff Klein	Quotshausen	—	2. Juni 1714	45
167	Jac. Reiz	Wolzhausen	—	1. Nov. 1631	18
168	Johs Weigel	Oberdieten	28. März 1767	6. Mai 1634	23
172	Joh. Balser Schneider	Wolzhausen	13. Mai 1768	25. Juni 1721	46
176	Casp. Achenbach u. G. Schwarz	Breidenbach	14. Juli 1768	6. Mai 1634	23
177	Joh. Dan. Petri	Wallau	19. Juli 1768	8. Oct. 1650	32
178	Gerichtsschöff Schwarz u. Cons.	Breidenstein	21. Juli 1768	28. Jan. 1754	106
181	Georg Balser	Wallau	9. Mai 1769	{26. Juli 1730 / 17. Nov. 1652}	61 / 30
182	Joh. Henr. Schmitt	Gladenbach	—	8. Febr. 1648	28
183	Johs Eckel	Wallau	24. Juni 1769	6. Mai 1745	76
184	Jac. Meyer	„	14. Aug. 1769	7. Juni 1728	56
185	Johs Henn	Lixfeld	16. März 1770	20. Febr. 1690	39
186	Adam Nau	Oberdieten	22. Mai 1770	8. Oct. 1650	32
187	Johs Strauch	Breidenbach	„ „	12. Juli 1726	53
188	Johs Müller	Niederdieten	„ „ „	17. Nov. 1652	30
189	Schulmeister Klein	Breidenbach	22. Juni 1770	12. Oct. 1747	81
190	Joh. Henr. Schneider	Wallau	5. Juli 1770	{26. Nov. 1639 / 12. Febr. 1722}	27 / 47
191	Jac. Blöcher	Niederdieten	15. Nov. 1771	6. Mai 1634	23
193	Gemeinde	Wallau	22. Febr. 1772	27. Oct. 1719	34
197	Vormünder über Mich. Weigels Kind	Wiesenbach	1. Juli 1772	28. Jan. 1754	106
200	Joh. Henr. Seibel	Wolzhausen	—	4. Febr. 1651	33
205	Hartm. Schmitt	Niederhörle	29. Febr. 1776	21. Febr. 1632	22
206	Henr. Meissner	Quotshausen	29. Juni 1777	28. Mai 1751	98
208	Joh. E. Ruppersberger rel.	Simmersbach	23. Nov. 1781	12. Febr. 1722	47
211	Johs Hinn u. Cons.	Niederdieten	4. Mai 1790	26. Juli 1730	61

Druck von K. Gruhn in Warmbrunn.

Untersuchungen

zur

Deutschen Staats- und Rechtsgeschichte

herausgegeben

von

Dr. Otto Gierke,

ordentl. Professor an der Universität Breslau.

~~~~~~~~~~

XIII.

Johannes Urbach

von

Dr. Th. Muther,

weiland ordentl. Professor an der Universität Jena.

Nach dessen hinterlassenen Papieren bearbeitet und herausgegeben

von

Ernst Landsberg,

Dr. jur.

———————◆◆———————

Breslau.

Verlag von Wilhelm Koebner.

1882.

Johannes Urbach

von

Dr. Th. Muther,

weiland ord. Professor an der Universität Jena.

Nach dessen hinterlassenen Papieren

bearbeitet und herausgegeben

von

Ernst Landsberg,
Dr. jur.

———◆———

Breslau.
Verlag von Wilhelm Koebner.
1882.

Einleitung.

Unter den von Theodor Muther hinterlassenen Papieren, welche von seinen Erben Herrn Geh. Rath v. Stintzing zur Verfügung gestellt wurden, befand sich eine umfängliche mit „Urbach" bezeichnete Abhandlung, deren Veröffentlichung im Interesse der Wissenschaft wünschenswerth erschien. Es ergab sich indess bald, dass dieselbe einer kürzenden und ergänzenden Bearbeitung bedürfe. Auf Stintzing's Wunsch habe ich diese übernommen und nach einem zwischen uns vereinbarten Plane durchgeführt.

Die mir vorliegende Arbeit zerfiel in zwei Hälften, von deren einer sich die Zeit der Fertigstellung des Textes genau nachweisen lässt, während für die andere nur Vermuthungen möglich sind. Die erste Hälfte ist diejenige, welche sich mit Besprechung der Handschriften und Drucke des Processes befasst. Dass diese erstens einmal älter ist, als die Ausgabe des Urbach von M., lässt sich aus einer Reihe von Umständen beweisen. Zunächst kennt der Autor grade die Handschriften — Bx, Mr, Bo, D — hier nicht, welche in der Ausgabe als ihm später bekannt gewordene in den Additamenta figuriren; dann ist häufig Manches in der Handschrift noch als zweifelhaft angeführt, was in der Praefatio zur Ausgabe als sicher gegeben wird; schliesslich aber spricht Muther ziemlich zu Ende dieses ersten Theiles seiner Arbeit die Absicht aus, als Beläge einige Titel aus Urbach im Anhange abdrucken zu lassen, dachte also damals noch nicht einmal an eine Ausgabe des ganzen Processes.

Auf der anderen Seite lässt sich nun auch ziemlich genau zeigen, wann dieser Theil der Arbeit zu Ende geführt worden ist.

Muther spricht von seinen betreffenden Studien in zwei Aufsätzen in der Zeitschrift für Rechtsgeschichte; zuerst in Band VI (1867) S. 215 als von „etwas Unfertigem"; dann aber Band VIII (1869) S. 123, Anm. 6 heisst es, zum Abschlusse der betreffenden Untersuchungen fehle nur noch die Einsicht in einige Leipziger Manuskripte. Man kann danach annehmen, dass Muther gegen 1869/70 diese Parthie des Werkes fertiggestellt hat.

Dass auch die zweite Hälfte desselben vor dem Erscheinen der Ausgabe des processus iudicii geschrieben ist, ergibt sich daraus, dass Muther überall, wo er sich auf den Urbach'schen Text stützen will, sich genöthigt sieht, denselben ausführlich hinzuschreiben, während er sonst einfach auf seine Ausgabe hätte verweisen können. Zweifelhaft aber erscheint mir, ob diese zweite Hälfte, wie ja von vornherein wahrscheinlich, in direktem Anschlusse an die erste gearbeitet ist. Dagegen spricht, dass bisweilen auf diese letztere nicht Bezug genommen wird, wo man dies erwarten sollte; ja mitunter finden sich gegen das in der ersten Hälfte Behauptete gradezu Widersprüche, welche erkennen lassen, dass der Autor inzwischen Ansicht gewechselt hat. Nach alledem vermag ich nur zu sagen, dass der zweite Theil zwischen 1870 und 1873 fällt; etwa, wenn man zunächst eine Pause zwischen der ersten und zweiten Hälfte und dann wieder vor 1873 Raum für die Vorarbeiten zu der Ausgabe des processus Urbach lässt, in die Jahre 1871/72.

Hieraus ergab sich für den Herausgeber Folgendes. Zunächst einmal war fortwährend Rücksicht zu nehmen auf die inzwischen ans Licht getretene Ausgabe; so z. B. mussten an Stelle längerer Text-Ausschreibungen die entsprechenden Stellen der Editio allegirt werden, schon der Kürze halber. Es waren die neu hinzugekommenen Handschriften in Betracht zu ziehen; die Ort- und Zeitangaben derselben sind, mit Hülfe der Additamenta zur Ausgabe, ergänzt worden. Ueberhaupt ist, soweit die Ausgabe Neues dem Manuskript gegenüber bot, dies berücksichtigt worden unter der Massgabe, dass die in der Ausgabe ausgesprochenen Meinungen Muthers als die späteren, d. h. auf Grund tieferen Eindringens in den Stoff gefassten, erscheinen, ohne dass darum Herausgeber es sich versagt hätte, wo ihm eine ältere Ansicht richtiger oder gleich richtig erschien, sie beizubehalten. Besonders kam ferner für die erste Hälfte des Manuskripts in Betracht, dass die Vorrede zur Ausgabe einen vollständigen Auszug aus derselben mit Angabe sehr vieles Wesentlichen repräsentirt; es ist daher diese ganze Hälfte so behandelt worden, dass immer auf die Praefatio in der Ausgabe verwiesen und nur das in dieser nicht Enthaltene, soweit es noch interessant und besonders für die weitere Darstellung nöthig war, angeführt wurde. Viele bibliographische Notizen des Autors, mancherlei kühne Hypothesen und minutiöse Detail-Ausführungen sind ganz ausgefallen. — Schliesslich war auf die neuere Literatur, wie dieselbe sich an die Ausgabe geknüpft hat, Rücksicht zu nehmen; ich nenne nur Bethman-Hollweg, Stintzing und Schulte.

So ist es nöthig geworden, durchgreifend das Ganze neu zu redigiren, einzelne Notizen in andere Kapitel umzustellen, besonders zur Herstellung eines genaueren Zusammenhanges zwischen erstem und zweitem Theil fortwährend Detail-Aenderungen vorzunehmen. Natürlich habe ich solche Zuthaten resp. Verschiebungen unmöglich als von mir herrührend speciell charakterisiren können, da dieselben mit dem fortlaufenden Text in Eins verwebt werden mussten; doch habe ich auch geglaubt, einzelne wirklich eigene Bemerkungen, soweit sich mir solche im Verlaufe der Arbeit boten, nicht ganz unterdrücken zu sollen. Diese selbstständigen Ausführungen und Notizen sind als solche kenntlich gemacht, indem sie zwischen Sternchen (* .... *) eingeschlossen sind. Nicht besonders als von mir herrührend sind dagegen bezeichnet die Allegate aus der Ausgabe des Urbach von Muther, da diese eben sämmtlich von mir eingefügt sind. Hoffentlich wird die Anführung dieser Citate die auf sie verwandte nicht unbeträchtliche Mühe dadurch lohnen, dass sie die Lektüre zu einer leichteren und angenehmeren macht, wie durch sie auch das Werk um ein Bedeutendes von seinem früher etwas grossen Umfange verloren hat.

Die Grund-Eintheilung ist dieselbe geblieben, wie sie sich im Manuskripte vorfand; zuerst werden Handschriften, Drucke und deren Beziehungen zueinander geprüft; dann mit dem hieraus gewonnenen Material Entstehungsort, Entstehungszeit, sowie Autor näher bestimmt; schliesslich wird über die von Urbach benutzten Quellen und von dem Inhalte des Urbach'schen Processes gehandelt.

Hennef an der Sieg, im März 1882.

Dr. Ernst Landsberg,
Referendar.

Inhalts-Angabe.

		Seite
I.	Die Handschriften	1
II.	Ausgaben	10

Unter dem Namen Urbach 10; unter dem Namen Aurbach 11; unter dem Namen Panormitanus 12.

| III. | Verhältniss der Texte von Handschriften und Ausgaben zu einander | 14 |
| IV. | Abfassungszeit . . . . | 17 |

Festsetzung der Zeit der Entstehung des Processes 17; der Entstehung der Leipziger Version 18; die Geschichte des Processes in Handschriften und Drucken 19.

| V. | Entstehungsort . . . . | 20 |

Widerlegung der Beweise für einen Italiänischen Ursprung des Processes 20. Beweise für einen Deutschen Ursprung 1) nach den angeführten Gerichtsgebräuchen 22; 2) nach den vorkommenden Massen und Münzen 23; 3) nach der Benennung der Ortsobrigkeiten 23; 4) nach der Form der Notariats-Instrumente 24; 5) nach den Inhabern der ordentlichen Gerichtsamkeit 24; 6) nach der Berücksichtigung des geistlichen Processes, besonders vor den conservatores studiorum 24. Conklusion 26.

| VI. | Der Verfasser . . . . | 26 |

Vorbemerkung 26. Leben des Panormitanus 27. Demnach dieser nicht der Autor 29. Ebendies folgt aus dem Widerspruch zwischen den Lehren des P. in seinen anerkannten Werken und dem im Process Vorgetragenen 30. Widerlegung der positiven Zeugnisse für die Autorschaft des P. 35. Zeugnisse der Handschriften über den Verfasser des Processes 36. Schluss auf die Autorschaft des Urbach 38. Urkundliches Vorkommen des Namens Urbach 38. Aufklärung des Irrthums, welcher Urbach mit einem Auerbach, dem Verfasser eines tractatus de sacramentis, identificirt 42. Zusammenstellung des uns über Urbach Bekannten 46. Urbach ist nicht Verfasser oder Herausgeber des tractatus praesumptionum 46.

| VII. | Quellen . . . . | 49 |

Gesetzes-Quellen und Werke von Juristen 49. Gewohnheitsrecht und Gerichtsgebrauch 51. Quellen der Formulare, besonders Nicolaus Lubeck 55.

| VIII. | Plan und Ausführung des Werkes . . . . | 57 |

Allgemeiner Plan 57. Inhaltsangabe 60. Schlussurtheil über den processus Urbach 62.

Schlussbemerkung 63

I. Die Handschriften.

No. 1. L1. Praef. p. V—VI.

Jahreszahlen in den Formularen der Handschrift:
  1405 sechs Mal und 1407 ein Mal.

Papstnamen:
  Bonifacius vel Innocentius ein Mal. — Innocentius VII vier
  Mal. Innocentius ein Mal. In. papa VII ein Mal. — Inno-
  centius papa modernus drei Mal.

Genaues Datum: Innocentius VII anno I° secunda mensis
Aprilis (2. April 1405) — ein Mal.

Ortsnamen:
  Erfordia Magunt. Dioc. häufig. — Maguntia zwei Mal neben
  Erfurt. — Nuenburg ein Mal als Sitz eines erzbischöflichen
  Officials.

Weitere Namen:
  Ecclesia (collegiata) beatae Mariae virginis Erfordiensis oft.
  Ecclesia parochialis Sti Pauli Erfordiensis — ein Mal.
  Vicaria ad altare Sti Pauli (Erfordiensis) — ein Mal.
  Studium Erfordiense.
  Maldra frumenti Erfordiensis mensurae.
  Officialis praepositurae Ecclesiae beatae Mariae Erford.
  Decanus derselben Kirche — öfter.
  Canonici derselben Kirche.

Demnach wahrscheinlich Entstehungszeit des Werkes 1405—7,
Entstehungsort Erfurt.

No. 2. Wr1. Praef. pag. VI.

Jahreszahlen:
  1405. — 1406. — 1410. —
  1410 ind. III (die richtige Indiktion).

Papstnamen:
  Nicol. papa VIII. — N. VIII. — N. .. pape VII. — Bonifacius. — Innocentius VII a° primo — zwei Mal. — Innoc.
  papa modernus im proc. extraord. —

Ortsnamen:
  Erfurt, Mainz, Naumburg.

Einen Papst Nicolaus VIII gibt es nicht, man könnte höchstens denken an Papst Nicolaus V, 1417—55. Grade zu dessen Lebzeiten hätte man aber doch wohl seine Ordnungs-Zahl am besten gekannt. Somit ist kein Grund vorhanden, unsere Handschrift später als 1410 zu setzen; zur Erklärung der Entstehung jenes Papstnamens bieten sich alsdann zwei Wege. Man kann annehmen, in N. papa VIII, wobei dann an Bonifacius VIII. zu denken wäre, sei die verallgemeinernde Abkürzung N in Nicolaus aufgelöst worden; oder aber es hat ursprünglich geheissen ... papae te octava vicesima die ... und es ist dann hieraus geworden: papae octavi die vicesima u. s. w. —

No. 3. B. Praef. pag. VI—VII.

Jahreszahlen in den Formularen:

1411 ind. IIII 20ten Jan. (die Indiktion stimmt).

a⁰ M. undecimo — offenbar 1411.

Papstnamen:

Johannes XXIII anno II⁰ (1411).—Johannes — mehrere Male.

Namen anderer Personen:

Andreas Schulemeister in Liptzec.

Ortsnamen:

Leipzig, Merseburg — oft, maldra frumenti mensurae Lipsiensis. Prag, Meissen, Budissin.

Die Handschrift bezeichnet sich am Ende als processus — in studio liptzensi a. dom. 1411 pronunciatus. Pronunciare heisst im Sprachgebrauche des Mittelalters vorlesen, durch Vorlesen publiciren[1]). In der Universitätssprache speciell bedeutet es ein eigenes oder fremdes Buch (Heft) diktiren[2]).

Unsere Handschrift bietet uns demnach ein nachgeschriebenes Heft, der processus Urbach ist also im Jahre 1411 an dem studium zu Leipzig vorgetragen worden.

No. 4. H. Praef. pag. VII.

Jahreszahlen:

(1) 405 ind. XIII — ein Mal. (die richtige Indiktion.)

1406 — zwei Mal. — 1411, den 27. Januar — ein Mal. —

---

[1]) Grade in Leipzig kommt im Jahre 1411 pronunciatio in dieser Bedeutung vor; s. Zarnke, Urk. Quellen pag. 556, vgl. pag. 540, 541.

[2]) Kosegarten, Gesch. der Universität Greifswald I S. 10. Zu Ende einer Handschrift der ehemaligen Bibliothek des Mainzer Domkapitels war z. B. zu lesen: Explicit Summa .... Pronunciata per honorabilem virum Magistrum Petrum Monachum ... in alma universitate Erffordensi ... et scripta per me etc. cf. Guden, Cod. dipl. T. II (1747) pag. 579, 580.

Papstnamen:

N. papa VIII. — Nicolaus VII. (siehe hierüber das oben bei Wr 1. Bemerkte). — Bonifacius. — Innocentius VII aᵒ Iᵒ — zwei Mal. — (Innocentius) papa VII. — Innocentius — oft. — Innocentius papa modernus — im proc. extraord.

Ortsnamen:

Erfurt, Mainz, Naumburg.

Wir werden auf diese Handschrift später wegen eines ihr vorgebundenen Vorsetzblattes mit Italiänischen Namen noch zurückzukommen haben und können daher hier den wahrscheinlichen Entstehungsort noch nicht fixiren. Wahrscheinliche Entstehungszeit dieses Manuskrips oder seiner Mutter kaum später als 1411.

No. 5. E. Praef. pag. VII—VIII.

Jahreszahlen:

1410, den 27. Januar. — 1410, ind. 3 (die richtige Indiktion). 1406 — zwei Mal.

Papstnamen:

N. papa VIII — zwei Mal. N. papa VII. — Bonifacius. Innoc. VII aᵒ Iᵒ 2. Apr. Innoc. VII. — Innoc. — öfter. ... Innoc. papa modernus — im proc. extraord.

Ortsnamen:

Erfurt, Mainz, Naumburg.

No. 6. L2. Praef. pag. VIII.

Jahreszahlen:

1314 mens. Jan. (Sicher verschrieben für 1414 oder 1413.) 1416 ind. III. (Die Indiktion stimmt nicht; 1416 hat die ind. IX und 1410 die ind. III.)

Papstnamen:

Johannes XXIII — öfter. — Innocentius — ein Mal. — Johannes papa XXIII anno primo 2 Apr. (= 2. April 1411).

Ortsnamen:

Erfurt, Magdeburg, Leipzig, Minden, Meissen.

Entstehungszeit demnach wahrscheinlich 1416—1426.

No. 7. Wr2. Praef. pag. VIII.

Jahreszahlen:

1310 (sicher verschrieben). 1420 ind. III (statt ind. XIII).

Papstnamen:

Jo. papa XXIII öfter. — Jo. papa VI anno primo 2 Apr. —

Jo. papa VI. — Jo. — Johannes. —

N. papa VII und danach im tenor der päpstlichen Bulle Innoc.

Ortsnamen:
Erfurt, Leipzig, Merseburg.

No. 8. R1. Praef. pag. VIII—IX.

Jahreszahlen:
1323 (lies 1423) 13. Januar. —
1313 (lies 1413) — 1406 zwei Mal.

Papstnamen:
Martin V. — zwei Mal.
M. papa V. und darauf im tenor der päpstlichen Bulle
Martinus . . .
Nicolaus (2 Mal).
Jo. XXIII anno primo 2. Apr.
Jo. papa. — Joha. — Innoc. papa modernus — im proc.
extraord.

Ortsnamen:
Wien — öfter, Padua, Erfurt, Mainz.

Kirchen:
Ecclesia omnium . . . SS. wien pat. dioc. (d. i. die St. Stephans-
kirche mit altem Namen).
Ecclesia Sti Pauli Erford. —

Sonstige Namen:
Universitas studii wien etc.

Entstehung dieser Handschrift oder ihrer Mutter wahrscheinlich
unter Martin V (Nov. 1417 — Febr. 1431) mit Rückgriff auf ein
Manuskript von 1413 und 1411 (annus primus Johannis XXIII).
Wir treffen hier Wien statt Erfurt als locus indicii eingesetzt,
ohne dass es gelungen wäre, die Spuren der früheren Ortsbezeichnung
ganz auszumerzen.

No. 9. W2. Praef. pag. IX.

Jahreszahlen:
1425, den 28. Januar. — 1425 ind. XIII (statt ind. III;
würde dagegen passen für das später einmal vorkommende
Jahr 1420; es hat also hier offenbar Anfangs auch 1420
geheissen).

Papstnamen:
N. papa VIII und dann im tenor der Bulle Bonifacius.
Bonifacius papa septimus.
N. papa septimus, dann im tenor der Bulle Inno.
Martinus V.
Martinus V anno III° die V mensis Julii (1420).

Ortsnamen:

Erfurt, Mainz, Naumburg, letzteres als Sitz der curia episcopalis.
Offenbar um 1425 ziemlich getreu von einem Manuskript des
Jahres 1420 abgeschrieben.

No. 10. R2. Praef. pag. IX.

Jahreszahlen:

1414 ind. II, 4. Octob. (die ind. müsste richtig heissen ind.
VII; die ind. II würde passen auf 1424).
Anno millesimo etc. ind. XI.
1433 ind. XI 2. Juli (die Indiktion ist die richtige).
1403. (An dieser Stelle ist absichtlich um dreissig Jahre
zurückgerechnet.)
1433 de mense Januarii.

Papstnamen:

Jo. papa anno primo 4. Oct. — Johannes etc. — Jo. XXII
und dann in tenor der Bulle Johannes etc.
N. papa XII und im tenor der Bulle N. ēps etc.
gregorius papa Vus anno I° die Jovis mens. April.
gregorius papa Vus.
gregorius papa decimus anno 1° 2. Juli.
gregorius. — gregorius papa modernus drei Mal im proc.
extraord.

Ortsnamen:

Köln, Basel, Schaffhausen, Bologna.

Kirchen u. s. w.:

Ecclesia collegiata beate marie communiter sic appellata (in
Schaffhausen).
Ecclesia Stae Mariae Basil. — Studium Bonoñ.

Entstanden 1433, wahrscheinlich bei Gelegenheit des Baseler
Conzils, jedoch zurückweisend auf Urschriften aus den Jahren
1410 und 1407. Der Schreiber scheint kein Baseler gewesen zu
sein, da ihm einige Verstösse begegnen. Zwar war das Münster
in Basel der Maria geweiht, wie sich z. B. aus einer Urkunde
Heinrich III. von 1041 ergibt, in welcher es heisst: eclesia
Basiliensis in honorem sancte Marie constructa; aber die officielle
Formel für diese Kirche war ecclesia maior, und in Schaffhausen
gar hat es eine Ecclesia Stae Mariae nie gegeben[1]).

No. 11. W1. Praef. pag. X.

Jahreszahlen:

1405 ind. II den 27. Jun. (die ind. ist falsch).

---

[1]) Nach gütigen Nachrichten von A. Heusler Sohn.

1418 ind. XII (die ind. stimmt, wenn wir die sog. kaiser-
liche oder auch die griechische Indiktion annehmen, für
die Zeit vom 24. resp. 1. Sept. 1418 bis zu Ende des
Jahres).
1425.
Papstnamen:
N. papa VIII und dann im tenor der Bulle Bonifacius etc.
Innoc. VII. — N. papa VII und dann im tenor der Bulle
Innoc. —
N. papa V.
M. papa V a° I° 22. Juli.
Ortsnamen:
Erfurt, Mainz, Naumburg.
Zurückweisungen auf eine Handschrift von 1425 und eine
weitere von 1418 sind unverkennbar.
No. 12. M2. Praef. pag. XI.
Jahreszahlen:
1430. — 1400 etc. — 1478[1]) ind. septima (1478 ist offenbar
verschrieben, da das Manuskript aus dem Jahre 1462
herrührt, s. Praef; — auch die ind. VII stimmt nicht
auf 1478).
Papstnamen:
N. papa VI und dann im tenor der Bulle Eugenius etc.
Innocentius. — Eugenius. — N. papa V a° I° 2. Apr. —
Calistus III. —
N. papa VI a° X 18. Mai. — N. papa. —
Calistus papa modernus, im proc. extraord öfter.
Ortsnamen:
Erfurt, Mainz, Hildeñ, Magdeburg, Leipzig, Merseburg.
Für den offenbaren Schreibfehler 1478 könnte man einsetzen
1418 oder 1458. *In Bezug auf das letztere dieser beiden Jahre
stimmt die ind. septima vom 24. resp. 1. Sept. ab, wenn wir wieder
die sog. kaiserliche oder griechische Indiktion annehmen.* —
Verschiedene Hinweise auf frühere Handschriften sind unsicher.
No. 13. G. Praef. pag. XI.
Jahreszahlen:
a° M·CCCC $^{XVII}_{LXXIII}$ Ind. $^{X}_{VI}$ 4. Okt. (Beide Indiktionen
sind richtig, die Ind. VI für 1473 und die Ind. X für
1417.)

---

[1]) So nach Rockingers Angabe.

a° MCCCCXXII Ind. IV 2. August. (Müsste heissen Ind. XV; Ind. IV würde stimmen für 1426.)

Papstnamen oder Entsprechendes:

Apostolica sede vacante anno 3° und dann im·Text der Bulle: Jo eps etc.

Joh. XXIII und dann im tenor der Bulle Jo. eps etc.

Joh. eps etc. — Martinus papa. —

Martinus papa V anno I° 2. Aug.

Ortsnamen:

Leipzig, Merseburg, Mainz, Erfurt.

Wahrscheinlich, wie aus der Jahreszahl 1473 mit der richtigen Indiktion 6 folgt, im Jahre 1473 geschrieben; die Verbesserung über jener Jahreszahl aber sowie über der Indiktion weist auf eine Mutter-Handschrift aus dem Jahre 1417 zurück. Mit diesem letzteren Jahre stimmt die Zeitangabe sede apostolica vacante anno 3°, da Joh. XXIII. im Jahre 1415 vom Concil zu Constanz abgesetzt worden war und die Wahl Martin V. am 11. Nov. 1417 statt fand. Es lassen sich wohl noch einige Zwischenglieder zwischen jener Handschrift von 1417 und der unsrigen ableiten[1]).

No. 14. M1. Praef. pag. IX—X.

Das Manuskript stimmt fast genau überein mit den gedruckten Ausgaben, welche später unter A zu besprechen sind. — Zurückverweisungen auf·nicht viel ältere Handschriften lassen sich constatiren.

No. 15—18. Unter diesen Nummern gibt das mir vorliegende Manuskript Muthers dieselben Notizen über nicht aufzufindende Handschriften des processus Urbach, wie praef. pag. XII.

* Es fehlte in den Muther'schen Papieren die Besprechung der in der Ausgabe des Urbach erörterten Handschriften B x, Mr, Bo und D. Ich habe die Orts- und Zeitangaben aus denselben unter Benutzung der Additamenta zur Ausgabe des Urbach von Muther zusammengestellt und füge dieselben nunmehr ein.

Höchst unbedeutend ist die Ernte aus D, praef. pag. X—XI, in welcher Handschrift nur die Jahreszahl 1453 erwähnenswerth

---

[1]) * Weitläufige Ausführungen des Autors über den muthmasslichen Schreiber (Joh. Stammel) fallen hinweg. Derselbe war nach diesen Universitäts-Lehrer zu Rostock und Greifswalde, stand in Beziehung zu dem Bischofe von Lübeck und scheint schliesslich als Canonicus zu Lübeck lebend sich dort als Rechtsbeistand haben brauchen zu lassen. — Auch eine Reihe von Notizen über den Bischof von Lübeck, Westphal, übergehe ich; s. über ihn Muther, Römisches und canonisches Recht im Deutschen Mittelalter (1871) Seite 31 ff.*

sein dürfte. Wenig ergiebig ist auch Bo, praef. pag. X, aus welcher ich nur anführe:

den Anfang: Incipit processus indiciarius urbach (?), ferner die Zeitangaben: MCCCCXXXIX und papae VIII anno eius secundo, sowie schliesslich den Ortsnamen Erfurt.

Zu den bedeutsamsten und ältesten Handschriften dürfte dagegen gehören Bx, praef. pag. VIII. Besonders auffallend ist die Menge der Deutschen Orte, welche in ihr vorkommen, als:

Erfurt, sehr oft; Mainz, oft; Prag, Frankfurt, Heidelberg, Worms; auch Thüringen finden wir einmal erwähnt.

Jahreszahlen:

1416, den 28. Januar.

1405 sehr häufig.

Papstnamen:

Bonifacius papa VIII. — papa VII. — papa VIII. — Innocentius häufig. —

Innocentius papa IX Anno primo die Jovis II mensis Aprilis. (Innocenz der 9. regirte im Jahre 1591, an ihn kann also nicht gedacht werden, vielmehr ist hier unbedenklich zu korrigiren papa VII.)

N. papa VII. — Innocentius VII. — 1405 Ind. XIII (die richtige Indiktion) pontificatus Innocentii VII anno primo die II mensis aprilis (stimmt genau, besonders auch mit L 1). Innocentius papa modernus, im proc. extraord.

Das Manuskript ist demnach geschrieben im Jahre 1416, weist aber mit grosser Sicherheit auf eine fast ganz getreu wiedergegebene Handschrift vom Jahre 1405 zurück.

Das Ende lautet: Et sic est finis huius processus indiciarii editi per dominum Johannem urbach decretorum doctorem eximium. De quo sit deus benedictus in secula seculorum. Amen.

Interessante Daten bietet ebenfalls Mr, praef. pag. IX—X.

Jahreszahlen:

1431, zwei Male; Januar 1433.

Papstnamen:

Bonifacius ein Mal. — Eugenius divina providentia papa IV sehr häufig. — N. divina providentia papa IV. — Eugenii pape Quarti anno quinto. — Anno tali Indion. tali pontificatus sanctissimi in christo patris et domini nostri domini Eugenii divina providentia pape quarti anno eius primo die mercurii 2. mensis aprilis (2. April 1431; Beginn von

Eugen IV. Regirung 3. März 1431; im Jahre 1431 war wirklich der zweite April ein Mittwoch).

Ortsnamen:

Erfurt und Mainz sehr häufig; ausserdem Prag und Hildesheim; einmal wird auch Thüringen genannt.

Die Handschrift fällt unzweifelhaft unter Eugen IV.; wir haben keinen Grund, eine spätere Entstehungszeit als das letzte in ihr erwähnte Jahr, annus quintus Eugenii pape quarti, also 3. März 1436—1437 anzunehmen.

Anfang: Processus indicii Urbach. (in margine.)

Ende: Et sic est finis huius processus Iudiciarii Johannis Urbach.

Schliesslich sind noch einige Handschriften aufzuzählen, über welche auch die Ausgabe des Urbach von Muther nichts bietet. Zunächst erwähne ich diejenige, welche Bethmann-Hollweg, Geschichtliche Entwicklung des Civilprocesses VI 1 S. 261 anführt; dieselbe nennt keinen Verfasser und scheint im Jahre 1440 zu Paris entstanden zu sein, was, wie Bethmann-Hollweg bemerkt, nur für die frühe Verbreitung der Schrift beweist.

Zwei andere Manuskripte nennt Schulte in der Recension der Ausgabe des processus Urbach, Katholisches Litteraturblatt (hrsg. von Prof. Dr. F. H. Reusch) 8. Jahrgang (1873) No. 13 (Seite 305/6). Die eine ist von ihm zuerst hervorgehoben in seiner Abhandlung: Die canonistischen Schriften der Bibliotheken u. s. w. in Prag, Prag 1868, Abhandl. der Kön. Böhm. Gesellsch. d. Wiss. 6. Folge 2. Band No. 43 Seite 28 ff. Die andere ist Schulte nur bekannt aus dem Catalogue gén. des manuscrits des bibl. des dép. III 230, nach welchem sich in St. Omer eine Ausgabe Paderborn 1475 befinden soll; ob diese Angabe richtig ist, lässt Schulte dahingestellt. — Siehe auch über beide Manuskripte Schulte, Geschichte der Quellen und Literatur des kanonischen Rechts, II, Seite 301, Anm. 2; und vgl. schliesslich noch ebendort S. 302 Anm. 4.

Bei der grossen Menge des bereits angesammelten handschriftlichen Materials habe ich es für unnöthig gehalten, über die letzterwähnten Handschriften weitere Studien zu machen, welche den Aufwand an Zeit, Mühe und Kosten nicht gelohnt haben würden.*

2. Ausgaben[1]).

a) Unter dem Namen Johannis de Urbach.

Es handelt sich hier eigentlich nur um die verschiedenen Ausgaben des Liber plurimorum tractatuum iuris, welche von Stintzing mit A bezeichnet und wegen ihrer völligen Conformität als identisch behandelt werden. Ebenso wird hier verfahren, übereinstimmend mit Praef. pag. XIII—XVII[2]).

Jahreszahlen in den Formularen:

1469 ind. tal. 10. Nov.

1469 ind. XIII 2. Dez. (Die ind. ist falsch.)

1470 mense sept. — 1470.

Papstnamen:

Paulus II. und dann im tenor der Bulle Paulus — oft.

Paulus II. anno sexto dicionis III mensis decembris. — (Dezember 1468.)

Inno. papa modernus. — Paulus papa modernus — zwei Mal.

Andere Namen:

A. Steinhorn et Stephanus (Zeugen).

Ortsnamen:

Mainz, Erfurt, Thüringen.

Prälaten, Richter u. s. w.:

Hunoldus decanus.

Decanus ecclesie beate Marie etc. — häufig.

Man darf annehmen, dass keine jener Ausgaben vor 1476 oder 1477 erschienen ist, vielleicht sind sie sogar noch etwa zehn Jahre jünger.

Was den Entstehungsort und die Entstehungszeit der handschriftlichen Vorlage für diese Drucke betrifft, so giebt noch einigen Anhalt der Name Hunoldus decanus in der Forma instrumenti de praesentatione rescripti. Damit ist kaum ein Anderer gemeint als Hunold von Plettenberg, Med. doctor, welcher unter dem 21. Dec. 1462 zum Vicekanzler der Universität Erfurt ernannt wurde[3]). In der Bestallungsurkunde wird Hunold als canonicus ecclesiae beatae Mariae virginis genannt. Danach ist Hunold Dekan geworden in

---

[1]) S. überhaupt bei Stintzing, Populäre Literatur des Römisch-Canonischen Rechts in Deutschland, die Besprechung unseres Processes.

[2]) *Siehe auch noch bei Bethman-Hollweg Civilprocess VI 1 Seite 261 Anm. 19 ein Exemplar dieser Ausgabe Argent. 1490.*

[3]) Würdtwein, Dioc. Mogunt. in archidiaconatus districtu Comm. XI (1790) pag. 294.

der Zeit zwischen dem 21. Dec. 1462 und Ostern 1464, wir dürfen
also rundweg sagen 1463[1]).

Daraus folgt dann, dass die Handschrift, welche den Namen
Hunold zuerst enthielt, vor 1463 nicht entstanden ist und dass sie
in Erfurt entstand. Die Jahre 1463—68 sind es also, in welche
wir die mit A bezeichnete Redaktion des Processes setzen dürfen.
*Auf die in den Drucken fälschlicherweise bei der Jahreszahl 1469
figurirende Indiktion XIII würde das Jahr 1465 passen.*

b) Unter dem Namen Johannis de Auerbach.

Auch hier sind die beiden in Betracht kommenden Ausgaben
bereits sehr ausführlich in der Praefatio besprochen.

E b 1 — praef. pag. XVII—XVIII — sowohl wie die gleich
zu besprechende Ausgabe E b 2 bieten unseren Process mit Bemerkungen des Prof. Eberhausen. *Ueber diesen ist nunmehr
ausser Muther, Zur Geschichte etc. Seite 87 noch besonders zu
vergleichen Stintzing, Gesch. der D. R.-W. I S. 34. — Siehe auch
Schulte, Quellen, H No. 120ᵃ, S. 302.* ·

Die Ausgabe ist so eingerichtet, dass der Process Urbachs in
längere oder kürzere Abschnitte zerlegt abgedruckt ist und hinter
jedem Abschnitt, mit etwas kleineren Lettern, Eberhausens Commentar folgt.

Jahreszahlen in den Formularen:
  1468 ind. XII, 11. Okt.
  1425 ind XIII, 7. April. (Statt XII und XIII müsste es
    heissen II und III.)
  1416. — 1411. —

Papstnamen:
  Paulus II anno eius secundo. (August 1464—65.)
  Johannes XXIII. — Johannes — oft.
  Eugenius vel Martinus, dann im tenor der Bulle Martinus.
  Innocentius VII anno primo die Jovis II mensis Aprilis.
  Innocentius VII. — Innoc. papa modernus. —
  Innoc. VI (!) anno I die VII mens. april. —

Ortsnamen und Personenbezeichnungen wie in A; nur steht
statt Erfurt hin und wieder Leipzig oder Meissen. Auch fehlen die
Namen Hunoldus decanus sowie A. Steinhorn und Stephanus.

Der Process ist nach dem Tode Eberhausens (1479, nach an-

---

[1]) Gestorben ist Hunold v. Plettenberg nach seinem im Chor der Marienkirche zu Erfurt befindlichen Grabsteine im Jahre 1475.

deren Angaben 1484) gedruckt und „non sine exactissimo consilio doctorum correctus". Was die doctores hinzugethan, was Eberhausen, ist nicht zu ermitteln. Die Grundlage des Textes scheint mit B nahe verwandt gewesen zu sein, doch dürften Korrekturen aus L 1 stammen.

Eb 2, praef. pag. XVIII—XIX, nicht ohne wesentliche Abweichungen in den Formularen von der vorhergehenden Ausgabe, zeichnet sich besonders dadurch aus, dass auch in der Vorrede nunmehr statt Urbach steht Aurbach, übrigens ist hier die Einleitung hinter das erste Bruchstück des Urbach'schen Processes bei Beginn des Eberhausen'schen Commentars gesetzt und nicht ganz an die Spitze, wie in Eb 1. —

Jahreszahlen in den Formularen:
1512 ind. XII den 11. Mai.
1512 ind. tali. — 1512 ind. XIII 7. Apr.
1416. — 1501, XI die mens. Jan.
(Die Indiktionen passen beide nicht.)

Papstnamen:
Bezüglich derselben finden sich bei sonstiger Uebereinstimmung folgende Abweichungen von Eb 1:
Julius papa II anno eius VIII.
Julius II. — Julius. — Julius papa modernus. — Julius papa II anno eius I° die VII mensis April.

Auch die Ortsnamen stimmen mit Eb 1, bis auf einmalige Einsetzung von Leipzig für Erfurt. Sonst findet sich noch der Name: Jacobus Koler, iuris pontificii doctor, Cenobii divi Augus. St. Thomae in Liptzek preposit. universitatis nostre subconservator.

Sixtus Pfeffer de Werdea (s. über seine Bedeutung für unseren Druck die Praefatio) kommt vor 1502 als Dekan der Artisten-Fakultät zu Leipzig[1]), 1505—1508 als Mitglied des collegium minus[2]) und im Sommer 1506 als Rektor der Universität[3]).

c) Unter dem Namen des Panormitanus.

*Ich übergehe mehrere, sehr zweifelhafte Ausgaben um das Jahr 1500, welche übrigens jedenfalls mit der sofort zu besprechenden conform sind, und verweise auch hier wieder kurz auf praef. pag. XIX—XXII sowie auf das dort gewonnene hochbedeutsame Re-

---

[1]) Zarncke, Urk. Quellen der Univ. Leipzig Seite 811.
[2]) Ebendas. S. 765.
[3]) Ebendas. S. 594: Sixtus Pfeffer de Werdea A A ac utr. iur. D.

sultat, dass sämmtliche Ausgaben, welche unsern Process dem Panormitanus beilegen, von der Löwener, mit Pa bezeichneten Ausgabe herrühren. Sie sind alle einander so ähnlich, dass wir sie
auch zusammen behandeln können.*

Der zunächst in die Augen fallende Unterschied dieser Ausgaben von A und E b besteht darin, dass die Formulare des Processes in Bezug auf die Daten und Namen grösstentheils unaus-
gefüllt geblieben sind, so dass es nur noch heisst: anno, hora, in
oppido, diocesi, in curia talis preposити u. s. w. Die wenigen vorkommenden Angaben positiverer Art sind die folgenden:

Jahreszahlen:

    1461 — (Articuli in causa beneficiali).

Papstnamen:

    Jo. episcopus servus servorum dei. —

    Pius II und dann in der Bulle Jo. Episc. etc. — Pius papa II.

Ortsnamen:

    Paris. — in oppido Montisacuto (Montjoie?) in civitate Mel-
    densi — en diocesi Verdunensi in terra Barensi. — oppi-
    dum communiter nuncupatum de Bathoniscastro.

Kirchen u. drgl. m.:

    Ecclesia Ste. Mariae (Verdinensis). Collegiata ecclesia beatae
    Virginis Mariae sic communiter nuncupata (in Bathomi-
    castro.)

    curia Episcopalis Leodinensis.

Die Jahreszahl 1461 und Papst Pius II. führen auf ein sämmtlichen Drucken zu Grunde liegendes Manuskript aus dem Jahre
1461 zurück; der Papst Joh. (XXIII), welcher von 1410—1415
regierte, scheint wieder auf eine Mutter-Handschrift aus diesen Jahren
zurückzuweisen.

Die Ortsnamen zeigen die Bekanntschaft des Schreibers mit
den Gegenden von Paris, Verdun, Bar und Lüttich.

Gegen die hieraus zunächst folgende Annahme, dass die Mutter-
Handschrift dieser Ausgaben nach Lothringen (Bar, Verdun) gekommen und dort nach lokalen Verhältnissen interpolirt worden
sei, hat Stintzing angeführt, dass die Daten in P (Pius I. und 1461)
älter sind als die in A. Verliert dieses Argument auch an Bedeutung, seitdem wir Handschriften mit dem Namen Urbach's
kennen gelernt haben, welche entschieden ältere Daten als P aufweisen, so scheint doch immerhin die so von Stintzing bestrittene
Annahme noch recht kühn. Wenigstens eben so leicht möglich ist
es, dass ein Student aus dortiger Gegend, welcher in Erfurt oder
Leipzig unsern Process hörte, in seinem Hefte die heimischen Na-

men an Stelle der ursprünglichen gesetzt hat. Doch sind hier der Vermuthungen so viele statthaft, dass wir besser auf irgend eine bestimmtere Behauptung verzichten [1]).

3. Verhältniss der Texte von Handschriften und Ausgaben zu einander.

*Muther hat eine langwierige, ins Detail eindringende, auf äusserst feinen Text-Vergleichungen beruhende Betrachtung über das Verhältniss besonders der Handschriften zu einander angestellt. Die Bedeutung dieser Untersuchung ist wohl grösstentheils die, für die Ausgabe des Urbach einen festen, kritischen Boden zu gewinnen. Da wir nun die Ausgabe, welche die so gewonnenen Resultate verwerthet, besitzen, so verliert dieser Abschnitt der Arbeit den grössten Theil seines Werthes. Uebrigens ist das Endergebniss jener Forschungen, wie es dann später als Grundlage einer Textes-Kritik gedient hat, in der Praef. pag. **XXIV—XXV** klar und übersichtlich zusammengestellt. — Wenn ich trotzdem wenigstens Einiges aus jener Abtheilung des Muther'schen Werkes hier mittheile, so geschieht dies, weil es nicht erträglich erscheint, dass mit solcher Ausdauer und Feinheit geführte Forschungen ganz unbekannt blieben.*

Zunächst einmal lassen sich drei Klassen von Handschriften und Drucken unterscheiden: solche, in welchen Erfurt als örtlicher Mittelpunkt erscheint; solche, in welchen mit Erfurt ein anderer Hauptort, namentlich Leipzig, concurrirt; und solche, in welchen die Nennung von Erfurt ganz vermieden ist.

1. Klasse: L 1, Wr 1, H, E, W 1, W 2, M 1, A, *Bx und Mr.*

2. Klasse: R 1, L 2, Wr 2, M 2, B, G und Eb.

3. Klasse: R 2 und P,

Weitere Kategorien lassen sich unterscheiden nach drei Stellen, welche in einzelnen Handschriften enthalten sind, in anderen nicht. Die erste Stelle, welche so benützt werden kann, nennt schon

---

[1]) Weitere Ausgaben sind hier nicht anzuführen, unser Process ist keinem Druck von Werken des Panoramitanus aus dem 15. Jahrhundert beigefügt. Gesammtausgaben des Panoramitanus aus dem 15. Jahrhundert giebt es freilich nicht. In den 1592 (Opp. Venet. fol.) sowie 1617 (Venetiis apud Juntas fol) erschienenen findet sich dagegen auch unser Process.

Stintzing, Pop. Lit., Seite 254[1]). Ferner ist charakteristisch für einige Handschriften und Druck das Einschiebsel: et econverso in der Forma depositionum (testium)[2]). Schliesslich kommt in Betracht, dass einige Exemplare an der Stelle, welche bei E b die Ueberschrift trägt: Quid fiat libello accepto einen Zusatz haben: doctrinam fulgidam[3]).

Bei näherem Zusehen nun ergiebt sich, dass alle drei Zusätze fehlen in den Ausgaben, welche wir oben als erste Klasse bezeichnet haben, d. h. in derjenigen, welche den örtlichen Mittelpunkt Erfurt bieten; *ich habe dies auch für B x und M r constatirt*.

Alle drei Zusätze hingegen finden sich in B, P, G und E b.

Die übrigen Exemplare haben nur den einen oder anderen Zusatz, nämlich:

R 1 und R 2 enthalten den ersten Zusatz, nicht den zweiten und dritten.

W r 2 und L 2 enthalten den zweiten und dritten, nicht den ersten.

M 2 hat den ersten und zweiten, nicht den dritten.

Die früher als Klasse 1 bezeichneten Exemplare zeigen sich demnach wirklich als besonders zusammengehörig; die Differenz zwischen den früher unterschiedenen Klassen zwei und drei erweist sich hingegen als unwesentlich. R 1 und R 2 scheinen den Uebergang zu den mit Zusätzen versehenen Exemplaren zu bilden.

Dass übrigens Alles, was in den Exemplaren der ersten Klasse fehlt, nicht hier ein Mangel, sondern in den anderen Exemplaren Einschiebsel ist, ergiebt sich nunmehr klar daraus, dass etwa sämmtliche Handschriften der ersten Klasse älter sind als die übrigen. Auch Stintzing wird heute sicherlich keinen Werth mehr auf seine frühere Behauptung legen[4]), dass es sich um Auslassungen handle.

Zu bemerken ist noch, dass die Werke erster Klasse alle, mit Ausnahme von W 2, ordentlichen und ausserordentlichen Process enthalten (*so auch B x und M r*.), während von den übrigen nur M 2, P und E b den processus qui fit simpliciter et de plano haben.

Alle hier nicht ausdrücklich angeführten bedeutenden Textes-Abweichungen der verschiedenen Exemplare lassen sich nun auf die Verschiedenheit der beiden Klassen zurückführen. *Der Kürze halber nenne ich hier die Stellen in der Muther'schen Ausgabe des

---

1) Urb. ed. Muth. pag. 31 Z. 10.
2) Urb. ed. Muther pag. 197 Z. 3.
3) Urb. ed. Muth. pag. 129 Z. 2.
4) Pop. Lit. Seite 255.

Urbach, wo sich solche Divergenzen finden und bitte dort die unter
dem Text fortlaufenden Anmerkungen beachten zu wollen:*

S. 28 Z. 1. Citantes etiam etc.

S. 37 Z. 10. coram nobis in indicio.

S. 36 Z. 12. exequi .. tenemur.

S. 37 Z. 3, 4. — S. 38 Z. 2.

S. 191 Z. 6 u. a. St. in der Forma commissionis recipiendi
testes. —

S. 249 in der Forma apellationis a gravamine.

S. 304 Z. 9 — S. 305 Z. 10, mit interessantem Verwandt-
schaftsfall.

Aus all diesen einzelnen Stellen, — s. speciell S. 191 — folgt
noch besonders, dass gerade P häufig eine recht unzuverlässige,
aus verschiedenen missverstandenen Handschriften zusammengesetzte
Lesart bietet.

Schliesslich ist noch der von Stintzing Pop. Lit. S. 254/255
unter b besprochene Punkt zu erörtern. Die ganze betr. Einschal-
tung[1]) ist, da die Handschriften ihrer alle völlig entbehren, jüngeren Datums. Wichtig ist sie aber eben deshalb wieder, weil
hieraus folgt, dass die Texte von P, Eb und A durchaus nicht unabhängig von einander entstanden sein können, sondern dass
Vergleichung resp. Ergänzung derselben aus einander noch in späteren Zeiten statt gefunden hat.

Im allgemeinen kann man annehmen, dass den Werken erster
Klasse ein akademischer Vortrag zu Erfurt[2]) entspricht, während
den Redaktionen zweiter Klasse ein Vortrag an dem studium zu
Leipzig[3]) zu Grunde zu liegen scheint. Dass die Erfurter Version
die ältere, ergiebt sich aus dem durchschnittlich höheren Alter der
Werke erster Klasse; ob bei dem Uebergang des Processes von
Erfurt nach Leipzig wirklich an die Person des Jac. Radewitz[4])
zu denken ist, wie Muther schon bei Besprechung von L 1 in der

---

[1]) Siehe Urb. ed. Muth. pag. 45 a. E.

[2]) Namentlich die unter sich noch einmal besonders verwandten W 1,
W 2 und A repräsentiren Textesrevisionen von Docenten zum Behufe ihrer
Vorlesungen.

[3]) Für einen akademischen Vortrag spricht besonders L 2, welche Handschrift neben dem Texte des Lehrbuches die Zusätze des Docenten giebt.

[4]) *Siehe über diesen Stintzing Gesch. d. D. R.-W. I S. 33 a. E.* — Gedacht werden kann auch an Conrad Thus, welcher bis 1409 ordinarius des Can.
Rechts in Erfurt war, als solcher dort auch Process zu lesen hatte und dann
nach Leipzig übergesiedelt zu sein scheint. *Siehe über ihn Stintzing ebendas.
S. 32.*

Praefatio pag. VI bemerkt, bleibt wohl am besten dahingestellt. Die weitere Conclusion, wonach L 1 die gemeinsame Mutter aller Handschriften unseres Processes wäre, liegt dann ziemlich nahe, so dass wir sie, ohne irgend etwas Positives zu behaupten, wenigstens nicht ganz verschweigen wollen.

4. Abfassungszeit.

Nachdem wir im Vorstehenden sämmtliche Daten zusammengetragen, können wir uns nunmehr über die Zeit der Abfassung des Processes kurz fassen. Die in den besten Handschriften häufig wiederkehrende, in fast allen anklingende Datirung von den ersten Regierungsjahren Innocentius VII, d. h. also October 1504 bis eben dahin 1505, ist schon deswegen entscheidend, weil bei diesem Jahr auch immer die richtige Indiction auftritt. Dieselbe ist dann auch oft da erhalten, wo die Jahreszahl selbst geändert ist, jene also eigentlich nicht mehr passt; dies ist leicht erklärlich, wenn wir bedenken, dass meist die Schreiber solcher Handschriften nicht gelehrte Notarien, sondern Studenten oder noch weniger gebildete Leute waren, welche, wenn sie den zu ihrer Zeit regirenden Papst einsetzten, unbedenklich die frühere Zahl des Regierungsjahres und erstrecht die frühere Indiction stehen liessen. Einiges Gewicht kann auch darauf gelegt werden, dass bisweilen und in verschiedenen Manuscripten in Verbindung mit den annus primus Innocentii VII ind. XIII sich das genauere Datum die Jovis II. April. findet: denn im Jahre 1405 fällt in der That der zweite April auf einen Donnerstag.

Der Schluss, dass unser Process im Jahre 1405 geschrieben sei, wird weiterhin dadurch unterstützt, dass der jüngste der im Process citirten Schriftsteller, Johannes de Lignano, im Jahre 1383 gestorben ist[1]).

Die Annahme einer späteren Abfassung ist nun wohl überhaupt dem handschriftlichen Material gegenüber kaum mehr möglich; fraglich könnte nur sein, ob nicht die Erwähnung Bonifaz IX.[2]) in

---

[1]) v. Savigny, Rechtsgeschichte III S. 208 Note a.

[2]) Bonifaz. VII., † 985, wird mitunter in der Reihe der Päpste nicht mitgezählt, daher erhalten dann Bonifaz VIII. † 1303 und Bonifaz IX., † 1404 andere Numern.

manchen Handschriften bei einigen Formularen zu Anfang des Processes auf ein noch früheres Jahr hinweise. Es ist aber trotz dieses Umstandes an der so vielfach beglaubigten Jahreszahl 1405 festzuhalten. Wahrscheinlich ist es, dass unser Autor, der doch schon, ehe er gradezu mit Schreiben begann, Stoff zu seiner Arbeit sich bereit gelegt haben musste, darunter auch einige Reskripte aus der Zeit Bonifaz IX. vorfand und den Papstnamen unverändert liess; möglich auch, dass bei Beginn seiner Arbeit die Nachricht von dem Tode des einen und der Wahl des anderen Papstes noch nicht über die winterlichen Alpen bis zu ihm gedrungen war und er dann bei späterem Corrigiren einige Male den Namen des alten Pontifex übersah. Nehmen wir übrigens selbst eine Abfassung zur Zeit Bonifaz IX. an, so würde dies doch das Alter unseres Werkes nur um 1—2 Jahre erhöhen.

Die Jahreszahl 1403, welche in der 1433 geschriebenen R 2 (in den Articuli in causa beneficiali) einmal vorkommt, ist ohne alle Bedeutung, da dort absichtlich um dreissig Jahre zurückgerechnet ist.

Wir schliessen demnach jetzt entschieden auf das Jahr 1405; in einer Handschrift, L 1, könnte man sogar ganz genau Entstehung und Fortgang der Arbeit verfolgen. Nach den verschiedenen Daten in den verschiedenen Formularen dieses Manuskripts hätte der Autor sein Werk im Januar 1405 begonnen, hätte am 28. Januar die Praesentatio rescripti und Citatio delegati behandelt, wäre am 1. Februar zur citatio ordinarii gelangt, am 2. April zur Publicatio sententiae und dem Instrumentum appellationis. Es würde dies für den Tag etwa ein Arbeitspensum von einer Quartseite (2 Columnen) ergeben, was bei vorher vollständig gesammeltem Material nicht zu viel sein dürfte. Doch ist natürlich hierauf keinerlei Gewicht zu legen.

Unter den übrigen Päpsten, deren Namen hauptsächlich in den späteren Handschriften und in den Drucken figuriren, spielt eine besondere Rolle Joh. XXIII., gewählt 1410 den 17. Mai, abgesetzt 1415 den 29. Mai. Die Exemplare, in welchen sein Namen sich findet, entsprechen genau unserer zweiten Klasse, während derselbe in den Handschriften erster Klasse fehlt; hieraus folgt, dass die Leipziger Redaktion in den besonders häufig erwähnten annus primus Joh. XXII., also Mai 1410—1411, fällt.

Die Zeit der einzelnen Handschriften lässt sich leicht aus den bei jeder angegebenen Daten nach den hier befolgten Grundsätzen feststellen; über diese sowohl wie über die Entstehungszeit der einzelnen Drucke ist auch bei Besprechung derselben schon das

Nöthige mitgetheilt, sofern es nicht bereits in der Praefatio sich
vorfand. Es mag ja sein, dass nicht jede der so zur Zeitbestimmung
benutzten, den Formularen entnommenen Jahreszahlen die ihr bei-
gelegte Bedeutung hat; da sich aber alle wiederholen und gegenseitig bestätigen, so dürfte das Resultat doch schliesslich ein fest-
stehendes sein.

Die Geschichte unsers Processes ist demnach die, dass er, im
Jahre 1405 entstanden, sofort in Erfurt zu Vorlesungen benutzt
worden ist; im Jahre 1410/11 nach Leipzig gebracht, wird er nunmehr auch dort als Grundlage für Vorlesungen verwendet. Durch die
grossen Concilien von Konstanz und Basel erhält er eine weitere Verbreitung, wird mit mancherlei Modifikationen abgeschrieben und ist
schliesslich vielleicht auch noch bei anderen Universitäten in Gebrauch.

Bis gegen Ende des 15. Jahrhunderts wurden Vorlesungen
über ihn gehalten. Unter den Drucken repräsentiren A die Erfurter
sowie P und Eb die Leipziger Form, wobei es unentschieden bleiben
mag, ob P schon zur Zeit des Baseler Concils nach Lothringen
verschlagen wurde oder ob dies erst später geschah. Unmöglich
wäre es nicht, dass Eberhausen schon 1461 in Leipzig über unseren
Process gelesen und ein Lothringer bei ihm gehört hätte. Wir
müssten dann annehmen, dass Eberhausens Redaktion wohl nach
und nach die Form angenommen hätte, in welcher sie uns heute
gedruckt vorliegt.

Die Löwener Drucke, P, sind die ältesten; von Herausgebern
oder Druckern wurde ihnen der berühmte Name des Panormitanus
auf den Titel gesetzt; mit welchem Recht? wird später zu erörtern sein.

Der älteste Druck von A gehört nach Basel oder ist doch von
dort aus veranlasst worden. Dass grade dieser Druck die Erfurter
Recension gibt, ist nicht Zufall, da die 1460 eröffnete Baseler
Universität in nahem Verhältniss zu Erfurt stand. Nicht nur die
Erfurter Statuten wurden als Muster für die Baseler benutzt[1]),
sondern es war auch eine ganze Reihe tüchtiger Lehrer von
Erfurt nach Basel gewandert. In der Juristenfakultät namentlich
finden sich gleich zu Anfang zwei frühere Erfurter:

Joh. Helmich von Berka[2]), Decr. D., erster Ordinarius des
kanonischen Rechtes, 1463 Rector, und

Gerhardus in Curia von Berka[2]), U. J. D., ordinarius Sexti,
1462 Rector.

---

[1]) Vischer, Gesch. der Univ. Basel, (1860) Seite 96 ff.

[2]) *Siehe über die beiden de Berka: Stintzing, Gesch. der deutschen
R.-W., I Seite 33.*

Diese ehemaligen Erfurter Rechtslehrer hatten unzweifelhaft ihre Bücher mit nach Basel gebracht, denn zu jener Zeit spielte bei Errichtung einer Universität die Frage: Woher die libri? noch eine Hauptrolle[1]. Es ist daher nicht zu bezweifeln, dass Vorlesungen über unseren Process in Basel üblich wurden und dass wegen dieser die Universität für den Druck des Buches Sorge trug.

Eberhausens Redaktion ist die jüngste; sicher ist, dass bei derselben Texte beider Klassen zur kritischen Verwendung kamen.

Die späteren Ausgaben sind für uns ohne Bedeutung.

5. Entstehungsort.

Thatsache ist

1) dass in der ältesten Redaktion des Processes Erfurt als locus iudicii angeführt wird;

2) dass auch in den Handschriften und Drucken der zweiten Klasse durchgängig sich Anklänge nachweisen lassen, welche auf eine Mutterhandschrift mit Erfurt als locus iudicii hinweisen.

Hieraus lässt sich folgern, dass Erfurt als locus iudicii zu betrachten sei. Es fehlt nun aber auch hierfür nicht an positiven Zeugnissen: L 1, Wr 1, E und G enthalten die Notiz, dass der Process zu Erfurt verabfasst (compilatus), herausgegeben (editus) und in Vorlesungen nachgeschrieben (collectus)[2] sei.

---

[1] *S. jetzt hierüber Muther, Zur Geschichte S. 54 Anm. 1; und ferner die ausführlichen und gründlichen Forschungen Otts über den Umfang der Bibliotheken zu jener Zeit in seiner „Geschichte der Reception des römisch-canonischen Processes in Böhmen", S. 93—113, speciell bis 101.*

[2] Die Bedeutung des Wortes colligere ist eine mannigfaltige; es wird nicht bloss von der Thätigkeit des Nachschreibens, sondern auch von der Thätigkeit des Sammelns aus vorliegenden Schriftstücken gebraucht, also wie compilare. Vgl. z. B. Pyl, Rubenow. Bibl. Seite 52:

Finis titulorum trium ultimorum librorum Codicis, collectorum anno 1470 per Jo. Meilof, legum scholarem, in Livonia in castro Rigensi ex libro domini Gherardi Schafrade, Livonici Canonici Rigensis, fel. rec.

Dann aber braucht man das Wort auch geradezu von der Thätigkeit des vortragenden Lehrers, s. z. B. Pyl a. a. O., Seite 54:

Expl. summarii cum notabilibus Institutionum domini Michaelis de Marustica solempniter per eum collecti in studio Paduano 1455.

Dass das Wort hier in diesem letzten Sinne angewandt ist, dürfte wohl zweifellos sein.

Demnach bedürfte es kaum einer weiteren Ausführung, wenn nicht seit alter Zeit die Nachricht eifrig colportirt worden wäre, der Process sei Italiänischen Ursprungs; und es wäre ja immerhin möglich, dass ein in Italien verabfasster Process in Deutschland, zunächst in Erfurt, zu grösserem Ansehen gelangt und von dort aus verbreitet worden wäre.

Die eigentlichen Beweise dafür, dass der Process in Italien geschrieben sei, reduciren sich nun aber darauf, dass man den Löwener Ausgaben folgend Panormitanus für den Verfasser ausgibt; ferner auf die Meinung, die juristische Bildung in Deutschland zu Anfang des 15. Jahrhunderts habe auf so niedrigem Niveau gestanden, dass kein Deutscher Jurist ein so gutes Buch, wie das vorliegende in der That ist, zu schreiben im Stande gewesen sei; schliesslich auf zwei Handschriften.

Die Autorschaft des Panormitanus ist bestritten, kann also zu einem weiteren Beweise nicht benutzt werden; der zweite Grund enthält eine petitio principii; bleiben die Manuskripte.

Zunächst kommt in Betracht H, besprochen oben S. 2/3 unter No. 4. Ein Vorsetzblatt von Pergament zeigt in dieser Handschrift Notizen und auf der Rückseite eine Urkunde, in welchen Italiänische Namen vorkommen. Das Buch gehörte Burcard v. Horneck[1]), welcher sich 1470—80 in Italien, namentlich in Padua, aufhielt. Er schrieb dort manche Bücher ab und brachte viele nach Würzburg mit zurück. Dr. Ruland hält, auch hierauf sich stützend, unsere Handschrift für Italiänischen Ursprungs[2]). Doch ist dem wohl kaum so. Das Vorsetzblatt mit Italiänischen Namen und Hornecks Italiänischer Aufenthalt sind keine ausreichenden Gründe; in der Handschrift selbst berechtigt nichts zur Annahme ausserdeutschen Ursprunges; vielmehr deutet z. B. die Schreibweise gwil. duranti für guil. duranti, padwe für padue und a. m. auf das Gegentheil hin.

Gewährt demnach auch dieses Manuskript keine Stütze für einen Italiänischen Ursprung, so ist dies noch weniger bei R 2 der Fall, besprochen früher unter No. 10, s. oben Seite 5. Denn dass, obgleich hier einmal der Name Bologna vorkommt, der Schreiber ein Deutscher war, ergibt sich wieder aus der Form Wil. für Guil., sowie ausserdem für die vorliegende Handschrift aus einigen deutschen Versen, welche in dieselbe einige Blätter nach Beendigung

---

¹) *S. über diesen die zu dieser Handschrift in der Praefatio pag. VII angeführte Arbeit des Dr. Franz Oberthür, mitgetheilt von Dr. Anton Ruland.*

²) Briefliche Mittheilung von Dr. Ruland. (13. Juni 1867.)

des Processes eingeschrieben sind und zwar offenbar von derselben Hand, welche den Process geschrieben hat. — Stintzing führt (Pop. Lit. Seite 250/51) als Gründe für den Italiänischen Ursprung noch das Vorkommen der Wörter imbursare und pagamentum an. Allein abgesehen davon, dass die fraglichen Wörter in Libell-Formularen sich finden, welche jedenfalls Italiänischen Mustern nachgebildet sind, waren derartige Wendungen auch in der mittel-alterlichen Sprache so eingebürgert (bursa!), dass ihr Gebrauch von Seiten eines Deutschen nichts Befremdendes hat [1]).

Wenn Stintzing ferner auf die Bemerkung über den Gebrauch der Positionen hinweist: Istos usus longaevus in causis admisit, und meint, diese passe nur für Italien, so ist doch zu bedenken, dass es sich hier um ein Handbuch nicht des „deutschen gemeinen‟, sondern des kirchlichen Processes handelt; bei diesem aber war der Gebrauch der positiones in Deutschland kaum jünger als in Italien.

Gegen den Italiänischen und für den Deutschen Ursprung sprechen nun folgende Umstände:

1) Zu Ende des Titels de publicatione attestationum [2]) heisst es, es sei nicht nöthig, dass die Protokolle Wort für Wort verlesen würden, ja es genüge schon die Erklärung des Richters istas pro publicatis haberi; hier findet sich nun der Zusatz: et ita communiter in istis partibus servatur.

Ebenso wird zu Ende des Titels qualiter dicta testium im-pugnentur (Urb. ed. Muth. pag. 213) bemerkt: Istae tamen rubricae raro fiunt hic in partibus.

Beide. Notizen sprechen für einen Ursprung unseres Processes in der Provinz (d. h. ausserhalb Roms), letztere aber besonders für deutsche Entstehung. Es ist die Rede von Zusammenstellungen, welche die Advokaten über die Zeugenaussagen vermittelst an den einzelnen Artikeln angebrachter Zeichen vorzunehmen pflegen. Ueber diese Einrichtung, welche den späteren rotulus testium ver-tritt resp. vorbereitet, wird im Spec. lib. I part. IV de teste § 9 ausführlich berichtet und auseinandergesetzt, dass die Rubricae ein Gebrauch seien, welchen mos iudiciorum communiter tenet. Nun kannten aber der Spekulator und seine Commentatoren, Joh. Andreae

---

1) Imbursare kommt vor in einer Mainzer Urkunde von 1296, cf. Guden, Cod. dipl. IIII 880. S. Epp. obsc. vir. Vol. II epist. 64 (pag. 362 ed. m.) Paga-mentum kommt z. B. vor bei Würdtwein, Subsid. dipl. IX 232; in einer Ur-kunde des Klosters Gernrode aus dem Jahre 1407 in den Annales Gernrodensium bei Meibom Rer. German. T. II p. 439, 440.

·) Urbach ed. Muther Seite 203/4.

und Baldus, sowohl den Französischen wie den Italiänischen Gerichtsgebrauch; es bleibt also nur übrig, dass jene Bemerkung unter dem
„hic in partibus" Deutschland verstehe. Ganz dasselbe lässt sich
auch aus der Notiz[1]) über das ausserordentliche Rechtsmittel der
processualischen Restitution folgern: Raro hic oder istis in partibus
practicantur.

2) Die in den Formularen des Processes erwähnten Masse und
Geldsorten sind nicht Italiänische sondern Deutsche.

Häufig kommt vor maldra, ein Getreidemass, welches schon in
Deutschen Urkunden des 13. Jahrhunderts[2]) und später oft erscheint.

Als Geldarten begegnen uns im Process: marca (Mark), libra
denariorum (Pfund Heller oder Pfennig), florenus (Gulden). Zugegeben, dass diese Münzen auch in Italien bekannt waren, so ist
es doch, wenn der Process Italiänischen Ursprunges ist, merkwürdig, dass die eigentlich Italiänischen Sorten, als aurei, ducati,
solidi nicht erwähnt werden. (Vgl. v. Savigny, Rechtsgeschichte III
S. 611—30, sowie S. 649 ff.) Es lassen sich aber auch speciell
alle erwähnten Währungen zur Zeit des Processes in Erfurt und
Umgegend nachweisen:

Centum marcarum pena in einer Urkunde des Klosters
Walkenried vom Jahre 1401 bei Würdtwein, Diplomat. Magunt.
(1788), p. 208, 209; ebenso in einer anderen Urkunde vom Jahre
1404 Ibid. pag. 214, 215. Ferner: 6 Mark lötiges Silbers Erffer-
tisches Zeichens, Wisse u. Gewichtes, Urkunde vom Jahre 1409,
Ibid. p. 237.

Sex librae denariorum usualium et in opido Sonderhusen
currentium, Urkunde vom Jahre 1397 Ibid. pag. 204. cf. pag. 206.
eyn halb Phunt Phennige Northeuscher Were vom Jahre 1408
Ibid. pag. 231; ähnlich Urkunde in Grasshofii commentarii Mul-
husienses pag. 70.

Viginti floreni, Erfurter Urkunde vom Jahre 1401 bei Würdtwein XI pag. 271. Zwenzig Rynische Gulden vom Jahre 1407
ibid. pag. 228.

In Mühlhausen geprägte denarii aus der Zeit der Kaiser
Friedrich I. oder II. beschreibt Grasshof, Com., pag. 73.

3) Die Ortsobrigkeiten werden bezeichnet[3]) als proconsules,
consules et maiores istius oppidi talis vel iurati et potentes talis ville.

---

[1]) Urb. ed. Muth. pag. 280.

[2]) Siehe z. B. die Urkunde des Bischofs Beringer von Speier vom Jahre
1226 bei Remling, Urkundenbuch zur Geschichte der Bischöfe von Speier, 1852,
Seite 178.

[3]) Urb. ed. pag. 80.

Die Benennung von Bürgemeister und Rath (Rathmannen), „proconsules et consules", ist zweifellos Deutsch und war diese durchgehende officielle Bedeutung der Worte auch in Erfurt seit alter Zeit die herrschende[1]). So ist auch die Erektions-Bulle der Universität Erfurt von Clemens VII. (1378) gerichtet an Proconsules, Consules et Oppidanos ac Universitatem oppid. Erford. Mag. Dioc., die Erektions-Bulle Urban VI. (1389) gebraucht die Anrede: Magistri Consulum ac Proconsules et oppidani opp. Erf. Mag. Dioc.[2]).

Unter den maiores[3]) sind wohl die Patricier zu verstehen, unter den potentes et iurati ville die Dorfgeschworenen und Gemeindeobrigkeiten.

In Italiänischen Urkunden und Schriften kommen für Ortsobrigkeiten ganz andere Bezeichnungen vor: potestates, capitanei, defensores, rectores u. s. w.; findet sich auch hie und da der Ausdruck consules, so ist doch die Zusammenstellung proconsules et consules entschieden Deutsch.

4) Die im Processe mitgetheilten Notariats-Instrumente tragen den Charakter der damaligen Deutschen Notariats-Urkunden. Eigenthümlich sind diesen namentlich die sehr oft vorkommenden näheren Bezeichnungen der Tageszeit nach der bürgerlichen Eintheilung des Tages, z. B. hora terciarum vel quasi, hora vesperarum vel quasi. Auch die Indiktion ist regelmässig angegeben, endlich kommt die Schlussklausel vor: Actum anno, indictione, mense ... quibus supra. Vgl. über alles dies Oesterley, das Deutsche Notariat, 1. Theil, 1842, S. 456 ff.

5) Höchst merkwürdig ist die Stelle Urb. ed. Muth. S. 26 Z. 4—16. Es handelt sich um den iudex ordinarius. Zuerst wird ein allgemeiner Satz aufgestellt, Z. 4—14; in diesem folgt unser Verfasser dem Speculator (Lib. I part. I de officio ordinarii § 1) und dieser wieder Tancred. (Ordo iudiciarius P. I Tit. I de iudicibus ordinariis § 1.) Bei letzterem heisst es: Ordinarius iudex est, qui in ecclesiasticis ab apostolico sicut primates, archiepiscopi, episcopi; — in saecularibus ab imperatore, ut duces, marchiones,

---

[1]) Urkunde vom Jahre 1303 (Würdtwein pag. 213) erwähnt z. B. mehrfach proconsules et consules Erffordienses oder in Erfordia.

[2]) Motschmann, Erford. literata, 4. Samml., pag. 13, 25; vgl. im Allgemeinen noch Grasshofii Com. de originibus civ. Mulhusae (1749) pag. 98.

[3]) Der Ausdruck maiores von Erfurter Obrigkeiten ist allerdings nicht zu finden; wohl aber kommt vor consules et potiores (Annales Reinhardobrunenses hrsg. von Wegele 1854, S. 252 z. J. 1282); proconsules et potentes (Nicolaus de Siegen, Chronik hrsg. von Wegele S. 407); consules et iurati, anno 1300 (Grasshof pag. 99).

comites, totalem alicuius provinciae accepit iurisdictionem. — Unser
Process aber fährt fort: Domini tamen temporales non fundant
iurisdictionem suam de iure communi contra omnes in territorio
suo, sicut episcopi in dioc. suis. Kann man sich einen charak-
teristischeren Hinweis auf Deutsche Verhältnisse denken?

6) Mehr Gewicht noch, als auf das Bisherige, ist darauf zu
legen, dass unser Process nur das Verfahren vor geistlichen Gerichten
berücksichtigt. Zwar steht auch den Italiänischen Processualisten
häufig das forum ecclesiaticum in erster Linie; so nennt z. B. Bo-
naguida sein Werk Summa .. advocationis in foro ecclesiastico;
und auch das Buch des Aegidius de Fuscarariis[1]) führt den Titel:
Ordo iudiciarius .... secundum consuetudinem Boloniensem in
foro ecclesiastico. Dem gegenüber ist aber bedeutsam, dass unser
Autor gerade ohne alle solche äussere Beziehung nur vom kirchlichen Process handelt. Seine ganze Darstellung zeigt, dass er überhaupt nur sich ein kirchliches Forum als möglich denkt; die weltliche Gerichtsbarkeit wird ganz vorübergehend in wenigen Stellen
abgethan. Bekanntlich ist der Römisch-Canonische Process zu
Ende des 14. und Anfang des 15. Jahrhunderts eben durch die
kirchlichen Gerichte in Deutschland eingedrungen, und zwar besonders durch die iudices delegati[2]). Daher ist es denn auch wieder
für den deutschen Ursprung beweisend, wenn besonders auf den
Process vor diesen Rücksicht genommen wird. Mehrfach wird auch
der conservatoris dati universitatibus studiorum[3]) gedacht. (Iudices
delegati für Sachen der Universitäts-Angehörigen, nicht nur als
Verklagter, sondern auch als Kläger.) Solche conservatores nun
kommen freilich sowohl in Paris wie in Bologna vor. In Paris aber
„war die Würde eines Conservators der apostolischen Privilegien
mehr Ehrentitel und es wurde davon nur in seltenen Fällen als von
einem wirklichen Amte Gebrauch gemacht[4])". Zwar hatte der
Conservator der päpstlichen Privilegien eine Art von Gerichtsbarkeit,
sowohl in Criminalsachen als in Civilsachen, jedoch stets nur in

---

[1]) So im Cod. Lips. 922.

[2]) *S. jetzt hierüber neben anderen Schriften über die Reception: Ott,
der Röm. Can. Process in Böhmen, a. a. O.; und über die allgemeine Bewegung
Stintzing, Gesch. der Deutsch. R.-W. I S. 3—6.*

[3]) So Urb. ed. Muth. pag. 26 Z. 1; pap. 39 Z. 38 — pag. 40 Z. 5, wobei auch
noch zu bemerken, dass die in dem Titel des Conservators gebrauchte Bezeichnung der Universität S. 40 Z. 2 gar nicht auf Italiänische Scholaren-
Universitäten, wohl aber auf Deutsche Verhältnisse passt; endlich pag. 66 Z. 25 —
pag. 67 Z. 5.

[4]) v. Savigny, Rechtsgeschichte, III § 132 S. 353.

solchen Fällen, worin in der That päpstliche Privilegien verletzt
waren. Für diese Fälle konnte man ihn als einen bleibenden
Commissarius des Papstes ansehen, welcher dieselben ausserdem
selbst entschieden haben würde [1]).

Auch in Bologna kamen nach dem Muster von Paris „zuweilen"
besondere päpstliche Conservatoren vor, „was aber keine bleibende
Einrichtung gewesen zu sein scheint [2])". Die Jurisdictionsverhält-
nisse bei der Universität anlangend, scheinen diese Conservatoren
keine Bedeutung gehabt zu haben. Man findet sie weder erwähnt
in Savignys gründlicher Untersuchung [3]), noch in einer sehr um-
ständlichen Ausführung, welche Panormitanus (Quaest. VI) über den
Gerichtsstand der Italiänischen Scholaren gibt.

Ueber die allumfassende und überall eingreifende Autorität der
päpstlichen Conservatoren bei den deutschen Universitäten dagegen *s. nunmehr Muther, Z. Gesch. der R. W. u. d. Univ. in
Deutschland S. 23 ff*. So erklärte es sich denn sehr wohl, wenn
grade ein deutscher Processschriftsteller öfter auf den Process vor
den conservatores studiorum zurückkommt.

Dieses sind die hauptsächlichsten Beweise dafür, dass unser
Process nicht in Italien entstanden sein kann, sondern in Deutschland seinen Ursprung haben muss; einiges Gewicht kann man auch
noch auf den Umstand legen, dass bis jetzt keine italiänische Handschrift des Processes bekannt geworden ist; dass die ältesten Drucke
desselben ebensowenig nach Italien gehören; und dass überhaupt
Italiänische Drucke desselben erst in ganz späte Zeit fallen.

Wir können demnach als bisher gewonnenes Resultat feststellen,
dass unser Process im Jahre 1405 in Deutschland entstanden ist,
und zwar, wie fast mit Sicherheit behauptet werden kann, in Erfurt.

6. Der Verfasser.

* Während noch Stintzing in seiner „Populären Literatur" der
Ansicht war, unser Process rühre von Panormitanus her, konnte
schon nach dem in der Ausgabe des Urbach von Muther gebotenen
Material kaum mehr ein Zweifel daran aufkommen, dass nicht

---

[1]) v. Savigny a. a. O. § 135 S. 359.
[2]) v. Savigny, § 77, S. 205.
[3]) v. Savigny a. a. O. § 66, S. 176 ff. und § 73, S. 193 ff.

Tudeschis sondern Urbach der Autor sei. Dies hat denn auch nicht nur von Bethman-Hollweg, Civilprocess VII, Seite 260 u. 261, auch schon unter Herbeiziehung eines weiteren, durch Muther, Zeitschr. f. R.-G. IV, S. 386, bekannt gewordenen Arguments, angenommen, sondern auch Stintzing in seiner Gesch. d. D. R.-W. I S. 32 zugegeben. Siehe auch Schulte, Quellen, II, Seite 304, No. 120, sowie Gierke, Deutsches Genossenschaftsrecht III S. 650; s. dort noch Anm. 10.

Wenn ich hier dennoch auf die Frage zurückkomme, so geschieht dies, um durch das überwältigende, von Muther gesammelte Beweis-Material die Sache schliesslich zum definitiven Austrage zu bringen.

Zunächst handelt es sich darum, die Grundzüge von Panormitanus' Lebenslauf festzustellen und diese mit den früher gewonnenen Daten zu vergleichen. Muther hatte hierüber umfassende Studien angestellt, deren Resultat mir vorliegt. Inzwischen hat Schulte in seinen Quellen II No. 126 S. 312 eine ausführlichere und in seinem Lehrbuche des Kath. Kirchenrechts Seite 104, 105 eine knappere Biographie des Panormitanus geliefert. Das dort Gesagte ist nur in etwas zu vervollständigen.*

Bei Schulte fehlt die für uns höchst wichtige Angabe von Panormitanus' Promotions-Jahr; dieses ist durch Muther, Zeitschrift für R.-G. IV Seite 386[1]), festgestellt auf das Jahr 1413, in welchem Nicolaus de Tudeschis zugleich mit dem Leipziger Professor Radewitz zu Padua von seinem hochverehrten Lehrer, dem Cardinal Zabarella, promovirt wurde[2]).

Dann ist zu bemerken, dass Tudeschis, ehe er zu Bologna lehrte, schon einmal als Schüler sich dort aufgehalten haben muss; denn als solcher, nicht als Doktor, war er Mitglied einer Deputation, welche alle Privilegien jener Hochschule einzusehen hatte[3]).

Ferner ist wohl die Zeit seiner Lehrthätigkeit in Parma vor die zu Siena zu setzen resp. höchstens anzunehmen, dass er zuerst in Parma, dann in Siena und dann nochmals in Parma gewesen

---

[1]) Muther, Zur Geschichte der R.-W., S. 75 u. 76; siehe auch Panormitanus In Rubr. X de iudiciis 2,1 No. 1.

[2]) *S. jetzt auch Stintzing, Gesch. der d. R.-R. I, S. 33.*

[3]) S. Panormitanus in Cap. X (Super specula) X ne clericus vel monachus (3,50) No. 3, in der vom Herausgeber benutzten Ausgabe von Panormitanus ad Decretales apud Dionysium de Berthochiis Bon. et magistrum Gabrielem sixicum Brixiensem, Venedig 1492/93, Bd. III, S. CCXXXII erste Spalte (die Numerirung ist so, dass je vier Spalten eine Numer tragen): Nam cum essem scholaris bononie, fui deputatus ...

sei. Dies ergiebt sich im Gegensatz zu der Darstellung des Pan-
zirol, welchem hier die meisten Neueren gefolgt sind, aus der
Nebeneinanderstellung zweier Stellen des Panormitanus selbst.
Dieser sagt in seiner Quaestio VIII (in der von Muther benutzten Ausgabe 1605 T. VIII p. 166 — 171 b): Disputata fuit haec
quaestio per me Nicolaum de sicilia inter Decretorum Doctores
minimum in felici studio Parmensi A. D. MCDXVIII; das ist zu
vergleichen mit Panormitanus Prooemium in primam secundi decretalium libri partem: . . . in hac amplissima et ornatissima . . Se-
narum urbe . . labente anno Dn̄ 1421 initium scribendi sumpsi.
Der Autor war also im Jahre 1418 zu Parma und 1421 zu Siena.
Diese Zeitfolge wird beglaubigt von Aeneas Sylvius, de viris illu-
stribus (Ed. Stuttgart 1842) No. IV.

Zu constatiren dürfte schliesslich noch sein, dass Tudeschis seine
Lehr-Thätigkeit nach eigener Angabe im Jahre 1411 begann, was
auch zum Datum seiner Doktor-Promotion nicht übel stimmt; er
fing damals an, über die Dekretalen zu lehren [1]).

Wir erhalten hiernach, besonders für die erste Zeit des Panormitanus, folgende Angaben:

Geburt unbekannt. Als Knabe in den Benediktiner-Orden eingetreten. Studirt zu Bologna und, da er doch wohl auch als Schüler
den Zabarella gehört, zu Padua. Beginnt dort 1411 über die Dekretalen zu lesen, indem ihm wahrscheinlich eine der für Scholaren
bestimmten Lehrstellen übertragen war, wie sie zu jener Zeit nicht
nur in Bologna [2]), sondern auch in anderen Italiänischen Hochschulen
sich finden. Promovirt 1413. Vor oder in 1418 nach Parma.
Zwischen 1418 — 1421 nach Siena. U. s. w.

Bekannt geworden ist Panormitanus hauptsächlich durch seine
Wirksamkeit auf dem Baseler Concil. Besonders erwähnenswerth
ist auch noch die grosse, dreitägige Rede, welche er, 1442 von
Felix als Gesandter nach Deutschland geschickt, auf dem Frankfurter Reichstage im Juni jenes Jahres hielt und auf welche Nicolaus
von Cusa ebenfalls drei Tage lang antwortete [3]). Aeneas Sylvius

---

[1]) Die oben aus dem Prooemium ad librum II Decr. citirte Stelle fährt
fort: fluxis decem annis, quibus iugiter in hoc volumine Decretalium publice
legendo laboravi.

[2]) Savigny, Rechtsgeschichte III, S. 245 ff.

[3]) Voigt, Enea Silvio Piccolomini, S. 200, 266, 267; Düx, Der Deutsche
Kardinal Nic. v. Cusa, S. 232; Aeneas Sylvius l. c. — (In diesen Schriftstellern
finden sich überhaupt alle Details für die Stellung des Tudeschis während
jener Wirren.) Die Rede ist öfter gedruckt, zuletzt bei Würdtwein, Subsid.
dipl. T. VIII (1776) pag. 120 ff.

behauptet, dem Panormitanus sei es hauptsächlich zuzuschreiben, dass die Kurfürsten sich damals nicht für Eugen erklärten.

Auf die vielfach interessante Thätigkeit einzugehen, welche Panormitanus während des Baseler Concils entwickelte, ist hier nicht der Ort. Schriftsteller wie Voigt und Düx legen ihm gegenüber keine grosse Werthschätzung an den Tag und folgen darin Aeneas Sylvius. Dieser aber war der politische Feind des Mannes, so dass wir ihn nicht als unbefangen betrachten können. Keinenfalls sind die beiden oben erwähnten Autoren in Stande, den Juristen zu taxiren. Es wäre daher vielleicht eine lohnende Arbeit, einmal in eingehender Weise das Leben des Tudeschis zu beschreiben; die Aufgabe wäre um so anziehender, als derselbe der Jurist der anticurialen Concileinrichtung des 15. Jahrhunderts ist[1]) und die Reformatoren in mehrfacher Beziehung an seine Doktrinen anknüpfen. Vgl. z. B. Dieckhoff, Luthers Lehre von der kirchlichen Gewalt (1865), S. 35, 48 und öfter.

Panormitanus, inzwischen von Felix zum Cardinal ernannt, starb, ehe er Papst Eugen die Obedienz geleistet hatte; man setzt seinen Tod gewöhnlich in das Jahr 1453.

Kehren wir nunmehr zu der Frage der Autorschaft unseres Processes zurück, so leuchtet ein, dass es nicht wahrscheinlich ist, dass dieses bereits 1405 in Deutschland bekannte Werk von einem italiänischen Juristen verabfasst sei, welcher erst 1411 seine Docentenlaufbahn begann. Der Process zeugt von einer grossen practischen Erfahrung seines Verfassers. Diese hatte Tudeschis im Jahre 1405 sicherlich noch nicht zu erwerben Gelegenheit gehabt. Er ist in seinen Werken nicht grade sparsam mit Notizen über seinen Lebenslauf. Nirgend aber findet man eine Andeutung, dass er etwa in seiner Jugend, bevor er den Lehrstuhl bestiegen, als Praktiker thätig gewesen sei. Er beruft sich vielmehr auf dasjenige, was er von der Praxis in Parma durch äussere Beobachtung kennen gelernt hat, während er dortselbst docirte.

Von grossem Gewichte und gegen Panormitanus in die Wagschale fallend sind die Citate des Processes. An keiner Stelle desselben ist Bartolus oder Baldus erwähnt. Das wäre bei einem Italiänischen Schriftsteller zu Beginn des 15. Jahrhunderts höchst auffällig, besonders aber für Tudeschis, in dessen Werken haupt-

---

1) Aeneas Sylvius erzählt, dass Panormitanus schon vor seiner Concilien-Thätigkeit gelehrt habe, der Papst sei dem Concil unterworfen; *Dies ist bei einem Schüler des Zabarella, — s. Gierke, Deutsches Genossenschaftsrecht III a. v. O. bes. S. 586 — nicht auffallend; vgl. überhaupt wegen der ganzen gleichlaufenden Bewegung jener Zeit Gierke III S. 581—592.*

sächlich der erste der genannten Juristen fast auf jeder Seite sich allegirt findet. Und sollte Panormitanus, so kurz auch der Process geschrieben ist, nicht irgendwo seinen Lehrer Zabarella erwähnt haben? Aber auch dieser ist nirgends genannt. Nur Eb hat an einer Stelle, — Urb. ed. Muth. S. 150 Z. 5 — ut fran. de sabo. et sui sequaces: allein die meisten Handschriften lesen hier übereinstimmend mit A. und P.: ut franciscus vercellensis.

Veranlassung aber, Zabarella zu nennen, hätte sicher nicht gefehlt. Gleich im Anfange des Processes wiederholt der Autor die alttraditionelle Definition:

iudicium est actus legitimus trium personarum, v. iudicis, actoris et rei.

Es entgeht ihm nicht, dass manche Bedenken sich dagegen erheben lassen, aber er sucht dieselben zu entfernen und versichert:

Tamen adhuc stat vera praedicta definitio.

Anders stellt sich Panormitanus zu dieser Definition. Er führt zu Ruhr. de iudiciis No. 1 aus, das Wort iudicium habe viele Bedeutungen. In der Bedeutung der Titelüberschrift werde es durch einige Summisten definirt: quod est actus trium personarum videlicet iudicis actoris et rei, in iudicio contendentium. Diese Definition werde von seinem verehrten Lehrer Zabarella verworfen,

quia non enarrat materiam deffiniti nec est convertibilis cum suo diffinito. Nam quandoque est iudicium sine actore, ut quando iudex procedit per inquisitionem ex officio . . . . quandoque est sine reo, ut quando maleficio existente notorio iudex inquirit in genere . . . .

Aber, führt Panormitanus fort, diesen Gründen gegenüber liesse sich die Definition aufrecht erhalten (potest salvari haec diffinitio)

primo habendo respectum ad communiter accidentia . . . item saltem ficte semper sunt tres personae . . .

Hierauf theilt Panormitanus die Definition des Zabarella mit:

(iudicium) est investigatio quam facit iudex secundum iuris ordinem per varios modos ad veritatem eliciendam et elicitam custodiendam. Vel diffinit secundum Azo . . quod est causa in iure reddendo necessario posita cum interpositione personarum.

Jede dieser Definitionen, sagt Tudeschis, gibt einen guten Sinn. Aber gegen alle streitet das cap. forus i. pr. de V. S.[1]), wo es heisst:

quod origo et materia negotii appellatur causa, a casu, quae

---

[1] *cap. 10 X 5,40. Das Citat des Panormit. ist nicht ganz wörtlich dem Texte der Quellen entsprechend.*

dum proponitur causa dicitur, dum dissentitur iudicium voca-
tur, cum finitur iustitia nuncupatur.

Daraus folge, quod ipsa discussio causae appellatur iudicium.
Daher definire er, (Panormitanus):

Iudicium est causae discussio, quae coram iudice iuridice fit;
und nach einer anderen Richtung:

Iudicium est locus in quo iudex iuris reddendi gratia con-
sistit . . .

Hieraus ergiebt sich nun, dass Tudeschis keineswegs die Sum-
misten-Definition als befriedigend aufrecht erhalten will, er vertheidigt sie nur gegen die Angriffe seines Lehrers Zabarella und
behauptet, sie gebe einen richtigen Sinn eben so wohl wie Zabarellas
eigene Definition, allein alle bisherigen Definitionen seien ungenügend. Es scheint höchst unwahrscheinlich, dass Tudeschis
zu einer Zeit, wo er der Schule seines Lehrers noch viel näher
stand[1]) als später, da er seine Commentare schrieb, eine Definition
als durchaus befriedigend hingestellt habe, von der er wusste, dass
sein Lehrer sie bekämpfe.

Ueberhaupt passt die schlichte, einfache Weise, in welcher der
Process die überlieferten Lehren wiedergibt, nicht zu der Art des
Italiäners. Nicht als ob letzterer unklar wäre! Es ist vielmehr
die grosse Kunst, mit welcher er die Fülle des Stoffes beherrscht
und wohlgeordnet vorträgt, zu bewundern; allein zum kurzen, bestimmten Anerkenntniss einer erkannten Wahrheit oder zur unbedingten, rückhaltlosen Verwerfung einer fremden Ansicht kann
er sich nicht leicht entschliessen. Immer gibt es da zu distinguiren
und findet sich irgend ein Winkelchen, mit dem es seine besondere
Bewandtniss haben soll.

Wie kurz z. B. erkannt unser Process[2]) dem Speculator folgend
an, dass die generelle Appellation:

„appello" [non expresso an ad episcopum, vel ad archi-
episcopum seu ad papam], oder

„appello ad maiorem"

gültig und dass anzunehmen sei, der nächsthöhere Richter sei als
iudex ad quem gemeint. Panormitanus berührt diese Frage auch
(ad cap. 2 [inter caetera] X de appellat. [2, 28] No. 8 u. 9). Er
gibt Bartolus citirend zu, dass die appellatio generalis respectu

---

1) S. darüber, wie Tudeschis sich als Schüler des Zabarella empfand, nur
Panorm. Quaestio VII No. 55 a. E.: Quae omnia .. correctioni et suppletioni ..
Dom. Cardinal. Florentini submitto.

2) Urb. ed. Muth. pag. 253 Z. 29 ff.

iudicum, z. B. appello ad iudicem competentem, nach Civilrecht gültig sei. Nach Canonischem Recht sei das Gegentheil zu behaupten. Allein auch nach diesem müsse man solch eine Appellation für wirksam erachten, wenn keine Ungewissheit darüber vorhanden, wer als Appellationsrichter gemeint sei; u. s. w.

In der Lehre von der Litiscontestation versichern Panormitanus (in cap. 1 [olim inter] X de litis cont. [2, 5] N. 15) und der Processverfasser übereinstimmend mit einer Entscheidung der Rota, dass bei der responsio rei die ausdrückliche Beifügung der Worte: animo litem contestandi nicht erforderlich sei. Panormitanus aber kann es nicht lassen, hinzuzusetzen: Wo indessen die Beifügung jener Worte üblich, da könne man von denselben nicht absehen und mache ein Mangel derselben die Lit. Con. ungültig.

Sonst kommen in dieser Lehre der Processverfasser und Panormitanus darin überein, dass zur Vornahme der Lit. Con. ein Formal-Akt nicht erforderlich, dass vielmehr die Ueberreichung des Libells, enthaltend die narratio und petitio, und die darauf auch ex intervallo erfolgte responsio rei ausreiche. Panormitanus beruft sich hierfür auf eine Entscheidung der Rota und die Praxis in Parma. Der Processverfasser versichert, dass die vorschriftsmässige propositio der contenta in libello, sowie die darauf folgende interrogatio iudicis

raro servatur in practica[1]).

Beide Schriftsteller sind der Erkenntniss nahe, dass Klagbitte und Gegenbitte in ihrem Zusammenhange die Litiscontestation ausmachen; und der Processverfasser versichert ausdrücklich, es genüge, wenn bei den Akten der Libell und eine ausreichende schriftliche Antwort des Beklagten sich vorfinde; dann werde „praesumirt", dass die Lit. Con. erfolgt sei.

Die Incongruenzen der Commentare des Panormitanus mit unserem Processe aufzuzählen würde einen sehr umfangreichen, wenig ansprechenden Catalog ergeben. Daher soll nur noch Einzelnes in dieser Richtung hier ausgeführt werden.

Die Lehre des Processes über die drei Fälle, in welchen der Richter den nach der Frist noch dilatorische Einreden vorbringenden Beklagten hören muss, s. Urb. ed Muth. S. 127 Z. 15—20. — Dieselbe Lehre trägt Panormitanus ad cap. Pastoralis vor und zählt die drei Ausnahmefälle auf, nicht aber ohne noch einen 4. und 5. Ausnahmefall hinzuzufügen und mehrere subtiles et difficiles quaestiones über diese Materie ausführlichst zu erörtern.

---

[1]) Urb. ed. Muth. S. 157 Z. 6 u. 7.

In der Lehre von der contumacia gibt der Process für die missio in possessionem ex primo decreto ein Formular[1]), welches Innocenz IV entnommen ist. Auch Panormitanus ad cap. 1 (Constitutis) X de eo qui mitt. in poss. (2,15) No. 7 u. ff. bespricht die von Innocentius vorgeschlagenen Formulare sehr ausführlich, sie nicht gradezu verwerfend, aber doch schliesslich ad maiorem cautelam eine modificirte Fassung vorschlagend.

Wegen der Frage, ob der Relation des Gerichtsboten über Vollzug der Citation unbedingt Glauben zu schenken sei, hat der Process sehr verständige Bemerkungen; s. Urb. ed. Muther S. 59 Z. 22 ff. Mit diesen halte man zusammen, was Panormitanus ad cap. 19 (Cum parati) X de appellat. (2, 28) ausführt, verschiedene Fälle unterscheidend und für diese wieder diverse Entscheidungen proponirend.

Ueber die Zweifel, ob das Urtheil auf die Person des Principals oder des Procurators zu stellen sei, s. Urb. ed. Muth. pag. 242 Z. 11 — pag. 243 Z. 9. Der Processverfasser beruhigt sich bei der Ansicht des Joannes Andreae, dass es sich um eine subtilitas legistarum handle; das Formular des Hostiensis wird gewissermassen nur nachrichtlich beigefügt. Anders stellt sich zur „subtilitas legistarum" Tudeschis. Er behandelt die Frage in seinem ausführlichen Commentar zum c. querelam unter No. 9 u. 10 sehr eingehend. Er referirt über die Ansichten der in der glossa oeconomi citirten älteren Legisten, verbessert ein corrumpirtes Citat und sagt von der Glosse:

Sed glossa ista non valet discernere veritatem propter arduitatem quaestionis.

Dann fährt er fort:

Joannes (Andreae) hic miratur de illa subtilitate legali ...... tu vide rationem huius subtilitatis legalis satis bonam et optimam per Bartolum in dicta L. 1 et L. stipulatio ista § si quis insulam, alias in § si stipuler ff. de verbor. oblig.

Folgt Auszug aus Bartolus, welcher ausführt: Wie ein durch Stellvertreter abgeschlossener Kontrakt auf den Namen der Vertreter zu concipiren sei, so müsse das auch im Process geschehen, denn in iudicio quasi contrahitur.

Et per hoc concludit Bartolus et bene quod non est speciale in sententia, sed idem est in quolibet actu iudiciali, in quo interveniat procurator, ut in contestatione et similibus.

Hierauf führt Panormitanus des Weiteren seine eigene Ansicht

---

1) Urb. ed. Muth. S. 69 Z. 20 — 22.

aus, distinguirend zwischen den verschiedenen Arten von Stell-
vertretern u. s. w., als Princip aber festhaltend, dass die sententia
auf die Person des Vertreters zu stellen sei, und nur da hiervon
abgebend, wo practisches Bedürfniss oder entschiedene Uebung es
anders verlangen.

Auf diese Differenzen im Einzelnen ist ja nun allerdings kein
grosses Gewicht zu legen. Denn es lässt sich in der That sagen:
zwischen der Abfassung des Processes und dem Niederschreiben
der Commentare liegt so lange Zeit, dass der Autor wohl seine
Ansichten geändert oder modificirt haben kann. Dagegen lässt sich
die grosse Verschiedenheit der Darstellung und der Behandlungsweise nicht durch die Bemerkung beweisunkräftig machen, dass
die Zwecke eines Lehrbuches andere seien als diejenigen eines ausführlichen Commentares und dass dadurch die abweichende Behandlung des Stoffes bedingt sei. Vielmehr steht zu behaupten, dass
die ausgeprägte Neigung des Panormitanus zu Subtilitäten
irgendwie auch in einem Lehrbuche desselben hervortreten würde.
Er würde nicht im Stande gewesen sein, dasjenige, was die Wissenschaft jener Zeit für elegant hielt, ganz zu vermeiden. Am wenigsten
in seiner Jugend, wo er die wissenschaftliche Schule eben durchlaufen hatte oder noch zu durchlaufen im Begriffe war. Es ist
gradezu undenkbar, dass ein junger Mann im Beginn seiner
literarischen Laufbahn die wissenschaftliche Methode und Manier
seiner Lehrer in diesem Masse verläugnet haben sollte.

Der Process trägt, wie später noch eingehender nachgewiesen
werden wird, einen durchaus practischen Charakter; der Verfasser
zeigt sich als in der Praxis erfahrener Mann, der Manches gelesen
hat, aber umfangreichere Literatur weder zur Hand hat, noch mit
derselben vertraut ist. Das Alles passt nicht auf Panormitanus,
welcher schon in den frühesten Schriften, die wir von ihm besitzen,
grosse Gelehrsamkeit an den Tag legt und überhaupt mehr als
Theoretiker denn als Practiker sich exhibirt.

Dass Tudeschis, wie Stintzing meinte, auf Italiänischen Hochschulen über den Process gelesen habe, ist auch nicht sehr wahrscheinlich. Denn auf „der Höhe der Wissenschaft" jener Zeit d. h.
dessen, was man damals Wissenschaft nannte, stand der Process
nicht. Wir sind wohl geneigt ihm den Mangel mancher Dinge,
welche die Wissenschaft jener Tage hoch hielt, als Vorzug an-
zurechnen; doch dies ist eben unsere, nicht die Anschauungsweise
eines jungen Italiänischen Rechtsdocenten zu Beginn des 15. Jahrhunderts.

Spricht somit, wie man zugeben wird, keine Wahrscheinlichkeit für die Autorschaft des Nic. de Tudeschis, so fragt es sich weiter, wie steht es um die positiven Zeugnisse, welche diese Autorschaft behaupten?

In dieser Beziehung ist nun zunächst zu constatiren, dass keine der bisher bekannt gewordenen Handschriften des Processes Panormitanus als den Verfasser bezeichnet.

Aber noch mehr: keine der zahlreichen, seit 1470 etwa in Italien und Deutschland erschienenen gedruckten Ausgaben der verschiedenen Werke des Nic. de Tudeschis enthält den Process, obwohl fleissige Sammler bei der Herausgabe betheiligt waren und es dem Plane der Editoren insonderheit der Consilia sowie der Disputationes et allegationes u. s. w. nicht entgegen gewesen sein würde, auch eine kleine Schrift des berühmten Juristen über Process mit zum Abdruck zu bringen. Erst die Sammlungen der Opera Panormitani aus den späteren Jahrhunderten nehmen die „Practica" mit auf, zweifellos nach den oben aufgezählten Drucken.

Diese Drucke sind zurückzuführen auf eine Handschrift aus dem Jahre 1461. Ob dieselbe den Panormitanus als Verfasser nannte, wissen wir nicht. Wollten wir dies aber, obwohl es nicht grade wahrscheinlich ist, annehmen, so würde das früheste Zeugniss für die Autorschaft des Panormitanus in einer Urkunde, welche etwa acht Jahre nach seinem Tode entstanden ist, enthalten sein.

Das Zeugniss der alten Drucke lautet:

Incipit eximius hic iudiciarius ordo Panormitanus, quem tradidit aquila iuris

und am Ende:

Praesens domini Panormitani practica u. s. w.

Das Hauptgewicht würden wir auf den zu Anfang stehenden Satz legen müssen, denn die Schlussrede ist offenbar von dem Drucker beigefügt.

In jenem Eingange aber ist auffallend, dass Panormitanus mit dem Beinamen Aquila iuris [1] beehrt wird, welcher sich sonst für ihn nicht findet. Das tradidit aber behauptet nicht gradezu die Autorschaft. Daran liessen sich manche Muthmassungen knüpfen; indessen soll hier die Zahl der Mythen nicht vermehrt werden, deshalb gehen wir hierüber hinweg.

Ein zweites Zeugniss für die Autorschaft des Panormitanus findet sich in Nicolai de Siegen Chronicon ecclesiasticum (hrsgb. von Wegele 1855 S. 408) und bei Trithemius (Catal. scriptor. ecclesiasticor. ed 1531 fol. CXXXIX), wo unter den Schriften des

---

[1] Trithemius sagt von ihm: merito lucerna iuris appellatur.

Panormitanus ein Werk: „de ordine et processu iudiciario" resp. „Processus iudiciarius Rex pacificus cunctorum" aufgezählt wird. Allein die Chronik und der Catalog sind beide erst um 1494 verabfasst und gründet sich somit die Angabe, dass Panormitanus den Process geschrieben habe, jedenfalls auf die unter seinem Namen cursirenden gedruckten Ausgaben des Buches[1]).

Endlich versichert noch der Herausgeber der zweiten Edition der Eberhausen'schen Commentare, Sixtus Pfeffer de Werdea, im Jahre 1512, dass der Process dem Panormitanus zugehöre; und ebenso um 1573 Gregorius Samothalanus in seiner Ausgabe des dem Joannes Andreae fälschlich zugeschriebenen Processes[2]).

Wie beweisunkräftig nun alle diese Angaben sind, braucht nicht ausgeführt zu werden. Alles reducirt sich darauf, dass die auf eine Handschrift aus dem Jahre 1461 zurückführenden (Löwener) Drucke in den siebenziger Jahren des 15. Jahrhunderts Panormitanus mit dem Process in eine ziemlich unsichere Verbindung bringen.

Möglich, dass dem Löwener Drucker eine Handschrift vorgelegen hat, welche das „Panormitanus quem tradidit" enthielt; möglich, dass die Handschrift des Processes hinter einem Werke des Panormitanus in demselben Band sich befand, so dass es den Anschein gewann, als ob die angebundene Schrift denselben Autor habe, wie die vorstehende; möglich endlich, dass der Drucker den berühmten Namen seinem Drucke vorsetzte, um Käufer zu locken — für. uns ist die Thatsache genügend, dass der 1405 verabfasste Process in den ersten 50—70 Jahren seiner Existenz für Panormitanus niemals in Anspruch genommen worden ist.

Unter diesen Umständen gewinnen die Angaben der Handschriften über den Autor ganz besondere Bedeutung. Dieselben werden hier übersichtlich zusammengestellt:

L 1 geschrieben 1405: Explicit processus iudiciarius uWirbach Erfordie compilatus.

Bx geschrieben 1416, sicher zurückgehend auf 1405: Et sic est finis huius processus iudiciarii editi per dominum Johannem[3]) urbach decretorum doctorem eximium.

---

[1]) Aehnliches gilt auch von dem handschriftlich vorhandenen Werke des Bruder Andreas von Michelsberg in Bamberg (Bibl. Bambergens. lib. ms. E. III 9) über den Benediktiner-Orden, in welchem unter den Werken des Nicolaus Tudeschis ebenfalls der processus iuris aufgeführt ist.

[2]) Vgl. Hubert Horn, Senkenbergs Gerichtsbüchlein (1837) S. 52.

[3]) *Bx bezeugt nun auch schon aus ganz früher Zeit den Vornamen, während dieser sich sonst erst in Handschriften aus den vierziger Jahren wieder findet.*

Wr 1, geschrieben 1410: Explicit processus Iudicii per Urbach decretorum doctorem Erfordie editus.

H aus dem Jahre 1411: Explicit processus iudicii editus per dominum Urbach doctorem decretorum etc.

E aus dem Jahre 1414: Incipit processus iudicii collectus per urbach decretorum doctorem Erfordie.

G geschrieben 1473, mit sicherem Rückweis auf 1417, Beginn: · Sequitur processus iudiciarius urbach decretorum doctoris collectus erfordie. Schluss: Et sic est finis huius processus Urbach doctoris decretorum collectus erfordie.

L 2 1416: Et sic est finis huius Urbach supra processum iudicii.

W 2 1425: Processus Iudicii Urbach.

Mr 1436: Et sic est finis huius processus Iudiciarii Johannis Urbach.

W 1 1440: Explicit processus Iudiciarius Reverendi domini Johannis urbach doctoris decretorum doctoris iuris canonici etc.

M 2 1458 hinter dem ordentlichen Process: Et sic est finis huius processus ordinis iudiciarii Urbach.

M 1 und A 1463—1469: Incipit processus Iudiciarius Eximii doctoris iuris canonici Johannis de Urbach feliciter.

Wir besitzen demnach aus dem ersten Viertel des 15. Jahrhunderts für die Autorschaft eines Johannes Urbach, Decretorum Doctor, acht Zeugnisse; ein neuntes und zehntes gehören den vierziger, ein eilftes und zwölftes den fünfziger Jahren desselben Jahrhunderts an.

Zu diesen Zeugnissen kommen noch hinzu diejenigen der verloren gegangenen Handschriften No. 15—18 [1]), besonders derjenigen, nach welcher Theodorich v. Bocksdorf [2]) sein Exemplar des Processes als processum Urbach bezeichnet [3]).

Bemerkenswerth ist auch noch der Umstand, dass die Inhaltsverzeichnisse der Leipziger und Erfurter Codices die Angabe enthalten: Proc. iur. Magistri Urbach.

Das Zeugniss von A ist identisch mit dem von M 1, kommt daher nicht weiter in Betracht.

Dagegen ist von Gewicht, dass auch Eb 1 als den Verfasser des Processes Urbach nennt. Es heisst im Eingange des Eberhausen'schen Commentars:

---

[1]) S. oben S. 7.

[2]) *S. über diesen Stintzing, Gesch. der D. R.-W. I S. 34.*

[3]) S. Praef. ad Urb. ed. Muth. pag. XII.

Intentio namque autoris nostri urbach in hoc praesenti tractatu[1]) . . .

Eberhausen hatte 1450 zu Rostock studirt, wo die Erfurter Traditionen noch nicht erstorben waren; auch in Leipzig, wo wir ihn später finden, hatte sicher ein Andenken an den Ursprung des Processes sich erhalten. Nun war aber Eberhausen ein gelehrter Mann, der längere Zeit, wie es scheint, auf Italiänischen Hochschulen zugebracht und dort eine grosse Literaturkenntniss sich erworben hatte. Die Schriften des Panormitanus namentlich finden wir auf jeder Seite seines Commentars citirt. Sollen wir annehmen, dass ein diesem berühmten Autor angehöriges Processwerk dem jungen strebsamen Studirenden in Italien entgangen sei, oder aber, dass er es wohl dort als Werk des Nic. de Tudeschis kennen gelernt, dasselbe aber später, aus irgend welchen Gründen die Wahrheit fälschend, dem Deutschen Urbach zugeschrieben habe?

Jedenfalls steht durch die oben mitgetheilten Zeugnisse fest, dass in dem ersten Menschenalter nach Verabfassung des Processes Johannes Urbach, decretorum doctor, als Verfasser desselben wiederholt genannt wird und zwar auch durch in Erfurt entstandene Handschriften; ferner, dass ein Gleiches in den folgenden dreissig Jahren häufig statt findet; endlich, dass gelehrte Docenten der Leipziger Universität aus den 40er, 60er und 70er Jahren des 15. Jahrhunderts, welche auch mit der Italiänischen Rechts-Literatur sich vertraut zeigen, keinen Zweifel hegen, dass Urbach den Process geschrieben habe.

Hierdurch muss der Beweis, dass der Verfasser des Processes Johann Urbach hiess und Decr. Doctor war, für vollständig erbracht gehalten werden.

Leider aber ist über D. Joh. Urbach auch nicht die mindeste sichere Nachricht weiter beizubringen.

Zwar findet sich in der Erfurter Matrikel im Wintersemester 1405/6 ein

Johannes Urbach de Northus

inscribirt. Allein es erscheint bedenklich, diesen mit dem Process-verfasser, welcher ziemlich gleichzeitig schrieb, ohne Weiteres zu identificiren.

Dagegen steht es fest, dass die Familie Urbach, Urbech, Urbeche, Urbich eine im Mittelalter verbreitete Ministerialen- resp.

---

[1]) S. Praef. pag. XVIII.

Patricier-Familie in Mühlhausen[1]), Nordhausen[2]) und Erfurt[3]) war.
Näheren Aufschluss gibt die folgende Tabelle der Familien-Mitglieder, welche urkundlich nachweisbar sind:

1268 Maroldus de Urbach, miles, Zeuge in einer Urkunde Heinrichs Grafen von Hohnstein, Schenkung an das St. Peterskloster in Erfurt betreffend[4]).

1270 Conradus dictus Urbecke, als Zeuge in einer Urkunde, betr. Verzicht von Rechten an die Kirche Immelenhausen[5]).

1278 Conradus de Urbecke, unter den Consules in Muhlhusen, in einer Urkunde den Verkauf des Dorfes Direnrode betr.[6]).

1279 Heinricus et Theodoricus fratres milites de Urpeche Sti. Viti dicti Calvi machen dem St. Peterskloster in Erfurt eine Schenkung[7]).

1282 Conrad von Vrbeche in einer Urkunde des Landgrafen Albrecht von Thüringen[8]).

1295 Henningus de Urbeche, Magister Consulum in Mülhausen, nach einer dortigen Urkunde[9]).

1296 und 1307 Henningus de Urbeche unter den Consules in Mülhausen in Thüringen[10]).

1300 Albertus de Urbeche unter den Consules von Mülhausen[11]).

1300 Theodoricus de Urbeche plebanus veteris civitatis Mülhusae und Godofredus de Kornre, Provincialis ordinis Teutonici per Thuringiam in einer Mülhauser Urkunde[12]).

1303 Frater Theodoricus dictus de Urbeche plebanus veteris civitatis in Molhusen und Gotfridus de Kornre, Ordinis domus

---

[1]) S. die Belege unten.

[2]) Historische Nachrichten von der Kayserlichen und des heil. Röm. Reichs Freyen Stadt Nordhausen u. s. w. Leipzig und Nordhausen 1740. 4°. S. 275.

[3]) Kurtz gefasste und gründliche Nachricht von den vornehmsten Begebenheiten der .. Haupt Stadt Erffurt (1713) S. 220.

[4]) Schannat, Vindemiae literariae (1724) pag. 13.

[5]) B. C. Grasshofii Commentar. de originibus atque antiquitatibus Mulhusae, 1769, 4°, pag. 184.

[6]) Grasshofii Comm. pag. 192.

[7]) Schannat, Vindemiae literar. pag. 14.

[8]) Grasshofii Comm. pag. 223.

[9]) Ebendas. pag. 99.

[10]) Ebendas. pag. 100.

[11]) Ebendas. pag. 16.

[12]) Ebendas. pag. 60.

Teutonicae per Thuringiam provincialis stellen eine Urkunde aus [1]).

1308 Frater Theodoricus de Urbeche, plebanus ecclesie in Mol·husen, kommt in einer Urkunde fratris Gothfridi de Kornre, ordinis domus Theutonicorum per Thuringiam provincialis, als Zeuge vor [2]).

1312 Heyso de urbech in einer Urkunde unter den consules der Stadt Nordhausen [3]).

1325 Dietherich von Urpeche, Dienstmann, unter den Mitgliedern des iudicium pacis in Thuringia [4]).

1329 Hermannus de urbecke, unter den consules der Stadt Nordhausen [5]).

1332 Herman von Urbach, Rathsmeister in Nordhausen [6]).

1345 Gothus (Gothofredus?) de Urbich als Zeuge unter einer einen Process der Stadt Nordhausen betr. Urkunde [7]).

ca. 1359 Heinricus de Urbeche, plebanus in Tutenrode [8]) (Process des Deutschen Ordens und der Stadt Mülhausen 1357—1362).

1364 VI Jd. Julii Henricus de Urbach civitatis (Mulhus.) protonotarius, wird zum Pfarrer der ecclesia in Sambach präsentirt [9]).

1365 Henricus de Urbach, protonotarius civitatis Mulbusensis, wird genannt als verzichtend auf die Ecclesia parochialis zu Sambach, welche rector et provisor hospitalis Sti Antonii zu Mülhausen zu vergeben hatte [10]).

1375 Als Mitglieder „von den richen Geschlecten" in Nordhausen, gegen welche ein Aufstand der Gemeinen entstanden war, kommen vor

Hermann und Henzce von urbache, gebrudere.

---

[1]) Ebendas. pag. 68.

[2]) de Ludewig, Reliquiae MSS. T. V pag. 99.

[3]) Neue Mittheilungen aus dem Gebiete historisch-antiquarischer Forschungen Bd. VIII (Halle 1858) 3. u. 4. Heft, pag. 122.

[4]) Grasshofii Comm. pag. 220.

[5]) Neue Mittheilungen a. a. O., pag. 123.

[6]) Neue Mittheilungen, Bd. VI (1843) 4. Heft, pag. 168—169.

[7]) Historische Nachricht von .. Nordhausen, pag. 396.

[8]) Grasshofii Comm. pag. 57.

[9]) Ibid. pag. 49, 50.

[10]) Grasshofii Comm. pag. 108.

Henzce von urbech und Dietherich sin bruder.

Ludewig von urbech der lengere[1]).

1394 und 1397 Gedenktafeln in der ehemaligen Kirche St. Martin zu Nordhausen:

Heinrich von Urbach, † 1394 7. Okt.

Heinrich von Urbach, † 1397[2]).

1403 Heinze Urbichss und Hermann Urbichss zu Nordhausen[3]).

Von folgenden Urbachs ist es zweifelhaft, ob sie der Thüringer oder einen anderen (Schwäbischen) Familie dieses .Namens angehörten:

1287 Fridericus de Urbach, verkauft dem Kloster Bebenhausen einen Hof in Zuffershausen genannt Urbachhoff[4]).

1300 Frater Anselmus de Urbach, nuncius magistri generalis ordinis Teutonicor. kommt vor als Zeuge in einer Urkunde des Landmeisters Helwig von Goldbach[5]).

1377 Conradus Urbach wird zum Examen baccalarandiorum zu Prag admittirt[6]).

Noch ist zu bemerken, dass die Thüringische Familie ihren Namen wohl führt von dem jetzigen Schwarzburg-Sonderhausischen Dorfe Urbach im Amte Ebeleben[7]). Dieselbe mag vom Lande in einzelnen Gliedern nach den Städten übergesiedelt und dort dem Patriciat beigetreten sein, während die auf dem Lande gebliebenen Mitglieder Ministerialen blieben oder wurden. Das Dorf Urbach wird übrigens schon im Jahre 966 in einer Schenkungsurkunde Kaiser Otto II. an das Kloster Fulda erwähnt[8]).

---

[1]) Neue Mittheilungen, Bd. III (1837) 4. Heft S. 83—87, bes. S. 86 in der Note; cf. 6. Bd. (1843) 4. Heft pag. 168, 169. Historische Nachrichten u. s. w. pag. 446.

[2]) Neue Mittheilungen Bd. VI (1843) 4. Heft S. 168.

[3]) Historische Nachrichten S. 127.

[4]) Ludewig, Reliquiae MSS, T. X pag. 420.

[5]) Joh. Voigt, Cod. dipl. Pruss. II pag. 49.

[6]) Monumenta historica universitatis Pragensis I 1 pag. 177.

[7]) Auch im Hannover'schen Amte Hohnstein liegt ein Pfarrdorf Urbach; ausserdem gibt es zwei Dörfer dieses Namens in der Preussischen Rheinprovinz, *eins in Lothringen, zwei im Elsass. Schliesslich existiren zwei Dörfer Ober- und Unter-Urbach in Würtenberg, Jaxtkreis, O.-A. Schorndorf, von welchen letzteres auch unter dem Namen Unter-Auerbach vorkommt: also hier genau dieselbe Namensverwechslung oder Fortbildung, welche bei unserem Urbach sich findet; sollte dies nicht ein Fingerzeig sein, dass die Urbach'sche Familie vielmehr dorther stammt? — S. Ritter, geographisch-statistisches Lexikon.*

[8]) Grasshofius, Comm. pag. 11.

In der Erfurter Matrikel sind bis zum Jahre 1500 folgende Urbachs verzeichnet:

1395 Winter: Hermannus urbech de Elrich.

1400 Winter: Henricus urbech de molhusen.

1402 Sommer: Heinricus urbech de erford.

1405 Winter: Joh. urbech de Northus.

1454 Sommer: Joh. urpach de Schlusing.

1455 Sommer: Joh. urbach.

1489 Sommer: Henricus urbich de Holtzhusen.

Aus dem Dorfe Urbach scheinen zu stammen:

1457 Sommer: Johannes andree de urbach.

1460 Winter: Christianus gröning de urbech.

1499 Sommer: Joh. odermer d'urbach.

An dem 87. Magisterexamen in Erfurt nahm Theil:

Henricus Klaussmann de urbach, welcher 1489 Sommer immatrikulirt ist als

Henricus klosman de aurbach.

Damals also (gegen Ende des Jahrhunderts) verwechselte man urbach und aurbach, wovon früher keine Spur sich findet.

Der Name Aurbach kommt ausserdem in der Erfurter Matrikel bloss vor 1474 Sommer, wo

Nicol. reisel d'auwerbach

immatrikulirt ist.

Von allen oben aufgezählten ist nur Simon Urbach nochmals aufzufinden:

1446 ist Simon Urbach, Presbyter, (aus Nordhausen), bei einem Verhöre zugegen[1].

1449 ist D. Simon Urbich Vikarius am Altare St. Jacobi der St. Nicolaikirche zu Nordhausen[2].

1510 wird nachträglich der Verkauf des ius patronatus quatuor vicariorum in Ecclesiis monasteriorum beatissimae Virginis Mariae veteris Villae et novi operis extra muros Northusen, welches in Vorzeiten Simon Urbich presbyter besessen hat, genehmigt[3].

Ist somit über die Person Joh. Urbachs irgend welche sichere Nachricht nicht beizubringen, so kann doch ein Irrthum, welcher seit alten Zeiten sich beifälliger Aufnahme und Wiederholung erfreut, unschwer entfernt werden. Es handelt sich um die Identi-

---

[1] Historische Nachrichten u. s. w. S. 618 cf. 625.

[2] Historische Nachrichten u. s. w. S. 47.

[3] Würdtwein, Subsid. dipl. IX pag. 390.

ficirung Johann Urbachs mit Mr. Joannes de Aurbach, Vicarius
Bambergensis, welcher eine 1469 bei Günther Zainer in Augsburg
gedruckte Summa de sacramentis und ein Directorium curatorum
(s. l. e. a.) geschrieben hat[1]).

Der Ursprung des Irrthums ist zurückzuführen auf das Titelblatt und die Ueberschrift des ersten Textblattes der ersten Ausgabe des Kommentars von Joh. v. Eberhausen (1489). Dort wird
der Processverfasser zuerst Joh. de auerbach genannt, während bis
dahin bloss die Form Joh. Urbach oder Joh. de Urbach vorkommt.
Der Commentar ist erst nach dem Tode Eberhausens gedruckt, das
Titelblatt und die Ueberschrift des Druckes also von fremder
Hand redigirt, wie auch die daran sich findende Angabe: „Non
sine exactissimo consilio doctorum correctus" beweist.

Wenn wir aber die Herausgeber eines Irrthums beschuldigen,
so gibt uns dazu ihr eigener Druck volle Berechtigung, denn der,
vielleicht noch von Eberhausen selbst herrührende, Anfang des
Commentars hat, wie schon mehrfach erwähnt, den Namen urbach.

Zunächst finden wir den Irrthum wiederholt bei Trithemius in
seinem Catalogus virorum illustrium, wo von

Johannes de Aurbach, presbyter et canonicus Ecclesie Bambergensis

erzählt wird:

Gymnasium Erffordense sua conditione et praesentia cum do-
cendo tum scribendo multo tempore illustravit ... Claruit sub Fre-
derico imperatore tertio et Paulo papa secundo. A. dom. 1470.

Als Schriften Aurbachs werden hier aufgezählt:

Processus iudiciarius libr. 2.

De sacramentis lib. 1.

Damit stimmt nicht völlig, was derselbe Autor in seinem Buche
de scriptoribus ecclesiasticis über

Joannes de Auerbach, natione Teutonicus, presbyter ecclesiae
Bambergensis

ausführt, denn

1) wird eine Zeitbestimmung nicht gegeben, doch zeigt die
Stelle, welche Joh. Auerbach mitten unter Schriftstellern des aus-
gehenden 14. und beginnenden 15. Jahrhunderts erhalten hat, dass
Trithemius ihn zu diesen zählt;

2) wird hier eines Erfurter Aufenthaltes nicht gedacht, vielmehr gesagt: Claruit in civitate Bambergensi;

---

[1]) Vgl. hierüber Stintzing, Pop. Lit. S. 241 ff.; *s. auch Schulte, Quellen
II S. 301 Anm. 1, welche noch den Verfasser des processus mit dem der summa
de sacramentis identificirt.*

3) wird von den Büchern Auerbachs bloss bemerkt: vidi tantum opus praeclarum: De sacramentis ecclesiae lib. 1: „Ad laudem Dei animarum". De caeteris nihil vidi.

Das Werk Trittenheims über die kirchlichen Schriftsteller ist in verbesserter Fassung 1494 vollendet, der catalogus virorum illustrium in der zweiten verbesserten und vermehrten Ausgabe, welche wir allein noch besitzen, am 31. Juli 1495 [1]).

Da über die Identität der in beiden behandelten Joh. de Aurbach oder de Auerbach ein Zweifel füglich nicht obwalten kann, müssen wir annehmen, dass Trithemius bei Bearbeitung oder Revision des umständlichere Nachrichten gebenden Catalogus eine Quelle benutzt hat, die ihm, als er den betreffenden Artikel im Buche de scriptoribus ecclesiasticis bearbeitete, noch nicht zu Gebot stand.

Welche Quelle das war, darüber giebt er selbst hinreichenden Aufschluss. In dem Buche über die kirchlichen Schriftsteller versichert er von den Schriften Auerbachs nichts gesehen zu haben, als dessen Werk de sacramentis ecclesiae; im Catalog. vir. ill. aber bekennt er, dass ausser der Summa de sacramentis auch der Processus iudiciarius zu seinen Händen gekommen sei.

Damit lösen sich die Räthsel. Nehmen wir an, dass Trithemius zwischen der Redaction des Artikels im Buche de scriptoribus ecclesiasticis und demjenigen im Catalogus die Leipziger Ausgabe des Processes mit Eberhausens Commentar kennen gelernt hat, so erklärt sich ohne Weiteres, wie Trithemius dazu kam

1) Johann von Aurbach nach der Titelangabe der Ausgabe für den Verfasser des Processes zu halten;

2) die Zeitbestimmung zu geben, da in Formularen der Ausgabe Papst Paulus II. und das Jahr 1468 vorkommt; .

3) die Notiz über den Erfurter Aufenthalt einzuschalten, da in den Formularen der Ausgabe öfter Erfurt als locus iudicii genannt ist.

Die Autorität des Trithemius war gross genug, unseren Processverfasser dauernd aus einem sonst unbekannten Joh. Urbach in den Bamberger Vikarius Joh. de Auerbach zu verwandeln. Die weitaus überragende Zahl der Literatoren und Processschriftsteller folgte ihm blindlings; der fleissige Jäck suchte nach Bamberger Handschriften (Catalog. II p. XV) auszuführen, dass Joh. von Aurbach eigentlich Joh. Koppischt heisse, aus Auerbach in der Oberpfalz gebürtig sei, 1452—62 das Pfarramt des jetzt eingegangenen Ortes

---

1) Vgl. Silbernagel, Johannes Trithemius (1868) S. 64, 66.

Grebern bei Pottenstein verwaltet habe, 1464 Domvicar in Bamberg, Prediger und Lehrer an der Domschule geworden sei. So ist es ganz begreiflich, wenn ein Schriftsteller wie O. A. Waiter[1]) zu dem Satze kommt:

> Johann von Auerbach, auch, aber gewiss unrichtig, v. Aurpach, v. Aurbach, (Martin, Bethman - Hollweg, v. Savigny, Mühlenbruch), v. Urbach (Rudorff, Heffter), Joh. Urbach (Wetzell), genannt, doctor des canon. Rechts zu (Erfurt? Rudorff) Leipzig, † nach 1470.

Die Angabe von v. Savigny[2]):

> Johannes de Aurbach (Aurpach, Urbach), Leipziger Jurist des fünfzehnten Jahrhunderts

bezieht sich auf Adelung zu Jöcher (Band I S. 1270), wo mancherlei zusammengeworfen und verwechselt, dabei aber die (von Adelung angezweifelte) Notiz gegeben wird, dass Auerbach von Dunckel, Nachrichten (I, 24), als Leipziger Rechtsgelehrter aufgeführt werde. Auch Adolf Martin[3]) versichert nach einer Mittheilung von Biener, der Processverfasser sei Leipziger Rechtslehrer gewesen. Die Nachricht von Dunckel stützt sich auf die Autorität eines Johann Peter von Ludewig und, wenn wir recht vermuthen, wird hierauf auch die Biener'sche Notiz zurückzuführen sein.

Johann Peter von Ludewig aber hatte auf das Titelblatt seines Exemplares der Ausgabe des Eberhausen'schen Commentars von 1512 geschrieben[4]).

> Utrique huius libri auctores Lipsenses fuerunt etc.

Woher v. Ludewig diese Kunde hat, ist nicht gesagt und so werden wir es denn wohl auch hier mit einer Vermuthung zu thun haben, welche auf nichts Anderes sich gründet, als dass in den Formularen der Ausg. von 1512 häufig Leipzig als locus iudicii genannt ist.

So haben wir uns denn aus einem ganzen Wald von Irrthümern herausgefunden, leider aber sind wir ausser Stande, das Dunkel, welches über die Person Johann Urbachs sich lagert, zu entfernen.

---

[1]) Die Literatur des gem. ordentl. Civil-Processes (1865) § 61 S. 31.

[2]) Gesch. des R. Rs. im Mittelalter Bd. VI S. 480.

[3]) In seiner Inaugural-Dissertation Specimen historiae studiorum et meritorum, quibus in theoria ordinis iudiciorum privatorum per Germaniam excolenda tam legislatores quam iurisconsulti nostrates excelluerunt. Sect. I [a] (1823)

[4]) Cf. Catalog. praestantissimi thesauri librorum etc. Joh. Petri de Ludewig (Hal. 1745) pag. 704.

Vermuthungen freilich könnten wir genug anstellen, doch ist dies nicht nur nutzlos, sondern auch gefährlich, denn man kann nie wissen, zu welch' absonderlichem Phantasiegebild die leiseste Andeutung bei Anderen hinführt.

Dass Johann Urbach seinen Process nicht bloss in Erfurt, sondern auch in Leipzig bald nach dessen Abfassung vorgetragen habe, ist nicht unwahrscheinlich, wennschon in Leipziger akademischen Urkunden nichts auf Urbach Bezügliches sich vorfindet [1]). Ein Johannes Urba, Cantor des Thomasklosters dortselbst, kommt in einer Urkunde vom 20. September 1439 vor [2]).

Einmal bei den ähnlich-klingenden Namen angekommen, wollen wir auch nicht unerwähnt lassen, dass unter den die Universität Köln 1389 eröffnenden Lehrern ein

Joannes de Ubach, Magister in artibus, Parys. Canonicus B. M. ad Gradus

erwähnt wird [3]), doch liegt kein Grund vor anzunehmen, dass derselbe mit dem Processchriftsteller identisch sei.

Dass letzterer Clerikus war, darf ohne weiteres angenommen werden, da seine Bildung eine klerikale ist und einzelne Aeusserungen über den Clerikerstand — non expedit clericis litigare ... multo minus religiosis (Praeparatoria iudiciorum) — darauf hindeuten. Dass er in Italien studirt und in Rom die Praxis der curia Romana aus eigener Anschauung kennen gelernt, sowie ferner, dass er an der Praxis kirchlicher Gerichte in Deutschland als Anwalt oder Richter thätigen Antheil genommen hat, ergiebt sich mit vieler Wahrscheinlichkeit aus dem Process selbst, wie unten noch näher gezeigt werden soll.

---

* Eine Frage ist hier noch zu erledigen, nämlich, ob nicht unserem Urbach vielleicht auch andere Werke aus jener Zeit, deren Autor bisher unbekannt ist, zugewiesen werden können. Aus den verschiedenen, in Verbindung mit den einzelnen Handschriften in handschriftlichen Sammelbänden vorkommenden Werken scheint Muther keines den Eindruck gemacht zu haben, als gehöre es Urbach zu; wenigstens finde ich darüber in seinen Papieren nichts. Dagegen ersehe ich aus einer einmaligen kurzen Bleistift-Notiz,

---

[1]) Mittheilung von Zarncke.
[2]) Urkundenbuch der Stadt Leipzig, von v. Posern-Klett, pag. 153.
[3]) v. Bianco, Die alte Universität Köln, I. Th. (1855), S. 87.

dass ihm eine leichte Vermuthung, welche Stintzing Pop. Literatur S. 289 ausspricht, wenigstens beachtenswerth erschienen sein muss.

Es handelt sich um den Tractatus praesumptionum, eine kurze Zusammenstellung einer Reihe von Präsumptionen, welche unter anderem auch in allen Ausgaben des Liber plurimorum tractatuum sich findet und zwar unmittelbar hinter dem processus iudiciarius Urbach. (Siehe Stintzing, l. c. Seite 288/89.) Die neun Präsumptionen, welche wirklich von Bartolus herrühren und in Folge deren das ganze Schriftchen später dem Bartolus zugewiesen worden ist, finden sich nicht in der Ausgabe des Liber plurimorum tractatuum iuris, sondern nur in dem Abdruck des Tractatus praesumptionum, welcher steht in den Tractatus Bartoli s. l. 1472 Fol. Hain 2634, München. Dagegen fehlen in dieser letzteren Ausgabe zwei längere Abschnitte, welche unser Liber plurimorum tractatuum bringt, nämlich diejenigen, welche mit den Worten: ‚Praesumitur contractus simulatus‘ und „Praesumitur mulierem ex alio concepisse" beginnen.

Stintzing fährt nun so fort: Eine Handschrift, welche die Zusätze des Bartolus noch nicht enthielt, ist die Grundlage der Ausgabe des Liber plurimorum tractatuum. Dieser hat dann die beiden oben erwähnten längeren Ausführungen als Zusätze in sich aufgenommen. Ob sie vom Herausgeber herrühren, ob dieser Johann von Auerbach gewesen ist (an Stelle desselben würde jetzt natürlich Urbach treten), lässt sich nicht entscheiden: doch würde sich dafür geltend machen lassen, dass sie hier als ein Anhang zu seinem Process erscheint.

Allerdings ist dieser Grund für die Betheiligung des Urbach an der Publikation dieses Traktates ein recht schwacher; und so wäre denn jedenfalls, ehe man, auf jenen Zusammenhang gestützt, weitere Nachforschungen vornehmen wollte, zu konstatiren, ob der Tractatus praesumptionum resp. die zwei ihm eingeschobenen Stücke wenigstens ihrem Inhalte nach dem Autor unseres Processes zugeschrieben werden können.

Der Tractatus praesumptionum [1]) ist eine rein civilistische Arbeit. Im ganzen Verlauf desselben wird keine Stelle aus dem canonischen Recht, dagegen fortwährend Römisches und zwar merkwürdig häufig direkt aus den Quellen citirt. Der Autor unseres Processes aber war, wenn ihm auch das Römische Recht durchaus nicht fremd, bei

---

[1]) Ich benutzte bei meinen Untersuchungen einen Drach'schen Druck des Liber plurimorum tractatuum, sine anno, Hain 11462, s. Stintzing Pop. Lit. S. 479/80 sub 1, Bonner Universitäts-Bibliothek. Angebunden ist ein Methodus iuris, genau nach Stintzing l. c. S. 29 sub 1.

weitem mehr Canonist als Legist; er war, wie besonders im folgenden Kapitel gezeigt werden wird, Praktiker, der nur mit Kirchenrecht zu thun hatte. Wie soll ein solcher dazu gekommen sein, sich speciell mit einer Sammlung von rein Römischrechtlichen Präsumptionen zu befassen? Allerdings ist die Kürze der Darstellung ähnlich wie bei unserem Process; aber wer sollte glauben, dass ein Autor, der sich so systematisch in dem einen Werk zeigt, wie dies bei Urbach im processus iudicii der Fall ist, in einem anderen an der kolossalen Verwirrung Vergnügen finden könnte, welche in diesem Traktate herrscht und in Folge deren es z. B. heisst: Presumitur et omni tempore bonus, qui semel fuit bonus und zwei ganze Spalten später, nachdem inzwischen alles Mögliche behandelt worden ist: Presumitur aliquis bonus, si natus est de progenie bona. Auch zeichnet unseren Autor grade das aus, dass, wenn er einmal Stellen aus dem Corpus iuris civ. allegirt, dieselben für jene Zeit merkwürdig passend gewählt sind; in dem Traktatus aber sind die schiefen und verkehrten Citate nicht zu zählen.

Kommen wir jetzt zu den beiden Einschiebseln, von welchen hauptsächlich die Rede ist, als ob Urbach sie verfasst hätte, während er für das Uebrige nur als Herausgeber erscheinen soll: so ist zunächst zu constatiren, dass grade diese, während wenigstens die übrigen Paragraphen des Traktates sich durch scharfe Kürze auszeichnen, ausserordentlich in die Länge gezogen und verwirrt sind. Das ist aber absolut nicht die Art unseres Urbach. Besonders der Abschnitt, welcher mit Presumitur mulierem ex alio beginnt, bietet ein wüstes Durcheinander von einzelnen Notizen; auch scheint mir das gelehrte Citat des Avicenna durchaus nicht in der Manier des Process-Autors zu liegen, der sich stets einfach und zurückhaltend in seinen Allegationen zeigt.

Viel weniger noch kann aber daran gedacht werden, ihn als Verfasser des ersten Einschiebsels Presumitur contractus simulatus zu betrachten. Nachdem nämlich hier von der Präsumption der Simulation des Traktates allmählich auf die Präsumptionen übergegangen worden ist, nach welchen der Erwerb gewisser Personen (uconomi, administratores, negotiorum gestores) als aus dem ihnen anvertraut gewesenen Gute herstammend angenommen werden soll, wird speciell von dem Verhältnisse gehandelt, welches bei Bischöfen und anderen Priestern zwischen dem von ihnen aus dem Amte und dem anderswoher Erworbenen besteht. Auch hier wird nun nur Römisches Recht citirt und die auth. Licentia ad leg. 34 C de episcopis et clericis fast wörtlich abgeschrieben; von einer Präsumption gleich der hier behandelten spricht speciell gl. Probatus ad Auth. cit. —

Und doch, wie nahe hätte es dort einem Canonisten wie unserem Processverfasser gelegen, die Dekretalen zu allegiren! Von unserem Falle handeln nicht nur cap. 7, 9, 12 X de testamentis et ultimis voluntatibus III 26, sondern auch noch ganz ausführlich cap. 2 X de successionibus ab intestato III 27 und speciell gl. Morientium ad hoc cap., welche die hier erörterte Präsumption noch viel genauer giebt, als die Glosse zu der Codex-Stelle!

Weiterhin könnten wir aber auch von einem so eminent practischen Schriftsteller wie Urbach, dessen Process von Bemerkungen über die „heutige" Praxis förmlich wimmelt, wohl bei diesem im Mittelalter so hochbedeutsamen Thema einen Hinweis auf die zu jener Zeit bekanntlich keineswegs constante, sondern recht schwankende Praxis[1]) erwarten.

Aus alledem ergiebt sich die Folgerung, dass es höchst unwahrscheinlich, dass unser Urbach dem Tractatus praesumptionum irgendwie näher stehe, besonders aber Verfasser der mehrerwähnten eingeschobenen Stellen sei. Es bleibt daher der processus iuris das einzige Werk, welches wir Urbach mit irgend welcher Sicherheit zuschreiben können. — *

---

7. Quellen.

In der Praefatio zu seiner Ausgabe des Urbach, pag. XXII bis XXIII, gibt Muther mehr die Werke an, welche er zur Adnotirung seiner Editio, als diejenigen, welche Urbach beim Schreiben seines Werkes benutzt hat. Es ist daher nicht ohne Interesse, hier auf letztere näher einzugehen.

Unser Processverfasser treibt keinen Prunk mit seinen Citaten. Wer die Werke der Italiäner jener Zeit kennt, wird eine grosse Verschiedenheit finden, sowohl was die Zahl als was den Werth der Allegate anbelangt. Besonderes Lob muss dem Autor ertheilt werden bezüglich der Stellen aus den römischen und vorzüglich aus den canonischen Rechtsbüchern, auf welche er sich bezieht: Sie sind fast durchgängig mit Geschick ausgewählt und passend. Es kann

---

[1]) S. v. Schulte, Lehrbuch des Kath. Kirchenrechts, bes. S. 561 über die seit dem 13. Jahrhundert in Deutschland von dem gemeinen Recht allmählich abweichende Uebung.

kaum bezweifelt werden, dass er die Originaltexte vor sich liegen hatte, die Justinianischen Rechtsbücher in der damals üblichen Eintheilung in fünf volumina, von den canonischen ausser dem Dekret, den — hin und wieder als Compilatio Gregoriana citirten — Dekretalen, dem Liber Sextus und den Clementinen auch eine Extravagantensammmlung [1]).

Mit den Rechtsbüchern benutzte Urbach selbstverständlich auch ihre Glossen. Ob er aber Citate wie „Joannes Teutonicus in glossa etc." und „Bernardus in c. etc." selbst formulirt oder aus Jo. Andreae entlehnt hat, können wir füglich dahingestellt sein lassen. Bemerkt werden mag nur, dass er einmal [2]) als Verfasser der glossa ordinaria zu den Dekretalen Bernardus praepositus Papiensis nennt; dass hierbei, wenn nicht zu emendiren ist, eine Verwechslung mit Bernardus Parmensis unterläuft, ist klar.

Den übrigen literarischen Apparat unseres Autors betreffend lässt sich folgende Unterscheidung anstellen: Es kommen vor Allegate

1) von Schriftstellern, welche nachweisbar stets nur aus anderen Schriftstellern citirt werden;

2) von solchen, bei welchen dieses zweifelhaft ist; und

3) von solchen, welche dem Verfasser sicher selbst bekannt waren und vorlagen.

Von den Schriftstellern der ersten Klasse nenne ich hier nur die Namen unter Verweisung auf die Stellen, an welchen sie in Muthers Ausgabe des Urbach'schen Processes vorkommen; in dieser Ausgabe hat nämlich Muther regelmässig in besonderen Anmerkungen auf die Stellen anderer Schriftsteller, aus welchen jene von Urbach entnommen wurden, aufmerksam gemacht. Wo ausnahmsweise in der Ausgabe diese Rückverweisung fehlt, setze ich sie hier hinzu.

Zu nennen sind:

Vincentius Hispanus, S. 57 Z. 20.

Goffredus, S. 58 Z. 1.

Petrus Hispanus } S. 58 Z. 2, S. 85 Z. 14.
Abbas antiquus }

Aegidius Fuscarensis S. 85 Z. 14.

Franziscus Vercellensis S. 150 Z. 15,
wohl aus Joannes Andreae Novella in Sextum ad c. Exceptiones de litis contestatione 2, 1.

---

[1]) S. z. B. Urb. ed. Muth. pag. 81 Z. 13—14.
[2]) S. Urb. ed. Muth. pag. 171 Z. 14.

Tancredus S. 131 Z. 21 und S. 248 Z. 12.

Guilelmus Anglicus (de Droreda) S. 19 Z. 1.

Guido de Suzaria S. 275 Z. 1 aus Jo. Andreae Add. ad
Speculum lib. II partic. III de sententia executoria § 3
No. 2 v. Condemnati.

Richardus de Senis S. 50 Z. 15.

Cinus S. 109 Z. 14.

Joannes Monachus et Archidiaconus S. 114 Z. 4 und 5[1]).

Zu der zweiten Klasse gehören solche Schriftsteller, von
welchen sich bei einigen Citaten die Entnahme aus einem weiteren
Werke nachweisen lässt, während andere Allegate aus den Werken
der betreffenden Autoren direkt geschöpft erscheinen. Hierher
rechnen wir

Roffredus, S. 58 Z. 16 nach Jo. Andreae Addit. ad Speculum
lib. II partic. I De citatione § 4 No. 8 verb. Imputetur;
S. 102, Z. 8 aus Addit. ad Speculum lib. IV part. I § 1
verb. Libellus a libro.

Hingegen ist für das wörtliche Allegat S. 7 Z. 1 ff. eine
sekundäre Quelle nicht aufzufinden; doch dürfte diese vereinzelte
Stelle wenig beweisen.

Innocentius und Hostiensis werden sehr häufig citirt und zwar
so, dass von diesen fast sicher anzunehmen ist, der Autor habe
sie besessen. Freilich stammt die Stelle, welche Innocentius und
Hostiensis gemeinsam citiren — Urb. ed. Muth. S. 85 Z. 1 — aus
der Novella des Jo. Andr. ad Decretum in cap. 1 X ut lite non
contestata 2, 6; ferner die Stelle des Hostiensis S. 185 Z. 5 aus
der Glosse Interrogatoria in cap. 2 In VI[to] — de testibus 2, 10. —
Dagegen sind aber eine Menge anderer Anführungen weder aus
der Glossa noch aus Jo. Andreae nachzuweisen; ich nenne hier
nur für Innocentius S. 87 Z. 15 und S. 106 Z. 11, sowie für
Hostiensis S. 149 Z. 11.

Demnach wäre es sehr möglich, dass der Verfasser so weit
verbreitete Bücher wie Innocentii IV P. M. in quinque libros
decretalium Apparatus und Henrici cardinalis Hostiensis Summa
Aurea zu Geboten gestanden hätten. Ob er dagegen auch die
viel selteneren Commentare in Decretales des Hostiensis zu benutzen
Gelegenheit hatte, ist zu bezweifeln.

---

[1]) Ueber das Verhältniss der Novella des Jo. Andr., aus welcher diese
Citate entnommen sind, zu der früheren Glosse des Joh. Andr. in libr. VI[to]
und zu den Glossen des Joannes Monachus und Archidiaconus zu demselben
Rechtsbuche siehe v. Savigny, Rechtsgeschichte, VI S. 115 ff.

4*

Den Decisiones Rotae ist vielleicht entnommen das Citat des Zenzelinus oder Gengelinus de Cassanis, S. 260 Z. 22 u. S. 261 Z. 1.

Es ist nicht unwahrscheinlich, dass Urbach die häufig abgeschriebenen Apostillae Pauli de Liazaris super Clementinas in Händen hatte; s. Urb. ed. Muth. S. 102 Z. 20.

Das Nämliche gilt von den Arbeiten des Kalderinus über die Dekretalen; diese und besonders seine Schrift über das Interdikt waren in der zweiten Hälfte des 14. und im 15. Jahrhundert weit verbreitete Bücher. Citirt wird Kalderinus S. 81 Z. 6 u. S. 112 Z. 1.

Wir kommen endlich auf die Schriften der dritten Klasse, d. h. diejenigen, von welchen mit aller Sicherheit behauptet werden kann, dass unser Verfasser sie direkt benutzt, ja theilweise ausgeschrieben hat.

Diese sind:

Guilelmus Durantis Speculum iudiciale.

Joannis Andreae Additiones ad Speculum.

Eiusdem Novella in Decretales.

Eiusdem Novella in Sextum.

Diese Bücher hat der Verfasser gründlichst durchgearbeitet und geschickt excerpirt. Die Novellen des Jo. Andreae sind ihm so sehr ein Ausbund aller Commentare, dass überall da, wo ein „Notatur in c. etc." steht, nicht etwa die Glosse, sondern die Novella Joannis Andreae gemeint ist.

Der jüngste Italiänische Jurist, welcher erwähnt wird, ist

Joannes de Lignano, † 1383 [1]).

Urbach führt ihn zwei Male an [2]) und beide Male fehlt es an Angabe der Stelle, wo Joannes de Lignano die betreffende Aeusserung gethan hat. Wären die Citate einem der herausgegebenen Bücher des Joannes entnommen, so würde dasselbe ebensogut genannt sein, wie bei Joannes Calderinus die Schrift de censura ecclesiastica. Ferner auf einen als Buch herausgegebenen Commentar zu den Dekretalen können die Citate sich nicht beziehen, denn dann wäre nicht abzusehen, warum unser Verfasser nicht, wie es Sitte war, die Quellenstellen angibt, in deren Erklärung jene Aussprüche sich finden. Ferner hat Joannes de Lignano nicht Commentaria zu den Dekretalen, sondern nur Vorlesungen (eine Lectura) über dieselben hinterlassen, d. h. die in seinen Auditorien nachgeschriebenen Diktate. So gewinnt es denn fast den Anschein, als ob der Processverfasser sich auf Jo. de Lignano berufend kein

---

[1]) v. Savigny, Rechtsgeschichte, III S. 208 N. a.

[2]) Urb. ed. Muth. S. 101 Z. 3 und S. 154 Z. 1.

Werk desselben, wo die betreffenden Aussprüche sich finden, nennen könne, dass er somit aus der Erinnerung citire, vielleicht aus der Erinnerung dessen, was er in einem mündlichen Vortrag empfing. Möglich, dass unser Processverfasser zu den Zuhörern des berühmten Bologneser Canonisten dereinst gezählt hat.

Das Resultat unserer Ausführung zeigt, dass dem Autor des Processes eine sehr mässige Bibliothek zu Gebote stand. Er scheint danach folgende Bücher besessen zu haben:

Corpus iuris civilis mit der Glosse.

Die canonischen Rechtsbücher mit Glossen.

Innocentii IV Apparatus in Decretales.

Hostiensis Summa Decretal.

Guilelmi Durantis Speculum.

Joannis Andreae Additiones ad Speculum, Novella in Decretales und Novella in Sextum.

Ausserdem eine oder die andere Schrift neuerer Canonisten, wie
Zenzelinus de Cassanis.

Joannes Calderinus.

Paulus de Liazaris.

Joannes a Lignano.

Dazu kam noch eine Sammlung von Entscheidungen der Rota Romana, entweder die Conclusiones decisionum Rotae oder die 1381 beendeten Decisiones novae Rotae Romanae a Guilelmo Horborch, Alemanno, Decr. Doct., collectae.

Von nicht juristischen Büchern werden die Bibel, Seneca und Aristoteles (Metaphysic.) genannt, doch sind diese Citate aus Durantis Speculum entnommen und begründen keinen Schluss auf Benutzung der Originalquellen.

Juristische Bibliotheken von dem Umfange der hier geschilderten lassen sich aus der in Frage kommenden Zeit und in deutschen Provinzen sogar in Privatbesitz nachweisen[1]). Es kann daher nicht Wunder nehmen, wenn in einem Ort wie Erfurt, dem Sitze eines reichen Clerus und einer neugegründeten Universität, zu Anfang des 15. Jahrhunderts die sämmtlichen oben aufgezählten Bücher vorhanden waren.

Für Italien aber erscheint der literarische Apparat des Processverfassers zu ärmlich, namentlich wäre der völlige Mangel an civilistischer Literatur kaum erklärlich. Vor den „subtilitates

---

[1]) Vgl. z. B. die Bücherverzeichnisse des Bischofs Nicolaus von Pomeranien vom Jahre 1374 bei Voigt Cod. dipl. Prussiae III 155, 156 und des Leipziger Ordinarius Ditterich von Buckensdorf vom 14. März 1463 in Cod. dipl. Saxon. reg. II, 8. 1 pag. 292.

legistarum" legt der Autor, Joannes Andreae folgend, keine grosse
Werthschätzung an den Tag[1]). Wir dürfen daher annehmen, dass
er trotz seiner Bekanntschaft mit dem Corpus iuris civilis und mit
dem Aktionenrecht lediglich Canonist war.

Bemerkt werden mag ausserdem, dass im processus qui fit
simpliciter et de plano sich die Zahl der Allegate noch merklich
verringert. Bloss Hostiensis, Innocentius und das Speculum werden
hier genannt[2]) und auch diese nur an ganz wenigen Stellen, ausserdem kommt hie und da eine Quellenanführung vor; einmal wird
auch auf den ordentlichen Process verwiesen[3]).

Ausser auf Rechtsbücher und Schriftsteller beruft der Verfasser
sich oft auf Gewohnheitsrecht und Gerichts-Praxis. Das geschieht ganz allgemein S. 23 Z. 1 ff.; in S. 60 Z. 12 und S. 192
Z. 1 ist von der generalis consuetudo die Rede; S. 48 Z. 8, S. 54
Z. 4 und S. 157 Z. 5 u. 6 heisst es: Communiter resp. raro servatur
in practica. Häufige Notizen finden sich über moderne Uebung
und Praxis; siehe z. B. S. 51 Z. 4 u. 5; S. 39 Z. 23; S. 163 Z. 20
u. 21; S. 175 Z. 10 u. 13; S. 270 Z. 14. Der gemeinsamen Uebung
gegenüber wird aber auch, wie bereits früher erwähnt, bisweilen
auf provincielle Praxis rekurrirt und endlich auf den besonderen
Gerichtsgebrauch eines jeden einzelnen Forum ganz im Allgemeinen
verwiesen z. B. S. 82 Z. 1—3.

Besonders gerne bezieht sich der Verfasser auf die Praxis
der curia Romana, nicht bloss durch Verweisung auf die Decisiones
Rotae, sondern so, dass es mitunter den Anschein bekommt, als
wolle er aus seiner eigenen Erfahrung eine Mittheilung machen:
Siehe z. B. S. 51 Z. 12; S. 55 Z. 20; S. 57 Z. 3; S. 179 Z. 3, 4;
S. 253 Z. 6—11; S. 319 Z. 4—6. Dass der Verfasser in der Praxis
sich umgesehen hat, beweisen auch die vielen practisch-advocatori-
schen Rathschläge und Winke, die er gibt, sowie die Cautelen, auf
welche er beiläufig aufmerksam macht. Man lese auf diese Dinge
hin nur z. B. die Kapitel Praeparatoria iudiciorum[4]) und De com-
paritione rei et actoris[5]) durch.

Alles, was wir bisher über die Quellen des Processverfassers
ausgeführt haben, bezieht sich bloss auf den theoretischen Theil

---

[1]) S. z. B. Urb. ed. Muth. S. 108 a. E. und S. 109 Anf. — sowie S. 160 Z. 3.

[2]) In P 1 und P 2 findet sich einmal auch Guilelmus de Monte Landuno
citirt. Allein dies ist ein späterer Zusatz, der sonst fehlt.

[3]) S. Urb. ed. Muth. S. 291 Z. 18 u. 19.

[4]) Urb. ed. Muth. S. 16—19.

[5]) Urb. ed. Muth. S. 87—90.

seines Buches, auf die Erörterungen, welche sich an die Mittheilung
von Formularen für die im Process vorkommenden schriftlichen
Aufzeichnungen anschliessen.

Woher hat der Verfasser diese Formulare?

Ein Theil derselben ist den Formularen in Speculum des
Guilelmus Durantis nachgebildet. Für andere, namentlich die
Formulare von Registraturen der Notare, war diese Quelle nicht
ausgiebig. Es darf angenommen werden, dass in dieser Beziehung
dem Verfasser die beiden Prager Processwerke[1]) zum Vorbilde
dienten und dass er dieselben benutzt hat. Allein durchgängig sind
unseres Verfassers Formulare kürzer und besser redigirt, als die
Prager; überall zeigt sich, dass der Verfasser dasjenige, wovon er
Mittheilung gibt, in der Praxis gesehen hat. Man möchte bei dem
Gewicht, welches er auf Mitwirkung der Notare im Processe legt,
bei der Sorgfalt, mit welcher er für jede mögliche notarielle Aufzeichnung Formulare entwirft, bei der sichtlich praktischen Erfahrung, mit welcher vor Verstössen gewarnt wird, beinahe versucht
sein, anzunehmen, dass der Verfasser selbst dem Stande der geistlichen Notarii angehört habe. Es ist immerhin möglich, dass er
diesen Beruf eine Zeit lang ausgeübt hat. Allein, dass er zu jener
Zeit, als er den Process schrieb, es weiter gebracht hatte, ergibt
sich theils daraus, dass er nicht bloss die Thätigkeit des Anwalts,
sondern auch die des Richters anlangend praktische Erfahrung an
den Tag legt, theils auch aus dem Eifer, mit welchem er sich
gegen den Missbrauch, mit dem Zeugenexamen „notarii" oder
andere „simplices" zu beauftragen, erklärt, indem er zugleich jenen
als zu solchen Commissionen geeignetere die idonei, discreti et
honesti gegenübersetzt[*]) — siehe Urb. ed. Muth. S. 187 Z. 21, 22.
Wir werden daher kaum fehlgreifen, wenn wir annehmen, dass
der Verfasser entweder als Advokat bei geistlichen Gerichten thätig

---

1) *Muther, Zur Geschichte des römisch-canonischen Processes in Deutschland während des 14. und zu Anfang des 15. Jahrhunderts, sub II und III,
bespricht dieselben ausführlich; s. jetzt aber auch über die grosse Menge der
Prager Formelbücher Ott, Der Römisch-Canonische Process in Böhmen a. a. O.
Doch dürfte wohl auch bei Kenntniss dieser die Ansicht Muthers von der
Selbstständigkeit unseres Verfassers bezüglich der meisten Formulare sich
völlig aufrecht erhalten lassen.*

*) *Wie modern muthen uns übrigens die Klagen darüber an, dass der
erkennende Richter nicht selbst die Zeugen vernehme, sondern stets die Last
der Zeugenvernehmung von sich abzuwälzen bemüht sei, während doch in
probationibus pendet tota vis causae; unde deberent iudices potius committere
alia, quam testium examinationem! Siehe über das Alter des hier gerügten
Missstandes v. Bethman-Hollweg, Civilprocess VI 1 S. 192 Anm. 6.*

war, oder gar als Official der Leitung eines solchen vorstand. In
beiden Fällen hatte er wirkliche Processakten zur Verfügung; und
es unterliegt gar keinem Zweifel, dass er einen Theil seiner Formulare solchen entnommen hat. Haben die Ortsnamen u. s. w.
in den Formularen irgendwelche Bedeutung, so wäre es die Registratur
des Decanus ecclesiae beatae Mariae Erfordensis, welche ihm zu
diesem Behufe das nöthige Material lieferte.

Decan der Marienkirche zu Erfurt war zur Zeit der Verabfassung des Processes: Nicolaus Lubeck (Lubig, de Lubig,
de Lybeck), ein Mann, von welchem berichtet wird, dass er in
seiner Jugend an der curia Romana als Procurator diente und
von dem sich nachweisen lässt, dass er in Rechtssachen von seinen
Vorgesetzten als delegirter Richter gebraucht wurde[1]).

Auch der Process hat wenigstens den Anfangsbuchstaben seines
Namens, N, in einigen Formularen älterer Manuskripte bewahrt.

Danach scheint es nicht gewagt anzunehmen, dass es Akten
des Nicolaus Lubeck waren, die unser Autor benutzte. Dabei ist
zu bemerken, dass nach dem Formular Urb. S. 40 Z. 1—5 der Decan
der Marienkirche zu Erfurt zugleich Conservator privilegiorum der
dortigen Universität gewesen zu sein scheint. Vor diesen Conservatoren aber wurden, wie bereits erwähnt, in damaliger Zeit
viele und wichtige Sachen verhandelt, so dass wir ohne Weiteres
annehmen dürfen, dass die dem Processverfasser zu Gebote stehende
Aktensammlung eine ziemlich reichhaltige gewesen sei.

---

[1]) Was uns von Lubeck bekannt ist, stellen wir hier kurz zusammen:
1378 gegen Neujahr wird Nicolaus Lubeck de Isenach zum Baccalaureat
in artibus zu Prag admittirt. Monum. Pragens. I 1 pag. 180. — Eodem anno
zahlte Nicolaus de Eysenach die Gebühren. Ibid. pag. 181.
1399. 9. Mai. Forchheim. Johann Erzbischof zu Mainz ernennt Nicol.
Lubich, praepositus ecclesiae Dorlanensis zum iudex subdelegatus im Incorpo-
rationsprocess der Andreaskirche zu Erfurt in das Kloster auf dem Cyriaksberg.
Würdtwein Dioces. Mogunt. in archidiaconat. distinct. XI pag. 267, 268.
1401 Margarethae. — Nicolaus de Lubich, decanus S. Mariae Erfordensis,
verbürgt sich nebst anderen für Henricus de Werberge, Praepositus eccl.
S. Petri Jecheburg. Würdtwein, Diplomataria Moguntina (1788) pag. 215. —
1411 wird Nicolaus Lubeck, decanus ecclesiae S. Mariae Erfordensis,
canonic. eccl. cathedral. Merseburgensis et cancellarius dominorum marchionum
Misnensium zum Bischof von Merseburg erwählt und bestätigt. de Ludewig,
Reliquiae MSS, IV pag. 437. Daselbst wird auch erzählt, dass Lubeck „a iu-
ventute magnus curtisanus ac procurator causarum in curia Romana extitit."
1414 (?) — 1417 (?) war Bischof Nicolaus von Merseburg eines der be-
deutendsten Mitglieder der deutschen Nation auf dem Constanzer Concil.
de Ludewig l. c.
1431 † Nicolaus Lubeck, Bischof zu Merseburg.

Freilich konnten die von Nicolaus Lubeck erlangten Akten bloss Vorbilder abgeben für den Process coram delegato. Was den Process coram ordinario anlangt, so kommt in Formularen der ältesten Handschriften sowohl der Official der bischöflichen Kirche zu Naumburg als der Officialis praepositurae ecclesiae beatae Mariae Erfordensis vor. Möglich, dass Akten des einen oder anderen Gerichtes dem Processverfasser zur Hand waren. Als officialis praepositurae Erffordensis ist im Sommer 1406 Johannes Schonburg in die Matrikel der Universität Erfurt eingetragen[1]).

8. Plan und Ausführung des Werkes.

Niemand kann klarer den Plan eines Werkes sich vorzeichnen, als unser Verfasser es gethan hat[2]):

Idcirco dominorum meorum hoc praesentium super hoc devictus instantia

1) libellorum et aliorum actuum iudicialium formas tradere

2) et declarare intendo

3) et iudiciorum ordinem debitum et frequentatum per singulos actus et partes iudiciales ac media, per quae ad finem causarum pervenitur, competenti et regulato ordine explicare.

No. 1 und 2 beziehen sich auf den Umfang des herbeizuziehenden Stoffes, No. 3 auf die Anordnung desselben.

Der Verfasser will

1) Ein Formularbuch der Klagen und anderen gerichtlichen Akte geben;

2) die Formulare erklären

3) und dabei die Ordnung befolgen, welche der gewöhnliche und ordentliche Lauf des Processes an die Hand gibt.

Dieser Plan ist bei Ausführung des Werkes strenge inne-gehalten, nur dass der didaktische Zweck des Buches auch theo-retische Ausführungen deskriptiver Natur nöthig machte, welche nicht als blosse declaratio formae erscheinen. Dies gilt z. B. von dem ganzen Eingang bis zur Forma instrumenti de praesentatione

---

[1]) Eine Urkunde des officialis praepositurae ecclesiae b. Mariae Moguntinae dioc. vom 12. Febr. 1409 siehe bei Würdtwein, Dioc. Moguntina XI pag. 271.

[2]) Urb. ed Muth. S. 8 Z. 1 ff.

rescripti[1]), wo von dem gerichtlichen Process und den Gerichten im allgemeinen gehandelt wird. Mit der Forma instrumenti de praesentatione rescripti beginnt die Darstellung des eigentlichen Processganges und sofort gewahren wir, dass an die Forma citationis[2]) eine declaratio formae sich anschliesst, in welcher eine Ausführung über den Inhalt des Formulars gegeben und die einzelnen in demselben enthaltenen oder möglicherweise vorkommenden Clauseln besprochen werden. Es folgen die „Forma subdelegationis"[3]) mit Erklärung, die „Forma citationis ordinarii et declaratio eiusdem"[4]), darauf wieder, um die Verbindung nicht zu unterbrechen, eine mehr theoretisch-beschreibende Ausführung De actu citationis[5]). Allein es kann auch diese als declaratio formae gelten, insofern innerhalb des Titels Formulare für die Registraturen zum Nachweis der geschehenen Citation mitgetheilt werden. Auch hier, wie in dem ganzen Werk, wird zwischen dem Process coram delegato und demjenigen coram ordinario unterschieden, der erstere wird durchgängig ausführlicher und eingehender besprochen, die Angaben über den letzteren schliessen sich gewissermassen als Anhänge und häufig sehr kurz gefasst an. Am deutlichsten tritt der Bestand des Werkes aus formae und declarationes derselben hervor in dem Abschnitt, in welchem die Libellformulare[6]) mitgetheilt werden. Zuerst die Forma libelli in actione reali[7]), dann eine sehr eingehende declaratio, welche die ganze Lehre von den dinglichen Klagen behandelt[8]). Daran angeknüpft einige allgemeine Rathschläge für die Verabfassung von Klaglibellen[9]), dann die Forma libelli in actione personali[10]) und die kurze declaratio derselben[11]), welcher, nach einigen Bemerkungen über mutatio und emendatio libelli[12]), eine verbindende Notiz über petitorium und

---

1) Urb. ed. Muth. S. 32 Z. 5 ff.
2) Urb. ed. Muth. S. 35.
3) S. 43.
4) S. 46.
5) S. 56 ff.
6) Ueber den libellus handeln S. 99—125.
7) S. 107—108.
8) S. 108 a. E. bis S. 115 Z. 20.
9) S. 115 Z. 21 bis S. 116.
10) S. 117 bis S. 118 Z. 2.
11) S. 118 Z. 3—5.
12) S. 118 Z. 6 bis S. 119 Z. 3.

possessorium [1]) folgt, worauf Libellformulare für den Besitz-
process mitgetheilt und erklärt werden [2]).

Eine der Handschriften, W 1, sucht auch äusserlich die formae
von den declarationes zu scheiden; indem sie für die einzelnen
Formulare besondere Kapitel oder Paragraphen mit Rubriken
bildet und auf jedes Formular dann einen neuen Abschnitt mit
der Ueberschrift Declaratio formae praedictae folgen lässt. Etwas
Aehnliches, vielleicht Marginalien mit näherer Bezeichnung der
forma und darauf folgend: declaratio formae, mag schon in der
Urhandschrift sich gefunden haben, denn in allen Handschriften
und Ausgaben finden sich hie und da noch Anklänge in den Rand-
bemerkungen und Rubriken.

Von der Herkunft der Formulare ist bereits oben die Rede
gewesen. Die declarationes aber hat der Verfasser zum grössten
Theile aus dem Speculum des Durantis und den Additionen des
Johannes Andreae ausgezogen, mitunter einen Passus aus der
Novella Decretalium oder der Novella Sexti einschiebend. So
wörtlich auch oft diese Auszüge ihren Vorbildern sich anschliessen,
so kann doch Selbstständigkeit in der Arbeit dem Verfasser nicht
abgesprochen werden, denn die Auswahl des Ausgezogenen ist
meistens vortrefflich, auch sind die einzelnen Auszüge so passend
verbunden und ineinander verarbeitet, das eigene Urtheil des
Verfassers so sicher und bisweilen mit einem Anschein von Selbst-
bewusstsein auch in der Theorie auftretend [3]), dass die Lektüre
des Ganzen den Eindruck eines durchaus eigenen und wohldurch-
dachten Werkes macht.

Dazu kommt noch die äusserst praktische Anordnung des
gesammten Stoffes. Ursprünglich war wohl bloss eine Darstellung
des ordentlichen Processes, ordo iudiciarius, beabsichtigt. Erst
nachträglich mag der Verfasser sich entschlossen haben, auch über
den Process, qui fit simpliciter et de plano, zu schreiben. Beide
Haupttheile des Werkes stechen sehr von einander ab und zwar
fällt der Vergleich zu Ungunsten des zweiten Abschnittes aus.
Hier werden fast bloss überaus langwierige Formulare gegeben,
die declarationes werden kurz und dürftig. Ueber die charakteristischen Merkmale des ausserordentlichen Processes erfahren wir
kaum mehr, als schon in der Einleitung des Hauptwerkes unter

---

1) S. 119 Z. 4—7.
2) S. 119 Z. 8 bis S. 125 a. E.
3) *S. z. B. die schöne, die Eintheilung wesentlich vereinfachende, rein
theoretische Deduction in der Divisio iudicum S. 24 Z. 10 ff.*

der Ueberschrift „In quibus non est servandus ordo iudiciarius“
Cap. III[1]), mitgetheilt ist. Auch einzelnes von dem, was behandelt
wird, erregt Bedenken; doch darüber unten.

Das Hauptwerk de iudiciario ordine gliedert sich nach den
Abschnitten des mittelalterlichen Processes in drei Theile.

    1. Theil. Verhandlungen vor der Litiscontestation[2]).
        Hier wird zunächst gesprochen von einleitenden Handlungen
des Klägers (cap. VIII)[3]); dann folgt die Lehre von der
Citation (cap. IX—XIV)[4]), im Anschluss daran die Lehre
von dem Ungehorsam und dessen Folgen: missio in possessionem und Excommunikation; letztere wird, als für den
kirchlichen Process sehr wichtig, besonders ausführlich und
eingehend behandelt (cap. XV—XVII)[5]). Darstellung des
Verfahrens, wenn beide Partheien erscheinen, insonderheit
libelli oblatio mit längerem aktionenrechtlichen Exkurs, Ein-
rede, Widerklage (cap. XVIII—XXVIII)[6]).
    2. Theil. Von der Litiscontestation bis zum Aktenschluss[7]):
        Litiscontestation (cap. XXIX)[8]).
        Columnieneid (cap. XXX)[9]).
        Positionen und Artikel, sowie Beantwortung derselben
(cap. XXXI—XXXII)[10]).
        Beweis, insonderheit durch Zeugen (cap. XXXIII bis
XXXVII)[11]).
        Aktenschluss (cap. XXXVIII)[12]).
        Als Anhang ein Exkurs über interlocutoriae sententiae (cap.
XXXIX)[13]).

---

[1]) Urb. ed. Muth. S. 14 Z. 15 bis S. 16 Z. 16.

[2]) S. 20—155.

[3]) S. 27 Z. 16 bis S. 29 a. E.

[4]) S. 30 bis S. 64 a. E.

[5]) S. 65 bis S. 86 a. E.

[6]) S. 87—155.

[7]) S. 156—231.

[8]) S. 156 bis S. 160 Z. 6.

[9]) S. 160 Z. 7 bis S. 164.

[10]) S. 165—180 Z. 18.

[11]) S. 180 Z. 19 bis S. 224 Z. 5.

[12]) S. 224 Z. 6 bis S. 226.

[13]) S. 226 bis S. 231.

3. Theil. Definitivsentenz und was auf dieselbe folgt [1]):
Endurtheil (cap. XL) [2]).
Appellation (cap. XLI, XLII) [3]).
Nullität (cap. XLIII) [4]).
Exekution (cap. XLIV, XLV) [5]).

Dieser Anordnung besonders verdankt der Leser ein äusserst übersichtliches Bild von dem Gange des ordentlichen Processes, so dass kaum ein Buch über den mittelalterlichen Process in dieser Beziehung mit Urbach sich vergleichen lässt. Besonders tritt das in Excommunikation und Interdikt gipfelnde mittelalterliche Contumacial- und Exekutionsverfahren so recht ins Licht und gibt den Schlüssel für das Verständniss der selbsteigenen Macht der kirchlichen Gerichtsbarkeit, die nur in Ausnahmefällen der Hülfe des weltlichen Armes bedurfte.

Der processus, qui fit simpliciter et de plano [6]) enthält nach kurzer Einleitung (cap. XLVI) [7]) zunächst Libell- und Positionen-Formulare (cap. XLVII—LVI) [8]) in Sachen, welche der Richter simpliciter et de plano behandeln kann, „si vult." (Nach der Clem. Dipendiosam de iudiciis.) Hierher gehören Beneficial- und Ehesachen, Urbach mengt aber auch Libelle in solchen Rechtsstreitigkeiten ein, die, wie er selbst bemerkt, regelmässig im ordo verhandelt werden sollen, wie Streit über Patronatsrecht und Ehescheidungsprocess. Dann folgen, man erkennt nicht recht weshalb, Libell und Positionen im Injurienprocess, „quando agitur civiliter ad interesse" [9]). Sollte dieses „ad interesse" den Autor verleitet haben die Injuriensachen zu den causae usurarum zu zählen, welche nach dem Clem. Dispendiosam nicht im ordo verhandelt zu werden brauchten? Schwerlich. Wahrscheinlicher ist, dass er die Injuriensachen an dieser Stelle mit aufführt, weil in der Praxis der Conservatores studiorum, deren Commissorium den Auftrag enthielt, simpliciter et de plano etc. zu prozediren, die Injurienklagen eine Hauptrolle spielten.

---

1) S. 232—284 Z. 8.
2) S. 232—244.
3) S. 244 bis S. 272 Z. 7.
4) S. 272 Z. 8 bis S. 274 Z. 5.
5) S. 274 Z. 6 bis S. 284 Z. 8.
6) S. 284 Z. 9 bis S. 322 (Ende).
7) S. 284 Z. 9 bis S. 286 Z. 5.
8) S. 286 Z. 6 bis S. 306.
9) S. 307 bis S. 308 Z. 4.

Der folgende Abschnitt handelt de defensionibus in istis causis beneficialibus, matrimonialibus et iniuriarum (cap. LVIII)[1]). Endlich zum Schluss: Libelle, Positionen und Exceptionen im Appellationsverfahren (cap. LIX—LXI)[2]). Dass diese im processus qui fit simpliciter et de plano behandelt werden, mag darin seinen Grund haben, dass das Appellationsverfahren keiner Litiscontestation bedurfte.

Wollen wir den Gesammteindruck des Buches kurz zusammenfassen, so ist es der: wir haben das Werk eines Praktikers vor uns, das Werk eines Mannes, der Alles, was er schildert, aus lebendiger Anschauung kennt und daher auch zu einem lebendigen Bilde zusammenzufassen versteht. Die theoretische Bildung des Autors ist keine umfassende, aber eine gründliche. Was ihm von Quellen und Literatur zu Gebote stand, hat er mit Verständniss studirt und sich zu Eigen gemacht. Die Frucht dieser Verbindung von praktischer Erfahrung und strenger geistiger Arbeit ist grosse Klarheit in Gedanken und Ausdruck, Klarheit die sich in Kürze zu fassen und das Wesentliche von dem Unwesentlichen zu scheiden versteht. Trotz der Unebenheiten der mittelalterlichen lateinischen Sprache bietet die Lektüre wenig Schwierigkeiten, der einfache und schmucklose, von allem Bombast weit entfernte Vortrag heimelt den Kenner der römisch-klassischen juristischen Literatur an. Selbst auf die Gefahr hin, missverstanden oder verspottet zu werden, will ich[3]) es aussprechen, dass mitunter der Leser den Eindruck empfängt, als liege das Werk eines mittelalterlichen Gaïus vor ihm. Anschlüsse und Uebergänge, wie „Visum est supra", „Expedito isto modo prima parte ... veniamus nunc", „Sed antequam veniamus ad tertiam partem" u. s. w., sowie eine gewisse Neigung inmitten einer Lehre die sich darbietende Gelegenheit zu einem behaglichen Exkurs nicht vorbeigehen lassen, mögen zunächst die Vergleichung wach rufen; aber gewiss ist es auch die Klarheit und Gediegenheit des Vortrages, die unseren Processverfasser als einen Geistesverwandten des Römers erscheinen lässt, wennschon die Barbarei der Zeit, in welcher jener lebte, ihm nicht verstattete, die Eleganz und Freiheit zu erringen, welche wir an diesem bewundern.

---

[1]) S. 308 Z. 5 bis S. 312 Z. 15.

[2]) S. 312 Z. 16 bis S. 322.

[3]) *Muther. Dieser Schlusspassus wird hier genau gegeben, wie derselbe sich in den nachgelassenen Papieren Muthers vorfand.*

Der Herausgeber glaubt dem nunmehr zu Ende gelangten Leser kaum mehr ein Wort darüber sagen zu müssen, warum er es der Zeit und der Arbeit werth erachtet hat, diese hinterlassene Arbeit Muthers zum Druck vorzubereiten und in Druck zu geben. Der Werth des Werkes mag für sich selbst reden. Muther leistet in demselben das Entsprechende für Urbach, was er für Johannes von Zinna in seinem Schriftchen: „Zur Geschichte des römisch-canonischen Processes in Deutschland" I geleistet hat. Wie das Speculum abbreviatum dieses Autors sozusagen den für Deutschland geeigneten Auszug aus Guil. Derantis gibt, so bietet der Processus iudicii Urbach die Deutsche Version für den Standpunkt der Process-Wissenschaft, welchen dieselbe zur Zeit des Johannes Andreae, des Hauptnachfolgers des Speculator, einnimmt. Beide Schriften liegen um 60—70 Jahre auseinander, ihre Nebeneinanderstellung gewährt uns ein anschauliches Bild der Entwicklung der Jurisprudenz und speciell des römisch-canonischen Processes in Deutschland; diese Entwicklung in ihren Details klarzustellen und zur Darstellung zu bringen ist das Bestreben Muthers in fast all seinen historischen Arbeiten; und so bildet das vorliegende Werk einen integrirenden Bestandtheil seiner Gesammt-Leistungen.

Druck von R. Grube in Warmbrunn.

Untersuchungen

zur

Deutschen Staats- und Rechtsgeschichte

herausgegeben

von

Dr. Otto Gierke,

ordentl. Professor an der Universität Breslau.

~~~~~~~~~~

XIV.

Launegild und Garethinx.

Ein Beitrag zur Geschichte des germanischen Rechts

von

Max Pappenheim,

Dr. iur.

———————•◦•———————

Breslau.

Verlag von Wilhelm Koebner.

1882.

Launegild und Garethinx.

***

Ein Beitrag

zur Geschichte des germanischen Rechts.

von

Max Pappenheim,

Dr. iur.

***

Breslau.
Verlag von Wilhelm Koebner.
1882.

Seinem hochverehrten Lehrer

HERRN PROFESSOR

Dr. Heinrich Brunner

in dankbarer Ergebenheit

zugeeignet

vom Verfasser.

Vorwort.

Die vorliegende Abhandlung beabsichtigt nicht, eine systematische Darstellung der beiden ihren Gegenstand bildenden Institute des altlangobardischen Rechts zu geben. Bezüglich des Launegilds wäre dies schon um deswillen überflüssig, weil für dasselbe das gesammte Material in der sorgfältigen, auf vollkommener Beherrschung der Quellen ruhenden Arbeit Val de Liévres bereits vereinigt ist. Hier kam es daher hauptsächlich darauf an einen Versuch zu machen zur Lösung der einen, allerdings wichtigsten Frage nach der rechtlichen Bedeutung des Launegilds, welche noch nicht in befriedigender Weise beantwortet zu sein schien. Dieselbe Frage mit Bezug auf das Garethinx ihrer Lösung näherzuführen, ist die Aufgabe, welche sich der zweite Theil der Arbeit gesetzt hat. Dabei war es freilich aus verschiedenen Gründen unerlässlich, einzelne mit jener Frage nur mittelbar zusammenhängende Normen eingehender zu prüfen, indess ist dies eben nur insoweit geschehen, als jener mittelbare Zusammenhang in Wahrheit zu bestehen und daher das richtige Verständniss jener Normen für die richtige Beantwortung der Hauptfrage von präjudicieller Bedeutung zu sein schien.

Den das Launegild behandelnden Theil der Arbeit, welcher schon im Sommer 1881 fertig gestellt wurde, hatte Herr Professor Brunner die Güte in dem juristischen Seminar der Friedrich-Wilhelms-Universität zu Berlin (Winter 1881/82), an dessen

Uebungen theilzunehmen mir gestattet worden, einer Besprechung zu unterziehen, welche mir zu nochmaliger, theils ergänzender, theils sicherstellender Prüfung meiner Ansichten Gelegenheit gab. Für die dadurch, wie auch nebendem mir gütigst gewährte Förderung meiner Arbeit unterlasse ich nicht auch an dieser Stelle meinem sehr verehrten Lehrer den wärmsten Dank auszusprechen.

Berlin, im Juli 1882.

Max Pappenheim.

Inhalts-Verzeichniss.

Seite

I. Das Launegild.

    I. Der Gebrauch des Launegilds. § 1 1

    II. Die rechtliche Bedeutung des Launegilds.

        a) Kritischer Theil. § 2 6

        b) Dogmatischer Theil. § 3 18

II. Das Garethinx.

    § 1. Einleitendes. Das Garethinx im Dienste der Gesetzgebung . 28

    § 2. Das Garethinx im Dienste der Freilassung 31

    § 3. Das Garethinx im Dienste der Vermögensübertragung . . 45

I.

Das Launegild.

I. Der Gebrauch des Launegilds. § 1.

Schon in dem Edicte Rotharis, mehr aber noch in den Gesetzen Liutprands finden wir verschiedentlich den Satz ausgesprochen,
dass das Geben eines „launegild"[1]) für den Eintritt der Voll-
wirksamkeit, beziehungsweise der Unanfechtbarkeit einer donatio
eine wesentliche Voraussetzung bilde. Mit dem Worte launegild hat
man mit Recht von jeher den Begriff „irgend einer Kleinigkeit"[2])
verbunden, die der Donatar dem Donator gegeben habe. Unter der
„donatio" des Edictes wurde allgemein die Schenkung verstanden
und so dem Launegild nur der engbegrenzte Wirkungskreis auf
dem Gebiete eines einzigen Rechtsgeschäftes eingeräumt. Damit
war eine gemeinsame Grundlage gegeben, auf welcher sich nun
der Aufbau der vielfach weit divergirenden Launegildstheorien erheben konnte. Neuerdings ist auch jene Grundlage erschüttert
worden. Franken[3]) hat, anknüpfend an die Bedeutung des Wortes
donare in der englischen Rechtssprache, die Möglichkeit betont,
dass auch im Sinne des langobardischen Rechts unter donatio nicht
das specielle Rechtsgeschäft der Schenkung, sondern allgemein ein
Rechtsgeschäft, ein Formalakt zu verstehen sei und somit das Anwendungsgebiet des Launegilds eine ausserordentliche Erweiterung
erfahren müsse.

Wenngleich diese Ansicht nur vermuthungsweise und ohne
weiteres Eingehen auf die langobardischen Rechtsquellen selbst von
Franken geäussert worden ist, so müssen wir dieselbe doch einer

---

[1]) Ueber Etymologie und Bedeutung des Wortes vgl. ausser den bei Val
de Liévre Launegild u. Wadia S. 2 Anm. 2 Genannten noch Grimm Deutsche
Rechtsalterthümer 3. Auflg. S. 448; Havet Nouv. revue histor. de droit franç.
et étr. 1878 p. 255 n. 1. Zweifelnd Sohm, Recht der Eheschliessung S. 28.

[2]) Val de Liévre Launegild und Wadia S. 1 nebst den daselbst (Anm. 1)
Citirten.

[3]) Franken Das französ. Pfandrecht im Mittelalter S. 159.

Pappenheim, Launegild u. Garethinx.

genauen Prüfung unterziehen, da die Stellungnahme zu ihr für die
Auffassung des Launegilds naturgemäss von grundlegender Bedeutung ist.

Es wird zunächst wesentlich darauf ankommen, den Sprachgebrauch des Edictus Langobardorum selbst zu ermitteln. Dabei
soll nicht in Abrede gestellt werden, dass an manchen Stellen des
Gesetzbuchs Zweifel über die Bedeutung des Wortes donare, bez.
donatio, obwalten können; Stellen, welche zwingend für Frankens
Vermuthung sprächen, sind uns nicht begegnet. Anscheinend liesse
sich in diesem Sinne verwerthen die bekanntlich mehrfach sich
findende Wendung thinx oder garethinx quod est donatio. Da das
garethinx, wie wir, ohne der späteren Untersuchung vorzugreifen,
an dieser Stelle als bekannt voraussetzen dürfen, auch der Freilassung und der Gesetzgebung dient, könnte man vielleicht auch
dem zu seiner Erklärung verwendeten Worte donatio eine gleich
umfassende Bedeutung zuzuschreiben geneigt sein. Allein nähere
Betrachtung zeigt, dass nur in solchen Fällen das garethinx als
donatio bezeichnet wird, wo dasselbe als Vergabung erscheint. Das
garethinx quod est donatio ist demnach nur als ein specieller Fall
des garethinx überhaupt anzusehen, nämlich als das garethinx, insofern es bei der Vergabung Anwendung findet.

Dass dies auch die Auffassung der Glosse des liber Papiensis
war, beweist deren gänzlich verunglückte Erklärung des Wortes
garethinx im c. 222 Roth. Dieses Gesetz gestattet dem Herrn einer
Sklavin dieselbe zu ehelichen; will er sie indessen zu einer libera
et legetima uxor machen,

> debeat eam liberam thingare, sic libera, quod est wurdibora,
> et legetimam facere per gairethinx.

Zu den Worten per gairethinx setzt die Glosse die Erläuterung id
est donationem in morgincap.[4] Dem entsprechend lässt die Formel

---

[4] Einfach angenommen ist die Erklärung der Glosse von Schupfer (la
famiglia presso i Longobardi arch. giur. tom. I p. 39), wie auch schon von
Leo (Gesch. v. Italien Bd. 1 S. 108). Letzterer gelangt dadurch zu der die
Irrigkeit seiner Ansicht kennzeichnenden Consequenz, dass zwar nicht bei der
Ehe mit einer Freien, wohl aber bei der Ehe mit seiner Freigelassenen der
Ehemann zur Reichung einer Morgengabe rechtlich verpflichtet war! Zöpfl
aber stellt, indem er die erklärenden Worte der Glosse selbständig macht, sogar
folgende Behauptung auf (Dtsche Rechtsgesch. 4. Aufl. Bd. II S. 150, womit
freilich zu vgl. Bd. III S. 27. 28, bes. N. 22): „Dieselbe Art der Freilassung"
(d. i. durch Gairethinx) „war vorgeschrieben, wenn ein freier Mann eine Unfreie oder Hörige zur Ehe nehmen wollte; doch hatte die Aussetzung
einer Morgengabe an die Frau dieselbe Wirkung." Vgl. auch die

den Beklagten Petrus als Besitzer des seiner Behauptung nach vom
Vater ererbten Grundstücks auf die Duplik:

> non debes cum succedere, quia habuit te de sua ancilla

erwidern:

> Ipse fecit matrem meam liberam, et sibi legitimam uxorem
> per donationem.

Die expositio fügt in Uebereinstimmung mit den Bestimmungen
von c. 7 Liutp. über den Maximalbetrag der Morgengabe hinzu:

> que donatio sit vel quarta, quam ei faciat, vel minus quarta.

Damit ist aus dem gairethinx des Edicts, welches die Qualität
der uxor als einer legitima zur Folge haben sollte, eine Gabe geworden, deren Voraussetzung das Vorhandensein einer uxor
legitima bildet. Dieser Irrthum erklärt sich aber einfach daraus,
dass an einer ungehörigen d. h. nicht von der Vergabung handelnden Stelle „gairethinx" durch donatio erklärt und — was für
uns an dieser Stelle besonders von Belang ist — nunmehr angenommen wurde, dass mit dem Ausdruck per gairthinx id est donationem eine Schenkung bezeichnet sein müsse. Dieser Ausdruck
darf somit keinesfalls zu Ungunsten der engeren Auffassung des
Wortes „donatio" verwerthet werden, zumal eine solche nach einigen
Stellen des langobardischen Edicts als direct geboten erscheint.

Nach c. 177 Roth. ist ein Freier, dem der König erlaubt hat,
innerhalb der Grenzen des Langobardenreichs cum fara sua mi-
grare, verpflichtet, si aliquas res ei dux aut quicumque liber homo
donavit, cum eo permanere vel cum heredes ipsius, widrigenfalls
res ad donatorem vel heredes eius revertantur. Die donatio versetzt demnach den homo migrans in eine Art von Abhängigkeits-
verhältniss.[5]) Da Kauf und Tausch naturgemäss derartige Folgen
nicht haben können, erhellt augenscheinlich, dass in der angezogenen Stelle unter dem Worte donare nicht allgemein irgend
ein Vergaben durch Rechtsgeschäft, sondern lediglich ein unentgeltliches Zuwenden verstanden wird.

Indem wir nebenbei anmerken, dass c. 199 Roth. unter der
Bezeichnung faderfium die dona, welche Vater oder Bruder der

---

durchaus irrige Darstellung von Türk Die Langobarden und ihr Volksrecht
S. 230.

Dass die Glosse den Text corrumpirt hat, bemerkt schon Beseler d. Lehre
v. d. Erbverträgen Bd. 1 S. 113 N. 16.

[5]) Vgl. übrigens hierzu K. Maurer Beitr. z. Rechtsgesch. des germ.
Nordens I S. 80. 81.

Braut geben, zusammengefasst werden, führen wir ferner an c. 70
Liutp.:

> .... ipsas res suas factas habuit, aut per donatione aut
> commutatione aut conparatione aut de extimatione, aut
> quomodo praesumpserit dicere aut firmare.[6])

Im Hinblick auf die hier gegebene Aufzählung der einzelnen Erwerbstitel, in welcher neben Kauf und Tausch auch die donatio
figurirt, können wir die letztere nur speciell als das Rechtsgeschäft
der Schenkung, nicht aber allgemein als irgend ein Rechtsgeschäft
verstehen.

Ein Gleiches gilt von c. 1 Ahist.:

> Primo omnium statuerunt de donationes illas, quae facte
> sunt a Rachis rege et Tassia coniuge ipsius, ut omnia illa
> precepta quae postea facta sunt, postquam Aistolf factus est
> rex, stare nullatenus debeant, nisi per Ahistolfus regem ei
> denuo, cui donatum est, fuerit concessum.

Dass es sich hier um Schenkungen handelte, geht schon aus der
hierher gehörigen Mittheilung des chronicon Benedicti[7]) hervor.

Ahist. c. 12 endlich führt uns die Worte donare, donatio in
der Bedeutung der letztwilligen Zuwendung vor und zeigt ebenfalls,
dass dem langobardischen Edicte nicht anders als dem römischen
Rechte donatio die unentgeltliche Vergabung, wenngleich nicht
immer die unentgeltliche Vergabung unter Lebenden ist.

In den an den Edict sich anlehnenden Formeln, sowie in der
Glosse und der expositio des liber Papiensis ist eine Abweichung
von dem Sprachgebrauch des Gesetzbuchs selbst in der uns
interessirenden Frage nicht bemerkbar. Zwar findet sich in diesen
Quellen — vielleicht zum Theil als Folge fränkischen Einflusses —
die Anwendung des Wortes donare in Fällen, wo mit demselben
eine liberale Zuwendung schlechterdings nicht gemeint sein kann.[8])
Allein solchen nur vereinzelten Erscheinungen stehen zahlreiche
Stellen gegenüber, welche die donatio unbedenklich als eine unentgeltliche Zuwendung erscheinen lassen und insbesondere auch eben
bei einer solchen dem Launegild seinen Platz anweisen.[9])

---

[6]) S. auch die Formeln ad Liutp. c. 69 (70) lib. Pap., sowie lib. Pap.
Widon. c. 8.

[7]) Vgl. M. G. leg. IV not. ad l. c.

[8]) Vgl. form. ad Roth. c. 314.

[9]) Vgl. form. ad Liutp. c. 42 (43), 72 (73) vbdn. mit form. ad Roth. c.
169, ferner form. ad Liutp. c. 64 (65), 112 (113); form. IV ad Ahist. c. 3 (12).
S. auch glossa ad Roth. c. 233 ad voc. „vendere" und lib. Pap. Kar. M. c. 78,
sowie cartul. Langob. n. 4 vgl. mit n. 2 u. 3. Vgl. auch oben S. 3.

Ergänzend und bestätigend tritt neben den Edict und seine Annexe die wichtige Quellenmasse der Urkunden. Vom achten bis zum zwölften Jahrhundert zeigen sie das Geben des Launechilds als ein im täglichen Verkehr practisches Rechtsinstitut, niemals aber beim Kauf [10]) und Tausch, fast ausschliesslich bei der donatio. Dass aber unter der letzteren im Sinne der langobardischen Urkunden die unentgeltliche Zuwendung zu verstehen ist, lehrt ein Blick in das reiche Material, lehrt schon äusserlich die streng durchgeführte Specialisirung der über Vergabungen ausgestellten Urkunden als cartae venditionis, commutationis, donationis [11]) u. s. f. Will man daher nicht annehmen, dass die bereits mit dem Aufhören der Edictsgesetzgebung einsetzenden Urkunden mit dem Worte donatio statt des früheren, allgemeinen einen neuen, speciellen Begriff verbunden hätten, so wird man selbst dann in der donatio des Edicts die Schenkung erblicken müssen, wenn man die von uns aus dem Gesetzbuche selber beigebrachten Belege nicht als ausreichend ansieht.

Fast ausschliesslich, konnten wir nur sagen, begegne das Launegild in den langobardischen Schenkungsurkunden; denn daneben finden wir es bei den verschiedenartigsten Rechtsgeschäften, obwohl weder in ursprünglicher — der Edict weiss davon nichts [11a]) — noch in ausnahmsloser Anwendung. Als Beispiele [12]) seien genannt Eheschliessung, Pfandbestellung, Eidesnachsicht. Val de Liévre vindicirt dem Launegild für diese Fälle eine andere Bedeutung, als für den Fall der Schenkung. Allein seine gesammten, hierauf bezüglichen Ausführungen basiren auf der Voraussetzung, dass alle Rechtsgeschäfte, bei denen das Launegild vorkommt, sich nicht wenigstens im weitesten Sinne als Schenkungen darstellen. [13]) Diese Voraussetzung trifft nicht zu; denn den Grund für die Anwendung des Launegilds bildet die Unterordnung aller jener Rechtsgeschäfte unter den Begriff der Schenkung. Mit Recht bemerkt Havet [14]), „que si les actes où se rencontre l'emploi du launegild, ne sont pas des donations, ils ont pu néanmoins être considérés comme tels par

---

[10]) Val de Liévre (a. a. O. S. 29 ff.) zeigt in dem von der „Anwendung des Launegilds insbesondere bei Verkäufen" handelnden Paragraphen, dass eine solche Anwendung in Wahrheit nicht statt hatte.

[11]) Vgl. Brunner Zur Rechtsgesch. d. röm. u. germ. Urkde. I S. 11.

[11a]) Vgl. Val de Liévre a. a. O. Seite 16. 17. 59.

[12]) Eine vollständige Aufzählung giebt Val de Liévre S. 16—43.

[13]) Ebendas. S. 54 ff.

[14]) Havet l. c. p. 256. 257.

les parties ou les notaires qui les ont rédigés". Dass dies geschah, erklärt er indessen irrthümlich mittelst der Annahme, „que des praticiens d'une époque d'ignorance (l), peu au fait des abstractions et des théories juridiques, aient cru y voir en quelque sorte de donations". Der wahre Grund dafür, dass in Beziehung auf das Erforderniss des Launegilds Rechtsgeschäfte als Schenkungen behandelt werden, die in Wahrheit Schenkungen nicht sind, ist ein tiefer liegender und als solcher bereits erkannt. Für alle jene Fälle übertragener Anwendung des Launegilds gilt, was Brunner[15]) im Hinblick auf einen derselben bemerkt hat: Es bedarf für die Anwendbarkeit des Launegilds nicht durchaus einer materiellen Bereicherung des einen Contrahenten aus dem Vermögen des andern, sondern es genügt, dass formell eine Schenkung stattfindet, indem von der einen Seite geleistet wird ohne sichtbare Gegenleistung von der anderen. Wir können daher immerhin den Satz aussprechen, dass das Launegild eine Eigenthümlichkeit der Schenkung nach langobardischem Rechte bildet, falls wir nur unter der Schenkung jede Vergabung verstehen, die, dem äusseren Vorgange nach betrachtet, sich als eine unentgeltliche darstellt.[16]) Dies vorausgeschickt, werden wir uns, .ohne Missverständnisse befürchten zu müssen, nunmehr der Frage nach der rechtlichen Bedeutung des der langobardischen „Schenkung" wesentlichen Launegilds zuwenden dürfen.

II. Die rechtliche Bedeutung des Launegilds.

a) Kritischer Theil. § 2.

Mit dem Worte Launegild[17]) wird bezeichnet irgend eine Kleinigkeit, welche nach eigenthümlich langobardischem Rechte der Beschenkte dem Schenker zu geben verpflichtet ist. Welches nun auch immer der Grund dieser Verpflichtung sein mag, so erhellt jedenfalls, dass dieselbe auf einer Fiction beruhen muss. Denn als

---

[15]) Brunner in Goldschmidts Zeitschr. f. Handelsr. Bd. 22 S. 546. 547 Anm. 2.

[16]) Zutreffend bemerkt daher Sohm (Recht der Eheschliessung S. 66 Anm. 24): „Das langobardische Handgeld" — d. i. Launegild — „begegnet bei jeder Entäusserung".

[17]) Vgl. die genaue Aufzählung der einzelnen als Launegild gegebenen Gegenstände bei Val de Liévre a. a. O. S. 5 ff.

wahre Gegenleistung, das heisst, als materieller, wenngleich nur geringfügiger, Entgelt der Leistung wäre das Launegild begrifflich eben mit demjenigen Rechtsgeschäfte unvereinbar, bei welchem es ausschliesslich zur Anwendung gelangt, der Schenkung. Betreffs der Art jener Fiction gehen nun aber die Ansichten weit aus einander. Zu ihnen müssen wir Stellung nehmen, bevor wir den Versuch machen dürfen, auf eigenem Pfade dem Ziele näher zu kommen.

Die Fiction zunächst, welche Val de Liévre[18]) nach dem Vorgange Morcaldis[19]) dem Launegild zu Grunde legt, ist die der Dankbarkeitsbezeigung. Auf das Gebiet der Moral verlegt Val de Liévre die Entstehungsursache für das Launegild, in welchem er[20]) den symbolischen Ausdruck des Dankes seitens des Beschenkten erblickt; er nimmt an, „dass das langobardische Recht den Anspruch auf Dankbarkeitsbezeugung im Falle der Schenkung von einem zunächst rein ethischen zu einem juristisch erzwingbaren erhoben hat". Gegen diese Auffassung[21]) vermögen wir freilich nicht mit Stobbe[22]) geltend zu machen, dass in einer blossen Scheinleistung sich die dankbare Gesinnung nicht aussprechen könne; denn Val de Liévre bezeichnet das Launegild ausdrücklich als Dankbarkeits-Symbol, nicht als wahren Inhalt einer Aeusserung der Dankbarkeit. Auch das von Stobbe aus dem Vorkommen des Launegilds bei anderen Rechtsgeschäften als der (reinen) Schenkung entnommene Argument lässt sich gegen Val de Liévre um so weniger mit Erfolg verwerthen, als dieser, wie wir sahen, das Launegild bei Schenkungen und das Launegild bei anderen Rechtsgeschäften für zwei innerlich verschiedene Rechtsinstitute erklärt.

Gleichwohl scheint auch uns die Ansicht Val de Liévres der wahren Bedeutung des Launegilds nicht gerecht geworden zu sein. Diese Ansicht entbehrt u. E. zuvörderst einer ausreichenden, posi-

---

[18]) Val de Liévre a. a. O. S. 53.

[19]) Morcaldi Synopsis histor.-diplom. Cod. Cavens. I p. XLVII: Launegild ..... a donatario in grati animi pignus donanti reddebatur, quo iuxta Langobardorum legem firma ac stabilis ipsa donatio fieret.

[20]) Val de Liévre a. a. O. S. 280. An anderer Stelle (S. 86) erklärt er das Launegild für ein „sinniges Symbol der rechtlichsittlichen Denkungsart der Germanen".

[21]) Havet (l. c. p. 257) nennt dieselbe ohne nähere Begründung une hypothèse bien peu vraisemblable en elle-même. Für einverstanden mit Val de Liévre erklärt sich nur D(ah)n in Zarnckes Literar. Centralblatt 1879 S. 1382. Referirend Del Vecchio Arch. giur. vol. XX p. 144. 145.

[22]) Stobbe Reurecht und Vertragsschluss Zeitschr. f. Rechtsgesch. Bd. 13 S. 245 Anm. 96.

tiven Begründung. Ausschliesslich entscheidend zu Gunsten seiner
Ansicht ist für Val de Liévre der „paradoxe" und „vom Standpunkte juristischer Technik schlechterdings unerklärliche" Rechtssatz, dass der Schenker zur Nachforderung des ihm bei der Schenkung selbst vorenthaltenen Launegilds befugt sei. Die nachträgliche
Leistung des Launegilds — argumentirt Val de Liévre — habe
den Eintritt der Unwiderruflichkeit der Schenkung zur Folge, be-
wirke also nichts mehr, als der Schenker auch durch den blossen
Nichtgebrauch seiner Anfechtungsbefugniss erreichen würde; somit
sei das Recht auf nachträgliche Zahlung des Launegilds lediglich
ein unpractischer Rechtsanspruch auf eine werthlose Kleinigkeit
und als solcher lasse es sich nur als Anspruch auf Darreichung
eines Dankbarkeitssymbols verstehen.

Wir sehen davon ab, ob die letztangeführte Schlussfolgerung
Val de Liévres eine zutreffende ist, ob nicht vielleicht die Befugniss des Schenkers zur Nachforderung des Launegilds auch mit
jeder anderen Auffassung des letzteren vereinbar wäre; wir sehen
davon ab, weil wir die Existenz jenes nach Val de Liévres Ansicht
unerklärlichen Rechtssatzes selbst in Abrede stellen müssen.

Die technische Bezeichnung für das vermeintliche Nachfordern
des Launegilds, den Ausdruck „launegild requirere"[23]) finden wir
zunächst in dem wichtigen c. 175 Roth.:

> (De launegild) Si quis rem suam cuicumque donaverit, et
> postea qui donavit, launigild requisiverit, tunc ille qui
> accepit aut heredes eius, si ausus non fuerit iurare, quod
> conpositum sit, reddat ei ferquido, id est similem, quales in
> illa diae fuerit, quando donatum est; et si iuraverit, sit ex-
> solutus.

Einige Handschriften des liber Papiensis enthalten — was auch
für uns von Belang ist — hinter den Worten „quando donatum
est" den Zusatz:

> aut eadem res reddatur, si permanserit, per intellectum
> legis Liutprandi De donationibus.

Die Klage, deren Inhalt das launegild requirere bildet, wird
von der Glosse actio launechild genannt.[24]) Ihre thatsächliche Voraussetzung ist eine Schenkung, bei welcher der Schenker kein
Launegild empfangen hat, das Petitum bezeichnen die Worte launegild requirere.

Das Launegild bestand aber, wie insbesondere auch durch Val

---

[23]) Vgl. Val de Liévre a. a. O. S. 48.
[24]) Gl. ad lib. Pap. c. 175 Roth.

de Liévres eingehende Untersuchungen bestätigt worden ist, in den weitaus meisten Fällen in einer (relativ) werthlosen Kleinigkeit, es brauchte jedenfalls nicht in Mehr zu bestehen. Wenn nun in dem angeführten c. 175 Roth. das Geben des ferquidum, beziehungsweise (nach dem Zusatze des liber Papiensis) der geschenkten Sache selbst, soweit sie noch erhalten ist, als Folge des launegild requirere erscheint, so kann augenscheinlich mit den Worten launegild requirere nicht der ihnen von Val de Liévre untergelegte Sinn verbunden werden.[25]) Die auf Verlangen des Schenkers nachträglich erfolgende Leistung des Launegilds würde nach Val de Liévres Meinung dazu dienen, die Schenkung mit dem Rechtsschutze der Unwiderruflichkeit zu umgeben; das launegild requirere des c. 175 Roth. hat zur Folge die Herausgabe der geschenkten Sache oder ihres Werthes, bedeutet also den Widerruf der Schenkung. Die Nachforderung des Launegilds im Sinne Val de Liévres würde gleichbedeutend sein mit der Nichtausübung des dem Schenker zustehenden Anfechtungsrechtes[26]); das launegild requirere des c. 175 cit. ist gleichbedeutend mit der Ausübung dieses Rechtes. Die actio launechild strebt somit nicht, wie Val de Liévre meint, die Sicherstellung der Schenkung an, sondern ihre Aufhebung, die actio launechild bildet nicht ihrer Tendenz nach den Gegensatz zu der Anfechtungsklage wegen mangelnder Launegildsreichung, sondern sie ist selbst diese Anfechtungsklage. Das gerichtlich geltend gemachte Vermissen des Launegilds, das launegild requirere, bildet die Form, in welcher der Widerruf der Schenkung stattfindet.[27])

In keinem Falle gegen die von uns vertretene Ansicht spricht die zweite Stelle des Rotharischen Edicts, welche des launegild requirere gedenkt, c. 184:

(De exenio nuptiali.) Si quando pater filiam suam aut frater

---

[25]) Auch Leo (Gesch. v. Italien Bd. I S. 112) sagt gleichwohl lediglich unter Berufung auf c. 175 cit.: „Ward er" (sc. der Beschenkte) „später wegen des Launegilds in Anspruch genommen und konnte die Uebergabe desselben nicht beschwören, so musste er es dann noch geben".
Einer Widerlegung bedarf nicht die Ansicht Porros (hist. patr. mon. cartar. tom. III gloss. s. v. ferquido), das ferquidum sei ein „oggetto simile al launechild".

[26]) Vgl. oben S. 8.

[27]) Vgl. unten Seite 26.
Als ein Widerspruch ist es zu bezeichnen, wenn Val de Liévre (a. a. O. S. 48. 49) das angebliche Nachforderungsrecht auf c. 175 cit. begründet, zugleich aber (S. 49) die Restitutionspflicht des Beschenkten im Falle des Widerrufs wegen Nichtleistung des Launegilds aus eben jenem Gesetze folgert.

sororem suam alii ad uxorem tradederit, et aliquis ex amicis, accepto exenio, ipsi mulieri aliquid dederit, in ipsius sit potestatem, qui mundium de ea fecit; eo quod maritus, si launigild requisitum fuerit, ipse debet solvere.

Der Gedanke, der dieser Bestimmung zu Grunde liegt, ist — wie man auch die Worte accepto exenio verstehen mag[28]) — offenbar der, dass der Ehegatte der beschenkten Frau, weil den möglichen Nachtheil, auch den Vortheil aus der Schenkung haben solle.[29]) Der mögliche Nachtheil besteht darin, dass der maritus, si launigild requisitum fuerit, ipse debet solvere. Für sich betrachtet könnten diese Worte allerdings dahin verstanden werden, dass den Gegenstand des solvere das launigild requisitum, das verlangte Launegild, bilden solle. Indessen ginge es immerhin an, das debet solvere als abstract gesagt aufzufassen: Der Ehemann muss zahlen. Der Gegenstand dieser Zahlung brauchte füglich nicht erwähnt zu werden, da von ihm das unserer Stelle kurz vorangegangene c. 175 ex professo handelte. Dass aber das solvere debet so verstanden werden muss, geht daraus hervor, dass zum Mindesten hinsichtlich des launigild requirere c. 184 die gleiche Auffassung haben wird, wie c. 175 — das Gegentheil wäre zu beweisen — und dass mit dieser Auffassung die des Gegenstandes der Zahlung als des Launegilds unvereinbar ist.

Entschieden zu Gunsten unserer Ansicht spricht aber c. 73 Liutp.:

> De donatione quae sine launigild aut sine thingatione facta
> est, menime stare deveat . . . . . . Et qui fuerit propinquus
> parens, ipse succidat, et si ille supraestis fuerit, qui ipsam
> donationem sine launigild dedit, possit eam a se recolli-
> gere . . . . . .

Als einziges Recht des Schenkers, welcher ein Launegild nicht erhielt, wird hier der Widerruf der Schenkung genannt. Hätte daneben noch das von Val de Liévre angenommene Nachforderungsrecht bestanden, so würde vermuthlich der Gesetzgeber dies irgendwie angedeutet und etwa gesagt haben:

> possit eam a se recollegere vel launegild requirere.

------

[28]) Für die Bedeutung des Wortes „exenium" vgl. einerseits Z o e p f l Dtsche Rechtsgesch. 4. Aufl. Bd. 3 § 81 V; Bluhme Mon. Germ. leg. tom. IV p. 43. 44 not. 17. 18; Bluhme Die Mundschaft nach Langobardenrecht Zeitschr. f. Rechtsgesch. Bd. 11. S. 384, andererseits Glossa und Formeln zu lib. Pap. c. 184 Roth.

[29]) Missverstanden ist die Deduction, welche das Gesetz enthält, von Z o e p f l (a. a. O.).

Wie nahe dies gelegen hätte, empfand ganz richtig die Glosse, welche zu „succidat" hinzufügt:

hoc est ut donatum recolligat vel lonechild accipiat;[80]) denn die Glosse theilt Val de Liévres Ansicht.[81]) Die Worte „launegild requirere" haben auch sie verleitet, ein zwiefaches Recht des Schenkers anzunehmen, obwohl dies mit c. 175 Roth. unvereinbar ist und das Nachforderungsrecht auch insofern ein sonderbares Recht wäre, als die Nichtausübung desselben gleiche Folgen hätte wie die Ausübung. Der Schenker hat kein Interesse an der Nachleistung des Launegilds, wie denn der Schenker überhaupt kein Interesse hat an der (auch an der rechtzeitigen) Leistung des Launegilds. Das Gegentheil müsste der Fall sein, wenn das Launegild Symbol der Dankbarkeit wäre; der Schenker — und nur er — hätte dann ein Interesse an der Leistung des Launegilds. Die Urkunden aber gehen in Uebereinstimmung mit den Rechtssätzen des Edicts davon aus, dass der Schenker das Launegild empfange, damit im Interesse des Beschenkten die Gabe sicher sei.[82]) Daraus allein erklärt sich denn auch die kategorische Form, in welcher Liutprand (c. 73) auf Grund alten Herkommens das Geben des Launegilds bei Schenkungen anordnet. Mag man auch — freilich ohne dass irgend ein besonderer Grund dazu ersichtlich wäre — den Sinn für die Dankbarkeit gerade bei den Langobarden als vorzüglich entwickelt ansehen, immerhin bleibt es nicht wahrscheinlich, dass derselbe dahin geführt hätte, ein dem äusseren

---

[80]) Dieser Zusatz der Glosse spricht deutlich gegen Kaysers (Erbr. nach d. Edict d. langob. Könige Zeitschr. f. Rechtsgesch. Bd. 8 S. 478) Ansicht, dass das parens ... succidat auf die donatio sine thingatione, das si supraestis fuerit ... auf die donatio sine launechild sich beziehe. Auch ist die Reihenfolge die umgekehrte: launigild — thingatione — succidat — possit ... recolligere!

[81]) Vgl. auch form. II und expos. ad lib. Pap. c. 184 Roth.; Albertus Lombardacommentar lib. II tit. 1.

[82]) Characteristische Beispiele: Mon. Patr. cart. tom. III n. LXVI (a. 792), n. CV (a. 824), n. CXVIII (a. 833); Beltrani Docum. Longob. e Greci per la storia dell' Italia meridionale (Roma 1877) n. XIII (a. 1036); Brunetti codice diplom. Toscano parte I n. LXXVI (a. 770). Vgl. auch Val de Liévre selbst a. a. O. S. 49. Val de Liévre meint (S. 48), mit Rücksicht auf das Nachforderungsrecht des Schenkers werde ‚in süditalienischen Urkunden bisweilen ausdrücklich betont, dass das Launegild „continuo" oder „presens", „de presentis", „in presentes", „nunc a presentis" gegeben worden sei'. Dagegen ist zu bemerken, dass diese Ausdrücke einerseits durchaus nicht den Schenkungsurkunden eigenthümlich sind, vielmehr eben so bei Kauf und Tausch bezüglich der Gegenleistung gebraucht werden, andererseits überall, wo sie vorkommen, gleich der sonst häufigen Partikel „exinde" nur bekunden sollen, dass der Leistung unmittelbar die Gegenleistung gefolgt sei. Vgl. dazu unten Seite 25. 26.

Zwange so abholdes Rechtsgeschäft, wie die Schenkung, unter die
Herrschaft absolut gebietender Rechtssätze zu stellen. Eine Dankbarkeit, welche der Beschenkte in seinem eigenen Interesse zu be-
zeigen gesetzlich genöthigt ist, darf füglich als Dankbarkeit nicht
mehr bezeichnet werden. Damit ist nicht gesagt, dass nicht im
einzelnen Falle die Wahl des Launegilds nach Art und Werth vielfach durch die wirklich dankbare Gesinnung des Beschenkten beeinflusst worden wäre; aber in einer solchen, sich nachträglich
wirksam zeigenden Nebenrücksicht kann nicht der Ursprung eines
Rechtsinstituts gesucht werden.[33])

Die Val de Liévre'sche Ansicht von der rechtlichen Natur des
Launegilds ist nicht die herrschende; sie ist von uns an erster
Stelle betrachtet worden, weil sie, die auf dem Gebiete der Moral
fusst, eben hierdurch zu den übrigen, insgesammt sich nur auf dem
Boden des Rechts bewegenden Ansichten, in einem principiellen
Gegensatz steht.

Diese Ansichten selbst zerfallen wieder in zwei scharf aus
einander zu haltende Gruppen, je nachdem sie in dem Launegild
ein Mittel sehen, die Schenkung in das Gewand eines onerosen
Rechtsgeschäftes zu kleiden, oder es für ein Handgeld halten,
welches die Schenkung als solche perfect oder — wenn es nach-
geleistet wird — unwiderruflich zu machen bestimmt sei.

Die erstere Auffassung, deren Betrachtung wir uns zunächst
zuwenden, lässt sich nicht kürzer darlegen, als dies von Seiten
Bluhmes durch Heranziehung eines altrömischen Rechtsinstituts geschehen ist[34]):

Launegildo simillima erat nummi unius datio in donationibus
Romanorum.

So sagt Havet[35]):

la cession avec launegild n'était qu'une opération fictive,
dans laquelle la donation véritable se cachait sons l'appa-
rence d'un acte onéreux, vente ou échange.[36])

---

[33]) So konnte das Launegild andererseits auch in schroffem Gegensatz zu
seinem Motiv in den Dienst des Wuchers treten. Vgl. Karoli Magni notitia
Italica (a. 776 vel 781. Mon. Germ. leg. sect. II tom. I ed. Boretius) c. 3.

[34]) Bluhme Mon. Germ. leg. tom. IV glossar. s. v. launegild cf. id. ibid.
note 14 zu c. 175 Roth.

[35]) Havet l. c. p. 258.

[36]) So auch in verschiedener Formulirung: Kayser Zeitschr. f. Rechtsgesch.
Bd. 8. S. 478; Schröder Gesch. d. ehel. Güterrechts in Deutschland Bd. I S. 89;
Schupfer le donazioni tra' vivi nella storia del diritto italiano num. 54 p. 36
(mir durch die Güte d. Herrn Verfassers zugänglich geworden); Gengler Ger-

Das Bedürfniss einer solchen Fiction erklärt Havet aus dem
Drängen nach einer Schenkungsform an Stelle des früher allein als
solche fungirenden Thinx. Er stützt sich darauf, dass in dem Rotharischen Edicte das Launegild seltener erwähnt werde, als in den
Gesetzen Liutprands; überdies werde in c. 73 Liutp. ausdrücklich
bemerkt, dass das Launegild auf dem Herkommen beruhe und
nicht durch Gesetz eingeführt sei und es werde zu dem Thinx als
der einzigen, wirklichen Schenkungsform in einen bewussten Gegensatz gestellt; so sei denn die Schenkung mit Launegild erst seit der
Anerkennung und förmlichen Sanction durch Liutprand als eine
„véritable donation" angesehen worden. Pertile[37]) macht noch besonders geltend, dass mit dem Schwinden der im Interesse der
Familie bestehenden Publicität der Schenkung beim Thinx das
Bedürfniss hervorgetreten sei, durch jene Fiction die Schenkung
als ein entgeltliches und somit die Familieninteressen weniger ge-
fährdendes Rechtsgeschäft erscheinen zu lassen. Diese Argumentation Pertiles ist geeignet Bedenken zu erregen. Sie schreibt die
Entstehung unseres Rechtsinstituts dem Bestreben zu, den berechtigten Interessen der Familie des Schenkers eine Garantie zu gewähren; sie glaubt auf der anderen Seite, dass dies zur Genüge
geschehen konnte mittelst einer Fiction, deren Wesen jedem der
Betheiligten klar sein musste und die daher nur ein zweck- und
erfolgloses Gaukelspiel war.[38]) Es kann indessen überhaupt nicht
zugegeben werden, dass die Schenkung mit Launegild nach dem
Thinx entstanden und nur dazu bestimmt gewesen sei, das letztere
zu ersetzen. Die Gründe, welche Havet für das höhere Alter des
Thinx beibringt, sind keine zwingenden. Wenngleich im Edicte
Rotharis des Launegilds seltener Erwähnung geschieht, als in Liutprands Gesetzen, so ist doch die Art, wie c. 175 und c. 184 Roth.
des Launegilds gedenken, durchaus nicht eine solche, als sähen sie
in demselben ein zu ihrer Zeit unlängst entstandenes und gleichsam im Dunkeln sein Dasein fristendes Rechtsinstitut. Das Geben
des Launegilds erscheint hier vielmehr sogleich als eine althergebrachte, daher gar nicht mehr besonders vom Gesetzgeber erklärte,
sondern einfach übernommene Gewohnheit, auf welche sehr wohl
Liutprands (c. 73) Worte passen:

---

manische Rechtsdenkmäler S. 532 Anm. 27; Pertile storia del diritto italiano
vol. IV p. 542 n. 10; Miller Zeitschr. f. Rechtsgesch. Bd. 13 S. 93; Stobbe
Neurecht und Vertragsschluss ebendas. S. 245; Kohler Krit. Vierteljahrsschr.
N. F. Bd. 4 S. 172.

[37]) Pertile l. c. p. 541.

[38]) So auch Val de Liévre S. 52. 53.

... et sic (lies: et si sic) specialiter in edictum non fuit institutum, tamen usque modo sic fuit iudicatum ....

Eben diese Worte, die Havet für seine Ansicht zu verwerthen sucht, scheinen uns den Ursprung des Launegilds als eines auf altem Gewohnheitsrecht beruhenden Institutes klarzustellen. Wenn wir aber selbst mit Havet annehmen wollten, dass erst Liutprand das Launegild gesetzlich sanctionirt habe, so wäre damit die eigenthümliche Art dieser neuen Schenkungsform immer noch nicht erklärt, und wir müssten auch im Hinblick auf die Bestimmungen Liutprands die Frage aufwerfen, warum es denn überhaupt erforderlich war, dass die Schenkung nicht als solche, sondern als entgeltliches Rechtsgeschäft erschien.

Miller[39]) giebt auf diese Frage folgende Antwort: „Gleich der römischen Mancipation dürfte das Geschäft mit Launegild ursprünglich die imago eines vorgenommenen materiellen Kaufgeschäftes und als solche auch dessen civilrechtliche Perfektion gewesen sein; später verlor diese imago jede materielle Einwirkung auf das Kaufgeschäft und jede beliebige causa konnte mit derselben verbunden werden". Was Miller uns hier schildert, ist in Wahrheit die mancipatio, welche aus einem speciellen Rechtsgeschäft allmählich zu einer allgemeinen, selbständigen Form wurde und nunmehr als solche in den Dienst der verschiedenen, einzelnen Rechtsgeschäfte treten konnte.[40]) Aber die Mancipation diente materiell fremden Zwecken, indem sie selbst in formeller Hinsicht durchaus tonangebend blieb: Die Schenkung, wollte sie die Unterstützung durch die Mancipation geniessen, musste sich als eine venditio (wenn auch nur nummo uno) geriren, sie musste formell sich selbst verleugnen. Von alledem findet sich bei dem Launegild keine Spur. Das Geben des Launegilds ist keine allgemeine Form, sondern eigenthümlich gerade der Schenkung. Nicht damit die Schenkung als etwas anderes erscheine, als sie in Wahrheit ist, sondern damit sie eben als das erscheine, was sie ist, bedarf sie des Launegilds.[41]) Die Schenkung in der Form der Mancipation ist eine venditio, die Schenkung mit Launegild ist eine donatio und zwar erst eine rechte donatio. Das Launegild beabsichtigt nicht und bewirkt nicht eine auch nur formelle Umwandlung des

---

39) Miller a. a. O. S. 93. 94.

40) Zur venditio nummo uno vgl. insbesondere: Leist Mancipation und Eigenthumstradition S. 161; Rudorff Ueb. d. baet. Fiduciartaf. Zeitschr. f. Rechtsgesch. Bd. 11 S. 53. 87. 94.

41) Vgl. unten Seite 25.

Rechtsgeschäfts, bei welchem es seine ausschliessliche Anwendung findet. Bemerkenswerth in dieser Hinsicht ist eine Aeusserung Bluhmes, die in Gegensatz zu seinen früher [42]) angeführten Worten steht und daher um so mehr Beachtung beanspruchen darf: „Diese Gegengabe" (d. i. das Launegild) „verwandelte das Ganze nicht in einen Kauf, es blieb eine gegenseitige Schenkung".[43]) Dass auch in einer gegenseitigen Schenkung, selbst wenn eine der Leistungen principiell von relativer Werthlosigkeit ist, ein tauschähnliches Element enthalten sei, wird nicht in Abrede gestellt werden. Da nun die Schenkung das einzige Rechtsgeschäft ist, welches begrifflich Leistung ohne Gegenleistung ist, so wird der Satz, dass die Schenkung nach langobardischem Rechte des Launegilds bedarf, auch dahin wiedergegeben werden können, dass „das langobardische Vertragsrecht principiell an dem Grundsatz festhält, dass der Leistung eine Gegenleistung correspondiren müsse".[44]) Den Grund hierfür erblickt Kohler [45]) darin, „dass die Urzeit keine andere Art der Eigenthumsübertragung kannte, als die entgeltliche und daher auch die Schenkungsabsicht nur durch Vermittlung des Kaufgeschäfts realisiren konnte". Das Launegild ist darnach ein Scheinpreis [46]), bestimmt, die als Rechtsgeschäft nicht anerkannte Schenkung als einen als Rechtsgeschäft anerkannten Kauf erscheinen zu lassen. Gegen diese Ansicht spricht zuvörderst alles, was früher gegen Miller geltend gemacht wurde. Von der ihr zu Grunde liegenden Fiction ist in den uns zu Gebote stehenden Quellen nichts zu sehen. Eigenthümlich wäre es auch, wenn die langobardische Gesetzgebung, welcher, wie wir oben sahen, der Begriff der Schenkung keineswegs fremd war, eine so eifrige Thätigkeit entwickelt hätte, lediglich zu Gunsten eines veralteten Rechtsinstituts. Und wenn das Launegild schon zu Rotharis Zeit nichts weiter war, als ein sinnloses Ueberbleibsel längst verschwundener Rechtsideen, hätte es sich dann wohl

---

[42]) S. oben Seite 12.

[43]) Bluhme Mundschaft Zeitschr. f. Rechtsgesch. Bd. 11 S. 384. Kauf und gegenseitige Schenkung werden vermengt von Cornelius Ecclesiae Venetae decad. decim. tert. pars poster. p. 346 n. 3 und Du Cange Gloss. med. et inf. lat. tom. IV p. 455 s. v. Launechilde.

[44]) So Brunner in Goldschmidts Zeitschr. f. Handelsr. Bd. 22 S. 546. 547 Anm. 2.

[45]) Kohler an der S. 13 Anm. 36 citirten Stelle.

[46]) Unerklärt bleibt, in welcher Weise Kohler sich das Launegild für die Urzeit als eine wirkliche Gegengabe, „einen Gegenpreis, der später ein Scheinpreis wurde", vorstellt. Sollte überhaupt geschenkt werden, so konnte das Launegild doch begrifflich immer nur ein Scheinpreis sein.

noch .fünf Jahrhunderte lang im praktischen Rechtsverkehre behaupten können? Selbst wenn wir daher der Auffassung Kohlers von dem ursprünglichen Rechtszustand beitreten wollten [47]), könnten wir dieselbe für das Launegild unserer Quellen nicht als massgebend anerkennen und würden wir noch immer der Frage gegenüberstehen, welches die Bedeutung des Launegild in der Zeit und nach den Quellen war, die unserer genaueren Betrachtung zugänglich sind.

Eine Mittelstellung zwischen der besprochenen Gruppe von Launegildstheorien und der Handgeldstheorie nimmt Sohm [48]) ein. Er sieht das Motiv des Launegilds in dem Rechtssatze, „dass der Vertrag, sobald er nicht als Formalcontract geschlossen wird, Realcontract sein muss" oder, wie er ihn an anderer Stelle [49]) nennt, in dem „Rechtssatz von der Unverbindlichkeit der unentgeltlichen Gabe". Dieser Rechtssatz beruhe seinerseits darauf, dass dem älteren deutschen Rechte nur Formal- und Real-, nicht auch Consensualcontracte bekannt gewesen seien. [50]) Es scheint indessen die Identificirung von Realcontract und entgeltlicher Gabe [51]) nicht richtig zu sein. Sohm will den Begriff „Realcontract" nicht anders als gewöhnlich verstanden wissen. Er lässt den Realcontract durch das Hinzutreten einer Leistung zu der Willenserklärung zu Stande kommen. [52]) Dem entspricht auch vollständig die Ausführung in Betreff des Kauf- und Tauschvertrages [53]), wo insbesondere hinsichtlich des ersteren bemerkt wird, dass er erst dann verbindlich ist, „wenn von einer Seite die Leistung erfolgt ist". Damit, dass der Vertrag durch Leistung geschlossen wird, ist nicht gesagt, dass er durch Leistung gegen Leistung perfect wird. Die Schenkung ist daher auch in Sohms Sinne als Realcontract geschlossen, wenn die ihren Gegenstand bildende Sache als Geschenk gegeben ist, der Tausch, wenn eines der beiden Tauschobjecte ausgehändigt ist; dadurch ist aber weder die Schenkung zu einem entgeltlichen, noch der Tausch zu einem unentgeltlichen Geschäft geworden. Eine Er-

---

[47]) Dagegen vgl. z. B. Bernhöft Zeitschr. f. vergl. Rechtswiss. Bd. 1 S. 20. 22.

[48]) Sohm Recht der Eheschliessung S. 28. 29.

[49]) Sohm Fränk. u. röm. Recht Zeitschr. d. Sav.-Stiftg. f. Rechtsgesch. Bd. 1 Germ. Abth. S. 58 Anm. 88.

[50]) Sohm Recht der Eheschliessung S. 24.

[51]) Vgl. auch Sohm Recht der Eheschliessung S. 29 Anm. 16: „als Realcontract (also scheinbar entgeltlich)."

[52]) Sohm Eheschliessung S. 24.

[53]) Ders. ebenda. S. 25. 26.

klärung der Schenkung mit Launegild auch als eines nur scheinbar
entgeltlichen Rechtsgeschäftes ist daher auf diesem Wege nicht zu
finden.

Sind Realcontract und entgeltliches Rechtsgeschäft einerseits,
Consensualcontract und unentgeltliches Rechtsgeschäft andererseits
nicht einander deckende, sondern nach ganz verschiedenen Gesichtspunkten gebildete Begriffe, so ist naturgemäss die Uebertragung von der einen Kategorie abhängiger Begriffe auf die andere Kategorie unzulässig. Das Handgeld, welches dazu dient, den
formellen Abschluss eines Realcontractes neben dem materiellen Abschluss eines Consensualcontractes zu ermöglichen, kann demnach
ebenfalls die scheinbare Entgeltlichkeit der Schenkung mit Launegild nicht erklären. Das Handgeld dient dazu, „die Willens-
übereinstimmung verbindlich und klagbar zu machen ohne (wirkliche) Leistung".[54] Das Launegild wird, wie schon Val de
Liévre[55] mit Recht hervorgehoben hat, regelmässig erst nach der
Uebergabe der geschenkten Sache gereicht. Aber auch in den
Fällen, wo es der Leistung vorangeht, folgt diese unmittelbar Zug
um Zug nach, so dass nicht einmal hier die Erklärung als Handgeld ausreichen kann; dass durch Vorleistung des Launegilds der
Beschenkte ein Recht auf Erfüllung erwarb, wie auch Stobbe[56]
meint, hätte daher auch niemals von irgend welcher praktischen
Bedeutung sein können. Den Eintritt der Unwiderruflichkeit der
Schenkung durch Nachleistung des Launegilds erklärt Stobbe[57]
daraus, dass, da für Schenkungen nicht leicht präsumirt werde,
durch jene Leistung in ernstlicher Weise die Erklärung abgegeben
werde, dass die Ueberlieferung der geschenkten Sache als Rechtsgeschäft gelten solle. Ist es nun schon an sich unwahrscheinlich,
dass das Launegild eine andere Bedeutung habe, wenn es vor, als
wenn es nach der Uebergabe der Sache gereicht wird, so kommt
noch hinzu, dass Stobbes Auffassung des nachgeleisteten Launegilds
selbst dessen Eigenthümlichkeiten nicht erklärt. Hier so wenig,
wie aus den meisten der anderen Theorien, erhalten wir Aufschluss

---

[54] Sohm Eheschliessung S. 28.

[55] Val de Liévre a. a. O. S. 71. 276.

[56] Stobbe Zeitschr. f. Rechtsgesch. Bd. 13. S. 244. Dies ist wohl auch
die Ansicht Odoricis (Mon. Patr. cart. tom. III p. 44 n. 1): launegild un piccolo
dono che serviva di pegno del convenuto. — Die Handgeldstheorie vertreten
ferner: Beseler Lehre v. d. Erbverträgen Bd. I § 8 S. 114; Hofmann über den
Verlobungs- und Trauring. Sitzungsber. d. Wiener Akad. d. Wissensch.
Phil.-hist. Kl. Bd. 65 S. 855.

[57] Stobbe a. a. O. S. 245.

darüber, aus welchem Grunde das Launegild vom Beschenkten und nicht, wie man dies besonders nach Stobbes Darlegung vermuthen sollte, vom Schenker gegeben wird. Eben dieser Umstand aber, in Verbindung mit der Besonderheit, dass der Empfang des Launegilds von Seiten des Schenkers als nicht in dessen, sondern lediglich in des Beschenkten Interesse liegend angesehen wird, darf bei einer Betrachtung unseres Rechtsinstituts nie aus dem Auge gelassen werden.

Die Besprechung der verschiedenen Launegildstheorien hat ergeben, dass keine derselben ein befriedigendes Resultat darzubieten vermag; darin findet ein neuer Versuch, die Launegildfrage zu beantworten, seine Rechtfertigung.

b) Dogmatischer Theil. § 3.

Die vierte Formel des langobardischen Cartulars, welche den Formeln für traditio venditionis cum defensione und traditio venditionis sine defensione folgt, lautet:

De donationibus.

De donationum cartulis omnino similiter preter: „habes pretium?“ nam in his dicitur: „habes launechild?“ — Habeo.

Die Schenkung soll hinsichtlich der Parteienhandlungen und Parteienerklärungen in allen Punkten dem Kaufe gleichen, nur soll an die Stelle des Kaufpreises das Launegild treten. Die Betrachtung der Urkunden — es ist hier und im weiteren Verlaufe der Darstellung nur von „cartae“ die Rede — zeigt uns, dass die seitens des Cartulars aufgestellte Norm dem wirklich beobachteten Brauche entspricht. Die Urkunde bietet uns in erzählender, nicht weniger als die Formel des Cartulars in belehrender Form einen Ueberblick über den gesammten Vorgang, welcher Gegenstand der Beurkundung werden soll. Entsprechend den nach dem Cartular an den Erwerber zu richtenden Fragen „habes pretium?“ „habes launechild?“ nebst den bezüglichen Antworten finden wir in den cartae venditionis und donationis regelmässig das Bekenntniss „accepi pretium“[59]) „accepi launechild“. Kaufpreis und Launegild erscheinen auch hier an gleicher Stelle. Dem entsprechend findet sich im Eschatokoll der Urkunde häufig bei dem signum des Verkäufers der Zusatz „qui accepit pretium“, bei dem des Schenkers der Zusatz „qui accepit launechild“.[60]) Gerade dies ist

---

[59]) Ueber die Bedeutung dieses Bekenntnisses für die Constatirung des Eigenthumsüberganges s. unten S. 23 Anm. 68.

[60]) Der Citate von Kaufurkunden bedarf es nicht; jede Urkundensammlung bietet zahlreiche Belege. Von Schenkungsurkunden seien angeführt:

von Belang, weil das Eschatokoll regelmässig dazu dient, das Rechtsgeschäft nochmals in seinen für die rechtliche Sicherstellung des Destinatärs wesentlichen Bestandtheilen vorzuführen. Die Zusätze zu den Unterschriften lehren uns, welcher Art das den Gegenstand der Beurkundung bildende Rechtsgeschäft (Erwerbstitel) ist (signum .. qui hanc cartulam venditionis, commutationis, donationis etc. fieri rogavit), wer als Zeuge, als consentirender Ehemann oder Vater, bei Vergabungen von Frauen als nach c. 22 Liutp. zugezogener Verwandter, bei Tauschgeschäften von Kirchen als prüfender Begutachter in Gemässheit des c. 16 Ahist. fungirt hat. Als unwesentlich für den Zweck der Beurkundung fehlen im Eschatokoll beispielsweise die Beschreibung des veräusserten Gegenstandes und der Name des Erwerbers. Unter diesen Umständen, welche das Eschatokoll in vielen Fällen als einen unter.Fortlassung des für die rechtliche Sicherstellung des Destinatärs Unwesentlichen angefertigten Auszug aus der Urkunde erscheinen lassen, gewinnt die Gleichstellung des Kaufpreises und des Launegilds an Bedeutung. Hält man damit zusammen die gleiche Behandlung beider auch im Protokoll der Urkunde und in der Formel des Cartulars, so liegt die Vermuthung sehr nahe, dass diese äussere Gleichstellung von pretium und launechild nur die Folge sei von einer inneren Verwandtschaft beider, dass nur die Gleichheit ihrer Function sich die Gleichheit in ihrer Behandlung erzwungen habe.

Dass nun das Launegild nicht etwa dazu bestimmt ist, der Schenkung den Stempel des entgeltlichen Rechtsgeschäfts aufzudrücken, haben wir früher gesehen.[61]) Auf der anderen Seite ist die beim Kaufe begrifflich nothwendige Schadloshaltung des Verkäufers, welche der Kaufpreis darstellt, bei der Schenkung begrifflich ausgeschlossen. Soll demnach die vermuthete Gleichheit der Function von pretium und launegild in Wahrheit vorhanden sein, so muss der Kaufpreis noch eine bisher unbeobachtet gebliebene Function erfüllen, welche hinter der eines nothwendigen, materiellen Entgelts der Leistung verborgen blieb und nur bei der Schenkung, wo ein solcher Entgelt nicht besteht, im Launegild zu

---

Hist. patr. mon. chart. tom. I nr. 175. 225. 247. 296. 302. 387. 389. 398. 403. 419. 422. 432; II nr. 103. 106. 107. 123. 140; III nr. 38. 770. 851. 875. 929. 975. Muratori delle antich. est. ed ital. tom. I p. 251 (Urk. v. 1077). Muratori antiquitat. Italic. med. aev. tom. II p. 270 (Urk. v. 1091); Ficker Urk. z. Reichsu. Rechtsgesch. Italiens n. 53 p. 77; Cod. diplom. Padov. Docum. n. 100. 158. 208. 264.

[61]) Vgl. oben S. 12 ff.

einer erkennbaren, selbständigen Existenz zu gelangen vermochte. Es wird darauf ankommen, diese Function zu vermitteln.

Die carta wird ausgestellt über das gesammte Rechtsgeschäft, aber sie wird nicht in objectiver Weise ausgestellt; sie berücksichtigt die Rechtshandlungen beider Parteien, aber sie stellt sich dabei auf den Standpunkt des Veräusserers. Dieser selbst bewirkt die Ausstellung, aus seiner Person wird auch das Handeln des Erwerbers beurtheilt. Die Zahlung des Kaufpreises, welche, wie die Hingabe der Sache das Handeln des Verkäufers, so das Handeln des Käufers bildet, erscheint in der Urkunde nicht als ein solches, sondern in der Form des von dem Verkäufer abgegebenen Empfangsbekenntnisses. Die Darstellung des Rechtsgeschäfts wird beherrscht durch das Handeln des Veräusserers. Die gleichmässige Berücksichtigung beider Seiten des Rechtsgeschäfts, welche in römischrechtlichen Bezeichnungen wie emtio venditio, locatio conductio zum Ausdruck gelangt, hat in der Darstellung der carta keinen Raum gefunden. An Stelle der emtio venditio finden wir von ihr berücksichtigt nur die venditio, die Urkunde stellt das Rechtsgeschäft dar als einen Verkauf — sie heisst carta venditionis —, neben welchem der selbstverständlich vorhandene Kauf innerhalb der Urkunde nicht zu formell selbständiger Bedeutung gelangt.

Es ist von Interesse, die Consequenzen dieser keineswegs auf den Kauf beschränkten Darstellungsart insbesondere hinsichtlich der Tauschurkunden zu verfolgen. Auch nach den für die Ausstellung der carta massgebenden Gesichtspunkten betrachtet, weist der Tausch den beiden Contrahenten eine völlig gleiche Stellung an. Irgend ein Moment auf Seiten eines von ihnen, welches denselben als den Veräusserer gegenüber dem anderen als dem Erwerber erscheinen liesse, liegt nicht vor. Die nothwendige Folge ist, dass über das Tauschgeschäft zwei Urkunden ausgestellt werden[42]) und zwar je eine von jedem der beiden Contrahenten. Wie beim Kaufe wird nun auch hier in jeder Urkunde das ganze Rechtsgeschäft vorgeführt, aber wiederum so, wie es sich vom Standpunkte des Ausstellers gesehen darstellt.[43]) Das übliche Versprechen der Nichtanfechtung des Geschäftes bei Vermeidung einer Conventionalstrafe, der defensatio mit eventueller Evictionsprästation findet sich in jeder der beiden Urkunden von dem Aussteller derselben abgegeben. Bezüglich solcher Punkte, welche für den Aussteller der einen Ur-

---

42) Vgl. Brunner Rechtsgesch. d. Urkd. I S. 18.

43) Die wenigen Ausnahmen beweisen hier um so mehr die Regel, als sie sich nicht einmal immer selbst treu bleiben. Vgl. Brunner a. a. O. S. 19. 20. 26.

kunde als solchen unwesentlich erscheinen, wird zuweilen auf die
andere Urkunde Bezug genommen; dies gilt namentlich [44]) von der
genaueren Beschreibung je des nicht den Gegenstand der Beurkundung bildenden Tauschobjects. So schildert uns jede der beiden
Tauschurkunden das ganze Rechtsgeschäft, aber doch nach Art
eines nicht unparteiischen Geschichtsschreibers von einem einseitigen
Standpunkte aus, und wir vermögen ein objectives Bild zu gewinnen nur durch die Vereinigung der beiden subjectiven Darstellungen. [45])

Die Einseitigkeit der Darstellungsweise der carta ist nur eine
Folge des der Ausstellung der carta überhaupt zu Grunde liegenden
Motivs. Die carta wird ausgestellt, um dem Destinatär als wirksame Waffe zum Angriff und zur Vertheidigung dem Aussteller
gegenüber zu dienen. Sie sucht daher den Destinatär rechtlich
sicherzustellen sowohl hinsichtlich der bereits erfüllten (z. B. Uebergabe der Sache), als auch hinsichtlich der noch unerfüllt bestehenden
(z. B. Defensionspflicht) Pflichten des Ausstellers. Unter diesem
Gesichtspunkt betrachtet erscheint auch die (Gegen-) Leistung des
Destinatärs selbst in einem besonderen Lichte. Die Leistung des
Ausstellers beherrscht die Darstellung der Urkunde, weil es darauf
ankommt, dass der spätere Inhaber der Urkunde (der Destinatär)
bezüglich der Leistung des Ausstellers sichergestellt sei. Die
Leistung des Ausstellers aber, insofern sie in der Uebertragung
einer Sache besteht, ist an und für sich betrachtet eine und dieselbe
bei den verschiedenen Arten der auf Sachübertragung gerichteten
Rechtsgeschäfte. Die Feststellung des Titels (der causa, des Rechtsgrundes), welcher der Leistung des Ausstellers im einzelnen Falle
zu Grunde liegt, ist für den Destinatär naturgemäss von grosser
Wichtigkeit. Diese Feststellung zu erbringen ist aber eine Function der Gegenleistung; denn eben diese drückt der Vergabung
(Sachleistung) den eigenthümlichen Character des jeweiligen Rechtsgeschäftes auf. So stellt sich vom Standpunkt des Vergabenden der
Kauf dar als Vergabung gegen Leistung von Geld, der Tausch
als Vergabung gegen Leistung einer anderen Sache, die
Schenkung als Vergabung gegen Leistung von — nichts. Aus der
Verbindung zweier abstracter Rechtsacte geht das individualisirte

---

[44]) Als Beispiel sei genannt: Regii Neapolit. arch. monum. I n. XXV
(a. 936).

[45]) Ein Beispiel für den seltenen Fall, dass uns die beiden correspon-
direnden Urkunden erhalten sind, bieten für zwei mit Bezug auf vorangegangene
cartas commutationis ausgestellte scriptiones securitatis Cod. Cavens. n. 300 u.
301 (a. 978).

Rechtsgeschäft hervor. Das constante Element in der Gesammtheit dieser Verbindungen ist die Vergabung, es variirt die Beschaffenheit der Gegenleistung. In der Gegenleistung tritt die causa der Vergabung hervor; der Gegenleistung liegt darum der Nachweis ob, dass die Vergabung auf einer rechtlich anerkannten causa beruht und auf welcher rechtlich anerkannten causa sie beruht. Diese Aufgabe erfüllt die Gegenleistung im einzelnen Falle regelmässig einfach durch die Thatsache ihres Vorhandenseins. Dies soll hervorgehoben werden, damit es nicht scheine, als bestände diese Function der Gegenleistung gesondert neben der früher erwähnten Function als Entgelt der Leistung. Beide sind vielmehr unmittelbar vereinigt. Die im Geben von Geld bestehende Schadloshaltung ist die causa der Kaufsvergabung [66]), die im Geben einer anderen Sache bestehende die der Tauschvergabung. Der Nachweis der Gegenleistung ist der Nachweis der causa, ist der Nachweis der Rechtmässigkeit der Vergabung.

In dem Rechtsgeschäfte selbst, welches uns die Leistungen beider Contrahenten ihrer materiellen Bedeutung gemäss als vollkommen gleichberechtigt und einander genau correspondirend vorführt, tritt die Sicherungsfunction jeder Leistung in Beziehung auf die Gegenleistung weniger hervor; dass sie gleichwohl vorhanden ist, bedarf keiner weiteren Ausführung. In der carta, welche über das Rechtsgeschäft ausgestellt wird lediglich behufs Sicherung des Destinatärs, ist der Gegenleistung gerade für die Entfaltung der Sicherungsthätigkeit ein freierer Spielraum gewährt.

Wenn wir dies im Auge behalten, wird uns die eigenthümliche Art verständlich, in welcher eine grössere Anzahl von Kauf- und Tauschurkunden die Gegenleistung einführt. In einer carta venditionis von Luceria aus dem Jahre 842 [67]) erklären die Aussteller:

.... ipsa terra venundedimus vobis superius dicto emtori nostro possidendum. De quo pro constabiliscendam vobis atque confirmandam hanc nostram vindicationem manifesti sumus, quod a praesentem recepimus a bobis predictis emptoribus nostris unum aureum solidum

---

[66]) Mit diesem Worte wollen wir ausdrücken, dass nicht eine auf Grund (in Folge) eines Kaufs erfolgende, sondern eine durch einen Kauf erfolgende Vergabung gemeint ist.

[67]) Cod. Cav. nr. 21. Weitere Beispiele enthalten: Cod. Cav. nr. 22. 26. 86. 90. 109. 127. 134. 137. 153. 162. 167. 172. 175. 188. 191. 195. 200. 208. 226. 227. 287. 296. 297. 299. 315. 382 und mehr; ferner de Blasio Series principum qui Langobardorum aetate Salerni imperarunt (Neap. 1785) nr. 6. 7. 15. 17. 18. 21. 42.

solifato vonum per caput:· finitum est enim ca videlicet ratione, ut amodo et semper eandem nostram vinditionem in-
tegra, velut prelegitur, abere et possidere baleatis etc.

Um dem Käufer den Bestand der Vergabung zu sichern, erklärt der Aussteller den Kaufpreis empfangen zu haben.[68] Die
Zahlung des Kaufpreises erscheint als in dem Interesse des Erwerbers, nicht in dem des Veräusserers geschehen. Der Kaufpreis
wird uns vorgeführt nicht als eine in .dem Rechtsgeschäft begrifflich
enthaltene, das Correlat der.Leistung bildende Gegenleistung, sondern
als eine Gabe, die anscheinend nur aus Zweckmässigkeitsrücksichten
mit der Vergabung verbunden ist. Der Kaufpreis erscheint nicht
in der Function der Entschädigung des sein Recht an der Sache
Aufgebenden, sondern in der Function der Sicherung des ein Recht
an der Sache Erwerbenden. Die Zahlung von Geld an den Vergabenden kennzeichnet die Vergabung als rechtmässig vor sich
gegangene Kaufsvergabung, der Kaufpreis dient zur Verkörperung
der causa der Vergabung.

Der angeführten Beurkundungsform beim Kaufe entspricht
beim Tausch die folgende[69]:

.... vicariationis ordine tradidit. unde pro confirmandam et staviliscendam hanc nostram vicariationem
nunc a presentis recepit a te .. per alia cartula, que aput
me scripta retineo, una pecia etc.

Auch hier erscheint die Gegenleistung, obwohl selbst eine Vergabung, nur als Sicherungsmittel für die den Gegenstand der Beurkundung bildende Vergabung. Da in der Urkunde über die
Gegenleistung naturgemäss das gleiche Verhältniss besteht[70], so
wird durch die Vereinigung beider Urkunden die Harmonie erzielt,

---

[68] Brunner (Rechtsgesch. d. Urk. I S. 133) hat dargethan, dass auch nach
langobardischem (aus dem römischen recipirtem) Recht das Eigenthum am
Kaufobjecte erst durch Zahlung oder Creditirung des Kaufpreises auf den
Käufer überging und dies in der Urkunde vermerkt ward. Indessen
scheint doch jedenfalls die Constatirung des pretium suscepisse nicht ausschliesslich diesem Zwecke gedient zu haben. Lässt sich dies nicht schon
aus Wendungen, wie sie die im Text angezogene Urkunde enthält (pro constabiliscendam etc.), schliessen, so spricht sicherlich der Umstand dafür, dass in
den Tauschurkunden sich gleiche Vermerke finden (s. unten Text zu Note 69),
ohne dass doch hier ein jenem Rechtssatze analoger Satz zu ihrer Aufnahme
hätte Veranlassung geben können.

[69] Cod. Cav. nr. 160 (a. 936). Ferner: Cod. Cav. nr. 170. 244. 463. 468.
473. 406. 423. 442. 533. de Blasio l. c. nr. 22. Die Urkunden stammen aus der
Zeit von 936 bis 1078.

[70] Vgl. die Formel: Unde, pro stabilitate ambarum partium,

vermöge deren in dem συνάλλαγμα der beiderseitigen Vergabung jede der beiden Leistungen sich die andere unterwirft und sich der anderen unterwirft.

Die Urkunden, aus welchen wir die Function der Sicherung der Vergabung für Kaufpreis und Gegengabe beim Tausche nachweisen konnten, gehören einem beschränkten Rechtsgebiete an. Regelmässig tritt auch in der Beurkundung die Function der Sicherstellung zurück neben der der Schadloshaltung. Die enge materielle Beziehung zwischen den beiden Leistungen hat dem Bestreben der einen von ihnen, formell eine beherrschende Stellung einzunehmen, möglichst geringe Concessionen gemacht, hat diesem Bestreben ungern die Anerkennung zu Theil werden lassen, welche dasselbe in den Salernitaner Urkunden gefunden hat.[71]) Um so mehr muss der Umstand unser Interesse erregen, dass das Geben des Launegilds in den Schenkungsurkunden durchgängig — von unwesentlichen Variationen abgesehen — constatirt wird mittelst der Formel:

> pro confirmandam et staviliscendam hanc mea donatione, nunc a presentis secundum legem launegild a vos exinde recepi .... [72])

Der Empfang des Launegilds wird in sämmtlichen Urkunden mit denselben Worten vermerkt, wie der des Kaufpreises und der Gegenleistung beim Tausche in den Urkunden von Salerno. Die Function des Launegilds besteht somit in der Sicherung des das Recht an der Sache Erwerbenden. Diese Function wird, wie wir bei Kauf und Tausch sahen, ausgeübt durch die Gegenleistung. Die Schenkung aber ist begrifflich Leistung ohne Gegenleistung, also Leistung, welcher anscheinend das Mittel fehlt für den er-

duas cartulas pari tenore gudiperto notario tradedimus scribendum etc. Reg. di Farfa vol. II doc. 29 cf. 57. 65.

71) Es würde an dieser Stelle zu weit führen, wenn wir das Bestehen der Function der Sicherstellung, beziehungsweise die äussere Anerkennung desselben über das Gebiet der italienischen Urkunde hinaus verfolgen wollten. Dass dies wohl anginge, beweist u. a. eine Massilienser Urkunde aus dem 11. Jahrhundert (Cartulaire de l'abbaye de St.-Victor de Marseille tom. I nr. 39). Amalricus de Porta nebst seinem Enkel Pontius Borellus und seinen Söhnen Rostagnus und Gisfredus haben sie ausgestellt über eine Vergabung an das Kloster der heiligen Maria und St. Victors zu Marseille, eine Vergabung, die zum Theil in Form einer Schenkung, zum Theil in Form eines Kaufs erfolgte (damit wenigstens theilweise eine verdienstliche Handlung vorliege). Die Veräusserer erklären: „Et, ut firma et stabilis sit hęo donatio vel venditio nostra, accepimus ab ipsis monachis calcitram unam et coxinum I et sellam I et sex solidos de Othonichis".

72) Cod. Cav. nr. 173. a. 947. Weiterer Citate bedarf es nicht, da fast jede Urkunde über eine Schenkung mit Launegild einen Beleg bietet.

kennbaren Ausdruck der causa. Gleichwohl basirt die Schenkung auf einer rechtlich anerkannten causa, sie ist nicht eine Vergabung, die des Rechtsgrundes entbehrt. Soll sie in Ermangelung der nach langobardischem Recht allein wirksamen Erkennbarkeit der causa nicht als eine causalose Vergabung erscheinen, so bietet sich nur ein Ausweg dar: die Schenkung muss auftreten als Vergabung gegen eine Leistung, die in Wahrheit keine Leistung ist[73]), sie muss auftreten als Vergabung gegen eine principiell werthlose Leistung. Damit scheint uns das Verständniss des Launegilds erschlossen. Das Launegild stellt sich dar als eine werthlose Gegenleistung, weil es die causa der Schenkung zum Ausdruck bringen soll, es stellt sich dar als eine werthlose Gegenleistung, weil es die causa der Schenkung zum Ausdruck bringen soll. Das Launegild verkörpert die eigenthümliche Natur der Schenkung als einer unentgeltlichen und dennoch auf rechtlich anerkannter causa beruhenden Vergabung. Das Launegild darf insofern als Symbol der Schenkung bezeichnet werden.

Das Launegild ist eine principiell werthlose Leistung. Die Function der Schadloshaltung fehlt ihm, weil sie dem Begriff der Schenkung widerspricht. Aus diesem Umstande erklärt es sich, dass das Launegild immer durch die Formel eingeführt wird, in welcher die Function der Sicherstellung zum Ausdruck gelangt, während dies hinsichtlich des Kaufpreises und der Gegengabe beim Tausch nur zuweilen geschieht. Bei ihnen konnte die Function der Sicherstellung vollständig absorbirt werden durch die der Schadloshaltung. Bei dem Launegild war eine Concurrenz zweier Functionen nicht vorhanden, und da es durch seine Existenz irgend welche berechtigten Interessen nicht verletzte, sehen wir es in seinen letzten Ausläufern noch hineinragen in eine Zeit, in welcher das Verständniss für die Ursachen seiner Entstehung abhanden und das Bedürfniss seiner Fortdauer in Wegfall gekommen ist.

Noch ein Punkt ist zu berühren. Das Launegild ist Gegenleistung, wenn auch Gegenleistung, die nur eine Function hat. Das Launegild unterliegt daher den Rechtssätzen, welche in formeller Hinsicht von den Gegenleistungen überhaupt gelten; es unterliegt namentlich dem Rechtssatze[74]), dass die Gegenleistung sich auch äusserlich als solche documentiren soll, dass Leistung und Gegenleistung Zug um Zug erfolgen sollen. Aus diesem Grunde wird

---

[73]) Wir treffen hier mit Sohm (Eheschliessung S. 28. 29) zusammen, dessen Gedankengang und Schlussfolgerung freilich ganz andere sind. Vgl. oben S. 16 f.

[74]) Ueber ihn vgl. Brunner an der oben S. 15 Anm. 44 angezogenen Stelle.

das Launegild ebenso, wie der Kaufpreis und die Tauschgegen-
gabe, „inter presentes" gegeben, genügt nicht die etwaige Bezüg-
· nahme auf eine in früherer Zeit geschehene Leistung oder das
blosse Versprechen einer zukünftigen.[75])

· Die dargelegte Auffassung des Launegilds erklärt uns unmittelbar
die Erscheinung, dass der Empfang des Launegilds von Seiten des
Schenkers als im Interesse des Beschenkten geschehend angesehen
wird.[76]) · Freilich hat c. 73 Liutp. das Gesetz, welches dem
Schenker, der ein Launegild nicht empfing, das Widerrufsrecht
einräumt, das Interesse des Beschenkten an der Beobachtung des
alten Brauches klargestellt. Allein dieses Gesetz selbst war nur
ein Ausfluss, nicht die Quelle der rechtlichen Bedeutung des Launegilds. Es genügt daher nicht, den Gebrauch der Formel pro con-
firmanda et stabiliscenda donatione u. s. f. auf die positive Bestimmung Liutprands oder Rotharis (c. 175) zurückzuführen. Der
innere Grund ist, wie wir sahen, nicht aus den Schenkungsurkunden
allein, sondern nur aus ihrer Verbindung mit Kauf- und Tauschurkunden zu erkennen. Wie die Nichtconstatirung der Zahlung
des ·Kaufpreises die angebliche Kaufvergabung[77]), so lässt die
Nichtconstatirung der Zahlung des Launegilds die angebliche
Schenkungsvergabung als eine innerlich unwahre erscheinen, indem
sie den Beweis liefert für das Fehlen des Rechtsgrundes. Aus diesem
Grunde ist die Anfechtung der Schenkung gleichbedeutend mit dem
„launegild requirere" des Rotharischen Edicts[78]), ist die actio launegild identisch mit der Anfechtungsklage. · Aus diesem Grunde auch
behandeln die Formeln zu Liutp. cc. 42. 73 Lib. Pap. das Besitzen
auf Grund einer carta donationis, quae non manifestat launechild,
ohne Weiteres als ein tenere malo ordine, ein Besitzen ohne Rechts-
grund.[79])

Sehr wohl vereinbar mit der versuchten Erklärung des Launegilds ist die Bestimmung Liutprands (c. 43), dass nur, falls ein
Launegild gegeben ist, für den Schenker eine Verpflichtung zur
eventuellen Evictionsprästation besteht.[80]) Pertile sieht in diesem

---

[75]) Ausnahmen hiervon finden sich nur bei dem fictiven Launegild. Vgl.
Val de Liévre a. a. O. S. 8. 9.

[76]) Vgl. oben S. 11.

[77]) Vgl. c. 227 Roth.

[78]) Vgl. oben S. 3 ff.

[79]) Vgl. die von J. Grimm R. A. S. 5 aufgezählten Formeln für das malo
ordine tenere.

[80]) Vgl. form. ad lib. Pap. c. 42 (43) Liutp. Albertus Lombardacomm.
tit. XXXVI. Zum Theil irrig Summa legis Langobard. lib. II tit. XXIV.

Rechtssatze eine Folge der durch das Launegild bewirkten Umwandlung der Schenkung in ein oneroses Rechtsgeschäft und verwerthet ihn darnach zu Gunsten seiner Theorie.[81]) Allein dies geht
um deswillen nicht an, weil nach deutschem Recht die Evictionsprästation nicht schlechthin Entgeltlichkeit der Vergabung voraus-
setzt.[82]) Die Verpflichtung dazu ist vielmehr nur eine Folge der
allgemeinen Verbindlichkeit, die jedem obliegt, für seine Rechtshandlungen einzustehen. Bei der Vergabung, gleichviel auf welcher
causa sie beruht, liegt diese Verbindlichkeit dem Versprechen des
defensare oder antestare, event. der Evictionsprästation zu Grunde.
Die Schenkung ohne Launegild aber beruht nach langobardischem
Rechte überhaupt nicht auf einer causa. Der Schenker selbst ist
hier befugt, die Schenkung zu widerrufen oder — correcter ausgedrückt — die ohne rechtlich erkennbare causa gemachte Vergabung ungeschehen zu machen, es kann ihm daher um so weniger
zugemuthet werden, für diese Vergabung durch Evictionsprästation
von Neuem handelnd einzutreten. Eben erst dann wird die Frage,
ob ein Launegild gegeben ist oder nicht, bedeutungsvoll, wenn die
Betheiligten für die Beurtheilung der thatsächlichen Verhältnisse das
stricte Recht massgebend sein lassen wollen. Thatsächlich existirt
das Schenkungsmotiv in der animo donandi erfolgten Vergabung
auch dann, wenn dieselbe ohne Launegildsleistung erfolgt ist[83]),
rechtlich gewinnt das Schenkungsmotiv eine Existenz nur in dem
Launegild und durch dasselbe. Thatsächlich — wirthschaftlich,
können wir sagen — ist das Geben des Launegilds daher ein
gänzlich irrelevanter Vorgang, rechtlich ist es unentbehrlich für
den sicheren Bestand der Vergabung. Auf dem Boden des Rechts
glauben wir daher die Geburtsstätte des Launegilds suchen zu
müssen, nicht zu einem „Ausdruck sittlicher Denk- und Gefühls-
weise"[84]), sondern zur Befriedigung eines juristischen Bedürfnisses
scheint uns das Launegild bestimmt gewesen zu sein.

[81]) Vgl. über dieselbe oben S. 12 ff.

[82]) Hier sei nur angeführt l. Ribuar. tit. LIX, III. VII. Die Schenkungsurkunden liefern zahlreiche Belege. Vgl. auch Walter Deutsche Rechtsgesch.
2. Ausg. Bd. 2 § 563.

[83]) Daher sprechen die Quellen auch da von einer „donatio", wo ein
Launegild nicht gegeben ward, rechtlich also eine „donatio" gar nicht besteht.
cf. Liutp. cc. 43. 73. Form. ad lib. Pap. Liutp. c. 42 (43).

[84]) So Val de Liévre a. a. O. S. 280. Vgl. oben S. 7.

II.

Das Garethinx.

§ 1. Einleitendes. Das Garethinx im Dienste der Gesetzgebung.

In dem Launegild haben wir ein auch nach dem Abschlusse
der langobardischen Gesetzgebung practisches Rechtsinstitut kennen
gelernt. Gerade die Zeugnisse für diese practische Anwendung,
welche uns der reiche Schatz der Urkunden bietet, haben uns das
Verständniss eröffnet für die innere Bedeutung des Launegilds.
Auf die Möglichkeit aus derselben Quelle zu schöpfen, müssen wir
verzichten, wenn wir uns nunmehr einem anderen Rechtsinstitut
zuwenden, welches uns in dem langobardischen Edict mehrfach in
äusserlich enger Beziehung zu dem Launegild begegnet[1]), dem
Garethinx. Seiner wird in den Urkunden nur selten gedacht, und,
wo dies geschieht, findet sich fast immer nur eine formelhafte An-
lehnung an den Text des Edictes, welche denselben häufig corrumpirt, niemals erklärt.[2]) Die expositio und die Glosse des liber
Papiensis zeigen ein so geringes Verständniss für den Begriff des
Garethinx, dass, wie wir bereits Gelegenheit hatten zu sehen[3]),
gelegentliche Erklärungsversuche ihnen nur zu groben, desswegen
glücklicherweise leicht erkennbaren Missverständnissen Anlass geben.
Den Lombardacommentaren kann in dieser Hinsicht ein grösserer
Werth ebenfalls nicht zugestanden werden[4]). Sehen wir uns bei
dieser Sachlage im Wesentlichen auf die Gesetzgebung, insbesondere
des Edicts, allein angewiesen, so bemerken wir leicht, dass auch
innerhalb dieser selbst der Schwerpunkt, was das Garethinx be-

---

[1]) Vgl. cc. 54. 65. 73 Liutp.

[2]) Vgl. z. B. die Freilassungsurkunde bei Ficker Urkd. z. Reichs- u.
Rechtsgesch. Italiens (Forschgg. Bd. 4) n. 79.

[3]) S. oben Launegild Seite 2. 3.

[4]) Vgl. die verworrene Darstellung des Albertus lib. II tit. XVII (ed.
Anschütz).

trifft, in der früheren Zeit, speciell in der Zeit Rotharis zu suchen
ist. Die zusammengehörigen Worte thinx und garethinx finden
sich in Rotharis Edict am häufigsten und eingehendsten erwähnt.[5])
Damit ist uns der Weg gewiesen, der allein zum Ziele, dem Verständniss des Wesens des Garethinx, führen kann: Es bedarf einer
möglichst genauen Prüfung der gesetzlichen Bestimmungen über
das genannte Rechtsinstitut, bei welcher namentlich die in der
ältesten Codification enthaltenen von Wichtigkeit sein werden. Diese
Prüfung wird naturgemäss in erster Linie die in Betracht kommenden
Gesetze aus sich selbst heraus zu erklären suchen. Wo indessen
eine Beleuchtung von aussen her erforderlich oder wünschenswerth
erscheinen wird, werden derselben weniger die späteren, langobardischen Rechtsaufzeichnungen irgend einer Art, als die gleich-
zeitigen und gleichartigen Rechtsaufzeichnungen anderer germanischer Stämme zu dienen im Stande sein.

Wenden wir uns nunmehr zuvörderst zu der Bedeutung der Worte
thinx, garethinx, thingare, thingatio, so werden wir uns bezüglich
derselben im Wesentlichen dem anschliessen dürfen, was bisher die
Forschung ergeben hat.[6]) Darnach liegt ihnen allen der Stamm
thing unverkennbar zu Grunde, zu welchem die Form thinx nach
J. Grimms[7]) Ansicht den Genitiv bilden würde. In dem Edict
erscheinen die Formen thinx und garethinx indessen auch als
andere Casusformen, und da ein überall passendes Substantivum,
von welchem jener Genitiv abhängig wäre, sich einerseits schwer
finden liesse, andererseits, wie schon aus seinem Fehlen hervorgeht,
ohne selbständige Bedeutung wäre, so dürfen wir, dem Edicte
folgend, die Worte thinx und garethinx für alle Casus gebrauchen.
Viel gestritten hat man über die Bedeutung der ersten beiden
Silben von garethinx.[8]) Als besonders ansprechend erscheint die
Ableitung[9]) von dem Worte gar („prorsus, omnino"), welche das
garethinx dem altskandinavischen alþing an die Seite stellt.

Für den Zweck, welchen wir verfolgen, wichtiger ist die Frage,
in welcher Bedeutung wir das Wort thing hier zu nehmen haben.
Die herrschende Ansicht[10]) wählt unter den drei Anwendungsfällen

---

[5]) Vgl. das umgekehrte Verhältniss beim Launegild oben Seite 13.

[6]) Vgl. insbesondere Miller Zeitschr. f. Rechtsgesch. Bd. 8 S. 91. 92.

[7]) Rechtsalterthümer Seite 383 Anm. **

[8]) Vgl. die Uebersicht bei Miller a. a. O.

[9]) S. Miller ebendas.

[10]) Vgl. z. B. Osenbrüggen Das Strafrecht der Langobarden Seite 3
nebst den von ihm in Note 1 Citirten.

des thinx innerhalb des Edictes: Gesetzgebung, Freilassung und
Veräusserung den letzten, um aus ihm die anderen zu erklären.
Der Vertrag, das Gedinge[11]), giebt ihr den bestimmenden Gesichtspunkt ab, unter welchem sie dann auch namentlich die Gesetzgebung als eine durch Vertrag zu Stande gekommene betrachtet.
Indessen stehen dieser Auffassung der Art der Gesetzgebung doch
erhebliche Bedenken entgegen[12]), und es liegt zudem durchaus
kein Grund vor, um zum Mindesten für diesen Fall den Worten
thinx und garethinx die Bedeutung „Volksversammlung" nicht bei-
zumessen. Dass in jedem Falle thinx und garethinx vollständig
gleichbedeutend sind, ist nicht zweifelhaft. Beide Worte werden
gleichmässig durch die Wendung „quod est donatio" erklärt.[13])
Das Verbum thingare bezeichnet ebenso den Inhalt des thinx, wie
den des garethinx.[14]) Das res suas alii thingare des c. 172 Roth.
kann nichts anderes sein, als das res suas alii thingare des c. 173
Roth.; jene Stelle aber spricht von dem garethinx, diese von dem
thinx. Endlich heisst es in c. 174 Roth.:

> De thinx primus factum. Non leciat donatori ipsum thinx
> quod antea fecit, iterum in alium homjnem transmigrare:
> tantum est, ut ille, qui garethinx susceperit, tales culpas
> non faciat ....

Thinx erscheint demnach lediglich als ein kürzerer Ausdruck für
garethinx, welches letztere, wie wir gerade aus seiner Anwendung
bei der Gesetzgebung sehen, die gesammte Volksversammlung bezeichnet. Leider führt uns nur eine Stelle des Rotharischen Edicts
das Garethinx in dieser Function vor, das bekannte c. 386 Roth.,
in welchem Rothari erklärt, dass er seine Gesetze gegeben habe,

> quin etiam et per gairethinx secundum ritus gentis nostrae
> confirmantes, ut sit haec lex firma et stabilis etc.

Dass diese Gesetze nicht erst durch einen Vertrag für bindend erklärt zu werden brauchten, dürfte daraus folgen, dass dieselben[15])
im Wesentlichen nur eine Codification des ungeschriebenen Rechtes
darstellten. Zu bemerken ist auch, dass der König erklärt, er habe
die Gesetze per gairethinx confirmirt, eine Ausdrucksweise, die zu

---

[11]) Zur Etymologie vgl. Grimm RA. S. 600. 601.

[12]) Vgl. Löning Vertragsbruch I S. 1 Anm. 1.

[13]) S. z. B. cc. 171. 172 Roth. c. 65 Liutp.

[14]) Vgl. c. 171 mit c. 175 Roth.

[15]) Verba: inquirentes et rememorantes antiquas legis patrum nostrorum
quas scriptae non erant .... Vgl. Zorn Beweisverf. nach lang. Rechte S. 5,
insbes. Anm. 2.

der etwaigen Verkündung in der Volksversammlung sehr wohl
passt, keineswegs aber König und Volk als zwei formell gleich-
berechtigte, vertragschliessende Parteien erscheinen lässt.[16] Immerhin
werden wir uns nicht verhehlen dürfen, dass wir dem dürftigen
Material gegenüber, welches uns für das Garethinx bei der Gesetzgebung zu Gebote steht, nur mit Vorsicht operiren dürfen; es
werden stets mehr oder weniger zweifelhafte Hypothesen sein, die
wir hier aufstellen können. Festeren Boden unter den Füssen
fühlen wir aber auf dem zweiten Anwendungsgebiet des garethinx,
dem Gebiete der Freilassung.

§ 2. Das Garethinx im Dienste der Freilassung.

Von den Formen der Freilassung nach langobardischem Rechte
handelt eine Stelle, die wegen ihrer Wichtigkeit für die Beantwortung aller einschlägigen Fragen hier unverkürzt Platz finden
mag, nämlich c. 224 Roth.:

> (De manomissionibus.) Si quis servum suum proprium aut
> ancillam suam liberos dimittere voluerit, sit licentia qualiter
> ei placuerit. Nam qui fulcfree, et a se extraneum, id est
> haamund, facere voluerit, sic debit facere. Tradat eum prius
> in manu alteri homines liberi et per gairthinx ipsum con-
> firmit; et ille secondus tradat in tertium in eodem modo, et
> tertius tradat in quartum. Et ipse quartus ducat in qua-
> drubium, et thingit in gaida et gisil, et sic dicat: de quattuor
> vias ubi volueris ambulare, liberam habeas potestatem. Si
> sic factum fuerit, tunc erit haamund, et ei manit certa liber-
> tas: postea nullam repetitionem patronus adversus ipsum aut
> filiûs eius habeat potestatem requirendi. Et si sine heredes
> legetimûs ipse qui haamund factus est, mortuus fuerit, curtis
> regia illi succidat, nam non patronus aut heredes patroni.
>
> (Item alio kap.) Similiter et qui inpans, id est in votum
> regis demittitur, ipsa lege vivat, sicut et qui haamund factus est.
>
> (Item alio kap.) Item qui fulcfree fecerit, et quattuor
> vias ei dederit et haamund a se, id est extraneum non
> fecerit, talem legem patronus cum ipso vivat, tamquam si
> cum fratre aut cum alio parente suo libero Langobardo: id

---

[16] Die letztere Auffassung tritt hervor in der Gesetzgebung der angel-
sächsischen Könige Alfred und Edward (Schmid Ges. d. Angels. S. 106. 115).
Dass die Darstellung des c. 386 Roth. der Annahme eines Vertrags unter den
Volksgenossen selbst noch mehr widerspricht, ist selbstverständlich.

est si filiûs aut filias legitimas, qui fulcfree factus est, non
demiserit, patronus succidat, sicut supter scriptum est.

(Item alio kap.) Item qui haldium facere voluerit, non
illi dit quattuor vias.

Haec sunt quattuor genera manumissionum. Tamen necesse est propter futuri temporis memoriam, ut qualiter
liberum aut liberam thingaverit, ipsa manumissio in cartolam
libertatis commemoretur. Et si cartolam non fecerit, tamen
libertas ei permaneat.

Aus den letzten Sätzen unserer Stelle sehen wir zunächst, dass in
der Gesetzgebung Rotharis die Freilassungsurkunde dem Act der
Freilassung selbst durchaus fremd ist, dass ihre Ausstellung lediglich aus Zweckmässigkeitsgründen stattfinden soll, ohne dass die
Unterlassung Rechtsfolgen in der Sache selbst nach sich zöge.

Gleich als erstes unter den quattuor genera manumissionum
tritt uns die Freilassung per gairthinx entgegen. Aber nicht alles,
was zu ihr erforderlich ist, ist ihr eigenthümlich. Nur der Umstand, dass sie als die vollkommene Freilassung vorangestellt ist,
hat den Gesetzgeber dazu geführt, eben bei ihr den gesammten
Formalismus der Freilassung darzustellen. Dass dem so ist, ersehen wir aus den beiden Capiteln der angeführten Stelle, welche
die minderwerthigen Freilassungsarten behandeln. Da bei diesen
je das Minus in dem Formalismus im Verhältniss zu der vorher
erörterten Form der Freilassung hervorgehoben wird, setzen uns
diese Stellen — was naturgemäss von grösster Wichtigkeit ist —
zunächst in die Lage festestellen zu können, welches die der Freilassung per garethinx als solcher zukommenden, eigenthümlichen
Formalien sind.

Als erste Stufe einer der Freilassung durch Garethinx gegenüber geringeren Freilassungsart erscheint die, mittelst welcher der
Herr den Sklaven
fulcfree fecerit, et quattuor vias ei dederit et haamund, id est
extraneum non fecerit.
Wer aber seinem Sklaven das geringste Mass von Freiheit zu Theil
werden lassen will,
qui haldium facere voluerit, non illi dit quattuor vias.

Während demnach der ersten und der zweiten Freilassungsart
— die Freilassung inpans lassen wir hier unberücksichtigt [17] —

---

[17] Der Vermuthung Winogradoffs (in den Forschgg. z. dtsch. Gesch.
Bd. 16 S. 605), dass in cc. 51. 52 Liutp. unter den per manum regis Freigelassenen auch die amund facti zu verstehen seien, vermögen wir nicht bei-

das quattuor vias dare gemeinsam ist, kommt dasselbe bei der dritten in Wegfall. Die zweite und die erste Art unterscheiden sich dadurch von einander, dass bei der letzteren das haamund a se id est extraneum facere zu dem fulcfree facere et quattuor vias dare hinzutritt. Die Freilassung per gairthinx besteht demnach aus zwei Acten, sie ist in der That ein fulcfree et a se extraneum id est haamund facere, wie es Eingangs unserer Stelle heisst. Wie sich nun aus der Vergleichung des kap. III mit den kapp. I und IV ergiebt, bedeuten die Worte des ersten „qui fulcfree fecerit et quattuor vias ei dederit": wer seinen Sklaven fulcfree gemacht hat, indem er (= und zu diesem Zwecke) ihm die vier Wege freigegeben hat. . Das fulcfree facere bildet den Kern, die Grundart der Freilassung, das quattuor vias dare die dazu gehörige Grundform.[17a]) Mit dem Hinzutreten des extraneum a se facere ist eine Steigerung, mit dem Wegfall des quattuor vias dare eine Minderung der dem Freigelassenen eingeräumten Stellung verbunden. Deutlich erkennbar hebt sich von den im c. 224 I Roth. geschilderten Formalitäten bei der Freilassung per gairthinx das quattuor vias dare ab. Die Worte „de quattuor vias ubi volueris ambulare, liberam habeas potestatem" geben in klarster Weise dem der symbolischen Handlung zu Grunde liegenden Gedanken Ausdruck.[18]) Dem gegenüber scheint das haldium facere ein durchaus formloser Act gewesen zu sein. Die rechtliche Stellung des haldius ist wenig besser als die eines Sklaven. Mit dem servus — wenngleich oft dem

---

zutreten. Dass beide Klassen sich „sonst in aller Beziehung gleichstehen", kann natürlich nicht den Ausschlag geben. Dass aber die Bezeichnung „in manum regis" freigelassen auch für die haamund facti „ganz anwendbar" sei, ist noch zu beweisen. In unserer Stelle, welche als die sedes materiae anzusehen ist, sind beide Freilassungsarten ausdrücklich in ihrer Wirkung einander gleichgestellt, sonst aber getrennt gehalten. So hat auch c. 23 Liutp. die in ecclesia circa altare Freigelassenen den haamund facti gleichgestellt, ohne dass man befugt wäre, je unter jenen auch diese zu verstehen. Vielleicht trifft die Annahme zu, dass das Königthum durch Einführung und Privilegirung der manumissio in votum regis der alten, auf dem Willen des Volkes basirenden Freilassung per garethinx eine Concurrenz zu schaffen beabsichtigte, was ihm freilich nicht gelang (arg. Liutp. c. 140 i. f.).

Zur manumissio circa altare vgl. namentlich Hist. patr. mon. chartar. t. III n. LXXIII und auch die dem Jahre 1078 angehörige Urkunde bei Ficker Urkd. z. Reichs- u. Rechtsgesch. Italiens (Forschgg. Bd. 4) n. 79.

[17a]) Zöpfl Dtsch. Rechtsgesch. 4. Aufl. Bd. 2 S. 152 VI meint, das fulcfree facere habe keine Form gehabt. Das widerspricht dem Wortlaut des Gesetzes.

[18]) Vgl. auch Liutp. c. 140. L. Gundeb. LVII. Grimm Rechtsalterth. S. 331. S. übrigens auch Roth. c. 216 i. f. für eine andere Anwendung desselben Ausdrucks.

höher geschätzten ministerialis — in Verbindung begegnet uns der haldius fast immer.[19]) Die Todtschlagsbusse, die für beide zu zahlen ist, ist nahezu gleich.[20]) Die von einer haldia verwirkte Diebstahlsbusse zahlt der „dominus".[21]) Dem entsprechend bestimmt c. 224 IV Roth. bezüglich der Formalität bei dem haldium facere nur negativ

> non illi dit quattuor vias.

Von einer Form dieser Freilassungsart — wie wir sie immerhin mit dem Edict selbst nennen mögen — erfahren wir in positiver Hinsicht nichts; denn innerhalb des von c. 224 I geschilderten Formalismus ist kein Raum für sie.

Es besteht nämlich dieser Formalismus nur aus zwei Acten: dem tradere des Sklaven von dem dominus aus durch zwei Hände an eine vierte Hand und dem ducere in quadrubium. Ist nun dieses letztere mit dem sich daran anschliessenden quattuor vias dare, wie wir sahen, der Freilassung per garethinx und dem fulcfree facere gemeinsam, so kann das Characteristicum der ersteren nur in der Tradition an die vierte Hand liegen, so dass für das haldium facere irgend eine Formalität in der That nicht mehr übrig bleibt.

Wenden wir uns nunmehr zu demjenigen Theile der Formvorschriften des c. 224, welchen wir als der Freilassung per gairthinx eigenthümlich erkannt haben, so nimmt ausser der Tradition an die vierte Hand namentlich ein Umstand unsere Aufmerksamkeit in Anspruch. Das quattuor vias dare ist, wie bemerkt, der Freilassung per gairthinx und dem fulcfree facere gemeinsam. Gleichwohl erfährt es bei der ersteren durch den Hinzutritt des haamund facere eine eigenthümliche Modification. Die vorzunehmende Handlung bleibt dieselbe, nicht so die Person des sie Vornehmenden. Bei dem fulcfree facere ist es der ursprüngliche Eigenthümer des Sklaven, der Freilasser selbst, der dem Freizulassenden die vier Wege freigiebt[22]); bei der Freilassung per gairthinx ist es dagegen die vierte Hand: „ipse quartus ducat in quadrubium". J. Grimm meint[23]): „Nach langob. Recht musste, wenn die Manumission völlig frei machen sollte, der Loszusprechende durch die Hände mehrerer

---

[19]) Roth. c. 76—85. 87. 89. 94—97. 101. 126. 127. 383 und sonst.

[20]) Roth. c. 129. 130.

[21]) Roth. c. 258. Weitere hier in Betracht kommende Momente, deren Erörterung zu weit führen würde, s. namentlich in Roth. c. 208. 210. 235. 376 u. s. f. Vgl. insbesondere auch lib. Pap. Kar. Magn. c. 82.

[22]) C. 224 Roth. III: qui fulcfree fecerit et quattuor vias ei dederit; IV: qui haldium facere voluerit, non illi dit quattuor vias.

[23]) Rechtsalterth. S. 332.

Freien (sicl) gehen, aus jeder wiederholt freigelassen werden". Indessen scheint doch dieser Annahme einer wiederholten Freilassung der Text des Gesetzes klar zu widersprechen, da er den Kern des Freilassungsactes — wenn auch nicht den der Freilassung durch Garethinx eigenthümlichen Bestandtheil desselben — durchaus in die Hand des „ipse quartus" legt. Als der eigentliche Freilasser erscheint demnach hier nicht der dominus, sondern — und zwar ausschliesslich — ein durch die Tradition an seine Stelle Getretener. Der dominus selbst hat lediglich die Uebergabe des Sklaven in manu alteri homines liberi vorzunehmen und diese Uebergabe per gairthinx ipsum zu confirmiren. Damit scheidet er aus dem Kreise der unmittelbar Betheiligten aus, gleichwie der „secondus" und der „tertius" je mit der Tradition an den ihm Folgenden. Der eigentliche Freilassungsact hat noch nicht stattgefunden, wenn der Freizulassende auch bereits durch zwei Hände hindurch gegangen ist. Das confirmare per gairthinx kann nichts auf die Freilassung als solche Bezügliches enthalten; es betrifft augenscheinlich nur das tradere in manu. Das erhellt aus den Worten: tradat .... et per gairthinx ipsum confirmit; et ille secondus tradat in tertium in eodem modo ... Ferner spricht ebendafür auch der Umstand, dass von dem quartus, der den Freizulassenden nicht weiter tradirt, ein confirmare per gairthinx nicht erwähnt wird.[24])

Es tritt demzufolge hier das eigenthümliche Verhältniss ein, dass das extraneum facere, welches dem fulcfree facere gegenüber als ein möglicherweise zu demselben hinzutretendes Plus erscheint, dargestellt wird durch eine Handlung, welche der das fulcfree facere repräsentirenden vorangeht. Nimmt nun auch diese letztere Handlung ein anderer vor, als der dominus, so gilt sie doch als eine von diesem selbst vorgenommene. Er ist es, „qui fulcfree et a se extraneum, id est haamund, facere voluerit" und der „sic debit facere". Es ist eine Freilassung per manum alterius, die wir hier vor uns sehen.

Die Frage liegt nahe, warum der dominus nicht selbst den das fulcfree facere darstellenden Act vornimmt und ihm dann etwa die Tradition in manu alteri homines liberi folgen lässt. Während die Entlassung aus dem Patronatsverhältnisse nach anderen germanischen Rechten einfach durch (regelmässig solenne) Verzichtserklärung seitens des Patrons stattfindet[25]), ist dies nach lango-

---

[24]) Ueber die Bedeutung der Worte thingit in gaida et gisil vgl. unten S. 39. 40.

[25]) L. Franc. Cham. XII: Qui per chartam aut per hantradam ingenuus est, et se ille foris de eo miserit

bardischem Rechte nicht der Fall. Der Act, durch welchen hier
der Freilasser erklärt, fernerhin keinerlei rechtliche Beziehungen
zu dem Freizulassenden haben zu wollen, ist zwar ebenfalls eine
Verzichtserklärung, aber eine solche, die in einer positiven Handlung ihren Ausdruck findet. Diese Handlung ist das in manu tradere.
In manu tradere aber bezeichnet technisch als Gegensatz zu dem
(e) manu mittere die Uebergabe zur vollständig unbeschränkten
Verfügung (wenn es sich um einen Freien handelt, zur Sklaverei.[26])
Macht der Herr eines Sklaven durch solche Uebergabe desselben
einen andern formell zu seinem dominus, so erklärt er dadurch
deutlich den Willen, in keinem Herrschaftsverhältniss zu dem
Sklaven mehr stehen zu wollen. Die formelle Uebertragung des
Sklaven in das Eigenthum eines anderen ist das Mittel für die
Erklärung, ihn extraneum a se machen zu wollen. Denn dass es
sich hier nur um eine formelle Uebertragung handelt, dass nicht
etwa der alter homo liber wirklich Eigenthümer des Sklaven wird,
bedarf keiner Auseinandersetzung. Allein diese Uebertragung,
wenn sie gleich nur formell ist, setzt doch voraus, dass der sie
Vornehmende zu ihr befugt sei. Dies wäre nicht der Fall, wenn
der dominus durch das ducere in quadrubium den Sklaven bereits
zum fulcfree gemacht hätte, und aus diesem Grunde muss das
haamund facere durch tradere in manu dem eigentlichen Freilassungsacte vorangehen. Dass dieser letztere nun aber nicht von
dem dominus vorgenommen werden kann, welcher sein Recht formell einem anderen übertragen hat, ist natürlich.

Skånske lov 6,5 (Thorsen; bei Schlyter I 123):

Giuær man annöthoghum manne ællær kunu frælse ællær han lösær sio til frælsæs, fare thæn ær frælsæ giuær ællær hin ær löse later ællær næste arua til things oc afsighis hanum ...	Schenkt jemand einem Sklaven oder einer Sklavin die Freiheit oder löst er (sc. der Sklave) sich zur Freiheit, so fahre der, welcher die Freiheit gibt oder ihn lösen lässt oder sein nächster Erbe zum Thing und sage sich los von ihm (= verzichte, abdicet se)

Vgl. dazu auch Andr. Sunes. c. 73.

[26]) Vgl. Liutp. c. 63: puplicus debeat eum dare pro servo in manu
eius, cui culpam fecit, et ipse ei deserviat sicut servus. Liutp. c. 80: debeat
eum dare in manus illius, cui ipsum furtum fecit, et ipse de eo faciat
quod voluerit; ferner Liutp. cc. 92. 121. 125. 130. 143. 152. Ratch. c. 10.
Ahist. c. 15. Areg. c. 6. auch Sic. et Joh. pact. c. 3.

Die lex Wisig. hat analog den aus Liutprands Edict allegirten Stellen
(c. 63. 80) in gleicher Bedeutung die beiden Wendungen tradere aliquem alicui
serviturum u. dgl. (II 4,8; III 4,2; VI 3,1. 5; 4,1; 5,12) und tradere aliquem
alicui, ut, quid de eo facere voluerit, sui sit arbitrii u. ähnl. (III 6,1; VI 2,2;
5,12; VII 3,6; XI 1,6).

Freilich stehen wir nun wieder vor einer neuen Frage, nämlich der, aus welchem Grunde der Sklave von der zweiten Hand weiter tradirt und erst von der vierten freigelassen wird. Winogradoff[27]) glaubt, durch die Weiterbegebung von Hand zu Hand werde der Sklave „gleichsam vom Herrn entfernt", und diese Vorstellung mag denn auch wirksam gewesen sein. Was die Wahl eben der Vierzahl anbetrifft, so haben wir es vielleicht nur mit einer an sich bedeutungslosen Rückwirkung des quattuor vias dare zu thun.[28]) Der in Folge der wiederholten, formellen Uebertragung des Sklaven äusserlich als dessen letzter Eigenthümer erscheinende quartus nimmt den Act der Freilassung vor, welcher in dem quattuor vias dare besteht. Mit dem Augenblick, wo dies geschehen („si sic factum fuerit"), ist der Sklave ohne Weiteres zum haamund geworden, da sich sein Herr schon im Voraus in bindender Weise seiner eventuellen Patronatsrechte begeben hat.

In den beiden Theilen, aus welchen sich der Freilassungsact des c. 224 I Roth. zusammensetzt, finden wir des thinx Erwähnung gethan. Die Begebung des Sklaven soll per gairthinx confirmirt werden, der „quartus" ducat in quadrubium et thingit in gaida et gisil u. s. f. Was zunächst diese letzteren Worte anbetrifft, so haben dieselben von jeher zu Zweifeln Anlass gegeben. Jedenfalls unrichtig ist die Erklärung des Glossarium Matritense[29]): Gaida et giseleum Id est ferrum et astula sagittae. Val de Liévre[30]) hat mit Recht darauf hingewiesen, dass die Worte astula sagittae sich keineswegs auf „giseleum" beziehen können, da unter gisil unzweifelhaft eine Person zu verstehen ist. Val de Liévre selbst nimmt nun an, dass die ganze Erklärung zu „gaida" gehöre[31]), ohne zu berücksichtigen, wie sonderbar es wäre, wenn an ein zu

---

27) Forschgg. z. dtsch. Gesch. Bd. 16 S. 600.

28) Herr Professor Brunner und Herr Professor Gierke haben mir gütigst gestattet, an dieser Stelle noch eine von ihnen unabhängig von einander ausgesprochene Vermuthung über die rechtliche Bedeutung des Gehens durch vier Hände mitzutheilen, nach welcher dasselbe vielleicht mit der in diesem Falle als altlangobardisches Recht sanctionirend anzusehenden Bestimmung von Otto I lib. Pap. c. 7 in Zusammenhang zu bringen wäre. Diese Bestimmung lässt die Berufung auf den Gewährsmann beim tertius auctor ihr Ende finden, und die dadurch bewirkte Sicherung der Freilassung herbeizuführen, würde darnach der Zweck jener symbolischen Handlung sein. Das de manu in manum ambulare der l. Rip. tit. 58 VIII hat mit dem Freilassungsacte nichts zu thun. Dies beweist neben dieser Stelle selbst namentlich l. Rip. tit. 72 I, was Grimm R. A. 332 übersehen hat.

29) Gl. Matr. n. 29 cf. Gl. Vatic. n. 42.

30) Val de Liévre Launegild und Wadia S. 112.

31) Val de Liévre a. a. O. S. 119 Anm. 4 und Text dazu.

erklärendes Wort ein anderes seiner Bedeutung nach verschiedenes
durch „et“ angeknüpft und dann wiederum eine lediglich auf das
erste bezügliche Definition mittelst der Wendung „id est“ unmittelbar angeschlossen werden sollte. Für jene seine Annahme
stützt sich Val de Liévre namentlich auf eine Vergleichung von
Roth. c. 224 mit Pauli Diac. hist. Langob. I 13:

> plures a servili iugo ad libertatis statum perducunt, utque
> rata eorum haberi posset libertas, sanciunt more solito per
> sagittam, immurmurantes nihilominus ob rei firmitatem quae-
> dam patria verba.

Gegen die Ansicht, dass hier der Pfeil gleichbedeutend sei mit
„gaida“ in c. 224 Roth., spricht zunächst schon der Umstand, dass
der Pfeil neben den patria verba in der Darstellung des Paulus
Diaconus das einzige Symbol der Freilassung ist, während „gaida“
im c. 224 cit. nur als ein offenbar nicht einmal eine sehr grosse
Rolle spielender Bestandtheil des reichen Formalismus der Freilassung erscheint. Namentlich gedenkt Paulus mit keinem Worte
eben des gisil, der in Rotharis Gesetz in unmittelbarer Nähe von
gaida genannt ist. Immerhin würde ja auch der Pfeil für sich,
wie Grimm [32]) gezeigt hat, als Freilassungssymbol verständlich sein,
ohne doch darum mit der Freilassung durch Garethinx zusammen-
zugehören. Es bleibt demnach als einziges Argument für die Gleichstellung von gaida und sagitta jene Erklärung des Glossarium Matritense übrig. Sie muss wegen ihrer nahezu vollständigen Isolirt-
heit gegenüber den anderen Glossen [33]), wegen eines Widerspruchs
mit sich selbst [34]) und namentlich wegen der Erwähnung des gisil
von vornherein Verdacht erregen. Dazu kommt die eigenthümliche Zerlegung des Pfeiles in ferrum und astula, für welche des
Paulus Diaconus Darstellung ebenfalls keinen Anhaltspunkt bietet.
Es dürfte unter diesen Umständen die Annahme als gerechtfertigt
erscheinen, dass dem Glossarium Matritense die Worte gaida et
gisil unverständlich waren, dass es daher einfach zu dem bei der
Freilassung ebenfalls sich findenden Symbol des Pfeiles griff, um
sie zu erklären und dass es nun lediglich, um gaida et gisil = sagitta erscheinen zu lassen, den Pfeil in seine Bestandtheile ferrum
und hastula zerlegte, deren jeder je einem der beiden unverstandenen
Worte entsprechen sollte. Die sich daraus ergebende Leichtfertig-
keit in dem Erklärungsversuche der Glosse ist hier nicht das einzige Mal zu constatiren.

[32]) Rechtsalterth. S. 162.
[33]) Val de Liévre a. a. O. S. 112 Anm. 3.
[34]) Ders. ebendas. S. 113 Anm. 1.

Schon die Zusammenstellung von gaida und gisil legt die Vermuthung nahe, dass unter dem ersteren eben so, wie unter dem letzteren, eine Person zu verstehen sei. Dazu stimmt, dass in c. 359 Roth. die Rede ist von einem Eide „cum duodecim aidos. id est sacramentales". Gaida aber liesse sich recht wohl als eine Zusammensetzung dieses Wortes aid(i) mit der bekannten Partikel ga[35]) erklären. An einen promissorischen, etwa die Nichtanfechtung der Freilassung betreffenden Eid dürfte freilich in unserm Falle kaum zu denken sein, wie man dies hinsichtlich der zweifelhaften Freilassung per hantradam zuweilen angenommen hat. Die Verpflichtung, für die dauernde Gültigkeit der Freilassung einstehen zu wollen, scheint nach langobardischem Rechte der gisil übernommen zu haben. Er haftet als „Geisel" mit dem Augenblick der Freilassung, während die „gaida" zugezogen werden (regelmässig aus dem Kreise der Verwandten), um im Bestreitungsfalle die Rechtsgiltigkeit des Freilassungsactes als sacramentales erhärten zu können. Die Formel in „gaida et gisil" „vor Zeugen und Bürgen" entspricht in dieser Gestalt genau dem angelsächsischen „borh and gewitnesse", welches uns bei Rechtsgeschäften begegnet.[36]) Nahe liegt auch der Gedanke an das altschwedische mæþ uin ok uitni köpa[37]), namentlich wenn man berücksichtigt, dass auch der vin als „gisil" für die Rechtmässigkeit der Veräusserung einsteht.[38])

Noch erübrigt die Erklärung des „thingit". Gewiss bezeichnet thingare ursprünglich nur diejenige Freilassung, welche per thinx stattfindet, indessen finden wir neben dieser engeren Bedeutung schon früh die weitere von „freilassen" überhaupt mit dem Worte thingare verbunden. Dies ermöglicht uns ebenfalls unser c. 224 Roth., in dessen letztem Satze bestimmt wird,

ut qualiter liberum aut liberam thingaverit, ipsa manumissio in cartolam libertatis commemoretur.

In derselben Bedeutung scheint uns das „thingit" in der Wendung „thingit in gaida et gisil" gebraucht zu sein, und diese selbst demnach nur die Bestimmung zu enthalten: Er lasse ihn frei vor Zeugen und Bürgen.

Dem Garethinx selbst begegnen wir nur in der Schilderung, welche unsere Stelle von dem Act des extraneum a se facere

---

[35]) Vgl. Grimm Deutsche Grammatik Th. II (1826) S. 752 ff.; Graff Althochdeutscher Sprachschatz Th. IV S. 10.

[36]) Aethelreds Ges. I 8.

[37]) Einiges darüber vgl. bei Grimm RA. S. 608.

[38]) Vgl. z. B. ÖGL. Vinsorþa b. VI § 2.

bictet. Die demselben dienende in manu traditio soll eine per
gairthinx confirmirte sein und zwar sowohl von Seiten des ersten
(tradat .... et per gairthinx ipsum confirmit), als auch seitens der
beiden demnächst sie Vornehmenden (in eodem modo). Es liegt,
wie uns scheint, kein Grund vor, das „per gairthinx confirmare"
hier anders zu verstehen, als in seiner Anwendung bei der Gesetzgebung. Auch hinsichtlich der Freilassung fassen wir es auf
als die Sicherstellung des Rechtsactes durch Vornahme desselben
vor der Volksversammlung. Befremden muss es jedoch zunächst,
und es bedarf daher einer Erklärung, aus welchem Grunde bei
dem haamund facere und nur bei ihm diese besonders solenne
Form zur Anwendung gelangte.

In seiner Arbeit über die Freilassung zu voller Unabhängigkeit
hat Winogradoff aus den deutschen Volksrechten den Beweis dafür
zu erbringen gesucht, dass das Hauptgewicht bei der Freilassung
nach deutschem Rechte nicht auf dem Eintritt in die Reihe der
Freien und der Gleichstellung mit ihnen, sondern nur auf der
völligen Trennung von dem früheren Herrn gelegen habe. „Wäre
eine gewisse Einführung in das Volk beabsichtigt gewesen, so
könnte sich dieser Theil des Vorganges nicht so schnell verflüchtigt
haben". Winogradoff nimmt an, dass die volle Freilassung sich
an die Königsgewalt anschloss „und nur da, wo diese Gewalt am
stärksten war, aufkommen" konnte; er erklärt dies daraus, dass
die Vollfreigelassenen, die kein Geschlecht hatten, anders als im
Anschluss an die Gewalt des Königsthums sich nicht zu halten ver-
mocht hätten.

Wir können diesen Ausführungen Winogradoffs nicht zustimmen. Die Freilassung zu vollstem Rechte ist nach altem,
deutschem Recht verbunden gewesen und nur verbunden gewesen
mit der Aufnahme in das Volk. Diese findet statt durch einen formellen Act, der sich nur zum Theil als von der Aufhebung des
Patronatsverhältnisses getrennt nachweisen lässt. Die Aufnahme in
das Volk findet statt unvermittelt (vgl. unten S. 42) oder durch die
Aufnahme in ein Geschlecht. Die Rolle, welche Winogradoff dem
Königthum zuschreibt, dass es den Vollfreigelassenen das ihnen
fehlende Geschlecht zu ersetzen gewusst, dürfte das Königthum
demnach keinesfalls von vornherein gespielt haben. Als die rechtliche Bedeutung des Volks- und des Geschlechtsverbandes für die
Stellung des Individuums geringer wurde, verschwand auch jene
Aufnahme in den Verband, aber keineswegs, wie Winogradoff meint,
ohne Spuren zu hinterlassen. Die Vollfreigelassenen entbehrten
daher im Allgemeinen der Zugehörigkeit zu einem Geschlechte

nur erst zu einer Zeit oder bei Stämmen, wo jene Zugehörigkeit sich nicht mehr in alter, ungeschwächter Bedeutung erhalten hatte. Nicht hier kann daher der Grund gesucht werden für das enge Verhältniss des Königthums zur Vollfreilasssung, welches wir bei einigen Stämmen vorfinden.

Die Feststellung des angedeuteten Entwicklungsganges ermöglichen uns die altskandinavischen Rechtsquellen in Verbindung mit gewissen Andeutungen der Volksrechte. Es bedarf kaum einer Hinweisung darauf, dass bei den Nordgermanen der Geschlechtsverband sich unverhältnissmässig länger und reiner erhalten hat, als bei den Deutschen. Gerade diejenigen Theile der Rechtsgeschichte, die mit ihm in engerem Zusammenhange stehen, werden daher aus nordgermanischen Rechtsquellen Aufklärung erwarten dürfen. So die Vollfreilassung durch Aufnahme in den Geschlechtsverband (ættleiðing)[39]. Für sie sehr wichtig ist eine Stelle des Östgötalag (Aerfþa b. 20):

Nu giuer man annöþughum frælsi firi sial sina: þa skal han baþe suara ok sökia firi hans uærk æ þær til at han ser ætleddær ok han ma egh innan eþum standa: ok egh köpgildær uara ok alt þæt sum gærs til hans: þæt ær sua gilt sum til þræls gærs ok egh mera: § 1. Nu þa han skal æt leþa þa skal þæt uara mæþ luui æghandans: þæn sum han uill ætleþa þa skal fiughurtan mana eþ i þinge ganga ofæstan: sua at han uarþ fræls mæþ æghandans ia ok hans goþuilia: ok uir takum han i bo mæþ os: siþan ma han sökia ok suara firi sik: ok i eþum standa: dör han barn lös þa skal þæn æruan sum han æt lede.

Nun gibt ein Mann um seines Seelenheils willen einem Sklaven die Freiheit: so soll er beides antworten und klagen für ihn, bis dass er in ein Geschlecht aufgenommen ist, und er kann (bis dahin) keinen Eid leisten und nicht giltig einen Kauf abschliessen und alles, was gegen ihn gethan wird, wird so gebüsst, wie was gegen einen Sklaven gethan wird und nicht höher: § 1. Wenn man ihn nun in ein Geschlecht aufnehmen will, so soll dies mit Erlaubniss des Eigenthümers geschehen; der, welcher ihn in das Geschlecht aufnehmen will, soll im Thinge einen ungelobten Vierzehnmännereid leisten: so „dass er frei ward mit des Eigners Ja und Zustimmung, und wir nehmen ihn in unser Haus auf"; darauf mag er klagen und antworten für sich und Eide leisten; stirbt er kinderlos, so soll ihn der beerben, welcher ihn in das Geschlecht führte.

---

[39]) Ueber die ættleiðing in ihrer doppelten Function innerhalb des altskandinavischen Rechts im Dienste der Legitimation und der Freilassung gedenke ich mich an anderer Stelle ausführlicher zu äussern.

Wir sehen hier deutlich von einander getrennt die Freilassung von Seiten des Herrn, welche eine äusserst geringe, der des lango-bardischen haldium facere gleichende Wirkung hat, und die Auf-nahme in das Geschlecht von Seiten irgend eines Freien, welche dem Freigelassenen erst die Rechte des Freien gewährt.[40]) Eben dieselbe Scheidung findet sich im altdänischen Rechte.[41]) Andreas Sunesen bemerkt darüber[42]):

> Statim autem post factam protestationem libertatis. et renun-
> tiationem pristinae seruitutis. habet auctoritas consuetudinis
> approbate. ut ingenuorum aliquis sic adeptum libertatem suo
> coniungat generi eum in suum consanguineum eligendo. et rel.

Nach isländischem Rechte findet die Vollfreilassung statt vermittelst des i lög leiða, der Aufnahme in die Rechtsgemeinschaft.[43]) Der Geschlechtsverband kommt hier nicht in Betracht, allein wir sehen, dass die blosse Freilassung als solche nicht genügt, um wirklich frei zu machen. Grágás Kgsbk. c. 112[44]):

þa er manne frelse gefit at fullo er hann er ilög leiddr. Hann scal i lög leiða goðe sa er hann er iþingi með.	dann ist einem Manne die volle Freiheit gewährt, wenn er in die Rechtsgemeinschaft aufgenommen ist. Es soll ihn in die Rechts-gemeinschaft der Gode aufnehmen, mit welchem er in demselben Thinge ist.

Auch im norwegischen Recht, welches bekanntlich durch den Act des Freiheitsbiers (gera frælsis öl) die Abhängigkeit von dem Patron beseitigen lässt[45]), lassen sich Spuren einer „lovledning" er-kennen.[46]) Für das skandinavische Recht dürfte demnach die An-

---

[40]) Damit ist natürlich nicht gesagt, dass nicht etwa factisch der ættleiddr weniger geachtet war, als der ættborinn (ingenuus).

[41]) Vgl. die Fortsetzung der in Anm. 25 S. 36 angezogenen Stelle des schoonischen Gesetzes. S. auch Kolderup Rosenvinge Grundr. af d. danske Retshist. And. Udg. Förste del § 80; Larsen Forelæsninger over de danske Retshist. Saml. Skrifter I p. 380 ad Note d.

[42]) Lex Scaniae provincialis 73.

[43]) Die von K. Maurer Island S. 145 berührte Streitfrage ist für uns an dieser Stelle nicht von Belang.

[44]) Vgl. übrigens zu dieser Stelle (speciell dem Ende) K. Maurer in der Germania Bd. 15. S. 3 ff.

[45]) Vgl. K. Maurer Bekehrung des norweg. Stamms zum Christenthum Bd. 2 S. 225; K. Maurer Kritische Ueberschau Bd. 1 S. 423. 424; Gjessing Trældom i Norge in den Annal. f. nord. Oldk. og Hist. aarg. 1862 p. 263 f.

[46]) Gjessing a. a. O. p. 262.

sicht Winogradoffs jedenfalls nicht zutreffen. Aber im Zusammenhang mit den nordgermanischen Quellen gewinnt auch das Wenige, was uns die deutschen Volksrechte bieten, an Bedeutung. So zunächst die in der lex Alamannorum [47]) erwähnte Freilassung „in heris generationis", bei welcher die Betheiligung des in Geschlechter zerfallenden Volkes an dem Freilassungsacte erhellt, wenngleich nicht die Art der Betheiligung.[48]) Sodann die malbergische Glosse in den bekannten Zusätzen zu l. Sal. c. XXVI, wo die Theilnahme des Volkes am Freilassungsacte — wenn auch nur durch Anwesenheit — ausgesprochen ist, gleichviel wie man das Verhältniss zu dem „ante regem" des Textes auffasst.[49]) Und eben hier scheint sich uns die Erklärung zu finden für die Anwendung des Garethinx bei der Freilassung im langobardischen Recht. Das altschwedische Recht bestimmt ausdrücklich, dass die ættleiðing „i þinge" stattfinden solle[50]); ja, es wird sogar das „ætleþæ" als eins der Characteristica des aldragötæ þing (Stammesversammlung) aufgeführt[51]):

| þæt betir. e aldragötæ þing ær lagbmaþer ær. a. þær ma folk. ætleþæ. ok sættum lysæ. | das heisst stets aldragötæ þing, wo der Gesetzsprecher ist; auch mögen dort die Leute i sætt leiða und Bussvereinbarungen verkünden. |

Die Graugans lässt, wie wir sahen, das i lög leiða durch den Godi vornehmen und zwar ebenfalls in der Versammlung freier Männer.

Das langobardische Recht kennt eine Vollfreilassung durch Aufnahme in den Geschlechts- oder unmittelbar in den Stammesverband nicht mehr. Während früher und nach nordgermanischem Rechte nicht frei war, wer nur freigelassen war, vielmehr die Zugehörigkeit zur Rechtsgemeinschaft[52]) positiv erlangt werden musste, ist dies im langobardischen Rechte nicht mehr erforderlich. Die Vollfreiheit wird hier erlangt einfach durch die Entlassung seitens

---

[47]) Pact. Alamannor. fragm. III ex cod. A. Mon. Germ. leg. III p. 38.

[48]) Vgl. auch Merkel Mon. Germ. leg. III p. 14 n. 55.

[49]) S. Grimm Vorrede zu Merkel lex Salica pp. XXXI. LXVIII und andererseits Stobbe Gesch. d. deutschen Rechtsquellen S. 37.

[50]) WGL. I Arfþ. b. 23; II Aruæ b. 32. ÖGL. Aerfþ. b. 20 (oben S. 41). So auch wohl Skånske lov 6,5 (Thorsen) cf. Sunes. c. 78.

[51]) Vgl. WGL. I Rætl. b. 3 § 2; II Rætl. b. 3.

[52]) Vgl. die Erklärung des Goden Kgsbk. c. 112:

| … segi ec þat Gvðe, at hanu mon hallda lögom sem sa maþr er vel heldr. oc hann vill þa vera ilögom með oðrom monnom …… | … sage ich das Gott, dass er die Gesetze zu halten gedenkt wie der Mann, welcher sie wohl hält, und er will mit andern Männern in Rechtsgemeinschaft sein. |

des Herrn (quattuor uias dare) in Verbindung mit dem Verzicht desselben auf die Entstehung des Patronatsverhältnisses (extraneum a se facere). Allein der alte und richtige Gedanke, dass an der Vollfreilassung in erster Linie auch das gesammte Volk interessirt sei, dem durch jenen Act ein neues Mitglied erwächst, hat darin einen Ausdruck gefunden und behalten, dass die symbolische Erklärung, durch welche der Sklave zum Stammesgenossen werden soll, eine per gairthinx confirmirte sein muss. Die Confirmation fand wahrscheinlich eben sowie bei der Gesetzgebung, regelmässig statt durch blosse, ohne Widerspruch erfolgende Vornahme vor der Volksversammlung. Dass aber die Vornahme vor dem Volke namentlich in ältester Zeit gleichbedeutend war mit der Genehmigung durch das Volk, liegt auf der Hand.

Noch bedarf es einer Bemerkung, um zu zeigen, dass der von uns angenommene und nicht etwa nur der Zweck der Sicherung des Beweises für die geschehene Freilassung der Vornahme vor dem Volke zu Grunde lag. Wollte man das letztere annehmen, so ergäbe sich die Nothwendigkeit einer Erklärung dafür, dass nur das haamund facere, nicht aber das fulcfree facere das Privileg jener Sicherstellung genoss. Von unserm Standpunkt aus gesehen ist die ausschliessliche Betheiligung des Volkes bei der erstgenannten Freilassungsart ebenso erklärlich, wie nothwendig: Nur das haamund facere muss vor dem Volke stattfinden, weil nur das haamund facere eine Aufnahme in das Volk in sich schliesst.

Dass aber in Wahrheit die Freilassung durch Garethinx eine Freilassung zu vollstem Rechte ist, welche den Freigelassenen rechtlich dem Freigeborenen gleichstellt, können wir auch aus dem Wenigen, was unsere Quellen bieten, deutlich erkennen. Für die Klarlegung dieser Auffassung im Allgemeinen kommt namentlich in Betracht c. 222 Roth., wo es heisst, wer seine Sklavin heirathen wolle, solle sie vorher libera thingare, sic libera, quod est vurdibora, et legitimam facere per gairthinx. Dass hiermit nur ein Act gemeint ist, geht schon daraus hervor, dass c. 106 Liutp. unter ausdrücklicher Bezugnahme auf c. 222 Roth. den ganzen Vorgang als widerbora facere bezeichnet. Die durch Garethinx freigelassene Sklavin ist ihrem Herrn ebenbürtig geworden, die Freilassung per gairthinx beseitigt den Makel der Geburt. Die practisch wichtigsten Folgen des haamund facere stellt uns unser c. 224 Roth. dar mit den Worten:

Si sic factum fuerit, tunc erit haamund, et ci manit certa libertas: postea nullam repetitionem patronus adversus ipsum aut filiûs eius habeat potestatem requirendi. Et si sine heredes

legetimûs ipse qui haamund factus est, mortuus fuerit, curtis
regia illi succidat, nam non patronus aut heredes patroui.
Vollständige Loslösung von dem Patron in persönlicher und vermögensrechtlicher Hinsicht, völlige Gleichstellung mit den Freigeborenen, denen ja ebenfalls, wenn „legitimi heredes"[53]) nicht vorhanden sind, die curtis regia nachfolgt, das ist der Inhalt der Freilassung durch Garethinx. Allerdings sehen wir das Wesen derselben schon früh verkannt. Aus Billigkeitsrücksichten ist in c. 11
Ahist. bestimmt, dass in der an Bedeutung stetig zunehmenden Urkunde über eine Freilassung „in quarta manum" ein Vorbehalt
lebenslänglicher Dienstleistungen dem Freilasser gestattet sein solle.
Damit ist denn natürlich der Begriff des haamund facere der Freilassung per gairthinx abhanden gekommen. Indessen wurde dieselbe doch formell noch immer als vollste Freilassung (allerdings
neben dem inzwischen ausgebildeten circa altare deducere) angesehen,
und während wir von dem demittere in votum regis nichts mehr
hören[54]), begegnet uns in den Freilassungsurkunden noch spät der
Formalismus der manumissio per gairthinx.[55]) Dass sich damit ein
inneres Verständniss des in Rede stehenden Rechtsinstituts, ja selbst
nur des Wortes garethinx verbunden hätte, ist nicht anzunehmen.
Es handelt sich vielmehr hier lediglich um eine rein äusserliche
Herübernahme der Worte des Edicts, bei welcher aber noch immer
die Vorstellung wirksam ist, dass durch die Wahl eben der Worte, die
die Freilassung per gairthinx bezeichnen, dem Freizulassenden ein
besonders sicheres und weitgehendes Recht gewährt werde.

§ 3. Das Garethinx im Dienste der Vermögensübertragung.

Mit dem Worte thinx oder garethinx wird in dem Edicte, wie
die häufig hinzugefügte Erklärung „quod est donatio"[56]) zeigt, ein

---

[53]) Vgl. unten Seite 53. 54.

[54]) Vgl. z. B. den Eingang des c. 11 Ahist., wo neben der Freilassung
durch in quarta manum tradere und circa altario deducendum sacerdoti tradere
das demittere in votum regis gewiss nicht übergangen ist, um eine Sonderstellung zu erhalten. Uebrigens scheint es nach c. 9 Liutp., dass die Kirche
ursprünglich nur durch Vermittelung des Königsthums einen Antheil an der
Freilassung erhielt, während sich in Rotharis Edict von ihrer Mitwirkung noch
nichts findet. C. 23 Liutp. zeigt dann den König nicht mehr als betheiligt bei
der Freilassung in ecclesia, und in c. 55 Liutp. erscheinen das in manu regis dare
und das in ecclesia circa altare deducere als zwei verschiedene Freilassungsarten.

[55]) Vgl. Ficker Urkd. z. Reichs- und Rechtsgesch. Italiens (Forschgg.
Bd. 4) n. 126 a. 1159; n. 145 a. 1169; auch n. 79 a. 1078; ferner die testamentarische
Freilassung in Hist. patr. mon. chart. III. n. CLXXXI a. 858.

[56]) Vgl. oben Launegild S. 2. 3.

auf unentgeltliche Vermögensübertragung gerichtetes Rechtsgeschäft bezeichnet. Auch wenn man mit Beseler[57]) jene Erklärung für interpolirt hält, ergibt sich ein Gleiches aus dem wiederholten Gebrauch des Verbums donare für die Thätigkeit des Thingirenden[58]), sowie der Bezeichnung des letzteren als eines „donator".[59]) Regelmässig finden wir das Verbum thingare da, wo es sich überhaupt auf die Vermögensübertragung bezieht, verbunden mit den Worten „res suas", so dass die Wendung „res suas thingare" als gleichbedeutend mit der Wendung „thinx facere" gebraucht wird. Von jeher hat man desswegen als den Gegenstand der durch thinx stattfindenden Vermögensübertragung das ganze Vermögen ansehen wollen.[60]) Neuerdings ist dagegen von Kayser[61]) und Miller[62]) unter Berufung auf cc. 156. 157 Roth. behauptet worden, dass auch einzelne Sachen Gegenstand des thinx sein könnten. In jenen beiden Stellen ist nun allerdings die Rede von thingare aliquid de res, indessen ist doch zu beachten, dass sie von Vergabungen an filii naturales und deren Nachkommen sprechen. Eben diese Vergabungen aber nehmen im altgermanischen Rechte überhaupt eine Sonderstellung ein[63]), und zwar sind sie privilegirt, so dass es sehr bedenklich ist, von ihnen aus allgemeine Schlüsse zu ziehen. Dass es möglich war, auch nur einen Theil seines Vermögens und zwar auf die bezeichneten Personen durch Thinx zu übertragen, wird allerdings durch jene Stellen gezeigt; zu allgemein gefasst wäre aber der Satz, dass einzelne Sachen eben so, wie das gesammte

---

[57]) Erbverträge Bd. 1 S. 114 A. 16.

[58]) In dem Edicte Rotharis findet sich dieser Sprachgebrauch noch nicht. Anfänge s. in cc. 54. 73 Liutp.

[59]) S. z. B. c. 174 Roth.

[60]) Lombardacommentare (Anschütz) lib. II tit. XVII (Albertus) vgl. mit tit. XV. Summa legis Langob. lib. II tit. XII. Leo Gesch. von Italien Bd. 1 S. 112 (in eigenthümlicher Weise — mit unrichtiger Unterscheidung von Thinx u. Garethinx) Davoud-Oghlou hist. de la législ. des anc. Germ. t. II p. 149, ebenso Lewis Succession des Erben in die Ohlig. des Erblass. S. 10; Schupfer le donazioni tra' vivi nella storia del diritto italiano p. 13 n. 2.

[61]) Zeitschr. f. Rechtsgesch. Bd. 8 S. 479.

[62]) Zeitschrift f. Rechtsgesch. Bd. 13 S. 93.

[63]) Hier seien neben den Vorschriften des langobardischen Rechts vorläufig nur die ihnen sehr ähnlichen Normen angezogen, die z. B. Grág. Kgsbk. c. 127 (vgl. auch Maurer Island 365) u. Skånske lov 3,16 ff. (b. Thorsen) enthalten. CC. 9 u. 65 Liutp., auf welche sich Pertile storia del diritto ital. IV p. 543 n. 12 beruft (s. andererseits Schupfer a. a. O.), können für die Frage nichts beweisen. Nicht berücksichtigt sind cc. 156. 157 von Schupfer le donazioni tra' vivi etc. nr. 16 p. 13.

Vermögen den Gegenstand des Thinx bilden konnten. So sehen wir denn in dem Edicte gelegentlich auch da, wo von einem thingare res suas nicht ausdrücklich gesprochen wird, stillschweigend ein solches vorausgesetzt; c. 174 Roth. behandelt den Fall eines „thinx factum" und sagt dabei:

> Ipse autem qui garethinx susceperit ab alio, quidquid reliquerit donator in diem obitus sui, habeat licentiam in suum dominium recollegere ....

Es waltet hier ein ähnliches Verhältniss ob, wie hinsichtlich der Affatomie in der Darstellung der lex Salica c. 46. Auch hier ist bestimmt — von Amira hat dies nicht berücksichtigt — [44]), dass, wer die Affatomie vornehme,

> de furtuna sua dicat verbum quantum voluerit aut totam furtunam suam cui voluerit dare.

Hier, wie auch in den folgenden Wendungen de facultatem quantum ei creditum est, — nec minus nec majus nisi quantum ei creditum est ist von dem Gesetze die de iure vorhandene Möglichkeit, nur einen Theil des Vermögens zu vergaben, noch berücksichtigt, in dem weiteren Verlauf der Darstellung kommt dagegen nur noch der gewiss häufigere Fall in Betracht, dass das ganze Vermögen übertragen worden ist. [45])

Bleiben wir nunmehr bei dem Normalfall des Garethinx, der Uebertragung des gesammten Vermögens, stehen, so ergibt sich von selbst die Frage, welcher Zeitpunkt für die Abgrenzung des wechselnden Vermögens massgebend ist. Ist das garethinx eine Schenkung unter Lebenden, welche den zur Zeit ihrer Vornahme als Vermögen des Schenkers zu bezeichnenden Complex auf den Beschenkten überträgt, oder haben wir es mit einer Schenkung auf den Todesfall zu thun, welche den Vermögensbestand des Schenkers zur Zeit seines Todes zum Gegenstande hat? Das erstere anzunehmen erscheint auf den ersten Blick als geboten durch c. 173 Roth.:

> Si quis res suas alii thingaverit, et dixerit in ipso thinx lidinlaib, id est, quod in die obitus sui reliquerit: non dispergat res ipsas postea doloso animo, nisi fruatur eas cum ratione ....

So häufig wir auch dem res suas alii thingare begegnen, nur an

---

[44]) S. Erbenfolge S. 60.

[45]) (C. 1: Postea .:..... illi cui furtuna sua depotavit reddere debet.) C. 2: vidissent hominem illum qui furtuna sua dare voluerit. — debent denominare illo qui furtuna sua donavit. — ille, qui accepit in laisum furtuna ipsa.

dieser einen Stelle ist von dem lidinlaib die Rede. Daraus ist mitunter [66]) gefolgert worden, dass wir es hier mit einem besonderen Fall des thinx zu thun hätten, in welchem durch ausdrückliche Erklärung des Thingirenden dessen Vermögen nicht, wie regelmässig, in seinem Bestande zur Zeit der thingatio, sondern in der Gestalt, die es bei seinem Tode haben werde, den Gegenstand des Rechtsgeschäftes bildete. Das lidinlaib dicere wird als ein Vorbehalt der Nutzniessung angesehen, welcher stattfinden kann, im Zweifel aber nicht als geschehen vermuthet wird.[67]). Indessen ist diese Auffassung, die vielleicht aus c. 173 cit. zu rechtfertigen ist, nicht haltbar, wenn die unmittelbar folgende Stelle des Edicts mit in Betracht gezogen wird. C. 174 sagt, ohne des lidinlaib dicere zu gedenken, ganz allgemein:

.... Ipse autem qui garethinx susceperit ab alio, quidquid reliquerit donator in diem obitus sui, habeat licentiam in suum dominium recollegere ....

Dies, wie auch namentlich der allgemein gehaltene Eingang der Stelle schliesst die Annahme aus, dass das thinx mit lidinlaib einen Ausnahmefall gebildet habe. Es scheint uns, dass der Gegensatz zu dem lidinlaib, id est, quod in die obitus sui reliquerit, nicht zu suchen ist in dem, was der Thingirende zur Zeit der thingatio besitze, sondern dass mit jener Wendung bezeichnet werden soll der regelmässige Fall der Uebertragung des gesammten Vermögens im Gegensatze zu dem, wie wir sahen, möglichen Falle einer partiellen Veräusserung. Das dicere lidinlaib ist mithin nicht Ausnahme, sondern Regel. Dass es nur in cap. 173 ausdrücklich erwähnt wird, beruht darauf, dass diese Stelle eine Rechtsnorm enthält, die für die partielle Vermögensübertragung von geringer oder überhaupt keiner Bedeutung ist. Denn sie bezieht sich auf die Verwaltung des gesammten, dem Thinx unterworfenen Vermögens und betrifft namentlich die verschiedene Behandlung der Mobilien und Immobilien. Walters [68]) Unterscheidung der „gewöhnlichen" Schenkung „mit thinx oder launechild" und der „Schenkung mit lidolaip" können wir daher nicht beitreten. Die Schenkung mit lidolaip erscheint uns nicht nur als ein Fall der Schenkung mit thinx, sondern eben als der Normalfall derselben.

---

66) Gans Erbrecht Bd. 3 S. 195. Davoud-Oghlou hist. d. l. législ. des anc. Germ. t. II p. 150. Schupfer le donazioni tra' vivi p. 14 nr. 16.

67) Gans a. a. O.: „Hat sich der Schenker den Ususfructus vorbehalten (lidolaip)" u. s. f.

68) Deutsche Rechtsgeschichte 2. Ausg. Bd. 2 § 589.

Bei der unentgeltlichen Zuwendung von Todes wegen ist es, wie bei jedem Rechtsgeschäft, dessen Realisirung seinem Abschluss nicht sogleich folgen soll, unmittelbar von Wichtigkeit den Zustand zu prüfen, welcher zwischen Abschluss und Realisirung auf Grund des ersteren und bis zu seiner Beseitigung durch letztere besteht. Da es in der Tendenz der Rechtsordnung liegen muss, den Eintritt der Realisirung nach vorangegangenem Abschluss herbeigeführt zu sehen, so wird sie ihr Augenmerk insbesondere darauf zu richten haben, dass jene Zwischenzeit zwischen den beiden massgebenden Zeitpunkten nicht zu einer Verhinderung des Eintritts der Realisirung benutzt werden könne. Mit der Frage: „Welches Recht erwirbt der Thingatus — so dürfen wir ihn nach Analogie des Cessus nennen — mit dem Augenblick der thingatio auf den Todesfall des Thinganten?" verbindet sich von selbst die zweite: „Welchen Schutz geniesst dieses Recht vom Augenblicke seiner Einräumung bis zu dem seiner Verwirklichung?"

Wer unter dem Garethinx einfach eine Schenkung versteht, wird naturgemäss das Eigenthum sofort auf den Erwerber übergehen lassen.[69]) Indessen ist dies kaum zu vereinigen mit c. 173 Roth., welches, wie wir zu zeigen versucht haben, gerade von dem Normalfall des Garethinx handelt[70]):

Si quis res suas alii thingaverit, et dixerit in ipso thinx lidinlaib, id est, quod in die obitus sui reliquerit: non dispergat res ipsas postea doloso animo, uisi fruatur eas cum ratione. Et si tales ei evenerit necessitas, ut terra cum mancipia aut sine mancipia vindere aut locum pigneris ponere debeat, dicat prius illi, cui thingavit: „Ecce vedis, quia necessitate conpulsus, res istas vado dare; si tibi vedetur, subveni mihi et res istas conservo in tuam proprietatem". Tunc si noluerit subvenire, quod alii dederit, sit illi stabilem et firmum, qui acceperit.

Wir sehen hier, dass das Eigenthum an den „res suae" dem alten dominus geblieben ist. Zwar soll er einen rationellen Gebrauch davon machen und nicht doloserweise das Vermögen vergeuden, indessen erscheint er doch im Uebrigen als der allein Verfügungsberechtigte. Er ist es, der im Falle der Noth auch die Immobilien veräussern ·oder verpfänden darf. Sein Auftreten dem Thingatus

---

[69]) So Zorn Beweisverfahren nach langob. Recht S. 63; Kayser Zeitschr. f. Rechtsgesch. Bd. 8 S. 477.

[70]) Dies ist gegen Kaysers (Zeitschr. f. Rechtsgesch. Bd. 8 S. 477) Argumentation ausdrücklich zu bemerken.

gegenüber zeigt, dass seine Verfügung in jenem Falle nicht etwa
als Ausübung eines Rechtes namens des Eigenthümers, sondern als
Ausübung eines Rechtes seitens des Eigenthümers aufzufassen ist.
Nicht einmal ein Vorkaufsrecht ist dem Thingatus eingeräumt, wie
Beseler[71]) mit Recht bemerkt. Der Thingant fordert ihn nur auf,
ihm behufs Vermeidung der Veräusserung Unterstützung zu gewähren. Dies ist aber nicht die Art, wie der Eigenthümer behandelt werden müsste. Die Worte „conservo in tuam proprietatem"
können zur Entscheidung der Frage nicht benutzt werden. Die
Handschriften sind äusserst divergirend.[72]) Indessen kann als ge-
sichert angesehen werden „conservo" an Stelle des von Zimmerle[73])
namentlich zu Gunsten der Annahme, dass sofortiger Eigenthumsübergang stattfinde, verwertheten „conserva". Die von Zimmerle dem
Thingans gewährte, „ausgedehnte Nutzung", die sich bei Nichtgewährung der verlangten Unterstützung „selbst bis zu der Veräusserung einzelner" (? „terra"!) „Vermögenstheile steigerte", scheint
doch eine etwas zu ausgedehnte Nutzung zu sein. Dazu kommt,
dass hinsichtlich der Mobilien — abgesehen von den zu den Grundstücken gehörigen Sklaven — dem Thingans auch nicht jene Pflicht,
vor der Veräusserung den Thingatus um Hilfeleistung anzugehen,
obliegt[74]); sollten die Mobilien bei der Uebertragung des gesammten
Vermögens trotz des sofortigen Eigenthumsüberganges dem freien
Verfügungsrecht des Uebertragenden unterworfen geblieben sein?

Wir glauben daher einen augenblicklichen Uebergang des
Eigenthums durch die thingatio nicht annehmen zu dürfen[75]) und
zwar auch nicht, wie Miller[76]) dies thut, alternativ neben der Einräumung einer „unentziehbaren Anwartschaft auf den Vergabungs-
gegenstand". Letztere muss dem Thingatus mit dem Augenblick
der Vornahme des Garethinx allerdings zugestanden worden sein
und zwar schon aus allgemeinen, früher[77]) angedeuteten Gründen.
Betrachten wir nun die Stellung des Thingatus nach der thingatio,

---

71) Lehre v. d. Erbverträgen Bd. 1 S. 120, ebenso Zimmerle Stammgutssystem S. 67. A. M. Eichhorn Rechtsgesch. Bd. 1 § 68,2; Zöpfl
Rechtsgesch. Bd. 3 S. 145 n. 9; 235 IV.

72) Vgl. die Annotationen Bluhmes in Mon. Germ. leg. IV ad hunc loc.

73) Stammgutssystem S. 67.

74) Vgl. im Uebrigen unten Seite 51.

75) Weitere Argumente zu Gunsten dieser Ansicht werden sich aus dem
Folgenden von selbst ergeben.

76) Zeitschr. f. Rechtsgesch. Bd. 13 S. 96.

77) Vgl. oben S. 49.

wie sich dieselbe in unsern Quellen darstellt, so können wir hier
zunächst in positivem Sinne verwerthen, was sich für die Polemik
gegen den Eigenthumsübergang aus c. 173 Roth. entnehmen liess.
Mit dem Momente der geschehenen thingatio ist der thingans verbunden, sein Vermögen cum ratione zu geniessen. Der thingatus
hat ein Recht darauf, falls ein Verkauf oder eine Verpfändung von
Grundstücken nothwendig wird, vorher um Unterstützung an-
gegangen zu werden, ohne etwa seines Rechtes überhaupt durch
Nichtgewährung derselben verlustig zu gehen. Eine weitere Consequenz aus dem allgemeinen Princip, dass der dem Thingatus
rechtlich in Aussicht gestellte Erwerb nicht unmöglich gemacht
werden dürfe, zeigt uns c. 174 Roth.:

> De thinx primus factum. Non leciat donatori ipsum thinx,
> quod antea fecit, iterum in alium hominem transmigrare.

Indessen gilt dies nur unter der Voraussetzung,

> ut ille qui garethinx susceperit, tales culpas non faciat dona-
> tori suo, quales solent ingrati filii parentibus suis facere,
> per quas exhereditantur, quae in hoc edictum scriptae sunt.

Gerade jenes Verbot der zweiten thingatio ist als Gegensatz und
vielleicht bewusster Gegensatz zu der römischen Lehre von der
ambulatoria voluntas defuncti höchst bemerkenswerth. Dasselbe
umfasst selbstverständlich auch die Mobilien, und daraus sehen wir,
dass c. 173 nicht etwa beabsichtigte, die Verfügung über sie auch
im Falle der Unentgeltlichkeit dem Thingans freizugeben, sondern
dass der Zweck jenes Gesetzes war, hinsichtlich der Immobilien
noch eine besondere Beschränkung für den Fall der entgeltlichen
Veräusserung zu statuiren. Nach vorangegangenem thinx ist unstatthaft das thingare der res suae d. h. der Immobilien, wie der
Mobilien überhaupt und das vindere aut locum pigneris ponere der
terra (cum mancipia aut sine mancipia), insofern demselben nicht
ein erfolgloses Ersuchen um Unterstützung in der stets die Voraussetzung bildenden Noth vorangegangen ist.

Jede den angeführten Verpflichtungen des Thinganten zuwider
von demselben vorgenommene Veräusserung von thingirten Sachen
kann von dem Thingatus angefochten werden. Ausdrücklich gesagt ist dies nicht. Mittelst eines unabweisbaren argumentum e
contrario ergiebt es sich für den Fall der ohne Ersuchen um Bei-
stand oder trotz Gewährung desselben vorgenommenen, entgeltlichen Veräusserung von Immobilien aus den Worten des c. 173 Roth.:

> Tunc si noluerit subvenire, quod alii dederit, sit illi stabilem
> et firmum, qui acceperit.

Wiederum ist hieraus zu folgern, dass auch die nach einer

4*

schon erfolgten thingatio vorgenommene, zweite unentgeltliche Veräusserung durch thingatio seitens des ersten Thingatus anfechtbar
war und nicht etwa nur persönliche Haftung des Thinganten zur
Folge hatte. Denn es ist unwahrscheinlich, dass eine verbotswidrige, entgeltliche Veräusserung, die doch zum Mindesten ein
Aequivalent an die Stelle des veräusserten Gegenstandes setzt,
strengere Folgen haben sollte, als eine verbotswidrige, unentgeltliche Veräusserung.

In dem Rechtsschutz, welcher dem Thingatus zu Theil wird,
sehen wir wirksam werden die dingliche Gebundenheit der Sache
auf Grund des Vertrages, wie wir sie auch sonst im deutschen
Recht verfolgen können. Dass durch sie die zeitlich aufgeschobene
Realisirung des beabsichtigten Rechtseffects in wirksamerer Weise
geschützt wird, als dies mittelst römischrechtlicher Obligationen
möglich ist, bedarf keines Beweises. Zeigt doch auch das Zwitter-
gebilde der actio in rem scripta, dass den Römern die Nothwendigkeit einer Vermittelung zwischen dinglicher Wirkung und obliga-
torischer Ursache zum Bewusstsein gelangte, wenngleich sie ein
einheitliches Princip für die verschiedenen Fälle nicht fanden! Die
Uebertragung solcher künstlichen Hilfsmittel auf germanische Rechtsinstitute beruht — es gilt dies u. a. namentlich von der Heranziehung
der actio in rem scripta zur Erklärung der Retractsklage [78]) —
lediglich auf einem Mangel an Verständniss für die Unabhängigkeit der deutschen Rechtsbegriffe von den römischen.

Betrachten wir nun die Stellung des Thingatus im Allgemeinen,
so zeigt uns schon die früher [79]) erwähnte Ausnahme von der Unwiderruflichkeit des „thinx primus factum", dass wir hier nicht
eine einfache Schenkung mit aufgeschobener Wirkung vor uns
haben. Die Bestimmung, dass das thinx widerruflich sei, wenn
der Thingatus sich dem donator gegenüber Dinge zu Schulden
kommen lasse,

quales solent ingrati filii parentibus suis facere, per quas
exhereditantur,

lässt den Widerruf des thinx als eine Art exheredatio und dadurch
das res suas alii thingare als eine Art heredem facere auffassen.
So heisst es denn auch mit völliger Gleichstellung von exhereditare
und res suas thingare in c. 170 Roth.:

---

[78]) Vgl. Citate bei Maurenbrecher Lehrb. d. heut. gem. dtsch. Rechts
(1834) § 834 Anm. Z. Vgl. auch Mittermaier Grundsätze des gem. dtsch.
Privatr. (1847) II § 286; Dahlmann de retractu legali, speciatim gentilicio
dissert. Berol. 1869 p. 33.

[79]) S. oben Seite 51.

Item sicut nec patribus licitum est filium suum sine iusta causa aut culpa exhereditare, ita nec filiûs leceat vivo patre cuicumque res suas thingare aut per quodlebet titulum alienare. Dem entsprechend bestimmt c. 105 Liutp. hinsichtlich der de inlecito matrimonium ante tempo nati:

> pater non possit illos inlecitûs neque per thinx vel per quali-cumque conludium heredis instituere.

Ist darnach das thinx facere ein heredem instituere, so muss seine Realisirung bei dem Tode des Thinganten ein heres fieri des Thingatus sein. In der That sagt c. 157 Roth.:

> De eo qui de filio naturale generatus fuerit, quod est threus, heres non fiat, nisi ei thingatum fuerit per legem.

Schon ein flüchtiger Blick auf den wichtigen Schlusssatz des c. 174 Roth. zeigt, dass dieses heres fieri nicht ein nur formelles war:

> Ipse autem qui garethinx susceperit ab alio, quidquid reli-querit donator in diem obitus sui, habeat licentiam in suum dominium recollegere, et debitum creditoribus reddere et ab aliis exegere; et quod in fiduciae nexum positum est, reddat debitum et requirat rem in fiduciae nexu posita.

Nicht nur ist der Thingatus befugt die dem donator gehörigen Sachen, wo er sie findet, einzufordern und seine Forderungen ein-zuklagen, sondern er ist auch zur Zahlung von Schulden ver-pflichtet und kann verpfändete Sachen nur einlösen, nicht einseitig einklagen. Die Feststellung, ob hier römischrechtliche Ideen von der Universalsuccession wirksam gewesen sind, sowie der Nachweis einer etwaigen deutschrechtlichen Erbenschaffung können nur er-bracht werden durch eine Betrachtung der allgemeinen Principien des langobardischen Erbrechts überhaupt, welche wesentlich dazu beitragen dürfte, den Character des res suas alii thingare klar-zustellen.[79a])

Die für das Recht, insbesondere Erbrecht, Mundialrecht, Wergeldsforderung, in Betracht kommenden Verwandten einer Person werden in ihrer Gesammtheit von dem Edicte als parentes proximi[80]), parentes propinqui[81]), parentes legitimi[82]), auch schlecht-

---

[79a]) Ein für alle Mal sei hier auf von Amiras Erbenfolge verwiesen. Vgl. andererseits Gierke Zeitschr. f. Rechtsgesch. Bd. 12 S. 430 ff., an den sich genau anschliesst, was Fipper Beispruchsrecht nach altsächs. Recht S. 93 ff. bemerkt, und Lewis Krit. Vierteljahrsschr. Bd. 17 S. 400 ff. Unser Standpunkt in der wichtigen Controverse wird aus dem Folgenden erhellen.

[80]) Roth. cc. 15. 158. 159. 163. 182. Liutp. 17.

[81]) Liutp. 13. 32—34. 75. 105. 136. Ahist. 10. Vgl. für die gleiche Ter-minologie des fränkischen Rechts von Amira Erbenfolge S. 53.

[82]) Roth. 159. 160. 168. 182. 374. Liutp. 129. Roth. c. 362: proximi legitimi.

hin parentes [83]) bezeichnet. Dem Erbrecht als der wichtigsten Seite
ihrer rechtlichen Befugnisse sind entnommen die Bezeichnungen als
heredes [84]) und als parentes qui legitime succedere possunt. [85]) Ihre
Verwandtschaft heisst parentilla. [86]) Die Verwandtschaft überhaupt
(omnis parentilla) wird rechtlich nur usque in septimum geniculum
verfolgt. Für die Beerbung ist Princip,

ut parens parenti per gradum et parentillam heres succedat.
Per gradum et parentillam, das heisst per gradum parentillae, nach
dem Grade der Verwandtschaft. [87]) Zwei Momente sprechen namentlich dafür, dass parentilla im c. 153 Roth. diese allgemeine Bedeutung hat. Die Ueberschrift dieser Stelle lautet nur: De gradibus
cognationum. Als und wo sie hinzugefügt wurde, muss wohl angenommen worden sein, dass ein speciellerer Begriff als der der
Verwandtschaft mit dem Worte parentilla nicht verbunden sei.
Ferner ist in c. 17 Liutp. ausdrücklich und ausschliesslich gesagt,
dass die „proximûs parentes" in einem gewissen Falle, der hinsichtlich der Erbfolgeordnung eine Ausnahmebestimmung nicht erforderte, „per gradus" succediren sollten.

Das allgemeine Princip der Erbfolgeordnung unter den legitimi
parentes wird durchbrochen durch die Erbfolgeordnung unter gewissen, dem zu Beerbenden am nächsten stehenden Personen,
nämlich Sohn, Vater und Bruder. [88]) Sie heben sich von der Gesammtheit der ihnen als „alii parentes proximi" [89]) gegenübergestellten
übrigen Verwandten bis zum siebenten Gliede hinsichtlich der Eheverbote [90]), des Mundiums [91]) und namentlich des Erbrechts ab. Sie

[83]) Roth. 15. 153. 163. 182. Grim. 7. 8. Liutp. 17.

[84]) Roth. 158. Liutp. 127.

[85]) Vgl. im Ausdruck wenig differirend Liutp. 13. 105. 136.

[86]) C. 153 Roth., von welcher Stelle insbesondere Bluhme in seiner Abhandlung „omnis parentilla" handelt.

[87]) Der Gebrauch des ἐν διὰ δυοῖν ist auch sonst dem Edict nicht fremd.
Als weiteres Beispiel diene die Clausel „excepto operas et mercedes medici"
bei gewissen Körperverletzungen (an Nichtfreien) ed. Roth. 78. 79. 82—84
und sonst.

[88]) Für ihr geringeres Erbrecht kann hinter dem Sohne die Tochter eingefügt werden. Die Stellen für das Erbrecht der Töchter s. b. Bluhme Omnis parentilla Seite 7 Anm. 6. Die Schwestern erlangten erst Liutprand ein
Erbrecht neben filiae in capillo. Liutp. 4. Spät erhielt die Mutter ein Erbrecht (vgl. Miller Zeitschr. f. Rechtsgesch. Bd. 13 S. 61).

[89]) Roth. 158. 159. 163. 171.

[90]) Roth. 185. Liutp. 82. Areg. 8.

[91]) Roth. 178. 181. 192. 195—197. 199. Liutp. 12. 119.

werden einzeln als filius, pater und frater aufgezählt. Sie erben nicht nach Gradesnähe, sondern in der eben angegebenen Reihenfolge. Liutp. c. 13 bietet ein treffliches Beispiel dafür. Es handelt sich um die Beerbung eines Verschollenen:

> si filiûs reliquerit, habeant res ipsius in suo iure ..... Et si filiûs non habuerit, et habuerit fratres, ipsi res eius habeant. Et si nec fratris habueret, habeant proximi parentes; et si nec parentes proximi non fuerent, qui ei legibus succedere possent, ... curtis regia ei succedat.

Der Vater ist hier, wie in unsern Rechtsquellen häufig, nicht als erbberechtigt genannt, weil der Fall einer Beerbung durch ihn naturgemäss selten eintrat.[92]) Analog ist es, wenn bei dem mundium der Sohn regelmässig nicht erwähnt wird[93]), obwohl es bekanntlich ausser Zweifel steht, dass er der Mundwalt seiner Mutter sein konnte. Dass der Vater in der That nach langobardischem Rechte hinter dem Sohn[94]) zum Erbe gelangte, geht aus dem später genauer zu besprechenden c. 170 Roth. hervor:

> nec filiûs leceat vivo patre cuicumque res suas thingare aut per quodlebet titulum alienare, nisi forte filiûs aut filias legitimas, aut filiûs naturalis reliquerit, ut ipsis secundum legem suam conservet.

Einer Besprechung an dieser Stelle bedarf die Ansicht Millers.[95]) Derselbe nimmt für das langobardische Erbrecht ebenfalls zwei Erbenkreise an. Dem engeren theilt er alle Descendenten und (als in deren Ermangelung erbend) den Vater zu, während alle übrigen Verwandten dem weiteren Kreise angehören sollen. Dass die sämmtlichen Descendenten vor den Seitenverwandten erbten, meint Miller, lasse sich „unschwer aus c. 3 Li. und c. 10 Abist. entnehmen". Indessen scheint doch c. 10 Ahist. lediglich den Söhnen eine Versorgungspflicht bedürftigen, unverheiratheten Schwestern ihres Vaters gegenüber aufzuerlegen und den letzteren ihren Neffen gegenüber ein Erbrecht neben deren Schwestern zuzugestehen. Die Stelle kann daher für unsere Frage nichts ergeben. C. 3 Liutp. aber bestimmt, dass

> si ipse frater neque filiûs neque filias reliquerit, aut si ha-

---

[92]) Vgl. Miller a. a. O. S. 60. Auch von Richthofen Mon. Germ. leg. V p. 126 n. 42.

[93]) S. die oben in Note 91 citirten Stellen.

[94]) Auch hinter der filia legitima und dem filius naturalis, in soweit dieselben erbberechtigt waren. Ueber das Erbrecht des filius naturalis vgl. Kayser a. a. O. S. 467. 468. Miller S. 47.

[95]) A. a. O. S. 59. 60 und später.

buerit et ante eum mortui aut mortuae fuerent absque filiis
filiabus: tunc sorores eius ...... in omnem substantiam eius
ei heredis succedant.

Hier werden allerdings die Enkel den Schwestern vorgezogen, indessen erklärt sich dies einfach aus dem durch c. 5 Grim. eingeführten Repräsentationsrecht der Sohneskinder. Von einem Vor-
rechte der Descendenz überhaupt findet sich innerhalb des Edictes
keine Spur. Die Annahme, dass unter dem filius nicht schlechthin
der Sohn, sondern die gesammte Descendenz zu verstehen sei, eine
Annahme, deren Nothwendigkeit in jedem Falle zu beweisen wäre,
dürfte folgende Consequenzen haben.

Was zunächst die Erbberechtigung anbelangt, so würde kein
Grund vorliegen, den „pater" nicht als die gesammte Ascendenz zu verstehen (so z. B. in c. 170 Roth.) und dem „frater" nicht auch seine
gesammte Descendenz hinzuzufügen (so in c. 18 Liutp.). Es würden
sich darnach drei Klassen von Erben ergeben, von denen jede die
folgende ausschlösse: Descendenten, Ascendenten väterlicherseits
und Brüder mit ihrer Descendenz. Sie alle würden nicht schlechthin nach Gradesnähe erben, also — nach c. 17 Liutp. — nicht zu den
„proximi parentes" gehören. Von diesen der erste ist der Oheim,
welcher darnach erst hinter dem Grossneffen u. s. f. zum Erbe gelangen würde. Dies aber dürfte dem verwandtschaftlichen Verhältnisse, in welchem etwa der Grossneffe einerseits und der Oheim
andererseits zu dem zu Beerbenden stehen, wenig entsprechen.
Allein auch innerhalb der drei ersten Klassen scheint der unbedingte Vorzug aller Descendenten vor dem Vater, aller Descendenten und väterlichen Ascendenten vor dem Bruder der Stärke
der verwandtschaftlichen Bande nicht adäquat zu sein. Das Verhältniss zweier Brüder zu einander dürfte oft ein näheres sein, als
dasjenige des Urgrossvaters zu jedem einzelnen seiner zahlreichen
Urenkel.[95a])

Es wäre aber ferner kein Grund ersichtlich, die Worte filius,
pater und frater, die, wie wir sahen, getrennt von den „proximi
parentes" auch hinsichtlich des Mundiums und der Eheverbote erscheinen, hier anders zu verstehen, als da, wo sie bei Regelung
der Erbfolge begegnen. Bei den Eheverboten[95b]) würden als uxor
filii, uxor patris und uxor fratris die Frauen der Descendenten, der
väterlichen Ascendenten und des Bruders nebst seiner Descendenz
aufzufassen sein. Als „incestae et inlecetae nuptiae" im Sinne des

___

[95a]) In skandinavischen Rechten wird zuweilen ausdrücklich den Eltern
und Geschwistern ein Erbrecht vor den Enkeln eingeräumt z. B. Grágás Kgsbk. 118.
[95b]) Vgl. die in Note 90 genannten Stellen.

c. 185 Roth. wäre dann zwar die Ehe mit der Wittwe des Grossneffen, nicht aber die Ehe mit der Wittwe des Oheims anzusehen.
Die Exemtionen aber, welche im Mundialrecht zu Gunsten des
„pater" und des „frater" — der „filius" ist, wie bemerkt, hinzuzufügen — gemacht sind[95c]), müssten analog auch für die Descendenten, bez. die Ascendenten des Privilegirten gelten. Das Motiv
der Bestimmung des c. 12 Liutp.:

> quod pater filiam aut frater sororem suam doloso animo aut
> contra rationem cuiquam homini dare non debeant

würde zwar nicht auf den Oheim im Verhältniss zu seiner Nichte,
wohl aber auf den Grossneffen im Verhältniss zu seiner Tante zu
beziehen sein.

Diese consequenterweise aus der einmaligen Annahme, dass
„filius" die Descendenz bezeichne, zu ziehenden Schlüsse sprechen
insgesammt zu Ungunsten jener Annahme selbst.

Dem gegenüber kann der Umstand, dass die Literatur des
Edictes der Descendenz einen Vorzug vor der Seitenverwandtschaft
zugesteht[96]), nicht den Ausschlag geben. Die Lombardacommentare ziehen auch die gesammte Ascendenz der Seitenverwandtschaft
vor, und gleichwohl trägt auch Miller[97]) kein Bedenken, im Gegensatz zu ihnen allein den Text des Gesetzes als massgebend anzuerkennen.

Was nun aber die von Miller angenommene Zugehörigkeit
der Brüder zu dem äusseren Erbenkreise anbetrifft, so widerspricht
dieselbe doch, wenn wir auch ganz von der Behandlung der Brüder
bei den anderen einschlägigen Rechtsverhältnissen[98]) absehen, dem
Zeugnisse des c. 18 Liutp.[99]), welches die fratres und in deren Ermangelung erst die proximi parentes, namentlich also auch den
Oheim von der Vaterseite, zur Erbschaft ruft. Allerdings soll
nicht verschwiegen bleiben, dass die Brüder bei Erwähnung der
Erbfolgeordnung mehrfach nicht besonders genannt werden, wo
dies vielleicht am Platze gewesen wäre. Dies ist wohl auf einen
Umstand zurückzuführen, der vielleicht von Miller als der allein
entscheidende angesehen worden ist: Während der Bruder der Erbfolgeordnung nach dem engeren Kreise angehört, scheint er der
Beschaffenheit seines Erbrechtes nach von dem langobardischen

---

[95c]) Cc. 195. 196. 197 Roth. cc. 12. 119 Liutp.

[96]) Vgl. Miller a. a. O. S. 59.

[97]) A. a. O. S. 61.

[98]) Vgl. die oben in Note 90 und 91 angezogenen Stellen.

[99]) S. oben Seite 55.

Recht den Mitgliedern des weiteren Kreises gleichgestellt worden zu sein. Die Unantastbarkeit des Erbrechts im Verhältniss zu dem zu Beerbenden, welche neben der eigenthümlichen Erbfolgeordnung den engeren Erbenkreis characterisirt [100]), scheint nach langobardischem Rechte dem Bruder nicht zugestanden worden zu sein. Hinsichtlich des Erbrechts des Sohnes ist diese Unantastbarkeit mit besonderer Berücksichtigung des Garethinx bekundet durch c. 168 Roth.:

> De exhereditatione filiorum. Nulli liceat sine certas culpas filium suum exhereditare, nec quod ei per legem debetur, alii thingare.

Für das Erbrecht des Vaters findet sich eine entsprechende Vorschrift in c. 170 Roth. Da aber für diese wichtigen Stellen römischer Ursprung behauptet wird, ist es, um eine sichere Grundlage für die Darstellung des langobardischen Rechts zu gewinnen, unerlässlich, das Recht des Erben bei Lebzeiten des von ihm zu Beerbenden nach germanischem Rechte überhaupt ins Auge zu fassen.

Während das römische Recht — zum Mindesten in der Gestalt, welche es in unsern Quellen hat — [101]), die Verfügung über sein Vermögen inter vivos unzweifelhaft in die freie Gewalt des Eigenthümers gab, ist die Frage der Dispositionsfreiheit für das deutsche Recht in alter Zeit noch eine offene. Die von Beseler [102]) aufgestellte und dann namentlich auch von Lewis [103]) vertretene Ansicht, dass die Veräusserungen nach ältestem Rechte frei waren und das Beispruchsrecht, wie es sich insbesondere im Sachsenspiegel finde, ein Erzeugniss späterer Zeit sei, hat in von Amira [104]) und zum Theil in Pernice [105]) Widersacher gefunden. [106]) Wir glauben,

---

100) Vgl. insbesondere von Amira (Erbenfolge S. 211. 212 u. sonst), mit dem wir hinsichtlich des Rechtssatzes, wenn auch nicht hinsichtlich seiner Erklärung, durchaus übereinstimmen.

101) Es sei hier darauf verwiesen, dass Schirmer in seiner interessanten Arbeit über das Familienvermögen und die Entwickelung des Notherbrechts bei den Römern (Zeitschr. d. Sav.-Stiftg. II Rom. Abth. S. 165 ff.) durchblicken lässt (S. 175), dass der Zwölftafelsatz cum nexum faciet et rel. seine bestimmte Form vielleicht gerade im Widerstreite zu einer früheren Beschränkung der Veräusserungen auch unter Lebenden erhalten habe.

102) Lehre von den Erbverträgen Bd. 1 S. 48 ff.

103) Diss. de origine facultatis heredibus in iure Germanico concessae prohibendi alienationes rerum immobilium. Ders. Succession des Erben Seite 8 ff.

104) Erbenfolge 52 ff. 70. 105 ff. 134 ff. 201. 212.

105) Krit. Vierteljahrsschrift Bd. 9. S. 67 ff.

106) Besonders auch Winroth Om arfvingarnes ansvarighet för arflåtarens förbindelser (Upsala 1879) p. 83 följ.

dass die Verfügung über sein Vermögen dem Einzelnen nach dem
Recht der leges barbarorum (wie überhaupt nach altgermanischem
Recht) nicht unbeschränkt gestattet war; wir werden aber sehen,
dass diese auf dem Rechte der Erben ruhende Schranke von dem
Beispruchsrecht des Ssp. getrennt gehalten werden muss.

Der lex Salica ist ein sicheres Zeugniss für oder gegen die
Dispositionsfreiheit nicht zu entnehmen.[107]) Die lex Ribuaria dagegen spricht entschieden gegen die Freiheit, indem sie die Vornahme der Affatomie nur dem gestattet, der keine Kinder habe.[108])
Auf demselben Standpunkt scheint die lex Alamannorum Hlotha-
riana zu stehen. Sie stellt[109]) ausdrücklich die Vergabung an die
Kirche als eine unbeschränkte hin; damit erklärt sie stillschweigend
— denn sonst hätte jene Bestimmmung keinen Sinn — die Vergabung überhaupt für beschränkt.[110]) Die Worte „vel aliquis de
heredibus eius" in Hloth. I 2, welche bei Vergabungen an die
Kirche den Erben das Anfechtungsrecht versagen, gestehen es
ihnen dadurch für andere Vergabungen zu. Eben die Ausnahme
zu Gunsten der Kirche stimmt vollständig zu der Stellung, die die
Kirche überall im Verhältniss zu den Verfügungsbeschränkungen
eingenommen hat. Aus nahe liegenden Gründen hat sie stets die
Tendenz gehabt, dieselben zu beseitigen.[110a]) In zwiefacher Hinsicht zeigt sich dies, indem die Kirche das Individuum eben so von
der Beschränkung durch andere Personen (insbesondere Erben),
wie von der Beschränkung durch die von dem Volksrecht für
wirksam erachteten, physischen Mängel der eigenen Person (insbesondere Krankheit) unabhängig zu machen sucht. Ihren letzten Aus-
läufer hat diese von der Kirche unternommene Bewegung in der Repro-
bation des Art. 52 B. 1 Ssp. für Deutschland gehabt, während wir
gerade in den Volksrechten ihre Anfänge beobachten können. Dass
nicht überall gleiche Fortschritte von der Kirche gemacht werden

---

107) S. von Amira a. a. O. S. 52.

108) Pernice K. V. J. Bd. 9 S. 72; von Amira a. a. O. S. 53. Ein weiteres
Argument ergibt sich aus l. Rib. tit. 59,9 (cf. Liutp. c. 113 Ahist. c. 13 auch
u. a. Aeldr. Gulaþ. c. 129): Wo die Vergabung an ein Kind zum Nachtheil
des andern nur in beschränktem Masse erlaubt war, kann die Vergabung an
einen Fremden zum Nachtheile eines Kindes nicht unbeschränkt freigestanden haben.

109) Lex Alam. Hloth. I 1. 2.

110) So auch Gerber meditatt. ad loc. spec. iur. Sax. l. I. art. LII p. 8.;
Sandhaas German. Abhandl. S. 184. Andererseits Lewis Succession S. 11.
12; Pernice K. V. J. Bd. 9 S. 74.

110a) Man vergleiche, was Mayne A treatise on Hindu law and usage
§§ 337. 359 über die Bedeutung der Brahmanen für die Ausbildung letztwilliger
Verfügungen bei den Indern bemerkt.

konnten, ist natürlich, und so sehen wir denn z. B. in der lex Baiuvariorum [111]) die Vergabungen an die Kirche dem Vater nur nach vorangegangener Theilung seines Vermögens mit den Kindern hinsichtlich
seiner „portio" gestattet. Auch diese Bestimmung enthält nicht eine
zum Schaden der Kirche eingeführte Beschränkung, sondern eine dem
Vortheil der Kirche dienende Erweiterung der Verfügungsfreiheit.
Denn allgemeine Verfügungsfreiheit kann aus lex Baiuv. VII 4 nicht
gefolgert werden; diese Stelle statuirt die Freiheit zu disponiren
nicht im Hinblick auf ein etwaiges Erbenrecht, sondern nur im
Gegensatz zu der in ihrem Eingang erwähnten, zwangsweisen Vertreibung.[112]) Von lex Bai. I 1 muss daher alles gelten, was von
lex Alam. I 1. 2 gesagt worden ist. Dazu kommt, dass jenes
„partire" des bairischen Volksrechts ein bisher allererdings nicht genügend gewürdigtes Rechtsinstitut von
allgemeiner Bedeutung bezeichnet. Unter den leges barbarorum ist es namentlich die lex Burgundionum, welche uns über
dieses von ihr als „divisio" bezeichnete Rechtsinstitut unterrichtet.
Was das bairische Volksrecht als ein Privileg der Kirche erwähnt,
ist in dem burgundischen allgemeines Recht geworden. Für althergebrachtes Gewohnheitsrecht wird es in c. LI 1 lib. leg. Gundeb.
erklärt,

ut· pater cum filiis propriam substantiam aequo iure divideret.
Im Verhältniss zu diesem Brauche erscheint als jüngeres Recht das
des c. I 1 eod.,

ut patri etiam, antequam dividat, de communi facultate et
de labore suo cuilibet donare liceat; absque terra sortis titulo
adquisita, de qua prioris legis ordo servabitur.

Lewis [113]) meint, es habe die Gewohnheit bestanden, „dass der
Vater mit den Söhnen, welche eine eigene Wirthschaft begründen
wollten, die Abtheilung vornahm". Indessen wird die divisio von
dem Gesetze nirgends unter diesem Gesichtspunkt betrachtet; sie
erscheint vielmehr stets als nothwendige Voraussetzung für die
Verfügungsfreiheit des Vaters. Desswegen kann der dem Sohne
zukommmende Theil an einer anderen Stelle [114]) eine debita portio

---

111) text. leg. prim. I 1.

112) Verba legis: quamvis pauper sit, tamen, libertatem suam non perdat,
nec hereditatem suam, nisi ex spontanea voluntate tradere voluerit, hoc potestatem habeat faciendi. S. namentlich Pernice K. V. J. Bd. 9 S. 73. Vgl. auch
Lewis' frühere Auffassung (diss. p. 28): hoc praecepto (sc. l. Bai. I 1) re vera
rerum alienatio coërcetur, quoniam lex ne ecclesiae quidem gratia alienationes
ante divisionem fieri permittit.

113) Succession S. 14.

114) Lib. leg. Gundeb. LXXV 1.

genannt werden, was mit der Auffassung Lewis' nicht wohl vereinbar ist. Betreffs der Vermuthung, dass die Beschränkung der Verfügungsfreiheit im burgundischen Rechte römischen Ursprungs sei, hat Lewis selbst auf die Möglichkeit einer Beweisführung verzichtet.[115]) Wir glauben demnach das Recht der divisio als ein Durchgangsstadium von der Verfügungsbeschränktheit zur Verfügungsfreiheit ansehen zu dürfen. Der durch das Erbrecht seiner Kinder in der Disposition über das ganze Vermögen beschränkte Vater wird dadurch, dass er ihnen den ihnen zukommenden Theil ausfolgt, unbeschränkt in der Verfügung über das ihm Verbleibende,[115a])

Es bestätigt sich die dargelegte Ansicht durch eine Betrachtung altschwedischer Rechtsquellen. Westgötalagen bestimmt[116]):

Giuær maþær sik i klostær. han skal fæ skiptæ viþ aruæ sinæ. taki han en lot. ok annan skal arvi taka. sva marghir ærvær æru i sva margha lyti skal skiptæ. giuiss han mæþ sinum lot in. Dör han i klostré. þa ær kloster hans arui.|	Gibt sich ein Mann in ein Kloster, so soll er sein Vermögen mit seinem Erben theilen. Er nehme einen Theil, und der Erbe soll den andern nehmen. So viel Erben sind, in so viel Theile soll man theilen. Mit seinem Theile gebe er sich in das Kloster. Stirbt er in demselben, so ist das Kloster sein Erbe.

Östgötalagen scheint noch einen Schritt weiter gegangen zu sein und die Verfügung über einen Kopftheil zu Gunsten der Kirchen und Klöster auch ohne wirklich vorangegangene Theilung freigegeben zu haben[117]):

sua manga arftaka sum han hauær þa ma han giua slikan lut sum en þerra takær.	so viele Erbenehmer er hat — so mag er einen eben so grossen Theil geben, wie einer von ihnen erhält (= zu erhalten hat?).

---

[115]) Succession S. 15.

[115a]) Der Güte des Herrn Professor Brunner verdanke ich die Hinweisung darauf, dass der im Texte dargestellte Entwicklungsgang sich innerhalb des langobardischen Rechtes selbst verfolgen lässt. Urkunden des Registrum Farfense aus den Jahren 763—824 liefern den Nachweis dafür, dass zu der Zeit ihrer Abfassung an die Stelle des edictischen Erbenrechts (Wartrechts) ein solches mit Verfügungsfreiheit des Vaters über ein Kopftheil getreten war (Vgl. Brunner das Registrum Farfense, ein Beitrag zur Rechtsgeschichte der italienischen Urkunde. Separatabdruck aus den „Mittheilungen des Instituts für österreichische Geschichtsforschung" II. Band 1. Heft Seite 10—12).

[116]) WGL. I Arfþær b. 9. pr. cf. II Aruæ B. XIII.

[117]) ÖGL. Kristnu. B. 3 XXIII pr. Ganz gewöhnlich ist in dänischen

Ohne der Abtheilung im skandinavischen Recht an dieser Stelle weiter nachzugehen [118]), wollen wir hier nur als ein Beispiel consequenter Durchführung der von uns aus den leges barbarorum gefolgerten Verfügungsbeschränkung des Einzelnen durch seine Erben die einschlägigen Vorschriften der Graugans erwähnen. [119]) Untersagt ist jede Veräusserung, welche dahin zielt, dem Erben das ihm zukommende Erbe zu entziehen (arfscot). [120]) Demzufolge ist die vertragsmässige Eingehung der ehelichen Gütergemeinschaft nur dann den Erben gegenüber wirksam, wenn auf beiden Seiten gleichviel Vermögen eingebracht wird. [121]) Uebertragt jemand sein Vermögen einem andern unter der Ausbedingung lebenslänglicher Alimentation, so kann der Vertrag von den Erben beider Theile angefochten werden mit der Behauptung, dass die Gegenleistung der Leistung nicht entspreche. [122])

Gerade das Recht der Graugans haben wir hier in Betracht gezogen, weil sich aus seinen Normen leicht das Princip erkennen lässt, welches naturgemäss dem alten Erbenrecht zu Grunde gelegen haben muss und welches aus den Bestimmungen der deutschen Volksrechte nicht eben so leicht, aber bei aufmerksamer Betrachtung gleichwohl zu entnehmen ist. Während das Beispruchsrecht des Sachsenspiegels bei dem „egen geven" Platz greift, also einerseits nur Grundstücke, andererseits jede Veräusserung von solchen betrifft, ist dies beides bei dem alten Erbenrechte nicht der Fall. Die Volksrechte machen einerseits keinen Unterschied zwischen Mobilien und Immobilien, Gegenstand des Erbenrechts ist das gesammte Vermögen des Einzelnen, aber andererseits greift das Erbenrecht nur bei solchen Veräusserungen Platz, welche den Erben in dem ihm zukommenden Erbtheil materiell schädigen, also insbesondere unentgeltlichen. Nur von letzteren sprechen die Volksrechte, es darf indessen wohl vermuthet werden, dass auch partiell unentgeltliche, durch Rechtsgeschäfte mit einander nicht entsprechenden Gegenleistungen vermittelte Veräusserungen von den Erben angefochten werden konnten. Das Erbenrecht des Sachsen-

---

Rechtsquellen auch späterer Zeit die Bezeichnung des gesammten Vermögens einer Person durch das Wort hofudlot (Kopftheil).

[118]) Für einen anderen Fall der Anwendung s. z. B. Skånske lov 2,13 (Thorsen).

[119]) Vgl. K. Maurer Island S. 365. 366.

[120]) Kgsbk. c. 127.

[121]) Kgsbk. c. 153 cf. Gulaþ. c. 53.

[122]) Kgsbk. c. 127 nym. cf. auch c. 135 Eingangs.

spiegels ist ein formelles, das Erbenrecht der Volks-
rechte ist ein materielles. Nur, das Recht der Sachsen (lex
Saxonum c. 62) ist schon zur Zeit der Volksrechte zu dem formellen
Erbenrecht gelangt, das c. 62 der lex Saxonum scheidet daher aus
der Zahl derjenigen Stellen aus, welche über das älteste Recht der
Verfügungsfreiheit Aufschluss geben können.

Aus der vorangegangenen Betrachtung dürfte so viel mit
Sicherheit hervorgehen, dass, wenn wir in einem deutschen Volksrechte Bestimmungen finden, wie cc. 168. 170 Roth.[123]) sie enthalten, an sich gewiss nichts für deren römischen Ursprung spricht.
Als Hauptargument für die Annahme eines solchen in unserm Falle
diente aber die allerdings nicht zu bestreitende Abstammung der
in c. 169 Roth. aufgezählten causae exhereditandi filium von den
Enterbungsgründen der Nov. 115 Justinians.[124]) Indessen ist der
Schluss von dem Ursprung der Ausnahme auf den der Regel kein
zwingender. Positive Umstände sprechen aber gegen ihn. C. 168
Roth. sagt:

> Nulli liceat sine certas culpas filium suum exhereditare, nec
> quod ei per legem debetur, alii thingare.

Enthielte diese Bestimmung in Wahrheit römisches Pflichttheils-
oder Notherbrecht[125]), so würde wohl kaum der auf das langobardische Stammesrecht hinweisende Ausdruck „per legem" gewählt worden sein. Auch hätte Rothari, wenn er selbst mit diesem
Ausdruck das von ihm angenommene, römische Recht hätte bezeichnen wollen, in diesem Falle vermuthlich angedeutet, was denn
nun nach der „lex", nach dem römischen Recht dem Sohne zukomme, während er allerdings, wenn er sich lediglich auf das
Volksrecht berief, eine diesbezügliche Kenntniss bei jedermann
voraussetzen durfte. Am deutlichsten aber scheint für unsere Ansicht zu sprechen c. 170 Roth.:

> Item sicut nec patribus licitum est filium suum sine iusta
> causa aut culpa exhereditare, ita nec filiûs leceat vivo patre
> cuicumque res suas thingare aut per quodlebet titulum
> alienare .....

---

[123]) Vgl. oben Seite 58.

[124]) Immerhin ist daran zu erinnern, dass der Verlust des Erbrechts in
Folge strafbarer Handlungen gegen den eventuell zu Beerbenden dem germa-
nischen Rechte selbst nicht fremd war. Cf. c. 163 Roth. Frostaþ. VIII 14.
Westgötal. I Arfþær B. 11 und sonst. So ist es nach den Gulaþ. 164 sogar,
falls ein Irrsinniger einen Todtschlag an einem von ihm zu Beerbenden begeht
(S. auch von Amira altnorweg. Vollstreckungsverf. S. 51).

[125]) Vgl. die Citate in Note 158 (unten Seite 76).

Wir sehen hier aus den Worten „per quodlebet titulum alienare“, dass keineswegs nur Veräusserungen von Todes wegen, sondern überhaupt jede Art von Entfremdung des Erbes durch Veräusserung unter das Verbot des exhereditare fällt.[126]) Eine derartige Beschränkung der Verfügungen auch unter Lebenden kann aber nicht römischen Ursprungs sein.[127])

Das Recht des engeren Erbenkreises ist somit auch nach langobardischem Rechte ein solches, welches durch Verfügungen des zu Beerbenden nicht geschädigt werden darf, welches demselben insbesondere ein res suas alii thingare unmöglich macht. Der Bruder, welcher hinsichtlich der Erbfolgeordnung dem inneren Erbenkreise angehört, ist anscheinend — eine ausdrückliche Bestimmung darüber enthält der Edict nicht — bezüglich der Beschaffenheit seines Erbrechts dem äusseren Kreise zugetheilt worden, welcher ein gewöhnliches Intestaterbrecht hat. Durch ein von dem zu Beerbenden vorgenommenes Garethinx wird der äussere Erbenkreis von der Erbschaft wirksam getrennt. Mit Recht ist dies schon mehrfach aus c. 360 Roth. gefolgert worden, welches in dem res suas alii thingare nur einen Beweis feindlicher Gesinnung den etwa vorhandenen Verwandten gegenüber erblickt.[128]) In gleichem Sinne ist c. 367 Roth. zu verwerthen, welches den „waregang“ im Gegensatz zu den Langobarden untersagt, in Ermangelung von filii legitimi nach Belieben res suas cuicumque thingare, aut per quolibet titulo alienare. Auch ein argumentum e contrario aus cc. 168. 170 Roth. ergiebt, dass das Vorhandensein von Verwandten, die ausserhalb des engeren Erbenkreises stehen, die Verfügungsfreiheit nicht beschränkt.

Dagegen scheinen keinen Aufschluss zu gewähren über die Ausdehnung der Dispositionsbefugniss nach langobardischem Recht die zu Gunsten der absoluten Verfügungsfreiheit angeführten cc. 176. 204 Roth. c. 19 Liutp.[129]) Sie statuiren sämmtlich die Unzulässigkeit von Veräusserungen seitens gewisser Personen (Aussätziger, Frauen und Minderjähriger). Allein aus der Bestimmung

si quis leprosus effectus fuerit .... non sit ei licentia res suas alienare

folgt doch keineswegs, dass, wer nicht aussätzig ist, unbeschränkt veräussern darf. Nur die aus der Person des die Veräusserung etwa

---

126) Dies passt ganz zu der sonstigen Anwendung dieses Wortes vgl. Zöpfl Rechtsgesch. Bd. 3 S. 214 Anm. 15. Cf. übrigens c. 367 Roth. i. f.

127) S. oben Seite 58.

128) Eine Ausnahme hiervon zu Gunsten der Kirche enthält c. 16 Areg.

129) S. Lewis Succession S. 11. Miller a. a O. S. 40—42.

Beabsichtigenden sich ergebenden Hinderungsgründe sind von jenen
Gesetzen ins Auge gefasst; anderweitige Momente, die der Veräusserung entgegenstehen können, kommen erst in zweiter Linie in
Betracht und haben daher hier mit Recht keine Berücksichtigung
gefunden. In jedem Falle würden jene Stellen, wenn überhaupt
etwas, so zu viel beweisen, da sie naturgemäss auch das wenngleich
etwa römischrechtliche, so doch im Edict anerkannte „Pflichttheils-
recht" des Vaters und des Sohnes (cc. 170. 168 Roth.) ausschliessen
würden.

Das Garethinx erscheint nach dem Bisherigen als ein heredem
instituere[130]), welches nur gestattet ist, wenn gewisse dem engeren
Erbenkreise angehörige Verwandte nicht vorhanden sind. Da wir
nun aber für das langobardische Recht die Existenz zweier Erbenkreise zu konstatiren hatten, so entsteht naturgemäss die Frage,
was für ein Erbrecht, ob das des inneren oder das des äusseren
Kreises dem Thingatus zusteht. Die Antwort ergibt sich von selbst,
wenn wir die Resultate der vorangegangenen Untersuchung bezüglich
der zwei Erbenkreise verbinden mit der früher[131]) betrachteten Norm
des langobardischen Rechts, dass ein Widerruf der durch Garethinx
gemachten Zuwendung zu Gunsten einer anderen Person unstatthaft
ist. Das Recht des Thingatus ist ein unantastbares gleich dem des
Sohnes und des Vaters, und da eine Erbfolgeordnung hier natürlich
nicht in Frage kommen kann, so werden wir auf Grund der Beschaffenheit seines Rechts den Thingatus als eine dem engeren
Erbenkreise einverleibte Person bezeichnen dürfen. Der Thingatus
ist gekoren zu demselben Rechte, zu welchem der Sohn geboren
ist. Dass dies in der That die Auffassung des langobardischen
Rechts ist, können wir wie aus der Regel, so besonders auch aus
der Ausnahme von der Unwiderruflichkeit des Garethinx entnehmen;
sie findet, wie wir sahen[132]), statt, wenn der Thingatus sich dem donator gegenüber Dinge zu Schulden kommen lässt, welche einen
Vater zur Enterbung seines Sohnes berechtigen würden.

Der Vorgang bei dem Garethinx ist ein familienrechtlicher, der
Zweck des Garethinx ist ein erbrechtlicher. Da im wenig entwickelten Rechtszustande alles Erbrecht nur einen Theil des Familienrechts bildet, müssen hier auch alle erbrechtlichen Zwecke durch
familienrechtliche Mittel erreicht werden. Die Zugehörigkeit zum
Vermögen, zur Sache, ist nur eine Consequenz der Zugehörigkeit

---

[130]) Vgl. oben Seite 52. 53.
[131]) S. oben Seite 51.
[132]) Vgl. oben S. 51. 52.

zur Person. Soll die erstere herbeigeführt werden, so kann dies nur geschehen durch Herbeiführung der letzteren. Die Vermögenszuwendung findet statt im Wege der Adoption [133]); die letztere bildet das Mittel, welches dem Rechtsgeschäft seine Form gibt; die erstere ist der Zweck, welchem der Inhalt des Rechtsgeschäfts entspricht. Wir finden die Adoption, diesem Zwecke dienend, im fränkischen Recht (Affatomie) und können insbesondere auch aus fränkischen Adoptionsformularen [134]) sehen, wie lediglich die Vermögensübertragung beabsichtigt, die Adoption nur als Mittel dafür benutzt ist. Indessen ist diese Anschauung dem langobardischen Recht auch nicht fremd. In einer Urkunde vom Jahre 988 [135]) erklärt ein gewisser Faraccus:

> affiliavit mihi iohannes ... in omnibus rebus substantiis meis stavilis et movilis, sicut filium meum legitimum masculinum; et ideo ego superius faraccus, bona mea bolumptate, ante subscripti testes per anc cartula donavit et tradidit tibi predicto iohanni talem sortionem de omnibus rebus .... quale et unum de filiis meis legitimi masculini de rebus mea tollere et habere debuerit .....

Im weiteren Verlauf wird dann das Rechtsgeschäft einfach als donatio bezeichnet, und es folgt auch das Bekenntniss des Launegildsempfangs. Die Adoption ist damit zu einer blossen Formalität geworden. Die über sie ausgestellte Urkunde wird als carta donationis bezeichnet, wie auch in dem Ausdruck res suas alii thingare nur die vermögens-, nicht die personenrechtliche Seite des Garethinx zur Geltung kommt. [135a]) Dass diese personenrechtliche Seite speciell dem Garethinx nicht fehlte, geht aus der völligen Gleichstellung des Thingatus mit dem Sohn insbesondere hinsichtlich der causae exheredVandi hervor. Und gerade unter diesem Gesichtspunkt scheint uns auch die Bezeichnung des ganzen Rechtsgeschäfts als „garethinx" Bedeutung zu gewinnen.

Nur dürftig ist, was wir über den Formalismus des Garethinx aus dem Edicte erfahren. C. 172 Roth. ist hier unsere Quelle:

> De thinx quod est donatio. Si quis res suas alii thingare

---

133) Vgl. Leo Geschichte v. Italien I S. 111; Zöpfl Rechtsgesch. Bd. 3 S. 233; Kayser Zeitschr. f. Rechtsgesch. Bd. 8 S. 480; Schupfer le donazioni tra' vivi p. 13. 14. 47.

134) Rozière Recueil I n. 115 ff., insbesondere n. 118.

135) Cod. Cavens. n. CCCC.

135a) Die Wendung hereditatem alicui adoptare (lex Ribuaria) ist vielleicht auch nur unter dem Einfluss der sich geltend machenden vermögensrechtlichen Seite aus der Wendung in hereditatem adoptare aliquem entstanden.

voluerit, non absconse, sed ante liberos homines ipsum garethinx faciat, quatinus qui thingat et qui gisel fuerit, liberi
sint, ut nulla in posterum oriatur intentio.

Regelmässig beschränkt man sich darnach auf die Angabe, dass
mit dem Worte garethinx ein solenner Ritus bezeichnet werde,
womit denn freilich auch nicht viel gewonnen ist.[186]) Wenn wir
nun die früher angenommene Bedeutung des Garethinx als der
Volksversammlung zu Grunde legten, so „erklärte sich Thinx als
Vergabung gedacht leicht, wenn man annehmen dürfte, dass diese
stets vor dem Volke im Echteding habe geschehen müssen“.[187])
Gegen diese Annahme spricht aber nach Beselers Ansicht eben
unser c. 172 Roth., nach welchem zur Abschliessung des Thinx nur
Zeugen und zwar freie Zeugen erforderlich gewesen seien, was sich
auch klar aus einer alten, hierher gehörigen Formel ergebe. Was
nun zunächst diese Formel anbetrifft, so kann dieselbe um desswillen nicht von ausschlaggebendem Gewicht sein, weil das Garethinx zur Zeit ihrer Abfassung seine ursprüngliche Gestalt längst
verloren hatte. In c. 172 aber brauchen die Worte

non absconse, sed ante liberos homines ipsum garethinx faciat
nicht eben so verstanden zu werden, dass sie ein garethinx
facere etwa auch in anderer Weise als ante liberos homines für
möglich erklärten. Vielmehr dürften sich — und dafür spricht insbesondere die Wendung ipsum garethinx — die Worte ipsum
garethinx faciat auch als Ausführung und Erklärung des ante
liberos homines verstehen lassen. Dann würde c. 172 besagen:
Wenn jemand sein Vermögen einem andern übertragen will, so soll
er dies nicht insgeheim, sondern vor freien Männern (thun) und
zwar ein Garethinx machen (= indem er ein Garethinx macht).

Gegen diese Annahme liesse sich aus den Eingangsworten
unserer Stelle ein Einwand entnehmen, indem in der Voraussetzung,
dass jemand res suas alii thingare voluerit, die Vornahme eines
Garethinx ja schon enthalten sei und die folgende Bestimmung somit nichts Neues sage, falls nicht eben ein Garethinx auch ohne
die Anwesenheit von liberi homines gedacht werden könnte. Indessen ist hier zu berücksichtigen, dass gerade das Verbum thingare neben der speciellen Bedeutung „ein thinx machen“ oder

---

186) Vgl. u. A. Stobbe Gesch. d. dtsch. Rechtsquellen Bd. 1 S. 123;
Boretius Capitularien im Langobardenreich S. 5; Walter Dtsche Rechtsgesch.
Bd. 2 § 563 (2. Ausg.); Pertile Storia del diritto italiano t. IV p. 541; Osen-
brüggen Strafrecht der Langobarden S. 2.

187) Beseler Erbverträge Bd. 1 S. 111.

„sein Vermögen durch thinx übertragen" schon früh die allgemeine
Bedeutung „übertragen" angenommen hat. Dies scheint namentlich
durch die latinisirte Form, in welcher uns das Verbum von Anfang an begegnet, erleichtert worden zu sein, während das nicht-
latinisirte thinx oder garethinx der technischen Bedeutung treu
blieb. Auch der Umstand spricht hierfür, dass wir zwar die Worte
thinx und garethinx, niemals aber das Verbum thingare mit einem
erklärenden Zusatz versehen finden.

Wir glauben darum das garethinx auch bei der Vermögensübertragung durch Erbenschaffung als die Volksversammlung ansehen zu dürfen, welche gerade wegen der Bedeutung des Rechtsgeschäfts in personenrechtlicher Beziehung an seinem Abschluss
interessirt war und deren Namen dann auf dieses Rechtsgeschäft
selbst übertragen wurde.

, Die durch c. 172 bezeugte Mitwirkung eines gisel ist derjenigen bei der Freilassung analog zu verstehen.[138]) Sonst wissen
wir von den Formalien bei Vornahme eines garethinx nichts.[139])
Die in c. 54 Liutp. erwähnte Ausstellung einer cartola donationis
per gairethinx factae war jedenfalls ursprünglich eben so wenig
wesentlich, wie bei der Freilassung[140]), gewann aber an Bedeutung
in demselben Maasse, wie das Garethinx in seiner eigentlichen Gestalt ausser Übung kam. Der Ansicht aber, dass auch bei dem
Garethinx das Geben eines Launegilds stattgefunden habe[141]),
müssen wir auf Grund unserer Auffassung beider Rechtsinstitute
entgegentreten. Wir haben zu zeigen versucht, dass das Reichen
des Launegilds in Verbindung steht mit der inneren Natur der
Sachvergabung, während das Garethinx seinem Ursprung nach ein
personenrechtliches, wenngleich vermögensrechtliche Folgen be-
wirkendes und bezweckendes Rechtsgeschäft ist, bei welchem es
für das Launegild eben so an Raum, wie an Bedürfniss fehlt.

---

[138]) S. oben Seite 37 ff.

[139]) Vgl. die Expos. libr. Pap. ad Liutp. 53: Si quis cartolam donationis
per gairethinx factam: quasi per commutationem; vel aliter: scilicet ea carta
dicitur fieri per garathinx cuius medietas Latinis verbis est scripta, altera vero
medietas Theotonicis verbis est scripta. (!) Secundum Gualcausum vero dice-
batur cartula ipsa fieri per gayrethinx, que una die fiebat, altera firmabatur,
veluti per traditionem; vel per gayrethinx dicitur ipsa carta fieri quae gratis.

[140]) Vgl. oben S. 32.

[141]) Vgl. die bei Val de Liévre Launegild und Wadia S. 35 n. 5 Citirten nebst Leo Gesch. von Italien Bd. 1 S. 112 Anm. 5. Andererseits Beseler Erbverträge Bd. 1 S. 115.

Mit der Vornahme des Garethinx hat der Thingatus ein Recht erworben, wie es mit seiner Geburt ein dem engeren Erbenkreis Angehöriger gegenüber dem zu Beerbenden erwirbt. Die durch den Tod des letzteren eintretende Realisirung seines Rechts wird daher für den geborenen und für den gekorenen Erben durchaus gleiche Folgen haben. Dies soll nicht nur aus der Gleichheit des Rechtes gefolgert, sondern aus dem Edicte positiv bewiesen werden.

Die Übernahme der Activa des Erblassers durch den Erben, welche naturgemäss den wesentlichsten Bestandtheil der Succession seitens des geborenen Erben ausmacht, wird für den gekorenen bekundet durch die Worte des c. 174 Roth.:

> Ipse autem qui garethinx susceperit ab alio, quidquid reliquerit donator in diem obitus sui, habeat licentiam in suum dominium recollegere . et debitum .... ab aliis exegere.

Unter das in suum dominium recollegere fällt sowohl die Besitzergreifung an den in dem Besitze des Erblassers zur Zeit seines Todes befindlich gewesenen Sachen, als auch die auf gütlichem oder processualischem Wege zu bewirkende Einforderung der im Besitze Dritter sich befindenden. Die Succession in die Forderungen des Erblassers reiht sich daran als der zweite Bestandtheil der Nachfolge in die Activa.

Einen besseren Prüfstein für die Richtigkeit der Ansicht, dass der gekorene Erbe durch den Tod des Erblassers in eine gleiche Stellung gelange, wie der geborene, wird die Succession in die Passiva abgeben. Dass nach deutschem und speciell auch nach langobardischem Recht der Erbe für die Schulden des Erblassers haftet, ist nicht streitig[142]); bestritten ist bekanntlich nur der Umfang dieser Haftung. Es scheiden daher als bedeutungslos alle diejenigen Stellen aus dem Kreise unserer Betrachtung aus, welchen wir nur entnehmen können, dass der Erbe haftet, nicht aber, wie weit — ob unbeschränkt oder nur in Höhe des Nachlasses, das ist der wesentliche Streitpunkt — er haftet. Dies macht Lewis[143]), der die Unbeschränktheit der Haftung vertritt, mit Recht gegen Stobbe[144]) geltend, welcher zu Gunsten der beschränkten Haftung Liutp. cc. 16. 18. 19 anzieht. Dass das von Kayser[145]) in gleichem

---

142) Vgl. Roth. c. 2. Liutp. c. 114; Kayser a. a. O. S. 487. 488; Miller a. a. O. S. 42 ff.; Lewis Succession S. 181. Auch Roth. c. 323 und dazu Lewis Succ. S. 161.

143) Succession S. 184 A. 11.

144) Jahrbuch des gem. Rechts Bd. 5 S. 295.

145) A. a. O. S. 487.

Sinne verwerthete c. 185 Roth. sich nur auf die Prorata-Haftung
bezieht, hat Lewis ebenfalls mit Recht hervorgehoben.[146]) Eine
wichtige Rolle hat hinsichtlich der uns beschäftigenden Streitfrage
c. 57 Liutp. gespielt. Stobbe folgert auch aus dieser Stelle die Be-
schränktheit der Haftung, während Lewis[147]) sie ebenfalls für
irrelevant in dieser Beziehung erklärt, sie aber benutzt, um die
Existenz eines Abstentionsrechts des Erben nachzuweisen und so
das nothwendige Correlat zu der unbeschränkten Haftung zu gewinnen.

C. 57 Liutp. verdient die Beachtung nicht, welche man ihm für
die Frage von der Haftung des Erben geschenkt hat, und zwar
einfach deshalb, weil diese Stelle überhaupt nicht von dem Falle
einer eingetretenen Beerbung handelt. Das beweist eine un-
befangene Betrachtung des Textes:

> Si quis debitum fecerit, et res suas vindederit, et talis fuerit
> ipse debitus, quod sanare non possit, et filius eius per uxo-
> rem suam aliquid conquisierit, vel postea sibi per quocumque
> genio laboraverit, posteus genitor eius omnes res suas venun-
> davit, vel pro debito suo creditoribus suis dederit, aut a
> puplico intromissi fuerent: non habeant licentiam creditoris
> eius, res quas filius de coniuge sua habere vedetur, vel quod
> postea conquisivit aut laboravit, repetendum aut distrahendum,
> sed habeat sibi filius eius iure quieto; sic tamen, ut si a
> creditoribus pulsatus fuerit, preveat sacramentum, quod de
> rebus patris aut matris suae, si ipsa in mundio patris eius
> mortua fuerit, nihil aput se habeat nec alicubi comendassit
> aut abscondissit, et sit absolutus. Et si postea aput eum in-
> ventum fuerit de rebus paternis, conponat in actogild.

Vergeblich sehen wir uns in dieser Stelle nach einer Bemerkung
um, welche auf den eingetretenen Tod des insolventen Schuldners
hindeuten könnte. Vermuthlich haben allein die in dem Eide des
Sohnes vorkommenden Worte „de rebus .. matris suae, si ipsa in
mundio patris eius mortua fuerit" Anlass gegeben zu der Annahme,
dass der Schuldner verstorben sei, wie denn Lewis[148]) aus jenen
Worten folgert, dass auch von Schulden der Mutter in unserer
Stelle die Rede sei. Allein dieser Folgerung steht schon der Um-

---

146) Succession S. 181 zu Note 9. Vgl. auch Miller a. a. O. S. 45 und
Kayser selbst.

147) Succession S. 183. 184 und 161 Text zu Note 7. Ebenso Winroth
Om arfving. ansvarighet f. arflåt. förb. p. 105 Text zu Note 305.

148) Succession S. 183. Ebenso Miller a. a. O. S. 44.

stand entgegen, dass die Mutter, wenn sie in mundio patris verstarb, ausschliesslich von ihrem Manne beerbt wurde [149]) und deshalb eine Haftung des Sohnes für ihre Schulden in diesem Falle gar nicht in Frage kommen konnte. C. 57 Liutp. hat u. E. lediglich die Absicht, das Vermögen des Schuldners ungeschmälert zur Befriedigung seiner Gläubiger dienen zu lassen. Unangefochten soll der Sohn im Besitze dessen bleiben, was er mit seiner Frau oder durch eigene Thätigkeit nach dem (privaten oder öffentlichen) Übergang des Vermögens seines Vaters auf dessen Gläubiger erworben hat. [149a]) Er hat aber, falls ihn diese belangen, den Manifestationseid zu leisten bezüglich der seinem Vater oder seiner im Mundium desselben verstorbenen Mutter gehörigen Sachen. Genau genommen gehören freilich die res matris in mundio patris mortuae zu den res patris und ist daher ihre Erwähnung neben diesen überflüssig; wenn sie gleichwohl besonders genannt sind, so scheint dies lediglich ein Akt der Vorsicht behufs Vermeidung irgend welcher Zweifel über den Willen des Gesetzgebers gewesen zu sein. [149b])

Von den bisher für die Frage, wie weit der Erbe nach langobardischem Rechte für die Schulden seines Erblassers hafte, berücksichtigten Stellen des Edicts bleibt uns nur eine übrig, welche in Wahrheit von dem Umfang jener Haftung spricht. Es ist das viel umstrittene c. 362 Roth.:

> Si post sacramentum iudicatum aliquis moriatur. Si contegerit homini post datum fideiussorem de sacramentum et sacramentalis nominatûs mori, et filiûs demiserit, posteaque ille qui causam quaerit, pulsaverit filiûs dicendo: quia quicquid pater per wadia et fideiussorem obligavit, fili conplere debent; tunc necesse est filiûs, quamvis virtutem minorem habeant a patre, aut per sacramentum negare, quod pater eorum non promisisset, aut certe, quod pater eorum spondedit, adinpleant . . . . .

Die Auffassung der Stelle selbst wird zu Zweifeln kaum Anlass geben; wir sehen hier in der That eine durch den Betrag der

---

[149]) Vgl. Schröder Gesch. d. ehel. Güterr. Bd. 1 S. 167.; Miller a. a. O. S. 68.

[149a]) Liutp. c. 57 enthält sonach eine Ausnahme von der Bestimmung des c. 247 Roth. Den gafand, der als coheres parens proximior bezeichnet wird, hier lediglich als den „Vertragserben" zu nehmen, wie Kayser (a. a. O. S. 481) will, liegt kein Grund vor.

[149b]) Dass bereits die Formeln des lib. Pap. den Tod Schuldners subintelligiren (vgl. Lewis Succession S. 183, 184), kann natürlich nur als ein neuer Beleg für ihre theilweise Unzuverlässigkeit dienen.

Erbschaft nicht begrenzte Haftung der Söhne für die Schuld des
Vaters vor uns. Gegenstand einer Controverse ist es nun aber, ob
wir es hier mit der Regel oder mit einem Ausnahmefall zu thun
haben.[160]) Lewis, der das erstere annimmt, legt das Hauptgewicht
auf den von den Söhnen zu leistenden Eid

> quod pater eorum non promisisset;

er meint, das complere sei nicht von dem Bezahlen der Schuld zu
verstehen, sondern von der Erfüllung der processualischen Verbindlichkeit ... der Leistung des Eides. Indessen spricht gegen
seine Ansicht die ausdrückliche, an den Eingang der ganzen Rechtsnorm gestellte Erklärung: quamvis virtutem minorem habeant a
patre, welche darauf hindeutet, dass hier eine besonders weitgehende
Haftung stattfinde.

Darnach gewinnt es den Anschein, als seien nur die in gewisser Weise (per wadia et fideiussorem) vom Vater übernommenen
Verpflichtungen unbedingt auch von den Söhnen zu erfüllen gewesen.[161]) Und dieser Beschränkung der Haftung auf gewisse
Arten von Verpflichtungen entspricht es, dass die unbeschränkte
Haftung statthat nur bei gewissen Erben. Auch in Beziehung auf
die Person des Haftenden glauben wir in c. 362 Roth. einen Ausnahmefall geregelt zu sehen. Nur die Söhne, nicht die Erben überhaupt haften unbeschränkt für die von dem Erblasser per wadia et
fideiussorem sichergestellten Verbindlichkeiten. Dafür spricht zunächst der früher erwähnte Sprachgebrauch des Edicts, welcher die
filii als Angehörige des engeren Erbenkreises mit dem ihnen speciell zukommenden Namen aufführt und sie von allen übrigen Erben, insbesondere aber denen des weiteren Kreises, auf diese Weise
auch formell getrennt hält. Dieser Sprachgebrauch, welcher nur
der Ausdruck ist für die materielle Verschiedenheit des Erbrechts
beider Kreise, erlaubt uns nicht, was von den filii gesagt wird, ohne
Weiteres als von den Erben überhaupt gesagt zu verstehen.[162])
Im vorliegenden Falle aber müssen wir noch weitergehen. Die

---

160) Vgl. einerseits Lewis Succession S. 184, andererseits Stobbe Jahrb.
des gem. Rechts Bd. 5 S. 296; Kayser a. a. O. S. 487; Miller a. a. O. S. 45.

161) Weitergehend Winroth l. c. p. 106. 107. Dass man Bestimmungen
bezüglich des im Text erwähnten Falles nicht als von selbst die Regel aus-
drückend ansah, beweist z. B. c. 96 Liutp. Vgl. übrigens auch Ssp. B. 3 Art. 11.

162) Dass der Gesetzgeber dieses Sprachgebrauchs sich auch bei Abfassung
unserer Stelle wohl bewusst war, zeigen die folgenden Worte: Et si aliquis de
ipsos sacramentalis mortuus fuerit, potestatem habeat ille qui pulsat, in locum,
mortui alium similem nominare de proximis legitimis, aut de natis,
aut de gamahalos id est confabulatis.

besondere Betonung des Verhältnisses zwischen Vater und Sohn, welche in der Klagebegründung unserer Stelle hervortritt, nöthigt uns anzunehmen, dass hier nicht für alle Angehörigen des inneren Erbenkreises, sondern lediglich für die Söhne als solche eine weitergehende Haftung bestimmt werden sollte.[183]) Dies wird hinsichtlich der Brüder bestätigt durch c. 17 Liutp. Die Stelle handelt von der Beerbung eines Todtschlägers und sagt:

.. Si frater relictus fuerit, in res humicidae frater succedat, ita ut secundum qualitatem personae de ipsa substantia humicide, si ille qui occisus est filius reliquerit, compositionem dare deveat; relicum autem quod fuerit, sibi habeat ....

Wir sehen, dass die Todtschlagsbusse lediglich von dem Nachlass gezahlt wird; eine Haftung des Bruders über denselben hinaus wird nicht erwähnt. Da indessen das Erbrecht des Bruders, wie früher bemerkt, ein zwischen dem des engeren und dem des weiteren Erbenkreises stehendes ist und da überdies c. 17 Liutp. nur von einem bestimmten Falle handelt, so dürfte es auch hier bedenklich scheinen, an die Specialbestimmung des Gesetzes allgemeine Folgerungen zu knüpfen.

Bei dieser Sachlage ist es einigermassen von Belang, dass eine u.W. bisher für die Frage von der Haftung des Erben noch nicht verwerthete Stelle ein positiveres Resultat zu liefern verspricht. Es ist dies c. 10 Areg.:

Pervenit ad aures sublimitatis nostrae, quod quidam hominum versuta calliditate inbuti, propter obligationes vel debita, quae fecerant, propinquioribus parentibus, qui iusta legem heredes eorum futuri sunt, testamentum donationis ammittant, ut quaestores eorum creditas res facile perdant; propterea sic namque decernimus, ut primi heredes obligatione vel debita propinquorum persolvant, debinc, quod residuum fuerit de rebus eorum, sibimet assumant.

Das Mittel, welches angewendet wurde, um trotz des Vorhandenseins einer hinreichenden Activmasse die Gläubiger um das ihnen Zukommende zu bringen, war, wie man sieht, einfach genug. Durch einseitige Zuwendung im Wege der donatio gelangte das Vermögen an dieselbe Person, welche es im Erbgang erhalten hätte, während eine Haftung für die Schulden des Zuwendenden in Ermangelung eines Nachlasses, bez. einer Beerbung nicht stattfand. Diesem Missbrauch will Aregis ein Ende machen; da er aber, von dieser Absicht geleitet, seine Bestimmungen trifft, so dürfen wir mit

---

183) Vgl. auch Winroth l. c. p. 106. 107. 112.

Sicherheit annehmen, dass er durch sie die Lage der Gläubiger gewiss nicht zu einer schlechteren machen will, als dieselbe an sich d. h. ohne jene Manipulation des Schuldners gewesen wäre. Am wenigsten hatte Aregis irgend einen Grund dazu, die Haftung der Erben zu beschränken für den Fall, dass jener Missbrauch getrieben war. Wenn gleichwohl, wie wir aus unserer Stelle sehen, in diesem Falle ausschliesslich der Nachlass für die Schulden des Erblassers haftet, so ist dies der beste Beleg dafür, dass ein Gleiches für die Haftung des Erben überhaupt gilt. Eben „heredes" nennt Aregis diejenigen, welche äusserlich nur als Donatare erscheinen, als heredes will er sie auch behandelt wissen. Damit hat er die Fiction zerstört, welche den Kern der „testamenta donationis" in ihrer missbräuchlichen Anwendung bildete, und er hat dadurch der altgermanischen Anschauung[154]) zu ihrem Rechte verholfen, dass die Schulden auf dem Nachlasse selbst ruhen und dieser nicht getheilt werden darf, bevor jene bezahlt sind.

Das Resultat unserer Untersuchung ist dahin zusammenzufassen, dass nach langobardischem Rechte der (geborene) Erbe von dem Nachlass, bez. in Höhe desselben die Schulden des Erblassers zu bezahlen verbunden ist, dass aber der Sohn unbeschränkt für die von seinem Vater per wadiam et fideiussorem übernommenen Verbindlichkeiten haftet.

Wie stellt sich nun hierzu die Haftung des durch Garethinx gekorenen Erben? Die einschlägigen Worte des c. 174 Roth. lauten:

> Ipse autem qui garethinx susceperit ab alio, ... habeat licentiam ..... debitum creditoribus reddere ..... et quod in fiduciae nexum positum est, reddat debitum et requirat rem in fiduciae nexu posita.

Aus dem „habeat licentiam", welches zunächst mit Rücksicht auf das ihm unmittelbar folgende „in suum dominium recollegere" gesagt ist, muss zu dem debitum reddere selbstverständlich ein „obligatus sit" o. dgl. entnommen werden. Wie weit nun die Verpflichtung des Thingatus, die Schulden des Thinganten zu bezahlen, reicht, sagt c. 174 nicht ausdrücklich. Indessen kann dies, wie es scheint, aus den Schlussworten unserer Stelle in Verbindung mit dem, was über die Haftung des geborenen Erben bemerkt wurde, gefolgert werden. An sich unwahrscheinlich ist es, dass diese eine beschränktere gewesen sei, als die des gekorenen. Das Verhältniss,

---

154) Beispiele finden sich in der Darstellung Winroths (l. c. p. 111 ff.), wenngleich dieselben nicht in dem im Text angedeuteten Sinne benutzt sind.

in welches der Thingat zu dem Thinganten trat, konnte keinesfalls ein engeres sein, als das vom Sohn zum Vater. Für den Sohn aber liess sich eine unbeschränkte Haftung nur hinsichtlich dessen erweisen, quicquid pater per wadia et fideiussorem obligavit. Vergleichen wir diesen speciellen Fall mit dem, was c. 174 Roth. bestimmt, so finden wir ihn, wenn auch in anderer Formulirung, in dem letzten Satze unserer Stelle wieder.[155]) Der Fall, dass etwas in fiduciae nexum positum est, ist gleich dem Falle, dass etwas per wadia et fideiussorem obligatum est.[156]) Die Worte reddat debitum et requirat rem in fiduciae nexu posita können nur bedeuten, dass die Rückerlangung des Pfandes lediglich durch volle Tilgung der Schuld ohne Rücksicht auf die Höhe des Nachlasses ermöglicht werde. Damit wird es aber zugleich wahrscheinlich, dass die allgemeine Vorschrift des debitum creditoribus reddere eine gleich ausgedehnte Haftung des Thingatus nicht habe bezeichnen wollen. Denn wollte man dies annehmen, so wäre der ganze Schlusssatz der Stelle überflüssig, da sich der von ihm gedachte Fall einfach auflösen würde in ein rem in suum dominium recollegere einerseits und ein debitum creditori reddere andererseits. Die Vermuthung, dass hier ein Specialrecht für einen Specialfall statuirt ist[157]), gewinnt aber eben dadurch an Wahrscheinlichkeit, dass sie den Thingatus auch hinsichtlich seiner Haftung für die Schulden des Thingans als in derselben Stellung befindlich erscheinen lässt, welche der Sohn seinem Vater gegenüber in ·dieser Frage einnimmt.

Werfen wir einen Blick auf die Gestalt, in welcher uns das Garethinx im Dienste der Vermögensübertragung in dem Edicte erscheint, so werden wir nicht umhin können, dasselbe als ein echt germanisches Rechtsinstitut zu bezeichnen. Obschon es, insoweit dies angeht, den gleichen Zwecken dient, wie das Testament bei den Römern, so hätte es doch in Folge der mannigfachen, ihm eigenen Besonderheiten vor einer Verwechselung mit dem römischen Testamente namentlich der späteren Zeit bewahrt bleiben sollen. Dass dies gleichwohl nicht geschehen ist, dass sich vielmehr zu-

---

155) S. Zöpfl Dtsch. Rechtsgesch. Bd. 3 S. 236 A. 41.

156) Damit ist nicht gesagt, dass wadia = fiducia sei. Gegen die letztere Annahme Val de Liévre Launegild und Wadia S. 113. 114.

157) Die Bedeutung des Verbürgtseins einer Schuld im Beerbungsfalle tritt z. B. hervor in Westgötal. II Addit. 12 pr. (cf. § 2):

eig ma læghær bötær i flere ærfþer gangæ. vtæn i försto ærf sum nu ær sakt. vtan han se borghaþar.	nicht mag Stuprumsbusse mehrmals in Erbgang kommen, sondern nur das erste Mal, wie gesagt ist, ausser wenn sie verbürgt ist.

weilen römischer Einfluss deutlich bemerkbar macht, kann nicht in Abrede gestellt werden.[158]) Wesentliche Punkte sind es nicht, wo dies der Fall ist. Immerhin gibt uns die Thatsache selbst den Beweis dafür an die Hand, dass schon in dem Edicte Rotharis der historische Process begonnen hat, welcher dazu führen sollte, das römische Testament an die Stelle der germanischen Erbenschaffung zu setzen.

Den einheitlichen Gedanken, welcher dem Garethinx in seinen verschiedenen Anwendungen zu Grunde liegt, haben wir bereits bei deren Darstellung klarzulegen versucht.[159]) In seiner alterthümlichen Gestalt, welche für verschiedene Zwecke die gleiche Form anwendet, erscheint das Garethinx als ein treffliches Beispiel für die ursprüngliche Einfachheit der rechtlichen Formenbildung.

---

[158]) So in c. 169 Roth. vbd. mit cc. 168. 170 vgl. oben Seite 63, ferner in c. 171. Was c. 174 anbetrifft, so ist hier römischer Einfluss behauptet worden von Beseler Erbverträge Bd. 1 S. 117. 118; Zimmerle Stammgutssystem S. 66. 67. Vgl. dagegen Stobbe Jahrb. d. gem. Rechts Bd. 5 S. 298. S. auch Rosin Formvorschriften für die Veräusserungsgesch. d. Frauen nach lang. R. S. 1.

[159]) Vgl. oben Seite 30. 44. 68.

Anmerkung des Herausgebers.

Da ich mit der in vorstehender Abhandlung entwickelten Auffassung des Garethinx überhaupt und seiner Verwendung zur Vermögensübertragung durch Erbenschaffung insbesondere nicht nur selbst in allem Wesentlichen übereinstimme, sondern auch der umsichtigen und scharfsinnigen Beweisführung des Herrn Verfassers eine allgemein überzeugende Kraft zutraue, glaube ich veranlasst und berechtigt zu sein, an dieser Stelle meinen Widerspruch gegen die in einer einzelnen Frage vorgetragene Ansicht ausdrücklich zu erklären. Es handelt sich um die Erbenordnung, in Bezug auf welche der Herr Verfasser durchweg das von Amira aufgestellte System im langobardischen Recht bestätigt findet, während ich meinerseits den von mir früher vertretenen Standpunkt (vgl. oben S. 53, N. 79ª) behaupten muss. Insbesondere scheint mir gerade das langobardische Recht evident zu ergeben, dass hier die gesammte Descendenz als erste Parentel vor Eltern und Seitenverwandten zur Erbschaft berufen wird und daher in der Bezeichnung der „filii" mitenthalten ist.

Die vom Herrn Verfasser gegen diese Auslegung der Quellen geltend gemachten allgemeinen Erwägungen (S. 56—57) entbehren der Schlüssigkeit. Dass man dann auch unter „pater" die gesammte Ascendenz verstehen muss, ist schlechthin nicht zuzugeben; es ist im Gegentheil ausgeschlossen, da bei dem vorausgesetzten Princip der Descendentenfolge, nach welchem das Erbe womöglich nicht klimmt, der Einschluss von Vorfahren ebenso unnatürlich wäre, wie der Einschluss der Nachkommenschaft natürlich ist. Dagegen liegt es allerdings nahe, ohne dass freilich auch hierzu ein Zwang vorhanden wäre, in analoger Weise mit der Berufung des „frater" zugleich die eventuelle Berufung der Nachkommenschaft desselben vor anderen Seitenverwandten ausgedrückt zu finden. Allein das hieraus sich ergebende Resultat, gegen welches der allgemeine und durchaus erst auf Grund anderweiter Ermittlung erbrechtlicher Einzelheiten zu deutende Satz des berühmten c. 17 Liutpr. nicht angeführt werden kann, würde keineswegs dem verwandtschaftlichen Verhältniss „wenig entsprechen". Der erbrechtliche Vorzug des Grossneffen vor dem Oheim lässt sich vielmehr in der That aus der Bestimmung des Erbrechts, das Vermögen auf die nachfolgenden Generationen zu übertragen, leicht begründen; und gerade darin, dass das Erbe abwärts fliesst wie das Blut, soll ja der Grundgedanke der Parentelenordnung bestehen. Wenn aber der Herr Verfasser sogar den unbedingten Vorzug aller Descendenten vor den Ascendenten und Seitenverwandten mit der Betrachtung abzuweisen sucht, dass derselbe „der Stärke der verwandtschaftlichen Bande nicht adaequat", dass vielmehr „das Verhältniss zweier Brüder zu einander oft ein näheres sei, als dasjenige des Urgrossvaters zu jedem einzelnen seiner zahlreichen Urenkel", so braucht zur Entkräftung dieser Argumentation wohl nur auf die Gesetzgebung aller Kulturvölker und auf das in ihr sich manifestirende Rechtsbewusstsein provocirt zu werden. Die weitere Ausführung, nach welcher aus der einmaligen Annahme, dass „filius" bei Regelung der Erbfolge die ganze Nachkommenschaft bezeichne, auch auf die gleiche umfassende Bedeutung der Verwandtschaftsnamen in allen Bestimmungen über Mundium und Eheverbote zu schliessen sein würde, ist um so weniger stichhaltig, als auch im Erbrecht nach richtiger Auffassung sich aus dem Zusammenhange und den konkreten Voraussetzungen einer Stelle im einzelnen Falle die nicht blos principale, sondern ausschliessliche Beziehung des Wortes „filius" auf den „Sohn" ergeben kann. Läge aber die Sache anders, so würde doch in dem besonders hervorgehobenen Beispiel des c. 12 Liutpr. kein Verständiger in dem Verhältniss von „frater" und „soror" zugleich das Verhältniss des Grossneffen und der Grosstante ausgedrückt finden.

· So kommt es denn lediglich auf die positiven Quellenzeugnisse an. Und diese sprechen entschieden gegen den Herrn Verfasser.

Das bereits von Miller angezogene cap. 3 Liutpr. zieht ausdrücklich die Nachkommen der Söhne und Töchter den Schwestern vor. Der Herr Verfasser erklärt dies lediglich aus dem durch c. 5 Grim. eingeführten Repraesentationsrecht der Sohneskinder. Aber auch die Tochterkinder werden so deutlich wie möglich vor den Schwestern berufen. Und vor Allem schliesst gerade die Einführung des Repraesentationsrechts in c. 5 Grim. mit der beigefügten Motivirung den Gedanken, dass zu jener Zeit die entfernteren Nachkommen nicht zum engeren Erbenkreise gehört hätten, als unmöglich aus. Der König findet es „inhumanum et impium", dass Enkel nur deshalb, weil ihr Vater vor seinem Bruder gestorben ist, durch den Letzteren um ihr Erbtheil gebracht werden sollen. Würde er da den so viel exorbitanteren Satz, dass der vorzeitige Tod des einzigen Sohnes die gesammte Nachkommenschaft zu Gunsten der Geschwister ihres Stammvaters „exheredirt“, human und gerecht gefunden haben? Ist es glaublich, dass er an diesem Satz, wenn er wirklich gegolten hätte, stillschweigend vorübergegangen wäre? Ueberdies ist darauf aufmerksam zu machen, dass im Eingange des Gesetzes die Enkel vom vorverstorbenen Sohn als „in sinu avi“ befindlich bezeichnet, also wie im Sachsenspiegel zum „Busen“ gerechnet werden.

In dem von Miller ebenfalls angeführten c. 10 Ahist. findet der Herr Verfasser nichts für unsere Frage Entscheidendes. Allein der Eingang desselben resümirt den Inhalt des oben erwähnten c. 3 Liutpr. in einer Form, welche jeden Zweifel daran tilgt, dass wenigstens hier unter filii und filiae die Enkel mitverstanden werden. „Recolimus enim“, sagt der König, „in anteriore edicti paginam esse insertum, ut si frater decederit absque filiis filiabus, et sorores relinquerit, ipsae ei heredes succederint“. Der Wortlaut aber des hiermit reproducirten Gesetzes ergiebt ja in seiner umständlicheren Fassung ausdrücklich, dass die sorores nur succediren, wenn der frater auch keine entfernteren Descendenten hinterlassen hat.

Von nicht geringerer Beweiskraft scheint mir eine bisher für unsere Frage nicht verwerthete Stelle des Edictus Rothari zu sein. Hier wird in c. 225 „de filiis libertis“ bestimmt, dass den libertus fulcfree factus seine filii legitimi, seine filiae und seine filii naturales in gewöhnlicher Weise beerben, dass dagegen, wenn er „sine heredes“ stirbt, sein Vermögen vorbehaltlich gewisser Ausnahmen an den Patron fällt. Würde nun wohl, wie man bei strikter Interpretation der gebrauchten Verwandtschaftsnamen anzunehmen gezwungen ist, der Freigelassene, welcher zwar keine Kinder, aber ein Dutzend Enkel hinterlässt, als „sine heredes mortuus“ bezeichnet werden können? Zu den „heredes“ gehören doch die Enkel auf alle Fälle, mag man nun das Wort in dem engeren Sinne von „Leibeserben“ oder in dem allgemeinen Sinne von „Erben“ nehmen. Dazu kommt die innere Unwahrscheinlichkeit des Ausschlusses der Enkel durch den Patron, dem doch selbst natürliche Kinder vorgehen. Versteht man dagegen unter den filii und filiae alle Nachkommen, so verschwindet jede Schwierigkeit. Denn der Freigelassene, der ohne Nachkommen stirbt, hat in der That keinen Erben; er hinterlässt, da ja für ihn eine Familie im Rechtssinne vor der Freilassung nicht existirte, überhaupt keine Verwandten; ihm succedirt daher der Patron „sicut parenti suo“.

Endlich sprechen m. E. gerade die vom Garethinx im Dienste
der Vermögensübertragung handelnden Stellen des Edictus Rothari
dafür, dass hierbei stets, obwohl nur von filii und filiae die Rede
ist, der gesammten Nachkommenschaft die Stellung des nächsten
Erbenkreises eingeräumt wird. Wie nach der l. Rib. tit. 48 nur
derjenige, welcher keine Leibeserben hat („qui sine heredibus
moritur"), weil er weder Söhne noch Töchter zeugte („si quis
procreationem filiorum vel filiarum non habuerit"), sich durch
Affatomie künstlich einen Erben schaffen darf („adoptare in hereditatem"), so darf auch nach langobardischem Recht die thingatio
nur vornehmen, wer der leiblichen Nachkommenschaft völlig entbehrt. Der Eingang des c. 171 Roth. stellt dies ausser Zweifel.
Mit den Worten „si quis se disperaverit aut propter senectutem
aut propter aliquam infirmitatem corporis filiûs non possit habere"
wird zunächst nur derjenige zur künstlichen Erbenschaffung verstattet, der überhaupt keine Kinder zu zeugen vermag. Man wird
nun zwar den Greis oder den Gebrechlichen, der Kinder gehabt,
dieselben aber wieder verloren hat, ohne Enkel von ihnen zu
gewinnen, gleichstellen dürfen. Allein zur Bezeichnung der Lage
des Greises, dem zwar seine Söhne durch den Tod entrissen sind,
der jedoch sein Geschlecht in einer kräftigen Schaar von Kindes-
kindern fortblühen sieht, wären jene Worte so unpassend wie möglich gewählt. Schwerlich wird man bei ihm den Wunsch nach
Erzeugung neuer Söhne voraussetzen, schwerlich daher auch von
ihm sagen, dass er hieran „verzweifle". In Uebereinstimmung
hiermit lässt der Fortgang der Stelle erkennen, dass der Gesetzgeber den Thinganten als einen nicht blos Kinderlosen, sondern auch Enkellosen denkt. Denn bei der Erörterung der
Wirkungen der nachträglichen Geburt von Kindern wird auf
die Möglichkeit, dass neben dem „alius cui thingatum est" Enkel
vorhanden sind, nirgends Rücksicht genommen. Vielmehr werden
in dem Falle, wenn der Thingat nicht einem nachgebornen
filius legitimus völlig weichen muss, sondern neben einer nachgebornen filia legitima oder einem nachgebornen filius naturalis
erbberechtigt bleibt, als die gesetzlichen Erben, an deren Stelle er
konkurrirt, lediglich die „alii parentes proximi" oder die curtis
regia genannt. Zu den „alii parentes proximi" aber, welche ohne
die Dazwischenkunft des Garethinx nach Massgabe der c. 158—160
Roth. die Erbschaft mit Töchtern und natürlichen Söhnen theilen
würden, können die Enkel nicht gezählt werden. Auch ist von
der andern Seite her deutlich, dass durch thingatio stets nur ein
Nicht-Descendent in die rechtliche Stellung eines Descendenten,

niemals ein entfernterer Nachkomme in die rechtliche Lage eines Kindes gebracht wird, während doch bei Annahme der vom Herrn Verfasser vertheidigten Erbenordnung zu der letzteren Verwendungsart des Institutes ein entschiedenes Bedürfniss vorhanden gewesen wäre. Beweisend hierfür ist gerade die in c. 157 Roth. ausdrücklich hervorgehobene scheinbare Ausnahme zu Gunsten des „threus", d. h. des Enkels vom natürlichen Sohn, welcher eben gesetzlich nicht als Descendent gilt und darum nur durch thingatio Erbe werden kann. Dieses selbe c. 157 ist übrigens noch in einer andern Richtung für die Entscheidung unserer Frage bedeutungsvoll. Denn wer unbefangen die Stellung desselben im Zusammenhang der erbrechtlichen Bestimmungen in c. 153—160 betrachtet, wird sich der Annahme nicht entziehen können, dass in den vorangehenden Satzungen der c. 154—155 das Erbrecht der Enkel von legitimen Söhnen bereits in dem Erbrecht der „filii legitimi" mitbegriffen sein muss. Steckte dasselbe erst in dem später behandelten Erbrecht weiterer Verwandtenkreise, so würde auch von der Stellung des threus erst später die Rede sein.

Sonach ist es nicht zweifelhaft, dass das langobardische Recht nicht blos nach einer irrigen Auslegung der späteren langobardischen Rechtsschule (oben S. 57), sondern in Wahrheit sämmtliche Nachkommen als erste Parentel vor Ascendenten und Seitenverwandten zur Erbschaft beruft. Und zwar steht das Erbrecht der Enkel u. s. w. auch seiner inneren Beschaffenheit nach dem Erbrecht der Kinder völlig gleich. Es ist daher z. B. zu Gunsten des ganzen Mannsstammes das oben (S. 58—65) für den Sohn nachgewiesene unentziehbare Wartrecht. Andrerseits trifft natürlich auch Sohnessöhne u. s. w. dieselbe vollere Haftung für die Schulden des Erblassers, wie sie oben (S. 69—74) zu Lasten des Sohnes wahrscheinlich gemacht ist, so dass hier die ungleiche Behandlung der Descendenten und Agnaten im späteren langobardischen Lehnrecht ihr Vorbild hätte.

O. Gierke.

Druck von E. Grahn in Warmbrunn.

Untersuchungen.

zur

Deutschen Staats- und Rechtsgeschichte

herausgegeben

von

Dr. Otto Gierke,

ordentl. Professor an der Universität Breslau.

XV.

Handelsgesellschaften

in den

deutschen Stadtrechtsquellen des Mittelalters

von

Friedrich Gustav Adolf Schmidt
Dr. jur.

Breslau.

Verlag von Wilhelm Koebner.

1883.

Handelsgesellschaften

in den

deutschen Stadtrechtsquellen des Mittelalters

von

Friedrich Gustav Adolf Schmidt
Dr. Jur.

———— ◆ ————

Breslau.
Verlag von Wilhelm Koebner.
1883.

Inhalt.

Seite

Einleitung 1
Die offene Handelsgesellschaft.
  A. Entwickelung und Verbreitung.
    1. Familienrechtliche Grundlagen 3
    2. Weitere Verbreitung der offenen Handelsgesellschaft 9
    3. Hindernisse und Beschränkungen ihrer Entwickelung, Sinken . 27
  B. Die Theorie der offenen Handelsgesellschaft in den Stadtrechten.
    Vorbemerkung 35
    I. Die Errichtung der offenen Handelsgesellschaft.
      a) Entstehungsgründe 36
      b) Zwecke und Dauer 38
      c) Umfang. Societas omnium bonorum und certae pecuniae 39
      d) Beginn des Gesellschaftsverhältnisses 43
      e) Terminologie 44
    II. Rechtsverhältnisse während der Dauer der Gesellschaft.
      1. Persönliche Beziehungen der Gesellschafter zu einander . 45
      2. Vermögensrechtliche Beziehungen der Gesellschafter unter
         einander im allgemeinen 49
      3. Firma 51
      4. Einlagen und Societätsfonds 53
      5. Vertheilung von Gewinn und Verlust 56
      6. Recht der Gesellschafter am Societätsgut 60
      7. Geschäftsführung 61
      8. Verpflichtung und Rechtserwerb der Gesellschaft zur ge-
         sammten Hand 66
      9. Vertretung 69
    III. Auflösung der offenen Handelsgesellschaft.
      A. Partielle Auflösung. Aus- und Eintritt von Mitgliedern 76
      B. Gänzliche Auflösung.
        1. Gründe 78
        2. Wirkungen gänzlicher Auflösung.
          a) Sistirung der Geschäfte 82
          b) Befriedigung der Gläubiger und gemeinsame Be-
             endigung der Gesellschaftsprocesse 82
          c) Eigentliche Theilung 83
Excurs. Accommenda und Stille Gesellschaft.
  I. Accommenda 89
  II. Stille Gesellschaft 91
Quellen- und Literaturverzeichniss 94

Einleitung.

Die Handelsgesellschaften finden sich in einer dem modernen Rechte ähnlichen Gestaltung zuerst im Mittelalter. Bei den Römern ist sowohl der Handel, als das Gesellschaftswesen und in Folge dessen auch das Institut der Handelsgesellschaften zu keiner grösseren Bedeutung gelangt. Daher ist gerade die mittelalterliche Rechtsgeschichte der Handelsgesellschaften für die gründliche Erkenntniss der modernen Handelsgesellschaften von grosser Bedeutung. Sie ist jedoch auffälliger Weise ein fast gänzlich unbearbeitetes Gebiet. In besonderem Masse gilt das von den deutschen Handelsgesellschaften. Die ausländische Rechtsgeschichte der Handelsgesellschaften hat wenigstens in einzelnen Theilen eine wissenschaftliche Untersuchung gefunden. Ueber die südfranzösisch-italienische Vorgeschichte der Commanditgesellschaft hat Goldschmidt[1]) einige Erörterungen angestellt. Lastig hat der italienischen Rechtsgeschichte der Handelsgesellschaften neuerdings seine Aufmerksamkeit zugewandt. Der Einwirkung der romanisch-kanonischen Wucherverbote auf die Gesellschaftsbildung haben Endemann und Neumann kurze Betrachtungen gewidmet. Die deutschrechtliche Entwickelung des Mittelalters haben diese Schriftsteller nur obenhin berührt. Für diese hat nur Kuntze einen umfassenderen Beitrag geliefert, indem er eine Anknüpfung unserer heutigen Handelsgesellschaften an Gedanken des deutschen Mittelalters versucht. Leider hat er dies gethan, ohne in genügender Weise quellenmässige Stützpunkte für seine Behauptungen zu suchen. Nur aus den Quellen aber kann man zu sicheren Resultaten gelangen. Aus diesen heraus ist daher die rechtsgeschichtliche Entwickelung der heutigen deutschen Handelsgesellschaften zu ergründen.

---

[1]) Genauere Titelangaben der in Betracht kommenden Schriften s. im Quellen- und Literaturverzeichniss am Schlusse der Arbeit.

Fr. Schmidt, Handelsgesellschaften d. Mittelalters.

Die hauptsächlichsten Handelsrechtsquellen des deutschen Mittelalters sind die deutschen Stadtrechte. Es lohnt sich daher wohl, die deutschen Stadtrechtsquellen auf ihren handelsgesellschaftlichen Inhalt zu prüfen. Es wird sich dabei ergeben, dass nur die offene Handelsgesellschaft deutschrechtlichen Ursprung hat und dass sie allein zu grösserer Entfaltung im Mittelalter gekommen ist. Die übrigen Gesellschaftsarten gehören ihrer Herkunft nach dem Auslande und, obwohl sich im Mittelalter Anknüpfungspunkte für sie finden, ihrer eigentlichen Entwickelung und heutigen Gestaltung nach ganz der Neuzeit an. Für die Darstellung der deutschen Rechtsgeschichte der Handelsgesellschaften wird es also zunächst auf eine eingehende Darlegung der offenen Handelsgesellschaft ankommen und diese soll hier versucht werden. Excursweise mögen einige Quellenstellen über die Accommenda und stille Gesellschaft folgen, um darauf hinzuweisen, dass diejenigen Rechtsbildungen, an welche die neuere Entwickelung der Commandit- und stillen Gesellschaft anknüpft, auch in Deutschland existirt haben, neue Rechtsideen aber durch das deutsche Recht in die mittelalterliche Ausbildung derselben nicht hineingetragen sind. Die Aktiengesellschaft hat im deutschen Mittelalter so wenig Anhaltspunkte, dass sie von der Darstellung ganz ausgeschlossen werden darf.[1])

Für die offene Handelsgesellschaft gilt es, die leitenden Gedanken der mittelalterlichen Rechtsentwickelung hervorzuheben und zugleich zu zeigen, in wie weit sich für die Gedanken der heutigen Gesellschaftstheorie Anhaltspunkte in den Quellen finden. Um dies jedoch in richtiger Weise zu thun, erscheint es nothwendig, zunächst auf die Entstehung und allgemeine historische Entwickelung der offenen Handelsgesellschaft einen Blick zu werfen. Kuntze und Lastig haben neuerdings darauf hingewiesen, dass Ursprung und Vorbild der offenen Handelsgesellschaft in der Familie ruhen. Diesem Gedanken wird man sich im allgemeinen anschliessen können. Da aber Kuntze denselben nicht im Zusammenhange durchgeführt, Lastig ihn nur für die italienischen Handelsgesellschaften verwerthet hat, so ist es nöthig, hier auf die familienrechtlichen Grundlagen der offenen Handelsgesellschaft näher einzugehen.

---

[1]) Vgl. darüber Gierke, Genossenschaftsrecht Bd. I. S. 965 ff.

Die offene Handelsgesellschaft.
A. Entwickelung und Verbreitung.

---

1. Familienrechtliche Grundlagen.

Waitz, Verfassungs-Gesch. I. S. 49 ff.
Gierke, Genossenschaftsrecht I. S. (17/18.) 220 ff.
Kuntze i. d. Zeitschr. f. Handelsrecht Bd. VI. § 3. § 11.
Brentano, Arbeiter-Gilden Bd. I. Einl. I.
Lastig i. d. Zeitschrift für Handelsrecht Bd. XXIV.
Endemann, Stud. z. röm.-kan. Wirthschl. I. 3 § 2 sub 1.

Die Sippe, der Geschlechtsverband des germanischen Rechts, war im früheren Mittelalter eine auf enger Verbindung der Sippegenossen ruhende, festgeschlossene Körperschaft von der vielseitigsten Bedeutung. Sie pflegte in einer für die Kulturzustände deutscher Vorzeit befriedigenden Weise die Interessen ihrer Mitglieder ebenso nach der Seite privaten und socialen Wohles, wie in öffentlichrechtlicher Beziehung. Sie kam den materiellen Bedürfnissen des einzelnen zur Hülfe, indem sie ihm Unterhaltungsmittel, Unterstützung in der Noth, Schutz in Gefahr, Sühne für Verletzung gewährte, und befriedigte zugleich seine geistigen, geselligen, religiösen Interessen.

Für die Festigkeit dieses Verbandes machten sich indess nachtheilige Einflüsse geltend. Schon Herrschaftsverbände, wie die Gefolgschaft und Vassallität, wirkten zersetzend auf die Einheit der Sippe. Noch mehr aber minderte das Erstarken der Staatsgewalt, besonders im Frankenreiche, die Bedeutung der Geschlechtsgenossenschaft. Freilich genügten diese äusseren Momente allein nicht, um ihre Kraft zu brechen. Die Staatsgewalt wurde vielfach schlaff gehandhabt, und je mehr die Commendationen einen der Vollfreiheit des einzelnen widersprechenden, und damit den Einzelinteressen nicht vollkommen genügenden Charakter annahmen,

1*

machte sich gegen diese eine Reaktion gelteud, die wohl wieder
an die alten Sippegrundlagen anzuknüpfen geneigt war. Die Sippe
würde also an sich immer noch ein genügendes Feld der Wirksamkeit gehabt haben. Ihre Auflösung wurde aber durch innere
Gründe beschleunigt. Die Einheit des Geschlechts lockerte sich
durch seine grosse Ausdehnung. Die Interessen seiner Glieder
erweiterten sich in unabsehbarer Weise mit fortschreitender Volks-
entwickelung. Die Haftungspflicht der ganzen Sippe für den
Geschlechtsgenossen wurde dadurch immer lästiger, und für ihre
Aufrechterhaltung fehlte es an Gründen. So verlor der Gesammt-
verband aller Geschlechtsgenossen Bedeutung und Festigkeit und
war seinen früheren Aufgaben nicht mehr gewachsen.

Dieselben Interessen, die den einzelnen Geschlechtsgenossen
von seinen Sippefreunden schieden, näherten ihn ausserhalb der
Familie stehenden Personen. Das gemeinsame Bedürfniss einer
nur durch die Gemeinschaft zu ermöglichenden umfassenderen
Pflege dieser Interessen führte zu freier Einung, zur Gründung
von Gilden. Theils und vor allem waren es Beruf und Gewerbe,
theils Bedürfnisse des Schutzes und der Unterstützung, zum Theil
auch gesellige und religiöse Interessen, die hier ohne Rücksicht
auf Geschlechtsgenossenschaft die Mitglieder zusammenführten. Die
Gilde wollte nicht nur einzelnen dieser Bedürfnisse genügen, sondern beabsichtigte neben ihrem, in der Regel gewerblichen, Haupt-
zweck im engen Anschluss an die Sippe und als Ersatz für diese
die Förderung ihrer Mitglieder in der Totalität ihrer persönlichen
Interessen und übernahm so einen bedeutenden Theil der Aufgaben
der Sippe.

Der natürliche Schwerpunkt der auf Geschlechtsgemeinschaft
ruhenden Personenverbindung verlegte sich mit dem Verfall der
Sippe in die Hausgenossenschaft, den engeren Kreis der Familie,
und dieser fielen in engerem Masse die früher von der Sippe erfüllten Aufgaben zur Last, welche die Gilde nicht übernahm. Eins
unterschied vor allem Sippe und Gilde. Die Gilde liess den einzelnen in seiner vermögensrechtlichen Sphäre im allgemeinen
unbeschränkt. Ihre Wirksamkeit in Bezug auf den Gewerbe-
betrieb bestand keineswegs in einem gemeinsamen Geschäftsbetrieb
aller Genossen, sondern beschränkte sich auf die Förderung des
einzelnen in seinem Gewerbe. Der Thätigkeit des einzelnen fiel
also hier die Hauptaufgabe zu. Zu produktiver Veranlagung in
seinem Geschäft hatte derselbe nicht einmal pecuniäre Unterstützung
seitens der Gilde zu erwarten. Denn die Gesammtheit beabsichtigte
nur die Verbesserung der Unterlagen für die gewerbliche Arbeit

des einzelnen durch Beschaffung von tüchtigen dienenden Kräften, Rohstoffen, Magazinen u. s. w., nicht die Leistung materieller Hilfe. Auf vermögensrechtlichem Gebiete blieb daher der Familien- und Hausgenossenschaft noch viel länger eine hervorragende Bedeutung gewahrt. Vermögensgemeinschaften finden sich zunächst nur innerhalb des Verwandtenkreises und zwar nur als Gemeinwirthschaft der engeren Hausfamilie oder im Anschluss an diese. Wenn der Vater starb und auf seine Kinder sein Gut vererbte, so blieben diese auch nach seinem Tode vereinigt, vorzugsweise um die Vortheile gemeinsamen Betriebes, die in der vermehrten Arbeits- und Vermögenskraft lagen, auszunutzen. Im allgemeinen findet sich diese „Ganerbschaft" gerade so bei Grundstücken und Häusern, wie bei gewerblichen und commerciellen Unternehmungen, die in solcher Art in der Kinder Hände übergingen; nur war im letzteren Falle noch mehr Grund vorhanden, die Gemeinschaft aufrecht zu erhalten, und der gemeinsame Geschäftsbetrieb dehnte sich daher hier oft auf die Enkel und Urenkel aus.

Seltener war es in der ältesten Zeit des Mittelalters, dass man auch durch Vertrag derartige vermögensrechtliche Gemeinschaftsverhältnisse begründete. Aber wenn es geschah, so vollzog sich auch diese Vereinigung fast ganz auf dem Boden der Familie. Nur sie bot dem einzelnen mit Gewissheit zuverlässige Gesellschafter, denen er rückhaltlos vertrauen durfte. Zugleich trat Haushaltsgemeinschaft ein.[1] Ein treffliches Beispiel dieser auf Grundlage der Familie und in völliger Nachbildung der Geschwistergemeinschaft sich vollziehenden Gesellschaftsgründung („affratamus te") ist aus sehr früher Zeit im Regesto di Farfa No. 36 An. 754 erhalten, worauf Brunner, Registr. Farfense S. 12, aufmerksam macht: „In nomine Domini Dei Salvatoris Nostri Ihesu Christi. Regnante domno haistolfo excellentissimo rege, anno regni eius in dei nomine V, mense iulio, per indictionem VII. Ideo constat nos bonualdum et radulum germanos, considerantes parvulitatem nostram et quod minime censum vel angarias de portiuncula nostra dominis nostris persolvere valeamus, per concessum et iussionem domni fulcoaldi abbatis monasterii sanctae dei genitricis semperque virginis mariae, in cuius casale nomine fornicata videmus residere; Iterum et cum concessum domni fulculi et domni mauri, in cuius

---

[1] v. Amira, Altschwed. Obl.-R. S. 675/6, erwähnt die mit Haushaltsgemeinschaft verbundene Gutsgesellschaft zwischen Eltern und Kindern und dieser nachgebildet die im jüngeren westgötischen Recht sich findende, von den Verwandten eines Unmündigen mit dessen Haushalter abgeschlossene Gutsgesellschaft, vertragsmässige Hauscommunion.

casale, id est casula, portionem nostram tenemus, te martianulum germanum matris nostrae in ipsa substantiuncula nostra affratamus, et in tertia portione te haeredem esse volumus. In ea vero ratione ut seu angarias sive censns nobiscum pariter persolvere debeas, et si aliquo tempore nos dividere voluerimus, terras, vineas, olivas, cultum vel incultum, mobilia vel immobilia, tam de fornicata quam etiam de casula, omnia et ex omnibus, sicut superius diximus, velut uterinus noster nobiscum dividere debeas." Hier tritt uns eine vertragsmässige Familiengesellschaft zu landwirthschaftlichen Erwerbszwecken entgegen, hervorgegangen aus Mangel an ausreichenden Geldmitteln. Dieselbe fasst — und das ist ein wesentlicher Fortschritt auf dem Wege zur späteren Entwickelung der Gesellschaft — schon beim Abschluss des Vertrages die Möglichkeit späterer Auflösung ins Auge.

Die Anknüpfung der Gesellschaftsbildung an die Familie reichte aber dem wachsenden Bedürfnisse gegenüber nicht aus. Nachdem Handel und Industrie einen grossartigen Aufschwung zu nehmen begonnen hatten, (worauf die Gilden von wesentlichem Einflusse waren), nachdem besonders die Kreuzzüge den Gesichtskreis deutschen Handels über Deutschlands Grenzen erweitert hatten, kam auch hier das Princip freier Einung in umfassendem Masse zur Geltung. Die Verhältnisse drängten dazu nach verschiedenen Richtungen, da sich das Bedürfniss fremden Beistandes, wie ihn die Familie nicht gewähren konnte, schon früh ebenso in Betreff der Personenkräfte, wie des Kapitals geltend machte.[1]

Der Handel jener Zeit war wesentlich Eigenhandel. Der Kaufmann zog selbst in der Fremde umher, kaufte und verkaufte. Wie hätte er bei der allgemeinen Unsicherheit seine kostbaren Waaren einem Diener anvertrauen können, den er nicht für alle Eventualitäten mit Verhaltungsmassregeln ausrüsten und von dem er noch weniger erwarten konnte, dass er das Interesse seines Herrn seiner eigenen Sicherheit und Bequemlichkeit zum Opfer bringen würde! Musste er aber alle Reisen persönlich übernehmen, so konnte er nicht zugleich in der Heimath sein Geschäft leiten, und namentlich war es ihm versagt, nach verschiedenen Seiten zugleich Handel zu treiben. Durch auswärtige Handelshäuser Waaren verkaufen und andere einkaufen zu lassen, unterlag denselben Bedenken wie die Aussendung von Knechten, die kein Interesse für das Geschäft des Herrn hatten, vermehrt noch durch

---

[1] Vgl. über das folgende Hüllmann, Städtewesen Bd. I. S. 193 und Pauli, Lüb. Zust. Bd. I. S. 137 ff.

die Schwierigkeit gerichtlicher Verfolgung der Bürger einer Stadt von Seiten Auswärtiger. Der Handeltreibende musste deshalb suchen, andere in sein Interesse zu ziehen, indem er ihnen Vortheil am Geschäft gewährte, und diese dann durch Aussendung nach verschiedenen Plätzen der Handelswelt für sein Geschäft zu benutzen. Er konnte jenes aber in verschiedener Weise thun. Entweder versprach er seinen Dienern, die er auf Reisen oder zum dauernden Aufenthalte in einer anderen Stadt ausschickte, einen Theil des Reingewinnes — und hier knüpft die Entstehung der Accommenda an die allgemeine Entwickelung der Handelsgesellschaft an —, oder er verband sich in einer auf Gleichberechtigung aller Mitglieder ruhenden, offenen Handelsgesellschaft mit anderen, die entweder in auswärtigen Städten wohnten und dort zum Besten der Gesellschaft handelten, oder sich zu längerem oder kürzerem Aufenthalt dahin begaben.

Dazu kam, dass in der früheren Zeit das kaufmännische Geschäft reines Baargeschäft war. Schon wegen der Schwierigkeit und Gefahr der Baargeldsendung waren Creditkäufe unthunlich. Ausserdem aber fehlte zwischen den Kaufleuten, besonders solchen, die in verschiedenen Städten wohnten, wegen der Schwierigkeit gerichtlicher Verfolgung und der Verschiedenheit des Geldes[1]) das kaufmännische Vertrauen, welches es ermöglichte, Waaren ohne Baarzahlung an einander abzugeben. Die erheblichen Kosten, Schwierigkeiten und Gefahren der Reise lohnten sich überdies nur, wenn man in grossen Quantitäten kaufte. So ergab sich häufig für den Kaufmann das Bedürfniss, grosse Summen in seinem Geschäfte zu verwenden, und auch dieses führte zu Handelsgesellschaften mit Nichtverwandten. Bei dem grossartigen Aufschwung des deutschen Handels im 13. bis 15. Jahrhundert wurde unter wachsendem Bedürfniss das Princip freier Einung auf dem Gebiete der Handelsgesellschaft bald zur Regel, und Hausgemeinschaft wurde nicht mehr damit verbunden.

Natürlich wurde die Gesellschaft zwischen Familiengliedern dadurch nicht aus dem Handel verdrängt. Wo die Verhältnisse nicht ein anderes bedingten, suchte man sich seine Handelsgenossen auch fernerhin mit Vorliebe aus dem Kreise der Verwandtschaft. So bilden Ganerbschaft und Vertragsgemeinschaft unter den Gliedern Einer Familie während des ganzen Mittelalters einen erheblichen Faktor in der Geschichte des commerciellen Gesellschaftslebens. Häufig finden sich in den Stadtrechtsquellen Beispiele

---

[1]) Vgl. Stobbe, Vtrgsr. S. 116.

von Gesellschaften zwischen Brüdern. Vgl. u. A. Mone, Zsch.
Bd. 4, Hdls.-Gesch. d. Städte a. Bodensee No. 7, 8—11; Lappenberg,
Hans. Stahlh. U. B. XI S. 7; Höhlbaum, Hans. U. B. Bd. II, 372. 541;
Hannov. U. B. 360. Auch an Beispielen von Handelsgesellschaften
mit anderen Verwandten fehlt es nicht. Vgl. z. B. Mone a. a. O.
Bd. IV. 32; Jäger, Ulm S. 711/718 (Besserer und Vehlin). Nach dem
Hans. U. B. (ed. Höhlbaum) Bd. II. No. 587 haben Florekin in Narva und
„consanguinei mei dilecti videlicet Bertoldus de Corbes et Bertoldus
de Ellevere" eine Gesellschaft geschlossen. Gesellschaften, an denen
sowohl Verwandte als Nichtverwandte sich betheiligen, erwähnen
beispielsweise Pauli, Lüb. Zust. Bd. III. U. B. 89/90; Roth, Nürnb.
Handel Bd. I S. 56 vc. Mendel. Im letzteren Falle haben 3 Brü-
der, Marquard, Conrad, Peter Mendel, eine Societät, in die 1375
Jacob Grundherr und seine Frau Agnes, geb. Mendlin, (vgl.
S. 55 vc. Grundherr), 1380 Frau Ottilia, Herman Geuders Wittwe,
1383 Berthold Nüzel (dieser auf 5 Jahre) ihr Vermögen einwerfen.[1]
　　In der That sind gerade die grössten und berühmtesten
Handelsgesellschaften des späteren Mittelalters auf dem Boden der
Familie erwachsen, sie sind grosse, durch eine Reihe von Generationen hindurch fortgesetzte Ganerbschaften[2], so besonders in Süddeutschland die Welser, später auch die Fugger in Augsburg, die
Imhof, Ebner, Volkamer in Nürnberg, die Rulands in Ulm. Das
enge Vertrauensband[3], das die Gesellschafter umschlang, gab
diesen Gesellschaften einen besonders festen Halt und befähigte sie
zu Unternehmungen, zu welchen nur auf Vertrag beruhende Gesellschaften nicht in gleichem Masse geeignet waren. Eine Betheiligung
Fremder, wenigstens eine indirekte durch Einlagen stiller Gesell-.
schafter, liessen aber auch diese Gesellschaften meist zu. So nahm
die Familie Thurzo an der Gesellschaft der Fugger Theil.[4] Ott

---

[1] In der Chronik des Carthäuserklosters, das Marquard Mendel 1381
stiftete, heisst es von diesen Gesellschaftern: „Auf denselben Tag hatten wir
dannoch für unns seines (des Stifters) Guts in der Gesellschaft mit den Heussern"
· . . . 1350: „Item Cunz und Peter die Mendel haben gegeben von der Gesellschaft ein weysz Tuch zu Corporalen, ist bey 9 fl. werth." Marquard M. schreibt
1384 in seinem Testament: „Auch schik ich In mein bereytschafft" (Baargeld)
„die ich han bey Conraden und Peter Mendeln meinen Brüdern, in Ihrer gesellschafft — ist zweytausend guldein."

[2] Vgl. Falke, Gesch. des dtsch. Hdls. Bd. II S. 330 fl.

[3] Wie stark dieses familiäre Band war, ergibt sich auch daraus, dass
diese Gesellschaften das Gesellschaftsvermögen auch anderen als Erwerbszwecken widmeten. Namentlich wohlthätige Stiftungen verdanken vielfach
diesen Gesellschaften ihr Entstehen. Vgl. näh. Falke, Bd. II S. 330 f.

[4] Ersch u. Gr. Bd. 50 S. 441.

Ruland sagt in seinem Handlungsbuch S. 36 (a. 1444): „Item daz ich Ott Ruland empfangen hab von dem Walthasar Ramstainer zu Nurnberg 200 reynisch gulden, die sol ich ihm anlegen zu gwin und verlust auf sein wagnuss. Daz ist beschechen in der herbstmess im 52 jar, das hab ich im also aussgerich(t)." Die grossen Familiengesellschaften trieben Handel nach den verschiedensten Seiten zugleich. So hatten die Rulands Niederlagen in Frankfurt a. M., Augsburg, Braunau, Wien. Ott Ruland war Chef der ganzen Gesellschaft, Hans Ruland stand der Commandite in Wien vor.[1] Die Ebner trieben im 14. Jahrhundert im Verein mit Anderen Handel nach Venedig, Ungarn und dem Rhein.[2] Der Handel und das Wechselgeschäft der Fugger umfasste Deutschland, die Niederlande, Italien, Ungarn, Polen. In Venedig hatten sie ein eigenes Haus. Hüttenwerke hatten sie in Polen und Italien. Der grösste Theil des Bergbaubetriebs in den habsburgischen Landen lag in ihren Händen.[3]

2. Weitere Verbreitung der offenen Handelsgesellschaft.

Auf der Doppelgrundlage von Vertrag und Erbengemeinschaft ruhend, hat das deutsche Gesellschaftswesen gegen Ende des Mittelalters eine für den Handel jener Zeit geradezu weltumfassende Bedeutung erlangt. Diese verdanken die Gesellschaften nicht dem Betriebe von Platzgeschäften, obgleich derselbe oft zu handelsgesellschaftlicher Vereinigung führte, sondern dem Umstande, dass sie den auswärtigen Handel im umfassendsten Massstabe trieben, und dem kühnen Unternehmungsgeiste, von dem ihre Handelsthätigkeit getragen wurde. Je gefahrvoller eine Unternehmung war, je grössere Mittel sie zu ihrer Durchführung erforderte, je geringer daher die Concurrenz von Einzelkaufleuten sein konnte, desto grösser war der Gewinn, den die Gesellschaft durch willkürliche Bestimmung der Verkaufspreise erzielte.

In Folge der hohen Bedeutung des auswärtigen Handels entwickelten sich die Handelsgesellschaften in den nord- und süddeutschen Ländern früher und grossartiger als im mittleren Deutschland, wo erst im 15. Jahrhundert bedeutendere Gesellschaften hervortraten, wie die Societas Stanni in Meissen (vgl. Neumann,

---

[1] Vgl. Ott Rulds. Hdlgsbch. Einleitung.
[2] Falke, Bd. I. S. 247.
[3] Vgl. Ersch u. Gr. Bd. 50 S. 441—3, 451. Falke, Bd. II. S. 337.

Wuchergesch. S. 461 ff.) und 3 Frankfurter Wechselbanken von 1403 (Neumann, a. a. O. Beilage E. a. S. 611).

. Im Norden bot das Meer eine vorzügliche Handelsstrasse dar. Das durch die Hansa geknüpfte freundschaftliche Band der Nord-städte führte dazu, dass Bürger verschiedener Hansestädte in Ge-schäftsverbindung oder Handelsgesellschaften mit einander traten. Die . Hansa sorgte nach Kräften für Sicherheit der deutschen Strassen und Meere, und selbst im Auslande wusste sie ihre Mitglieder durch Verträge mit den auswärtigen Mächten zu schützen. Die hansischen Comptoire in Brügge, London, Nowgorod etc. bil-deten sichere Stapelplätze für den deutschen Handel nach dem Auslande.

Im Süden Deutschlands waren durch Städtebündnisse und den freundschaftlichen Verkehr der Städte ähnliche günstige Bedingungen geschaffen. Italien stand mit Süddeutschland von Alters her in einem regen, durch die Bedürfnisse beider Länder bewirkten gegen-seitigen Waarenaustausch. In Venedig hatten die deutschen Kauf-leute ihr eigenes Comptoir, das fonticum Theotonicorum. Ueber-dies kam Italien mit seinem ausgebildeten Handel und selbst für Fremde freien Handelsinstitutionen, seinen Häfen, besonders Venedig und Genua, der Ausbildung direkter Handelsbeziehungen Süddeutsch-lands mit dem Orient sehr zu Statten. Diese erwähnt Boemus[1]), omnium gentium mores leges et ritus: „Hodie potentiores Suevorum fere omnes mercaturae vacant, societatem sive confoederationem unam multi ineunt ac certam pecuniae summam quisque ponit, quo non solum aromata, serica atque alias preciosas merces, quae ex transmarinis regionibus transvehuntur, emunt, sed vilia etiam ut cochlearia acus specula pupae. prae emunt etiam vina et frumenta.“

Vorzüglich nach Venedig trieben deutsche Handelsgesellschaften[2]) in grosser Anzahl Geschäfte. Vgl. Stobbe i. Zschr. f. Gesch. Schles. Bd. VI. No. IX. (1393): .... wenn die 400 golden czu Venedigen .. beszalt werden, do sal Patricius u. syne Gesellschaft (i. Breslau) den .. brieff ... weder geben.“ Ebenda No. XXX (1408): „das er jm alle seine Schulde die der egen. Sigmund (i. Breslau) von seinen und auch Lorenz Czirkewicz wegen zu Venedien gemacht

---

[1]) Boemus, in Frankreich geboren, war 1515—1520 Deutschordenskaplan in Ulm. Die citirte Stelle s. b. Goldast p. 26.

[2]) Handel italischer Gesellschaften mit Deutschland findet sich ebenso. Vgl. z. B. Stobbe, Ztsch. f. Gesch. Schles. Bd. VI. No. XIV: Marco Perut und Anthonius de bona emptura zu Venedig haben in Münsterberg Geld zu fordern. Erdmannsdörffer (Commerc. int. Venet.) S. 33: Die Handelsgesellschaft des Jo-hannes de Avanzo handelt nach Böhmen. 1308.

hat ... usrichten .... sal." Bei Mone (Zschr. Bd. IV, Städte a.
Bodensee) No. 7 hat die Gesellschaft der Brüder Wirt zu Ravens-
burg in Venedig einen Servus zur Geschäftsführung (1390). Ib.
No. 8—11 haben die Brüder Conr. und Joh. Selbach in Ravensburg
ebenfalls Handelsbeziehungen zu Venedig. Dgl. No. 13 (1407) die
Gesellschaft der 2 Kirchherren. Mone, Zschr. Bd. V. (Süddtsch.
Hdl. m. Venedig) S. 27 enthält eine Verordnung von 1448 über den
deutschen Handel in Venedig, worin es heisst: „veniunt aliqui ex
Alemanea ..., faciunt se scribi ... factores societatum Alemanee."
Auch Kuppener in seiner Schrift vom Wucher F. 1 von 1508 (Neu-
mann, Wuchergesch. Beilage E.) hebt den Gesellschaftshandel
Deutschlands nach Venedig hervor, und als Beispiel führt er nochmals
an (Neumann S. 592, l. c. F. 1ᵛ), dass ein deutscher Gesellschafter
eine in Venedig contrahirte Schuld nicht zahlt. In Pauli, Lüb. Zust.
Bd. I 104 (1378) heisst es von einem Socius: „Item vendidit predictus
Jordanus in Veneciis X Ghervalken." Ibid. Bd. III. U. B. 97
(v. 1482) erwähnt: „Geverde Heynecken, synen musschup unde
vulleselschup, nu tor tydt to Venedig liggende." Vgl. auch Falke,
Gesch. d. deutschen Handels Bd. I. 247.

Constanzer Gesellschaften treiben Handel nach Catalonien (Mone
Zschr. Bd. IV, Städte am Bodensee No. 32). Der Adel hebt in einer
Beschwerde über die Gesellschaften, die er 1523 an die Fürsten richtet, hervor, eine deutsche Gesellschaft habe mit dem Könige von Portu-
gal durch Vertrag verabredet, für 600000 Gulden Pfeffer zu kaufen, falls
der König ihn anderen Deutschen theurer verkaufe (Falke II. S. 339/40).

Oberdeutsche Gesellschaften (vgl. Falke, Gesch. dtsch. Hdls.
Bd. I. S. 330—336) haben Faktoren in Antwerpen, Lissabon, Venedig
(ebenda 336); sie handeln nach Ungarn, so Christoph Tezel in
Nürnberg und Albrecht Link in Schwabach, die sich 1520 trennen,
(s. Roth Nürnbg. Hdl. S. 368—71).

In den nördlichen Ländern Europas vermochten die süddeutschen Gesellschaften dagegen denen der dort überall privilegirten Hansestädte keine erfolgreiche Concurrenz zu machen.
Vielmehr beschränkten sich ihre dortigen Beziehungen regelmässig
auf die Waarenzufuhr an andere deutsche Städte, denen sie die
Weiterbeförderung überliessen, oder sie machten es, wie eine Nürnberger Gesellschaft, die 1541 einen Socius zu dauerndem Wohnsitze
nach Breslau sandte, der dann den Waarenvertrieb nach dem Norden und Osten übernahm (Falke Bd. II. S. 51). Als Ausnahmefall erscheint es daher, wenn eine Nürnberger Gesellschaft, „Georg Stromer,
Hans Ortlieb und Ihre Gesellschaft", 1428 direkt nach Dänemark
Handel trieb (Roth, Nürnberger Handel S. 166).

Da den süddeutschen Städten im Süden eine vor den norddeutschen so begünstigte Stellung fehlte, wie die Hanse sie gegenüber den süddeutschen im Norden hatte, so waren die Hansestädte durch die letzteren in ihrem Handel nach dem Süden nicht beschränkt. Die nordischen Handelsgesellschaften nahmen daher an dem Handel nach Venedig u. s. w. Theil.[1]) Doch hinderte die weite Entfernung der südlichen Länder diese Gesellschaften, im Süden in gleicher Anzahl und mit gleichen Unternehmungen aufzutreten, wie die süddeutschen.

Hauptsächlich war der Verkehr der norddeutschen Societäten vielmehr nach den Ländern des deutschen Ordens und Polen, dem nordischen Auslande und den Niederlanden gerichtet. So z. B. handelten Lübecker nach Reval (Lüb. U. B. Bd. I. 386, Pauli, Lüb. Zust. Bd. III. No. 95), nach Bergen in Norwegen Gesellschaften von Lübeck (Lüb. U. B. Bd. I. 662, Pauli, Lüb. Zust. Bd. III. 91/98) und von Deventer (Lüb. U. B. Bd. I. 744). Die Schöffen zu Deventer schreiben Ende des 13. Jahrhunderts an den Rath von Lübeck ... „quidam nostri concives, suorum atque aliorum nostrorum concivium nomine Berghen et regnum Norwegie visitantes, quedam negotia eis incumbencia vestre prefamose honestati significaverunt" etc. 1422 betreiben den Litthauischen Handel in Kauen 6 Danziger Gesellschaften und der Faktor Eines einzelnen Kaufmanns (vgl. Hirsch, Danz. S. 228). Nach Polen treiben Danziger in Handelsgesellschaft (Hirsch S. 183), auch Bürger von Breslau, das durch seine Theilnahme am Hansabunde ganz in den Kreis der norddeutschen Städte gezogen war, Geschäfte, so nach Krakau (Stobbe, Schles. Zsch. Bd. VI, No. 34) und Warschau (ib. No. 25). Kuppener F. 1 (s. Neumann, Wuchergesch. Blge. E.) hebt den Gesellschaftshandel nach Russland und Preussen hervor. Nach Flandern handelt u. A. eine Lübecker Gesellschaft a. 1311 (Pauli, Lüb. Zust. Bd. I, No. 102 i.) Umgekehrt übernimmt eine Dortrechter Gesellschaft eine Zahlungsvermittelung nach Breslau. Natürlich trieben auch innerhalb Deutschlands norddeutsche Gesellschaften Handel, so Lübecker nach Nürnberg (Lüb. Zust. Bd. I. 104 [1378]), nach Cöln (ib. I. 102 i.), nach Frankfurt und Erfurt (ib. I. 103 B.).

Die Art und Weise, wie sich dabei im einzelnen der Geschäftsbetrieb der Gesellschaften gestaltete, war eine sehr verschiedene. Bald gingen alle Gesellschafter auf Reisen und zwar gewöhnlich getrennt von einander, um, jeder an seinem Theile, an verschie-

---

[1]) Vgl. Stobbe, Zsch. schles. Gesch. Bd. VI No. XXX, dgl. Pauli, Lüb. Zust. Bd. III. 97 des U. Bs. u. ibid. Bd. I. U. B. Nr. 104 „vendidit in Veneciis X. Ghervalken."

denen Orten die Interessen der Gesellschaft zu vertreten, z. B. die 3 Gebrüder Herman, Detmar und Albert Klipping, die 1320 Wolle und Felle nach Brabant, Flandern und Artois geladen haben, deren Waaren aber wegen Verletzung des königlichen Wollenstapels auf Befehl Eduards von England arrestirt werden (Höhlbaum, Hans. U.B. Bd. II. 372). Bald übernimmt nur einer der Socii, indem er Geschäftsreisen unternimmt, die Besorgung der auswärtigen Geschäfte, während der andere zur Wahrnehmung des Platzgeschäftes in der Heimath bleibt (s. Höhlb., Hans. U. B. Bd. II. 587 a. 1336). Häufig auch erfordert die umfassendere commercielle Ausbeutung einer Gegend durch die Gesellschaft stetig die Anwesenheit eines Gesellschafters. Dann siedelt einer der Socii in jene Gegend zum dauernden Geschäftsbetriebe im Interesse des heimischen Hauptgeschäfts über. Er berichtet über Preiswechsel und Bedarf im Auslande an die heimathliche Handlung, befördert Waaren, die er von dieser erhalten, in der Fremde zum Verkauf und versieht das Heimathsgeschäft mit den Waaren des Auslandes.

Noch vollständiger sehen wir den Zweck eines auf die Bedürfnisse zweier Länder gegründeten Waarenaustausches erreicht, wenn der Kaufmann mit Bürgern anderer Städte eine Handelsgesellschaft schliesst. Jeder der Betheiligten hatte hier einen sicheren Geschäftsblick für die Verhältnisse seiner Heimath, und nahm als Bürger Theil an den Vorrechten, die seine Stadt im Handel mit bestimmten Gegenden genoss. Die Gesellschaft wurde so beider Vorzüge theilhaftig. So schlossen Bürger von Danzig Handelsgesellschaften mit denen rheinischer und westphälischer Städte, besonders Dortmund, Soest, Cöln und Lüneburg (vgl. Neumann, Wuchergesch. S. 460) oder mit Bürgern von Brügge, Lübeck, Riga, Reval (Hirsch, Danzig S. 229), oder mit Litthauern (Hirsch S. 285/6) etc. (vgl. Neumann S. 459/60), und um den für die Preussischen Städte bestehenden Handelsbeschränkungen in Polen zu entgehen, traten Danziger mit Bürgern bevorzugter Städte, wie Thorn, Krakau oder Breslau in Handelsgenossenschaft (Hirsch S. 183). Lübecker stehen in Handelsgemeinschaft mit Einwohnern von Deventer (Pauli, Lüb. Zust. Bd. III. U. B. 94 a. 1472), von Münster (ebenda 95 a. 1476), von Riga (Hirsch S. 225/6 a. 1458) oder von Reval; so referirt Michelsen (a. a. O. 248 [a. 1504] Anm. auf S. 328): „Hans Rock makede mit Euerds Bur in Lubeke eine selschop tüschen Lubeke vnde Reval, also dat Hans Rock sal gelden twe penninghe vnde Euerdt Bur sal gelden den dörden penninck to wynnende vnd to vorleszende, to water vnde to lande, so

kopmanrecht is." Ulmer (vgl. Jäger S. 673) verbinden sich mit
Bürgern von Regensburg, Augsburg, Frankfurt, Nördlingen, Kemp-
ten, Constanz, Basel, Biberach, Reutlingen, Memmingen, Dinkels-
bühl, Rotenburg a. T. etc.

Auch Gesellschaften zwischen Bürgern mehrerer Städte finden
sich vielfach, wie zwischen Brügge, Lübeck, Danzig 1443 (Hirsch,
Danz. S. 229), zwischen Memmingen, Augsburg, Ulm (s. Jäger
S. 673), zwischen Lübeck, Reval und dem Sunde (Stralsund) (Pauli,
Lüb. Zust. Bd. III. 90 a. 1441), zwischen Lübeck, Braunschweig
und Goslar (Pauli Bd. I. No. 104).

Durch ihren auswärtigen Handel erwarben sich die Handelsgesellschaften sehr bedeutende Reichthümer, die süddeutschen jedoch
in viel höherem Masse als die norddeutschen. Im Norden bewegte
sich der Verkehr zwischen Ländern von wesentlich gleichen Natur-
und Culturzuständen mit meist germanischer Bevölkerung. Die
süddeutschen Gesellschaften vermittelten dagegen den Waarenaustausch mit den Ländern des Südens und Orients, die nach Lage
und Naturerzeugnissen, Volkscharakter, Cultur und geschichtlicher
Entwickelung von Deutschland vollkommen verschieden waren, und
indem sie so die Bedürfnisse des Nordens durch die Produkte des
Südens, die des Südens durch die Erzeugnisse des Nordens zu befriedigen suchten, eröffnete sich ihnen ein bei weitem grossartigeres
Feld der Thätigkeit, als die norddeutschen Gesellschaften es hatten.
Die Geldmacht der süddeutschen Handelsgesellschaften stieg dadurch so, dass sie schliesslich den Handel zu ihrem Monopol zu
machen strebten. Der jährliche Gewinn dieser Gesellschaften be-
lief sich nach der Beschwerde des Adels von 1523 (vgl. Falke II,
S. 339/40) auf 40—80 Procent des Capitals. Aus der Ambrosi-
Hochstetterschen Gesellschaft zu Augsburg verlangt ein Theilhaber
statt eingelegter 900 Gulden nach 6 Jahren 33000 Gulden (Gierke
Bd. I. S. 1001). Der Reichthum der nord- und süddeutschen Handelsgesellschaften hatte eine bedeutende Hebung ihres kaufmännischen
Credits zur Folge. Wie gross dieser auch im Auslande war, beweist der umfassende Missbrauch, der zu Folge einer Bestimmung
für das Fonticum Theotonicorum zu Venedig damit getrieben
wurde. Diese stammt vom 7. März 1448 und lautet (vgl. Mone
Zeitschr. Bd. V): „Cum in fontico nostro Theotonicorum observetur
certus modus valde damnosus civibus et mercatoribus nostris, quia
veniunt aliqui ex Alemanea et quando applicant Venetiis, faciunt
se scribi ad officium fontici factores societatum Alemanee, que
sunt divites et potentes, et cum illo creditu emunt ad
terminum, quot mercaciones volunt, et cum illis vadunt in Ale-

maneam et faciunt facta sua, et advenientibus terminis isti tales
non repperiuntur, cum fugam arripiant; ex quo nostri mercatores
requirunt per suas litteras illos societatum predictarum, pro nomi-
nibus quorum sunt empte dicte mercaciones, qui se excusant, nihil
scire de hoc, et quod ille, qui eas emit, non est eorum factor. de
qua re multi nostri mercatores remanserunt delusi et 'cum maximo
damno suo, et necessarium sit, huic inconvenientie providere: — va-
dit pars, quod quotiescunque aliquis venerit Venetias nomine alicuius
societatis Alemanee, non possit ad officium fontici ullo modo notari,
neque si notaretur acceptari pro factore aut nuncio alicuius societatis Alemanee, nisi venerit cum legitimis procuris et instrumentis
societatum', de quibus se dicant esse nuntios aut factores. et sic
servari debeat singula vice, qua venient et revertentur Venetias
nuncii aut procuratores predicti. nec aliter aut alio modo servari
possit sub pena cuilibet contrafacienti de ducatis ducentis et priva-
tionis omnium officiorum et beneficiorum nostrorum per quinquen-
nium et hoc inquirenda efficaciter committantur nostris advocatoribus
comunis et notari debeat ad dictum officium fontici forma procura-
tionum et instrumentorum predictorum pro informatione omnium,
sicut fit ad alia officia nostra Veneta."

Der Kreis der Unternehmungen, die den Zweck gesellschaft-
licher Vereinigung bilden, ist ein unbegrenzter. Dennoch lohnt es
sich wohl, zur Charakteristik der Handelsgesellschaften einzelne
ihrer Hauptunternehmungen zusammenzustellen. Sehr oft finden sich
Gesellschaften, die Gewandhandel treiben. Vgl. bei Stobbe, Breslauer Sign. Bchr. XXXV (a. 1409) „An verlornem gewande"; bei
Pauli, Lüb. Zust. Bd. I. U. B. 102 h. (a. 1311) „pannos in domo
pannorum incidens." Nach Hirsch, Danzigs Hdls.- u. Gwbs.-Gesch.
S. 183 hat Cuncze Schwabe der alte in Danzig Gesellschaft mit
Cuncze Sicz in Thorn, dem er Tuch schickt. (Anfg. des 15: Jhs.)
Desgl. der Krakauer Hirszberg und Wrige in Danzig handeln
1441 mit Laken etc. Nach Jäger, Ulms Vfss., bgl. und commerc.
Leben, sind 1488 der Vehlinschen Handelsgesellschaft in Memmingen
2 Ballen Gewand weggenommen (S. 711). Bei derselben Gesellschaft wird a. 1494 Sammet bestellt (S. 718). Auch J. Besserer
in Ulm ist mit Memmingern in Handelsgesellschaft auf rothen und
grünen Sammet (S. 674). 1505 wird in Ulm den Augsburger
Welsern der Handel mit wollenen und seidenen Zeugen, Barchent,
Wolle und „gölsch" (Cölnisches Zeug) erlaubt (ib. S. 676). Bei
Boemus, Mor. leg. et ritus omnium gent. (Goldast S. 26) heisst
es: „Confoederationem .... ineunt, qua ..... serica" (Seidenstoffe)
... „emunt." 1296 ist in England (London) die erste eigentliche

Werkstatt von feineren Tüchern angelegt worden von einer Gesellschaft von Grosshändlern, die sich „Avanturers" nannten (Hüllmann St. Bd. I S. 239). Bei Michelsen, Oberhof No. 248, finden sich
Streitigkeiten zweier Gesellschafter aus Lübeck und Reval von 1504
„vmme 826 Mk. X schillg. VIII Pf. lüb.", wofür der andere Laken
soll empfangen haben, „vmme 2000 Mk. für Laken zolle durer
vorkofft", und um einen im J. 1498 über „XIV tarlinge lakene"
geschriebenen Brief. Friedrich v. Hattstadt (Roth, Nürnbg. Handel
Bd. I S. 162) hat 1423 „Georgen Stromer und Hannsen Ortlieb und
Ihrer Gesellschaft 2 Pallen Tuch auf der Strassen genommen."
Bei Höhlbaum, Hansisches U. B. Bd. II. 372, findet sich ein Arrest-
befehl auf Wolle und Felle einer Gesellschaft v. J. 1320. Eine Urkunde bei Pauli, Lüb. Zustd. I. 103 B., a. 1366 sagt: „Preterea
memorati dominus Bernhardus Pepersack et Henr. Coc. habent
simul in Luheke XIII ballas sardoci" (Sartuch, Wollenzeug) „que
constabant XVI° et LVI aureos". Bei Erdmannsdörffer, Commerc.
int. Venet. et German. S. 33 heisst es a. 1308: „Johannes suo et
societatis sue nomine ...... ad partes regni vestri Boemie quen-
dam faldonum" (wollenes Gewand) „magni valoris dudum mi-
sisset...."
    Aehnlich handeln Gesellschaften mit Fellen und Pelzwerk.
Vgl. darüber Hirsch, Danzig S. 183; dgl. Hansisches Urk.-Buch
ed. Höhlb. Bd. II 372 (s. diese Seite oben). Eine Genueser Handelsgesellschaft (Hirsch a. a. O. S. 277) hat 1439 in Deutschland „... ghe-
laden in enen schiphern genomt hinrik westphael von der henze....
veudusend werx (Pelzwerk), tyen hondert Rucge holdende vnd
zeuen peltze van Grawerx sterten van stucken ghemaket".
    Auch Wein-Gesellschaftshandel war sehr beliebt. So sagt eine
Cölner Rathsverordnung b. Ennen u. Eck., Quell. z. Gesch. Cölns,
Bd. I. 130/1 u. 43: „eynich Burger geselschaft hette mit eyme
Gaste, de suelen yre wijne deilen upme Ryne". Bei Lörsch,
Aachener Rsdkmlr. II. 5 wird verabredet: „Vort so in sal dit gelt
nirgen aingelait werden, dan ain wijn in unser geselschaff." Nach
dem Urk. B. d. St. Lüb. Bd. I. 662, haben sich 2 Lübecker Bürger
Arnold und Reinward beim Könige von Norwegen beschwert, dass
vor 2 Jahren der Rath zu Bergen 10 Dolea vini für 120 Mark von
ihnen gekauft und erst einen Theil bezahlt habe. Der König befiehlt, den beiden oder ihrem Procurator zu zahlen. Auch Boemus
(Goldast S. 26) erwähnt den Gesellschaftshandel mit Wein: „Confoederationem ... ineunt .... praeemunt etiam vina" etc. Bei Lappenberg, Hansischer Stahlhof zu London S. 7. No. IX gebietet i. J. 1205
König Johann dem Sheriff von Norfolk, 2 Cölner Kaufleuten Er-

satz für 2 zu seiner Hofhaltung genommene Fässer Wein zu leisten:
„Rex etc. Vicecomiti Norfolcie etc. Fac habere Theobaldo de
Colonia et Henriko mercatori, socio suo, XX marcas de firma tua
pro duobus doliis vini captis ab eis ad opus nostrum, et compu-
tabitur tibi ad scaccarium. Teste G. filio Petri, apud Londinum
XIII. die Aprilis per Reginaldum de Cornhellis.“

Von Societätshandel mit Vieh spricht Rauch, Rer. Austr. Script.
IX. 1350 Wien. Art. 1 Alin. 6: „ygliche gesellschaft nicht mer
viechs ... gen wien treiben, dan ....“ In Ungarn kaufen süd-
deutsche Gesellschaften Rindviehheerden zum Verkauf in Wien
(Falke, Gesch. d. Dtsch. Handels Bd. I. 128). Bei Pauli Lüb. Zust.
Bd. I. heisst es U. B. 102 n: „porcos tradiderunt. Quicquid de ipsis
porcis vendendis provenit medietas ... et medietas .... pertinebit.“

Fischhandel durch Gesellschaften erwähnt Rauch, Rer. Austr.
Script. IX. 1350 Wien. Art. 1. Alin. 3: „.. nur ir zwen ymer ein
gesellschaft ... auch nymmer mer als ainen wagen mit hawsen oder
mit Schubvischen“ (Schuppenfischen) „haben bestellen und chauffen.“
(Dgl. s. Art. 3.) Ebenso Lüb. U. B. IV. 308: „Item Radekinus
Schiphorst habet ex parte illorum“ (der Gesellschafter) „VI lastas
allecium“ (Caviar) „et I lagenam. Item Arnoldus Schoneweder tenetur I lastam allecium.“ Nach Klöden (Beiträge z. Gesch. des
Oderhandels VIII tes Stück. Stettin S. 41) trat zum Heringsfang
die Handelsgesellschaft der Draker (auf Drake hatte sie ihre Vitten)
zusammen, später zum selben Zwecke die Falsterboder Compagnie,
1452 die Elbogner, und endlich die Uhstedter Compagnie, alle 3
so nach dem Orte ihrer Vitten genannt. Es waren dies wirkliche
grosse Erwerbsgesellschaften, die aber vielleicht mehr die Organisation einer Gilde als einer offenen Handelsgesellschaft hatten.[1]

Auch zum Betriebe des Bergbaues traten oft Gesellschaften zusammen.[2] Ebenso wurden gesellschaftlich betrieben Hüttenwerke[3]
und Handel mit Metallen.[4]

Erbauung von Häusern (so Stralsunder Stdtbch. I. 6 u. III. 195),

---

[1] Fischereigesellschaften im schwedischen Recht s. b. Amira, Altschwed.
Obl.-R. S. 677 No. 6. u. 7.

[2] Vgl. Falke, Gesch. d. deutsch. Hdls. Bd. II. S. 330 ff. (335). Die Fuggergesellschaft hatte Bergwerke u. A. im Innthal, in Kärnthen und Ungarn, s. Ersch
u. Gr., Bd. 50 S. 441. 451.

[3] Falke, Bd. I. S. 129. Eine Glashütte s. b. Pauli, Lüb. Zust. Bd. III. U. B.
88: „sin deel der hate der glasebutten in der Smalenvelder Owe.“

[4] Falke, Bd. II. S. 337/8 u. bei Neumann, Gesch. des Wuchers S. 461/2, die
durch grosses Capital und Ansehen der Mitglieder ausgezeichnete „Gesellschaft
des zoynnhandels“ („societas stanni“) in Meissen.

sowie Ankauf und gewinnbringende Veranlagung von Häusern kommt mehrfach als Zweck von Erwerbsgesellschaften vor. So findet sich das Haus des Sir Richard Lyon, eines der Hauptgebäude des späteren hansischen Stahlhofs zu London, der durch Vermiethung als trefflicher kaufmännischer Lagerplatz jährlich 8 Mark einbrachte und auffallend rasch seine Eigenthümer wechselte, wiederholt in der Hand von Gesellschaften. 1382 geht er an den Londoner Weinhändler W. More, Paul Gysors und 2 Caplane über. Der 1383 Eigenthümer gewordene J. Sliegh überträgt ihn 1394 an den Londoner Gewürzkrämer W. Parker, J. Rumsey und J. West, der letztere ihn 1407 an 5 andere. Einer von ihnen, der unterdess Eigenthümer geworden, verkauft ihn 1409 an 4 andere, von denen einer schon nach 1 Monat ausscheidet (vgl. Lappenberg, Hans. Stahlhof S. 59 ff.). Ebenso sehen wir (vgl. ebenda S. 168/9) den 1475 an die deutschen Kaufleute übergehenden Stahlhof zu Lynn in der Grafschaft Norfolk als einen rentablen Handelsplatz nach einander in schnellem Wechsel in die Hände verschiedener Gesellschaften übergehen. 1419 wird er veräussert an eine grosse „Maskopei zum Theil nicht in Lynn lebender Personen, ein Umstand, welcher auf einen bedeutenden Umfang und Werth des fraglichen Grundstückes möchte folgern lassen" (so Lappenberg). Diese entsetzt eine andere Gesellschaft von 5 Personen, an die der Hof unrechtmässig veräussert war, des Besitzes. Schon 1420 aber geht das Haus an eine andere Maskopei von 10 Personen über.

Früh erscheinen Gesellschaften zu gemeinsamem Mühlenbetriebe, namentlich auch Ganerbschaften, z. B. in Calenberger Urkunden (Ndr.-Sachsen Bd. 4) No. 72 (a. 1291), 200 (v. 1316), 275 (1329), 286 (1330); Göttinger U. B. (Nieder-Sachs. Bd. 6) No. 15; Hannoversches U. B. 360 (v. 1357): „We Henric, Echerd, Dyderic, Corde unde Johan brodere gheheten Heimeken bekennet unde betughet ...., dat we de molen, de de Hofmolen gheheten is under Lowenrode ... mit alleme rechte unde nud hebbet ghelaten unde vorcoft dem rade to Honovere ...." Vgl. ein Goslarer Erkenntniss bei Bruns S. 185 No. 16.

Auch Getreidehandel wird von Handelsgesellschaften getrieben; so vgl. Pauli, Lüb. Zust. Bd. I. U. B. 103 B. (a. 1366: „Item XVI mensuras tritici"); Boemus mor. (Goldast S. 26: „emunt frumenta"); Höhlbaum Hans. U. B. Bd. II. 587 (a. 1336: „12 lastas siliginis [Weizen] commiserunt").

Sehr verbreitet war ferner der Gesellschaftshandel mit Gewürzen. So sendet (Hirsch. S. 183) im Anfang des 15. Jahrhunderts Cuncze Sicz in Thorn Gewürze an seinen Handelsgesellen Cuncze

Schwabe in Danzig. Namentlich ist dies aber ein von den süddeutschen Gesellschaften gepflegtes Handelsfeld, so nach der eben erwähnten Stelle von Boemus mor. (Goldast S. 26: „aromata, quae ex transmarinis regionibus transvehuntur"). Bei Jäger, Ulm S. 673 ff., handelt 1504 Anton Welser mit Gewürz, Safran, Wachs u. s. w. nach Ulm. Vgl. auch Falke, II. S. 51 (Scheurl, Behaim, Geisler in Nürnberg). Gesellschaftshandel mit Safran findet sich bei Pauli, Lüb. Zust. Bd. I. U. B. 103 B. (a. 1366: „Item habent C et XXIV talenta croci, quae constabant III ᵒˑ et XII aureos"), mit Honig bei Pauli ebenda Bd. III. U. B. 90 a. 1441 („hönych sal besorgen"), mit Thran, Talg, Knochen, Flachs (Michelsen Obhof. 248 unter einer Reihe von Streitgegenständen). Handel mit Asche, wohl den von Du Cange erwähnten „cineres clavati", die aus Weinhefe gemacht und zur Tuchfärbung benutzt wurden, findet sich Lüb. U. B. Bd. I. 497 (v. 1286): „Quedam Kogga ante portum nostrum" (v. Wisby) „circa meridiem velificavit, in qua cives Rigenses, videlicet Gerlagus rese et Johannes Winman habuerunt cineres", indem sie sich der gesetzlichen Declaration entzogen. 1458 sendet Peter Man in Riga seinem Handelsgenossen Hs. v. Pelle in Lübeck Asche und Wachs mit der Bemerkung: „De assche ys gemerket myt jw merken vnde das was ys merket myt mynem merken" (Hirsch Dans. S. 225/6). Wachs findet sich noch mehrfach im Gesellschaftshandel, so Lüb. U. B. Bd. IV. No. 308 (a. 1376: „Item Marke Nonkrilowe tenetur II m. cere"); Höhlbaum, Hans. U. B. II. 541 (Wachs, das 2 Brüdern gehört, wird angehalten); Michelsen, Obhof. 248. Boemus mor. (Goldast S. 26) erwähnt als Gegenstände handelsgesellschaftlicher Vereinigung Löffel, Nadeln, Spiegel, Puppen etc. Auch mit Salz, das namentlich aus der südfranzösischen Baie als Baiensalz exportirt wurde, wird von Gesellschaften gehandelt.

Schiffsgesellschaften kommen in den Stadtrechten sehr oft vor. Der Umstand, dass die Kosten des Schiffsbaues bedeutend waren, begünstigte hier die Gesellschaftsbildung. Vgl. über Schiffsgesellschaften u. a. Hamburger Stadtrecht v. 1270 XIII. 24/25; Stat. Brem. b. Ölrichs S. 299/300; Stat. Rigens. (Öirichs Rig. R.) XI 10/11; Lappenberg, Hans. Stahlh. Stat. U. B. No. 106 LVIII; Hanserecess v. 1434 III b. Pardessus, Collection Bd. II S. 472; Hirsch, Danzig S. 266; als Beispiele s. Lappenberg, Hans. Stahlh. U. B. No. XI, Stralsd. Stdtb. IV 169. Vgl. auch v. Amira, Altschwed. Obl.-R. S. 678 No. 9.

Über Wechslergesellschaften vgl. Hüllmann, Städtewesen Bd. I S. 442 ff.; Neumann Wuchergesch. S. 380 ff. In Lübeck waren sie häufig, s. Pauli, Lüb. Z. Bd. III. 35 ff. sub 8. In Süddeutschland ragte das Wechselgeschäft der Fuggergesellschaft hervor. Vgl. Ersch u. Gr. Enc. I Bd. 50 S. 451.

An dem ausgedehnten Gesellschaftshandel nahmen zunächst die Grosskaufleute Theil, die hauptsächlich auswärtigen Handel trieben. Doch da die Theilnahme an der Gesellschaft nicht unbedingt Selbstthätigkeit erforderte, so finden sich auch vielfach Nichtkaufleute, vor allem in stiller Betheiligung, aber auch als offene Gesellschafter in Handelsgesellschaften, so mehrfach Geistliche (vgl. z. B. oben S. 18). Später scheuten sich selbst die Fürsten nicht, auf diese Weise Reichthümer zu erwerben. Als der Adel sich 1525 über die Handelsgesellschaften bei den Fürsten beschwert, fordert er, die Fürsten sollten, unangesehen dass die Gesellschaften ihnen Geld liehen etc. und „von etlichen anderen Geld zu Gewinn und Verlust in ihre Gesellschaft nehmen, ohne weiteren Verzug ein christliches Einsehen thun." (Vgl. Falke, Hdls.-Gesch. Bd. II. S. 340). In der Meissener Zinnhandels-Gesellschaft (Neumann, Wuchergesch. S. 461/2) ist auch der Professor Kuppener in Leipzig 1497 mit einer Einlage von 2000 Gulden betheiligt und erhält 1499 eine Gewinnrate. Nach Boemus, mor. leg. (Goldast S. 26), sind in Schwaben „potentiores omnes" an Handelsgesellschaften betheiligt.

Aber obwohl alle Bevölkerungsschichten an den Handelsgesellschaften Antheil hatten, waren die Zwecke, welche dieselben verfolgten, doch von denen aller anderen Stände sehr verschieden. Namentlich deckte sich in der späteren Zeit der Entwickelung, im 15. Jahrhundert, das Interesse der Handelsgesellschaften bei dem Druck, den sie mit ihren Reichthümern auf den Kleinhandel ausübten, keineswegs mehr mit den allgemeinen Handelsinteressen. Deshalb wollten die Kaiser am Ende des Mittelalters sie als eigenen Stand im Reich betrachten (s. Jäger, Ulm S. 676). Maximilian I. forderte auf dem Reichstage von Constanz 1507 von den Gesellschaften zu Ulm, Augsburg, Memmingen und Ravensburg ein Anlehn. Als Grund führte er an, dass sie in den Städten nicht genug besteuert würden. Diese wehrten sich dagegen, indem sie eine Deputation süddeutscher Städte an den Hof durchzusetzen wussten.

Auf die Ausbildung der süddeutschen Gesellschaften ist das Vorbild der grossen italienischen Handelsgesellschaften jedenfalls nicht ohne Einfluss geblieben. Die italienische Entwickelung der Handelsgesellschaften im Mittelalter ist eine der deutschen ganz analoge. Germanische Ideen haben auch hier, wenigstens in Nord-Italien, die Societätsbildung geleitet. In der ältesten Zeit vollzieht diese sich auch hier innerhalb der Familie (vgl. Lastig, Zeitsch. f. Hdls.-R. Bd. XXIV S. 407 C. β.). Die societas duorum fratrum spielt in der italienischen Doctrin eine grosse Rolle. Viele eigene Tractate sind darüber verfasst, wie von Franciscus de Porcellinis Patobini: „de duobus fratribus", Petrus de Perusio (vgl. Endemann, Studien Aufsatz 3, § 2, 1), Bartolus, Baldus, Petrus de Ancho u. s. w. (vgl. Zobel, Sachsenspiegelglosse ad I. 12). Die Statuta · populi Florentini von 1321 IV. Lib. 2 nennen z. B. „fratres communiter viventes et eandem mercantiam et artem exercentes" (Lastig a. a. O.). Der älteste Wechsel ist 1207 von Simon Rubens in Genua auf seinen Bruder Wilhelmus in Palermo trassirt (Kuntze, Zsch. f. H.-R. Bd. VI. S. 185). Grosse auf Familienverbindung gegründete Geschäftshäuser finden sich häufig, so die Bardi, Borromei, Medici, Portinari etc. (vgl. Kuntze ibid.). In Nachbildung der Familiengesellschaften hat aber in Italien auch die freie Gesellschaftsbildung eine grossartige Entwickelung erfahren. Namentlich kam das Institut des Wechsels in ganz Europa in die Hand italienischer Gesellschaften (Hüllmann, Städtewesen Bd. I. S. 442 ff.).

3. Hindernisse und Beschränkungen ihrer Entwickelung, Sinken.

Die Hindernisse, die sich der Entwickelung des mittelalterlichen Handels im allgemeinen in den Weg legten, wirkten auch auf die Machtentfaltung der Handelsgesellschaften störend ein. Die letzteren waren aber durch ihre grossen Reichthümer mehr als andere Kaufleute befähigt, ihnen zugefügte Verluste und sonstige widrige Verhältnisse zu überwinden.

Die Gesellschaften hatten zunächst unter dem mittelalterlichen Fehde- und Raubritterwesen zu leiden. Der Vehlinschen Gesellschaft wurden nach einer Urkunde von 1488 2 Ballen Gewand weggenommen, weil man Kölner Gut darunter vermuthete (Jäger, Ulm, S. 711). Im Lüb. U. B. Bd. I. 758 schreibt Greifswald an Lübeck in der 2. Hälfte des 13. Jahrhunderts: „Quidam nostrorum Burgensium nuper in Marchiam equitavit sub ducatu, remittens suum famulum et socium, qui cum argento in dimin" (Demmin) „detentus est." Bei Roth, Nürnbg. Handel Bd. I. S. 162 hat 1423 Friedrich v. Hattstadt „Georgen Stromer und Hannsen Ortlieb und Ihrer Gesellschaft 2 Pallen Tuch auf der strassen genommen." 1428 werden derselben Gesellschaft in Dänemark Güter geraubt (Ib. S. 166). Beschwerden und Verhandlungen über Beraubung von Gesell-

schaften finden sich häufig in Urkunden, z. B. b. Lappenberg,
Hans Stahlb. U. B. No. XXXII S. 16, b. Höhlbaum, Hans. U. B.
Bd. II. 722, 725—728, 614, im Lüb. U. B. Bd. I. 368.

Nicht minder werden die Gesellschaften von den Nachtheilen
allgemeiner Handelsverbote getroffen, so von Reichsverboten, wie
dem von Kaiser Sigismund für den Handel mit Venedig erlassenen
(vgl. Jäger, Ulm, S. 700). Doch wie diese Verbote bei der Schwäche
der Reichsgewalt überhaupt vielfach übertreten wurden, so hatten
in besonderem Masse die Gesellschaften Neigung, sie nicht zu
beachten. Von kleineren Gemeinwesen, welche die Unzuträglichkeit
einer Unterdrückung des Handelsverkehrs bei der engeren Beziehung, in der sie zu ihren Mitgliedern standen, besser kannten,
sind nur selten allgemeine Handelsbeschränkungen erlassen worden.
Diese trafen auch die Handelsgesellschaften. So bestimmte der
Städteabschied von 1429 unter Ulms Leitung, dass niemand die
Frankfurter Messe mehr besuchen oder auch nur Gemeinschaft an
Waaren haben solle, die dorthin geführt würden. (Vgl. Jäger, Ulm
S. 714.) Indessen haben auch derartige Verbote, wie für den Han-
del überhaupt, so für die Gesellschaften keine dauernde Schädigung
zur Folge gehabt.

Viel störender wirkten Verbote, die gegen die Handelsgesellschaften speciell gerichtet waren, auf deren Entwickelung ein.
Die Reichs- und Landesgesetzgebung verhielt sich ihnen gegenüber
in der früheren Zeit weder hindernd noch fördernd, vielmehr gänzlich theilnahmlos. Anders Städte und Gilden. Diese befürchteten
von der commerciellen Verbindung ihrer Mitglieder mit Gilde- oder
Stadt-Fremden entweder eine Störung ihrer inneren Verbandseinheit
und eine Zersplitterung der Interessen ihrer Mitglieder, oder eine
Beeinträchtigung der letzteren in ihrem Gewerbebetriebe. Sie waren
überdies nicht gewillt, an den nur für ihre Mitglieder bestimmten
Privilegien und schützenden Institutionen Aussenstehenden, die an
den Lasten des Verbandes keinen Antheil hatten, irgend welchen
Nutzungsantheil zu gewähren, auch den nicht, welcher ihnen aus
der Vermögensverbindung mit Stadt- oder Gildegenossen zufliessen[1]
musste. Sie gingen daher schon früh mit Verboten und Beschränkungen gegen Handelsgesellschaften mit Nichtmitgliedern vor. So
bestimmt die Göttinger Kaufgilde (Mon.-Ber. d. Berl. Ak. v. 1879.

---

[1] Consequent bestimmte die Gesellschaft der Pariser Flusshändler, die
das Vorrecht des alleinigen Waarentransportes auf der Seine hatte, dass daran
ausser den Mitgliedern auch die Fremden Theil nehmen sollten, die mit Mitgliedern der Genossenschaft in Handelsgesellschaft ständen (vgl. Hüllmann,
Städtewesen Bd. I. S. 168).

S. 38) 1456: „dat neyn unser gildebr. schulle selschupp hebben myt dem eder den, de neyne kopgilde hebben" bei Strafe der Ausstossung aus der Gilde. Ebenso heisst es in den Statuti dei mercanti di Roma (Studi e Docum. Bd. I, No. 8) S. 20: „Item quod nullus mercator de cetero faciat cum sutoribus specialem conpagniam pannorum aut de aliis rebus nostre mercatantie sub pena C sollidorum provisinorum." Die Stadt Ulm erliess 1389 in dem Statut von Mittwoch vor St. Galli ein Verbot, mit irgend einem Gast Kaufmannschaft in Gemeinschaft zu haben bei Strafe von 10 Gulden für je 100 Gesellschaftsgulden. Freilich wurde dasselbe oft übertreten, und 1513 forderten die Zünfte daher vom Rath, er solle es den Bürgern verbieten, Handelsgesellschaften mit Auswärtigen einzugehen (Jäger, Ulm S. 674/5). Jeder Stettiner Kaufmann hatte jährlich, wenn er zum ersten Male Waaren fortschickte, einen Eid zu leisten, dass er alle Waaren, die er im laufenden Jahre verschiffen würde, für eigene Baarschaft und Vermögen auf seinen Kaufmannsglauben, Gewinn und Verlust an sich gebracht und sich dazu keiner Hülfe, Gesellschaft und Matschaperie derer, die zu Stettin unter des Raths Zwang und Bürgerrecht nicht gesessen, bedient habe (Klöden, Oderhandel VIII. S. 18). Die Leipziger Willkür und Polizeiordnung von 1454 (Cod. Dipl. Sax. Bd. VIII U. B. v. Lpzg. No. 317) enthält als oberste Bestimmung: „Ess sal kein burger mit keynem gaste nicht gesellschaft haben heymelichen noch offinbar ane geverde by busse czehn schocken. Item wer hirinne vordacht wirdet, der sal sich des entledigen uff den heiligen addir sal der bussen vorfallen sein." Das Stadtrecht von Weissensee, a. d. 13. Jahrhundert (Walch, Beiträge Bd. II S. 8), bestimmt: „Auch enthat keyn Burger gesellschafft haben mit keyn Kouffmannschafft mit nymande, da unserm gnedien Hern und der Stad nicht rechtis von geschicht." Aehnlich das Ofener Stadtrecht Cp. 87 (Michnay S. 71): „Kein inlender kaufman noch statman sol mügen oder gesellschaft türren haben in kaufmanschatz mit ainem auslender oder auswendig der stat gesessen kaufman. Der vbertreter diser ordnung sol verfallen sein leibs vnd guets."

Andere Stadtrechte haben wenigstens für einzelne Gewerbe ein Verbot des Gesellschaftsschlusses zwischen Bürgern und Nichtbürgern, so das Göttinger Stadtrecht von 1331 (Pufendorf, Obss. Bd. III. App. S. 207) für Wein-, Fisch- und Tuchhandel: „Ok en scal neyn unser borgere eder de met os wonet dusses vorbenompden gudes (Wyn, barink, stokuis, want) ienigheme gaste nicht to der hant kopen eder kumpenighe med ome daranne hebben." Das Wiener Fleischhauerrecht Art. 3 (Rauch Bd. III No. IX) ver-

ordnet: „und sol auch kain purger chainerlay visch mit kainem
Gast nicht haben." Das Münchener Stadtrecht v. 1347 Art. 327:
„Ez sol auch kein Bürger keinem gast sein wein im ainem (ze gemeine) oder zu gesellschaft schenken noch machen. Wer daz über-
vert, so geit der gast dem Richter 1 Pfund Pfenning, der Stadt
5 Pfund Pfenning." Aehnlich das Cölner Recht (Ennen u. E., Bd. I.
Rathsv. 43), wobei der erste Satz wohl als Uebergangsbestimmung
zur Auflösung bereits bestehender Gesellschaften anzusehen ist:
„Evert wert sache, dat eynich Burger geselschaff hette mit eyme
Gaste, de suelen yre wijne deilen upme Ryne. Wilch Burger dar
weder deidt, die gilt van eyme yeclichme voder wijns V marc zu
boissen, as dicke he dat deit; noch geyn jnkomen man, die nyet
Burger enwere, sal geselschaff mit eynchem Burger haven gantz off
zu zappen, zu verkoufen, noch nyeman eynche wijne gelden; wie dar
wieder diede, he were jnkomen man off Burger, die gilt V marc zu
boissen van eyme yeclichem voder wijns, as dicke as he dat deit."

Andere städtische Bestimmungen zwingen den Bürger für den
Fall der Vereinigung mit Ausmännern auch die Lasten der Nicht-
bürger zu tragen. So wird im Münchener Stadtrecht von 1347
Art. 322 dem Bürger verboten, einem Gaste ein Gut zur Gesellschaft anzuvertrauen. „Ob ein gast oder ein anderer Pfaff oder
Laie, swo er halt wesen hat, und der mit den Bürgern nicht
steuert, einem Bürger ein Gut zu Geselschaft laet, oder suest ân
Geselschaft, davon, der nicht purger ist, gewin wil nemen und
dasz man im arbeit als ander purger guot, daz selb guot, daz
dem, der nicht purger ist, gewinn traet, so sol der Purger, der es
arhait, versteuren, als der Stat Recht ist; doch ob der auzman
dem purger ein gut enpfor laet ân gewin durch Lieb und durch
freuntschaft, das sol man nicht versteuren, und welcher Burger
ein fremdes gut anders arbait, der geit dem Richter 3 Pfunt
Pfenning und der Stad vi pfunt da."

Vielleicht den glücklichsten Ausweg zwischen völligem Verbot und völliger Freilassung fanden die Stadtrechte, welche die
Societät zwischen Bürgern und Nichtbürgern wenigstens beschränkt
gestatteten, dennoch aber den letzteren nicht die Stellung der
Bürger einräumten, sondern den Bürgern nur für ihren Antheil
eine Befreiung von den Lasten der Fremden gewährten, wie das
Gutachten der Leipziger Rathscommission von 1464 (Cod. Dipl.
Sax. Bd. VIII. U. B. v. Lpzg. No. 383 S. 314 unten): „Item ess mag
ein burger mit einem usslendischen gaste geselschaft haben uff ein
anczal, der helfte eins drittenteils mynner adder mehr unde sal
dess slegeschacz uff sin anczal fry sein, die er an dem Gute hat,

abbir das ander sal er uffrichtig vorrechten mit czollen unde gleiten
unsern g. hern, der stat unde idermann, als sich gebort." Nach
demselben Princip bestimmt Stade für die bevorzugten Hamburger,
falls dieselben mit anderen Fremden Gesellschaft haben, eine Zoll-
freiheit für ihren Antheil. Höhlbaum, Hans. U. B. II. No. 659 v.
1340: (2) „Vortmer hedden de van Hamburch kumpenighe luttik
eder grot in scepen myt jeneghen gasten, de myt uns ere plicht
to rechte don scolden" (die also nicht in derselben begünstigten
Lage wie Hamburg sind), „de scepe scolen uplegghen to Stade unde
ere rechten plicht don vor sik, mer de van Hamburch scolen nenen
tollen gheven vor ere del scepes unde gudes, also hirvore screven is."
    Neben diesen die Gesellschaft mit Aussenstehenden be-
schränkenden Verordnungen wurden von vielen Städten und Gilden auch Bestimmungen erlassen, welche die Bürger und Gildegenossen an der Eingehung von Gesellschaften unter einander
hinderten. Man besorgte von der Vereinigung mehrerer zu Einem
Geschäftsbetrieb theils eine Verminderung der Concurrenz, theils
eine Schädigung der alleinstehenden Gewerbetreibenden. Daraus
erklären sich Beschränkungen der Gesellschaft auf eine bestimmte
kleine Personenzahl und ein niedriges Maximum des Societätsgutes,
welches die Gesellschafter zwang, neben dem gemeinsamen Geschäftsbetriebe selbständig ihrem Gewerbe obzuliegen. Es gehören
dahin Bestimmungen wie die für die Wiener Fleischhauer von
1350 Art. I. Alin. 3 (Rauch, Rer. Austr. Scr. Bd. III. No. IX):
„Man nymbt auch hinder in ab alle gesellschafft Also das nur ir
zwen ymer ein gesellschafft mit ain ander haben sullen. Und die
sullen auch nymmer mer als ainen wagen mit bawsen oder mit
schubvischen" (Schuppenfischen) „haben, bestellen und chauffen und
sullen den von der hant verschreyden oder mit sambt mit ain ander
verkauffen und alle die weil der selb wagen nicht verkaufft ist So
sullen sy kainen andern nicht bestellen noch kauffen. Aber ymmer
zwen mugen mit ainer gesellschafft ze hainburg oder anderswo
ausser landes bestellen chauffen mer denn ainen wagen. Und doch
das recht do mit verkauffen ze halten als vor genant ist." Alin. 6:
„Es sullen auch alle fleischacker die rechte markht zeit suchen und
sol auch ygliche gesellschaft nicht mehr viechs ausser landes gen
wien treiben dan zwelif haubt und ynnerlandes acht haubt." Art. 3:
„De iure et officiis piscatorum S. 70. Und welher ainen wagen
.... mit gesalzen vischen oder schubvischen entgenczet ..... Und
sol auch kain andre geselschafft zu Im mit nemen dann da mit er
es entgenczt hat, und sol auch kain purger chainerley visch mit
kainem gast nicht haben." Das Stadtbuch von Zutphen a. d. Anfg.

d. 14. Jahrh. § 125 (Hordijk S. 84) bestimmt: „Dar lude wine toe zamen in geselscap hebben in enen huse offte in twyen offte in meren, die en zullen niet tappen dann in een taverne, die wine leggen daer sie legghen." Eine spätere Verordnung sagt (Bepalingen § 11, ib. S. 113): „Voert en zolen gheen onser burgheren or taverne to zamen setten, als win te tappen in zelscap; ende in elke taverne solen niet meer gesellen dan vier wezen." Ebenda § 12 (ib. S. 114) wird über die Fleischhauer bestimmt: „Oeck en sullen se gyne geselscap hebben vleisch te slaen vorder dan twe off drie." Für einzelne Gewerbe tritt geradezu ein städtisches Verbot jeder gesellschaftlichen Verbindung ein, so in Leipzig für Weinschank und Brauen neuen Malzes. Urkh. v. Leipzig (Cod. Dipl. Sax. Bd. VIII) No. 289 a. 1452: „Item ess sal auch nymandes in des andern keller wyn schencken oddir schencken lassin addir mit eynem andern wyn zcu schencken geselschafft haben by derselbigen busse ... Item ess mogin auch irer czwene ein alt malcz wol mittenander brauwen ane wandel, sundern nuwe malcz sal ydermann, wer brauen wil, alleine brauwen." Ebenso für Bäcker und Brauer i. d. Statuta Bremensia antiqua v. 1428 Cap. 20 (Oelrichs S. 303 ff. Ebenso Statuta unde Ordele v. 1433 Stat. 68 b. Pufendorf, Obss. Bd. III): „Nene kumpane an Gude scullet backen unde bruwen in eneme huse. Dane scolen ock nene twe backen unde bruwen in eneme huse de cumpane sint an gude .. So we dat brecke wurde he des vortughet mit twen borgheren umbesproken eres rechtes de scal gheven der stad vyf marck unde schal dar to sines ammetes entbehren een iar." Aehnliche Verbote finden sich für Schlächter, Schuhmacher und Bäcker in den Saalfeldischen Statuten a. d. 13. Jahrh. (Walch, Beitr. Bd. I) 77: „Wer czu banck sten sal czu Salveld. Ez en mag nymant zcu banke sie, her si fleischouwer schuworchte ader phister, her gebe dan ein halbin virdung zu geschozze. her en sal ouch mit nymande icheine geselleschaft habe nach nymant mit yme. die buze ist ein virdung hette her dez virdungiz nicht, her solde di stad rume alzo lange, biz daz her die hulde gewunne der burgere." Für Schlächter ebenfalls in den Coesfelder Statuten (Niesert, Münstersches U. B. Bd. III No. V) v. 1416 S. 208: Jeder in der Fleischhauergilde, der in Scharren Fleisch verkaufen will, soll bei seiner eigenen Bank stehen „und slyten syn eighen geslachtede Vleisch dar niemant geselschap ofte deilynghe anenhebbe." Ein entsprechendes Verbot trifft die Gerber Leipzigs. U. B. v. Lpzg. No. 518 v. 1481 (Cod. Dipl. Sax. Bd. VIII), Innungsartikel der Gerber, S. 426. Alin. 4: „Item es sol kein gewercke des handtwercks geselschaft haben ader machenn auf den buel noch auf dem marckt bey peen und busse eines pfundt wachs." So untersagt auch die Cölner Rathsverordnung 43 (b. Ennen u. Eck. Bd. I) Wirthen die Gesellschaft mit Weinkaufleuten. Sie sollen nicht selbst Weinhandel treiben.

Nicht Nützlichkeitsrücksichten, sondern allgemeinen Gerechtigkeitsgrundsätzen entstammt es, wenn Kaufsvermittlern, Mäklern, gesellschaftliche Verbindung mit Parteien von Stadt wegen untersagt wird, wie dies ebenfalls noch in der letztgenannten Cölner Rathsverordnung 43 geschieht, dgl. in den „Jura lanionum Vindobonensium" (Rauch, Rer. Austr. scriptt. Bd. III. No. 9) Art. 2 S. 69: „Es sol auch kain underkeuffel sich kainer gesellschafft underwinden auf den Jarmarckhten." Aus demselben Grunde soll in der Lübischen Kaufmannsordnung a. d. Mitte des 14. Jahrh. (Lüb. U. B. Bd. III. No. 117) weder der Wäger, noch sein Gesellschafter Geschäfte treiben, die ihn mit seiner objectiven Vermittlerstellung in Conflict bringen würden: „Ock beghere wy, welk wegher de waghe heft up dem markede efte by der Trauene, dat de neyn gud van ghewichte noch en kope edder vorkope, he ofte sine knechte efte nemand dar he selschap mede hebbe, ane alsdane de rad darto gheorlouet heft."

Die Hansa hat im Anfang des 15. Jahrhunderts zur Aufrechterhaltung ihrer Geschlossenheit das Verbot an ihre Mitglieder ergehen lassen, mit ausserhalb der Hanse stehenden in Handelsgesellschaft zu treten, zuerst 1426 (s. Pauli, Lüb. Zust. Bd. III. 39. No. 8) und mehrfach wiederholt bis 1498. Auf eine Wiederholung des Verbots i. J. 1434 bezieht sich das Statutenbuch des hansischen Comptoirs in London (Lappenberg) Art. XII in der speciellen Anwendung, die es von diesem Verbot auf sein Comptoir macht: „Mit genen selschop to hebbende buten der Hanse. Item witlik sy, dat int iaer unses Heren dusent IIII° XXXIIII up sunte Bonifacius dach was by den gemenen steden ordeneret vnd upgesettet, dat nemand in der Hense behorende en schal selschop noch cumpenien holden myt ienigen man van buten der Hensen: dat also nicht en holden wert. Hirumme hebben de gemenen stede endrechtliken nu geslaten, dat alle de ienen, de sodane selschop in kopenschop ofte in schepesparten myt ienygen van buten der Hense hebben, dat se twisken dit vnd Paaschen negest kamende scholen scheden vnd sick des schepes parte scholen qwit maken up de bothe van eyner marc goldes enen warf, ander warf, derden werf, und up de Hense und koepmans rechticheit to vorborende. Und weret dat na dem vorkundigen disser ordynancien enych man enige selschop myt enygen man van buten der Hense makede, ofte schepe myt

em utrede, de schal bauen de vorgeschreuen bote vorboret hebben
so vel geldes alse he selschop hadde utgelecht und dat schepes
part und wes dat gekostet badde. Und schal hebben dat eine
dordendel van der vorgescreven bote und dat ander dordendel de
stad van der Hanse oft de koepman, dar de sake vorfolget ofte
beendiget wert und dat (derde) del der dordendele schal den gemenen steden vorfallen syn van der Hanse. Unde disser broke
en schal me nemande togeven noch quit scheiden." Art. b. eod.
(wahrscheinlich vom Jahre 1447) bestimmt, dass nur Bürger einer
Hansestadt und Waaren, an denen Aussenhansen keine Gesellschaft
haben, nach dem Deutschenrechte des Comptoirs zu beurtheilen
sind. Der Altermann soll fragen: „item weme de guder horen,
de he hanteret vnde ofte ienige lude van buten der Hense dar part
ofte deel ane hebben. ... Item is dat sake, dat sodane man, de des
koepmans recht begerende is ... gene guder hanteret, den de in der
Hense to hus behoren .... so mach me em dat recht vorlenen" etc.

Auch andere Städte haben Specialanwendungen dieses hansischen Verbotes für ihre Bürger gemacht, so Lübeck (Hach, Lüb.
R. IV. 32 a. E.): „ock schal nen henser selschop hebben mit iennigen
manne, de in der hense nicht en hort, he sy schipper ofte
nicht." Ebenso Riga. Dieses hatte in den Burspraken II
von 1384 Art. 43 (Napiersky S. 208), III von 1399 Art. 39
(S. 212), IV von 1405 Art. 40 (S. 216), V von 1412 Art. 50
(S. 219) das immer in etwas veränderter Form wiederholte weniger
beschränkende Gesellschaftsverbot mit Ausserdeutschen ausgesprochen, 1412 in der Fassung: „Ok so schal nen dütsche un-
dütschen wedderlegghen, by III marken, efte selschop myt eme
to hebbende." In der Bursprake VII aus dem Anfange des
16. Jahrhunderts wird diesem in Art. 44 (S. 231) nochmals wiederholten Verbote mit Rücksicht auf die hansischen Entscheidungen
in Art. 87 (S. 236) die weitere Beschränkung auf Mitglieder der
Hansa zugefügt. Vgl. ib. Note 5 Zusatz der Handschrift A: „Item
dat alle degenne, de selschop in kopenschop offt in scepes parten
mit jenigen buten der hense hebben, dat de twysken dyt vndt
Michelis erst to kamende sick darvan scheiden undt dat schepespart
quit maken." Vgl. Art. 88 Zusatz von A., Art. 90. Zu Art. 91
hat A. (ib. S. 237 Note 3) den Zusatz: „Ock solen alle degennen .
buten der hennse unndt in frombder nation gebaren unndt doch
itzunder in der hense steden borger synde und de hense und kop-
mans recht brukende, so vaken undt wanen se des van eren rade
angelanget undt geeschet werden, sick also reht ys entleggen, dat
se mit nemande van buten der hense jenige selschop kopenschop

und hautderinge hebben edder hebben willenn in thokamenden tydenn, by vorboringe der Borgerscop der stadt dar se wanen, unndt aller stede in der hense belegen unndt des kopmanns rechtenn."

Diese hansischen Verbote scheinen im allgemeinen auch beachtet worden zu sein, und öfters findet sich in Vertragsurkunden der ausdrückliche Zusatz, dass beide Gesellschaftschliessende der Hanse angehören, so Pauli, Lüb. Zust. Bd. III. U. B. 96 (a. 1497): „Berteld Reysener, copman van der duitschen hanse — — heft bekand, wo dat Jacob Eppenstede ok copman van der duitschen hanse unde he ene vrie selschup in copenschuppen int iar 1473 gemaket unde tosamende gelecht hebben, de twisschen Lubeke unde Brugge hanteret." Später indess ist Unordnung eingerissen. So schreiben 1562 die Altermänner der Brüggeschen deutschen Hanse zu Andorf an Münster (vgl. Niesert, Münst. U. B. Bd. III. S. 428), es sei auf dem Hansetag Beschwerde geführt worden, „dass die Ansischen Kauffleute mit Unfrien, die in der Anze nicht gehorich, Maschkopei halten oder dieselben Unfrien albie und allume in den Niederlanden vor ihre factoren gebrauchen", wodurch der Handel an Nichthansen gebracht werde. In Danzig ist das Verbot der Schiffsgesellschaft mit Aussenhansen nie befolgt worden (Hirsch, Danz. S. 266).

Die deutschen Comptoire im Auslande mit ihren zahlreichen Privilegien waren im eigenen Interesse von jeher besonders bemüht, ihre Freiheiten auf Deutsche zu beschränken, deutschen Handel und Recht im Auslande zu Ehren zu bringen. Darauf beruhen einige Specialbestimmungen dieser Comptoire über die Handelsgesellschaften. In Nowgorod wurde früh in der Skrae des deutschen Hofes (s. Lüb. U. B. Bd. I. S. 703, 704) ein Verbot der Geschäftsgemeinschaft mit Ausländern erlassen: „Bi viftich marken silveres si geboden iewelikeme kopmanne dydeschen, dat he nien gut in kumpanie hebbe mit den rucen (Russen) unde ouc der rucen gut nicht ne voere to sendeue. Likerwis sal et wesen, ofte iemen voeret walen (Wälschen) ofte vleminge ofte der engelschen gut in kumpanie, ofte to sendeve." Wiederholt ist dieses Verbot bei den stärksten Strafen in den Beschlüssen des Hofes von 1346 (vgl. Sartorius, Urspg. d. dtsch. Hanse, I. S. 146). Zur Pflege des deutschen Handels im Auslande hielt man es für nöthig, Sicherheitsmassregeln gegen die Verdrängung des Kleinkaufmanns durch Grosskaufleute und Gesellschaften zu treffen. Daher durfte niemand, auch keine Gesellschaft, Geschäfte über die Werthsumme von 1000 Mark machen, so nach der Skrae für die deutsche Niederlage in Nowgorod von 1315—55 (Sartorius, Bd. II. S. 278): „dat hir nemant des iares bouen duzent marc sal hebben, dat si sines egenen gudes eder an kumpenie ofte an sendeue eder jeneger leye dinge; were dat sake, dat ieman guet brechte, bouen dit vorbenomede guet, dat scolde vorvaren guet wesen, vnde horen to sante peters behöf, dar to sin gût numer in sunte peters hof" (d. i. der deutsche Hof) „to bringende eder to commende, hene hebbet an sante peters minnen."

Für den Verein der norddeutschen Kaufleute zu Brügge wurde 1354 gleichfalls ein Verbot der Gesellschaft mit Ausländern erlassen. Zugleich wurde der Ehre des deutschen Namens zu Liebe bestimmt, dass nur die in Brügge am deutschen Rechte Antheil haben sollten, die darin eine Ehre und Privileg sähen, dass daher nur mit solchen der deutsche Kaufmann eine Gesellschaft schliessen oder fortsetzen dürfe. Vgl. Sartorius, Urspg. Bd. II. No. CLXIV von 1347/1354/1356 § III. S. 400: „Voortmer so ne zal ghein man, de in der duutschen rechte is, cumpanie noch wedderlegghinghe mit vlaminghen hebben, op de boete van eene marck gholds." S. 399: „Voort so welke man, die der duitschen recht verschmaede vnd upzeghede in houardie eder gramschepe sunder orlof des Coopmans, de ene zal nicht weder ontfanghen werden in des Coopmans recht, noch beuryet zyn met ereme rechte, daermen dat eme beweren mach. Vnd bedde ock jenich man Cumpanie met den vorseiden manne, dat es to verstane als van wedderleghinge eder gheselscap van copmanschepe, de zal de Cumpanie scheden van eme bynnen jare vnd binnen daghe naest komende, up de boete van eene mark gouds." So wird (S. 401, Anhang I.) 1350 Tydeman Blomenrot zur Strafe vom deutschen Rechte ausgeschlossen: a) „Int erst, dat neyn copman, die in der dutscher henze hibort, sal nene wederlegghinge hebben stille noch openbaer mit Tydeman Blomenrot. b) Vortmer in wat scepe Tydemann vorscreven of sine gheselscap ere goed scepen, dat dar neyn copman, die to der dutscher henze hibort, sin gued in scepen sal." Also soweit geht die Strenge, dass deutsche Hansen des Brüggeschen Comptoires weder mit T. B., noch mit Gesellschaftern von ihm Ein Schiff benutzen dürfen.

Die Verbote, die der Hansische Stahlhof in London an die Hanserecesse von 1434 knüpfte, sind bereits oben S. 27 erwähnt worden. Für das Fonticum Theotonicorum zu Venedig ergingen ebenfalls einige die Handelsgesellschaften betreffende Bestimmungen, so die vom 7. März 1448, dass die auf italienischem Boden handelnden Vertreter deutscher Handelsgesellschaften nur auf eine „legitima procura et instrumentum societatis" hin als solche gelten sollen. (Vgl. bei Mone Bd. V. S. 27.)

Wie mannigfach auch diese beschränkenden Bestimmungen der Gilden, Städte, der Hansa und der deutschen Comptoire im Auslande

sind, so ist darunter doch kein Verbot der Handelsgesellschaften
überhaupt. Vielmehr liessen sie alle der Gesellschaftsbildung noch
einen weiten Spielraum. Auch die kanonische Wucherlehre
ist auf diesem Gebiete von wesentlich praktischem Einfluss in
Deutschland nicht gewesen. Nur für Creditgeschäfte findet sich
ein Gesellschaftsverbot, s. Cölner reformirtes Stadtrecht von 1437,
„Morgensprach von wucherlichen Contrakten und Underkeuffen"
a. 46 p. 69 (Neumann, Wuch. S. 89): dass „kein Burger, Burgersche
noch Ingesessen, noch jemandtt von ihrentwegen mit keinem andern
Burgern noch Ingesessenen, noch auswendigen Geistlichen oder weltlichen Personen keinerley Finantzvorkauffe, aufschlage, schaden
kauff, noch keinerley handthierung zu treiben oder sich damit zu
behelfen, kein Gesellschaft haben sollen, inwendig noch auswendig einig Gelt noch Gut auszuleihen oder weg zu borgen, es
sey auf glauben, mit Bürgen oder ohne Bürgen, auff Pfand, Erbe,
Gewissheit, Briefe, auf sich selber oder jemand anders sprechende
oder ohne brieffe, wie man desz eussern mag, also dass niemands
einig Kauffmannschaft hanthiere oder treibe ..." Ebenso steht die
deutsche, auf romanistisch-kanonischer Grundlage ruhende Theorie
der Auffassung fern, als ob die Gesellschaft von den Zinsverboten
getroffen würde. Sowohl Purgoldt als Kuppener kennen eine Zins-
verbotumgehung durch Gesellschaft nicht. (Vgl. Neumann, Gesch.
des Wuchers S. 462 ff.)

Die Reichs- und Landesgesetzgebung hatte ebenfalls zunächst keinen Grund, hindernd in die Entwickelung der Handelsgesellschaften einzugreifen. Besonders in Süddeutschland, wo man
eigentlich allein von einer wahrhaft universellen, über die nächsten
Zwecke des Handels und Gewinns hinausreichenden nationalen Bedeutung der Handelsgesellschaften sprechen kann, war ihr Einfluss
auf das Land sehr günstig. Der allgemeine Aufschwung des Handels, die Ausbildung eines kaufmännischen Personalcredites, die Ent-
nationalisirung des Handels war hier hauptsächlich dem Einflusse
der Gesellschaften zu danken. Sie brachten aus dem Auslande
Reichthümer in ihre Heimath und waren so von nicht geringem
Einflusse auf Hebung des Volkswohlstandes, Ausbildung eines deutschen Luxusgewerbes und einer deutschen Kunst. Die Fürsten,
die häufig in Geldnöthen waren, waren ihnen besonders gewogen,
nahmen von ihnen Vorschüsse und betheiligten sich sogar selbst
an Gesellschaften. Je mehr aber die Geldmacht der süddeutschen
Handelsgesellschaften stieg, desto mehr strebten sie danach, den
Handel, wenigstens mit einzelnen Waaren, ganz in ihre Hände zu
ziehen. Namentlich suchten sie den umfangreichen Handel mit süd-

ländischen Gewürzen und Specereien für sich zu monopolisiren. Sie
kauften auf den Märkten von Regensburg und Wien alle Bestände
eines Gewürzartikels auf und vertrieben diese dann im Kleinhandel
zu einem beliebig von ihnen gesetzten Preise. Ebenso bemühten sie
sich, den Handel mit Wollenwaaren an sich zu reissen. In den habsburgischen [1]) Ländern hatten sie den ganzen Bergbaubetrieb und
demgemäss den gesammten Handel mit Metallen. In Ungarn auf-
gekaufte Viehheerden verkauften sie in Wien stückweise, kehrten
sich nicht an den Unterschied von Gross- und Kleinhandel, verletzten überhaupt jede städtische Ordnung. Boemus, der als Zeichen
des verschlechterten Sittenzustandes in Schwaben in erster Linie das
Treiben der Handelsgesellschaften hervorhebt, schildert den Schaden,
den das ganze Land darunter litt. An der oben (S. 10) erwähnten
Stelle fährt er fort: „quod ego tamen non laudo; quum id non
minus opificibus et agricolis grave damnosumque sit (qui sua ante
tempus gryphonibus istis ne potius dicam vel mercatoribus vendunt,
quae postmodum necessitate cogente duplo aere redimere ab ipsis
debent), quam toti provinciae: quae quibuscumque indiget non apud
vicinas gentes, a quibus minori pretio habere possit, accipere debet
(sic enim a corruptis munere Principibus impetratum) sed ab illis
in Stutgardia aut alias ubi emporia habent." Das rief natürlich
eine starke Reaktion aus allen Schichten der Bevölkerung hervor.
Zuerst beschränkte Wien die Handelsgesellschaften auf den Gross-
handel. Mehrere Reichstage suchten den Uebergriffen der Handelsgesellschaften durch Verbote zu steuern. So bestimmt der 1512 zu
Trier und Cöln erlassene Reichstagsabschied IV § 16 (Koch u. S.):
„Und nachdem viel grosse Gesellschafft in Kauffmannsschafften in
kurtzen Jaren im Reich aufgestanden, auch etliche sondere Personen
sind, die allerley Waar und Kauffmannsgüter, als Specerey, Erz,
Wollen-Tuch und dergl. in ihre Händ und Gewalt allein zu bringen
unterstehen, Fürkauff damit zu treiben, setzen und machen ihnen
zum Vortheil solcher Güter den Wehrt ihres Gefallens, fügen damit
dem H. Reich und allen Ständen desselbigen mercklichen Schaden
zu, wider gemein beschriebene Kaiserliche Recht und alle Erbar-
keit: Haben Wir zur Fürderung gemeines Nutz und der Nothdurfft nach, geordnet und gesetzt und thun das hiemit ernstlich und
wollen, dass solche schädliche Handthierung hinführo verboten und
absy, und sie niemands treiben oder üben soll. Welche aber wider
solches thun würden, deren Haab und Güter sollen confiscirt und

---

[1]) Vgl. über das Folgende Falke, Gesch. des Handels Bd. I. 128. 129. 247.
Bd. II. S. 380 ff.

der Obrigkeit jeglichen Orts verfallen sein .... § 17: Doch soll hiedurch niemands verboten seyn, sich mit jemand in Gesellschafft zu thun, Waar, wo ihnen gefällt, zu kauffen und zu verhandthieren: dann allein, dass· er die Waar nicht unterstehe in eine Hand zu bringen und derselben Waar einen Wehrt nach seinem Willen und Gefallen zu setzen ....." Dass dieses Verbot nicht durchschlagend war, beweist der auf dem Ausschusstag der östreichischen Erblande zu Innsbruck 1518 gefasste Beschluss (Art. 14, nach moderner Fassung bei Falke, Bd. II. S. 338 f.): „Die grossen Handelsgesellschaften, welche ausserhalb Landes ihren Sitz haben, haben durch sich selbst und ihre Factoren alle Waaren, die den Menschen unentbehrlich sind, Silber, Kupfer, Stahl, Eisen, Linnen, Zucker, Specerei, Getreide, Ochsen, Wein, Fleisch, Schmalz, Unschlitt, Leder in ihre alleinige Hand gebracht und sind durch ihre Geldkraft so mächtig, dass sie dem gemeinen Kauf- und Gewerbsmann, der eines Gulden bis in 10000 reich ist, den Handel abstricken. Sie machen beliebig die Preise und schlagen nach Willkür damit auf, wodurch sie sichtbarlich in Aufnahme kommen, einzelne davon in Fürsten Vermögen gewachsen sind, zu grossem Schaden der Erblande. Diesen Gesellschaften soll mit Ausnahme der Märkte kein Einlagern ihrer Waaren mit täglichem Verkaufe gestattet werden, auch zur Verhütung von Betrug und Schmuggel niemand im Lande oeffentlich oder heimlich ihnen beitreten. Bei den Messen und oeffentlichen Jahrmärkten in Wien, Botzen, in den Vorlanden und an anderen Orten soll es den Gesellschaften nicht gestattet sein, Güter oder Waaren vor Ende des Markts durch höheres Gebot an sich zu bringen; was jeder auf den Markt bringt, soll er bei der Elle, Mass und Gewicht treulich, ehrbarlich und ungefährlich bis zum Ende des Markts verkaufen. Keiner Gesellschaft soll es ferner erlaubt sein, das ungrische oder Landvieh mit dem Haufen aufzukaufen bei Verlust des Viehs; jeder Vorkauf und Treiben in andere Länder zum Verkauf ist verboten. Auch die neuerlich zur Betreibung des Seifenhandels zusammengetretene Gesellschaft soll als landesschädlich aufgehoben werden." Gebrochen wurde die Macht der Handelsgesellschaften durch die Veränderung der Handelsgrundlagen mit Beginn der Neuzeit. Deutschland hörte mit den neuen Entdeckungen auf, Haupthandelsstrasse Europas zu sein. An dem Handel nach den beiden Indien nahmen die deutschen Gesellschaften nur vorübergehend Theil. Schon um die Mitte des 16. Jahrhunderts sind sie von ihrer Machtstellung heruntergesunken.

Die norddeutschen Gesellschaften wurden von den erwähnten Reichsverboten nicht betroffen. Hier nahmen die Gesellschaften nur

die Stellung reicher Einzelkaufleute ein, die die allgemeinen
Handelszwecke verfolgten, und denselben nie, wie die süddeutschen
Gesellschaften bei ihrer die gewöhnlichen Verhältnisse weit über-
ragenden Geldmacht es wagen konnten, in sonderbündlerischem Auftreten entgegenarbeiteten.

B. Die Theorie der offenen Handelsgesellschaft in den Stadtrechten.

Vorbemerkung.

Betrachtet man gegenüber dieser reichen Entwickelung der offenen Gesellschaft, was sich an theoretischen Ausführungen darüber in den Stadtrechten findet, so ergibt sich, dass das sich vorfindende Material nach Umfang und Bedeutung in einem auffallenden Missverhältnisse dazu steht. Der Grund dafür liegt darin, dass die Stadtrechte des Mittelalters überhaupt es vermieden, Rechtsinstitute in umfassender Weise nach abstracten Grundsätzen zu regeln. Die rechtschaffenden Faktoren waren dieselben, die auch die Rechtspflege übten. Gesetzgeberisch geregelt wurden daher nur Fragen, die häufig vor Gericht praktisch wurden. Fragen des Gesellschaftsrechtes waren aber nicht oft Gegenstand des Prozesses. Die inneren Streitigkeiten der Gesellschafter wenigstens wurden bei den nahen persönlichen Beziehungen derselben meist auf schiedsrichterlichem Wege erledigt. Dazu kommt, dass die Gesellschaft sich in ihrer Entwickelung an zwei Institute des deutschen Rechtes von allgemeiner Bedeutung anschloss, die Ganerbschaft und den Rechtserwerb (bez. die Verpflichtung) zur gesammten Hand. Beide sind in den Stadtrechten ziemlich ausführlich behandelt. Was Rechte und Verpflichtungen der Gesellschaft betrifft, so waren hierauf die Gesammthandsgrundsätze anwendbar. Für das persönliche Verhältniss der Gesellschafter untereinander und für ihre Rechte am Societätsgut bot, gerade mit Rücksicht auf die Entstehung der Gesellschaft aus der Familie, die Ganerbschaft, das enge Band, das hier die Gemeiner umschloss, und ihr Verhältniss zum gemeinsam innegehabten Gute, eine passende Analogie dar. Ihre Grundsätze wurden daher, namentlich in der früheren Entwickelung der Gesellschaft, in so weitem Umfange auf die Gesellschaft übertragen, dass dies besondere gesetzliche Bestimmungen für die Gesellschaft überflüssig

3*

machte. Als aber die Gesellschaft in ihrer weiteren Ausbildung sich mehr von den Grundsätzen der Ganerbschaft entfernte und als sie namentlich auch mit dem Gesammthandsprincipe brach, war die Entwickelung eine so schwankende und auseinander gehende, dass die in der Hand von Männern aus dem Volke ruhende Gesetzgebung, die nur von klarem Volksbewusstsein durchdrungene Rechtsverhältnisse zu regeln liebte, die leitenden Gedanken in der Form einzelner Satzungen nicht zu fixiren vermochte.

Für die Erkenntniss der deutsch-mittelalterlichen Gesellschaftstheorie sind daher die in den Stadtrechten für die rechtlichen Besonderheiten der Gesellschaft gegebenen ausdrücklichen Normen von keiner grossen Bedeutung, wohl aber andere Stadtrechtsquellen, namentlich die erhaltenen Gesellschaftsvertragsurkunden, die einen Einblick in die regelmässige Gestaltung und damit in das städtische Gewohnheitsrecht der Gesellschaften gestatten.

I. Die Errichtung der offenen Handelsgesellschaft.

a) Entstehungsgründe.

Die Gesellschaft entsteht durch Erbschaft oder Vertrag. Die aus der ersteren hervorgehende Ganerbschaft ist, wie oben ausgeführt, die ältere Form, die aber auch später in der Praxis von Bedeutung geblieben ist und namentlich auf die Theorie der Gesellschaft überhaupt bestimmenden Einfluss gehabt hat.

Wird die Gesellschaft durch Vertrag geschlossen, so sind die Bestimmungen des Vertrages massgebend für die Gesellschafter. Vgl. Consuetudini di Milano von 1216 XIII. De Societatibus. Alin. 2: „.... quod inter contrahentes agitur, pro cauto habendum erit.“ S. auch v. Amira, Altschwed. Obl. R. S. 671. Die erhaltenen Vertragsurkunden geben grösstentheils nur kurze Notizen über die Gesellschaft. Sie bezeichnen meist nur den Zweck der Gesellschaft, die Namen der Gesellschafter, die Höhe der Einlagen, und öfters noch die Gewinnvertheilung (vgl. Pauli, Lüb. Zust. Bd. I. S. 137 ff.). Das übrige überlassen sie der bona fides bei der Durchführung des Verhältnisses.

Dass der Gesellschaftsvertrag einer besonderen Form bedürfe, ist aus den deutschen Stadtrechten mit Sicherheit nicht zu ersehen. Unter allgemeine Formvorschriften für Rechtsgeschäfte, wie z. B. die von Herzog Friedrich II. 1244 für Wien und Haimburg erlassene, wonach „quodlibet negocium arduum et memoria dignum“,

„ieglich hoch Geschäft und Wandlung, das Gedächtnuzze wirdig"
(Meiller Arch. X. S. 136), vor officiellen Geschäftszeugen ab-
zuschliessen ist, fällt auch der Societätscontract. Die Pölmanschen
Distinctionen nehmen in die Definition der offenen Handelsgesellschaft die Nothwendigkeit eines besonders feierlichen Versprechens
unter den Vertragschliessenden auf, I. 12, 1: „Eine rechte Gesellschaft ist, wo sich Leute verbinden mit Worten und mit Gelübden
und ihr Gut bringen in gemeine in einem Dienste und in einer
Koste in ebenthewer auf Gewinn und Verlust in kauffen und verkaufen." Die Statuti dei mercanti di Roma (in Studi e Documenti
di Storia etc. Bd. I. No. VIII.) S. 21 machen die volle Haftung eines
offenen Gesellschafters für den andern davon abhängig, dass „pro-
babitur eis per cartularium ydoneum sotietatis vel per testes ydoneos
vel per publicum instrumentum vel per apodissas factas manu dictorum
mercatorum sotiorum." Sehr häufig war formeller Abschluss jedenfalls. Falke Gesch. Bd. II. S. 330 hält schriftliche Abfassung mit Unterzeichnung und Untersiegelung durch alle Mitglieder für die regelmässige Form. So findet sich Privatschrift z. B. bei Lörsch, Aach.
Rsdkmlr. II. 5, dgl. in der b. Lörsch u. Schr., U. 2. Aufl. No. 278, angeführten hansischen Urkunde von 1426: „Wi Hinrik van der Hůde
unde Mauricius van Delmenhorst bekennen apenbâre in dessen serter,
dat wi selschup to samende ghemaket hebben .... To êner orkunde
sint desse serter twe de êne ûte den anderen sneden." Meist scheinen
aber die Parteien den Vertrag vor dem Stadtbuche zu Protokoll erklärt
oder vor Zeugen schriftlich geschlossen zu haben. Daher hebt ein Societätsvertrag des Hans. U. B. bei Höhlb. Bd. II. 587 ausdrücklich als
Besonderheit hervor, dass er zwischen den mit einander verwandten
Contrahenten „nullis aliis ab extra nec consulibus nec concivibus Reva-
liensibus ad hoc vocatis" zu Stande gekommen sei. Das Lübecker
Niederstadtbuch enthält allein aus den Jahren 1311—1360 ca. 300
Societätsverträge (vgl. Pauli, Lüb. Zust. Bd. I. S. 137 ff.). Auch
das Stralsunder Stadtbuch und ein Rostocker Stadtbucheintrag von
1331 (Mecklenb. Urk.-B. VIII. 207 No. 5237: „Venerunt ad presentiam camerariorum ..., fatebantur uno ore dicentes" etc.) bieten
dafür Beispiele. Vertragsabschluss vor Zeugen findet sich beispielsweise bei Pauli, Lüb. Zust. Bd. III. No. 94.

Einen formlosen Abschluss des Gesellschaftsvertrages kennen
die Consuetudini di Milano, ed. Berlan, von 1216. XIII: „De societatibus et sociis rubrica et de socedis. Remisso tractatu emptionis
.... consequens est, ut de societate videamus, quae quidem in ani-
malibus .... contrahitur, aliquando et in aliis rebus. Aliquando
certum pactum apponitur, interdum indistincte celebratur. Ubi

vero certa lex sive in partibus sive in pretii solutione inseritur, quod inter contrahentes agitur pro cauto habendum erit. Si vero nulla lex fuerit apposita et oves in societate datae fuerint ...."

Ueber stillschweigende Fortsetzung einer auf bestimmte Zeit geschlossenen Gesellschaft s. unten S. 78.

Die der Neuzeit angehörigen, aber auf deutschrechtlicher Grundlage ruhenden Antwerpener Compilatae von 1608 Thl. IV. (ed. de Longé) Tit. 9 § 1; „Van geselschap van handel oft compaignie," Art. 2 und 3 bestimmen bei Strafe, dass jede Handelsgesellschaft, die unter ihrem Gesellschaftsnamen Handel treiben will, einem Notar der Börse ihren Gesellschaftscontract, enthaltend alle Mitglieder und die jedem zugewiesenen Befugnisse, überliefern muss, um dort eingetragen zu werden (Art. 2). Eher tritt die Gesellschaft nicht ins Leben (Art. 3).

Späterer Zutritt zur Gesellschaft wird in einer Lübecker Urkunde treffend in der Weise bewerkstelligt, dass mit dem Neueintretenden eine neue Gesellschaft gegründet und der auch den Gewinn enthaltende Societätsfonds der ursprünglichen Gesellschaft als Einlage in die zweite Gesellschaft eingeschossen wird. Vgl. Pauli, Lüb. Zust. U. B. Bd. I. No. 102 d: „Notum sit, quod Albertus de habuit XIII Mr. den., ad quas ei posuit Helmericus Rufus Heide XXV Mr. den., que pecunia pervenit ad valorem XLVII Mr. den., ad quas posuit Joh. de Samcowe XLVII Mr. den., ad dimidiam acquisitionem et fortunam in vera societate."

b) Zwecke und Dauer.

Zweck der Gesellschaft ist, eine Unternehmung gemeinsam durch gemeinsame Geldmittel und Thätigkeit zur Ausführung zu bringen (Pölm. Dist. I. 12, 1: „gut bringen in gemeine in einem dinste und in einer koste in ebenthewer"), um höheren Vortheil davon zu haben, als ihn Einzelmittel und Einzelkräfte erlangen können (so Jäger, Ulm S. 668 ff. Vertrag zwischen Weisshaupt und Schreiber: „des besseren und gemeinen Nutzens wegen").

Die Gesellschaft kann sich richten auf Vornahme eines einzelnen Geschäftes, (nach Pauli, Lüb. Zust. Bd. I. 137 ff. ist das für die Lübecker Quellen das gewöhnliche), oder auf den dauernden Betrieb eines Handelsgewerbes.

Entweder wird sie auf bestimmte Zeit geschlossen, z. B. s. b. Pauli, Lüb. Zust. Bd. III. U. B. 89: „Desse vorscrevene selschop sal duren unde stan dree jar langh." Ib. 90: „Item desse selschop sal stan van desser tiit an vort over III iar unvorandert op dat vor iar."

Vgl. b. Lörsch, Aachener Rsdkmlr. II. 5: „in diese geselschaf sal stain van nu sint Remeys dagh over eyn joir na datum dis briff." Bei Jäger, Ulm S. 669 ff. soll die Gesellschaft zwischen Weisshaupt und Schreiber dauern „von Donnerstag vor U. L. Fr. Lichtmess (2. Februar) 1491 an bis Jacobitag 1495" (25. Juli).

Oder man vereinigt sich auf unbestimmte Zeit. Das letztere ist das Regelmässige. Vgl. z. B. Lüb. Zust. v. Pauli Bd. I. U. B. 103 B. von 1366: „que ultra stabit sub pari aventura utrorumque, quamdiu eis ex utraque parte placebit".

c) Umfang. Societas omnium bonorum und Societas certae pecuniae.

Die Gesellschafter können die Gesellschaft entweder auf alle ihre Güter, gegenwärtige und zukünftige, ausdehnen oder nur auf die gegenwärtigen beziehen, oder nur mit begrenzten Theilen ihres Vermögens in Gemeinschaft treten.

Die fortgesetzte Erbengemeinschaft war meist eine Societas omnium bonorum. Der Haupttheil des Kindervermögens, oft das ganze, bestand ja in der Zeit, in der das deutsche Recht nur geborene, nicht gekorene Erben kannte, in dem von den Eltern ererbten Gute. Man liebte es daher noch in der spätmittelalterlichen italienischen Doctrin, die Societas duorum fratrum als möglichst weit ausgedehnt, oft als societas omnium bonorum anzusehen (vgl. Endemann, Studien, Aufstz. 3 § 2 No. 1 a. E.). Jedenfalls ist dies der Standpunkt des älteren germanischen Rechtes. Das leuchtet auch aus dem hierher gehörigen Artikel des Edictus Rothari hervor, der jedoch als privilegirt gewisse Güter aus der Gemeinschaft ausscheidet. Vgl. Edict. Roth. 167: „De fratres, qui in casam communem remanserent. Si fratres post mortem patris in casa commune remanserint et unus ex ipsis in obsequium regis aut judicis aliquas res adquesiverit, habeat sibi in antea absque portionem fratrum, et qui foras in exercitum aliquit adquisiverit, commune sit fratribus, quos[1]) in casa commune dimiserit. Et si quis in suprascriptis fratribus gairethinx, fecerit, habeat in antea cui factum fuerit. Et qui ex ipsis uxorem duxerit et de rebus communes meta data fuerit, quando alteri idem uxorem tollere contegerit, aut quando ad divisionem faciendam venerit, simili modo de communes rebus ei refundatur aliut tantum, quantum frater in meta dedit. De

---

¹) „quos" erscheint als die der natürlichen Satzbilduug allein entsprechende Lesart.

paterna autem vel materna substantia quod reliquum fuerit, inter se dividant." Ausser dem ererbten Gute fällt hier auch alles von den Geschwistern selbstthätig erworbene Gut in die Gemeinschaft. Ausgenommen wird nur das in der Gefolgschaft erworbene und Geschenke, die ausdrücklich einem der Brüder allein gemacht sind. Dass hier im allgemeinen an eine Societas omnium honorum gedacht wird, ergiebt sich auch daraus, dass ein Bruder die Morgengabe für seine Ehefrau dem Gemeingute entnehmen darf.

Auch bei der Vereinigung durch Vertrag war in der ältesten Zeit, namentlich als noch Haushaltsgemeinschaft unter den Socii stattfand, Societas omnium bonorum gewiss das Regelmässige. Später aber tritt hier die auf bestimmte Summen beschränkte Gesellschaft in den Vordergrund. Nach den sächsischen Rechtsbüchern scheint der Einschränkungsprocess, der schliesslich die Societas omnium honorum nur noch bei Verwandten vorkommen liess, in der Zeit der Stadtrechte seine Beendigung noch nicht gefunden zu haben.

Sachsenspiegel[1]) I. 12 (dgl. Berliner Stadtbuch bei Fidicin S. 116, zum Theil auch Statuta Stadensia von 1279 II 16, Hamburger Stadtrecht von 1270 III 16; v. 1292, H. 20; v. 1497 E. 7, ebenso das von Pufendorf abgedruckte Rigaer Stadtrecht) lautet:

„Svar brüdere oder andere lüde ir gut to samene hebbet verhoget se dat mit irer kost oder mit irme deneste, de vrome is ir aller gemene dat selve is de scade.[2])

Svat aver en man mit sime wive nimt, des ne dehlt he mit sime brudere nicht.

Verspelt aver en man sin gut oder verhuret he't, oder vergüftet he't mit gift oder mit kost, dar sine brüdere oder de ire gut mit ime gemene hebbet, nicht to geplicht ne hebbet; de scade, den he daran nimt, sal sin enes sin, unde nicht siner brüdere noch siner geverden, de ir gut mit eme gemene hebbet."

Der Artikel fasst, wie das auch die Glosse richtig annimmt, das ganze Gesellschaftswesen in wenige kurze Sätze zusammen. Demgemäss ist der Ausdruck etwas dehnbar. Ir gut kann sowohl „alles Gut", als nur allgemein „Gut, das ihnen gehört" beissen.

---

[1]) Ueber die hier und öfters hervortretende Aehnlichkeit zwischen dem Edict. Roth. und dem Ssp. vgl. Stobbe, Gesch. d. dtsch. Rsquellen Bd. I. S. 127.

[2]) Sehr ähnlich sagt das altschwedische Recht, Uplandslagen, nach der Uebersetzung bei v. Amira S. 184: „Wieviel auch Geschwister sind im Gut zusammen, wird gekränkt das Gut derselben oder gebessert, es gehe auf ihrer aller Theil, solange sie nicht getheilt haben unter einander." Hier müssen übrigens für eines Bruders Vergehen die Brüder „alli saman" büssen.

„Verhogen" kann eine Vermehrung des Vermögens sowohl aus sich
selbst heraus, als durch Hinzufügung von aussen bezeichnen. Auch
sonst scheint der Knappheit der Fassung zu Liebe manche Weiter-
ausführung, die nicht überflüssig war, unterlassen zu sein. Der
Satz: „Svat aver en man mit sime wive" etc. hat Bedeutung nur
für die Societas omnium bonorum, und erklärt sich hier aus dem
zwischen den Ehegatten bestehenden Systeme der Verwaltungs-
gemeinschaft. Für jede andere Art von Gesellschaft war er überflüssig. Daraus, dass dieser Zusatz nur für Brüder gemacht wird,
während im übrigen die Zweitheilung: Brüder und andere Genossen
vollkommen gewahrt ist, scheint sich zu ergeben, dass die Societas
omnium bonorum nur unter Brüdern, d. h. für die Erbengemeinschaft das Gewöhnliche war. Bei anderen Leuten mochte sie wohl
noch vorkommen, liegt auch hier in dem „ir gut" gewiss mit
enthalten, fand sich aber in geringerem Masse gegenüber der
beschränkten Vermögensverbindung, so dass der Zusatz: „wat ....
mit sime wive" etc. hier fehlen durfte. Für die Gesellschaft von
Brüdern umfasst der Artikel in dem Worte „Verhogen" sowohl die
Gemeinschaft alles gegenwärtigen, wie alles gegenwärtigen und
zukünftigen Vermögens. Alinea 3 ist für Societas omnium bonorum
und certae pecuniae von gleicher Wichtigkeit.

Auf demselben Standpunkte der Entwickelung stehen die
Goslarer Statuten. Sie behandeln die Societas certae pecuniae als
eigentliche Handelsgesellschaft ganz getrennt (Göschen S. 102 Z. 10).
Den dem Sep. I. 12 entsprechenden Artikel widmen sie nur der
Societas omn. bon. und behandeln diese in breiter Ausführlichkeit,
daher unter völliger Trennung des das gegenwärtige Vermögen
(„ir gut —, wur mede se dat beteret") und der auch das zukünftige
umfassenden („ir gut —, wat se irwervet") und unter Erwähnung
der anderen Leute neben den Brüdern. Vgl. Gosl. Stat. ed. Göschen
S. 10. Z. 24—31: „War brödere oder andere lüde ere gut to samene hebbet, wat se irwervet, dat is ir aller: wat emme aver mit
sineme wive wert, des ne delet er mit in nicht. Wur brödere oder
andere lüde ere gut to samene hebbet, wur mede se dat beteret, de
vrome is erer aller: dat selve is de scade, of dat sic ergheret. Wat
aver enem wert mit sinem wive, des ne darf he mit den anderen
nicht delen. Vordobelet ok erer en wat oder vorghift he wat, den
scaden ne dorven se ok nicht liden."

Das Rechtsbuch nach Distinctionen, das sich hauptsächlich aus
dem Sachsenspiegel und den Goslarer Statuten entnommenen Bestimmungen zusammengesetzt, scheint eine allgemeine Vermögensgemeinschaft nur noch zwischen Verwandten zu kennen. Rb. n.

D. I, 42, 1 lautet: „Ab bruder or angestorben erbe mit enander haben, und erhoet sich daz mit orer koste adder mit oreme dinste, daz eyn teyl wol ussewendigk dez landes gewest ist und haben dy gute erkriget, komen dy wedder unde muten erbeteylunge, so ist or frome unde or schade derussen und dorheyme, or aller mit enander. Wulden sy nicht inbrengen, waz sy ussewendig erkregen hetten, so sulden sy erbeteylunge darfen mit rechte. Unde is lantrecht unde wichbilde." Das Rechtsbuch lässt also die „anderen lüde" bei der Societas omnium bonorum ganz fort und beschränkt den Artikel auf die Erbengesellschaft, fasst diese aber als Societas omnium bonorum. Denn sonst fiele der unabhängig vom Gesellschaftsgute gemachte Erwerb in der Fremde nicht in die Gemeinschaft. Die Societas certae pecuniae trennt es, wie die Goslarer Statuten, davon ab.

Die auf den genannten Rechtsbüchern beruhenden Pölmannschen Distinctionen fanden dagegen. obwohl sie alle die Zusätze des Rechtsbuches nach Distinctionen aufnahmen und ausserdem der kaufmännischen Gesellschaft einen längeren Artikel widmeten, doch wieder eine Form, in der sie programmartig der ganzen Lehre ein Bild des gesammten Gesellschaftswesens, wie Ssp. I. 12, vorausschicken konnten. Die Societas omnium bonorum unter „anderen lüden" lassen auch sie darin gänzlich unberücksichtigt. Sie kennen nur Societas omnium bonorum für Verwandte und Societas certae pecuniae für Nichtverwandte. Schon in der Ueberschrift wird beides als „Gemeines Gut, das Brüder miteinander haben auf Gewinn und Verlust" und „verpflichtete Gesellschaft" unterschieden. Pölm. I. 11 lautet:

1. „Wo brüder jr Gut und jr angestorben Erbe oder ander Leute Gut" (also nicht „ir Gut", wie im Sachsenspiegel) „mit einander haben, erhöget sich das mit jren Kosten oder mit jrem Dinste; obwol ein Theil aussen Landes gewesen ist und haben gut erworben.

Kümpt ein theil wider und begeret Erbteilung, so ist der Schade aussen und innen dem Lande jr aller miteinander. Wollen sie denn nicht einbringen, das sie aussen erworben haben, so sollen sie Erbteilung darben von Rechte. So aber sich einer aussen beweihet, was dem mit seinem Weibe wird, das darff er nicht einbringen.

2. Was Erbes gelöset wird oder bekümmert, dieweil der Erblinge jr keiner ausserm Lande ist, wenn er widerkümpt in das Land, das sol er widersprechen in Jar und Tag. Thete er das nicht, darnach so mag er sein nicht widersprechen.

3. Verspielt ein man sein gut oder verhurerts oder vergibt er
es mit giffte oder mit koste, da seine Brüder oder die ir Gut in
gemeine haben, nicht zu Pflichte haben, den Schaden, den er davon nimet, sol sein eigen sein und nicht seiner Brüder, noch seiner
Companen, die jr Gut mit jm in Geselschafft haben. Darumb
spricht er hie von Brüderschaft und von verpflichter Geselschafft,
die jr Gut mit jm haben."

Zu bemerken ist, dass nur der erste Absatz sich auf beide
Arten der Gesellschaft bezieht. Der übrige Theil von No. 1 und
ganz No. 2 handeln nur von Erbengemeinschaft, während No. 3,
wie bei Ssp. I. 12, wieder beide Arten umfasst.

Die vier genannten innerlich zusammenhängenden Quellen, vorzüglich aber die zwei letzten in bewusster Aenderung der ihnen
vorangehenden Rechtsbücher zeigen, wie die Societas omnium
bonorum als Gütergemeinschaft des gegenwärtigen, sowie des
gegenwärtigen und zukünftigen Vermögens in allmählicher Einschränkung sich auf die Kreise der Verwandtschaft zurückzieht,
während für die Gesellschaft zwischen Anderen die beschränkte
Gemeinschaft zur Regel wird.

Beispiele der Gründung von allgemeinen Gütergemeinschaften
unter Verwandten finden sich in späterer Zeit z. B. in dem
Rostocker Stadtbucheintrage v. 1331, Meklb. Urk.-B. VIII 207
Nr. 5237: „Venerunt ad presentiam camerariorum Everardus et
Marquardus socii, dicti Nachtraven; fatebantur uno ore dicentes,
quod omnia bona ipsorum in hereditatibus, in redditibus et debitis
et bonis paratis, foris et intus, ubicunque locorum existencia, ipsis
ambobus pertinent equaliter possidendo, excepta una hereditate in
platea Piscatorum sita, que Everardo soli pertinet." Im Stralsunder
Stadtbuch III. 18 vereinigen sich zwei Brüder durch Vertrag zu
einer Societas omnium bonorum für alles gegenwärtige und zukünftige Vermögen dadurch, dass jeder das seine dem anderen
überträgt.

d) Beginn des Gesellschaftsverhältnisses.

Die Vertrags-Gesellschaft tritt ins Leben im allgemeinen mit
dem Zeitpunkte der Perfection des Vertrages. Zuweilen wird das ausdrücklich ausgesprochen, z. B. vgl. Pauli, Lüb. Zust. Bd. III. U. B. 90:
„desse selschop schal stan van desser tiit an", dgl. bei Jäger, Ulm
S. 669 ff. im Vertrag von Weisshaupt und Schreiber.

Ein anderer Zeitpunkt des Beginnes tritt nur ein, wenn ein
solcher ausdrücklich ausgemacht wird, wie bei Lörsch, Aach.
Rsdkmlr. II. 5: Die am Walpurgistage (1. Mai) 1360 geschlossene

„geselschaf sal stain van nu sint Remeys dagh over eyn joir na datum dis briff" (d. h. vom 1. October, Remigiustag, 1360 bis 1. Mai 1361).

e) Terminologie.

Die Gesellschaft heisst in den Stadtrechtsquellen besonders: „(Ge)selschap", „cumpanie", „societas"; auch und besonders in niederländischen Quellen „Maskop(ei)." Die letzte Bezeichnung stammt nach Heineccius, Elem. jur. germ. II. § 407 u. A. von „Magenschaft"[1]) her, und trägt danach die Spuren der Gesellschaftsbildung aus der Familie in sich.

Leider ist die Terminologie der deutschen Quellen auf dem Gesellschaftsgebiete eine durchaus schwankende. Alle die obenerwähnten Bezeichnungen und namentlich die der Gesellschafter als „Gesellen", „Cumpane", „Socii" werden in den Quellen noch in vielen anderen Bedeutungen, besonders zur Bezeichnung von Begleitern, Dienstleuten, Handwerksgesellen gebraucht. Auch das Wort „Mascop" ist nicht auf den Sinn von „Gesellschaft" beschränkt. So bezeichnet es, entsprechend seiner Entstehung, in der Skrae von Nowgorod von 1315—55 Thl. XIII. die Haus- oder Tischgenossenschaft, in der die deutschen Kaufleute auf den hansischen Comptoiren lebten. Vgl. Sartorius II. S. 287: „Vortmer to weme de prester in de mascop kuost" etc.

Die offene Handelsgesellschaft wird meist schlechtweg als „Selschap" oder „Cumpanie" bezeichnet. Ihr wird die Accommenda als „Wedderleginghe" oder „Sendeve" entgegengesetzt, die stille Gesellschaft als „Deel" oder „Deilinghe." Dem „Deel" gegenüber wird das offene Antheilsrecht, besonders an Schiffen als „Part" bezeichnet. Theils um solche Verschiedenheiten auszudrücken, theils der Fülle des Ausdruckes halber, ohne dass eine solche Verschiedenheit zu Grunde liegt, lieben die Quellen die Häufung mehrerer Gesellschaftsausdrücke, wie „cumpanie und sendeve" (Lüb. U. B. I. S. 703/4), „cumpanie noch wedderlecgghinghe" (Sartorius II. S. 400), „selschop noch cumpenien" (Hans. Stahlhof U. CVI. Art. 12), „geselschap van handel oft compaignie" (Antwerp. Compil. IV. 9 § 1 Titel und § 2,11), „selschop in kopenschop offt in scepesparten" (Napiersky S. 236 Not. 5), „wiederlegen noch geselschafft oder Mascopey" (ib. Burspr.

---

[1]) Nach anderen von „Maat", Genosse. Die heutige holländische Form ist „Maatschappy." Das schwedische Recht, das die Gesellschaft unter dem Namen „bolagh" kennt, bezeichnet den Gesellschafter als „bolaghsmaþer." Vgl. Amira S. 670/1.

IX. § 77), „cumpanie ..., dat es to verstane als van wedderleghinge eder gheselscap van copmanschepe" (Sartorius II. S. 399), „dar part offte deel ane hebben" (Hans. Stahlhof CVI. Art. 6), „cumpan is oder, den de Sake mede angeith" (Oelrichs, Rig. R. III. 8), „geselschap, ofte deilynghe" (Niesert, Münst. U. B. III. S. 208), „gesellschaft oder tail" (Wiener Neustädter R. b. Winter Cp. 79), „socius vel particeps" (ib. b. Meiller S. 119), „musschup und vulleselschup" (Lüb. Zust. Bd. III. 97/98).

Es finden sich indess für die offene Handelsgesellschaft auch schon besondere auf das Wesen dieser Gesellschaftsart eingehende Bezeichnungen, so „rechte gesellschaft" (Augsbrg. Stdtb. 144 § 2 Al. 1., Pölman Dist. I. 12,1), „rechter gesell" (Wiener Neustädter R. b. Winter Cp. 83), „mergkliche gesellschafft" (Kuppener F. 1ᵛ. bei Neumann S. 592), „vrye selschop" (Pauli, Lüb. Zust. Bd. III. U. B. 90/96), „vera societas" (ib. Bd. I. U. B. 102 c, d, o), „in vera societate mercimoniali" (ib. 103 A.), „socii cardinales" (Studi e Doc. I. 8, Roma S. 21), „specialis conpagnia" (ib. S. 20). Auch die Worte: „wedderlegghinge hebben stille noch openbaer" (Sartorius, II. S. 401 Anh. I.) bezeichnen mit „openbaere wederlegghinge" die offene Gesellschaft. „Widerlegung" heisst dabei (im Gegensatz zur vorerwähnten Bedeutung: „Accommenda"), wie öfters, jede Hingabe einer Sache zu Gewinn und Verlust, sei es an einen Commendatar oder als Einlage in die Kasse der offenen Gesellschaft. Da nur bei der letzteren alle Genossen eine Vermögenseinlage zu machen pflegen, so wird sie auch als „vulle wedderlegginge" bezeichnet, so bei Pauli, Lüb. Zust. Bd. III. 95.

II. Rechtsverhältnisse während der Dauer der Gesellschaft.

1) Persönliche Beziehungen der Gesellschafter zu einander.

Das persönliche Band, das die Gesellschafter umschlingt, ist ein sehr enges, über die Vermögensgemeinschaft weit hinausreichendes. Solange zwischen Gesellschaftern Haushaltsgenossenschaft bestand, Vermögensgemeinschaft also Lebensgemeinschaft war, verstand sich das von selbst, aber auch in der Zeit der Stadtrechte herrschte noch eine daran erinnernde Auffassung von dem Wesen der Gesellschaft. Die Gesellschaft war ein von dem gegenseitigen Vertrauen ihrer Mitglieder getragenes Verhältniss.[1] Sie musste es bei den unentwickelten Bestimmungen des Gesellschaftsrechtes auch

---

[1] Ueber schwedisches Recht vgl. Amira, I. S. 672.

sein, wenn nicht anstatt eines gegenseitigen gedeihlichen Unter-
stützungsverhältnisses Lug und Trug, dem Thür und Thor offen
stand, Platz greifen sollte.

In der Auswahl seiner Gesellschafter war man sehr vorsichtig,
und einige Rechtsbücher mahnen ausdrücklich dazu, so Purgoldt
III. 48: „Wan eyn iglicher sal sich vorsehin, das her in seyner
geselschafft habe getruwe, richtige und vorstendige gesellen", ebenso
III. 51: „wan eyn iglicher szogethane geselschafft zu eme nehmen
sal, der her gloubin und getruwen mag und hat man eme gloubt
der her ussgab und innam, szo moes man ome ouch glouben der
rechenunge." Dgl. Hach, Lübisches Recht IV. 7: „Welck man
mydt enem anderen Selchopp makenn wille, de se wol to weme he
sines gudes belovet (vortruwet), wente wat de ene kofft offte vorgifft, dat mot de ander hetalen." IV. 8: „De eme dat gudt belouet hefft, de mot em ock de rekenscopp belouen, darumme se ock
malck tho wen he sin gudt belouet offte beuelet." Die letzteren
Bestimmungen weisen auf eine Verwandtschaft mit dem Consolato
del mare hin, dessen Schlussparaphrasen wiederholt lauten: „Perque
quasoú s'guart à qui comanará son veixeli ò com ò com no" etc.
(Pardessus Coll. Bd. II. z. B. Cp. 244 a. E.).

So macht die bei Pauli, Lüb. Zust. Bd. III. No. 90 geschlossene
Gesellschaft aus, „dat een iewelik der selschop sal truwe wesen....
sunder enyge argelist." Bei Jäger, Ulm S. 669 ff. geben sich
Weisshaupt und seine Gesellschafter Handtreue an Eides Statt.

Es sind uns in Handelsbriefen, die Gesellschafter mit einander
gewechselt, so in den von Hirsch, Danzig S. 229 erwähnten, die
neben Handelsnotizen auch Familiennachrichten etc. enthalten, Zeugnisse für das vertrauliche Verhältniss der Socii erhalten. Auch die
Gesellschaftsabschluss- und Auflösungsurkunden geben in ihrer
Fassung Beweise dafür. Weisshaupt und Schreiber zu Biberach
schliessen mit Ditmar zu Ulm (s. Jäger, Ulm S. 669 ff.) eine „freund-
liche" Gesellschaft. Sie wollen darin „treulich und redlich" üben...,
wie es gemeine Gesellschaft Nutz und „Ehre" fordert. Als sich
Hultzpach von seinem Socius Haller in Nürnberg trennt (Roth,
Nürnb. Bd. I. S. 124), gibt er ihm Danksagung der von ihm erfahrenen „Freundschaft" etc.

Dieses enge persönliche Verhältniss der Socii zu einander hat
vielfach auch rechtliche Wirkungen für die Gesellschaft. Bei der
Klage zwischen den Gesellschaftern und ihren Erben gilt als Beweismittel nur der Eineid.[1] Der Zeugen bedarf es nicht, so lange

---

[1] Abweichend das Stadsboek van Zutphen aus dem Anfang des 14. Jahr-

die Gesellschaft besteht; nach andern Rechten auch noch nach der Auflösung, weil mit der letzteren zwar die vermögensrechtliche Interessengemeinschaft, nicht aber das persönliche Verhältniss der Parteien aufhört. Vgl. Augsburger Stadtbuch 144: „Umb alle Gesellschaft. § 1. Werden gesellen zu krig under einander, das richtet ein burggrav. § 2. Man sol auch wizzen swes ein geselle dem andern laugent, die wile diu geselleschaft ungescheiden ist, da gehoeret chein geziuk uber wan daz ez an jedweders eide stat, swederre dem andern laugente, wan ez rehtiu geselleschaft ist unde zir beider triwen stat. Scheident aber si sich von einander unde gereitent mit einander, swes darnach einer dem andern laugent, daz beziuget einer hinz dem andern wol selb dritte mit den die es gehoert hant unde gesehen. Sturbe aber ir einer, e si sich geschieden von einander, swaer danne hinz im clagt, ez si husfrowe oder chint oder swaer ez waere von sinen waegen, so enmag in niemen beziugen, unde stat hinze sinem eide rehte als ob sin geselle da zegagen stunde."

Lübisches R. IV. 16 (Statuta Stadensia v. 1279 II. 16 b. Pufendorf): „Kumpane etc. ..... unde wolde erer ein dem anderen schuldigen van erer selschop wegen, de schall ene schuldigen sunder tuch, unde de dar schuldiget wert, de mach van sick doen, so vele he wil unde sweren vort in den hilligen."

Purgold III. 51. Bei der „Gesellschaft in Kaufmannsschatze": „Wollen sie sich oder haben sich getheilt und schuldigt einer den andern um Rechnung zu thun, die braucht er nicht mit Leuten oder Zeugen beweisen, sondern mit seinem Eid. Mehr braucht er nicht zu beweisen."

Hamburger Stadtr. v. 1497 (Walch. Bd. VI.) E. VII: Haben Bruder und Schwester oder Kumpane ihr Gut zusammen, schuldigt einer den andern um die „wintschop", so soll er ihn schuldigen ohne Zeugen. Der andere schwört, dass er ihm das seine gegeben habe.

Saalfelder Statuten a. d. 13. Jahrh. (Walch. Bd. I.) Art. 154: „Von Gesellschaft. Beklait ein man den andern umme gesellschaft und hat der einen vormunden und czut sich an sinen vormunt, der vormunt beheldit iz mit sines eygens hant vor di geselleschaft."

Aus den persönlichen nahen Beziehungen erklärt sich auch, wenn mehrere Stadtrechte übereinstimmend festsetzen, dass beim

hunderts § 43 (Hordijk S. 59): „Dit is van geselscap. Beclaegt eyn den anderen omme ghebreck als van gheselscap ende segt hi, dat hyt allent gheuit heft, dat hi bi reghte hem uthen solde van der selscap, so sal hi dat waer maken met hem derden."

Tode eines Stadtfremden in der Stadt sein in derselben hinterlassenes Vermögen nur seinen Erben, Gläubigern oder seinen Socii
ausgeliefert werden darf, — den letzteren aber dem Wortlaute nach
allgemein, also auch wenn sie an dem in der Stadt sich befindenden Vermögen keinen Antheil haben. Vgl. Stadtrecht v. 1212 für
Enns (Meiller, i. Oestr. Arch. S. 98): „Item statuimus, ut undecumque
venerit advena, si moriens de rebus suis ordinaverit, rata maneat
eius ordinatio, si vero moriens nichil ordinaverit, cives custodiant
bona defuncti annum et diem, infra quod quidem spacium si aliquis
venerit, qui se heredem vel socium vel accreditorem legitime osten-
derit, eidem absque contradictione assignentur bona defuncti" etc.
Dgl. Stadtr. f. Wien v. 1221 (ib. S. 106), v. 1244 (ib. S. 137), Stadtr.
f. Haimburg v. 1244 (ib. S. 144), Prager Stadtr. § 108/9 (Rössler, Bd. I.
S. 132), Iglauer Stadtr. a. d. 13. Jahrh. Art. 5 (Tomaschek S. 207): „tempore aliquis amicorum vel sociorum cum certis indiciis venerit..."
Das Stadtrecht von Wiener Neustadt (ed. Winter) Cp. 83, fordert
allerdings ein Vermögensinteresse des Socius: „Chumt iemant in
der zeit der da erzaigt und bewaret daz er ..... sein rechter gesell gewesen sei und in daz guet angehoer .... dem gesellen sol
man an all widerred dez toten guet antwurten."

Für die Streitigkeiten der Gesellschafter untereinander bestand
eine Klage, die u. A. im Augsburger Stadtbuche 144, den Saalfelder
Statuten (Walch.) Art. 154, dem Stadshoek van Zutphen § 43 erwähnt wird. So werden bei Michelsen 248 Gesellschaftsstreitigkeiten
dem Oberhof zu Lübeck vorgelegt. Aber die nahen persönlichen
Beziehungen der Socii brachten es mit sich, dass sie häufig vor-
zogen, ihren Streit schiedsrichterlicher Entscheidung zu unterbreiten.
So bestimmt die Weisshauptsche Gesellschaft (Jäger, Ulm S. 669 ff.)
schon durch den Gründungsvertrag 2 Obleute, die etwaige Streitigkeiten unter den Genossen entscheiden sollen. Für den Fall, dass
die 2 Obleute uneinig über die Entscheidung sind, sollen dieselben
einen dritten cooptiren dürfen. Der Gesellschaftsvertrag wird bei
diesen Obleuten hinterlegt. Auch bei Pauli, Lüb. Zust. I. No. 104
werden Streitigkeiten der Gesellschafter durch die Wahl von Schieds-
richtern erledigt, die hier eine Theilung zwischen den Socii zu Stande
bringen. Ueber Schiedsrichter bei der Theilung überhaupt s. unten
S. 92.

Bei Pauli, Lüb. Zust. Bd. III. No. 92 v. 1461 findet sich auch noch
nach der Auflösung der Gesellschaft, da diese noch nicht durch
Lösung aller Verhältnisse vollzogen ist, die Socii noch nicht „qwyt"
sind, eine schiedsrichterliche Entscheidung: „Witlik sy dat schelinge
sint gewest twisschen Hermen Walbom, up de ene, unde Wilhelme

Nigenborge, upp de anderen syde, also umme 400 Mark lub., de desulffte Wilhelm deme gesechten Hermen van zelsschopp wegen schuldich is, na inneholde ener schrifft hiir bevoren anno LX° Letare gescreven — — —. Darumme ze denne vormiddest fruntliken degedingen des ersamen hern Johann Hertze, radmans to Lubeke unde der beschedenen manne" — folgen 5 Personen — „sint vorliket to eneme gantzen vullenkomen ende in nabescreven wyse, also dat de erscreven Wilhelm unde sine erven deme Hermen unde zinen erven scholen vorwissen unde vornogen nu uppe paschen negest komende hundert mark lub. unde vor de andern nastanden drehundert mark lub. hefft he deme Hermen unde sinen erven geset unde vorpandet zine zelsschop, de he hevet mit Hinrike Bullen unde Volmer Loppenstede mit Hanse Oderpe unde Bertolde Heitman, zyk dar ane to holden unde betalinge der erscreven dryer hundert mark dar ane to sokende. Unde weret, dat Wilhelm der 300 mark sulves betalinge dede, so scholen de erscreven zelsschop qwyt, leddich unde losz wesen."

In den Beschlüssen des deutschen Hofes in Nowgorod von 1346 wird unter Anderem bestimmt (Sartorius, I. S. 147): Bei 10 Mark Silber Strafe sollen nicht 2 Brüder oder die Geld in Gemeinschaft haben, in der Kirche zusammen schlafen oder daselbst Wache halten. Wahrscheinlich sollten sich die Wächter zugleich gegenseitig beaufsichtigen und persönlich so nahe verbundene Personen hielt man dazu nicht für geeignet.

2. Vermögensrechtliche Beziehungen der Gesellschaft unter einander im allgemeinen.

Noch enger als das persönliche Vertrauensband ist die vermögensrechtliche Verbindung zwischen den Gesellschaftern, die sich auf der persönlichen Grundlage aufbaut. Sie erstreben die Vermehrung ihres Vermögens durch gemeinsame Mittel und Thätigkeit. Ihre Vermögensinteressen sind daher mindestens, soweit die Vermögensgemeinschaft reicht, die gleichen. Wenn also einer der Socii in einem Processe über gemeinsames Vermögen als Partei auftritt, so ist der andere nicht befähigt, in dem Processe eine objektive Stellung einzunehmen, als Zeuge darin aufzutreten. So nach dem Stadtrecht für Wiener Neustadt a. d. 13. Jahrhundert (ed. Winter) Cp. 79: „Ein gesell der mit ainem andern gesellschaft oder tail hat etzleichez chaufez ader gutez oder etzleichz anderz dingez, der mag dez selben seinez gesellen zeug niht gesein."

Ebenso nach dem Münchener Stadtrecht von 1347 § 85 (Bair. Ldr. § 325): „Wer tail oder gemain an der chlag hat, darumb er zeuch solt sein, die mügen all nicht zeug gesein." Dgl. nach den Bremenschen Statuten unde Ordelen von 1433, Ordel 17 und den Statuta Verdensia 103 (s. beide bei Pufendorf, Bd. III. u. I.): „Schuldigt einer den andern um Geld oder andre Sache und der Schüldinge kommt to Tügen und der Beschuldigte gibt den Zeugen schuldt, dat se deel an der sake hebben oder Cumpanie sin in dem Geld oder in der Sache. Können sie des vollenkamen, so moegen sie dem Kläger nicht zeugen helfen." Dgl. nach Oelrichs, Rigisches Recht III. 8 (Stat. Hamb. VII. 16. Stat. Stad. VII. 13): „Idt mach sich keyn man entschuldigen umb Klage myt den Lüden de myt an Floke und Ferde weren. Idt mach ock nemant tügen up den anderen up jeniger hande Sake van schulde myt dem he eyn kumpan is, oder den de Sake mede angeith." Deshalb bestimmen auch die Beschlüsse des deutschen Hofes in Nowgorod von 1346 (Sartorius I. S. 146): Niemand gehe allein mit seinem Bruder oder mit dem, mit welchem er in Handelsgesellschaft steht, oder mit seinem Knechte auf einen Kauf aus. — Denn wenn Streit entstände, würde es ihm an gültigen Zeugen fehlen.

Da die Gesellschaft eine gemeinsame Verfolgung vermögensrechtlicher Interessen durch gemeinsamen Handelsgeschäftsbetrieb bezweckt, so sollte es den Mitgliedern eigentlich verboten sein, durch Einzelgeschäftsbetrieb die Gesellschaftsinteressen zu schädigen. Dennoch findet sich kein allgemeines Concurrenzverbot für die Gesellschaften in den Stadtrechten. Im Gegentheil war es sehr üblich, dass ein Kaufmann mit Vermögenseinlagen mehreren Gesellschaften zugleich angehörte. (Vgl. Pauli, Lüb. Zust. Bd. I. S. 137 ff.) Gesellschaften aber, die — und soweit sie — mehr auf die persönliche Thätigkeit ihrer Mitglieder im Gesellschaftsinteresse, als auf Vermögensbetheiligung gerichtet waren, liebten es, durch den Gesellschaftsvertrag allen, oder wenigstens den thätig betheiligten Mitgliedern die Concurrenz mit der Gesellschaft zu verbieten. So bestimmt der Gründungsvertrag der Weisshauptschen Gesellschaft, dass keiner der Betheiligten während der Dauer der Gesellschaft ein Gewerbe oder Hantierung für sich selbst betreiben dürfe ohne besondere Vergünstigung der anderen, um des gemeinsamen Interesses willen. (Jäger, Ulm S. 669 ff.) Ebenso wird bei Lörsch (Aach. Rsdkmlr. II. 5) in einer Weinhandelsgesellschaft der einzige betheiligte Weinkaufmann von der Concurrenz ausgeschlossen. „Vort geloif ich Johann Heyfstrijt egeyn ander keumenschaf mit wyn ce driven, dan in disser geselschaf

vorschreven." Dgl. heisst es in dem bei Pauli, Lüb. Zust. Bd. III.
No. 95 sich findenden Gesellschaftsvertrag: „Unde de vilgenomet
Gerd schal noch en wil mit nemande anders selschup hebben, id
en zy mit des erscreven. Cordes vulbord unde willen, so sich
Gerd des vorwillekord heft." Dem entsprechend darf auch in der
bei Falke Bd. II. S. 51 genannten Nürnberger Gesellschaft keiner in
der verabredeten Zeit mit Anderen in Gesellschaft oder selbständig
handeln, sondern alles, was einer mit Kaufmannshändeln gewinnt,
soll gemeinsam sein. Denselben Sinn hat es auch, wenn es bei
Pauli, Lüb. Zust. Bd. I. No. 102e heisst: „Wasmodus filius Wasmodi
de Wismaria habuit C et XXX Mr. arg., ad quas ei posuit Conradus de Atenderen C et XXX Mr. arg. in societate, qui W. dice-
bat se non habere aliqua bona mercatoria extra ista."

Wenn die Leipziger Rathscommission 1464 bestimmt (U. B.
der Stdt. Lpzg. Bd. I. No. 383): „Item es mag ein burger mit
einem usslendischen gaste geselschaft haben .... Item der burger
mag auch dorbei wol einen sunderlichen handel haben" etc., so
bezieht sich das natürlich nur darauf, dass von Stadtwegen nichts
dagegen einzuwenden ist, steht aber einem vertragsmässigen Ausschluss der Concurrenz nicht im Wege.

3. Firma.

Die einzelnen deutschen Handelsgesellschaften pflegen im
Mittelalter noch keinen festen Namen (Firma) zu führen. In den
Urkunden werden sie gewöhnlich so bezeichnet, dass entweder alle
Socii neben einander aufgeführt werden mit dem Zusatze „Socii"
oder dergleichen, oder so, dass nur der Name des geschäftsführenden Socius genannt wird mit dem Zusatze: „und seine Gesellschaft." Diese Art der Bezeichnung erscheint jedoch als eine im
einzelnen Fall willkürlich gewählte, die für die Rechtsverhältnisse
der Gesellschaft gegen Dritte von keiner Bedeutung ist. Eine
eigentliche Firma findet sich erst im späten Mittelalter, früher nur
als Ausnahme. Schon ca. 1300 haben eine solche Firma die Goslarer Statuten 102, 10: „Wert en samentname ghenomen, wert
des wat gheguldden, dat schal men under in delen na marktale.
Vorsoke men aver weme der name, deme dochte men nicht ghelden.
Gülde men aver emme sunderliken mit unterschede, de ne dochte
mit den anderen nicht delen." In der Befugniss zu firmiren liegt
das Recht, die Gesellschaft zu vertreten. Im Zweifel hat dieses
jeder Gesellschafter. Soll es ihm entzogen werden, so geschieht
es daher durch Ausschliessung von der Führung der Gesellschafts-

4*

firma. Diese ist zulässig, muss aber ausdrücklich geschehen. Durch die Firma erscheint die Gesellschaft als eine formelle Einheit Dritten gegenüber. Unter ihr empfängt sie als solche Zahlungen, und das wird ausdrücklich von der Zahlung an die einzelnen Socii unterschieden. — Unter der Firma kann die Gesellschaft auch in Processen auftreten. Das scheinen zu sagen Gosl. Stat. S. 84, 30: „Klaghet mer lüde denne en uppe ene samentklaghe, wert uppe dene en wedde irdelet de weddet umme ene sake en wedde unde ghift in allen ene bute. Klaghet se manlik sunderliken, alse mannich wedde unde bute, of se irworven werdet, alse recht is." In dem auf den Goslarer Statuten beruhenden Rechtsbuche nach Distinctionen fehlt der Satz der Gosl. Stat. 102, 10 ganz. Die Bestimmung der Goslarer Stat. 84, 30 ist im Rb. nch. Dist. zwar aufgenommen, aber ohne den Zusatz: „Sament"(klage). Der Verfasser des Rb. will allgemein sächsisches Stadtrecht darstellen und der Umstand, dass er die Gesellschafts-Firma ganz fallen lässt, beweist, dass dieselbe noch nicht weite Verbreitung gefunden hatte. — Eine durch den Societätsvertrag festgestellte Firma, wenn auch aus späterer Zeit, findet sich z. B. bei der von Falke Bd. II. S. 51/334 erwähnten Nürnberger Gesellschaft von 1541. Diese Gesellschaft besteht aus vier Mitgliedern, doch wie es scheint nur aus drei offen betheiligten. Die verabredete Firma trägt die Namen dieser drei in sich. Sie lautet: „Michel Behaim, Bernhard Geisler und Jorg Scheurl." Danach ist die Gesellschaftsfirma zugleich der kaufmännische Name der einzelnen Socii. In Lübeck findet sich selbst im 16. Jahrhundert noch keine Firma. (Vgl. Pauli, Lüb. Zust. Bd. III. S. 39. No. 1.)

Ein theilweiser Ersatz für das Fehlen der Societätsfirma lag in anderen Societätszeichen. Die „Merke", das Waarenzeichen jedes Kaufmannes wandte man auf die Gesellschaft an, indem man bald die Merke eines der Socii auch zur Zeichnung der Gesellschaftsgüter benutzte, (— So geschieht es z. B. 1447 bei den Waaren, die einer Gesellschaft von zwei Danziger und zwei Cölner Kaufleuten gehören. — Vgl. Hirsch, S. 225/6) oder indem man die „merken" aller Socii zugleich auf die Societätswaaren setzte. Vgl. Hirsch ib. und Pauli, Lüb. Zust. Bd. III. No. 95: „dat sodane terlingk" (4eckiger Ballen) „laken darinne wesende 25 Bredepeppersche mit erer beder merke getekent in de Revelschen bardesen geschepet."

4. Einlagen und Societätsfonds.

Die Gesellschafter betheiligen sich an der Gesellschaft durch Einlagen an Capital oder durch Arbeit oder durch beides. Die Capitaleinlagen werden gewöhnlich sogleich bei der Gründung der Gesellschaft gemacht, „hovetstol" genannt im Gegensatz zur späteren „wynnynge" (vgl. Pauli, Lüb. Zust. Bd. III. No. 90 und öfters). Boemus, mor. leg. rit. omn. gent. (Goldast, p. 26): „Societatem ineunt ac certam pecuniae summam quisque ponit."

Meist sind die Capitaleinlagen der verschiedenen Socii von gleicher Höhe (z. B. Pauli, Lüb. Zust. Bd. I. No. 102 e. III. 90 etc.). Bei quantitativ verschiedenen Einlagen stehen diese zur bequemeren Berechnung von Gewinn und Verlust häufig in einem leicht berechenbaren Verhältniss, z. B. 1 zu 2 b. Pauli L. Z. 1. No. 102 c (a. 1311): „Hinricus Hovesche habuit LXV Mr. argenti, ad quas ei posuit Helmericus Pape C Mr. arg. et XXX Mr. arg. in vera societate." Dgl. ib. 102 o. Ebenso im Stralsunder Stadtbuch IV, 169, wo der eine $^2/_3$, der andere $^1/_3$ der Kosten eines Schiffsbaues übernimmt. Auch in der bei Lörsch u. Schr. U. 2. Aufl. No. 278 citirten hansischen Urkunde, wo nach den unten S. 58 auszuführenden Grundsätzen wenigstens für den Verlust die Vertheilung im Verhältniss von 2 zu 1 anzunehmen ist. Die Einlagen betragen hier 50 und 25 Bremer Mark.

Quantitativ und qualitativ verschiedene Einlagen finden sich z. B. bei Lörsch, Aachner Rsdkmlr. II. 5: „Kunt si allen luden, dye dissen bryf ainsin of horen lesen, dat Werneir Dorcant in Kolijn Buc in Johan Heyfstrijt, burgere van Achen, sich verdragen hain eynre geselschaft mit vogen asse herna geschreven steyt. Dat is zu wessen, dat dye vorschreven Werneir in Kolijn Buc solen inlegen in dy geselschaf 600 swoir golden in Johan Heyfstrijt sal inlegen 200 swoir golden in dy geselschaf, in vort sal Johan Heyfstrijt sinen kelre inlegen in dij geselschaf, los in ledich, ain widderspreche. Vort sal Kolijn Buc den kelre zu Kleve inlegen vor 50 golden des joirs, in dat gelt sal man usheven usser unser geselschaff. Vort so in sal dit gelt nirgen aingelait werden, dan ain wijn in unser geselschaf. Vort geloif ich Johan Heyfstrijt, egeyn ander keumenschaf mit wijn ce driven, dan in disser geselschaf vorschreven, in disse geselschaf sal stain van nu sint Remeys dagh over eyn joir na datum dis brijf. Vort weirt saghe dat dat geviel, dat Werneir in Kolijn leinden in dye geselschaf eynich gelt me, dan dy vorschreven summe, dat solen si widder usheven, wanne dat si willen, oin widdersproch Johans. Vort so in sal

Werneir noch Kolijen noch Johan Heyfstrijt egenre kunne gelt usser dysser geselschaf nemen, dan asse unse joir us sint. Ume steytgeyt der wareyt in alle dys brijfs punten fast, stede in unvorbruglich ce halden, so hain wer Werneyr, Kolijn in Johan Heyfstrijt unse ingesiegel ain dyssen bryf gehanen. Geschreven du man schreyf van goits geborde 1360 joir up sin Walburg dagh."

Die Ueberlassung der Einlagen an die Gesellschaft geschieht nicht immer zu Eigenthum. So geht in der eben erwähnten Aachener Urkunde, wie es aus der ausdrücklichen Hervorhebung im ersten Falle sich ersehen lässt, nur der Keller des Heyfstrijt in das Eigenthum der Gesellschaft über, der Buc's ist nur Nutzungseinlage.

Die sofortige Einzahlung der Einlagen ist nach dem allerdings späteren Purgoldt nicht nöthig. Purg. III. 46: „Ab zwene drye adder mer luthe eyne geselschaft auf kaufmanschaft gliche machen", da ist auch der Gewinn und Verlust gleich. „Ab das von en vor nicht vorczalt und mit redin geluttert werdit, so ist es doch in dem rechtin glich also .... Das ist Institutionen und Stadtrecht."

Zuweilen wird es Gesellschaftern erlaubt, spätere Mehreinlagen zu machen, die ihnen auch einen höheren Gewinnantheil gewähren, so in der Aachener Urkunde (Dkm. II. 5): „Vort weirt saghe dat dat geviel, dat Werneir in Kolijn leinden in dye geselschaf eynich gelt me, dann dy vorschreven summe, dat solen si widder usheven, wanne dat si willen, oin widdersproch Johans." Desgl. bestimmt der Weisshauptsche Gesellschaftsvertrag (Jäger, Ulm S. 669 ff.), der U. L. Fr. Lichtmess 1491 geschlossen wird, dass vom Jacobitag 1491 an den Mitgliedern erlaubt sein solle, auch mehr als verabredet einzulegen, unter erhöhtem Gewinn- und Verlustantheil.

Die gemachten Einlagen dürfen während der Dauer der Gesellschaft nicht aus derselben zurückgezogen werden. Vgl. die erwähnte Aachener Urkunde (Rsdkmlr. II. 5): „.... egenre kunne gelt usser dysser geselschaf nemen, den asse unse joir us sint", ausser den gemachten Mehreinlagen. Nach dem Weisshauptschen Vertrage dürfen (Ulm v. Jäger S. 669 ff.) weder Haupt- noch Mehr-Einlagen herausgenommen werden, ausser wenn es eines Socius oder seiner Erben Nothdurft erfordert, aber auch dann höchstens 100 rhein. Gulden.

Die Einlagen der Gesellschafter bestehen regelmässig in Geld oder anderen Sachen. Doch findet sich als Einlage auch die Ueberlassung von Forderungen an die Gesellschaft, wie die einer Darlehnsforderung in der bei Lörsch u. Schr., U. 2. Aufl. No. 296 sich findenden hansischen Urkunde: „Unde de vorscreven tein

mark unde de dertich mark sint gekomen in unser beider selschap
de wi tô hôpe hebben."

Bei der Societas omnium bonorum besteht die Einlage in der
Einbringung des ganzen Vermögens der Contrahenten, falls nicht
ausdrücklich eine Ausnahme statuirt ist, wie in dem Rostocker
Stadtbucheintrag 5237: „excepta una hereditate in platea Piscatorum
sita, quae Everardo soli pertinet."

Die Gesammtheit der Einlagen bildet den Societätsfonds.[1])
Ueber die Rechte der Gesellschafter an demselben wird unten noch
zu sprechen sein. Er bildet ein den Zwecken der Gesellschaft
speciell gewidmetes Vermögen. Asch. Rsdkmlr. II. 5 sagt: „Vort
so in sal dit gelt nirgen aingelait werden, dan ain wijn in unser
geselschaf." Statt der Einlagen der Socii wird in Gesellschaftsverträgen öfters nur die Höhe des Societätsfonds bestimmt, der
sich dann aus proportionellen Beiträgen der Gesellschafter zusammensetzt. So wird Strals. Stadtbuch eine Gesellschaft auf
24 mrc. den. geschlossen. Dgl. Pauli, Lüb. Zust. I. No. 102i
unter Einschätzung der dazu gehörigen Waaren in Geld.

Der Gesellschaftsfonds ist von dem Privatvermögen der einzelnen nicht so streng geschieden, wie nach dem deutschen Allg.
Hdls. Gesb. Wenigstens scheint eine Exekution der Privatgläubiger
der einzelnen Gesellschafter in das Societätsgut zulässig zu sein.[2])
Als 1391 (s. b. Mone, Zsch. IV. Bodenseestädte No. 9) einem
Ravensburger drei Ballen Leinewand in Venedig mit Beschlag be-
legt sind, weil der dort verschuldete „Conr. Segelbach habeat in
predictis pallis partem aliqualem", und ebenso als (s. ib. Zusatz
Mones zu No. 13) Waaren der zwei Albert Kirchherren von Constanz beschlagnahmt werden unter dem Vorgehen, der Constanzer
Burkart Wiener habe Theil daran, wird in beiden Fällen von den
Betroffenen nur versichert, dass sie keine Gesellschaft mit den von
den Venediger Gläubigern gemeinten Personen hätten. Davon,
dass auch im Falle des Bestehens einer Gesellschaft mit den

---

[1]) Eine singuläre Art der Bildung des Societätsfonds enthält Höhlbaum,
Hans. U. B. Bd. II. 587: „Omnibus presens scriptum cernentibus Florekinus civis in
Narwia salutem in Domino sempiternam. Tenore presencium publice recognosco,
quod consanguinei mei dilecti videlicet Bertoldus de Corbes et Bertoldus de
Ellevere societatem mecum facientes nullis aliis ab extra nec consulibus nec
concivibus Reveliensibus ad hoc vocatis taliter convenerunt, quod mihi 12 lastas
siliginis commiserunt medietatem ipsarum titulo vendicionis
mihi dimittendo in communem omnium nostrum dampnum et
lucrum versus Stocholmis in mea navi propria deferendas" etc.

[2]) Bei der Geschwistergemeinschaft ist nach schwedischem Recht die
Exekution in das ungetheilte Gut der Gesammthänder zulässig. (v. Amira S. 184.)

Schuldnern von einer Beschlagnahme der Societätsgüter durch die Privatgläubiger keine Rede sein könne, wird in beiden Fällen nichts erwähnt. Derselbe Gedanke scheint auch Pölmans Dist. I. 12, 4 zu Grunde zu liegen: „Würde auch einer" (d. h. ein Gesellschafter) „Flüchtig von Schade wegen, also das Gut seiner Geselschaft gehindert wird, so ist jre Geselschaft aus und mögen sie den flüchtigen Gesellen sich zu gestellen, sich zu verantworten und vorwissen, das sie führen ihr Gut, wo sie wollen; mögen sie auch das nicht thun, so sollen sie das Gut da lassen, bicz das man in antreffen mag auf ein Recht. Wollen sie sein auch leugnen" (d. h. wohl: die Gesellschaft mit ihm leugnen), „sie behalten jr eigentliche Gewerve, auf den Heiligen, Jeglicher besonderen, sind das er abtrünnig ist." Dagegen haben nach den Antwerpener Compilatae von 1608 Thl. IV. Tit. 9 § 2 No. 25 — 27 die Privatgläubiger kein Exekutionsrecht auf das Societätsvermögen, ausser auf den nach Bezahlung aller Gesellschaftsgläubiger bleibenden Rest desselben.

5. Vertheilung von Gewinn und Verlust.

Gewinn und Verlust, die mit dem Gesellschaftsgute gemacht werden, sind allen Socii gemeinsam. Das wird sowohl gesetzlich als vertragsmässig, sowohl für die Ganerbschaft, als für die offene Handelsgesellschaft im besonderen sehr häufig ausgesprochen. Sep. I. 12: „Verhoget se dat mit irer kost oder mit irme deneste, de vrome is ir aller gemene; dat selve is de scade." Goal. Stat. 10, 24: Wat se irwervet, dat is ir aller .... Wur mede se dat beteret, de vrome is erer aller: dat selve is de scade, of dat sic ergheret." Rb. n. Dist. I. 42, 1: „erhoet sich daz mit orer koste adder mit oreme dinste ....., so is or frome unde or schade, derussen unde dorheyme, or aller mit enander." Pölm. I. 11, 1: „erhöget sich das mit jren Kosten oder mit jrem Dinste, obwol ein Theil aussen Landes etc. ....., so ist der Schade aussen und innen dem Lande jr aller mit einander." Pölm. I. 12, 1: „Eine rechte Gesellschaft ist die, wo Leute ihr Gut in Gemeine bringen .... auf Gewinn und Verlust in kaufen und verkaufen." Stat. Stad. II. 16 (Hamburger R. v. 1270. III. 16, dgl. v. 1292 H. 20. v. 1497 E. 7): „Hebbet sustere ofte brodhere ofte kumpane ere goet tosamene (Hamb. R.: to hope) unde winnet se wot, that is erer aller vrome, unde verleset se wot, that is erer aller scadhe." Lüb. R. IV. 16: „Hebben Broder und Schwestern oder Cumpane ir gut to hope, se winnen wat se winnen, dat is er frame, vorlesen se ock

van dem gude, dat is er schade." Augsb. Stadt-R. Zusatz zu 144:
„Kauffent zwen man ein gut mit einander und sint gesellen darzu,
wirt das ansprach, daz si schaden daran nement, von swelhen
dingen daz geschiht, den schaden suln si beide mit einander haben.
Mugen aver si jemen vinden, der in ir schaden mit recht ablegen
sol, der sol in davon helfen." Lünebg. Stadt-R. (Kraut. S. 50
21tes Stück): „Sete en man na sines wives dode mit sinen kinderen
an ungheschedeneme gude, beterde sich dat gut in der samenden
hand, den vromen scholde mede hebben de kindere mit deme
vadere. Ergherde sich och dat gut in der samenden hand, den
schaden scholden se mede hebben."

Die Berechnung von Gewinn und Verlust erfolgt, wenn nichts
anderes verabredet ist, „na marktale" (Markzahl), „pro rata portione",
im Verhältniss der Capital-Einlagen, so nach Gosl. Stat. 102, 10: „Wert
en samentname ghenomen, wert des wat ghegulden, dat schal men
under in delen na marktale." Vgl. auch Purgoldt III. 46: „Legit
aber eyner unde en 2 teyl adder meher, der sal dan 2 teyl der
wynnunge adder vorlust authnemen.... Das ist Institutionen und
Stadtrecht." Dasselbe wird in den meisten Verträgen, die überhaupt
über Gewinn und Verlust etwas bestimmen, verabredet, z. B. bei
Pauli, Lüb. Zust. Bd. I. No. 102a (a. 1311): „Notum sit, quod Conradus de Heidhe posuit LXXX Mr. argenti puri, ad quas posuit
Thidericus Repere XL Mr. argenti puri, ita quod de lucro, quod
Deus in hiis dederit, tollat ipse Conradus duas partes et Thidericus
tres partes." Ib. I. No. 102g (a. 1311): „Notum sit, quod Gerardus
Russe posuit D Mr. arg. et Godscalcus de Rene posuit D Mr.
arg., in quibus D Mr. ipsius Godscalci habet Rolf de platea pis-
cium CCC Mr. den., ad acquisitionem et perditionem secundum
marktal."

Für den Gewinn findet sich eine andere Art der Vertheilung
z. B. Lüb. R. II. 197 (von 1294): „De den andern wederleg an
kumpanie. Wederleghet jemen den anderen in cumpanie (selschop)
so wane se schichten scholen is dar hovetghut unde winninge, so
schal he to uoren up boren, dat he to voren heuet ut gheleghet,
dat andere scholen se like delen; is dar min den hovetgut, so scholen se dat schichten, alse se it to samene geleghet hebbet na marc
tale." Diese Art der Berechnung bezieht sich jedoch nur auf den
Fall, dass einer der Gesellschafter als Geschäftsführer das gemeinschaftliche Gut umtreibt. Es liegt dann eine der Accommenda ähnliche Gesellschaft vor. Den Haupttheil des Gesellschaftsvermögens
legt hier meist der nichthandelnde Socius ein. Der geringere Antheil des anderen und seine damit verbundene Betheiligung am

Verlust soll denselben nur zu grösserer Sorgfalt im Geschäfts-
betriebe veranlassen. Die Gewinnvertheilung ist daher ähnlich
der bei der Accommenda, wo Halbtheilung als Arbeitslohn für den
Commandatar sehr beliebt war. Dennoch charakterisirt sich die
Gesellschaft in solchem Falle als offene mit Capitaleinlage des einen,
Arbeits- und Capitaleinlage des anderen Socius. Vgl. z. B. auch
Hirsch, Danz. S. 226 (Gottschalk und sein Principal). Ueberhaupt
wird, wenn nur einer der Socii Arbeit einlegt, häufig dadurch eine
Aenderung in der Gewinnzumessung bewirkt, während der Verlust
entsprechend der Höhe der Capitaleinlagen vertheilt wird. So
Pauli, Lüb. Zust. Bd. III. 89: „Hans Buschmann vor syk unde vor
sine erven vor deme boke hefft bekannt, dat he van Lodewyge
Greveroden hebbe entfangen twedusent mark Lubesch, van olden
Alve Greveroden, borgere tom Sunde, twedusent mark Lub., van
Hinrike Greveroden vyffteinhundert mark Lub. hir to hest de
erbenomede Hans Buschmann gelecht hundert unde tachtendich
mark lub. Mit desseme Gelde scal Hans Buschmann copslagen
vormides rade unde hulpe Hinrikes Greveroden; unde Hinrik
Greverode scal Hans Buschmans hovetman hirover wesen in sodaner wyse; efft syk Hans nicht wol enregerede, so scal Hinrik
macht hebben, Hanse aftosettende unde ene andern in Hassen stede
wedder to nemende. Desse vorscrevene seltschop sal duren unde
stan dree jar langh, unde we denne van deme andern wil, de sal
deme anderen tosecgen tom veerden jare up wynachten afftoschedende; unde wan de schedinge denne togheyt, so scal en ysz-
lyk sin angelechte gelt tovoren utnemen; wes denne **gewinnen**
is, dar sal Buschman den **twölfften pennyng** van hebben, unde
wes denne vorder van wynnynge blyfft, dat sal Hinrike Greverode
halff hebben, unde de andern helffte solen Lodewyk und Alff Greverode, brodere, lyke delen under ene heyden.“ (Niederstadtbuch
1440. Symonis et Jude). In einer bei Lörsch u. Schr., U. 2. Aufl.
No. 278 citirten hansischen Urkunde wird dem nur ein Drittel des
Gesellschaftscapitals einbringenden geschäftsführenden Socius mit
Rücksicht auf seine Arbeit die Hälfte des Gewinnes bewilligt: „Wi
Hinrik van der Hûde unde Mauricius van Delmenhorst bekennen
apenbâre in dessen serter, dat wi selschup to samende ghemaket
hebben under anderen in aller wise alse hîr nâscreven steit: alsô
dat Hinrik van der Hûde heft ût ghedâen viftich Bremer mark,
dar Mauricius jheghen dâen heft 25 Bremer mark. Unde ik Mauricius vorbenompt hebbe dit vorscreven ghelt under handen uppe
unser beider winninghe unde eventûre. Wêre ôk dat unser ein
van dem anderen wolde unde de selschup sliten, sô schal Hinrik

van der Hûde sine 50 Bremer mark unde Mauricius sine 25 Bremer mark tovoren afnemen, unde wat dar over is van winste, dat schole wi like dêlen. To êner orkunde sint desse serter twe de êne ûte den anderen sneden. Anno Domini 1426." In der Weisshauptschen Gesellschaft gibt einer seine Gewölbe, Stallungen und die hintere Stube seines Hauses zum Betrieb der Handlung her. Desgl. unterhält er die nöthigen Knechte mit Essen und Trinken. Dafür lassen ihm seine Gesellschafter 300 rhein. Gulden in der Gesellschaftskasse liegen, deren Gewinn ihm bei jeder Jahresrechnung zugetheilt wird (Jäger, Ulm S. 669 ff.). Auch Purgoldt erkennt für diesen Fall die Zulässigkeit höherer Gewinn- als Verlustantheile an. Purg. III. 46: Dass aber der, der zwei Theil einlegt oder den andern von ihrem Theil etwas erlegt, mehr am Gewinn als am Verlust Theil nehme, ist nicht erlaubt, ausser, wenn er die Arbeit thut und so kann mit Recht einer am Gewinn Theil nehmen ohne Einlage in Geld noch keinerlei Habe gemacht zu haben. Das ist Institutionen und Stadtrecht.

Kuppener, Schr. v. Wucher C. 4 (Neumann S. 590), dagegen verlangt, dass der arbeitende Socius ebenso grossen Antheil am Verlust, wie am Gewinn nehme: „Gefelet ein frag des rechten. So yr czwene adir drey in einer kauffmannschatz ein geselschaft machen, also das czwene das gelt solche kauffmannschatz czu treiben legen, der dritte legt unn thut die erbeit mit handeln vnn wandeln vnn wirt der gewin czu gleich auff die persone ausgeteilt, ab solcher contract im rechte bestendig ergrunt vnn czu gelassen ist. Darauff antwurte ia, nach besage des hochgelerten Gotfredi in seiner summa vornim, als ferne sie czu gleich gewin vnn verlust tragen, vnn also der beide czu gleicher fare stehen"; nicht aber, wenn einer nur Gewinn empfängt, nicht auch Verlust und Gefahr mitträgt.

Nicht immer wird dem arbeitenden Socius ein höherer Ertragsantheil bewilligt, z.B. nicht in Pauli, Lüb. Zust. Bd. I. 102h: „Conradus de Atendorn et Conradus de caspele composuerunt pecuniam suam quilibet LX Mr. arg. ad dimidiam fortunam et acquisitionem, que bona amborum nomine dictus Cunradus gubernat, pannos in domo pannorum incidens." Ausdrücklich wird ausgemacht, dass die Gesellschafter den Geschäftsbetrieb ohne besondere Vergütung aus der Gesellschaftskasse übernehmen sollen, in Pauli, Lübecker Zust. Bd. III. 90: „... vrye selschop hebbet gemaket under en dreen to hanteren unde nymant kost up to doen, dan dat ungelt, dat up de gudere kompt" etc.

Die Gewinnvertheilung erfolgt, wenn keine anderen Termine verabredet sind, bei Auflösung der Gesellschaft, so Lüb. Zust. Bd. I. No. 89.

6. Recht der Gesellschafter am Societätsgut.

Was die Rechte der Gesellschafter am Societätsgute angeht, so wird die Gesellschaft in den sächsischen Quellen regelmässig mit der Ganerbschaft auf eine Stufe gestellt. Es heisst von Ganerben und Gesellschaften, dass sie „(ir) gut tosamene hebben" (Ssp. I. 12) oder „in ainem, mit im gemene, in samender hant hebben"; „gut in gemeine bringen" (Pölm. I. 12, 1); „in casa communi remanere" (Ed. Roth. 167).

Das so bezeichnete Rechtsverhältniss der Ganerben und Gesellschafter zum Gesellschaftsgute ist Miteigenthum zu ideellen Theilen, kein sg. Gesammteigenthum. Denn wenn auch faktisch der Gedanke an die Antheile der Genossen am gemeinschaftlichen Gut in den Hintergrund treten mag, ihre rechtliche Stellung zum Gesammtgute wird dadurch nicht verändert. Die sächsischen Quellen, wie Ssp. I. 12 deuten in den hierhergehörigen Stellen selbst die ideelle Mitberechtigung der Gemeiner an, indem sie bezüglich des Eingebrachten der Frau hervorheben: „Des ne delt he mit sime brudere nicht." Sie sprechen dadurch aus, dass das übrige in der Gemeinschaft befindliche Gut zwischen den Genossen getheilt sei, d. h. zu ideellen Antheilen ihnen zugehöre. Deutlich tritt auch in anderen Quellen die ideelle Mitberechtigung der in fortgesetzter Erbengemeinschaft stehenden Personen hervor, z. B. in Cölner Geschichtsquellen von Ennen und Eckertz 3, 241 No. 277: „Notum sit quod Ludolfo" etc. (— folgen 4 Namen —) „pueris Paini ex morte parentum cuilibet ipsorum accidit quarta pars domus et areae, dictae domus quondam Schinken..., que nunc dicitur ad Circulum, ante et retro, subtus et superius, prout ibi jacet, ita quod quilibet eorum suam pro indiviso optinebit et divertere poterit." Dasselbe gilt aber für die Handelsgesellschafter.

Der Begriff der Mitberechtigung zu ideellen Theilen schliesst im allgemeinen die Verfügungsfreiheit des einzelnen Genossen über seinen Antheil nicht aus.[1]) Aeltere Beschränkungen in dieser Hinsicht sind entweder auf die Erbengemeinschaft allein zurückgedrängt worden, so z. B. in Gosl. Statuten S. 23 Z. 7, Rb. nch. Dist. II. 4, 15., Münchener Stadtrecht v. 1347. 213, Purgoldt I. 98, II. 56, Siegener Stadtrecht (ed. Achenbach; Absatz von der Erbtheilung S. 17 No. 12, eigentliches Stadtrecht S. 9 No. 21), oder ganz verschwunden, so im Rechtsbronnen von Zutphen § 114, 2 (Hordijk S. 79/80). Dass bei der Handelsgesellschaft dem einzelnen Socius

---

[1]) Vgl. auch Stobbe, Zsch. f. R.-Gesch. Bd. IV S. 224.

die Veräusserung seines Antheils aus anderen Gründen verboten war, ist unten S. 76 auszuführen.

7. Geschäftsführung.

Der Grundgedanke und die regelmässige Form der offenen Handelsgesellschaft ist es, dass alle Socii in gemeinsamer Handelsthätigkeit gemeinsamen Gewinn erstreben. Im Zweifel ist daher jeder derselben als berechtigt anzusehen, das zu thun, was der gewöhnliche Geschäftsbetrieb mit sich bringt. Zuweilen wird es auch in den Quellen ausgesprochen, wie z. B. Lüb. Zust. Bd. III. 90: „eyne vrye selschop hebbet gemaket under en dreen to hanteren." Zu wichtigen Geschäften dagegen ist der Consens aller Gesellschafter nothwendig. So bestimmt es auch der von Falke Bd. II. S. 51/334/5 angeführte Nürnberger Societätsvertrag. Wenn derselbe Vertrag aber auch der Majorität von 2 Mitgliedern mit Ueberstimmung des Dritten dieselben Rechte einräumen will, so ist damit ein dem Wesen der offenen Gesellschaft fremdes corporatives Element in die Gesellschaft aufgenommen. Dasselbe ist der Fall, wenn der Weisshauptsche Gesellschaftsvertrag (Jäger, Ulm S. 669 ff.) die Entscheidung über Aufnahme neuer Mitglieder in die Hand der Majorität legt. Bei der Schiffsgesellschaft ist Majoritätsbeschluss, nach der Grösse der Gesellschaftsantheile berechnet, allerdings Regel, so nach dem Hamburger Stadtrecht v. 1270 XIII 24 (v. 1292, Schiprecht 24; v. 1497, P. 2; Stat. Brem. b. Ölrichs S. 299/300; Stat. Rigens. b. Ölr. Rig. R. XI 10/11): „So wor Lüde hebbet ein schip tosamende, offte ein mer hefft den de andere deel in deme Schepe, de minre schall deme meren deel volghen; id ne sy also, dat he mit deme meren deele dat schip wollde liggen laten und den anderen ut droten, dat ne mach nich syn; wente men wyset, dat Schip to water wert".

Häufig ist Recht und Pflicht zur Besorgung der gewöhnlichen Geschäfte auf Einen oder einen Theil der Gesellschafter schon durch den Errichtungsvertrag beschränkt, z. B. Pauli, Lüb. Zust. Bd. I. No. 102 h., ib. Bd. III. No. 95, ib. Bd. III. Nr. 94 (a. 1472): „Claves van Grüss van Deventer vor desseme boke hefft bekant, dat he van Hinrike Drosedouwe, borger to Lubeke, to zinem genoge hefft entfangen twintik rinsche gulden in vulle wederlegginge, dar he henne zines egenen geldes so vele entegen gelacht hedde, umme darmede to kopenslagende to erer beider gewin verlust unde eventur. Hir sint by an unde over gewest to tuge de beschedenen manne Hermen Huszher unde Johann Ticheler, besetene borgere

to Lubeke, alse tuge dar to gebeden." Dgl. ib. Bd. I. No. 103 A.:
„Ipse tamen Otto predictas MCCCC Mr. habet solus pre manibus,
cum eis mercimonias exercendo, et Conradus nichil habet de pecunia supradicta." In einer bei Lörsch u. Schr. U. 2. Aufl. No. 278
citirten hansischen Urkunde sagt ein Socius: „Unde ik Mauricius
vorbenompt hebbe dit vorscreven ghelt under handen uppe unser
beider winninghe unde eventûre." In dem Weisshauptschen Ge-
sellschaftvertrage ist es künftiger Bestimmung vorbehalten, ob das
Societätscapital von allen oder nur von einem der Gesellschafter in
der Handlung umgetrieben werden soll. (Jäger, Ulm S. 669 ff.)
In der Behaimschen Gesellschaft bei Falke Bd. II. S. 51/334/5 soll
Behaim und, falls er sterben sollte, Geisler der Gesellschaft Haupt,
Rechner, oberster Buchhalter und Kassirer sein.

Es findet sich auch, dass den verschiedenen Gesellschaftern
verschiedene Geschäftskreise zugewiesen sind, so in der Weisshauptschen Gesellschaft zweien das Platzgeschäft, einem der auswärtige Handel (Jäger, Ulm S. 669 ff.), ebenso in der Gesellschaft
zweier Lübecker mit einem Stralsunder (bei Pauli, Lüb. Zust. Bd. III
Nr. 90) dem letzteren der eigentliche Handelsbetrieb, den 2 anderen
die Rechnungsführung (a. 1441): „dat en Alff to dem Sunde hönych
sal besorgen, to revele to senden up der seltschop eventure to sul-
her tiit als de anderen em dat gelt besorgen unde senden unde be
dan dat hönich to kope krygen kan. Vorder sint vorwort, dat Lodewich unde Frederik elk eyn sunderlink bok darto bebben sollen,
dar sy anders nicht in enscriven, dan der selschop dink tho eyner
tüchnisse umme leven effte starven. Item wes Alff Frederike sendet,
dat schal he vort Lodewiche scryven unde Lodewich unde Frederik
sullen under en heyden de rekenschop holden unde sullen alle vor
jar eyn dem anderen rekenschop scriven, upp dat men wete, wat
malk by sik hebbe unde wat de selschop wert is." Dem einzelnen
Gesellschafter kann dabei auch eine untergeordnete Rolle zugewiesen
werden, so bei Pauli III No. 89 dem Buschmann, der zwar für
die Gesellschaft Handel treiben soll, aber unter Aufsicht und eventueller Absetzbarkeit durch einen anderen Socius: „Mit desseme
gelde scal Hans Buschman copslagen vormides rade unde hulpe
Hinrikes Greverode; unde Hinrik Greverode scal Hans Bs. hovetman hirover wesen in sodaner wyse; efft syk Hans nicht wol enregerede, so scal Hinrik macht hebben, Hanse aftosettende unde enen
andern in Hansen stede wedder to nemende."

Man war darauf bedacht, Sicherungen gegen Missbrauch der
Geschäftsführerbefugnisse zu finden; daher die Beaufsichtigung eines
Socius durch einen anderen, wie im letzterwähnten Falle, und daher

in der zuvor citirten, bei Pauli, Lüb. Zust. Bd. III. 90 sich findenden
Urkunde die gegenseitige Rechenschaftsablegung der beiden Rech-
nungsführer. Ebenso legen sich in der Weisshauptschen Gesellschaft
(Jäger Ulm S. 669 ff.) Weisshaupt und Schreiber dauernd Rechnung
über das, was jeder im Interesse der Gesellschaft gehandelt hatte,
und der dritte Socius hat das Recht, jederzeit von den beiden
Rechenschaftsbericht zu fordern. Er ist aber ebenso den beiden
anderen zur Rechnungslegung verpflichtet. Zuweilen soll nach den
Gesellschaftsverträgen an bestimmten Terminen allgemeine Abrech-
nung gehalten werden, so alle zwei Jahre in der Weisshauptschen
Gesellschaft (Jäger Ulm S. 669 ff.), dgl. in der Behaimschen Gesellschaft (Falke Bd. II. S. 51/334—5). In der Meissener Zinngesell-
schaft findet vierteljährlich Revision der Rechnungen statt (Neumann
Wucher S. 461 ff.).

. Der Gesellschafter ist in seinem Geschäftsbetriebe zur diligentia
verpflichtet. Vgl. Lüb. Zust. Bd. III. 90: „Vorder sind vorwort, dat
een iewelik der selschop schal truwe wesen myt allem vlyte, dat sy
myd borge effte anderem vordel des sal eyn iewelik mechtik sin sunder
enyge argelist." Dgl. im Schöffenrecht der Dresdener Handschrift
CLXXVI: „und wir haben bey dem gute gethan und gearbyt yn
truwen ... und das neme wir uff unser gewissen." Pölm. Dist. I.
12, 5: „Zöge einer aus mit einem ungetreuen Gesellen, den er wohl
kente" (d. h. wohl, den er für treu halten musste, weil er ihn
kannte, — er hat also diligentia beobachtet —), „und geschehe im
Schaden davon, des entgielten seine anderen Gesellen billich, mit
denen er Gesellschaft hatte, aber sonst um Missethat willen oder
sonst offenbar in Gerüchte." Macht der geschäftsführende Socius
innerhalb des ihm zugewiesenen Geschäftskreises Auslagen oder
erleidet er trotz seiner diligentia Verlust an seinem Privatgut, so
hat er einen Ersatzanspruch gegen die Gesellschaft. Lüb. R. II. 197:
Vor der Theilung „schal he to uoren up buren, dat he to voren
heuet ut ghelghet". Pölm. I. 12, 3: „Hat einer Schaden genommen
an Gutte, das in eine Gesellschafft gehört, das zu Gewinn und zu
Verlust steht, ohne seine Verwahrlosung, der Schade ist jr aller,
also wol als der Frome. Denn wer seiner Gesellen Gut bewaret
gleich dem seinen, der bleibt ohne Schaden, ob er verwahrloset
wird." Dass casuelle Verluste des Geschäftsführers der Societät
zur Last fallen, die Gefahr gemeinsam ist, wird oft beim Gesellschafts-
abschluss hervorgehoben, z. B. bei Pauli, Lüb. Zust. III. 90: „dat
en Alff to dem Sunde hönych sal besorgen, to Revele to senden
up der seltschop eventure." Ib. 94: „to kopenslagende to erer
beider gewin verlust unde eventur." Ib. 95: „to erer beider besten

unde eventure to gevinne unde verluste." Lörsch u. Schr., U.
2. Aufl. No. 278: „uppe unser beider ..... eventiûre."

Es gibt vermöge der Einschränkung des Ersatzanspruchs auf
diligentia eine Reihe von Fällen, in denen der Geschäftsführer
keinen Schadenersatz fordern kann. Wörtlich schliessen die sächsischen Quellen und ihrem Vorbilde folgend andere nur für den
Fall der Verschwendung[1]) die Ersatzpflicht der Gesellschafter aus.

Sap. I. 12: „Verspelt aver en man sin gut oder verhuret he't
oder güftet he't mit gift oder mit kost, dar sine brüdere oder de
ire gut mit ime gemene hebbet nicht to geplicht ne hebbet; de
scade den he dar an nimt, sal sin enes sin unde nicht siner brüdere,
noch siner geverden, de ir gut mit eme gemene hebbet."

Gosl. Stat. 10, 24—31: „Vordobelet ok erer en wat oder vorghift he wat, den scaden ne dorven se ok nicht liden."

Richtsteig Landrecht 20, 5, bei Erbtheilung: „Darjegen vrag,
of hes wat vorgeven, vorguftet, vordobelet bedde, oft hes icht scole
den scaden allene hebben. Dat vint me."

Stat. Stadensia v. 1279 II. 16 (dgl. Lüb. R. IV. 16. Aehnlich
Hambg. R. v. 1497 E. VII. [Walch Bd. VI.]): „Hebbet etc. ... gut
tosamene .... Wolde erer en den andern sculdeghen umme dhe kum-
panescap, he sal ome scult gheven sunder tuch und de andere scal
utlegghen, dat he wil und dhar to sweren, dhat he ome dat sin al
ghegeuen hebbe. It ne were also dhat erer welc wot verdede mit
unnuter kost, ofte mit unkusheit, ofte verdobelte, ofte verweddede
und men ome bewisen moghe mit goden luden, dhat scal he allene
ghelden. It ne were also, dhat se mede plicht hadden."

Pölm. Dist. I. 11, 3: „Verspielt ein man sein gut oder verhurerts oder vergibt er es mit giffte oder mit koste, da seine Brüder
oder die jr gut in gemeine haben nicht zu Pflichte haben, den
Schaden, den er davon nimet, sol sein eigen sein und nicht seiner
Brüder noch seiner Companen, die jr Gut mit jm in Gesellschafft
haben." Pölm. I. 12, 7 gibt dazu eine Erklärung: „Ein man mag
auch wol sein Theil vergeben oder verwircken, das es den andern
gesellen nicht schadet zu Rechte an jhrem Theil. Das meinet er
also: Verspielt aber ein man sein gut, als vor stehet geschrieben."

---

[1]) Der Fall der Verschwendung wird wohl deswegen allein wörtlich
hervorgehoben, weil für ihn selbst bei der Societas omnium bonorum der Ersatzanspruch auszuschliessen ist. Die letztere als allgemeine Lebensgemeinschaft
hat viel weitere Zwecke, als die beschränkte offene Handelsgesellschaft. Ihre
Ziele sind im allgemeinen die natürlichen Zwecke jedes Einzelnen, nicht nur in
pecuniärer, sondern u. a. auch in moralischer Beziehung. Der Verschwendungs-
fall widerspricht in gleicher Weise den Zwecken jeder Gesellschaft.

Die Beziehung, in der die 2 Stellen stehen, ist die: Man kann mit
seinem Antheil nach Belieben wirthschaften, aber ohne dann Er-
satzansprüche an das Vermögen der anderen zu haben.

Glossa latina des Ssp. I. 12: „Quod autem per unum sociorum
ex delicto adquisitum, perditum vel poenae nomine amissum est,
non est conferendum communioni neque de communi debet solvi.....
nisi socii participes essent delicti, ut est exemplum L. si igitur *Π*
pro socio. Et hoc vult text. ibi: Darein seine Brüder nicht ge-
willigt haben."

Neuere Skrae des Hofes zu Nowgorod aus der 2. Hälfte des
13. Jahrhunderts (Urk.-Buch der Stadt Lübeck I. S. 709): „Is dat
ienich man eines andren gut voeret an kumpenie oder to sendeve
dat gut ne mach he nicht verslan, oder verdobelen oder mit nener
undait vorwerken."

Purgoldt III. 48 specialisirt. Es heisst „bei Gesellschaft an
Kaufmannsschatz": „Verwahrlost einer etwas, verliert, verthort es in
Kauf oder Verkauf, oder in der Rechnung oder mit der Münze etc.,
so haben die andern nicht an dem Schaden teilzunehmen."

Für die Handelsgesellschaft hat, auch wo keine Verschwendung vorliegt, naturgemäss die weitere Beschränkung des Ersatz-
anspruches auf Handlungen, die dem Geschäftsinteresse dienen, einzutreten. So auch die Glossa latina des Sachsenspiegels 1. 12: „Sed
si unus ex fratribus solus curans res communes seu totum patri-
monium aliquas expensas faceret in aedificiis communibus", so kann
er die Erstattung der nöthigen und nützlichen Auslagen fordern.
„Si item unus ex duobus fratribus indivisa habentibus contraxit debita hoc de communi solvi non debet, nisi tale debitum extitisset
occasione communis utilitatis, Quod tamen non praesumitur, sed
oportet ut probetur. Similiter neque condemnatio unius fratris debet solvi de communi." Ibidem: „Quocunque honesto modo" (d. h.
nach einer späteren Stelle: „Ratione bonorum communium et in
communem utilitatem") „per unum ex sociis contractum aes alienum
debet solvi de communibus bonis." Im einzelnen können natürlich
weitere Beschränkungen eintreten. — Statt die Geschäftsführung
einem Socius zu übertragen, kann die Gesellschaft dieselbe auch in
die Hand eines Nichtgesellschafters legen. Dies pflegten nach Boemus
(Goldast S. 26) die grossen süddeutschen Gesellschaften zu thun:
„Ipsi tamen per se non negotiantur sed communibus servitiis, qui
contractam rursus pecuniam una cum lucro congregantes certo tempore rationem ponunt, singulisque Dominorum lucri partem fideliter
praebent". Bei Boemus' Schilderung ist indessen zu erinnern, dass
sie sich nur auf die spätere Zeit des süddeutschen Gesellschafts-

handels bezieht. Die Grösse dieser Gesellschaften beruhte gerade darauf, dass die Socii selbstthätig die Gesellschaftsgeschäfte leiteten. Die Zeit, in der die Geschäftsführung in den Händen uninteressirter Dritter lag, ist die Periode des Verfalls dieser Gesellschaften.

8. Verpflichtung und Rechtserwerb der Gesellschaft zur gesammten Hand.

Stobbe, Zur Gesch. des Vertragsrechts S. 138 ff., 145 ff.
Kuntze, Zeitschr. f. H.-R. Bd. VI. S. 203. 208 ff.

Die Gesellschafter erwerben Recht und Pflicht durch gemeinsames Handeln in der Rechtsform der gesammten Hand. Dass diese, die im deutschen Rechte des Mittelalters ein weites Anwendungsgebiet, ebenso bei der gleichmässigen Verpflichtung Mehrerer, wie bei der Bürgschaft, hatte, auch bei der Gesellschaft die regelmässige Art der Obligation war, ist nirgends direkt ausgesprochen. Indess da der Hauptfall gleichmässiger Verpflichtung Mehrerer der der Gesellschaft ist, so muss man schon deshalb die Anwendung des Gesammthandsprinzips auf die Gesellschaft für wahrscheinlich ansehen. Es finden sich aber auch mehrfach in den Quellen Andeutungen für die Anwendbarkeit desselben in diesem Falle. So sagt Hambg. R. v. 1270 VII. 8 (v. 1292 H. 6, v. 1497 L. 3, dgl. Stat. Stad. VII. 6, Lüb. R. III. 333): „Mer louet lude mit samender haut, alle de men hebben mach, de scolden gelden to dher gheloueden tiht ... Mer war erer kumpane welc doet ofte verarmet, dhe dar levendich waren ofte ere erven und de ghelden mochten, de scolden dat goet ghelden al ghelic." Aus der Bezeichnung „Samentname" in Gosl. Stat. 102, 10 und „Samentklage" ib. 84, 30 scheint sich ebenfalls eine Beziehung der unter Firma auftretenden Gesellschaft zur gesammten Hand zu ergeben. Der „Samentname" ist der Name der „zu samender bant" verbundenen. Ebenso weist noch Kuppener auf die Gesammtbürgschaft bei der Gesellschaft hin: Kupp. F. 1ᵛ (Neumann, Wucher S. 592): ... „einer vor den andern in der gesellschaft burge geworden ist vnd fideiubirt hat aus crafft irer gesampten geselschaft....." Die Antwerpener Compilatae von 1608 Thl. IV. Tit. 9 No. 10 behandeln die Verpflichtung zur gesammten Hand im Capitel der Gesellschaft.

In der That ist auch die Verpflichtung zur gesammten Hand die für den Gläubiger der Gesellschaft allein gehörige Sicherheit bietende. Während bei partialer Verpflichtung Mehrerer jeder durch Leistung seines Theiles der Schuld frei wird, so besteht das Wesen der Obligation zur gesammten Hand darin, dass die mehreren

Schuldner erst, wenn die ganze Schuld gezahlt ist, frei werden. Vgl. Glogauer Rechtsbuch, Wasserschleben 372 (vgl. auch 369): „Gesampte hand ys anders nicht, wenne viel leuthe eyn gelobede mit entnander thun und keines mag mit seyme teil ledig werden." Prager Rechtsbuch 11: „Umb Schuld. Geloben aber vil leut ein gelt einem manne mit gesamptir hant zu gebin, gelden sie alle biz auf einen oder auf zwen, si sind doch nicht ledig, iz sei alles gegolden, wenne gelübde bricht alles recht."

Die Gesellschafter als Schuldner versprechen dem Societätsgläubiger in einem einheitlichen Acte (Rb. nch. Distinct. III. 12 d. 11), zusammen eine Schuld zu zahlen, und zwar so, dass zunächst jeder den nach der Personenzahl auf ihn entfallenden Theil der Schuld entrichten will, beim Ausfallen eines oder mehrerer Schuldner durch Armuth, Tod u. s. w. aber die zahlungsfähigen Mitschuldner für sie eintreten, eventuell also einer die ganze Schuld zahlt. Die Schuldner haften also principal nur für eine Quote, subsidiär dagegen solidarisch. Vgl. Sachsensp. III. 85, 1: „Swâr mêr lûte den ein zu samene geloben ein wergelt oder ein ander gelt, alle sint sie plichtic zu leistene, die wile ez unvergulden ist und nicht ir jeclich al; den jeclich sal gelden als vil als ime gebüret, und also verne als man in dâr getwingen mag von gerichtes halben, der deme ez dâ gelobet ist oder der ez mit ime gelobete, ab erz vor in vergulden hât."

Blume v. Magdeburg II. 2, 94: „Globin leute mit gesamptir hant und vngesundert, czu beczalin ein gelt, sy sint alle gelieb schuldig. Welchir abir ir ein dacz gelt gancz und gar heczalt, der hot dy burger alle gelost." 96: „Globin leute mit gesamptir hant ein gelt, stirbit ir ein, dy andern mussnz leistin nach dem glubde, als recht ist."

Rb. nch. Dist. III. 12 d. 9: „Geloben lute mit gesampter hand und werden burgen umbe dy schult, werden sy denne dorumbe beclaget mit rechte, sy mussen dy schult gelden, dy wile or eyner lebete, glich mit enander, denne dy gesampten hand erbet or eyner uf den andern, aber nicht uf sine erben." d. 10: „Wer den der leczter worde vor dy gesampter hand und dy andern abgestorben wer, wurde denne dy schuld czulecz irclaget mit rechte, daz der die schuld schüldig wer worden, starbe he, sy irbete uf sine erben, dy musten sy gelden." Stat. Stad. VII. 6, Hambg. v. 1270 VII. 8, Lüb. R. III. 333. Lüneburger Stadt-R. (Kraut, S. 71). Bamberger Stadt-R. (Zöpfl) 233/4.

Eine principale solidare Haftung aller durch die gesammte Hand verbundenen Personen findet sich nur in zwei bedeutenderen

Stadtrechten, der Soester Skrae a. d. 14. Jahrhundert, mit Zusätzen
a. d. 15. Jahrhundert c. 52 (Seibertz II. p. 393) und dem Wiener
Stadt-R. v. 1435. Da beide aus später Zeit sind, so ist ein römisch-
rechtlich-italienischer Einfluss wohl möglich. Dann wäre vielleicht
gerade die Gesellschaft, bei der in Italien principale solidare Haftbarkeit galt, der Grund zur Abänderung der Gesammten Hand im
allgemeinen in demselben Sinne gewesen. Bei Augsbg. Stadt-R.
389 (Walch S. 386) scheint ein Gesammthandsverhältniss zwischen
den mehreren Bürgen gar nicht gemeint zu sein. Es konnte daher
hier auch keine principalpartiale Haftung der einzelnen Bürgen in
Betracht kommen.

Im Uebrigen aber scheint die subsidiär-solidare Haftbarkeit der
zur gesammten Hand Verpflichteten die Regel zu sein. Zunächst,
wenn alle Schuldner zahlungsfähig sind, kann daher der Gläubiger
von jedem Schuldner durch Forderung oder Klage nur seinen Antheil verlangen. (Vgl. Stobbe, Vtrgsr. S. 154 ff.) Leistet einer der
Gesammtschuldner aber die ganze Summe auch ohne den eintretenden Nothfall, so ist das nicht Zahlung fremder Schuld, sondern
er befreit sich selbst von einer Verbindlichkeit, sei es auch nur von
einer eventuellen. Dem Gläubiger gilt die Zahlung des einzelnen
als von der Gesellschaft geschehen. Daher müssen dem Zahlenden
(s. Michelsen Obb. No. 178) die für die Schuld gesetzten Pfänder
ausgeliefert werden. Dass der Zahlende einen Ersatzanspruch gegen
seine Mitschuldner hat, wird ausdrücklich hervorgehoben in Ssp.
III. 85 § 1 a. E. und Stat. Brem. v. 1313 Art. 126 a. E.: „Unde
so moget dhe vor eme geldet ene wol bekummeren vor sin antal.“

Die Verpflichtung zur gesammten Hand begründet ein festes
juris vinculum inter certas personas. Nicht allein darf dem Gläubiger gegenüber keine Veränderung in den Personen der Schuldner
geschehen, sondern auch unter einander haben die Schuldner beim
Eingehen der gesammten Hand ihre subsidiäre Haftbarkeit auf einen
bestimmten Kreis von Personen, die ursprünglichen Mitverpflichteten,
beschränkt. Andere können daher in das Verhältniss nicht eintreten. Stirbt einer der verpflichteten Genossen, so übernehmen
nicht seine Erben[1]), sondern die anderen Gesammtschuldner seinen
Antheil. „Die gesammte Hand erbt einer auf den anderen“ (s. z. B.
Rb. nch. Dist. III. 12 d. 9). Dagegen ist das Princip der gesammten Hand nicht mehr in seiner vollen Reinheit erhalten, wenn in
Stat. Brem., Verd. und sonst festgesetzt ist, dass die Erben des

---

[1]) Jeder Mitverpflichtete ist gleichsam Bürge für die Zahlung der Schuld-
antheile der Anderen. Auch die deutschrechtliche Bürgschaft ist unvererblich.

Verstorbenen in die Gesammtschuld als Mitschuldner eintreten. Vgl.
z. B. Stat. Brem. v. 1313 Art. 126 (Oelrichs S. 140), dgl. Stat. Verd. 81
(Pufendorf I.).

Für die Behandlung der Rechte, die von mehreren zur gesammten Hand erworben werden, gelten analoge Grundsätze. Es können entweder alle Gläubiger und, wenn einer von ihnen ausfällt, die übrigen in einer „Samentklage" (s. Gosl. Stat. 84, 30) die ganze Schuld, oder jeder für sich seinen Antheil der Schuld von dem Verpflichteten fordern. Zahlt dieser an einen die ganze Schuld, so wird er aber nicht der ganzen Gesellschaft gegenüber liberirt, wie die zu gesammter Hand verpflichtete Gesellschaft durch die Zahlung eines Socius ganz frei wird (s. unten S. 70). Nur haben nach dem Magdeburger Systemat. Schöffenrecht V. 13/14 die nicht bezahlten Gläubiger neben ihrem alten Theilforderungsrechte gegen den Schuldner auch dem Zahlungsempfänger gegenüber einen Theilungsanspruch, (der dem Regressanspruch des zahlenden Socius bei der Gesammtverpflichtung entspricht).

9. Vertretung.

Stobbe, Vertragsrecht, Aufsatz über Bürgschaft etc. § 3 No. 2 (S. 153).
Kuntze, Ztschr. f. H. R. VI. S. 204/208 ff.).

Stobbe und Kuntze haben versucht, aus der Verpflichtung der Gesellschaft zur gesammten Hand die principale solidare Haftung der Socii in der heutigen offenen Handelsgesellschaft herzuleiten, wonach ein Gesellschafter, der im Namen der Gesellschaft contrahirt, jeden einzelnen Socius für die ganze Schuld verpflichtet. Stobbes Gedanke ist offenbar der: Wenn die Gesellschaft in der Gesammtheit ihrer Mitglieder vermöge der Verpflichtung zur gesammten Hand eine absolute Haftung der Gesellschafter herbeiführt, so tritt dieselbe auch ein, wenn ein Gesellschafter, der die Societät vollkommen vertritt, der also beim Geschäftsabschluss „die Gesellschaft" ist, eine Verpflichtung für die Gesellschaft übernimmt. Dieser theoretisch richtige Gedankengang ist in seiner Anwendung auf die deutschen mittelalterlichen Gesellschaften den Quellen nach unzutreffend. Zunächst tritt, wenn alle Gesellschafter zusammen eine Verpflichtung übernehmen, wie oben nachgewiesen, für die einzelnen Gesellschafter nur eine subsidiäre solidare Haftung ein. Selbst bei völliger Vertretung der Gesellschaft durch den einzelnen könnte also nur von einer solchen die Rede sein. Zudem verbietet es sich mit Rücksicht auf die grundsätzliche Beschränkung des Vertretungsrechts im deutschen Mittelalter, eine so umfassende Vertretung der

Gesellschaft durch den einzelnen Socius anzunehmen. Am wenigsten
kann man eine solche aus dem Gesammthandsprincipe ableiten, wie
es Kuntze a. a. O. § 12 (Rechtsverhältnisse nach aussen No. 4) thut.
Aus dem letzteren ergibt sich vielmehr, wie oben S. 68 ausgeführt,
nur der eine Vertretungsgrundsatz, dass die Zahlung der Schuld
durch einen Socius als Zahlung der Gesellschaft gilt. Das Element,
welches bei der Gesammthand der Ausbildung freierer Vertretung
vor allem im Wege stand, war das Erforderniss der Unitas actus,
das u. A. das R.-B. nch. Distinct. III. 12 d. 11 für die Verpflichtung
zur gesammten Hand aufstellt: „Werden ouch me lute burgen vor
eyn wergelt eyner sache und eyner gelobet hute, der ander morne,
der dritte obermorne, so daz sy nicht by enander sin, wenn sy
burgen werden, vorfellet sich daz wergelt, doch ist keyner phlichtig
zcu gebene daz wergeld mit enander, ab he wol gelobet had alleyne,
sundern sy sullin daz mit enander geben. Welcher under den
sturbe umbe des teyl leden dy andern keyne nod, wen sy nicht
mit gesampder hand gelobet hatten." Nicht einmal das Recht der
Zahlungsannahme für die Gesellschaft hatte der einzelne Socius.
So nach den Gosl. Stat. 75 (35—38) ... „men mot in allen ghelike
lesten"; dgl wenigstens implicite Ssp. III. 58, 2. Auch das Magdeburger Systemat. Schöffenrecht V. 13/14 spricht aus, dass die an
Einen geschehende Zahlung der Gesellschaftsforderung den Schuldner
der Gesellschaft gegenüber nicht liberirt, die anderen Socii daher
die Zahlung der Schuld zu ihrem Antheile noch einmal fordern
können: „Von Gelde und von gesellschaft. Dry man habin mit
enandir eyne gesellschaft an koufmanschaft; nu kumpt, eyn man
und keuft den dryen abe eynen kouf uf eynen benumptin tag umme
eyn gelt; noch deme tago kumpt der dryer eynir und nympt das
gelt czu eym von dene schultmanne; dornoch komen dy andirn
tzwene und manen den schultman umme er gelt; nu spricht der, her
habis erim gesellin bezalt gancz und gar, der is ouch bekennit.
Ab nu der schultman ledig moge gesyn von den czweyen, adir czu
weme di er gelt vordirn sullin, czu erym kumpan adir czu deme
schultmanne: Hir uf get daz recht: Hat der schultman dryen kouf-
luten eyn gut abe gekouft und in dem koufe nicht bescheidit, wenne
her der dryer eynir gulde, daz her denne von den andirn czweyen
sulde los syn, zo ist der schultman allin dryen pflichtig czu geldyn;
hat denne der eyne di schult gancz und gar uf gehabin, zo mogin
di czwene eryn gesellin manyn umme eryn teyl, ouch mogin ze den
schultman manen und der mag jenen vorbas manen, der daz gelt
uf gehabin hat, daz her en von synen gesellin der manunge beneme
und entledege. Von R."

Das Streben nach einer Weiterausdehnung der Vertretung, das sich mit dem Aufschwunge des Handels und besonders den Bedürfnissen des auswärtigen Gesellschaftshandels gegenüber geltend machte, konnte also gerade nur in einem Bruche mit der Coniuncta manus befriedigt werden.

Schon nach dem Sachsenspiegel kommt es vor, dass zur Zahlungserleichterung einem Gesellschafter das Recht ertheilt wird, die Schuldenzahlung anzunehmen. Dieser gilt dann sogar zur Stundung, Nachlass der Schuld und sonstigen gütlichen Vereinbarung von der Gesellschaft bevollmächtigt, Ssp. III. 85, 2: „Geloben ouch vil lûte einem manne eine schult zu geldene und entphâen das gelobede mêr lute: swâr man ez gelobete leistit, deme man ez gelden sal, oder mit einen minnen seczt, dâ hât man ez in allen geleistet, den man ez gelobet hatte." Auch die Goslarer Statuten kennen die Möglichkeit, einem Socius das Recht der Zahlungsannahme, ja sogar die processualische Vertretung der Gesellschaft einzuräumen. Im Rechte der processualischen Vertretung soll das der Zahlungsannahme für die Gesellschaft von selbst enthalten sein. Gosl. Stat. 75, 35—38: „War lüde lovede to samene untfat, lestet man dat deme sakwolden, men is van in allen ledich unde los; tritt it aver se alle ghelike an, men mot in allen ghelike lesten, it ne si to voren bescheden, weme men dat lesten scole."

Wie allmählich freiere Grundsätze für die Societätsvertretung in Aufnahme gekommen sind, dafür fehlt es oft an einzelnen Belegstellen. Dennoch lassen sich die Grundzüge der Entwickelung wohl verfolgen. Das Recht, Zahlungen für die Gesellschaft anzunehmen, scheint bald allen Gesellschaftern zugesprochen zu sein. Besonders früh haben es in Goslar die unter einer Firma auftretenden Gesellschafter. Gosl. Stat. 102, 10.

Auch das weitere Recht, Forderungen der Gesellschaft einzuziehen, ist später allgemein gewesen. Nach dem alten Hildesheimer Statut des Bischofs Heinrich ist bei Darlehnsrückforderung durch einen Socius noch Bürgschaftsleistung am Platze zur Sicherung des Schuldners gegen nochmalige Forderung der anderen Socii (Pufendorf Obs. IV App. S. 284): „Si quis accipit mutuum a duobus hominibus vel pluribus et unus illorum venit et repetit bona illa, ille debet ponere fideiussorem, qui dicitur ware, quod alii postea non requirant." Wenn später bei der Auflösung der Gesellschaft und der Theilung der Forderungen mehrfach ausgemacht wird, dass, wer von den Gesellschaftern sie einziehe, dem andern die Hälfte abgeben solle, so liegt darin nicht eine gegenseitige Einräumung neuer Rechte, sondern nur die Verabredung,

dass das bisherige Verhältniss, das jedem die Forderungseinziehung gestattete, auch nach der sonstigen Trennung fortdauern
solle. Das ergiebt sich aus der Fassung solcher Stellen, wie z. B.
Urk.-Bch. der Stadt. Lüb. Bd. IV. No. 308; „.. sunt separati penitus
et divisi absque debitis infrascriptis, que ipsis ambobus pertinent,
videlicet cuilibet illorum dimidietas et quis eorum ipsa debita
emonet et sublevet, ille alteri medietatem inde debet disbrigare.“
Wollte hier jeder dem anderen ein ihm nicht zustehendes Recht der
Forderungseinziehung übertragen, so würde man sich auch Beweismittel dem Schuldner gegenüber in die Hand geben, der jedenfalls Sicherstellung gegen nochmalige Forderung des anderen Socius
verlangen würde.

Auch die processualische Verfolgung von Societäts-
rechten ist allmählich zum Rechte jedes einzelnen Socius geworden.
Bei der Miterbschaft scheint nicht jeder dieses Recht gehabt zu
haben. Vgl. Hannoversches Urk. Bch. (Nied.-Sachs. Bd. 5) No. 445
v. 1368: Die Brüder Johann und Thiderik v. Rinteln verklagen
einen anderen aus der Forderung ihres Vaters. Als der Rath Johann auffordert, den Schuldner vor dem Rathe zu „schuldigen“: „Do
sprak Johan von Rinteln, sin broder Thiderik en were hir nicht to
hus, dat se wachteden wente avermorne an vridaghe, so welde he
rechtes wegen don schölden.“ Das Freysinger Stadtrecht spricht
das Recht der processualischen Vertretung der Ganerben dem
Aeltesten zu. Freysgr. St.-R. S. 190: „Wo gesbistergeit sind, die
ungeteilt von ain ander sind (siczent mit ungetailter Hand) und das
eltist under den chinden Recht suchent, daz sy all an trift, umb
welcherlay sach daz ist ze gewinn und ze verlust und waz behabt
dez sullen sy all geniessen, waz er daran verlewst, dez sullen sy
auch engelten.“ Das Augsburger Stadtrecht, Zusatz zu 144 („Swa
... gesellen sint ...., chlagt der einer umbe ein gülte...“) und
die Hildesheimer Statuten von 1422 Art. 66 („Claghet ein van twier
weghene ...“) (Pufendorf IV App. S. 287) legen dem allein für die
Gesellschaft klagenden Socius keine Beschränkung mehr auf.

Sogar die Eidesleistung in Gesellschaftsangelegenheiten
braucht nicht immer durch alle Socii zu geschehen. Das Augsburger
Stadtrecht lässt bei Streitigkeiten aus Kaufgeschäften der Gesellschaft den Empfänger der Arrha den Eid leisten. Augsb. Stdt.-R.,
Zusatz z. 144: „Swa zwen man ein dinck kouffent mit anander
und der kauff verirret wirt und chlagent di zwene umb
die selben irresal, dinget den ir fürsprech, ob ez an den ait gat,
daz ir einer bereden sol, so sol der bereden, der den gotsphenninck
genomen hat.“ Dasselbe Stadtrecht begnügt sich in andern Gesell-

schaftsangelegenheiten sogar mit dem Eide irgend eines Socius.
Augsb. Stadt-R., Zusatz zu 144: „Swa zwen gesellen sint oder dri,
die gut mit anander habent, cblagt der einer umbe ein gülte, die
man in gelten sol mit anander, wirt dem ein geziuch ertuilt uf
einen tak und gat dem ein ander unmuzze under hant, daz er bi
der geziuchscheffte niht mak gesin, der sol gan zu dem burgraven
und sol im sin unmuz fürlegen, der mag im wol erlauben ane geverde, daz der gesellen einer dem ez chunt is, den geziuch volfüre
an siner stat, wan ez umb ein gut ist.“ Auch das Hildesheimer
Stadtrecht 66 (Pufendorf Obss. IV. App. S. 287) von 1422 lässt es
zu, dass ein Socius die Gesellschaft in der Eidesleistung vertritt:
„Claghet ein van twier weghene dede claghet. de mach tughen.
van er beider weghene. icht de ander dar nicht ne is, en welles
de nicht enberen. de vorclaghet wert dede claghe deit. de scal ware
don. van er beider weghene.“

Der wichtigste Bruch mit dem Principe der Gesammten Hand
war es, dass man auch Erwerb neuer Rechte und Pflichten
für die Gesellschaft durch die einzelnen Gesellschafter als Vertreter
zuliess. Dieser Fortschritt der Entwickelung war dringend nothwendig. Es war einer der Hauptzwecke der Gesellschaften, nach
verschiedenen Seiten hin Handel zu treiben. Eine freie Speculation
der nicht an einem Platze handelnden Gesellschafter war aber nur
möglich, wenn sie einander garantirten, dass zum mindesten die
im laufenden Verkehre von ihnen erworbenen Rechte und Verbindlichkeiten als Rechte und Pflichten der Gesellschaft gelten
sollten. So wird z. B. bei Pauli, Lüb. Zust. Bd. I. No. 104 (a. 1378)
das Rechnungsbuch des in Venedig verstorbenen Gesellschafters
Jordan zur Grundlage der Gesellschaftsforderungen gemacht. Nicht
nur Kaufverträge hat dieser für die Gesellschaft abgeschlossen,
sondern er scheint auch eine stille Gesellschaft mit den Mendeln
in Nürnberg eingegangen zu sein, die nur die Hälfte des gemachten
Gewinnes ausliefern. Ebenso hat er die Gefahr für einen Falken-
transport nach Alexandria übernommen. Alle diese Geschäfte aber,
die erworbenen Rechte und Verpflichtungen, erkennt die Gesellschaft rückhaltslos als die ihrigen an. Die bei Falke Bd. II. 51/334/5
aufgeführte Nürnberger Behaimsche Gesellschaft von 1541 geht
später soweit, jede Handelsthätigkeit der Socii als für die Gesellschaft geschehen anzusehen.

Diese Entwickelung hat sich jedenfalls unter dem Einfluss des
Verkehrs mit dem Auslande, besonders Italien, und des Gedankens
einer wechselseitigen praepositio institoria vollzogen. Bezüglich der
Verpflichtung der Socii durch einander ist sie von den alten Grund-

sätzen des Geschäftsabschlusses zur gesammten Hand, d. h. von
der Subsidiarität der Solidarhaft des einzelnen Socius selbst bei gemeinsamem Handeln aller Gesellschafter, im Laufe der Zeit fortgeschritten bis zu principaler solidarer Verpflichtung aller Genossen
durch die Handlung jedes einzelnen Socius. Beendigt ist diese
Entwickelung erst mit der allgemeinen Reception der fremden
Rechte, besonders der italienischen Doctrin. Während bis dahin
die Unsicherheit und Ungleichmässigkeit, mit der im Kreise des
Handels sich die Weiterbildung der Haftung vollzog, von der
gesetzgeberischen Regelung dieser Frage abgehalten hatte, haben
die auf fremdrechtlicher Grundlage fussenden Stadtrechtsreforma-
tionen sofort die freie Vertretung und principale solidare Haftbarkeit aller Socii anerkannt. Vgl. Frankfurter Reformation II. 23
§ 9: „Was dann in Namen deren Gesellschafft durch einen derselben (mit Verwilligung oder Vorwissen der andern) oder durch
deren angenommenen bekanntlichen Factorn, mit kauffen, verkauffen
und anderm, verhandelt wird, Das obligirt — die gantze Gesellschaft, zu leisten und halten, und mag ein jeder ausz derselben in
solidum und unverschiedenlich derowegen umb Bezahlung mit
Recht fürgenommen werden." Hamburg. Statut. II 10, 8: „Was die
Mascopey belanget, so einer von den Mascopey-Gesellen contrahiret;
dafür müssen auch die anderen, soweit sich ihre Mascopey er-
strecket, gehalten seyn." Nürnberger Reformation Tit. 18 Ges. 4:
„Was die Gesellschaft eussern Personen schuldig ist, darumb sein
alle Gesellschafter in solidum und unverschaidenlich verpunden,
Doch steet jr jedem, der die bezalung hat thon müssen bevor, das
jhenig so Er über sein anteil erlegt, von den andern, nach jnbalt
jrer anfengklichen geding oder vorschreibung zu erfordern." Auch
Kuppener (Schr. v. Wucher) steht auf diesem Standpunkte F. 1ᵛ
(Neumann, Wuch.-Gesch. S. 592): Wenn von 3 oder 4, die „eine
mergkliche geselschafft" haben, „die solche geselschaft halten, vnn
im rechte geselschaffter geheissen werden", einer in Venedig eine
Schuld contrahirt und nicht wiederkommt, ein anderer Gesellschafter
aber dorthin kommt, so kann der Dritte diesen auf das Ganze belangen. Kuppener leitet diesen Satz aus der praepositio institoria
her. Dem Ausdrucke nach sucht er ihn aber an die deutsche
Bürgschaft zur gesammten Hand anzuschliessen: „Geben die recht
dise vrsache, nach dem ein mitgeselschafter einer czuhauffe sam-
lunge vnn czu hauffe setzunge selschaft einer vor den andern in
der geselschaft burge geworden ist, vnd fideiubirt hat aus crafft
irer gesampten geselschafft, was einer burget, das ein itzlicher
solche schuldig sein wil czu beczalen."

Schon viel früher finden sich diese Grundsätze im Lübischen Rechte ausgesprochen, Lüb. R. IV. 7: „Welck man mydt enem anderen selschopp maken wil, de se wol to weme he sines gudes belovet, wente wat de ene kofft offte vorgifft, dat mot de ander betalen, so verne alse sin gudth kerth" (= „tendere" nch Haltaus), „wente sodan selscop geit bouen vader unde moder, suster und broder, wente de ene selscop mach gan to des anderen kisten und nemen gelt und gudt daruth des mach vader und moder nicht doenn noch suster offte broder. Darumme se malck woll to wem he sines gudes beloueth" (oder: „Dat mach nen frund doen, darumb sehe ein jeder ....") „ane dat were sake dat se under ein ander beschedenheit hebben gemaketh also mit stroffen edder breuen erer ein up dem anderen to vorschele (vorsegelnde) also dat de ene nicht hoger kopenn moghe, wen erer beider gudt wert sy unde de summe mer vorsegelt werde, so kan de ein nicht mer borgenn wen de schraffe (schriffte) inholden. wert dat so nicht vorwart to vorne wes (wat) de ene borget, dat mach de ander betalenn so verne alse sin gudt kerth." Das Lübische Recht führt Stobbe a. a. O. als Beweis für den Zusammenhang der principalen illimitirten Societätshaftung mit der Gesammten Hand an. Aber dieses Recht hat mehrfach ausländische Grundlagen. Ueber die Verwandtschaft des Ausdruckes: „Darumme se malck" etc. mit dem Consolato del mare wurde oben S. 46 schon gesprochen. Die allein im Lübischen Recht sich findenden ausgebildeteren Grundsätze über die Accommenda sind ebenfalls sicher auf ausländische Quellen zurückzuführen. Auch die Haftungsbestimmung des Lübischen Rechtes scheint durch sie beeinflusst zu sein. Aus dem Principe der Gesammthand hat sich in Lübeck dieser Grundsatz jedenfalls nicht entwickelt. Denn wie weit dasselbe gerade in Lübeck gelockert war, wird durch die hier geltende freie Uebertragbarkeit der Societätsantheile bewiesen (s. unten S. 77).

Auch aus der Gesammthaft der Sippe für ihre Genossen (so für Italien Lastig, Zsch. f. H. R. Bd. XXIV S. 407 ff. 2 C.) lässt sich die deutsche Haftungsentwickelung nicht ableiten.

Das Recht der Vertretung kann dem Einzelnen entzogen werden, nach Gosl. Stat. 102, 10 ff. dadurch, dass ihm die Führung der Firma untersagt wird, nach Lüb. R. IV. 7 durch eine versiegelte Urkunde.

III. Auflösung der offenen Handelsgesellschaft.

A. Partielle Auflösung.
Aus- und Eintritt von Mitgliedern.

Die offene Handelsgesellschaft ist eine geschlossene Gesellschaft. Denn wenn auch, wie oben erwähnt der Begriff des Miteigenthums als solcher der freien Veräusserlichkeit der Societätsantheile, wie oben S. 60 angeführt, kein Hinderniss in den Weg legen würde, so schliesst doch die Rechtsidee der gesammten Hand (s. oben S. 68) einen Wechsel in den Personen der Gesellschafter, den Eintritt Dritter in die Gesammthandsrechtsverhältnisse der Societät und willkürliches Ausscheiden von Mitgliedern aus denselben, aus.

Der Grundsatz der Geschlossenheit ist jedoch vielfach durchbrochen worden. Relativ am wenigsten verstiess es gegen das derselben zu Grunde liegende Gesammthandsprincip, wenn ein Gesellschafter beim Ausscheiden seinen Antheil am Societätsfonds den übrigen Gesellschaftern abtrat. In diesem Falle wuchs sein Antheil an den Rechten und Verbindlichkeiten der Gesellschaft den zurückbleibenden Socii zu gleichem Theile zu. Hierfür bot die Gesammte Hand selbst eine gewisse Analogie in der beim Tode eines Gesammthänders eintretenden Anwachsung seines Theiles auf die Genossen.[1]) Nur trat das, was hier sich aus der rechtlichen Natur des Gesammthandsverhältnisses von selbst ergab, bei dem Ausscheiden aus der Gesellschaft vermöge Willensaktes ein. So überträgt bei Lappenberg, Hans. Stahlhof U. B. No. 50 im Juli 1409 ein Gesellschafter seinen Socii seinen Antheil am gemeinsamen Hause: „Omnibus ad quos presentes littere pervenerint Marcus le Ffeyre salutem in domino sempiternam. Noveritis me remisisse, relaxasse et omnino de me et heredibus meis in perpetuum quietum clamasse Ricardo Bank, Wil. Byg. clerico et Joh. M. clerico, heredibus et assignatis suis totum ius et clameum, que habeo, habui seu quovismodo habere potero in toto illo tenemento cum kayo adiacente cum omnibus suis pertinenciis .... in Wyngoslane ......" Ebenso für den Todesfall in einem Lübecker Stadtbucheintrag (Pauli, Abhdlg. Bd. III. 190): „Notandum, quod Wolterus Heize sen. coram libro recognovit, quod, si Jacob Bod et Wolterus Heize jun. aut

---

[1]) Dieser Grundsatz selbst hat in der Gesellschaft keine Aufnahme gefunden. Vielmehr löst der Tod eines Socius die Gesellschaft auf (s. unten S. 79).

alter eorum post mortem suam supervixerit, extunc ipsis simul aut alteri eorum superviventi societatem mercatorialem quam habet cum eis, penitus quitam remittet" etc. Das Gesellschaftsvermögen blieb hier ungeschmälert. Nur die Person des Socius trat aus, nicht sein Vermögensantheil. Freilich brauchte sich der Gläubiger keine willkürliche Verkleinerung der Personenzahl gefallen zu lassen. Er konnte daher auch nach der Trennung noch gegen den Aus- scheidenden klagen. Deshalb wird dem ausscheidenden Gesell- schafter in einem ähnlichen Falle bei Pauli, Lüb. Zust. Bd. III. 91 ver- sichert: „.... weret zake, dat de erscreven Hermen Walbom van sodaner Zelsschopp wegen in to komenden tyden angeklaget worde edder des balven in schaden qweme, dat he mit zinen erven deme gesochten Hermen unde sine erven van der wegen degher unde ale schadelos holden wille."

Aehnlich leitete man auch jede sonstige Art von Austritt eines Gesellschafters so ein, dass der Ausscheidende seinen Vermögens- antheil noch eine Zeit lang, etwa bis zur Bezahlung der Schulden, an denen der ausscheidende Socius Antheil hatte, in der Gesell- schaft liess. Daher die weit hinausgeschobenen Termine für die Auszahlung des Societätsantheils an den ausscheidenden Gesell- schafter, so in Ulm (vgl. Jäger, Ulm S. 673) z. B. in der Weiss- hauptschen Gesellschaft (ibid. S. 669—73), desgl. bei Pauli, Lüb. Zust. Bd. III. 91. Auch hier übertrug der Austretende seinen Antheil an Rechten und Verbindlichkeiten an seine Socii, konnte aber der Klage des Gesellschaftsgläubigers wegen der Schulden, an deren Aufnahme er Theil genommen hatte, nicht entgehen. Dagegen konnte er für die nach seinem Austritte von der Gesellschaft über- nommenen Verbindlichkeiten, für die er nicht zur gesammten Hand mitgelobt hatte, nie haftbar gemacht werden.

Eine viel grössere Abweichung vom Princip der Communis manus war es, dass man neben dem Austritt von Gesellschaftern, der doch wenigstens eine Analogie in den natürlichen bei der Ge- sammthand möglichen Verhältnissen hatte, auch den Neueintritt von Gesellschaftern in anderer als oben S. 38 erwähnter Weise und damit die Veräusserung von Societätsantheilsrechten an Dritte ge- stattete. Dabei übernahm der Neueintretende ganz den Antheil an den Gesellschaftsrechten und -Pflichten, die der Ausscheidende hatte. In dieser Weise scheint später, namentlich in den Gesell- schaften, denen es mehr auf die Vermögensbetheiligung als auf die Selbstthätigkeit ihrer Mitglieder ankam, die Uebertragung von Ge- sellschaftsantheilen ziemlich häufig gewesen zu sein, besonders in Lübeck. Vgl. Pauli, Lüb. Zust. Bd. III S. 35 f. No. 5 u. 6 ib. U. B.

No. 99: „Symon Elers unde Hans Eppenschede, to Brekefelde geboren, vor dessem boke erschinende, hebben in jegenwardicheit
der testamentarii zeligen Engelbrecht Burmester to Bergen in Norwegen .... verstorben, nempliken Hermen van Mynden" (folgen
noch zwei Namen) „bekant, dat se van erbeorden testamentarien
rechts redelikes kopes gekofft hebben sodane helffte der selschup
alse de zelige Engelbrecht mit deme vorscreven Hermen van Mynden plach to hebbende vor IXC mark." Dgl. s. die Verpfändung
eines Gesellschaftsantheils sogar ohne Consens der Gesellschafter
ib. 92 (a. 1461): „hefft he deme Hermen unde sinen erven g'set
unde vorpandet zine zelsschop." Die Uebertragung von Schiffs-
antheilen scheint besonders frei gewesen zu sein. Bei Lörsch und
Schr. U. 2. Aufl. No. 273 wird in einem Lübecker Stadtbucheintrag
(Notandum) v. 1415 executionsweise vom Rath die quarta pars eines
Schiffes ohne Zustimmung der Socii dem Besitzer (wenigstens eyen-
tuell) entzogen und auf einen Dritten übertragen. Auch ein Goslarer Rechtserkenntniss b. Bruns S. 185 No. 16 unterwirft die Veräusserung des Societätsantheils nur im Falle besonderen Vertrages
darüber einer Beschränkung: „Weren twene unse borgere in unse
stat, de eyne molen to sammene hedden und sec under eynander
vorwilkort hedden, welkem sin deil der molen erst veile worde, de
scolde dem anderen dat laten tho kope, und bekenden se des wil-
kors vor uns, dene moste or eyn dem anderen holden; hedde he
aver dar boven eynen anderen sin deil verkofte, dem moste he don
also vele, alse recht were, dat he ome des van wilkores wegen
nicht holden en konde, aver he moste deme bote geven."

Ueber den Eintritt der Erben s. unten S. 79.

B. Gänzliche Auflösung.
1. Gründe.

Die Hauptgründe der Societätsauflösung sind:

1. Der übereinstimmende Wille aller Socii. Die Gesellschaft wird, wenn dieselbe nicht auf eine bestimmte Zeitdauer be-
beschränkt ist, durch den Beschluss aller Gesellschafter aufgelöst.
Ist die Gesellschaft auf bestimmte Zeit errichtet, so sollte sie mit Ablauf der Zeit eigentlich von selbst ihr Ende finden. Indess ist die Verabredung bestimmter Dauer oft nur eine vorläufige und gilt nur als
Zeitpunkt, an dem ein Gesellschafter kündigen kann. Geschieht
die Kündigung nicht, so wird die Gesellschaft stillschweigend fortgesetzt. Vgl. Pauli, Lüb. Zust. Bd. III. U. B. No. 90 (Gesellschaft
auf 3 Jahre, im vierten Jahre Recht der Kündigung); dgl. bei der

Weisshauptschen Gesellschaft (Jäger, Ulm S. 669—73). Auch zufolge ausdrücklicher Vereinbarung wird die ursprünglich auf bestimmte Zeit beschränkte Gesellschaft zuweilen fortgesetzt, z. B. bei
Pauli, Lüb. Zust. Bd. I. No. 103 B. (a. 1366): „Notandum, quod domini
Bernhardus Pepersack et Hinricus Cocus presentes ad istum librum
recognoverunt, se fecisse computum legalem de omnibus bonis sue
societatis mercimonialis, que computare et disponere habe-
bant usque in presentem diem: ita quod in sua societate ma-
nent eis ambobus simul bona que subscribuntur .... Tocius pre-
scripte pecuniae media pars Dno. Bernhardo et media pars Henrico
pertinet que ultra stabit sub pari aventura utrorumque
quamdiu eis ex utraque parte placebit."

2. Aufkündigung eines Socius. Diese kann bei nicht
beschränkter Dauer der Gesellschaft jederzeit, bei Gesellschaften
auf bestimmte Zeit erst nach Ablauf derselben geschehen. Indess
ist das Aufkündigungsrecht vielfach an die Einhaltung bestimmter
Fristen oder Zeitpunkte gebunden. Vgl. z. B. Pauli, Lüb. Zust. Bd. I.
U. B. 103 a: „.... quandocumque ipse Conradus rehabere vult suas
M Mr., quas ipse habet cum Ottone predicto, et dividere secum
alia bona superflua et cum eis superlucrata, tunc ipse Conradus
hoc sibi debet preintimare per dimidium annum et sic ipse
Otto sibi etiam preintimabit quando separari vult ab ipso. Conrado
vice versa." Ib. Bd. III. U. B. 90 wird eine Gesellschaft auf drei
Jahre errichtet: „wil dar dan we ute wesen, de sall dan toseggen
efft scriven op dat verde iar de selschop to scheyden unde malck
dat sin to nemen." Ebenso ib. 89: „... Desse vorcrevene seltschop
sal duren unde stan dree jar langk, unde we denne van deme andern wil, de sal deme anderen tosecgen tom veerden jare up wynachten afftoschedende."

3. Der Tod eines Gesellschafters löst die Gesellschaft
auf. Bei der Auseinandersetzung der Socii werden die Erben des
Verstorbenen jedoch völlig wie Gesellschafter behandelt. So sollen
nach dem Weisshauptschen Gesellschaftsvertrage die Erben dem
überlebenden Socius helfen, die Forderungen der Gesellschaft einzuziehen und die Schulden zu bezahlen (Jäger, Ulm S. 669 ff.).
So auch bei Pauli, Lüb. Zust. Bd. I. U. B. 104 von 1378 („Conr.
Kubbeling ... ex parte Jordani K. fratris sui pie defuncti.").

Öfters findet sich auch, dass die Erben an die Stelle des Ver-
storbenen in die Gesellschaft eintreten und diese fortgesetzt wird.
Dies soll z. B. in der Weisshauptschen Gesellschaft (Jäger, Ulm
S. 669 ff.) beim Tode nur eines Socius eintreten, während beim
Tode zweier Mitglieder Auflösung stattfindet. Ebenso sollen in der

Behaimschen Gesellschaft (Falke Bd. II. S. 51/334/5) die Erben in dieselben Bedingungen, wie der Verstorbene, aufgenommen werden. Bei Pauli, Lüb. Zust. Bd. III. U. B. 91 von 1460 hat ebenfalls der Eintritt des Sohnes an Stelle des Vaters stattgefunden. Das Schöffenrecht der Dresdener Handschrift entscheidet, dass beim Tode eines Socius, wenn die Erben die Theilung nicht verlangen, die Gesellschaft nicht als aufgelöst anzusehen ist. Vgl. Schöff.-R. der Dresd. Handschr. CLXXVI (Wasserschleben): „Von Gesellschaft kouffmanschacz wegen. Ewir froge ist alzo: drey man habin gesellschafft mittenander gehabt in kouffmanschacz uff gewyn und vorlust. Des ist ir eyner gestorbin und hat gelossen eyn weip und kinder und czwene geborne bruder. Des ist das gelt heyden vorgenanten gesellen bleben alzo lange bis des toden weyp eynen andern man hat genomen. Nu vordirn die vrawe und ir man und des toden eldiste brudir von der frawen nnd von der kinder wegin das gelt, das der tode czu hant noch seynem tode hat gelan, sprechinde: Sintdemale das die geselschafft des toden gelt bey ir gehaldin hat und umbefrogit und ane geheycze der kinder recht vormunde und ouch des todin mannes weyp dasselbe gelt, das der tode man zcu hant geloczin hat noch seynem tode gancz und gar antworten sulle adir was recht sey. Dokegen antworten die gesellen also: alz das gut was yn andern landen und eyn teil ane schult und des ist eyn teil vorloren und genomen uff der straze, das bey des mannes lebin awsgesant was, also das wir das gut ny zcusammenfugen mochten, das wir yn das hetten gegeben, ab sie das ir hetten gefordirt und begert und habin uns des vor ny gesayt und wir haben bey dem gute gethan und gearbeyt yn truwen und uns gleichirweis alz vor, und das neme wir uff unser gewissen. Nu lasse uns eyn recht werden, ab sie nu icht sullen nemen an gelde an gute an schult an schaden was en geboren mag. — Hiruff spreche wir eyn recht. Des toden erbin und ouch seyn weip, ab des mannes gut uff se kompt, zullen gleich teil leyden an schadin und an gewyn fromen nemen und der gesellschafft, alz der tode salde, ab her lebitte, und das die gesellen ir czu der rechinschafft adir zcu teilunge nicht gezwungen seyn, das sal yn keyner weisze czu schaden komen v. r. w." Nach den Antwerpener Compilatae v. 1608 IV. Tit. 9 § 2 No. 11/12 wird durch den Tod eines Socius die Gesellschaft nicht aufgelöst, ausser wenn der Leiter des Gesellschaftshandels stirbt. Die eintretenden Erben brauchen zur Geschäftsführung nicht zugelassen zu werden.

    4. In einigen römischrechtlich gefärbten Quellen, Pölmans Distinctionen, der Glosse des Sachsenspiegels und Purgoldts Rechts-

buch, werden die Gründe totaler Auflösung der Gesellschaft folgendermassen angegeben:

	bei	Pölm.	Ssp.-glosse	Purg.
1) Tod eines Socius	bei	Pölm.	Ssp.-glosse	Purg.
2) Rechtloswerden eines Socius („wenn er durch Gericht verurtheilt wird") . . .	„	Pölm.	Ssp.-glosse	Purg.
3) wenn ein Socius Mönch wird	„	Pölm.	Ssp.-glosse	
4) wenn ein Socius leibeigen wird	„	Pölm.	Ssp.-glosse	
5) wenn ein Socius verbannt wird	„	Pölm.	Ssp.-glosse	
6) wenn der Societätszweck erfüllt ist	„		Ssp.-glosse	Purg.
7) Schuldvoller Vermögensverlust eines Socius	„		Ssp.-glosse	Purg.
8) Aufkündigung eines Socius	„			Purg.
9) „Ob einer Schulden halber aus seinen Gütern weicht"	„	Pölm.	Ssp.-glosse	

Pölm. I. 12: „Eine Gesellschaft endet sich ob einer stirbet oder rechtlos würde oder ein Mönch oder ein begeben Man oder sich zu eigen gebe oder in das Elend gesand würde. Das bricht eine Gesellschaft, beweiset man, dass also ein Recht ist, denn solche Leute sind der Welt Todt in dem Rechte." Glosse z. Ssp. I. 12: „Gesellschaft mag 6 erlei Weise zergehn: durch Tod, oder wenn dem Gesellen sein Recht verteilt würde, als das er sich zu jemandes eigen begebe oder ins Elend verweiset oder ein Mönch wurde. Diese werden alle für todt geachtet. Auch ob ihr viele zugleich wären, zergeht durch eines Tod; auch sobald dasjenige geendet und vollbracht ist, dazu sie Gesellen geworden; ob einer das in die Gesellschaft gebrachte Gut durch Missethat verwirkt, also auch ob einer Schulden halben aus seinen Gütern weicht." Purgoldt III. 47: „Der Kaufleute Gesellschaft soll solange währen, bis einer dem andern die Gesellschaft aufsagt. Aber es kann rechtlich und soll keiner so die Gesellschaft aufsagen, dass er es in gefährlicher Lage thue, und selbst den Gewinn wolle haben, während der andere in Schaden zurückbleiben solle. Desgl. vergeht die Gesellschaft, wenn ein Geselle stirbt, wenn der Kaufschatz sich endet und ganz verkauft wird, wenn der eine durch Schuld sein Gut verliert, wenn weltliches Gericht oder geistliches abgeurtheilt wird, so nach Inst. und Stadtrecht."

2. Wirkungen gänzlicher Auflösung der Gesellschaft.

a) *Sistirung der Geschäfte.*

Mit dem Eintritte eines die Auflösung der Gesellschaft herbei-
führenden Momentes, sei es der Tod oder die Theilungsforderung
eines Gesellschafters u. s. w., erfolgt eine Sistirung der Geschäfte
der Societät. Es darf nichts Neues mehr unternommen werden, so
nach den Antwerpener Compilatae von 1608 Thl. IV. Tit. 9 § 1
No. 14. Doch soll das begonnene Unternehmen zu Ende geführt,
die Forderungen eingezogen, die Schulden der Gesellschaft getilgt,
die Güter verkauft werden. Für die Erbengemeinschaft findet sich
eine ähnliche Bestimmung im Rsbch. nch. Dist. I. 29, 7: Wenn Mutter
und Kinder nach des Vaters Tode in Erbengemeinschaft bleiben und
bei abermaliger Heirath der ersteren die Kinder Erbtheilung verlangen, so soll die Mutter (— diese wird hier als Geschäftsführerin
der Erbengesellschaft allein genannt, obgleich dasselbe auch für die
Kinder gegenüber der Mutter gilt —) vom Zeitpunkte der Theilungsforderung ab keine Auslagen für die Kinder und von deren Gut
mehr machen, sie erstatte es ihnen denn wieder.

b) *Befriedigung der Gläubiger und gemeinsame Beendigung der Gesellschaftsprocesse.*

Die nächste Aufgabe der sich auflösenden Gesellschaft, ehe zur
eigentlichen Theilung geschritten werden darf, ist Befriedigung ihrer
Gläubiger. Dieser Satz gilt schon für die Miterben. Vgl. Brünner
Schöffenbuch 362: „Haeredes bona parentum possidentes debita
per eosdem, cum viverent, contracta, antequam bona inter se divi-
dantur, solvere tenentur."
Indess kann die Theilung vor sich gehen, ehe die Gläubiger
befriedigt sind, wenn einer der Socii die Schulden der Gesellschaft
auf sich nimmt. Vgl. Stralsunder Stadtbuch IV. 456: „Gherardus
de Suolle et relicta Jacobi Crispi complanaverunt se ad invicem
et puer ejus, ita quod illa domina ligneam domum cum puero suo
optinebit et Gher. lapideam domum et solvet omnia debita. Cum
hoc omnis causa, quae inter eos vertebatur, tam de societate quam
de bonis hereditariis, est omnino terminata et recisa." Dgl. Pauli,
Lüb. Zust. Bd. III. U. B. No. 98: „Hans Lasse unde Hermen
Schulte — — — vor desseme boke hebben apenbare bekant, dat
se van malckander der masschup selschup handelinge u. kopenschap
halven, alse se onder malckander wente an dessen dach gehat
hebben, gutliken unde fruntliken synt gescheyden, so dat Hermen de

schult, de se beyde gemaket hebben, to betalende, up sik ge-
namen hefft; unde de schal unde wil he van erer beyder wegen
betalen; unde de Hans hefft mit vryem willen — — deme Hermen
alle gudere unde uthstande sculde" (d. h. Forderungen) „de syn
denne nordewert, edder to Bergen in Norwegen offte hyr in Dutz-
schen lande — — gensliken weddernume verlaten."

Ebenso geht die Theilung vor Befriedigung der Gläubiger vor
sich, wenn eine Schuld noch nicht fällig oder ihr Vorhandensein
zweifelhaft ist. Dann wird eine zu ihrer Zahlung genügende Summe
von der Theilung ausgeschieden, so Pauli, Lüb. Zust. Bd. I. U. B.
No. 104. (Die Gesellschaft hat die Haftung für einen Transport
von Falken nach Alexandria übernommen, von denen zwei auf
der Fahrt dorthin gestorben sein sollen. Sie scheidet bei der
Theilung eine Summe aus und beauftragt einen Socius mit der
eventuellen Zahlung.)

Die Processe der Gesellschaft werden trotz der Theilung von
den Gesellschaftern auf gemeinschaftliche Kosten zu Ende geführt.
In specieller Anwendung auf den Austritt eines Mitgliedes hat
diesen Satz der Gesellschaftsvertrag von Weisshaupt, Schreiber
und Ditmar (Jäger, Ulm S. 669 ff. am Ende des Vertrages). Diese
bestimmten, dass, wenn sie oder ihre Erben mit jemand irrig würden und die Sache vor Gericht käme, sie einander auf gemeinsame
Kosten helfen wollten bis zur Ausrichtung der Sache, auch wenn
einer der Gesellschaft aufgekündigt hätte.

c) Eigentliche Theilung.

Der Rest des Vermögens wird getheilt (Vgl. Antwerpener
Compilatae von 1608 IV. 9 § 1 Art. 15).

Die Kosten der Theilung tragen alle Socii zusammen, so nach
Münsterschen Statuten von 1302 (Niesert, Münst. U. B. Bd. III.
S. 108. No. II.): Bei Theilung eines Hauses „wat dat koste in twe
thalane, dat solen se beide gelden."

Die Theilung hat bei der Erbengemeinschaft in bestimmter
Form zu geschehen, vor Zeugen oder vor Gericht. Nach dem
Stendaler Urtheilsbuche II. 2 muss die Theilung vor Gericht geschehen, wenn die Theilenden nicht „geloben". In den Magdeburger Fragen I. 7, 21 theilen sich Kinder eines Erblassers an
fahrender Habe und Erbe und Gut nicht vor Gericht, sondern vor
Freunden. Diese Art der Erbtheilung wird nur für die Fahrhabe
als genügend erachtet. Beispiele gerichtlicher Erbtheilung s. bei
Ennen u. Eck. II. 136 No. 132, II. 220 No. 215.

Bei der offenen Handelsgesellschaft wird die Theilung oft unter den Socii allein vollzogen. Häufig legen die Gesellschafter aber dann, um sich gegen einander sicher zu stellen, das Ergebniss in schriftlicher Form nieder oder geben es vor dem Stadtbuche zu Protokoll z. B. Lüb. Zust. Bd. III. No. 98 (s. oben S. 82), desgl. U. B. der Stadt Lübeck Bd. IV. 656 (Niederstadtbuch 1397): „Notandum quod apud hunc librum constituti Wernerus Hoop et Reyneke Ratelbant recognoverunt, se in hoc esse concordes, quod ex parte cuiusdam societatis, quam inter se hactenus habuerunt racione cuiuscunque computacionis in factis regine Dacie, quod de hoc sunt penitus separati et divisi, sic quod unus alterum in nullo ab hac hora propter hanc societatem seu computacionem debet impetere seu quamvis aliam monicionem adoptare." Desgl. s. Roth, Nürnberger Handel S. 124: „Ich Heinrich Hultzpach Burger zu Sinzich bekenne offenlich mit diesem offene brieff vor aller meniglich dy in sehen oder horen lesen, als vonn solcher gesellschafft und gemaynschaft der Kaufmanschafft wegen, So ich mit Hansen Haller Burger zu Nuremberg zu handeln gehabt hab vonn Martini im fünf und sechzigsten Jare biss auff Datum dizs brieffs Sulchs obgeschrieben Handelshalben wir uns gutlich verrechnet vnd vertragen, dar an ich ein gut genugen hab vnd Hansen Haller tank sag aller freinntschafft so er mir beweist hat. Also bekenn ich obgenantr Heinrich, das mich der erstgenant Hans Haller vnd Hester sein eliche Wirttin gutlich vnd freuntlich entricht vnd bezalt haben Gewinnung vnd Haubgeld. Also darvmb sag ich Heinr. Hultzpach obgenant den benanten Hansen Haller Sein wirttin vnd alle ire erben Quidt ledig vnd loss in kraft dizs briefs für mich vnd meyn erben vn alle unser nachkumen kein anspruch noch fodrung nymmer mer zu in zu haben weder mit geistlichen noch weltlichen rechten oder wy das menschen sie erdenken möcht getreulich on alles geverde. Des zu waren urkunde vnd merer sicherheit der warheit So gib ich im disen brieff versiegelt mit der ersamen vnd weysen Anthonj tallners vnd Endres Zeringers Burgr vnd des Raths vnd genant zu Nurenberg annhangenden insigel So sye vonn meyn fleysigen pet" (Bitte) „wegen daran gehangenn haben. Das wir erstgenant Anthonj Talner und Endres Zeringer bekennen doch vns vnd unsern erben on schaden. Der gegeben ist nach Christi unsers liben Hern gepurt virzehenhundert vnd Im achtvndsechzigsten Jare Amm Pfingstabent etc."

Die Theilung selbst erfolgt nach Münchener Stadtrecht 47 bei Erb. und Eigen durch Schiedsrichter unter Verloosung der Theile an die einzelnen Socii: Wer Erb und Eigen mit dem andern zu

theilen hat, der soll das binnen 14 Tagen nach dessen Klage thun,
der ihn anspricht „und sol der Teil nicht anders neur mit dem
loz gevallen und geschehn und soll jeder Teil 2 erbarn männer
zu der Teil nemen." Mögen die 4 sich aber nicht über die Theile
einigen, so soll der Rath den 5ten dazu geben. Die 5 sollen entscheiden. — Auch bei der offenen Handelsgesellschaft im besonderen findet sich eine Theilung durch Schiedsrichter. Vgl. z. B.
Pauli, Lüb. Zust. Bd. I. U. B. No. 104: „Sciendum, quod presentes
huic libro Joh. de Stokkem, Conr. Kubbeling de Brunswich ex
parte Jordani Kubbeling fratris sui pie defuncti et Henricus van
dem Wolde de Goslaria arbitrati sunt concorditer ad dictamen
honorabilium virorum domini Symonis Zwerting, Wilhelmi Oster-
vich, Werderi de Stade, domini Hinrici Constantini, Johannis
Niestad et Rudolphi monetarii super omni dissensione, que fuit
inter predictos, ex parte societatis habite inter Hinr. van dem
Wolde ex una et Johannem Stokkem et Jordanum Kubbeling
parte ex altera, volentes in eo, quod ipsis in hac causa dictatum
seu arbitratum fuerit per predictos sex arbitros sufficienter et sine
contradictione contentari, et ultra hoc neutra pars ab alia quicquid
exigere sive postulare. Unde dictatum sentencionatum et arbitratum
est per eosdem. primo quod Joh. St. et Conr. Kub. predicti ipsi
Hinrico van dem W. debent dare C et L aureos, pro quolibet
aureo XII sol. Lub. computando, et cum hoc debet et dissensio
esse sopita, mortificata et terminata. Porro quia in libro computacionis Jordani predicti repertum est, quod illi Mendele, Dur,
incole Nurenburgenses adhuc tenentur solvere CLIX aureos, est
sententiatum per eosdem arbitros, quod quicquid de hiis acquiri sive
emoneri poterit, hoc tunc pertinebit Conrado Kubb. et Hinrico v. d. W.
supradictis cuilibet pro medietate: hoc eciam super expensis ipsorum
amborum debet emoneri. Insuper quia iidem Mendele computaverunt lucrum de falconibus, videlicet de quolibet falcone VIII
aureos, cuius summa est IIII° et XXIIII Mr., ut eciam inventum
est in eodem libro computacionis Jordani, de hiis pertinent Hinrico
v. d. W. CC et XII aurei et quidquid de illis emonere poterit hoc
solus obtinebit; sed ad emonendum eos, debent ipsum predicti
Joh. St. et Conr. Kub. meliori modo quo poterunt adjuvare. Item
vendidit predictus Jordanus in Veneciis X Ghervalken, quemlibet
falconem pro 29 aureis cum talibus proverbiis, quod si aliquis de
eisdem falconibus moriatur antequam veniant ad Alexandriam, tunc
pro quolibet qui morietur reddi debent XXIX aurei: pro quo
posuit Jord. fidejussores et pro quo Joh. de St. tenetur respondere:
ideo idem Joh. retinuit de dicta societate LVIII aureos, quia

dicitur, quod jam duo falcones sint mortui, et si idem Joh. eosdem aureos poterit retinere cum justicia, tunc eorum medietatem dicto Hinrico reddere debet."

Nach andern Rechten erfolgt die Theilung nach dem Princip des Kürrechts. Dieses ist im Sachsenspiegel III. 29 § 2 (vgl. Eichhorn R.-Gesch. II. S. 703) für die Auflösung der Ganerbschaft zweier Brüder in der Weise angenommen, dass der ältere theilt, der jüngere wählt. — In einer Anzahl von Stadtrechten gilt dies Princip nun auch für andere Gesellschaften so, dass der, welcher sich von dem anderen trennen will, ohne dass eine Theilung der Sache möglich oder erspriesslich wäre, das Gut abschätzt und den andern binnen 14 Tagen oder 1 Monat wählen lässt, ob derselbe das Gut oder das Geld, zu dem es abgeschätzt ist, haben will. Wählt dieser das Geld, so hat der Abschätzende den Preis zu zahlen und das Gut zu behalten, sonst aber sich zu entscheiden, ob er von der Trennung abstehn oder gegen Empfang des Preises das Gut dem andern überlassen will, so nach Lüb. R. III. 2, 262 (Gesellschaft an Haus oder Erbe; Kürzeit 4 Wochen); Statuta und Ordele Bremens von 1433 Stat. 49 übereinstimmend mit Stat. Verdens. 87; desgl. nach Hamburger Stadt-R. von 1270 XIII, 25, von 1292 Schiprecht 25, von 1497 P. 1 (Gesellschaft an einem Schiff; Kürzeit 14 Tage). Stadsboek van Zutphen a. d. Anfg. d. 14. Jahrh. § 113—115 (Hordijk S. 79/80).

Die Theilung gibt jedem Gesellschafter seine Einlage zurück und ausserdem einen, im Zweifel dieser entsprechenden, Antheil am Gewinne der Gesellschaft z. B. bei gleichen Einlagen Pauli, Lüb. Zust. Bd. III. 90: „... scheyden unde malck dat sin to nemen, elk den derden pennyng wynnide myd deme hovetstole" (der Einlage). In dieser Vertheilung tritt eine Aenderung ein, wenn einem Socius ein praecipuum, sei es wegen besonderer Mühewaltung oder aus andern Gründen zuerkannt wird. S. z. B. Strals. Stadtbuch III. 63: „Herhört de Dhorpe et Joh. de Linge babent in Flandria 35 vasa cum pice quae sunt eorum et 37 vasa cinerum. De his bonis Herbordus anticipabit 16 mrc. den. Si idem Joh. in Riga moritur, pater suus accipiet sua bona." Desgl. Pauli, Lüb. Zust. Bd. III No. 89 etc.

Bei der Theilung werden Baarcapital und theilbare Sachen je nach Bedürfniss in Theile zerlegt. Untheilbare werden verkauft oder einem der Socii zum Eigenthum zugewiesen. Vgl. Pölmans Dist. I. 12, 7 a. E.: „Hetten auch Gesellen einen gemeinen Man oder ein Pferd oder ein Haus oder ein ander Ding, das man nicht theilen mag, das müssen sie also theilen; das der Man nicht mehr denn einen Herren behalte; dat Pferd sollen sie auch nicht tödten, noch das Erbe verterben durch der Theilung willen." Demgemäss überlassen bei Böhmer U. B. der Reichsstadt Frankfurt S. 302 (i. J. 1296) 4 Geschwister und Miterben ihrem 5. Bruder ihre Antheile an einer „Curia et domus."

Forderungen der Gesellschaft werden in ähnlicher Weise einem der Socii überwiesen, so bei Pauli, Lüb. Zust. Bd. I. 104 (s. S. 85). Ebenso haben die Dresdener Schöffenurtheile 127 einen derartigen Fall: Heinrich und Peter haben meinem von mir ungesonderten Vetter 400 Mark gelobt. Jetzt bin ich von meinem Vetter gesondert und die Schuld „ist mir gebort in rechter Teilung." Daneben aber haben die Urkunden eine andere Art der Einziehung von Forderungen der Gesellschaft, indem die Socii ausmachen, dass die Forderungen auch nach der Gesellschaftsauflösung gemeinsam bleiben und wer von ihnen eine solche einzieht, den anderen ihren Antheil abgeben soll, so im U. B. der Stadt Lübeck Bd. IV. No. CCCVIII. von 1376: „Notum sit, quod dominus Gherardus Dartzowe et Johannes Krowel de Tarbato" (Dorpat) „in omni societate, quam ad in vicem habuerunt, coram testibus infrascriptis totaliter sunt separati penitus et divisi absque debitis infrasc(r)iptis, que ipsis ambobus pertinent videlicet cuilibet illorum dimidietas et quis eorum ipsa debita emonet et sublevet ille alteri medietatem inde debet disbrigare. In primo tenetur Everardus Ekeloo V marcas rigenses. Item Marke Nonkrilowe tenetur IIᵐ cere. Item Radekinus Schiphorst habet ex parte illorum VI lastas allecium et I lagenam. Item Kuseman Durinc et Wassil Omitzeke tenetur XI frusta argenti. Item Jacobus Timmerman tenetur XII marcas rigenses. Item Arnoldus Schoneweder tenetur I lastam allecium, et predictus Johannes Krowel specialiter tenetur predicto domino Gherardo VII frusta argenti festo beati Martini proxime adventuro in Tarbato persolvenda, pro quibus Hinricus Wulf compromisit. Testes sunt honesti viri domini Arnoldus Suderland et Godekinus Travelman, consules Lubicenses, litteras habentes memoriales de premissis. Acta Lubecke, anno Domini Mᵒ CCCᵒ LXXᵒ sexto in vigilia beati Laurencii." Desgl. bei Stobbe, Breslauer Sign. Bchr. XXXV a. 1409: „Am Sonnabinde vor Sixti haben wir usgesprochen zwisschen Allexien Sachsen an eyme und Czachen von Gobyn am andern teile mit ir beider Wille In solcher masse, das Alexius Czachen an die 404 marke gross, die er uff Laurencien Andree Czudmars diener dirfordert hat, vor die jm Peter Strelin und Hannos Dumelos globet haben, weizen sal, das er die von jn furbas furdern sal uff alle tage, als sie die jm globt

haben, als das auch in brifen Stat buche geschreben stet, und was
an ungewissen schulden ist u. an verlornem gewande, die vor
der rechnung bleben sein, das sollen sie an beiden teilen yn-
furdern; u. was jr einer davon yngefurdert, der sal dem andern
sein teil davon geben, sunder alle ander schulde die sie in der
gesellschaft mit Andr. Czudmar gehabt haben, die sollen Allexien
gancz volgen ungehindert, und dormete sollen alle sachen an beiden teilen und jr beider frunden gancz und gar frundlich hengelegt
und entscheiden sein. Also das ein teil das ander, furbasme umb
die sache nymmerme anlangen non ansprechen sal geistlich noch
weltlich noch in keiner weis."

Die Theilung ist im Zahlungsausgleich zwischen den Socii oft
Veranlassung zur Schaffung neuer Obligationsverhältnisse zwischen
den einzelnen früheren Genossen, so bei Pauli, Lüb. Zust. Bd. I. 104
(2 Socii müssen an den 3ten 150 aurei zahlen) und scheinbar auch
in der ebenerwähnten Stelle bei Stobbe, Bresl. XXXV. (wo sich
ein Forderungsrecht des Alexius Sachs gegen seinen bisherigen
Socius Czudmar findet).

Eine besondere Art von Auseinandersetzung der Socii und
Auflösung der Societät tritt ein, wenn einer von zwei Gesellschaftern (resp. der Erbe eines solchen) dem anderen seinen
Geschäftsantheil überträgt. Hier fallen alle Societätsgüter, Forderungen, Schulden dem Einen zu. So Pauli, Lüb. Zust.
Bd. III. 91 (1460): „Hermen Wolbom vor dessen boke hefft bekand, dat he hebbe vorkofft unde uppelaten, vorkofft unde upleth
jegenwartigen in krafft desser schrifft Wilhelm Nigenborge sodane
selschopp, so he mit Ludiken Nigenborge, des erscreven Wilhelm
Nigenborges vaders hadde, dar to alle sodane busere to Bergen
in Norwegen in deme Holmedale belegen, unde vort alle schuld
unde unschuld in de erscreven Zelsschopp behorende; darvor de
erscreven Wilhelm Nigenborg deme Hermen Walbome schal gheven
verhundert mark Lubesch, alse nu uppe Paeschen negest komende,
vort overt iar anderthalff hundert mark, uppe Paeschen dar denne
negest volgende ok anderthalff hundert mark, und uppe Paeschen
dar volgende vefftich mark unde denne uppe Paeschen dar over
negest volgende de nastanden vefftich mark umbeworen to betalende,
so Wilhelm des vor dessem boke bekande. Unde desulffte Wilhelm
lovede vurder, weret Zake, dat de erscreven Hermen Walbom van
sodaner zelsschopp wegen in to komenden tyden angeklaget worde
edder des balven in schaden queme, dat he mit zinen erven deme
gesochten Hermen unde sine erven van der wegen degher unde
ale schadelos holden wille."

Excurs.

Accommenda und Stille Gesellschaft.

1. Accommenda.

Vgl. *Goldschmidt*, De Societate en commandite.
Lastig i. Zsch. f. H.-R. Bd. XXIV. S. 407 ff. 2. A. und B.
Neumann, Wuchergeschichte S. 421.
Ducange, Glossar. vc. societas, socida, soccida, socceda, socceda, socidum.
v. Amira, Altschwed. Obl.-R. S. 678—680.

Die deutschen Quellen kennen den Vertrag unter dem Namen:
„Sendeve", „Wedderleghinge"; umschrieben: seine Güter „bevelen,
beloven, senden" einem „Diener zu Gewinn und Verlust", „Lieger."
Der Vertrag unterliegt denselben hansischen Verboten, wie die
offene Gesellschaft, so z. B. Skrae v. Nowgorod im Lüb. U. B. I.
S. 703/4 (Vgl. oben S. 29); Rigische Bursprake v. 1384 (Napiersky
S. 208) 43: „Ok so ne schal wedder dutsche noch undutsche
knechte holden efte wederlegghen, de se kopslagen bynnen der
stad edder vor der porten." Dgl. Hanserecess v. 1434, wiederholt
im Statutenbuch des Hansischen Comptoirs zu London Art. X. von
1447 (Lappenberg Hans. Stahlhof. U. B. No. 106), ebenso in der
Rigischen Bursprake VII. (Napiersky S. 237) 89; desgl. in Lüb.-R.
IV. 32: „Ock schall nen kopman van der hense sin gudt in flan-
deren senden, enem de buten der hense sy tho bevelende, sunder
he sende dat enem, de in der hense hort, one win, beer unde
herinck, dat mach he senden unde bevelen, weme he wil; ock
schall nen henser selschop hebben mit jennigem manne, de in der
hense nicht en hort, he sy schipper ofte nicht."
Bestimmte Form für den Vertragsabschluss hat das mit Soester
Recht bewidmete Medebach in Westphalen, Privileg Rainalds des
Raugrafen von Dassel v. 1165 (Gengler S. 284. Grimm, Weisth. III.
S. 74) § 15: „Qui pecuniam suam dat alicui concivi suo, ut
inde negocietur in Datia vel Rucia vel in alia regione, ad

utilitatem utriusque assumere debet concives suos fideles, ut videant se sint testes huius rei; si postea ille, qui pecuniam accipit, fraudulenter egerit et falso juramento optinere voluerit: ille qui pecuniam prestitit, testimonio illorum qui aderant maiori justicia debet optinere, sic justum est, quam ille possit contradicere et si illi, qui presentes fuerunt, pro amicitia vel pro mercede vel pro invidia vel pro perfidia veritatem negare voluerint, singuli jurent super sanctos, quod nunquam advenerint.“ Grund ist der häufige Missbrauch. Vgl. Hans. U. B. ed. Höhlbaum Bd. II. 435/6, wo fälschlich von Hamburg ein Betrug angenommen wird: „Bene novit vestra prudentia, quod Bertoldus Hilghe civis vester cum stanno spoliato nostram civitatem intravit profitens se esse socium.“ Es wird hier erwiesen, dass derselbe in Wirklichkeit seinem Herrn und Socius Geld geführt habe.

Die Vollmacht des Beauftragten war eine weite. Hach, Lübisches Recht IV. 8: „Welck man enem syn gudt belouet buten landes: Deit ein borger einem andern borgere offte gaste gudt mede to der se werth to vorkopende to sinem besten, de genne, de dat gudt vorkopen schall, de is mechtich to donde unde to latende in aller mathe, unde de em dat gut belouet hefft, de mot em ock de rekenscopp belouen; darumme se ock malck tho wen he sin gudt belouet offte beuelet.“

Zweck des Vertrages ist der Verkauf oder Ankauf von Waaren. So der Verkauf bei Stobbe, Bresl. Sign.-Bchr. (Zsch. f. Schl. Gesch. VI.) XXV. a. 1403 p. 36: Am Dienstag nach Kilian sind vor uns gekommen zwei Gesellschafter, Ywan von Nowogrog und Dorfea. Der Commendatar Pet. Dorrmdorf soll „en di helfte wynnunge geben u. sal si beczalen des gutes di helfte wenn is vorkauft wirt, u. die andere helfte zu Warschaw mit silber u. furlon des gutes get uff Petir Dorrmdorf u. sal de vorgenan Lute antworten zu Warschaw, das got nicht gebe, ab das gut von bosin luten gnomen worde, das sal Pet. Do. di helfte schaden tragen.“ Zum Ankauf von Waaren und Handelsbetrieb mit Geld wird der Vertrag geschlossen bei Pauli, Lüb. Zust. Bd. I. No. 102 k. v. 1311: „Ch. de K. tradidit Fr..o de P. XX libras Angl. denar., cum quibus ipse F. mercabitur et medietatem lucri cum principali pecunia sibi tradita debet Chr..o applicare.“

Die Halbtheilung des Gewinnes zwischen Herr und Diener ist häufig. Vgl. auch Pauli, Lüb. Zust. S. 137 ff. Ib. No. 102 f. von 1311: „Notum sit, quod Arnoldus de Wilderthusen tradidit Godeconi de Werinchusen intra manus 54 Mr. den. ad dimidiam acquisitionem et fortunam, ad quas ipse godeco nichil posuit.“

Eigenthümer des dem Commendatar anvertrautes Gutes bleibt der Geber. Vgl. Pauli, Lüb. Zust. Bd. I. No. 102 l. v. 1319: „Joh. de Crusberghe habet C et XVIII Mr. arg. sibi per Gradum de Atendorn commissas in sendeve, eidem Grade pertinentes."

Auch in Verbindung mit einer offenen Gesellschaft und zwischen denselben Personen findet sich eine Sendeve, so bei Pauli, Lüb. Zust. Bd. I. 102 o. (1330): „Conr. Thelonearius habet 46 Mr. arg., contra quas relicta et pueri Gerardi de Attendorn majoris 92 Mr. arg. in vera societate tradiderunt. Preterea sibi tradiderunt specialiter CC Mr. puri arg. Lub. nomine sendeve ducendas per eundem." Aus einer Sendeve wird, wie es scheint, nachdem sich Gewinn angesammelt hat, unter Halbtheilung desselben eine offene Gesellschaft gebildet bei Pauli, Lüb. Zust. Bd. I. No. 103 A. (1360): „Notum sit, quod sub anno Dom. MCCCLX Quasi modo geniti Conr. Westphal et Otto Stormer socius suus computaverunt de Societate sua et habuerunt de computatione facta marcas MCCCC quarum M Mr. den. pertinent Conrado soli in antea et residuum pertinet ipsis ambobus equa sorte mercimoniali. Has autem MCCCC Mr. den. ipse Otto obtinebit in vera societate mercimoniali."

Ueber die Auflösung vgl. Statutenbuch des hans. Stahlhofs in London (bei Lappenberg No. 106) Art. LIX: „Van borgen gelt to hebben. Item weret, dat enich man in de Hense behorende eines borgen van der Hense gelt und wedderleggenge hadde, wan de vane eme scheden wil, so schal he dar kamen dar he wanet dar he wedderleggenge van ene genomen heft, und don eme mit fruntschop efte mit rechten des he eme plichtich sy. Und weret dar he sick des weigerde, so schal he in nener hanse stad borger wesen oft werden, it en were dat it ime sulk not beneme, dat he to der stede, alse de here dat eskede nicht en konde kamen." Entlehnt ist der Satz dem Recesse des Lübecker Hansetages vom 24. Juni 1480.

2. Stille Gesellschaft.

Stobbe, Zsch. f. H.-R. VIII Misc. No. VI, 6 hat einige aus früher Zeit stammende hierhergehörige Stellen abgedruckt. Auch die Stelle aus Otto Rulands Handlungsbuch S. 36 (s. oben S. 9) ist hier zu erwähnen.

Bei der stillen Gesellschaft geht das eingelegte Vermögen, wie beim Darlehn, in das Eigenthum des Empfängers über, der statt der Zahlung fester Zinsen an den Einleger diesen, unter der

Verpflichtung zur Theilnahme am Verlust, am Gewinn participiren lässt. Die Einlage wird auch als „gelendes geld" bezeichnet, z. B. bei Pauli, Lüb. Zust. Bd. III. 97: „Hans Bückinck, borger to Lubeke vore sük unde Geverde Heynecken, synen musschup unde vulleselschup, nu tor tydt to Venedig liggende unde vor erer beyder erven vor dessem boke bekant, dat se seligen Hinrick Prumen nagelaten kyndern van hovetstole gelenden gelde und wynninge rechter bekentliker unde witliker schuld schuldich syn, so ere egenne hantscrifft mit eren upgedruckeden signeten gescreven in dat iare 78 Vincula Petri in seligen Hinrick Prumenn boke by der rekenschup ligende darliken inholt, darvan syck de summe belopt 15108 Mark u. 3 Schillinge lubesch hyr enboven steyd, noch buten wat de selschup van dato des iares na lude erer hand-scrift, alse anno 1478 beth upp dessen dach an winninge vorbetert is: so Hans Buckinck dit to merer tuchnisse umme dötlicher sake willen in dit boeck hefft heten scriven, dar he jegenwardich bii is gewesen." Ebenso ib. 95. Hier wird die stille Gesellschaft neben einer (dem weiteren Sinne von Widerlegung gemäss) als „vulle wedderlegginge" bezeichneten offenen Gesellschaft geschlossen. „Gert Langerbeen van Munster in Westvalen, vor denem boke vor sich ande sine erven hefft bekand, dat he van Corde Graverde, borger to Lubeke, to syner noge vul unde alwol to danke to einer vulle wedderlegginge entfangen hebbe 871 Mark, dar de erscreven Gert so vele enjegen hefft; welker erer beider geldes he to erer beider besten unde eventure to gevinne unde verluste bruken schall unde mach. Unde de ergenomet Gerd heft furder bekand, ... dat he darto van deme Corde entfangen hebbe geleneden geldes 400 marc. lub. ok to erer beider besten mede to kopslagende, wel-like 400 mark voran af gan scholen Corde to entfangende, wanner se de wedderlegginge under sik sliten unde scheden willen. Unde de vilgenomet Gerd schal noch en wil mit nemande anders sel-schup hebben, id en zy mit des erscreven Cordes vulbord uude willen, so sik Gerd des vorwillekord heft. Furdermeere heft desulve Gerd vor sik unde sine erven vor demesulven boke bekand, dat sodane terlingk" (4eckiger Ballen) „laken darinne wesende 25 Bredepeppersche mit erer beder merke getekenet in de Revelschen bardesen geschepet, deme Corde propper egen tobehore, demsulften Gerde part noch deel darane hebbende."

Die Frankfurter Reformation II. 23 § 12 bestimmt über die stille Gesellschaft, wie es (vgl. Roth, Nürnberger Handel S. 84/5) nach Müllners Chronik 1464 auch für Nürnberg durch eine Gesandt-schaft an den kaiserlichen Hof ausgewirkt worden ist: „Wurde jemandt eine namliche Summa Gelts, zu einer Gesellschafft, sonder Geding, und blöszlich, zu Gewinn und Verlust, wie es sich begeben möchte, legen, doch sonst mit dem Handel nichts zu thun haben wöllen, Und aber sich zutrüge, dass die Gesellschafft durch Ungefäll, oder sonst, Verlust leiden, und in Schaden gerahten würde, und die Schulden, von dem Hauptgut, so gemeine Gesellschafft zusammen gelegt, nicht möchten bezahlt werden: So soll derselbig, der — sein Gelt unverdingt in die Gesellschafft gelegt hat, mehr nicht zu bezahlen schuldig seyn, dann allein so viel, als sich nach Anzahl seines zugelegten Hauptguts gebührte, und damit der übrigen Schulden gar erledigt, auch alle andere seine Haab und Güter, von menniglich unangelangt, und unbeschwert gelassen werden: Ob sich auch gleich der Gesellschaft Vermögen, zu völliger Bezahlung der Schulden, nicht erstrecken thete." Kuppener, Schrift v. Wucher E 6 ᵛ (Neumann, Wuchergesch. Beilage E. S. 591) sagt: „das heute diszer czeit czimlichen ist, gelt czu legen bey einem kauffmann in eine gesellschafft oder kauffmanschatz .... auff gewin vnd vorlust." Vgl. über diese Gesellschaftsform auch Antwerpener Compilatae von 1608. Thl. IV. Tit. 9 § 1 No. 7/8.

Die für die beiden letztgenannten Gesellschaften angeführten Stellen bieten einen geringen Beleg dafür, dass sich interessante Anknüpfungspunkte für diese auch in Deutschland finden. Im übrigen aber wird die vorstehende Arbeit hoffentlich den Beweis liefern, wie wichtig es für das Verständniss der heutigen Handelsgesellschaften ist, ihrer deutschrechtlichen Entwickelung weiter nachzugehn.

Quellen - und Literaturverzeichniss.

Aachener Rechtsdenkmäler s. *Lörsch*.

Andersen s. Hamburger Privatrecht.

v. Amira, Altschwedisches Obligationenrecht 1882.

Antwerpener Costumen (Coutumes d'Anvers), ed. *De Longé* (Recueil des anciennes coutumes de la Belgique).

Augsburger Stadtbuch, ed. *Meyer*.

Blume von Magdeburg, ed. *Böhlau*.

Böhmer, Urkundenbuch der Reichsstadt Frankfurt, Bd. 1.

Bremen s. *Ölrichs*.

Brünner Stadtrechte, ed. *Rössler*.

Brunner, Das Registrum Farfense, in den Mittheilungen des Instituts für östreichische Geschichtsforschung, Bd. II.

Bruns, Beiträge zum Deutschen Recht des Mittelalters. (Goslarer Rechtserkenntnisse.)

Brentano, Arbeitergilden der Gegenwart, Bd. 1.

Calenberger Urkunden s. Urkundenbuch des historischen Vereins für Niedersachsen, Bd. IV.

Codex Diplomaticus Saxoniae Regiae, Bd. 8 u. 9: Leipzig von *Gersdorff* und *v. Posern*.

Danzig s. *Hirsch*.

Edictus Rothari, ed. Blume. (Mon. Germ.)

Eisenacher Rechtsbuch s. Rechtsbuch nach Distinctionen.

Endemann, Forschungen zur romanisch-kanonischen Wirthschafts- und Rechtslehre I. 3te Abhandlung S. 341 ff.

Endemann, Handelsrecht.

Ennen und *Eckertz*, Quellen zur Geschichte der Stadt Cöln, 2 Bde.

Erdmannsdörffer, De Commercio, quod inter Venetos et Germaniae civitates aevo medio intercessit. Diss. Lpzg. 1858.

Ersch und *Gruber*, Encyklopädie, I. Section, Band 50 vc. *Fugger* (*v. Stramberg*).

Fabricius, Stralsunder Stadtbuch.

Joh. Falke, Geschichte des deutschen Handels, 2 Bde.

Fidicin, Beiträge, Bd. I. Berliner Stadtbuch.

Gersdorff und *v. Posern*, Leipzig, s. Codex Diplomaticus Saxoniae.

Gierke, Deutsches Genossenschaftsrecht, Bd. I.

Görlitzer Landrecht s. *Homeyer*.

Goldast (Melchior Haiminsfeld), Suevicarum rerum scriptores aliquot veteres, Frkft. 1605.

Goldschmidt, Diss. de Societate en commandite.

Göttinger Urkundenbuch s. Urkundenbuch des historischen Vereins für Niedersachsen, Bd. VI u. VII.

Göttinger Gilden und Innungen aus dem Ordinarium des Raths und dem Buch der Kaufgilde (i. Monatsbericht der Berliner Akademie von 1879. S. 29 ff.).

Goslarer Statuten, ed. *Göschen.*

Grimm, Weisthümer, Bd. III.

Hach, Altes Lübisches Recht.

Hamburgs älteste Stadt - und Schiffsrechte, ed. *Lappenberg.*

Hamburger Privatrecht, ed. *Andersen.*

Hamburger Urkundenbuch s. *Lappenberg.*

Hannoversches Urkundenbuch s. Urkundenbuch des historischen Vereins für Niedersachsen, Bd. V.

Hansisches Urkundenbuch s. *Höhlbaum.*

Heineccius, Elementa juris germanici.

Hirsch, Danzigs Handels- und Gewerbsgeschichte im M.-A.

Homeyer, Des Sachsenspiegels erster Theil oder das sächsische Landrecht.

Homeyer, Sachsenspiegel Lehnrecht, Görlitzer Landrecht.

Homeyer, Richtsteig Landrechts.

Höhlbaum, Hansisches Urkundenbuch, Bd. I u. II.

K. D. Hüllmann, Städtewesen, Bd. I u. IV. 1826/29.

Jäger, Schwäbisches Städtewesen, Bd. I: Ulms Verfassungs -, bürgerliches und commercielles Leben im Mittelalter.

Klöden, Beiträge zur Geschichte des Oderhandels, 8 Stücke. 1845—52.

Koch-Senckenberg, Sammlung der Reichsabschiede, Bd. I u. II.

Kraut, De codicibus Luneburgensibus, Göttingen 1830.

Kraut, Grundriss des deutschen Privatrechts.

Kuntze, Princip und System der Handelsgesellschaften (in d. Zeitschrift für Handelsrecht, Bd. VI).

Lappenberg, Aelteste Stadt - und Schiffsrechte Hamburgs.

Lappenberg, Hamburger Urkundenbuch.

Lappenberg, Urkundliche Geschichte des Hansischen Stahlhofs in London.

Lastig in der Zeitschrift für Handelsrecht Bd. 23 u. 24.

Lastig, Entwickelungswege und Quellen des Handelsrechts.

Lörsch und *Schröder,* Urkunden, 1. und 2. Auflage.

• *Lörsch,* Aachener Rechtsdenkmäler.

Leipzig s. Codex Diplomaticus Saxoniae.

Lübisches Recht s. *Hach.*

Lübeck, Urkundenbuch der Stadt Lübeck, 4 Bde.

Lüneburg s. *Kraut.*

Magdeburg-Breslauer Systematisches Schöffenrecht, ed. *Laband.*

Magdeburger Fragen, ed. *Behrend.*

v. Meiller, Oestreichische Stadtrechte (im Archiv für Kunde östreichischer Geschichtsquellen, Bd. X. 1853. S. 89 ff.).

Michelsen, Der ehemalige Oberhof zu Lübeck.

Milano, Consuetudini di Milano del anno 1216, ed. *Berlan.*

Michnay und *Lichner,* Ofener Stadtrecht von 1244—1421, 1845.

Mone, Zeitschrift für die Geschichte des Oberrheins, Bd. IV u. V.

J. G. L. Napiersky, Die Quellen des rigaischen Stadtrechts bis 1673, Riga 1876.

Neumann, Geschichte des Wuchers in Deutschland bis 1654, Halle 1865.

Niesert, Münsterisches Urkundenbuch.

Nordijk, Rechtsbronnen der stad Zutphen. 1881.

Ölrichs, Dat rigische Recht u. de gemenen stichtischen Rechte.

Ölrichs, Vollständige Sammlung alter und neuer Gesetzbücher Bremens 1771.

Pardessus, Collection des lois maritimes, 6 Bde.

Pauli, Lübeckische Zustände im Mittelalter, 3 Bde. (Die durch Angabe von Band und arab. Ziffer bezeichneten Citate sind den jedem Bande angehängten Urkunden entnommen.)

Pauli, Abhandlungen aus dem lübischen Recht, 4 Bde:

Pölman'sche Distinctionen, Ausg. von 1574 und 1576.

Prager Stadtrecht, altes, ed. *Rössler*.

Pufendorf, Observationes, 4 Bde., Appendices.

Purgoldt's Rechtsbuch, ed. *Ortloff*.

Rauch, Rerum Austriacarum Scriptores, Bd. III. Wien 1794.

Regesto di Farfa (Catino).

Rechtsbuch nach Distinctionen und Eisenacher Rechtsbuch, ed. *Ortloff*.

Richtsteig s. *Homeyer*.

Riga s. *Napiersky* und *Ölrichs*.

Roth, Geschichte des Nürnbergischen Handels, Leipzig 1800.

Ott *Rulands* Handlungsbuch (i. Bibliothek des literarischen Vereins in Stuttgart 1843).

Sachsenspiegel s. *Homeyer* und *Zobel*.

G. F. *Sartorius*, Urkundliche Geschichte des Ursprungs der deutschen Hansa ed. *Lappenberg*.

Siegener Stadtrecht, (de veteri Siegenensium statuto) v. *Achenbach*, Bonn 1855.

Stahlhof s. *Lappenberg*.

Stendaler Urtheilsbuch, ed. *Behrend*.

Stralsunder Stadtbuch s. *Fabricius*.

Stobbe, Aus Breslauer Signaturbüchern (i. d. Zeitschrift für die Geschichte Schlesiens, Bd. VI).

Stobbe, Miscellen zur Geschichte des Deutschen Handelsrechts (i. d. Zeitschrift für Handelsrecht, Bd. VIII. S. 51 ff.).

Stobbe, Zur Geschichte des deutschen Vertragsrechts, Leipzig 1855.

Stobbe, Geschichte der deutschen Rechtsquellen, Bd. I.

Studi e Documenti di Storia e Diritto, Bd. I.

Tomaschek, Deutsches Recht in Oestreich (Iglau) im 13. Jahrhundert.

Tzschoppe und *Stenzel*, Urkundenbuch.

Urkundenbuch des historischen Vereins für Niedersachsen. Bd. IV: Calenberger Urkunden. Bd. V: Hannover, Bd. VI u. VII: Göttingen.

C. F. *Walch*, Vermischte Beiträge zum Deutschen Recht, 1771, 8 Bde.

Waitz, Verfassungsgeschichte, Bd. I. IV. V.

Wasserschleben, Rechtsquellen, Bd. I.

G. *Winter*, Wiener Neustädter Recht des 13. Jahrhunderts, 1880.

Zobel, Glosse des Sachsenspiegels.

Zöpfl, Das alte Bamberger Recht.

Druck von R. Gruhn in Warmbrunn.

Untersuchungen

zur

Deutschen Staats- und Rechtsgeschichte

herausgegeben

von

Dr. Otto Gierke,

ordentl. Professor an der Universität Breslau.

XVI.

Mutterrecht und Raubehe

und

ihre Reste im germanischen Recht und Leben

von

Dr. Lothar Dargun,

Privatdocent d. deutsch. Rechts in Krakau.

Breslau.

Verlag von Wilhelm Koebner.

1883.

Mutterrecht und Raubehe

und

ihre Reste im germanischen Recht und Leben

von

Dr. Lothar Dargun,

Privatdocent d. deutsch. Rechts in Krakau.

———◦◦◦———

Breslau.
Verlag von Wilhelm Koebner.
1883.

Inhalt.

———

Seite

I. Über das Mutterrecht . . . . 1—77

Einleitung: Allgemeines. Nachrichten über das Mutterrecht bei
den Alten. Detaillirte Übersicht der Verbreitung desselben in den
verschiedenen Weltteilen. Speciell bei den arischen Völkern, Indern,
Römern. Das Mutterrecht allgemeines Entwicklungsgesetz. Das
arische Urvolk liess wahrscheinlich nur Verwandtschaft im Weiberstamm gelten. Der Inhalt des Mutterrechts und die mannigfachen
Übergangsformen zur Agnation . . . . 1—20

Erstes Capitel: Das Mutterrecht und die Germanen. Tacitus
Germ. c. 90 über Oheim und Schwestersohn. Wenn dies wirklich ein
Rest von Mutterrecht ist, müssen noch andere Spuren desselben nach-
weisbar sein. Disposition der weiteren Untersuchung 21, 22

Zweites Capitel: Die Ehe ohne Mundium und das factische Vorkommen des Mutterrechtes. Die eheliche Gewalt nach longobardischem
Recht nicht bloss Anwendungsfall des Vormundschaftsrechtes. Die
longob. Ehe enthält wesentliche, nicht notwendig im Mundium be-
griffene Befugnisse, daher Ehen ohne Mundschaft des Mannes möglich.
Beweis dafür aus dem Edikt. Directe Zeugnisse für Ehen ohne Mundium. Gehörten die Kinder aus solchen Ehen unter die Gewalt des
Vaters oder des Mundwalds der Mutter? Bei Ehen unter Vollfreien
ist dies zweifelhaft, bei allen andern Ehen gilt nach longob. Rechte
der Grundsatz: die Kinder folgen der Mutter. Das nämliche Princip
unbeschränkt anerkannt im fränkischen, friesischen, alemannischen
Recht. Das angelsächsische und skandinavische Recht. Stellung der
Unehelichen nach nordischen und deutschen Rechten. Ihre enge Verbindung mit der Familie der Mutter, auch wo die Vaterschaft sicher
ist. Folgerungen auf einstiges Mutterrecht . . . . 23—43

Drittes Capitel: Wo Mutterrecht herrscht ist das Verhältnis
zwischen Vater und Kindern, Mann und Weib vorwiegend vermögens-,
nicht familienrechtlich. Belege für die germanischen Völker. Preis-
gebung der Frauen an den Gast. Stellvertretung des Ehemanns bei
der Zeugung. Eigentumsähnliche Gewalt des Ehemanns, Vertretbar-
keit — Vererben — Verschenken der Frau. Belege für die ursprünglich
leichte Ehetrennung, welche Unsicherheit der Vaterschaft erzeugen
musste. Andere Ursachen derselben. Verhältnis zwischen Vater und
Kindern. Das Eheband geringer geachtet als das zwischen Mutter und
Kind und das mit Verwandten des Weiberstammes. Belege aus
Geschichte, Sage und den Volksrechten. Zusammenfassung. Folgerungen . . . . 43—60

Viertes Capitel: Das Mutterrecht in der Lex Salica und im germanischen Erbrecht. Die Titel der Volksrechte „De alodis". Tabelle zu ihrer Übersicht. Bevorzugung des Weiberstammes und der Weiber im Erbrecht. Kritik der bisherigen Lehre. Erklärung aus dem Mutterrecht. Die Gerade und ihre älteren Analoga. Scheinbarer Widerspruch zwischen der Erbberechtigung und der abhängigen Stellung der Frauen. Die Titel Leg. Sal. De adfathimus und De chrenecruda; der letztere enthält Reste des Mutterrechts, der erstere vielleicht einen Hinweis auf den vom Mutterrecht zur Agnation zurückgelegten Weg . . . . 60—72

Fünftes Capitel: Die Sprachwissenschaft und das Mutterrecht. Bedeutung der Wurzelwörter der deutschen Verwandtschaftsnamen. Die Annahme einer altarischen, patriarchalischen Familienordnung wird dadurch nicht gerechtfertigt, im Gegenteil die Annahme des Mutterrechts beim arischen Urvolk unterstützt. Schluss . . . . . 72—77

II. Die Raubehe und ihre Spuren im germanischen Recht und Leben . . . . 78—140

Einleitung: Allgemeines. Disposition. Einteilung der in Betracht kommenden Völker in zwei Klassen, in solche, bei denen Frauenraub (Entführung) wesentlicher Teil des Eheschliessungsaktes ist und in solche, bei denen Frauenraub oder seine Reste nur als Hochzeitsspiele oder Scherze, ohne rechtliche Bedeutung überleben. Die erste Klasse zerfällt in drei Stufen: 1) Völker, die Raubehen ohne Rücksicht auf Zustimmung der Gewalthaber der Geraubten gewohnheitsmässig schliessen. 2) Völker, die für den Raub nachträglich Busse oder Kaufpreis zahlen lassen, also mit dem Gewalthaber hintennach sich einverstehen. 3) Völker, bei denen der Bräutigam seine Braut zu rauben hat; vorheriges Einverständniss mit ihrem Gewalthaber. Gesonderte Behandlung der nichtarischen Völker, der nichtgermanischen Arier, der Germanen . . . . 78—80

Raubehe bei nichtarischen Völkern S. 80—92. I. Klasse. 1. Stufe S. 80—85. 2. Stufe S. 85, 86. 3. Stufe S. 86, 87. II. Klasse . 87—92

Raubehe bei den nichtgermanischen Ariern . . . . 92—110 I. Klasse. 1. Stufe. Inder, Slaven S. 93—95. 2. Stufe. Slaven, Lithauer, Inseljonier, Osseten S. 95—98. 3. Stufe. Altgriechen, Römer, Slaven S. 98—102. II. Klasse. Kelten, Slaven, Moldauer und Walachen. Romanische Völker . . . . 102—110

Die räumliche Verbreitung der Raubehe und ihrer Symbole 110, 111

Die Raubehe und ihre Reste bei den Germanen. Ehe durch Entführung, zum Teil selbst durch Raub in den Volkrechten anerkannt, wenn auch bestraft. Terminologie. Häufigkeit des Wittwenraubs. Das altnordische Recht. Historische Beispiele des Frauenraubes. Die Sagas: Rauben der eigenen Braut; Heirat mit der Tochter des erlegten oder doch überwundenen Feindes; kriegerische Werbung. Der Freier als Feind. Die deutsche Sage: Gudrun. Hochzeitsspiele. Kriegerischer Charakter der Werbung und Heimführung Scheinraub

Seite

der Braut durch den Bräutigam. Andere Symbole. Der Brautlauf.
Verstecken der Braut. Sperren des Weges bei der Heimführung durch
die Dorfjugend und Entführen der Braut durch dieselbe. Altertum
und weite Verbreitung dieses Brauches. „Des roubes brouch und
recht" . . . . 111—138

Einordnung der Germanen in die obigen Klassen. Resultat: Reconstruction der vorhistorischen germanischen Raubehe . . . . . . 138—140

Anhang . . . . 141—151

Über den Titel 44 des salischen Volksrechts: „De rei-
pus". Inhalt des Titels. Bevorzugung der Spillmagen erklärbar aus dem
Mutterrecht. Strafrechtlicher Charakter des Titels; aus Ludwigs des
Frommen Capitulare v. J. 819 § 8 folgt, dass die salische Wittwe wider
Wunsch und Willen ihrer Verwandten geehelicht wurde. Das germanische Verbot der Wittwenehe durch Entführung umgangen. Erklärung des achasius und reipus daraus. Beides trägt den Charakter
der Sühne. Wittum, Mundbrüche, reipus in ihrer wechselseitigen Beziehung. Aus der ursprünglichen Entführungsbusse hat sich der Kaufpreis des Mädchens, aus diesem das Wittum entwickelt, daher das
gerade Verhältniss zwischen Wittum und Mundbrüchen in allen Volksrechten. Auch bei andern Völkern ist der Kaufpreis des Weibes aus
der Entführungsbusse hervorgegangen. Beispiele. Der reipus ist
gleichfalls Entführungsbusse. Sinn des Wortes reipus, Vergleichung
des Titels 44 mit dem Tit. XIII leg. Sal., wo der Frauenraub (Raubehe) gleichfalls mit 63 sol. bestraft wird. Warum die Erben des verstorbenen Ehemanns der Wittwe nicht gleich seinen übrigen Verwandten,
in Ermangelung der Spillmagen den reipus beanspruchen dürfen?
Schluss.

Alphabetisches Verzeichniss . . . . 153—161

I. Über das Mutterrecht.

Einleitung.

Gewisse Rechtsinstitute sind durch unvordenkliche Dauer mit unserem Gedanken und Gefühlsleben so innig verknüpft, so sehr bis zur Selbstverständlichkeit in unsere Geschichte und unser Leben eingewurzelt, dass es wie ein Frevel erscheint sie als langsam und planlos herangewachsene Erzeugnisse der Völkerentwicklung nachweisen zu wollen, ja darüber hinaus zu behaupten, unsere eigenen Vorfahren hätten in ihren Anfängen jener Grundlagen der uns geläufigen moralischen Lebensordnung entbehrt, die letztere sei demnach nicht von Ewigkeit an vorhanden, also auch nicht notwendig, wie man so gerne angenommen hätte.

Dies gilt vorzüglich vom Familienrechte, dem Recht des Pentateuch und der XII Tafeln und Bachofen, M'Lennan, Giraud. Teulon unternahmen ein Wagniss, indem sie lehrten, die Verwandtschaft durch Mütter allein habe einstmals das einzige Band der Familie gebildet, während die Vaterschaft ursprünglich keine oder eine untergeordnete Rolle spielte. Diese Forscher nahmen freilich überwiegend antike oder wilde Völker zum Gegenstand; die Vergangenheit der lebenden wurde nur gelegentlich herbeigezogen, ohne dass die Rechtsgeschichte von Fach davon hinlängliche Notiz genommen hätte.

Wol zeigen die ältesten geschriebenen Quellen die arischen Völker unter patriarchalischem Rechte lebend und die vergleichende Sprachforschung vindicirt bereits dem gemeinsamen arischen Stammvolk die nämliche Familienordnung. In Wahrheit aber ist die letztere viel zu künstlich um ursprünglich und der Menschheit angeboren zu sein.[1] Das Wachstum so complicirter Gebilde beansprucht naturgemäss lange Zeiträume. Es müssen Perioden einfacheren

---

[1] Vgl. Bachofen. Das Mutterrecht p. VIII f., wo jedoch Verwandtschaft im Weiberstamm und Gynaikokratie mit Unrecht zusammengeworfen werden.

Rechtes vorhergegangen sein und in der Tat sind Spuren einer
solchen Zeit erkennbar, die im römischen, germanischen und selbst
in modernen Rechten als sozusagen irrationale, weder aus dem
Rechtssystem noch aus bloss natürlichen Verhältnissen erklärbare
Elemente auftreten.

Bachofen ist auf eine Reihe derartiger Erscheinungen aufmerksam geworden und hat die Ergebnisse seiner Forschung in dem
grundlegenden Werk über das „Mutterrecht" veröffentlicht. [1] Ihm
gebührt die Priorität der Entdeckung, welche, sieht man von ver-
schiedenem, mangelhaft begründetem Nebenwerk ab, in der Behauptung gipfelt, jeder Volksstamm müsse notwendig eine Zeit durch-
leben, wo ihm alle Verwandtschaft allein durch mütterliches Blut
vermittelt wird, ein System, das durch den ganz angemessenen
Ausdruck „Mutterrecht" bezeichnet werden soll.

Von den vielen, die alte Welt betreffenden, die inductive
Grundlage der Bachofenschen Theorie ausmachenden Tatsachen
sollen hier nur einige der Wichtigsten Erwähnung finden.

Herodot berichtet von den Lykiern: Sie benennen sich nach
der Mutter und nicht nach dem Vater. Denn frägt man einen
Lykier wer er sei, so wird er sein Geschlecht von der Mutterseite
angeben und seiner Mutter Mütter herzählen und wenn eine Bür-
gerin mit einem Sklaven sich verbindet, so gelten die Kinder für
edelgeboren, wenn aber ein Bürger, und wäre es der vornehmste,
eine Ausländerin oder ein Kebsweib nimmt, so werden die Kinder
unehrlich (ἄτιμα). [2]

Nicolaus von Damaskus bestätigt diese Nachricht und fügt
hinzu: „Sie vererben ihre Hinterlassenschaft auf die Töchter, nicht
auf die Söhne".

Ueber Athen melden mehrere Autoren erst unter König Cecrops
Regierung habe man die dort herrschende Gewohnheit, die Kinder
nach der Mutter zu benennen, aufgegeben. [3] Auch die griechischen
Lokrer sollen nach Polybius im Beginn ihrer Ansiedlung Geschlecht

---

[1] Das Mutterrecht. Eine Untersuchung über die Gynaikokratie der alten
Welt nach ihrer religiösen und rechtlichen Natur. 4°. Stuttgart 1861. Die
Hauptresultate des Werkes hat Giraud-Teulon in seiner Schrift: „La mère
chez certains peuples de l'antiquité". Paris & Lpz. E. Thorin et Brockhaus in
gefälligerer Form zusammengefasst.

[2] Herod. I, 173. Bachofen l. c. S. 1—28 u. 390—398.

[3] Bachofen p. 41—84: Varro bei Augustin. De civit. Dei 18, 9. Es ist
nicht zu läugnen, dass auch die l. c. S. 45 angeführten Verse des Aeschylos
dem ursprünglichen, hellenischen Mutterrecht als Zeugniss zu dienen geeignet sind.

und Adel von den Müttern hergeleitet haben.[1]) Es sind dies zwei
von einander unabhängige Belege, die, wenn man bedenkt, dass
Mutterrecht bei rohen Völkern tatsächlich etwas normales, überaus
verbreitetes ist, dass ferner die reine Erfindung mehrerer mit diesem
Factum übereinstimmender Angaben unendlich unwahrscheinlich
wäre, die Existenz dieses Rechtes in der hellenischen Urzeit
so gut wie beweisen. Andere Nachrichten deuten auf eine verwandte Organisation im alten Ägypten, wo auf die Stammfolge
in weiblicher Linie alten Inschriften zufolge auffallendes Gewicht
gelegt wurde und die Frauen sowie der Isiskult eine bedeutsame
Rolle spielten[2]), und bei den Etruskern, welche in Grab-
inschriften den Namen der Mutter bevorzugen, den des Vaters häufig
abkürzen oder ganz übergehen.[3])

Durch umfassende Vergleichung lebender, wilder Völker überzeugten sich die Ethnographen nicht ohne Staunen, dass in jedem
Weltteil das scheinbar so abnorme Mutterrecht in Kraft war oder
ist und bei einem grossen Teil der aussereuropäischen Menschheit
jetzt noch tatsächlich vorwiegt. Dem Areal nach ist es vielleicht,
wenn wir die Urbevölkerungen allein berücksichtigen, sogar ver-
breiteter als das agnatische System und wenige Länder gibt es, die
nicht wenigstens Spuren seiner einstigen Herrschaft aufzuweisen
hätten.

Diese Tatsachen nötigten die Wissenschaft zur Anerkennung
der behaupteten Wahrheit, ohne Rücksicht auf Rasse, Klima und
sonstige äussere Einflüsse, d. h. also infolge einer allgemeinen
Eigentümlichkeit der menschlichen Natur sei das Mutterrecht regelmässig dem agnatischen System vorangegangen, was also auch für
die Vorzeit derjenigen Völker gelten muss, bei welchen letzteres in
der geschichtlichen Zeit fast ohne Schranken geherrscht hat.

Wenngleich diese Lehre zu den bestbegründeten der vergleichenden Ethnographie gehört und verschiedene Spezialarbeiten
eine reichliche Anzahl darauf bezüglicher Daten enthalten, hat doch

---

[1]) l. c. S. 809, über minyeisches Mutterrecht das. 214. Über Athen
auch Suidas und Justinus s. M'Lennan Kinship in Ancient Greece in den
„Studies in Ancient History", Lond. 1876, wo die Spuren des hellenischen
Mutterrechts in Sage und Geschichte eingehend behandelt werden. Über
die Griechen vgl. auch Giraud-Teulon 235 ff. (s. nächste Note). Jene Studies,
(worin der Abdruck der berühmten Abhandlung: „Primitive marriage") sollen
hier ferner nur mit dem Namen M'Lennan citirt werden.

[2]) Giraud-Teulon A. Les origines de la famille Genève 1874. p. 21,
242—265.

[3]) l. c. 20. Näheres über das Mutterrecht dieser Völker im selben Werk.

niemand bisher eine befriedigende, einigermassen detaillirte Übersicht des Verbreitungsgebietes der Verwandtschaft im Weiberstamm zu bieten unternommen, so sehr auch eine solche aus ethnographischen Gründen, besonders aber als inductive Grundlage für Monographieen, wie die vorliegende, wünschenswert erschien.

Es soll demnach versucht werden, diesem Mangel abzuhelfen, wobei nur eine relative Vollständigkeit erstrebt und von vornherein hervorgehoben wird, dass bei einer gewissen, nicht allzugrossen Zahl roher Naturvölker das reine agnatische Familiensystem constatirt ist und jeder solche Fall zwar in einer grösseren Abhandlung über das Mutterrecht im Allgemeinen einer besonderen Erörterung bedürfte, wir uns jedoch mit Erwähnung der wichtigeren dieser Ausnahmen begnügen müssen. Selbstverständlich ist, dass, wo irgend ein Volk bereits hochgebildet und staatlich organisirt den Schauplatz der Geschichte betritt und directe Nachricht über seine Urgeschichte abgeht, auch von seiner primitiven Familienverfassung nichts oder wenig überliefert wurde. Dies gilt namentlich von den alten Culturnationen mongolischen und semitischen Stammes. Auch die brahmanische, buddhistische und mahommedanische Religion haben bei ihren Bekennern eine für deren nationales Familienrecht zerstörende Wirkung ausgeübt, daher auch in ihrem grossen Verbreitungsbezirke nur vereinzelte Reste des Mutterrechtes nachweisbar sind. Am besten kann man die Richtigkeit dieser Angabe an den **malaischen Völkern** der Halbinsel Malakka und des riesigen Gebietes der Sundainseln erhärten. Wo immer die altmalaische Familienverfassung überlebte, herrscht Verwandtschaft durch Mütter allein. Wo dagegen der Islam eingedrungen, hat die agnatische Familienordnung den Siegeszug mitgemacht und das alte Recht mehr oder minder vollständig vernichtet.[1] Hingegen ist dasselbe bei der wilden (heidnischen) Urbevölkerung der Inseln **Sumatra**[2], **Borneo**[3]), sowie der **Malediven**[4]) und **Molukken**[5]) und bei den **Khassias in Siam**[6]) in voller Blüte geblieben, ebenso wie im ostasiatischen Gebirge, wo gleich wie in unseren Alpen und Karpathen Sitten und Bräuche der Vorzeit länger als in der Ebene

---

[1] Waitz, Anthropologie der Naturvölker V, 146, 151, 153.

[2] Giraud-Teulon, Origines de la famille. Genève et Paris 1874 (fernerhin bloss mit Gir.-Teul. citirt) p. 243.

[3] Peschel, Völkerkunde 1874. S. 243.

[4] Gir.-Teul. 15.

[5] Post, Anfänge des Staats- und Rechtslebens. Oldenb. 1878. S. 135.

[6] Post, Die Geschlechtsgenossenschaft der Urzeit. Oldenb. 1875. S. 99.

beharren. So namentlich bei einer ganzen Reihe nach Millionen von Köpfen zählender, vom Hinduismus noch nicht völlig umgestalteter Völkerschaften Indiens.[1]

Dem gegenüber stellt sich der Zustand der heidnischen Nomaden des russischen Asien als Ausnahme dar. Die Verwandtschaftsordnung bei ihnen ist agnatisch; doch hat vielfach das ältere Recht unmissverständliche Spuren zurückgelassen. Bei den Ostjaken z. B. hat nur der Oheim, Bruder der Mutter das Recht ein Mädchen zu verheiraten[2]) und bei den Itelmen Kamtschatkas ist bis zum heutigen Tag das Blut der Mutter für die Familienzugehörigkeit des Kindes massgebend.[3])

Letzteres gilt auch von den meisten Völkern Afrika's, soweit nicht uralte Cultur, wie in Aegypten und Habesch, oder der weithin verbreitete Islam diesem Zustand ein Ende bereitet haben. Unabhängig von einander berichten die Reisenden aus den weitest zerstreuten Gegenden dasselbe: Mehrere sprachlich und ethnisch nicht verwandte, der Hautfarbe und Sprache nach völlig verschiedene, unter ungleichem Klima lebende Rassen begegnen sich in dem einen, gemeinsamen Zuge. Wenn man Afrika, vom mittelländischen Meere und dessen Küstenbewohnern ausgehend, west- und südwärts bis zum Cap der guten Hoffnung und von hier nordöstlich bis zum Zambesi[4]), umschreitet, wird man finden, dass die grosse Mehrzahl der Stämme — an der Westküste fast alle ausnahmslos — reines oder modificiertes Mutterrecht üben.[5]) Dabei

---

[1]) Die Bevölkerung des Landes Travankor (im Süden von Malabar, somit von Indien). Lubbock, Entstehung der Civilisation. Jena 1875. S. 125; drei zahlreiche Völker der Telugukaste in Malabar, worunter die vielgenannten Nairs, über deren eigentümliche Verfassung eine kleine Literatur entstanden ist. Ausland 1880. S. 876; ferner die Kasias im Pandugebirge und die Garos Gir.-Teul. 42; die Bantarvölker in Tulawa Lubbock l. c. 124; die Yerkalas Bastian, Die Rechtsverhältnisse bei verschiedenen Völkern der Erde. Berl. 1872. S. 173; die Mahraten von Tanjour Gir.-Teul. 204; die Karens zwischen Birma und Siam (l. c.) u. A. m. Gir.-Teul. l. c. ders. S. 63. Lubbock, Entstehung 125. Zahlreiche weitere Belege liefert Bachofen, Antiq. Briefe. Strassb. 1880, namentlich Bf. 26: „das Priesterthum der Brahmanen und die Schwestersohnsvölker Nord-Indiens u. Bf. 27—30 (S. 216—278) über die Schwestersohnsvölker Malabars.

[2]) Gir.-Teul. 160.

[3]) Peschel a. a. O.

[4]) Die Völker zwischen Abessynien und Zambesi sind so gut wie nicht bekannt. Friedr. Müller, Ethnogr. 1. Aufl. 150.

[5]) Die Tuaregs oder Berberstämme, ein in Tunis und Algier, über alle Oasen des nördl. Afrika, sowie über die ungeheueren Ebenen der Senegal-

ist es wol erklärlich, dass die dem asiatischen Culturheerd abgewendete westliche Hälfte Afrikas die primitiven Zustände treuer erhalten hat.

Nicht minder war auch in Amerika, zur Zeit der Entdeckung dasselbe Recht in grösster Verbreitung vorhanden. Die isolirte Lage dieses Weltteils war für Erhaltung des Altertümlichen besonders günstig, seine Ausdehnung durch alle bewohnbaren Breite-

---

länder verbreitetes Nomadenvolk sind, der Annahme des Mahommedanismus zum Trotz, der alten Familienverfassung treu verblieben. (Gir.-Teul. 28, 34. Gartenlaube 1881, S. 72. Waitz, Anthr. II, 132, Peschel l. c.). Verwandtschaft durch Mütter allein findet sich ferner im Westen: bei den Wolofs (Yolofs) Waitz II, 104, 132 f.; dem grossen, den breiten Gürtel vom unteren Senegal im Westen bis zu Darfur im Osten bewohnenden Fulahvolk (Waitz, Anthr. II, 132. 469); den Torodos (Fulahs mit Negern vermischt). Bastian, Rechtsverh. 153 Note; Serakolets (das.); Mandingos (das. u. Waitz II, 131): Fanti (Waitz II, 114, Gir.-Teul. 143); Aschanti (Waitz II, 132, Schneider, Handbuch der Erdbeschreibung 1857, II, 650, Peschel a. a. O.), in Akra (Waitz II, 123, 133) und überhaupt längs der ganzen Goldküste (Gir.-Teul. 143, Bastian 182, Peschel 243); weiter südlich im Königreich Dahome; an der Guineaküste (Gir.-Teul. 32 ff.) in Kongo und Loango (Waitz 132 f., Lubbock l. c. 123); in Angola (Güssfeld im Correspondenzbl. der deutschen afr. Gesellsch.); ferner bei den Kimbundas und den Bihe (an der Küste, nördlich von den Herero) (Gir.-Teul. 161 f.), Mutterrecht üben die Damara (Waitz II, 416) und Herero (Gir.-Teul. 27) in Westafrika. Letztere Nachricht stammt von Theophil Hahn (s. Fritsch, Die Eingeborenen Südafrikas. Bresl. 1872. S. 228) und ist sowol dieser Quelle, als namentlich der ethnographischen Stellung der Herero wegen von Bedeutung. Sie gehören nämlich zur grossen, sämmtliche ostafrikanische Völker vom Cap, bis an das Gebiet der Galla umfassenden Rasse der Bantu, zu welcher Fr. Müller auch die Bewohner von Benguela, Angola, Congo und Loango sowie die noch zu nennenden östlichen Völker mit Ausnahme der Barea und Hottentotten hinzuzählt. „Die Bantus bewohnten ursprünglich den Nord-Osten Afrikas, standen daher frühzeitig in feindlichem und freundlichem Verkehre mit den von Asien eindringenden Stämmen der mittelländischen Rasse, speciell den Hamiten". Manches an ihrem leiblichen und geistigen Typus ist nur durch diesen innigen Verkehr erklärlich (Fr. Müller l. c. 148). Wenn nun die äussersten Vorposten der Rasse, die politisch am wenigsten vorgeschrittenen Herero, sowie die Congovölker Mutterrecht üben, ein Recht also, welches historisch dem agnatischen nachweisbar vielfach voranging, ihm aber nirgends gefolgt ist, so ist mit Wahrscheinlichkeit dasselbe für die gesammte Bantufamilie vor ihrer Trennung anzunehmen und die Abweichung bei ihren südlichen Zweigen auf historischen Fortschritt — vielleicht mittelländischen Einfluss zurückzuführen.

Setzen wir die Wanderung um Afrika herum fort, so gelangen wir zunächst zu den Basutos (Gir.-Teul. 162) und Betschuanas (im mittleren Südafrika zw. dem 17. u. 19. Grad südl. Br., bei welchen im Falle der Ehescheidung stets nur bei der Mutter verbleiben (Ausland 1881 S. 151) und zu den Namaqua (Hottentotten) einem nomadischen Hirtenvolk, bei welchen, wie nach Kolbs Zeugniss (Beschreibung des Vorgebirges der Guten

grade liefert eine gewisse Garantie dafür, dass die dort allgemeinen Culturerscheinungen von klimatischen Einflüssen unabhängig, nur der Natur des Menschen zuzuschreiben sind. Die Eingeborenen befanden sich auf den verschiedensten denkbaren Culturstufen, von der fast tierischen Rohheit der Californier, bis zur glänzenden Civilisation Mexiko's und Peru's und da uns die Gemeinsamkeit der Rasse aller dieser Völker für einen gemeinsamen Ausgangspunkt ihrer Cultur bürgt, so können wir sicher sein, dass die neben einander erhaltenen mannigfachen. Grade der Bildung uns die Entwicklungsstadien darstellen, welche dieselben nacheinander im Laufe der Geschichte durchzumachen hatte. Die Mexiko und Peru beherrschenden Ideen finden sich sowol in den ziemlich hochstehenden übrigen mittel- und ostamerikanischen Staaten, als selbst bei den nomadisirenden Jägervölkern in minder entwickelten Formen wieder. In den genannten Staaten herrschte das agnatische System mit unverkennbaren Spuren des Mutterrechts, während bei der ganzen, ungeheuren Zahl der Jägervölker von der Mündung des Mississippi bis zu den Rocky Mountains und von Californien bis zur Hudsonsbay zur Zeit der Entdeckung reines Mutterrecht geübt wurde. Das Gleiche gilt von den Völkern des mittleren und in beschränkterer Weise auch von denen des südlichen Amerika. Hier sind nämlich

Hoffnung, gezogen aus den Anmerkungen M. Peter Kolbens, Frankf. u. Leips. 1745. S. 197) bei allen Hottentotten, die Güter sämmtlich auf den ältesten Sohn des Verstorbenen, oder seinen nächsten männlichen Anverwandten, niemals auf die Kunkelseite erben (Fr. Müller, 2. Aufl. 110). Ähnlich ist es bei den Kaffern. Nach Gir.-Teul. 27, welcher darin d'Alberti folgt, soll allerdings bei ihnen ausschliesslich Mutterrecht herrschen. Fritsch, der grösste Kenner dieser Völker (vgl. a. a. O. 112, 141) weiss jedoch nichts davon zu erzählen. Im Gegenteil, den Vater soll der Sohn beerben. Doch gibt es auch bei den Kaffern Züge, die auf ein ehemaliges Mutterrecht deuten. Das Verhältniss des Vaters zu den Kindern ist nicht das der Blutsverwandtschaft, sondern in erster Linie ein vermögensrechtliches, daher Verpfändung der Kinder durch ihn nicht selten vorkommt. (l. c. 141 vgl. S. 96), auch haben nur die Kinder der Hauptfrau eines Häuptlings das Recht der Thronfolge und die Abstammung von einer „grossen Frau" entscheidet über die strittige Oberhoheit unter den Häuptlingen. (l. c. 92). Reines Mutterrecht findet man dagegen am Flusse Zambesi (Peschel 243, Gir.-Teul. 34), auf der Insel Madagascar (Gir.-Teul. 27) und bei den Barea und Bazen im Süden von Ägypten (Gir.-Teul. 26, 34, 162, 270). Das Gleiche wird auch von Mittelafrika berichtet (Lubb. 123), von den Negerstämmen im Allgemeinen (Waitz, Anthr. II, 123, 118 ff., 131, 132); von Sudan (Bastian l. c.); Kordofan (Gir.-Teul. 256) und Nubien (l. c. 32 u. Waitz II, 132). Dem zufolge ist also das Familienrecht der Bantuvölker, sowie der Hottentotten ein in Afrika singuläres, während das der Ägypter und Abessynier, als Frucht alter Culturen anders zu beurteilen ist.

die ethnographischen Nachrichten von späterem Datum, grossenteils
erst aus dem 19. Jahrhundert. So wie nun die nordamerikanischen
Völker unter dem Auge der europäischen Forscher gegenwärtig
den Übergang von Mutterrecht zu agnatischer Verwandtschaft vollziehen, so ist man auch bei den meisten Stämmen Südamerikas
auf Übergangszustände gestossen, doch wird man nicht leicht ein
Land finden, wo die ursprüngliche Familienverfassung nicht bestimmte Spuren zurückgelassen hätte. Ganz Amerika muss demnach als eine grosse Provinz des Mutterrechtes angesehen werden.[1]
Auch in Polynesien überwiegt dasselbe und die einzelnen Abweichungen tragen überall den Stempel moderner, der älteren
Ordnung unorganisch eingefügter Reformen.[2] Am vollkommensten
erhalten war aber die Verwandtschaft durch Mütter dort, wo auch
sonst die Cultur am tiefsten steht: mit unbedeutenden Ausnahmen
gehörte ganz Australien zu ihrem Verbreitungsgebiete.[3]

Die vorstehende Skizze genügt zur Rechtfertigung der Behauptung, das Mutterrecht sei eine allgemeine, nicht eine isolirte Erscheinung, es fehlt jedoch auch darüber hinaus nicht an Beweisen
dieses Satzes für die Völker mittelländischen Stammes. Abgesehen
von den bereits angeführten Belegen erwecken die Nachrichten über
die Basken, Nachkommen der alten Iberer ein besonderes Interesse.[4]
„Bei ihnen trugen, je nachdem der Erbe eines Hauses männlichen
oder weiblichen Geschlechtes war, die Kinder den Namen ihres
Vaters oder ihrer Mutter. Dem Zufall war es nach baskischem
Recht überlassen, ob die Familie sich durch Frauen, oder durch
Männer fortsetzen solle. Das Erstgeborene, ohne Rücksicht auf sein

---

[1] Vgl. Lafiteau, Moeurs des Sauvages Américains Paris 1724. I, 557,
589 ff., 561. Charlevoix, Hist. de la Nouvelle France 1744. V, 724 u. passim.
Waitz, l. c. III, 119, 124. Schoolcraft, Hist. and Stat. Informations resp. the
History, Condition and Prospects of the Indian Tribes. Philad. III, 191 u.
passim. Gir.-Teul. 17.

[2] Über die Marianen, Waitz V, 2. Abth. S. 107, 108, 114; über die
Marschallsinseln spec. über Ratak und Ralik daselbst und Peschel 243,
Ausland 1880. S. 162; über Fidschi, Peschel l. c., Lubb., Entst. 144, Gir.-
Teul. 14, über Hawai, Ausland 1875. S. 117, über die Karolinen, Gir.-Teul.
14, Waitz V (2), 116 ff., Marilö a. a. O. 140, Neuseeland, Peschel 243,
Waitz VI, 125, Bachofen, Antiq. Briefe, Bf. 25 S. 204, Die Schwester in den
Sagen der Maori. In besonders charakterischer Form findet sich das Mutter-
recht auf den Inseln Mortlock und Lukunor Ausl. 1880. S. 524 ff. Über
die Tongainseln, Lubb. 126.

[3] Gir.-Teul. 14, Waitz VI, 777, 775.

[4] Gir.-Teul. 172 f., vgl. die eingehende Erörterung bei Bachofen Mutterrecht 417 ff.

Geschlecht, erbte das gesammte Vermögen. War das Erstgeborene
ein Mädchen, so wurde sie als Erbin Vorsteherin des Hauses und
der Familiengüter, verblieb auch, nachdem sie geheiratet, unter
ihrem heimatlichen Dache. Ihr Mann verlor seinen Namen, um
den seiner Gattin anzunehmen; ebenso erhielten die Kinder
den Namen ihrer Mutter. War dagegen das Erstgeborene ein
Sohn, so trugen die Kinder den Namen des Vaters und waren
seiner Gewalt untergeordnet". Erst 1768 wurde dieses Recht durch
das französische ersetzt, erhielt sich jedoch weit über diesen Zeitpunkt hinaus in ununterbrochener factischer Übung.[1] Wir haben
umsomehr Grund, hierin einen Übergangszustand von Mutterrecht
zu Agnation zu suchen, als die alten Iberer allem Anschein nach
dem ersteren huldigten. Wenigstens berichtet Strabo, bei den
Cantabren hätten die Töchter den Nachlass nach den Eltern mit
der Auflage erhalten, ihre Brüder auszustatten.[2] Auch von den
indogermanischen Völkern: den Kelten[3] und den asiatischen Ariern
sind mancherlei analoge Nachrichten überliefert[4]); den Römern
widmet das oft citirte Werk Giraud-Teulon's einen besonderen Abschnitt[5]), welchem hier, in Anbetracht der historischen und practischen Bedeutung ihres Rechtes einige einschlägige Notizen hinzugefügt werden sollen.

Sowol im römischen, als im neueren Rechte hat das Verhältniss der unehelich Geborenen etwas Abnormes, weder aus den
Grundsätzen der Agnation, noch aus natürlichen Verhältnissen
Erklärbares. Fragen wir, weshalb uneheliche Kinder nach
römischem Recht zur Familie der Mutter gehören und nur ihr
gegenüber erbberechtigt sind, („quasi sine patre filii"), so kann
die gewöhnliche Antwort: die Vaterschaft sei in solchen Fällen

----

[1] Gir.-Teul. 178 hebt gewiss mit Recht als bedeutungsvoll hervor, dass
auf der anderen Seite der Erde, in Japan eine fast genau gleiche Institution
bestand.

[2] s. den Text der Stelle (Strabo 3, 165) bei Bachofen, Mutterr. 26.

[3] Über Wales, Post, Geschlechtsgenossensch. 103, über die Pikten,
M'Lennan 101, Lubb. 124. cf. M'Lennan, Divisions of the Ancient Irish family
in den Studies 453—507.

[4] Über die Hindus, Gir.-Teul. 43, 63, Wuttke, Gesch. des Heidentums
1853, II, 493, über Erbrecht des Schwestersohnes in Calicut, Cocchi auf
Malabar, Canamor und Cotschin, nach Berichten des 16. und 17. Jahrh.
Dr. Karl Schmidt, Jus Primae Noctis. Freiburg i. Br. 1881. S. 32—36, ferner
M'Lennan 269 ff., (auch über Perser und Meder) und Bachofen, Antiq. Briefe,
Bf. 4—9, 14, 18.

[5] Kap. V, VI, § 1.

unsicher, durchaus nicht befriedigen.[1]) Denn einerseits wird die
Vaterschaft sehr häufig, ja sogar gewöhnlich bestimmbar sein, wo
die Mutter nicht geradezu öffentliche Dirne war und dies gilt für
das alte Rom sogut wie für die Gegenwart und dennoch verblieb
sogar beim römischen Concubinate, wo der Vater, der Natur der
Institution gemäss, bekannt war, die Ausschliessung der Kinder
aus der väterlichen Familie unerschüttert.[2]) Andererseits gewährt
ja auch das matrimonium legitimum keine unbedingte Sicherheit
der Vaterschaft, daher der Grundsatz: „Pater est, quem nuptiae
demonstrant". Der Mann darf zwar, auf Grund des Beweises, die
Erzeugung eines Kindes durch ihn sei unmöglich gewesen,
Anerkennung desselben verweigern. Es lässt sich jedoch erweisen,
dass es dem altrömischen pater familias nicht sowol darum zu
tun war, selbst Erzeuger seines Kindes gewesen zu sein, als vielmehr darum, dass es nicht im Ehebruch der Frau ohne des
Familienhauptes Willen erzeugt wurde.[3]) Nach Strabo sahen
nämlich die Römer das Ausleihen und Austauschen von Ehefrauen für „φύσει πολιτικὸν καὶ καλλόν" an, und Plutarch berichtet
das bekannte Beispiel dieser Sitte vom strengen Censor Cato.[4])
Die Ehe des römischen Civilrechts (justum matrimonium) war
eine formgebundene, durch und durch künstliche Institution.[5])

---

[1]) Inst. I de nupt. tit. X § 12 verkündigen denselben Grundsatz. Es ist
jedoch leicht zu bemerken, dass die Worte „nam et his pater incertus" mit
dem Beginn dieses Paragraphs im Widerspruch stehen, welcher von den incestuosi handelt, deren Vater nur allzu bekannt ist.

[2]) C. O. Müller, Lehrb. der Inst. Leipzig 1858. S. 556 Note 11 lit. a.:
Augustus gestattet den Concubinat allerdings nur mit Freigelassenen oder
Sklavinnen. Die Concubine teilte weder Rang noch Stand des Mannes, die
Kinder hiessen κατ' ἐξοχὴν „naturales", obgleich die späteren Kaiser ihnen
mancherlei Privilegien vor andern unehelich Geborenen in Bezug auf Legiti-
mation, Alimentation und Erbrecht zugestanden.

[3]) Vgl. Bernhöfts interessante Ausführungen in seiner Abhandlung: Germanische und moderne Rechtsideen im recipirten röm. Recht (Zeitschr. f. vergl.
Rechtswissensch., IV. Bd. 1883) SS. 2, 7 ff., angesichts deren die obige Erörterung nur der abweichenden Folgerungen willen beibehalten wurde.

[4]) cit. bei Unger, Die Ehe in ihrer welthistor. Entwicklung. Wien 1850.
S. 76.

[5]) Vergl. Bernhöft, Staat und Recht der röm. Königszeit. Stuttg. 1882.
S. 196 ff. Nach indischem Recht wird selbst der heimlich geborene Sohn,
dessen Vater nicht ermittelt werden kann, und der Sohn einer bei ihrer Verheiratung bereits schwangeren Frau als Sohn des Ehegatten seiner Mutter, der
Sohn eines Mädchens als Sohn ihres Gewalthabers angesehen. Daher kann die
väterliche Gewalt auch durch Hingabe oder Verkauf seitens des bisher Berechtigten erworben werden. Bernhöft citirt als Belege ausser Manu 9, 168

Deshalb erhielt, so lange kein Connubium zwischen Patriziern und Plebejern bestand, im Falle einer Wechselehe zwischen Gliedern dieser Stände der Vater keine väterliche Gewalt über seine Kinder, ganz wie beim contubernium der Römerin mit einem Sklaven und man wandte den Grundsatz an: „Semper ex iis, inter quos non est connubium, qui nascitur jure gentium matris conditioni accedit".[1] Wer eine Ehe ohne confarreatio oder coemptio schloss, erhielt die römische potestas weder über die Frau noch über die Kinder, daher dieselben nicht seine „justi filii" waren. Das Verhältniss war eigentlich nur „pro matrimonio", die Gattin nur „pro uxore"; sie war bei ihrem Manne „eine legibus".[2] Es erhellt auch daraus deutlich, dass nicht das Blutband zwischen Kind und Vater, sondern einzig die Einhaltung der vom Civilrecht vorgeschriebenen Formen die Gewalt des römischen Ehemanns über Frau und Kinder begründete und die Familienzugehörigkeit der Letzteren zum Vater nach sich zog. Es liegt hierin das Princip verborgen über die Familienzugehörigkeit und den Stand der Kinder entscheide stets nur Stand und Familienzugehörigkeit der Mutter, also mitten im agnatischen Familiensystem das Princip des Mutterrechtes.

Einen weiteren Beweis für die nämlichen Tatsachen liefert das Ehehinderniss der Adoption. Das Verbot der Ehe unter näheren Verwandten bezieht sich nämlich nicht bloss auf wirklich Verwandte, sondern auch auf Adoptirte und zwar so, dass es selbst durch Auflösung des Adoptivverhältnisses in Betreff der auf- und der absteigenden Linie fortdauert und nur für die Seitenlinie durch Emancipation erlischt.[3] Ist nun in allen diesen Fällen das Verhältniss des Vaters zu den Kindern durch die Form des Civilrechts nicht durch das Blutband bedingt, so erhebt sich die Frage, was Rechtens gewesen, als diese Form noch

---

und Yājnav 2, 130 f., für die Slaven, Ewers, Das älteste Recht der Russen. S. 21, Maciejowski, Slav. Rechtsgesch. übers. v. Buss S. 221. Vgl. ausserdem Ewers a. a. O. 115. Nach altrussischem Recht wird der Sohn einer schwangeren Wittwe, die zum zweiten Mal heiratet als Sohn ihres zweiten Mannes angesehen. Es scheint „dass nicht sowol auf die Erzeugung, als auf die Geburt während der Ehe gesehen ward". Über Abtreten oder Überlassen von Frauen bei Lebzeiten oder durch Testament bei den Griechen: Hermann, Griech. Privataltertümer 1882. S. 268.

[1] Gajus I, 78 bei Huschke Jurisprud. Antejustin. p. 190.

[2] Karlowa, Die Formen der röm. Ehe und manus. Bonn 1868. S. 70 ff. Vgl. Bernhöft, Staat und Recht S. 203—206.

[3] Gajus Instit. I, 59.

fehlte, noch überhaupt nicht existirte, denn wenn irgend etwas alle Merkmale historischen Entstehens an sich trägt, so ist es das an Symbolen überreiche römische Civilrecht. Wo immer nun die Form desselben fehlte, erkannte der römische Grundsatz ursprünglich Zugehörigkeit der Kinder zur Familie der Mutter, nicht zu der des Vaters an. Dieses Recht scheint das ältere, einfachere zu sein, welches im Laufe der Zeit, unter gewissen, im Civilrecht strenge bestimmten Bedingungen der römischen potestas weichen musste. Folgerichtig war es wahrscheinlicher Weise altes Recht der Plebejer, was umsomehr ins Gewicht fällt, als auch andere, beachtenswerte Indicien ein ursprüngliches plebeisches Mutterrecht bezeugen.[1]) Erst in späterer Zeit wurde die freie Ehe der civilen insofern gleichgestellt, als die in ihr erzeugten Kinder, im Gegensatz zum Princip des Civilrechts der väterlichen Gewalt unterworfen wurden. Vom selben Standpunkt aus sind auch die römischen Bestimmungen über die Familienzugehörigkeit unehelicher Kinder besser, denn aus der unsicheren Vaterschaft erklärbar.[2]) Verhielte sich das wirklich so, so hätten wir hiermit ein Princip berührt, welches, älter als das römische Civilrecht, bis in

---

[1]) Über die formlose Ehe der alten Zeit, Bernhöft l. c. 187. „Ob für die Plebejer, sagt derselbe Autor (l. c. 204) in der ersten römischen Königszeit oder vielleicht selbst noch später nur Verwandtschaft im Weiberstamme gegolten hat, ist nicht ganz sicher. In der auf uns gekommenen Literatur deutet der Ausschluss der Plebejer von den gentes, der Name der Patricier, durch welchen sie als Vatersöhne bezeichnet werden und die Tatsache, dass man bei den Festen der plebeischen Ceres weder seinen Vater noch seinen Sohn nennen durfte darauf hin. Es ist demgemäss „wahrscheinlich, dass die Ureinwohner (Plebejer) ihre Familienverhältnisse nach alteinheimischen Anschauungen regelten d. h. in freier Ehe lebten und nur Verwandtschaft im Weiberstamm galten liessen" (S. 138). Da aber die Plebejer zweifellos gleichfalls Arier waren (eine Tatsache, die schwerlich zu leugnen sein dürfte), so ist nicht abzusehen, woher sie das Mutterrecht erworben haben sollten, wenn die arischen Urväter bereits das agnatische Princip entwickelt hätten. Die Begründung dieser Annahme würde ohne Zweifel neue, wenig plausible Hypothesen erforderlich machen. Vgl. Gir.-Teul. Chap. V, La Famille et la Gens. und Bachofen, Mutterr. p. 81 und die im Sachregister unter „Patricii" bezogenen Stellen, besonders aber p. 9 Sp. 1 über die Ausdrücke matrimonium und mater familias. Bemerkenswert ist auch das Flehen der Römerinnen im Tempel Leucotheas für die Kinder ihrer Schwestern, nicht für die eigenen. l. c. SS. XI u. 79.

[2]) Gir.-Teul. S. 54 N. 1: Pour le Romain le droit de la mère dérive de la nature, celui du père n'est établi que par le droit civil; la fiction légale vient-elle à cesser, les enfants n'ont plus de père defini. Moderner ist der Standpunkt des Rechtes in § 1 Inst. De legit. agn. succ. 3, 2: eodem patre nati fratres, adgnati sibi sunt qui et consanguinei vocantur, nec requiritur, an eandem etiam matrem habuerint.

die Zeiten zurückreicht, über die keine geschriebene Quelle berichtet, mit andern Worten das Princip des Mutterrechtes.[1])

Fassen wir das zusammen, was in den angeführten Stellen über Hindus, Griechen, Römer und Kelten, sowie in der folgenden Abhandlung über die Germanen gesagt wird, so werden wir uns der Überzeugung nicht verschliessen können, dass die gemeinsamen Vorfahren dieser Völker, die alten Arier, zur Zeit ihrer Trennung die Verwandtschaft durch Mütter als einzige, oder hauptsächliche Grundlage der Blutsverwandtschaft ansahen und ihr gesammtes Familienrecht diesem Grundsatz unterordneten. Nicht die patriarchalische Familienverfassung, wie die Philologen behaupten, sondern die des Mutterrechtes ist die Familienordnung der alten Arier gewesen. Wer dieser Annahme entgegentritt, behauptet hiermit, die gemeinsamen Vorfahren der Kelten und Germanen hätten nach dem Recht der Agnation gelebt, die Letztere sei aber in einer späteren (historisch beglaubigten) Periode in Mutterrecht übergegangen, aus welchem dann von Neuem das patriarchalische und das moderne Familienrecht hervorgesprossen wären. Es wäre das eine geradezu unerhörte rückläufige Bewegung. Wir besitzen zwar einen nennenswerten Schatz von Erfahrungen über schon vollzogenen, oder sich gegenwärtig vollziehenden Übergang vom Mutterrecht zur Agnation (oder zur Cognation in dem Sinne, dass mütterliches und väterliches Blut Verwandtschaft vermittelt), auch sind die treibenden Kräfte dieses Fortschrittes sehr wohl bekannt; dagegen kennen wir auch nicht einen Fall des Überganges von Agnation zu Mutterrecht und keine Kraft, welche dahin führen könnte. — Das durch die Sprachforscher construirte Bild der altarischen Familie ist nur durch Hineintragen moderner Ideen, welche man mit Unrecht als einzige, mögliche Basis des Familienrechtes ansah, in ganz verschiedene, dem Zustand der heutigen, halbwilden Stämme viel näher verwandte Verhältnisse entstanden. Ein späterer Abschnitt wird zu zeigen haben, dass die von den Philologen herbeigezogenen Tatsachen für das Mutterrecht und gegen sie selbst sprechen. Bernhöft nimmt allerdings in seinem neuesten Werke an, die Spuren des „Systems der Verwandtschaft im Weiberstamm", welche sich im Altertum erhalten haben, seien auf die Indogermanen von den autochtonen Stämmen überkommen, auf welche sie bei ihren Invasionen stiessen. Auf einen einheitlichen Ursprung seien sie nicht zurückzuführen, da sie bei den

---

[1]) Bernhöft, German. und moderne Rechtsideen passim.

einzelnen Zweigen des indogermanischen Volksstamms bedeutende
Verschiedenheiten aufweisen. offenbar weil sich dieselben mit Ur-
einwohnern verschiedener Stämme vermischt haben.[1]) Da aber
Bernhöft selbst anerkennt, „das agnatische Princip scheine sich
überall erst aus der Verwandtschaft im Weiberstamm entwickelt zu
haben"[2]), so muss dies auch auf die Arier Anwendung finden. Die bedeutenden Unterschiede in den Resten des Mutterrechts bei ihren verschiedenen Zweigen, erklären sich zur Genüge daraus, dass jenes
Urvolk zur Zeit seiner Spaltung dem reinen Mutterrecht ergeben
war, der Verfall des letzteren aber, resp. die Entstehung neuer
Rechtsformen bei jedem Zweig gesondert von Statten ging. Die
Gleichförmigkeit, mit welcher das „agnatische System in den
Grundzügen überall auftritt" ist nicht gross genug, um die Behauptung zu rechtfertigen, es sei schon in der gemeinschaftlichen
Vorzeit der Indogermanen durchgedrungen. Bei nichtarischen
Völkern zeigt es die identischen Formen; man erinnere sich der
altsemitischen Rechte. Auch die Tatsache, dass es „gerade bei
den ältesten Völkern, von denen wir Kunde haben, bei den
Römern seit Urzeiten und bei den Griechen zur Zeit Homers",
besonders rein auftritt, ist ohne Belang, da beide Völker zur Zeit
ihres Auftauchens in der Geschichte bereits relativ sehr hoch
civilisirt sind (höher als die Germanen 1500, als die Slaven
2000 Jahre später), also eine lange, vorhistorische Periode selbständiger Existenz hinter sich haben mussten. Nicht richtig ist
es ferner, dass die Verwandtschaft im Weiberstamm (bei ihnen?)
erst sehr allmälig zur Entwicklung gelangte. Sie war vielmehr
in der ältesten historischen Zeit im Aussterben begriffen und
überall nur in mehr oder minder deutlichen, bei den Hellenen in
klar beweisenden Spuren erhalten. Auch der letzte Einwurf: die
ältesten Eheformen, Raub und Kauf, brächten es mit sich, dass
die Frau und ihre Nachkommenschaft mit den Verwandten des
Mannes in sehr viel engeren Beziehungen steht als mit ihren
eigenen Verwandten, ist nicht ausschlaggebend, denn das Mutterrecht ist tatsächlich ganz allgemein mit Raub- oder Kaufehe verbunden. Typisch für den ersteren Fall ist die Ehe der Australier,
für den letzteren die der meisten afrikanischen Völker. So
interessant und anregend auch sonst die Ausführungen Bernhöfts
sein mögen, in diesem Punkt ist es unmöglich ihnen beizustimmen.

Der Inhalt des Mutterrechtes ist nicht in allen Fällen der
gleiche. Wo es in robester Form erhalten ist, wie bei den

---

[1]) Staat und Recht S. 192. [2]) Das S. 195, 202 f.

Telugukasten (namentlich bei den Nairs) — ist der Vater jedes Kindes überhaupt unbekannt und in Folge der Polyandrie unbestimmbar. Dieser Zug ist jedoch weder weit verbreitet, noch kennzeichnend für das reine Mutterrecht. Wesentlich dafür ist dagegen, dass der Kreis der Verwandtschaft sich bloss auf die Spillmagen beschränkte, so dass die Familie nur durch Weiber fortgesetzt werden kann und nach Aussterben ihrer weiblichen Mitglieder dem Erlöschen anheimfällt. Dieses System wird durch die Ausbildung des Institutes der Ehe keineswegs verdrängt, man kennt dann wohl den Erzeuger des Kindes, allein er gilt nicht als Verwandter desselben und im Falle der Ehescheidung ziehen alle Kinder mit der Mutter. Ebensowenig sind die Söhne desselben Vaters von verschiedenen Müttern verwandt.[1] Kommt ein Krieg zwischen dem Stamm der Mutter und dem des Vaters zum Ausbruch, so kämpfen die Söhne mit Ersterem gegen die eigenen Väter. So ist es in Australien, so bei einigen Völkern Nordamerikas. Die nächste Verwandtschaft ist die mit der Mutter, darauf folgt die unter Geschwistern von derselben Mutter, endlich die zwischen Oheim und Neffen (Schwesterkindern). Der Oheim (Mutterbruder) wird regelmässig als natürlicher Gewalthaber, Beschützer und Erzieher der Kinder angesehen, er hinterlässt ihnen, sofern überhaupt ein Erbrecht ins Vermögen, oder eine Erbfolge in Würden oder Titel entstanden ist, gewöhnlich das Erbe, mit einem Worte, was später der Vater, das ist der Oheim zur Zeit des Mutterrechtes. Ja, selbst dort, wo die Vaterschaft bereits ihr Recht erstritten hat, behält der Oheim oft durch lange Zeit eine concurrirende Gewalt; das Neffenverhältniss wird vielfach höher angeschlagen, als das der Kinder zu ihrem Vater.[2] Wollten wir die Fälle anführen, in denen der Neffe berechtigt ist den Mutterbruder zu beerben, wir müssten die Namen der meisten oben genannten Völker wiederholen und dazu eine erkleckliche Anzahl anderer, namentlich amerikanischer aufzählen. Das Verhältniss der Mutterschwester (Tante) zu ihrem Neffen ist bei diesem System naturgemäss ein ebenfalls sehr nahes, auf den Marianeninseln wird es merkwürdiger Weise für geheiligter gehalten, als das der Mutter zu den eigenen Kindern.[3]

Das die Anerkennung der Verwandtschaft durch Mütter der Anerkennung des Blutbandes durch Väter voranging, erklärt sich

---

[1] S. z. B. Waitz VI. 777 über die Australier.

[2] Lafiteau, Moeurs des Sauvages Amér. I, 559.

[3] Waitz V (2), 107

aus der grösseren Augenfälligkeit der Verbindung der Mutter mit dem Kinde: „War einmal die einfache Tatsache, er habe das Blut seiner Mutter in den Adern, einem Manne bekannt geworden, so musste er bald gewahr werden, dass er mit ihren übrigen Kindern des gleichen Blutes sei. Etwas mehr Nachdenken musste ihn in Stand setzen, die Identität seines Blutes auch mit dem der Brüder und Schwestern der Mutter einzusehen. Im Laufe der Zeit musste er so, die Blutbande durch die Mutter und durch Frauen gleichen Blutes weiter verfolgend, zu einem System der Verwandtschaft durch Weiber gelangen."[1] .... Wäre die Vaterschaft regelmässig ebenso feststehend wie die Mutterschaft, so dürften wir erwarten, die Erstere bald nach der Letzteren anerkannt zu finden. Allein so natürlich es auch sein mag, dass die Menschen die Möglichkeit eines Blutbandes durch Väter entdecken, so kann doch ein solches keinen Raum in einem Verwandtschaftssystem einnehmen, so lange die Vaterschaft gewöhnlich, oder in der Mehrzahl der Fälle unsicher ist, so lange nicht die Mutter bloss einem Mann oder mehreren Männern gleichen Blütes angehört und die Frauen nicht ihren Gatten regelmässig treu zu bleiben pflegten. Diese Bedingungen fehlen jedoch überall bei niedriger Culturstufe und aus diesem Grunde ist Mutterrecht deren unzertrennlicher Begleiter.[2] Alles was die Unsicherheit der Vaterschaft fördert: Polyandrie, Verleihen, Vermieten, häufiges Rauben der Frauen, leichte und zahlreiche Ehescheidungen u. dgl. musste die Verwandtschaft durch Mütter allein begünstigen, wogegen jede Steigerung der Gewalt des Mannes über Frau und Kinder, sowie Alles, was zur Bestätigung seiner wirklichen Vaterschaft dienen konnte, zur Ausbildung des agnatischen Systems drängte. Sehr frühe schon erwachte die Liebe der Väter zu den Kindern und trachtete ein Erbrecht zu deren Gunsten zu schaffen, gleichzeitig wurden Frauen und Kinder an vielen Orten Gegenstand vermögensrechtlichen Verkehres, wofür das, in der Rechtsgeschichte jedes Volkes regelmässig auftretende Erwerben der Frauen durch Kauf zum Beweise dient. In dieser Entwicklungsperiode sind Töchter tatsächlich ein wertvoller Handelsartikel und es entwickelt sich in Folge des mächtigen, materiellen Interesses ein Wettkampf zwischen Vater und Oheim um die Gewalt über die Kinder oder eigentlich um das Eigentum an ihnen. Dieser Kampf, der gegenwärtig in vielen Ländern Afrika's

---

[1] M'Lennan 124 ff.
[2] M'Lennan l. c.

geführt wird, endigt stets mit dem Siege der Väter und des agnatischen Systems.[1]

Überall besteht die Tendenz des Mutterrechtes in die Verwandtschaft durch Väter überzugehen, nirgends ist es umgekehrt. Die Malayen und die meisten Indianerstämme Nordamerikas haben diese Wendung in historischer Zeit vollzogen. Wo bei ersteren das alte System sich erhalten, dort fällt das Erbe an den jüngeren Bruder des Erblassers von derselben Mutter, in zweiter Linie an den Sohn der Schwester, in dritter an die Muttergeschwister.[2] Darauf folgte ein Mischverhältniss beider Systeme, z. B. erhalten die eigenen Kinder des Erblassers die Hälfte, die Schwesterkinder die andere Hälfte des Nachlasses[3]), anderwärts ist sein Bruder Erbe und erst wenn Brüder fehlen succedirt sein ältester Sohn.[4] In Indrapure erben die Kinder des Verstorbenen, nur die Würde des Königs erbt stets auf den Sohn seiner Schwester. Wo dagegen der Mohammedanismus strenger ausgebildet ist, fällt das gesammte Erbe vom Vater an die Söhne.

Sobald einmal das persönliche Verwandtschaftsverhältniss zwischen Vätern und Kindern festgestellt ist, beginnen die ersteren auf verschiedenen Umwegen ihre Hinterlassenschaft mit Hintansetzung der Schwesterkinder ihren eigenen Kindern zuzuwenden, auch wächst naturgemäss das Bestreben, die Gewalt über die letzteren definitiv an sich zu reissen. Bei Ehescheidungen suchten indianische Väter, der alten Sitte entgegen, wenigstens die ihrer Ehe entsprossenen Knaben an sich zurück zu nehmen und unternahmen nicht selten diesem Zwecke zu Liebe weite Reisen. Die Mütter aber betrachten sich als berechtigt, die Kinder nach Belieben ziehen zu lassen oder zu behalten und beharren gewöhnlich bei letzterem Entschlusse, treffen auch dem entsprechende Massregeln, wobei die Kinder stets die Partei der Mutter ergreifen.[5] Bei den nordamerikanischen Nawajos pflegen die Väter ihr oft bedeutendes Vermögen als Geschenk unter Lebenden ihren Kindern zuzuwenden und entziehen solchergestalt den Neffen das gesetzliche Erbe.[6] In einigen Teilen Australiens wiesen die Väter den Söhnen bei Lebzeiten Grundstücke zu Eigen an, was im Laufe der Zeit zur Entstehung eines neuen Erbrechtes führte.[7]

----

[1]) So noch heute in Afrika und bei zahlreichen asiatischen Nomadenstämmen.

[2]) Waitz V, 141, 158, 146. [3]) In Tiga Lurong l. c. 151. [4]) Auf Sumatra.

[5]) Lafiteau I, 589. [6]) Bancroft, The native races of the pacific states I, 506.

[7]) Waitz VI, 775 ff., Gir.-Teul. 277, Lubb., Entst. 382.

Mehrfach kommt es auch vor, dass dem Vater die vollkommenste Herrschaft über seine Kinder zusteht, dieselben aber dennoch nicht zu seiner Familie gehören. Das Band zwischen Vater und Kindern ist ursprünglich (in grosser Regel) ein vermögensrechtliches, nicht ein Blutband. In Guyana (Südamerika) herrscht das reine Mutterrecht; Stammeszugehörigkeit und Familienname gehen stets nur von der Mutter auf die Kinder über. Trotzdem ist es der Vater, welcher aus Anlass der Geburt eines Kindes Glückwünsche der Nachbarn in Empfang nimmt, während die Mutter, von Niemandem beachtet, ihre häusliche Arbeit versieht. Derselbe Vater trägt aber kein Bedenken, sein Kind um den gleichen Preis wie ein Gewehr oder einen Hund zu verkaufen und der Käufer gilt von nun als des Kindes rechter Vater.[1]) — Einen handgreiflichen Beweis dafür, dass die agnatische Verwandtschaft aus dem Mutterrecht entsprungen ist, soll ferner die weitverbreitete Sitte des väterlichen Kindbetts liefern: der Couvade, wie das Letztere in Béarn, wo es bis heute erhalten sein soll (!), genannt wird. Der Vater ahmt dabei Leiden und Benehmen einer Wöchnerin nach und wird als Kranker behandelt: er spielt die Mutter.[2]) Gegen diese von den Ethnographen angenommene Erklärung der Couvade spricht jedoch, dass sie sich auch in Ländern findet, wo ein Wochenbett der Mutter niemals vorkommt und die gewöhnlichen Geschäfte derselben nach Vollendung des Geburtsaktes unmittelbar fortgesetzt werden. In diesen Fällen kann doch die Couvade nicht als Nachahmung des Wochenbettes gelten! Auch fehlt es nicht an anderen Erklärungsversuchen, deren Erörterung hier nicht am Platze wäre. Unstreitig ist es aber, dass der Übergang von Mutterrecht zu Agnation von einer Menge ähnlicher Seltsamkeiten und von Inconsequenzen begleitet ist, welche zeigen, wie schwer es den Völkern wurde, sich von Althergebrachtem, Überlebtem loszuringen, so lange noch keine zielbewusste Gesetzgebung ordnend in ihr Dasein eingriff. So z. B. bedarf in Sunbe (Afrika) die Tochter zur Ehe der väterlichen Zustimmung, den Preis für sie erhält aber ihr Oheim (Mutterbruder) nicht ihr Vater.[3]) In Carolina (Nord-Amerika) erhielt den Nachlass eines Kriegers der Sohn seiner Schwester, in gewissen Ausnahmsfällen aber sein eigener.[4]) In Guinea (Afr.) erbt

---

[1]) Schomburgk, Rich., Reisen in Britisch Guyana 1847, I, 166.
[2]) Über die Couvade und ihr grosses Verbreitungsgebiet, Lubbock S. 12, 13, 16.
[3]) Güssfeld im Correspondenzbl. der deutschen afrik. Gesellsch. I, 213.
[4]) Waitz III, 107. Eine verwandte Rechtsordnung bestand bei den Yolofs (Wolofs) in Westafrika, Waitz II, 132 f., sowie bei den Aschantis, wo des

den Nachlass eines Weibes die Tochter ihrer Schwester, denjenigen
eines Mannes, mit Ausnahme der Waffen, der Sohn seiner Schwester;
die Waffen dagegen der eigene Sohn des Erblassers, ein Rechts-
gebrauch, der sich in anderen Teilen Afrikas wiederfindet.[1]) Bei
einigen afrikanischen und asiatischen Völkern war der Ehemann
gehalten, seinem Schwiegervater einen gewissen Preis für das Ver-
fügungs- und Herrschaftsrecht über die eigenen Kinder zu entrichten[2]), andernfalls gehörten die Letzteren unter die Gewalt ihres
mütterlichen Grossvaters oder, wie bei den Kimbundas, ihres Oheims.
Andererseits hat bei den Fanti in Guinea der Mann, den seine
Gemahlin unter Mitnahme der Kinder verlässt, das Recht, für jedes
mit ihr erzeugte Kind eine Summe als Ersatz der auf Erhaltung
desselben gewendeten Kosten zu fordern.[3]) Ebenso betrachten die
Duallaneger den für die Ehefrau gezahlten Betrag zugleich als
Kaufpreis für die Kinder, welche sie in der Ehe gebären wird,
daher der Ehemann im Falle der Kinderlosigkeit Rückstellung des
für die Frau erlegten Preises beansprucht.[4]) Der Wunsch der
Väter über die eigenen Kinder zu gebieten rief in einigen Ländern
die Gewohnheit hervor Sklavinen zu heiraten, was, da die Sklavin
in keinem anerkannten Familienverbande steht, Eigentum des
Vaters an den Kindern und für Letztere das Recht nach sich zog,
den Namen des Vaters zu tragen und ihn (nicht aber die mütterlichen Verwandten) zu beerben.

Ausser diesen bestehen noch zahlreiche andere Übergangs-
formen z. B. der Sohn erhält zwei Namen, den einen nach dem
Vater, den anderen nach der Mutter[5]); bei der Ehescheidung ver-
bleiben die unmündigen Kinder bei der Mutter, die mündigen beim
Vater[6], oder (was besonders häufig ist) die Söhne beim Vater, die
Töchter bei der Mutter[7]), anderwärts gingen Ämter und Würden

Königs Schwestersohn Tronfolger ist, der Sohn des Königs jedoch einen
höheren Rang einnimmt und die grösste Provinz als Statthalter verwaltet.
Schneider, Handb. d. Erdbeschreibung 1857, II, 650. Auf den Marianen (Polynesien) ging die Würde des Königs in weiblicher Linie auf die Brüder nach
dem Alter, dann auf Vettern und Neffen und erst wenn keine Verwandten der
Stammmutter des Geschlechtes vorhanden auf die Söhne des Verstorbenen über.

[1]) Gir.-Teul. 82.
[2]) Bei den Limboo in Indien, den Kimbundas in Afrika, auf der Sunda-
insel Timor und bei den Makololo in Südafrika. Gir. Teul. 162, 161.
[3]) l. c. 141.   [4]) Ausland 1880 S. 168.
[5]) Bei den Thlinket in N.-W.-Am. Bancroft a. a. O. 111, Bast. 172.
[6]) Bei den Botocudos, Martius l. c. 322.
[7]) In Mexiko, Waitz IV, 132, wo in der älteren Zeit die Sitte geherrscht
haben soll, die Kinder nach der Mutter zu benennen.

2*

zunächst auf den Sohn, an zweiter Stelle auf den Bruder, an dritter
auf den Schwestersohn des Erblassers über.[1] Der Wunsch, die
legitime Succession des Schwestersohnes mit der des eigenen Sohnes
zu verbinden, mag den Grund zu der nicht selten vorschriftsmässigen
Ehe von Königen mit ihren Schwestern abgegeben haben.[2] Noch
mancherlei andere vermittelnde Stadien sind überliefert: z. B. sind die
höheren Stände eines Volks dem Mutterrecht, die unteren dem agnatischen System ergeben[3] oder umgekehrt. Die Varianten sind
geradezu unerschöpflich, am charakteristischsten naturgemäss im
Erbrecht. Wo das Erbe auf die Kinder des Erblassers, und erst
wenn Kinder fehlen auf seine Spillmagen übergeht[4], dort ist der
Sieg des agnatischen Systems entschieden und die alte Familienverfassung schwindet unaufhaltsam dahin.

Aus obiger Darstellung geht hervor, dass die Unsicherheit der
Vaterschaft das Mutterrecht zwar hervorgebracht hat, sich aber
durchaus nicht neben demselben zu erhalten brauchte. Im Gegenteil — die strengste Bestrafung des Ehebruchs war mit dem Mutterrecht vereinbar.[5] Ferner überzeugten wir uns, die väterliche Gewalt beruhe im Beginn ihrer Entwicklung auf dem Eigentumsrecht,
nicht auf dem Blutband. Beide Eigentümlichkeiten sind zur Erklärung altgermanischer Rechtsgewohnheiten herbeizuziehen.

Was Georg Waitz über die Stellung der Spillmagen im
deutschen Rechte anführt[6], gewährt weder einen Begriff von der
Bedeutung der Sache im Verhältniss zur allgemein menschlichen
Entwicklung, noch von der namhaften Zahl ihrer in den Quellen
erhaltenen Spuren. Aufgabe dieser Abhandlung soll es sein diese
Zeugnisse aufzusuchen und zu erläutern und den Zusammenhang
zwischen dem germanischen Recht und dem allgemeinen Entwicklungsgang nachzuweisen, dessen harmonischen Teil das Recht jedes
einzelnen Volkes bildet.

---

[1] In Teilen des alten Peru a. a. O. 412.

[2] In Peru l. c. 411. Über Ägypten Gir.-Teul.

[3] Auf den Tongainseln, Lubb. 126.

[4] Auf den Antillen, namentlich auf Haiti, Waitz IV. 326; Peschel,
Zeitalter der Entdeckungen 190. — Die Erbschaft ging in erster Linie auf den
Sohn, in zweiter auf den Bruder: bei den Nutkas in Nordamerika, Bancroft
I, 196, den Kariben in Mittelamerika, Waitz III, 382; Peschel, Völkerkunde
256; Martius, Ethn. 60 und in Tlascala.

[5] z. B. auf der Insel Fernando Po, Peschel, Völkerkunde 243, bei den
Arawaks (Südam.), Martius, Ethn. 693, sowie bei vielen andern Völkern.

[6] Waitz, Verfassungsgesch. I², S. 67 ff. (2. Aufl. 64 fl.).

Erstes Capitel

Laband äussert die Ansicht, das Familienrecht der einzelnen Völker sei für sie nicht weniger charakteristisch als ihre Sprache.[1]) Dann hätten wir also ebenso viele und tiefgehende Verschiedenheiten im Familienrecht wie in der Sprache zu verzeichnen; vergeblich wäre das Bemühen, diese Mannigfaltigkeit auf ein allgiltiges Gesetz, auf eine überall gleiche Entwicklung zurückführen zu wollen. In Wahrheit ist es anders. Das Familienrecht jedes Volkes unterscheidet sich von dem der anderen, wie sich eine Sprache von der anderen unterscheidet, aber gewisse Grundzüge der Entwicklung sind überall dieselben gewesen. Die Familienrechte aller Völker verhalten sich zu einander ähnlich wie sich die Sprachen eines und desselben Sprachstammes, z. B. des arischen zu einander verhalten: Die Übereinstimmung in der Mannigfaltigkeit ist unverkennbar und das darf nicht Wunder nehmen, da kein anderer Zweig des Rechtes so nahe wie dieser mit den physischen Eigentümlichkeiten und den Leidenschaften des Menschen in Zusammenhang steht.

Wenn Tacitus sagt (Germ. c. 20): „Sororum filiis idem apud avunculum quam apud patrem honor. Quidam sanctiorem, arctioremque hunc nexum sanguinis arbitrantur et in accipiendis obsidibus magis exigunt, tamquam ii et animum firmius et domum latius teneant", so bildet dieser Ausspruch für sich allein, angesichts der in der Einleitung entwickelten Tatsachen, einen Wahrscheinlichkeitsbeweis für die Herrschaft des Mutterrechtes (in vorhistorischer Zeit) bei den germanischen Völkern. Jenes Verhältniss zwischen Oheim und Neffen findet sich ja überall, aber auch nur dort, wo Mutterrecht noch herrscht oder ehemals geherrscht hat und es fehlt an jedem Grund für die Annahme, gerade bei den Deutschen sei jene Erscheinung auf aussergewöhnliche, sonst unerhörte Weise zu erklären. — Seltsam wäre es indessen, hätte sich, ausser dieser einen, keine andere Spur des Mutterrechtes in den germanischen Rechtsdenkmälern erhalten, wenn es auch sichersteht, dass es in Tacitus und vermutlich schon in Cäsars Zeit nicht mehr vorherrschte. Cäsar hätte einer, von der römischen so verschiedenen Familienorganisation wahrscheinlicherweise Erwähnung gethan, wäre sie ihm bei den mit ihm in Berührung gekommenen Germanen entgegengetreten. Tacitus

---

[1]) Laband, Rechtl. Stellung der Frauen im altröm. und german. Rechte. Zeitschrift f. Völkerpsych. III (1865), S. 140.

berichtet: Die nächsten zur Erbschaft seien Söhne, Vaterbrüder, Mutterbrüder gewesen, die patrui in diesem Verzeichniss vor die avunculi stellend. Der grosse Conservativismus des Familienrechtes von dem Laband (a. a. O.) spricht, ist zwar nicht im Stande gewesen fundamentale Änderungen desselben hintanzuhalten, hat aber zur Folge, dass einzelne Symbole und Institute des älteren Rechtes inmitten einer neuen Welt überleben und einen unorganischen, schwer verständlichen Bestandteil des Rechtes ausmachen. Um so entschiedener fordert die Ausnahmsstellung der Mutterbrüder zur Durchforschung der nachtacitäischen Quellen heraus.

Da es sich hierbei nicht um ein bestimmtes Ereigniss, sondern um Rechtsverhältnisse handelt, deren Spuren in verschiedenen Zeiten, an verschiedenen Orten, in mannigfachsten Denkmälern zerstreut erhalten sein können, wird eine relativ ungebundene Benützung der Quellen möglich sein. Skandinavische Zeugnisse haben für uns denselben Wert wie deutsche; das Mutterrecht muss für die gemeinsamen Vorfahren beider Stämme gegolten haben, wenn es nur für einen oder für den anderen nachgewiesen ist. Dies folgt mit Notwendigkeit aus dem Umstand, dass die Agnation dem Mutterrecht niemals vorhergeht.

Werfen wir einen Blick auf die Reihe der wichtigsten zu lösenden Fragen, um zugleich einen Plan für die folgenden Untersuchungen zu gewinnen.

Die erste Frage muss sein, ob nach den ältesten deutschen Rechten noch Fälle von Mutterrecht möglich, ob sie in den leges barbarorum nachweisbar sind. Diese Frage bezieht sich sowol auf die Stellung der ehelichen als auf die der unehelichen Kinder zur väterlichen und mütterlichen Familie. Weiter: wie sich das Verhältniss der Ehegatten nach den ältesten Quellen gestaltet, denn die Agnation setzt eine gewisse Festigkeit des Ehebandes voraus. Mit der Stellung der Ehegatten soll die der Blutsverwandten, der Verwandten durch Mütter zu einander verglichen werden, namentlich ist zu untersuchen, ob die Angabe des Tacitus über die Blutbande zwischen Oheim und Neffen nicht in anderen Quellen ihre Bestätigung findet und was für ein Charakter dem Verhältniss des Kindes zum Vater ursprünglich innewohnt; ferner soll geprüft werden, inwiefern das alte Erbrecht Spuren des Mutterrechts in sich trägt, endlich wie sich zu den gewonnenen Resultaten die Ergebnisse der Sprachforschung verhalten. Nach Beantwortung dieser Fragen wird es möglich sein ein mit der Einleitung übereinstimmendes Facit zu ziehen.

Zweites Capitel.

Die Ehe ohne Mundium und das factische Vorkommen des Mutterrechtes.

Sohm bezeichnet das Eherecht als blossen Anwendungsfall des Vormundschaftsrechtes, die eheliche Gewalt stellt er dem Mundium des Ehemanns über die Ehefrau gleich; sie bestimme das positive Gemeinschaftsverhältniss der Ehegatten nach allen seinen Richtungen; sie enthalte das Recht auf eheliches Zusammenleben; sie schliesse den Eintritt in Stand und Rang des Mannes ein. Vor Allem bedeute der Erwerb des Mundium über die Frau zugleich den Eintritt des ehelichen Güterrechtes.[1])

Aus den longobardischen Rechtsquellen — die übrigen sollen später zum Vergleich herbeigezogen werden — geht jedoch hervor, dass das Eherecht keinesfalls bloss Anwendungsfall des Mundschaftsrechtes und die eheliche Gewalt ebensowenig mit dem Mundium des Mannes über die Frau identisch war. Die longobardische Ehe enthält wesentliche Befugnisse, welche nicht notwendig in dem Letzteren inbegriffen sind, daher eine Ehe ohne Mundium möglich und in den Quellen anerkannt ist. Dem germanischen Begriff der Ehe ist es nicht entgegen, dass der Mann nicht Vormund noch einziger Beschützer seiner Frau sei, dass zwischen ihm und ihr das eheliche Güterrecht nicht eintrete, dass die in der Ehe erzeugten Kinder nicht zum Stamm des Vaters, sondern zu dem der Mutter gehören. — Ist ja doch das Eheverhältniss ein Verhältniss zwischen Mann und Weib, nicht zwischen Vater und Kindern, gibt es doch zahlreiche Völker — ein Teil derselben wurde in der Einleitung namhaft gemacht — bei denen wol die Existenz von Ehen über allen Zweifel erhaben ist, die Kinder aber trotzdem niemals unter die Gewalt oder auch nur zur Familie des Vaters gehören.

Dem Begriff der Ehe wäre es aber entgegen, wenn der Mann mit der Frau nicht ehelich zusammen zu leben berechtigt, wenn ein ohne seinen Willen unternommener Angriff auf ihre geschlechtliche Ehre nicht als sühnbedürftiges Vergehen auch gegen ihn anerkannt gewesen wäre. Diese zwei Punkte finden sich überall, wo es Ehen gibt, selbst dort, wo die Frauen von Ehemännern verliehen oder gar prostituirt werden, ja, nach unserem Begriffe wäre ein Verhältniss nicht als Ehe zu bezeichnen, welches nicht jene Merkmale enthielte. Und gerade jene beiden einzig notwendigen Merk-

---

[1]) Recht der Eheschliessung, S. 92.

male jeder Ehe sind auch ohne Mundium des Ehemannes möglich. So wie es wahrscheinlich eine Zeit gegeben hat, wo die offene, wenn auch gewaltsame Besitzergreifung Eigentum begründen konnte, so hat es eine Zeit gegeben, wo die Entführung (mit Einwilligung), oder der Frauenraub (ohne Einwilligung des Weibes) Ehe begründen konnte. Mag übrigens diese Behauptung richtig oder falsch sein, so viel ist gewiss, dass es auch ohne Übergabe durch den Vormund und ohne vorhergehende Verlobung „eine Ehe war, wenn ein Mann und eine Frau zum ehelichen Leben sich vereinigten, falls nicht gesetzliche Ehehindernisse entgegenstanden“.[1]

Nach Roth. Tit. 188, welcher den Fall der Entführung des Mädchens (mit ihrer Zustimmung) und 214, welcher gleichfalls die Ehe mit Einverständniss der Ehewerber, aber wider Willen des Vormundes, ja selbst nach 187, welcher den Raub der Frau (wider ihren Willen) behandelt, entsteht in Folge der Gewalttat eine Ehe.[2] Von einer Trennung des „maritus“ von der „uxor“, wie sie bei verbotener Ehe (Roth. 185, Liutpr. 12) verfügt wird, ist hier keine Rede. Titel 185 vermeidet übrigens für die Schuldigen (in blutschänderischer Verbindung Stehenden) die Bezeichnung maritus und uxor und spricht nur von vir und mulier. Obige Bemerkungen gelten im Wesentlichen auch für Titel 190 Roth. (Entführung der fremden Braut), 191 (Raub derselben) und 192 (Collusion des Vormunds beim Verlöbnissbruch). Zwar wird dem Entführer wiederholt (Roth. 187, 188, 190, 191, 214) empfohlen, er möge „mundium facere“, die Mundschaft erwerben, allein Bedingung einer als Ehe rechtlich anerkannten Verbindung war das mundium nicht, ja mehr als dies. Die Ehe des longobardischen Königsedicts ist noch Kauf des Weibes selbst, nicht Kauf des Mundiums über dasselbe. Jener Kauf heisst „mundium facere“ weil er den Übergang des

---

[1] Osenbrüggen, Longob. Strafrecht S. 84, daselbst Note 96 angeführt Lombarda-Commentar II, 8: „Si tamen sine raptu duxerit, uxor quidem erit etc.“, wobei das „sine raptu“ als Ergebniss der Capitulariengesetzgebung anzusehen ist. Auch Schröder, Gesch. d. ehel. Güterrechts S. 8 gesteht zu, die Ehe wider Willen des Vormunds und ohne nachfolgendes „mundium facere“ werde tatsächlich aufrecht erhalten, doch nur vom sittlichen, nicht vom rechtlichen Standpunkte aus als Ehe angesehen. Diese Unterscheidung ist den Quellen fremd, die nur eine rechte Ehe mit oder ohne mundium kennen.

[2] cf. Klagformeln zu Liutpr. 94, 114. Lip. Pap. M.M. L.L. IV, p. 121. Zum ersten Mal hat Rosin in seiner wertvollen Abhandlung über die Formvorschriften für die Veräusserungsgeschäfte der Frauen nach Longob. Recht, Breslau 1880, S. 46 ff. die Frage ob eine Ehe ohne Mundschaft des Mannes bei den Longob. möglich war, eingehend behandelt und sie verneinend beantwortet. Vgl. geg. ihn die Recension in Grünhuts Zeitschrift, X. Bd., S. 438—14.

mundium an den Käufer nach sich zieht; aber nicht Kauf noch
mundium sind notwendige Erfordernisse einer Ehe. Die Meta
wurde ursprünglich keineswegs dem Mundwald gezahlt, sie wurde
zwischen ihn und andere Personen verteilt[1]), ein Umstand, mit
dem die Auffassung der Ehe als Mundkauf nicht wol zu vereinigen ist. Als Mundwald wird immer eine bestimmte Person genannt, demgemäss musste, wäre die Ehe bereits Mundschaftskauf
gewesen, diese eine Person, resp. die curtis regia den Mundschatz
erhalten. Besonders auffallend ist dies bei denjenigen Stämmen, wo,
wie nach burgundischem Recht Personen den Mundschatz erhalten,
die zur Führung der Mundschaft gar nicht tauglich wären, und wo
die Braut von Verwandten verlobt werden kann, die ihr mundium
nicht haben.[2]) Die von Amira[3]) angeführten Belege für den Kauf
der Mundschaft sind nicht für alle Zeiträume beweisend. Die longobardische Mundschaft geht allerdings auf die Erben des Mannes
über, aber daraus folgt nichts für die Frage, ob der Ehemann selbst
sie auf originäre oder derivative Weise erworben hatte, noch für die
Frage, ob jeder Ehemann notwendig Mundwald seiner Frau sein musste.
Das Übergehen auf den Erben war übrigens nur eine Consequenz
der ursprünglich sachenähnlichen Rechtsstellung des Weibes; das
Weib selbst ging auf den Erben über und erst in Folge dessen
erhielt derselbe die Mundschaft über sie. Dass nach Ausweis der
um einige Jahrhunderte späteren Formeln der mundius gezahlt
wurde für das „mittere sub mundio“ ist nicht ausschlaggebend für
Beurteilung des Edikts. Es ist nicht zweifelhaft, dass zur Entstehungszeit der Formeln die Mundschaft als Object der Veräusserung
und Erwerbung angesehen wurde[4]), im longobardischen Königsedict
ist jedoch ein Hinweis darauf nicht enthalten. Namentlich dürfen

---

[1]) Roth. 160, 161. Für das burg. Recht Rive, Vormundsch. I, 260. Andererseits „muss der Römer die Vormundschaft über seine Braut nach longob. Recht
ablösen, obwol er selbst nicht Mundwald wird.“ (Liutpr. 127. — Schröder, ehel.
Güterr. I, 20 f.) also unmöglich Mundschaftskauf!

[2]) Rive, Vormundschaft I, 259. Die Germanistik war sicher im Rechte,
sich durch den entschiedenen Widerspruch Rive's gegen die Auffassung der
Ehe als Kauf der Frau nicht irre machen zu lassen. Eine Begründung der
meta im Erbrecht ist durchaus nicht erweisbar. Die meta sollte ohne Zweifel
gezahlt werden, auch wo ein Erbvermögen des Weibes nicht vorhanden war;
eine Ausnahme entgegengesetzten Inhalts müsste aus den Quellen nachgewiesen
werden. — Über die Ehe durch Kauf nach nordischen Rechten vgl. Karl Lehmann, Verlobung und Trauung nach den nordgerm. Rechten des früheren
Mittelalters. München 1882. S. 58—79.

[3]) Amira, Krit. Vierteljahresschr. XVII, 439.

[4]) Val de Lièvre, Launegild und Wadia S. 18, Note.

Ausdrücke wie „tollere tantum pro mundio" (Roth. 160, 161), „prae-
tium quod pro mundium mulieris datum est" (Roth. 216) nicht in
diesem Sinn gedeutet werden. „Tollere pro" bedeutet nicht für
etwas erhalten oder nehmen: Roth. 162 gebraucht die Wendung
„tollant pro compositione" d. h. also: „sie mögen als Composition
erhalten." Tollere pro mundio bedeutet demnach: Als Mundschatz
erhalten.[1] „Pretium" bezeichnet hier keineswegs den Kaufpreis,
sondern eine Summe, einen Betrag schlechthin (abgesehen von der
technischen Verwendung des Ausdrucks für Wehrgeld). Wenn
Roth. 182 bestimmt: „Secundus autem maritus, qui eam tollere
disponit, e suis propriis rebus medietatem pretii quantum dictum
est, quando eam primus maritus sponsavit, pro ipsa meta dare
debeat" so kann hier mit dem pretium nicht ein Kaufpreis (der
meta!) gemeint sein, vielmehr muss übersetzt werden: „Die Hälfte
des Betrages ..... den der erste Mann als meta (pro meta) geben
musste." Der Preis um den das Weib erworben wurde, hiess deshalb mundius weil der Mann nur durch Erlegung desselben Herr
und Mundwald des Weibes wurde; da hiemit das bisherige Mundium
erlöschen musste — eine Person konnte nicht unter zwei unab-
hängigen Mundschaften stehen — mochte man früh den Mundschatz
als Entschädigung für dieses Erlöschen ansehen, was direct zum
Begriffe eines Mundschaftskaufes hinführt. Das Edikt selbst vermeidet Ausdrücke, wie wir sie im verwandten sächsischen Rechte
finden (pretium emptionis viduae u. dgl.), es verschleiert die in ihm
factisch noch wirksame Fraukaufsidee, weil dieselbe zwar die Form
der Eheschliessung bestimmt hatte, aber der Stellung des Weibes
nicht mehr entsprach. Von Mundschaftskauf konnte aber dazumal
noch nicht die Rede sein, schon deshalb nicht, weil die Mundschaft
des Ehemanns und die des Verlobers nicht inhaltlich gleich, nicht
eine und dieselbe Mundschaft waren. In den Ausdrücken traditio,
retraditio puellae (z. B. Roth. 183) äussert sich noch die gleichsam
sachenrechtliche Disposition über das Weib, deshalb sagt man nicht
„traditio mundii", obwol das Mundium erst mit dem Akt der Trauung
auf den Bräutigam übergeht.

Sollte jedoch die vorstehende Ausführung irrig, der Mundschatz
damals schon Kaufpreis für das mundium gewesen sein, so bliebe
er doch, den angeführten Stellen gemäss, unwesentlich für die
Rechtsgiltigkeit der Ehe. Die Ehe wurde auch ohne mundium
aufrecht erhalten und für Bluhmes und Roeins Behauptung[2] dies

---

[1] Auch Bluhme (s. Glossar unter mundium) versteht unter diesem Wort
bei Roth. 160, 161 den Mundschatz.

[2] Zeitschrift f. Rechtsgesch. XI, 281. — Rosin, Formvorschriften S. 48.

sei auf kirchlichen Einfluss, auf Connivenz gegen die Kirche zurückzuführen, findet sich kein Beweis im Edikte. Warum sollte übrigens
diese Institution gerade im longobardischen Rechte kirchlichen Ursprungs sein, nachdem sie doch auch dem in heidnischer Zeit entstandenen und von kirchlichem Einfluss freien salischen Volksrecht
nicht fremd ist. (Lex. Sal. XIII, 10.)

Die Gewalt des Ehemanns war nicht von der des früheren
Mundwalds abgeleitet, wird auch in den Quellen gewöhnlich nicht
mundium genannt.[1]) Durch die Ehe entstanden originäre Rechte,
die mit dem Wesen derselben enger als die Befugnisse der Mundschaft zusammenhängen, welche ja niemals das Recht auf geschlechtliche Gemeinschaft in sich schliessen konnte. Das mundium aber
verbleibt, wenn eine Ehe ohne den vorgeschriebenen Fraukauf zu-
wege gekommen war, dem früheren Gewalthaber der Frau, während
das Gesetz trotzdem die Namen maritus und uxor für diese Gatten
gebraucht. Das Entstehen factischer ehelicher Gemeinschaft, mit
Zustimmung beider Betheiligten, war nach longobardischer Anschauung genügend zur Begründung einer Ehe. Die gegen einige
Arten solcher Verbindungen gerichteten Gesetze sind leges minus
quam perfectae, sie strafen, aber sie annulliren nicht.

Der factische Zustand hat eben im alten Recht ein weit ent-
scheidenderes Gewicht als im modernen; es besteht überall die
Neigung, ihn als rechtlichen anzuerkennen und nur, wo der öffentliche Friede darunter litte — und selbst da nicht ausnahmslos, tritt
eine entgegengesetzte Entscheidung ein. Dass Ehen ohne Mundschaft möglich waren, folgt u. A. daraus, dass der Ehemann in
einigen Fällen der Mundschaft strafweise verlustig gehen sollte, ohne
deshalb aufzuhören, Ehemann zu sein.[2]) (Li. 130. Grim. 6.)

Auch die Textirung von Roth. 188 lässt keinen Zweifel darüber
aufkommen, dass unter dem „maritus, qui mundium facere neglexit"
ein wirklicher. Ehemann gemeint sei.[3]) Nicht minder führt die
Fassung desselben Titels darauf, dass die Bezahlung der Deflorations-
und der Fehdebusse durch den Mann für die Entstehung des ehelichen Verhältnisses nicht wesentlich war. Das Nämliche gilt von
Titel 187 und 214 Roth. Überdies wird die Ehe ohne mundium
an etlichen Stellen[4]), so Roth. 165 direct bezeugt:

---

[1]) Bluhme l. c.

[2]) Übereinstimmt Rive 1, 259: „Es existirt ein Causalzusammenhang
zwischen dem Erwerb des mundium und der Entstehung der Ehe nicht. Der
Mangel der Verlobung begründet nur ausnahmsweise ein Rückforderungsrecht
des Vaters, regelmässig treten nur verschieden bestimmte Strafen ein."

[3]) Vgl. Liber Pap. expos.   [4]) Vgl. auch die Fälle der Ehe ohne mundium
bei Liutpr. 114 und 126, sowie Roth. 187.

„Behauptet jemand von einer fremden Gattin die Mundschaft
gehöre zu ihm, nicht zum Ehemann, so möge derjenige, der
sie zur Frau hat, mit zwölf gesetzlichen Zeugen schwören, er habe
die Mundschaft über sie von einer bestimmten Person erworben,
habe dieselbe daher dem Gesetze gemäss niemandem zu überlassen.
Tut er das, so möge er (die Mundschaft) haben und geniessen"...
Auch Liutpr. 57 bietet ein interessantes Beispiel der Rechtsbestimmungen über die Ehe ohne Mundium: Der Sohn aus einer
solchen Ehe haftet für die Schulden seines Vaters, soweit er durch
dessen Zuwendungen oder Nachlass bereichert erscheint, nicht aber
mit dem, was er nach der Mutter erhalten, denn deren Gut war
von vermögensrechtlichen Folgen der Ehe (ohne mundium) frei.
Am gewichtigsten, weil am deutlichsten ist das Zeugniss von Liutpr.
139: Si haldius cuiuscunque haldiam alienam tulerit, aut servus ancilla, et antequam de ipso coniugio aliqua convenientia domini
eorum inter se faciaut, contegerit, ut quispiam miser homo ipsam
haldiam aut ancilla, quae est uxor alterius, fornicatus fuerit, ita
praevidimus, ut ei de ipsa culpa debeat subiacere ille qui hoc
malum perpetravit, cuius uxorem adulteravit; nam dominus eiusdem
mulieris tantum mundium de ea suscipiat sicut lex est.[1]) Hoc
autem ideo prospeximus de uxore de servo vel aldione, quia si de
libero hominem quispiam miser homo mulierem adulterat, ad maritum
eius conponit (Liutpr. 122), ut etiam non habeat eam mun-
diatam, nam non ad parentes."
 Daraus folgt nicht allein, dass eine Ehe ohne Mundschaft des
Mannes als rechte Ehe anerkannt wurde, sondern auch, dass die
Verfolgung des Ehebruchs, also der gleichsam dingliche Anspruch
auf eheliche Treue vom Erwerb der Mundschaft unabhängig und das
einzige unbedingt notwendige, das einzige wesentliche Merkmal einer
rechten Ehe war.[2]) Und zwar wurde der Ehebruch hier nicht
etwa bloss aus öffentlichem Interesse verfolgt (wie vermutet worden

---

[1]) Expos (p. 467): Lex ista.... absque dominorum voluntate fieri potuisse
coniugium evidenter insinuat, vgl. die Glossen über die Bestrafung des adulter.
 [2]) Vgl. Brunner, Lit. Ztg. 1876 S. 498 Not. 1: Das Mundium erschöpft die
Rechte, welche dem Manne über die Ehefrau zustehen, streng genommen weder
in ältester, noch in jüngerer Zeit u. s. w.
 Rosin ist allerdings der Ansicht (a. a. O.), der citirte Titel Liutpr. 139
enthalte neues, unter Liutprand gebildetes Recht, zu Rotharis Zeit sei der
Ehebruch bei einer Ehe ohne mundium nicht dem Ehemann, sondern den Verwandten der Frau gebüsst worden, wie bei Verletzung der Geschlechtsehre
eines Mädchens. In den Quellen findet sich aber kein Halt für diese Sätze, da
Roth. 189 (Si puella aut mulier voluntarie fornicaverit) sich auf Weiber bezieht,
die nicht uxores sind, indem Rotbari selbst auch die Frau in der Ehe ohne

ist, um der Consequenz, es liege eine rechte Ehe vor, auszuweichen), sondern um des Ehemannes willen und aus eigenem Rechte des (freien) Mannes, da sonst die Busse „ad palatium", eventuell an die Verwandten der Frau, nicht aber an ihn zu entrichten gewesen wäre. Mit der Verlobung ist zwar gleichfalls die Treuepflicht der Braut gegeben, die Verfolgung des Treubruchs (— faida —) und namentlich auch der anagrip gehört jedoch in diesem Falle (Roth. 190) dem Mundwald des Mädchens, während sich der Bräutigam mit dem doppelten Betrag der verabredeten meta abfinden lassen muss und hiermit jedem weiteren Anspruch auf die Braut entsagt.

Die Folgen der Ehe ohne mundium äussern sich sowol auf vermögensrechtlichem Gebiete, ein Punkt, der uns hier nicht näher interessirt, als auch, der gewöhnlichen Meinung gemäss, in der Zugehörigkeit der Kinder aus solchen Ehen unter die Mundschaft des mütterlichen Mundwalds, also auch zur mütterlichen Familie. Dem Vater gegenüber sollen sie bloss naturales gewesen sein[1]), obwol die longobardischen Rechte dies an keiner Stelle ausdrücklich bezeugen.[2]) Der Liber Papiensis erklärt zwar zu Roth. 155: „Naturales filii sunt, qui ex concubina nati sunt, quae ad modum uxoris tenetur", beruft sich aber dabei auf eine Novelle Julians. Nach Liutpr. 106 und Roth. 222 waren allerdings Concubinenkinder — denn hier wird die Sklavin oder aldia nur „quasi oxore" im Hause gehalten — naturales, allein. die Existenz verschiedener anderer Arten von naturales ist durchaus nicht ausgeschlossen. Nicht auf alle naturales scheinen Rotharis Erbrechtssätze Anwendung zu finden. Nach Roth. 156 scheinen Kinder einer fremden Sklavin,

---

mundium stets uxor nennt und seine speciell gegen Ehebruch gerichteten Strafgesetze (Tit. 211—218) ganz allgemein von uxor sprechen, folgerichtig auch auf Ehen ohne mundium bezogen werden müssen.

Der in Rede stehende letzte Satz des Titels 139 Liutpr. soll die im selben Titel enthaltene, analoge Verfügung über Ehen der Haldien begründen und ist eben darum offenbar älteres Recht. Der darin berufene Titel 122 Liutpr. behandelt einen anderen, analogen Fall, enthält nichts von einer uxor non mundiata, spricht im Gegenteil schlechtweg von einer mulier habens virum im Sinn von Ehefrau, worunter allerdings, wie man aus dem Citat in 139 entnehmen kann, auch die uxor non mundiata begriffen sein muss. Selbst wenn das aber nicht der Fall wäre, hätte man kein Recht anzunehmen, ein Liutprand habe auf solche parenthetische Weise, den wichtigen Grundsatz der Anerkennung von Ehen ohne mundium neu einzuführen beabsichtigt.

[1]) Miller, Das longobardische Erbrecht in der Zeitschrift f. Rechtsgeschichte Bd. XIII (1876) S. 39.

[2]) Die von Schröder, Ehel. Güterr. I. S. 10, Note 54 angeführten Stellen beweisen es nicht.

obwol sie gleichfalls naturales genannt werden nur durch thingatio
einer Zuwendung teilhaft werden zu können. Kinder aus verbotenen
und nichtigen Ehen (Liutpr. 32—34, 105) sind gleichfalls unfähig
den Vater zu beerben, daher nicht naturales im Sinne der Titel
154—162 Roth. Letztere sind den Sklavenkindern, den incestuosi
und adulterini gegenüber so bedeutend privilegirt, dass die Vermutung entstehen könnte, diese Titel hätten sich ursprünglich und
hauptsächlich auf die Stellung der Kinder aus Ehen ohne mundium
bezogen, ein Beweis dafür ist aber nicht erbringbar. Es bleibt
demnach eine offene Frage, ob die Kinder aus Ehen ohne mundium
nach longobardischem Rechte nicht dem Vater gegenüber „legitimi"
waren und als solche sein volles Erbe beanspruchen durften. Sollten
sie jedoch naturales gewesen sein, so wäre für sie, sofern der Vater
ein freier Mann war, allerdings erweisbar, dass sie nicht, wie gewöhnlich angenommen wird, zu derselben Mundschaft wie ihre Mutter,
sondern unter das väterliche mundium gehörten. Die Expositio des
lib. Pap. zu Roth. 161 lässt nämlich darüber keinen Zweifel aufkommen, dass nach diesem Titel natürliche Töchter der Mundschaft
des Vaters unterstanden und für natürliche Söhne wird man, sowol
der Analogie wegen, als auch nach dem sonstigen Inhalt des Titels
161 denselben Grundsatz anerkennen müssen.[1] Nur unter der, für
das longobardische Recht nicht unwahrscheinlichen Voraussetzung
also, dass die Kinder aus Ehen ohne Mundschaft legitimi genannt
wurden, ist es möglich, dass nicht ihrem Vater sondern dem Mundwalt ihrer Mutter die Mundschaft über sie zustand[2] ein merkwürdiges, der bisherigen Lehre diametral entgegenlaufendes Ergebniss. — Dasselbe gilt jedoch nur für Ehen ohne mundium unter
freien Longobarden. Für alle anderen Ehen und Geschlechtsverbindungen folgt das longobardische Recht unbedingt dem Principe:
Hatte der Vater unterlassen das mundium der Mutter zu erwerben,
so folgten die Kinder der Mutter, nicht dem Vater in Bezug auf
mundium und Familie überhaupt. Ebenso teilten Kinder einer

---

[1] Expos. In hoc quod dicit, pro mundio earum (scil. sororum naturalium)
tollant filii legitimi partes duas, naturales vero partem tertiam .... dat
intelligere, quod filia naturalis ita est in mundio patris sicut legitima, quia si
in mundio patris non esset, non veniret in eorum mundio, cum ipsi alio modo
ad eorum mundium venire non possunt nisi per patrem. Unde a lege Romana
dissentit etc. — Diese Ausführung ist beweisend, obwohl das „pro mundio":
„als Mundschatz" bedeutet.

[2] So wie die Mutter, trotzdem sie eine rechte Ehefrau war, nicht unter
die Mundschaft des Gatten gehörte, so mochten die Kinder, trotzdem sie legitimi waren, nicht unter die Mundschaft des Vaters gehörten.

Sklavin den unfreien Stand der Mutter und gehörten in der Regel ihrem Eigentümer.

Liutpr. 127 bestimmt: „Si quis romanus homo mulierem longobardam tolerit ... posteûs ipse ex ea mundio fecit romana effecta est, et filii, qui de eo matrimonio nascuntur secundum legem patris romani fiunt et legem patris vivunt", wozu die Glosse (L. L. IV, 461) bemerkt: „Hic videtur, quod sin esset mundiata, et ipsa et filii Longobardi essent, et ut filii lege matris viverent et matrem sequerentur secundum quosdam, secundum vl. aliter est." Letzterer Zusatz beruht auf einem Irrthum, denn bereits Rothari folgt fast überall dem nämlichen Grundsatz. So Tit. 156: „De filio naturali, qui de ancilla alterius natus fuerit, si pater comparaverit eum, et liberum thingaverit, libertas illi permaneat. Et si non libertaverit eum, sit servus cuius et mater ancilla", wozu die Glosse (l. c. p. 322): „ut filii matrem sequantur."

Ebenso allgemein wird dieses Princip von Rothari selbst Tit. 231 ausgesprochen: Kauft jemand eine Sklavin und dann behauptet ein anderer, er sei ihr wahrer Eigentümer, so sollen sich beide zum Auctor des Käufers begeben. Kann der Auctor nicht erweisen, dass er Eigentümer der Sklavin gewesen, so soll er den erhaltenen Preis zurückerstatten und die Sklavin soll zu ihrem Herrn zurückkehren. „Et si ancilla ipsa post emptore filiûs fecerit, tunc ille qui eam prius vindedit et vindicare non potuerit ... filiûs ipsius per suo dispendio reconparit, et proprio domino retradat, quatinus filii matre sequantur." Die Klagformel hierzu führt den Kläger vor, welcher eine Sklavin für sich beansprucht, weil sie Tochter seiner Sklavin sei: „Ipsa fuit nata de mea ancilla, et mater michi pertinuit de parte mei patris." Übereinstimmt Roth. 219: „Si haldius ancillam suam aut alterius tulerit ad uxorem, filii qui ex ea nascuntur sint servi cuius et mater ancilla" und

Roth. 217: „Si haldia aut liberta in casa aliens ad maritum intraverit, et servum tulerit, libertatem suam amittat. Et si dominus neglexit eam replecare ad servtium, mortuo tamem marito, vadat sibi una cum filiis suis et cum omnis res suas..." Die Kinder teilen das Schicksal der Mutter; obwol ihr Vater Sklave war sind sie aldien, soferne nur die Mutter aldia verbleibt.

Roth. 218 bestimmt zwar: „Si haldius cuiuscumque haldia aut liberta uxorem tulerit, si filiûs ex ipso coito habuerit, patri sequantur: sint haldii cuius et pater", allein bei Liutpr. 126 wird das sonst herrschende Princip zur Geltung gebracht: „Si haldius cuiuscunque haldiam alterius tulerit ad uxorem et filii de ea procreati fuerent, et mundium ex ea non fecerit, sint filii eius haldiones cuius et mater fuerit; nam posteūs mundium fecerit et filii nati fuerent ... patrem sequantur, et talem legem habeant cum patrono suo, qualem et pater eorum habuit."

Aus Roth. 216 geht hervor, dass, wenn eine Freie einen baldius geehelicht, sie nach dessen Tod gegen Rückgabe des für sie erlegten pretiums frei zu ihren Verwandten zurückkehren dürfe. Ihre Kinder können, wenn sie nicht im väterlichen Hause bleiben wollen, auf das väterliche Vermögen verzichten und gegen Erlag eines gleich hohen mundiums, wie das für ihre Mutter gezahlte, frei werden.[1]) Mit Ausnahme des zweifelhaften Falles der Ehe vollfreier Longobarden untereinander, ist im longobardischen Rechte der Grundsatz der Zugehörigkeit der Kinder zur Familie, resp. unter die Gewalt des Herrn oder Mundwalds der Mutter nach allen Richtungen hin durchgeführt. Ob nun beide Eltern aldii waren, oder der Vater Römer, die Mutter Lombardin; der Vater aldius, die Mutter frei; oder umgekehrt der Vater frei, die Mutter Sklavin; ob zwischen den Eltern das Eheband besteht oder nicht, die Kinder teilen immer das Schicksal der Mutter, das Mundium über sie erwirbt man mit dem der Mutter; der Mundschatz der Töchter gleicht dem der Mutter, oder in der Sprache des Edikts: „filii matre sequuntur."

Das nämliche Princip ist in so vielen Volksrechten enthalten, dass kaum zu bezweifeln ist, es sei gemeines germanisches Recht gewesen.

Nach fränkischem Rechte werden die Kinder des vollfreien Vaters unfrei, wenn dieser ein unfreies Weib ehelichte. Der umgekehrte Fall: die Ehe einer Freien mit einem Unfreien konnte nach altem Recht niemals eintreten, da nach lex Salica XIII 7, 8[2]) der Sklave, der eine Freie raubte, getödtet wurde, das Mädchen aber, das einem Unfreien aus eigener Wahl folgte, der Freiheit verlustig ging; die unfreien Kinder aus solchen Ehen gehörten demnach dem Stande der Mutter, so gut wie dem des Vaters an. Der in der Lex Ripuariorum LVIII 11, (zum ersten Mal im deutschen Rechte) ausgesprochene Grundsatz: „Die Kinder folgen der ärgeren Hand", ist in dieser Allgemeinheit neu. Nach altem salischem Rechte (und Titel LVIII leg. Rip. soll ja reformirtes salisches Recht sein) konnte stets nur die Mutter ärgere Hand sein, oder es waren beide Eltern gleichen Standes. Es konnte also nur ein, den

---

[1]) Vgl. Liutpr. 9: Töchter einer freigelassenen Sklavin sollen kein höheres mundium erhalten, als ihre Mutter: „Tantum pro mundio earum dent mariti sui, quantum pro matre datum fuerit" (Lib. Pap. Glosse p. 408).

[2]) Hessels und Kern Spalte 73. f.

Stand der Kinder in beiden Fällen umfassendes Princip existiren:
Die Kinder teilen den Stand ihrer Mutter.[1]) Gab der fränkische
Gemahl seiner Ehefrau keine dos, so trat (dem Ursprung der dos aus
dem Mundschatz entsprechend) das ein, was nach longobardischem,
und wie wir sehen werden, auch nach alemannischem Rechte für
den Fall der Ehe ohne mundium bestimmt war. Wenn es im
Appendix Cartarum Senonicarum 1 (a)[2]) heisst: ....„femina.. bene
ingenua ad coniugium sociavi uxore, sed qualis causas vel tempora
mihi oppresserunt, ut cartolam libellis dotis ad ea, sicut lex declarat,
minime excessit facere, unde ipsi filii mei secundum lege naturalis
appellant .... propterea volo, ut predicti filii mei omni córpore
facultatis meis .... in ligitimam successionem debeatis addere ad-
patuere“; so ist hiermit gesagt, die Kinder einer Ehe ohne dos
hätten den Vater nicht beerben können, man habe sie „naturales“
genannt; die Existenz einer Ehe ohne dos wird aber dadurch
keineswegs ausgeschlossen, im Gegenteil „ad coniugium sociare
uxorem“ kann nur übersetzt werden mit: zum Eheweib nehmen,
und die Berichte kirchlicher Schriftsteller über die Concubinen
fränkischer Könige sind kein Beweis dagegen. Auch hier bestand
eine Ehe, aber eine rechtlich benachteilte Ehe. Weil in früherer
Zeit, als noch der Mundwald des Mädchens den Mundschatz (Kaufpreis) für sie zu beanspruchen hatte, die Nichtzahlung des letzteren
zwar nicht die Ehe hinderte, jedoch zur Folge hatte, dass die Frau
unter der Mundschaft des bisherigen Mundwalds verblieb und die
Kinder (dem Rechtsgrundsatz gemäss) ihr folgten (gleich unehelichen Kindern), so waren auch später die Kinder aus Ehen ohne
dos „naturales“ und es bedurfte eines eigenen Rechtsaktes, sollten
sie des Erbrechtes nach dem Vater teilhaftig werden.

Wie sehr das „filii matrem sequantur“ der Rechtsüberzeugung
der Zeit entsprach, erhellt u. a. aus den in den Formelsammlungen
enthaltenen epistolae conculcatoriae (Rozière CI—CIX), Urkunden,

---

[1]) Cf. Lex Rib. Tit. LVIII § 13: „Similiter et ille, qui tabulariam vel
ecclesiasticam feminam seu baronem de mundeburdae Ecclesiae abstulerit sexa-
ginta sol. culp. iud. et nihilominus generatio eorum ad mundeburdem Regis seu
Ecclesiae revertatur“ — und

§ 14. „Si autem Ripuarius ancillam Regis seu ecclesiasticam, vel ancillam
tabulariam sibi sociaverit, non ipse, sed procreatio eius serviat.“

§ 9 „. . . ipsa et generatio eius in servitium inclinantur.“

[2]) M.M. L.L. Formulae p. 208 sq. (Marc. App. LII) cf. das „rapto scelere
meo coniugio sociavi“ bei Marc. Lib. II, 16 (l. c. p. 85) und Form. sal. Merkel. 19
(l. c. 249); die für Entführung der eigenen Braut angedrohte Todesstrafe ist
sicher neues, königliches Recht.

mittelst deren sich der Herr eines Sklaven bereit erklärte, die frei geborene Gattin desselben, oder die Kinder aus dieser Ehe bei ihrer Freiheit zu belassen. Wird der Mutter die Freiheit zugesichert, so nehmen die Kinder Teil daran: epist. CI: ... ipsa et agnatio sua, si ex ipsis fuerit procreata, valeant permancre ingenui atque securi; CIII: ipsa et genitit eius, qui ex ea nati fuerint, ebenso CIV, CVIII; CV, CVI, CVII, CIX, nennen wol nur die Kinder ausdrücklich als frei, doch wird wahrscheinlich auch hier die Freiheit der Mutter vorausgesetzt, was zum Teil aus der Fassung der epistolae hervorgeht.

Identisch sind die Grundsätze der Capitularien. Man vergleiche z. B. das capit. olon. III a. 823 § 4 [1]): „Si quis liber homo uxorem habens liberam, propter aliquod crimen aut debitum in servitio alterius se subdit, eademque coniux manere cum ipso voluerit, ipsorum procreatio, quae tali coniugio fit, libertatis statum non amittat." Bleibt die Mutter frei, so bleiben es auch die Kinder. „Si vero ea defuncta secunda uxor et tamen libera tali se sciens iunxerit coniugio, liberi eorum servituti, subdantur." Das sciens ist von Belang; in diesem Falle wurde nämlich die Mutter selbst Sklavin (capit. olon. I § 10 in fine, Ansegis. L. III c. 29); hätte sie dagegen den Sklaven geheiratet, ohne seiner Unfreiheit kundig zu sein, so bliebe ihre Freiheit ungeschmälert und ihre Kinder würden frei. Der Stand der Kinder folgt also dem Stand ihrer Mutter.

Das friesische Recht stimmt genau überein. Titel VI lautet [2]): 1. „Si libera femina lito nupserit, nesciens eum litum esse et ille postea de capite suo, eo quod litus est, fuerit calumniatus, si illa sua sexta manu jurare poterit, quod postquam eum litum esse rescivit, cum eo non concumberet, ipsa libera permaneat, et filii quos procreavit.

2. Si vero iurare non possit, in compositionem mariti sui una cum filiis transeat."

Schwieriger sind die einschlägigen Titel des alemannischen Volksrechts. Nach Lex Alam Hloth. Tit. XVIII [3]) entscheidet über den Stand der Kinder der Stand der Mutter zur Zeit der Geburt. Die Frau, die einen Sklaven der Kirche geheiratet, muss dadurch in Unfreiheit verfallen sein, denn ihre Verwandten mussten sie loskaufen (exadoniare), wenn sie zu ihnen zurückkehren sollte. Die in der Unfreiheit erzeugten, daher unfreien Kinder, wurden durch

---

[1]) Per. · M.M. L.L. I, 236.

[2]) M.M. L.L. III, 663.   [3]) l. c. III, 50, cf. Ed. Roth. 316.

die Befreiung der Mutter nicht frei. Es verdient Beachtung, dass, der Bussordnung Theodors[1]) zufolge, nach angelsächsischem Rechte der Stand der Mutter zur Zeit der Erzeugung des Kindes für dessen Freiheit oder Unfreiheit massgebend war: Capitula Dacheriana c. 108: „Si praegnantem mulierem comparat aliquis prius liberam, liber est, qui generatus est."

c. 109: „Qui ancillam praegnantem liberat, qui generatus est servus est."

Weniger klar sind die Bestimmungen der lex Alam Hloth. Tit. LI, LII und LIV.

Sohm constatirt, das longobardische, thüringische, westgothische, fränkische, sächsische Recht hätten „die Gültigkeit der von der Jungfrau ohne Willen ihres Gewalthabers eingegangenen Ehe" anerkannt und zwar selbst in dem Falle, wo ein Verlöbnissbruch und zugleich eine Entführung des Mädchens stattgefunden hatten.[2]) Dem gegenüber sollen Lex Alam. Hloth. 54; 1: „Si quis filiam alterius non sponsatam acciperit sibi ad uxorem, si pater eius eam requirit, reddat eam et cum XL sol. conponat eam und Greg. Tur. Hist. Franc. IX, 33. Quia sine parentum consilio eam conjugio copulasti, non erit uxor tua" das Princip des alten Rechts enthalten, „welches dem Geschlechtsvormund auch in solchem Fall gestattete, die Auflösung der ohne seinen Willen zu Stande gekommenen Ehe herbeizuführen, und auch den Mann, welchen die Jungfrau selber sich erkoren hatte, als einen Entführer zu behandeln." Allein Greg. IX, 33 zeugt eher für das Gegenteil, denn die darin wiedergegebene Entscheidung eines Bischofs ist wahrscheinlich kirchenrechtlicher Natur und wurde überdies als rechtswidrig durch König Gunthram cassirt; auch Gregor von Tours selbst sah jene Ehe für unanfechtbar an. Was Titel 54 betrifft, ist Sohms Auffassung zum mindesten zweifelhaft, umsomehr, als er selbst in seinem späteren Werk über „Trauung und Verlobung" in Bezug auf Titel 51 der entgegengesetzten Ansicht zu huldigen scheint. Aus den longobardischen, sächsischen alemannischen Quellen, welche die tatsächlich zu Stande gekommene Ehe aufrecht erhalten und den ersten Bräutigam mit einer Entschädigung abfinden, soll der Standpunkt des älteren Rechtes zu entnehmen sein.[3]) Die Braut soll nach älterem Rechte als ersetzbar gegolten

---

[1]) Wasserschleben, Die Bussordnungen der abendländischen Kirche, Halle 1851 p. 155; Theodorus Poenitentiale II, 13 §§ 6. 7. a. a. O. 217.

[2]) Recht der Eheschliessung 51. f., vgl. Trauung u. Verl. 21 oben.

[3]) Trauung u. Verl. S. 20. ff.

3*

haben, ihre Unersetzbarkeit, die unbedingte Pflicht zur Rückgabe und die Strafe des Entführers sind Züge späteren Rechtes. Lex Alam. Hloth. 52: Si quis sponsatam alterius contra legem acciperit, reddat eam et cum 200 sol. conponat. Si autem reddere noluerit, solvat eam cum 400 sol., aut si mortua fuerit post eum.

„Hier ist bereits neben die Zahlung des Ersatzes durch den zehnfachen Betrag des Wittbums die Rückgabe der Braut mit Zahlung des fünffachen Wittbums getreten. Aber der Entführer hat noch die freie Wahl, ob er durch die Braut mit Hinzufügung des Schadenersatzes oder durch blossen Schadenersatz den Bräutigam abfinden will." [1])

Man beachte nun die bis auf den Wortlaut vorhandene Analogie zwischen Titel 52, 51 und 54. Titel LI, 1 lautet: „Si quis liber uxorem alterius contra legem tulerit, reddat eam et cum octuaginta solidis conponat. Si autem reddere noluerit, aput 400 solidos eam conponat. Et hoc si maritus prior voluerit. Et si antea mortua fuerit, antea quod ille maritus quaesierit, cum 400 sol. conponat." Stellt sich nicht das, mit dem Satz „si eam reddere noluerit" und mit der analogen Bestimmung des Titels 52 in Widerspruch stehende „et hoc si maritus prior voluerit" als Zusatz späteren Ursprungs dar? und wenn Titel LI fortführt: 2. Si autem ille raptor, qui eam accepit sibi uxorem, ex ea filios aut filias antea quod eam solvat habuit, et ille filius mortuus fuerit aut illa filia: ad illum pristinum maritum illum filium cum widrigildo solvat, liegt darin nicht ein directer Hinweis darauf, das Verhältniss der Geraubten zum Entführer sei als Ehe anerkannt worden? Der frühere Mann wird „pristinus maritus" genannt, die Ehe mit ihm kann zwar durch Rückgabe der Geraubten erneuert werden, aber das widerspricht keineswegs der Existenz ihrer Ehe mit dem Entführer, „qui eam accepit sibi uxorem." Die Analogie des angelsächsischen Rechtes (des bekannten Gesetzes Aethelbirths § 31, Schmid S. 5) bestätigt, nach ältesten germanischen Begriffen sei die Ehefrau ein ersetzbares, ja vertretbares Gut gewesen, eine Anschauung, die auch bei andern germanischen Stämmen bestimmte Spuren hinterlassen hat. Das in Hinblick auf Titel 51 Ausgeführte bezieht sich auch auf Titel 54:

LIV 1. Si quis filiam alterius non sponsatam acciperit sibi ad uxorem, si pater eam requirit, reddat eam et cum 40 sol. conponat eam.

2. Si autem ipsa femina post illum virum mortua fuerit, ante-

---

[1]) Sohm, Trauung u. Verl. 24.

quam illius mundium aput patrem adquirat, solvat eam ad patrem eius 400 solidis. Et si filios, aut filias genuit ante mundium et omnes mortui fuerint, unicuique cum widrigildum suum conponat ad illum patrem feminae.

Auch hier wiederholt sich das „acciperit ad uxorem", das reddat eam et conponat, welches hier apodictisch ausgesprochen wird. § 2 desselben Titels behandelt jedoch nicht die Rückgabe des Mädchens, sondern die Ablösung des mundiums von ihrem Vater, als das Regelmässige, Gewöhnliche. In allen drei Fällen, in dem des Titels LI und denen der Titel LII, LIV sind wie berechtigt, mit Wahrscheinlichkeit das Vorhandensein von Ehen anzunehmen. Auf eheliche Kinder bezieht sich demnach der zweite Satz des Titels LIV und der dritte Satz des Titels LI (Si autem vivi sunt, non sint illi, qui eos genuit, sed ad illum pristinum maritum mundio pertineat). Das Mundium der Kinder gehört zum Mundwald der Mutter, ohne Rücksicht darauf, ob derselbe ihr Gemahl ist oder nicht. Hat der Letztere das Mundium seiner Ehefrau nicht erworben, so gebören seine Kinder nach Titel LI unter die Mundschaft des früheren Gemahls der Mutter, eine Entscheidung, die nach unserem Gefühl geradezu anstössig wäre. Die Pflicht des Entführers nach Titel LIV 2, das Leben der Kinder dem Vater ihrer Mutter zu büssen, deutet gleichermassen darauf hin, diesem Letzteren habe — in seiner Eigenschaft als Mundwald der Mutter, — auch die Mundschaft über ihre Kinder gebührt, mit anderen Worten, das alamannische Volksrecht hält sich an den Grundsatz des Mutterrechtes: „Filii matrem sequantur."

Auch das thüringische Volksrecht (L. Angl. et Werin X, 2) kennt eine Ehe ohne mundium, enthält jedoch keine Vorschrift über die Familienzugehörigkeit der Kinder.

Werfen wir zum Schluss einen vergleichenden Blick auf die nordischen und angelsächsischen Rechte. Die letzteren erkennen ihrer hohen Entwicklung entsprechend (wenn wir von den oben angeführten Bestimmungen der Bussbücher absehen) regelmässig die Zugehörigkeit des ehelichen Kindes zu Stand und Familie des Vaters an. In den s. g. leges Heinrici I (Privatsammlung entstanden zw. 1135 und 1189) Tit. 77 § 1[1]) lesen wir: „semper a patre non a matre generationis ordo texitur." Allerdings scheinen (mit Bezug auf Unfreie?) auch damals noch Ausnahmen vorgekommen zu sein. Tit. 77 § 2: „vitulus autem matris est cuiuscumque taurus alluserit." — Sonst wäre nur noch § 79 der Gesetze Aethelbirths anzuführen[2])

---

[1]) Schmidt, Gesetze der Angelsachsen, 2. Aufl., S. 59.   [2]) l. c. S. 9.

wonach bei der Ehescheidung die Kinder sammt der Mutter den Ehemann verlassen, während sie freilich nach § 80 in gewissen, nicht specificirten Fällen beim Vater verbleiben sollen: ein Uebergangszustand, wie er uns wiederholt in der Einleitung begegnet ist.

Für Beurteilung des nordischen Rechts ist in erster Linie zu berücksichtigen, dass das gesammte scandinavische Familien-, das älteste scandinavische Ehe- und Vormundschaftsrecht auf einer moderneren, vorgeschritteneren Entwicklungsstufe stehen, als irgend eines der deutschen Volksrechte.[1]) Dies gilt, abgesehen von einzelnen, bei der ungleich raschen Entwicklung verschiedener Rechtsinstitute erhaltenen, besonders altertümlichen Zügen, auch vom isländischen Rechte. Es bleibt indess eine offene Frage, ob eine ohne Zahlung des mundr geschlossene Verbindung als Ehe angesehen wurde oder nicht. Die Illegitimität der Kinder aus solcher Verbindung, speciell ihre Erblosigkeit nach dem Vater ist kein Beweis für das Letztere, weil eben die Ehe ein Verhältniss zwischen Mann und Weib ist, nicht ein Verhältniss zwischen Eltern und Kindern. Auch dass die Kinder einer ohne mundr geehlichten Frau Bastarde (frillu sonu) genannt werden. bildet keinen Beweis gegen die Existenz solcher Ehen, selbst dann nicht, wenn wir mit Weinhold frillu sonu mit „Sohn einer Beischläferin“ übersetzen. Die Egilssaga wollte damit eine Schimpfrede wiedergeben und im Gebrauch von Schimpfworten waren die Scandinavier, wenn man der Edda Glauben schenken darf, durchaus nicht wählerisch. Namentlich der Fall, wo für eine Frau ein Preis gezahlt wurde, aber ein geringerer, als der gesetzliche, wird zweifelhaft bleiben müssen. Lehmann spricht sich in seiner trefflichen Abhandlung gleichfalls nicht völlig entschieden aus. Wiederholt gebraucht er den Ausdruck, es habe beim Fehlen der vorgeschriebenen Formen „die volle Ehelichkeit gemangelt.“[2]) Soll es vielleicht eine nicht volle, eine unvollkommene Ehelichkeit bei den Scandinaviern gegeben haben? Weinhold präcisirt den nordischen Grundsatz wie folgt: „Ohne Malschatz gefreit, gehörte die Frau nur ihrem angeborenen Geschlechte an ihre etwaigen Kinder erbten daher nur in ihrer Familie und wurden als keine rechten Glieder des Geschlechts des Vaters betrachtet.“[3]) „Auf Island galten die Kinder einer Frau, die an einen geringeren Preis, als den kleinsten gesetzlichen gekauft war, nicht für erbfähig.“

---

[1]) Karl Lehmann, Verlobung und Hochzeit nach den nordgerman. Rechten. München 1882. S. 78. f.

[2]) a. a. O. 2. f.

[3]) Die deutschen Frauen im Mittelalter. 2. Aufl. 1882. I, 320. ff.

Die Frage, ob diese Geschlechtsverbindungen als Ehen galten oder
nicht, ist übrigens für unsere Aufgabe nicht wesentlich; jedenfalls
war die Vaterschaft der aus solchen Verbindungen entsprossenen
Kinder nicht weniger sicher als diejenige der anerkannt legitimen.
Es entfällt hiermit die einzige Erklärung, sowie der einzige Grund
der Beizählung der Kinder zur Familie der Mutter. Wurden sie
dieser Familie allgemein beigezählt, so muss dies auf historischen,
oder genauer gesagt, vorhistorischen Ursachen beruhen. — Auch
muss man sich die Frage stellen: was war Rechtens, bevor man den
Brautkauf kannte; diese Institution muss doch einmal, wie alles
Irdische, entstanden sein. Hat nicht die ursprünglich allgemeine
Ehe ohne Brautkauf das Mutterrecht mit sich geführt, ebenso wie
die später neben den formell vollkommenen Ehen vorkommenden
ehelichen, oder quasiehelichen Verbindungen ohne Brautkauf? Diese
Frage liegt vielleicht nicht so weit ausserhalb des Bereiches der
Forschung, als es auf den ersten Blick erscheinen möchte.

Entschieden tritt der Zusammenhang zwischen dem Stand der
Mutter und dem der Kinder in dänischen Rechtsquellen hervor und
wir stehen nicht an zu behaupten, dieselben hätten hierin einen
altertümlicheren, ursprünglicheren Character bewahrt, denn das
isländische, norwegische und schwedische Recht. Denn von einem
Einfluss der Kirche, der sich nirgends anders in dieser Richtung
betätigt hat, kann auch hier nicht wol die Rede sein. Andreas
Sunesen[1]) sagt in seiner Paraphrase des schonischen Rechtes, dem
ältesten Denkmal desselben: „Matris conditionem sequitur semper
partus, ut sit liber partus ex libero ventre procreatus, licet pater
servili conditione premeretur,“ ebenso bestimmt das Waldemar-
Seeländische Gesetz (III 12): „Ist die Frau frei, der Mann unfrei
und hat er Kinder mit ihr, so sind die Kinder frei“, und Andreas
Sunesen an anderem Orte: „Ut partus .... sit servus ex ventre
servili progenitus, quantumcunque pater inter ingenuos nobilitatis
genere praefulserit.“

Wir haben uns überzeugt, dass diese Grundsätze nicht auf das
dänische Recht beschränkt sind. Die in einer Reihe von germanischen Rechten nachweisbare Zugehörigkeit der Kinder unter die
Mundschaft des Mundwalds der Mutter repräsentirt ebensoviele Fälle
von Mutterrecht.

Es wäre interessant zu erforschen, inwiefern die nämlichen Principien auch auf uneheliche Kinder Anwendung fanden, denn es ist

---

[1]) Erzbischof von Lund, 1201—22. Die folgenden Quellenbelege s. bei
Koldorup-Rosenvinge, Dän. Rechtsgesch. § 14 Note b u. § 15 Note h.

ja gar nicht selbstverständlich, dass dieselben der mütterlichen
Familie zugezählt, von der väterlichen ausgeschlossen werden. Die
altdeutschen Rechtsquellen schweigen über diesen Punkt fast vollständig.[1]) Dennoch sind wir nicht ganz ohne Nachrichten, und das
nordische, namentlich das dänische Recht liefert auch hier beachtenswerthe Belege.[2]) Nach seinen ältesten Quellen gehörten die Unehelichen nur zur Familie der Mutter und hatten ihr und ihren Verwandten gegenüber das gleiche Erbrecht wie die Ehelichen: „Nach
ihrer Mutter und deren Kindern nahmen sie volles und alles Erbe,
sie seien vor Gericht legitimirt oder nicht."[3]) Die Bussen für Verletzung ihrer Rechte (resp. Tödtung) erhielten die Spillmagen;
zwischen ihnen und ihrem Vater konnte ein Erbrecht nur durch
öffentliche (gerichtliche) Legitimation entstehen. Die Unehelichkeit
wurde noch nicht als Schande angesehen[4]) und die blosse Bluts-
verbindung durch die Mutter genügte, um dem Unehelichen die
Gleichberechtigung mit anderen Mitgliedern ihrer Familie zu sichern.
Diese Bestimmungen beziehn sich auf Fälle, wo der Vater nicht
nur bekannt ist, sondern auch seine Vaterschaft nicht verläugnet,
wo also ein rationeller Grund die Kinder seiner Familie abzu-
sprechen nicht besteht.

Zweifelhafter ist die Stellung der Unehelichen nach deutschem
Recht. Aus der Carta senonensis 42 [5]) ist ersichtlich, „dass im 6. Jahrh.
Kinder, die der Erblasser mit einer Sklavin erzeugt, später aber freigelassen hatte, des Erbrechtes darbten"[6]); dieses Princip muss im
9. Jahrh. noch bei lebendiger Kraft gewesen sein, da es selbst Karl
dem Grossen nicht gelang, einen Teil seines Erbes seinen Bastarden
zuzuwenden. Die Merowinger durchbrachen das erstere, indem sie,
ohne auf die Abstammung der Mütter Rücksicht zu nehmen, alle vom
Könige erzeugten Kinder Prinzen (regis liberi) nennen liessen, daher
auch nach Chlodwig sein unehelicher Sohn Theodorich neben den ehelichen Brüdern die Herrschaft erben konnte. Gregors Bericht lässt
jedoch erkennen, der merowingische Grundsatz sei neu und mit dem

---

[1]) Zöpfl, Rechtsgesch. 1872. III, S. 25.

[2]) Auch nach den übrigen nordischen Rechten gehört die Zulassung der
Unehelichen zur Rechtsgemeinschaft der väterlichen Familie einem späteren
Zeitraum an. Vgl. Lehmann l. c. SS. 14 u. 26.

[3]) Kolder-Rosenv. § 45 S. 60 ff.

[4]) l. c. 27. Note h. — Der defectus natalium des kanonischen Rechtes ist
erst mit Beginn des 10. Jahrh. entstanden!

[5]) M.M. Germ. Leg. Sectio V, I p. 204.

[6]) Amira, Erbenfolge und Verwandschaftsgliederung etc. München 1874.
S. 19 f. Daselbst überhaupt über das fränk. Recht.

alten Recht unverträglich gewesen.[1]) Wenn dieses Recht, sofern man
aus den bisherigen Ausführungen schliessen darf, gemeingermanisch
war, so dürfte der vom Sachsenspiegel bekämpfte Satz: „Man seget,
dat nen kint siner muder keves kint ne si, des n'is doch nicht",
eine Reminiscenz an dasselbe enthalten. Schwerlich ist die Polemik
des Sachsenspiegels, wie Zöpfl annimmt[2]), gegen das römische Recht
gerichtet. Der Grundsatz, kein Kind sei seiner Mutter Kebskind,
ist ein deutscher: es geht dies schon daraus hervor, dass er sich
in den, von römischem Einfluss freien, friesischen Quellen des fünf-
zehnten Jahrhunderts wiederfindet[3]) und überhaupt so tief eingewurzelt ist, dass er sich bis heute im Volksmund in ununter-
brochenem Gebrauche erhalten hat.[4]) Dass derselbe bei den Friesen
nicht etwa Folge einer allmäligen Verbesserung der Lage der unehelichen Kinder, sondern altnationales Recht war, erhellt daraus, dass
er bereits im Sachsenspiegel in der citirten Stelle erwähnt wird·
Die friesischen Küren enthalten tatsächlich manches Altertümlichere, als der Sachsenspiegel. So beriefen einige derselben die
unehelichen Kinder unmittelbar zur Erbschaft nach der Mutter,
wenn eheliche fehlten; andere erkannten den unehelich Geborenen
das Erbrecht bezüglich der Errungenschaft der Mutter, nicht aber
bezüglich ihres Erbgutes zu. Neuere und ältere Rechte stimmen
darin überein, dass das uneheliche Kind, wenn eheliche Kinder
fehlen, das Wehrgeld für die Tödtung der Mutter und die Mutter
das Wehrgeld für die unehelichen Kinder zu beanspruchen habe.
Dem gegenüber stellt sich das Recht des Sachsenspiegels als ein
neueres dar: Die unehelichen Kinder sollen rechtlos, Kebskinder
auch ihrer Mutter sein und kein Familienrecht geniessen — dieses
Princip ist gemeindeutsches Recht geworden; die geltenden Vorschriften der deutschen Gesetzbücher, welche den Kindern ein Erbrecht nach der Mutter und ein Recht auf Führung ihres Familien-
namens zuerkennen, beruhen auf römischem, nicht auf deutschem

---

[1]) Greg. Tur. hist. V, 21: episcopus ... declamare plurima de rege coepit
et dicere, quod filii eius regnum capere non possent, eo quod mater eorum ex
familia Magnachari, quondam adscita thorum regis adisset—ignorans quod,
praetermissis nunc (auf diesen Ausdruck legt G.Waitz die Betonung) generibus
feminarum, regis vocitantur liberi qui de regibus fuerant procreati." Schwerlich
hätte der Bischof das „declamare plurima" unternommen, wäre die Succession
der Unehelichen mit althergebrachtem Recht in Einklang gewesen.

[2]) l. c. III, § 89, Note 12.

[3]) Amira l. c. 180, 194.

[4]) Graf u. Dietherr, Rechtssprichwörter. 2. Ausg. 1869. S. 164, Nr. 134—6
cf. 138, für das Mutterrecht überhaupt Nr. 150.

Rechte.[1]) Waren die in der Einleitung angeführten römischen Rechtsbestimmungen wirklich Ueberreste ehemaligen Mutterrechtes, so stehen die modernen Gesetzbücher durch Vermittlung des römischen Rechtes in Zusammenhang mit dieser Urinstitution der Menschheit.

Gegen die Behauptung, dieselbe habe im longobardischen, fränkischen, friesischen, alemannischen, dänischen Rechte mit Bezug auch auf eheliche Kinder Anwendung gefunden, ist eingewendet worden, eine solche Ordnung der Dinge folge bereits aus der Natur des Mundiums.

Aus der Natur des Mundiums folgt aber weder, dass schon geborene Kinder, wie dies nach einigen Volksrechten (namentlich dem friesischen) der Fall ist, in Betreff der Freiheit und Unfreiheit das Schicksal ihrer Mutter teilen müssten, noch auch die Möglichkeit der Existenz von Ehen ohne mundium. Das in diesem Falle eintretende Verhältniss des Vaters zu seinen Kindern muss als Anomalie im Mundschafts-, besonders aber im Eherechte angesehen werden, da der physische Anteil des Vaters an der Erzeugung des Kindes wol weniger auffallend als der Akt der Geburt, aber dennoch der Menschheit von Urzeiten her bekannt ist.

Wie dem aber auch sein mag, unbestreitbar ist die Tatsache, dass, im Fall die Ehe ohne mundium bei den germanischen Völkern jemals allgemeine, einzige Form der Ehe gewesen wäre, die Kinder stets zu einer anderen Familie als die Väter: zur Familie der Mutter gehört hätten; mit anderen Worten: es hätte Mutterrecht geherrscht. Wie der Entdecker des Mutterrechts, dem alten, homerischen Gleichnisse folgend, sich ausdrückt, wären die Väter gleichsam wie verwehte Blätter gewesen, die, wenn sie abgestorben, keine Erinnerung zurücklassen und nicht mehr genannt werden. Sie hätten darin eine ähnliche Rolle gespielt, wie heutzutage die Mütter, deren Name und Stand im Namen und Stand des Ehemannes untergeht. Man hätte also sagen können „vir finis familiae" wie Ulpian in den Digesten sagte: „femina finis familiae" (L. 195 § 5[2]). Die Frauen wären bestimmt gewesen den Stamm und die dauernde Grundlage des Famlienlebens zu bilden; die Rollen der Geschlechter hätten also in späteren Zeiten gewechselt. Der Vater hatte ursprünglich nur für sich ein individuelles Leben, ohne Fortsetzung und rechtlichen Zusammenhang mit späteren Geschlechtern.

---

[1]) Roth, System des Deutschen Privatrechts II, § 171 ff. und Gerber, System § 250.

[2]) Bachofen, Mutterrecht S. 6.

Die Voraussetzung — Verbreitung der Ehen ohne Mundium war tatsächlich vorhanden,. — Auf rechtsvergleichendem Wege ist es erwiesen worden, vor der Ehe durch Kauf habe die durch Frauenraub bestanden, also jedenfalls eine Ehe ohne Mundium. Dass die faktisch unbeschränkte Gewalt des Mannes über die Frau die Agnation keineswegs nach sich zu ziehen pflegt, davon bietet die Ethnographie eine unerschöpfliche Fülle von Beispielen.

Drittes Capitel.

Wo Mutterrecht herrscht pflegt das Verhältniss zwischen Mann und Frau, zwischen Vater und Kindern mehr ein vermögens- als ein familienrechtliches zu sein. Der Mann verteidigt die geschlechtliche Integrität seiner Frau nur insofern als sein Eigentumsrecht dies mit sich bringt, nur Ehebruch der Frau wider seinen Willen pflegt er als strafbares Verbrechen anzusehen, dagegen nimmt der Mann auf niedrigen Kulturstufen selten Anstand, die Frau einem Gast, einem Fremden u. s. w. preiszugeben.[1] Es kümmert ihn wenig, dass dadurch die Abstammung der Kinder unsicher wird, denn in Folge des Mutterrechtes ist es nicht sein Stamm, der durch die Kinder fortgepflanzt wird. Die Keuschheit und Zurückhaltung des weiblichen Geschlechts gehört keineswegs zur natürlichen Mitgift des Menschengeschlechtes. Sowol die der Frauen als die der Mädchen ist verhältnissmässig spät unter dem Einfluss des Eigentumrechtes entstanden und durch die Religionen ausgebildet und befestigt worden. Inwiefern dies in ethisch und wirthschaftlich heilsamer Weise erfolgt ist, muss hier dahingestellt bleiben.

---

[1] S. darüber im Allg. Ausland 1875. S. 120. Ehebruch der Frauen bei den Buschmännern (Schneider, Erdkunde II, 664) u. Singhalesen (Post, Anf. 24) gestattet. ebenso in Panama (Bancroft I, 773), bei den Charruas (Azara II, 22) u. Guarany (l. c. 60). Nur der Liebhaber bestraft — meist mit Bussen — bei den Moscos (Waitz IV, 291) und Kaffern (Friedr. Müller, Ethn., 2. Aufl.. S. 192). Dem Gastfreund, resp. für Geld die Frauen prostituirt bei den Eskimo (Bancroft I, 65), Tinneh (l. c. 117), Nutkas (l. c. 218), Chinnoock (l. c.), Californiern (l. c. I, 390), Comanches (l. c. 513 f.). Auf die Keuschheit der Mädchen wird bei den meisten Naturvölkern nicht nur kein Gewicht gelegt — bei vielen derselben kann ein Mädchen, welches nicht schon Kinder geboren, als unschön und ungeeignet Liebe zu erregen, keinen Bewerber finden. Uneheliche Kinder werden dann nicht selten den ehelichen in der Familie (mütterlichen Familie) gleichgestellt.

Die alten Germanen zeichneten sich zwar nach allen Berichten in
hohem Masse durch diese Tugend aus, es ist jedoch selbstverständlich, dass sie über deren Pflichten und Grenzen andere Begriffe
hegten als wir heutzutage. Namentlich gewisse überlieferte Züge
werden schwerlich anders, denn als Ueberreste des Mutterrechtes
erklärbar sein.

Auch im germanischen wie im römischen Altertum war es
dem Vater nicht sowol darum zu tun, die seiner Gewalt unterworfenen Kinder selbst gezeugt zu haben, als vielmehr darum, dass sie
nicht in einem, ohne sein Wollen und Wissen verübten Ehebruch
der Ehefrau gezeugt worden, und freien Standes seien.

Daher konnte der Ehemann nach altdänischen Rechten seine
ehelichen Rechte einem anderen abtreten, obgleich er andererseits
befugt war, die Frau für Ehebruch straflos zu tödten.[1]) Ein Ehebruch mit Willen des Mannes war eben in jener Periode kein
Ehebruch in unserem Sinn — kein Vergehen. Bei manchen Stämmen
war es vielleicht, wie bei den alten Römern „καλλὸν καὶ φύσει
πολιτικὸν" dem Gast seine (des Gastgebers) Frau preiszugeben. Man
erinnere sich des häufig citirten Beispieles in der Edda (Rigsmal),
wo Heimdall, der mächtige Gott als Gast zu den greisen, allerdings kinderlosen Eheleuten Ai und Edda einkehrt, ihr gemeinsames Lager, zwischen sie gebettet, durch drei Nächte teilt und
bei dieser Gelegenheit mit Edda Thral, den Urvater der Knechte
zeugt. Auf gleiche Weise wird er später Gast eines zweiten und
dritten Ehepaares, schläft immer zwischen beiden und erzeugt so
den Ahnherrn der Bauern und den der Adeligen. Ganz gut ver-
trägt sich mit ähnlichen Bräuchen die strenge, allen Germanen gemeine Bestrafung des Ehebruchs. Sollte nicht Lex Liutpr. CXXX,
welche den Mann, der seine Frau zum Ehebruch verleiten will,
aber auch die Frau, die sich verleiten lässt, mit Strafe bedroht und
Lex Wisig. IV 1, 2: „. . . . ea tamen conditione retenta, ut si
mulieris maritus . . . eandem suam uxorem, ea nolente adulte-
randam cuicunque viro dedisse vel promisisse convincitur, quia tale
nefas fieri nequaquam inter Christianos oportet, nubendi alteri
viro . . . nullatenus illicitum est" — sollten diese Stellen nicht auf
eine ähnliche, alte Unsitte hinweisen? Spuren einer solchen fehlen
ja auch im späteren Mittelalter nicht. So z. B. berichtet der Sati-
riker Murner (1475—1535), doch wol nicht ohne eine factische
Grundlage in einer seiner unsauberen Schriften: Es ist in dem
Niderlandt der Bruch, so der Wyrt ein lieben gast hat, dass er

---

[1]) Kolderup, Rosenvinge 24 gibt Beispiele.

jm seine Frow zulegt uff guten Glauben[1]) und bei Henne am-Rhyn, der leider nicht speciell citirt, lesen wir[2]): „In Wien begnügte sich, wie Piccolomini[3]) in der Mitte des 15. Jahrhundert erzählt und Bonstetten an dessen Ende bestätigt, selten eine Frau mit einem Manne, und wenn die Edeln zu den Bürgern kamen, so trugen die Letzteren Wein auf und entfernten sich." Die Verantwortung für die Wahrheit der Nachricht mag den Autoren überlassen bleiben, dem Geist der Zeit kann sie doch wol nicht schroff widersprochen haben, da Äneas Sylvius sie sonst schwerlich wiedergegeben hätte. Weniger zweifelhaft ist der Wert der einschlägigen Bestimmungen der westfälischen Bauernrechte z. B. des Benker Heidenrechtes §27[4]):

„Item so wise ick ock vor recht, so ein guit man seiner frau ihr fraulick recht nicht doen könne, dat sey dar over klagde, so sall er sey upnahmen, und dragen sey over seven erfthuine, und bitten dar sinen negsten nabern, dat er siner frauen helffe; wan er aber geholfen is, soll hey si weder upnehmen undt dragen sey weder tho huss, und setten sey sachte dael, und setten er en gebraten hon vor, und ene kanne winss." Das Nämliche mit unwesentlichen Abweichungen enthält die Landfeste von Hattnegge, (§ 77)[5]) das Bochumer Landrecht[6]) und der 7 freien Hagen Recht[7]) § 32. Am Weitesten gehen die Hattnegger Landfeste und das Bochumer Landrecht.

Das Letztere bestimmt (Art. 52) „Item, ein mann der ein echtes weib hat und ihr an ihren freunlichen rechten nicht genug helffen kan, der soll sie seinem nachbahren bringen, und könte derselbe ihr dan nicht genug helffen, soll er sie sachte und sanfft auffnehmen, und thuen ihr nicht wehe und tragen sie über neun erbthüne, und setzen sie sanfft nieder, und thun ihr nicht wehe, und halten sie daselbst fünff uhren langh und rufen wapen, dass ihm die leute zu hülffe kommen; und kan man ihr dennoch nicht helffen, so soll er sie sachte und sanfft auffnehmen, und neu Kleidt und beuthel mit zehrgeldt (geben) und senden sie auff ein jahrmarkt; und kan man ihr alsdenn noch nicht genug helffen, so helffe ihr thausend düffel."

Grimm konstatirt, dass hier dem Ehemann gestattet war, im

---

[1]) Bastian, Der Mensch in der Geschichte III, 304.

[2]) Kulturgeschichte d. neueren Zeit 1870. I, 572. Vgl. Weinhold, l. c. II, 23 (15., 16. Jahrh.): „Gästen die man ehren wollte, ward ein schönes Fräulein zur Unterhaltung geschickt." [3]) Aeneas Sylvius. [4]) Weisthümer, III 42, § 27.

[5]) 16. Jahrh. a. a. O. S. 48   [6]) a. a. O. 70.

[7]) l. c. S. 311 nur in einer Redaktion des 16. Jahrh. erhalten.

Falle physischen Unvermögens einen Vertreter zu wählen und weist zugleich auf verwandte Gebräuche in Sparta und Athen hin[1]), wozu hinzugefügt werden kann, dass sie auch den Hindus nicht fremd waren[2]), deren Grundsatz Mayne formulirt: „The son belongs to the owner of the mother." Die Begründung der Sohnschaft auf Bluteinheit zwischen Vater und Sohn ist im indischen Recht ihrer Begründung auf die Herrschaft über die Ehefrau gefolgt[3]) und nicht anders war es im deutschen Recht. Die Kinder, die mit Wissen und Willen des Ehemanns von einem Andern mit des ersteren Frau gezeugt waren, wurden als seine rechten Kinder anerkannt.

Ein spätes Beispiel solch einer Anschauung ist, dass ein thüringischer Ritter zum Landgrafen Ludwig, dem Gemal der heiligen Elisabeth, mit der Bitte kam, derselbe möge ihn bei seiner Frau vertreten, was freilich damals schon als „Affenheit" beurteilt wurde.[4]) Die äusserste Gleichgiltigkeit gegen die Abstammung der Kinder bekunden die ältern Rechtsquellen überhaupt. So das oben erwähnte Gesetz König Aethebirth's (a. 560—616[5]): „Wenn ein freier Mann einen Ehebruch mit der Frau eines andern Freien verübt hat, soll er das Weib für ihr Wehrgeld erwerben und dem Beschädigten eine andere Frau kaufen und nach Hause zustellen", und die Lex Alam. Hloth. LI, wonach sich der alamannische Ehemann, dem die Frau entführt worden war, mitunter, ursprünglich vielleicht immer, mit einer Busse begnügte, durch deren Annahme er seinen Anspruch auf Frau und Kinder einbüsste, der Entführer demgemäss in die Lage kommen konnte, die von seinem Vorgänger erzeugten Kinder als die seinen anerkennen zu müssen. Die Frau war, wenn auch (soweit nicht Entführung aus fremdem Stamme ins Spiel kam) die Gewalt des Ehemannes über sie durch den schützenden Einfluss ihrer Familie beschränkt sein mochte, doch ursprünglich fast wie

---

[1]) R. A. 443 ff.

[2]) Kohler, Indisches Familien- und Erbrecht in der Zeitschr. f. vergl. Rechtswiss., III Bd. 1882, p. 394.

[3]) L. c. 406, 407, vgl. Kohler in der krit. Vierteljahresschr. f. Gesetzgeb. u. Rechtswiss. Neue Folge, IV. Bd. (1881), S. 17 f. u. die dort citirten Schriften: Post, Bausteine I, 88, Gir.-Teul. Orig. 151; üb. Griechenland Fustel de Coulanges Cité antique p. 53.   [4]) Weinhold Frauen II, 47.

[5]) § 31. — Schmidt, Ges. d. Angelsachsen, 2. Aufl. S. 5. Verkauf von Ehefrauen am Markt (als symbolischer Akt?) soll in England noch im laufenden Jahrhundert vorgekommen sein (Wackernagel, Familienrecht u. Familienleben der Germanen in Schreibers Taschenbuch f. Gesch. u. Altert. im Süddtschld. V S. 272—5) [Kl. Schriften, Bd. I], woselbst auch Belege in Bezug auf Tödtung der Frau durch den Ehemann.

eine Sache in die Hände des Letzteren gegeben. Wenn man den Sagas glauben darf, konnte er sie nach altnordischer Sitte einem andern als Erbstück lassen, oder ihm schenken, oder gleich einem Teil des Inventars, also gleich einer Unfreien, mit sammt seinem Hause verkaufen.[1]) Damit mochte der Brauch zusammenhängen, der in den Stand der Ehe tretenden Jungfrau das Zeichen der Freiheit, die wallenden Haare abzuschneiden und sie so der Sklavin äusserlich gleich zu machen.[2]) Auch die allzuleichte aus den fränkischen, alamannischen, bairischen, nordischen Rechten erweisliche Trennbarkeit der Ehe musste Unsicherheit der Vaterschaft zur Folge haben; von den Franken insbesondere wissen wir, dass die Trennung, mit Zustimmung beider Teile vorgenommen, auch für beide Teile die vollkommene Freiheit nach sich zog, in eheliche Verbindung mit dritten Personen zu treten.[3]) Die nämliche Unsicherheit war notwendig

---

[1]) Weinhold II, 11: Egilss. c. q.: Der Skalde Bardr der Weisse hinterlässt seine Frau, seinen Sohn und seine übrige Habe einem Freunde, der sie mit Zustimmung ihres Vaters ehelicht. Fridthiofssage c. 14: König Ring vermacht dem Fridthiof sein Reich und seine Frau; „mit dem Todtenmahle um den Verstorbenen wird der Brautlauf der beiden vereinigt". Floamannas c. 17: Thorgild lässt seine Frau einem Freund als Andenken zurück. Nach Saxo gibt König Frodi seine Frau zur Strafe der Untreue einem unbedeutenden Manne. Landnámab. I, 21: Eine Isländer verkauft Hof und Habe sammt seiner Frau, die sich freilich aus Verzweiflung darüber erhänkt. Weinhold, Altnordisches Leben 249: „Auch die alte Sitte des Mitsterbens des Weibes beruht ursprünglich auf der Meinung, dass sie zu seinem (des Mannes) Dienste und seiner Lust ihm ebenso folgen müsse, als das Ross und die Jagdthiere und die Knechte." Mit Leichtigkeit wäre dafür eine Menge von Belegen aufzubringen.

[2]) Waitz, Verf.-Gesch. I³ 58, Note 2. bestreitet Wackernagel's Ansicht, die Frau sei ganz und gar Eigentum des Mannes, unfrei, gewesen. Dagegen spreche doch alles, was wir über ihre Behandlung erfahren. Sicher durfte er sie nicht straflos tödten. — Letzteres mag richtig sein, schliesst aber ein eigentumsähnliches Verhältniss nicht aus, war ja doch nach spätrömischem Rechte das Recht des Herrn an dem Sklaven mannigfach beschränkt und doch Eigentum. Die auch von Waitz citirte Stelle in Tacit. ann. IV, 72: „postremo corpora conjugum aut liberorum servitio tradebant" setzt eine eigentumsähnliche Dispositionsbefugniss der alten Germanen über Frau und Kinder voraus. Die factisch einflussreiche und geachtete Stellung des Weibes steht mit dem barbarischen „Überlebsel" der Vorzeit in keinem unlöslichen Widerspruch. Waitz selbst gesteht zu, der Mann habe im Fall der Not über die Person von Frau und Kindern zu verfügen gehabt, die Frau in älterer Zeit bei einigen Stämmen vielleicht verkaufen dürfen und deutet Lex Saxon 65: „sed non liceat ullam feminam vendere. Lito regis liceat uxorem emere ubicunque voluerit" als Verbot dessen, was früher erlaubt war. Das Recht, die Frau zu verkaufen, ist aber durch das Eigentum des Mannes an ihr bedingt.

[3]) Nach dem Pactus Alam. fragm. 8, § 2 (L.L. III, 38) durften sich Ehegatten mit beiderseitiger Zustimmung trennen; nach § 9 (l. c.) durfte der Mann

mit der für unser Gefühl ungeheuerlichen, bei den Scandinaviern
jedoch nicht seltenen Combination des Todtenmals nach einem Ehemann mit dem Brautlauf seiner Wittwe verbunden[1]), ferner mit dem
überaus häufigen Entführen von Frauen, sei es nun während des
waffenstarrenden Friedens, oder während der, besonders im Norden
den Normalzustand bildenden Raubzüge und Ueberfälle der Periode.
Alle diese Ursachen begünstigen das Mutterrecht, sie haben es zwar
(in abgeschwächter Form) überdauert, aber doch sicherlich dazu beigetragen, dass sich gewisse, kennzeichnende Zeugnisse desselben
tief in die historische Zeit hinein erhalten haben.

Dazu gehört das Verhältniss zwischen Vater und Kindern. Die
Kinder standen dem Vater verhältnissmässig fremd gegenüber und
bedurften gegen seine schroffe Gewalt des Schutzes der Muttermagen, der freilich kein vollkommener war.[2]) Das Neugeborene

---

die Frau verstossen und hiermit die Ehe auflösen, doch nur gegen Erlag einer
Busse; auf gleiche Weise konnte das Verlöbniss gelöst werden (L. Hloth. LIII).
Die Lex Baiuv. VIII, 14 (L.L.III, 300) bestimmt die Höhe der Composition für
den Fall, dass der Ehemann seine Frau ohne Verschulden ihrerseits ver-
liesse. Bei den Franken war die Ehetrennung aus späterhin dazu nicht mehr
genügenden Gründen gestattet: Greg. Tur. Hist. Fr. X, c. 13. Vgl. Pippins
Capitulare Compendiense v. 757, L. L. Sectio II, 1. I (1881), p. 38, § 6, 7, 9, 10;
dagegen enthält § 21 ein Verbot neuer Ehe bei Lebzeiten des ersten Gatten.
In diesem, sowie im Capitulare Vermeriense (753—768) macht sich überhaupt
bereits die kirchliche Tendenz nach Befestigung der Ehe fühlbar. Vgl.
Pippini Princ. Cap. Suesson 744. L. L. I, 30, § 9: nec marito viventem sua
mulier alius non accipiat, nec mulier vivente suo viro alium accipiat; quia
maritus muliere sua non debet dimittere, excepto causa fornicationis deprehense;
eine Verordnung, die später wiederholt erneuert werden muss. Aber noch in
dem capit. Hloth. a. 829 (Petr. L.L. 1, 353), § 3: „Quicunque propria uxore
derelicta aut sine causa interfecta aliam duxerit armis deposita publicam agat
poenitentiam" ist von Nichtigkeit der zweiten Ehe nicht die Rede. Für die
älteren fränk. Verhältnisse vgl. man die, allerdings mythische Geschichte von
der Frau des thüringer Königs Bisin, die den Mann verlässt u. von Childerich,
König der Franken, geehelicht wird (Greg. II, c. 15), namentlich aber die fünf
libella repudii bei Rozière I, Nr. CX—CXIV und unter diesen die form.
andeg. LVII (M. M. L. L. Formulae I, 24). „.... Ubicumque iocalis mens mulieri
volueret, licenciam habiat potestatem faciendi; similiter et illa convenit, ut,
ubicunque ipsa femena ... sibi marito accipere voluerit licenciam habiat potestatem faciendi und vorher: .. convenit nobis ante bonis hominibus, quod invicem nos relaxare deberemus; quod ita et fecimus", Nach nordgermanischen
Rechten war die Ehetrennung nicht weniger leicht: Lehmann, S. 104 f.

[1]) Weinhold, Deutsche Frauen II, 41.

[2]) Interessante Fälle solchen, rechtlich geforderten Schutzes: Nach west-
ländischem Friesenrecht musste der Vater, der seine Tochter wider ihren Willen
verheiratet, wenn ihr in Folge dessen ein Leid geschehen, dafür eine Busse
zahlen, als hätte er sie mit eigener Hand erschlagen: Weinhold I, 304, vgl. die

stand, bevor es Nahrung zu sich genommen, völlig in der Hand
seines Vaters. Es blieb auf der Erde liegen, bis er erklärte, ob
er es am Leben lassen wolle oder nicht. Im ersteren Falle
liess er es vom Boden aufheben, was an gewisse Formen der
Adoption: Kniesetzen und Schosssetzen, genupositio bei den
Deutschen, an die scandinavische Adoptio per baptismum, am meisten
an die, gleichfalls im blossen Aufheben von der Erde bestehende
Adoption einiger slavischer Völker erinnert.[1]) Im Falle nun das
Kind nicht aufgenommen worden, setzte man es sofort aus oder
tödtete es. Das Aufheben von der Erde hatte nicht die Bedeutung
der Anerkennung der Vaterschaft seitens des Vaters und konnte
auch andere Ursachen haben als Untreue der Frau, z. B. Unmut
wegen Geburt allzuvieler Mädchen[2]), wie denn überhaupt Mädchen
bei rohen Völkern besonders stark dem Kindermord unterliegen.
Ein solches Recht bekundet zwar eine schrankenlose Gewalt des
Vaters, zugleich aber äusserste Lockerheit des Familien- und Liebes-
bandes zwischen ihm und den Kindern. Die Blutsverwandtschaft
genügte nicht zur Herstellung dieses Bandes; die der Eigentums-
ergreifung, der symbolischen Apprehension, der Adoption gleiche
Aufhebung des Kindes, ein nicht natürliches, sondern wesentlich
künstliches, allem Anscheine nach vermögensrechtliches Moment,
bildet den juristischen Beginn der Kindschaft und der Vaterschaft.
Weil dieser vermögensrechtliche Charakter der letzteren erhalten
blieb, durfte der Vater seine Kinder statt anderer Busse für seine
Vergehen veräussern[3]) oder im Falle der Not in die Sclaverei verkaufen[4]), oder sie als Tribut oder an Zahlungsstatt für unentbehr-

---

Bestimmung des Goslarer Rechtes bei Kraut, Vormundschaft I, 40. 44, wonach
von einem Manne, der seine Ehefrau erschlagen, ihr und sein eigenes Kind,
sowie in zweiter Linie die Muttermagen des letzteren, Busse fordern sollen.

[1]) Grimm, R. A. 464.

[2]) a. a. O. 455 ff. Vgl. für die Skandinavier Weinhold, Altnord. Leben 260 ff.
Bekannt sind die röm. und griech. Analogieen.

[3]) Edda Hymiskwidha Nr. 79. Simrock S. 38.: „Doch hörtet ihr wol ....,
welche Busse er empfing von dem Bergbewohner? .. Den Schaden zu sühnen, gab
er der Söhne zwei." cf. Waitz, Verf.-Gesch. I[6], 57 f., ferner Lex Baiuv. I, 10: „se
ipsum et uxorem et filios tradat ad ecclesiam in servitio", vgl. Laband, l. c. S. 191.

[4]) Grimm, R. A. 329, 461. Capit. Karls d. Kahlen von 864, Pertz, L. L. I, 498:
in den fränk. Capitularien sind noch einige analoge Beispiele enthalten. cf. die
angelsächsische Bussordnung, Theod. Capit. Dacheriana (Wasserschleben 155):
„Pater filium suum necessitate coactus in servitium sine voluntate filii tradet" u.
Theodor. Poenit. (l. c. 217): „Pater filium suum necessitate coactus potestatem habet
tradere in servitium XIV annos, deinde sine voluntate filii licentiam non habet". In
Bezug auf altnorwegisches Recht s. Röwe, Vormundschaft I, 48 f.: Der insolvente
Vater durfte die Kinder dem Gläubiger an Zahlungsstatt abtreten (so Hulath.

Dargun, Mutterrecht u. Raubehe im german. Recht. 4

liche Nahrung hingeben.[1]) So konnte es kommen, dass sich der
Vater, dem fremde Kinder abgetreten wurden, unter Umständen
für den rechten Vater derselben ansah, dass z. B. der Castrirte
durch Uebergabe von drei Kindern: zwei Söhnen und einer Tochter
entschüdigt werden sollte[2]) und die lex Alam. (tit. LI) vorschreibt,
die vom Entführer mit der entführten Frau eines anderen gezeugten
Kinder sollen zum ersten Gemahl des Weibes gehören: Non sint
illius qui eos genuit, sed ad illum priorem maritum mundio pertineant.
Nicht weniger im Widerspruch mit unseren Anschauungen ist es,
dass der Findling vollständig in die Gewalt des Finders überging
und die wirklichen Eltern weder die Pflicht, noch auch nur das
Recht hatten ihn zurückzunehmen.[3])

Einfache Consequenz der geschilderten Verhältnisse war es,
wenn sowol das Eheband, als die Verwandtschaft zwischen Vater
und Kind in ältester Zeit minder geachtet und geheiligt waren, als
die zwischen Mutter und Kind und zwischen diesen und den Blutsverwandten mütterlicherseits, den Geschwistern, dem Mutterbruder
u.s.w. Gervinus, hier gewiss ein classischer, weil ebenso kundiger
als unbefangener Zeuge, — vom Mutterrecht in Deutschland konnte
er ja keine Ahnung haben — macht die folgende, gewiss interessante Bemerkung[4]): „Durch die sämmtlichen, von diesen Blutver-
geltungen bis zur Eintönigkeit überfüllten Dichtungen der älteren
Edda geht der unterscheidende Zug, dass die straffgezogenen

---

lög. c. 71). Rives Ansicht I, 209, Note 47, wonach das Recht des Vaters die
Kinder zu verkaufen aus römischem Rechte stammt ist sicher nicht haltbar.
Noch der Schwabenspiegel c. 357 und Geiler v. Kaisersperg in der Abhandlung
wie der Kaufmann sein soll (um 1500!), gestehen dem Vater das Recht zu, bei
ehehafter Not das Kind zu verkaufen. Der Mutter dagegen ist es (nach Geiler)
nicht erlaubt den Sohn zu verkaufen, sie mag Hunger leiden oder nicht.

[2]) Tac. ann. IV, 72; Jordanes c. XXVI: „Satius deliberant ingenuitatem
perire quam vitam, dum misericorditer alendus quis venditur, quam moriturus
servatur." — sicher im Geiste der Zeit, wenn auch möglicherweise historisch
ungenau.

[3]) Grimm, R. A. 404.

[3]) l. c. 460. — In dem nicht in die Monumenta aufgenommenen capitulare
incerti anni „datum in synodo cui interfuit Bonifacius" cca a. DCCXLIV bei
Walter Corp. jur. germ. II, 25 findet sich (§ 1) folgende interessante Verordnung: De exposito infante. „Si expositus ante Ecclesiam cuiuscunque fuerit
miseratione collectus, contestationis ponat collector epistolam. Et si is qui
collectus est, intra decem dies quaesitus agnitusque non fuerit, securus habeat
qui collegit. Sane qui post praedictum tempus eius calumniator extiterit, ut
homicida damnabitur, sicut Patrum sanxit auctoritas." Wenn das betreffende
Capitulare auch unecht ist, würde es sich doch wol der Mühe verlohnen, der
Zeit und Quelle seines Ursprungs nachzuforschen.

[4]) Gesch. d. deutsch. Dichtg., 5. Aufl. I, 95 f.

Familienbande, die hier die noch mangelnde Staatsbande ersetzen, am heiligsten sind in dem gleichlebigen Geschlechte der Geschwister, dass sie schlaffer wirken in Bezug auf die untergehenden, am schlaffsten in Bezug auf die neuen aufgehenden Familien. Gatten- mord und Vatermord sind nicht ungewöhnlich, aber Brudermord kommt nicht vor; des Bruders Leben ist selbst auch der Blutrache der Geschwister entzogen. Dem sterbenden Hreidmar weigern seine Töchter die verlangte Rache an ihrem Bruder Fafnir, der den Vater getödtet, weigern auch dem Bruder Regin ihre Hülfe, der zwar, unter dem Fluch des Schatzes Fafnir nach dem Leben stellt, aber selbst einen anderen zu dem Morde anstiftet; um dagegen die Ermordung ihrer Brüder zu rächen, unterdrücken Signi und Gudrun Ehepflicht und Mutterliebe bis zum Morde von Kindern und Gatten, treten die Geschwister Signi und Sigmund in eine blutschänderische Verbindung, um aus einerlei Blut einen Rache- gehülfen zu zeugen. Gudrun lässt sich zur Annahme einer Sühne für den Mord ihres Gatten bewegen, nicht für den Mord ihrer Brüder.“ — Bachofen schreibt seinerseits in den antiquarischen Briefen [1]), ohne von der angeführten Stelle Kenntniss zu haben: „Hier ist es überzeugend dargetan, um wie viel fester das Ge- schwisterband, das Blutband, als das Eheband in der germanischen Urzeit gewesen ist. Gudrun ist weit entfernt, an den Brüdern den Tod des, durch ihre Anstiftung erschlagenen Sigurd zu rächen; sterbend spricht dieser zu Gudrun, obwol er die Ursache seines Todes erkennt:

> Gräme dich Gudrun so grimmig nicht,
> Blutjunge Braut, deine Brüder leben.[2])

. . . . Später heiratet Gudrun Atli Brynhildens Bruder, als dieser jedoch Gudruns Brüder ermorden lässt, rächt sie sich an ihm und erschlägt ihn selbst und die mit ihm gezeugten Kinder . . . . den Brüdern opfert die Schwester alles: „erst die Trauer über Sigurd's Tod, dann den zweiten Gatten, endlich das Muttergefühl.“ Und Gervinus fährt fort in weiterer Ausführung derselben Gedanken: „Die Walkyre Sigrun verflucht ihren innig geliebten Gatten Helgi, weil er in der Schlacht ihren Bruder erschlagen; dass ihr zweiter Bruder dafür ihren Gatten tödtet, das zu rächen, wie Kriemhild tut, fällt ihr nicht ein. Das Alles liegt in der erhaltenen deutschen Sage

---

[1]) Antiquarische Briefe, vornehmlich zur Kenntniss der ältesten Ver- wandtschaftsbegriffe. Strassb. 1880. S. 178 f. Vgl. überhaupt die bemerkens- werten Briefe XXI (Bruder u. Schwester in der Chrimhildsage der Nibelungen) S. 169 ff. und XXII (Bruder und Schwester in der Chrimhildsage der Edda) S. 178 ff. [2]) Cf. Der Nibel. Not, Lachm. v. 986—989.

ganz umgekehrt; ein merkwürdiges Mittelglied scheinen die Mero-
wingischen Sagen zu bilden. Der Brudermord, im Norden unerhört,
ist in den Geschlechtern der Burgunder und Thüringer wie zu Hause,
die dafür aber auch dem Untergange verfallen; das Merowingische
Haus, dem sie zum Opfer fallen, ist von Verwandtenmord aller Art
befleckt, aber von keinem Brudermord. Den Sigibert († 275), der
auf dem Wege dazu war, hält ein tragisches Schicksal auf.[1]) Die
beiden Furien, die zwar Fremde, aber durch Heiratsbande den
Merowingern einverleibt, durch zwei Geschlechter Greuel auf Greuel
in den fränkischen Herrscherfamilien häufen, sind beide, Hrothilde
durch einen Brudermord, der an ihrem Vater von ihrem Oheim
verübt war, Brunhilde durch die Ermordung ihrer Schwester zu
ihrem unersättlichen Rachedurst getrieben. In der deutschen Kriem-
hildensage machte uns die völlige Umkehr der Tatsachen im
Gegensatz zu der nordischen Gudrunsage: dass Kriemhilde in einem
Uebermasse von Liebe und Treue den Mord ihres Gatten an ihren
Brüdern mit der blutigsten Hartnäckigkeit, nicht wie Gudrun, den
Mord ihrer Brüder an dem Gatten rächt, aufmerksam auf das verschiedene sittliche und gesellschaftliche Verhältniss, das hier zu
Tage tritt. In der nordischen Sage wirkt die verwandtschaftliche
Treue in dem engsten Familienbande der Geschwister, wie nach
einem blinden, unverbrüchlichen Naturgesetz, das zu einem all-
zwingenden Brauche geworden ist .... in der deutschen Sage
greift die Treue über den engsten Familienkreis hinaus; sie wird,
auch wo sie im Ehe- und Lebensband, zwischen Herr und Diener,
Pfleger und Pflegling vorkommt, besungen und bildet den Uebergang zu Ritter- und zu Christentum." Ein merkwürdiges Beispiel
der von Gervinus geschilderten Wandlung und Scheidung zwischen
der alten und der neuen Zeit enthält die Völsungasage (c. 8).
Siggeir ermordet den Vater und alle Brüder seiner Gemahlin Signy,
bis auf Sigmund, und letztere setzt nun alles ein, damit dieser die
Blutrache vollziehe. „Als dies endlich gelingt und König Siggeirs
Halle in Flammen steht, weist sie die Bitte ihres Bruders, hinaus-
zugehen, ab, küsst ihn noch einmal und geht in das brennende
Haus, um ihrer Pflicht als Gattin zu genügen und mitzusterben,
nachdem sie getan, was sie als Tochter tun musste".[2])
Entsprechend dem hohen Alter der Eddasagen wird auch in

---

[1]) Auch Theodorich Chlodwigs Sohn stellte dem Leben seines Bruders
(Chlotar) nach. Greg. Hist. Fr. IV, 4. Chavao, Graf der Bretagne tödtet drei
seiner Brüder. Von einem Brudermord im alten Dänemark Saxo Hist. Dan.
(Ausg. v. 1644) S. 27: Der König Frotho hinterlässt drei Söhne, deren jüngster
Haldan seine Brüder erschlägt.   [2]) Weinhold, Altnord. Leben 253.

anderen Liedern der Edda nicht Vater- und nicht Gattenmord, sondern Brudermord als grösstes Verbrechen gebrandmarkt, so z. B. Oegisdrecka Str. 17[1]):

> Schweig Idun! Von allen Frauen
> Mein ich dich die Männertollste:
> Du legtest die Arme, die leuchtenden gleich
> Um den Mörder eines Bruders.

ferner Fafnismal Str. 36[2]):

> So klug ist nicht der Kampfesbaum,
> Wie ich den Heerweiser hätte gewähnt,
> Lässt er den einen Bruder ledig
> Und hat den andern umgebracht.

und Hawamal Str. 87[3]):

> Dem Mörder deines (seines) Bruders, wie breit wäre die Strasse
> .... Dem .. soll Niemand voreilig trauen.

Der Umstand, dass hier wiederholt gerade von Brudermördern die Rede ist, beweist übrigens, dass Brudermord im Norden, wenn auch selten, doch nicht durchaus unerhört war. Die Edda selbst berichtet, wie Gudruns Söhne Sörl und Hamdir ihren Bruder Erp erschlagen. Dieses vereinzelte Beispiel vermag jedoch nicht den von Gervinus und Bachofen so trefflich gekennzeichneten Charakter der Zeit zu verwischen, der mit dem Mutterrecht offenbar im Einklang, wahrscheinlich im Zusammenhang steht. In historischer Zeit ging er einem ebenso frühen als raschen Verfalle entgegen und schon die Leges barbarorum mussten gegen Bruder- und sonstigen Verwandtenmord vorsorgen. Bedeutsam ist es, dass gerade diese Vorschriften zu den wenigen römischrechtlichen, unter dem Einfluss der Kirche recipirten der deutschen Volksrechte gehören, dass also ein älteres, die nämlichen Fälle betreffendes Gewohnheitsrecht entweder gar nicht bestanden hatte oder mit den kirchlichen Grundsätzen im Widerspruch stand. Aber auch jene Vorschriften können den germanischen Einfluss nicht völlig verleugnen. Einige, namentlich ältere (auch die der Capitularien sind mit in Betracht zu ziehen), zeichnen sich durch eine gewisse Bevorzugung des Mutterbruders aus, indem sie denselben unter den speciell namhaft gemachten und geschützten Personen, unmittelbar nach Vater und Bruder erwähnen. Man kann nicht umhin dabei an die Ausnahmsstellung des taciteischen avunculus zu denken. So Lex Alam. Hloth. XL; von Capitularien die Capit. Miss. gen. a. 802 inito. § 37[4]), wo der avunculus vor dem patruus und das Cap. Kar. M. (803—813?) § 3[5]), wo nur pater, mater, avunculus und nepos genannt werden.

---

[1]) Simrock S. 83.   [2]) l. c. 201.   [3]) l. c. 53.
[4]) M.M. L.L. Sectio II (ed. Boretius) p. 96.   [5]) l. c. p. 143.

Das Capit. De rebus exercital. 811 § 10[1]) nennt nur mater, matertera, patruelis, aber darin liegt bei der den Schwertmagen günstigen
Zeitrichtung nichts auffallendes. Auch der gegen Incest gerichtete
Titel XIII § 11 der Cod. 6 u. 5 Leg. Sal. (Kern Spalte 77), welcher
in Cod. 10 Sp. 79 und in der Lex emendata (l. c. Sp. 80) beibehalten erscheint, führt nur die Frau des Bruders und des avunculus
an. Allerdings muss hiebei vorausgesetzt werden, dass die citirten
Quellen unter avunculus überall den Bruder der Mutter verstehen,
was mindestens für die Capitularien kaum bezweifelt werden kann.
Ein ungewöhnlich inniges Verhältniss zwischen Neffen und Mutterbruder tritt übrigens auch in anderen ältesten Denkmälern des germanischen Volkstums hervor. Nach der Sigurdarkwida Str. 26, 27
sagt der sterbende Sigurd zu Gudrun:

"Einen Erben hab ich, allzujungen
Fern zu fliehn aus der Feinde Haus.
Die Helden haben unheimlichen, schwarzen
Neumondsrath nächtlich erdacht.

Ihnen zeltet schwerlich nun, und zeugtest du sieben
Solch ein Schwestersohn zum Thing."[2]

. . . .

Einerseits tritt hierin freilich ein exceptionelles feindliches Verhältniss an den Tag, andererseits aber schreiben die letzten Zeilen
gerade dem Schwestersohn eine regelmässige öffentliche Function
neben den Oheimen zu. Die gewöhnliche Festigkeit dieses Familien-
bandes äussert sich in der herzlichen Freundschaft zwischen Sigurd
und Gripir, dem weisen Bruder seiner Mutter.[3] In den deutschen
Nibelungen finden sich analoge Beispiele. König Etzel tafelt mit
seinen Gästen, den Brüdern Chrimhild's und redet zu ihnen wie
folgt[4]):

"nu sehet, vriunde mine,   daz ist min einic sun,
und euch iwerre swester: daz mag iu allen wesen frun.

1852. Geväht er nach dem künne,   er wirt ein küene man,
rich und vil edele,   staro unde wol getan.
lebe ich deheine wile,   ich gib im zwelf lant:
so mag iu wol gedienen   des jungen Ortliebes hant.

1853. Dar umbe bite ich gerno   iuch, lieben vriunt min,
swenir zo lande ritet   wider an den Rin,
so sult ir mit iu füeren   iwer swester suon,
und sult euch an dem kinde   vil genaediclichen tuon.

---

1) l. c. p. 165.   2) Simrock, Edda 216.   3) a. a. O. Gripispa S. 180.
4) Der Nibelunge Not. ed. Lachmann. Auch angeführt bei Waitz, Verfassungsgesch. I³ Seite 67 f. Note.

1854. Und ziehet in ze êren,
bât iu in deu landen
daz hilfet er iu rechen,

uns er werde man.
iemen îht getân,
gewahset im sîn lîp.“

. . . .

Nicht weniger. charakteristisch betont das, im 10. Jahrh. entstandene Lied von Walthari und Hildegund die Liebe zwischen Oheim und Neffen und die sie verbindende Rachepflicht.[1]) Walthari wird von zwölf burgundischen Helden angegriffen und besteht mit jedem derselben einen Einzelkampf:

„Sextus erat Patavridus, soror hunc germana Haganonis
Protulit ad lucem, quem cum procedere vidit
Vocibus et precibus conatus avunculus inde
Flectere, proclamans, quonam ruis? aspice mortem
Qualiter arridet! desiste, en ultima Parcae
Fila legunt, o care nepos, te mens tua fallit.
Desine! Waltharii tu denique viribus impar . . . .
. . . Ecce ego dilectum nequeo revocare nepotem! . . .
Heu mihi, care nepos matri quid perdite mandas?
Quis nuper ductam refovebit, care, maritam,
Cui nec raptae spei pueri ludicra dedisti?
Sic ait et gremium lacrimis conspersit obortis
Et longum, formose vale! singultibus edit“ . . . .

Patafried fällt wirklich. Darauf rüstet Hagen selbst zum Kampf und wirft Walthari vor, so viele Genossen und Anverwandte Hagens getödtet zu haben:

„Cetera fors tulerim, si vel dolor unus abesset:
Unice enim carum, rutilum, blandum pretiosum
Carpsisti florem mucronis falce tenellam,
Hae res est pactum qua irritasti prior almum.
Idcirco gazam capio pro foedere nullam.
Sitne tibi soli virtus, volo discere in armis,
Deque tuis manibus caedem perquiro nepotis.“

Auch noch in späteren sagenhaften und historischen Gedichten des Mittelalters wird das nämliche Verwandtschaftsband nachdrücklich hervorgehoben. Bedenkt man wie lange oft Volksanschauung, Sitte und Brauch die Ordnungen des Rechtes überdauern, wie zahlreich die, nicht selten die unwichtigsten Dinge umfassenden (besonders von Tylor nachgewiesenen) Überlebsel der Urzeit noch heutzutage sind, so wird man eine gewisse Wahrscheinlichkeit für den Zusammenhang der folgenden Belege mit dem Familienrecht der Urzeit nicht leugnen. Das ziemlich späte, doch an altertümlichen Zügen nicht arme Lied von Ortnits Brautfahrt berichtet:

---

[1]) Waltharius, herausg. v. Grimm in J. Grimms und Schmellers lat. Ged. des 10. u. 11. Jahrh., S. 31, 32. vers. 846—852, 868, 871—876. 1270—1276.

„Da sprach der Lamparter: Ich bin dein Schwesterkind,
Da unter meiner Fahne die Fürsten alle sind,
So wähl' ich dich zum Vater, du bist der Oheim mein:
Das Heer und auch dich selber befehl ich der Treue dein."[1]

und auch in Ottokars Chronik (Erste Hälfte d. 14. Jahrh.) ist nach
Wackernagel vom Schwestersohn die Rede[2]:

„Do der von Luczelburg cham
Auf das Veld und vernam
Wer mit ym wolt streiten;
Do sach er sein do peiten
Von den Perigen seinen nagsten Mag.
Daz was seins Herczen-chlag,
We hewt und ymer, sprach der Fruet,
Sol Ich mein Verich und mein Plut
Auf den Tod hie bestan?
Ob Ich das vererrt,
So wer Ich ungeert
Hinfür ymermer.
Vil pald tet er oher
Hin an den von Prabant.
Nu hielt auf dem Sant
Von den Perigen der vnverczait,
Dem wart da gesait,
Darczu und erz selb sach,
Daz sein Oehaim versprach
Der von Luczelburg an den Zeiten,
Er wolt mit ym nicht streiten.
Daz waz wol auch sein Will,
Er hielt mit seiner Schar still
So lang, uncz das geswant
Der Chraft dem von Prabant".......

Auch in den Historikern älterer Zeit fehlt es nicht an corre-
spondirenden Zügen, obwol dieselben von geringerem Werte sind,
da in der Regel nicht nachweisbar ist, ob nicht nähere oder gleich
nahe Schwertmagen mangelten.

Gregor von Tours meldet die Geschichte eines gewissen Nanthin,
welcher sich um die Grafschaft von Angoulême aus dem Grunde
bewirbt, um die Anstifter der Ermordung seines Mutterbruders, des
Bischofs Marachar, leichter entdecken und bestrafen zu können, und
nachdem er das Amt erhalten, den Bischof der Stadt der Untat
zeiht und argen Verfolgungen aussetzt. — Der Neffe hat also den
Oheim, wie der Oheim den Neffen zu rächen. Der Oheim wird
ferner als Vormund und Reichsverweser für den Schwestersohn ge-

---

[1] Simrock, das kleine Heldenbuch 1859. S. 381.
[2] Walthari und Ottokar citirt bei Wackernagel l. c. Ottokar s. bei Pez
S. S. rer. Austr. c. CXXXIII.

nannt [1]), er sorgt für die Verheiratung der Schwestertochter [2]), nach
skandinavischen Sagen flieht der Verfolgte zum Mutterbruder [3]),
dem Schwesterkind wird mit Vorliebe des letzteren Name gegeben [4]),
ihm wird es zur Erziehung anvertraut [5]), nicht selten folgt es ihm
in Ämtern und Würden [6]); auch erwähnen Sage und Geschichte
mitunter, jemand sei dieses oder jenes Mannes Schwestersohn gewesen [7]), was heutzutage mindestens seltsam erschiene. Die Rechtsentwicklung hatte das Mutterrecht in vielfacher Beziehung überholt,
aber in Sitte und Sinn des Volkes waren doch mancherlei unmissverständliche Spuren desselben zurückgeblieben. Directe, uns
fremdartige Hervorhebung der Stammmutter lässt sich, insbesondere
in Sagen nachweisen, man legt mitunter auf den mütterlichen Namen
das vornehmste Gewicht und vernachlässigt dabei vollständig den
Namen des Vaters.

An der Spitze des mythischen longobardischen Königsstamm-
baumes steht ein Weib: Gambara, welche mit ihren zwei Söhnen

---

[1]) Theodorich d. Gr. ordnet und überwacht die Vormundschaft über den
westgothischen Amalarich; vgl. Scrpta Hist. Isl. Ol. Trygves. I, p. 2: Haraldus
patre mortuo regiam dignitatem accepit, annorum decem. Guthormus avunculus
ejus fuit praefectus aulicorum, totiusque regni administrationi praefuit.

[2]) Theodor. d. Gr. verheiratet Amalberga an Hermanfried von Thüringen.

[3]) Zu Olav Trygvesons Zeit flüchtet Ottar mit seinem Bruder vor Feinden
zum Mutterbruder, der sie freudig begrüsst und durch acht Jahre beherbergt,
Scrpta Hist. Isl. II, p. 3 c. 151; Kjartan flieht gleichfalls zum Oheim und wird
ebenso freundlich empfangen l. c. p. 23, c. 159.

[4]) Ein Sohn Olaw Trygves. und Thyrias nach dem mütterlichen Grossvater
benannt, der zweite nach dem Mutterbruder l. c. II, p. 6 c. 152. Ein anderes
Beispiel l. c. p. 18, c. 156.

[5]) Olaus der Heil. sendet seinen Sohn zu Verwandten seiner Frau, obwol
er diese durch Gewalt geehelicht. Hist. Olavi Sti l. c. IV, p. 171 c. 84. „Auch das
uralte Band zwischen Neffen und Oheim zeigt sich hier" sagt Weinhold (Altnord. Leben 285), denn die Kinder wurden gerade bei den mütterlichen Verwandten häufig untergebracht." Olafss. helga c. 1. Egilss. c. 65. Gislas.
Surssonn S. 5.

[6]) Amira, Erbenfolge S. 8: „Auf das Erbrecht zwischen Mutterbruder und
Neffen scheint sogar bei Übertragung von Ämtern, z. B. des Comitats tatsächlich
Rücksicht genommen worden zu sein (s. Gregor. Turon. hist. V, 37)." Tacitus
ann. XII, 29, 30 zufolge übernahmen nach Vannius, König der Sueben, zwei
Schwestersöhne die Regierung.

[7]) „Thorvaldus Vigaglumi ex sorore nepos. Scrpta Hist. Isl. II, 133 c. 200.
Asgrinus Gizunis, Gizunis ex sorore nepos l. c. p. 219 c. 228. Ähnlich Jordanes
c. XLV: „... Marcellini quondam patricii sororis filius ... c. L: Cujus Candacis
patris mei genitor ... notarius fuit, eiusque germanae filius Gunthigis ...
filius Andagis, filii Andalae, de prosabia Amalorum discedens."

die Herrschaft des Volkes inne hatte. Wie der Vater Ybors und Agios geheissen, wird nirgends berichtet.[1]

Im deutschen Nibelungenliede werden die drei burgundischen Könige wiederholt Uotens Kinder geheissen:

„der junge sun vroun Uoten zuo de strite spranc[2]) ....
Ob ir nu niemen lebte, wan din Uoten kint"[3]) ....

u. s. w. niemals nach dem Vater. Auch da, wo die Väter genannt und bekannt waren, rief man die Söhne häufig nach der Mutter.[4]

In den Nibelungen sagt Chrimhild zu den Brüdern:

XX 204: Welt ir mir Hagen einen   ze einem gisel geben,
    sone wil ich niht versprechen   ichen welle iuch lâzen leben:
    wan ir sit mine brüeder   unde einer muoter kint:
    sô red ichz nâch der suone   mit disen helden die bie sint."[5]

Erst der Umstand, dass die Geschwister „einer Mutter Kind" waren, gab ihrem Blutband seine ganze Heiligkeit. Das Übergewicht der mütterlichen Verwandtschaft bezeugt ferner die Edda Harbardslied Str. 4, 5[6]):

---

[1] M.M. Germ. SS. rer. Langob. p. 2: Origo gentis Langobardorum cf. Hist. Langob. Codic. Gothani l. c. p. 7.

[2] Lachmann, Lied XVIII, Str. 1907.   [3] l. c. XX, 2037.

[4] Ol. Trygves. I, c. 115 p. 262: „Flokius Vigerdae filius nomen erat piratae celebri. — l. c. I, p. 21 c. 157: Thordus filius Glumi Garii filii: is a matre quae Glumo superviverit denominatus est, et Thordus Ingunnae filius appellatus; — Sveinus filius Knuti regis, dictus Sveinus Alfhfae filius l. c. III, 56. — Mortuo Hakone filii Eiriki regnum Norwegiae gubernandum suscepere . . Mater eorum Gunhilda, quae tunc regum genitrix appellata est, plurimis in rebus imperium cum eis participat: I, 57. Ihre Söhne werden filii Gunhildaes genannt so: Sigurdus Slova filius Gunh. l. c. III, S. 87. Freilich ward damals nur ausnahmsweise nach der Mutter benannt, namentlich wenn der Vater frühzeitig gestorben war. Weinh., Altn. Leben 278. Bemerkenswert die Bezeichnung: „virgo in materna domo" im Bericht des Bonifacius über die Sachsen: Wilda, Strafr. S. 811 und dass der Ausdruck Mutterland, wenn man Clement (Lex Sal. 1879 S. 241) glauben darf, weit älter ist als „Vaterland." Auf die Namengebung des Kindes räumte man der Mutter massgebenden Einfluss ein. Olaus d. Heil. zeugt mit der Kebse Edla einen Sohn: „festo Jacobi natum, qui, cum aqua lustraretur, mater ei nomen dedit Jacobi" und Gregor v. Tours (Hist. Fr. II, c. 29) erzählt, wie Chlodchild, Gemalin Chlodowechs, wider seinen Wunsch, wenn auch mit seinem Wissen, ihren Sohn taufen liess. Als dieser starb, schrieb Chlodowech dies der Taufe und dem Zorn der alten Götter zu. Trotzdem wurde auch der zweite Sohn nach dem Willen der Mutter getauft und Chlodomir genannt. Vgl. Weinhold, Altn. Leben 262, 276. Das. 285: „In der ersten Lebenszeit ward das Kind als besondres Eigentum der Mutter betrachtet. Teilten auf Island Eheleute ihre Kinder bei erschwerter Ernärung, so fiel der Frau unbedingt das zu, was unter einem Jahre ist oder noch an der Brust trinkt. Werden die Kinder älter so kann eine neue Teilung erfolgen.

[5] Vgl. Bachofen, Antiq. Briefe S. 169 ff. spec. 175.   [6] Simrock S. 66.

Harbard. Allzuvorlaut rühmst du dein Frühmal;
Du weist das Weitre nicht;
Traurig ist dein Hauswesen, todt wird deine Mutter sein.
Thôr. Das sagst du mir nun, was das Herbste scheinen muss
Jedem Manne, dass meine Mutter todt sei."

Im vollen Gegensatz zur Häufigkeit des Vatermordes ist daher auch Muttermord den ältesten Denkmälern unerhört.

Wenn Tacitus von den Germanen berichtet[1]): „. . . quam (captivitatem) longe impátientius feminarum suarum nomine timent: adeo, ut efficacius obligentur animi civitatum, quibus inter obsides puellae quoque nobiles imperantur" so mag sich darin gerechte Sorge um die künftigen Familienmütter wiederspiegeln, denn in jenem Zeitraum wird jeder nach seiner Bedeutung für die Familie beurteilt. Das isolirte Individuum ist nichts, die Familie Alles.

Fassen wir das Ergebniss des Capitels zusammen. Wo eine althergebrachte agnatische Familienordnung, eine Stammfolge der Kinder nach dem Vater eingewurzelt ist, sorgen die Väter vor Allem anderen darum, selbst Erzeuger der Kinder ihrer Ehefrauen zu sein. Bei den alten Deutschen war das Gegenteil der Fall. Eine Reihe verschiedener Ursachen wirkten nebeneinander, die eine hochgradige Gleichgültigkeit gegen die Vaterschaft eines Kindes bekunden. Dem Gaste wird die Frau zugesellt, sie kann unter Umständen verkauft oder verschenkt werden; von einem andern erzeugte Kinder der Frau werden als eigene angesehen, und zahlreiche Ehen geschlossen, welche entweder Unsicherheit der Vaterschaft oder Sicherheit einer fremden Vaterschaft nach sich ziehen mussten. Leichte Ehetrennung und Wiederverehelichung, sofortige Heirat der Wittwe nach dem Tode des Mannes gehörten zu den nothwendigen alltäglichen Ursachen des bezeichneten Zustands. Das Verhältniss zwischen Mann und Frau war, so wie das zwischen Vater und Kindern das eines Eigentümers zur Sache, nicht das zwischen Gatten resp. Blutsverwandten in unserem Sinn. Während bei agnatischer Familienverfassung die Ehe Grundlage jedes Familienverhältnisses und Rechtes ist und als solche das festeste, heiligste, unerschütterlichste Band in der Familie, fester als das zwischen Geschwistern, inniger als irgend ein anderes, ist das Eheband bei den Germanen im Vergleich zum Geschwisterband locker, wie es bei herrschendem Mutterrecht locker sein musste. Die Blutrachepflicht unter Geschwistern ist strenger, als die unter Ehegatten und wo beide in Collision geraten, bleibt die erstere siegreich.

Während bei der männlichen Geschlechtsfolge im Mittelalter die

_____

[1]) Germ. 8

Tendenz vorwaltet die Schwertmagen in rechtlicher Hinsicht zu bevorzugen, ist in den altertümlichsten germanischen Quellen Bevorzugung von Spillmagen, namentlich des Mutterbruders sowie der Mutter selbst auffallend häufig, sie nehmen eine Stellung ein, die bei bestehendem oder rudimentärem Mutterrecht normal, aber bei ursprünglicher Agnation unerklärlich wäre. Die Stelle des Tacitus über Mutterbruder und Schwestersohn erhält dadurch das entsprechende Relief. Beim Mutterrecht ist der erstere Familienoberhaupt und auch in den citirten Quellen spielt er nicht selten die hervorragende Rolle eines solchen.

Viertes Capitel.
Das Mutterrecht in der Lex Salica und im germanischen Erbrecht.

Wenn wir es noch einmal wagen die viel besprochenen und ausgenützten erbrechtlichen Bestimmungen der Volksrechte zu behandeln, so geschieht dies nicht um die darin etwa enthaltene systematische Erbenfolge nachzuweisen. Die gegen Siegel, Wasserschleben, Rive und Amira gekehrte Kritik von Lewis hat die Erfolglosigkeit solcher Versuche zur Genüge dargetan. Das eigentümliche dabei ist, dass jeder der letztgenannten drei Forscher, sowie auch Rosin (in seiner Dissertation über den Titel leg. Sal. „De alodis“) in den Fehler verfallen ist die Texte in Übereinstimmung mit der von ihm verfochtenen Erbenfolge zu ergänzen, die angeblichen Lücken derselben in willkürlicher Weise ausfüllend. Die Incongruenz der auf diesem Wege erzielten Ergebnisse beweist am sichersten die Unzulässigkeit des Verfahrens. Warum hat Amira nicht selbst den Grundsatz angewendet, dem er so energischen und glücklichen Ausdruck verleiht[1]): „Meines Erachtens“, sagt Amira, „ist es aber auch durchaus unzulässig darum, weil die Volksrechte häufig im Ausdruck unerschöpfend und lückenhaft sind, nun auch beim Auslegen einer jeden einzelnen Stelle von der Voraussetzung ungenauer Redeweise auszugehen. Zu diesem Auskunftsmittel darf erst gegriffen werden, wenn der Gesetzestext auf anderem Wege keine Erklärung ermöglicht, oder wenn geschichtliche Belege zur Annahme einer unerschöpfenden Wortfassung drängen“ ... und einige Seiten weiter: ... „Mit Pardessus glaube ich allerdings, dass eine vorsichtige Auslegung die Verschiedenheit der Angaben eher durch eine fortschreitende Änderung des materiellen Rechtes, als durch Annahme von Willkürlichkeiten und Fehlern der Ab-

---

[1]) Erbenfolge und Verwandtschaftsgliederung S. 4 u. 7.

schreiber zu erklären suchen wird." Unter strenger Beobachtung
dieser Regeln gelangt man zu andern Resultaten als Amira.

Wollen wir das altgermanische Recht erforschen, so drängt
sich zunächst die folgende Betrachtung auf: Die Titel „De alodis"
des salischen [1]), ribuarischen, thüringischen Rechtes enthalten sämmtlich Bestimmungen über die Succession in den Grundbesitz. Dieselben können nicht altgermanischen Ursprungs sein, sie sind relativ
neu, weil bei den alten Germanen kein privater Grundbesitz existirt
hat. Grade diese Paragraphen stehen in einem gewissen Gegensatz
zum Rest der genannten Titel; sie begünstigen nämlich die Männer
und das Geschlecht des Vaters: die Agnaten, während die übrigen,
die Erbfolge in Mobilien betreffenden Bestimmungen zwar als nächste
Erben die Kinder hinstellen aber in der weiteren Erbenreihe in
auffallender Übereinstimmung die Verwandten durch die Mutter
allein bevorzugen. In welchem Grade dies geschieht zeigt die folgende vergleichende Tabelle:

	Lex Salica					Lex Riboar.	Lex Salica emend.	Gundob.	Lex Thur. Erbfolge nach einem Mann.	Lex Thur. Erbfolge nach einem Weib.
	Cod. 1	Cod. 2	Cod. 3	Cod. 4	Cod. 5–10					
Sohn	filii	filii	filii	filii	filii	liberi	filii	+}	+	+
Tochter.....								+}	+	+
Vater......					+}	+}	+}			
Mutter	+	+	+	+	+}	+}	+}		+,	
Vater......										
Bruder	+}	+	+}	+}	+}	+}	+}			
Schwester ...	+}		+}	+}	+}	+}	+}	+	+,	+
Bruder								+		
Vaterschwester							+		
Mutterschwester	+	+	+	+	+	+}	+		
Vaterschwester		+			+	+}			
Vaterbruder..									
Mutterbruder .						+}?			
Vaterbruder..						+}			

Die in den Volksrechten genannten Personen sind hier mit einem + bezeichnet. Die männlichen Verwandten sind zweimal angeführt, um andeuten
zu können, ob sie in der lex vor oder nach den weiblichen Verwandten gleichen
Grades genannt sind. Nennt ein Volksrecht zwei Verwandte conjunctiv z. B.
pater et (aut) mater, so ist dies durch das Zeichen } kenntlich gemacht, dessen
Stellung zugleich anzeigt ob der männliche Verwandte vor dem weiblichen
genannt ist oder umgekehrt. Sind zwei Verwandte nacheinander derart angeführt, dass der erste, wenn er lebt den andern von der Succession ausschliesst,
so ist das } hinweggelassen.

[1]) Den Ausführungen über die Lex Sal. liegt die Ausg. von Hessels und
Kern zu Grunde. Der Titel De alodis das. Sp. 379—387.

Der Pactus leg. Sal. (Codd. 1—4) nennt nicht nur die Mutter allein mit Übergehung des Vaters, sondern auch die Mutterschwester mit Übergehung der Vaterschwester. Nur nach Cod. 2 folgt auch die Vaterschwester, aber ausdrücklich nur, wenn keine Mutterschwester vorhanden. Ebenso Codd. 5—10. Die Verfasser der Lex Rib., deren zweiter, den Titel de alodis umfassender Bestandteil eine blosse Überarbeitung, eine Art Neuausgabe der Lex Salica sein soll, haben es nicht für notwendig befunden die angeblich ausgelassenen männlichen Verwandten einzuschalten. Sie beruft gleich den Texten 5—10 der Lex Sal. die Vaterschwester und zwar conjunctiv mit der Mutterschwester, wenn auch erst nach dieser. Noch einen Schritt weiter in derselben Richtung geht die Lex Sal. emendata. Sie beruft die Vaterschwester vor der Mutterschwester, so dass diese durch jene ausgeschlossen erscheint: hier besteht also das umgekehrte Verhältniss der älteren Fassungen der lex Salica. Ein Entwicklungsgang darin ist unverkennbar: von der ausschliesslichen Berücksichtigung der Mutterschwester schreitet das Recht zur Berücksichtigung der Vaterschwester unter Ausschluss der Mutterschwester.[1] Amira hat durch den Satz: „Gewiss ist nun durch die Lex Rib., dass gegen Ende des sechsten Jahrhunderts die Gleichstellung der Vatergeschwister mit den Muttergeschwistern vollzogen war" die ursprüngliche Bevorzugung der letzteren im fränkischen Recht unwillkürlich zugegeben.

Auch die Gundobada bevorzugt die weiblichen Verwandten, namentlich die Schwester vor dem Bruder. Nach Titel XIV, 2 fällt das Erbe nach dem kinderlos Verstorbenen: „ad sororem vel propinquos parentes."[2] Die lex Thuringorum lässt in erster Linie gleichfalls die Schwester des Erblassers, nach dieser seine Mutter folgen, erwähnt aber weder den Bruder noch den Vater. Soll nun auch hier, in Gesetzen die vom salischen nicht abgeleitet sind — die erbrechtlichen Bestimmungen der Lex Angl. et Werin. differiren entschieden von den salfränkischen — ein willkürliches Hinweglassen der männlichen Verwandten stattgefunden haben?

Hätte die Lex Salica nur exemplificiren wollen, aus welchem Grunde hätte sie gerade die Mutterschwester dazu gewählt. Der späteren Rechtsanschauung zufolge hätten doch eher Männer als Weiber diesem Zweck entsprochen. — Für eine neu eingeführte, gewohnheitswidrige Erbberechtigung der Mutterschwester, oder gar

----

[1] Es äussert sich darin ein bewusstes Anschmiegen der späteren Texte an geltendes, wahrscheinlich neueres Recht.

[2] M. M. L. L. III, p. 538, vgl. Titel LI, § 5.

der Weiber überhaupt[1]), besteht doch gar kein Anhaltspunkt, auch aus diesem Grund ist die Hervorhebung der ersteren im Titel De alodis nicht zu erklären. Die ausdrückliche Ausschliessung der Vaterschwester durch die Mutterschwester in Cod. 2 und 5—10 erscheint gleichfalls um so weniger als Zufall, als auch die Lex Riboar., dieselben Verwandten zwar conjunctiv, aber doch die Mutterschwester vor der Vaterschwester, sowie nach einigen Handschriften den Mutterbruder vor dem Vaterbruder namhaft macht.[2])

Die Hinweglassung des Vaters im Pactus leg. Sal. soll sich nach Waitz daraus erklären, dass der Sohn kein Vermögen hinterlassen konnte, so lange der Vater lebte. Dem entgegen hat Rosin bemerkt, aus dem Titel „de Chrenecruda" („Quod si jam pater et fratres solserunt") gehe die Unrichtigkeit dieser Ansicht hervor. Da aber die Codd. 3 u. 4, 5 u. 6 an derselben Stelle mater et frater schreiben, kann die Frage auf diesem Wege nicht entschieden werden. Nur das eine ist hervorzuheben, dass nicht recht abzusehen ist, weshalb ein wehrhaft gemachter selbständiger Mann nicht hätte bewegliches Vermögen erringen können. Collectiveigentum der Familie an Mobilien ist, obwol Testamente den Germanen fremd waren, dennoch aus den Quellen nicht wahrscheinlich zu machen. Übrigens spricht lex Sal. C (Hessels) sowie das ribuarische Recht (LIX, 9) von der Aussteuer des emancipirten Sohnes durch den Vater, was mit der Constituirung eines Sondervermögens für den ersteren identisch ist. Die Übergehung des Vaters im Titel De alodis kann daher nicht auf dem von Waitz angeführten Grund beruhen. Sie wiederholt sich in der lex Angl. et Wer. und zwar so, dass die Schwester des Erblassers vor seiner Mutter berufen wird.

Amira suchte die Schwierigkeiten durch die Annahme zu lösen, die Volksrechte hätten nur das Erbrecht der Weiber darstellen wollen, allein auch das ist unmöglich, da sonst weder Bruder noch Sohn als Erben erwähnt worden wären.[3])

Nach alledem wird man gut tun zur unbefangenen Beurteilung der fraglichen Stellen auf das zurückzugreifen, was Waitz darüber gesagt hat.[4]) „Fehlen aber Kinder" bemerkt Waitz „so folgt nach dem alten Text die Mutter, nur die Mutter, nicht auch der Vater.

---

[1]) Weder nach deutschen noch nordischen Quellen waren die Weiber je unfähig Vermögen zu haben. Für das nord. Recht s. Rive, Gesch. der Vormundsch. I, 88: „Die ältesten uns überlieferten Rechtsquellen zeigen die Weiber in vollem Besitz ungeschmälerter Eigentumsrechte."

[2]) Walter, corp. jur. germ. I, 179.

[3]) Vgl. Lewis, Krit. Vierteljahrschr. XVII, S. 403.

[4]) Das alte Recht der sal. Franken S. 108.

Man hat gemeint, der Vater habe sich von selbst verstanden, dagegen sei die Zulassung der Mutter zum Erbe ein neues gewesen und eben deshalb hier hervorgehoben worden. Allein so verfährt das Gesetz in der Tat nirgends und sollte der Vater folgen können, so müsste er genannt sein, wie denn auch alle späteren Texte ihn hinzufügen." Ebenso entschieden lehnt Waitz die willkürliche Einschiebung des Mutter- und Vaterbruders sowie der Vaterschwester vor die Mutterschwester ab. „Ich wenigstens ziehe vor bei den Worten des Gesetzes zu bleiben. Wie die alten Deutschen das Verhältniss zum Mutterbruder für den Jüngling als ein besonders enges und heiliges ansahen, so mochten besondere Gründe bei den Saliern obwalten, der Mutterschwester einen Vorrang vor andern Verwandten zu geben."

Dem trat nun freilich Rosin in der genannten Dissertation mit strenger Kritik entgegen: „... quae sententia in nullis plane argumentis est posita ... nec .. historico juris progressui satis respondet, quum priore tempore patris, posteriore matris cognatos apud Germanicas gentes ad hereditatem esse vocatos veri sit similius." Da nun aber die vergleichende Ethnographie erwiesen hat, dass der „historicus juris progressus" in ältester Zeit gradezu umgekehrt war, als Rosin annimmt, dass nämlich ursprünglich nur Verwandte durch die Mutter als Verwandte galten, so ist es geboten, das historische Argument auch auf unsern Fall in diesem Sinne anzuwenden. Ursprünglich war danach die Mutter vor dem Vater erbrechtlich bevorzugt, soweit es sich um Mobilien handelt.

Zeugniss davon gibt nicht nur das älteste salische, sondern auch das davon unabhängige thüringische Erbrecht. Ebenso war nach burgundischem und thüringischem Recht die Schwester vor dem Bruder bevorzugt. Nach Mutterrecht ist zwar der Bruder dem Bruder gleich nahe verwandt wie die Schwester (daher wol der letzteren in der Lex Sal. erbrechtlich gleichgestellt), aber nur die Schwester konnte ursprünglich die Familie fortsetzen und das Vermögen in ihr erhalten. Die Hintansetzung der Mutter gegen die Schwester im thüringischen Recht mag eine Massregel zu Gunsten der Schwesterkinder gewesen sein, welche ja als besonders nahe Verwandte ihres Oheims angesehen wurden. Die Mutterschwester war nach der Mutter die nächste weibliche Verwandte, darum erbte sie nach fränkischem Recht unmittelbar nach den Geschwistern, unter Ausschliessung der Vaterschwester. Amira und die übrigen Interpretatoren mochten eine solche Ordnung für unerhört halten und sich genötigt finden andere, zum Teil willkürliche Erklärungsversuche zu unternehmen. Jetzt wissen wir aber, dass es viele derartige

Erbfolgeordnungen bei andern Völkern gegeben hat und erinnern
an die mannigfachen, in der Einleitung beschriebenen Übergangsformen des Erbrechts aus der Zeit der allmäligen Umwandlung des
Mutterrechts in das agnatische System. In solchen Perioden fällt
das Erbe an die Verwandten des Verstorbenen durch die Mutter
und dann erst auf seinen Sohn, oder umgekehrt auf den Sohn und
erst wenn kein Sohn vorhanden auf die Verwandten durch die
Mutter, z. B. auf die Schwester oder den Bruder, den Sohn der
Schwester, die Schwestern oder Brüder der Mutter u. s. w. Im
Fall der Bevorzugung des weiblichen Geschlechts verbleibt das
Vermögen in der Familie. War es so bei andern Völkern, musste
das aller Wahrscheinlichkeit nach ursprünglich allgemeine Mutterrecht grade auf diese Art in das spätere System übergehen, so ist
schwer zu sagen warum grade bei den germanischen Völkern die
Entwicklung verschieden gewesen sein sollte, und weshalb wir die
gleichen in den leges barbarorum überlieferten Tatsachen auf
andere Weise zu erklären hätten. Die Erbfolge der Kinder nach
dem Vater und der weiteren Verwandten des Vaters in Ermangelung
der nächsten Spillmagen, steht dem nicht entgegen, denn, wie wir
gesehen haben, existirt keine logische Ordnung in solchen Übergangsformen. Sie sind das gleichsam mechanische Ergebniss der
Reibung entgegengesetzter Kräfte der siegreichen neuen und der
alten untergehenden Ära. Daher wird auch das Bestreben eine systematische Erbfolgeordnung aus den Volksrechten abzuleiten für immer
fruchtlos bleiben. Eine solche hat nicht bestanden und konnte
unter den bezeichneten Umständen nicht wol bestehen, weil die
Volksrechte im Wesentlichen gewohnheitsrechtliche Gebilde, nicht
Schöpfungen der Gesetzgebung sind.

Für eine erbrechtliche Bevorzugung grade der Weiber sind
sowol im ältesten als auch im spätern Recht noch andere Indicien
erhalten. Zur Gerade des späteren sächsischen Rechtes gehört
in der Tat, dem Sinn des Wortes entsprechend, der grössere Teil
der häuslichen Geräte [1]); das „rhedo" der Lex Angl. et Werin.
(Tit. VII § 3) umfasst dagegen (nach § 6 desselben Titels) nur
„spolia colli, id est murenas, nuscas, monilia, inaures, vestes, ar-
millas vel quidquid ornamenti proprii videbatur habuisse." Das
burgundische Recht scheint einen verwandten Begriff zu kennen;
namentlich sichert die Gundobada Tit. XIV § 6 der „puella sancti-
monialis" die freie Verfügung und das Veräusserungsrecht über das,

---

[1]) Vgl. die Zusammenstellung bei Kraut, deutsches Privatr. 5. Aufl.
S. 285 ff.

was sie „ex matris bonis, id est in rescellolis vel ornamentis" besitzt, und Titel LI § 3 bestimmt: „Ornamenta quoque et vestimenta matrimonialia ad filias absque ullo fratrum consortio pertineant" .. und § 5 „Quod si necdum nupta puella sorores habens de hac luce transierit, suamque non vulgaverit voluntatem, portio eius ... ad sorores suas, remota ... fratrum communione pertineat. § 6. Verum si defuncta non habuerit puella germanam ... fratres sui heredes accedant." Hier wird wol nicht, wie bei der „Gerade" das Verbleiben in der weiblichen Linie verfügt; es konnte aber ein Teil des Vermögens Generationen hindurch stets nur in der weiblichen Linie forterben. Steht die Institution des Sachsenspiegels und die des thüringischen resp. burgundischen Volksrechtes überhaupt in irgend einem Zusammmenhang, was wenigstens für das thüringische Recht, der Gleichheit des Namens und des Wesens wegen nicht zu bezweifeln ist, so frägt es sich ob die Beschränkung auf wenige, zum weiblichen Schmuck und zur weiblichen Kleidung gehörige Gegenstände oder die Ausdehnung auf den grösseren Teil des Mobiliarvermögens ursprünglich ist. Das Alter der Quellen allein ist hier nicht entscheidend; die Frage wird vielmehr mit Wahrscheinlichkeit dahin zu beantworten sein, dass wirklich das Recht des Sachsenspiegels das altertümlichere ist. Ihm entspricht nämlich auffallend ein, allerdings nicht erbrechtliches Institut des fränkischen und alamannischen Rechtes. Nach dem Titel 71 des salischen Rechtes[1]): „De muliere vidua qui se ad alium maritum donare voluerit", muss die Ehefrau aus dem Hause ihres Vaters nicht nur die Geräte in den neuen Haushalt mitgebracht, sondern auch, mindestens nach dem Tod ihres Gatten, frei darüber disponirt haben. Nur so erklären sich die Sätze: Ut pacem habeam parentum et lectum stratum et lectaria condigna et scamno cooperto et cathedras quae de casa patris mei exhibui, hic dimitto." Bestätigt wird dies durch den darauffolgenden Titel: „De viris qui alias ducunt uxores" § 2: „Si vero de anteriorem uxorem filios non habuerit, parentes qui proximiores sunt mulieris defuncti duas partes dotis recolligant et duos lectaria demittant, duas scamna coperta, duo cathedras." Dem steht nicht entgegen, dass nach Titel C (De chane creudo)[2]) der Vater und (aut) die Verwandten (parentilla, parentis) die heiratende Tochter wie den

---

[1]) Behrend-Boretius p. 90, Hessels 407.

[2]) Chane creudo soll nach Kern Handkleinod — Handgift — Handgabe — arrha bedeuten. Diese Deutung ist schwer mit dem juristischen Inhalt des Titels C in Einklang zu bringen.

wehrhaft zu machenden Sohn ausstatteten, denn erstens werden in
den zwei vorgenannten Titeln jene Geräte von der dos deutlich
unterschieden, zweitens können die ersteren einer Braut vom Vater
oder dem Mundwald der Mutter, und doch aus dem Vermögen dieser
Mutter gegeben worden sein, da nach deutschem Recht der Gemal
resp. Geschlechtsvormund frei über die Mobilien des Weibes dis-
ponirte. Wie immer dem sein mag, soviel ist sicher, dass nach
fränkischem Recht die Frau Eigentümerin der Hausgeräte, vielleicht
der meisten oder aller Hausgeräte, deren es ja in gewöhnlichen
Häusern nicht sehr viel gegeben haben kann, gewesen ist. Auch
das alamannische Volksrecht kennt einen von der dos verschiedenen,
vom Hause mitgebrachten Vermögensteil der Frau. Der Pactus
Alam. Fragment. III¹) bestimmt:

1. . . . i mulier maritum dat sine procreatione aliqua mortua
fuerit, et omnes res eius ad parentes reddantur quidquid per legem
obtingat.

2. Et si maritum supervixerit tota lectuaria ei concedantur.
Si voluntaria se partire volunt, toilant quod eam per lege obtingat.
Lectaria parciunt aequale" und

Titel LV Hloth. 1. Si quis liber mortuus fuerit et reliquit
uxorem sine filiis aut filias et de illa hereditate exire voluerit nu-
here sibi alium coaequalem sibi, sequat eam dotis legitima et
quidquid parentes eius legitime placitaverunt.

2. El quidquid de sede paternica secum adtulit omnia in
potestate habeat auferendi quod non manducavit aut non vindidit.

Wie bei den Sachsen so war auch in Süddeutschland die Frau
Eigentümerin eines Teils der Hausgeräte und es ist bemerkenswert,
dass auch das wichtigste derselben, das Ehebett zu diesem Teil ge-
hörte.²) Man halte damit zusammen, dass nach altskandinavischen
Rechten die Aussteuer der Mutter als Erbe auf die Tochter überging und überhaupt zum Vermögen der Familie, aus welcher die
Frau abstammte, gezählt wurde³) und man wird es nicht mehr
abnorm finden, dass die ältesten fränkischen Rechte die Frauen zu
Erbinen der Mobilien machten.

Mag übrigens zur Cerade wenig oder viel gehört haben, so
wäre doch die Entstehung dieser Institution ohne das Mutterrecht
schwerlich zu erklären. Auch das Heergewäte ist wahrscheinlich
derselben Quelle entsprungen. Wir erinnern an die in der Einleitung über lebende Völker Afrikas mitgeteilten Tatsachen; die

---

¹) M.M. Germ. L.L. III, 58.   ²) M.M. Legg. l. c. Note 78.
³) Weinhold, die deutschen Frauen I, 328—331.

allgemeine Erbfolgeordnung fügt sich dort dem Mutterrecht, der Vater hinterlässt aber Waffen und Rüstung seinem Sohn, nicht dem Schwestersohn.

Auffallen könnte allerdings, dass die Weiber bei ihrer ursprünglich fast sklavisch abhängigen Rechtsstellung nicht nur Eigentum an Mobilien zu haben fähig, sondern auch dasselbe am Weg der Vererbung von einer Familie auf die andere zu übertragen berechtigt waren. Allein heute noch erfreuen sich die Frauen verschiedener Wanderstämme. Amerika's des Eigentumsrechtes an beweglichen und selbst unbeweglichen Sachen, obwol sie selbst eine der Sklaverei gleiche Stellung einnehmen. Ebenso schliesst das Mutterrecht in keiner seiner Formen sklavische Abhängigkeit der Frauen aus: Es gibt kein Land, wo dieselben barbarischer behandelt würden als in Australien, und doch wird dort die Stammfolge durch Mutterrecht bestimmt. Schliesslich fällt hier noch ein Umstand schwer ins Gewicht: Die Tatsache, dass Frauen stets unter Mundschaft standen und dass ihrem Mundwald ausgedehnte Gewalt über die Mobilien des Mündels zugestanden wurde. Die scheinbare Zurücksetzung der Männer im Erbrecht musste darin umsomehr ihre Compensation finden, als die in jener Periode noch häufige Ehe durch Entführung vermögens-, namentlich erbrechtliche Nachteile für das Weib nach sich zog, welche den Übergang der Mobilien an sie und ihren Gatten, somit an eine andere Familie hintanhielten. Für den Fall der friedlichen Eheschliessung suchten die Volksrechte sorgfältig der Familie der Frau einen Einfluss (namentl. ein Erbrecht) auf ihr Vermögen zu erhalten. Zeugniss dafür legt z. B. die angeführte Stelle des alamannischen Pactus ab.

Die Weiterbildung von einem ursprünglich allgemeinen Erbrecht der Frauen oder der Spillmagen, wenn ein solches bei den Germanen je bestanden hat — zum Erbrecht der Kinder nach dem Vater, mag bei den Salfranken durch den adfatimus erfolgt sein. Die von Zöpfl vermutete Bedeutung „Anvatern" würde dadurch am entsprechendsten erklärt werden. Aber auch das in verschiedenen altgermanischen Sprachen vorkommende „fathm" etc. im Sinne von „Busen", führt auf dieselbe Auslegung, welche besonders noch durch den Wortlaut der Lex Riboar. 48: „adoptare in hereditatem vel adfatimire" bestätigt wird.[1] Freilich zur Zeit der Lex Riboariorum, und selbst schon zur Zeit der Aufzeichnung der Lex

---

[1] Zöpfl, Rechtsgesch. III, § 87 Note 8, vgl. Kern in der Ausg. der Lex Sal. Sp. 533. Der Sinn kann auch übertragen, spenden, einem andern erteilen sein. Die fränkische Meinung des Wortes gibt aber sicher das ribuarische Volksrecht am getreuesten wieder.

Salica war die erbrechtliche Verbindung zwischen Vater und Kindern
längst schon vollzogen, der adfatimus wurde zwischen anderen
Personen, nach Lex Riboar. 49 sogar zwischen Ehegatten angewendet, allein das entscheidet nicht über die ursprüngliche Bedeutung des Instituts. Tatsache ist, dass der Übergang von Mutterrecht zur Agnation regelmässig durch Vermittlung des Erbrechts
stattzufinden pflegte. Zuerst überträgt der Vater bei Lebzeiten
Teile des Vermögens auf den Sohn um das nähere Erbrecht der
Spillmagen zu umgehen. Das Übertragen des väterlichen Vermögens auf den Sohn wird zur Gewohnheit und diese Gewohnheit
führt zum Erbrecht des Sohnes. Mit dem Erbrecht des Sohnes entsteht zugleich sein Recht die Familie, den Stamm des Vaters, fort-
zupflanzen. Nicht die Verwandtschaft zwischen Schwestersohn und
Oheim, sondern die zwischen Vater und Sohn ist nunmehr die
nächste: An Stelle des Mutterrechtes tritt die Agnation.

Wir wollen dahingestellt sein lassen ob auch der, sowol in
Dänemark als auch in deutschen (z. B. friesischen) Rechten verbreitete Grundsatz: materna maternis, paterna paternis[1]): Was von
der Mutterseite vererbt ist soll an die Mutterseite, was von der
Schwertseite an die Schwertseite zurück vererben, mit dem Mutterrecht in historischer Verbindung steht oder nicht. Er könnte wol ein
dem Heergewäte und Gerade analoger Überrest des letzteren sein, in
den Volksrechten aber ist — den Titel 42 des fränkisch-chamavischen
Rechtes vielleicht ausgenommen[2]) — keine Spur davon erhalten.

Dass die Vererbung nach fränkischem Recht ursprünglich in
weiblicher Linie stattgefunden, wird noch besonders bestätigt durch
die Titel De chrenecruda und De reipus des salischen Volksrechts,
insbesondere durch die Reihenfolge der Zahler im ersteren, der

[1]) Kolderup Rosenvinge 30.

[2]) „Si quis Francus homo habuerit filios duos, hereditatem de sylva et
de terra eis demittat et de mancipiis et de peculio, de materna hereditate
similiter in filiam veniat." Genau ist hierin das „materna maternis, paterna
paternis" allerdings nicht wiedergegeben. Da aber die Söhne Familienväter,
die Töchter Familienmütter werden, könnte man wol hier sagen: materna
matribus, paterna patribus. Ein Teil des Vermögens konnte mehrere Geschlechter hindurch nur in weiblicher Linie forterben. Es ist freilich bestritten
(s. Amira 44 gegen Pertz und Gaupp), ob die Söhne von der materna hereditas ausgeschlossen waren. Zieht man aber in Betracht, dass zur paterna
hereditas der Wald und der Acker, die Sklaven und das Vieh gerechnet wurden,
so folgt daraus mit Wahrscheinlichkeit, dass die sonstigen Mobilien, namentlich
die Hausgeräte nach fränkisch-chamavischem Recht Eigentum der Frauen
waren, dass sie also — gleich dem sächsischen Gerade — mit Ausnahme gewisser, im Hause des Wittwers zurückzulassender Gegenstände auf die Töchter
der verstorbenen Frau vererbten.

· Empfänger des reipus im letzteren Titel. Ob der Vater oder die Mutter im Fall der Chrenecruda in erster Linie zahlungspflichtig waren, mag dahingestellt bleiben. Wie schon erwähnt schreiben die Codd. 1 u. 2 „pater", Codd. 3—6 „mater", die Codd. 7—10 und die Emendata pater et mater. Waitz[1]) hält die Lesung mater, Brunner[2]) „die der zwei besten Handschriften": pater, für die richtige. Für die erstere Lesart würde die auch von Waitz angerufene Analogie des Titels De alodis sowie die Analogie des Titels CI leg. Sal.[3]) sprechen, nach welchem die Mutter des Erschlagenen, nicht sein Vater zunächst berechtigt ist einen Teil des Wehrgelds zu erhalten.[4]) Dieser Punkt ist übrigens für uns von untergeordneter Wichtigkeit, da eine Bevorzugung der Mutter vor dem Vater zwar ein Rudiment des Mutterrechtes sein kann, andererseits aber nicht zweifelhaft ist, dass die Blutsverwandtschaft zwischen Vater und Sohn bereits zu Tacitus Zeit in den Vordergrund des Familienrechtes getreten war, eine Tatsache, die mit dem vollständigen Untergang des Mutterrechtes natürlich nicht identisch ist.

Von grösserer Bedeutung für uns ist, dass Cod. I die „tres de generatione matris", vor den tres de gen. patris anführt. Wäre nämlich Amiras Annahme: die Haftung der Magen sei eine successive gewesen, richtig, so wären danach die Schwertmagen durch die Spillmagen von der Zahlung ausgeschlossen gewesen und hierdurch genügend dokumentirt, dass die Spillmagen als die näheren Verwandten angesehen wurden. Auch ohne dies wäre es aber auffällig, dass Cod. I grade die Spillmagen an erster Stelle, die Schwertmagen nach ihnen nennt. In Cod. II findet sich zwar im selben (3.) Absatz die umgekehrte Ordnung (super tres de gen. p. et de m.), allein der folgende Absatz lehrt, dass auch hier den Schwertmagen zuletzt, den Spillmagen also vor ihnen zu zahlen geboten wird[5]).

----

[1]) Das alte Recht 109.   [2]) Zeitschrift d. Savignystiftung III, 41.

[3]) Hessels 512.

[4]) „Mater" darf kaum, wie Brunner (l. c. S. 84) vorschlägt, auf den filius : des Erschlagenen bezogen werden, kann also nicht die Wittwe desselben bezeichnen. Der „filius" wird eben nicht „unmittelbar vorher genannt", vielmehr spricht der Absatz vorher von der Generatio patris und der gen. matris und meint damit die Eltern des Erschlagenen. Es ist doch sehr unwahrscheinlich, dass der unmittelbar hierauf folgende Absatz unter mater was anderes, nämlich die Wittwe des Verstorbenen (Mutter seines Sohnes) verstehen sollte. ·

[5]) Die Stelle lautet: „medietatem quante de conposicionem, idem aut quanto lex est, illi III soluant, hoc est illi alii de patris geniracionis facire debit." Das „hoc est" muss hier entweder für die Lesart der Codd. 6 u. 5, · nämlich für hoc est et, oder für hoc et" stehen. Cod. 3 hat gleichfalls „hoc est", Cod. 4 an der entsprechenden Stelle bloss „et": id est ut quantum lex addicat, ille III solidos solvant et ille alii qui de paterno."

Die Frage, welche Spillmagen die Busse zu zahlen hatten, beantworten die Codd. 3 u. 4.

Cod. 3 Abs. 3 lautet: Quod si proximor illo et mater et frater soluerint, tunc superiorem sororem et matrem debet illa terra jactare, id est super tres de generatione patris, qui proximores sunt.

Cod. 4 Abs. 3: Quod si tam pro illo et mater et frater persoluerunt, tunc super sororem matris aut super snos filios debet illa terra jactare. Quod si ille non fuerit, de illa terra jactata, id est super tres de generationem patris, qui proximiores sunt.

. Brunner glaubt zwar mit Amira, die Mutterschwester und deren Sohn (nach Waitz Vorgang wird — wol allgemein — angenommen Cod. 3 wolle sowie Cod. 4 diese Verwandten bezeichnen) seien aus dem Titel „De alodis" zur vermeintlichen Ergänzung der Liste unpassender Weise herübergenommen worden. Dies kann aber unmöglich geschehen sein, da im Titel „De alodis" gar nicht dieselben Verwandten vorkommen: er nennt wol die Mutterschwester, nicht aber deren Kinder. Auch entsteht, wenn man aus dem Text der Chrenecruda die genannten Spillmagen streicht, eine dem sonstigen Inhalt des Titels widersprechende Lücke. Die „IH De gen. matr." werden nämlich in Codd. 3 u. 4 nicht neben den speciell angeführten Spillmagen genannt. Lässt man diese hinweg, so ist hiemit in dem citirten Absatz 3 der Codd. 3 u. 4 die Pflicht der Spillmagen zur Busszahlung vollständig verschwiegen, was aber, wie aus Abs. 4 derselben Codd. hervorgeht (vgl. die vorige Anm. a. E.), unmöglich gewollt sein konnte. Die Codd. 3 u. 4 wollen in Absatz 3 die zur Zahlung berufenen Spillmagen specialisiren. Dies ist die Mutterschwester und ihre Kinder (Sohn und Tochter?). Die Fassung der späteren Handschriften bestätigt diese Deutung. Auch ihnen sind die namhaft gemachten Personen identisch mit jenen tres de generatione matris qui proximiores sunt, denen sie im Absatz 4 die väterlichen Verwandten: „illi alii qui de generatione paterna veniunt" nachsetzen. Nur Cod. 10 hat in Abs. 3 eine unlösliche Verwirrung, da er ausser der Mutterschwester und ihren Kindern noch drei aus dem Geschlecht des Vaters und der Mutter anführt. Die Lex emendata spricht den hier verfochtenen Sinn der Stelle in unzweideutiger Klarheit aus; ein Grund davon abzuweichen ist nicht vorhanden.

Das Ergebniss ist, dass nach dem Titel „De Chrenecruda" so gut wie nach dem „De alodis" die Eltern als die nächsten Verwandten anerkannt wurden, nach ihnen die Brüder, nach diesen die Mutterschwester, darauf deren Kinder. — Der Titel „De reipus" gesteht dem ältesten Schwestersohn den nächsten Anspruch auf den reipus zu, an zweiter Stelle dem Sohn der Schwestertochter, an dritter

dem „consobrinae filius“, an vierter dem „avunculus frater matris“.
Auch hier, wo der beliebte Versuch Schwertmagen unter die Spillmagen zur Ergänzung willkürlich einzuschieben noch nicht unternommen worden ist, sind es ausschliesslich Spillmagen, die den
reipus zu erhalten haben. Die Bevorzugung der Spillmagen ist
ein gemeinsamer Zug der altertümlichsten Titel des salischen Volksrechts. Ein System der Verwandtschaftsnähe daraus construiren zu
wollen, wäre aus schon angeführten Gründen vergebliches Beginnen.
Die betreffenden Titel enthalten absterbendes, zum Teil vielleicht
schon abgestorbenes Recht. Aus einem Trümmerhaufen wird man
das Material, vielleicht den Grundriss des Gebäudes dem er entstammt erkennen, nicht aber die feinen Einzelheiten seiner Con-
struction. Die Reste des Mutterrechts bilden zur Zeit der Lex
Salica ein gleichsam unlogisches Element in der Rechtsentwicklung
und werden aus diesem Grunde allmälig und stufenweise aus dem
Leben ausgestossen. Sie sind, um mit Alexander Franken zu
sprechen, das „jus strictum“, das mit einem, bereits feste Formen
erlangenden neuen Recht in Widerspruch tritt und sich neben
diesem wie ein Anachronismus darstellt.

Die Handschriften der Codd. 7, 8, 9, welche an Stelle des Titels
„De Chrenecruda“ die bekannte Notiz setzten: „lege quae paganorum
tempore obseruabant deinceps numquam valeat, quia per ipsam
cecidit multorum potestas“, haben wol zum Teil (wenigstens mit
Bezug auf die Elemente des Mutterrechtes) Recht gehabt. Es
waren nur Reste, Rudimente desselben in den Volksrechten erhalten
geblieben. Wenn das Mutterrecht, was bei seiner universellen
Verbreitung nicht zu bezweifeln ist, bei den alten Germanen wirklich vorhanden war, musste es in Anbetracht der notorischen Zähigkeit und Dauerhaftigkeit solcher Institutionen, notwendig Jahrhunderte hindurch Rudimente hinter sich lassen. Es wäre abnorm,
wenn solche Spuren in den deutschen Volksrechten nicht nachzuweisen wären, die vorgängige Wahrscheinlichkeit dafür, dass die
im gegenwärtigen Capitel behandelten Rechtssätze wirklich Reste
dieser Art enthalten, ist also sehr bedeutend und könnte nur durch
gleich starke Gegengründe entkräftet werden.

Fünftes Capitel. (Schluss.)

Die letzte der aufgeworfenen Fragen betraf das Verhältniss der
Sprachdenkmale zu den übrigen in Betracht gezogenen Tatsachen.
Da drängt sich sofort die Bemerkung auf, dass der Stamm pa,

von welchem die Benennung des Vaters in allen indogermanischen
Sprachen abgeleitet ist, tränken, schützen, bevormunden, beherrschen
heisst — in abgeleiteter Bedeutung nähren, weiden, hüten, pflegen,
bewahren, erhalten. „Zu diesen Ableitungen gehört indogermanisch
patar, der Tränkende, Nährende, Hütende, Schützende, Herrschende
d. i. der Vater." Also nicht die Zeugung, das Zeugen war die
für die Bildung des Ausdrucks entscheidende Gedankenverbindung.[1])
Anders der Stamm ma: dieser bedeutet ursprünglich gehen, sonst
zeigt sich die secundäre Bedeutung messen, ferner austeilen, gewähren, bilden, bauen, machen. Er hat sehr viele Composita und
Ableitungen ... Zu den ältesten gehört ved. mâtr, richtiger mâtar m.
Verfertiger, Schöpfer, Bildner und mâtâ Mutter, mythologisch
Erde, Nacht, Gewässer. Die Mutter also ist die Bildende, Bauende,
Schaffende, mit anderen Worten die Gebärende[.]) Auch der Stamm
des Wortes Oheim (au, av.) bedeutet sättigen, erfreuen, hegen,
herrschen, also dasselbe wie Vater. Der Ausdruck Base (ursprünglich für Vatersschwester) stammt von der indogermanischen Wurzel
bâs: binden, verhüllen, bedecken, schützen. Das Wort in der
Bedeutung des Verwandtschaftsgrades ist aber nur germanisch,
vielleicht nur hochdeutsch[3]), dagegen ist Muhme (Mutterschwester)
von dem Stamm ma abgeleitet und wahrscheinlich ein altes Wort,
da es im lateinischen (matertera) vorhanden.[4]) Bruder stammt von
der, den indogermanischen Sprachen gemeinsamen Wurzel bâr,
d. h. heben, tragen, bringen, unterhalten, auch ernähren und besitzen.[5]) Neffe, Nichte bedeutet den Nichtherren, den Unver-
mählten, den unter fremden Mundium stehenden[6]), Sohn nach
Deecke den Zeugenden[7]) nach Max Müllers[8]) und Kuhns[9]) wahr-
scheinlicherer Annahme den Geborenen, Gezeugten, Tochter endlich bedeutet die Melkende. [10])

Alle diese Benennungen, welche in Kürze die Grundlage, auf
der die Sprachforscher eine Reconstruction der arischen Familie
unternahmen, wiedergeben, haben in sich wenig charakteristisches
und können jedenfalls ebensogut oder besser mit dem Mutterrecht
in Einklang gebracht werden, als mit einem patriarchalischen
Familiensystem. Auf welchem Wege die Sprachforschung dahin
gelangt ist das letztere als bei den Ariern herrschend anzunehmen,

---

[1]) Deecke, Die deutschen Verwandtschaftsnamen. Weimar 1871, S. 196 ff.
u. 80 ff.; vgl. Gir.-Teul. Orig. 152.

[2]) Deecke l. c. 202, 88 ff.   [3]) l. c. 119.   [4]) Das.   [5]) Das 100 ff., 209 ff.

[6]) Das. 123.   [7]) Das. 94, 205.   [8]) Essays 1, 26.

[9]) In Webers Indischen Studien 1, 325.   [10]) Deecke 98 ff., 207 ff

darüber geben die in den Einzelheiten böchst willkürlichen Ausführungen der sonst so schätzbaren Abhaudlung Deeckes charakteristischen Aufschluss.

In Betreff des Wortes Vater befinden sich sowol Deecke als
Max Müller im Irrtum. Es stammt nicht von einer Wurzel, die
beschützen heisst, im Gegenteil, das Verhältniss kann, wie Lubbock
mit Recht bemerkt[1]), eher umgekehrt gewesen sein, die Namen
für beschützen mögen von der Wurzel pa abstammen, die Vater
bedeutet. Die Wurzeln pa (ta) und ma gehören nämlich zur sog.
Kindersprache, welche auf dem Bau der menschlichen Sprach-
organe beruht, und nicht auf die Arier beschränkt, sondern über die
ganze Erdoberfläche verbreitet ist. Die natürliche Leichtigkeit des
Aussprechens gewisser Laute hat zur Folge, dass die Kinder mit
denselben jene Personen und Sachen bezeichnen, welche ihnen am
öttesten unterkommen. Ursprünglich folgerte man, zwei Sprachen
müssten verwandt sein, wenn der Nachweis der Gemeinsamkeit der
Namen für Vater und Mutter in beiden Sprachen gelang. Seit
Buschmanns eine ungeheuere Menge solcher Beispiele umfassender
Arbeit über den Naturlaut (Berl. 1853), hat man aufgehört die
Verwandtschaft der Engländer mit den Cariben auf Grund des
ihnen gemeinsamen Ausdrucks papa für Vater, oder mit den Hottentotten wegen des gemeinsamen Namens mama für Mutter zu behaupten.[2]) Lubbock sammelte unabhängig von Buschmann gegen
150 Beispiele des Gebrauchs derselben Ausdrücke für die Begriffe
Vater und Mutter in den verschiedensten Sprachen und bei Rassen
verschiedenster Herkunft und Culturstufe.[3])

Dem Ursprung dieser Worte entsprechend kommt es vor, dass
ihre Bedeutung umgekehrt erscheint, z. B. taan (Stamm ta) die
Mutter, maan (ma) den Vater bezeichnet (in britisch Columbia);
oder mama den Vater, deda die Mutter (in Georgien); mama den
Vater, babi die Mutter (Insel Meang)[4]); bei den Kocch in Indien
heisst der Mutterbruder mamma, in Loango (Afrika) tate. Diese
letzteren Tatsachen stimmen besonders gut mit dem Mutterrecht.
Die Kinder sehen den Oheim beständig, da er bei diesen Völkern
die Rolle des Vaters spielt, daher bezeichnen sie ihn mit Ausdrücken wie mamma und tate. Bezeichnet aber der Stamm ta, wie
bei den arischen Völkern den Vater, so kann dies als Beweis dienen,

---

[1]) Entstehung 360.

[2]) Tylor, Anfänge I, 222, s. überh. die im 6. Cap. dieses Werkes enthaltenen
schönen Ausführungen über die Namen „mater, pater" u. s. w.

[3]) Lubb. a. a. O. 354—360.   [4]) Tylor 222.

dass der letztere schon sehr zeitlich den Kindern gegenüber eine besonders hervorragende Rolle gespielt hat. Man könnte daraus folgern, das Mutterrecht sei mit derartigen Namen für „Vater" unverträglich, es könne also bei den Ariern nicht mehr geherrscht haben. Es erhellt jedoch aus der Zusammenstellung Lubbocks auf das unzweideutigste, dass sich Ausdrücke wie papa, baba, dada, u. dgl. für „Vater" bei den afrikanischen Völkern vorfinden, welche nur Mutterrecht kennen und ebenso bei derlei Völkern in Asien, Australien und Amerika. Die Kinder, namentlich in der Zeit, wo sie zu sprechen beginnen, bekommen auch hier den Vater besonders häufig zu Gesicht, daher für ihn die Bezeichnung dada. Mit der Rechtsstellung desselben steht dies in keinem unmittelbaren Zusammenhang.

Auch die Bedeutung eines Beschützers, Herrschers u. s. w. für den Vater ist mit dem Mutterrecht nicht unvereinbar, denn bei vielen Völkern (so namentlich in Guyana und in verschiedenen Ländern Afrikas) wohnen die Kinder trotz des bestehenden Mutterrechts beim Vater und unter seinem Schutz. Übrigens bedeutet auch die Wurzel der Namen Oheim und Bruder schützen, nähren u. dgl., so dass der Vater in sprachlicher Beziehung keineswegs bevorzugt erscheint und der Begriff genitor im Begriff Vater nicht enthalten ist. Darum gebraucht das Sanskrit, wenn es vom Erzeuger sprechen will, den Ausdruck pitâ ganitâ d. h. Vater Erzeuger. Bernhöft hat neuerdings darauf hingedeutet, die älteren europäischen Völker hätten sich vielfach ganz anderer Benennungen für die Verwandten der Mutter als für die des Vaters bedient.[1] „Während die Jurisprudenz anfänglich nur die Agnaten berücksichtigte und ihre Rechte erst allmälig auf alle Cognaten übertrug, scheint die Sprache gerade den entgegengesetzten Weg eingeschlagen und die alten Bezeichnungen der Verwandten der Mutter auf die Verwandten des Vaters übertragen zu haben .. Wir sehen daraus, dass die Verwandtschaft von der Mutterseite bei der europäischen Völkergruppe sehr viel mehr in den Vordergrund getreten ist.

Vermutlich hat sich der Einfluss unterworfener Ureinwohner geltend gemacht."

Wenn nun auch die Möglichkeit solcher Einflüsse nicht geleugnet werden soll, liegt doch eine befriedigendere, mit der Rechtsentwicklung besser harmonirende Erklärung nahe. Die Beziehungen der Agnaten untereinander waren, wie erwiesen worden ist, Beziehungen des

---

[1] Germanische und moderne Rechtsideen im recipirten röm. Recht. Separatabdr. aus der Zeitschr. f. vergl Rechtsw., IV. Bd. S. 5—7.

Rechtes, nicht der Blutsverwandtschaft, auf Herrschaft nicht auf Abstammung begründet; die gebräuchlichen Namen für die Agnaten sollten diese Rechtsbeziehungen, die Namen der Verwandten im Weiberstamm dagegen wirkliche Blutsverwandtschaft bezeichnen. Im selben Maasse als das Volksbewusstsein begann, das Band durch den Vater als ebenbürtiges Blutband anzuerkennen, begann auch die Anwendung der, für die bisher einzigen Verwandten d. h. für die Verwandten im Weiberstamm üblichen Namen auf die väterlichen Verwandten des gleichen Grades. Also nicht einem neuerlichen Aufschwung des Mutterrechtes, sondern bloss einer Ausdehnung seiner Begriffe auf die Verwandten durch den Vater, also einem letzten, entscheidenden Fortschritt der Paternität ist die in Rede stehende Wandlung zuzuschreiben. Und weil das Recht dem Fortschritt und Bedürfniss des Lebens folgt, hat es nach und nach die alten, aus dem Volksmund verschwindenden Namen der Agnaten fallen lassen und die nunmehr allgemein gewordenen für die Blutsverwandtschaft an ihre Stelle gesetzt.

Die Ergebnisse der Sprachforschung sind mit der Existenz und Herrschaft des Mutterrechts bei den Ariern keineswegs im Widerspruch. Die Resultate zu denen wir in dieser Richtung in der Einleitung gelangt sind, bleiben demnach unerschüttert. Die Arier haben, entgegen der gewöhnlichen Annahme der Sprachforscher nicht in patriarchalischer, agnatischer Familienordnung gelebt, sondern unter der Herrschaft des Mutterrechts. Dieses musste also den Ausgangspunkt für die Entwicklung des Familienrechts der einzelnen arischen Völker, folglich auch des germanischen Familienrechts bilden.

Ist es gelungen bei den germanischen Stämmen Reste des Mutterrechts nachzuweisen, so ist hiemit nur bestätigt, dass auch sie den normalen, den gleichen Entwicklungsgang zurückgelegt haben, dem der weitaus grösste Teil der Menschenrassen gefolgt ist. Die germanische Geschichte bildet dann einen der vornehmsten Bausteine des lebhaft emporstrebenden, täglich vollkommeneren Gebäudes der vergleichenden Rechtswissenschaft. Auch sie wird zur Entdeckung und Begründung von Gesetzen des Völkerlebens beisteuern, welche an Sicherheit und gewiss auch an Wichtigkeit und Interesse denen der physischen Welt nicht nachstehen.

Wäre aber der Wahrscheinlichkeitsbeweis aus den germanischen Rechtsquellen selbst hoffnungslos verfehlt, der inductive auf die Gleichheit der Völkerentwicklung gestützte Beweis bliebe dennoch unberührt bestehen. Wir wären also nach wie vor zur Behauptung berechtigt, dass entweder die Germanen selbst, oder doch ihre Vorfahren einmal keine andere Verwandtschaft anerkannt haben müssen als die durch Mütter allein d. i. — das Mutterrecht.

Die Ehe durch Frauenraub und ihre Spuren im germanischen Recht und Leben.

Einleitung.

In dem von der vergleichenden Ethnographie entworfenen, täglich bestimmtere Züge erhaltenden Bilde des vorhistorischen Familienrechtes nimmt der Frauenraub eine hervorragende Stellung ein. In ihm will man die älteste Form der Eheschliessung entdeckt haben, diejenige, welche überall dem Frauenkauf vorangegangen ist. Es soll dies ein auf die grosse Mehrzahl aller Stämme, resp. ihrer Vorfahren anwendbares Gesetz sein, wodurch zahlreiche Erscheinungen am füglichsten erklärt werden können. Uns handelt es sich zunächst darum, die Verbreitung der Ehe durch Raub und ihrer Überlebsel[1]) festzustellen, was trotz Kulischers fleissiger Arbeit[2]) noch nicht in hinlänglichem Maasse erreicht, für uns aber sehr wichtig ist, da die vorgängige Wahrscheinlichkeit für die Existenz dieser Eheform bei den Ariern und speciell bei den Germanen davon abhängt. Wir wollen daher eine Übersicht der einschlägigen die nichtarischen Völker, in einem weitern Abschnitt auch die Übersicht der die nichtgermanischen Arier betreffenden Nachrichten herzustellen versuchen, ohne uns zu verhehlen, dass absolute Vollständigkeit auch hier noch nicht zu erreichen sein wird.

Wir teilen sämmtliche, anzuführende Völker in zwei Klassen. In solche, bei denen der Frauenraub (die Entführung) wesentlicher Teil des Eheschliessungsaktes ist und in solche, bei denen der Frauenraub oder seine Reste nur als Hochzeitsspiele und Scherze,

---

[1]) „Überlebsel": ein dem Englischen nachgebildeter in der Literatur der Völkerkunde mit Recht acceptirter Ausdruck.

[2]) Zeitschrift f. Ethnologie X, 1878, S. 194 ff.: Intercommunale Ehe durch Raub und Kauf.

ohne rechtliche Bedeutung überleben. Die erste Klasse teilen wir
nach der Einwilligung des Gewalthabers der Geraubten in drei
Stufen. Die erste Stufe umfasst jene Völker, welche Frauenraub
ohne jede Rücksicht auf den Willen des Gewalthabers als Eheschliessungsmittel gewohnheitsmässig üben; die zweite diejenigen,
welche für die Geraubte nachträglich eine Busse oder einen Kaufpreis zahlen lassen, sich also mit ihrem Gewalthaber hintennach
einverstehen, die dritte jene Völker, bei denen der Bräutigam seine
Braut zu rauben hat, wo der Gewalthaber des Weibes im Voraus
zugestimmt hat, der Raub sonach zwar notwendige Eheschliessungsform ist, aber den Charakter wirklicher Gewalt nicht mehr an
sich trägt.

Die Grenzen dieser Stufen, sowie der beiden Klassen untereinander sind natürlich fliessend, daher kann die Einteilung keine
mit mathematischer Genauigkeit zutreffende sein. Sogar im selben
Volk concurriren oft mehrere dieser Stadien nebeneinander, so dass
derselbe Völkername uns wiederholt begegnen wird. Die historische
Entwicklung aber schreitet in der angegebenen Reihenfolge vor-
wärts. Sie ist in den höchsten Kulturländern bis zum letzten
Stadium (zur zweiten Klasse) angelangt, ohne es gänzlich überschritten zu haben: Hochzeitsspiele als Überreste der Ehe durch
Raub scheinen in keinem Kulturlande vollständig zu fehlen.

In derselben Ordnung sollen, aus äusserlichen Gründen gesondert, die arischen, nicht germanischen Völker, zum Schluss die
germanischen Quellen untersucht werden. Zwei Tatsachen werden
hiebei besonders in die Augen springen. Erstens, dass der Frauenraub einer äusserst altertümlichen Stufe der menschlichen Entwicklung angehören muss, da er bei noch sehr rohen Völkern, bei
denen das Mutterrecht rein erhalten ist, nur mehr als Rudiment,
in symbolischer Weise auftritt, dass aber seinen Überresten eine
weit grössere Zähigkeit und Dauerhaftigkeit innewohnt, als denen
des Mutterrechtes. Symbole des Frauenraubs haben sich in aller
Klarheit bis tief in die Periode der herrschenden Agnation erhalten, und sind, nachdem vom Mutterrecht fast keine Spur mehr
erkennbar geblieben, zum Teil durch Jahrhunderte hoher Kultur
bis auf die Gegenwart überliefert.

Ein zweites, bemerkenswertes Factum ist, dass es vergeblich
wäre ein Volk finden zu wollen, von welchem direkt erwiesen
werden könnte, es schliesse gegenwärtig sämmtliche Ehen auf dem
Wege des Raubes, oder habe sie jemals nur auf diesem Wege geschlossen. Daher kann nicht mit voller Sicherheit behauptet
werden, der Frauenraub sei je einzige Eheschliessungsform ge-

weren. Um so wahrscheinlicher ist es, dass er gewöhnliche, vor-
herrschende Eheschliessungsform ·war, da sich nur unter dieser
Voraussetzung die allgemeine Anwendung der Entführungssymbolik
bei den einzelnen Völkern erklären lässt.

Frauenraub als Eheschliessungsform bei den nichtarischen Völkern.

I.

1. Bei mangelnder Einwilligung des Mundwalds der Geraubten.

Den wilden Stämmen Australiens ist der Raub der Frau ge-
wohnte, normale Art der Eheschliessung. „Das Freien als Vorläufer
der Ehe", sagt ein englischer Berichterstatter, „ist den Austral-
negern unbekannt. Wünscht ein junger Krieger eine Frau, so erhält er sie zumeist durch Tausch gegen seine Schwester oder eine
andere weibliche Verwandte. Befindet sich aber in seinem Stamm
kein passendes lediges Mädchen, so schleicht er um das Lager
anderer Eingeborenen herum, bis die Gelegenheit ihm erlaubt, eine
ihrer „leubras" zu erhaschen. Einfach und wirksam ist die Art
seiner Bewerbung. Der Gegenstand seiner Zuneigung wird mit
einem Schlag der Kriegskeule betäubt, dann der leblose Körper
über Stock und Stein nach einem entfernten Schlupfwinkel geschleppt
und die so Eroberte, sobald sie zu sich kommt, im Triumph in das
heimatliche Lager geleitet.[1] Nach einem andern Berichte befiel
der Australier dem Weib, das ihm gefällt, ihm zu folgen; gehorcht
sie nicht, so zwingt er sie durch Püffe, schlägt sie endlich nieder
und schleift sie mit sich.[2] George Gray, eine gute Autorität, erzählt: Selbst wenn ein Weib ihren Bewunderern keinerlei Ermuti-
gung angedeihen lässt, werden stets viele Pläne geschmiedet, sie zu
entführen. Es wird um sie gekämpft und sie selbst dabei häufig argen
Misshandlungen preisgegeben: Jeder der Kämpfenden befiel ihr,
ihm zu folgen und wirft den Speer nach ihr, wenn sie nicht gehorcht.
Das Leben eines jungen Weibes, besonders wenn es durch Schönheit ausgezeichnet ist, ist eine ununterbrochene Folge von Gefangenschaft bei verschiedenen Herren, schrecklichen Verwundungen, Wande-
rungen zu fremden Stämmen, von rascher Flucht und übler Behandlung
seitens anderer Frauen, unter welche sie als ihres Herrn Gefangene

---

[1] M'Lennan Studies in Ancient Hist. Lond. 1876. Appendix p. 331.
[2] M'Lennan p. 58 ff. Waitz, Anthropologie der Naturvölker VI 772—775.

gebracht wird. Selten sieht man eine durch Anmut und Schönheit ausgezeichnete Gestalt, die nicht durch Narben alter Wunden entstellt wäre. Hunderte von Meilen fort von der ursprünglichen Heimat wandert auf diese Weise manches Weib, indem es nacheinander in immer fernere und fernere Landstriche entführt wird. Da die Weiber stets aus fremdem Stamm gestohlen werden, ruft jede solche Tat einen Krieg hervor, dessen vornehmste Beute natürlich wieder Weiber sind.

Verwandte, wenn auch nicht überall gleich gewaltsame Bräuche herrschen oder herrschten zur Zeit der Entdeckung auf Tasmanien[1]), Neu-Guinea[2]), den Fidschi-Inseln[3]) und selbst in Europa bei den Lappen[4]), ferner unter amerikanischen Urvölkern in solcher Ausdehnung, dass dadurch abwechselnd Überzahl und Mangel an Weibern hervorgerufen wurde. Die Stämme am Orinoco[5]), Rio Negro[6]) und Amazonasstrome[7]) führten gleich den cannibalischen Cariben[8]) unaufhörliche Kriege mit den benachbarten Völkern, um deren Weiber zu rauben, die Männer zu tödten. Ähnliches übten sowol andere südamerikanische Völker[9]), als auch die Eingeborenen Nord-Amerikas, wo das Stehlen der Weiber Ursache und Ende der meisten Kriege[10]) und beliebtes Thema der Kriegsgesänge war. Californier sangen beim Antritt des Feldzuges: Lass uns ziehen Führer in den Krieg. Lass uns ausziehen und erbeuten ein schmuckes Mädchen![11])

---

[1]) Waitz, Anthropol. VI, 813—816.

[2]) Post, die Geschlechtsgenossenschaft der Urzeit. Oldenb. Schulze. 1875.

[3]) Lubbock, Entstehung der Civilisation. Jena 1875. S. 93 ff.

[4]) Globus XXII, 51.   [5]) M'Lennan 48.   [6]) l. c.   [7]) l. c. 47.

[8]) Waitz III, 351, 355 u. bes. 874; Martius, Zur Ethnographie Amerikas. Lpz. 1867. S. 738.

[9]) Patagonier, M'Lennan 47, Waitz III, 508 ff. Miranhas, Martius 104. Abiponer, Dobrizhofer, Die Abiponer, Wien 1783 (3 Bde) II, 172. Payaguas, Azara, Voyage dans l'Amérique méridionale. Paris 1809 (3 Bde.) II, 145. Lenguas l. c. 149. Machicuis l. c. 156. Die Mbayas halten solche Raubzüge für eine heilige Pflicht l. c. 108. — Quichuas, d'Orbigny, Voyage de l'Astrolabe IV (l'homme de l'Amér. mérid.). Paris 1839. IV, 93; endlich das grosse Volk der Tupi-Guarani. Waitz III, 241, doch schonte man hier selbst gefangene Weiber nicht immer.

[10]) Comanches, Waitz IV, verstärken sich durch Frauen- und Kinderraub; Nutkas, Bancroft, The native races of the Pacific States of North-America. Lpz. Brockh. 1875. I, 197. Tacullies, das. 123. Mittel-Californ. das. 380. Süd-Californ. das. 411. Nach den ältesten Berichten die Indianer von Florida. Charlevoix, Hist. de la Nouvelle France. Paris 1744. I, 42.

[11]) Waitz IV, 242.

Zeugnisse des lokalen Übergewichtes der Ehe durch Raub über jede andere Eheform gibt die interessante Tatsache, dass sich die Weiber in Gegenden Amerikas einer andern Sprache bedienten, als ihre Männer, weil eben erstere der Mehrzahl nach von den Nachbarstämmen geraubt waren und die heimatliche Sprache beibehielten.[1]

Wandernde Völker kommen oft in die Gelegenheit, dem durch die Wechselfälle ihres Schicksals eingerissenen Weibermangel am Wege des Raubes abzuhelfen. So die Magyaren zur Zeit ihrer Ansiedlung[2]), so auch die Juden des alten Testaments. Im Deuteronomium und dem Buch der Richter sind Beweise eines der Cariben würdigen, bei ihnen gesetzmässigen Verfahrens enthalten. 5. Mose 20. 12—14 ordnet das gegen feindliche Städte im Kriege einzuhaltende Verfahren an: 12. Will sie (die Stadt) nicht friedlich mit dir handeln und will mit dir Krieg, so belagere sie. 13. Und wenn sie der Herr dein Gott dir in deine Hände gibt, so sollst du alles was männlich darinnen ist, mit des Schwertes Schärfe schlagen. 14. Ohne die Weiber, Kinder und Vieh und alles was in der Stadt ist, und alles sollst du unter dich austeilen" und

5. Mose 21. 10: Wenn du in einen Streit ziehst wider deine Feinde, und der Herr dein Gott gibt sie dir in deine Hände, dass du ihre Gefangene wegführest; 11. Und siehest unter den Gefangenen ein schönes Weib und hast Lust zu ihr, dass du sie zum Weibe nehmest. 12. So führe sie in dein Haus, und lass ihr das Haar abscheeren und ihre Nägel beschneiden. 13. Und die Kleider ablegen, darinnen sie gefangen ist, und lass sie sitzen in deinem Hause und beweinen einen Monat lang ihren Vater und ihre Mutter; darnach schlaf bei ihr und nimm sie zur Ehe und lass sie dein Weib sein. 14. Wenn du aber nicht Lust zu ihr hast: so sollst du sie auslassen, wo sie hin will, und nicht um Geld verkaufen noch versetzen; darum, dass du sie gedemüthiget hast.

Diese Vorschriften befolgte der Stamm Benjamin, da seine

---

[1]) Guaycurus, Martius 283. Arawaks, L c. und Schomburgk Rich. Reise in britisch Guyana. Lpz. 1847 (3 Bde.) 1, 227. Mbayas, Azara II, 106. Cariben, Waitz III, 355: „Nach allgemeiner Überlieferung und Aussage der C. selbst kommt die Verschiedenheit der Sprachen, deren sich Weiber und Männer bedienen daher, dass sie nur die Weiber der besiegten Völker leben liessen und behielten." Daher gebrauchen caribische Weiber Arawakworte: Martius 738. R. Schomburgk II, 430. — Die Sioux im oberen Mississippital: Philander Prescott in Schoolcrafts Sammelwerke: Hist. and Stat. Informations resp. the Hist. Condition and Prospects of the Indian tribes Philad. 1851 f. (5 Bde. fol.) III, 234.

[2]) Jireček, Gesch. d. Bulgarei. Prag 1876. S. 164. cit. bei Kulischer a. a. O.

Weiber im Krieg gegen die übrigen Stämme umgekommen waren,
und die letzteren geschworen hatten den Söhnen Benjamin ihre
Töchter zu weigern. Dieser Eid bindet die neun Stämme, wenn
sie ihn auch bereuen. Als Auskunft wird ergriffen, dass man die-
Stadt Jabes überfällt, alle Männer und die Weiber „die beim Manne
gelegen sind" mordet oder verbannt, die 400 Jungfrauen aber ge-
fangen hinwegführt und dem Stamme Benjamin zu Weibern gibt.
Da aber diese Zahl noch nicht genügt, hilft man sich auf ähnliche
Weise weiter. Zu Silo wird ein jährliches Fest gefeiert, da gebieten
die Ältesten der Gemeinde den Kindern Benjamin und sprechen
(Richter 21. 22): Gebet hin und lauret in den Weinbergen. (21.)
Wenn ihr dann sehet, dass die Töchter Silo heraus mit Reigen zum
Tanz gehen, so fahret hervor aus den Weinbergen und nehme ein
jeglicher ihm ein Weib von den Töchtern Silo. (22.) Wenn aber
ihre Väter oder Brüder kommen mit uns zu rechten, wollen wir
zu ihnen sagen: Seid ihnen gnädig, denn wir haben sie nicht genommen mit Streit; sondern Ihr wolltet sie ihnen nicht geben, die
Schuld ist jetzt euer. (23) Die Kinder Benjamin taten also und
nahmen Weiber nach ihrer Zahl, von den Reigen, die sie raubten...."

Schon M'Lennan hat auf einen Teil dieser Stellen hingewiesen
und den naheliegenden Vergleich mit dem Raub der Sabinerinnen
gezogen.

Im Wesentlichen zur selben Art der Eheschliessung gehören die
Ringkämpfe um Eheweiber, welche ja ebenfalls Ignorirung des
Willens des Mundwalds der Frau involviren. So besonders bei
nord- und südamerikanischen Indianern[1]) und bei den Buschmännern[2]).

Folge des unter den meisten Völkern dieser Stufe herrschenden
Mutterrechts ist, dass die Kinder der geraubten Frauen dem Stamm
der Mutter angehören, wodurch im Lauf der Zeit die Veranlassung
zum Frauenraub wesentlich verringert wird. Derselbe steht nämlich, wie schon angedeutet, in causalem Zusammenhang mit der
weit verbreiteten Exogamie, eine Tatsache, die hinlänglich sichergestellt ist, ohne dass es bis jetzt nachgewiesen wäre, ob die Exogamie den Frauenraub, oder der Frauenraub die Exogamie erzeugt
hat[3]) Die letztere nötigt dazu, Mädchen ausserhalb des Stammes
zu rauben, da man sie regelmässig, beim steten Kriegs-

---

[1]) Nord-Am.: Micmaks, Charlevoix I, 198. Athapasken, Waits III,
101—104. Süd-Am.: Passés, Martius 509. Indios bravos, Tschudi Peru.
St. Gallen 1846. II. 285.

[2]) Schneider, Handb. d. Erdbeschreibung. 1857: II, 664.

[3]) Üb. die Exog. Lubbock l. c., besonders aber M'Lennan Studies.

zustand der wilden Völker untereinander, auf friedlichem Wege
nicht zu erhalten vermag und Frauen eigenen Stammes nicht ehelichen
darf. Sind einmal infolge des Mutterrechts viele Mädchen fremden
Stammes im Dorf, so kann jedermann ohne die Exogamie zu verletzen, sich eine Dorfgenossin zugesellen. So erklärt es sich z. B.,
dass die Australier nicht selten im eigenen Dorf eine Gattin suchen
und finden, obgleich sie exogam und der Ehe durch Raub ergeben
sind. Aber auch da hört die letztere — die Entführung aus fremdem und nun auch aus dem eigenen Dorf — nicht vollständig auf.
Zwischen der Ehe und dem Frauenraub hat sich eine Gedanken-
verbindung entwickelt, welche diesen zur Vorbedingung jeder rechten
Ehe stempelt. Auch folgt mit Notwendigkeit aus dem in jenen
Zeiten allmächtigen Princip der Vergeltung, des Rächens jeder
Unbill womöglich durch Talion — dass Frauenraub von einem
Stamm zum andern neuen Frauenraub in endloser Folge nach sich
zieht. Schliesslich wirkt auch noch die Habsucht als erhaltender
Factor in derselben Richtung. Sobald sich die Beziehungen der
Völker zu einander freundlicher zu gestalten beginnen, tritt nämlich
neben den Frauenraub frühzeitig der Frauenkauf. Frauen werden
zum beliebtesten Handelsartikel. Immer häufiger muss man sie durch
Kauf mit mehr- oder minder schweren Opfern erwerben. Da ist
es denn natürlich, dass die unternehmendsten, tapfersten Männer,
die Besten im Sinne jener Zeit, die Kosten der Kaufehe durch gewaltsame Entführung einer Frau zu vermeiden suchen. Grade
dieser gefahrvolle und nach unseren Begriffen sicher nicht bequeme
Weg, musste am allermeisten der Heroenzeit jedes Volkes entsprechen. Überdies bleibt der Frauenraub durch lange Völker-
perioden als subsidiäre Eheschliessungsform für alle Fälle in lebendiger Übung, in denen einer gewünschten Verbindung irgend welche
Hindernisse, namentlich die Macht bevorzugter Freier, oder Ab-
neigung der Gewalthaber des Mädchens im Wege zu stehen schienen.
   Durch eine gewisse rechtliche Sanction ausgezeichnet, gewissermassen ordnungsgemäss, aber noch der ersten Stufe angehörig, ist
der Frauenraub in Clear Lake (Mittel-Californien). Dort gilt es als
rechte Ehe, wenn eine Schaar junger Leute ein Mädchen überfällt,
entführt und einer derselben sie ohne weitere Ceremonien als Ehefrau behält.[1] Hier wie auch im melanesisch-australischen Archipel,
wo die gleiche naive Rechtsanschauung waltet[2] und bei gewissen
Beduinenstämmen[3], wo die Ehe der verheirateten Frau durch Entführung, wenn nur gewisse Formen beobachtet wurden, zu Gunsten

---

[1] Bancroft I, 389. [2] Waitz VI, 682. [3] Klemm Gust., Die Frauen I, 172.

des Entführers aufgelöst wird, ist Frauenraub doch nur in subsidiärer Weise gebräuchlich, ebenso bei anderen Stämmen, bei welchen Frauenraub neben Frauenkauf steht, Stämmen Amerikas[1]), Neu-Seelands[2]), wo erbitterte Kämpfe um Mädchen geführt und diese in der Hitze des Gefechts oft verwundet oder getödtet werden, der Sundainseln[3]) und Ostindiens.[4]) Die west- und mittelasiatischen Reiternomaden greifen, wenn die Hand der Geliebten verweigert wurde, oder Schwierigkeiten wegen des Preises entstehen, gleichfalls zum Mittel gewaltsamer Entführung. Ist das Mädchen einmal in der Jurte ihres Entführers, so wird sie auch als seine Frau angesehen und es erfolgt regelmässig eine nachträgliche Verständigung wegen ihres Preises. Hiemit sind wir an der Grenze der zweiten Stufe angelangt.

2. Ehe durch Raub, bei nachträglicher Verständigung mit dem Gewalthaber der Geraubten.

Die Zahl der nachweislich hierher gehörigen Völker ist eine verhältnissmässig geringe. Abgesehen von den eben erwähnten asiatischen Nomadenvölkern[5]) sind da noch die Redjang auf Sumatra[6]) — sie lassen die Ehe durch eine nachträglich geleistete Busszahlung perfect werden — die Wukas auf Neu-Guinea[7]), die Selisch in N.-W.-Amerika[8]) zu nennen, welche Bezahlung eines nach der Entführung zu vereinbarenden Kaufpreises fordern. Nach der Sitte der Wukas verbergen sich die Durchgegangenen im Walde, lassen

---

[1]) N.-W.-Amer.: Ojibway (Chippeway) Waitz IV, 103; Shoshones: nach vorheriger Ablehnung der Bewerbung; Bancroft I, 277. „Der Krieger sammelt seine Freunde, entführt die widerstrebende Schöne, unterwirft sie den Insulten der Genossen, und nimmt sie dann zur Frau." l. c. 436. Süd-Am. Araukaner, Waitz III, 515. Guanos in Chaco, Azara II, 95.

[2]) Waitz VI, 125.

[3]) So bei den Lampongs auf Sumatra im Fall der Verweigerung oder zu hohen Preises. Das. V, 1. Abth., S. 149.

[4]) In Slngboom (Bengalen), Bastian, Die Rechtsverhält. bei verschiedenen Völkern der Erde 1872, 178 Note; bei den Khonds und etlichen indischen Gebirgsvölkern. Lubbock, Entst. 88 f.

[5]) Kalmücken, Kirghisen, Nogaische Tartaren, Tscherkessen. Mac Lennan 57. Turkmenen, ders. 316. Über die Tscherkessen, Klemm I, 153, über Kalmücken, ders. I, 139. Tungusen und Kamtschadalen, Lubb. 89. Chewsuren im Kaukasus, Ausland 1879. S. 530.

[6]) Post, Die Anfänge des Staats- und Rechtslebens. Oldenburg 1878. S. 214.

[7]) Waitz. VI, 632.   [8]) Bancroft I, 277.

sich aber von den verfolgenden Verwandtén des Weibes mit Leichtigkeit finden, da die Entführung als Eheschliessungsform durch Gewohnheit ge_heiligt ist. Den Uebergang zu den bereits vor der Entführung
ein Uebereinkommen treffenden Völkern bezeichnen die Araukaner in
Südamerika, deren Familienrecht überhaupt zu den merkwürdigsten
und interessantesten gehört. Entweder erfolgt bei ihnen die Entführung zuerst, darnach die Verhandlung über den Kaufpreis, oder
wird der Vater des Mädchens vorher ins Einvernehmen gezogen,
nicht aber das Mädchen selbst: man überfällt dasselbe unvermutet
und schleppt es in den Wald. Aber selbst dann, wenn der Vater
und die Tochter bereits im Vorhinein zugestimmt haben, muss letztére
doch mit scheinbarer Gewalt geraubt werden, wobei ein allerdings
scherzhaftes, aber leicht in blutigen Ernst ausartendes Gefecht geliefert wird.[1]

3. Völker, welche sich in der Regel vor der Entführung mit dem Mundwald des Weibes einverstehen, die Entführung aber als wesentlichen Teil der Eheschliessung ansehen.

Entführung der Braut durch ihren Bräutigam ist Sitte der
fortgeschritteneren Australierstämme[2], der Bewohner der Westküste
von Neuguinea, der Torres[3] und Fidschilnsulaner[4] und einiger
grösseren Stämme Afrikas.[5] Jede andere Heiratsceremonie vertritt
sie bei den Völkern des Kaukasus[6], den Korjäken[7] und Kamtschadalen[8], ferner den Kalmücken[9], Battaks auf Sumatra[10] (als
eine ihrer drei Eheschliessungsformen), und nebst anderen Süd-

---

[1] Waitz III, 515 f. Post, Geschlechtsgenossenschaft 55, Anfänge 210 f.
Ausland 1872. S. 196. Kulischer a. a. O. 202.

[2] Waitz VI, 772, VI, 2, S. 191.   [3] Post, Anfänge 212.

[4] Lubb, Entstehung 92.

[5] Der Kaffern, l. c. 95, Abessynier, l. c. 92, Wakamba l. c. und
innerafrikanischer Negerstämme. Home Sketches of the Hist. of Man.
1774. I. 300.

[6] Kabardiner, Gartenlaube 1887. S. 461. Tscherkessen, M'Lennan
26, 37, Chewsuren, Ausland 1879. S. 530 f. Adighe, Post, Geschlechtsgenossensch 60.

[7] Waitz I, 352.

[8] Hist. de K. trad. par M. E. Lyon 1767. II, 191. Klemm, Frauen I, 50

[9] M'Lennan 22. 26, ähnlich die Usbeken, Post, Anfänge 214.

[10] Friedr. Müller, Ethnographie 320

amerikanern [1]), auch den Feuerländern [2]), demnach Völkern aller Weltteile und Zonen. Im Einzelnen sind die Formen der Entführung äusserst mannigfaltig, häufig schon vorausbestimmt und aus diesem Grund Hochzeitsspielen genähert. Überrumplung der Freunde der Braut inmitten des Festgelages durch die Rotte der Entführer findet bei den Uaupes (S.-Am.) statt und bei den Völkern des Kaukasus. Bei den Inlandnegern, Kamtschadalen, Mapuche-Araukanern und Feuerländern, wird das Mädchen von den Weibern auf das entschlossenste verteidigt und muss ihren Händen mit Gewalt entrissen werden. Besonders lehrreich ist die von Klemm mitgeteilte Sitte einiger kaukasischer Völker.[3]) Nach Abschluss des Kaufs des Mädchens, am Tage nach der Scheinentführung und dem dieselbe begleitenden scheinbaren Scharmützel, erscheint der Vater der jungen Frau im Zelte ihres Gatten mit der Frage: „Hast Du nicht meine Tochter entführt?" Darauf folgt eine fingirte Verhandlung und scheinbare Zahlung des tatsächlich schon vor der Entführung erlegten Brautpreises — es wird also dramatisch dargestellt, wie man zu verfahren pflegte, als noch die zweite Stufe nicht überschritten war.

Auf der dritten Stufe beginnen sich neue, meist religiöse Formen zu Bestandteilen der Eheschliessung zu erheben, die Entführung in den Hintergrund drängend, so dass sie alsbald zum Spiel verblasst und eine Zeit lang zwischen Ernst und Scherz die Mitte hält. Deshalb ist die zweite Klasse der Völker im Verhältniss zur dritten Stufe ebenso schwankend, wie diese im Verhältniss zur zweiten. Die Umwandlung ist überaus langsam, verschieden schnell bei verschiedenen Völkern, in den Grundzügen aber trotzdem immer die gleiche.

II.

Frauenraub oder seine Reste als Hochzeitspiel und Scherz.

Es wird in verschiedenen Teilen der Erde für besonders anständig gehalten, wenn die Braut sich dem Bräutigam bei der Heimführung aus allen Kräften widersetzt, mit ihm ringt und sich nur durch grösste Anstrengung überwinden lässt. Solche Kämpfe dauern oft Stunden oder selbst Tage lang und gelten mehrfach als letzte Ge-

---

[1]) Charruas, Post, Anf. 212. Amazonas, Lubb. 92. Uaupes, Martius 599 f. Indianer um Conception in Chili (Pehuenchen) l. c. Mapuche-Araukaner, Post, Anf. 210.

[2]) M'Lennan 30. [3]) Klemm, Frauen 151 f., vgl. Post, Anf. 211.

legenheit für das Mädchen, sich einem missliebigen Freier zu entziehen. Wer sie nicht bezwingt ist abgewiesen und muss abziehn selbst wenn der Mundwald ihm wolgesinnt wäre. So ist es auf Neuseeland[1]), der Ringkampf aber war im Altertum auch bei den Saken[2]), in der Neuzeit bei Tungusen, Kamtschadalen[3]), Eskimos am Cap York[4]), Redjang auf Sumatra[5]) und bei den Sinai-Beduinen[6]) gebräuchlich. Bei diesen überfällt der Bräutigam die rechtmässig gekaufte Jungfrau, schleppt sie in das Zelt ihres Vaters, hebt die sich heftig sträubende auf ein Kameel, wo er sie gewaltsam festhält und zieht sie gleichfalls mit Gewalt in sein Haus, wobei ihr kräftiger Widerstand oft selbst Verwundungen veranlasst. Das gewaltsame Hineinzerren ins Haus soll auch in einigen Gegenden Afrikas[7]) und bei den Kalmücken[8]) Gebrauch sein. Offenbar ein Rest derselben Sitte ist das in Nordamerika[9]) und Afrika[10]) vorkommende Hineinziehn oder Hineintragen der Braut über die Schwelle. Auch in China trägt man sie (über ein Becken voll glühender Kohlen) ins Haus[11]), eine bemerkenswerte Tatsache, da in diesem ältesten Kulturland ausserdem nur noch ein, weiter unten zu erwähnendes Überlebsel des Frauenraubes erhalten ist.

Nicht weniger verbreitet ist die Scheinflucht des Mädchens und Verfolgung desselben durch den Bräutigam[12]); bei den asiatischen Reiter-

---

[1]) Lubb. 92 f. [2]) Bastian, Der Mensch in der Gesch. Lpz. 1860. III, 293.

[3]) M'Lennan 25 f. [4]) Lubb., Enst. 333. [5]) Post, Geschlechtsgenossensch. 57.

[6]) M'Lennan 318, 25. Klemm l. c. I, 158.

[7]) Mandingos, Lubb., Entst. 95, Sockna, das. 96, Felatah, das. 92.

[8]) Post. Geschl. 60.

[9]) Californien, Bancroft I, 411. Canada, Lubb., Entst. 71. Sioux (Nadowessier, Dacotah), Klemm I, 34.

[10]) Karagua, M'Lennan 28, Berbern in Marokko, Post, Geschl. 60. Abessyn., Lubb. 71.

[11]) Post, Anfänge 214.

[12]) In Kamtschatka, wo heiraten „attraper une fille" genannt wird. Lubb. 89. In Grönland lässt der Bräutigam die Braut durch alte Weiber fangen und gewaltsam zu sich einbringen. Post, Anf. 218. Klemm I, 43. Zu nennen ferner Lappen und Finnen, Dühringsfeld, Hochzeitsbuch 11. Korjäken in N.-O.-Asien, Peschel, Völkerkunde 236. Turkmenen, Vambery, Reise in Mittelasien. Lpz. 1865. S. 159. M'Lenn. 23, 26. Kalmücken, M'Lenn. l. c. und andere Hirtenvölker: Aenezas (Beduinen). Auf Malakka verfolgt der Mann seine Braut in einem umstehenden Kreis von Stammgenossen. Sie bleibt ihm versagt, wenn er sie nicht erhascht. Vgl. den bei Schmidt, Jus primae noctis (1882), S. 324 angeführten Bericht Mikluho Maclays üb. die Orang Sakai auf Malakka:

nomaden ein rasendes Wettrennen, bei welchem das Mädchen dem unwillkommenen Bewerber entrinnt.[1])

Anderwärts flüchtet das letztere in das Haus von Verwandten oder in den Wald, verbirgt sich dort und muss mit mehr oder minder Gewalt heimgeführt werden.[2])

Besonders interessante Entführungsspiele erheitern die Hochzeiten der Futa und Mandingos[3]) in N.-W.-Afrika, zu Sockna (Fez), in Nord-Arabien[4]), bei den Khonds in Indien[5]) und den Mosquitos in Mittelamerika.[6]) Nur was über letztere berichtet wird wiederholen wir, da Bancroft's grossartiges Werk nicht nach Verdienst bekannt und zugänglich ist. „Die Dorfbewohner", heisst es darin „speciell die alten Männer geleiten den Bräutigam zum Haus der Braut. Der Bräutigam bringt Geschenke, allein die Türe des Hauses wird erst nach langen Ceremonien geöffnet. Nun gewahrt man im entferntesten Winkel die in festliche Gewänder gehüllte Braut. Alle betrachten die Geschenke des Bräutigams, indessen stürzt dieser plötzlich ins Haus, hebt das Mädchen gleich einem Sack auf seine Schulter und flieht mit ihr, ehe man ihn aufhalten kann, unter wütendem Geschrei der Weiber, nach einer kleinen in einem Kreis von Steinblöcken errichteten Hütte. Die Weiber, welche diesen Ring nicht überschreiten dürfen, stehen, Verzweiflungsrufe ausstossend, ausserhalb desselben, während die Männer im Ring mit dem Gesicht nach auswärts am Boden kauern. Die Hütte wird Abends bei Fackelschein vom Volk zerstört und enthüllt das friedlich darin sitzende Paar, worauf der Mann sein junges Weib wieder am Rücken heimträgt." So scherzhaft das ganze Spiel auch ist, die Beziehung auf die Entführung wird doch niemand verkennen. Andere auf die nämliche Quelle deutende Sitten sind z. B.: Das Verbot für Frauen, den Hofraum unbegleitet zu verlassen, da sie ausserhalb desselben

---

„there is, as I was told, a custom among the Or. S. of Pahang, according to which the man on a certain day must catch the girl in the jungle before witnesses after a considerable start has been given her. If he fails to catch her, he is not allowed to woo her a second time."

[1]) Vambery a. a. O. M'Lenn. 23, 26.

[2]) Bei den Mongolen überh. Lubb. 89, Mazeyne Beduinen, M'Lenn. 319. Aeta auf den Philippinen; Indianerstämmen: Oleepa in Central-Californ. Bancr. I, 388: Der Bewerber sucht das Mädchen im Wald; wenn er sie zweimal nicht findet, ist er abgewiesen. Abiponern, Dobritzhofer II, 251. — europ. Finnen, Ausland 1873, S. 191.

[3]) Lubb., Enst. 95. [4]) Post, Anf. 212.

[5]) Peschel, Völkerk, 235. M'Lennan 20. [6]) Bancroft I, 733.

straflos angegriffen werden dürfen[1]), die Pflicht des Bräutigams
die Braut am Rücken heimzutragen[2]), Verbot die Ehefrau anders
als heimlich bei Nacht zu besuchen[3]), Pflicht der Neuvermählten
einander blutig zu kratzen[4]), Abschiessen von Pfeilen über die
Häupter der Neuzuvermählenden[5]), Verpflichtung des Bräutigams
ein Gewehr vor den Füssen der Braut abzufeuern[6]), oder eine Har-
pune in das Dach ihres Hauses zu werfen[7]), Kampfspiel und
kriegerischer Lärm bei der Hochzeit[8]), Erscheinen des Bewerbers
vor dem Haus der Auserwählten im Schmucke des Krieges[9]), Ver-
rammeln des Brauthauses, so dass der Bräutigam und seine Freunde,
die zum Kirchgang resp. zur Heimführung kommen, lange harren,
pochen, poltern müssen, ehe sie Einlass finden.[10]) . . . .

Combinationen solcher Symbole untereinander und mit wirk-
lichem Raub finden sich sehr häufig, nirgends aber in solchem
Umfang wie bei Lappen und Finnen. Wirklicher Raub war
dort an der Tagesordnung. Die Braut spielte die traurige, unglück-
liche, wurde zur Kirche mehr geschleppt als geführt und lange
zum Jawort genötigt.[11]) Der Bräutigam fand die Türe des Brauthauses versperrt; der Hausherr trieb die Hochzeitsgäste zu wiederholten Malen gleich Feinden aus dem Haus, die junge Frau leistete
Widerstand gegen Anlegung des Reiseanzugs. Darauf erhob man
Kampfeslärm und Tumult und eine Scheinflucht des Weibes wurde
in Scene gesetzt. Dasselbe wurde endlich in seinem Schlitten fest-
geschnallt und dieser an den Schlitten des Bräutigams gebunden.[12]) . . . .

Noch eine merkwürdige Sitte soll hier erwähnt sein, die gleichfalls auf den Frauenraub zurückgeführt wird: Das Verbot des Verkehrs der Frau mit ihren Eltern, beider Gatten mit den Schwieger-

---

[1]) Tungusen und Kamtschadalen, Lubb. 88.

[2]) Mixteken in Mexiko. In einer Stadt daselbst soll es gestattet
gewesen sein, das erste beste Mädchen vor der Kirchentür zu ergreifen um es
zu heiraten! Klemm I, 206.

[3]) Bei Indianerstämmen. Lafiteau Moeurs des sauvages américains.
Paris 1724 (2 Bde.) L. 575.

[4]) In St. Miguel (Californien) Waitz IV, 243.   [5]) Sioux (l. c. 104).

[6]) Berbern in Marokko, Post, Geschl. 60.

[7]) Makaws N.-Am., Bancr. I, 218.

[8]) Tongainseln, Klemm I, 179, Afghanen, Post, Geschl. 59.

[9]) Wyandots N.-Am. Schoolcraft. The American Indians Buffalo 1851.
p. 72. Guarayos S.-Am. Waitz III, 217.

[10]) S. oben Mosquitos, ferner auf N.-Guinea, Waitz VI, 632.

[11]) Dühringsfeld, Hochzeitsbuch 11.   [12]) Globus XXII, 51 f.

eltern. Der Schwiegervater war eben ursprünglich Feind und Verkehr mit seinem Hause vor einer Versöhnung mit ihm ausgeschlossen. Bastian[1]), Kulischer[2]), Andree[3]) bieten reichhaltige Übersichten dieses Verbotes. Die das Phänomen beherrschende Gedankenverbindung mit dem Frauenraub erhellt u. a. aus dem Benehmen der Schwiegermutter bei der araukanischen Hochzeit. Bekanntlich ist diese mit einer Scheinentführung verbunden. Kehren die Neuvermählten nach drei Tagen aus dem Walde zurück, so werden sie mit einem Festgelage empfangen. Die Schwiegermutter aber stellt sich erzürnt und kehrt dem Schwiegersohn den Rücken. Dies ist ein Ehrenpunkt und wechselt sie bisweilen selbst Jahre lang nicht ein Wort mit ihm.[4]) Die Verbreitung des Verbots, die Schwiegereltern resp. Kinder anzusprechen oder auch nur anzusehen umfaßt Völker aller Weltteile[5]) und ganze Menschenrassen: Australier, Papuas, Chinesen und Mongolen, Indianer. Selbst busslos tödten dürfen soll der Schwiegersohn die Schwiegermutter bei den Modoc Indianern[6]); Herabreissen der Kleider vom Leib ist bei den Sioux[7]) Strafe desjenigen, der gewagt hat den Namen des Schwiegervaters oder der Schwiegermutter auch nur auszusprechen, oder gar sie anzusehen oder anzureden. Der Inhalt des Verbots ist ausserordentlich gleichförmig, wenn es sich auch bei einigen Völkern allgemein auf das Verhältniss zwischen Schwiegereltern und Kindern

---

[1]) Rechtsverhältnisse, 176 f., auch Lubb., Entst. 10 f. und Giraud Teulon Origines 124 f.   [2]) a. a. O.

[3]) Ethnographische Parallelen unter „Schwiegermutter“, S. 158 ff.

[4]) Waitz III, 516.

[5]) Indianer im Allgemeinen, Waitz III, 105, bes. aber Lafiteau I, 575. Speciell genannt werden in N.-Am.: die Sioux, Assineboin, Krähenindianer, Californier, Crees, Mandan, Omaha, Panuco, Ind. von Florida. Mittel-Am.: Cariben. S.-Am.: Araukaner, Abiponer, Brasilianer, Guayouru, Arowaks. — In Australien: Die Festlandaustralier, Fidschiinsulaner, Papuas. Über diese vgl. bes. Ausland 1880, S. 128: Kinder befreundeter Familien werden verlobt; mit dem Moment der Verlobung hört jeder Umgang der beiden Familien auf. Man darf sich gegenseitig nicht ansehen; die Verlobten nicht miteinander sprechen: — Afrika: Beni-Amer, Tylor, Urgesch. d. Menschheit (Lpz., A. Abel), S. 369. Barea, l. c. Kaffern, Buschmänner, Basuto. Mittelafr.: Darfur, Poulh. — Asien: Dayaks auf Borneo (Tylor 368), Aetas auf d. Philippinen, Bezirke von Hindostan. China: Die Frau meidet ihre Schwiegermutter, der Schwiegervater die Schwiegertochter. Sie verstecken sich vor einander — dürfen sich nicht sehen. Georgien, Kirgisen, Tartaren, Ostjäken, Mongolen, Kalmücken, Osseten. Europa: Vermutlich die alten Römer. (siehe unten).

[6]) Bancroft I, 851.   [7]) Schoolcraft, Stat. and hist. Inform. II, 196.

bei andern auf das zwischen Frau und Schwiegervater, oder
Frau und Schwiegermutter oder Schwiegersohn und Schwiegermutter bezieht. Überall die gleiche Scheu sie zu nennen, anzusehen,
anzusprechen. Eine bessere Erklärung, als die durch den Frauenraub, wird schwerlich je gelingen. Die Ursache einer so sehr verbreiteten Sitte muss mächtig und allgemein gewesen sein, wie die
Ehe durch Raub, auch ist das Zusammenbestehen beider in so
vielen Fällen erweisbar, dass ein ursprünglicher Zusammenhang
des Meidens der Schwiegereltern mit dieser Ehe auch dort vermutet werden darf, wo Frauenraub aufgehört hat Form der Eheschliessung zu sein.

Frauenraub als Eheschliessungsform bei den arischen Völkern.

Teilen wir die arischen, nichtgermanischen Völker in die zwei
Klassen je nachdem der Frauenraub bei ihnen Eheschliessungsakt
oder bloss Hochzeitsspiel ist und die erste Klasse je nach der
mangelnden, nachträglichen oder vorhergehenden Zustimmung des
Gewalthabers der Entführten, so erhalten wir die folgende Anordnung:

I. 1. Inder, Slaven.
   2. Slaven, Lithauer, Neugriechen der jon. Inseln, Osseten im
      Kaukasus.
   3. Altgriechen, Römer, Slaven.
II.   Kelten, Slaven, Moldauer und Walachen, Romanische
       Völker.

Unter den Slaven sind beide Klassen und alle drei Stufen der
ersten Klasse vertreten. Die Slaven ragen demnach in Bezug auf
die Ehe durch Raub unter den Ariern ebensosehr hervor, wie die
Arier unter den übrigen Menschenstämmen. Die ersteren verdienen
den Namen des klassischen Stammes der Ehe durch Raub, was
sich nicht zum wenigsten aus der bedeutenden Verschiedenheit der
Kulturstufen erklärt, auf welchen die slavischen Völker bis auf
unsere Tage stehen. Wir können in Bezug auf die Slaven ebensowenig wie in Bezug auf die übrigen nicht germanischen Arier die
monographische Ausführlichkeit einer bloss aus ersten Quellen ge-
schöpften Schilderung auch nur erstreben. Unser Zweck ist specieller
Nachweis der Verbreitung der Raubehe in ihren Formen, als inductive Grundlage für Beurteilung der germanischen Quellen. Überdies liegt dieser Zweig der Völkerkunde noch insoweit brach, dass
selbst ein nicht vollständiges Bild als Grundlage speciellerer Studien
willkommen sein dürfte.

I.

1. „Tatsache ist", sagt Kohler, „dass noch Manu und Yâjna-valkya den Frauenraub als eine (wenn auch meist verwerfliche) Eheschliessungsform kennen.[1]" Im Gesetze Manus heisst es: „Die gewaltsame Entführung eines Mädchens aus ihrem Hause, wobei sie schreit und um Hilfe ruft und ihre Verwandten und Freunde im Kampfe getödtet oder verwundet und ihre Häuser erbrochen werden, ist die Rak-shasha genannte Ehe. Diese Gefangennahme des Mädchens nach Über-windung ihrer Verwandten, ist eine den Kriegern gestattete Ehe.[2]"

Nach Turner[3] war auch bei den Slaven Entführung eines Mädchens anerkannte Form der Eheschliessung. Doch zieht sie, der kriegerischen Natur der Balkanvölker zufolge, dort gewöhn-lich blutige Kämpfe der Entführer mit den Verwandten und Freunden des Weibes nach sich. Der Räuber wird eifrig verfolgt und zur strengen Verantwortung gezogen, darf sogar getödtet werden, wenn sich die Entführte nicht für ihn erklärt. „Will sie aber seine Frau werden, so hat es dabei sein Bewenden. . . Kann man dem Brauträuber nicht beikommen und verbleibt die Geraubte später freiwillig bei ihm als Frau, so wird die Ehe zwar rechtsgiltig, die geraubte Frau erhält jedoch in keinem Fall irgend eine Aus-stattung oder Erbschaft von ihrer angestammten Familie."

Noch im Beginn dieses Jahrhunderts soll es in Serbien Brauch gewesen sein, Mädchen aus dem Nachbardorfe aufzulauern und sie zu entführen, wenn sie gingen die Heerde zu hüten oder Wasser zu holen; oder gar einen bewaffneten Überfall auf ihr Heimathaus auszuführen, wobei ihre Freunde und Verwandten gebunden und ge-knebelt wurden. „Dabei waren auch Morde sehr häufig, denn die überfallende Partei war entschlossen, sich eher todschlagen zu lassen, als das Mädchen herauszugeben. Beim Überfall pflegten auch alle Einwohner des Dorfes, zu dem das Mädchen gehörte, an dem Kampfe teilzunehmen."[4] Wer dächte da nicht an die Rakshasha genannte Ehe?

---

[1] Kritische Vierteljahrschr. für Gesetzgebung u. Rechtswiss. Neue Folge IV S. 165. Mit der von Kohler versuchten Erklärung der Entstehung der Raub-ehe und der Endogamie können wir uns nicht einverstanden erklären. Die Abhängigkeit des Mannes von der Familie der Frau, wie sie bei der Amil-Anakehe auf Sumatra hervortritt, ist ein weder mit der Endogamie notwendig verbundenes, noch durch die Exogamie ausgeschlossenes Verhältniss, da letztere im Verein mit dem Mutterrecht bekanntlich bald genug Heiraten im Heimatsort ermöglicht und nach sich zieht. Andere Erklärungen s. bei M'Lennan und Gir.-Teul.

[2] M'Lennan 68 f. [3] Turner, Slavisches Familienrecht, Strassb. 1874. S. 90.

[4] Die serbischen Volkslieder enthalten lebensvolle Beschreibungen ähn-licher Entführungskämpfe

Die Giltigkeit der ohne Vorwissen der Eltern von dem Mädchen freiwillig eingegangenen Ehe, wird vom montenegrinischen Gesetz § 70 ausdrücklich anerkannt. Dasselbe gilt vom polnischen Rechte des Mittelalters, wenn auch in diesem wie im vorhergegangenen Fall die kirchliche Einsegnung der Ehe gewiss als wesentlich oder sehr wünschenswert nachgeholt wurde. Der Fortschritt gegenüber der indischen Kriegerehe liegt in grösserer Rücksicht auf die Zustimmung des Mädchens, während die des Mundwalds nicht unentbehrlich war.

Ein Statut Kasimir d. Gr. „De raptu virginum"[1]), bestimmt: „Filia vero, sine voluntate parentum raptori consentiens, vel se procurans recipi a raptore, postmodum matrimonialiter fuerit copulata nihilo minus dote amittat, ita quod parentes seu amici ejus non tenentur. Eine andere Verordnung desselben Königs für Krakau aus dem Jahre 1336[2]) § 9 bedroht denjenigen „quicumque in ipsa Civitate Cracoviensi virginem vel viduam rapuerit, vel ipsam per violentiam receperit", mit beständiger Verbannung aus der Stadt. So lange der Entführer lebt, soll die Entführte keinerlei Recht auf ihr väterliches Erbteil oder sonstige ihr gesetzlich zustehende Erbschaften ausüben dürfen. Auch ihre Kinder sollen bei Lebzeiten des Vaters des Genusses ihres mütterlichen Erbes darben. Erst nach dem Tode des Entführers treten seine Frau und Kinder in die vorenthaltenen Rechte ein, und erhalten die erwähnten Erbschaften. Auf Verlobung mit einer Jungfrau oder Wittwe ohne Rat und Zustimmung der Eltern und nächsten Freunde und auf nachfolgende Heirat stand zehnjährige Verbannung des Mannes aus der Stadt, für die Entführte die Drohung „per eosdem Decem Annos ad hereditatem propriam et bona omnia mobilia et immobilia nullum Jus habetit." § 11 aber setzt hinzu: „Hoc autem in Pauperibus et amicis carentibus nullatenus obseruetur, sed contra hanc et Sibi invicem promittant prout placet." Das grosspolnische Statut § 20, die masowischen Statuten des Fürsten Johann von Czersk vom Jahre 1386, welche im Jahre 1421 erneuert wurden, enthalten ähnliche vermögensrechtliche Bestimmungen. Die letzteren speciell gestatten den Eltern oder Verwandten den Frauenräuber zu verfolgen und zu tödten. Entkam derselbe, so musste er sich anstatt der Aussteuer mit dem begnügen, was die Geraubte am Leibe

---

[1]) Burzyński. Poln. Privatrecht. Bd. II., S. 89 f. cit. bei Turner.

[2]) Monumenta medii aevi hist. res gestas Poloniae illustrantia. T. VII. Cracov. 1862 p. 372.

[3]) Lud Polski jego zwyczaje i zabobony. Warsz. 1830.

hatte. Hingegen musste derjenige, der für sich oder einen andern ein Mädchen raubt, sie selbst mit einer, dem Vermögen ihrer Eltern angemessenen Aussteuer versorgen, auf welche jedoch, wenn sie verwittwete, nicht sie selbst, sondern ihre Verwandten Anspruch haben sollten.[1])

Der Ehe durch Entführung war somit in Polen ein weiter und sicher ausgiebig benützter Spielraum geboten. So noch später: „In alten Zeiten" sagt Gołebiowski, dem wir die Verantwortung der Nachricht überlassen, „wenn ein Fest im Dorf gefeiert wurde und auch die Herren dabei waren, geschah es, dass ein Knecht, wenn es ihm gelang, ein Edelfräulein zu rauben, mit ihr in den Wald floh und sich 24 Stunden hindurch verborgen hielt. Wenn das Fräulein nun einwilligte, wurde es seine Frau; wenn man aber den Bauer vor Ablauf der 24 Stunden fing, verlor er ohne Process den Kopf." . . .[2])

Strenger als die polnischen Statuten, den späteren Capitularien genähert, war das czechische Landrecht, welches jede durch Raub mit oder ohne Zustimmung des Weibes geschlossene Ehe für nichtig erklärte und die Schuldigen mit Todesstrafe bedrohte. Nach czechischen Stadtrechten begründete hingegen Raub eine Ehe, wenn die Geraubte freiwillig beim Entführer blieb. Auch hier verlor sie zur Strafe das Recht auf Aussteuer, sie hätte denn bewiesen, ohne ihre Einwilligung geraubt worden zu sein.[3]) Die Übereinstimmung der slavischen Rechte in dieser Beziehung ist so gross, dass die Vermutung berechtigt erscheint, schon vor ihrer Trennung hätten die Slaven Raubehe zwar anerkannt, aber auch damals schon durch die späterhin so allgemeinen, vermögensrechtlichen Nachteile hintanzuhalten getrachtet.

Im ältesten russischen Recht ist eine Sanction der Ehe durch Raub zwar nicht erhalten, Zeugniss ihrer Existenz gibt aber bereits die Geschichte des Grossfürsten Wladimir, der Ragwalds Tochter, obwol sie seine Werbung verächtlich abgewiesen hatte, keineswegs fahren lässt, vielmehr (im Jahre 980) gegen Ragwald zu Felde zieht, ihn erschlägt, und sich die Tochter zum Weibe beigesellt.[3])

2. Das Werk des Erzbischofs Olaus Magnus: Historia de gentibus septentrionalibus. Romae 1555 L. XIV, c. IX p. 481 enthält folgende interessanten Zeugnisse des damaligen Rechtszustandes:

[1]) Maciejowski, A. W. Historya prawodawst słowiańskich. Wy.1 2. Warsz. 1859. t. III p. 21, § 20; p. 32, § 29: daselbst die Quellencitate.

[2]) Maciejowski l. c. p. 186, § 125.

[3]) Ewers, Das älteste Recht der Russen. S. 109.

„Moschovitae autem, Rutheni, Lithuani, Liuonienses, praesertim
Curetes ... quos ritus maxime plebeiae conditionis in nuptiis cele-
brandis observent, quoniam matrimonia absque sponsalibus per raptum
virginum saltem contrahant, paucis hic ostendetur ... hae nationes
legitima connubia fore, pro gentis consuetudine plane sibi persuasum
habent, dum virgines, insciis parentibus, infelici auspicio, aut aliis,
parentum loco constitutis rapiuntur. Quicunque enim paganorum
sive rusticorum, filius suus uxorem ut ducat in animo habet, agnatos,
cognatos, caeterosque vicinos in unum convocat, illisque talem illo
in pago puellam nubilem versari, quam rapi et suo filio in conjugem
adduci proponit. Hi commodum ad hoc tempus expectantes, equites
suo more unius ad aedes conveniunt, posteaque ad eam rapiendam
proficiscuntur. Puella autem, quoad matrimonii contradictionem
libera, ex insidiis opera exploratorum ubi moretur per eos direpta,
plurimum eiulando opem consanguineorum amicorumque ad se
liberandam implorat: quod si consanguinei vicinique clamorem istum
exaudierunt, ipso momento armati adcurrunt, atque pro ea liberanda
proelium comittunt ut qui victores ista in pugna extiterint, his
puella cedat." Der Gebrauch erforderte jedoch Zustimmung der
Eltern des Mädchens vor Vollziehung der Ehe, was allerdings nicht
genau genommen werden mochte, daher die fortwährenden, von
Magnus erwähnten Kämpfe der nördlichen Völker: „Propter raptas
virgines aut arripiendas." M'Lennan, der gleichfalls den grösseren
Teil dieser Stellen anführt, citirt ausserdem den „Seignor Gaya"
der in seinem Werke: Marriage Ceremonies (2 nd. ed. Lond. 1698
p. 30) bestätigt, zu seiner Zeit habe in Polen, Teilen Preussens,
Samogitien und Lithauen die Sitte der Ehe durch Raub — wie
Claus sie beschreibt — bestanden.[1]) Was die Russen betrifft,
liefert für das frühere Mittelalter Saxo Grammaticus eine Art von
Bekräftigung des nämlichen Factums. Frotho III., König von
Dänemark überwindet die Russen (Ruthenos) und befiehlt ihnen
„ex imitatione Danorum": „ue quis uxorem nisi emptitiam duceret,
venalia siquidem conjugia plus stabilitatis habitura censebat,
tutiorem matrimonii fidem existimans, quod praetio firmaretur.
Praeterea si quis virginis stuprum vi petere ausus esset, supplicia
abscissis corporis partibus lueret, alioquin mille talentis ... inju-
riam pensaturus.[2]) Die Geschichtsforschung wird zu untersuchen
haben, wie viel Wahres oder Falsches an diesen Nachrichten ist
und ob sie, wie es den Anschein hat, auf den Frauenraub und den
später daraus hervorgegangenen Frauenkauf Bezug nehmen. In

---

[1]) Studies 54 f.   [2]) Hist. Dan. Sorae 1664. Lib. V, p. 85.

den Fabeln Saxo's birgt sich gewöhnlich ein Kern von Wahrheit; so wol auch hier, wenn man gleich das Rauben von Frauen in Russland auch fernerhin übte. Jedenfalls haben — dafür sprechen mancherlei Beweise — inbetreff der Kaufehe die Slaven nicht, wie behauptet wurde eine Ausnahme gebildet, ein Punkt, bei dem wir jedoch hier nicht länger verweilen können.

Die Balkanslaven sind immer noch rasch zur Tat, wenn es sich um Entführung handelt. Die Miriditen[1]), sowie die katholischen Bariaktaren (Standartenträger und Gemeinderichter, oft zugleich Häuptlinge der Albanesen)[2]) sollen nie untereinander Ehen schliessen, jeder Heiratslustige vielmehr eine Mahomedanerin aus einem Nachbarstamm rauben, die er taufen lässt und heiratet. Die Zustimmung der Eltern pflegt später hinzu zu kommen. Andere Slaven üben Frauenraub als subsidiäres Eheschliessungsmittel. In der Morlachai, wo früher die Entführung im Schwange war, raubt ein Jüngling häufig die Geliebte, wenn ihr Vater sie ihm weigert. Erklärt das Mädchen, nicht mit Gewalt, sondern mit freiem Willen entführt worden zu sein, so werden solche Fälle von den Gerichten mit Milde behandelt.[3]) Auch bei den Uskoken in Krain stürmte der abgewiesene Freier „das Haus seiner Erkorenen, ergriff diese ohne weitere Umstände und ritt mit ihr zum Popen oder Klostergeistlichen, welcher das Brautpaar sofort einzusegnen hatte. Dass es dabei zumeist nicht ohne blutige Kämpfe abging, ist leicht erklärlich. Dennoch gelang es den schärfsten Verboten erst nach Jahrhunderten, den Brauch des Jungfrauenraubes auszurotten."[4])

Die russischen altgläubigen Sektirer haben bis auf die Gegenwart Gebräuche verwandten Inhalts aufrecht erhalten. Der Liebhaber verständigt sich mit dem Mädchen und raubt es aus dem Haus der Eltern. Andere Mädchen fliehen insgeheim zu ihren Geliebten und nehmen dazu auch manches von ihres Vaters Habe mit. Endlich kommen Fälle vor, wo die Eltern selbst davon unterrichtet sind, sich aber nichtwissend stellen und solchergestalt bei dem Zustandekommen des Liebeshandels mitwirken.[5])

Mag sein, dass die bei Düringsfeld beschriebene Entführungssitte auf den jonischen Inseln gleichfalls slavischen, nicht althellenischen Ursprungs ist, da sie mehr mit den Gebräuchen der Balkanslaven, als der alten Griechen übereinstimmt. „Hat auf den jonischen Inseln sich ein junger Mann in ein Mädchen verliebt,

---

[1]) Lubb., Entst. 96.   [2]) Ausland 1879 S. 96.

[3]) Düringsfeld, Hochzeitsbuch S. 77 f.   [4]) das. 91.

[5]) Kulischer a. a. O. 206. Aus russischen Quellen.

das ihm die Eltern nicht geben wollen, so kommt es nicht selten zu blutigen Scenen, indem sich manchmal die ganze Dorfschaft gemeinsam aufmacht, um die Geliebte ihres Mitbewohners mit Gewalt zu entführen. Mitunter verlässt auch das Mädchen freiwillig das Elternhaus und flieht zu ihrem Geliebten, um ihn nicht wieder zu verlassen." [1]) . . .

Schliesslich ein Wort über die (arischen) Osseten im Kaukasus, bei welchen die gewaltsame Entführung allerdings mit dem Tode gleich einer Mordtat gebüsst wird, der Entführer eines Mädchens jedoch durch die Heirat der Busse entgeht. Er muss aber nachträglich den Brautpreis bezahlen. Ist die Entführte eine Frau, so zahlt er die volle Mordsühne für sie und für jedes mit ihr erzeugte Kind insbesondere [2]), eine an altgermanische Rechte lebhaft erinnernde Bestimmung.

3. An die Spitze verdienen hier abermals die Slaven gestellt zu werden, da es zweifelhaft ist, ob die sofort zu erwähnenden Entführungsgebräuche die Zustimmung der Mundwälte voraussetzten oder nachfolgen liessen, in welch letzterem Fall sie unter 2. einzureihen gewesen wären. Nachdem aber die Mädchen zu Spiel und Tanz zusammenströmten um sich rauben zu lassen, ist es doch wahrscheinlicher, dass es nicht ohne Zustimmung ihrer Mundwälte geschah.

Von den wilden, heidnischen Derewlanen erzählt Nestor: ihnen sei wirkliche Ehe fremd, da sie die Jungfrauen gewaltsam rauben. Ebenso von den Radimicen, Wiaticen und Seweriern, sie hätten wahre Ehe nicht gekannt, seien vielmehr zu fröhlichen Dorffestlichkeiten zusammengeströmt, wo getanzt und gesungen wurde und jeder sich das Weib entführte, mit welchem er sich bereits zuvor einverstanden hatte. [3])

Spätere Nachrichten bekräftigen die Wahrheit der Angaben Nestors. Noch im Jahre 1720 sah sich die österreichische Regierung veranlasst den ungarischen Slovenen das Rauben von Mädchen zu verbieten, was sie gewöhnlich während der Jahrmärkte in Bihar und Krasnobrod taten, eine Sitte, die einen eigenen Namen: „otmica" führt. [4]) Noch jetzt feiert man in jenen Gegenden Frühlingsfeste, die den Burschen dazu dienen, sich die Gefährtin der Zukunft zu erkiesen. [5]) In Gegenden Serbiens soll die „Otmica" heute noch existiren [6]), bei den Grossrussen die nach Ostern beginnende Festzeit der „Krasnaja gorka", ein Überrest der gleichen Sitte sein. [7])

---

[1]) Hochzeitsbuch S. 56.   [2]) Post, Anfänge 213.
[3]) Turner S. 20.   [4]) Pruski, Obchody weselne. Krak. 1869. I, 280.
[5]) Düringsfeld.   [6]) Nach Prof. Bestuzschew Rumin: Kulischer 197.
[7]) Düringsfeld S. 24.

Zur selben Stufe gehören die Griechen und Römer des Altertums. Bei ihnen tritt der Frauenraub minder scharf, weil nicht mehr durch Gesetz gebilligt und doch insoweit schärfer als selbst bei den Indern hervor, als seine Form, mindestens bei Spartern und Römern eine allgemeine ist, was eine ebenfalls allgemeine oder doch sehr intensive Übung wirklichen Raubs zur Voraussetzung hat.

Dionys (II, 30) lässt Romulus den Raub der Sabinerinnen damit rechtfertigen: es sei eine althellenische Sitte und Plutarch berichtet von den Spartanern: „Sie verschaffen sich ihre Frauen durch Raub." Die geraubte Braut wurde von der sog. Brautmutter übernommen und eigentümlich mit Männerkleidern ausstaffirt. Der Mann durfte sie nur Nachts verstohlen besuchen dass niemand im Hause es merke. Jahre konnten verfliessen, bevor er seine Frau bei Tageslicht gesehen.[1]) Becker (Göll) hält sich auf Grund des citirten Satzes bei Dionys zum Ausspruch berechtigt, die Entführung der Braut sei jedenfalls ursprünglich allgemeine griechische Sitte gewesen.[2]) Auch in Kreta scheint nach Plutarch Ehe durch Entführung vorgeherrscht zu haben.[3]) „Nach dieser Sitte ist die Hochzeit des Hades und der Kora gestaltet, nach ihr der Raub der Leukippiden zu beurteilen, welchen Pausanias (J. 182) Ehe nennt."[4]) An Entführungsgeschichten sind dementsprechend die griechischen Sagen und Dichtungen überreich; der Krieg um Helena ist seinem Kern nach ein in jeder Heldenzeit normales Ereigniss, wie es sich, wenn man den Sagas Glauben schenken darf z. B. im skandinavischen Altertum unzählige Mal wiederholt hat.[5]) Aus dem Frauenraub als altnationaler Sitte erklärt sich auch die Erzählung Herodots VI, 65: Demarat macht sich Perkalos, des Chilon Tochter, des Leotychides Braut zu eigen, indem er sie früher raubt „φϑάσας ἁρπάσας"[6]) Er kam eben dem Bräutigam zuvor, setzte sich an seine Stelle. Selbst von Versorgung ganzer Kolonien mit Frauen am Weg von Raubzügen und Kriegsgefangenschaft wobei man Väter und Männer der Entführten erschlug, weiss die griechische Sage zu erzählen.[7]) Auch das griechische Wort für Gattin δάμαρ deutet auf ursprünglich allgemeine Raubehe: δάμαρ ist Feminin zu δμώς welches den durch Kriegsraub erworbenen, also gebändigten Sklaven bezeichnet.[8]) Damit stimmt das attische Gesetz: Wer einem Mädchen

---

[1]) Lycurgus c. 15.   [3]) Charikles ed. 1878. III, 368.

[2]) De puerorum educ. c. 15.   [4]) Vgl. die Belege bei M. Lenn 65 f.

[5]) S. daselbst.

[6]) Welcker, Über eine kretische Kolonie in Theben. Bonn 1824. S. 70 Note.

[7]) S. die drei Sagen bei Bachofen Mutterrecht p. 31. 81. 85.

[8]) Leist, Civilist Studien IV, 1877 p. 41 Note (nach Curtius)

Gewalt angetan, soll sie ehelichen, wenn auch ˙dieses Gesetz für sich allein keinen Beweis bilden würde.[1] „Entehrung einer Jungfrau galt den Hellenen nur als Eingriff in fremde Rechte, der durch nachfolgende Heirat völlig ausgeglichen oder nur als leichtere Injurie bestraft wurde."[2] In Byzanz zog der Raub eines Mädchens geradezu die strafweise Verpflichtung nach˙ sich sie zu ehelichen: „εἰ τις ἁρπάσας παρθένον φθάσειεν ποιήσας γυναῖκα, γάμον ἔχειν ζημίαν."[3] Nicht bestimmbar ist jedoch, inwiefern eine· Praxis des auf diese Weise zum Eheschliessungsmittel erhobenen Frauenraubes in Byzanz lebendig gewesen. Soviel über die Griechen.[4]

Bei den alten Römern war die Hochzeitsfeier vom Charakter der Gewaltsamkeit durchdrungen. In ihren Hochzeitsscherzen und Ceremonien lag eine so frische Erinnerung an den ursprünglichen ehernen Ernst, dass man Anstand nahm, Hochzeiten an Ferialtagen zu feiern, weil es Frevel war an solchen Tagen jemand Gewalt anzutun und doch bei der Hochzeit die Jungfrauen Gewalt zu leiden scheinen.[5] In der Tat war die römische Braut von Anfang bis zum Ende des Festes dem Anschein nach wehrloses Opfer brutaler Übermacht.

Die Heimführung erfolgte Abends, wenn der Abendstern am Himmel aufging. Das Mädchen hielt sich fest an ihrer Mutter oder nächsten weiblichen Verwandten, wurde von lärmender Schaar überfallen und vom Schooss der Beschützerin weggerissen: Rapi simulatur virgo ex gremio matris aut si ea non est, ex proxima necessitudine, cum ad virum trahitur, quod videlicet ea res feliciter

---

[1] Kulischer a. a. O. S. 195; nach Petitus Legg. Atticae VI, tit. 1—4.

[2] Plutarch Sol. 28. Hermann Symb. ad doctr. iur. Att. de iniur. act. Gott. 1847 p. 25 sq. und Plut. üb. Menanders Komödien. Qu. sympos. VII 8, 3, p. 712: „αἱ δὲ φθοραὶ τῶν παρθένων εἰ γάμοις ἐκικῶς καταστρέφουσι" cit. bei Hermann, Lehrb. der griech. Privataltertümer, herausg. von Blümner 1882. S. 258.

[3] das. aus Achill. Tat. II, 13.

[4] Über die Griechen vgl. noch Müller K. O. Dorier. 2. Aufl. 1844 II, 278 und Becker, Charikles ed. Göll Berl. 1878, III 377 f. Bezug auf Abwehr des Frauenraubs mag die Sitte gehabt haben, dass die Tür des Brautgemachs während der Brautnacht ein Freund des Bräutigams besetzt hielt, angeblich um die Frauen abzuhalten, die etwa der Braut zu Hilfe kommen wollten. Man hat die Darstellungen auf Vasen, wo ein junger Mann ein Weib verfolgt oder gewaltsam umfasst hält, als Zeugnisse für die Entführungssitte angeführt. Göll glaubt, sie hätten nur gewisse mythologische Fabeln, nicht einen Brauch des Volkes zum Gegenstand.

[5] Macrob. Sat. 1, 15: „Feriis autem vim cuiquam fieri piaculare est, ideo tunc vitantur nuptiae, in quibus vis fieri virginibus videtur."

Romulo cessit.[1]) Am Wege sträubt sie sich, weint und zögert zu
gehen, während ihre Begleiter passende, oft derbe Lieder singen,
nicht selten mit directer Bezugnahme auf den vollzogenen Akt des
Raubes z. B. „Rapis teneram ad virum virginem o Hymenaee...
tu fero juveni in manus floridam ipse puellulam dedis e gremio suae
matris", oder: „Hesperus, welcher der himmlischen Sterne ist grau-
samer als du, der du die Tochter aus der Mutter Armen reissest
und die keusche Jungfrau dem glühenden Jünglinge preisgibst.
Was tun die Feinde schlimmeres, die eine Stadt erobert haben."
An der Türe suchte die Braut zum letzten Mal Widerstand zu
leisten, wurde aber von den Entführern mit Gewalt über die Schwelle
gehoben und noch im Haus an den Armen festgehalten. Das Haupt
der Braut wurde mit einem roten Schleier umhüllt, daher „nuptiae",
„nupta". Darf man der slavischen Analogie Glauben schenken,
so steht auch das mit der Entführung im Zusammenhang. Marquardt weist wol darauf hin, alle Frauen hätten beim Ausgehen
Schleier getragen[2]), das Verhüllen der Braut musste aber ursprünglich (ausser der Farbe des Schleiers) etwas eigentümliches an sich
haben, da sonst der Name „nuptiae" unerklärlich wäre. Die coeli-
baris hasta, das Lanzeneisen, womit die Haare der Braut zusammen-
gesteckt wurden, sowie der Hochzeitsruf talasse, der sich merkwürdiger Weise im heutigen Rumänien wiederfindet[3]) und nach
Gellius den Namen eines glücklichen Frauenräubers, nach Mercklin
ein cognomen des Consus bedeutet, an dessen Feste die Sabinerinnen geraubt wurden, hat man in alter und neuer Zeit mit der
Raubehe in Verbindung gebracht.[4]) Sollte die Tatsache, dass die

---

[1]) Festus ed. Mueller p. 289, sub. v. Rapi. Dass die Heimführung bei Nacht
stattfand, darüber ebenfalls Festus unter „Patrimi" p. 245. Irrtümlich ist es
mit M'Lennan (p. 19) den bei Apulejus De asino aureo 4. Buch vorkommenden
Jungfrauenraub für Schilderung einer Heimführung anzusehen. Auffallend ist
allerdings, dass den Räubern, welche die ihren Bräutigam erwartende Braut
entführen, kein Widerstand entgegengesetzt wird, allein der weitere Verlauf
beweist, dass sie nicht Freunde, noch Abgesante des Bräutigams waren.
Dieser selbst, noch im Festesschmuck, verfolgt sie, wird im Kampf mit ihnen
erschlagen und das Mädchen weiter fortgeführt. — In Sardinien wird gegenwärtig noch auf ein gegebenes Signal die junge Gattin (nach der Trauung) aus
den Armen der Eltern gerissen und auf ein reich geschirrtes Pferd gesetzt,
welches aber von einem ihrer Verwandten am Zügel geführt wird. Dür. 96.
In Sicilien durfte ehemals der Bischof die Trauung mit einer Entführten nicht
weigern l. c.

[2]) J. Marquardt, Handb. d. röm. Altertümer. Das Privatleben der Römer I.
Leipz. 1879. S. 43.

[3]) Düringsfeld 54.

[4]) Über den Ruf talasse Marq. 52, über die coelib. hasta ders. S. 44.

römischen Frauen bei der Beschränkung auf den Umgang mit der
Familie einen besonderen, altertümlichen Dialekt bewahrten[1]), auf
den nämlichen Ursprung zurückzuführen sein?

Die Römer selbst sahen ihre Hochzeitsgebräuche als Gedenk-
feste des Raubs der Sabinerinnen an. Die Gedankenverbindung
zwischen Raub und Entführung muss in der Tat eine sehr enge
gewesen sein, da noch der Kirchenvater Tertullian findet, der Raub
der Sabinerinnen sei eine rechtschaffene Tat gewesen, „welche ja
heute noch bei den Römern für erlaubt und rechtmässig gilt."[2])
Schwegler dagegen bemerkt wol mit Recht: „Nicht die römischen
Hochzeitsgebräuche sind aus jenem angeblichen Factum, sondern
jenes angebliche Factum ist aus den römischen Hochzeitsgebräuchen
und dem römischen Ehebegriff abgeleitet. Weil die Ehe dem Römer
als Raub galt, so mussten die ersten Ehen, die in Rom geschlossen
worden sind, durch Raub zu Stande gekommen sein."[3]) Immerhin
wird es dahingestellt bleiben, ob die Sage einer factischen Grundlage entbehre oder nicht; ob die Römer nicht in vorhistorischer
Zeit wirklich die meisten Frauen aus dem benachbarten Sabiner-
land raubten was ja aus mehr als einem Grunde wahrscheinlich ist.

II.

Die Sagen und Sitten der Kelten reichen bis zur dritten, ja
sogar zur ersten Stufe zurück. Ihren alten Heldengedichten gilt
es nicht als anstössig, wenn die Tochter den Recken ehelicht, der
ihren Vater erschlagen[4]) und nach alter Tradition sollen die Picten
den Gaelen ihre Weiber geraubt haben. so dass diese gezwungen
waren Heiraten mit den Urbewohnern des Landes einzugehen.[5])

„In Irland fand noch gegen Mitte dieses Jahrhunderts die
Werbung gewaltsam d. h. durch Entführung statt. Meist ist allerdings das Vergeben der Mädchen ein Handel für den Vater, der
sich dabei so knauserig als möglich zeigt. Die Entführungen
wurden früher nicht so ernst genommen wie jetzt. Der Bräutigam
war in den bergigen Distrikten sogar ehrenhalber gezwungen mit

[1]) das. 57. Die ausführlichsten, auch im Obigen benützten Angaben über
Entführung bei der röm. Hochzeit bei Aug. Rossbach, Untersuchungen über
die röm. Ehe. Stuttg. 1853. SS. 329, 336 f., 359 u. Note 1215.

[2]) Welcker l.c. [3]) Schwegler, Röm. Gesch. 1853. I 468, 470 f., 477.

[4]) So im Lied von Laudine und Iwein und den epischen Erzählungen
von Lanzelot. Gervinus, Gesch. der deutschen Dichtung 5. Aufl. I, 447, 449.

[5]) M'Lennan 68.

der Geliebten durchzugehen, auch wenn nicht die mindeste Notwendigkeit dazu vorlag." War der Kaufvertrag abgeschlossen, so
„ritt am Tage der Heimbringung der Bräutigam mit seinen Freunden
der Braut bis an den Ort entgegen, wo der Vertragsabschluss erfolgt
war. Die Begleiter der Braut sahen sich dabei durch kurze Wurf-
spiesse begrüsst, welche zwar aus grosser Entfernung geschleudert
wurden, aber doch zuweilen Schaden anrichteten und desshalb allmälig ausser Gebrauch kamen."[1]) Wir übergehen einige minder
charakteristische, schottische Überlebsel des Frauenraubs[2]) und erwähnen nur noch die Sitte von Wales, wo der Bräutigam mit
seinen, gleich ihm berittenen Freunden am Hochzeitstage die Herausgabe der Braut verlangt, welche ihm jedoch von ihren Anhängern
rund abgeschlagen wird. Darauf folgt ein hitziger Scheinkampf;
die Braut, zu Pferde hinter ihren nächsten Verwandten wird weggeführt und unter lautem Geschrei vom Bräutigam und seinen
Begleitern verfolgt. Bei solchen Gelegenheiten sieht man oft 200
bis 300 stämmige Briten in schnellstem Ritte dahinjagen ... sind
sie und ihre Pferde ermüdet, so wird dem Bräutigam gestattet die
Braut einzuholen, worauf er sie im Triumph mit sich führt und
Lust und Festlichkeiten folgen.[3])

Die Slaven haben sich die Erinnerung der Raubehe am leben-
digsten erhalten. Bei den Uskoken in Krain musste fingirter
Raub stattfinden, wo wirklicher fehlte. „Der Brautführer kam zu
Pferde vor das Haus der Braut, hob sie vor sich auf den Sattel,
verhüllte ihr den ganzen Kopf mit einem Tuch, damit sie den
Rückweg zum elterlichen Haus nicht mehr finde, und sprengte zur
Kirche, wo der Bräutigam ihrer harrte."[4]) Bei den Slovenen
erfolgt der Aufbruch vom Brauthaus um Mitternacht, Freudenschüsse
knallen von beiden Seiten, unter tollem Geschrei wird die Braut
aufs Pferd gehoben und jagt, von keinem einzigen ihrer Verwandten
begleitet, mitten unter den Freunden des Bräutigams von dannen.[5])
In Krain, wo schon bei der Werbung und den dabei dargebrachten
Ständchen arge Prügeleien zwischen den Burschen verschiedener
Dörfer gewöhnlich sind, zog man ehemals zu Pferde, in Waffen,
unter Führung eines Ältesten, der eine Fahne trug, in zahlreicher
Schaar zunächst nach dem Hause des Bräutigams, um ihn zum
„Raub der Braut" zu holen. Das Haus derselben war verschlossen
— in Fiume zogen ihre Freunde, gleichfalls in Waffen, den Räubern

---

[1]) Hochzeitsbuch 241- 243.
[2]) Über Land und Meer 1873 (42. Bd.) S. 859.
[3]) Home Sketches I, 219.   [4]) Hochzeitsbuch 90.   [5]) dsa. 88.

entgegen.[1]) Der kriegerischen Einleitung folgte ein friedlicher Schluss: Dem Ältesten der an der Tür Herausgabe der Braut fordert, wird wol zuerst ein zerlumpter Popanz zugeschoben, endlich tritt aber die wirkliche Braut auf die Schwelle.[2]) In dem ganz polnisch gewordenen Lithauen lässt der Bräutigam seine Braut zum Scheine rauben. Am Rückweg aus der Kirche frägt die Jungfrau in der Hochzeitsschenke ob nicht ihr Vater hier gewesen, die entführte Tochter zu suchen.[3]) Im Wesentlichen richtig erscheint danach der Satz eines polnischen Schriftstellers: Der Slave kam beritten und bewaffnet mit seinen Freunden zu den Eltern der Geliebten: wurde seine Bitte bewilligt, so spendete er Geschenke und der Tag der Trauung ward bestimmt. An diesem Tage kam er gleichfalls mit Gefolge und musste seine Frau rauben, worauf die Trauung stattfand und man zur Hochzeit nach dem Brauthause zurückkehrte.[4])

Das Raubspiel ist auch sonst der europäischen Halbkultur geläufig. In der Moldau musste ehemals der Bräutigam seine Verlobte mit bewaffneter Hand aus ihrem Kämmerlein holen, nachdem seine Freunde eine Art Turnier zu Pferde vor dem Brauthause aufgeführt hatten.[5]) In Rumänien werden die Vorreiter des Bräutigams von Verwandten der Braut überfallen und gefangen genommen. Die Freunde des Bräutigams suchen ihrerseits die Sieger zu Gefangenen zu machen. — Mit Schüssen und Lärmen stürmen die Bewohner der Dörfer durch welche man durchzieht aus den Häusern.[6]) In einigen Gegenden Bessarabiens soll die Braut jetzt noch stets aus dem Hause der Eltern entführt werden. „In dem Augenblick wo sie die Schwelle überschreitet gibt einer der Freunde des Bräutigams durch einen Pistolenschuss den Dorfbewohnern davon Kunde."[7])

Wo die Sitte des Scheinraubes selbst verschwunden, treten an ihre Stelle mannigfache, fantastische Bräuche. In Dalmatien scherzhaftes Belegen der Brautführer mit hohen Bussen durch den hiezu gewählten „Kadi", Flucht des Bräutigams, worauf nach ihm geschossen wird, er als todt hinfällt und der Kadi ihn auf Bitten der Braut wieder lebendig macht[8]), in der Lausitz, wo der Bräutigam und seine Schaar auf das Ansuchen in das Heimatsdorf der Braut

---

[1]) Ebenso bei den montenegrinischen „Peroi", das. 90.

[2]) Klun, Die Slovenen im Ausl. 1872. S. 544 f.

[3]) Pruski, Obchody weselne S. 180.

[4]) Gełębiowski, Lud polski i jego zwyczaje Warsz. 1830 (3 t.). I, 205.

[5]) Hochzeitsbuch 55.   [6]) das. 54.   [7]) Post, Anfänge 218.

einziehen zu dürfen, zur Antwort erhält: „Ja, wenn ihr rechtliche, brave Leute seid, nur müsst ihr Greise und Kinder schonen!"[1]

Hierher gehört auch das merkwürdige spanische Gesetz, nach welchem nach dreimaliger, fruchtloser Werbung das Mädchen auf die Klage des Bräutigams hin durch den Alkalden aus dem väterlichen Haus abgeholt und zu einer ehrbaren Familie gebracht wird, wo sie bis zur Trauung verbleiben soll.[2]

Einen fast unerschöpflichen Stoff zur Geschichte der Raubehe, speciell bei den Slaven liefern deren Hochzeitslieder. Im albanesischen Lied erscheint der Bräutigam als Rabe[3]), im grossrussischen als Adler der das Täubchen rauben will, in letzterem als Fremdling und Feind. Die ihn begleiten sind „ein feindliches Heer, eine Gewitterwolke." Am Hochzeitstage singt die Braut: „Am Ende des heutigen Tags . . . wird das ganze Volk besiegt, wird die Freiheit zur Unfreiheit werden."[4]) Angriff auf das Brauthaus, Klage der Geraubten, Abwehr ihrer Freunde, das sind die gewöhnlichsten Themen solcher Lieder. In Serbien wird gesungen, während man die Braut, gleichsam wider ihren Willen entführt:

„Wedzemy ju, wedzemy ju (Wir führen sie, wir führen sie)
Mamy ju, a mamy ju (Wir haben sie, wir haben sie)
A nekomu ju hewekek ne damo" (Wir geben keinem andern sie)[5]),

ein Lied, das merkwürdiger Weise auch in der Lausitz beim selben Anlass verwendet wird.[6]) In Kleinrussland singen der Bräutigam und die Seinen dem Brauthaus sich nähernd: „Wir schiessen Pfeile, zerstören die Steinwand, die Feste und holen Mariechen![7]

Im Grossherzogtum Krakau schlagen die von der Trauung Heimkommenden an das Tor, worauf die im Brauthaus singen:

„Skądeście dwór najechali (Woher habt ihr das Haus überfallen?)
Cisowe wrota złamali, (Die eschenen Tore gebrochen,)
Zielone podwórze zdeptali?" (Den grünen Hofraum zertreten.)[8])

In polnisch Schlesien wo (gleichwie in Lublin) der rückkehrende Hochzeitszug das Haus gleichfalls geschlossen findet, schallt es als Antwort auf die Bitte zu öffnen heraus: Die Tochter des Hauses habt ihr weggeführt, nun wollt ihr auch dessen reiche Vorräte verzehren!"[9]) Ein Hochzeitslied von Minsk beginnt: „Dunkel ist es, dunkel im Hof, Und noch dunkler draussen im Freien. Da plötzlich belagern Bojaren die Tür und schütten dann Gold auf den Tisch. Die Tochter bittet den Vater: Nimm ja recht viel; hundert Goldstücke und gib mich den Werbern!"[10]) und bei den

---

1) Hochzeitsbuch 168.　　2) das. 256.　　3) das. 68.　　4) Kulischer 207.
5) Hochz. 169.　　6) Kulischer l. c.
7) Gołębiowski I, 47.　　8) l. c. 40.　　9) l. c. 70.

Kleinrussen: „Überfallen uns nicht Lithauer? Wir werden sie
schlagen, wir werden tapfer hauen und kämpfen und Mariechen
nicht herausgeben"; schliesslich siegen im Lied aber immer die
Angreifer.[1])

Bei den Tschechen singt während der Heimfahrt die Braut
ein trauriges, fast verzweiflungsvolles Abschiedslied[2]), ebenso bei
den Ruthenen: „Nicht willig geb ich, sie führen mich."[3]) Deshalb
die Verfolgung in dem gleichfalls ruthenischen Liedchen: „Zu
Pferde ihr Brüder zu Pferde! jagt eurem Schwesterchen nach!
Die Brüder ritten den Berg empor, Und hör'n eine Stimme
klagen. Beim Schwäher weint sie im Hofe ..."[4]) — Der Gegenstand ist unerschöpflich wie das Leben und wie die Phantasie
des Volkes.

Auch die übrigen bei den nichtarischen Völkern erörterten
Reste des Frauenraubs begegnen uns bei den Ariern. So das
Verstecken der Braut vor den Brautwerbern oder dem Bräutigam,
was mit häufigem Vorschieben falscher, meist lässlicher Bräute
verbunden ist.[5]) Typisch dafür ist das Beispiel von Lovres (Herzogowina), wo die mit ihrem Bruder versteckte Braut nicht früher
herausgegeben wird, bis der Bräutigam die Waffen zieht, zu Pferd
steigt und mit Entführung droht. Nun übergibt sie der Bruder
gegen ein Geschenk, worauf gleichsam als Symbol der ursprünglichen Gewalttaten „der Spassmacher" alles Geflügel niedersticht,
das ihm in den Weg kommt.[6]) An der Riviera delle Castella (bei
Spalato) kommt der Bräutigam mit zahlreichem Gefolge: „Wir
wissen" heisst es da „dass innerhalb dieser Mauer etwas ist, was
nicht hinein gehört und kommen es zu suchen ... Wir wollen
unsere weisse Taube suchen, die sich hier im Hause versteckt hat."
Und sie suchen in allen Winkeln. Der Hausherr stellt ihnen seine
allerälteste Verwandte vor: Ist das die Taube, die ihr sucht? ..
„Gott verhüte, dass sie es sein sollte!" Der Scherz wird mehr-
mals wiederholt bis endlich der Vater die Braut ruft ... Beim
Anblick dieser glänzenden Erscheinung erhebt sich der Ruf: „Das
ist die Taube, die uns weggeflogen! Und sie wird vom Vater los-
gerissen und aus dem Haus geführt" ..[7]) Vor den Brautwerbern

---

[1]) Kulischer 207.   [2]) das.   [3]) Gołębiowski I, 224.

[4]) das. 70 vgl. die Hochzeitslieder im grossen Werk von Oskar Kolberg
Lud polski i jego zwyczaje Waraz. 1865. z. B. I. 40.

[5]) Düringsf. 206. Gołęb. 209 über diese Sitte in Polen. In der Brotagne
Düringsf. 248.

[6]) Düringsf. 77.   [7]) das. 80 f.

verbirgt sich die Braut bei den ungarischen Slovaken[1]), den Polen[2]) sowie bei nichtslavischen Völkern: Esten[3]) und Letten.[4])

In der Riviera delle Castella ist noch ein weiterer Hochzeits-scherz zu verzeichnen, der wie überhaupt die slavischen Hochzeits-sitten für Deutung und Erklärung deutscher Rechts- und Lebens-formen von besonderer Bedeutung ist. Die Deutschen sind in ihrer Kultur zu weit fortgeschritten, die Nachrichten aus dem Mittelalter aber zu lückenhaft, als dass die Continuität, der Zusammenhang der jetzigen deutschen Hochzeitssymbolik mit dem Frauenraub überall sichtbar, direct erweisbar wäre. Da kommen denn die nahe verwandten slavischen Formen zu Hilfe, welche uns verstehen lehren, wie so manches, scheinbar sinnlose Spiel aus einem längst vergessenen und verschollenen, in der Hauptsache vorhistorischen Recht entsprungen ist.

Sobald in der Riviera der Bräutigam mit der süssen Beute das Haus verlassen hat, versperren wenige Schritte vor der Tür Stangen und gekreuzte Waffen den Weg. Es sind die Nachbarn des Hauses, welche den Zug aufhalten und das Mädchen, als ihnen gehörig nicht ziehn lassen wollen. Ein heftiger Scheinstreit ent-brennt, dann wird ein Zoll erlegt, die Schlagbäume fallen und nun zieht der Bräutigam mit seinen Gästen voran in die Kirche.[5])

Hiermit ist der Ursprung des über den ganzen europäischen Continent verbreiteten so harmlosen Versperrens des Wegs dem zur oder von der Trauung führenden oder bei der Heimführung be-griffenen Paare, sowie den Wägen mit der Ausstattung gekenn-zeichnet. Die Form ist überall ziemlich gleichförmig: Die jungen Burschen des Dorfes — nur ausnahmsweise die Mädchen und sonstigen Dörfler — versperren mit Ketten, Stricken, Bändern oder Blumengewinden den Weg und geben ihn erst gegen Erlag eines geringeren oder grösseren Loskaufgeldes frei. Bei den Tschechen meldet die Sage von einem Helden Břetislaw der sammt der ent-führten Braut über die hemmende Kette hinwegsetzte und davonritt. Noch jetzt wagt mancher beherzte Bräutigam den Sprung, ohne sich dadurch vom Lösegeld freimachen zu können.[6]) Das Hemmen des Brautpaares üben auch die Slovenen[7]) die (mit Slaven ver-

---

[1]) Däringsf. 52.   [2]) Gołęb. l. c. Die versteckte Braut weint und jammert.

  [3]) Däringsf. 13. Gartenlaube 1878. S. 274. Vgl. Klemm, Frauen I, 113. Die Esten und Liven sind zwar finnischen Stammes, hier jedoch ausnahmsweise, der Gleichheit ihrer Hochzeitsbräuche mit denen der umwohnenden Arier, sowie ihres europäischen Wohnsitzes wegen einbezogen worden.

[4]) Klemm 116, 120 L.

[5]) Däringsf. a. a. O.   [6]) das. 197.   [7]) Klun, Ausl. 1872. S. 545.

mengten) Tiroler in Lienz [1]), die Lausitzer [2]), die Polen Schlesiens [3]), ferner z. B. die Esten [4]); Hemmen des Wagens mit der Aussteuer, die Winden von Krain [5]), Polen in Galizien. [6])

Auch Beispiele des Brautlaufs, wenngleich in geringerer Zahl, haben die slavischen Hochzeiten aufzuweisen: In manchen Ortschaften Galiziens sucht die Braut zu entfliehen und sich einzuschliessen, die Brautführer erhaschen sie, setzen sie auf einen Schemel und bewachen sie da [7]), anderwärts flieht sie während des Tanzes vor der Trauung immer wieder nach der Tür und muss jedesmal eingefangen werden. [8]) Bei den Slovenen endlich erfolgt ein Wettlauf zwischen Bräutigam und Braut: wer früher ans Ziel kommt soll länger leben [9]): dies ist die jetzige, gewiss nicht die ursprüngliche Deutung. Dasselbe gilt vom Brautlauf der Esten. Angeblich um die Braut vor dem bösen Blick zu bewahren muss der Mann mit ihr gleich nach der Trauung eiligst zur Kirche hinauslaufen, in Wierland darf er sie nicht loslassen bis er sie in den Schlitten gehoben. Während des Tanzes nach der Rückkehr von der Trauung entführen die Brautbrüder (Verwandte der jungen Frau) die letztere, darauf folgt Rennen und Hetzen der Brautführer bis sie gefangen und zurückgebracht ist, worauf sie, um fernerer Flucht vorzubeugen, durch Haubenaufsetzung dem Kreis der Frauen einverleibt wird. In Rumänien endlich findet vor Ankunft ins Brauthaus eine Art Wettrennen zwischen den Freunden der Braut und denen des Bräutigams statt.

Noch mehr verblasst ist bei den Ariern das sonst so verbreitete Verbot des Umgangs mit Eltern und Schwiegereltern. Dennoch fehlt es auch hier nicht ganz. Jhering hat mit Unrecht Voigt dafür verspottet [10]), dass er die lückenhafte Stelle des Festus: „Si nurus sacra . . . divis parentum estod." emendirte: „Si nurus socrui obambulassit u. s. w. [11]) Die zur Emendation gewählten Worte mögen richtig oder unrichtig sein, soviel ist gewiss, dass Voigts Ergänzung nichts abnormes, seltsames, geschweige denn etwas lächerliches enthält, dass sie mit sonstigen Erfahrungen übereinstimmt, also wahrscheinlich begründet ist. An dem römischen Hochzeitsfeste, bei welchem das Mädchen vom Schooss der Mutter geraubt ward, nahm diese keinen Anteil, wurde dabei vielmehr

---

[1]) Düringsf. 113—115, sehr unterhaltende Schilderung.   [2]) das. 171—174

[3]) das. 206.   [4]) Düringsf. 13. Gartenl. a. a. O.

[5]) Düringsf. 91.   [6]) das. 212.   [7]) Kolberg I, 40.   [8]) Düringsf. 87.

[10]) Plaudereien eines Romanisten. Jurist. Blätter. Wien 1880. S. 262.

[11]) Über d. legg. regiae. Lpr. 1876. Nr. I, S. 41—45.

durch die sog. Pronuba vertreten [1]), so noch in späterer Zeit, während
das von Festus mitgeteilte Verbot des Umgangs mit der Schwiegermutter so hier wie anderwärts frühe verschwunden sein mag.
Im heutigen Griechenland gebietet die Sitte der jungen Ehefrau
das Haus ihrer Eltern durch acht Tage, am Land sogar durch
zwei Wochen zu meiden [2]), was sich, mit Beschränkung auf drei
Tage in Sardinien gleichfalls vorfindet. [3])

In Rumänien, der Walachei und in Ungarn durfte früher das
Brautpaar nicht beim Hochzeitsmal erscheinen, musste vielmehr
getrennt, die Braut verhüllt und von dem Bräutigam ungesehen in
einem besonderen Zimmer speisen; in Siebenbürgen darf der Bräutigam mit seinen Gästen nicht im Haus der Braut essen und be-
wirtet erstere im eigenen Hause [4]), ebenso in Kleinrussland. [5]) In
Schottland ist die Braut (aristokratischen Stammes) am letzten
Morgen, den sie im Elternhaus zubringt vom Frühstückstisch der
Familie ausgeschlossen und nimmt das Frühstück mit ihren Schwestern
oder allein auf ihrem Zimmer. [6]) In Polen: Minsk endlich sind es
die Eltern der Braut, die dem Gastmal nach der Verlobung fern
bleiben, sie leisten der Tochter auf ihrer Kammer Gesellschaft.
Später tritt der Bräutigam mit den Begleitern ohne Gruss, die
Mütze über den Augen dort ein. Sie werden gleichsam zornig und
mürrisch empfangen. [7]) Alle diese Gebräuche scheinen in der ehemaligen Raubehe ihre gemeinschaftliche Wurzel zu haben.

Andere Überlebsel der nämlichen Art sind: der Bräutigam
kommt die Braut von Bewaffneten umgeben und zu Pferde abholen [8]); sie wird durch zwei Frauen zum Kirchgang aus dem
Haus geschleppt und weint und schluchzt am Wege [9]), sie wird beim
Fest nach der Trauung aus dem Kreis der sie schützenden Jungfrauen durch den Bräutigam herausgekämpft [10]), während anderwärts der Bräutigam die Braut mit Hilfe der Mädchen seinen
Kameraden entreisst [11]), das sehr häufige Verschliessen und Ver-
rammeln des Brauthauses wenn der Bräutigam erwartet wird [12]) u. s. w.
Es tritt ein Stadium ein, wo man sich des Ursprungs der Hoch-
zeitsscherze längst nicht mehr bewusst ist, wo viele derselben be-

---

[1]) Rossbach 329.   [2]) Düringsf. 58.   [3]) l. c. 96.   [4]) l. c. 55.
[5]) Weinhold, Frauen I, 397.   [6]) Über Land und Meer 1878. S. 831.
[7]) Gołębiowski I, 76.   [8]) In Böhmen. Brentano, Gründung Prags. S. 445.
[9]) Russland. Post, Anfänge 213.
[10]) Im poln. West-Galizien. Nach persönlicher Information.
[11]) In Valencia, Düringsf. 267.
[12]) Kulischer a. a. O. In Russland, Kleinrussland, Podlesie, vgl. auch
Weinhold l. c. 385 Note 2.

ginnen lästig zu werden, gegen Polizeivorschriften zu verstossen,
sie werden immer seltener, kommen nach und nach ausser Übung,
um schliesslich vollständig und auf Nimmerwiederkehr zu verschwinden.

Die räumliche Verbreitung der Raubehe und ihrer Symbole.

Das Intensitätsmaximum dieser Erscheinung auf der ganzen
Erde befindet sich innerhalb der mächtigen Gürtel zwischen dem
40. und 60. Grad nördlicher, und zwischen dem 20. und 50. Grad
südlicher Breite. Durch Europa und Asien können wir zwei breite
Striche legen, deren Insassen — Völker und Völkergruppen — dem
Frauenraub oder seinen Symbolen huldigen. Der eine derselben
(zw. 40—60°) vom atlantischen bis zum stillen Ocean, umfasst
die europäischen Arier (Kelten, Romanen — Slaven — die alten
Griechen und Römer), die Völker des Kaukasus, die Nomaden
Mittelasiens: Tartaren, Kirgisen, Kalmücken, Mongolen; der andere
durchschneidet — von Lappen und Finnen ausgehend — Russland,
das Land der Kirgisen, Turkmenen, Afghanen, Hindus, die Insel
Sumatra, Australien. China hat zwei Rudimente der Raubehe aufzuweisen: Heben der Frau über die Schwelle in das Haus des
neuen Gatten — Entfremdung zwischen Schwiegerkindern und
Eltern.

Den Weltteilen nach ist der Frauenraub in Europa in allen
seinen Stufen und Schattirungen vertreten; in Asien lassen sich
Spuren und Praxis der Raubehe bei Ariern, Kaukasiern, Turken,
Mongolen und Semiten nachweisen. Eine Ausnahme bilden hier,
gewiss mehr aus Mangel an Nachrichten, denn aus Mangel an
Stoff der grösste Teil Arabiens, Kleinasiens, Persiens, Hinterindiens
(ohne Malakka) und Japan. Zur Ausfüllung der scheinbaren Lücke
wäre die Forschung zunächst auf Familienrecht und Hochzeits-
brauch dieser Länder zu lenken.

Australien gehört seinem ganzen Umfang nach, Polynesien und
die Sundainseln zum grössten und wichtigsten Teile ins Verbreitungsgebiet des Frauenraubes.

In Amerika ist derselbe nicht bei allen, aber bei den meisten
roheren und zugleich verbreiteteren Völkern, in einer den ganzen
Continent gleichsam durchsetzenden Gruppirung nachgewiesen.

In Afrika üben ihn Repräsentanten der meisten grösseren Stämme,
am entschiedensten zwischen dem 8. und 18. Grad nördl. Breite.
Hier bleibt der Forschung, da unsere Berichte zum guten Teil nur
flüchtige Reiseeindrücke enthalten, am meisten zu schaffen übrig.

Es mag Völker gegeben haben, welche die Ehe durch Raub niemals übten oder kannten. Diese verhielten sich aber zur entschiedenen Mehrheit, wie seltene Ausnahme zur Regel. Je genauer ein Volk bekannt wird desto mehr Reste der Raubehe pflegen an den Tag zu kommen. Jedenfalls kann hier ebensowenig wie bei Entstehung des Mutterrechts blosser Zufall gewirkt haben. Die Ehe durch Raub ist eine von äusseren, namentlich klimatischen Einflüssen unabhängige Eigentümlichkeit menschlicher Entwicklung, eine normale Stufe des Familienrechts, welche überall vorausgesetzt werden darf wo nicht besondere Gründe dagegen streiten. Auf Grund der vergleichenden Völkerkunde kann man es also aussprechen, die Germanen gleich wie die übrigen Arier hätten Frauenraub als Form der Eheschliessung anerkannt. Was man in den Quellen der germanischen Vorzeit darüber vorfindet ist Bestätigung eines auch auf anderem Wege constatirten Factums.

Die Raubehe und ihre Reste bei den Germanen.

„Wenn die Tatsächlichkeit des ehelichen Lebens zu der Willenseinigung hinzugekommen war, verstand man sich bei einer Reihe von Stämmen, bei Westgothen, Longobarden, Thüringern, Franken und Sachsen dazu, die Gültigkeit der von der Jungfrau ohne Willen ihres Gewalthabers eingegangenen Ehe anzuerkennen. Doch galt die Jungfrau damit zugleich als tatsächlich aus ihrer Familie ausgeschieden, und war daher ihre Strafe der Verlust des Erbrechts gegen ihre Blutsverwandten."[1] Bei den genannten Völkern mit Ausnahme der Westgoten, sowie auch bei Burgundern[2], Friesen[3], Alamannen[4] stellte namentlich Entführung jene Tatsächlichkeit her; sie wurde zum rechtlich wesentlichen Bestandteil der Eheschliessung, da sie an Stelle der Verlobung treten konnte. Wie Colberg bemerkt[5], wird in keinem Volksrecht die Ehe zwischen dem Räuber und der Geraubten verboten, obwol hier die letzteren Ausdrücke (Raub) im germanistisch-technischen Sinn für Entführung ohne Consens der Entführten selbst und ihrer Gewalthaber gebraucht sind. Das friesische, salische, westgothische, bairische Recht ordnen selbst in diesem Fall keine Herausgabe der Geraubten an.

---

[1] Sohm, Recht der Eheschliessung 51.   [2] Gundob., Tit. XII.

[3] Lex Fris. IX, 11, 12.   [4] Lex Hloth. LI, LII.

[5] Üb. das Ehehinderniss der Entführung, Halle 1869. S. 17--34. Diese sorgfältige Arbeit ist hier überhaupt zu vergleichen und im Folgenden mehrfach benützt.

Die Lex Frisionum IX, 11 begreift den Fall des Raubes und der Entführung im Gegensatz zur Notzucht unter der Bestimmung: „Si liberam foeminam extra voluntatem parentum eius, vel eorum qui potestatem eius habent, uxorem duxerit, componat tutori eius solidos 20, id est denarios 60. — 12. Si autem nobilis erat foemina solidos 30. 13. Si lita fuerit, solidos decem domino eius persolvere cogatur. Der Wille des Gewalthabers ist bei der friesischen Ehe-schliessung· irrelevant. Auch ist bemerkt worden, der Fuss der dafür bestimmten Busse (30 sol.) sei ein ungewöhnlicher, wol in anderen Volksrechten, nicht aber im friesischen wieder vorkommen-der[1]), diese Busse scheint demnach fremden Ursprungs, die Raub-ehe in Friesland ursprünglich busslos gewesen zu sein, was um so glaubhafter ist, als Entführung daselbst noch in weit späterer Zeit — die Erfüllung gewisser Rechtsförmlichkeiten vorausgesetzt — im Falle der nachträglichen, ausdrücklichen Zustimmung der Ent-führten, von Busse frei war.[2]) Die lex Thuringorum enthält unter dem Titel De vi § 2 die Bestimmung: Si libera femina sine volun-tate patris aut tutoris cuilibet nupserit, perdat omnem substantiam quam habuit vel habere debuit und sanctionirt hiemit die Giltigkeit der Ehe durch Entführung, während Busse sowie Restitution des Weibes nur für den Fall des Raubes (§ 1) vorgeschrieben sind. Durch die Entführung wurde nach longobardischem[3]), alamanni-schem[4]) und fränkischem[5]) Recht ein bestehendes Verlöbniss des Weibes, nach alamannischem und angelsächsischem selbst ein be-stehendes Eheband desselben aufgelöst.[6])

Zur Existenz der durch Entführung eingegangenen Ehe gehörte die nachträgliche Erlegung des Brautpreises wie schon in der Ab-handlung über das Mutterrecht (Kap. 2) erörtert wurde, nicht nach

---

[1]) M. M. L. L. III, 664, Note.

[2]) Grimm, R. A. 440. Doch stand es dann in des Vaters und der Mutter Willkür, wie viel sie dem Mädchen zur Mitgift reichen wollten. (Wilda, p. 848, nach Richthofen.)

[3]) Roth. 190, Liutpr. 30. Übrigens war nach Liutpr. 119 noch unter diesem König Feindschaft und Fehde regelmässige Folge der Entführung einer Braut. Vgl. auch Roth. 192 und der Expos. L. L. IV, 239; Roth. 210, 214. Liutpr. 31, 32. Selbst hier, bei den kirchlich verbotenen Ehen, verlangt Liutpr. — analog dem Fall des Frauenraubes — keine Trennung der Ehegatten, droht nur mit Illegi-timität ihrer Kinder. Vgl. im Allg. Kap. 8 der Abh. üb. d. Mutterrecht.

[4]) Hloth. LI.

[5]) Lex Sal. XIV, 10. Von einer Busse an den Bräutigam ist nur in den Codd. 6 und 5, 10, und der Lex Emend. die Rede.

[6]) Lex. Alam. Hloth. LII. Aethelb. § 31 bei Schmid Ges. der Angels. S. 5, vgl. überh. Sohm, Trauung 29, 30.

allen Rechten. Die Entführung an und für sich genügte zur Begründung einer, wenn auch rechtlich benachteilten Ehe.[1]) Für das longobardische Recht geht dies klar aus der Drohung des Titels 188 Roth. hervor: Stirbt eine Ehefrau, welche wider Willen ihres Vaters geheiratet hatte, und der Mann hat das Mundium nicht ererworben, so falle das Erbe nach ihr an ihren Mundwald: „ideo perdat maritus res mulieris, eo quod mundium facere neglexit." Für die Ehe durch Gewalt hat sich in den Volksrechten eine eigene Terminologie entwickelt; wir begegnen im longobardischen Recht Ausdrücken wie: „aut violenter aut ea consentiente ducere uxorem"[2]), „Si quis violento ordine (nomine) tolerit uxorem"[3]), si vir mulierem invitam tulerit uxorem[4]) und selbst im westgothischen, gegen Entführung so strenge eifernden Rechte: „Audivimus a multis, .. devotas Deo virgines .. seu affinitate consanguinitatis coniunctas foeminas, aut violenter aut per consensum sibi coniuges sumere... Deinceps nemo .. non licito connubio, aut vi aut consensu acci. piat coniugem. Darauf werden Strafen gegen Frauen bestimmt, die ihr Keuschheitsgelübde brachen: illis tamen foeminis ab hac sententia segregatis, quae violentiam coniunctionis indebitae sine praecedenti vel sequenti consensione pertulerint."[5]) Wie tief muss der Brauch der Ehe durch Raub im Leben des Volkes festgewurzelt haben um eine solche Verfügung notwendig, ihren Wortlaut für uns erklärlich zu machen? Die verschiedenen Texte des salfränkischen Volksrechts gebrauchen die Ausdrücke „inuita trahere" und „in coniugium sociare" synonim.[6]) Die Formel 16 des zweiten Buchs Marculf's beginnt: Dulcissima coniuge mea illa ille. Dum te .. absque tua vel parentum tuorum voluntate, faciente contubernio rapto scelere meo coniugio sociavi .. Die Entführung als Eheschliessungsform muss in jener Zeit noch so stark in Gebrauch gewesen sein, dass die Gesetzgebung nicht die Macht, zum Teil auch nicht den ernsten Willen hatte, sie zu beseitigen. Je

---

[1]) Über diese Nachteile, Kraut, Vorm. I. 320 ff. Wilda S. 848; auch Weinhold, Frauen. In dieser rechtlichen Anerkennung einer bestraften Handlung liegt unverkennbar ein Compromiss des neuen Rechts mit dem alten. Vgl. Sohm, Trauung und Verlobung. S. 18 ff. bes. 20. Vgl. Lib. Pap. Expos zu Roth. 189 (L. L. S. 338). Eine solche Verbindung wider Willen der Gewalthaber wurde wirklich als Ehe nicht als adult. angesehen, denn letzteres wurde mit 100, nicht mit 20 sol. bestraft.

[2]) Roth. 192.   [3]) Roth. 187.

[4]) Roth. 186, cf. Roth. 214 und Osenbrüggen, Long. Strafr. S. 109 f.

[5]) III. Tit. 5, § 2. Walter, Corp. jur. 1, 484.

[6]) Lex Sal. XXV, 9. Hessels 136—144.

weiter die Rechtsentwicklung fortschreitet, die Milderung der Sitten,
der Einfluss der Kirche und des römischen Rechts überhand
nehmen, um desto härter werden die Verordnungen gegen die Entführung. Aber namentlich Wittwen bleiben ihr in allen deutschen
Landen noch lange stark ausgesetzt.

In Chlothars II, Praeceptio (zw. d. J. 584 und 628) § 7 lesen
wir[1]): Nullus per auctoritatem nostram matrimonium viduae vel
puellae sine ipsarum voluntate praesumat expetere neque per sugges-
sionis subreptitias rapiantur iniuste. — Auch das westgothische Recht
(Lib. III, tit. 3, cap. 11) gesteht dem König das in obiger „Praeceptio"
aufgegebene Recht zu, ein Mädchen gegen ihren Willen, mit Gewalt-
anwendung zu vermählen „violenter marito tradere" „vim (puellae
vel viduae) facere", ein Recht, welches sicher nicht ohne Wurzel
in entfernterer Vergangenheit ist. Der Befehl des Königs machte
den sonst nicht mehr gestatteten Zwang legal. — Die bedrohtere
Lage der Wittwen erhellt besonders aus einem Gesetze Kaiser
Lothar I., sowie aus dem bairischen Volksrecht und aus dem Titel
leg. Sal. De reipus.[2])

Die Lex Longob. verbot den Wittwen Eintritt in ein Kloster
vor Ablauf des Trauerjahres. Nun baten sie den genannten Kaiser
um Aufhebung dieser Beschränkung und er lieh ihnen williges Ge-
hör: „considerantes", wie er sich ausdrückt „quod praeterito tempore pro illa dilatatione multae etiam rapta intra idem spatium in
aliam partem distractae fuerunt." Wenn diese Erwägung noch zu
Lothars I. Zeit Motiv einer wichtigen, königlichen Verordnung werden
konnte, um wie viel tiefer eingewurzelt muss die Raubehe in Rotharis
und Liutprands Tagen gewesen sein!

Die bairische Verordnung gegen Wittwenraub (8, 6.) schützt
ausdrücklich nur diejenige Wittwe, welche genötigt war, in ihren und
ihrer Kinder Geschäften das Haus zu verlassen, und begründet die
Busszahlung an den fiscus mit dem Satze: Quia vetanda est talis
praesumptio et eius defensio in Deo et in Duce atque in iudicibus
debet consistere, wo das später Selbstverständliche besonderer Betonung gewürdigt wird: „denn so ein Übergriff muss gestraft
werden", macht das nicht den Eindruck der Neubestrafung einer
ehemals bussfreien Handlung?

Auch die Worte des Capitulars vom Jahr 819[3]): „viduam invitam vel volentem sibi copulare" bezeugen die Häufigkeit des
Wittwenraubs, obzwar die Stellung der Capitularien dieser Eheform
gegenüber naturgemäss eine entschieden ablehnende ist. Während

---

[1]) M. M. L. L. nova ed. p. 19.   [2]) S. Anhang.   [3]) Pertz, L. L. I, 211.

nach der Mehrzahl der Volksrechte Raub oder Entführung nicht bloss die Verlobung, sondern, selbst im Fall der nachträglichen Zahlung des Mundschatzes, auch die Trauung vertraten[1]), da ja die letztere Übergabe des Weibes, somit durch den vorherigen Raub unmöglich gemacht war; während also den Volksrechten gemäss Raubehe noch existirte, geht die Tendenz der Capitularien auf Nichtigerklärung ähnlicher Ehen und man wird nicht fehlgehen, wenn man annimmt, dass sie um das Jahr 1000 bereits zu den Seltenheiten gehörten, wenn sie auch noch lange nicht vollständig unterdrückt waren. Nach dem Hamburger Stadtrecht vom Jahre 1270 blieb derjenige straflos, der ein über sechzehnjähriges Mädchen mit dessen Einwilligung entführte.[2])

Der Entwicklungsgang der longobardischen Gesetzgebung ist besonders im Liber Papiensis klar dargelegt. — Exp. zu Roth. 187: „In hoc quod hec lex dicit: „et postea mundium faciat" rupta est a lege Lothari (105, 107) que est: De raptoribus unde antiquorum patrum etc. in hoc quod dicit: „nam ipsis, a quibus rapte sunt, legitimae demum uxores nullatenus esse possunt." Dies bezog sich jedoch nur auf den Fall, wo ein Raub ohne Willen des Mundwalds stattgefunden hatte. Das spätere Recht, welches den Willen des Weibes dem des Mundwalds gegenüber in den Vordergrund stellte, ging einen Schritt weiter und verbot selbst solche Raubehen, die der Zustimmung des Mundwalds teilhaft gewesen waren. (Lib. Pap. p. 422.)

Soviel über die altdeutsche Gesetzgebung. Was ihren Inhalt im Einzelnen betrifft, können wir uns auf Wilda, Osenbrüggen und auf Colbergs „Ehehinderniss der Entführung" berufen.

Anders stellt sich von Anfang an das uns überlieferte altnordische Recht. Es lässt Ehen durch Raub und Entführung durchaus nicht zu und bestraft den ersteren mit Friedlosigkeit.[3]) Wenn man der Egilssaga glauben darf, so wurde schon zu Harald Schönhaars Zeit der Entführer geächtet.[4]) Dennoch fehlt auch im skandinavischen Recht nicht das Zeugniss eines anderen, älteren Zustands. Weigerte sich nämlich der Verlober, seiner Verbindlichkeit entsprechend die Braut zur Ehe zu tradiren, so gestehen ihm zwar

---

[1]) Auch das angelsächsische Recht bildet keine Ausnahme. Zahlung der Busse, aber Gültigkeit der Ehe: Aethelb. § 82: bei gewaltsamer Entführung einer Jungfrau; § 83: Entf. einer fremden Braut. Schmidt, Ges. d. Angels. S. 9; Aelfr. Ges. § 8 (S. 75), Entführg. einer Nonne. cf. Concil. Aenhamense (Aethelreds, Ges. VI, § 26. § 39), Cnuts, Ges. II, 52. (S. 301.)

[2]) Weinhold I. 309.

[3]) Wilda 829 f. Amira, Altnorwegisches Vollstreckungsverfahren. S. 31 f.

[4]) Weinhold I, 312. Für Dänemark Kolderup-Rosenvinge 121.

nicht die Östgötalagen, wol aber Uplandslagen, Södermann-West-
mann- und Helsingelagen das Recht der gewaltsamen Selbsthilfe zu.
Am anschaulichsten ist „was das gemeine Landrecht, götisches und
upländisches Recht verschmelzend, über die Execution sagt.“[1]) Wem
die Braut verweigert worden, der fahre zum Thing und erwirke
sich ein Urteil das ihm gestattet, seine Freunde zu sammeln und
seine Braut „herauszunehmen.“ Und der Urteiler ernenne ihm vier
Männer, welche ihm folgen sollen und bezeugen was geschieht. Die
Verlobte zu erlangen darf er straflos Tore brechen, ja selbst jene die
es hindern wollen verwunden oder tödten. Er selbst und seine Genossen stehen dagegen in verdoppeltem Rechtsschutz, Verwundung oder
Tödtung eines von ihnen wird doppelt gegolten. Ein so genommenes
Weib ist rechtmässig, nicht raublich genommen.

Dass eine solche der Rakshashaehe verwandte, hier nur ausnahmsweise und im Wege Rechtens zulässige Eheschliessungsart in
entfernterer Vergangenheit ohne vorausgehende Verlobung oder
anderweitige Beschränkung geübt wurde, dafür sprechen besonders
die zahllosen Entführungsgeschichten der Sagas, die ja in den Einzeln-
heiten unzuverlässig sein mögen, in ihrer Übereinstimmung aber
stets eine wertvolle Quelle bleiben werden. Aus dem Vergleich der
nordischen Rechte mit den leges barbarorum wird klar, um wie viel
altertümlicher der in den letzteren vertretene Standpunkt ist, eine
Tatsache, die sich auch in anderen Rechtsmaterien, der im skandinavischen Vormundschaftsrecht selbstständigeren Stellung der Frauen,
der in den Volksrechten vollkommener erhaltenen sachenrechtlichen
Natur der Ehe, sowie im Erbrechte äussert. Die skandinavischen
Rechte enthalten nichts, was sich an Altertümlichkeit mit den Titeln
De alodis der deutschen Volksrechte messen könnte; so ist denn auch
die ursprüngliche Raubehe in diesen lebendiger geblieben als in jenen.

Mit der Sage verhält es sich umgekehrt, wenn auch die deutsche
Sage und älteste Geschichte nicht geradezu arm an einschlägigem
Stoffe zu nennen ist. Am Eingang der letzteren steht eine Ent-
führung, die Thusneldas durch Armin; später, z. B. bei Gregor von
Tours begegnen mehrfach Entführungsgeschichten. Chlothar I soll
Radegund, König Bertachars von Thüringen Tochter als Gefangene
mit sich geführt und alsdann zum Weib genommen haben.[2]) Chuppa,
einst König Chilperichs Marschall (um 590), brach mit einigen seiner
Leute auf, um die Tochter des Baudegisil, weiland Bischofs von
Le Mans, zu entführen, die er zu heiraten gedachte. Zu diesem

---

[1]) Amira, Nordgerm. Obligationenr. Lpz. 1882. S. 137 ff. § 17.
[2]) Greg. Tur. Hist. Franc. III, c. 7.

Zweck fiel er mit seiner Schaar nächtlicher Weile in den Hof von
Mareuil ein, wurde aber von der Mutter des Mädchens, die um den
Anschlag wusste, mit Gewalt zurückgetrieben.[1]) Weiter ist noch
Gregors Erzählung von der Königstochter zu verzeichnen, die mit
dem Knechte durchgeht und jene von Pappolen, der, als ihm die
Hochzeit verweigert wird, eine bewaffnete Schaar sammelt, mit dieser
das Mädchen aus der Kirche entführt und in eine andere Kirche
mit ihm flüchtet. Zwar wird das Mädchen auf listige Weise von
ihm getrennt und in ein Kloster gesperrt, er entführt sie jedoch
von neuem und heiratet sie und da er schriftlich die Genehmigung
des Königs dazu besass (offenbar eine jener Ermächtigungen, von
denen oben die Rede war), kümmerte er sich nicht weiter um die
Drohungen der Verwandten.[2]) Freilich handelt es sich hier um
Entführung einer Braut durch den Bräutigam, Verlobung war also
vorangegangen.

Aus späterer Zeit verdient Erwähnung der bei Pertz Leges I,
484 in einem Brief vom Jahr 862 mitgeteilte Vorfall: „Filiam nostram furatus sibi est in uxorem", namentlich aber die Geschichte
von Arno und Zwentibold (a. 871). Die Annalen von Fulda erzählen von einem im Jahr 871, während eines Kriegs gegen Zwentibold von Mähren von den Deutschen ausgeführten Überfall: Zwentibold gedachte die Tochter des Herzogs von Böhmen zu ehelichen,
so wurde sie unter starker Bedeckung nach Mähren geleitet. Da
legten Arno Graf von Endsee und Rudolf Markgraf von Nordbaiern
einen Hinterhalt. Als der Brautzug herankam, brachen sie hervor,
griffen denselben an, schlugen die Bedeckung in die Flucht und
nötigten sie die gezäumten Pferde, sowie die Schilde und
Waffen zurückzulassen. 644 Pferde und ebensoviele Schilde wurden erbeutet[3]), „und was das beste war, die Braut sammt ihren
vornehmen Begleitern führte Arno Ludwig dem Deutschen zu . .
und wenn man seitdem von einer unverhofften, glücklichen Begeben-
heit spricht, so gebraucht man nicht selten den Ausdruck: Wer das
Glück hat, führt die Braut heim."[4]) — Wie ferne liegt eine derartige Beute unserer Gesinnung. Geschmeide, Waffen, Pferde, das
würde wol auch heute als gute Beute gelten, aber eine fremde

---

[1]) l. c. X, 5.

[2]) l. c. III, 31. Die Entführungsgeschichte bei Greg. X, 8 ist unter Römern
vorgefallen und überhaupt hier nicht verwendbar. Sohm, Trauung 29, Note 54.

[3]) Annalium Fuld. Pars Tertia. Pertz, M. M. S. S. I, 884.

[4]) Das unter Anführungszeichen gemeldete entnehmen wir einem im übrigen
sehr genauen Bericht in der Heimat 1879. XI. Bd. S. 640, dessen Quelle in den
M. M. S. S. nicht enthalten ist.

Braut! Dieses Beutestück wäre für uns nur eine Quelle der Ver-
legenheit. Ein anderes Beispiel von Frauenraub, wenn auch vielleicht nicht von Raubehe bietet die Schlacht bei Lenzen im
Jahre 929. Gegen 100000 Wenden sollen dort gefallen sein.
„Am 4. September ergab sich Lenzen. Die Bewohner streckten die
Waffen und baten um das Leben. Das liess man ihnen, aber nackt
mussten sie aus der Stadt ziehn. Ihre Weiber und Kinder,
ihre Knechte, ihre Hab und Gut, alles fiel in die Hände der Sieger."[1] Auch hier waren die Weiber noch Beuteobject wie etwa
bei den alten Hebräern.

Dass die deutschen Quellen verhältnissmässig wenig von Entführungen zu erzählen wissen erklärt sich daraus, dass dieselben
noch nicht unbedingt rechtswidrig, im täglichen Leben sehr häufig
waren, später aber unter dem Druck kirchlicher Anschauungen rasch
zu Symbolen und Spielen verblassten. Für die Intensität des Ent-
führungsbrauches im skandinavischen Heidentum kommt wesentlich
in Betracht, dass die skandinavischen, sowie zu einer gewissen Zeit
alle germanischen Länder in eine Unzahl kleiner unabhängiger,
einander beständig befehdender Gemeinwesen zerfielen und dass
Frauenraub, der zu Hause als Verbrechen gezüchtigt werden sollte,
im nahen Nachbarstaat verübt, als Heldentat gepriesen und be-
wundert wurde. Noch die Gutalagh beschränkt ihren Schutz gegen
Raub auf gothländische Frauen; und um einer deutschen Analogie
nicht zu vergessen, Kaiser Lothar I. erwähnt in seinem, auch in
einer Zeit der Rechtsunsicherheit und Teilung des Reiches erlassenen
Capitular, man habe die Wittwen, die geraubt worden seien, ausser
Landes gebracht („in aliam partem distractae fuerunt").

Stiernböök gibt den Geist der Sagas getreulich wieder, indem
er urteilt: „nichts sei Schweden und Gothen ehemals glorreicher
erschienen, als nach spartanischer Sitte seine Ehefrau mit Gewalt
erobern. Man habe es für eine grosse und heldenhafte Tat gehalten,
dem Feinde Braut, Gattin oder Tochter zu entreissen, um sie sich
selber zuzugesellen und habe dafür Lobsprüche gespendet, von denen
die alten Lieder und Erzählungen der Skalden erfüllt sind."[2]

Vom Rauben der eigenen Braut enthalten die Sagen mehrere
Beispiele: So droht Burizlaw, König der Winden, dem König Harald
Gorms Tochter verlobt ist, des letzteren Reich mit Krieg zu über-
ziehen, wenn ihm das Mädchen nicht ausgefolgt wird[3]; von Gramm,

---

[1] Giesebrecht, Kaiserzeit I, 220.
[2] Stiernböök, De Jure Sueon. et Goth. vetusto. Holmiae 1682. S. 152.
[3] Scripta hist. Islandorum Hafniae 1828 (12 Bde.). Olav-Trygvesonsaga
c. 195. II, 121. Nur die lateinische Ausgabe der Sagen stand uns zu Gebote.

dem fünften Dänenkönig des Saxo Grammaticus lesen wir bei diesem Autor[1]), er habe sich mit einer Tochter des Königs der Finnen verlobt. Eine Zeit lang darauf kommt ihm zu Ohren, das Mädchen solle trotzdem an Heinrich „den König der Sachsen" verheiratet werden. Da macht sich Gramm nach Finnland auf, schleicht sich als Bettler gekleidet unter die versammelte Gesellschaft und wartet bis alle Gäste volltrunken sind. Darauf tödtet er Heinrich und die Sachsen und führt die Braut mit sich nach Hause.

Weder in deutscher noch in skandinavischer Vorzeit scheint es — ebensowenig wie in der keltischen Sage — ungewöhnlich gewesen zu sein, dass ein Held die Tochter seines erlegten Gegners ehelicht. Man erinnere sich des Longobardenkönigs Alboin, der im Kampfe Kunimund, den Fürsten der Gepiden fällt und aus seinem abgehauenen Haupt einen Becher zum Trinken bilden lässt. Kunimunds Tochter Rosamunde macht er zur Gefangenen und nimmt sie, zu seinem Verderben, wie es sich später zeigte, zur Frau.[2]) König Frotho III., einer der Sagenhelden Saxos, sendet zum König der Hunnen seinen Freund Westmar und mehrere andere, als Werber um die Hand seiner Tochter. „Igitur Westmarus regiam cum armatis ingressus, jam aut precibus obsequi inquit, aut pugna denegantes aggredi necesse erit. Si natam negas admitte pugnam, alterum necesse est praestes. Mori aut exaudiri volumus. Gratius nostram Froto cladem quam repulsam accipiet."[3]) Damit vergleiche man Str. 17 der Helgakwide.:

> „Hrimgerd heiss ich, Hati war mein Vater,
> Ich kannte nicht kühneren Joten.
> Aus den Häusern hat er viel Bräute geholt
> Bis ihn Helgi tödtlich traf."[4])

Die Sage hat für so eine Gewaltthat ebensowenig einen Ausdruck des Tadels, als dafür, dass Hamlet's Wittwe den Mann, der ihn erschlagen, freiwillig ehelicht[5]), wie es denn überhaupt in Skandinavien und Island nicht selten vorkam, dass die Wittwe, bei Gelegenheit des Todtenmals für den verstorbenen Gatten, ihren Brautlauf mit einem andern hielt, oder wenigstens nicht viel länger wartete.[6]) Weitere Beispiele dafür, wie wenig die Tödtung des Vaters eines Weibes die eheliche Verbindung des letztern mit dem

---

[1]) Paris 1514. Lib. I, fol. V, Sp. 2.

[2]) Paulus Diaconus Hist. Lib. I, c. 27. M. M. Germ. S. S. rer. Lang. p. 69.

[3]) Saxo. Soras 1644. lib. V, p. 69.   [4]) Simrock, Edda 152.

[5]) Saxo Lib. IV, p. 59.

[6]) Weinhold, Frauen II, 41.

Todtschläger behinderte, bietet die Sage von Fridlevus II. und der Tochter Amunds von Dänemark [1]), von Hrodmar und Sigurline in der Edda [2]), die Geschichte Ragnhilds in der Olavtrygvesonsaga [3]), sowie die weiter unten zu erörternden Sagen von Drotta und von Gramm und Gro.

In ähnlichen Fällen konnte von einem Ehevertrag zwischen dem Freier und dem Mundwald des Mädchens nicht die Rede sein. Der Raub allein genügte, um mit oder wider Willen der Entführten eine Ehe zu begründen und es gab keine menschliche oder göttliche Bande, die nicht auf diesem Wege zerrissen werden konnte. Deshalb erscheinen die Freier in den Sagen so oft als grimmigste Feinde, wenn auch ihr erstes Werbegesuch gewöhnlich ein friedliches war. Freilich, auch zur Beute des Krieges gehörten regelmässig Frauen. So liefert der Recke Ingolf mit seinen Genossen eine Schlacht auf einer Insel, tödtet die von seiner Blutrache Verfolgten, worauf die Sieger, die Frauen der Erschlagenen mit sich führend, heimkehren.[4]) In der Skalda lesen wir: Hedin, der König, macht Högnis Tochter Hilde während Högnis Abwesenheit zur Kriegsgefangenen. Der Vater verfolgt Hedin, da geht Hilde ihn aufzusuchen und bietet ihm in Hedins Namen ein Halsband zum Vergleich. Wenn er aber das nicht wolle, so sei Hedin zur Schlacht bereit und Högni hätte von ihm keine Schonung zu hoffen. Högni antwortet mit Härte. Hilde kehrt also zurück zu ihrem Gatten und bittet ihn zum Kampf zu rüsten.[5]) Sie war durch Raub in Hedins Hand gelangt und doch — ohne Trauung und Verlobung — erscheint sie als seine rechte Ehefrau. Sie ist losgelöst von ihrem Vater und an ihren Gatten gefesselt, so dass sie als Unterhändlerin desselben an den ersteren gesendet werden kann, um Sühngeschenke zugleich mit Drohungen zu überbringen. Högni hat sie jetzt in seiner Gewalt, respectirt aber ihre Ehe und lässt sie zu Hedin zurückkehren.

Saxo Grammaticus meldet ferner[6]), wie Reginald, ein König von Norwegen, aus Furcht vor seinem Feinde Gunnar seinen Schatz sammt seiner Tochter Drotta, während er selbst gegen Gunnar zu Felde zog, in einer unterirdischen Höhle verbarg.

---

[1]) Saxo VI, S. 99 ff.

[2]) Helgakw. Simr. S. 149. Vgl. die citirte Gesch. v. Brimgerd und Helgi, das. SS. 152, 160.

[3]) c. 133. Bd. II, S. 95.   [4]) Olav. Trygves. c. 116.

[5]) Simr. 358 (Skalda c. 60).   [6]) Lib. VII, p. 134.

Gunnar siegt und entdeckt die Höhle. „Et Drotta a Gunnaro stuprum pati coacta filium procreavit Hildigerum ... Interea Borcarus .. Drottae matrimonium per vim a Gunnaro occupatum expertus, conjuge eum vitaque privat", wonach natürlich Borkar selbst Drotta heiratet. Der Ausdruck stuprum scheint hier auf der germanischen Rechten eigentümlichen Gleichstellung von Frauenraub und Notzucht zu beruhen.[1]) Jedenfalls will auch diese Sage von zwei nur durch Gewalt geschlossenen Ehen sprechen. Ebenso verlangt Frotho (Saxo's 9. König), nachdem er eine Stadt erobert, die Tochter des Überwundenen zur Gemahlin und setzt den letzteren erst wieder ein, nachdem der Wunsch erfüllt ist[2]); Jarmenrik (der 51. König) bedingt sich von vier in mehrtägiger Seeschlacht überwundenen hellespontischen Piraten ausser der Hälfte ihrer Beute auch ihre Schwester als Preis des Friedens aus[3]); so will der Dynast Hakon die Frau eines mächtigen Mannes entführen und befiehlt diesem, sich den Streich gefallen zu lassen. Der Bedrohte vereitelt das Unternehmen mit Hülfe zusammengeströmter Gaugenossen[4]). So beschliesst Gother, König von Norwegen, dem Erich dessen Gattin, Schwester Frothos von Dänemark zu entführen, um so mit Frotho verschwägert zu werden; zugleich aber die eigene Tochter Alvbild dem Erich zu vermählen. Diesem wird der Plan verraten und er spricht zu seiner Frau: „Te tamen Gotherus raptui destinat, amorem latrocinio quaesiturus: quem quum peregerit, tua gestum simula voluntate, nihilominus nuptias dilatura, quousque filiam mihi tui loco tradiderit."[5]) „Nuptiae" können hier bloss entweder das Hochzeitsfest, oder die Vollziehung der Ehe bedeuten, da von Verlobung und Trauung auch in diesem Fall nicht die Rede sein kann. Erik weiss nicht nur seine Frau zurückzurauben, sondern entführt nun auch die ihm übergebene Alvhild für Frotho von Dänemark.[6]) Hierher gehört noch die Sage von der Entführung Syrithas durch einen Riesen und ihrer Befreiung durch einen früheren Bewerber[7]), ferner die romantische Werbung des Snio (Königs von Dänemark); derselbe erfährt, das Mädchen seiner Wahl sei auf Antrieb ihres Vaters nach Schweden als Gattin des dortigen Königs weggeführt worden, versichert sich dann durch einen als Bettler verkleideten Boten ihrer Geneigtheit; die Königin nimmt den

---

[1]) Saxo selbst (fol. V, 2) gebraucht den Ausdruck stuprum auch anderwärts für Raubehe, cf. fol. VI, wo die stuprata bereits conjux genannt wird.

[2]) L. II, p. 9.   [3]) L. VIII, p. 156.

[4]) Olav Trygoos. c. 102. Bd. I, S. 237.   [5]) Saxo L. V. p. 81.

[6]) Saxo V. S. 81.   [7]) l. c. VII. p. 126.

Schatz ihres Mannes mit und geht unter dem Vorwand des Badens an den Strand, um von Snio auf schnellen Schiffen entführt zu werden. Kämpfe zwischen Schweden und Dänemark sind die Folge.[1]

Das Freien war aber eben so gefährlich als ungestüm. Königin Sunneva von Irland wird so hart von einem Freier, einem Piraten bedrängt, dass sie beschliesst, ihr Land zu verlassen.[2] Andererseits lässt die Königswittwe Sigrid von Schweden den allzuhartnäckigen Bewerber König Harald Groenski von Norwegen in seinem Schlafgemach verbrennen[3] und nach einer nordischen Sage die Königin Schottlands, Hermuthruda, gar alle ihre Bewerber eines martervollen Todes sterben.[4] Derselbe Zug ist auch der deutschen Sage geläufig. Man denke an die in Rückerts Ballade verewigte Mähr von der „Begrüssung auf dem Kynast"[5] und daran wie Gudruns Vater ihre Freier am Leben bedroht und deren Boten hängen lässt, da er seine Tochter keinem geben wollte, der schwächer wäre als er.

Das skandinavische Recht verhängte schwere Strafen für das Verfassen von Liebesgedichten: In Island Friedlosigkeit und drückende Bussen. Auch sonst in Skandinavien waren Sänger der Liebe Verfolgungen ausgesetzt: Der Skalde Ottar wird für ein Gedicht auf Astrid, König Olafs Tochter, zum Tode verdammt. Nur mit Willen des Mädchens und der Verwandten durften solche Lieder gesungen werden.[6] Dies wird sich kaum anders erklären lassen, als durch die Drohung, die in jeder Werbung gelegen war und durch die Häufigkeit des Frauenraubes. Demselben Grunde mag entsprungen sein, dass „der heimliche Kuss eines Mädchens mit drei Mark, der geraubte mit Landesverweisung gebüsst wurde."[7]

In einem der alten von Saxo mitgeteilten Heldengedichte scheint sich ein direkter Hinweis auf die Sitte des Raubs als Eheschliessungsform erhalten zu haben.

Gramm (der fünfte sagenhafte Dänenkönig) hört, des schwedischen Königs Tochter Gro sei einem der Riesen („Giganten") verlobt, verdammt diese, eines Königsblutes unwürdige Verbindung und unternimmt einen Krieg gegen Schweden. Er verkleidet sich als Gigant, findet die mit geringer Begleitung durch den Wald zu Bade ziehende Gro und spricht sie mit sanfter Stimme an[8]:

---

[1] L. VIII, p. 156.   [2] Olav Trygv. c. 106. p. 252.   [3] Weinhold II, 14.

[4] Saxo L. IV, S. 57.   [5] S., Deutsches Balladenbuch. Lpz. 1852. S. 262.

[6] Weinhold, Frauen I, 238 f.   [7] Weinhold, Altn. Leben 255.

[8] Saxo. Paris, Ausg. 1514. Lib. I. fol. IV f.

„Ne timeat rabidi germanum virgo gigantis,
Me neque contiguum pallent esse sibi,
A Grip missus enim, numquam, nisi compare voto
Fulcra puellarum concubitumque peto."

Cui Gro:

„Quae sensus exsors scortum velit esse gigantum
Aut quae monstriferum possit amare torum!"

. . . .

Gramm contra:

„Regum colla potentium
Victrici perdomui manu,
Fastus eorum turgidos
Exsuperans potiore dextra.
Hinc aurum rutilum cape,
Quo perpes maneat pactio munere,
At firma consistat fides
Conjugiis adhibenda nostris."

Er entledigt sich darauf in Gegenwart der Jungfrau seiner zottigen Larve: „Quam etiam formae suac luculentia ad concubitum provocatam, amatoriis donis prosequi non omisit."

Darauf zieht Gramm gegen Gros Vater, tödtet denselben und bezwingt das Land, Gro aber nimmt er mit sich als seine Gemalin.

Dazu macht nun Stephanius in den geschätzten Noten zur Ausgabe von 1644 (p. 35) die folgende Bemerkung:

„Qui vero Grip hic fuerit, quem se misisse ad virginum raptum Gramm dicit, nec ego, nec mei alter similis dicat;" Grip bedeute soviel wie raptus: „nempe προσωποποιειν hâic Grammum, et tecte suum studium negotiumque virgini significare, quod sit raptum . . . et a Gripo hoc est raptu, qui finis sit instituti itineris, missum, hoc est instigatum adesse."

In der Ausgabe von 1839 ist dagegen die Vermutung aufgestellt, Grip sei der Name des Giganten mit dem die Jungfrau verlobt gewesen sei.

Diese Conjunctur ist nicht glücklich. Abgesehen davon, dass der sonst so mitteilsame Saxo einige Zeilen früher von Gros Bräutigam nur als von einem „gigas quidam" spricht, wäre es widersinnig, wenn Gramm sich in einem Athem als Abgesandter von Gros Bräutigam und als glühender Bewerber in eigener Person vorstellen würde. Gro hört, nach ihrer Antwort zu schliessen, aus seinen Worten nur die letztere Absicht heraus. Das „numquam nisi compare voto" steht der Deutung des Stephanius nicht entgegen, denn obgleich Gro selbst gewonnen wurde, ihrem Vater muss er sie doch mit Gewalt entreissen. Das „aurum rutilum", sowie die

„amatoria dona" dürften Beimengung eines weit späteren Rechtsinstituts zu einer altertümlichen Säge sein.

Das Wort Grep kommt übrigens bei Saxo noch einmal mitten
im lateinischen Texte, in der Bedeutung von Frauenraub vor. Von
Frotho III. (dem 30. der sagenhaften Könige) wird nämlich (Lib. V,
p. 85) berichtet: „ut quicquid Grep sinistra morum usurpatione
corruperat, bonis artibus expiaret, arbitrariam foeminis nubendi
potestatem indulsit, ne qua tori coactio fieret. Itaque lege cavit, ut
eis in matrimonium cederent, quibus inconsulto patre nupsissent.
At si libera consensisset in servum, ejus conditione aequaret . . .
Maribus quoque quamcunque primitus cognovissent ducendi legem
inflixit."

Der Sinn der Stelle ist, dass die Frauen oft zu Ehen wider
ihren Willen gezwungen, an erwünschten Verbindungen behindert
wurden, was häufigen Frauenraub nach sich zog. Frotho bestätigte
die Giltigkeit der wider Willen des Vaters geschlossenen Ehen, verordnete aber zugleich, in Zukunft solle die Frau, wenn sie eine
solche Ehe mit einem Sklaven eingeht, selbst in Unfreiheit verfallen . . Auch sollten fernerhin die Männer die zuerst Erkannte
ehelichen.[1]) Man hat versucht die Häufigkeit des Frauenraubs
überhaupt auf die tyrannische Gewalt des Mundwalds zurückzuführen,
der die gewünschten Ehen allzuoft behindert hätte. Dies genügt
durchaus nicht zur Erklärung, da ebensohäufig auch der Wille des
Weibes nicht zu Rate gezogen wurde und die Ehe durch Raub im
Leben der Völker eine Stelle einnimmt, die sich aus dieser Ursache
nicht begreifen lässt. In der Mehrzahl der Fälle kümmerte man
sich ursprünglich überhaupt nicht um den Willen des Mundwalds,
allerdings wurde ein Entführungsversuch bei Verweigerung der er-
betenen Hand eines Mädchens im Norden als selbstverständlich angesehen, wobei die Neigung des letzteren nicht immer in Betracht
kam. Als Harald Schönhaar um Gydas Hand durch Boten freit,
wird er abgewiesen, die Boten aber: „intelligebant nullas sibi
in praesentia adesse opes, ut invitam abducerent, quare reditum
parabant."[2])

Kriegszüge abgeschlagener Werbung wegen unternahmen von
Saxo's Königen Helgo[3]), Fridlevus II.: „Interfecto Amundo (Vater
des Mädchens), classem instaurat, negatas olim nuptias petiturus"[4]),
ferner Haldan, der seinen glücklicheren Mitconcurrenten während
der Hochzeitsfeier überfällt und tödtet und sich der Königstochter

---

[1]) Cf. Die Note des Stephanius. S. 119 üb. die dän. Gesetze, welche die Ehe
sw. dem Verführer und der Verführten anbefehlen.

[2]) Olav. Trygv. c. 1.   [3]) Lib. III, p. 40.   [4]) L. VI, 99 f.

bemächtigt[1]) und Gothar von Schweden, der um der Geliebten
willen eine grosse Seeschlacht liefert und sie dann mit Gewalt entführt.[2]) Zahlreich sind die Sagen von Berserkern, welche den
Vater zum Zweikampf fordern, wenn er es wagt, ihnen die Hand
der Tochter zu versagen, wo dann regelmässig irgend ein tapferer
Held erscheint, den Strauss siegreich durchficht und die Braut zum
Lohne heimführt.[3]) Überhaupt entscheidet Zweikampf gewöhnlich
unter zwei concurrirenden Freiern, ein Umstand, in dem die auch
sonst vorhandene Analogie zwischen Eigentums- und Eherecht zum
Ausdruck gelangt. „Es war Gesetz", heisst es in der Egilssaga,
„dass, wer einen andern im Zweikampf erlegt hatte, denselben be-
erbte."[4]) Die Olav Trygvensonsaga meldet nun bei Gelegenheit der
Werbung Olavs um Gyda, Königin von Irland: „Tum tempore in
Anglia consuetudo invaluit, si duo de re aliqua contenderent, ut
ea de re duello decerneretur, atque is causam obtinere, qui re bene
gesta victoria potiretur. Igitur Alfvinius Olavum hac de re ad sin-
gulare certamen provocat, moxque pugnae conventum constituunt,
ita ut ab utraque parte XII dimicarent."[5])

Bei den germanischen Völkern des Nordens wurde nach alledem
ein Zwiespalt zwischen mehreren Bewerbern durch Kampf entschieden, ganz wie bei Buschmännern, Indios bravos, Muras oder
Athapasken.

Fassen wir das Ergebniss der vorstehenden Erörterung der
Sagas zusammen, so erhellt daraus allerdings nicht, dass bei den
Skandinaviern Frauenraub jemals die einzige Form der Eheschliessung gewesen, auch wird nirgends gesagt, ob mit der geraubten Frau nicht noch eine besondere Hochzeitsfeier gehalten zu
werden pflegte, was sehr wahrscheinlich ist. Sicher ist jedoch, dass
der Sage zufolge die in den skandinavischen Gesetzen nicht anerkannte Ehe durch Raub, ohne Verlobung und Trauung gewöhnlich,
dem Sinn des Volkes nicht widersprechend und vollkommen rechtsgiltig war. Die Sagen sprechen hier überall wie bei jeder rechten
Ehe von Ehemann und Eheweib, von Erbschaft der Kinder (aus
der Raubehe) nach ihrem Vater: Der Raub vertritt in der Sage
Verlobung und Trauung, er ist an und für sich Eheschliessungsform.

Nicht die gleiche grosse Rolle spielt der Frauenraub in den,

---

[1]) VII, p. 187.   [2]) L. VIII, p. 163 f.

[3]) Vgl. Svarfdaela Saga und Eyrbyggja Saga und überh. Poestion. Ber-
serker und Berserkerwut.

[4]) Müller P. E., Sagabiblioth. Übers. von Lachmann. Berl. 1816. S. 89.

[5]) Ol. Trygvesonsaga. c. 80. I, p. 173 f.

ihren ältesten Formen nach leider verlorenen deutschen Heldensagen.
Seit dem zwölften Jahrhundert sind es auch mehr die romantischen
Einflüsse des Ostens, die Wirkungen der Kreuzzüge, als echte altnationale Überlieferung, was sich in Entführungserzählungen äussert.
Das Nibelungenlied, welches ja den Kampf um und wegen Frauen
zu einem seiner Hauptmotive erhoben hat, namentlich aber Gudrun
bilden eine Ausnahme. Hauptinhalt dieses Gedichtes ist Krieg und
Kampf um ein Mädchen, wobei eine ebenso rücksichtslose Wildheit
zu Tage tritt, wie in den verwandten nordischen Sagen. In Gudrun
lesen wir:

„Derselben fürsten einer bî Tenemarke saz
Ze Wâleis in dem lande, do er gehörte daz,
Daz siu (Hilde) sô schône waere, dô rang er nâch ir sêre
Daz vermâhte Hagene (Hildes Vater), er jach, er naeme im beide, lîp und êre

201. Swaz man ie boden sande nâch der megede guot,
Die hiez her Hagene vliesen durch sinen übermuot,
Der wolde s'geben deheinen der swacher danne êr waere
. . . .
202. Boten hiez er hâhen wol zweinzic oder mêr."

König Hetel von Hegelingen wünscht Hilde zu freien und
sendet drei seiner Helden nach Irland als Kaufleute verkleidet,
während im Schiff 700 andere verborgen sind. Hilde wird selbst
gewonnen und glücklich entführt.

Um Hetels und Hildes Tochter Kudrun wirbt nun Siegfried
von Môrland, sie wird ihm verweigert: „dar umbe drôte er Hetelen
ze brennen al sîn rîche."[1]) Herwig, ein anderer Bewerber, ebenfalls abgewiesen, überfällt Hetels Reich mit dreitausend Mann; es
kommt zu grimmigem Kampfe, bis Kudrun einen Waffenstillstand
vermittelt. Herwig bemüht sich um ihre Liebe und zum zweiten
Mal um ihre Hand, die ihm nun zugestanden wird, doch soll die
Hochzeit erst nach Jahresfrist erfolgen. Während Hetel ausser
Lands durch einen Kriegszug gegen Siegfried von Môrland be-
schäftigt ist, meldet sich ein dritter abschlägig beschiedener Freier,
der Normanne Hartmut und wiederholt durch Boten an Kudrun
seine Bitte[2]):

„Ob si's gar verspreche, daz si's niht entuo,
Siu sol mich sehen rîten mit mînen recken zuo,
Zweinzic tûsend helde wil ich belîben lâzen"
Vor Hegeline bürge . . .

Da Kudrun abermals ablehnt, lässt er die Burg tatsächlich
stürmen:

*) IX. Avent. Str. 584.
*) XV. Avent. S. 758 ff.

Diu burc diu was zerbrochen, diu stat diu was verbrant,
Dô hete man gevangen die besten die man vand,
Zwô und sehzic frouwen vil minniclicher meide
Die fuorten sie von dannen . . ."

Diese Âventiure ist auch: „Wie Hartmuot Kûtrûnen mit Gewalde nam" betitelt.

Die Räuber werden zwar von Hetel und Herwig ereilt, in der folgenden Schlacht fällt aber Hetel, Kudruns Vater und diese wird nächtlicher Weile von den Normannen nebst der übrigen Beute auf schnellen Schiffen weggeführt. Sie widersteht allen ihr gestellten Anträgen Hartmuts, allen Lockungen, Drohungen und selbst Misshandlungen; ihres Vaters Tod — hier macht sich doch ein Gegensatz zu den Sagas bemerkbar — wird zur unüberwindbaren Schranke zwischen Hartmut und ihr. Nach vielen Jahren wird sie endlich, abermals mit Hülfe der Waffen, aus ihrer Gefangenschaft erlöst und auf diesem Wege der Gewalt mit Herwig, ihrem Bräutigam, vereinigt.

Die stereotype Ursache der blutigen Reibungen ist hier Werbung um Kudrun und Abweisung derselben. Die Freier werden von vorn herein als Feinde angesehen und erfahren die denkbar schlechteste Behandlung, worauf sie mit den Waffen in der Hand — und der Vater des Mädchens scheint nichts Besseres zu wünschen — zu erzwingen suchen, was man ihnen nicht gutwillig zu gewähren gesonnen ist. Gelingt endlich der Frauenraub, so werden die Entführer von den Freunden des Weibes verfolgt und vom zweifelhaften Ausgang der Kämpfe das Schicksal derselben abhängig gemacht.

Auch im ältesten der grossen Heldengedichte, dem Lied von Walter und Hildegund findet sich eine Entführungsgeschichte. Freilich entführt Walter die Geliebte nicht aus dem Haus ihres Vaters, sondern aus hunnischer Gefangenschaft.

An sonstigen mannigfachen Beispielen von Frauenraub sind deutsche Sagen und Märchen überreich. Zumeist sind sie aber weniger altertümlich, weniger originell und deshalb auch weniger wertvoll für uns als die nordischen. Wir gehen daher zu anderem, nicht im gewöhnlichen Sinn historischen, specifisch ethnographischen Material über, zu den, teilweise bis auf unsere Zeit erhaltenen Hochzeitsgebräuchen. Diese sind viel zu sehr bemüht ernste und eigentümliche Ereignisse nachzubilden, als dass sie ohne wirkliche Beziehung auf solche hätten entstehen können. Viele von ihnen sind viel zu entschieden der Verfolgung eines scheinbaren, jetzt allerdings nicht mehr vorhandenen Zweckes (z. B. der Abwehr) zugewandt, als dass sie nicht ihre Entstehung einem solchen Zweck zu verdanken haben sollten. Schliesslich sind sie viel zu verbreitet, kommen in viel zu gleichmässigen Formen auf ungeheuren Arealen vor, als dass wir sie aus anderen, denn aus mächtigen, allgemeinen, wahrscheinlich bereits vor der Trennung der Germanen wirksamen Ursachen herleiten dürften.

In Westfalen trägt schon die Werbung einen kriegerischen Anstrich. Während sich der Bursch inmitten der Nacht zum Fenster der Geliebten stiehlt, lässt er seine Freunde Wache stehen, um etwaige Nebenbuhler oder den Vater des Mädchens nötigenfalls mit Gewalt ferne zu halten. Die dabei ausgeteilten Schläge sollen nicht selten wesentlich zur väterlichen Genehmigung beitragen.[1]

Bei den Skandinaviern wurde zwar die Werbefahrt friedlich, aber mit einer Schaar von Genossen vorgenommen, „welche zum Hof des Vaters der Braut ritten. So warb man für sich oder für andere."[2] Ein oder zwei Tage vor der Hochzeit sandte darauf der Bräutigam Verwandte und Freunde die Braut abzuholen, welche mit hoher Busse ihm dafür bürgten, dass er sie unversehrt empfange. In den früheren Jahrhunderten war es daher Brauch, dass die Boten bewaffnet erschienen und nachdem sie ins Brauthaus gekommen Geisseln stellten und empfingen, worauf der Mundwald der Braut Waffen und Sättel unter Schloss und Riegel brachte, dann erst wurde die bestimmte dos übergeben und zum festlichen Mal geschritten.[3]

Ebenso kommen im Salzburgischen (bei Hallein) die vom Bräutigam zur Abholung der Braut beauftragten Brautführer mit bewaffneter Schaar in das Brauthaus.[4] In Hessen reitet der Bräutigam mit dreissig bis vierzig Freunden nach dem Dorf der Braut, wo man sich vor ihrem Haus in weitem Halbkreise aufstellt. Die Braut spielt die Unwissende und lässt nach ihrem Begehr fragen, worauf einer der Burschen im Namen des Bräutigams erwidert sie kämen um die Braut. Zwei Mal nacheinander werden nun greulich verkleidete alte Weiber als falsche Bräute zur Tür herausgeschoben, das Gefolge bricht in offene Wut aus, flucht, tobt und droht und reitet die zwei Vogelscheuchen beinahe zu Boden. Dann erst erscheint die wirkliche Braut auf der Schwelle und ladet alle zum Frühstück ins Haus, wo so viele junge Mädchen versammelt sind, als Burschen den Bräutigam begleitet hatten, hierauf folgt der Zug in die Kirche, wobei jeder Bursch ein Mädchen vor sich auf das Pferd nimmt.[5]

---

[1] Gartenl. 1864. S. 504.   [2] Weinhold I, 316 f.   [3] Stiernböök S. 158 f.
[4] Weinhold I, 385.   [5] Düringsf. 149.

Auf dem Hartfeld in Schwaben erfolgt eine stürmische Entführung der Braut durch die Freunde des Bräutigams nach seinem Hause[1]); in Mecklenburg führen die Dorfburschen eine Scheinbelagerung des Brauthauses durch, bis es den Frieden erkauft.[2]) Daselbst findet auch „zum Kehraus" eine obligate Balgerei statt die erst ein Ende nimmt, wenn der Bräutigam seine Braut erhascht und ergreift.

Im Ampezzotal (einer deutschen Colonie in Südtyrol) stürmen nach der Trauung die geladenen Freunde des Bräutigams zu Pferde und bewaffnet in das Brauthaus, rauben die Jungfrau und bringen sie wieder in die Kirche: erst nach längeren Verhandlungen geben sie sie dem Bräutigam heraus. Allerdings erscheint hier der letztere als Beraubter, da aber seine Freunde die Täter sind, und die Neuvermälte wieder nach der Kirche gebracht wird, ist es wahrscheinlich, dass er selbst ursprünglich als erste und Hauptperson an dem Scheinraube teilnahm.[3])

In Hoorn (Niederlande) lassen die sog. Speelnots (Spielgenossen) erst die Braut, dann auch den Bräutigam unbemerkt aus dem Tanzsaal entschlüpfen. Dann erscheinen sie wieder und bereiten durch den Ruf: „Die Braut ist im Schiff!" dem Fest ein jähes Ende.[4])

In Skogboland auf Upland unternehmen die Männer der Hochzeitsgesellschaft gegen Ende des Festes einen scherzhaften Raubzug nach den umliegenden Höfen.[5])

Aus der Oberpfalz wird berichtet, dass dort die jungen Leute des Dorfes am Hochzeitsfest durch „Fänge und Raupereyen" teilnehmen, indem sie in den Häusern die Türen ausheben, die Kamine verstopfen, ja ganze Wagen auf die Firste der Häuser bringen u. dgl. m.[6]) In der Bretagne wird die Braut hinter den Bräutigam aufs Pferd gesetzt und dann erfolgt ein Wettrennen zwischen ihm und den geladenen Gästen[7]), also Scheinflucht und Verfolgung. In Valdajeu (Vogesen) kommt der Bräutigam mit fünfzehn Begleitern zum Vater der Braut um ihre Sachen abzuholen (zwei Tage vor der Hochzeit). Hier findet er eine Schaar junger Leute versammelt und es entbrennt ein heftiger Kampf um einen alten Koffer. Kann derselbe nicht geraubt werden, so werden die Sachen der Braut nicht eher ausgeliefert, bis der Bräutigam sie gelöst hat.[8]) Auch in Hessen bestehen die „Brautknechte" mit den Bräutigamsknechten einen Strauss um die Ausstattung.[9])

---

[1]) Weinh. I, 411.   [2]) Düringsf. 119.   [3]) das. 116.   [4]) Weinhold I, 391.
[5]) Weinh. I, 391.   [6]) Schmidt, Jus primae noctis 140 f.
[7]) Düringsf. 246.   [8]) das. 252.   [9]) Klemm, Frauen II, 178.

In Oberbaiern wird die Braut zur Hochzeit in Trauer, schwarz oder violett gekleidet[1]); in Rauen (Mark) wirft man vor dem Kirchgang auf die Schwelle des Brauthauses einen Feuerbrand[2]); in Norwegen reitet das Brautpaar zur Kirche auf aneinandergeketteten Schimmeln.[3])

Diese Beispiele, so verblasst sie auch teilweise sein mögen, schliessen sich ihrem Charakter nach auf das Engste an die unzweideutigen, mit der wirklichen Institution einer Raubehe in unmittelbarer Fühlung befindlichen, bei den Slaven erhaltenen Formen an, stellen sich demnach als Fortsetzung und Entwicklung solcher oder ähnlicher Formen, somit als Rest des als Eheschliessungsform rechtlich anerkannten Frauenraubes dar.

Mit Recht beziehen Peschel[4]) und Deecke[5]) den Ausdruck „Brautlauf" für Hochzeitsfest auf dieselbe Institution. Der Name ist seit den ältesten Zeiten über alle germanischen Länder verbreitet, den Norwegern noch jetzt in der alten Bedeutung geläufig. Nach Wilda hiess brûdlaup (altnordisch) Übergabe der Braut durch ihre Freunde[6]), nach Weinhold Fahrt der Braut zum Hause des Mannes[7]), erst später das ganze Hochzeitsfest. Der ursprüngliche Sinn kann das nicht wol gewesen sein, eine Beziehung auf den Frauenraub ist anzunehmen, ebenso wie beim analogen Ausdruck „Brautjagd" in Lothringen[8]), beim altnordischen „qvânfang, konfang, verfang" d. h. Frauenfang für Ehe[9]) und beim gothischen „quên liugan" das Weib verhüllen, verschleiern[10]), binden für Heiraten, sowie beim gleichbedeutenden mittelhochdeutschen: „der briute binden."

Das Verhüllen des Hauptes der Braut ist bei den germanischen Hochzeitsbräuchen nicht selten. Man bedeckte in Skandinavien die Braut mit einem Leinentuche, das über das ganze Gesicht.

---

[1]) Weinh. I, 389.　　[2]) Düringsf. 117.

[3]) Wiener Abendpost 1880. 27. Des. Beilage Nr. 296.

[4]) Völkerkunde 296.　　[5]) S. 32 f.　　[6]) S. 803.　　[7]) I, 407.

[8]) Über Land und Meer 1872. Nr. 14, S. 6.

[9]) Grimm R. A. 419. Deecke 32; Über Brautlauf, Brautfang u. Frauenraub in der germanischen Göttersage ders. S. 37; für Verloben findet sich im a. n. festa konu d. i. ein Weib festigen, Deecke 18; vgl. Weinhold I, 340 Note, entsprechende deutsche Worte sind: vestenen, bevestenen. Darin ist schwerlich ein Rudiment der Raubehe zu erblicken, da Verlobung und Raubehe überhaupt im Widerspruch stehen. Über Brautlauf s. ferner ausser Grimm, Wörterb. II, 336 f. u. Schmidt, Jus primae noctis 129 die daselbst citirten Werke: Deutsche Encyklopädie Bd. 3, 4 Frankf. a. M. 1870 unter „Brautlauf", Simrock, Mythol. § 147 nut. Hochzeit. Schönwerth, Fr., Sitten u. Sagen aus der Oberpfalz 1. Th., Augsb. 1857. S. 121. Dümge, Karl G., Symbolik germanischer Völker 1812.

[10]) Deecke 34.

herunterhing, so dass man sich bücken musste um sie anzusehen, ebenso hielten es die Ditmarschen.[1] Auf Sylt waren Kopf und Körper durch einen Überhang bedeckt, aus dem sie durch eine viereckige Öffnung heraussah. Wo diese Verhüllung anderwärts noch vorkommt, ist sie mindestens von scheinbarem Frauenraub begleitet. Das römische nubere bedeutet bekanntlich verhüllen, nupta die Verhüllte, nuptiae die Verhüllung, wirklich wurde die entführte römische Braut mit feuerrotem Schleier umhüllt in das Haus des Gatten gebracht. Auch bei den Uskoken gehört das Einhüllen des Kopfes der Braut zu den Bestandteilen des Entführungsaktes.

Die vermutliche ursprüngliche Bedeutung des „Brautlaufs" äussert sich in Gegenden Deutschlands — wie es scheint nicht mehr in Skandinavien — durch ein Haschen und Fangen der Braut durch den Bräutigam; so in der Altmark und überhaupt in den Marken: Nach der Trauungsmalzeit tanzt die Braut dem Verwandtschaftsgrade nach mit sämmtlichen Männern, erst zuletzt mit dem Bräutigam. Darauf wird zwischen den Brautleuten an einem bestimmten Platz im Freien ein Wettlauf vorgenommen. Zwei rüstige junge Männer nehmen die Braut zwischen sich, der Bräutigam gibt ihr einen Vorsprung und der Brautlauf beginnt. Wird die Braut von ihrem Verfolger nicht eingeholt, so darf er für Spott nicht sorgen.[2]

Im Traungau (Baiern) laufen die jungen Bursche um den Schlüssel, der den Eintritt in das Brautgemach, folglich den Besitz der Braut versinnbildlichen soll. Auch dieses Spiel wird Braut- oder Schlüssellauf genannt.[3] Es nähert sich insofern dem Frauenraube als es symbolisch und scherzhaft den Besitz der Braut von einer Kraftprobe, einem Wettkampf mehrerer Bewerber abhängig macht.

In Betzingen (Schwaben) springt die Braut beim Heraustreten aus der Kirche auf und davon und verbirgt sich im ersten besten Haus, ist sie wiedergefunden, so geht sie eine Strecke mit, trachtet aber, so oft die Gelegenheit sich darbietet ihre Flucht zu wiederholen.[4] Genau das Gleiche berichtet man aus Steiermark und von den Siebenbürger Sachsen.[5] In den Vogesen flieht die Braut gleich nach der Trauung in der Richtung ihres Heimatshauses und wird mit Geschrei eingefangen.[6] Auch beim übermütig heiteren Brautzug der Gascogne flieht sie plötzlich und wird von der ganzen

[1] Weinhold, Frauen I, 396. Altnord. Leben 247.
[2] Weinhold I, 386. [3] Düringsf. 121. [6] das. 146.
[5] Weinhold I, 384. [4] Düringsf. 252.

Gesellschaft verfolgt, wer sie zuerst fängt — so glaubt man — wird auch am ehesten heiraten.[1])

Scherzhafte Kämpfe mit den Frauen um ihnen das Mädchen zu entreissen sind ziemlich verbreitet; wir erwähnen nur des sog. Wegtanzes in Skogboland (Upland), bei dem die Männer den Mädchen, die Mädchen den Frauen die Braut streitig zu machen suchen[2]), sowie des Spiels in der Soester Börde (Westfalen), wo die Frauen die Braut zuerst um den Heerd, dann um das ganze Haus des Mannes geleiten, auf dass sie sich an ihr neues Heim gewöhne und dem Gatten nicht entlaufe. Zuletzt kommt der Bräutigam, entführt die Braut den Frauen und nimmt sie mit sich in die Kammer.[3]) — Der Ursprung der letzteren Scherze könnte vielleicht ohne Bezugnahme auf Frauenraub erklärt werden, was nicht mit allen Hochzeitsfestlichkeiten der Fall ist. Dies gilt vom Verstecken der Braut vor dem Bräutigam und dem Versperren des Brauthauses vor ihm und den Seinen.

In Schweden wird die Braut an manchen Orten vom Bräutigam und seinen Gehilfen tief im Heu versteckt gefunden.[4]) Im Bündtner Ramsthal[5]), in Eger (Böhmen)[6]), auf der Halbinsel Guérande[7]), in der alten Provinz Bresse (im Jura) muss die im Haus verborgen gehaltene Braut vom Bräutigam gesucht werden, der überdies durch mehrfaches Vorschieben falscher Bräute gefoppt wird[8]), im bairischen Traungau verkriecht sich das Mädchen, wenn die Hochzeitslader erscheinen; der „Procurator", deren Anführer, „schnobert" indem er die Nase hoch in die Luft streckt nach ihr und spricht bedachtsam: „Mir scheint, mir scheint hier ist die Braut", worauf er sie sucht und aus ihrem Verstecke hervorzieht.[9])

Deutet man diese Spiele durch die gleichen der slavischen Völker, so versteht man wol eine Gefahr, die Furcht vor räuberischem Überfall, vor der mit der Werbung und Heimführung verbundenen Gewaltsamkeit, habe ihnen zur Entstehung verholfen.

Die naturgemässe Feindschaft zwischen dem Entführer und der Mutter des Mädchens findet ihren Nachklang darin, dass in Oberschwaben die letztere sich den ganzen Tag der Hochzeit über nicht sehen lässt[10]), an der Salzach nicht am Feste teilnimmt.[11]) Ein entsprechendes Relief erhalten diese Tatsachen erst durch den Vergleich mit den über die ganze Welt verbreiteten, den Ver-

---

[1]) Longfellow, Poet. Works. Lond. Routledge p. 64 f.   [2]) Weinh. I, 391.
[3]) Düringf. 223.   [4]) das. 9.   [5]) das. 113.   [6]) das. 179.
[7]) das. 247.   [8]) das. 252.   [9]) das. 121.   [10]) das. 142.
[11]) Weinhold I. 397 Note 4.

kehr zwischen Schwiegersohn und Schwiegermutter beschränkenden Regeln.

War ein Mädchen geraubt, so wurde der Räuber von den Freunden und Verwandten desselben, von allen Dorfgenossen desselben verfolgt, man suchte es ihm zu entreissen, abgewiesene Freier mochten den Brautzug nicht selten bedrohen, der daher seit Alters bis auf die Gegenwart mit bewaffnetem Geleit versehen wurde. König Chilperich gibt seiner Tochter nach Spanien ein Heer zur Bedeckung mit, so dass Trauer in Paris herrscht, wegen des erzwungenen Zugs in die Fremde [1]), Theodorich lässt seine Schwester zu ihrem Gemal, dem Vandalenkönig Trasamund von tausend angesehenen Goten, denen wieder 5000 Streiter folgen, als Leibwache begleiten [2]); in Schweden wurden lange nach Einführung des Christentums die Bräute oft am Wege zur Trauung geraubt. Daher nahmen Bewaffnete als Bedeckung am Zuge teil, der grösseren Sicherheit wegen feierte man die Hochzeit meist des Nachts und bei dem Schein von Fackeln, welche zugleich zur Beleuchtung und im Fall der Not zur Verteidigung dienen sollten.[3]) In der Schweiz (Waadland) findet die Trauung in aller Stille, ausserhalb der Gemeinde statt; in Zürich ebenso und das Hochzeitsfest in einem noch entfernteren Orte. Die Gesellschaft fährt selbst bei Hitze in geschlossenen Wägen, welche erst bei der Rückkehr aufgeschlagen werden.[4]) Seit jeher war der Brautzug Überfällen ausgesetzt. Schon die Lex Salica enthält die folgende Strafbestimmung dagegen, allerdings nur in den Codd. 5—10 und in der Emendata: Tit. XIV De rapto ingenuorum uel mulierum (§ 14, resp. 6 u. 10). „Si quis puella sponsata druete ducente in uia adsallierit, et cum ipsa uiolenter moecatus fuerit, malb. changichaldo, . . sol. cc culp. iud. Nach Kerns Erklärung (§ 84) bedeutet die Glosse „marring the way, impeding one in going."

Damit vergleiche man die Lex Aistulphi 15 (a. 755) „Pervenit ad nos, quod dum quidam hominis ad suscipiendum sponsam cuiusdam sponsi cum paranimpha et troctigis ambularent, peruersi hominis aquam sorditam et stercora super ipsa jactassent. Sed quia cognouimus malum hoc per singula loca fieri, prouidimus, ne pro hanc causam scandala uel humicidias surgant, ut si quiscumque liber homo talem rem facere temptaverit, conponat solidos nonientûs, medietatem regi et medietatem ad mundoald eius."

---

[1]) Greg. Tur. Hist. VI, 45.

[2]) Weinhold 337 nach Procop.

[3]) M'Lennan 56.   [4]) Düringf. 112.

Wie wenig solche Verordnungen fruchteten, beweist der noch im Anfang des 16. Jahrhunderts gegen einen ähnlichen Unfug, eine „consuetudo pravorum juvenum" gerichtete Erlass. In Pavia hatten nämlich jene „pravi juvenes", „pro pelle sponsae", wie sie sagten, durch grosse Belästigungen von den Vorbeiziehenden ein Lösegeld erpresst.[1]

In ganz Deutschland findet sich das Entführen der Braut durch die Dorfjugend als ein teilweise bis heute erhaltenes Hochzeitsspiel.[2] In Friesland war es in früheren Zeiten gebräuchlich, gegenwärtig beschränkt man sich auf einen Tanz um das Krönchen der Braut, welches der Behendeste raubt.[3] In Westfalen[4] und der Oberpfalz[5] machen die Dorfburschen den Versuch die Jungfrau nach der Trauung zu entführen, die mit Knütteln versehenen Brautführer aber wehren dies um so entschiedener, als ein Gelingen des Streichs jeden eine Flasche Wein kostet. Im Jura entführt man die Frau nach der Trauung aus dem Haus des Gatten und hält sie über Nacht versteckt.[6] In der französischen Schweiz stürzen, sobald der Zug aus der Kirche tritt, die jungen Leute aus einem Hinterhalt hervor und drohen die Braut zu rauben. Aufgabe der Hochzeitsburschen ist es die Angreifer zurückzutreiben.[7] In Luzern stielt man bisweilen die Braut aus dem Wirtshaus wo der Hochzeitstanz stattfindet. „Brautmutter" und Bräutigam finden sie in einem andern benachbarten Wirtshaus und müssen als Lösegeld den Entführern die Zeche bezahlen.[8] In Oberschwaben begleiten vielfach bewaffnete Brautführer die Braut „damit sie nicht gestohlen werde", an manchen Orten nehmen selbst vor dem Altar diese Hüter die Braut in die Mitte, anderwärts hat die Function des Schutzes der mit einem Degen ausgestattete „Hochzeitsknecht". Nach der Trauung befestigen die Beschützer ihre Waffen zu Häupten des Brautpaares an die Decke des Wirtszimmers, wozu in einigen Wirtshäusern besondere Ringe angebracht wurden.[9] „In Hertsfeld gehen die Burschen sehr entschlossen auf das Brautstehlen aus, welches sie in der Weise wie es in Tirol und Baiern geschieht zu bewerkstelligen suchen. Die Brautführer die sich die Braut rauben liessen,

---

[1] Zöpfl, Deutsche Rechtsgesch. 1872. III, p. 13, Anm. 41 aus Rochus de Curte. Tractatus de consuetudine. Lugd. 1525.

[2] In ethnographischen Zusammenstellungen ist dasselbe mit der Scheinentführung der Braut durch den Bräutigam vermengt worden, von welcher es offenbar grundverschieden ist.

[3] Düringsf. 234. [4] Gartenl. 1864. S. 504.

[5] Schmidt, Jus primae noctis. S. 141.

[6] Düringsf. 254. [7] das. 106. [8] das. 110. [9] das. 140.

müssen ihre Unachtsamkeit mit 8—10 Gulden bezahlen, eine Busse
die . . . oft schon zu den grössten Streitigkeiten und Feindschaften
Anlass gegeben hat, besonders wenn die Braut von einem früheren
Liebhaber gestohlen wurde." [1]

In Baiern wird das Stehlen der Braut zumeist nach der öffentlichen Verlobung, während des folgenden „Krautessens" ausgeführt,
bisweilen von „Aufgestellten" des Bräutigams, häufiger von einem
listigen Burschen, welcher, glückt sein Anschlag, mit Hilfe einiger
Genossen seine Beute in ein nahes Wirtshaus bringt, bis endlich
der verwittwete Hochzeiter sie durch den Hochzeitslader mit einer
Laterne und einer Mannschaft mit Schellen, Stangen und Besen
abholen lässt, wobei er ausser der Zeche noch eine Busse zu entrichten hat. [2] Im deutschböhmischen Riesengebirge wird die Braut
nach dem Trauungstag um Mitternacht von den Frauen nach Hause
in ihre Kammer entführt und muss vom Bräutigam, nachdem man
ihm zwei möglichst alte falsche Bräute angeboten, mit Geld aus-
gelöst werden [3]. In Salzburg [4], Lienz (Tirol), wo eine Mischung
von Baiern und Slovenen stattfand [5], in Steiermark [6], sowie bei den
Siebenbürger Sachsen, wo der Bräutigam die Entführte wieder
erobern oder loskaufen muss [7], ist die nämliche Sitte des Braut-
stehlens nachweisbar. Dieselbe bietet uns zugleich einen Schlüssel
für die Entstehung anderweitiger vom Bräutigam an die Dorfjugend
zu entrichtender Abgaben. Auf der Insel Texel (Friesland) fragen
die Burschen den aus der Kirche tretenden Bräutigam: „Die Braut
oder ein Fässchen?!" worauf er bereitwillig das Fässchen gewährt. [8]
Überall endet das Entführen mit Loskauf durch eine Baarzahlung
oder Bestreitung der Zeche für die Räuber. Nicht minder verbreitet ist das dem Sinn nach adäquate Hemmen oder Schätzen
des Brautzugs, Sperren des Weges durch die Burschen des Dorfs
mittelst Ketten, Blumengewinden, Bändern, Stricken oder Balken.
Auch hier muss der freie Durchzug durch grössere oder geringere
Abgaben erkauft werden. Im Jahre 1589 richtet König Philipp II.
eine Verordnung gegen solche, dazumal in den Niederlanden geübte
Belästigung. [9] Noch im Jahr 1696 hielten die Junggesellen des Dorfes

---

[1] das. 145. In Wildbad ist es vorgekommen, dass die Braut vom Altar
weg gestohlen wurde l. c. 146.

[2] Das. 125, über die Form der Sitte zu Tegernsee S. 126.   [3] das. 190.

[4] Nach eigener Erkundigung.   [5] Düringsf. 114.

[6] Gartenl. 1882. S. 156 und nach eigener Erkundigung.

[7] s. Fr. Fronius, Bilder aus dem sächs. Bauernleben in Siebenb. Wien 1879.

[8] Düringsf. 233.

[9] Wortlaut der Verordnung bei Karl Schmidt, Jus primae noctis S. 144.
Note 5.

Hargnies (Prévoté von Agimont) ein neuvermältes Paar auf, das in
der Nacht den Ort passiren musste und verlangten vom Mann zwei
Taler „soulle"geld. Als er sich weigerte pfändeten sie seine Jacke
und verteidigten sich, da es deshalb zu einem Strafverfahren kam,
damit, dass sie für das droit de soulle an die Gemeinde jährlich
zwei Franken bezahlten.[1])

Charakteristisch ist der verwandte Gebrauch in der Oberpfalz,
wo die Dorfjugend sich beim Zug in die Kirche und aus derselben
um das Paar herumtreibt und schreit: „Braiggé lays di! Bråd lays
di! I zreis di!" (Bräut'gam lös dich, Braut lös dich, ich zerreiss
dich!) worauf die Brautleute um sich zu „lösen", bereit gehaltene
kleine Münzen auswerfen.[2])

Im Rheinland wird der Zug zu Land und zu Wasser mit
Blumenketten gehemmt, die Sperrenden ladet man zur Hochzeit,
wo der Loskauf mittelst des „Kauf der Braut" genannten Fischmals
bewerkstelligt wird. Trotzdem erfolgen mitunter bei dieser Gelegenheit Angriffe gegen das Paar, der Bräutigam opfert da wol seinen
Rock, die Braut ihre Strumpfbänder.[3])

Nicht immer ist die Loskaufssumme unbedeutend, in der
Tepler Gegend (Böhmen) beträgt sie bis 10 und 15 Gulden, im
Salzburgischen ist sie gleichfalls beträchtlich. Darum fährt dort
ein Brautzug mit besonderer Hast durch jedes fremde Dorf.[4]) In
Sachsen (bei Pirna) geschah es noch im Jahr 1879, dass der Bruder
des Königs am Weg von Burschen angehalten wurde, welche einen
Scheinüberfall auf eine Hochzeit vor hatten und den falschen Wagen
angriffen.[5]) In Friesland besorgt das Hemmen oft ein bewaffneter
Mann, statt aller anderen Behinderungsmittel.[6])

Von der Verbreitung der in Rede stehenden, local oft gar bunt
und poetisch ausgeschmückten Sitte gibt die folgende Übersicht
einen Begriff: Sie findet sich: In Friesland, den Rheinlanden,
Thüringen, wo sie „Schätzen" genannt wird und der Bräutigam
sich mit einem Groschen loskauft[7]), speciell in Altenburg[8]), ferner
in Deutschböhmen: Eger: Tepler Gegend, Budweis, Fuss des Erz-
und Riesengebirges (— Hemmen des Wagens mit dem Geräte der
Braut: Kammerwagens —) Sachsen, Schwaben[9]), Oberpfalz, Hessen[10])
(— gleichfalls Aufhalten des Kammerwagens —), im schweizer Be-

---

[1]) Düringsf. 145. [2]) das. 130.
[3]) das. 234. Bereits Gerard von Loon (1. Hälfte des 17. Jahrh.) berichtet
von diesem Fischkauf. Schmidt a. a. O. S. 140.
[4]) Nach persönlicher Information.
[5]) New-Yorker Staatszeitung vom 10. Mai 1879. [6]) Düringsf. 238.
[7]) das. 157. [8]) das. 167. [9]) das. 138. [10]) das. 149 f.

zirk Baden (wo man vom Auskaufen der Braut bei der Knabschaft spricht)[1]), sowie in der Schweiz überhaupt[2]), in Tirol[3]), Salzburg[4]), Steiermark[5]), bei den Deutschen in Ungarn[6]), wo die Braut ihren Vater und durch den Mund des „Bittmanns" alle Welt um Verzeihung bittet. Die im Brauthaus erschienenen Junggesellen ziehen eine seidene Schnur „für". Sie wählen einen Redner, der ein ungeheures Lösegeld, eine Tonne Gold u. s. w. begehrt: „Werden sie unser Begehren nicht gewähren, so begehren wir die Jungfrau zurück mit Ehren." In Wahrheit sind sie natürlich bescheidener und begnügen sich mit einem Glas Wein und einigen Bissen Brod.

Selbst ins italienische Culturgebiet reicht das „Hemmen" hinüber. Es wird in Valtelin, Piemont, Pistoja, Tarentino, sowie in der Romagna vorgenommen.[7]) Der Umstand, dass es dorthin kaum anders als mit den germanischen Einwanderungen gedrungen sein kann, bildet einen weiteren Beweis für das hohe Altertum der Sitte.

Von den Brautführern der Provinz Seeland berichtet ein niederländischer Autor zu Beginn dieses Jahrhunderts[8]): Am Abend gibt es zarte Kämpfe zwischen ihnen und dem jungen Gatten, der sich anstrengt seine Schöne aus ihren Händen zu ziehen, um sie zum Ehebett zu führen; er erreicht seinen Zweck sie sich abtreten zu lassen nur durch eine Abfindung. Im Mittelalter musste der Bräutigam an sehr vielen Orten eine Abgabe bezahlen, widrigenfalls die Hochzeitsnacht durch Lärmen (Charivari, Katzenmusik) gestört wurde. Die Abgabe konnte in einer Speise, in Geld, oder einem anderen durch die Sitte bestimmten Gegenstand bestehen. Schmidt führt aus verschiedenen Gegenden Frankreichs urkundliche Belege dafür aus dem 14. und 15. Jahrhundert an. Namen der Abgabe waren: Droit de coillage, cullage, coullage, vin de couchier u. s. w. Schmidt deutet dies dahin, dass der Bräutigam sich das Recht der ersten Nacht von seinen Kameraden gewissermassen erkaufte, sicher ist, dass er die Braut von ihnen lösen musste. In einer Urkunde vom Jahre 1390 wird ihr Recht „droit du ban" genannt; Carpentier (Glossar. novum ad script. med. aevi Par. 1766) und Du Cange führen es unter dem Namen „bannum" an, eine Bezeichnung, die auf den mutmasslichen Ursprung der Sitte, nämlich auf Busse für Frauenraub zurückführt.

Zum Schluss noch einige Bemerkungen über „Des roubes. brouch vnd recht" im Sinn von Ehe, in mehreren schweizer

---

[1]) Düringsf. 106.   [2]) das. 113.   [3]) l. c. 113, 144.
[4]) Eigene Erkundigung.
[5]) detto: so speciell in der Gegend von Admont.
[6]) Düringsf. 50.   [7]) das. 104.   [8]) Schmidt l. c.

Weisthümern.[1]) Es bestand nämlich zwischen „dreizehentehalb“ Stiftungen und Gotteshäusern der Brauch, dass die Leibeigenen des einen sich leibeigene Frauen des anderen „rauben“, wie die Weisthümer sich ausdrücken denselben abrauben durften. Wer eine Frau geraubt hatte musste dafür den „Raubschilling“, bestehend aus drei Schillingen und einem Paar Handschuhe oder 18 Pfennigen dem bisherigen Herrn seiner Frau erlegen, eine Pflicht, welche oft vernachlässigt wurde, weshalb auch, nachdem schon 1403 ein Weisthum über den Gegenstand zustande gekommen war, im Jahre 1560 ein feierlicher Vertrag der beteiligten Gotteshäuser abgeschlossen wurde; worin es heisst: „was ain jeder bisz uf dato geroubet, das soll geroubet sein und darbei bleiben;“ . . . „von einem stift an das andere rouhen; . . . der man roubt das weib; . . . das gotshaus dem sie abgeroubet ist; . . . und sturbe der mann vor ir ab, und es roubet si ain anderer mann . . . widerumb von disem stift . . an ain anderes hinweg; . . Die weiber und männer diser gotsheüser können weiben und mannen nach irem besten fuog und soll das weib dem mann nachgehören, nach desz roubs brouch vnd recht.“

Es lässt sich nicht mit voller Sicherheit behaupten, ob der Ausdruck Raub, Rauben, Abrauben, hier nicht im übertragenen Sinn für Berauben gebraucht ist, da ja durch die Heirat der bisherige Herr der Frau seiner Leibeigenen beraubt wurde. In Anbetracht der in der Schweiz bis in die Gegenwart erhaltenen Entführungssymbolik ist es jedoch wahrscheinlich, dass auch jene Ausdrücke in ihrem eigentlichen Sinn, mit Bezugnahme auf die mit der Ehe verbundene Scheinentführung oder auf Überlieferung von derselben in Anwendung kamen.

Wollen wir unsere Classification auf die Germanen anwenden, so müssen dieselben zunächst der ersten Stufe der ersten Klasse zugeordnet werden: Sie übten in beträchtlichem Maasse den Frauenraub ohne jede Verständigung mit dem Gewalthaber der Geraubten, die alten Deutschen sanctionirten denselben sogar durch leges minus quam perfectae. Ferner gehören die Germanen auch zur

---

[1]) S. Grimm, Weisth. I 282, IV 412, 414, 416 u. V 735. Die Literatur hierzu Schmidt, J. pr. n. S. 63 und die dort angeführten Werke: Ildefons von Arx, Gesch. des Cantons St. Gallen. St. Gallen 1810, 1811. 3 Bde. Bd. II, S. 167 f. Osenbrüggen, Studien zur deutschen und schweizerischen Rechtsgesch. Schaffhausen 1868. IV: Jus primae noctis. S. 94.

zweiten Stufe der ersten Klasse (Nachträgliche Verständigung mit dem Gewalthaber): Dies war zur Zeit der Volksrechte der normale Verlauf eines Frauenraubes, endlich drittens zur zweiten Klasse: Blosse Hochzeitsspiele, kein wirklicher Raub. Für die dritte Stufe der ersten Klasse (vorherige Verständigung) sind nur wenige Fingerzeige erhalten, die vermuten lassen, dass dergleichen vorkam.

Die erhaltenen Nachrichten gestatten die altgermanische, im wesentlichen vorhistorische Institution der Raubehe, namentlich mit Hilfe der slavischen Analogie zu reconstruiren:

Die Germanen haben, gleich der Mehrzahl der übrigen, besonders auch arischen Volksstämme eine Zeit durchlebt, in welcher ihnen Frauenraub eine normale Art Ehen zu schliessen war. Sie ververschafften sich Ehefrauen im Wege der Gewalt, mit Hilfe bewaffneter Freunde, wobei sie mitunter, wenngleich nicht immer, den Willen des Mädchens zu Rate zogen, die Zustimmung seines Gewalthabers aber nicht in Betracht kam. Ein Freier, sobald das Freien überhaupt üblich geworden, — wurde daher noch durch lange Zeit später, mindestens zum Scheine als Feind der Familie angesehen und behandelt. Häufig genug sah man den Überfall voraus, ohne ihn abwehren zu können; dann suchte man das Mädchen im Haus zu verbergen oder liess es flüchten. Wenn es dem Bewerber nicht gelang sie zu finden, resp. einzuholen, so war hiemit die beabsichtigte Ehe vereitelt. Spätere Förmlichkeiten, Scherze und Benennungen der Hochzeit können dadurch und nicht anders am füglichsten erklärt werden.

Dem innigen Verband der damaligen Familie, sowie dem kriegerischen Geiste der Zeit entsprach es, dass sowol die Verwandten des Weibes, als die übrigen Dorfbewohner dem Angriff heftigen Widerstand entgegensetzten, ja, dass sie es mitunter — soferne man Sagen und Gedichten als Spiegel der Zeit trauen darf — mit Fleiss auf blutige Kämpfe ankommen liessen, um die Braut nur dem Tapfersten zu Teil werden zu lassen. Auch suchten sie die Entführte den Händen des Räubers zu entreissen, jedenfalls aber diesen aufzuhalten und ihm mindestens eine Busszahlung abzuzwingen, bevor sie ihn ziehen liessen. Daher das so weit verbreitete „Hemmen" und das damit überall verbundene Lösegeld. Da der Hochzeitszug auch sonstigen Gefahren und Belästigungen; die Braut — vielleicht von abgewiesenen Freiern — sogar Insulten ausgesetzt war, trug der erstere vielfach einen kriegerischen Anstrich; man rüstete dazu wie zum Kampf und liess ihn durch Bewaffnete decken, oder rasch und heimlich vor sich gehen. Darum ist heute noch an vielen Orten Geschrei und wilder Waffenlärm mit diesem Fest untrennbar verbunden. Der Frauenraub selbst und die aus dessen Abwehr entstandenen Übergriffe wurden von Seiten der geistlichen und weltlichen Gesetzgebung Jahrhunderte lang bekämpft und endlich unterdrückt, nicht ohne dramatisch bewegte Spiele als lebendige Zeugen ihres Bestandes zurückgelassen zu haben. Die Ähnlichkeit dieser Sitten bei Slaven und Germanen, besonders aber die Übereinstimmung in der Bestrafung der zustimmenden Entführten durch Verlust des Erbrechts ist so auffallend, dass eine unabhängige Entstehung bei beiden Stämmen, ebensosehr als die Übertragung von einem Stamm auf den andern unwahrscheinlich ist. Es wird hiemit eine weite Perspective auf eine Reihe wichtiger, die gemeinsamen Vorfahren der Slaven und Germanen betreffender Fragen eröffnet, die jedoch ausserhalb des Rahmens dieser Abhandlung liegen. Dasselbe gilt von einem Teil der nachstehenden Erläuterung des Titels De reipus, daher dieselbe in den Anhang verwiesen werden musste.

Anhang.

Über den Titel 44 des salischen Volksrechts: „De reipus."

Die Leges barbarorum umfassen wenige Bestimmungen, die so beharrliche und dennoch vergebliche Interpretationsbestrebungen hervorgerufen hätten wie der Titel leg. Sal. „De reipus." Aus seinem Inhalt ist zu entnehmen, dass, wer eine salfränkische Wittwe zu heiraten gedachte, gewissen, im Gesetz nahmhaft gemachten Spillmagen derselben vor Gericht (im nicht gebotenen Ding) den sog. reipus im Betrag von drei solidi zu leisten hatte, dass im Fall diese Magen fehlten, diejenigen Verwandten des ersten Ehemanns, die nicht seine Erben waren, den nächsten Anspruch auf den reipus hatten, welcher schliesslich, wenn auch diese nicht vorhanden, dem Fiscus anheimfiel. Endlich, dass für Nichtbezahlung des reipus eine, den nämlichen Berechtigten [1]) gebührende Busse von 63 sol. festgesetzt war. Welches die Bedeutung der letzteren gewesen, warum sie gerichtlich erfolgte, warum an diese und nicht andere Personen, alles das ist, wiederholten Erklärungsversuchen zum Trotz, immer noch zweifelhaft und streitig.

Die Bevorzugung der Spillmagen ist bereits oben, im vierten Kapitel der Abhandlung über das Mutterrecht erörtert, hier sind nur noch einige Bemerkungen nachzutragen. Die eigenen Kinder der Wittwe sind zum Empfang des reipus nicht berechtigt, weil sie nicht mehr zur Familie der Mutter, sondern zu der des verstorbenen Vaters zählten. Es folgt dies aus Lex Sal. LXXI (Capitulare I, § 7): „mulier, si de anteriore marito filios habet, parentes infantes (infantum) suorum consiliare (debet)." Diese „parentes infantum suorum" sind die Verwandten des verstorbenen Ehemanns. Auch

---

[1]) Dies folgt aus dem Wortlaut des letzten (10.) § des Titels 44: Jam post sexto genuculum in fisco reipus ipse uel causa quae exinde orta fuerit colligatur.

soll das Eigentum der „dos", welche der erste Mann der Frau gegeben hatte, seinen Kindern zufallen, der letzteren dagegen nur lebenslängliche Nutzniessung verbleiben. Der Titel „De reipus" ist demnach, ebenso wie die Titel „De alodis" und „De chrenecruda" in der Übergangszeit vom Mutterrecht zur Agnation entstanden; die Berechtigung der Spillmagen beruht auf dem Mutterrecht, der Ausschluss des Sohnes von dieser Berechtigung auf der bereits mächtig gewordenen, zunächst die Söhne ergreifenden Agnation. Weil das Mutterrecht in tiefstem Verfall, die Erinnerung daran sehr verblasst war und sein ganzes System der Vergangenheit angehörte, lässt es sich aus dem Titel 44 nicht reconstruiren. Gewiss ist nur, dass nach Mutterrecht die Schwesterkinder, sowie der Mutterbruder zu den nächsten Verwandten gehören und beide unter den mit dem reipus bedachten Spillmagen erscheinen.

Der Umstand, dass der ganze Akt vor Gericht stattfinden und im Fall der Nichterlegung des reipus die Busse von 63 sol. eintreten sollte, beweist, dass wir es hier mit einem Strafgesetz zu tun haben. Im Capitulare Ludwigs I. vom Jahr 819 § 8 lesen wir: „id est qui uiduam in coniugium accipere vult, iudicaverunt omnes ut non ita sicut in lege salica scriptum est eam accipiat, sed cum parentorum consensu et uoluntate, uelut usque nunc antecessores eorum fecerunt, in coniugium sibi eam sumat."[1]) Diese Stelle ist beurteilt worden, als wäre sie unverständlich oder sinnlos. Keines von beidem ist der Fall. In der Lex Salica — das ist die Meinung des Capitulars — steht geschrieben, dass die Wittwen ohne Zustimmung und Willen ihrer Verwandten geehelicht werden können. Aber schon die Vorfahren derjenigen, welche das Weistum von 819 schöpften (man vergesse nicht, dass zwischen diesem Jahr und der Entstehungszeit des salischen Volksrechts drei volle Jahrhunderte liegen), hatten die entgegengesetzte Praxis beobachtet, hatten auch, wenn sie Wittwen heiraten wollten die Zustimmung und Einwilligung der Verwandten nachgesucht. Dieses Vorgehen wird vom Weistum gebilligt, dasjenige der lex Salica endgiltig abgeschafft. Da das germanische Recht — sowol nach Tacitus als nach einigen Volksrechten[2]) einen heftigen Widerwillen gegen Wittwenehen nährte, war das einzige Mittel einer Wittwe habhaft zu werden, das zur Zeit der lex Salica so populäre, als Eheschliessungsform anerkannte des Raubes oder der Entführung. Von ersterem wurde, wie die in der

---

[1]) Der von Hessels zu Grunde gelegte Text schreibt statt „omnes" homines; statt „velut" das hier sinnlose „viro", wir halten uns daher mit Boretius an die zweite Handschrift.

[2]) S. die Noten zum Titel „De reipus" bei Hessels Sp. 279.

vorstehenden Abhandlung angeführten Quellen beweisen, besonders Wittwen gegenüber, noch lange ausgiebiger Gebrauch gemacht. Der Titel „De reipus", namentlich aber das sog. Capitulare I hat jedoch den Fall ins Auge gefasst, wo die Wittwe sich freiwillig dem Entführer übergibt.[1] Hierin liegt eine Beeinträchtigung der, auf die Verwandten des ersten Mannes durch seinen Tod übergangenen Rechte über die Wittwe, eine Verletzung des Mundiums, daher soll sie: „consiliare parentes infantum suorum", die Verwandten ihrer Kinder versöhnen; sie muss den Achasius geben um sich Frieden von ihnen zu erwirken („ut pacem habeat parentum") und im Fall sie diese Pflicht versäumt, eine Vermögensstrafe erdulden.

Aber auch ihren Verwandten erwuchs aus der Entführung ein Anspruch, denn in Bezug auf Rache und Fehde, Wehrgeld und andere Compositionen war die Verbindung zwischen ihnen und der Frau durch deren erste Heirat nicht gelöst, sie verblieb auch ferner unter dem Schutz und Schirm ihrer Familie, was besonders dort zu Tage trat, wo sich der Schutz ihres Ehemanns, resp. Mundwalds als ungenügend herausstellte.[2] Wir erinnern daran, dass bei den Germanen der ältesten Zeit das Blutband überhaupt höher und heiliger gehalten wurde, als das Eheband, was ja so weit ging, dass die Frau sich an ihrem Ehemann für Ermordung ihres Bruders rächte.[3]

Daraus erklärt es sich, dass der Entführer den Blutsverwandten der Frau als Busse für sein Vergehen 63 sol. zu bezahlen schuldig war und dass der Akt sich gerichtlich abspielen sollte. Später trat an Stelle der 63 sol. eine bloss symbolische Busse von 3 sol. und das Gericht wurde zu einem gebotenen Ding, zu „einem Scheingerichte."[4]

Die Summe von 63 sol. ist dem sog. Wittum (Mundschatz Schröders) gleich d. i. dem vom Bräutigam für das Mundium über die Frau zu entrichtenden Betrage. Merkwürdiger Weise stimmt

---

[1] „Si quis mulier vidua post mortem mariti sui ad alterum marito (se) dare voluerit".. vgl. darüber H. Habicht, Die altdeutsche Verlobung. Jena 1879. S. 20.

[2] Kraut, Vormundsch. I, 40—44 und 408 und Rive, Vormundsch. I, 156.

[3] Kap. 4 der Abhandlung über das Mutterrecht.

[4] Sohm, Recht der Eheschl. 63. Noch in späteren Zeiten finden sich Spuren gewisser, bei Gelegenheit der Wittwenehen den Behörden zu leistenden Gebühren: (Dipl. Magd. a. 1276: Weinhold II, 40, 41). Es mag dies ein Überrest des alten reipus oder gar des fredus für Frauenraub sein? Die Neuverheirathung von Wittwen gilt bis auf unsere Tage an vielen Orten für unanständig a. a. O. I, 368 und Döringsf. 267.

derselbe mit der Strafe überein, welche für Verletzung des Mundiums oder der Verlobung, oder für rechtswidrige Verstossung der Ehefrau zu büssen war: mit den sog. Mundbrüchen. Schröder war es, der den Zusammenhang zwischen Mundschatz und Mundbrüchen im Einzelnen erwiesen hat.[1]) Das burgundische Recht benennt die Mundbrüche mit einem Ausdruck, welcher in einem andern Titel desselben Rechtes die für Erwerbung des Mundiums zu zahlende Summe bezeichnet: wittemon d. h. Wittum, Mundschatz. Auch im angelsächsischen Recht dient, wie es scheint, als Name für die Mundbrüche das Wort „woetuma“, Wittum. — Die Höhe der Mundbrüche steht regelmässig in geradem Verhältniss zur Höhe des Mundschatzes und beträgt 2-, 3-, 9mal so viel oder gerade so viel als dieser. Bei den Longobarden z. B. hatte der Bräutigam, der seine Braut in der gesetzlich bestimmten Zeit nicht heimgeführt hatte, als Busse den Betrag zu leisten, den er als meta d. i. als pretium puellae zu geben schuldig gewesen wäre. Bei den Sachsen beliefen sich der Preis des Mädchens und die Mundbrüche auf je 300 sol., bei den Angelsachsen, Westgoten, Alamannen stand beides in geradem Verhältniss zu einander.[2]) Insbesondere büsste man die Entführung des Mädchens entweder mit dem Betrage des einfachen Wittums, oder mit dem Zweifachen, Dreifachen u. s. w. desselben Betrages. Auch die Lex Sal. XIII 5 ordnet neben andern Bussen die Zahlung des „praecium“ (sc. puellae) als Strafe der Entführung an. Es erhebt sich die Frage, auf welche Weise dieser bei den deutschen Völkern so verbreitete, in dem ältesten der Volksrechte, der Lex Salica, wo Mundbrüche und Wittum je 63 sol. ausmachen, am schärfsten ausgeprägte Zusammenhang zu erklären ist.

Ist die aufgestellte Lehre von der Verbreitung des Frauenraubs richtig, so begreift es sich, dass die Zahlung einer Entführungsbusse, sobald die kleinen germanischen Gemeinwesen zu grösseren Stämmen, die Stämme zu Staaten zusammengeschmolzen waren, in dem so gewöhnlichen Fall der Raubehe immer häufiger und häufiger an Stelle der ursprünglichen Fehde trat. Als nun die Periode herankam, wo die Mehrzahl der Ehen auf friedlichem Weg, nicht mehr durch Gewalt geschlossen wurde, war die Zahlung einer be-

---

[1]) Die folgende Ausführung beruht auf Schröders Gesch. d. ehel. Güterrechts in Deutschland 1874 § 2 S. 11—19, wo sich sämmtliche Quellen und die Literatur angeführt finden.

[2]) pretium puellae (im Sinn eines Kaufpreises), longobardische meta, fränkische dos sind nur Entwicklungsstufen einer und derselben Institution. Sind sie auch untereinander verschieden, ihr überall gleiches Verhältniss zu den Mundbrüchen muss auch überall der gleichen Wurzel entspringen.

stimmten Summe durch den Bräutigam resp. Gemal, der ja noch
immer wie ein Entführer angesehen wurde, an die Gewalthaber des
Weibes längst durch Gewohnheit gefestigt. Er leistete sie also
auch ferner. Aber wie die Ehe so nahm auch diese Leistung einen
anderen Charakter an; aus der Entführungsbusse wurde das pretium
puellae; an Stelle der Entführung trat als Regel der Frauenkauf.
Daraus erklärt sich das eigentümliche Verhältniss zwischen dem
späteren pretium puellae und den Mundbrüchen. Der Ursprung
des ersteren geriet alsbald in Vergessenheit, hinterliess jedoch als
beredtes Zeugniss früheren Bestehens ausser dem genannten Verhältniss zahlreiche Fälle der Entführung des zustimmenden Weibes,
unter denen die gewohnheitsmässige Entführung salischer Wittwen
der bemerkenswerteste.

Bevor wir uns von neuem dem Titel De reipus zuwenden sei
uns eine kurze ethnographische Digression gestattet. Das so interessante, germanische Beispiel enthüllt den auch bei andern,
vielleicht sogar den meisten Völkern zurückgelegten Weg vom
Frauenraub zum Frauenkauf. Frauenkauf ist nämlich nicht weniger
verbreitet als Frauenraub, ja, ein Versuch, sein Verbreitungsgebiet
im Einzelnen zu bestimmen, scheitert an der Massenhaftigkeit des
zuströmenden Stoffes. Man kann nur sagen, dass mit wenigen Ausnahmen alle Naturvölker die Ehe durch Kauf üben, die sich aber
überall, der Ehe durch Raub gegenüber als jüngere, höhere Form
darstellt, da sie dort in kräftigster Entwicklung blüht, wo die Raubehe nur mehr in Rudimenten erhalten ist. Es ist zwar in Frage gestellt worden, ob die Kaufehe bei den Skandinaviern jemals existirte,
allein vom Standpunkt der wissenschaftlich vergleichenden Methode
lässt sich nicht daran zweifeln, da ein überzeugender, inductiver
Beweis dafür herstellbar ist. Aber auch vom Standpunkt der
Specialforschung aus hat neuerdings Karl Lehmann in ausführlicher
Weise und mit guten Gründen die betreffenden Anfechtungen Rives
und anderer zurückgewiesen.[1]

Nun hat die Raubehe wie bei den Deutschen so überall anders
Fehden und im späteren Verlauf der Entwicklung Bussen nach sich
gezogen, denn Rache und Busse sind — man möge daraufhin
Lubbocks, besonders aber Posts Arbeiten prüfen — nicht minder
allgemein wie Mutterrecht und Kaufehe. Es kam auch anderwärts
dahin, dass man vorzog eine Busse zu zahlen als eine Fehde durchzumachen, umsomehr als vielfach bereits eine überlegene öffentliche

---

[1] Verlobung und Hochzeit nach den nordgermanischen Rechten des
früheren Mittelalters. München 1882.

Gewalt auf die Seite des Verletzten trat. Man zahlte also, da die scheinbare Entführung auf lange hinaus Regel blieb, die Busse auch ferner, aber wie die Entführung zur Scheinentführung, so verblasste die Busse zur Scheinbusse. Sie hörte auf, wirkliche Busse zu sein, sobald alle Beteiligten der Entführung zustimmten, und wurde schliesslich zum Kaufpreis.

Es kann nicht auffallen, dass ein solcher Übergangszustand nicht allzulange dauert, daher die Anzahl der Völker bei denen er nachweisbar, relativ nicht gross ist; hierher zu zählen sind aber die meisten Völker der zweiten Stufe der ersten Klasse (nachträgliche Verständigung mit dem Gewalthaber der Entführten.) Diese nachträgliche Verständigung wird nämlich regelmässig durch einen vom Entführer an den Gewalthaber geleisteten Wertbetrag herbeigeführt, der entweder durch wechselseitige Verabredung oder einseitige Festsetzung des Beschädigten bestimmt ist. Auch hier wird dieser Betrag sehr häufig Kaufpreis des Mädchens genannt, was aber nur wahrscheinlich macht, dass der wahre Kaufpreis des Mädchens aus ihm hervorging, wie die meta aus den Mundbrüchen. Um wirklichen Kauf kann es sich ursprünglich nicht handeln, wo der bisherige Eigentümer (Gewalthaber) gar nicht im Sinne hatte das Weib abzutreten oder zu verkaufen, und der Entführer in vielen Fällen nicht beabsichtigte eine Zahlung zu leisten. Er raubte oder entführte sie allen Ernstes und zahlte eine Busse nur weil er musste, weil die Verhältnisse es gebieterisch forderten. Diese Leistung trägt nicht sowol die Merkmale des Kaufpreises, als die einer Composition an sich.

Zur Illustration erscheint das araukanische Recht besonders geeignet. Bei den Araukanern wird das Mädchen nicht selten ohne Einwilligung des Vaters geraubt, der junge Ehemann sucht den Schwiegervater durch Geschenke zu besänftigen, durch deren Annahme die Ehe unanfechtbar wird. Hier hat diese Zahlung offenbar den Charakter der Busse, während man sie bei demselben Volk, wo die Entführung nur mehr scheinbar ist, als Kaufschilling ansieht.[1] In Neu-Guinea und im australisch-melanesischen Archipel ziehen Entführungen ohne Vorwissen und Zustimmung der Verwandten entweder wirkliche Fehde nach sich oder nur scheinbare Verfolgung und Annahme eines vom Entführer zu erlegenden Wertbetrags, welcher zwar mehrfach als Brautpreis bezeichnet wird, aber, da er an Stelle der Fehde tritt, seinem Wesen nach Sühngeld ist.[2]

---

[1] Waitz III, 515 f. Post, Geschlechtsgen. 55; Anfänge 212.
[2] Waitz VI, 632, vgl. Ausland 1880 S. 128.

Dasselbe gilt von dem folgenden Bericht Schoolcrafts [1]): Bei den
Comanchen ist Regel Frauenkauf, da jedoch die Neigung des
Mädchens dabei nicht berücksichtigt wird, kommt es häufig vor,
dass Ehefrauen mit früheren Liebhabern durchgehen. Der Ehemann
und seine Freunde verfolgen die Flüchtlinge bis sie sie einholen,
worauf ehemals der Entführer getödtet wurde, jetzt aber ein Kaufvertrag geschlossen wird. Der Ehemann nimmt Pferde und Maul-
tiere bis er befriedigt ist; das Mädchen bleibt Eigentum ihres Auserwählten und alle kehren befriedigt nach dem Dorf zurück.

Verwandt war ferner die Raubehe des Morduanenvolkes, wo ärmere
Männer, denen der Brautpreis zu hoch war, ein Mädchen raubten,
darauf verfolgt und wenn man sie einholte geschlagen oder getödtet
wurden, sonst aber das Mädchen behielten und den Brautpreis allmälig abzahlten [2]), ferner die Ehe der Tscherkessen [3]), der kau-
kasischen Völker überhaupt [4]) und was für uns von besonderem
Interesse ist, auch die der Miriditen mit geraubten Mahomedanerinen.
Die Eltern des Mädchens sollen durch die Entführung meist nicht
in grosse Trauer versetzt werden „da sie wol wissen, dass sie dafür
eine Summe Geldes erhalten.“[5])

Composition und pretium puellae stehen hier überall in engem,
so lange die Entführung Ernst ist in ununterscheidbarem, unlöslichem
Zusammenhange, nur dass die überlieferten Leges barbarorum uns
gestatten die Tatsache gerade bei den Germanen genauer zu verfolgen als anderwärts.

Der reipus hatte danach denselben Ursprung wie das Wittum,
da eines wie das andere aus der Composition entsprang. Zur Zeit
der Aufzeichnung des Titels de reipus hatte aber das Wittum bereits eine andere Bedeutung angenommen. Das Wittum war das
dem Mundwald des Mädchens bezahlte, aus der Composition für ihre
Entführung entstandene pretium puellae, der reipus dagegen war
selbst Composition, welche den Verwandten der Wittwe für ihre
Entführung gebüsst werden musste.

Habicht hat darauf aufmerksam gemacht [6]), dass der reipus
allerdings nicht Mundschatz (Wittum) sein konnte, da er nicht wie
das Wittum bei der Verlobung gezahlt ward; aber auch Busse für
Wittwenheirat im Sinn Sohms konnte er nicht sein, denn eine Busse
verfällt naturgemäss immer nach dem Vergehen, während der reipus,
wie aus Titel 44 § 1 ersichtlich, vor der Trauung selbst gezahlt
wurde. Der Einwurf ist aber nicht zutreffend. Wie aus dem

---

[1]) Stat. and hist. inform. V, 683.   [2]) Post, Anfänge 211.   [3]) das. 210.
[4]) Klemm, Frauen I, 151 f.   [5]) Lubb., Entst. 98.   [6]) a. a. O. 19.

Titel LXXI der Lex Sal. hervorgeht, handelt nämlich Titel 44 von einer Ehe ohne Verlobung und Trauung. Ohne diese Annahme sind die Sätze: „Si mulier .. ad alterum marito se dare voluerit", ferner das „consiliare parentes infantum suorum" .. „ut pacem habeat parentum" unverständlich. Auch die gerichtliche Zahlung des reipus hat mit der Trauung nichts gemein. Die im Titel De reipus aufgezählten Verwandten der Wittwe hatten nicht ihr mundium, konnten sie also nicht trauen, nicht übergeben. Die Ehe mit der Wittwe war durch eine lex minus quam perfecta verboten, sie zog ursprünglich die Zahlung der Entführungsbrüche von 63 sol. an ihre Verwandten nach sich. Bekanntlich waren die meisten gegen Raub- und Entführungschen gerichteten Bestimmungen der deutschen Volksrechte leges minus quam perfectae. Zur Zeit der Aufzeichnung des Titels De reipus war die alte, strenge Anschauung gemildert, Wittwenehen nicht so verwerflich wie ehedem. Man schloss sie wol noch ohne Zustimmung und Willen der Verwandten (sine „parentorum consensu et voluntate"), suchte aber vor Vollziehung der Ehe („antequam sibi copulet") eine Versöhnung mit denselben vor Gericht, indem man ihnen das symbolisch gewordene, geringere Sühngeld (3 sol.) entrichtete, auf welches immerhin noch grosses Gewicht gelegt wurde, da es zum Gegenstand der Verordnung im Edikt Chilperichs Pro tenore pacis § 2 gemacht werden konnte.[1] Nur wenn der Bewerber die Wittwe in Besitz nahm ohne den reipus zu zahlen (§ 2. Si uero istud non fecerit et sic eam acceperit) hat er die volle Busse zu tragen. Der eben angeführte Satz beweist, dass das „acceperit" hier keineswegs das Erhalten, Empfangen von einer dritten, übergebenen Person bedeute. Die Codd. 2—10 der Lex Sal. sowie Emendata schreiben im § 1 „acceperit" wo Cod. I „sibi copulet" hat. Die beiden Ausdrücke waren Synonima. „Acceperit" muss mit „sich anvermählen" nicht aber mit „erhalten" wiedergegeben werden. § 1 wird daher zu übersetzen sein: Wenn ein Mensch stirbt und eine Wittwe hinterlässt, soll der, welcher sie sich anvermählen will, bevor er es tut .. u. s. w. Dass aber in dem Titel wirklich von einer Sühne gehandelt wird, sei es nun, wie Sohm annimmt von einer Sühne für Wittwenheirat überhaupt, oder von einer Entführungsbusse — dies wird durch den Sinn des Ausdrucks reipus, namentlich aber durch die malbergische Glosse auf das entschiedenste unterstützt. Reipus heisst nämlich Reif, Ring, Schnur, Strick. Sohm vermutet nun die dem zweiten Mann der salischen Wittwe angedrohte Busse habe mit Rücksicht

[1] Lex Sal. Hessels Titel 78. p. 409.

auf die Strafe, welcher er ursprünglich unterworfen war, Strickgeld geheissen. Ebensogut kann der Name mit Rücksicht auf den ursprünglichen, gewaltsamen Charakter der Wittweneben entstanden sein. Man erinnere sich der Glosse zum Titel 32: andrepus, andreiphus, anderebus (anderepus), welche das Band des mit rechtswidriger Gewalt Gebundenen bedeutet, wobei das „and" nach einer Deutung für „Hand" steht, nach einer anderen bloss das „an"haften versinnlichen soll. Es liesse sich einwenden, an gewaltsames Binden der Entführten könne Titel 44 nicht gedacht haben, nachdem er, wie oben ausgeführt, die Ehe der consentirenden Wittwe ins Auge fasst; allein so wie die Skandinavier längst nicht mehr wirkliche Raubehe übten und dennoch die Braut mit dem Leinen umhüllt fortführten; wie die Uskoken der nur zum Scheine Entführten das Haupt umwickelten, die Lappen ihren Schlitten an den des Bräutigams ketteten, so konnte auch hier, wo die Wittwe nicht geraubt sondern bloss entführt wurde, von einem Strickgeld gesprochen werden, weil ursprünglich nicht Entführung sondern Raub normales Mittel der Eheschliessung war.

In der Londoner Ausgabe der Lex Salica (Sp. 530 ff.) schliesst sich dagegen Kern denjenigen an, die mit Schröder unter reipus das bekannte, germanische Ringgeld verstanden und bringt dasselbe mit der, demselben Titel angehörenden Glosse nihilsinus in Zusammenhang. Letzterer Ausdruck besteht aus dem Wort läsinus = leusinus (lêsinus, lisinus) A. S. lŷsness, lêsness, die Lösung, Composition, Busse, solutio und nach Kerns Hypothese aus dem Wort fê, fio, fius: Vieh, Geld. Die richtigen Formen Vihulosinus, vicholêsinus u. s. w. bedeuten Zahlung einer Strafe, Busse, ursprünglich Lösung durch Vieh. Das deutsche Wort reipus ist in seiner Anwendung analog dem Altnordischen baugr (Ring) welches gelegentlich auch im Fall des Frauenkaufes vorkommt und im Plural Geld, in der Rechtssprache aber speciell das Wehrgeld bezeichnet, im Singular das Wittum, gleichfalls Geld oder einen Schild. Sollte auch im Norden das Wittum, wie in Deutschland aus dem wirklichen Kaufpreis der Frau, dieser aus einer Strafsumme für Entführung hervorgegangen sein, so wären diese Aquivocationen wol zu erklären.[1]

---

[1] Kerns weitere Annahme, reipus sei eine Ersatzzahlung für das Wittum (an die Verwandten des ersten Mannes?) gewesen, ist entschieden irrig, da ja der achasius und die sonstigen Leistungen des Titels 71 des sal. Rechtes zu diesem Zweck bestimmt und ausserdem der reipus an die Verwandten der Wittwe zu entrichten war. Ebenso wird Amiras Vermutung: reipus sei Ersatz für die Gerade gewesen, welche den Verwandten der Wittwe durch ihre Ehe verloren gingen, dadurch widerlegt, dass der reipus nur an Männer fällt, denn Titel 44

Nach Kerns eigenen Ausführungen ist reipus vicholèsinus zu
übersetzen entweder mit „in Ringen zu zählende Geldbusse", oder,
wenn reipus Strick, Seil (Repschnur, engl. rope) heissen sollte —
und auch dieses Wortsinns erwähnt Kern — mit „Strickbusse,
Strickcomposition."

Dass Titel 44 speciell von einer Busse für Entführung handelt,
dafür spricht auch, dass nach Titel XIII des sal. Volksrechts „De
rapto ingenuorum" für den Raub der salischen Jungfrau ebenfalls
63 sol. Strafe gefordert wird:

Tit. XIII, 1. Si tres homines ingenuam puellam rapuerint,
tricinus (30) sol. cogantur exsolvere.

2. Illi qui super tres fuerint quinos sol. soluant.

3. Raptores uero . . sol. LXIII exigantur.

10. Si quis sponsam alienam tulerit et eam sibi in coniugio
copulaverit . . . sol. LXIII culp. jud.

Der Sinn der Stelle scheint zu sein, dass jeder Teilnehmer am
Jungfrauenraub 30 resp. 5 sol. zu büssen hat, ausserdem aber derjenige, dessentwillen der Raub verübt wurde, der eigentliche Räuber
des Mädchens 63 sol. Ebensoviel büsste der Entführer der fremden
Braut. Kein Wunder, dass für Entführung der Wittwe der gleiche
Strafsatz in Geltung gewesen war, bevor die Busse und vielleicht
auch die Entführung symbolisch geworden. Eine weitere Analogie
zwischen Titel 44 und 13 § 10 liegt darin, dass die in letzterem verhängte Busse gleich dem reipus den Verwandten des Weibes (nicht
dem Bräutigam, so wie dort nicht den Verwandten des ersten Mannes)
zu entrichten war, obwol auch der Bräutigam ein gesetzlich ge-
schütztes, gleichsam reales Recht an der Verlobten hatte. Es folgt
dies aus dem, in den Codd. 6, 5, 10 und der Lex emendata enthaltenen Zusatz zum § 10: „In contra sponsum uero cuius sponsa
est sol. XV culp. iud", wonach die 63 sol. nicht dem Bräutigam
zukamen. Wie hier sowol die Verwandten als der Bräutigam ver-
söhnt werden mussten, so verletzt auch die Entführung und Heirat
der Wittwe ein ihren Verwandten und denen ihres ersten Ehemanns
gemeinsames Interesse. Deshalb fiel auch der reipus an die letzteren,
wenn Verwandte der Wittwe fehlen.

Nähere Beschreibung des gerichtlichen Verfahrens im Falle
des reipus enthält eine bekannte longobardische Formel des
11. Jahrhunderts.[1]) Dieselbe stammt jedoch aus einer Zeit, welche

enthält keinerlei Hinweis darauf, dass die Männer nur in Vertretung von Frauen
den reipus erhalten haben sollten. Gegen Amira und Schröder vgl. Sohm,
Recht der Eheschl. S. 64; Habicht, Verlobung 21 f.
[1]) Cartul. Longob. XVI. Qualiter vidua Salicha spondetur. M.M. L. L. IV, 599.

weder vom altsalischen Gerichtsverfahren, noch von der wahren
Bedeutung des reipus selbst, oder anderer Teile des Titels 44 einen
Begriff haben konnte. Schröder gibt zu und Amira bestätigt es,
dass in der Formel wahrscheinlich altes und neues, fränkisches
und longobardisches Recht vermengt sind. Da sich überhaupt zur
Erläuterung des Titels De reipus daraus nichts Wesentliches gewinnen lässt, wird man am besten tun die um 600 Jahre spätere
longobardische Formel in diesem Zusammenhang unberücksichtigt
zu lassen.

Zur Deutung des Satzes: in ipso mallo scutum habere debet
et tres homines tres causas demandare debet dienen die Bemerkungen
Zöpfls[1]: wonach es sich wahrscheinlich um drei rein formelle,
processualische Fragen handelt z. B. Ob Dingzeit sei, Ob der Richter
das Ding hegen (mit Schranken umgeben und diese schliessen)
möge, Was er verbieten solle (Antwort) z. B. „Dingslete und Unlust
und Oversprake" oder dgl. Unter Scutum versteht Tit. 44 wahrscheinlich Schild, nicht wie Grimm glaubt Wage.

Bleibt noch eine rätselhafte Frage zu beantworten. Den reipus
sollten, wenn die namhaft gemachten Spillmagen abgingen der
Bruder des verstorbenen Ehemanns, wenn er nicht sein Erbe
war, wenn ein solcher fehlte die übrigen Verwandten des ersten
Ehemanns bis zum 6. Grad der Verwandtschaft, wenn sie nicht
seine Erben waren erhalten. Eine Erklärung dieser merkwürdigen Bestimmung ist bisher nicht gelungen, denn was Zöpfl
und Amira anführen ist nicht zufriedenstellend.[2] Eine derartige
Bestimmung muss offenbar auf einem eigentümlichen Verhältniss
zwischen dem Erben des Ehemanns und dessen Wittwe beruhen.
Bekanntlich hat sich das Eherecht der germanischen Völker dem
Eigentumsrecht untergeordnet, Verlobung und Trauung waren in
die Formen des Eigentumserwerbes durch Kauf gekleidet, die
deutsche Ehe war Frauenkauf. Es war nur folgerichtig, dass nach
dem Tod des Mannes die Frau das Schicksal seines übrigen Vermögens teilte, daher auch sein eigentumsähnliches Recht an ihr auf
seine Erben überging. „Um das Kaufgeld einer Frau zu sparen",
sagt Zöpfl[3], „kam es mitunter vor, dass der Erbe, welchem mit der
Erbschaft das Mundium der Wittwe zufiel, namentlich der Bruder
des verstorbenen Ehemanns, ja sogar der eigene Stiefsohn der
Wittwe, sich dieselbe, gleichsam als Bestandteil der Erbschaft, als
Ehefrau beilegte." „Die Ehe mit der Stiefmutter erwähnt schon

[1] Zöpfl, Rechtsaltertümer 1860. 1, 293—323.
[2] ders., Rechtsgesch. § 81 a Note 80. Amira, Erbenfolge 36.
[3] a. a. O. unter Nr. X und Note 42—44.

Procop als Sitte (νόμος πάτριος) bei den Werinen", auch bei den Angelsachsen war sie gewöhnlich, vielleicht sogar vorgeschrieben.[1]) Bei nichtgermanischen Ariern galt dieselbe Gewohnheit, so bei den Preussen nach einer Urkunde vom Jahr 1249: „consuetudo inolevit, ut mortuo patre uxor eius devolveretur ad filium, sicut alia hereditas, de bonis communibus comparata."[2]) Aus dem Norden fehlt es nicht an Beispielen: Ein gewisser Torolf erhielt, der Egils-saga zufolge auf Grund eines Testaments Vermögen und Frau eines Freundes zu Erbe; Egil selbst reist nach Norwegen, um die Wittwe seines Bruders zu heiraten.[3]) Auch bei Longobarden und Baiern waren Ehen mit der Bruderswittwe nicht selten, so dass die Kirche sich bewogen fand gegen diese „nuptiae aceleratae" einzuschreiten. Die Franken aber müssen, wie die Wittwenehe überhaupt, so namentlich die Ehe mit der Wittwe des Erblassers für tadelnswert, ja verbrecherisch gehalten haben, da Chlotar II. den major domus Godin für seine Heirat mit der Wittwe seines Vaters umbringen liess, eine Massregel, die aus den Vorschriften der Kirche nicht er-klärt werden kann; und Chlotar I. zwar die Wittwe seines Erblassers und Oheims Theodebald († 555) zur Frau nahm, aber alsbald auf Verlangen der Bischöfe verstossen musste und ihr einen anderen Gemal zuwies.[4]) Der von Zöpfl betonte Beweggrund: der Wunsch, den Preis für eine Frau zu ersparen, musste bei den alten Franken so gut wie bei den Werinen die Tendenz erwecken mit den Wittwen ihrer Erblasser Ehebündnisse zu schliessen, obgleich die Wittwenehe der Sitte des Volkes zuwiderlief. Deshalb zerriss das fränkische, solchen Ehen abgeneigte Volksrecht die enge Verbindung zwischen der Wittwe und dem Nachlass des Mannes, und stellte die erstere unter den speciellen Schutz, vielleicht unter das mundium jener Verwandten des Verstorbenen, die nicht seine Erben waren. Daher fiel der reipus wenn der Wittwe ihre Verwandten, ihre natürlichen, ursprünglichen Beschützer fehlten, an den nächsten Verwandten des verstorbenen Mannes, jedoch mit Ausschluss seines Erben.

Hiermit ist unsere Aufgabe erschöpft und jeder Teil des Titels einer, vielleicht nicht abschliessenden, doch hoffentlich nicht nutz-losen Erklärung unterzogen.

[1]) Philipps, Vermischte Schriften. Wien 1860. III, S. 78, 412, cit. bei Zöpfl und Laband, Rechtliche Stellung der Frauen im altrömischen und germanischen Recht. Zeitschr. f. Völkerpsychol. III, 1865. S. 140. Vgl. die sehr interessanten Erörterungen M'Lennans über Verbreitung und Ursprung der Leviratsehe. [2]) Zöpfl l. c. Note 44.

[3]) Müller. Sagabibloth. 81 vgl. Weinhold, Altnord. Leben 249 f.

[4]) Greg. Tur. Hist. Franc. IV, 9.

Alphabetisches Verzeichniss.

Abkürzungen: M. Mutterrecht; E. Entführung; R. Raubehe; Br. Braut; Fk. Frauenkauf; Cl. Classe[1]); St. Stufe; N. Note; Verb. Verbot des Umgangs zwischen Schwiegereltern und Kindern.

Nichtarische Völker.

Abessynier, R. E. d. Br. durch den Bräutigam. N. — Cl. II, Hineinziehn der Br. üb. d. Hausschwelle desselben. N.

Abiponer, R. St. 1, — Cl. II, die Br. verbirgt sich, wird mit Gewalt heimgeführt. N. — Verb.

Adighe, R. Cl. I E. d. Br. 86 N.

Aeneza (Beduinen), R. Cl. II, Brautlauf. N.

Aetas, R. Cl. II, Verb.

Afrka, M. in— 5—7. — Verbreitung der R. in—

Ägypten, M. — Schwesterehen der Könige.

Amazonas, R. St. 1, Cl. I St. E. d. Br.

Amerika, Eine grosse Provinz des M. 6—8. — Vaterschaft u. Neffenerbrecht in— . — R. Verbreitung in—

A.t.e', M. Das Erbe auf die Kinder des Erblassers, fehlen diese, auf den Weiberstamm.

Arabien Nördliches, R. Cl. II. E. spiel.

Araukaner, R. Cl. I St. — Cl. I St. Übergangsformen. — Cl. der Bräut. raubt d. Br. — Verb. — Übergang von R. zu Fk.

Arawaks, M. doch strengo Bestrafung des Ehebruchs. R. St. Verschiedene Sprache der Weiber u. Männer. N. — Cl. II, Verb.

Aschantis, Übergang vom M. zur Agnation. 18 f. N.

Asien, M. 4 f. — Verbreitung der R. daselbst.

Assineboin, R. Cl. II, Verb.

Athapasken, R. Cl. St. Ringkämpfe um Eheweiber. N.

Australien, Verbreitung der R. in—

Australier, M. typisch. — R. Cl. St. Exogamie u. trotzdem R. — Cl. I E. d. Br. durch den Bräutigam. — Cl. II, Verb.

Australisch - melanesischer Archipel, Übergang von R. zu Fk.

Bantarvölker, M.

Banturasse, M.

Barea, M. N. — R. Cl. II, Verb. N. 5.

Baske, M., Spuren desselben im Erbrecht. f.

Battaks, R. Cl. I E. d. Br. durch den Bräut.

Basen, M. N. — R. Cl. II, Verb.

Beduinen, R. Cl. St. E. selbst verheirateter Frauen begründet Ehe.

---

[1]) Die Eintheilung der Frauen raubenden Völker in Classen und Stufen s. . . .

-- Cl. , Sinai B , Ringen zw.
Br. u. Bräut.; Hineinziehn der Br. in
des letzteren Haus. 64. vgl. Aeneazs,
Mazeyne.

Beni Amer, R. Cl. II, Verb. . N.

Berber, M. N. — R. Cl. II,
Hineinziehn d. Br. in das Haus des
Bräut. N. — Andere Reste
des Frauenraubs. N.

Betschuanen, M. Bei Ehescheidung
bleiben d. Kinder bei d. Mutter. 6 N.

Bihe, M. N.

Borneo, M. der Urbevölkerung.
vgl. Dayaks.

Botocudos, M., Übergang zur Agnation. N.

Brasilianer im Allg., R. Cl. II, Verb.
N. ö.

Buschmänner, eheliche Treue der
Frau unwesentlich. N. —
St. , Ringkämpfe um Weiber. —
Cl. II, Verb. N. ö.

Californier, R. St.
Cl. II, Ziehn der Braut ins Haus des
Bräut. — Andere Reste der R.
N. — Verb. N. ö.

Canada, R. Cl. II, Ziehn der Br. ins
Haus des Bräut.

Cantabrer, M. nach Strabo.

Cariben, M. Das Erbe auf den Sohn
dann auf d. Bruder. R. Cl. I
St. — Verschiedene Sprachen
der Männer und Weiber. N. —
Cl. II. Verb. N. ö.

Carolina. Übergang vom M. zu Agnation im Erbrecht.

Charruas. Ehebruch der Frauen gestattet. N. — St. E. d.
Br. durch den Bräut. N.

Chewsuren. R. Cl. St. N.
St. E. d. Br. durch den Bräut.

China, Cl. II, Tragen der Br. ins
Haus des Bräut. — Verb.

Chinnook, Frauen durch ihre Männer
prostituirt. N.

Comanches, R. Cl I St.
Übergang von R. zu Fk.

Congovölker, M. N.

Crees, Verb. 91 N.

Dahome, M. N

Dama a, M. N.

Darfur, Verb. N. ö.

Dayaks, Verb. N. ö.

Eskimo, Frauen durch den Ehemann
prostituirt. N.

Eskimos auf Cap York, R. Cl. II.
Ringen zw. Br. u. Bräut.

Esten. R. Cl. II, Verstecken der Br.
Hemmen des Brautzugs, Brautlauf.

Fanti, M. N.

Felatah, R. Cl. II, Hineinzerren der
Br. ins Haus des Bräut.

Fernando Po, M., doch Ehebruch
strafbar. N.

Fidschi, M. — R. St.
— Cl. St. E. d. Br. durch d.
Bräut. — Cl. II, Verb. N. ö.

Finnen, R. Cl. II, Scheinflucht der
Br. N. — Die Br. verbirgt sich;
gewaltsame Heimführung. N. —
Andere Überlebsel.

Florida, R. N. —
Cl. II, Verb. N.

Fulah, N.

Futa. R. Cl. II, Entführungsspiel.

Garos, M. N.

Georgien, Verb. N. ö.

Goldküste, M. N.

Grönland, R. Cl. II, der Bräut. lässt
die Br. durch alte Weiber fangen u.
zu sich bringen. N.

Guanos, R. St. , R. neben Fk.

Guarany, Ehebruch der Frauen gestattet. N.

Guarayos, R. Cl. II, Überlebsel.

Guaycuru, R. Cl. , die Weiber
eine andere Sprache als die Männer.
N. — Cl. II, Verb. N. ö.

Guineaküste, M. — Erbrecht im
Übergang von M. zur Agnation. 18 f.

Guyana, M. doch der Vater Eigentümer der Kinder.

Haiti, Erbrecht im Übergang von M.
zur Agnation. N.

Hawai, M. N.

Hebräer, R. Praxis der-
selben u. gesetzliche Sanction. f.

Herero, M. : N.
Hotentotten, Überlebsel des M.
 f. N.

Iberer, M. nach Strabo.
Indianer, geben in histor. Zeit vom
 M. zur Agnation über. Eindringen
 derselben ins Erb- u. Familienrecht.
 Väter und Kinder. f. — R Cl. II,
 Rudimente derselben. : : N. —
 Verb. . vgl. Amerika.
Indien, Urbevölkerung,
Indios bravos, R. St. , Ring-
 kämpfe um Eheweiber. N.
Indische Gebirgsvölker, R. Cl. I
 St. neben Fk. N.
Indrapure, Erbr. im Übergang von
 zur Agnation.

Japan, Spuren von M.

Kabardiner, R. Cl. St. , E. d.
 Br. durch den Bräut. 86 N.
Kaffern, Reste von M. N. — Bei
 Ehebruch der Frau nur der Liebhaber
 gestraft. N. — R. Cl. II St. , E.
 d. Br. durch den Bräut. N. —
 Verb.
Kalmücken, R. ; St. 2.
 St. E. d. Br. durch den Bräut. —
 Cl. II, Gewaltsames Hineinziehn in
 sein Haus. — Verb. N.
Kamtschadalen, R. St. .
 N. 5. — St. E. d. Br. durch den
 Bräut. — Cl. II, Ringen zw. Br.
 und Bräut. — Scheinflucht des
 Mädchens. N. — Andere Über-
 lebsel. N.
Karagua, R. Cl. II, Hineinziehn der
 Br. ins Haus des Bräut.
Karons, M.
Karolinen, M.
Kasias, M. N.
Kaukasische Völker, Übergang v.
 R. zu Fk.
Khassias, M.
Khonds, R. Cl. St. —
 Cl. II, E.spiel.
Kimbundas, M. — Übergang zur
 Agnation.
Kirghisen, R. Cl. St. N.
 Verb.
Kordofan, M. N.

Korjäken, R.
Krähenindianer, R. Cl. II, Verb.

Kurland, R. St. 2.
Lampongs, Cl. St. R. subsidiär
 neben Kaufehe. N.
Lappen, R. Cl. St. . 88 —
 Cl. II, Zahlreiche Formen.
Letten, R. Cl. II, Verbergen der Br.

Lenguas, R. Cl. I St. 1.
Livland, R. St.
Loango, M. N.
Lukunor, M. N
Lykier, M.

Machicuis, R. Cl. I St. 1.
Madagascar, M. N.
Magyaren, R. Cl. I St. 1.
Mahraten, M. 5
Makaws, R. Cl. II, Überlebsel.
 N.
Malabar, M. N.
Malaien, M. . — Übergang zur Ag-
 nation.
Malakka, M. . — R. Cl. , Br.lauf.
 N.
Malediven, M.
Makololo, Übergang von M. zur
 Agnation. N.
Mandan, R. Cl. II, Verb. . N. 5.
Mandingos, M. N. — R. Cl. II,
 Hineinziehn der Br. ins Haus des
 Bräut. N. — E.spiel
Mapuche, R. Cl. St. Bräut. raubt
 die Br. N.
Marianen, M. N. — Stellung
 der Mutterschwester. — Übergang
 zur Agnation.
Marilö, M.
Marschallsinseln, M.
Mazeynebeduinen, R. Cl. II, Br.
 versteckt sich, gewaltsame Heim-
 führung.
Mbayas, R. Cl. I St. Verschiedene
 Sprachen der Weiber.
Mexico, Benennung der Kinder nach
 der Mutter. 19.
Micmaks, R. St. Ringkampf
 um Eheweiber. N.
Minyer, M.

Miranbas, R. St.
Mixteken, R. Cl. II, Überlebsel.

Modoc, R. Cl. II, Schwiegersohn soll die Schwiegermutter straflos tödten dürfen. N.
Mongolen, R. Cl. II, Verstocken der Br., gewaltsame Heimführung. 80 N. — Verb.
Morduanen, Übergang von R. zu Fk.
Mortlokinseln, M.
Moscos, nur der Liebhaber für Ehebruch strafbar. N.
Mosquitos, R. Cl. II, E.spiel.
Na rs, M. typisch, Väter unbekannt.
Namaqua, M.
Navayos, Übergang vom M. zur Agnation.
Neger, M. — R. St. E. d. Br. durch den Bränt. N. ö.
Neu-Guinea (s. auch Wukas), R. Cl. I St. N. — St. Bräut. entführt die Br. — Cl. II, Überlebsel. Übergang von R. zu Fk. 146.
Neu-Seeland, M. — St. erbitterte Kämpfe um Mädchen. — Cl. II, Ringen des Bräut. mit der Br.
Nogaische Tartaren, R. St. N.
Nubien, M. N.
Nutkas, Erbfolge auf den Sohn, nach diesem auf den Bruder N. — Frauen v. den Ehemännern prostituirt. N. — R. St.
Ojibway, R. Cl. St. subsidiär neben Fk.
Omaha, R. Cl. II, Verb. N.
Orang Sakai, R. Cl. II, Brautlauf. N.
Orinoco, R. St. am O.
Ostjaken, R. Cl. II, Verb.
Panama, Ehebruch der Frauen gestattet.
Panuco, R. Cl. II, Verb.
Papuas, R. Cl. II, Verb.
Passes, St. Ringkampf um Eheweiber. N.
Patagonier, R. St.

Payaguas, R. St. 1.
Pechuenchen, R. Cl. I Bränt. raubt die Br. N.
Polynesien, Überwiegen des M.
Peru, Reste des M. Schwesterehen des Königs. N.
Poalh, R. Cl. II, Verb. N.
Quichuas, R. Cl. I St. N. 9.
Ralik, M.
Ratak, M. N.
Redjang, R. Cl. I R. durch Busszahlung perfect. — Ringen zw. Br. u. Bränt.
Reiternomaden Asiens, R. Cl. II, Brautlauf. f.
Rio Negro, R. St.
Saken. R. Cl. II, Ringkampf zwischen Bräut. u. Br.
Selish, R. Cl. I St.
Serakolets, M. N.
Shoshones, R. Cl. I St. subsidiär neben Fk.
S gboom, R. Cl. St., subsidiär neben Fk. N.
Singhalesen, Ehebruch der Frauen gestattet. N.
Sioux, R. Cl. I St. Verschiedene Sprache der Weiber. N. — Cl. II, Hineinziehn der Br. ins Haus des Bräut. N. — Andere Überlebsel. N. — Verb. N. ö.
Sockna, R. Cl. II, Hineinziehn der B. ins Haus des Bräut. N. — Entführungspiel.
Sudan, M. N.
Sumatra, M. der Urbevölkerung — Malaisches Erbrecht das. vgl. Lampongs, Redjang, Battaks.
Sunbe, Übergang von M. zur Agnation.
Sundainseln, M. — R. Cl. I St. neben Fk.
Tacullies, R. Cl. I St. 1.
Tanjour, M. N.
Tasmanien, R.
Teluguvölker, M. — Vater unbekannt.
Thlinket, Übergang von M. zur Agnation. N.

Tiga Lurong, M. Erbrecht der Malayen.

Timor, Übergang von M. zur Agnation. N.

Tinneh, Frauen durch Ehemänner prostituirt. N.

Tlascala, Erbfolge auf den Sohn, dann auf den Bruder. N.

Tongainseln, Übergang von M. zur Agnation.—R. Cl. II, Überlebsel.

Tartaren, R. Cl. II, Verb.

Torodos, M. N.

Torresinseln, R. Cl. St. E. d. Br.

Travankor, M. N.

Tscherkessen, R. Cl. St. N. — Übergang von R. zu Fk.

Tuaregs (Berber), M.

Tulawa, M. N.

Tungusen, Cl. St. N. — R. Cl. II, Überlebsel. N.

upi Guarani, R. Cl. I St. 1. 81 N. 2.

Turkmenen, R. Cl. I St. 1, 2, 85 — Cl. II, Br. lauf. N.

Uaupes, R. Cl. St. E. d. Br. durch den Bränt. N.

Wakamba, R. Cl. I St. 3,

Wierland (Esten), R. Cl. II, Br. lauf.

Wolofs (Yolofs), M. Übergang zur Agnation. N., f.

Wukas, R. Cl. I St. rechtliche Anerkennung dieser R.

Wyandots, R. Cl. II, Überlebsel.

Yerkalas, M.

Yolofs, s. Wolofs.

Zambesi, M. N.

II. Nichtgermanische Arier.

Albanesen, R. Cl. St. — Cl. II, Hochzeitslieder

Arier im Allgem. Patriarchalische Verf. bei ihnen nicht ursprünglich. 176. — Einwürfe gegen ihr M. — R. der arischen Völker. ff.

Athen, Nachrichten über athenisches M. — R. Cl. St. Notzucht verpflichtet den Schuldigen zur Ehe.

Balkanslaven, R. Cl. I St.

Bessarabien, R. Cl. II, E.spiel bei der Hochzeit. 104.

Byzanz, R. Cl. St. , Entehrung eines Mädchens verpflichtet den Schuldigen sie zu heiraten.

Czechen, R. Cl. St. im Stadtrecht. — Cl. II, Hochzeitslieder. — Hemmen des Zuges. — Andere Reste. 109.

Dalmatien, R. Cl. II.

Derewlanen, R. Cl. St.

Etrusker, Spuren von M.

Gaëlen, durch die Picten ihrer Weiber beraubt. 102.

Griechen, s. Hellenen.

Hellenen im Allgem. M. — Abtreten der Ehefrau unter Lebenden oder von Todeswegen. — R. in der Sage; andere Überlebsel. — R. Cl. St. die Worte δάμαρ und δμώς.

Herzogowina, Cl. II.

Hindostan, R. in einzelnen Bezirken, Verb. N.

Hindus, Erbrecht des Schwestersohns, M. N. — Vaterschaft durch Geburt während der Ehe, nicht durch Zeugung bedingt. N. — R. Cl. St. , Rakshasbacha.

Irland, R. Cl. II.

Jonische Inseln, R. Cl. I St. 2, E. f.

Kelten, R. Cl. II u. Nachrichten über Cl. I.

Krain, R. Cl. II, E.spiel. — Hemmen des Brautzugs. 108.

Kreta, Cl. I St. , Ehe durch E.

Lausitz, R. Cl. II, Hochzeitslieder. — Hemmen des Brautzugs.

Lithauen, R. Cl. I St. 1. — Cl. II, E.spiel.

Lokrer, Über ihr M. 2f.

Miriditen, R. Cl. I St. 2. 97. — Übergang von R. zu Fk.

Moldau, Cl. II, E.spiel.

Montenegriner, Cl. I St. , gesetzliche Sanction. 94.

Morlachei, R. Cl. I St. 2.

Osseten, R. Cl.   —·Cl. II,
   Verb.

Picten, Spuren des M.   N.   — R.
   Cl. St. , sollen den Gaelen ihre
   Weiber geraubt haben.

Polen, R. Cl. St.   gesetzliche
   Sanction. f. — Cl. St. —
   Cl. II, R. im Lied.   — Verbergen
   der Br., Hemmen des Zugs, Br.lauf.
         — Eltern der Br. halten
   sich der Hochzeit ferne. —
   Andere Überlebsel.

Preussen, R. Cl. St.

Radimicen, R. Cl. St

Riviera delle Castella, R. Cl. II,
   wichtig. 106.

Römer, Spuren des M. Stellung der
   Unehelichen; des Vaters; freie Ehen.
   : —13. —·R. Cl. St.   —102. —
   Cl. II, Verb.

Rumänen, R. Cl. II, Kampfspiel bei
   der Hochzeit.   — Br.lauf

Russen, Nicht auf Erzeugung der
   Kinder durch den Ehemann, nur auf
   Geburt in der Ehe wurde geachtet.
   . N. — R. Cl. St. , ein Beispiel.
   — Cl. St. Olaus Magnus etc.
   über die Russen. 97. — R. bei den
   Sectirern. — Cl. II, zahlreiche
   Lieder, Ueberlebsel u. s. w.
   Text u. N.

Samogitien, R. St.

Schottland, R. Cl. II.

Serbe . R. Cl. St. , Otmica.

Sewerier, R. Cl. II St.

Siebenbürgen, R. Cl. II.

Slaven, Rest von   N. — R.
   Cl. St.   — E.spiele.
   Vgl. die einzelnen slav. Völker.

Slovenen, R. St. Otmica in
   Ungarn.   — Cl. II, E.spiel, Ver-
   bergen der Br., Hemmen des Br.zugs,
   Br.lauf. f.

Spanien, R. Cl. II.

Spartaner, R. St.

Ungarn, R.   in U.

Tekoken, R. St.   — Cl. II,
   Scheinraub.

Walachei, R. Cl. II.

Wales, Spuren von M.   N.

Wiaticen, R. St. 3.

Winden in Krain, Hemmen des Brautzugs.

III. Germanische Völker und Allgemeines.

Alemannen, vgl. Lex Alamann. —
   Leichtigkeit der Ehetrennung nach
   altalem. Recht.   — E. begründet
   Ehe; ein bestehendes Verlöbniss dadurch gelöst.

Angelsächsisches Recht, Reste
   des M. bei ausgebildeter Agnation.
   f. — Bestehendes Eheband durch
   E. zerrissen.

Baiern, Leichtigkeit der Ehetrennung
   nach altem Recht.   — Rückgabe
   des geraubten Weibes nicht gesetzlich
   geboten.   — R. II, Br.lauf;
   Verbergen der Br.; Stehlen der Br.
   (dem Bräut.)

Böhme, R. Cl. II, Verbergen der Br.
   — Stehlen der Br. dem Bräut.
   — Lösen der Br. durch den
   Bräut.

Burgunder, zur Mundschaft nicht
   befähigte Personen erhielten den
   Mundschatz.   — E. begründet Ehe.

Brautlauf, 130—132.

Capitularien fränk., Freiheit und
   Unfreiheit der Mutter entscheidet
   über den status der Kinder.   —
   Bevorzugung d. Mutterbruders. 53 f.—
   Capit. über die R.

Couvade, ist kein Symptom untergehenden M.

Dänen, der Stand der Mutter entschied über den der Kinder. . —
   Die Unehelichen gehören zur Familie
   der Mutter als vollberechtigte Mitglieder.   — Preisgeben der Frau
   durch den Ehemann, doch strenge
   Strafe des Ehebruchs.   — Materna
   maternis, paterna paternis.

Deutsch., passim.

Ditmarschen, Verhüllen der Br.

Ehe, Lockerheit des altgerm. Ehebands.
   f.

h.bebruch, Verfolgung desselben
durch den Mann auch bei Ehen ohne
mundium . — Ehebruch ursprünglich nur strafbar, wenn er wider
Willen des Mannes erfolgt ist. 48 ff.
Ehetrennung, Leichtigkeit derselben
bei den Germanen.

Eigentum, ist Grundlage und erste
Stufe der Agnation. ff. — Eigentum der german. Männer an Frauen
und Kindern. Dasselbe wird zum
Ausgangspunkt für die geforderte
Keuschheit der Frauen. fl., —
Eigentum der Frauen an Mobilien
nicht im Widerspruch mit ihrer abhängigen Stellung.

Formulae Senonicae, Rechtstellung
der Kinder aus Ehen ohne mundium.
— conculcatoriae. f. — Terminologie der R. — Form.
longob.: Qualiter vidua Salicha spondetur.

Franken, die Unehel. unfrei. wenn
die Mutter unfrei. f. — Ehen ohne
mundium. — E. begründet Ehe.
40 f., löst ein bestehendes Verlöbnis.
111 f. — Leichte Ehetrennung. f.
Vgl. Lex Franc. Chamav. Lex Ripuar.
Lex Salica.

Frankreich, Br.lauf. —
Abgabe des Bräut. an die Dorfburschen.

Frauenkauf als Ursache d. Agnation.
— Kaufehe in den Volksrechten.
fl. — Kauf u. Verkauf von Frauen
bei den Germanen. 96 f. — Früh-
zeitige Entstehung des Fks. —
Fk. bei den Slaven. — Hervorgehen des Fks. aus dem Fr. —
Fk. bei den Skandinaviern. 145,

Friesen, die Unehel. nach den Küren.
— E. begründet Ehe. Busslose
R. 111 f. — R. Cl. II, Tanz um das
Krönchen der Br. — Der Bräut.
löst sie von den Burschen. —
Hemmen des Br.zugs.

Gerade, Rest des M. Vergleichung
des Sachsenspiegels mit den Volksrechten. fl.

Germanen, R, Ehe ohne mundium,

daher M. — Gleichgiltigkeit der
germ. Väter gegen die Abstammung
der Kinder. — Stellung der
Mütter und Väter im alten Recht.
Zeugnisse für M. — Classification
in Bezug auf die R.

Geschwister, Innigkeit des Ge-
schwisterbandes bei den Germ. fl.
Etymologie der Worte Bruder und
Schwester.

Heergewäte, Zusammenhang desselben mit dem M. f.

Hemmen, Versperren des Wegs vor
dem Br.paar. Zusammenhang mit
dem Fr.

Hessen. R. Cl. II, Kriegerische Heim-
führung. — Scheinkampf um die
Ausstattung. — Hemmen des
Br.zugs.

Italien, Hemmen des Br.zugs.

Keuschheit der Frauen, dem
Menschengeschlecht nicht ursprünglich eigen. Entsteht durch das Eigentumsrecht der Männer an den
Frauen.

Lectaria des fränk. u. alem. Rechts,
beweisen das vorwaltende Eigentum
der Frauen an Mobilien. f.

Lex Alamann. Tit. XVIII, über den
Stand der Kinder entscheidet der
Stand der Mutter zur Zeit der Geburt.
34 f. — Tit. LI, LII, LIV, Ehen
ohne mundium, M. 35—37. —
Pactus, fragm. III, lectaria.
Tit. LII, E. löst ein bestehendes
Eheband od. Verlöbnis.

Lex et Werin, Tit. X, Ehe
ohne mundium. — Tit. De alodis. 60 fl. — Tit. De vi § 2, E. begründet Ehe. — VII, die
Gerade des thür. Rechtes.

Lex Burgund., Erbrechtliche Privilegien des Weiberstammes, Tit.
XIV, LI § 6.

Lex Franc. Chamav. Tit. Erbrechtliche Stellung von Männern u.
Frauen. N.

Lex Frisionum Tit. VI, Stand der
Mutter massgebend für den der

Kinder. IX. E. u. Fr. begegen gründen Ehe.
Leges Longobard., Kinder aus Ehen ohne mundium gehören zum Mundwald der Mutter. —
Über Liutpr. CXXX. . — E. löst ein bestehendes Verlöbniss. _ .f. — Terminologie der R. — Gesetz gegen Störung des Br.zugs.
Lex Ripuar. LVIII, die Kinder folgen dem Stand der Mutter. — Tit. De alodis, Elemente von M. 60 ff. — LIX. Sondervermögen des emancipirten Sohnes. — Tit. XLVIII, XLIX, Adfatimus.
Lex Salica Tit. XIII , die Kinder teilen den Stand der Mutter. . — XIII ô, R. . — Über den Titel De alodis. .
Tit. Sondervermögen des emancipirten Sohnes. — Tit. .eotaria) adfatimus chrenecruda De reipus f., 141 ff. Terminologie der R.
Longobarden, E. begründet Ehe. löst ein bestehendes Verlöbniss. — Terminologie der R. . — Belästigung des Br.zugs. s. auch Leges Longob.
Marken, Br.lauf.
Mecklenburg, Belagerung des Brauthauses.
Mundiom, Verhältniss desselben zur Ehe. Der Ehemann nicht notwendig Mundwald der Frau. _.ff. — Zugehörigkeit der Kinder zum Mundwald ihrer Mutter. 23—42.
Mutter vermittelt eine festere Blutbande als der Vater. .ff. — Etymologie des Wortes. ff.
Mutterbruder, Bevorzugung in den Capitularien. . — Etymologie des Wortes Oheim, s. auch Schwestersohn.
Mutterrecht, Verbreitung. 1—14. — Inhalt und Formen des Übergangs zur Agnation. ff. — Entstehung und Ursachen des Untergangs. .
Naturales des longob. Rechts. f., des fränk. Rechts. __.

Niederlande, Preisgeben der Ehefrau an den Gastfreund. f. — Scheinentführung der Br. . — Hemmen des Br.zugs. — Der Bränt. löst die Br. von den Dorfburschen.
Norwegen, s. Skandinavien.
Pfalz, R. Cl. II, Reste. — Versuch der Burschen, die Frau dem Mann zu stehlen. — Lösen der Brant durch den Bränt. .
Raubehe, Classification und Allgemeines. . — Vermögensrechtliche Folgen. :f. — Terminologie. Unterdrückung der R. Reconstruction der germanischen R.

Religionen zerstören das altnationale M.
rhodo, s. Gerade.
Rheinland, Hemmen des Br.zugs u. Lösen der Br. durch den Bränt.
Ringkämpfe um Eheweiber. .
Sachsen, E. begründet Ehe. . . Scheinüberfall auf den Br.zug.
Sachsenspiegel, „Kein Kind ist seiner Mutter Kebskind". . — Gerade. ff.
Salzburg, Kriegerische Heimführung. — Mutter der Br. nimmt nicht Teil an der Hochzeit. — Burschen stehlen die Br. . — Remmen des Br.zugs.
Schwaben, Schein-E. — Br.lauf. — Mutter des Mädchens nimmt nicht Teil an der Hochzeit. — Versuch d. Br. dem Bränt. zu stehlen.

Schweden, s. Skandinavien.
Schweiz, Verbergen der Br. . — Versuch d. Br. dem Bräut. zu stehlen. — Hemmen des Br.zugs. — „Des roubes brouch vnd recht". f.
Schwestersohn, Verhältniss zum Oheim nach Tacit. M. Der Schwestersohn in Gedichten und Sagen des Mittelalters. 54—56. — Ableitung des Wortes Neffe.
Schwiegereltern, Verb. bei den nichtarischen Völkern. ; bei den

nichtgerman. Ariern.   f.; bei den Germanen.   f.

Siebenbürger Sachsen, Br.lauf. — Die Br. dem Bränt. gestohlen.

Skandinavien(Schweden, Norwegen, s. auch Dänen), zweifelhaft ob Ehe ohne mundr. möglich.   f. — Nicht Ebenbürtige zählen nur zur Familie der Mutter.   f. — Die Ehafrau dem Gast überlassen? — Eigentumsähnliche Gewalt des Mannes über die Ehefrau. — Die Verwandtschaftsverhältnisse der Edda und Sagas 51—53. — Spuren von M. f. — Gesetze gegen die R. — Geringere Altertümlichkeit der skand. Rechte im Vergleich zu den deutschen. — Gewaltsame Heimführung. Beispiele von R. 118—125. — R. Cl. II, kriegerische Werbung. Überlebsel der R. — Br.lauf, Verhüllen der Br. — Verbergen der Br. — Überfälle auf den Br.zug. 133. — Fk. bei den Skandinaviern.

Steiermark, Br.lauf. — Br. dem Bränt. gestohlen. — Hemmen des Br.zugs.

Thüringer, E. begründet Ehe. — Hemmen des Br.zugs.

Tirol (Ampezzo), Schein-E. der Br. — Die Br. dem Bränt. gestohlen. — Hemmen des Br.zugs.

Trauung, unwesentlich für die alt-german. Ehe.   f. — R. macht sie entbehrlich.

Uneheliche, Stellung in der mütterl. Familie.   f.

Ungarn (Deutsche in), Lösen der Br. durch den Bränt.

Vaterschaft, ursprünglich vermögensrechtlich, Zeugung dafür unwesentlich.   f., ff.—Umstände, die sie bei den Germ. unsicher machten. — Häufigkeit des Vatermords im Norden. — Etymologie des Worts Vater spricht für das 73—75.

Verlobung nicht wesentlich für die german. Ehe.   ff.; E. vertritt sie.

Westfalen, kriegerische Werbung. Scherzhafter Kampf um die Br. 128, — Die Br. dem Bräut. entführt.

Westgoten, Giltigkeit der von der Jungfrau ohne Willen des Gewalthabers geschlossenen Ehe. — Terminologie der Lex Wisig. für R. — R. mit Erlaubniss des Königs gestattet.

Wittum, seine Entstehung aus der E.busse und Übereinstimmung mit den Mundbrüchen.   ff.

Wittwe, rechtliche Stellung betreffs der Wiederverehelichung.   ff. — Starke Verbreitung des Wittwenraubs bei den Germanen.   ff. — Vererbung der Wittwen.   f.

Druck von E. Gruhn in Warmbrunn.